include MyDesk

Per accedere a MyDesk vai su
www.alphatest.it/tu25684
e segui le istruzioni.

Cos'è MyDesk e cosa ti offre?

MyDesk è l'esclusivo sistema di e-learning adottato anche in tutti i corsi di preparazione Alpha Test. Acquistando questo volume, hai diritto ad accedere a MyDesk usufruendo di contenuti supplementari utili per la tua preparazione.

A tua disposizione trovi:

- **Informazioni** aggiornate sui test
- **Video-lezioni** dei docenti Alpha Test
- **Tutorial** su test e preparazione all'esame
- **Contenuti digitali** aggiuntivi

L'abbinamento del libro con MyDesk ti consente di potenziare lo studio, l'esercizio e la verifica della preparazione offrendoti le maggiori possibilità di successo nella selezione.

TESTUNIVERSITARI

Alpha Test
Psicologia
TOLC PSI – TOLC SU

edizioni

Alpha Test

viale Cassala 22 – 20143 Milano (Italy)

Tel. 02 5845981 – fax 02 58459896

servizi@alphatest.it

www.alphatest.it

La possibilità per l'utente di accedere a MyDesk abbinato al volume e di ricevere assistenza informatica da Alpha Test cessa due anni dopo la data di attivazione o, se viene prima, un anno dopo l'uscita dell'edizione dal catalogo editoriale di Alpha Test.

ISBN: 9788848325684

Tredicesima edizione: dicembre 2022
Prima edizione: maggio 1998

Stampato da L.E.G.O. S.p.A. Lavis (TN)
per conto di Alpha Test S.r.l.
nel dicembre 2022

Indice

parte ottava – INGLESE

Prefazione

Per gli studenti italiani (ma anche stranieri che vogliono studiare in Italia) l'iscrizione all'università è ormai da parecchi anni subordinata al superamento di una prova di selezione (o talvolta di valutazione), che ha lo scopo di verificare se e in quale misura le aspiranti matricole abbiano le potenzialità di frequentare con profitto il corso di laurea prescelto.

Attualmente, in Italia – sia nelle più importanti università private sia in quelle statali – quasi tutti i corsi di laurea magistrale a ciclo unico (Medicina e Chirurgia, Odontoiatria e Protesi dentaria, Medicina Veterinaria, Scienze della Formazione primaria, Farmacia, Architettura, Giurisprudenza ecc.) e molti corsi di laurea triennale sono caratterizzati dalla presenza del **numero programmato** a livello nazionale o locale: il numero di iscritti al primo anno di questi corsi non può quindi superare il limite di posti stabilito dal Ministero o dai singoli atenei.

La selezione tra i candidati che desiderano accedere a un corso universitario a numero programmato viene effettuata quasi sempre mediante una prova a test, composta da domande a risposta multipla: si valutano in tal modo le conoscenze e le attitudini degli studenti. Il test viene predisposto, a seconda dei casi, o a cura del ministero dell'Università e della Ricerca (come, per esempio, per le prove nazionali di accesso ai corsi di Medicina/Odontoiatria e Veterinaria) o dalle singole università o da consorzi interuniversitari (quali il CISIA o il CINECA). Il risultato che uno studente ottiene nel test determina il **punteggio** con il quale entra nella **graduatoria dei candidati** in base alla quale vengono attribuiti i posti a disposizione. In pochi corsi a numero chiuso locale, a definire la posizione nella graduatoria finale contribuiscono anche i voti conseguiti negli ultimi anni di scuola superiore o il voto dell'Esame di Stato, ma con peso minore (se non minimo) rispetto al punteggio del test.

La normativa impone ormai anche ai corsi di laurea ad accesso libero di attivare **prove valutative** e/o di **orientamento**, di solito a test; lo scopo di tali prove è rilevare per ogni studente il livello della preparazione iniziale ritenuta necessaria per frequentare con successo un dato corso (talvolta indicata con la formula "saperi minimi"). Tale valutazione non ha lo scopo di precludere l'iscrizione ma, in caso di mancato raggiungimento della soglia stabilita, attribuisce alcuni **obblighi formativi aggiuntivi** (OFA) che lo studente dovrà assolvere entro il primo semestre o il primo anno di corso, dimostrando di aver colmato le lacune evidenziate. In taluni casi, gli OFA vanno saldati prima di potere affrontare gli esami del primo anno di corso. Talvolta lo studente – prendendo atto di un esito insufficiente della prova – può decidere spontaneamente di rivedere la propria scelta di studi.

Dunque, anche chi intende frequentare un corso universitario ad accesso libero deve affrontare una prova prima dell'immatricolazione; ciò impone agli studenti seriamente motivati di prepararsi in modo adeguato per iniziare senza penalità il proprio percorso di studio.

Alpha Test è la più importante organizzazione in Italia che, per prima e da oltre 30 anni, offre agli studenti strumenti e percorsi diversi per affrontare con successo i test di valutazione o di selezione. A questo scopo pubblica la **collana TestUniversitari**, composta da oltre ottanta tra manuali ed eserciziari, specifici per ogni area di studio (informazioni su alphatest.it/Libri).

In particolare questo libro è rivolto alla preparazione ai test di ammissione ai corsi triennali dell'area di **Psicologia** (classe di laurea L-24), che nei diversi atenei possono assumere varie denominazioni, quali *Scienze e tecniche psicologiche, Scienze del comportamento e delle relazioni sociali, Scienze e tecniche di psicologia clinica e della salute, Scienze e tecniche di psicologia sociale e delle organizzazioni, Scienze e tecniche di psicologia dello sviluppo e dell'educazione, Scienze e tecniche di psicologia sperimentale, Comunicazione e psicologia, Scienze psicologiche cognitive e psicobiologiche, Scienze psicologiche sociali e del lavoro, Scienze psicologiche della personalità e delle relazioni interpersonali, Scienze e tecniche psicologiche dei processi mentali, Scienze e tecniche di psicologia cognitiva.* Molti di questi corsi sono a numero programmato locale o prevedono comunque una valutazione delle conoscenze in ingresso: la più parte delle sedi universitarie utilizza allo scopo il questionario CISIA **TOLC-PSI**; altre si avvalgono del **TOLC-SU** o di **prove autonome** di ateneo.

Il volume è inoltre adatto per i corsi di laurea delle aree di **Educazione** (L-19) e **Sociologia** (L-40) tra cui corsi di laurea *Scienze dell'educazione e della formazione, Educatore sociale e culturale, Comunicazione interculturale, Scienze del turismo e comunità locale, Scienze pedagogiche e dei servizi educativi, Servizio sociale* (L-39), *Scienze dell'educazione e dei processi formativi.* I test di ammissione o di valutazione di questi corsi, infatti, riguardano tutte o parte delle discipline previste per l'accesso ai corsi di Psicologia.

L'acquisto di un volume della collana TestUniversitari, consente di accedere a **MyDesk**, l'esclusiva piattaforma online sviluppata da Alpha Test, con materiali di studio aggiuntivi (videolezioni, tutorial dei docenti, informazioni aggiornate ecc.) e un avanzato **sistema di simulazione** per svolgere esercitazioni per materia o prove simulate secondo tempi e modalità dell'esame ufficiale.

Per **accedere a MyDesk** basta seguire le istruzioni
che si trovano nella seconda pagina di questo volume.

Alpha Test – attiva su tutto il territorio nazionale, con sedi nelle principali città universitarie – si avvale inoltre della collaborazione di un corpo docente di grande esperienza, organizzando **corsi specifici di preparazione** di diversa durata, in presenza oppure online (informazioni su alphatest.it/Corsi).

Un altro utile strumento per i lettori è **Alpha Test Academy**: una piattaforma online di assistenza personalizzata allo studio, che guida lo studente in un programma graduale di esercitazioni, fino al raggiungimento di una completa preparazione al test.

Il parere dei lettori è importante

Per continuare a migliorare la qualità delle proprie pubblicazioni, Alpha Test considera estremamente prezioso il parere dei propri lettori ai quali chiede la cortesia di esprimere un giudizio su questo libro nell'apposita sezione "Valuta un libro" del sito alphatest.it.

Ringraziamenti

Alpha Test ringrazia i numerosi lettori, i partecipanti ai corsi e i collaboratori che, con i loro interventi, suggerimenti e in particolare con i giudizi ogni anno forniti al termine dei corsi, hanno contribuito a migliorare nel tempo la qualità dei volumi e dei servizi offerti.

parte prima

INTRODUZIONE

1 | Natura del test e caratteristiche di questo libro

1.1 | Natura del test

L'accesso ai vari corsi di laurea attivati nelle università italiane può essere libero oppure a numero programmato, su base nazionale o locale. A seconda dei casi, è prevista una prova di ingresso valutativa delle conoscenze di base oppure una prova selettiva.

Le prove che dovranno affrontare i lettori di questo volume sono gestite in autonomia dalle singole sedi universitarie, sia per quanto riguarda le caratteristiche pratiche (data e ora di svolgimento della prova, durata ecc.) sia per i contenuti dei test. Infatti – diversamente dalle prove a test organizzate secondo le indicazione dirette dello stesso MUR (ministero dell'Università e della Ricerca), – nel caso dell'accesso ai corsi di laurea delle aree Psicologia, Educazione e Sociologia, ciascuna università **o formula un proprio questionario o si serve dei test predisposti dal CISIA**. Ciò comporta che la struttura, l'ora e la data di svolgimento delle prove, le discipline interessate, il tempo a disposizione, l'attribuzione di valore a ogni quesito e i criteri con cui viene elaborata l'eventuale graduatoria di merito o assegnati gli OFA possono variare non solo tra un corso o un indirizzo e l'altro ma tra una sede universitaria e l'altra.

Per questa ragione è importante che ogni studente si procuri per tempo, sul sito dell'ateneo che intende frequentare, il **bando per l'ammissione al corso di proprio interesse**. Su tale documento si possono reperire tutte le informazioni necessarie.

I questionari del CISIA (TOLC)

In particolare, per i corsi delle aree **Psicologia**, **Educazione** e **Sociologia** numerosi atenei utilizzano le prove di ammissione elaborate dal CISIA: o il **TOLC-PSI** (Test On Line CISIA Psicologia) o il **TOLC-SU** (Test On Line CISIA Scienze Umane). Ogni studente può svolgere queste prove CISIA in una delle numerose date prefissate durante l'anno, a partire da febbraio/marzo sino a novembre. A seconda del modo di erogazione accettato dalle singole università, il TOLC-PSI e il TOLC-SU si possono sostenere (se previsto) presso le aule dell'ateneo (cosiddetto TOLC all'università) oppure dalla propria abitazione nella modalità TOLC@CASA o TOLC all'università.

Si raccomanda alle aspiranti matricola di verificare sul bando del corso di interesse le eventuali scadenze entro cui devono svolgere la prova. **Date** e **sedi** sono pubblicate sul sito www.cisiaonline.it, alle pagine relative alle due prove.

Ogni prova somministrata di uno stesso tipo di TOLC è **diversa** tra un candidato e l'altro ma composta da quesiti equipollenti, estratti dallo stesso database CISIA. Tutti i test di un medesimo tipo hanno perciò pari livello di difficoltà.

Il **TOLC-PSI** è composto da 5 sezioni (per 50 domande totali) a cui si aggiunge (se l'ateneo lo richiede) una sezione finale di lingua inglese. I quesiti sono così ripartiti:

• comprensione del testo (2 brani con 5 quesiti associati)	10 quesiti	20 minuti
• matematica di base	10 quesiti	20 minuti
• ragionamento verbale	10 quesiti	25 minuti
• ragionamento numerico	10 quesiti	20 minuti
• biologia	10 quesiti	15 minuti
totale	**50 quesiti**	**100 minuti**
• inglese	30 quesiti	15 minuti
totale con inglese	**80 quesiti**	**115 minuti**

Il **TOLC-SU** è composto da 3 sezioni (per 50 domande totali) a cui si aggiunge (se l'ateneo lo richiede) una sezione finale di lingua inglese. I quesiti sono così ripartiti:

• comprensione del testo e conoscenza della lingua italiana	30 quesiti	60 minuti
• conoscenze e competenze acquisite negli studi / cultura generale	10 quesiti	20 minuti
• ragionamento logico	10 quesiti	20 minuti
totale	**50 quesiti**	**100 minuti**
• inglese	30 quesiti	15 minuti
totale con inglese	**80 quesiti**	**115 minuti**

Il risultato di ogni TOLC è dato dal punteggio ottenuto mediante le risposte esatte (1 punto), sbagliate (–0,25 punti) e omesse (0 punti). Per i quesiti di lingua Inglese non è prevista penalità per le risposte sbagliate ma viene assegnato 1 punto per le risposte esatte e 0 punti quelle sbagliate o non date.

Sul sito del CISIA, alle pagine dei rispettivi TOLC, è possibile visionare i cosiddetti *syllabi*, con le indicazioni di massima di argomenti, conoscenze e competenze che le varie sezioni delle prove vanno a toccare.

I questionari di ateneo

Dall'analisi dei bandi e dei test somministrati negli ultimi anni in autonomia dalle singole università, si può affermare che in tutte le sedi, per la composizione delle prove selettive, si sono utilizzati quesiti che riguardano **almeno una o più delle seguenti aree** tematiche:

- ragionamento logico, nelle sue varie declinazioni soprattutto verbale e numerica-quantitativa;
- comprensione di testi;
- conoscenze e competenze acquisite negli studi/cultura generale;
- conoscenze scientifiche di base;
- cultura pedagogico-didattica;
- lingua inglese.

Ciascuna di queste aree può prevedere varie tipologie di quesiti, diversamente denominati nei bandi ufficiali. Per esempio, nell'area del **ragionamento logico** sono presenti quesiti di ragionamento verbale (proporzioni tra parole, parole da scartare, sinonimi e contrari), ragionamento numerico (serie di numeri e lettere), logica deduttiva (sillogismi, deduzioni, condizioni sufficienti e necessarie) e logica matematica (matrici di numeri, problemi con frazioni e percentuali, calcolo della probabilità, problemi con distanza, velocità e tempo, problemi di lavoro). Nell'area **conoscenze e competenze acquisite negli studi/cultura generale** sono presenti quesiti di letteratura, storia, filosofia, geografia, storia dell'arte, cittadinanza; nelle **scienze** sono comprese matematica e biologia, ma talvolta anche chimica, fisica, scienze della Terra.

Per sapere con precisione le discipline e gli argomenti in programma per il test di interesse, si raccomanda al lettore di verificare il **bando del proprio ateneo** per l'anno accademico per il quale si svolgerà l'esame.

Nella tabella seguente si riporta, a titolo esemplificativo, la tipologia di prova utilizzata nei corsi di alcune importanti sedi universitarie che negli ultimi anni hanno previsto il **test selettivo** a **Psicologia.**

Sede	Prova	Punteggio
Bari	120 minuti per 75 quesiti di: **comprensione della lettura** (20 quesiti); area **logico-matematica** (20 quesiti); **biologia** (10 quesiti); **lingua inglese** (15 quesiti); **storia contemporanea**(10 quesiti). **Prova cartacea**.	risposte corrette: + 1; errate: – 0,25; omesse: 0 punti.
Bergamo	**TOLC-PSI**	risposte corrette: + 1; errate: – 0,25; omesse: 0 punti.

Sede	Prova	Punteggio
Bologna	**TOLC-SU**	risposte corrette: + 1; errate: – 0,25; omesse: 0 punti.
Cagliari	**TOLC-PSI**	risposte corrette: + 1; errate: – 0,25; omesse: 0 punti.
Firenze	75 minuti per 80 quesiti di: **lingua italiana** (correttezza, comprensione, espressione); **scienze naturali** (conoscenze di base di biologia, chimica e fisica); **matematica** (conoscenze di base e uso del ragionamento logico-astratto); **inglese** (livello base per la comprensione di un testo scolastico o di divulgazione scientifica); **cultura generale** (riferimenti all'attualità storico-politica, elementi di filosofia, elementi di pensiero socioeconomico).	risposte corrette: + 1; errate: – 0,25; omesse: 0 punti.
Genova	**TOLC-PSI**	risposte corrette: + 1; errate: – 0,25; omesse: 0 punti.
L'Aquila	**TOLC-PSI**	risposte corrette: + 1; errate: – 0,25; omesse: 0 punti.
Milano Bicocca	**TOLC-PSI**	risposte corrette: + 1; errate: – 0,25; omesse: 0 punti.
Milano/Brescia Cattolica	40 minuti per 72 domande: **analogie, classificazioni, completamento di serie, metafore e lessico** (60 quesiti); **comprensione del testo** (4 brani con 3 domande ciascuno). Viene considerato il voto di maturità. Prova computer based.	risposte corrette: + 1; errate: – 0,25; omesse: 0 punti.
Milano San Raffaele	60 minuti per 50 quesiti di: **cultura generale** (20 quesiti), con particolare riferimento alla verifica delle conoscenze di **biologia**; **capacità logiche, statistiche e matematiche** (15 quesiti); **competenze linguistiche** (15 quesiti). Prova computer based.	risposte corrette: + 1; errate: – 0,25; omesse: 0 punti.
Modena e Reggio Emilia	**TOLC-PSI**	risposte corrette: + 1; errate: – 0,25; omesse: 0 punti.
Napoli Federico II	75 minuti per 100 quesiti di: **scienze umane e sociali** (20 quesiti); **lingua italiana** (20 quesiti); **logica e matematica** (20 quesiti); **fisica, chimica e biologia** (20 quesiti); **lingua inglese** (20 quesiti). Prova computer based.	risposte corrette: + 1; errate: – 0,25; omesse: 0 punti.
Napoli Benincasa	40 minuti per 40 quesiti di: **lingua italiana/ragionamento logico verbale** (10 quesiti); **ragionamento logico-matematico** (10 quesiti); **lingua inglese** (5 quesiti); **biologia** (15 quesiti). Prova computer based.	risposte corrette: + 1; errate: – 0,25; omesse: 0 punti.
Padova	**TOLC-PSI**	risposte corrette: + 1; errate: – 0,25; omesse: 0 punti.

Sede	Prova	Punteggio
Palermo	60 minuti per 60 quesiti di: **logica e comprensione del testo** (15 quesiti); **storia e cultura** (15 quesiti); **inglese** (15 quesiti); **matematica** (15 quesiti). Prova computer based.	risposte corrette: + 1; errate: – 0,25; omesse: 0 punti.
Padova	**TOLC-PSI**	risposte corrette: + 1; errate: – 0,25; omesse: 0 punti.
Pavia	**TOLC-PSI**	risposte corrette: + 1; errate: – 0,25; omesse: 0 punti.
Pisa	120 minuti per 80 quesiti di: **cultura generale** (20 quesiti); **ragionamento logico-scientifico** e **problem solving** (20 quesiti); **scienze biologiche** (20 quesiti); **materie filosofiche** (20 quesiti). Prova cartacea.	risposte corrette: + 1; errate: – 0,25; omesse: 0 punti.
Università Europea di Roma	40 minuti per 40 quesiti di: **matematica di base**(10 quesiti); **comprensione del testo** (10 quesiti); **ragionamento logico** (5 quesiti)**; inglese** (15 quesiti). Prova computer based.	risposte corrette: + 1; errate: – 0,25; omesse: 0 punti.
Roma Sapienza	**TOLC-PSI**	risposte corrette: + 1; errate: – 0,25; omesse: 0 punti.
LUMSA	50 minuti per 50 quesiti di: **logica e comprensione del testo** (25 quesiti); **matematica** (10 quesiti); **cultura generale** (5 quesiti); **biologia** (10 quesiti). Test di posizionamento **inglese.** Prova computer based.	risposte corrette: + 1; errate: – 0,25; omesse: 0 punti.
Sassari	**TOLC-PSI**	risposte corrette: + 1; errate: – 0,25; omesse: 0 punti.
Torino	**TOLC-SU**	risposte corrette: + 1; errate: – 0,25; omesse: 0 punti.
Trento	**TOLC-PSI**	risposte corrette: + 1; errate: – 0,25; omesse: 0 punti.
Trieste	**TOLC-PSI**	risposte corrette: + 1; errate: – 0,2;5 omesse: 0 punti.
Urbino	**TOLC-PSI**	risposte corrette: + 1; errate: – 025; omesse: 0 punti.
Verona	**TOLC-PSI**	risposte corrette: + 1; errate: – 0,25; omesse: 0 punti.

1.2 | Caratteristiche di questo libro

Il volume contiene la spiegazione degli argomenti e l'analisi delle tipologie di esercizi previsti nei test di ammissione universitari a cui è rivolto, sia relativamente alle **prove TOLC-PSI** e **TOLC-SU** a cura del CISIA, sia alle prove elaborate in autonomia dai **singoli atenei**.

A ciascuna disciplina è dedicata una **sintesi teorica,** per lo studio e il ripasso di concetti e nozioni previsti dall'esame; per ogni rilevante tipologia di esercizi vengono illustrati i più efficaci **metodi e procedimenti risolutivi**. A ciò si affianca un ricco materiale di esercitazione: le varie forme assunte dai quesiti sono trattate mediante esempi di domande risolte e commentate – tratte dai test ufficiali o analoghe a questi – grazie a cui il lettore può seguire l'applicazione pratica di quanto appena appreso.

I capitoli della **prima parte** sono **introduttivi**: illustrano significato, caratteristiche e implicazioni del numero chiuso e dei test di ammissione alle università italiane, fornendo alcuni suggerimenti utili su come prepararsi alle prove. Tali suggerimenti sono indipendenti dalla natura dei quesiti e trovano dunque utile applicazione in tutti i test di ammissione utilizzati per i corsi di laurea a numero chiuso. I suggerimenti rispondono anche ai dubbi più diffusi tra quanti devono affrontare un test a risposta multipla:

- come vengono formulati, corretti e valutati i test?
- come è conveniente procedere per sfruttare al meglio il tempo a disposizione?
- come occorre comportarsi di fronte a domande di cui non si conosce la risposta esatta?

La **seconda parte** di questo MANUALE tratta il **ragionamento logico, deduttivo e verbale**, illustrando le tipologie di quesiti e spiegando le nozioni necessarie alla loro corretta soluzione. L'analisi commentata di numerosi esempi per ogni tipo di esercizio aiuta il lettore a mettere in pratica i metodi e procedimenti più adatti per ricavare le soluzioni. Le domande di ragionamento logico hanno primaria importanza nelle prove TOLC-PSI e TOLC-SU, e sono sempre proposte anche nelle prove autonome di ateneo.

La **terza parte** è dedicata agli esercizi di **ragionamento logico-quantitativo e figurale**, alle domande di interpretazione di grafici e tabelle e alle serie di numeri, con un'appendice su quesiti di insiemistica e logica figurale. Come sempre la presentazione delle tipologie di domande è accompagnata dalla spiegazione delle strategie più efficaci di soluzione e da numerosi esempi svolti e commentati. Domande di logica numerica sono previste nel TOLC-PSI ma possono anche essere presenti nei questionari TOLC-SU e nei test di ateneo. Si raccomanda pertanto a tutti i candidati lo studio di questa sezione.

La **quarta parte** è dedicata a **comprensione del testo e conoscenza della lingua italiana.** La lettura critica di brani è una categoria di esercizi presente in tutte le prove di accesso di tutte le aree di studio a cui si rivolge questo manuale. I brani possono avere diversa lunghezza ed essere corredati da un numero variabile di domande: i TOLC-SU ne hanno 10 per brano; i TOLC-PSI ne hanno 5 per brano; i test di ateneo, di solito, da 3 a 5 per brano. Nelle prove CISIA, alcune domande riguardano questioni di grammatica e lessico con riferimento al brano. Le università che non usano questionari CISIA possono proporre domande di grammatica e lessico indipendenti da quelle di comprensione dei testi. Pertanto, si consiglia a tutti i candidati di ripassare le sintesi teoriche di **grammatica** e **lessicologia** contenute in questa sezione.

Nella **quinta parte** del volume sono trattate le conoscenze di base di ambito **matematico** e **scientifico**, con una sintetica panoramica dei principali contenuti di aritmetica, algebra, geometria e biologia (espressamente richieste dal TOLC-PSI), ma anche di chimica, fisica e scienze della Terra, presenti in diversi test di ateneo. Queste discipline di solito non sono previste nelle prove di ammissione degli atenei che utilizzano le prove TOLC-SU. Per sapere esattamente su quali discipline e quali argomenti focalizzare lo studio, si invita il lettore a **consultare lo specifico bando di proprio interesse**.

La **sesta parte** riguarda la **cultura generale/conoscenze e competenze acquisite negli studi**. Per ogni materia (storia, geografia, letteratura, filosofia, storia dell'arte, educazione civica e conoscenze socio-economiche) viene fornita una sintesi teorica delle principali nozioni, utili a risolvere i quesiti. Vengono inoltre presentati numerosi esercizi di esempio, risolti e commentati. Le prove TOLC-SU utilizzano anche formulazioni particolari, chiedendo al candidato di utilizzare i materiali abbinati alla domanda stessa (testi da completare, immagini da analizzare, grafici, fotografie, cartine ecc.). Il lettore troverà in questa sezione del libro numerosi esempi di tali tipologie. Il TOLC-PSI non prevede espressamente quesiti relativi a tali discipline, mentre molti test di ateneo dedicano alla cultura generale diverse domande. Anche in questo caso, si consiglia di verificare sul bando di interesse il programma richiesto.

La **settima parte** è dedicata alla **cultura psicologica e pedagogica**, con una breve trattazione delle principali tappe di storia della pedagogia, una sintesi dei principali argomenti di psicologia dello sviluppo e sulle teorie dell'apprendimento e un breve glossario per la spiegazione dei principali termini di settore. Il capitolo si conclude con alcuni quesiti esemplificativi risolti e commentati.

L' ultima parte è dedicata alla **lingua inglese**, per le prove in cui sono previste domande in materia. Sono analizzate le principali tipologie di quesiti, quali per esempio le domande di comprensione di brani, di lessico, di morfologia o test attitudinali in lingua inglese.

In apertura e in chiusura di alcuni capitoli, il lettore troverà due "punti di sosta". Il primo è **Mettiti alla prova** e consiste di alcuni quesiti significativi, tramite i quali è possibile verificare il proprio livello iniziale di conoscenza e padronanza degli argomenti che saranno trattati nel capitolo. Le risposte esatte vengono riportate subito dopo i quesiti, mentre le spiegazioni sono fornite gradualmente, nei punti opportuni del capitolo, seguendo lo svolgimento degli argomenti stessi.

Il secondo punto di sosta è **Ripassa da qui**, a chiusura di capitolo; consiste di schemi riassuntivi, sintesi e mappe di nozioni e concetti sopra esposti o necessari a risolvere le tipologie di esercizi presentate.

In tutti i capitoli, infine, sono presenti numerosi **esercizi commentati** accompagnati dall'esposizione dei metodi risolutivi più efficaci. In alcuni casi possono riguardare concetti non approfonditi nella parte teorica e rappresentano dunque un'ulteriore fonte di apprendimento per migliorare la preparazione.

Il volume tratta le tipologie di esercizi specifiche per i test a cui si rivolge, ma le singole università possono utilizzare anche solo alcune delle categorie di esercizi qui esaminate. In altre parole, nel test che il lettore dovrà affrontare potranno non essere presenti tutte le tipologie di quesiti esaminate in questo volume, ma solo alcune.

In apertura di ciascuna parte sono riportate alcune indicazioni per indirizzare e ottimizzare lo studio in funzione dell'effettivo programma del test che il lettore dovrà svolgere. Resta tuttavia valido il consiglio, al fine di minimizzare eventuali sorprese al momento della prova ufficiale, di studiare e di esercitarsi su tutte le tipologie proposte, **concentrandosi maggiormente su quelle che trovano corrispondenza con la natura della prova così come descritta nel bando di concorso dell'ateneo per cui si concorre.**

Per prepararsi al test di ammissione a uno specifico corso di una particolare sede universitaria, in modo conforme al programma e alle modalità ufficiali, si consiglia di frequentare il relativo **corso Alpha Test**: durante le lezioni vengono infatti descritte in modo dettagliato le **caratteristiche** peculiari della prova di ammissione e fornite **indicazioni** precise circa le tipologie di esercizi più frequenti e le modalità di svolgimento della prova stessa, tenendo conto delle eventuali e più recenti novità.

Simboli utilizzati nel volume

- Definizioni.
- Osservazioni e concetti importanti.
- Esempi e applicazioni.
- Esercizi svolti.
- Mettiti alla prova: quesiti d'ingresso per valutare la preparazione iniziale sugli argomenti del capitolo e indicazioni di risposta esatta.
- Ripassa da qui: spiegazione dei quesiti d'ingresso e ripresa sintetica dei concetti salienti in chiusura di capitolo.
- Presenza di contenuti su MyDesk collegati all'argomento trattato nel paragrafo.

2 | I suggerimenti e gli strumenti di Alpha Test per prepararsi al test di ingresso

Il **primo passo** in ogni percorso di preparazione consiste nel procurarsi tutte le informazioni disponibili sul test che si vuole affrontare, cominciando dai contenuti delle sue precedenti edizioni. Le fonti più autorevoli e complete sono il **sito del ministero dell'Università e della Ricerca** (MUR), i **siti degli atenei** di proprio interesse e **alphatest.it**. Sul sito del MUR gli studenti possono trovare tutta la normativa in materia, mentre sui siti delle singole università e di Alpha Test vengono pubblicati i bandi per i diversi concorsi di ammissione, che integrano le indicazioni del Ministero con le specifiche proprie di ciascuna sede.
Su **alphatest.it** vengono costantemente aggiornati il calendario con le date di svolgimento delle prove a test e la normativa sulle prove di ingresso; vengono inoltre pubblicati i test ufficiali degli anni precedenti risolti e commentati, nonché dati e approfondimenti relativi ai diversi corsi di laurea.
Anche i canali social Alpha Test (Facebook, Instagram e Youtube) sono sempre informati su tutte le novità riguardanti sia i test sia le iniziative del Ministero o degli atenei; nelle rispettive *communities* gli studenti hanno inoltre la possibilità di relazionarsi tra loro e con gli esperti di Alpha Test.
Un altro utile strumento a disposizione degli studenti è il **magazine on line** di Alpha Test (**http://magazine.alphatest.it**), dove è possibile consultare articoli e approfondimenti sempre aggiornati in tema di ammissione all'università, metodi e strumenti di studio, orientamento universitario e bandi di concorso.

Il metodo Alpha Test: libri, Alpha Test Academy, corsi in aula e online

Il passo successivo per conseguire una preparazione completa è costituito dallo **studio individuale** da effettuare sui libri. Tra i volumi che Alpha Test ha realizzato appositamente per chi deve affrontare i test i test delle aree Psicologia, Educazione e Sociologia i principali sono il MANUALE DI PREPARAZIONE, la raccolta di quesiti suddivisi per materia ESERCIZI COMMENTATI (corredato da un simulatore online), la raccolta di prove simulate PROVE DI VERIFICA e il volume 4100 QUIZ (corredato da un simulatore online). Ai fini dello studio, ciascuno dei quattro volumi è autosufficiente e, allo stesso tempo, complementare rispetto agli altri. Ecco in sintesi le caratteristiche di ciascuno:

- **MANUALE DI PREPARAZIONE**: è il principale strumento di studio. Raccoglie la sintesi di tutti gli argomenti previsti dai bandi del test, materia per materia. È un valido aiuto a non disperdere gli sforzi di fronte alla vastità dei programmi da svolgere, perché consente lo **studio** e il **ripasso** mirato. L'esposizione degli argomenti è resa più efficace e completa mediante schemi, tabelle, glossari, mentre l'apprendimento è facilitato e consolidato grazie ai numerosi esercizi di esempio (nella forma a risposta multipla), risolti e commentati.

  Lo spazio **MyDesk** del MANUALE propone videolezioni su argomenti di matematica, tutorial sullo svolgimento dei test, sintesi, formulari e ulteriori materiali di studio. Nel libro, un'apposita icona – visibile sul margine della pagina – segnala la presenza di contenuti aggiuntivi su MyDesk.

- **ESERCIZI COMMENTATI**: questo libro rappresenta un ulteriore step da usare nella fase intermedia della preparazione. Si tratta di un volume di esercitazioni guidate, con centinaia di quesiti, suddivisi tra le materie oggetto d'esame. Lo studente può svolgere ogni quesito in autonomia per poi verificare la soluzione nel relativo commento, dove troverà richiamate le nozioni teoriche necessarie e i metodi risolutivi più efficaci. In tal modo, il lettore può sia **esercitarsi** sia **accrescere la preparazione.**

  Nello spazio **MyDesk** correlato, è possibile accedere a un **simulatore online** per svolgere esercitazioni per materia, combinando i quesiti a disposizione di una stessa disciplina, o per comporre prove simulate secondo le modalità e i tempi dell'esame ufficiale.

- **PROVE DI VERIFICA**: è uno strumento agile ed efficace, consigliato nella **fase finale** del percorso di preparazione. Consente di valutare i propri risultati nella soluzione di prove strutturate, monitorare la preparazione raggiunta e intervenire sulle materie o aree in cui si rilevano incertezze o lacune. Contiene 10 test completi, composti con domande ufficiali dei concorsi degli ultimi anni, in forma di **prove simulate**, accompagnate da indicazioni pratiche (tempo a disposizione, criteri di calcolo del punteggio ecc.) che consentono di svolgerle e valutarle nei modi dell'esame ufficiale.
  Nello spazio **MyDesk** correlato, è possibile svolgere online le prove contenute nel volume e confrontare così il proprio risultato con quello degli altri lettori. Sono inoltre disponibili alcune prove aggiuntive.
- **4100 QUIZ – I QUESITI DELLE PROVE DI AMMISSIONE**: è la raccolta completa dei quesiti delle prove ufficiali. Gli esercizi sono suddivisi per materia (ragionamento logico e verbale; ragionamento numerico; comprensione del testo e conoscenza della lingua italiana; conoscenze scientifiche; conoscenze e competenze acquisite negli studi; inglese). Alla fine di ogni sezione sono riportate in tabella le soluzioni di tutti i quesiti. Questo volume può essere utilizzato o in parallelo allo studio del MANUALE, o allo stesso modo delle PROVE DI VERIFICA. Come nell'eserciziario, lo spazio **MyDesk** correlato consente l'accesso a un **simulatore online**, per svolgere esercitazioni mirate sulle singole discipline o argomenti e comporre numerose prove simulate da svolgere secondo le modalità e i tempi dell'esame ufficiale.

Alpha Test Academy

È l'innovativo ambiente di studio online, **personalizzato** e **assistito**, che guida lo studente nella preparazione ai test. Per ciascuna delle materie e degli argomenti previsti nelle prove di ammissione, il programma accompagna lo studente ad accrescere il livello delle sue conoscenze, proponendogli in modo **adattivo** batterie di domande a difficoltà graduale e differenziata; ogni domanda è corredata da spiegazioni o da commenti multimediali (link, videotutorial), con specifici richiami di teoria. Il materiale e l'assistenza offerti da AlphaTestAcademy consentono di chiarire lungo il percorso ogni quesito e dubbio individuale, migliorando e consolidando progressivamente conoscenze e capacità in vista del test ufficiale. Questo lavoro di preparazione mirato e specifico rappresenta quindi un utile affiancamento al manuale di preparazione o a un corso Alpha Test in aula. L'abbonamento alla piattaforma è in dotazione ai partecipanti ai corsi Alpha Test e viene abilitato al momento dell'iscrizione.

Corsi

Un ulteriore e importante Un ulteriore e importante strumento di preparazione alle prove di ammissione, che Alpha Test ha ideato per gli studenti più motivati, sono i numerosi **corsi**, svolti **in aula** oppure **on line**, con durata differenziata (da pochi giorni di lezione ad alcuni mesi). Frequentare un corso Alpha Test consente di completare, perfezionare e consolidare la propria preparazione grazie ai seguenti punti di forza.

1. **La didattica interattiva.** Ogni corso prevede cicli di lezioni e di esercitazioni dedicate al ripasso di tutti gli argomenti oggetto d'esame. Gli studenti possono beneficiare della professionalità di docenti con un'esperienza d'insegnamento unica in Italia, maturata in oltre 30 anni di attività di Alpha Test nel campo specifico della preparazione ai test universitari.
2. **Il materiale supplementare consegnato ai corsi.** Durante le lezioni, a ciascun partecipante viene fornito materiale di studio e di esercitazione aggiuntivo rispetto ai volumi, consegnato al momento dell'iscrizione. Si tratta di contenuti didattici aggiornati e specifici, redatti in base alla struttura e ai contenuti del test che si deve affrontare.
3. **I corsi online** prevedono un mix tra lezioni sincrone e asincrone e si svolgono nell'aula virtuale di MyDesk, uno spazio di e-learning completo, appositamente realizzato da Alpha Test e già sperimentato con soddisfazione da migliaia di corsisti. MyDesk consente infatti ai docenti Alpha Test di seguire gli studenti con la stessa cura che hanno in classe, assicurando quindi la più alta qualità non solo nelle fasi di spiegazione ed esercitazione sulle singole materie ma anche in termini di assistenza e supporto a chiarimento di dubbi individuali. Sono inoltre favoriti il rapporto e il confronto diretto con gli altri studenti nonché la puntuale verifica dei progressi nella preparazione.
4. **L'esperienza "sul campo".** In ciascun corso vengono svolte più simulazioni d'esame per mettersi alla prova e per confrontare la propria preparazione con quella di altri candidati.

Infine, chi desidera prepararsi al test di ammissione senza rinunciare a divertimento e nuove amicizie può partecipare a una delle **vacanze-studio Alpha Test** (per informazioni: **alphatest.it/Corsi**).

2.1 | Indicazioni per i partecipanti ai corsi Alpha Test

Alpha Test:

- è la **prima** società in Italia specializzata nel preparare gli studenti ai test di ammissione all'università;
- è l'**unica** organizzazione che può vantare un'esperienza di 35 anni e migliaia di corsi già organizzati su tutto il **territorio nazionale**;
- dal 1987 a oggi ha **preparato con successo** ai test universitari **decine di migliaia di studenti** che si sono trovati in vantaggio rispetto alle altre aspiranti matricole;
- è **la più scelta** dagli studenti che superano le selezioni per l'università (secondo i rilievi di una primaria società di indagini di mercato, l'**85%** degli ammessi a Medicina si è preparato con Alpha Test);
- propone **corsi** con durata, programmi e costi differenziati a seconda della prova di selezione e delle esigenze dei singoli studenti, comprese **vacanze-studio, corsi online** e **corsi residenziali**;
- vanta un corpo docente composto da oltre 200 esperti rigorosamente selezionati e costantemente formati: docenti e ricercatori universitari, professionisti e insegnanti con un'**esperienza didattica unica** e **specifica** nel campo della preparazione ai test universitari;
- ha sviluppato, per prima in Italia, una **metodologia didattica innovativa** e specifica per affrontare le prove a test, oggi potenziata con **Mydesk**, un originale spazio di e-learning riservato ai corsisti;
- propone ai suoi corsisti **prove simulate**, corrette individualmente; ciò consente ai partecipanti di verificare in tempo reale il proprio livello di preparazione e di apprendimento;
- effettua l'analisi e la discussione in aula delle **prove ufficiali** già utilizzate negli anni passati;
- ha sviluppato una collana di volumi specifici per i diversi test di ammissione, già scelti da oltre cinque milioni di studenti, che vengono **forniti ai partecipanti ai corsi** all'atto dell'iscrizione;
- ha sviluppato **AlphaTestAcademy**, la piattaforma di training online personalizzata, attivata per tutti coloro che si iscrivono a un corso;
- mette a disposizione anche dei suoi lettori l'accesso online a **MyDesk**, con materiali e strumenti aggiuntivi per la preparazione.

I risultati conseguiti nelle prove di ammissione dai corsisti Alpha Test nei tanti anni di esperienza confermano che prepararsi a un test frequentando lo specifico corso Alpha Test rappresenta la scelta migliore per chi è veramente motivato ad accedere al corso universitario desiderato. I dati dicono che in tal modo si aumenta fino a sette volte la probabilità di ammissione rispetto a quella degli altri candidati.

Alpha Test e il suo corpo docente mettono a disposizione l'esperienza maturata e forniscono tutto l'aiuto necessario affinché i propri studenti possano prepararsi nel modo più rapido, completo ed efficace alla prova di selezione. Per accrescere ulteriormente la probabilità di successo è comunque **essenziale l'impegno** di ogni aspirante matricola nelle attività di **studio individuale** e di **esercitazione prima e durante lo svolgimento del corso**. Per consentire agli studenti un approccio preliminare alle materie, Alpha Test consegna già all'atto dell'iscrizione i volumi MANUALE DI PREPARAZIONE, ESERCIZI COMMENTATI e la raccolta di Quiz e il codice di attivazione per AlphaTestAcademy.

Consigliamo di leggere i libri (almeno il manuale) prima dell'inizio del corso con l'obiettivo di acquisire almeno una conoscenza di base degli argomenti trattati. Questa raccomandazione vale in particolar modo per chi sceglie di frequentare uno dei corsi Alpha Test di durata minore.

Sempre al momento dell'iscrizione al corso, Alpha Test fornisce una guida operativa con istruzioni e consigli utili per avviare la preparazione anche prima dell'inizio delle lezioni e con importanti informazioni sul test di ammissione di interesse dello studente.

Durante il corso l'attenzione viene focalizzata in modo specifico sulle tipologie di quesiti previsti nella prova di ammissione di interesse. Viene inoltre esaminato e discusso con i docenti un consistente numero di esercizi diversi da quelli presenti nei libri e contenuti in appositi materiali didattici aggiornati ogni anno e distribuiti durante il corso esclusivamente ai partecipanti.

Informazioni e modalità di iscrizione ai corsi Alpha Test

Le iscrizioni ai corsi Alpha Test per la preparazione ai test di ammissione universitari sono sempre aperte, sino all'esaurimento dei posti previsti. I corsi sono infatti riservati a un numero limitato di partecipanti. Per ciascun corso, sono disponibili su **alphatest.it** le informazioni aggiornate relative al calendario e alla quota di partecipazione.

Per chi avesse già acquistato **direttamente da Alpha Test** l'ultima edizione dei libri in dotazione al corso, è prevista una riduzione della quota di iscrizione al corso pari al 100% del prezzo di copertina dei libri; se i libri sono stati acquistati **in libreria** tale riduzione è pari al 50% del prezzo di copertina.
L'iscrizione ai corsi e l'acquisto dei libri Alpha Test possono essere effettuati su **alphatest.it**
Per ricevere maggiori informazioni sui libri o una consulenza gratuita sui corsi è possibile scrivere a info@alphatest.it oppure scegliere una delle modalità indicate nella sezione "Richiedi informazioni" su **alphatest.it**

3| Il numero programmato e i test di ammissione

3.1 | Numero chiuso e sistemi di selezione nelle università italiane

Con l'espressione **numero chiuso** o **numero programmato**, in relazione ai corsi universitari, si indica un sistema di regolamentazione delle immatricolazioni che risponde a diversi fattori, tra cui:

- il rapporto fra il numero degli studenti e i servizi che l'ateneo deve assicurare (es. laboratori);
- la necessità per il sistema universitario di investire sugli studenti più capaci e meritevoli, per non disperdere le risorse in un numero non sostenibile di insuccessi formativi;
- la necessità per il sistema universitario di ridurre il tasso di abbandono negli studi e, conseguentemente, di aumentare la produttività delle proprie attività di formazione;
- l'opportunità di adeguare il numero di laureati alle effettive esigenze del mondo del lavoro nei diversi settori professionali;
- la necessità di adeguare il sistema formativo italiano alle direttive dell'Unione europea.

Nonostante coinvolgano ogni anno centinaia di migliaia di studenti, il significato, le motivazioni e le implicazioni del numero chiuso, unitamente alle modalità di selezione adottate dai singoli atenei, sono ancora poco conosciuti da molti studenti al termine delle scuole superiori.

La programmazione degli accessi è costituzionale?

Tra gli argomenti di chi è contrario al numero chiuso e ne chiede l'abolizione è compresa l'accusa di incostituzionalità, perché violerebbe il diritto allo studio e gli articoli 2, 3, 33 e 34 della Costituzione.

A questo proposito preme osservare che nell'articolo 34 il Costituente, nel disporre che «la scuola è aperta a tutti» (comma 1), aggiunge significativamente che hanno **diritto** ad accedere ai **gradi più alti degli studi «i capaci e meritevoli**, anche se privi di mezzi» (comma 3). Programmare l'accesso ad alcuni corsi universitari (cioè ai gradi più alti degli studi e non alla scuola dell'obbligo o alla secondaria) allo scopo di promuovere la qualità della formazione per gli aspiranti studenti, risulta pertanto coerente con il diritto all'istruzione. Il rispetto del dettato costituzionale imporrebbe, se mai, di potenziare l'offerta di borse di studio o di altre forme di sostegno ai capaci e meritevoli privi di mezzi economici.

Già nel novembre del 1998 la Corte Costituzionale si era pronunciata sulla legittimità costituzionale del numero programmato, evidenziando anche la necessità di garantire agli studenti una qualità dell'insegnamento conforme agli standard imposti dall'Unione europea. Nella stessa sentenza la Corte sollecitava «un'organica sistemazione legislativa», giunta l'anno successivo con la legge n. 264 del 1999, attualmente in vigore. Il 2 aprile 2013 anche la Corte europea dei diritti umani ha ribadito la compatibilità del numero chiuso e del sistema di regolamentazione dell'accesso all'università vigente in Italia con la Convenzione europea dei diritti umani.

L'adozione del numero programmato

Oggi, gran parte degli atenei sia pubblici sia privati prevedono per molti corsi di laurea il numero programmato: il numero di studenti che può iscriversi a tali corsi è dunque prestabilito ogni anno per ogni sede. La selezione avviene mediante una prova a test, quasi sempre a risposta multipla.

I primi test di accesso sono stati adottati dalle università italiane all'inizio degli anni Ottanta e l'uso sistematico di queste prove d'ingresso è stato regolamentato alla fine degli anni Novanta.

L'articolo 1 della legge 264/1999 elenca i corsi di laurea con numero programmato a livello **nazionale**:

1. Medicina e Chirurgia; Medicina Veterinaria; Odontoiatria e Protesi dentaria;
2. Architettura e Ingegneria edile-Architettura;
3. corsi di primo livello delle Professioni sanitarie (Fisioterapia, Infermieristica ecc.);
4. Scienze della Formazione primaria.

Per i corsi a ciclo unico del punto **1.**, *programmazione nazionale* del numero chiuso significa che per tutti gli atenei valgono gli stessi programmi (o *syllabi*) per le stesse materie, la stessa struttura del test e le medesime sessioni in cui svolgerlo e soprattutto che viene prodotta una graduatoria unica e nazionale.

Per i restanti corsi dell'elenco, invece, il MUR stabilisce i programmi, le discipline e la struttura della prova e talvolta l'unica data di svolgimento, mentre sia le prove sia le graduatorie risultanti sono prodotte e adottate dai singoli atenei.

Sempre per la legge 264/99, molte università statali hanno adottato il numero programmato **locale** per diversi corsi triennali o a ciclo unico, come Scienze biologiche, Farmacia, Biotecnologie, CTF, Scienze motorie, Psicologia, Economia e altri ancora. La selezione in ingresso è utilizzata anche dai principali atenei privati, quali Bocconi, LUISS, Università Cattolica, LIUC, Università Vita-Salute San Raffaele ecc.

I test di ammissione: selettivi o valutativi

Le selezioni per l'accesso a un corso di laurea a numero chiuso, nazionale o locale, si svolgono mediante una **prova a test**. Lo stesso vale per le procedure valutative. Solo in pochi casi (per lo più di atenei privati) sono previsti anche colloqui motivazionali e molto di rado al punteggio utile per l'ammissione concorre anche il voto dell'Esame di Stato o la media scolastica degli ultimi due anni di scuola del candidato.

Si consiglia sempre di controllare esattamente tempi, scadenze, programmi e modalità di selezione e/o valutazione sul bando di ammissione al corso di interesse.

I test **selettivi** per l'iscrizione a un corso a numero programmato, locale o nazionale (per esempio nei corsi dell'area medico-sanitaria e veterinaria, o di Architettura, Economia, Psicologia ecc.) consistono di questionari con quesiti a **risposta multipla**, in modo da produrre con velocità una graduatoria di ammissione in base ai punteggi ottenuti da ogni studente. Solo chi si colloca in posizione utile rispetto ai posti disponibili può iscriversi al corso prescelto.

Anche i corsi di studio ad accesso libero sono tenuti a somministrare alle matricole o aspiranti tali test di verifica della preparazione iniziale. Questi test **valutativi**, anche se obbligatori, non precludono l'iscrizione e non mettono in competizione un candidato con gli altri per accedere al corso d'elezione. Tuttavia, chi non raggiunge la *soglia minima* di punteggio fissata dall'ateneo, si vede attribuiti degli **OFA** (*obblighi formativi aggiuntivi*) in una o più discipline. Ciò comporta l'impegno a seguire dei corsi di recupero e superare una nuova verifica, di solito entro il primo semestre o il primo anno di corso, per dimostrare di avere colmate le lacune. Alcuni atenei richiedono di assolvere gli OFA prima di potere sostenere gli esami del primo anno. Perciò, anche chi intende iscriversi a un corso che non ha adottato il numero programmato deve prepararsi con determinazione a superare un test relativo alle conoscenze di base di alcune discipline e ai prerequisiti considerati necessari per il corso di suo interesse. In caso contrario, infatti, l'inizio del suo percorso universitario sarà più oneroso.

3.2 | Suggerimenti per affrontare al meglio il test

Per affrontare al meglio un test a risposta multipla è importante conoscerne le caratteristiche rilevanti: per esempio quali siano le modalità di svolgimento, la composizione, il numero dei quesiti e delle alternative di risposta, o – se possibile – quali tipologie di esercizi si dovranno risolvere. In tal modo si possono studiare anche opportune "strategie" per valorizzare al massimo le proprie conoscenze e potenzialità.

Nelle prove per l'ammissione ai corsi a numero programmato, i candidati sono selezionati sulla base di un criterio di tipo **comparativo**. Cioè, per superare la selezione **lo studente deve figurare tra i migliori** nella graduatoria: non è quindi tanto rilevante il punteggio assoluto ottenuto quanto svolgere il test di ammissione meglio di un certo numero di altri candidati.

È bene però ricordare, soprattutto nei casi dei test di ammissione a base nazionale, che a volte è prevista una soglia minima qualificante: in tal caso anche qualora residuassero posti disponibili, i candidati con punteggio inferiore a tale soglia non potrebbero immatricolarsi perché giudicati non idonei. Dunque, totalizzare i punti minimi rappresenta una condizione necessaria ma non sufficiente per l'immatricolazione.

Prima di addentrarsi nell'analisi dei contenuti dei test e degli esercizi che li compongono, è opportuno considerare alcuni suggerimenti solo in apparenza banali, e invece molto utili al fine di ottimizzare il risultato nella prova di ammissione.

3.2.1 | Prima del test

Il primo suggerimento, di carattere generale, è leggere con grande attenzione e per intero il **bando di concorso**, compresi gli allegati con i programmi di esame. Inoltre bisogna tenere in considerazione anche le **disposizioni** pubblicate dalla sede universitaria dove lo studente svolgerà la prova. Gli atenei e il Ministero, infatti, sono le fonti di informazioni **ufficiali** relative alle norme, alle modalità di selezione, alla struttura e ai contenuti della prova che regola l'ammissione al corso di studi scelto.

In particolare è importante avere ben chiare le indicazioni relative a: modalità di iscrizione alla prova; titoli necessari per potere partecipare al concorso; giorno e ora di svolgimento della prova di interesse, nonché la sua durata ecc.

L'emergenza pandemica ha spinto molte università e corsi di laurea ad adottare prove selettive *computer based*, da svolgere in multisessione (cioè su più turni e/o più giorni) in una pluralità di sedi o addirittura al domicilio dei candidati. Sarà cura dello studente verificare in quale modalità sarà somministrato il test di suo interesse. Sicuramente, in caso di test in presenza, bisognerà ricordare di recarsi all'esame con un documento di identità valido, la ricevuta di iscrizione ed eventuali ricevute di pagamento richieste.

3.2.2 | Il giorno del test

In sede d'esame, prima del suo inizio, di solito vengono comunicate ai candidati le **norme alle quali attenersi durante tutte le fasi di svolgimento del test**. Tali norme riguardano, per esempio: il tempo totale a disposizione, le modalità con cui indicare le risposte sull'apposita scheda cartacea o, in caso di prova *computer based*, le istruzioni per l'utilizzo della piattaforma; vengono inoltre fornite altre indicazioni su come comportarsi durante l'esame e al suo termine.

È necessario rispettare scrupolosamente tutte le regole, evitando così errori banali ma sostanziali (quale, per esempio, la compilazione errata della scheda per le risposte o l'omissione di una firma), che potrebbero compromettere la validità della prova e quindi l'ammissione.

In alcuni casi, all'interno del test stesso gli esercizi sono preceduti da **istruzioni circa le modalità di risoluzione** dei quesiti e a volte anche da un esempio risolto. È importante in questi casi non lasciarsi prendere dalla fretta di mettersi subito al lavoro, ma dedicare la massima attenzione alla lettura di queste istruzioni, indispensabili per capire la logica degli esercizi e per rispondere correttamente alle domande.

3.2.3 | Domande a risposta multipla

I test che vengono utilizzati per l'ammissione all'università sono costituiti da domande a risposta **chiusa**, le cui risposte sono cioè predefinite: il candidato deve individuare la sola risposta esatta tra le alternative proposte. Per rispondere a una domanda *aperta* (cioè non corredata da risposte prefissate) come per esempio "Qual è la capitale della Colombia?", occorre conoscere l'esatta nozione che consente di dare la risposta. Nel caso di *domande a scelta multipla* è invece possibile procedere anche in maniera diversa.

Si ipotizzi, per esempio, di dover rispondere al medesimo quesito, però a risposta multipla.

---

1 **Qual è la capitale della Colombia?**

A Delhi
B Buenos Aires
C Bogotá
D Brasilia
E Santiago

In questo caso è possibile determinare la risposta corretta procedendo in due modi distinti:

1. ragionando come se si trattasse di una domanda aperta: sapendo che la capitale della Colombia è Bogotá, si individua direttamente la risposta corretta (C) senza valutare le altre risposte proposte;
2. se, al contrario, non si conosce la risposta alla domanda, ma si ricordano altri accoppiamenti Paese/capitale, è possibile individuare la risposta corretta eliminando le alternative errate: sapendo che Delhi è la capitale dell'India, Buenos Aires dell'Argentina, Santiago del Cile e Brasilia del Brasile, per esclusione si può concludere che la risposta esatta è la C.

In altre parole, per rispondere correttamente a una domanda a scelta multipla non è sempre strettamente necessario conoscere la risposta esatta: a volte la soluzione può essere individuata indirettamente, escludendo le alternative errate.

Nel caso in cui, procedendo per esclusione, il candidato non riesca a eliminare tutte le alternative errate, il metodo di risposta per eliminazione permette comunque di aumentare le probabilità di individuare la risposta corretta: l'esclusione di una o più risposte riduce infatti il numero delle alternative tra cui si rimane incerti e quindi incrementa la probabilità di individuare l'alternativa corretta.

3.3 | Valore dei quesiti e gestione del tempo

Come i partecipanti ai corsi Alpha Test hanno modo di sperimentare durante lo svolgimento delle prove simulate, il **tempo** rappresenta uno dei fattori critici per affrontare con successo un test di ammissione. Infatti, le prove sono spesso progettate e formulate in modo tale da permettere solo ai più preparati e ai più veloci di rispondere, entro i termini concessi, alla totalità delle domande.

È dunque imperativo impiegare razionalmente ogni minuto, avendo ben presente – prima di iniziare la prova – il tempo medio a disposizione per ogni quesito (calcolato sui minuti complessivi divisi per il numero dei quesiti stessi), ed evitando di soffermarsi su una singola domanda per un tempo eccessivamente superiore. In generale, il consiglio è di non superare il tempo medio per più del 20%: questa dilazione per gli esercizi più complessi viene infatti compensata dalla presenza di altri di più veloce risoluzione.

Ormai in quasi tutti i test, ogni risposta corretta fa "guadagnare" lo stesso punteggio: dunque a parità di tempo impiegato conviene risolvere due esercizi semplici piuttosto che uno complesso.

Poniamo che il tempo a disposizione per l'intero test sia di 100 minuti e gli esercizi da risolvere 50, il tempo medio per quesito è di 2 minuti: quindi, bisogna evitare di dedicarne di più allo svolgimento di un singolo quesito.

L'obiettivo da raggiungere è rispondere correttamente al maggior numero possibile di esercizi; si consiglia quindi, compatibilmente con i vincoli imposti dalle modalità di svolgimento della prova, di affrontare prima gli esercizi che – per argomento o tipologia – si presume di riuscire a risolvere più facilmente e velocemente, per tornare poi a quelli più ostici per i quali si prevede un dispendio di tempo maggiore.

3.3.1 | Scelta casuale della risposta?

La correzione dei test attribuisce in genere un punteggio positivo per le risposte corrette e, nella più parte dei casi, l'attribuzione di un punteggio negativo per ogni risposta errata (di solito quantificato in una frazione di punto). Ai quesiti omessi, a cui cioè non si è risposto, viene di norma attribuito punteggio nullo.

Spesso l'attribuzione del punteggio avviene secondo la seguente modalità:

- Risposta esatta: +1
- Risposta errata: –0,25 (–1/4)
- Risposta omessa: 0

La penalità sulle risposte errate ha lo scopo di annullare il punteggio positivo che, statisticamente, il candidato potrebbe conseguire rispondendo a caso in assenza di tale penalità.

Ma **è conveniente o no rispondere a caso** ai quesiti a cui non si sa trovare soluzione?

Si supponga di non conoscere assolutamente le risposte di 20 quesiti (con 5 risposte alternative ciascuno) della prova. Scegliendo a caso, si risponderebbe statisticamente in modo corretto a 4 esercizi (20/5) e si sbaglierebbero i restanti 16 quesiti. Il punteggio totalizzato sarebbe dunque:

- risposte esatte: $4 \times (+1) = +4$
- risposte errate: $16 \times (-1/4) = -4$
- risposte nulle: $0 \times 0 = 0$
- punteggio totale: $4 - 4 = 0$

Si otterrebbe quindi un punteggio nullo, esattamente identico a quello che si totalizzerebbe scegliendo di non rispondere ai 20 quesiti. Dunque, è possibile distillare una regola utile su come comportarsi nel caso in cui non si riesca a identificare, tra le diverse risposte alternative, quella corretta:

> conviene rispondere casualmente ogni volta che il numero di alternative tra cui si è indecisi è pari o inferiore al reciproco del punteggio negativo attribuito alle risposte errate.

È evidente che il punteggio totalizzato rispondendo casualmente potrà essere tanto maggiore quanto minore sarà il numero di alternative tra cui si è indecisi e quanto minore è la penalità attribuita alle risposte errate. Il numero delle alternative tra cui si è indecisi non coincide necessariamente con quello delle alternative esistenti. Se, per esempio, le alternative proposte sono 5, ma il candidato riesce a eliminarne due perché le si riconosce come errate, la valutazione statistica va rivista su 3 alternative (cioè 5 – 2).

Nella pratica, scartare almeno due alternative di risposta è possibile anche quando l'argomento sia poco o per nulla noto al candidato. Si veda per esempio:

---

1 **In base alla Costituzione, l'Italia è:**

A una repubblica regionale
B uno Stato federale
C una repubblica democratica, fondata sul lavoro
D una repubblica presidenziale, fondata sul lavoro
E uno Stato federato

Anche senza ricordare la definizione precisa che la Costituzione dà dello Stato italiano, è facile riuscire a escludere le alternative B ed E che si segnalano per l'evidente implausibilità. L'Italia infatti è uno Stato unitario che non si articola al suo interno in altre entità statali né è a sua volta parte di uno Stato federale. Al candidato resterà dunque, eventualmente, il dubbio tra tre sole alternative (la risposta esatta è C).

3.3.2 | Prova cartacea e prova computer based

Se la prova di ammissione si svolge in presenza, può prevedere l'utilizzo di un supporto **cartaceo**, anche se si tratta di una eventualità oramai molto rara per quanto riguarda i corsi a cui rivolge questo libro. In questo caso, comunque, ricordiamo che il candidato – una volta individuata la risposta che ritiene corretta per un dato quesito – la deve segnare sull'apposita *scheda per le risposte*, distinta dal fascicolo del questionario con gli esercizi. L'operazione, in sé semplicissima, va tuttavia svolta con grande attenzione: si tratta infatti di evidenziare la lettera che identifica la risposta che si vuole indicare in corrispondenza del numero dell'esercizio. Scambiare un numero di esercizio per un altro è la più banale delle sviste ma comporta gravi conseguenze.

Per la correzione delle schede cartacee vengono utilizzati *elaboratori elettronici* dotati di *lettori ottici*, il candidato deve quindi contrassegnare come indicato nelle istruzioni lo spazio (un "cerchietto" o "quadratino") corrispondente all'alternativa ritenuta esatta.

In genere, i candidati hanno la possibilità di effettuare eventualmente **una sola correzione** per ogni domanda, sulla scheda delle risposte.

Da diversi anni tuttavia, la maggioranza delle prove autonome di ateneo e tutte le prove CISIA, compresi il TOLC-PSI e il TOLC-SU si svolgono **a computer**, sia nella modalità dal domicilio (nel qual caso bisogna anche rispettare delle precise procedure fornite dall'università per assicurare il controllo sulla correttezza dello svolgimento) sia da postazioni informatiche messe a disposizione dall'università.
Le prove computer based TOLC vengono erogate mediante la piattaforma del CISIA, previa iscrizione.
Rispetto alle prove cartacee (che hanno questionario e scheda delle risposte separate), l'indicazione della risposta è più agevole: è sufficiente cliccare lo spazio corrispondente all'alternativa che si ritiene corretta. All'interno di ogni Sezione e del tempo concesso per la soluzione dei relativi quesiti, è sempre possibile cambiare la risposta indicata. Al termine dei minuti assegnati alla Sezione, però, il sistema non consentirà di tornare sulle domande di quella Sezione.

parte seconda

RAGIONAMENTO LOGICO E VERBALE

Introduzione

Questa sezione del manuale introduce – mediante spiegazioni teoriche ed esempi pratici – i metodi e le strategie per risolvere gli esercizi di **ragionamento logico-deduttivo**, che hanno primaria importanza in tutti i test di ammissione. In particolare, nelle prossime pagine vengono presentate le categorie di domande che si incontrano sia nelle prove CISIA **TOLC-PSI** e **TOLC-SU** sia nelle **prove autonome** predisposte dai singoli atenei. Le tipologie di quesiti che tipicamente si trovano nei questionari sono:

- deduzioni logiche;
- implicazioni logiche;
- problemi di ragionamento deduttivo;
- problemi con informazioni mancanti;
- equivalenze logiche;

Questi esercizi hanno lo scopo di valutare l'**attitudine al ragionamento logico-deduttivo** e le **capacità di pensiero formale** del candidato: risorse necessarie sia per lo studio sia per il problem solving. Si vuole infatti evidenziare se lo studente è in grado – a partire da alcune premesse e mediante una concatenazione di passaggi – di giungere a conclusioni esatte o di identificare quelle errate.

I quesiti propongono situazioni e problemi più o meno complessi per saggiare l'abilità nel distinguere un'argomentazione valida da una che non lo è o un'affermazione certamente vera da una certamente falsa o solo possibile oppure ancora nel collegare dati e conoscenze per ricavare nuove informazioni ecc.

Le domande possono chiedere di verificare la validità di una proposizione o di un sillogismo; di individuare le relazioni tra proposizioni e comprenderne le conseguenze certe, possibili o impossibili; di riconoscere quando una condizione è sufficiente o necessaria per determinare una data conseguenza ecc.

Si tratta, in realtà, di abilità che chiunque di noi utilizza nella vita quotidiana, indipendentemente dal campo di studi o dal tipo di attività che svolge. La nostra intelligenza è per sua natura dotata, in varia misura, di queste capacità; esse però possono essere esercitate e sviluppate con la riflessione e l'esperienza. Per prepararsi a questo genere di test non sono necessarie conoscenze di logica formale o nozioni specifiche, ma è importante familiarizzare con la struttura degli esercizi e allenarsi a risolverli rapidamente. A questo scopo le prossime pagine presentano al lettore le tipologie di domande e illustrano i processi logici necessari per arrivare alla soluzione. La spiegazione è corredata da esercizi svolti, quali esempi di applicazione pratica dei vari modelli di ragionamento.

Nelle prove formulate dalle singole università per l'ammissione ai corsi delle aree Psicologia, Educazione e Sociologia, sono spesso incluse anche domande di **logica verbale**. Si tratta per esempio di:

- proporzioni tra parole;
- serie di parole;
- frasi da completare.

Questi esercizi mirano a valutare le capacità del candidato di comprendere le relazioni tra termini (come nelle analogie concettuali) o la coerenza logica di parole in un contesto (come negli esercizi che richiedono di completare una frase priva di alcuni vocaboli). Talvolta, invece, la richiesta è di applicare capacità di analisi al significante delle parole (cioè a come sono scritte, più che al loro senso) per riconoscere schemi comuni, regolarità, connessioni.

In particolare, per quanto riguarda i quesiti che valutano proprietà e ampiezza di vocabolario e consapevolezza lessicale (individuare sinonimi e contrari, riconoscere un termine estraneo a una serie per etimologia o significato ecc.) si consiglia di **anticipare la lettura del capitolo "Competenze lessicali" nella Parte quarta** del volume.

Introduzione

4 Ragionamento e deduzioni

Mettiti alla prova

I **«Non si può essere allegri quando non si è sereni, equilibrati e spensierati».**

«Non si può essere sereni, equilibrati e spensierati senza essere allegri».

Se le precedenti affermazioni sono vere, quale delle seguenti conclusioni è errata?

A Se si è sereni, spensierati ed equilibrati, allora si è allegri

B Essere sereni, equilibrati e spensierati è condizione necessaria per essere allegri

C Chi non è allegro non può essere sereno, equilibrato e spensierato

D Chi è allegro non può non essere sereno, equilibrato e spensierato

E Essere sereni, equilibrati e spensierati è condizione necessaria, ma non sufficiente per essere allegri

II **Si considerano vere le due affermazioni:**

- ogni cosa sgrama è fussa

- ogni cosa resba è fussa

Si scelga fra le seguenti l'affermazione che segue necessariamente dalle premesse:

A Ogni cosa resba è sgrama

B Qualche cosa sgrama è resba

C Nulla segue

D Ogni cosa sgrama è resba

E Qualche cosa resba non è sgrama

III **Su una pista di atletica sono presenti diciotto corridori, alcuni appartengono alla squadra Lampo, gli altri alla squadra Fulmine. Una parte dei corridori presenti sulla pista di atletica calza scarpe rosse. Il numero di corridori presenti sulla pista che non calza scarpe rosse è maggiore di quello dei corridori che le calza. Il numero di corridori appartenenti alla squadra Lampo presenti sulla pista è superiore a quello dei corridori appartenenti alla squadra Fulmine e quello dei corridori appartenenti alla squadra Lampo che non calzano le scarpe rosse è pari a quattro. Si può quindi dedurre con certezza che tra i corridori presenti sulla pista ci sono:**

A al massimo due corridori appartenenti alla squadra Fulmine che calzano scarpe rosse

B otto corridori appartenenti alla squadra Fulmine

C al massimo sei corridori appartenenti alla squadra Lampo che calzano scarpe rosse

D al massimo dieci corridori appartenenti alla squadra Lampo

E almeno otto corridori appartenenti alla squadra Fulmine

Ecco le risposte esatte dei 3 quesiti proposti: I **E**, II **C**, III **A**.

Gli esercizi di questa sezione valutano l'attitudine e le capacità logico-deduttive del candidato, intesa come capacità di comprendere relazioni di causa ed effetto, di seguire accuratamente una sequenza complessa di affermazioni tra loro interdipendenti cogliendone le implicazioni, di distinguere ragionamenti coerenti da argomentazioni prive di fondamento e così via.

Per affrontare i quesiti di questa sezione non è richiesta alcuna conoscenza di logica formale, né una preparazione in discipline specifiche, ma è importante, piuttosto, analizzare le tipologie di esercizi proposte nei test, comprenderne la struttura e le peculiarità, imparare le strategie per giungere rapidamente alla soluzione.

4.1 | Deduzioni logiche

Alcuni esercizi richiedono al candidato di analizzare un testo e verificare la validità o meno del ragionamento proposto oppure di individuare conclusioni da esso certamente deducibili o solo possibili. È molto importante saper individuare correttamente le relazioni logiche, in particolare quella di *causalità*, che collegano fra loro più argomentazioni, di *inclusione* ecc.

Ogni proposizione che sia parte di un ragionamento logico deve rispettare alcuni principi necessari:

- deve potersi stabilire se è vera o falsa (es.: "Quando ceniamo?" non è una proposizione logica);
- deve essere o vera o falsa (*principio del terzo escluso*).
- non può essere sia vera sia falsa (*principio di non contraddizione*);
- deve mantenere stabile al proprio interno il significato dei termini usati (*principio di identità*);

4.1.1 | Condizione necessaria e condizione sufficiente

Alcuni esercizi propongono un'affermazione rispetto alla quale bisogna stabilire cosa è possibile dedurre con certezza o no.

Spesso, i quesiti riguardano le implicazioni tra due fatti, di cui uno è *condizione* al verificarsi dell'altro. In genere al candidato si chiede di saper distinguere, a partire da un testo dato, tra conseguenze certe o possibili di tali implicazioni. Per rispondere correttamente, bisogna ricordare che:

- una condizione è **sufficiente**, quando il suo verificarsi implica sempre il verificarsi della conseguenza indicata (se la condizione presupposta A sussiste, il fatto collegato B si verifica di sicuro; se il la condizione presupposta A *non* sussiste, B potrebbe comunque verificarsi; se l'evento B *non* si verifica, *nemmeno* la condizione presupposta A sussiste). Si solito è introdotta dalla congiunzione **se**, in una delle seguenti formulazioni: se A allora B; ogni volta che A allora B; quando A allora B ecc.

  Si applica la seguente regola: da una frase del tipo

  se A allora B

  si può dedurre con certezza **solo** che:

  se non B allora non A.

  In altri termini: se A è sufficiente perché si verifichi B, allora il non verificarsi di B implica che nemmeno A si verifichi, perché se A fosse vero sarebbe vero anche B.

  Si consideri la frase: «Se gioco a carte mi diverto», che si può formalizzare «se A (= gioco a carte) allora B (= mi diverto)». Applicando la regola appena esposta, l'unica deduzione certa è: se non B (se non mi sono divertito) allora non A (non ho giocato a carte).

- una condizione è **necessaria**, se il suo verificarsi è indispensabile al verificarsi della conseguenza indicata (se la condizione presupposta A sussiste, l'evento collegato B *può* verificarsi; se la condizione presupposta A *non* sussiste, B *non può* verificarsi; se B *non* si verifica, la condizione presupposta A *potrebbe* comunque sussistere); di solito è introdotta dalla locuzione **solo se**;
  Si applica la seguente regola: da una frase del tipo:
  solo se A allora B
  si può dedurre con certezza che:
  se non A allora non B
  oppure
  se B allora A
  In altri termini: essendo A necessario per B, è evidente che se A non si verifica allora non può verificarsi neppure B. Viceversa, se B si verifica significa che A deve essersi verificato (essendo necessario). Si consideri la frase: «Solo se mi alleno divento un bravo atleta», formalizzata in «solo se A (= mi alleno) allora B (= divento un bravo atleta)». Applicando la regola appena esposta, le deduzioni certe sono: *se non A* (se non mi alleno) *allora non B* (non divento un bravo atleta); *se B* (se sono diventato un bravo atleta) *allora A* (mi sono allenato).
- una condizione è **necessaria e sufficiente**, quando due fatti sono l'uno la condizione presupposta dell'altro (cioè quando il verificarsi o meno dell'uno significa anche il verificarsi o meno dell'altro); di solito è introdotta dalla locuzione **se e solo se**.
  Si applica la seguente regola: da una frase del tipo
  se e solo se A allora B
  si può dedurre con certezza tutto quello che si ricava nei due casi precedenti:
  se non A allora non B
  se non B allora non A
  se B allora A

Esempi

---

1 **«Perché Giovanni sorrida è sufficiente che qualcuno lo accarezzi». Se l'affermazione precedente è vera quale delle seguenti deve essere vera?**
A Se Giovanni ha sorriso allora sicuramente qualcuno lo ha accarezzato
B Giovanni non può sorridere se nessuno lo accarezza
C Prima che Giovanni sorrida è necessario che qualcuno lo accarezzi
D Giovanni non sorride mai
E È possibile che Giovanni sorrida senza che qualcuno lo accarezzi

L'esercizio mette a premessa una condizione *sufficiente*, che comporta l'implicazione del tipo *se A* (= se qualcuno lo accarezza) *allora B* (= allora Giovanni sorride) da cui si può dedurre con certezza solo che, se *non B* (se Giovanni non sorride), allora *non A* (nessuno lo ha accarezzato). Confrontando questa implicazione con le alternative proposte, si nota che A, B e C non si possono dedurre con certezza (rappresentano in realtà implicazioni di una condizione necessaria). La soluzione al quesito è fornita, pertanto, dall'alternativa E. Il fatto che qualcuno accarezzi Giovanni è sufficiente affinché lui sorrida, ma non è necessario: Giovanni potrebbe sorridere anche in altri casi.

---

2 **«È necessario studiare per vincere il concorso». Se la precedente affermazione è vera, allora è certamente vero che:**
A il concorso lo posso vincere anche se non studio
B studiare è sufficiente per vincere il concorso
C se non studio non vinco il concorso
D anche studiando a volte non si prendono voti alti a scuola
E nessuna delle precedenti alternative è vera

Dire che è «necessario studiare per vincere il concorso» vuol dire che il fatto di studiare è imprescindibile e irrinunciabile per poter vincere il concorso. Attenzione, però: che A (= studiare) sia necessario non implica automaticamente B (= vincere il concorso). Implicazioni certe di una condizione necessaria sono solo: *se B allora A* (se vinco il concorso, ho studiato); *se non A allora non B* (se non studio, non vinco il concorso). Confrontando queste implicazioni con le alternative, si possono escludere A e B (studiare non garantisce di vincere il concorso), mentre C è perfettamente coerente ed è la soluzione del quesito).

PARTE SECONDA

---

3 **«Se e solo se fa fisioterapia il paziente può guarire».**

Se la precedente affermazione è vera allora è certamente vero che:

- A anche se non fa fisioterapia il paziente può guarire
- B anche se fa fisioterapia il paziente potrebbe non guarire
- C è più importante fare fisioterapia che assumere medicinali
- D se il paziente è guarito ha fatto fisioterapia
- E il paziente guarito potrebbe non avere fatto fisioterapia

Dire che «se e solo se fa fisioterapia il paziente guarisce», significa porre A (= fare fisioterapia) come condizione irrinunciabile al verificarsi del fatto B (= guarire) ma significa anche che A basta da solo a fare accadere B. Le implicazioni certe di questa situazione sono: *se non A allora non B* = senza fisioterapia non si guarisce (A ed E errate); *se non B allora non A* = chi non guarisce non ha fatto fisioterapia (B errata); *se B allora A* = chi guarisce ha fatto fisioterapia: D è corretta ed è la soluzione del quesito.

RICAPITOLANDO

Condizione sufficiente = *se A allora B.*

L'unica deduzione certa è: *se non B allora non A.*

Condizione necessaria = *solo se A allora B.*

Le uniche deduzioni certe sono: *se B allora A; se non A allora non B.*

Condizione necessaria e sufficiente = *se e solo se A allora B.*

Le uniche deduzioni certe sono: *se non B allora non A; se B allora A; se non A allora non B.*

---

4 **«La mia squadra vince se non gioca nella palestra dove si allena».**

Se quanto affermato sopra è vero, allora è certamente vero che:

- A se la mia squadra gioca nella palestra dove si allena allora sicuramente non vince
- B se la mia squadra ha vinto allora non ha giocato nella palestra dove si allena
- C se la mia squadra non ha vinto è perché ha giocato nella palestra dove si allena
- D la mia squadra è la prima della classifica nel campionato che sta disputando
- E per la mia squadra è necessario non giocare nella palestra dove si allena per vincere

Per risolvere il quesito conviene dividere la frase nella parti A e B:

- parte A: se non gioca nella palestra dove si allena;
- parte B: la mia squadra vince.

Si può così osservare che la frase è del tipo *se A allora B*; ci si trova pertanto di fronte a una condizione sufficiente. In questa situazione, l'unica cosa che si può dedurre con certezza è che *se non B allora non A*, cioè: *Se la mia squadra non ha vinto è perché ha giocato nella palestra dove si allena* (alternativa C soluzione del quesito). Il fatto di non giocare nella palestra dove si allena è, per la mia squadra, condizione sufficiente affinché questa vinca, per cui se non ha vinto è certamente perché ha giocato nella palestra dove si allena.

La condizione sulla quale si deve concentrare l'attenzione è il "non giocare", mentre nulla si può dire con certezza nel caso in cui la squadra giochi nella palestra dove si allena.

5 **«Se gli studenti si applicano, conseguiranno la promozione».**

Se quanto affermato è vero, quale delle seguenti affermazioni è vera?

A Se uno studente si applica, conseguirà il massimo risultato

B Verranno promossi solo gli studenti che si sono applicati

C Se uno studente non si applica, verrà bocciato

D Se uno studente è stato promosso è possibile che si sia applicato

E Essere promossi è difficile

Il fatto che uno studente si applichi è condizione sufficiente per la promozione: possono tuttavia configurarsi anche altre condizioni sufficienti per essere promossi. È quindi solo possibile, ma non necessario, che uno studente promosso si sia applicato. Ciò dimostra che la risposta corretta è la D e che l'alternativa C è errata. L'alternativa A è sbagliata perché la promozione non necessariamente corrisponde al conseguimento del massimo risultato, mentre l'alternativa B è sbagliata perché pone l'impegno degli studenti quale condizione *necessaria* affinché essi siano promossi.

6 **Determinare quale delle seguenti situazioni NON è compatibile con l'affermazione: «Per superare questo esame è necessario, ma non sufficiente, conoscere l'inglese e non arrivare in ritardo».**

A Ludovica conosce l'inglese, arriva puntuale, e supera l'esame

B Andrea non conosce l'inglese, arriva puntuale, e supera l'esame

C Mauro conosce l'inglese, arriva puntuale, e non supera l'esame

D Livia non conosce l'inglese, arriva in orario, e non supera l'esame

E Mattia arriva puntuale e non supera l'esame

Conoscere l'inglese e non arrivare in ritardo è condizione necessaria, ma non sufficiente per superare l'esame. Questo significa che se non si conosce l'inglese e non si arriva puntuali, non si può superare l'esame e se si è superato l'esame si deve aver conosciuto l'inglese e essere arrivati puntuali. Poiché la condizione è necessaria, ma non sufficiente, si potrebbe anche conoscere l'inglese e non arrivare in ritardo ma, comunque, non superare l'esame.

Risultano, quindi, compatibili le alternative A e C e E (si potrebbe superare l'esame conoscendo l'inglese e non arrivando in ritardo, ma anche non superarlo), come è compatibile la D perché se non si conosce l'inglese e non si arriva puntuali non si può superare l'esame. Risulta, invece, incompatibile la B (soluzione del quesito), perché se si è superato l'esame, allora certamente si doveva conoscere l'inglese e essere arrivati puntuali (essendo necessarie tali condizioni).

7 **«Solo se vado a dormire presto, rendo al massimo sul lavoro».**

In base alla precedente affermazione, è necessariamente vero che:

A è possibile che renda al massimo sul lavoro anche se non vado a dormire presto

B se vado a dormire presto, sicuramente rendo al massimo sul lavoro

C se non vado a dormire presto, non rendo al massimo sul lavoro

D se non rendo al massimo sul lavoro, significa che non sono andato a dormire presto

E mi basta andare a letto alle 21 per dare il massimo sul lavoro

Andare a dormire presto è una condizione necessaria per poter rendere al massimo sul lavoro. La condizione è necessaria, ma non sufficiente, quindi non è detto che andando a dormire presto si rende certamente al massimo. È però sempre vero che se ho reso al massimo, certamente ero andato a dormire presto (perché si rende al massimo SOLO se si va dormire presto) e che se non vado a dormire presto non renderò al massimo (C soluzione del quesito).

8 «Se e solo se Caterina prende l'automobile, vado al cinema con lei». In base alla precedente informazione, quale delle seguenti affermazioni è certamente vera?

- A Se vado al cinema con Caterina significa che lei prende l'automobile
- B Quando vado al cinema Caterina viene con me
- C Ogni tanto vado al cinema con Caterina per non rimanere da sola
- D A volte, anche se Caterina prende l'automobile, non vado al cinema con lei
- E Nessuna delle altre alternative è vera

Il fatto che Caterina prenda l'automobile è condizione sia sufficiente, sia necessaria affinché vada al cinema. È quindi certamente vera la A: se Caterina va al cinema (se cioè accade l'evento implicato e conseguente) significa che ha sicuramente preso la macchina (perché lei va al cinema se, ma anche SOLO nel caso in cui, prende la macchina).

9 «Se il pane è cotto la focaccia è cruda. Se l'arancino è crudo il gelato è pronto. Inoltre o il pane è cotto o l'arancino è crudo». In base alle precedenti affermazioni è sicuramente vero che:

- A la focaccia è cruda o il gelato è pronto
- B il gelato è pronto
- C la focaccia è cruda e gelato è pronto
- D la focaccia è cruda
- E nessuna delle altre alternative è vera

Per rispondere bisogna collegare le diverse affermazioni proposte dal testo. L'esercizio dice che si verifica sempre *o* una *o* l'altra di due situazioni: *o* X = il pane è cotto *o* Y = l'arancino è crudo. Quindi X e Y si escludono l'una con l'altra. Queste situazioni, rappresentano la condizione sufficiente di due rispettive conseguenze: se X, allora Z (= la focaccia è cruda); se Y, allora W (= il gelato è pronto). Siccome si verifica sempre o X o Y, si verifica sempre anche la rispettiva conseguenza. Dunque si sa per certo che si ha sempre o Z o W, dunque sempre *o* che la focaccia è cruda, *oppure* che il gelato è pronto: dunque sempre una delle due ma non entrambe (C errata). La A è la soluzione al quesito. Le alternative B e D sono errate in quanto non sono certamente vere, ma solo possibili.

10 «Imparerai che per un intervallo H di numeri reali vale la seguente proprietà: H è compatto se e solo se è chiuso e limitato». Senza che tu debba conoscere il significato dei termini in oggetto, scegli tra le seguenti affermazioni l'unica che consegue necessariamente dalla proprietà enunciata.

- A Se H è limitato ma non compatto, allora H è chiuso
- B Se H è chiuso e compatto, allora H non è limitato
- C Se H non è limitato, allora H non è compatto
- D Se H è chiuso oppure è limitato, allora H è compatto
- E Se H non è chiuso oppure non è limitato, allora H è compatto

Una frase del tipo *se e solo se A, allora B* propone una condizione necessaria e sufficiente. La parte A della frase corrisponde a «chiuso e limitato»; la parte B a «è compatto». In questo caso valgono le deduzioni logiche sia della condizione sufficiente, sia della condizione necessaria, per cui è anche vero che:

se non B, allora non A; // se non A allora non B; // se B allora A.

Analizzando le alternative si osserva come la C corrisponda proprio a *se non A allora non* B quindi è la soluzione del quesito.

11 Lucia e Alessandra amano il giardinaggio. Alla fine dell'estate Lucia, che ha più esperienza, consiglia ad Alessandra di potare le rose a settembre; infatti, se a settembre non si fa la potatura, a primavera o le piante daranno pochi fiori o daranno fiori poco profumati o entrambe le cose. Se il consiglio di Lucia è corretto, quale delle seguenti affermazioni è vera?

- **A** A primavera, vedendo il giardino di Alessandra con pochissime rose senza profumo, Lucia sa che il suo consiglio non è stato seguito
- **B** Alessandra ha potato le sue piante a settembre quindi a primavera il suo giardino avrà molte rose profumatissime
- **C** A primavera, vedendo le molte e profumate rose nel giardino di Alessandra, Lucia sa che il suo consiglio è stato seguito
- **D** Se a primavera le rose di Alessandra profumano, allora le ha potate a settembre
- **E** Se a primavera il giardino di Alessandra ha poche rose poco profumate è perché non le ha potate a settembre

Per quanto espresso in forma un poco involuta, questo esercizio propone la classica implicazione della condizione sufficiente: *se A allora B*. Qualche difficoltà in più deriva dal fatto che *A* è espresso in forma negativa ("non potare le rose a settembre") e *B* consiste di tre proposizioni disgiunte ("dare pochi fiori" o "dare fiori poco profumati" o "entrambe le cose"). Ne consegue che la negazione di *A* deve essere una proposizione affermativa e la negazione di *B* deve falsificare tutte e tre le sue componenti. In particolare, dunque, l'unica deduzione logicamente lecita (*se non B allora non A*) deve equivalere a: *se le piante danno molte rose e molto profumate, allora sono state potate a settembre*. Stabilito ciò, possiamo andare a verificare le singole opzioni di risposta, ricordando che "il consiglio di Lucia" è logicamente equivalente a "potare le rose a settembre":

- la **A** e la **E** (che si possono entrambe schematizzare: *se B allora A*), non sono certamente vere: infatti, le poche rose non profumate possono conseguire da altre cause, diverse dalla mancata potatura;
- la **B** (che si può schematizzare: *se non A allora non B*) non è certamente vera: infatti non è detto che potando le rose al tempo opportuno la fioritura sia quella attesa;
- la **D** non è coerente, infatti l'implicazione *se non B allora non A* non è verificata se viene negata una sola delle tre componenti di *B*; quindi, il solo fatto che le rose profumino non basta a implicare che sono state potate a settembre (la mancata potatura può infatti avere come conseguenza anche soltanto i pochi fiori).

La risposta corretta è quindi la **C**: se a primavera il giardino di Alessandra è pieno di molte rose molto profumate (= *non B*) significa che è stato seguito il consiglio di Lucia di potare a settembre (= *non A*).

12 Alla libreria "Del bel tacer non fu mai scritto" un cartello recita: «Solo chi parla poco legge molto. Solo chi pensa molto ascolta poco».
Se i frequentatori della libreria si comportano in modo coerente con quanto dice il cartello, è vero che al suo interno:

- **A** chi non ascolta poco pensa molto
- **B** chi non legge molto non parla poco
- **C** chi pensa molto legge poco
- **D** o si pensa molto o si ascolta poco
- **E** se si legge molto si parla poco

La formulazione del testo – costruita sulle opposizioni degli avverbi "molto" e "poco"– è concepita per trarre in inganno e far credere che le due proposizioni siano tra loro collegate. Se però si semplificano le due frasi in termini puramente logici, si nota che si tratta di due proposizioni tra loro indipendenti, che esprimono ciascuna una condizione necessaria. Si può schematizzare:

- "solo se *A* (parlare poco) allora *B* (leggere molto)", da cui si deduce "se non si parla poco, allora non si legge molto" e "se si legge molto allora si parla poco";
- "solo se *C* (pensare molto) allora *D* (ascoltare poco)" da cui si deduce "se non si pensa molto allora non si ascolta poco" e "se si ascolta poco allora si pensa molto".

È evidente che non è lecito, secondo le regole logiche, creare implicazioni tra gli elementi delle due distinte relazioni. Pertanto possiamo escludere subito la C. Anche la D si elimina facilmente perché disgiunge come alternativi due eventi che sono invece collegati in una relazione di necessità. Nemmeno è accettabile la A: il testo dice che è necessario pensare molto (*C*) per ascoltare poco (*D*), mentre l'opzione di risposta dice che *non D* implica *C*, facendo una deduzione illecita. Anche la conclusione espressa in B è errata, perché pur non leggendo molto si può comunque parlare poco. Resta dunque la E: se è necessario parlare poco (*A*) per leggere molto (*B*), è lecito dedurre che se si legge molto allora si parla poco.
Siamo ora in grado di rispondere al primo quesito proposto all'inizio del capitolo.

Quesito I. Le due affermazioni del testo possono essere trasformate nel seguente modo:

- solo se si è sereni, equilibrati e spensierati si è allegri;
- se si è sereni, equilibrati e spensierati, allora si è allegri.

Dunque l'essere sereni, equilibrati e spensierati è condizione sia sufficiente, sia necessaria per essere allegri.

Ricordando che nel caso di una frase del tipo "se e solo se A allora B" (condizione necessaria e sufficiente) è possibile dedurre con certezza che:

- se non B allora non A;
- se B allora A;
- se non A allora non B.

Le alternative A, B, C e D sono tutte deducibili da una delle due affermazioni, mentre la E risulta errata ed è quindi la soluzione del quesito.

4.2 | Sillogismi

Un sillogismo è un ragionamento deduttivo per cui – date due premesse che condividono un termine medio – si deriva una conclusione come necessaria. Naturalmente un sillogismo è corretto solo se la verità delle premesse implica quella della conclusione.
Una variante dei problemi di deduzione logica è costituita da domande che, nella loro formulazione, sono sillogismi o li richiamano per struttura. Vengono presentati tre enunciati da cui – rispettando i valori di verità delle reciproche implicazioni – si possono trarre conclusioni certe. Gli esercizi richiedono di identificare, tra le alternative proposte, quella in cui compare un'affermazione logicamente deducibile dalle premesse o non deducibile.

Esempi

---

1 **«Tutti gli avvocati sono prolissi; Giorgio ama la montagna; tutte le persone che amano la montagna sono prolisse».**
Se le affermazioni sopra riportate sono vere, quale delle seguenti è necessariamente vera?

A Giorgio è un avvocato
B Tutte le persone prolisse sono avvocati
C Tutti gli avvocati amano la montagna
D Giorgio è prolisso
E Giorgio avrebbe voluto essere un avvocato

La risposta esatta è la D. Infatti se Giorgio ama la montagna e tutti coloro i quali amano la montagna sono prolissi, anche Giorgio è prolisso.
L'alternativa A è errata in quanto Giorgio, amando la montagna, è necessariamente prolisso, ma ciò non implica che sia avvocato. Il fatto che tutti gli avvocati siano prolissi non implica necessariamente che tutte le persone prolisse siano a loro volta avvocati! Per lo stesso motivo è dunque errata anche l'alternativa B.
L'alternativa C è poi da scartare: sapere che gli avvocati sono prolissi e sapere che anche le persone amanti della montagna sono prolisse non consente di dedurre che tutti gli avvocati amano la montagna.
La E è palesemente errata e non necessita di spiegazione.

Alla soluzione si sarebbe potuti giungere anche in un modo "grafico", che può risultare particolarmente utile e efficace. Le tre affermazioni iniziali potevano infatti essere graficamente riportate come segue:

avvocati $\Rightarrow$ persone prolisse

$\Uparrow$

Giorgio $\Rightarrow$ persone che amano la montagna

Seguendo le frecce che riproducono le tre affermazioni è possibile giungere dall'insieme *Giorgio* all'insieme *persone prolisse*. Non è invece possibile giungere dall'insieme *Giorgio* all'insieme *avvocati*. Per far ciò sarebbe stata necessaria una freccia dall'insieme *persone prolisse* all'insieme *avvocati*. In altre parole, sarebbe stato necessario sapere che tutte le persone prolisse sono avvocati. Mancando tale informazione, si può stabilire che le alternative **A** e **B** sono errate.

Analogamente, per collegare l'insieme *avvocati* con l'insieme *persone che amano la montagna*, ossia per poter affermare che tutti gli avvocati amano la montagna, sarebbe stato necessario avere una freccia dall'insieme *persone prolisse* all'insieme *persone che amano la montagna*. In altre parole, sarebbe stato necessario sapere che tutte le persone prolisse amano la montagna. Mancando tale informazione, ne segue che l'alternativa **C** è errata.

Altra possibilità di soluzione grafica è rappresentata dall'utilizzo di diagrammi insiemistici.

L'insieme *avvocati* (insieme A) è compreso nell'insieme *persone prolisse* (insieme P).

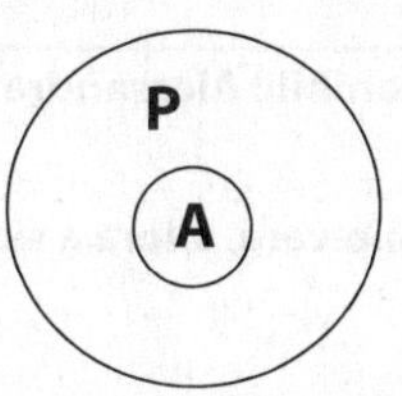

Anche l'insieme delle *persone che amano la montagna* (insieme M) è interamente compreso nell'insieme P. Non si può dire nulla di certo sulla relazione tra l'insieme M e l'insieme A. Essi possono avere elementi in comune, essere uno compreso nell'altro o essere totalmente separati o coincidenti.

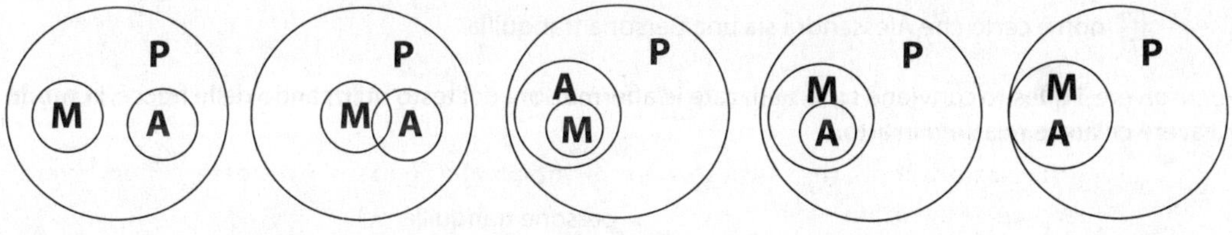

Giorgio è all'interno dell'insieme M *amanti della montagna*, quindi compreso tra le persone prolisse. Questa è l'unica cosa che si può dedurre con sicurezza.

---

2 A tutte le nuove matricole è stato dato il tesserino per l'accesso alla mensa. Tale tesserino non è stato dato ad alcuno degli studenti di Economia. Se ne deduce che:

A tutti coloro a cui è stato dato il tesserino per l'accesso alla mensa sono nuove matricole
B qualche nuova matricola è uno studente di Economia
C a tutti coloro che non sono studenti di Economia è stato dato il tesserino di accesso alla mensa
D nessuna delle nuove matricole è uno studente di Economia
E qualche studente di Economia è una nuova matricola

Se E è l'insieme degli iscritti a Economia, T l'insieme delle persone a cui è stato dato il tesserino e NM l'insieme delle nuove matricole, si possono rappresentare graficamente le relazioni proposte dall'esercizio in uno dei seguenti modi:

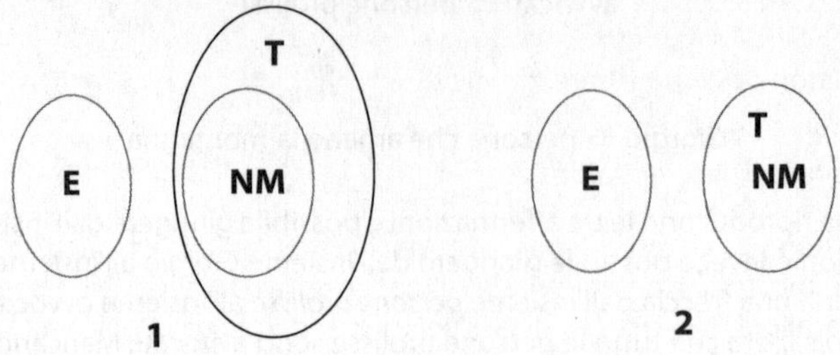

L'esercizio afferma infatti che i due insiemi E e T devono essere separati (nessuno degli iscritti a Economia ha ricevuto il tesserino), mentre NM deve essere completamente inserito all'interno di T (tutte le nuove matricole hanno ricevuto il tesserino). Quello che però l'esercizio non dice è se siano SOLO le nuove matricole ad aver ricevuto il tesserino (in tal caso sarebbe vera la seconda rappresentazione, dove vi è coincidenza tra i due insiemi), oppure se anche altri studenti che lo abbiano ricevuto (in tal caso sarebbe vera la prima rappresentazione, in cui l'insieme NM è sottoinsieme dell'insieme T). Pertanto, l'unica alternativa che si può considerare certamente vera è la **D**: i due insiemi *studenti di economia* e *nuove matricole* sono sempre separati.

---

3 **«Gli irlandesi sono persone disponibili; Alessandra è una persona disponibile; gli irlandesi sono persone tranquille».**

Se le precedenti affermazioni sono vere, allora è sicuramente vero che:

A Alessandra è irlandese

B tutte le persone disponibili sono irlandesi

C tutte le persone tranquille sono anche disponibili

D solo gli irlandesi sono persone tranquille

E non è certo che Alessandra sia una persona tranquilla

Per risolvere il quesito conviene schematizzare le affermazioni del testo utilizzando delle frecce, in modo da avere chiare le relazioni in atto.

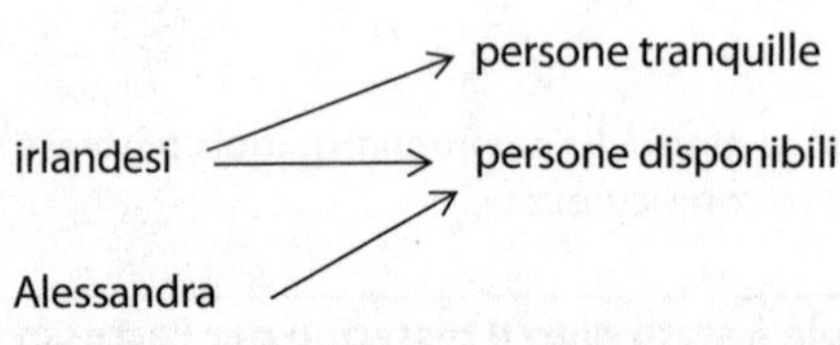

Si presti attenzione al verso delle frecce. Dire che gli irlandesi sono persone disponibili (freccia che parte da *irlandesi* e arriva a *persone disponibili*), non implica l'inverso: cioè, non abbiamo informazioni per affermare o negare che tutte le persone disponibili siano irlandesi (alternativa **B** errata). Per lo stesso motivo risulta errata anche l'alternativa **D** (non possiamo sapere se tutte le persone tranquille siano irlandesi). Dallo schema risulta anche evidente che non sappiamo se Alessandra sia o no irlandese (alternativa **A** errata) né se tutte le persone tranquille siano anche disponibili (alternativa **C** errata). Dalle relazioni dell'esercizio, l'unica deduzione sicura è che non si sa se Alessandra sia una persona tranquilla: dunque l'alternativa **E** è la soluzione del quesito.

4 **«Non ci sono calciatori che non sono atleti. Nessuna persona timida è atleta. Giovanni è timido». Se le precedenti affermazioni sono vere, allora è certamente vero che:**

- **A** tutti gli atleti giocano a calcio
- **B** qualche calciatore è timido
- **C** Tutti i calciatori possono essere timidi
- **D** Giovanni non è un calciatore
- **E** Giovanni è un calciatore timido

Affermare che non esistono calciatori che non siano anche atleti equivale a dire che tutti i calciatori sono atleti, sono cioè, come mostrato dal seguente schema, un sotto insieme dell'insieme *atleti*. Se nessuna persona timida è atleta, allora l'insieme *timidi* sarà del tutto separato da quello *atleti*. Se Giovanni è timido certamente non sarà un elemento dell'insieme *atleti* né tanto meno del suo sottoinsieme *calciatori* (**D** soluzione del quesito).

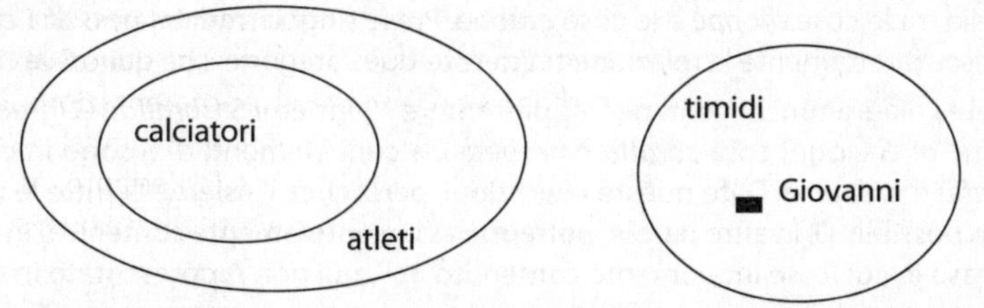

5 **Nel paese di Belpoggio tutti i ragazzi praticano qualche sport. Sapendo che:**

- **chi gioca a calcio fa anche nuoto**
- **chi gioca a tennis non fa nuoto**
- **chi gioca a pallavolo gioca anche a calcio**

si può concludere che:

- **A** chi gioca a pallavolo fa anche nuoto
- **B** chi fa nuoto gioca anche a calcio
- **C** chi fa nuoto e gioca a pallavolo, gioca anche a tennis
- **D** chi gioca a tennis gioca anche a calcio
- **E** chi non gioca a calcio non fa nuoto

Per risolvere l'esercizio la via più comoda è l'uso dei diagrammi insiemistici. Poniamo che: **C** = chi gioca a calcio; **N** = chi pratica nuoto; **T** = chi gioca a tennis; **P** = chi gioca a pallavolo. È possibile rappresentare le relazioni proposte dal quesito nel seguente modo:

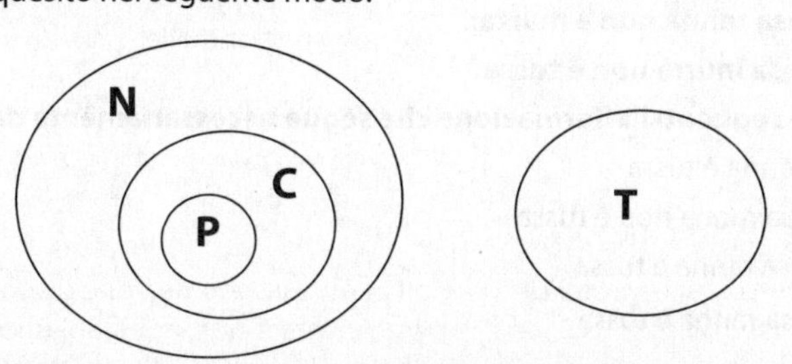

Si nota come l'alternativa **A** sia l'unica deducibile (tutti coloro che giocano a pallavolo praticano anche nuoto). Non possiamo infatti concludere con certezza che tutti i nuotatori giocano a calcio (alternativa **B** errata), mentre sappiamo per certo che non esiste intersezione tra chi gioca e chi nuota, né dunque con chi gioca a pallavolo o a calcio (alternative **C** e **D** errate). Infine, di nuovo non possiamo sapere se chi non gioca a calcio nemmeno faccia nuoto: anche l'alternativa **E** è da scartare.

PARTE SECONDA

6 Si considerino vere le due affermazioni:

- **ogni cosa sbraffa è grabba;**
- **qualche cosa sbraffa è droppa.**

Si scelga fra le seguenti l'affermazione che segue necessariamente dalle premesse:

A qualche cosa droppa è grabba

B qualche cosa droppa non è grabba

C nulla segue

D ogni cosa droppa è grabba

E nessuna cosa droppa è grabba

Il quesito chiede di stabilire se e quale tra le relazioni proposte dalle alternative sia sicuramente vera. Si osservi prima di tutto che nessuna alternativa considera le cose *sbraffe*, quindi la relazione che è necessario definire è quella tra le cose *droppe* e le cose *grab*be. Prese singolarmente, nessuna delle due affermazioni date stabilisce direttamente la relazione tra queste due categorie, che quindi va ricavata.

Per farlo, è utile usare i diagrammi di Venn per rappresentare i 3 insiemi S (*sbraffa*), G (*grabba*) e D (*droppa*): S è sottoinsieme di G («ogni cosa *sbraffa* è *grabba*»); alcuni elementi di S sono in comune con D («qualche cosa *sbraffa* è *droppa*»). Date queste condizioni, però, circa l'insieme D tutte le configurazioni sotto illustrate sono possibili: D, in altre parole, potrebbe essere interamente contenuto in G (come accadrebbe anche nel caso in cui fosse interamente contenuto in S, qui non rappresentato in quanto non rilevante ai fini della soluzione), oppure avere anche elementi che non appartengono a G.

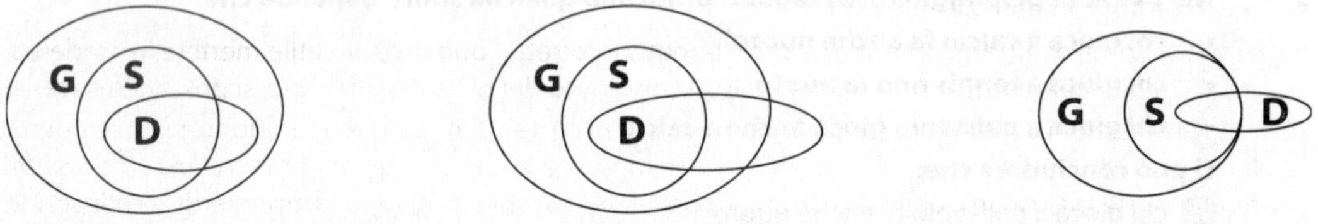

Possiamo quindi verificare che la sola affermazione certamente vera tra quelle proposte è la A, che è dunque la soluzione dell'esercizio. La B e la D sono possibili ma non certe, mentre la E sempre errata.

In alternativa, affrontando il quesito come un sillogismo a cui manca la conclusione, si può dedurre che se tutte le *sbraffa* sono *gabbra* (premessa maggiore) e qualche *sbraffa* è *droppa* (premessa minore), allora qualche *droppa*, in quanto *sbraffa*, è sicuramente anche *grabba* come tutte le *sbraffa*.

7 Si considerino vere le due affermazioni:

- **qualche cosa ranna non è murra;**
- **nessuna cosa murra non è tussa.**

Si scelga fra le seguenti l'affermazione che segue necessariamente dalle premesse:

A ogni cosa ranna è tussa

B qualche cosa ranna non è tussa

C nessuna cosa ranna è tussa

D qualche cosa ranna è tussa

E nulla segue

In termini insiemistici, la prima affermazione dice che l'insieme di cose *ranna* (R) e l'insieme di cose *murra* (M) hanno alcuni elementi in comune (perché se qualche *ranna* non è *murra*, qualche altra *ranna* lo è); per la seconda sappiamo che non vi sono cose *murra* che non siano *tussa*, ovvero che tutte le *murra* sono *tussa*, e dunque che M è compreso in T. Sono possibili diverse configurazioni.

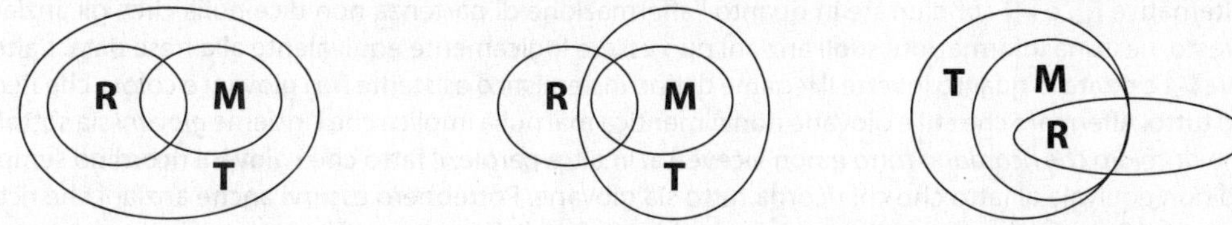

R ed M hanno sempre una intersezione; poiché però M è sottoinsieme di T, allora R ha in comune elementi anche con T, che corrispondono almeno a quelli che lo stesso R condivide con M (che potrebbero anche essere tutti gli elementi di M, nel caso in cui M fosse interamente contenuto in R, qui non rappresentato in quanto non rilevante ai fini della soluzione). La risposta corretta è quindi D.

Si noti che mentre la C è sempre errata, A e B sono possibili ma non si verificano necessariamente: T potrebbe comprendere interamente anche R, oltre a M, (ogni cosa *ranna* sarebbe allora anche *tussa*), oppure no (e vi sarebbe allora qualche cosa *ranna* non *tussa*).

Siamo ora in grado di rispondere al secondo quesito proposto all'inizio del capitolo

Quesito II. Sia l'insieme "sgrama", sia l'insieme "resba" si trovano entrambi all'interno dell'insieme "fussa", ma nulla si sa riguardo al rapporto esistente tra i due: potrebbero intersecarsi, essere distinti o uno contenere l'altro. Non potendo concludere nulla di certo la soluzione è la C: dalle premesse nulla consegue.

4.3 | Equivalenza tra frasi

Questi esercizi riportano una frase e chiedono al candidato di individuare quale, tra le alternative proposte, equivale logicamente alla frase data.

In generale, prima di affrontare la scelta dell'alternativa corretta, può risultare utile mettere in evidenza, semplificando e schematizzando le espressioni, il contenuto del testo. Per esempio, si possono usare:

- rappresentazioni insiemistiche (utili quando le frasi di partenza riguardano categorie; per esempio la frase "*tutti gli uomini* sono carnivori", può essere rappresentata con il diagramma dell'insieme *uomini* interamente incluso in quello più ampio di *carnivori*; "*alcuni alberi* sono sempreverdi", corrisponde all'intersezione dei due diagrammi degli insiemi *alberi* e *sempreverdi*;
- semplificazione di eventuali perifrasi dell'affermazione di partenza, o delle immagini figurate (soprattutto quando si tratta di modi di dire o di proverbi).

---

1 Quale delle seguenti affermazioni è logicamente equivalente a: «I giovani non dimenticano mai nulla»?

A Gli anziani dimenticano tutto
B Gli anziani dimenticano sovente
C Chi non dimentica nulla è giovane
D I giovani ricordano sempre tutto
E Non è facile ricordare tutto

Se una persona *non dimentica nulla*, significa che *ricorda tutto*. In altre parole, dimenticare e ricordare sono due condizioni opposte che non possono avere punti di contatto: chi non dimentica, infatti, ricorda, non esistendo una condizione intermedia. Se dunque i giovani *non dimenticano mai nulla*, ciò significa che essi *ricordano sempre tutto*. La risposta esatta è quindi la D.

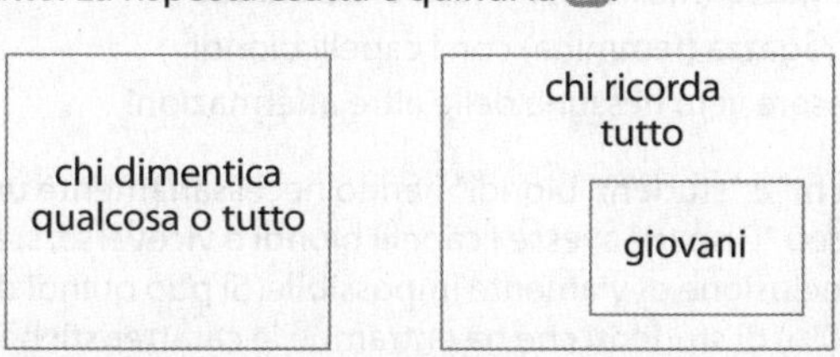

Le alternative **A** e **B** sono errate in quanto l'affermazione di partenza non dice nulla circa gli anziani. Del resto, nessuna informazioni sugli anziani può essere logicamente equivalente alla frase data. L'alternativa **C** è errata in quanto inverte il legame di tipo insiemistico esistente fra i giovani e coloro che ricordano tutto. Affermare che chi è giovane non dimentica mai nulla implica che l'insieme *giovani* sia sottoinsieme di *coloro che ricordano tutto* e non viceversa. In altre parole, il fatto che i giovani ricordino sempre tutto non equivale al fatto che chi ricorda tutto sia giovane. Potrebbero esservi anche anziani che ricordano tutto. Quest'ultima possibilità non contraddice infatti l'affermazione di partenza.

---

2 Stefania afferma che tutti i polli in vendita nei supermercati provengono da allevamenti intensivi. Quale delle seguenti affermazioni è equivalente alla precedente?

- **A** Tutti i polli provenienti da allevamenti intensivi sono venduti nei supermercati
- **B** Tutti i polli che non provengono da allevamenti intensivi non vengono venduti nei supermercati
- **C** Tutti i polli che sono venduti al di fuori dei supermercati non provengono da allevamenti intensivi
- **D** Non esistono polli provenienti da allevamenti intensivi che sono venduti fuori dai supermercati
- **E** Esistono polli provenienti da allevamenti non intensivi che vengono venduti in qualche supermercato

Affermare che «tutti i polli in vendita nei supermercati provengono da allevamenti intensivi» equivale a dire che se un pollo è in vendita in un supermercato allora proviene da un allevamento intensivo.

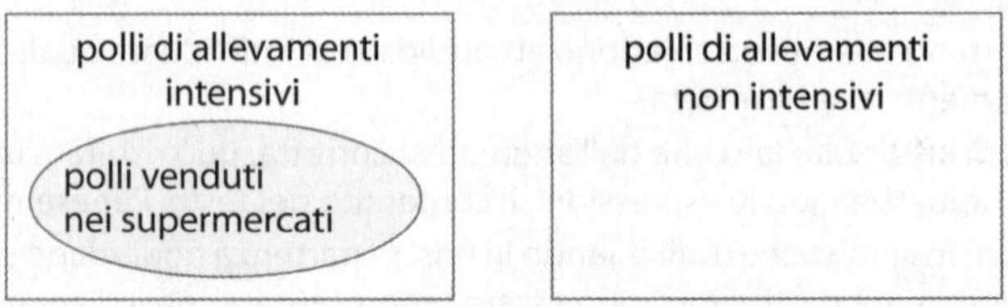

Si può dunque concludere che se un pollo non proviene da un allevamento intensivo certamente quel pollo non viene venduto in un supermercato (dato che l'assunto è che i polli venduti nei supermercati provengono solo da allevamenti intensivi). La risposta corretta è pertanto la **B**.

4.4 | Individuazione dell'alternativa necessariamente vera o falsa

Una tipologia di esercizi molto simile alla precedente, ma un poco più complessa, presenta una proposizione o una situazione come vera o falsa e richiede al candidato di individuare l'alternativa che sia o non sia rigorosamente deducibile. Con "rigorosamente" si intende "necessariamente", vale a dire ciò logicamente consegue all'affermazione data e dunque non solo è possibile o probabile ma certo.

Esempi

---

1 Nel liceo "Dispari" il 60% degli studenti è di sesso maschile, l'85% è minorenne e il 60% ha i capelli biondi. Quale delle seguenti affermazioni su tale liceo è necessariamente vera?

- **A** C'è almeno un ragazzo (maschio) castano
- **B** Non ci sono ragazzi (maschi) maggiorenni e biondi
- **C** C'è almeno un ragazzo (maschio) minorenne e biondo
- **D** C'è almeno una ragazza (femmina) con i capelli biondi
- **E** Potrebbe non essere vera nessuna delle altre affermazioni

I due insiemi "studenti maschi" e "studenti biondi" hanno necessariamente una intersezione: se nessuno degli studenti maschi del liceo "Dispari" avesse i capelli biondi e viceversa, si avrebbe un totale del 120% (60% + 60%) di studenti, conclusione ovviamente impossibile. Si può quindi dedurre con certezza che c'è almeno un 20% (120% – 100%) di studenti che ha entrambe le caratteristiche: essere maschi e avere i capelli biondi. Analogamente, poiché l'85% degli studenti è minorenne, si può essere certi che almeno il 5% degli studenti maschi e biondi sia anche minorenne (se così non fosse e se i due gruppi fossero completamente distinti, si avrebbe 20% + 85% = 105%): la **C** è quindi la soluzione del quesito. Nulla si può dire sul colore dei capelli dei ragazzi che non sono biondi (potrebbero anche avere tutti i capelli rossi) e quindi l'alternativa **A** è falsa. Infine, poiché il 60% degli studenti è di sesso maschile e il 60% è biondo, è anche possibile che i due insiemi coincidano, ossia che siano proprio tutti i maschi ad avere i capelli biondi (alternativa **D** errata).

---

2 Un distretto di polizia deve formare le coppie di agenti per le volanti. Il distretto ha lo stesso numero di uomini e donne. I 2/3 degli agenti conosce l'inglese. Ogni coppia è formata da un'agente donna e uno uomo. Si considerino le seguenti informazioni:

1) in ogni coppia l'agente donna conosce l'inglese e l'uomo no;

2) gli agenti in totale sono almeno pari a 6;

3) in ogni coppia l'agente uomo conosce l'inglese e la donna no;

4) in ogni coppia l'agente uomo conosce l'inglese;

5) c'è almeno una coppia in cui entrambi gli agenti parlano inglese;

6) ci sono coppie in cui nessuno dei due agenti conosce l'inglese.

Indicando con (C) le affermazioni certamente vere, con (P) le possibili e con (I) quelle impossibili, qual è la sequenza corretta di affermazioni?

A 1-P; 2-C; 3-P; 4-I; 5-C; 6-I
B 1-I; 2-C; 3-I; 4-C; 5-P; 6-P
C 1-I; 2-C; 3-I; 4-P; 5-C; 6-P
D 1-I; 2-C; 3-I; 4-P; 5-P; 6-C
E 1-P; 2-P; 3-P; 4-C; 5-C; 6-P

Per risolvere esercizi di questo genere – con numerosi abbinamenti che sarebbe lungo esaminare uno a uno – il procedimento consigliabile è misto. Si comincia ad attribuire il giudizio di verità alle prime affermazioni fornite dal testo e sulla base delle conclusioni tratte si scartano via via le alternative che non sono conformi.

Per esempio: sapendo che i 2/3 degli agenti conoscono l'inglese, e sapendo che metà di tali agenti è una donna e metà un uomo, si deduce che le affermazioni 1) e 3) sono impossibili (I), mentre la 5) è certa (C). Infatti, ponendo per ipotesi che ci siano 6 agenti (di cui 3 donne e 3 uomini), 4 di essi devono conoscere l'inglese; quindi, a prescindere da chi siano questi 4 (2 uomini e 2 donne, 3 uomini e 1 donna o 3 donne e 1 uomo), in almeno una delle 3 coppie che si formano, entrambi i componenti conoscono l'inglese.

Dedotto questo, si possono subito scartare come errate le alternative **A** ed **E** – che danno e 1) e 3) come possibili anziché impossibili – ed escludere la **B** e la **D** che danno la 5) come possibile anziché certa.

A questo punto, non è più necessario ragionare sulle affermazioni 2) e 6): per esclusione si è già arrivati a stabilire che la risposta esatta è **C**, che propone abbinamenti coerenti alle deduzioni fin qui ricavate.

Per completezza, tuttavia, si può verificare anche il valore delle affermazioni 2) e 6).

Per rispettare i dati partenza (2/3 conoscono l'inglese e 1/3 no), il numero totale degli agenti deve essere divisibile per 2 ma anche per 3. Non esistendo un numero intero inferiore a 6 con queste caratteristiche, la 2) è certa (C).

Inoltre, poiché non si sa quanti uomini e quante donne siano compresi rispettivamente nel gruppo di 2/3 che sanno l'inglese e nel gruppo di un terzo che non lo sa, è possibile il caso che ne facciano parte in pari numero uomini e donne. Se, per ipotesi, su 6 agenti totali i 2 che non sanno l'inglese fossero 1 donna e 1 uomo, può darsi il caso che una coppia risulti costituita proprio da loro che non sanno l'inglese. Quindi la 6) è possibile (P).

3 Se è vero che «tutti i lottatori di sumo sono grassi», sarà necessariamente vera anche UNA delle affermazioni seguenti:

- **A** tutti i grassi sono lottatori di sumo
- **B** intensificare la pratica del sumo fa dimagrire
- **C** tutti i lottatori di sumo originariamente non erano grassi
- **D** sospendere la pratica del sumo fa ingrassare
- **E** il sumo non è praticato dai magri

In questo caso risulta utile, prima di rispondere, schematizzare tramite rappresentazioni insiemistiche il testo dell'affermazione data per vera.

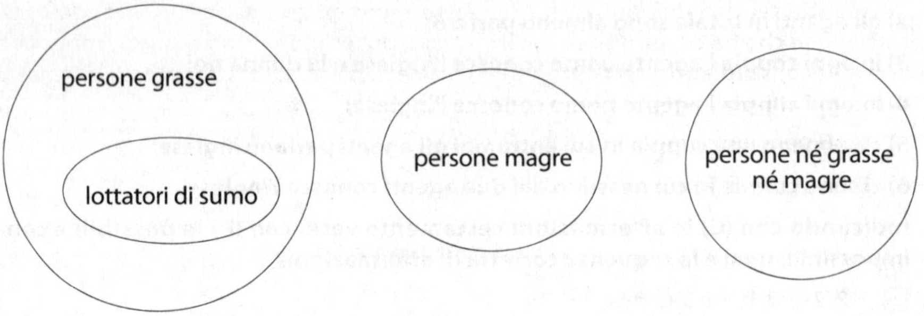

La rappresentazione grafica rende evidente che l'insieme dei *lottatori di sumo* è compreso per intero in quello delle *persone grasse* e non ha intersezioni con gli altri due insiemi dei magri e dei normopeso. Appare ora facile non solo individuare la soluzione dell'esercizio nell'alternativa **E**, ma anche comprendere perché le altre quattro alternative non possono essere "necessariamente vere". Si consideri per esempio la **A**: essa è inaccettabile perché se è vero, come propone il quesito, che «tutti i lottatori di sumo sono grassi», ciò non autorizza a ritenere che l'insieme dei grassi coincida con quello dei lottatori di sumo: in altre parole, è possibile che esistano persone grasse che non sono lottatori di sumo.

4.5 | Negazioni

Negli esercizi di questa tipologia viene richiesto al candidato o di ricavare quale sia il valore logico della negazione di un dato enunciato oppure quale sia il corretto significato di una frase dove appaiono contemporaneamente più negazioni. Ogni proposizione logica infatti può essere negata, invertendo il suo valore:

- la negazione di una proposizione vera è falsa (se «Tutti i cani hanno la coda» è vera, allora «Non tutti i cani hanno la coda» è falsa);
- la negazione di una proposizione falsa è vera (se «Tutti gli uccelli volano» è falsa, allora «Non tutti gli uccelli volano» è vera).

Una doppia negazione vale come una affermazione. «Nessun pesce non nuota» = «Ogni pesce nuota».

Negazioni di una totalità (o negazioni di proposizioni universali)

Perché risulti negata una totalità (o un'affermazione universale) del tipo «tutti gli *x* fanno/sono *y*», è sufficiente che esista un solo caso in cui la proposizione non è valida, cioè che ci sia almeno un elemento nell'insieme *x* che non possieda la caratteristica *y*.

Per esempio: la negazione di «Tutti i miei compagni sono vegetariani» (universale affermativa) è «Non tutti i miei compagni sono vegetariani» (equivalente a una particolare negativa). ATTENZIONE: «Tutti i miei compagni non sono vegetariani» non è la negazione della frase di partenza, ma la sua contraria (universale negativa).

1 **Qual è la negazione della frase «tutti gli studenti sono stati promossi?».**

A Nessuno studente è stato promosso

B Almeno uno studente è stato bocciato

C Tutti gli studenti sono stati bocciati

D Nessuno studente è stato bocciato

E Nessuna delle precedenti è corretta

Per poter negare che tutti gli studenti siano stati promossi è necessario ma anche sufficiente che almeno uno non lo sia stato. La soluzione è quindi fornita dall'alternativa B: almeno uno studente è stato bocciato.

2 **Un grande teorico dei numeri ha scoperto i numeri *troppobelli*, e, avendo osservato che tutti quelli che ha trovato sono pari, ipotizza che esistano solo numeri troppobelli pari. Un suo allievo, studiando con cura questi numeri, dichiara che l'ipotesi del maestro è falsa. Dunque l'allievo sostiene che:**

A c'è almeno un numero troppobello dispari

B nessun numero pari è troppobello

C c'è almeno un numero pari che non è troppobello

D esiste solo un numero finito di troppobelli pari

E tutti i numeri troppobelli sono dispari

Per negare che una categoria di elementi abbia una certa caratteristica è sufficiente provare che anche un solo elemento di quella categoria non la possiede. Se il teorico afferma che tutti i numeri troppobelli cono pari, per negare questa affermazione l'allievo deve sostenere che almeno un troppobello non è pari, cioè è dispari, come correttamente affermato dall'alternativa A.

Negazioni multiple o concatenate

Alcuni esercizi propongono frasi in cui un concetto è espresso mediante una successione di negazioni che di fatto si annullano tra loro (per esempio: *non impossibile = possibile*). Il candidato deve ricavare il senso corretto della frase, per rispondere poi alle richieste dell'esercizio (spesso si tratta di indicare l'alternativa con la parafrasi corretta o che riporta una conseguenza logica). Per rispondere occorre sempre semplificare le doppie negazioni con la corrispondente affermazione.

ATTENZIONE: in italiano, il verbo è preceduto da *non* quando è seguito da un altro elemento negativo, ma è una forma pleonastica e le negazioni non si annullano.
«Non funziona niente» = «Niente funziona»; «Non mi aiuta nessuno» = «Nessuno mi aiuta»
Invece:
«Non c'è niente che non funziona» = «Funziona tutto»; «Non c'è chi non mi aiuti» = «Tutti mi aiutano»

3 **«Alcune recenti ricerche hanno respinto l'impossibilità della non veridicità della tesi secondo la quale non esiste una correlazione negativa tra età media delle persone e quantità media di sigarette che tali persone hanno fumato».**

Se quanto sopra riportato è vero, quale delle seguenti affermazioni è vera?

A Il fumo accorcia la vita media delle persone

B Non vi è correlazione negativa tra quantità di sigarette fumate e vita media delle persone

C Il fumo allunga la vita media delle persone

D È impossibile che vi sia una correlazione negativa tra quantità di sigarette fumate e vita media delle persone

E È possibile che vi sia una correlazione negativa tra quantità di sigarette fumate e vita media delle persone

Per rispondere bisogna semplificare la successione di negazioni, anche quelle implicite nelle parole (respingere, impossibilità ecc.). La risposta esatta è la **E**. Si arriva alla soluzione procedendo in modo sequenziale:

- alcune recenti ricerche hanno respinto l'impossibilità … ⇒ *è possibile*;
- è possibile la non veridicità della tesi ⇒ *è possibile che sia vero*…
- è possibile che sia vero che non esiste una correlazione negativa ⇒ *è possibile che esista una correlazione negativa*…

PARTE SECONDA

---

4 «L'autopsia eseguita non ha permesso di eliminare l'ipotesi che la morte del paziente non fosse dovuta all'infezione post-operatoria».
La precedente affermazione è logicamente equivalente a:

A il paziente è sicuramente morto a causa dell'infezione post-operatoria
B il paziente non può in alcun caso essere morto a causa dell'infezione post-operatoria
C è escluso che il paziente sia morto a causa dell'infezione post-operatoria
D l'infezione post-operatoria è l'unica causa di morte dei pazienti operati
E è possibile che il paziente non sia morto a causa dell'infezione post-operatoria

La frase «non ha permesso di eliminare l'ipotesi» significa che «è ipotizzabile», cioè possibile. La frase, quindi, significa che è possibile che la morte del paziente non fosse dovuta all'infezione post-operatoria. La soluzione al quesito è, quindi, facilmente individuabile nell'alternativa **E**.

---

5 «Non si può escludere che, se Antonio non fosse stato negligente, la relazione sarebbe stata un successo». In base alla precedente affermazione, quale delle seguenti è certamente vera?

A Se Antonio fosse stato diligente, forse la relazione avrebbe avuto successo
B La relazione sarebbe stata un successo se Antonio fosse stato diligente
C È possibile che la relazione sarebbe stata un successo, qualora Antonio non fosse stato diligente
D Se la relazione fosse stata un successo, è possibile che Antonio sarebbe stato diligente
E Nessuna delle altre alternative è vera

L'espressione «non si può escludere» equivale a «è possibile». La frase può quindi essere intesa come: è possibile che la relazione sarebbe stata un successo se Antonio non fosse stato negligente. L'equivalente è **A** (soluzione del quesito) mentre la **B** è errata perché non si può affermare con certezza che la relazione sarebbe stata un successo. La **C** è errata perché non si sa con certezza come sarebbe stata la relazione se Antonio fosse stato negligente. La **D** si esclude perché inverte il rapporto di causa-effetto.

4.6 | Problemi di deduzione

Si tratta di esercizi che presentano i dati di una situazione reale, un problema: ragionando sulle informazioni fornite, il candidato deve svolgere opportune deduzioni logiche per giungere alla soluzione. In molti casi, più che attraverso l'utilizzo di schemi o di tabelle, questi esercizi possono essere risolti attraverso l'analisi delle diverse alternative.

---

1 Nella città di Petroleum ci sono 726 distributori di benzina. Il sindaco assicura che, per motivi urbanistici, per ogni strada del comune c'è al massimo un distributore. Poiché il sindaco non mente mai, possiamo dedurre con certezza che nella città di Petroleum vi sono:

A esattamente 726 strade
B almeno 726 strade
C al massimo 726 strade
D strade nelle quali non ci sono distributori di benzina
E nessuna delle altre alternative è corretta

Affermare che in ogni strada c'è «al massimo un distributore» significa che ce ne è uno oppure nessuno. Non si può escludere, quindi, che ci siano strade senza distributore e dunque che le strade siano più di 726: l'alternativa A è quindi possibile, ma non certamente vera e dunque non è la soluzione cercata. Con lo stesso ragionamento si può escludere l'alternativa D: è infatti possibile che ogni strada abbia un distributore.

Poiché si devono smistare 726 distributori mettendone al massimo uno per strada, le strade devono essere *almeno* 726, ma possono essere anche di più considerando che possono non avere un distributore. La B è dunque la soluzione del quesito.

---

2 Su un tavolo ci sono sei scatole, ciascuna delle quali contiene dieci caramelle. Poiché in ciascuna scatola ci sono almeno quattro caramelle dello stesso gusto, si può affermare con certezza che:

A fra tutte le scatole, ci sono almeno sette gusti diversi di caramelle
B fra tutte le scatole, ci sono almeno ventiquattro caramelle dello stesso gusto
C c'è almeno una scatola nella quale ci sono cinque caramelle dello stesso gusto
D c'è almeno un gusto di caramella che è presente in tutte le scatole
E tra tutte le scatole, ci sono al più quarantadue gusti di caramella diversi

Ogni scatola contiene *almeno* quattro caramelle dello stesso gusto, perciò non si può escludere che in ogni scatola *tutte* le caramelle abbiano lo stesso gusto; né d'altra parte si può escludere che il gusto sia lo stesso in tutte le scatole. Quindi il numero minimo di gusti non sette, ma è l'ovvio: cioè fra tutte le scatole c'è *almeno* un gusto (l'alternativa A è errata). Anche l'alternativa C è errata: dire che «ogni scatola contiene *almeno* quattro caramelle dello stesso gusto» non esclude che in ogni scatola ve ne siano esattamente quattro. Inoltre non si può dedurre nulla di certo sulla ripetizione o meno dei gusti nelle diverse scatole e quindi l'alternativa D è errata.

La soluzione deve dunque essere scelta tra la B e la E. Ogni scatola potrebbe avere più di quattro caramelle con lo stesso gusto, ma non sappiamo se i gusti cambiano tutti o in parte in tutte le scatole o no: se i gusti non si ripetono mai in nessuna scatola, le caramelle con lo stesso gusto di cui si ha certezza rimangono *almeno* quattro, anche considerando tutte e sei le scatole (B errata). Quello che invece possiamo ricavare con certezza è che *al massimo* i gusti diversi possono essere 42 (E soluzione del quesito). Infatti, se ognuna delle sei scatole contenesse solo quattro caramelle dello stesso gusto e le restanti sei di sei gusti diversi, ogni scatola avrebbe al massimo sette gusti diversi; se poi uno stesso gusto non si ripetesse mai in due scatole diverse, si avrebbero al massimo: 7 gusti per 6 scatole, cioè al massimo 42 gusti totali.

---

3 Di tutte le osservazioni del fenomeno, quelle contenute nel campione X sono già state esaminate: abbiamo avuto la conferma che esistono osservazioni del campione X che non confermano il risultato atteso. Possiamo dedurre con certezza che:

A tutte le osservazioni che non confermano il risultato atteso sono state già esaminate
B qualcuna delle osservazioni già esaminate conferma il risultato atteso
C nessuna delle osservazioni che confermano il risultato atteso è stata ancora esaminata
D qualcuna delle osservazioni già esaminate non conferma il risultato atteso
E tutte le osservazioni già esaminate confermano il risultato atteso

Avendo esaminato tutte le osservazioni contenute nel campione X, si è avuta conferma che alcune osservazioni del campione non confermano il risultato atteso. Pertanto è vera l'affermazione più generica che alcune osservazioni già esaminate non confermano il risultato (D soluzione del quesito). Oltre alla E, che è più chiaramente smentita dal testo, anche tutte le altre alternative sono errate, perché le informazioni note non permettono di dedurre altro: non sappiamo se esistano altre osservazioni di non-conferma da esaminare sia del campione X sia in generale (A errata); non sappiamo se esistono osservazioni di conferma, esaminate o da esaminare B e C errate)

4 Una lumaca deve arrivare in cima a una parete alta 20 metri. Di giorno sale per 4 metri, ma di notte quando riposa scivola giù di 2 metri. Quanti giorni impiegherà la lumaca per arrivare in cima al muro?

A 10
B 9
C 11
D 8
E 12

Il primo giorno la lumaca sale di quattro metri e poi scivola di due metri. Quindi, all'inizio del secondo giorno si troverà a due metri di altezza. A questo punto salendo di quattro metri di giorno e scendendo di due di notte all'inizio del terzo giorno si troverà a quattro metri di altezza. Continuando questo ragionamento all'inizio del nono giorno la lumaca sarà a sedici metri di altezza. A questo punto salendo di quattro metri raggiunge la cima del muro. La lumaca impiega perciò 9 giorni per arrivare al suo obiettivo e la soluzione è rappresentata dall'alternativa B.

5 A una riunione di partito partecipano 300 delegati. Ognuno di loro è o a favore oppure contro l'adozione della mozione Alfa. Si sa inoltre che:

- **almeno uno dei delegati è contro l'adozione della mozione Alfa;**
- **presi due delegati qualsiasi, almeno uno dei due è favorevole all'adozione della mozione Alfa.**

Quanti sono i delegati a favore dell'adozione della mozione Alfa?

A 151
B 2
C 299
D 201
E 99

Per risolvere l'esercizio bisogna considerare che: *almeno* un delegato è contrario alla mozione Alfa (quindi uno o più di uno); scegliendo a caso due delegati, almeno uno dei due è a favorevole alla mozione Alfa. In altri termini, presa una qualsiasi coppia di delegati non si avranno mai due delegati contrari. Perché questo avvenga, deve esserci un solo delegato contrario alla mozione Alfa (se e fossero anche solo due, almeno una volta scegliendo due delegati si avrebbero proprio i due contrari). Quindi se in totale vi sono 300 delegati, 299 sono a favore e 1 contrario. La soluzione al quesito è fornita dall'alternativa C.

6 Due vecchi amici, Antonio e Bruno, si incontrano portando a passeggio ognuno un nipotino. Antonio (che è sincero) dice a Bruno: io sono nonno e ho ben quattro nipotini. Bruno (che è notoriamente un gran bugiardo e non dice mai la verità) ribatte: io ne ho almeno quanti ne hai tu e inoltre il numero dei maschi è diverso da quello delle femmine. Quanti nipotini ha Bruno e di che sesso (m.: maschio o f.: femmina)?

A Due maschi
B Due maschi e due femmine
C Una sola femmina
D Un maschio e una femmina
E Due femmine

Bruno non dice la verità, per cui, se dichiara di avere *almeno* tanti nipoti quanti Antonio, nella realtà il numero dei suoi nipoti deve essere inferiore a 4. Può quindi avere 1, 2 o al massimo 3. nipoti. Anche la seconda affermazione del mentitore Bruno va considerata falsa, quindi tra i suoi nipoti, maschi e femmine devono essere in numero pari. La condizione è rispettata deducendo che ha un nipote maschio una nipote femmina (D soluzione del quesito).

7 **Gabriele, Luciano e Michele hanno sostenuto un esame all'università.**
Gabriele dice: «Solo due di noi hanno superato l'esame»;
Michele dice: «Se Luciano ha passato l'esame, allora l'ho passato anch'io».
Se le due affermazioni precedenti sono vere, possiamo dedurre con certezza che:

- A Michele ha passato l'esame
- B Gabriele ha passato l'esame
- C Luciano ha passato l'esame
- D Gabriele non ha passato l'esame
- E Michele non ha passato l'esame

Se Luciano ha passato l'esame (condizione sufficiente) allora lo ha passato anche Michele (conseguenza): si può dedurre perciò che se Michele non lo ha passato, allora non lo ha passato neanche Luciano. Ma se né Michele né Luciano lo hanno passato, l'affermazione di Gabriele sarebbe contraddittoria (E errata). Luciano quindi deve avere necessariamente passato l'esame (C soluzione del quesito).

8 **Fausto ha quattro figlie: Adele, Barbara, Claudia e Donatella, due delle quali sono bionde e due more. Si sa che:**

- **se Adele è bionda allora anche Claudia lo è;**
- **se Barbara è bionda allora Donatella è mora;**
- **se Claudia è bionda allora anche Donatella lo è.**

Dal testo si può dedurre con certezza che:

- A Adele e Claudia sono more mentre Barbara e Donatella bionde
- B Barbara e Claudia sono more mentre Adele e Donatella bionde
- C Adele e Barbara sono more mentre Claudia e Donatella bionde
- D Barbara e Donatella sono more mentre Adele e Donatella bionde
- E nessuna delle altre alternative è vera

Se Adele è bionda allora lo è anche Claudia, ma se questa è bionda allora lo è anche Donatella (mentre le bionde devono essere due). Adele, quindi, è mora e le alternative B e D sono errate. Si passi a considerare Barbara. Se Barbara fosse bionda allora Donatella sarebbe mora e quindi, essendo Adele mora, Claudia sarebbe bionda. Ma se Claudia è bionda lo è anche Donatella che però dovrebbe essere mora se Barbara fosse bionda. Come si vede si sta cadendo in contraddizione, quindi Barbara non può essere bionda (e sarà quindi mora). Claudia e Donatella sono invece bionde (attenzione: dire che se Adele è bionda lo è anche Claudia non implica assolutamente il contrario, Claudia potrebbe essere bionda e Adele no). Il corretto abbinamento figlie/colore dei capelli è quello riportato dall'alternativa C (soluzione del quesito).

9 **A dice: «Io ho lo stesso numero di fratelli e di sorelle».**
B dice: «Sono la sorella di A; il numero dei miei fratelli è il doppio delle mie sorelle».
Come è composta la famiglia di A e B?

- A 3 sorelle e 4 fratelli
- B 4 sorelle e 3 fratelli
- C 2 sorelle e 3 fratelli
- D 3 sorelle e 5 fratelli
- E 4 sorelle e 4 fratelli

Non sappiamo se A sia maschio o femmina, ma poiché dice di avere fratelli e sorelle in numero eguale, aggiungendo A al conto la differenza tra sorelle e fratelli deve essere pari a 1: ciò non accade nell'alternativa D, che è dunque errata. Poiché B è sorella di A, ma dichiara di avere un numero di fratelli doppio rispetto a quello delle sorelle, si ricava che B deve essere un fratello (se no i numeri non cambierebbero). Verificando le alternative, dobbiamo indicare quella in cui togliendo 1 al numero di sorelle si ottiene la metà del numero di fratelli. La soluzione è l'alternativa A.

10 C'è una scatola contenente gettoni da gioco. La metà di essi è quadrata, l'altra metà rotonda. I gettoni per metà sono verdi, per metà blu. Si può dedurre necessariamente che:

A il numero di gettoni deve essere un multiplo di quattro
B il numero di gettoni rotondi verdi è uguale al numero di gettoni quadrati blu
C i quattro tipi di gettoni (quadrati blu, quadrati verdi, rotondi blu, rotondi verdi) sono in numero uguale
D il numero dei gettoni quadrati blu è uguale al numero dei gettoni rotondi blu
E il numero dei gettoni quadrati blu è uguale al numero dei gettoni quadrati verdi

Per semplificare il ragionamento si suppone che la scatola contenga 10 gettoni. In base al testo si può facilmente dedurre che 5 sono quadrati e 5 rotondi; quanto al colore, 5 sono verdi e 5 blu. Tra i 5 gettoni quadrati X saranno di colore verde e i rimanenti 5–X di colore blu. Se si esaminano i 5 gettoni rotondi, quelli verdi devono essere 5–X: infatti il numero totale di gettoni verdi è 5, di forma quadrata ve ne sono X e dunque ne rimangono 5–X che devono dunque avere forma rotonda.
Analogamente, i gettoni blu in totale sono 5; quelli di forma quadrata sono 5–X e dunque i rimanenti (ossia 5 – 5 + X = X) sono quelli di forma rotonda.
In conclusione, si è trovato che:

- gettoni quadrati verdi = X
- gettoni quadrati blu = 5 – X
- gettoni rotondi verdi = 5 – X
- gettoni rotondi blu = X

Pertanto, qualunque sia il valore di X, il numero di gettoni rotondi verdi è uguale al numero di gettoni quadrati blu; la risposta corretta è quindi la B.

11 «Gli studenti delle scuole statunitensi hanno proposto di poter scegliere da soli il proprio curriculum di studi. Consentire ciò sarebbe tanto disastroso quanto permettere ai bambini di tre anni di decidere da soli la propria dieta. Gli studenti in questione non hanno né la maturità né l'esperienza per poter sostituire i professionisti che attualmente svolgono questa funzione».
Quale delle seguenti affermazioni rafforzerebbe l'argomentazione sopra riportata?

A Gli studenti statunitensi hanno un livello di istruzione inferiore a quello dei professionisti che attualmente delineano i curricula
B I bambini di tre anni non sono in grado di scegliere da soli diete sane ed equilibrate
C Gli studenti statunitensi sono meno intelligenti della media dei loro coetanei di altri Paesi
D I curricula individuali sono meglio di quelli standardizzati
E La capacità di scegliere in modo appropriato un buon curriculum di studi si sviluppa solo dopo anni di esperienza con le istituzioni scolastiche e dopo essere diventati adulti

L'argomentazione iniziale può essere suddivisa in tre componenti:

- l'**evidenza** o **fatto:** gli studenti statunitensi hanno proposto di poter scegliere da soli il proprio curriculum di studi;
- la **conclusione:** gli studenti statunitensi non hanno né la maturità né l'esperienza per sostituire i professionisti che attualmente svolgono tale funzione;
- l'**ipotesi implicita:** deve essere l'elemento che collega l'evidenza alla conclusione.

Nell'esempio, l'ipotesi implicita è quella riportata dalla alternativa E. Infatti, andando per esclusione, l'alternativa A non rafforza l'argomentazione, trattandosi di un'informazione già nota. L'alternativa B, per quanto inerente a una metafora utilizzata dall'autore dell'argomentazione, è estranea alla conclusione e soprattutto non serve a collegare l'evidenza con la conclusione. Le alternative C e D sono anch'esse irrilevanti ai fini dell'argomentazione e comunque incapaci di collegare i due elementi noti. L'alternativa E, invece, fornisce proprio quell'elemento che collega logicamente l'evidenza con la conclusione: sapendo infatti che la capacità di scegliere accuratamente i curricula si sviluppa solo con l'esperienza, è evidente che gli studenti stessi non sono in grado di svolgere tale funzione, o quantomeno lo sono in misura inferiore a quanto non lo siano i professionisti che attualmente la svolgono. L'argomentazione, cioè la connessione logica che lega gli elementi che la compongono, risulta dunque rafforzata.

---

12 Una chitarra con la sua custodia costa in tutto 110 euro. La chitarra costa 100 euro più della custodia. Qual è il prezzo della custodia?

A 10 euro B 5 euro C 2,5 euro D 15 euro E 8 euro

Si presti attenzione all'alternativa A (errata). Se la custodia costasse 10 euro, allora la chitarra, che costa 100 euro più della custodia, costerebbe 110 euro e la somma tra i due costi darebbe 120 euro (mentre il totale deve essere 110). La soluzione al quesito è fornita dall'alternativa B, infatti, se la custodia costa 5 euro, la chitarra ne costa 105 e il totale è proprio 110 euro.

---

13 La pagina culturale del giornale «OgniGiorno» è posta 7 pagine prima della pagina dedicata allo sport, che è 4 pagine dopo quella di attualità politica, la quale è posta 2 pagine prima della pagina degli spettacoli (la decima del giornale). Quale pagina occupa quella culturale?

A 8 B 5 C 12 D 9 E 7

Per risolvere l'esercizio conviene partire dal fondo e risalire indietro (col ragionamento). Gli spettacoli occupano la decima pagina del giornale. Due pagine prima (a pagina 8, quindi) c'è l'attualità politica, che è quattro pagine prima rispetto a quella dello sport (l'esercizio dice che la pagina dello sport è quattro pagine dopo quella dell'attualità), che è dunque a pagina 12. La pagina culturale, essendo posta sette pagine prima di quest'ultima, occuperà la pagina 5. La soluzione al quesito è, quindi, fornita dall'alternativa B.

---

14 Uno tra Guido, Enrica e Pietro è una spia. Interrogati dalla polizia, rilasciano rispettivamente le seguenti dichiarazioni: «Non sono io»; «La spia è Pietro»; «La spia è Guido». Se due di essi mentono e uno solo dice il vero, cosa si può dedurre con certezza?

A Enrica è la spia
B Guido è la spia
C Pietro non è la spia
D Enrica non è la spia
E Guido non è la spia

Per risolvere un esercizio come questo è utile schematizzare le informazioni contenute nel testo. Si comincia dalle tre affermazioni date:

Guido ⇒ no Guido;

Enrica ⇒ Pietro;

Pietro ⇒ Guido.

Si sa che due persone mentono e una dice il vero. Per farlo, bisogna analizzare ogni dichiarazione chiedendosi: se è vera, le altre due possono essere considerate false senza cadere in contraddizione? Per esempio, se l'affermazione di Guido è vera, le altre due possono essere considerate false? Se la spia non è Guido (come affermato da Guido stesso), l'affermazione di Pietro è sicuramente falsa e quella di Enrica potrebbe essere falsa (potrebbe essere lei stessa la spia). Se invece l'affermazione di Guido è falsa, sicuramente quella di Pietro è vera, così come falsa è quella di Enrica.

In entrambi i casi (che Guido dica il vero o il falso) si rispetterebbero le condizioni dell'esercizio (due affermazioni false e una vera) e dunque non possiamo stabilire con certezza se Guido è la spia o no.

Bisogna chiedersi ora: la dichiarazione di Enrica può essere vera? La risposta è no, perché se lo fosse sarebbe vera anche quella di Guido e si avrebbero due affermazioni vere (il che contrasta con le condizioni poste dall'esercizio). L'affermazione di Enrica, quindi, deve sempre essere falsa: si può dunque essere certi che Pietro non è la spia (che quindi potrebbe essere o Guido o Enrica).

L'alternativa C è la soluzione del quesito.

15 Marco possiede tre cappelli rossi e due cappelli bianchi e invita Giuseppe, Luca e Francesco a fare un gioco. Dopo averli bendati e fatti sedere in modo che ognuno possa guardare gli altri due, mette sopra le loro teste un cappello in modo che ognuno possa vedere quello dei due amici ma non il proprio e nasconde i due cappelli non utilizzati. A uno a uno inizia poi a togliere le bende e interrogare i tre amici chiedendo loro se sono in grado di dire con certezza che cappello portino in testa. Giuseppe, il primo interrogato, una volta tolte le bende non è in grado di rispondere. Anche Luca, interpellato per secondo, non riesce a rispondere. Francesco:

A è in grado di rispondere che indossa il cappello rosso anche senza togliersi le bende
B è in grado di rispondere che indossa il cappello bianco anche senza togliersi le bende
C non è in grado di rispondere neanche dopo aver visto i cappelli sulle teste degli amici
D è in grado di rispondere solo dopo aver visto i cappelli sulle teste degli amici
E nessuna delle altre alternative è vera

Francesco, sfruttando le mancate risposte dei suoi amici è in grado, senza togliersi le bende, di affermare con certezza che indossa il cappello rosso (A soluzione del quesito). Si provi a immaginare la situazione. Giuseppe, interrogato per primo, sarebbe in grado di indovinare con certezza il colore del proprio cappello solo se i suoi due amici ne portassero entrambi uno bianco (a quel punto, essendo i cappelli due bianchi e tre rossi, potrebbe affermare di averlo rosso). Se rimane in silenzio vuol dire che o ha visto sulle teste degli amici un cappello rosso e uno bianco, oppure due rossi e quindi si trova di fronte a una di queste situazioni.

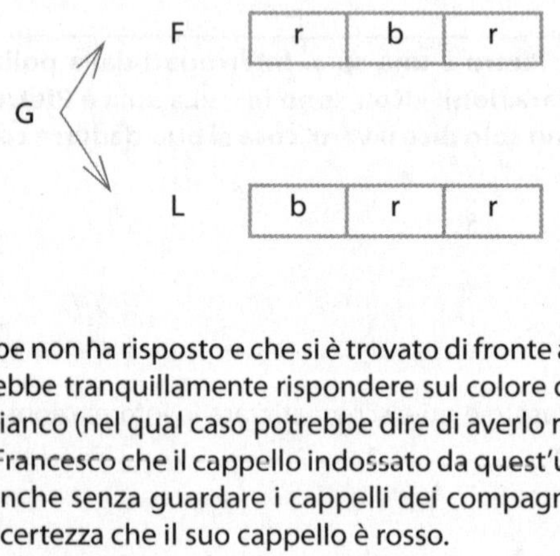

Luca, sapendo che Giuseppe non ha risposto e che si è trovato di fronte a una delle possibili combinazioni sopra rappresentate, potrebbe tranquillamente rispondere sul colore del suo cappello se vedesse Francesco portare il cappello bianco (nel qual caso potrebbe dire di averlo rosso). Non rispondendo neanche lui rivela in modo chiaro a Francesco che il cappello indossato da quest'ultimo non è bianco ma è di sicuro rosso. Francesco, quindi, anche senza guardare i cappelli dei compagni, ma sfruttando le loro mancate risposte, può dedurre con certezza che il suo cappello è rosso.

16 Aldo, Bruno, Carlo e Dario fanno una gara di corsa fra loro, al termine della quale rilasciano le seguenti dichiarazioni:
Aldo: «Non sono arrivato né primo né ultimo»;
Bruno: «Non sono arrivato ultimo»;
Carlo: «Sono arrivato primo»;
Dario: «Sono arrivato ultimo».
Sapendo che uno e uno soltanto dei quattro ha mentito, chi ha vinto la gara?

A Aldo
B Bruno
C Carlo
D Dario
E Dai dati a disposizione non è possibile determinarlo

Si deve individuare chi ha mentito, sapendo che uno solo di loro lo ha fatto.
Può aver mentito Aldo? Se fosse falso quanto detto da Aldo (e quindi vero quanto detto dagli altri tre) allora lui sarebbe effettivamente arrivato o primo o quarto, ma questo contrasterebbe con quanto detto da Carlo e da Dario (che starebbero dicendo il vero, visto che l'unico che mente è Aldo). Aldo dice quindi il vero (è quindi arrivato o secondo o terzo).
Può aver mentito Bruno? Se lo avesse fatto allora lui sarebbe effettivamente arrivato ultimo, il che contrasterebbe con quanto detto da Dario (che, mentendo Bruno, starebbe affermando il vero). Anche Bruno ha quindi detto il vero (è dunque o il vincitore della gara, o secondo o terzo).
Può aver mentito Dario? Mentendo Dario gli altri dicono il vero, per cui la gara l'ha vinta Carlo, ma chi sarebbe arrivato ultimo? Non Aldo, non Bruno (che stanno entrambi dicendo il vero), ma neanche Dario che sta mentendo. Come si vede, se Dario mentisse non ci sarebbe un ultimo arrivato nella gara.
Rimane solo Carlo. Può essere effettivamente lui l'unico che ha mentito? Se Carlo ha mentito e gli altri hanno detto il vero, è possibile ricavare un ordine di arrivo coerente con le affermazioni dei quattro corridori? La risposta è affermativa: se Carlo mente allora Dario (che dice il vero) arriva ultimo, Carlo (che sta mentendo) e Aldo (che sta affermando il vero) non hanno vinto (né sono arrivati ultimi perché ultimo è Dario) e quindi si posizionano al secondo o al terzo posto (o viceversa) e Bruno ha quindi vinto la gara.
Come si vede, poiché solo uno mente, questo deve essere Carlo e il vincitore della gara deve essere Bruno. (B soluzione del quesito).

---

17 In un ateneo vengono stampati tre giornali «L'Universo», «L'Università» e «StudentiNews». Tra tutti gli iscritti all'università alcuni leggono almeno un giornale: il 40% legge «L'Universo», il 25% legge «L'Università» e il 15% «StudentiNews»; inoltre, il 10% legge esattamente due giornali e il 5% ne legge tre. Quale percentuale di studenti non legge alcun giornale?

A 80%
B 20%
C 60%
D 40%
E 30%

Per rispondere al quesito è necessario capire qual è la percentuale di lettori sul totale di studenti. Se non vi fossero studenti che leggono due o più giornali, allora i lettori ammonterebbero all'80% degli studenti (40% + 25% + 15%). Tuttavia, è noto che il 10% legge esattamente due giornali: ciò significa che i lettori non possono essere più del 70% (80% – 10%). In pratica, il lettore che legge due giornali diversi deve essere contato una sola volta (poiché è una persona) e non due (il numero di giornali letti). Analogamente, il 5% di studenti che legge tre giornali deve essere contato una sola volta e non tre: ciò che interessa è il numero di lettori e non il numero di giornali letti (quindi al 70% precedentemente calcolato occorre togliere 2 volte il 5%). In totale, quindi, gli studenti che leggono almeno un giornale sono il 60% del totale (80% – 10% – 5% – 5%). La percentuale che NON legge alcun giornale è quindi il 40% rimanente (D soluzione del quesito).

---

18 In una stanza ci sono due adulti: (Sara e Luca) e due bambini (Claudia e Francesco). Queste quattro persone sono parenti e sono sufficienti a formare una grande famiglia. Tra di loro, infatti, ci sono un padre e una madre, un figlio e una figlia, una sorella e un fratello, una zia e uno zio, una nipote, un nipote e due cugini, e tutte queste parentele intercorrono all'interno del gruppo (il padre è padre di un altro membro del gruppo, e così via), ma non ci sono di mezzo matrimoni fra parenti.
Si può, quindi, affermare con certezza che:

A Luca e Sara sono marito e moglie
B Francesco e Claudia sono fratello e sorella
C Sara e Luca sono sorella e fratello
D Claudia è certamente la figlia di Sara
E non è possibile affermare quanto detto da alcuna delle altre alternative

Se Sara e Luca fossero marito e moglie allora per esserci un figlio e una figlia, Claudia e Francesco sarebbero sorella e fratello (ci devono, infatti, essere un figlio e una figlia e devono esserlo di un altro membro del gruppo). Ma se così fosse (alternative A e B errate) non si avrebbero tra di loro uno zio, una zia ecc. Si ragioni, invece, prendendo per buona l'alternativa C. Se Sara e Luca sono fratello e sorella e se Claudia e Francesco sono i loro figli (non importa chi è figlio di chi), avuti dai rispettivi coniugi che non sono presenti nella stanza (l'esercizio non richiede che ci siano una moglie e un marito), allora si avrebbero un padre (Luca) e una madre (Sara), un figlio (Francesco) e una figlia (Claudia), ma anche uno zio (Luca è zio del figlio/a di Sara) e una zia, oltre a due nipoti (Claudia e Francesco) che sono tra loro cugini. La soluzione al quesito è, dunque, fornita dall'alternativa C. Si deve scartare la D perché è possibile che Claudia sia la figlia di Sara, ma non è certo che lo sia (anche se fosse la figlia di Luca l'esercizio sarebbe risolto).

---

19 Si prenda un foglio di carta, lo si ripieghi a metà tre volte, e infine lo si fori al centro con la punta di una matita. Riaperto il foglio quanti fori ci saranno?

A 8

B 1

C 4

D 9

E 3

Ogni volta che si piega un foglio a metà si raddoppiano gli strati. Dopo la prima piegatura, quindi, gli strati diventano 2, dopo la seconda 4 e dopo la terza 8. Forando il foglio a quel punto si faranno 8 fori (A soluzione del quesito).

---

20 Un negozio di giocattoli ordina al fornitore una partita di cubetti, chiedendo che tre facce siano colorate di nero e tre di bianco. Il padrone del negozio immaginava, erroneamente, che questa indicazione fosse sufficiente ad avere cubetti identici. Il fornitore, invece, si presenta con tutti i diversi tipi di cubetti che soddisfano i requisiti del negoziante. Quanti sono i tipi diversi?

A 20 B 6 C 3 D 2 E 12

I tipi di cubetti sono in tutto 2 (D soluzione del quesito). Infatti un tipo avrà lo stesso colore su tre facce che formano uno spigolo del cubo, mentre un altro tipo avrà lo stesso colore su tre facce consecutive del cubo.

---

21 Credevo che tutti i medici avessero un rimedio per ogni male, ma l'esperienza mi ha costretto a ricredermi. Quale delle seguenti affermazioni consegue necessariamente dalla premessa?

A Esiste un medico che non ha un rimedio per un certo male

B Per ogni male, c'è un medico che non sa porvi rimedio

C C'è un male per cui nessun medico ha un rimedio

D I medici non hanno rimedio per nessun male

E Ogni medico manca del rimedio per almeno un male

"Credevo che tutti i medici avessero un rimedio per ogni male". Questa affermazione, sulla base dell'esperienza, non è vera. Allora la domanda potrebbe essere: "Quando l'affermazione è falsa?". "E' sufficiente che anche un solo medico non sia in grado di curare anche un solo male" per rendere falsa l'affermazione e questo è quanto sostenuto dall'alternativa A che è dunque la soluzione al quesito.

22 Anna, convinta dell'imbattibilità della sua squadra del cuore, i Giulivi, a settembre conclude con Bruno il seguente accordo: alla fine del campionato ti darò 4 Euro per ogni partita che i Giulivi avranno perso e tu me ne darai 2 per ogni partita che avranno vinto. Poiché al termine del campionato i Giulivi hanno giocate 30 partite senza mai pareggiare e Bruno deve dei soldi a Anna, se ne deduce che, necessariamente:

A Anna deve ricevere al massimo 10 Euro da Bruno

B Bruno deve a Anna almeno 6 Euro

C i Giulivi hanno perso al massimo 5 partite

D i Giulivi hanno vinto meno di 20 volte

E i Giulivi hanno perso tra 10 e 15 volte

Dal momento che al termine delle 30 partite Bruno deve dei soldi a Anna, per rispondere alla domanda occorre chiedersi "quale è il numero minimo di partite che i Giulivi devono avere vinto per far sì che sia Bruno a dovere dei soldi a Anna (e non viceversa)?". La risposta è 21. Se infatti, per assurdo, i Giulivi avessero vinto solo 20 partite e perso le altre 10, la situazione sarebbe questa: Anna dovrebbe a Bruno 40 euro (4 euro per ciascuna delle 10 sconfitte) così come Bruno dovrebbe a Anna 40 euro (2 euro per ciascuna delle 20 vittorie dei Giulivi). In questa ipotesi il saldo tra i due personaggi sarebbe pari a zero. Con 21 partite vinte dai Giulivi il saldo risulta invece a favore di Anna, che da Bruno deve ricevere 2 euro x 21 partite = 42 euro e che a Bruno dovrebbe pagare 4 euro x le 9 partite perdute = 36 euro. In questo caso, Bruno deve pagare a Anna 42 - 36 = 6 euro. Se Bruno deve dei soldi a Anna, come afferma l'esercizio, le deve almeno 6 euro. Se il numero di partite vinte dai Giulivi fosse maggiore di 21, il debito di Bruno nei confronti di Anna sarebbe maggiore di 6 euro. La risposta corretta è dunque la B.

23 Tancredi e Nina sono due strani cugini. Tancredi mente il lunedì, il martedì e il mercoledì e dice la verità tutti gli altri giorni della settimana. Nina invece mente il giovedì, il venerdì e il sabato, ma dice la verità tutti gli altri giorni della settimana. Un giorno X Tancredi afferma: *Ieri era uno dei giorni in cui Nina diceva la verità.*

Che giorno della settimana è il giorno X?

A Lunedì

B Martedì

C Mercoledì

D Giovedì

E Venerdì

Si possono riassumere le informazioni dell'esercizio in una tabella (dove B sta per bugia e V per verità):

	lunedì	martedì	mercoledì	giovedì	venerdì	sabato	domenica
Tancredi	B	B	B	V	V	V	V
Nina	V	V	V	B	B	B	V

Se Tancredi facesse la sua affermazione di lunedì, martedì o mercoledì dovrebbe mentire, sennonché affermando che «ieri Nina diceva la verità» direbbe invece il vero e non una bugia, perché di domenica, lunedì e martedì (i giorni che sono "ieri" rispetto a quello in cui Tancredi fa la sua dichiarazione) Nina dice effettivamente la verità. Quindi A, B e C vanno escluse. Se facesse la sua affermazione di venerdì, sabato o domenica allora dovrebbe dire la verità, ma i rispettivi giorni precedenti Nina non dice la verità, per cui quello che dice Tancredi sarebbe una bugia (E errata). L'unico giorno in cui Tancredi può aver fatto tale affermazione è giovedì: giorno in cui lui dice la verità e in cui risulta vero ciò che effettivamente afferma su Nina (che il mercoledì dice la verità). La soluzione è quindi la D.

RAGIONAMENTO LOGICO E VERBALE

24 Aldo, Bruno, Carlo, Donato e Eugenio durante una gita pernottano in una locanda dove hanno a disposizione tre camere singole e una doppia. Nessuno vuol dormire con Eugenio, perché russa troppo sonoramente. Aldo accetta di dividere la camera doppia solo con Carlo o con Bruno. Bruno dice che andrà nella doppia solo con Donato. Se ne deduce, necessariamente, che:

- A Aldo e Bruno dormiranno nella camera doppia
- B Eugenio, Carlo e Donato dormiranno nelle camere singole
- C Eugenio, Aldo e Bruno dormiranno nelle camere singole
- D nella camera doppia dormirà Aldo oppure Donato
- E uno dei due, tra Aldo e Bruno, dormirà sicuramente nella camera doppia

La domanda chiede di individuare l'alternativa necessariamente vera. Si devono quindi analizzare le alternative proposte e chiedersi se sono vere, false o solo possibili. Si inizi con la A: "Aldo e Bruno dormiranno nella camera doppia". Questa affermazione è falsa: infatti Bruno dice che andrà nella doppia solo con Donato. Per lo stesso motivo non è la soluzione del quesito neanche la B, che afferma in modo diverso la stessa cosa affermata dalla A.

È, invece, sempre vera la D (soluzione del quesito): infatti qualora né Aldo né Donato dormissero in camera doppia (come previsto dall'alternativa), non dormendoci neanche Eugenio, dovrebbero dormirci Carlo e Bruno, il che è impossibile perché, come già detto, Bruno è disposto a dividere la doppia solo con Donato. Uno tra Aldo e Donato, quindi, deve dormire necessariamente in camera doppia.

25 Caterina è la nipote di Michele; Veronica è la mamma di Filippo e di Caterina; Dimitri è il nonno materno di Filippo. Da tali premesse è possibile dedurre che Michele potrebbe essere:

- A il fratello di Veronica
- B il cugino di Filippo
- C il papà di Veronica
- D il nipote di Veronica
- E lo zio di Veronica

Poiché Caterina è la nipote di Michele allora questo è uno dei nonni (paterno o materno) o lo zio di Caterina. Inoltre, poiché Veronica è la mamma di Caterina e Filippo e Dimitri è il nonno materno di Filippo, allora lo è anche di Caterina, oltre ad essere il papà di Veronica. Michele, quindi, può essere o il nonno paterno o lo zio di Caterina. Potendo essere lo zio di Caterina, si può dedurre che Michele può essere il fratello di Veronica (A soluzione del quesito).

Siamo ora in grado di rispondere alla terza domanda posta all'inizio del capitolo.

Quesito III

Per risolvere il quesito conviene costruire una tabella a doppia entrata in modo da poter individuare le quattro categorie di elementi proposti: atleti della squadra Lampo con scarpe rosse, atleti della squadra Lampo senza scarpe rosse, atleti della squadra Fulmine con scarpe rosse, atleti della squadra Fulmine senza scarpe rosse:

	Scarpe rosse	NON scarpe rosse
Lampo		
Fulmine		

Sapendo che in totale gli atleti sono 18 e che il numero di quelli che non ha le scarpe rosse è maggiore rispetto a quelli che le hanno, si può dire che a non avere le scarpe rosse sono almeno 10 e che quelli che le portano sono al massimo 8. Stesso ragionamento per la società di appartenenza degli atleti: quelli della squadra Lampo saranno almeno 10 e quelli della squadra Fulmine saranno al massimo 8.

	Scarpe rosse	NON scarpe rosse	
Lampo			$n \geq 10$
Fulmine			$n \leq 8$
	$n \leq 8$	$n \geq 10$	

Si sa poi che gli atleti della squadra Lampo che non calzano scarpe rosse sono 4, quindi quelli di questa squadra che le calzano devono essere almeno 6:

	Scarpe rosse	NON scarpe rosse	
Lampo	$n \geq 6$	4	$n \geq 10$
Fulmine			$n \leq 8$
	$n \leq 8$	$n \geq 10$	

Inoltre, poiché gli atleti che non indossano scarpe rosse sono almeno 10, quelli della squadra Fulmine che non le indossano devono essere almeno 6 e quindi quelli della squadra Fulmine che invece le indossano al massimo 2 (A soluzione del quesito):

	Scarpe rosse	NON scarpe rosse	
Lampo	$n \geq 6$	4	$n \geq 10$
Fulmine	$n \leq 2$	$n \geq 6$	$n \leq 8$
	$n \leq 8$	$n \geq 10$	

Suggerimenti

- Per rispondere alle domande occorre basarsi **unicamente sulle informazioni** fornite dagli esercizi e non sulle proprie eventuali conoscenze relative all'argomento trattato.
- È utile cercare di suddividere mentalmente ogni argomentazione nelle sue tre componenti fondamentali: **evidenza o fatto**, **conclusione**, e **ipotesi** esplicita o implicita. Ciò consente di individuare più facilmente eventuali errori logici, ipotesi implicite, affermazioni rafforzanti o indebolenti.
- Per gli esercizi che richiedono di individuare le affermazioni che rafforzano o indeboliscono una certa argomentazione, occorre individuare le affermazioni che indeboliscono o rafforzano l'**ipotesi centrale**, esplicita o implicita, della stessa argomentazione.
- Occorre prestare particolare attenzione al **tipo di relazione** esistente tra due eventi. Per esempio, occorre non confondere una semplice **associazione** con una relazione di **causa-effetto**. Così, per esempio, se si afferma che *una percentuale elevata di persone che contraggono tumori ai polmoni sono fumatori*, ciò non implica necessariamente che tutti i fumatori contraggono tumori ai polmoni, né che i tumori ai polmoni colpiscono solo i fumatori.

- Allo stesso modo occorre non confondere la **necessità** di una condizione con la sua **sufficienza**. Se si afferma che *solo i fumatori contraggono tumori ai polmoni*, ciò non implica che tutti i fumatori contraggono tumori ai polmoni. Il fatto di essere fumatore sarebbe cioè condizione necessaria ma non sufficiente per contrarre un tumore ai polmoni.
- Per rispondere alle domande è importante analizzare l'argomentazione di base facendo attenzione non solo alle **deduzioni logiche** che da essa si ricavano, ma anche alle **ipotesi implicite** sulle quali essa si basa. Spesso infatti un esame attento del processo logico seguito da un'argomentazione manca di un anello che viene dato per scontato. Le domande che seguono possono chiedere di identificare questo anello mancante con il quesito: *qual è l'ipotesi alla base dell'argomentazione?* Per esempio, se si afferma che *Giorgio dovrebbe nuotare più spesso perché la sua forma fisica è piuttosto scadente*, è implicitamente assunto che il nuoto contribuisce a migliorare la forma fisica.
- È utile, una volta individuata la risposta esatta, **controllarla** tornando al testo dell'esercizio e verificando che l'alternativa scelta rispetti tutte le condizioni poste dal testo.
- Per gli esercizi di tipo enigmistico nei quali affermazioni e negazioni si alternano, è opportuno procedere in modo sequenziale, quasi algebricamente, con dei + e dei –, ricordando che **due negazioni danno come risultato un'affermazione**. Così l'affermazione *Luca ha negato di non volerle bene* equivale a *Luca ha affermato di volerle bene.*

Ripassa da qui

CONDIZIONE SUFFICIENTE

Se A allora B

È possibile dedurre con certezza che: se non B allora non A.

CONDIZIONE NECESSARIA

Solo se A allora B.

È possibile dedurre con certezza che: 1) se B allora A; 2) se non A allora non B.

CONDIZIONE NECESSARIA E SUFFICIENTE

Se e solo se A allora B.

Le cose che è possibile dedurre con certezza sono che: 1) se non B allora non A; 2) se B allora A; 3) se non A allora non B.

RAPPRESENTAZIONE GRAFICA DELLE CONDIZIONI

Condizione sufficiente

Se A allora B

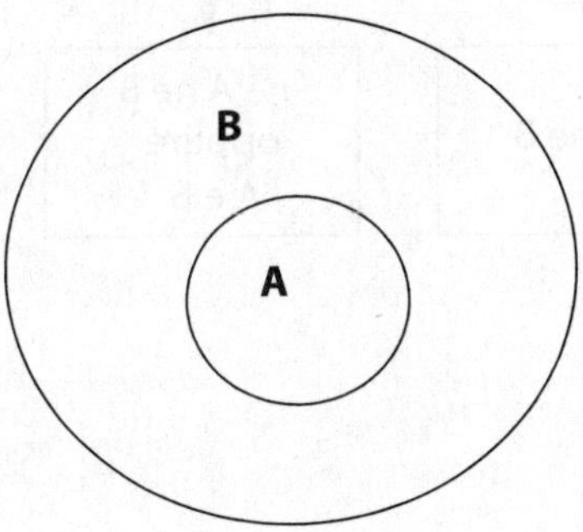

Deduzione: Se non B allora non A

Condizione necessaria

Solo se A allora B

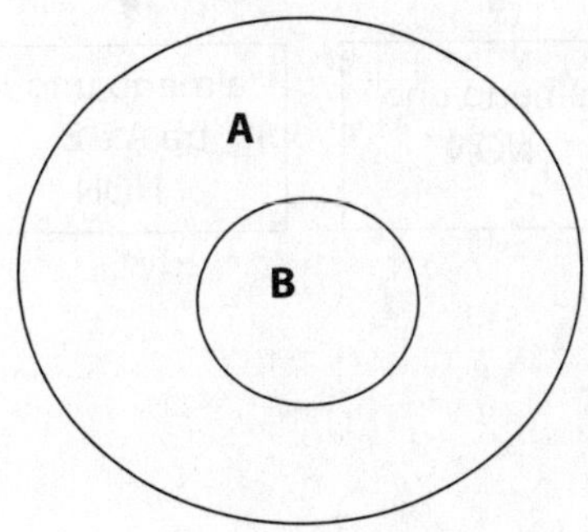

Deduzioni: Se non A allora non B
Se B allora A

NEGARE UNA TOTALITÀ

Per negare una totalità (cioè una proposizione relativa alla totalità di un insieme) è necessario e sufficiente che almeno per un elemento di quell'insieme la proposizione non sia vera.

NEGARE UNA FRASE CON LA "E" O CON LA "O"

- **CONGIUNZIONE "E"**

  Bevo il vino e mangio la pasta.

  Una proposizione composta da due proposizioni elementari legate dal connettore "e" risulta vera solo se entrambe le proposizioni risultano vere. Per negarla, quindi, basta che o l'una o l'altra non sia vera.

- **DISGIUNZIONE INCLUSIVA "O"**

  Per superare l'esame della patente devo imparare a memoria i quiz o studiare tutta la teoria.

  Una proposizione composta da due proposizioni elementari legate dal connettore "o" inclusivo (per il quale le due proposizioni non si escludono reciprocamente) risulta vera se almeno una delle proposizioni che la compongono è vera; risulta falsa solo se entrambe le componenti sono false.

- **DISGIUNZIONE ESCLUSIVA "SOLO UNA O SOLO L'ALTRA"**

  Vado al cinema o rimango a dormire.

  Una proposizione composta da due proposizioni elementari che si escludono l'una con l'altra (tramite connettore "o" esclusivo) risulta vera se solo una delle due proposizioni è vera, mentre è falsa sia se entrambe sono vere sia se entrambe sono false.

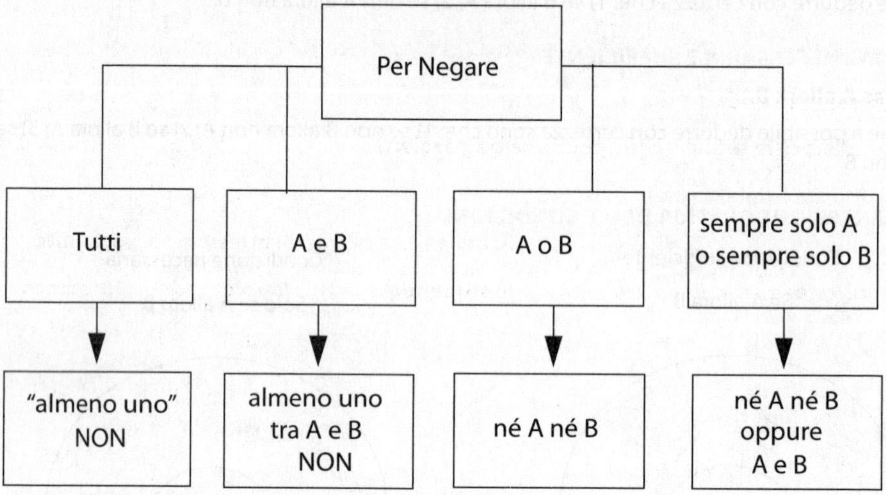

5 | Logica verbale

Mettiti alla prova

I **Completetare la seguente proporzione tra parole:**

freddo sta a gelato come ... sta a ...

1: bollente	**2: caldo**	**3: bello**	**4: atteso**	**5: sfinito**
6: arrivato	**7: estate**	**8: stupendo**	**9: sole**	**10: stanco**

A 1; 2

B 3; 8

C 4; 6

D 7; 9

E 5; 10

II **Indicare la parola da scartare.**

A Polimero

B Polimetro

C Polimorfo

D Poliomielite

E Polipo

III **Indicare la parola da scartare.**

A Osso

B Anna

C Reo

D Ala

E Otto

Ecco le risposte esatte dei 3 quesiti proposti: **I B, II D, III C**.

Alcune domande mirano a verificare le attitudini degli studenti chiedendo di applicare le capacità logiche all'uso della lingua italiana. Si tratta di esercizi molto diffusi sia nei test di valutazione sia nei test di ammissione ai corsi universitari a numero programmato. Le competenze sottoposte a verifica sono quelle relative alla proprietà di linguaggio e all'ampiezza del vocabolario. Non si tratta dunque di quesiti nozionistici ma attitudinali, perché intesi a valutare le capacità del candidato di comprendere le **relazioni tra parole** (come nelle analogie concettuali o nelle proporzioni tra parole) o la **coerenza logica** tra più termini, come negli esercizi che richiedono di inserire parole mancanti all'interno di una frase incompleta. Quesiti di logica verbale sono previsti nei **test autonomi** predisposti dalle singole università. Domande analoghe (soprattutto su sinonimi e contrari e significato di parole ed espressioni) sono però presenti anche nelle prove CISIA **TOLC-PSI** e **TOLC-SU**, nella sezione di comprensione del testo. È pertanto utile a tutti svolgere le domande di questo capitolo. Si consiglia inoltre di affiancare lo studio delle prossime pagine a quello delle "Competenze lessicali" nella Parte quarta.

5.1 | Descrizione degli esercizi

Gli esercizi di *Conoscenza della lingua italiana* presentano tipologie diverse. In realtà, si tratta spesso di esercizi tra loro concettualmente simili, presentati in forme e configurazioni differenti: è il caso, per esempio, dei quesiti che richiedono di identificare il sinonimo di un vocabolo o di individuare il significato corretto di una parola. Per chiarezza espositiva e al fine di evitare che il candidato si trovi, al momento del test ufficiale, di fronte a esercizi simili presentati in forma differente, in questo capitolo vengono esaminate tutte le principali tipologie:

- analogie concettuali;
- proporzioni tra parole;
- serie di parole;
- parole a incastro;
- sinonimi e contrari;
- significato corretto di un vocabolo e di espressioni;
- frasi incomplete.

5.2 | Analogie concettuali

Gli esercizi di analogia concettuale stimolano la capacità di analizzare il rapporto che lega tra loro coppie di parole. In alcuni casi gli esercizi richiedono di individuare il rapporto anomalo tra più coppie di termini, in altri casi si presentano come *proporzioni* – per utilizzare un termine mutuato dalla matematica – tra parole, incomplete di uno o due termini. In questa seconda eventualità, si tratta di individuare, tra le alternative proposte, quella che completa correttamente la proporzione, cioè quella che rende la relazione tra i primi due termini uguale a quella che lega il terzo con il quarto termine, il quinto con il sesto e così via.

---

1 **Individuare il rapporto anomalo.**

A Attenzione – distratto
B Onestà – disonesto
C Omogeneo – eterogeneo
D Iniquità – giusto
E Coraggio – pavido

In ciascuna alternativa proposta, il primo termine è la qualità mancante all'aggettivo proposto dal secondo termine. Così al *distratto* manca l'*attenzione* come il *coraggio* al *pavido*, l'*onestà* al *disonesto* e l'*iniquità* al *giusto*. Non rispetta questa regola la coppia di termini *omogeneo – eterogeneo* che sono entrambi aggettivi, l'uno il contrario dell'altro (per seguire la stessa regola delle altre coppie il rapporto doveva essere tra i termini omogeneità – eterogeneo). La risposta esatta è dunque la C.

PARTE SECONDA

2 **Medico : X = avvocato : Y**

- **A** X = cliente, Y = malato
- **B** X = paziente, Y = causa
- **C** X= penale, Y = dentista
- **D** X = disputa, Y = malattia
- **E** X = paziente, Y = cliente

In questo caso non è possibile determinare una relazione precisa sulla base dei due termini noti della proporzione, poiché non aiutano a chiarire il rapporto espresso. Conviene, dunque, cercare una relazione tra il primo termine dato e il primo termine di ciascuna delle alternative proposte. Una volta individuata una plausibile relazione, bisogna verificare se il secondo termine dell'alternativa in esame instaura la stessa relazione con il termine dato del secondo membro.

L'alternativa corretta è la **E**: il *paziente*, infatti, *è la persona che beneficia dei servizi del medico*, così come il *cliente è colui che usufruisce dei servizi dell'avvocato*. Si osservi che nell'alternativa **A** i termini proposti potrebbero soddisfare la relazione della proporzione se non fossero presentati nell'ordine invertito.

Occorre fare attenzione non solo al tipo di relazione esistente tra i termini, ma anche all'ordine con cui questi sono collocati all'interno della proporzione.

3 **Quale tra le coppie di termini proposti completa logicamente la seguente proporzione verbale:**

Cronometro : tempo = x : y

- **A** x = calendario, y = giorni
- **B** x = termometro, y = gradi
- **C** x = cardiografo, y = cuore
- **D** x = termometro, y = temperatura
- **E** x = odometro, y = velocità

In questo caso, la relazione logica che lega i due termini del primo membro (*cronometro* e *tempo*) è di *misurazione*: il cronometro misura infatti il tempo. La sola alternativa che consente di riprodurre tale relazione anche al secondo membro è la **D**: *il termometro misura la temperatura*. Si osservi che l'alternativa **B** è errata in quanto i *gradi* rappresentano l'unità di misura della grandezza da misurare e non la grandezza stessa.

4 **Scegliere nell'espressione**

X : vino = conchiglia : Y

la coppia X ed Y più plausibile in modo che, tra le varie alternative, il rapporto tra il primo e secondo termine sia simile o analogo a quello tra terzo e quarto.

- **A** X = foglia, Y = mollusco
- **B** X = grappolo, Y = valva
- **C** X = botte, Y = perla
- **D** X = semi, Y = sabbia
- **E** X = uva, Y = mare

Per risolvere il quesito (non potendo a priori sapere la logica che lega i termini di ogni membro) è necessario sostituire le diverse alternative e vedere quando si ha la medesima logica a sinistra e a destra dell'uguale. La soluzione al quesito è fornita dall'alternativa **C**, infatti la *botte* contiene il *vino* come la *conchiglia* la *perla*.

5 **Quale tra le coppie di termini proposti completa logicamente la seguente proporzione verbale:**

x : linguistica = termodinamica: y

A x = sinologia; y = biologia
B x = psicometria; y = meccanica
C x = storiografia; y = chimica
D x = morfologia; y = fisica
E x = etnografia; y = elettrodinamica

La *linguistica* è la disciplina che studia la lingua e il linguaggio come facoltà tipiche della specie umana; si compone di varie parti, quali la *grammatica* che comprende, per esempio, la *morfologia* e la *sintassi*. La *fisica* è anch'essa una disciplina, di natura scientifica; si occupa di studiare il reale e i fenomeni naturali quali il movimento, l'energia, il calore, lo spazio, il tempo e si compone di varie parti quali, tra le altre, la *cinematica*, l'*elettromagnetismo* o la *termodinamica*. L'alternativa corretta è quindi la D.

6 **Quale tra le coppie di termini proposti completa logicamente la seguente proporzione verbale:**

Minuto : enorme = x : y

A x = polmone, y = respirazione
B x = vero, y = falso
C x = miope, y = presbite
D x = disguido, y = equivoco
E x = ovvio, y = evidente

In questo esempio, la relazione tra i due termini dati è di *opposizione/contrarietà*. L'alternativa corretta è la B: *vero* è infatti l'opposto, il contrario, di *falso*. L'alternativa C, a prima vista accettabile, è in realtà errata: *miope* non è infatti il contrario di *presbite*; la miopia e la presbiopia sono infatti due difetti dell'occhio che comportano rispettivamente difficoltà di visione da lontano e da vicino. Le alternative D ed E sono da escludere perché formate da vocaboli (*disguido/equivoco, ovvio/evidente*) fra loro sinonimi, anziché contrari.

7 **Quale tra le coppie di termini proposti completa logicamente la seguente proporzione verbale:**

x : ermeneutica = y : biochimica

A x = filosofia; y = chimica
B x = epistemologia; y = chimica
C x = logistica; y = scienze naturali
D x = grafologia; y = biologia
E x = criminologia; y = biofisica

La filosofia, disciplina che ha come scopo il progressivo ampliamento e l'organizzazione del sapere dell'uomo, ha nel corso dei secoli proposto vari e numerosi approcci per raggiungere questo obiettivo. Tra di essi, sin dall'antichità greca, ma con particolare sviluppo nel corso dell'Ottocento e del Novecento, un posto di rilievo lo occupa l'ermeneutica, ossia la teoria secondo la quale l'uomo conosce il mondo (e quindi sa) tramite uno sforzo di interpretazione continua dei fatti e dei dati esterni e interni alla coscienza, espressi attraverso lo strumento del linguaggio che, solo, riesce a dare voce a tale sforzo interpretativo. Si può dunque dire che l'ermeneutica è una parte della filosofia, così come, nella proporzione proposta, la biochimica è lo studio della chimica della vita (quindi una parte della più generale disciplina). La riposta corretta è dunque la A.

8 **Principe Myskin : L'idiota = X : Padri e figli = Edmond Dantés : Y**

Individuate la coppia che completa correttamente la proporzione:

A x = Andrej Bolkonskij, Y = La signora delle camelie

B x = Jean Valjean, Y = I miserabili

C x = Natalija Rostova, Y = Vent'anni dopo

D x = Anna Karenina, Y = I tre moschettieri

E x = Bazarov, Y = Il conte di Montecristo

Il quesito chiede di associare nel giusto ordine il personaggio letterario all'opera di cui è protagonista, come appunto il *Principe Myskin* per *L'idiota* di Dostoevskij. La risposta esatta è la E, infatti Bazarov è il protagonista di *Padri e figli* di Turgenev e Edmond Dantés di *Il conte di Montecristo* di Dumas.

Si ricorda che *Andrej Bolkonskij* e *Natalija Rostova* sono tra i principali personaggi di *Guerra e Pace* di Tolstoj, autore anche di *Anna Karenina*, mentre *Jean Valjean* è il protagonista de *I miserabili* di Hugo. Opere di Dumas sono, infine, anche *I tre moschettieri* e il suo seguito *Vent'anni dopo*, mentre *La signora delle camelie* è stata scritta da Dumas figlio.

---

9 **... : Argentina = portoghese : ...**

A: sudamericano	**B: Uruguay**	**C: europeo**	**D: Azzorre**
E: Cile	**F: spagnolo**	**G: Patagonia**	**H: Brasile**

A F; B

B A; C

C F; H

D E; F

E G; D

La risposta esatta è la C. Infatti, lo *spagnolo* è la lingua ufficiale dell'*Argentina* così come il *portoghese* è la lingua ufficiale del *Brasile*. L'alternativa A è errata poiché la lingua ufficiale dell'*Uruguay* non è il *portoghese*, ma sempre lo *spagnolo*. Analogamente, l'alternativa D è errata, in quanto nel primo rapporto della proposizione mette in relazione due Paesi, così come nel secondo due lingue. Anche le alternative B ed E danno luogo a proporzioni prive di significato..

✓ Occorre fare attenzione non solo al tipo di relazione tra i termini, ma anche all'ordine con cui questi si collocano all'interno della proporzione.

---

10 **Primo : x = y : due**

A x = uno, y = secondo

B x = secondo, y = due

C x = numero, y = cardinale

D x = due, y = uno

E x = ordinale, y = secondo

In questo caso, i termini noti appartengono a membri distinti della proporzione e non è dunque possibile stabilire a priori il tipo di relazione esistente. Occorre "andare per tentativi", inserendo di volta in volta i termini forniti dalle diverse alternative e controllando se la relazione che si presenta nel primo membro viene rispettata nel secondo. L'alternativa corretta è la A. Infatti la relazione tra *primo* e *uno* è quella di *numero ordinale rispetto a numero cardinale*, che è rispettata anche dai termini *secondo* e *due*.

Siamo ora in grado di rispondere al primo quesito proposto all'inizio del capitolo.

Quesito I. La relazione tra i due termini dati (*freddo* e *gelato*) sta nel crescente *grado di intensità*: freddo e gelato sono due aggettivi che esprimono il concetto di temperatura bassa, ma con un diverso grado di intensità (gelato è più intenso di freddo). Si osservi che, tra le alternative proposte, ne esistono tre che rispettano la relazione di *diverso grado di intensità*: la A, la B e la E. L'ordine dei termini nelle alternative A e la E, tuttavia, è invertito, dal più intenso al meno intenso. L'alternativa corretta è dunque la B.

Tipologie di relazioni

Di seguito viene riportata una lista delle principali tipologie di relazioni di analogia concettuale. Tale lista non può evidentemente essere completa, ma rappresenta un elenco delle tipologie più frequenti nei test di ammissione ed è dunque opportuno averla ben presente.

RELAZIONI	ESEMPI	
Lavoratore e frutto del lavoro	scrittore : libro;	compositore : sinfonia;
Lavoratore e strumento utilizzato	scultore : scalpello;	pittore : pennello;
Strumento e oggetto su cui si lavora	penna : carta;	sega : legno;
Sequenza temporale	presto : tardi;	alba : tramonto;
Causa ed effetto	germe : malattia;	esplosione : macerie;
Grado di intensità	tiepido : caldo;	gioia : estasi;
Classe e specie	insetti : formica;	mammiferi : delfino;
Relazioni grammaticali	io : mio;	ha : ebbe;
Sinonimi	gentile : benevolo;	bugia : menzogna;
Contrari	mai : sempre;	amore : odio;
Parte del tutto	scafo : nave;	ruota : bicicletta;
Sesso	mucca : toro;	gallina : gallo;
Autore e sua opera	Verga : *I Malavoglia*;	Pirandello : *Il fu Mattia Pascal*
Autore e corrente di appartenenza	Marinetti : Futurismo;	Monet : Impressionismo
Personaggio e suo ideatore	Gargantua : Rabelais;	Don Chisciotte: Cervantes
Elemento di un insieme	soldato : esercito;	stella : costellazione

Suggerimenti

- Prima di analizzare le alternative possibili, occorre cercare di **individuare il tipo di relazione** esistente tra i due termini dati della proporzione. Quindi analizzare le varie alternative, per vedere quale di esse soddisfa tale relazione.
- Prima di passare all'esercizio successivo, è importante **controllare tutte le alternative**, verificando che quelle scartate siano effettivamente errate.
- È importante prestare **attenzione all'ordine con cui sono presentati i due termini** della relazione. A volte infatti, sono presenti alternative che rispettano la relazione di partenza, ma l'ordine è invertito e sono quindi da scartare perché non soddisfano la logica della proporzione.
- Nel caso in cui **le incognite di una proporzione siano relative a due membri** diversi della stessa, occorre andare per tentativi, ossia provare a sostituire i vocaboli delle diverse alternative e controllare se la proporzione acquista significato.

5.3 | Serie di parole

Questi esercizi si presentano come *sequenze di vocaboli tra i quali il candidato deve individuare quello da scartare*. Si tratta di identificare il legame logico esistente tra le parole della sequenza e, sulla base di tale legame, individuare tra i vocaboli della serie quello che non lo rispetta. È dunque necessario identificare la parola che non si accorda o si accorda solo parzialmente alle altre.

Esistono due diverse tipologie di esercizi, a seconda del tipo di legame esistente tra i vocaboli. La prima, più frequente, è quella in cui il nesso logico è riferito al **significato** delle parole. La seconda, molto meno frequente, è quella in cui il nesso logico è riferito al **significante**, ossia al modo in cui i vocaboli sono scritti.

5.3.1 | Nesso logico del significato

All'interno di questa prima tipologia è possibile identificare diverse categorie di nessi logici che legano le parole della serie. I principali e più diffusi sono esemplificati di seguito.

Esempi

---

1 **Indicare la parola da scartare.**

A Renoir
B Rembrandt
C Kafka
D Picasso
E Mirò

Nesso di *professione*. La risposta esatta è la C: si tratta infatti di pittori, a eccezione di *Kafka*.

---

2 **Indicare la parola da scartare.**

A Francia
B Spagna
C Svezia
D Canada
E Paesi Bassi

Nesso *geografico*. La risposta esatta è la D: si tratta infatti di nazioni europee, a eccezione del *Canada*.

---

3 **Indicare la parola da scartare.**

A Giraffa
B Squalo
C Delfino
D Gatto
E Cane

Nesso di *classe* o *genere*. La risposta esatta è la B: si tratta infatti di mammiferi, a eccezione dello *squalo*, che è un pesce cartilagineo.

---

4 **Indicare la parola da scartare.**

A Mandarino
B Limone
C Pompelmo
D Ciliegia
E Cedro

Anche questo esercizio è un nesso di *classe* o *genere*. La logica dell'esercizio fa riferimento alla famiglia di appartenenza dei frutti: mandarino, limone, pompelmo e cedro sono tutti agrumi. La parola da scartare è quindi ciliegia (D), che non appartiene a questa famiglia.

PARTE SECONDA

5 Indicare il nome da scartare.

- **A** Giuseppe Tomasi di Lampedusa
- **B** Torquato Tasso
- **C** Giovanni Verga
- **D** Filippo Tommaso Marinetti
- **E** Carlo Emilio Gadda

Nesso *temporale*. La risposta esatta è la **B**: si tratta infatti di scrittori vissuti a cavallo tra il secolo XIX e il secolo XX, a eccezione di *Torquato Tasso* che è del secolo XVI.

6 Individuare il termine anomalo.

A Politeismo **B** Politecnico **C** Politico **D** Polivalente **E** Poliglotta

I cinque termini qui proposti mostrano apparentemente un prefisso comune. Invece, nelle alternative **A**, **B**, **D** ed **E** il prefisso *poli-* (dal greco, "molto") si unisce a un altro termine a indicare un significato di pluralità, nell'alternativa **C** il vocabolo deriva dal sostantivo greco *polis* (città).

In altre parole, in questi esercizi bisogna considerare la formazione e l'etimologia dei termini proposti.

Siamo ora in grado di rispondere al secondo quesito proposto all'inizio del capitolo.

Quesito II. L'esercizio è abbastanza complesso. Il nesso è di derivazione. Tutte le alternative, tranne la **D**, propongono parole composte dalla parola greca *polys* (molto). Così, il *polimero* (*polys* – molto + *meros* – parti) è in chimica una sostanza composta da più elementi; *polimetro* (*polys* – molto + *metron* – misura) è detto di componimento composto da versi o strofe di vari metri; polimorfo (*polys* – molto + *morphe* – forma) è detto di chi può assumere varie forme e, infine, il polipo (*polys* – molto + *meros* – podos) è caratterizzato dai molti tentacoli.

Poliomielite, invece, deriva da *polios* (grigio) e *myelos* (midollo) e, avendo una radice differente dalle altre, è la parola da scartare. La soluzione al quesito è, dunque, fornita dall'alternativa **D**.

7 Indicare la parola da scartare.

- **A** Mozzarella
- **B** Yogurt
- **C** Olio
- **D** Panna
- **E** Ricotta

Nesso di *derivazione*. La risposta esatta è la **C**: l'*olio* è l'unico alimento, fra quelli elencati, non derivato dal latte (latticino).

8 Indicare la parola da scartare.

- **A** Feroce
- **B** Labile
- **C** Divertito
- **D** Assorto
- **E** Incastro

Nesso *grammaticale*. La risposta esatta è la **E**: i termini dati sono tutti aggettivi a eccezione di *incastro*, che è un sostantivo.

9 **Una delle seguenti parole scritte in modo disordinato non è il nome di un ortaggio:**

A chizucna
B tlatuag
C agrartuta
D elmanzaan
E penepero

Il primo passo per risolvere l'esercizio è anagrammare in modo corretto le parole proposte: Partendo dalla prima si ha: zucchina, lattuga, tartaruga, melanzana e peperone. La parola da scartare è quindi tartaruga (che è un animale e non un ortaggio) e quindi la soluzione è fornita dall'alternativa C.

10 **Individuare la parola da scartare perché non affine per significato alle altre.**

A Epigrafe B Epigrafia C Epigramma D Epitaffio E Epistrofe

Tutte le parole presentano il prefisso *epi-* (sopra). Bisogna quindi analizzare il secondo membro. Le prime tre parole sono costituite da termini derivati dal verbo greco *grafo*: scrivere. Più in dettaglio, l'*epigrafia* è la scienza che si occupa dell'interpretazione delle *epigrafi* che, a loro volta, sono le antiche iscrizioni incise su supporti di pietra; l'*epigramma* invece è un breve componimento poetico scritto in genere in modo satirico. Anche il termine *epitaffio* (letteralmente "sopra la tomba") è termine legato al concetto di scrittura e indica specificamente un'iscrizione sepolcrale. L'unico termine non affine per significato agli altri è *epistrofe*, un termine preso dalla retorica classica, che indica la ripetizione delle stesse parole alla fine di più parti di una frase o di più versi. La risposta esatta è dunque la E.

5.3.2 | Nesso logico del significante

Gli esercizi di questa seconda tipologia, molto meno frequenti, somigliano ad alcuni rompicapo di tipo enigmistico. Pochi esempi risulteranno sufficienti per comprendere la loro natura. Occorre ricordare che in questo caso *il nesso logico fa riferimento al significante dei vocaboli*, ossia a come i vocaboli sono scritti.

1 **Indicare la parola da scartare.**

A Duetto B Tetre C Cotto D Novena E Acceso

La risposta esatta è la E. Infatti tutti i vocaboli contengono, al loro interno, un numero (*due, tre, otto, nove*), a eccezione di *acceso.*

2 **Indicare la parola da scartare.**

A Ordalia B Monarchia C Rosario D Violazione E Gigliola

La risposta esatta è la B. Infatti tutti i vocaboli contengono, al loro interno, il nome di un fiore (*dalia, rosa, viola, giglio*), a eccezione di *monarchia*.

3 **Indicare la parola da scartare.**

A Massone
B Assolvere
C Materasso
D Cassonetto
E Messere

La risposta esatta è la E. Infatti tutti i vocaboli dati, a esclusione di *messere*, contengono la parola *asso.*

4 **Individuare il termine anomalo.**

A Polonia B Scapolo C Modulo D Scampolo E Popolo

La soluzione è la **C**, poiché tutti i vocaboli, a esclusione di *modulo,* contengono la parola *polo*.
Siamo ora in grado di rispondere anche al terzo quesito proposto all'inizio del capitolo.

Quesito III. La soluzione è la **C**, poiché tutti i vocaboli, a esclusione di *reo,* sono palindrome (lette, cioè, in senso inverso mantengono immutato il significato).

Suggerimenti

- **Esaminare i vocaboli a due a due**, cercando di identificare il nesso che li lega. Successivamente, controllare se lo stesso nesso logico viene rispettato dagli altri vocaboli.
- **Ricordare almeno alcuni dei nessi logici più comuni** esaminati sopra e provare a verificare se i vocaboli presenti negli esercizi sono riconducibili a uno di essi.
- **Concentrarsi dapprima sulla ricerca di un nesso logico riferito al significato** e non al significante. Esercizi basati su quest'ultimo sono infatti molto più rari. Solo se non si riesce a individuare una logica legata al significato, è opportuno ragionare sul significante dei termini proposti.

5.4 | Parole a incastro

In questo tipo di esercizio vengono forniti l'inizio e la fine di due parole e si chiede al candidato di individuare quale, tra le alternative proposte, completa contemporaneamente la prima e la seconda formando altre due parole di senso compiuto. Un'altra tipologia chiede di indicare la parola che può essere sinonimo o avere lo stesso significato delle altre due proposte.

---

1 Si inserisca il gruppo di lettere che completa la prima parola ed è l'inizio della seconda: es (...) nito

A aperto
B atto
C da
D auto
E co

Provando a sostituire le parole proposte dalle diverse alternative ci si accorge che la soluzione al quesito è fornita dall'alternativa **B**: *atto* forma *esatto* completando la prima parola e *attonito* se posto all'inizio della seconda parola.

---

2 Si inserisca il gruppo di lettere che completa la prima parola ed è l'inizio della seconda: rosso (...) presso

A re **B** nero **C** ci **D** se **E** sop

La soluzione al quesito è fornita dall'alternativa **A**, infatti *re* completa la prima parola formando il sostantivo *rossore* e la seconda formando l'aggettivo *represso*.

---

3 Scegliere la parola che ha lo stesso significato delle due parole proposte: esatta – rivolta

A giusta
B riscossa
C sommossa
D attesa
E tolta

Esatta è il participio passato femminile di *esigere*, verbo che ha tra i sui sinonimi *riscuotere*: dunque il participio passato femminile *riscossa* è sinonimo di *esatta*. Anche *rivolta* ha come sinonimo riscossa, nel senso di *sollevazione*. La soluzione è, quindi, fornita dall'alternativa **B**.

5.5 | Sinonimi e contrari

In questo tipo di esercizi, piuttosto frequente nei test di ammissione alle università, il candidato deve individuare, tra le differenti alternative, quella che meglio rappresenta il sinonimo o il contrario di un vocabolo dato. Si ricordi che, molto spesso, quando viene richiesto al candidato di individuare il contrario di un termine, fra le alternative errate si trova almeno un sinonimo e viceversa.

Esempi

---

1 **Un sinonimo di *adatto* è:**

A abile B idoneo C giusto D inadeguato E opportuno

La risposta esatta è la B: entrambi gli aggettivi (*adatto* e *idoneo*) indicano infatti "colui o ciò che ha tutte le qualità necessarie a un determinato uso o fine". Si noti che l'alternativa D indica un contrario di *adatto*.

---

2 **Il contrario di *inusitato* è:**

A insolito
B inconsueto
C ordinario
D non frequente
E irrilevante

La risposta corretta è la C: *inusitato* è infatti un aggettivo che significa *inconsueto, insolito, nuovo, straordinario.* Il suo contrario è dunque espresso dai termini *abituale, consueto, frequente, ordinario.*

---

3 **Un sinonimo di *epigono* è:**

A rimatore
B angolo opposto al vertice di un altro angolo
C discepolo
D simmetrico
E malato di mente

Vennero chiamati *epigoni* i principi greci che fecero il secondo assedio a Tebe perché erano i figli di coloro che avevano assediato la città la prima volta. La parola *epigono* significa, quindi, successore, discendente, discepolo. La soluzione al quesito è fornita dall'alternativa C.

---

4 **Un sinonimo di *ibrido* è:**

A speciale B miscuglio C ibernato D pesce E gene

Ibrido è un aggettivo indicante il "risultato di un miscuglio di cose differenti" (specie animali, oggetti ecc.). La risposta corretta è dunque la B, che propone un sostantivo che rimanda al significato di *ibrido.*

---

5 **Un sinonimo di *esentare* è:**

A esonerare
B obbligare
C costringere
D esemplificare
E costruire

RAGIONAMENTO LOGICO E VERBALE

La risposta corretta è la **A**: *esentare* significa "rendere o dichiarare libero da un obbligo", ossia *esonerare*. Si osservi che le alternative **B** e **C** presentano termini che esprimono il contrario (e non il sinonimo) di *esentare*.

---

6 Qual è il contrario di *requisizione*?

- **A** Inquisizione
- **B** Perquisizione
- **C** Concessione
- **D** Liberalità
- **E** Non esiste un contrario

La *requisizione* è un provvedimento amministrativo con il quale si impone autoritativamente la prestazione temporanea di cose o di servizi, di proprietà di privati, all'uso pubblico, previo risarcimento o indennizzo. Un provvedimento contrario a questo non esiste, per quanto a livello intuitivo si sarebbe portati a pensare che una *concessione* o una *liberalità* realizzino un risultato opposto a questo. La risposta esatta è comunque la **E**.

Suggerimenti

- **Prestare attenzione all'alternanza** tra esercizi che richiedono di individuare il **sinonimo** e quelli che invece richiedono il **contrario.** È frequente infatti il caso di candidati che partendo dalla richiesta di uno dei due trascurano la traccia degli esercizi e li risolvono sempre alla ricerca di sinonimi, o sempre alla ricerca di contrari.
- Fare attenzione al fatto che **a volte esiste più di un'alternativa apparentemente corretta**. Se anche dopo un'analisi attenta delle alternative (che ha portato all'eliminazione di alcune ma non di tutte) non si riesce a identificare la risposta corretta, conviene "tirare a indovinare", rispettando la regola esaminata nei suggerimenti generali.
- Negli esercizi che richiedono di individuare il sinonimo di un vocabolo, così come in quelli relativi al significato corretto di parole (presentati più avanti), **le alternative errate sono a volte costruite sulla base del significante**, ossia della grafia con cui risulta scritto il vocabolo.

5.6 | Significato di termini

Questo tipo di esercizio è sostanzialmente analogo a quello dei sinonimi esaminato in precedenza. L'unica differenza è rappresentata dal fatto che in questo caso *si chiede il significato di una parola, che può essere espresso sotto forma di frase o di vocabolo,* e non il suo sinonimo. È importante ricordare, per la risoluzione di questi esercizi, che spesso le alternative errate vengono costruite sulla base del *significante*, ossia della radice del vocabolo dato (giocando su come è scritto e suona o su parte della sua radice etimologica). Alcuni esempi risultano utili per chiarire quest'ultima avvertenza.

Esempi

---

1 Con il termine *madrigale* si intende:

- **A** un breve componimento di origine popolare
- **B** una festa popolare nordica
- **C** un racconto satirico
- **D** una pianta tropicale

La risposta corretta è la **A**. Il termine *madrigale* infatti indica un componimento letterario di lunghezza breve e di ispirazione pastorale.

2 **Con il termine *saga* si intende:**

A un racconto epico
B una festa popolare
C un racconto umoristico
D una pianta tropicale

La risposta corretta è la A. Il termine *saga* infatti indica un "racconto epico connesso alle tradizioni popolari" ed è caratteristico delle letterature nordiche.

3 **Il significato di *stanziale* è:**

A durevole
B circoscritto
C permanente
D stantio

L'aggettivo *stanziale* definisce chi permane in un luogo in modo durevole o permanente. La risposta esatta è dunque la C.

4 **Il significato del termine *riffa* è:**

A beneficienza
B tombola
C fiera
D sagra
E lotteria

La risposta esatta è la E. La riffa è una lotteria privata in cui sono messi in palio oggetti di valore. Si osservi che anche le altre alternative richiamano mentalmente situazioni ludico-popolari.

5 **Il termine *metonimia* designa:**

A lo studio dei nomi
B un caso di gemellaggio
C una figura retorica
D l'unione di più persone

La risposta esatta è la C. Si tratta infatti di una figura retorica che consiste nella sostituzione di un termine con un altro che ha un rapporto di contiguità di significato con le prime, per esempio sostituire il contenente – la bottiglia – per indicare il contenuto – la birra, o nell'uso del nome della causa al posto di quello dell'effetto. Si noti che è possibile riscontrare un'alternativa, la A, costruita sulla stessa base etimologica della parola data (infatti, in greco *onoma* significa "nome").

6 **Il significato di *facoltoso* è:**

A facoltativo
B obbligatorio
C ricco
D relativo alle facoltà universitarie
E proprio degli studenti

RAGIONAMENTO LOGICO E VERBALE

Facoltoso è un aggettivo che identifica una "persona con ampie disponibilità economiche", cioè *ricca*. La risposta esatta è dunque la C.

Suggerimenti

- **Ripassare alcuni vocaboli e radici latine e greche** può risultare utile per identificare l'alternativa corretta, nel caso non si conosca il significato del vocabolo dato.
- In questa tipologia di esercizi, così come nei quesiti che richiedono di individuare il sinonimo di un vocabolo, **le alternative errate sono spesso costruite sulla base del significante**, cioè della radice del vocabolo.

5.7 | Significato di espressioni

Si tratta di quesiti nei quali viene richiesto di determinare il significato corretto di un'espressione linguistica, rifacendosi spesso a modi di dire, aforismi, detti popolari e proverbi che sono diventati nel tempo cliché linguistici e locuzioni idiomatiche di uso comune. Anche in questo caso l'obiettivo dei quesiti è quello di valutare la conoscenza della lingua italiana e l'ampiezza del vocabolario dei candidati.

---

1 **Quale dei seguenti abbinamenti, in senso figurato, è ERRATO?**

A *Toccare il cuore*: riuscire a commuovere
B *Starsene nel proprio brodo*: condividere euforicamente un risultato conseguito
C *Mettere molta carne al* fuoco: voler fare molte cose in una volta
D *Puntare i piedi*: accanirsi in un proposito
E *Ammainare le vele*: desistere da un'impresa

Starsene nel proprio brodo significa rimanere appartati, isolati, da soli, ovvero l'esatto contrario di condividere euforicamente un risultato conseguito: la risposta da scegliere è dunque la B.

---

2 **Quale dei seguenti abbinamenti è ERRATO?**

A *Mosca bianca*: persona o cosa rarissima
B *Peso mosca*: categoria di atleti
C *Mosca cocchiera*: persona modesta e premurosa
D *Mosca cavallina*: insetto ematofago
E *Mosca cieca*: gioco di ragazzi

Le alternative A, B, D, ed E riportano per ciascuna locuzione la corretta definizione; infatti la "mosca bianca" è una persona o cosa rarissima, il "peso mosca" è una delle categorie di atleti del pugilato, la "mosca cavallina" è un insetto ematofago, cioè che si nutre del sangue dell'ospite (un altro insetto ematofago è la zecca), e "mosca cieca" è un gioco di ragazzi.
Essere una "mosca cocchiera", alternativa C, significa invece arrogarsi capacità e qualità che in realtà non si possiedono; si tratta di un modo di dire (e di fare) diffuso nella lingua (e nell'abitudine) italiana che proviene da una favola di Esopo poi ripresa da Fedro nella quale si narra di una mosca che crede di aver svolto un ruolo determinante nel viaggio di una carrozza trainata da cavalli. L'abbinamento tra l'espressione "mosca cocchiera" e la definizione persona modesta e premurosa è quindi errato.

---

3 **L'espressione *in medias res* vuole significare:**

A entrare nel cuore dell'argomento
B vivere una situazione incerta
C essere mediocri
D appartenere al ceto medio
E una fase del procedimento amministrativo

In medias res è una locuzione latina che significa "nel mezzo delle cose". Per estensione, quindi, la soluzione è indicata dall'alternativa A, entrare nel cuore di un argomento.

5.8 | Frasi incomplete

In questo tipo di esercizio vengono presentate frasi incomplete, generalmente mancanti di uno o due vocaboli. *Al candidato viene richiesto di individuare, tra le alternative presenti, quella che meglio completa la frase.* L'argomento delle frasi può essere scientifico, letterario, giornalistico, artistico o di altra natura. È frequente il caso di frasi composte da due proposizioni, una principale e una subordinata. L'individuazione del vocabolo mancante (o dei vocaboli mancanti) è legata alla comprensione delle conclusioni che si possono trarre dalla principale (se il vocabolo mancante è nella subordinata), o all'individuazione delle premesse quando se ne conosce la conclusione (se il vocabolo mancante è nella principale).

Esempi

1 Poiché il nemico aveva la reputazione di lanciarsi in attacchi improvvisi, stavamo ... all'erta.

- A liberamente
- B frequentemente
- C costantemente
- D raramente
- E occasionalmente

L'alternativa corretta è la C: *costantemente* è infatti l'unico avverbio che risponde alla logica del termine *improvvisi*.

2 La ... ha determinato il tremendo problema del/della ... di centinaia di lavoratori, rimpiazzati dalle macchine.

- A specializzazione-riallocazione
- B automatizzazione-riaddestramento
- C disoccupazione-istruzione
- D malattia-recupero
- E macchinizzazione-addestramento

L'alternativa corretta è la B. L'impiego dei lavoratori sostituiti dalle macchine necessita infatti del loro *riaddestramento*. L'alternativa E, unica apparentemente corretta oltre alla B, può essere scartata in quanto, da un lato, il termine *macchinizzazione* non è appropriato, dall'altro si tratta di un *riaddestramento* (è verosimile che i lavoratori fossero già addestrati a compiere un determinato lavoro).

3 Nonostante fosse una persona particolarmente ..., il suo intervento al convegno era stato molto ...

- A intelligente-critico
- B erudita-attento
- C leale-scorretto
- D timido-sommesso
- E brillante-ascoltato

La risposta corretta è la C. La frase riportata, infatti, indica l'aspettativa di qualcosa di diverso dalla qualità o caratteristica della persona in esame (*nonostante*). Dunque i due aggettivi devono essere opposti nel significato: *leale* e *scorretto* rispondono a tale requisito di opposizione.

4 **Quando la malattia è in uno stato ... è quasi impossibile determinare la sua esistenza mediante ...**

A frenetico-osservazione

B latente-applicazione

C latente-osservazione

D critico-esame

E avanzato-osservazione

La risposta corretta è la C: la *latenza* corrisponde infatti a una fase della malattia in cui questa non è clinicamente manifesta.

5 **La poesia di Edgar Allan Poe, per quanto lodata per la sua musicalità e originalità metrica, è spesso criticata per la sua ... tematica; è infatti, secondo numerosi critici, troppo spesso una collezione di impressioni ...**

A banalità-ritmiche

B dolcezza-poco chiare

C leggerezza-noiose

D confusione-parziali

E trascendenza-ineffabili

La risposta corretta è la E. Infatti la frase lascia intendere che i due aggettivi, quello relativo alla tematica della poesia e quello relativo alle impressioni di cui essa è composta, devono essere coerenti fra loro, ossia suggerire il medesimo significato. In questo senso, è coerente sostenere che una poesia *trascendente*, è fatta di impressioni *ineffabili*. Tutte le altre alternative non offrono la medesima coerenza di significato.

Suggerimenti

- Leggere attentamente l'intera frase, prestando attenzione non solo al suo significato, ma anche alla **sintassi** e al **tono**.
- Cercare di dare la propria risposta corretta **prima** di consultare le diverse alternative disponibili. Se ciò è possibile, la fase successiva sarà semplicemente quella di scegliere l'alternativa più vicina alla risposta iniziale.
- Prestare attenzione non solo al **significato** delle parole da inserire nella frase, ma anche alla **funzione logica** che esse hanno.
- Spesso gli esercizi sono basati sul contrasto tra due idee espresse nella proposizione principale e in quella subordinata. Tale contrasto è indicato da **vocaboli chiave** quali: *nonostante*, *ma*, *tuttavia*, *anche se*, *per quanto* ecc. In questi casi la risposta esatta è quella che consente di esprimere la prima parte della frase con un significato in opposizione a quello della seconda parte.
- Spesso la scelta delle parole mancanti è complicata dalla presenza di più incognite o dal loro ordine sparso, che non consente di dare un senso iniziale alla frase. In questi casi occorre **procedere per sostituzione**, inserendo di volta in volta nella frase le diverse alternative, fino a ottenere quella esatta.
- Prima di passare all'esercizio successivo, provare a **rileggere la frase completa,** inserendo i vocaboli dell'alternativa prescelta, in modo da controllarne la coerenza.

parte terza

RAGIONAMENTO NUMERICO

Introduzione

Questa parte del Manuale presenta e illustra ulteriori tipologie di domande di ambito logico, che spingono il lettore ad attivare il ragionamento numerico e quantitativo nonché le competenze nella lettura, interpretazione e utilizzo di grafici e tabelle.

Lo scopo di questi esercizi è infatti verificare la capacità del candidato nel trattare concetti quantitativi e di ragionare con i numeri. Essi richiedono comprensione e gestione di informazioni numeriche, simboliche e formali. Si vuole valutare se lo studente è in grado, per esempio, di svolgere semplici calcoli, risolvere problemi, dedurre una soluzione da espressioni numeriche, individuare una regola che spieghi una certa progressione di numeri, comprendere le relazioni tra quantità e combinarle opportunamente.

Le domande non richiedono la conoscenza di specifiche nozioni di matematica, anche se talvolta per risolverle sono necessarie alcune abilità aritmetiche di base (quattro operazioni, proporzioni, percentuali, frazioni ecc.).

Le principali tipologie di esercizi presentate nei prossimi capitoli sono:

- problemi di logica numerica;
- matrici di numeri;
- calcolo delle probabilità;
- successioni di numeri e lettere;
- interpretazione di grafici e tabelle.

Per quanto riguarda le prove predisposte dal CISIA, le domande di ragionamento numerico e quantitativo sono espressamente previste per chi deve svolgere il **TOLC-PSI**, mentre sono presenti in misura modesta nella sezione di logica del **TOLC-SU**.

Molte delle tipologie spiegate nelle prossime pagine sono presenti anche nei test di ammissione preparati in autonomia dai **singoli atenei**. Agli studenti che svolgeranno queste prove, si consiglia inoltre lo studio dei paragrafi dedicati alla geometria, nel capitolo "Matematica" nella Parte quinta del Manuale. Tra i quesiti di logica quantitativa possono infatti trovarsi domande che richiedono qualche elementare nozione di geometria piana (aree, perimetri ecc.).

Quesiti relativi a **diagrammi insiemistici** e alla **logica figurale** risultano raramente presenti nelle prove a cui questo volume si rivolge. Nelle pagine seguenti essi sono comunque trattati e illustrati con esempi. Si consiglia almeno una rapida lettura, per non trovarsi impreparati qualora venissero somministrati esercizi di questo tipo nella prova di ammissione.

Data la variabilità dei programmi considerati dai vari atenei, per ottimizzare lo studio, si invita il lettore a verificare con cura sul **bando di concorso dell'università di proprio interesse** le indicazioni su tipologia di domande previste e composizione del test di ammissione.

6 Ragionamento quantitativo

Mettiti alla prova

I Il 01/01/2018 il signor Franco compra 100 azioni della ditta XYZ. A fine gennaio 2018 il titolo XYZ ha perso il 20%. Di quanto deve crescere il titolo XYZ a febbraio per recuperare alla fine del mese il suo valore iniziale?

A 20%

B 22,5%

C 25%

D 30%

E Nessuna delle precedenti possibilità è corretta

II Un test è costituito da 50 quesiti per ognuno dei quali sono presentate 5 risposte alternative (di cui una sola è esatta). Si determini la probabilità di indovinare, rispondendo a caso, tutte e cinquanta le risposte.

A 1/50

B 1/5

C 1/10

D 1/15

E $(1/5)^{50}$

III Paolo arriva a casa a mezzanotte, dopo aver passato la serata da Francesca, ma si accorge di aver lasciato le chiavi dall'amica che abita a 12 km di distanza. La avverte telefonicamente e si incammina verso casa di lei alla velocità di 6 km/h. Francesca gli va incontro immediatamente, camminando assonnata a 2 km/h. Paolo la incontra per strada, prende le chiavi e si incammina nuovamente verso casa sua sempre a 6 km/h. A che ora potrà finalmente entrarvi?

A Alle 4.00

B Alle 3.00

C Alle 2.30

D Alle 2.00

E Alle 5.00

Ecco le risposte esatte dei 3 quesiti proposti: I C, II E, III B.

La parte di attitudine matematica dei test mira a valutare le **capacità di ragionamento** e la **velocità dei candidati** nel risolvere gli esercizi, più che a misurare conoscenze specifiche acquisite nel corso degli studi.

Lo svolgimento di questa parte della prova presuppone la conoscenza di poche nozioni di *matematica*, che dovrebbero essere alla portata di tutti.

Quanto detto sembra sminuire l'importanza della fase di preparazione per la risoluzione dei quesiti relativi alla parte di matematica. Esistono, al contrario, alcuni validi motivi che rendono estremamente importante il lavoro di preparazione:

- le poche nozioni necessarie di matematica, che tutti dovrebbero conoscere, non sono, in realtà, sempre note;
- la capacità di ragionamento è certamente aiutata da un lavoro di sintesi e di schematizzazione delle nozioni e dei più frequenti passaggi logici necessari per la risoluzione dei quesiti;
- la migliore preparazione alla prova di selezione si ottiene **esercitandosi** sulle operazioni e sui passaggi logici richiesti;
- il tempo a disposizione è poco: una preparazione adeguata mette il candidato nelle condizioni di rispondere più velocemente alle domande.

Si sottolinea che i test si prefiggono di valutare non tanto la capacità del candidato di giungere alla corretta soluzione del problema proposto, quanto quella di **giungervi nel modo più efficiente** che comporta il **minor dispendio di tempo**.

PARTE TERZA

6.1 | Tipologie degli esercizi

I *problemi di natura matematica* presenti nei test in questione sono riconducibili alle seguenti tipologie di esercizi:

- problemi con frazioni;
- problemi con percentuali;
- problemi risolvibili con equazioni;
- problemi con proporzioni;
- problemi di lavoro;
- problemi di calcolo delle probabilità;
- problemi su distanza, velocità e tempo;
- matrici di numeri;
- operazioni in codice.

6.2 | Problemi con frazioni

I problemi con frazioni sono semplici quesiti basati sull'utilizzo dei rapporti tra numeri interi. Al candidato generalmente è richiesto di individuare, tra più frazioni, quella maggiore o minore, o di effettuare semplici calcoli con numeri frazionari.

Esempi

1 Quale tra le seguenti frazioni è la maggiore?

A $\frac{5}{6}$ B $\frac{3}{4}$ C $\frac{9}{8}$ D $\frac{5}{4}$ E $\frac{6}{6}$

Per poter confrontare tra loro più frazioni è sufficiente fare in modo che abbiano lo stesso denominatore (si calcola quindi il loro minimo comune multiplo) e confrontare i numeratori. Nell'esempio considerato le cinque frazioni sono rispettivamente uguali a:

$$\frac{20}{24}\,;\ \frac{18}{24}\,;\ \frac{27}{24}\,;\ \frac{30}{24}\,;\ \frac{24}{24}$$

La frazione maggiore è quella che possiede il numeratore maggiore, dunque quella indicata nella risposta **D**.

Nel caso in cui le frazioni da confrontare siano solo due *(a/b, c/d)*, è possibile procedere in un altro modo: si confrontano i prodotti $a \cdot d$ e $b \cdot c$: la frazione più grande è quella il cui numeratore ha determinato il prodotto maggiore. Per esempio, per stabilire quale frazione è maggiore tra 5/13 e 2/5, è possibile applicare il criterio appena esposto:

$$5 \cdot 5 = 25;\ \ 2 \cdot 13 = 26\ \ \Rightarrow\ \ 2/5 \text{ è maggiore di } 5/13$$

---

2 **Trovare i 2/9 di 54.**

A 14 **B** 68 **C** 12 **D** 24 **E** 18

Per risolvere l'esercizio occorre semplicemente moltiplicare 54 per 2/9. Si ottiene:

$$\frac{2}{9} \text{ di } 54 = \frac{2}{9} \cdot 54 = 2 \cdot 6 = 12 \qquad \text{(risposta C).}$$

---

3 **Il numero 9 che parte è di 12?**

A $\frac{3}{4}$ **B** $\frac{4}{3}$ **C** $\frac{3}{2}$ **D** $\frac{2}{3}$ **E** $\frac{3}{9}$

In questo caso, bisogna dividere 9 per 12 si ottiene 9/12 = 3/4 (risposta **A**). Per verificare di avere fatto l'operazione giusta, è utile confrontare i due numeri in esame (9 e 12) con la frazione ottenuta 3/4: essendo 9 minore di 12, anche la frazione deve avere il numeratore minore del denominatore.

✔ Nei problemi con frazioni il concetto chiave è il resto: data una frazione p/q, è detto *resto* il numero dato da 1 – p/q. Per esempio, se i 2/5 di un bicchiere sono pieni, i restanti (1 – 2/5) = 3/5 sono vuoti.

---

4 **Un muratore costruisce 5/7 di un muro utilizzando 350 mattoni. Quanti mattoni verranno utilizzati per completare allo stesso modo la restante parte di muro?**

A 50 **B** 490 **C** 25 **D** 70 **E** 140

La parte ancora da costruire è uguale a 1 – 5/7, pari ai 2/7 del muro. Poiché per ogni settimo di stanza sono stati utilizzati 70 mattoni, per completare il muro occorrono 140 mattoni (risposta **E**).

---

5 **Uno studente, per andare dalla propria abitazione all'università, percorre 1/5 del tragitto a piedi, 2/3 in autobus e i rimanenti 8 chilometri in bicicletta. Qual è la distanza, espressa in chilometri, tra l'abitazione dello studente e l'università?**

A 90

B 120

C 60

D 30

E 45

Lo studente percorre a piedi e in autobus $\frac{1}{5}+\frac{2}{3}=\frac{3+10}{15}=\frac{13}{15}$ dell'intero tragitto. La parte rimanente ($1-\frac{13}{15}=\frac{2}{15}$) viene percorsa in bicicletta. Poiché 2/15 della distanza tra l'abitazione e l'università sono pari a 8 chilometri, la distanza cercata è pari a $\frac{15}{2}\cdot 8=60$ km. Pertanto la risposta corretta è la **C**.

---

6 **Una tipografia acquista una macchina per la stampa a colori al prezzo di 90mila euro e un computer per l'elaborazione delle immagini a 15mila euro. Il prezzo pagato per l'acquisto del computer che frazione è del prezzo pagato per la macchina da stampa?**

A $\frac{1}{3}$ **B** $\frac{1}{9}$ **C** $\frac{90}{15}$ **D** $\frac{1}{6}$ **E** $\frac{4}{3}$

L'esercizio chiede di individuare che parte di 90 è 15 o, in altre parole, quante volte il numero 15 è contenuto in 90, cioè 15/90 = 1/6. La risposta corretta è dunque la **D**.

6.3 | Percentuali e loro applicazioni

Le percentuali vanno viste come frazioni. *Per cento* significa *diviso per cento*. Per esempio:

$$25\% = \frac{25}{100} \quad ; \quad 2000\,\% = \frac{2000}{100} \quad ; \quad 0{,}3\% = \frac{0{,}3}{100} = \frac{3}{1000}$$

Una percentuale è pertanto una frazione con denominatore pari a 100. È possibile esprimere le percentuali sia come frazioni che come numeri decimali:

Dal momento che 100% rappresenta l'unità, moltiplicare o dividere un numero qualsiasi (intero, decimale o frazionario) per 100% non ne cambia il valore. Quindi:

- per convertire un numero (intero, decimale o frazionario) in percentuale lo si moltiplica per 100% (ossia si moltiplica per 100 e si affianca il simbolo di percentuale);
- per convertire una percentuale in un numero la si divide per 100% (ossia si divide per 100 e si toglie il simbolo di percentuale).

In altre parole, per convertire una percentuale in un numero decimale è sufficiente eliminare il segno di percentuale (%) e spostare la virgola di due posizioni a sinistra (il che equivale a dividere per cento):

$$25\% = 0{,}25 \quad ; \quad 2000\% = 20 \quad ; \quad 0{,}3\% = 0{,}003$$

La maggior parte dei problemi con le percentuali è riconducibile all'espressione:

Il tasso T percentuale di B è A

↓ ↓ ↓ ↓

il 10 % di 60 è 6

Generalmente sono date due variabili ed è richiesto di calcolare la terza. Sebbene molti di questi esercizi possano essere risolti con un semplice ragionamento, le formule a cui fare riferimento sono le seguenti:

$$A = T\cdot B \;;\; B = \frac{A}{T} \;;\; T = \frac{A}{B}$$

dove T rappresenta il tasso percentuale espresso in numero decimale.

Esempi

1 Convertire 0,93 in percentuale.

Ⓐ 0,93% Ⓑ 9,3% Ⓒ 93% Ⓓ 930% Ⓔ 0,093%

La risposta esatta è la Ⓒ: 0,93 · 100 = 93, da cui si ottiene: 0,93 = 93%.

2 Convertire 1/5 in percentuale.

Ⓐ 0,20
Ⓑ 20%
Ⓒ 0,20%
Ⓓ 20 · 100
Ⓔ 2,0%

La risposta esatta è la Ⓑ. Infatti 1/5 · 100 = 20, da cui 1/5 = 20%.

3 Convertire 35% in frazione.

Ⓐ 35
Ⓑ 35/10
Ⓒ 2/5
Ⓓ 3/10
Ⓔ 7/20

La risposta esatta è la Ⓔ. Infatti si ha:

$$35\% = \frac{35}{100} = \frac{7}{20}$$

4 Trovare il 15% di 50.

Ⓐ 7,5 Ⓑ 75 Ⓒ 0,75 Ⓓ 0,075 Ⓔ 750

La risposta esatta è la Ⓐ. Si può risolvere l'esercizio applicando le formule relative alle percentuali (15% = 0,15; 0,15 · 50 = 7,5) oppure anche considerando velocemente che il 10% di 50 è 5, quindi il 5% è 2,5 e 5 + 2,5 = 7,5.

5 Di quale numero 35 è il 10%?

Ⓐ 0,35 Ⓑ 3,5 Ⓒ 3/5 Ⓓ 350 Ⓔ 3500

La risposta esatta è la Ⓓ. Infatti: T = 10% = 0,1; A = 35, da cui B = $\frac{35}{0,1}$ = 350.

6 In un gruppo di adulti composto da 75 persone vi sono 15 donne. Qual è la percentuale di uomini all'interno del gruppo?

Ⓐ 30% Ⓑ 150% Ⓒ 20% Ⓓ 70% Ⓔ 80%

La percentuale di donne è uguale a 15/75 ossia 1/5 (20%); la percentuale di uomini è dunque pari a (100 – 20)% = 80% (risposta Ⓔ). Analogamente, si può notare che il numero di uomini è 75 – 15 = 60, che corrisponde alla percentuale 60/75 = 4/5 = 80%.

7 Se il 30% di *x* è 210, allora il 75% di *x* è pari a:

Ⓐ 47 Ⓑ 158 Ⓒ 525 Ⓓ 560 Ⓔ 700

Grazie al buon senso, è possibile eliminare le alternative Ⓐ e Ⓑ dal momento che il valore da individuare (ossia il 75% di *x*) deve certamente essere superiore a 210 (che rappresenta il 30% di *x*). Il metodo più rapido per individuare la soluzione del problema è quello di considerare il 75% di *x* come 2 volte e mezza il 30% di *x*. Pertanto si ha: 75% di *x* = 210 · 2,5 = 525 (risposta Ⓒ).

RAGIONAMENTO NUMERICO

8 **I dipendenti dell'aeroporto di Tuku vengono suddivisi in tre categorie contrattuali: tecnici, impiegati e dirigenti. I tecnici sono i 2/7 del totale, gli impiegati sono i 3/5 del totale e i dirigenti sono 16. Quanti sono in totale i dipendenti dell'aeroporto?**

(A) 130 (B) 4/35 (C) 31/35 (D) 140 (E) 210

Riportando a minimo comune denominatore le frazioni date, si ha che la somma di tecnici e impiegati è pari a 31/35 del totale dei dipendenti, e quindi che i 16 dirigenti sono i restanti 4/35. Se, quindi, $16 = \frac{4}{35}x$, si può calcolare che $x = 4 \cdot 35 = 140$. La risposta corretta è la (D).

6.3.1 | Problemi di sconto

Due delle più comuni applicazioni delle percentuali nei test selettivi sono i *problemi di sconto* e *di interesse*. La formula da applicare in questo tipo di problemi è la seguente:

$$\text{sconto} = \text{costo} \cdot \text{tasso di sconto}$$

Essendo il tasso di sconto espresso in termini percentuali, la formula equivale alla relazione già incontrata: $A = T \cdot B$.

Esempi

1 **Un libro che costa 30 euro è scontato del 12%. A quanto ammonta lo sconto?**

(A) euro 31,5
(B) euro 2,5
(C) euro 31,8
(D) euro 3,6
(E) euro 6,4

Per calcolare a quanto ammonta lo sconto se un libro che costa 30 euro è scontato del 12%, si applica la relazione presentata sopra e si ottiene:

$$\text{sconto} = 30 \cdot 0{,}12 = 3{,}6$$

La risposta esatta è pertanto la (D).

2 **Un orologio viene venduto con il 18% di sconto sul prezzo di listino, che equivale a un risparmio di 72 euro. Qual è il prezzo di listino dell'orologio?**

(A) 380 euro
(B) 410 euro
(C) 385 euro
(D) 400 euro
(E) 350 euro

In questo esercizio vengono forniti come dati del problema lo sconto e il tasso di sconto e viene richiesto di individuare il costo del bene. Per ottenere tale valore è sufficiente calcolare il rapporto sconto/tasso:

$$\text{costo} = \frac{\text{sconto}}{\text{tasso di sconto}} = \frac{72}{18\%} = \frac{72}{18} \cdot 100 = 400 \text{ (risposta (D))}.$$

6.3.2 | Problemi di interesse

Anche in questo caso c'è un tasso espresso in percentuale e il modo di procedere è analogo a quello visto in precedenza. Tuttavia, nella formula da applicare per il tasso di interesse, compare un nuovo elemento da considerare attentamente: il *tempo*.

$$\text{interesse} = \text{somma iniziale} \cdot \text{tempo} \cdot \text{tasso}$$

Il tasso di interesse va inteso come *tasso annuale*, a meno che il problema non ne specifichi uno diverso. Di conseguenza, tutti i tempi devono essere convertiti in anni (o frazioni di anno).

Esempi

---

1 **Quale interesse si ottiene investendo 8mila euro per 4 mesi a un tasso del 12%?**

A 300 euro
B 320 euro
C 30 euro
D 650 euro
E 2.400 euro

La risposta esatta è la B. Infatti, si ha che: 12% = 12/100; 4 mesi = 1/3 anno; applicando la formula si ottiene:

$$\text{interesse} = \text{euro } 8.000 \cdot 12/100 \cdot 1/3 = \text{euro } 320$$

---

2 **Qual è la somma che, impiegata per 3 mesi a un tasso di interesse del 7%, frutta 700 euro?**

A 40.000 euro
B 4.000 euro
C 30.000 euro
D 49.000 euro

Si ha:

$$\text{somma} = \frac{\text{interesse}}{\text{tasso} \cdot \text{tempo}} = \frac{700}{7\% \cdot \frac{1}{4}} = \frac{700}{7} \cdot 100 \cdot 4 = 40.000$$

La risposta corretta è dunque la A.

È opportuno infine ricordare la formula per ottenere la *variazione percentuale di una variabile* di cui si conoscono il valore iniziale e quello finale (ammontare originale e nuovo ammontare). Essa è la stessa sia che si consideri un *incremento* sia che si consideri un *decremento* percentuale. L'unica differenza che si osserva è il segno della variazione percentuale (positivo nel primo caso, negativo nel secondo).

$$\text{variazione percentuale} = \frac{\text{nuovo ammontare} - \text{ammontare originale}}{\text{ammontare originale}} \cdot 100$$

---

3 **Il fatturato di un'azienda è passato da 40 a 60 milioni di euro. Calcolare l'incremento percentuale del fatturato.**

A + 20 B 30% C 40 D – 20% E 50%

Le alternative A e C possono essere facilmente eliminate poiché non esprimono una percentuale. Applicando la formula si ottiene:

$$\text{variazione percentuale} = \frac{60 - 40}{40} \cdot 100 = 50\% \text{ (incremento)}$$

La risposta esatta è dunque la E.

---

4 **Il valore di un'azione è sceso da 3 a 2,4 euro. Calcolare la variazione percentuale.**

A 20%
B – 20%
C 0,6
D – 0,6
E 25%

RAGIONAMENTO NUMERICO

Anche in questo caso, è possibile eliminare le alternative **C** e **D** poiché non presentano valori percentuali. La risposta esatta è la **B**, a cui si arriva applicando la formula:

$$\text{variazione percentuale} = \frac{2{,}4-3}{3}\cdot 100 = -20\% \text{ (decremento)}$$

---

5 Dal 2000 al 2005, il valore di una motocicletta d'epoca ha subito un incremento del 30%. Dal 2005 al 2010 ha subito un decremento del 20%. Il valore della moto nel 2010 quale percentuale è del suo valore del 2000?

A 90% **B** 100% **C** 104% **D** 110% **E** 124%

Si consideri come valore della motocicletta nel 2000 il numero $x = 100$. Nel 2005 il valore della motocicletta risulta incrementato del 30% rispetto alla valutazione del 2000: 100 + il 30% di 100 = 100 + 30 = 130. Nel 2010 il valore della motocicletta risulta decrementato del 20% rispetto alla valutazione del 2005: 130 – il 20% di 130 = 130 – 26 = 104.

Pertanto il valore della moto nel 2010 rispetto al valore nel 2000 è pari a:

$$\frac{104}{100} = 104\% \quad \text{(risposta C).}$$

Si noti che un valore che aumenta del 20% per poi diminuire ancora del 20% non torna ad assumere il suo valore originale, poiché a parità di tasso è però variato il periodo di riferimento.

Siamo ora in grado di rispondere al primo quesito proposto all'inizio del capitolo.

Quesito I. Si supponga che le 100 azioni della ditta XYZ vengano acquistate dal signor Franco a 100 euro. Perdendo il 20% nel corso del mese, a fine gennaio avranno un valore pari a 80 euro. Per poter recuperare devono quindi crescere di 20 euro, che corrispondono a 1/4 del loro valore attuale (80). La crescita a febbraio deve, quindi essere pari al 25% (**C** soluzione del quesito).

Suggerimenti

- Quando la domanda e le alternative sono espresse come percentuali, può risultare vantaggioso **usare un valore numerico** (solitamente 100) da attribuire alla quantità a cui si riferisce il problema ed effettuare poi i ragionamenti del caso.
- **Non confondere decimali con percentuali.** Per esempio, la percentuale 0,3% è uguale a 0,003 (decimale).
- Ove possibile, usare il senso comune e **valutare se sia possibile scartare alcune soluzioni proposte** sulla base della semplice osservazione dei dati.
- Memorizzare le **formule relative allo sconto, all'interesse e alla variazione percentuale** riportate nel capitolo.

6.4 | Problemi con proporzioni

Si tratta di problemi in cui generalmente compaiono quattro elementi tra i quali è possibile stabilire una relazione come quella che sussiste tra i termini di una proporzione:

$$A : B = C : D$$

dove A e D rappresentano gli *estremi*, mentre B e C i *medi* della proporzione stessa.
Generalmente il problema rende noti tre di questi elementi e chiede di ricavare il quarto. Per far questo si applica la seguente proprietà fondamentale delle proporzioni.

Il prodotto dei medi è uguale al prodotto degli estremi: $B \cdot C = A \cdot D$

Da cui segue:

$$A = \frac{B\cdot C}{D} \;;\; B = \frac{A\cdot D}{C} \;;\; C = \frac{A\cdot D}{B} \;;\; D = \frac{B\cdot C}{A}$$

PARTE TERZA

Esempi

1 Se 12 donne su 100 sono bionde, quante donne su 300 non sono bionde?

- A 36
- B 34
- C 240
- D 264
- E 224

Il numero di donne bionde su 300 si ricava facilmente impostando la seguente proporzione (che riproduce fedelmente la prima parte dell'enunciato del problema):

$$12 : 100 = x : 300$$

L'incognita *x*, che occupa nella proporzione la posizione di un *medio*, è uguale al prodotto degli *estremi* diviso per l'altro *medio*, cioè:

$$x = \frac{300 \cdot 12}{100} = 36$$

Pertanto, la risposta esatta è la D.

---

2 Un assicuratore riesce a stipulare 12 nuove polizze vita alla settimana; quanto tempo impiega per stipularne 84?

- A 5 settimane
- B 8 settimane
- C 7 settimane
- D 1 mese
- E 32 giorni

In questo caso, la proporzione da impostare è: $12 : 1 = 84 : x$; da essa si ricava:

$x = 84/12 = 7$ settimane (risposta C).

---

3 In un museo sono presenti soltanto quadri, sculture e mosaici. Sapendo che il numero di quadri sta a quello delle sculture come 3 sta a 4, che il numero di mosaici sta a quello dei quadri come 5 sta a 3 e che nel museo ci sono 36 sculture, qual è il numero totale di opere d'arte presenti nel museo?

- A 123
- B 99
- C 90
- D 108
- E 117

Se il numero dei quadri sta a quello delle sculture come 3 sta a 4 e il numero di sculture è 36, allora:

$$Q : 36 = 3 : 4 \text{ ossia}$$

$$Q = \frac{36 \cdot 3}{4} = 27$$

A questo punto, sapendo che il numero di mosaici sta a quello dei quadri come 5 sta a 3, si ottiene il numero dei primi risolvendo la seguente proporzione:

$$M : 27 = 5 : 3$$

$$M = \frac{27 \cdot 5}{3} = 45$$

Il numero totale di opere d'arte contenute nel museo è dunque pari a 36 + 27 + 45 = 108 e la risposta corretta è quindi la D.

6.5 | Problemi risolvibili con equazioni

Si tratta di esercizi in cui vengono solitamente definite, per mezzo del linguaggio comune, alcune relazioni tra diverse quantità. Tali relazioni permettono di esprimere i dati del problema con un'equazione in cui è presente un'incognita. L'incognita, che corrisponde alla soluzione da ricercare, si ricava applicando i metodi di risoluzione tipici delle equazioni lineari di primo grado, che si consiglia di ripassare.

Il metodo generale per risolvere questo tipo di problemi è quello di *tradurre la formulazione della domanda in un problema algebrico*. Alcuni esempi chiariranno quanto detto.

Esempi

---

1 **Determinare il numero x, sapendo che sottraendo 10 al triplo di x si ottiene un terzo del doppio di x.**

A 1/2 **B** 30/7 **C** 3/4 **D** 21/3 **E** 18/5

Traducendo in equazione le informazioni fornite dall'esercizio si ottiene:

$$3x - 10 = \frac{2x}{3} \quad \Rightarrow \quad 9x - 30 = 2x \quad \Rightarrow \quad x = \frac{30}{7}$$ (risposta **B**).

---

2 **Marco ha tre DVD più di Flavio e la metà di Andrea; Flavio ne ha 10 meno di Guido, mentre i quattro amici insieme hanno 169 DVD. Quanti DVD possiede Guido?**

A 65 **B** 33 **C** 66 **D** 40 **E** 30

Sia x il numero di DVD posseduti da Guido. Dai dati del problema risulta che:

- Flavio possiede 10 DVD in meno rispetto a Guido, cioè $(x - 10)$ DVD;
- Marco ha tre DVD più di Flavio: $(x - 10) + 3$, cioè $(x - 7)$ DVD;
- Andrea ha il doppio dei DVD di Marco: $2(x - 7)$, cioè $(2x - 14)$ DVD.

La somma di tutti i DVD posseduti dai 4 amici è dunque data da:

$$(x - 7) + (x - 10) + (2x - 14) + x$$

Tale somma è pari a 169 e quindi:

$$(x - 7) + (x - 10) + (2x - 14) + x = 169$$

da cui segue $5x = 200$, e quindi $x = 200/5 = 40$ (risposta **D**).

---

3 **In un gruppo di 12 persone, ognuna può studiare, lavorare o fare entrambe le cose. Se 9 persone studiano e 7 lavorano, quante sono le persone che contemporaneamente svolgono entrambe le attività?**

A 12 **B** 7 **C** 3 **D** 2 **E** 4

Si indichi con x il numero di persone che studiano e lavorano contemporaneamente. Il gruppo di 12 persone può essere suddiviso in tre insiemi: quelli che studiano solamente, quelli che lavorano solamente e quelli che svolgono entrambe le attività. Pertanto se x è il numero di studenti-lavoratori, allora il numero di studenti è pari a $(9 - x)$ mentre il numero di lavoratori è pari a $(7 - x)$.

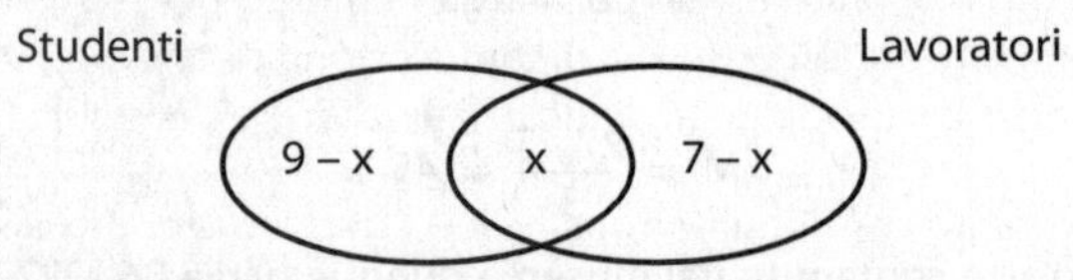

Poiché il totale delle persone è pari a 12, si ha: $(9 - x) + x + (7 - x) = 12$, da cui si ricava $x = 4$ (risposta **E**).

4 **Nella cittadina di Morgna i 40 ragazzi che vanno a scuola studiano l'arabo, il cinese o il russo. Di questi 40 ragazzi 18 studiano il cinese, 20 il russo e 25 l'arabo. Sapendo che 5 ragazzi studiano sia l'arabo sia il russo e che nessuno studia sia il cinese sia il russo, quale delle seguenti affermazioni è vera?**

A Alcuni ragazzi studiano tutte e tre le lingue
B Nessuno dei ragazzi che studia arabo studia anche cinese
C Tutti i ragazzi che studiano arabo studiano anche cinese
D Tutti i ragazzi che studiano cinese studiano anche arabo

Per risolvere l'esercizio si ragioni nel seguente modo: se ognuno dei ragazzi studiasse una sola lingua, allora si avrebbero 18 + 20 + 25 = 63 studenti in totale. Ciò contrasterebbe con l'informazione che 40 è il numero totale di ragazzi. In realtà 23 di loro (la differenza tra 63 e 40) sono stati conteggiati due volte (studiano cioè due lingue) e vanno, quindi, sottratti nel computo totale. Più specificamente, sapendo che 5 sono i ragazzi studiano l'arabo e il russo e che nessuno studia il russo e il cinese (quindi nessuno studia le tre lingue – alternativa A errata), si può dedurre che a studiare l'arabo e il cinese sono 18 ragazzi (63 – 5 – 18 = 40). Ciò significa che i 18 ragazzi che studiano il cinese (quindi tutti) studiano anche l'arabo. La soluzione al quesito è fornita, dunque, dall'alternativa D.

5 **Le prime cento fotocopie di un poster costano x centesimi di euro ciascuna; ogni copia successiva costa x/4 centesimi di euro. Quanto costa fare 300 copie del poster?**

A 100 x B 150 x C 200 x D 300 x E 400 x

Sia x = 8 (poiché il problema ha x/4, è conveniente scegliere un numero divisibile per 4). Le prime cento copie costano 800 centesimi di euro e le copie in più costano 8/4 = 2 centesimi di euro ciascuna, quindi 200 copie · 2 centesimi di euro = 400 centesimi di euro. Il costo totale è di 1,20 euro (cioè 1200 centesimi di euro). Avendo posto x = 8, le possibili risposte sono: 800, 1200, 1600, 2400, 3200, pertanto la risposta corretta è la B. Quando si assegna un valore a una variabile, è conveniente evitare di assegnare i valori 0 e 1 poiché 0 volte un numero è sempre 0, mentre 1 volta un numero non modifica il numero stesso. Se sono presenti più quantità sconosciute nelle risposte, è meglio assegnare valori diversi a quantità diverse.

6.6 | Problemi di lavoro

Con il termine *problemi di lavoro* si intende una categoria di problemi nei quali vengono descritte le modalità e i tempi di svolgimento di un generico lavoro da parte di più soggetti. Con il termine *lavoro* si intendono qui genericamente vari tipi di attività, fisica e non: mangiare qualcosa, costruire una casa, fumare sigarette ecc. Le variabili in gioco in questo tipo di problemi sono: i ritmi di lavoro dei singoli soggetti, la quantità di lavoro da svolgere e il tempo impiegato. Alcuni di questi elementi sono noti, altri sono da ricavare. Anche la soluzione di questi problemi non richiede conoscenze matematiche di tipo nozionistico, ma una certa attitudine al ragionamento. Generalmente ai candidati viene richiesto di *individuare il tempo che il singolo individuo o le persone coinvolte impiegano per portare a termine il lavoro.*

I problemi di lavoro si possono suddividere in due principali tipologie, in relazione al ritmo con cui il lavoro viene svolto dai differenti soggetti:

- soggetti che lavorano allo stesso ritmo;
- soggetti che lavorano a ritmi diversi.

6.6.1 | Soggetti che lavorano allo stesso ritmo

In questo tipo di problemi, si assume che tutti i lavoratori abbiano lo stesso ritmo di lavoro, ossia realizzino la stessa quantità di lavoro nell'unità di tempo. Il ragionamento per risolvere questi esercizi è il seguente: se un lavoro richiede *k* lavoratori per 1 ora di tempo, significa che ogni soggetto realizza in 1 ora una quantità di lavoro pari a 1/*k*. Se un lavoro richiede *m* lavoratori per *h* ore, allora ogni soggetto realizza 1/*m* del lavoro in *h* ore e pertanto compie, in un'ora, $\frac{1}{h} \cdot \frac{1}{m}$ del lavoro complessivo. Vediamo ora, attraverso alcuni esempi, come tali principi trovano applicazione negli esercizi.

RAGIONAMENTO NUMERICO

PARTE TERZA

Esempi

1 Sei artigiani, lavorando allo stesso ritmo, impiegano 24 giorni per realizzare un mosaico. Quanto impiegherebbe un solo artigiano a compiere lo stesso lavoro?

A 36 giorni

B 6 giorni

C 124 giorni

D 144 giorni

Dal momento che i sei artigiani lavorano allo stesso ritmo, ciascuno di loro in un giorno svolge un lavoro pari a $\frac{1}{6} \cdot \frac{1}{24} = \frac{1}{144}$ del lavoro totale. Quindi per compiere l'intero lavoro un operaio impiega 144 giorni. Alternativamente si può calcolare che un solo operaio impiega sei volte il tempo impiegato dal gruppo per realizzare il mosaico (perché la forza lavoro è composta da 1 anziché da 6 operai): 24 giorni · 6 = 144 giorni (risposta D). Si osservi che l'alternativa B è facilmente scartabile poiché propone un valore inferiore a 24 (se 6 persone impiegano 24 giorni è impossibile che una persona sola impieghi un tempo minore).

È utile precisare che *l'applicazione delle proporzioni può facilmente condurre a una soluzione errata* di tali esercizi. Infatti, si potrebbe intuitivamente esprimere il testo dell'esempio considerato attraverso la proporzione $6 : 24 = 1 : x$.

Così facendo si avrebbe: $x = 24/6 = 4$. La soluzione è evidentemente errata dal momento che il valore di x (tempo impiegato da un solo artigiano per fare il mosaico) non può essere inferiore a 24 (tempo impiegato da sei artigiani per realizzare il mosaico).

---

2 Se 5 persone, lavorando allo stesso ritmo, impiegano 1 ora a dipingere un appartamento, quanto impiegano 12 persone a effettuare lo stesso lavoro?

A 25 min

B 2/5 h

C 12/5 h

D 1/5 h

E 20 min

Se i 5 soggetti impiegano 1 ora per realizzare il lavoro, ogni lavoratore realizza in 1 ora 1/5 del lavoro complessivo. Pertanto 12 persone in 1 ora realizzano 12/5 del lavoro totale.

Se t è l'elemento richiesto dal problema, cioè il tempo impiegato dai 12 soggetti per dipingere l'appartamento, si ha:

$$\frac{12}{5} \cdot t = \text{lavoro completato} = 1 \Rightarrow t = \frac{5}{12} \cdot 1 \text{ ora} = 25 \text{ min} \qquad \text{(risposta A).}$$

A volte i dati del problema vengono forniti in maniera implicita, ossia tramite relazioni tra le diverse variabili in gioco, piuttosto che tramite valori numerici; si consideri a questo proposito l'esempio seguente.

3 Il direttore di un progetto informatico sa che, per realizzare il lavoro di cui è responsabile, sono necessari 8 giorni utilizzando tutti i programmatori che ha attualmente a disposizione. Se potesse avere altri due programmatori, il lavoro verrebbe compiuto in 7 giorni. Tuttavia, la sua software house, anziché fornire altri due programmatori, sottrae tutte le risorse dal progetto, lasciando un solo programmatore. Quanti giorni impiegherà il programmatore rimasto a realizzare il progetto, nell'ipotesi che tutti avessero lo stesso ritmo di lavoro?

A 72
B 112
C 56
D 87
E 135

Sia x il numero di programmatori inizialmente a disposizione del responsabile del progetto; se x persone impiegano 8 giorni per completare il lavoro, nell'unità di tempo (ossia in un giorno) le x persone realizzano 1/8 del lavoro totale. Allo stesso modo, se $(x + 2)$ persone impiegano 7 giorni a completare il lavoro, in un giorno le $(x + 2)$ persone realizzano 1/7 del lavoro totale. A questo punto si può ricavare la differenza tra il lavoro effettuato da $(x + 2)$ persone e quello realizzato da x persone nell'unità di tempo: (1/7 – 1/8) = 1/56. Tale valore corrisponde alla quantità di lavoro che può essere portata a termine da due programmatori nell'unità di tempo; pertanto un solo programmatore può svolgere, in un giorno, 1/112 del lavoro complessivo e quindi impiegherà 112 giorni a realizzare l'intero progetto (risposta B).

6.6.2 | Soggetti che lavorano a ritmi diversi

In questo tipo di problemi i soggetti hanno ritmi di lavoro differenti, ossia realizzano quantità di lavoro diverse nell'unità di tempo. Per risolvere questi esercizi, bisogna innanzitutto *ricavare la quantità di lavoro svolta dai diversi soggetti nell'unità di tempo.*

Esempi

1 Stefania, Piera e Maria lavorano in una biblioteca in cui, periodicamente, occorre spostare tutti i libri da una scaffalatura a un'altra. Per compiere questo lavoro Stefania da sola impiega 8 ore, Piera da sola impiega 24 ore e Maria da sola impiega 12 ore. Quanto tempo impiegherebbero le tre bibliotecarie a spostare i libri se lavorassero insieme?

A 4 ore
B 2 ore
C 3 ore
D 6 ore
E 8 ore

Come prima cosa, occorre ricavare la parte di lavoro che ciascuna persona svolge nell'unità di tempo: se Stefania impiega 8 ore per effettuare il lavoro, in 1 ora (unità di tempo) compie 1/8 del lavoro. Lo stesso ragionamento vale per Piera che in 1 ora compie 1/24 del lavoro e per Maria che in 1 ora compie 1/12 del lavoro.

Conoscendo il lavoro svolto dai singoli soggetti nell'unità di tempo, è possibile individuare (sommando le tre frazioni) la parte di lavoro svolta dalle tre bibliotecarie insieme, sempre nell'unità di tempo:

1/8 + 1/24 + 1/12 = 1/4 = lavoro svolto in 1 ora dalle tre insieme.

Dato che i tre soggetti insieme in 1 ora svolgono un quarto del lavoro, per compiere l'intero lavoro hanno bisogno di 4 ore (risposta A).

Nell'esempio considerato sono noti i tempi impiegati dai singoli soggetti per compiere il lavoro e viene richiesto il tempo impiegato dai tre insieme. È possibile invece che quest'ultimo dato sia noto e che l'incognita del problema sia il tempo impiegato da una singola persona per terminare il medesimo lavoro. Come si nota nell'esempio seguente, il ragionamento di fondo per giungere alla soluzione non cambia.

2 **Lavorando insieme, Aldo, Giovanni e Giacomo fabbricano 10 tubi in 2 ore; Aldo da solo impiegherebbe 5 ore e Giovanni da solo ne impiegherebbe 10. Quanto impiegherebbe Giacomo da solo a fabbricare i 10 tubi?**

A 10 ore
B 5 ore
C 30 minuti
D 3 ore
E 15 ore

Inizialmente si procede come nell'esempio precedente: si individua la quantità di lavoro svolta, nell'unità di tempo (1 ora), dai diversi soggetti:

- Aldo fabbrica 10/5 = 2 tubi in 1 ora;
- Giovanni fabbrica 10/10 = 1 tubo in 1 ora;
- i tre insieme fabbricano 10/2 = 5 tubi in 1 ora.

Per ottenere il numero di tubi che Giacomo è in grado di fabbricare da solo nell'unità di tempo, bisogna sottrarre il numero di tubi che Aldo e Giovanni fabbricano insieme (2 + 1 = 3), al numero di tubi che tutti e tre insieme fabbricano in un'ora (5):

5 – 3 = 2 = numero di tubi fabbricati da Giacomo nell'unità di tempo.

Ancora una volta, il ragionamento conclusivo è il seguente: se Giacomo in 1 ora fabbrica 2 tubi, per fabbricarne 10 impiegherebbe 5 ore (risposta B).

Talvolta, come nell'esempio che segue, i dati del problema non sono forniti in forma del tutto esplicita.

3 **Matteo e Paolo sono in grado di timbrare 12 fogli in 20 secondi. Matteo ne timbra il triplo di Paolo che, a sua volta, ne timbra la metà di Sergio. Quanti fogli riuscirebbero a timbrare i tre lavorando insieme per 1 minuto?4**

A 15 B 36 C 54 D 45 E 2

In questi casi è consigliabile individuare la persona che lavora al ritmo più lento e rappresentare schematicamente, rispetto a questo, il ritmo di lavoro delle altre persone.

Nell'esempio in esame, chi lavora più lentamente è Paolo. Dunque, per ogni foglio timbrato da Paolo, Sergio ne timbra 2 e Matteo 3.

Schematicamente si ha:

Soggetto	N. fogli timbrati nello stesso tempo
Paolo	1
Sergio	2
Matteo	3

Si considerino ora Paolo e Matteo insieme: poiché in 20 secondi timbrano 12 fogli, in un minuto ne timbrano 36, di cui 9 sono timbrati da Paolo e 27 da Matteo. Inoltre, dato che Sergio lavora il doppio di Paolo, in un minuto timbra 18 fogli. Dunque si hanno i seguenti dati:

Soggetto	N. fogli timbrati in 1 minuto
Paolo	9
Sergio	$9 \cdot 2 = 18$
Matteo	27

In totale, in un minuto i tre timbrano 9 + 18 + 27 = 54 fogli (risposta C).

Suggerimenti

- **Evitare l'utilizzo di proporzioni**: non sono lo strumento matematico per risolvere questi problemi.
- **Ricavare la quantità di lavoro** svolta dai diversi soggetti **nell'unità di tempo**.
- Se i ritmi di lavoro dei diversi soggetti vengono forniti sotto forma di relazioni tra loro, **individuare il soggetto che lavora al ritmo più lento** e rappresentare schematicamente, rispetto a questo, il ritmo di lavoro degli altri soggetti.

6.7 | Problemi di calcolo delle probabilità

Prima di affrontare gli esercizi sul calcolo delle probabilità occorre chiarire alcuni concetti, a cominciare dalla definizione di probabilità.

6.7.1 | Definizione dei concetti

Si definisce **evento** qualsiasi fatto fisico o concettuale che sia descritto (a parole) da un enunciato che ammetta due soli valori logici: vero o falso.

Si definisce la **probabilità** *P* di un evento *E* come il rapporto tra il numero dei casi favorevoli al manifestarsi di E e il numero dei casi possibili, giudicati egualmente probabili.

Per esempio l'evento "Lanciando il dado esce il numero 2", ha come probabilità 1/6: infatti, i casi possibili ed egualmente probabili sono 6, quante sono le facce di un dado, mentre il numero di casi favorevoli (l'uscita del numero 2) è pari a uno (perché una sola delle sei facce del dado contiene il numero 2).

La probabilità che un evento E si verifichi viene indicata come P (E), ed è un **numero compreso fra 0 e 1**. In particolare si ha che:

- *P* (*E*) = 0 se *E* è un **evento impossibile**. Infatti il rapporto tra casi favorevoli e casi possibili si annulla quando il numero di casi favorevoli (il numeratore della frazione) è pari a zero, ossia se l'evento è impossibile. La probabilità che dal lancio di un dado (con le facce numerate da 1 a 6) esca il numero 7 è pari a 0: si tratta di un evento impossibile.
- *P* (*E*) = 1 se *E* è un **evento certo**. In tal caso significa che il numeratore della frazione (numero di casi favorevoli) coincide con il denominatore (numero di casi possibili); pertanto, poiché tutti i casi possibili sono casi favorevoli, è certo che l'evento *E* si verifichi. La probabilità che dal lancio di un dado esca un numero minore di 7 è pari a 6/6, cioè 1: si tratta di un evento certo.

La probabilità assume dunque un valore sempre compreso tra 0 e 1. Con riferimento a una probabilità, opzioni di risposta al di fuori di questo intervallo sono dunque immediatamente da scartare.

La probabilità che un evento *E non* si verifichi è pari a 1 – *P* (*E*). Per esempio, la probabilità che dal lancio di un dado *non* esca il numero 2 è uguale a 5/6 ossia è pari alla differenza tra 1 e la probabilità che esca proprio il numero 2 (calcolata nell'esempio precedente e pari a 1/6).

6.7.2 | Esercizi sul calcolo della probabilità

I due teoremi principali sul calcolo della probabilità consentono di risolvere le tipologie di quesiti sull'argomento. Una volta compresi tali teoremi, il lettore sarà in grado di risolvere gli esercizi sulla probabilità presenti nei test.

Teorema delle probabilità totali

Siano E_1 ed E_2 due eventi incompatibili (cioè se si verifica il primo non si può verificare il secondo e viceversa); la probabilità che si verifichi o E_1 o E_2 è pari alla somma delle probabilità dei singoli eventi.

Se si immagina di lanciare un dado, ciascun numero ha una probabilità di 1/6 di uscire; la probabilità che esca il numero 1 *oppure* il numero 6 è dunque:

$$\boldsymbol{P}(1, 6) = 1/6 + 1/6 = 1/3$$

Teorema delle probabilità composte

Siano E_1 ed E_2 due eventi indipendenti; la probabilità che si verifichino contemporaneamente è data dal prodotto delle probabilità dei singoli eventi.

RAGIONAMENTO NUMERICO

La probabilità che in due lanci del dado esca due volte il numero 1 è data da:

$$P = 1/6 \times 1/6 = 1/36$$

Esempi

1 Se si lanciano due dadi, qual è la probabilità che la somma dei risultati sia uguale a 6?

A 1/2 B 1/3 C 5/36 D 1/6 E 6/36

Per trovare la probabilità dell'evento tramite la definizione, occorre conoscere il numero di casi favorevoli all'evento e il numero di casi possibili. In questo caso si tratta di valutare quanti sono i **casi favorevoli**, sapendo che i casi possibili sono 36 (6 · 6).

Primo dado	Secondo dado
1	5
2	4
3	3
4	2
5	1

Nei 5 casi riportati in tabella la somma dei dadi è uguale a 6; dunque i casi favorevoli sono 5. Ogni caso è dato da una probabilità composta di 1/6, che sommate danno la probabilità dell'evento $P = 5/36$ (risposta C).

2 Nella città Beta vi sono due discoteche. Sapendo che la probabilità che una discoteca sia aperta è uguale a 1/2, calcolare la probabilità che:

a) entrambe siano aperte;

b) una sia chiusa e una sia aperta;

c) siano entrambe chiuse.

Dire inoltre qual è la somma di tali probabilità.

A $\frac{1}{4}$; $\frac{1}{4}$; $\frac{1}{4}$; $\frac{3}{4}$ B $\frac{1}{4}$; $\frac{1}{4}$; $\frac{1}{2}$; 1 C $\frac{1}{4}$; $\frac{1}{2}$; $\frac{1}{4}$; 1 D $\frac{1}{2}$; $\frac{1}{4}$; $\frac{1}{4}$; 1

Il numero di casi possibili è pari a 4 poiché ognuna delle due discoteche può essere aperta o chiusa:

Configurazioni	1ª discoteca	2ª discoteca
1	aperta	aperta
2	aperta	chiusa
3	chiusa	chiusa
4	chiusa	aperta

Dalla precedente tabella è possibile ricavare il numero di casi favorevoli per le varie configurazioni:

- entrambe le discoteche aperte: casi favorevoli = 1, da cui $P_1 = 1/4$;
- una discoteca chiusa e l'altra aperta: casi favorevoli = 2, da cui $P_2 = 2/4 = 1/2$;
- entrambe le discoteche chiuse: casi favorevoli = 1, da cui $P_3 = 1/4$;
- la somma delle tre probabilità è: 1/4 + 1/2 + 1/4 = 1.

La risposta corretta è dunque la C.

3 **Tre studenti si preparano per sostenere lo stesso esame. Se le probabilità di superarlo per ciascuno di essi sono pari a 0,6, 0,8 e 0,5, qual è la probabilità che tutti e tre riescano a superare l'esame?**

A 0,48

B 0,24

C 0,30

D 0,20

E 0,40

La probabilità che i tre studenti superino contemporaneamente l'esame è data dal prodotto delle singole probabilità. Infatti i tre eventi sono indipendenti tra loro: il fatto che uno studente superi l'esame non influenza in alcun modo l'esito dell'esame degli altri due. Pertanto, applicando il teorema delle probabilità composte, si ha che la probabilità è uguale a: $0{,}6 \cdot 0{,}8 \cdot 0{,}5 = 0{,}24$ (risposta B).

4 **In una classe di 20 alunni l'insegnante estrae a sorte il nome di uno studente per interrogarlo. Qual è la probabilità che ha ciascun alunno di NON essere interrogato?**

A 19/20

B 2/380

C Non si può stabilire

D 1/380

E 1/10

Essendo 1 ragazzo su 20 quello estratto, significa che ogni alunno ha 1/20 di possibilità di essere interrogato (1 evento favorevole su 20 eventi possibili). La probabilità quindi complementare di non essere interrogato sarà pari a 19/20. La soluzione al quesito è fornita, dunque, dall'alternativa A.

5 **Lanciando tre dadi qual è la probabilità di ottenere due 5 e un numero diverso da 5?**

A 15/36 B 15/216 C 216/15 D 5/36 E 6/25

L' alternativa C si può subito scartare perché indica un valore maggiore di 1, incompatibile con la definizione stessa di probabilità. Per individuare la soluzione esatta, è possibile procedere in due modi distinti: utilizzando la definizione di probabilità, oppure utilizzando i due teoremi visti del calcolo delle probabilità.

Per utilizzare la definizione, bisogna ancora una volta determinare il numero di casi favorevoli al manifestarsi dell'evento e il numero di casi possibili, che sono $6 \cdot 6 \cdot 6 = 216$. I casi favorevoli sono quelli indicati dalla tabella:

1° dado	2° dado	3° dado	Numero di casi
5	5	diverso da 5	5 (n. 1, 2, 3, 4 e 6 del terzo dado)
5	diverso da 5	5	5 (n. 1, 2, 3, 4 e 6 del secondo dado)
diverso da 5	5	5	5 (n. 1, 2, 3, 4 e 6 del primo dado)

Complessivamente, i casi favorevoli sono $5 + 5 + 5$ e la probabilità richiesta vale pertanto 15/216 (risposta B). Nel caso in cui, invece, si vogliano usare i teoremi visti, si procede nel modo seguente: l'evento si verifica se la configurazione dei dadi è una delle tre riportate nella seguente tabella:

Configurazione	1° dado	2° dado	3° dado
1	5	5	diverso da 5
2	5	diverso da 5	5
3	diverso da 5	5	5

Per il teorema delle probabilità composte, la probabilità di ciascuna configurazione (sono tutte uguali) si ottiene dal prodotto delle probabilità relative ai valori assunti dai singoli dadi; per la prima configurazione, per esempio, si ha:

$$P_1 = \frac{1}{6} \cdot \frac{1}{6} \cdot \frac{5}{6} = \frac{5}{216}$$

Per il teorema delle probabilità totali, la probabilità richiesta dal quesito si ottiene sommando le probabilità delle tre configurazioni:

$$P = P_1 + P_2 + P_3 = \frac{15}{216}$$

Siamo ora in grado di rispondere al secondo quesito proposto all'inizio del capitolo.

Quesito II. La probabilità di individuare la risposta corretta rispondendo in modo casuale a una singola domanda (con 5 alternative, di cui una sola esatta) è pari a 1/5. La probabilità di indovinare rispondendo a caso a tutte e cinquanta le domande è calcolabile applicando il teorema delle probabilità composte: poiché i 50 eventi (individuare casualmente la risposta esatta di ciascuna domanda) sono tra loro indipendenti, la probabilità che si verifichino contemporaneamente è data dal prodotto delle probabilità dei singoli eventi:

1/5 x 1/5 x 1/5 ... per 50 volte.

La soluzione al quesito è fornita dall'alternativa **E**.

6.8 | Quesiti di statistica

La statistica si pone come fine il trarre informazioni sintetiche da una serie di dati raccolti. L'uso più quotidiano e diffuso di concetti statistici riguarda la necessità di ricavare un unico valore numerico che sintetizzi i dati della distribuzione considerata, rappresentandone, in qualche modo, il "centro".

6.8.1 | Moda

La **moda** rappresenta il "valore centrale" di una serie: è la modalità che presenta la massima frequenza, cioè il dato che si ripete più spesso.

Data la serie di sette numeri 2, 3, 5, 1, 5, 3, 5, la sua moda è 5.

6.8.2 | Mediana

La **mediana** di una distribuzione è il dato che occupa la posizione centrale nella successione dei dati raccolti, posti in **ordine crescente**. Se gli elementi sono in numero dispari, la mediana coincide con l'elemento che occupa la posizione centrale, se sono in numero pari gli elementi centrali sono due, e la mediana coincide con la loro semisomma.

Dati i sette numeri 2, 3, 5, 1, 5, 3, 5, la loro successione ordinata è 1, 2, 3, 3, 5, 5, 5, quindi la mediana è 3 (quarto elemento in una successione di sette).
Dati gli otto numeri 2, 3, 5, 1, 5, 3, 5, 7, la loro successione ordinata è 1, 2, 3, 3, 5, 5, 5, 7, quindi la mediana è la semisomma di 3 e 5 (quarto e quinto elemento, rispettivamente, in una successione di otto), ossia (3 + 5) = 8/2 = 4

6.8.3 | Media aritmetica

La **media aritmetica** di n numeri è la somma degli n numeri divisa per n:

$$\text{media di } x_1, x_2, \ldots, x_n = \mathrm{M}(x_1, x_2, \ldots, x_n) = \frac{x_1 + x_2 + \ldots + x_n}{n}$$

La media aritmetica dei quattro numeri 2, 4, 5 e 7 è $\frac{2+4+5+7}{4} = \frac{18}{4} = 4{,}5$

Esempi

---

1 Indicare qual è la media aritmetica dei numeri :
– 16; – 6; 0; +10; +16 è:

A 0 **B** +/–16 **C** 0,8 **D** 1,2 **E** 1,6

Applicando la definizione, si ha che la media aritmetica M dei cinque numeri dati è uguale a:

$$M = \frac{-16-6+0+10+16}{5} = \frac{4}{5} = 0{,}8$$

La risposta esatta è dunque la **C**.

---

2 Data la serie di valori 50, 55, 90, 45, 50, 10 è corretto dire che:

A la moda è 90
B la mediana è 90
C la moda e la media sono 50
D la media e la moda sono 90
E la disposizione è in ordine crescente

Data una serie di sei numeri, la mediana deve essere la semisomma dei due valori centrali (qui 135/2), pertanto la **B** è esclusa. La moda coincide con il valore più frequente, quindi deve essere 50 (**A** e **D** escluse). Poiché 50 è anche la media aritmetica (300/6) la risposta esatta è **C**.

6.9 | Problemi su distanza, velocità e tempo

In questa classe di problemi si incontrano tre grandezze fisiche (o variabili) con le rispettive unità di misura:

1. lo **spazio** s espresso in metri (m) o attraverso i suoi multipli e sottomultipli;
2. la **velocità** v espressa in metri al secondo (m/s) o in chilometri all'ora (km/h); vale la conversione: 1 m/s = 3,6 km/h;
3. il **tempo** t espresso in ore (h), minuti (min) e secondi (s): 1h = 60 min = 3600 s.

Generalmente il problema fornisce due delle tre variabili e chiede di ricavare la terza.
Si tratta di applicare una delle seguenti formule:[1]

$$v = \frac{s}{t} \; ; \quad s = v \cdot t \; ; \quad t = \frac{s}{v}$$

Per esempio, può venire chiesto quanto tempo impiega un'auto che viaggia alla velocità media di 40 km/h a percorrere uno spazio di 100 km. Dati s = 100 km e v = 40 km/h, si ha:

$$t = \frac{s}{v} = \frac{100 \text{ km}}{40 \text{ km/h}} = 2,5\text{h} \quad \text{(ossia 2 h e 30 min)}$$

Spesso si incontrano esercizi più complessi che presentano due (o più) corpi in movimento. È opportuno osservare che, quando i due corpi viaggiano lungo la stessa direzione, la velocità v (di avvicinamento o di allontanamento) è data dalla differenza delle due velocità ciascuna presa con il suo segno. Il passaggio logico è quello di pensare **fermo** uno dei due corpi e attribuire all'altro una velocità data dalla somma algebrica delle due velocità.

1. Le formule sono applicabili solo quando il moto è rettilineo uniforme (velocità costante) o quando si considera come velocità v la velocità media.

RAGIONAMENTO NUMERICO

Se viene richiesta la *velocità di avvicinamento* o *di allontanamento* di due corpi A e B che si muovono lungo la stessa direzione, rispettivamente con velocità V_A e V_B, questa è data dalla differenza o dalla somma delle due velocità a seconda che i due oggetti viaggino nello stesso verso o in versi opposti. I quattro casi che si possono presentare sono schematizzati nella tabella seguente.

1	V_A → V_B → stesso verso con $V_A > V_B$	Velocità di avvicinamento $= V_A - V_B$
2	V_A → ← V_B verso opposto	Velocità di avvicinamento $= V_A + V_B$
3	V_A → V_B → stesso verso con $V_A < V_B$	Velocità di allontanamento $= V_B - V_A$
4	← V_A V_B → verso opposto	Velocità di allontanamento $= V_A + V_B$

Esempi

1 Qual è la velocità di un camion che percorre un tragitto di 60 km in 1 ora e 40 minuti?

A 36 km/h
B 41 km/h
C 50 km/h
D 48 km/h
E 29 km/h

Per risolvere l'esercizio è necessario applicare la formula che permette di ricavare la velocità dal tempo e dallo spazio:

$$v = \frac{s}{t}$$

Per poter fare i calcoli correttamente conviene esprimere l'ora in minuti (si ricorda che il tempo è espresso in sessantesimi – in un'ora ci sono sessanta minuti).
Si può cioè dire che:

$$v = \frac{60 \text{ km}}{100/60 \text{ h}}$$

dove 100 sono i minuti contenuti in 1 ora e 40 minuti (divisi per 60 per esprimere in ore il valore).
Risolvendo l'equazione si ottiene che il camion viaggia a 36 km/h; pertanto la soluzione al quesito è fornita dall'alternativa A.

2 Un ragazzo in motorino insegue un amico in bicicletta. Sapendo che le velocità dei due mezzi sono rispettivamente di 40 km/h e di 20 km/h e che, nell'istante considerato, distano 500 metri l'uno dall'altro, dopo quanto tempo il ragazzo in motorino raggiunge l'amico in bicicletta?

A 3 min B 60 s C 90 s D 6 min E 2 min

Se si considera il movimento relativo dei due mezzi, lo spazio che il motorino deve percorrere per raggiungere la bicicletta (considerata ferma) è $s = 500$ m, mentre la velocità (velocità del motorino rispetto alla bicicletta) è data dalla differenza delle singole velocità ed è pari a 20 km/h: i due corpi si muovono infatti nella stessa direzione e con lo stesso verso, pertanto la velocità da considerare è data dalla differenza delle due velocità (40 km/h – 20 km/h = 20 km/h = 20.000 m/h).

Il tempo necessario per percorrere 500 m alla velocità di 20 km/h si ottiene utilizzando la relazione:

$$t = \frac{s}{v} = \frac{500\ \text{m}}{20.000\ \text{m/h}} = \frac{1\ \text{m}}{40\text{m}}\ \text{h} = 90\ \text{s}$$

La risposta corretta è dunque la **C**.
Si osserva che è stato necessario convertire il tempo da ore a secondi. Si ricorda che, per tale conversione, il sistema utilizzato è quello *sessagesimale*: per convertire in minuti il tempo espresso in ore (nell'esercizio 1/40 h) si moltiplica per 60; il valore ottenuto (60/40 min) viene poi trasformato in secondi moltiplicando nuovamente per 60. Più rapidamente, per convertire un tempo da ore in secondi, è sufficiente moltiplicare il numero di ore per 3600.

---

3 **Due treni partono dalla stessa stazione ferroviaria nello stesso istante, viaggiando l'uno verso est a 60 km/h, l'altro verso ovest a 80 km/h. Dopo quanto tempo distano l'uno dall'altro 350 km?**

- **A** 1 h
- **B** 1 h e 30 min
- **C** 2 h
- **D** 2 h e 30 min
- **E** 2 h e 50 min

In questo caso $s = 350$ km e la velocità relativa di un treno rispetto all'altro si ottiene sommando le due velocità (caso n. 4 della tabella precedente): $v = (60 + 80)$ km/h = 140 km/h. Da un punto di vista intuitivo, le due velocità sono da sommare perché entrambi i treni contribuiscono, con il proprio movimento, ad allontanarsi l'uno dall'altro.
Applicando l'ultima formula delle si ottiene: $t = \frac{350\ \text{km}}{140\ \text{km / h}} = 2,5\text{h}$

Il risultato del rapporto tra spazio e velocità (2,5 h) potrebbe portare inizialmente a indicare come esatta l'alternativa **E**; in realtà 2,5 h è uguale a 2 ore più mezz'ora, e mezz'ora non corrisponde a 50 minuti bensì a 30. La risposta esatta è dunque la **D**. A volte il problema può presentarsi in forma tale da richiedere un maggior numero di passaggi logici e un più attento ragionamento per giungere alla soluzione. Si consideri a questo proposito l'esempio seguente.

---

4 **Uno studente impiega solitamente 20 minuti per recarsi a scuola procedendo a una velocità media di 15 km/h. Una mattina, non avendo sentito la sveglia, parte da casa con 5 minuti di ritardo rispetto al solito. A quale velocità deve andare per recuperare il ritardo e arrivare a scuola alla solita ora?**

A 10 km/h **B** 25 km/h **C** 30 km/h **D** 20 km/h **E** 12 km/h

Per ricavare il valore della velocità incognita, è necessario conoscere i valori del tempo t e dello spazio s. Tali valori, questa volta, sono forniti *indirettamente* dai dati del problema: solitamente lo studente impiega 20 minuti (1/3 di ora) alla velocità di 15 km/h; lo spazio percorso è dunque pari a:

$$s = v \cdot t = 15\ \frac{\text{km}}{\text{h}} \cdot \frac{1}{3}\ \text{h} = 5\ \text{km}$$

RAGIONAMENTO NUMERICO

Per ciò che riguarda il tempo *t*, lo studente deve recuperare 5 minuti di ritardo e quindi deve percorrere lo spazio casa-scuola in 15 minuti anziché in 20 (cioè in 1/4 h). Visto che lo spazio da percorrere è sempre *s* = 5 km e il tempo è pari a 1/4 h, la nuova velocità vale:

$$v = \frac{s}{t} = \frac{5\ \text{km}}{\frac{1}{4}\ \text{h}} = 20\ \text{km / h} \qquad \text{(risposta D)}.$$

A volte i dati del problema vengono forniti in maniera implicita, ossia tramite relazioni tra le diverse grandezze in gioco, piuttosto che tramite valori numerici.
Si consideri a questo proposito l'esempio seguente.

---

5 Due biciclette si muovono una verso l'altra con velocità media rispettivamente pari a 9 km/h e 11 km/h. Se la distanza iniziale è di 2 km, dopo quanti secondi i due mezzi si incontrano?

A 6 **B** 30 **C** 25 **D** 360 **E** 200

La velocità di avvicinamento delle due biciclette è pari alla somma delle due velocità (v = 20 km/h), mentre lo spazio che deve essere percorso è pari a 2 km. Il tempo è dato dal rapporto tra spazio e velocità:

$$2\ \text{km} / 20\ \text{km/h} = 1/10\ \text{h} = 1/10 \times 60\ \text{min} = 6\ \text{minuti}.$$

Questo risultato potrebbe indurre a indicare come corretta l'alternativa **A**; tuttavia, prestando attenzione al testo, si nota che le alternative proposte sono espresse in secondi (e non in minuti); la risposta esatta è quindi la **D**: 6 x 60 secondi = 360 secondi.

Siamo ora in grado di rispondere al terzo quesito proposto all'inizio del capitolo.

Quesito III. Poiché i due amici si muovono uno verso l'altro lungo la stessa strada, la velocità con cui si avvicinano è data dalla somma delle due velocità: 8 km/h. Dovendo percorrere 12 km, avvicinandosi a 8 km/h impiegheranno un'ora e mezza. I due amici si incontrano quindi all'1.30 e in quel lasso di tempo Paolo (camminando a 6 km/h) ha percorso 9 km e Francesca 3 km. Una volta che si incontrano a Paolo servirà esattamente lo stesso tempo per tornare indietro (quindi un'altra ora e mezzo) e potrà quindi entrare in casa alle 3.00 (**B** soluzione del quesito).

Suggerimenti

- **Tracciare uno schema** che riproduca le informazioni e le relazioni fornite, in modo da rendere più agevole la comprensione e la risoluzione di questo tipo di problemi.
- **Prestare sempre particolare attenzione alle unità di misura** e alle necessarie conversioni.

6.10 | Matrici di numeri

In questo tipo di esercizi viene richiesto al candidato di individuare il numero mancante all'interno di una "matrice di operazioni"; in questo caso occorre ricavare i numeri mancanti all'interno della matrice. Si presti attenzione al fatto che le operazioni debbono essere svolte nella sequenza logica in cui sono presentate (quindi all'interno di una stessa riga è possibile dover svolgere prima una somma di una divisione).
Si considerino i seguenti esempi.

---

1 Individuare il numero da sostituire al punto interrogativo, fare prima operazioni di moltiplicazione/divisione e poi somma/sottrazione:

3	×	?	×	2	
×		+		×	
4	:	+	+	5	7
−		+		+	
2	×	+	+	3	17
10		14		13	

A 4 **B** 5 **C** 7 **D** 6 **E** 3

Per trovare il valore mancante è necessario completare la seconda colonna cercando, quindi, i valori mancanti nella seconda e nella terza riga.In quest'ultima il numero mancante sarà 7 ($2 \times 7 + 3 = 17$), mentre nella seconda sarà 2 ($4 : 2 + 5 = 7$). Il numero mancante cercato nella prima riga è quindi 5 (**B** soluzione del quesito) che sommato a 2 e a 7 ha come risultato 14.

---

2 Individuare il numero mancante identificato dal punto interrogativo.

15	−	6	:	3		3
−		×		+		
9	×	…	+	3		30
+		:		:		
1	×	2	+	…		8
7		?		1		

A 13 **B** 9 **C** 11 **D** 8 **E** 19

Per ricavare il numero incognito richiesto (rappresentato dal punto interrogativo) occorre dapprima calcolare il numero mancante sulla seconda riga. Moltiplicando tale numero per 9 e aggiungendo 3 il risultato deve essere 30; quindi il numero mancante è 3:

$$9 \times 3\ (= 27) + 3 = 30.$$

A questo punto la seconda colonna risulta: $6 \times 3\ (=18) : 2 = 9$. Quindi la risposta corretta è la **B**.

---

3 Individuare il numero da sostituire al punto interrogativo, fare prima operazioni di moltiplicazione/divisione e poi somma/sottrazione:

10	:	2	+	9		19
×		×		+		
5	+	8	+	7		20
−		−		+		
	×		:			?
40		14		20		

A 8 **B** 10 **C** 15 **D** 2 **E** 5

Per trovare il risultato della terza riga è necessario trovare i tre numeri mancanti in ognuna delle tre colonne. Nella prima colonna il numero mancante è 10 (infatti $10 \times 5 - 10 = 40$), nella seconda è 2 ($2 \times 8 - 2 = 14$) e nella terza è 4 ($9 + 7 + 4 = 20$).

Il risultato dell'operazione proposta nell'ultima riga è allora pari a 5 e la **E** è la soluzione del quesito.

---

4 Individuare il numero mancante identificato dal punto interrogativo.

30	×	2	:	5	:	4		3
:		+		×		×		
…	×	…	×	…	:	…		?
×		+		:		×		
5	×	4	:	2	:	2		5
25		11		5		40		

A 55 **B** 14 **C** 60 **D** 5 **E** 12

Per ricavare il numero incognito richiesto è necessario completare la seconda riga: conviene, quindi, lavorare colonna per colonna. Il primo numero mancante è 6 (30 : 6 × 5 = 25), il secondo è 5, il terzo è 2 e il quarto è 5. A questo punto si ottiene il numero mancante risolvendo la seguente operazione: 6 × 5 × 2 : 5 = 12. La soluzione del quesito è quindi fornita dall'alternativa **E**.

---

5 **Individuare il numero mancante identificato dal punto interrogativo.**

…	:	…	×	…	×	…	?
×		+		×		×	
2	×	8	−	5	−	5	6
×		−		+		×	
2	×	3	+	9	−	1	14
24		7		14		25	

A 15 **B** 18 **C** 20 **D** 25 **E** 10

Per individuare il numero mancante richiesto è necessario completare la prima riga. Lavorando sulle singole colonne si ottengono i seguenti valori: 6 come numero mancante della prima colonna, 2 della seconda, 1 della terza e 5 della quarta. La soluzione al quesito è quindi fornita dall'alternativa **A** che è proprio il risultato del calcolo 6 : 2 x 1 x 5 = 15.

6.11 | Operazioni in codice

Si tratta di quesiti in cui viene richiesto il risultato di alcune operazioni aritmetiche, dove però l'espressione fornita non contiene numeri ma simboli che devono essere opportunamente interpretati. Anche in questo caso l'obiettivo è quello di valutare la capacità dello studente di adattarsi a nuovi linguaggi. Si vedano gli esempi seguenti.

---

1 **Se:**

@ × 2 = # + 9

@ = 17

Allora # è uguale

A 18 **B** 33 **C** 34 **D** 25 **E** 30

Sostituendo il valore 17 al simbolo @ nella prima equazione, si ottiene 17 × 2 = # + 9, da cui si ricava che # = 25. La soluzione al quesito è, quindi, fornita dall'alternativa **D**.

---

2 **Se:**

@ + @ + @ = # − #

Allora @ è uguale a:

A −1

B 3

C 0

D non ci sono elementi sufficienti per rispondere

E 1

Il risultato della seconda parte dell'equazione è 0, poiché un qualunque valore, se sottratto a sé stesso, dà come risultato 0. Ma ciò significa che, per avere lo stesso risultato a sinistra dell'uguale @ debba a sua volta valere 0. La soluzione al quesito è, quindi, fornita dall'alternativa **C**.

3 **Se:**

○ + □ = ⊙

□ + ✪ = ○

□ + ✪ + □ = 7

allora 5 × ⊙ è pari a:

A 25 B 35 C 7 D 45 E 15

Osservando la terza equazione ci si accorge che la prima parte (□ + ✪) è proprio uguale al membro di sinistra della seconda equazione. Sostituendo il risultato di quest'ultima a questi due simboli si trasforma la terza equazione nel modo seguente:

○ + □ = 7.

Il membro di sinistra risulta del tutto coincidente con quello della prima equazione, per cui si ottiene che ⊙ = 7.

L'esercizio chiedeva, però, non il valore di ⊙ (l'alternativa C è sbagliata) ma il risultato del prodotto di ⊙ × 5, che è quindi pari a 35. La soluzione al quesito è fornita, quindi, dall'alternativa B.

6.12 | Suggerimenti

Nella sezione di attitudine matematica vengono utilizzate poche nozioni di base alla portata di tutti gli studenti. Anche i quesiti più complessi sono basati su principi relativamente semplici. Ciò che può creare difficoltà è il fatto che, da un lato, non sempre risultano immediatamente evidenti i principi e i metodi risolutivi da applicare, dall'altro il tempo a disposizione non è mai abbondante.

In questo capitolo sono state schematizzate le diverse tipologie di quesiti, evidenziandone i principi fondamentali nonché le nozioni necessarie e i passaggi logici più frequenti per individuare la soluzione dei quesiti. A tale scopo, si riportano di seguito alcuni suggerimenti aggiuntivi che permettono di ottimizzare il risultato nei quesiti di matematica.

- **Leggere tutte le alternative proposte prima di iniziare a risolvere il problema.** A volte è più semplice individuare la risposta corretta in modo indiretto, ossia procedendo per eliminazione e scartando le risposte non corrette, piuttosto che determinare la soluzione in maniera diretta (facendo i calcoli del caso). Vi sono esercizi in cui alcune delle alternative proposte possono essere eliminate a priori, effettuando semplici ragionamenti o stime. Ciò permette di restringere l'insieme delle alternative tra cui individuare la risposta corretta e quindi di aumentare la probabilità di successo, nonché di ridurre l'impiego di tempo.
- **Scrivere i calcoli evitando di fare tutti i passaggi a mente**: la scrittura dei calcoli svolti permette di concentrarsi maggiormente sul problema e riduce gli errori di distrazione. Inoltre permette di avere una traccia scritta dei ragionamenti fatti e dei risultati intermedi ottenuti, utilissima nel caso in cui vi sia la necessità di verificare il lavoro svolto (per esempio, nel caso in cui la soluzione trovata non sia presente tra le diverse alternative).
- **Evitare i calcoli non necessari**: è possibile, a volte, rispondere a una domanda tramite approssimazioni o calcoli di massima, senza determinare il risultato esatto del problema. Ciò permette di risparmiare tempo prezioso, che può essere utilizzato per rispondere ad altre domande. Per qualche quesito, potrebbe risultare più semplice e veloce verificare quale delle diverse soluzioni proposte risolve il problema, provando a sostituire le alternative all'incognita.
- **Affrontare con molta attenzione anche i quesiti per i quali si sa già come procedere.** Questo suggerimento è particolarmente importante per gli esercizi di natura matematica e permette di evitare errori di distrazione causati dalla fretta.
- **Rispondere alla domanda effettivamente posta dal problema.** È sempre necessario leggere attentamente la domanda: il fatto che il risultato ottenuto con i propri ragionamenti coincida con una delle alternative proposte non significa necessariamente che la risposta data sia quella corretta. Alcune delle alternative corrispondono solitamente a risultati parziali o a risultati che si ottengono commettendo errori comuni nel procedimento di risoluzione.

- **Verificare, se possibile, la soluzione che si ritiene esatta.** Se è possibile controllare in modo veloce il risultato ottenuto, è conveniente farlo. Per esempio, se il problema consiste nel risolvere un'equazione, è conveniente verificare che la risposta individuata la soddisfi. In alcuni casi, tale procedimento permette di individuare gli errori commessi e di correggere la risposta.
- **Prestare attenzione alle unità di misura delle soluzioni.** A volte, tra le alternative proposte, alcune sono numericamente identiche alla soluzione del problema, ma l'unità di misura in cui sono espresse non è corretta.
- **Utilizzare valori numerici per verificare le risposte che utilizzano formule.** Alcune domande possono avere risposte che usano quantità il cui valore numerico non è dato. Per esempio, una domanda potrebbe chiedere il costo di costruzione di *y* oggetti e tutte le risposte contengono *y*. In tali problemi, assegnare un valore di riferimento a scelta rende più semplice effettuare i calcoli e può semplificare il problema.

Ripassa da qui

FRAZIONI

Ricorda che nei problemi con frazioni il concetto chiave è il resto: data una frazione p/q, è detto *resto* il numero dato da 1 – p/q. Per esempio, se i 2/5 di un bicchiere sono pieni, i restanti (1 – 2/5) = 3/5 sono vuoti.

PERCENTUALI

Le percentuali vanno viste come frazioni. *Per cento* significa *diviso per cento*, quindi, per esempio:

$$30\% = \frac{30}{100}$$

Una percentuale è pertanto una frazione con denominatore pari a 100. È possibile esprimere le percentuali sia come frazioni sia come numeri decimali.

Conversioni da frazioni a percentuali

Se si ha una frazione e la si vuole esprime in percentuale, si può provare a scrivere la frazione equivalente (quindi moltiplicando o dividendo sia il numeratore, sia il denominatore per uno stesso valore) che abbia al denominatore 100 o un valore vicino, quando non possibile:

$$\frac{11}{25} = \frac{11}{25} \times \frac{4}{4} = \frac{44}{100} = 44\%$$

$$\frac{7}{17} = \frac{7}{17} \times \frac{6}{6} = \frac{42}{102} = \text{poco meno del } 42\%$$

VARIAZIONE PERCENTUALE

La formula per ottenere la *variazione percentuale di una variabile* è:

$$\text{variazione percentuale} = \frac{\text{nuovo ammontare} - \text{ammontare originale}}{\text{ammontare originale}} \cdot 100\ \%$$

PROBLEMI DI LAVORO: RELAZIONE TRA LE VARIABILI

Forza lavoro/Tempo: inversa proporzionalità

Forza lavoro/Quantità di lavoro: diretta proporzionalità

Tempo/Quantità di lavoro: diretta proporzionalità

VELOCITÀ AVVICINAMENTO/ALLONTANAMENTO

Se due corpi vanno **uno verso l'altro** seguendo la stessa strada (per esempio due treni, uno da Milano per Roma e l'altro da Roma per Milano) la velocità di **avvicinamento** e poi di **allontanamento** una volta che si sono incontrati e proseguono in direzioni opposte si ottiene SOMMANDO le due velocità.

Se un corpo **insegue un altro** lungo la stessa direttrice ed è più veloce di quello che lo precede (per esempio un veicolo che segue la stessa strada di un altro più lento che lo precede) la velocità di **avvicinamento** e poi di **allontanamento** una volta che il più veloce ha raggiunto il più lento e lo ha sorpassato si ottiene SOTTRAENDO le due velocità.

Conversioni delle unità di misura

Tempo

- 1 ora = 60 minuti = 3600 secondi;
- 1 giorno = 24 ore = 1440 minuti;
- 1 anno = 365 giorni e 6 ore; 52 settimane + 1 giorno + 6 ore (anni bisestili da 366 giorni ogni 4 anni).

Distanza

- 1 km = 1000 m;
- 1 m = 100 cm;
- 1 cm = 10 mm.

Velocità

- 60 km/h = 1 km ogni minuto;
- 30 km/h = 1 km ogni 2 minuti.

Per trasformare la velocità espressa in km/h in velocità espressa in m/s basta dividere il valore per 3,6, mentre per trasformare quella espressa in m/s in quella equivalente espressa in km/h si deve moltiplicare il valore per 3,6.

7 | Successioni di numeri e lettere

Mettiti alla prova

I **Completare la seguente serie di numeri: 5, 10, 8, 12, 11, 14, 14, ...?**

A 24
B 11
C 14
D 12
E 16

II **Utilizzando l'alfabeto inglese, completare la seguente serie di lettere: Z, A, Y, B, X, ...?**

A W
B U
C C
D D
E I

III **Z, 2, U, 4, S, 16, Q, 256 ..., ...?**

A O; 65536
B Q; 272
C 23; O
D S; 4096
E V; 128

RAGIONAMENTO NUMERICO

Ecco le risposte esatte dei 3 quesiti proposti: I E, II C, III A,

Le *successioni di numeri e lettere* è una tipologia di esercizi da tempo diffusa nell'ambito dei test attitudinali. Si tratta di esercizi che intendono **valutare la capacità del candidato di scoprire con rapidità il criterio in base al quale numeri e lettere sono disposti all'interno di una successione data.**

Non è richiesta, come si vedrà, alcuna abilità (competenza) matematica né linguistica, se non la capacità di effettuare elementari operazioni aritmetiche e, in alcuni casi, la conoscenza dell'alfabeto inglese, oltre a quella dell'alfabeto italiano. Tutti i corsi universitari cui questo volume si rivolge hanno utilizzato negli anni passati prove di ammissione contenenti quesiti con successione di numeri e/o lettere.

7.1 | Descrizione degli esercizi

Data una successione incompleta di numeri o lettere, il candidato deve completarla scegliendo tra le alternative proposte il numero o la lettera che soddisfa la logica della successione.

Sebbene i principi su cui si basano le diverse successioni siano sostanzialmente i medesimi, nell'analisi degli esercizi di questo capitolo vengono trattate separatamente le *successioni di numeri*, quelle di *lettere* e quelle *miste* (di numeri e lettere).

7.2 | Successioni di numeri

Come già accennato, si tratta di successioni nelle quali compare un'incognita che il candidato deve sostituire scegliendo, tra le alternative proposte, un numero che soddisfi il criterio logico che governa l'intera successione. Vengono analizzati di seguito alcuni esempi che mostrano i principali criteri logici alla base delle successioni di numeri.

Esempi

---

1 **7, 15, 23, 31, 39, ...?**

A 45 B 47 C 48 D 49 E 52

Si tratta di una *successione aritmetica additiva*, in cui ogni numero è ottenuto sommando un valore costante al numero precedente. Nell'esercizio proposto la costante è pari a 8 e quindi l'incognita è uguale al numero che si ottiene sommando 8 a 39, cioè 47 (alternativa B). Esistono anche successioni in cui un valore costante viene sottratto passando da un numero al seguente della successione.

---

2 **3, 18, 108, ...?**

A 600 B 240 C 648 D 524 E 428

Questo esercizio mostra una *successione geometrica*, in cui cioè ciascun elemento è uguale al precedente moltiplicato per un numero costante (nell'esempio pari a 6). Il numero mancante è quindi 648, che si ottiene moltiplicando $108 \cdot 6$ (alternativa C). In altri casi, i numeri della successione possono essere divisi, anziché moltiplicati, per un numero costante.

---

3 **2, 4, 16, ...?**

A 96 B 512 C 66 D 272 E 256

In questo esercizio ogni numero è dato dal precedente *elevato a un esponente costante*: nell'esempio l'esponente è pari a 2 e il numero mancante è $16^2 = 256$ (risposta E).

---

4 **1, 4, 5, 9, 14, 23, 37, ...?**

A 60 B 51 C 53 D 75 E 27

In questa tipologia non viene preso alcun numero costante da sommare, sottrarre o moltiplicare, ma *ogni elemento della successione è ottenuto sommando i due numeri che lo precedono* ($1 + 4 = 5$; $4 + 5 = 9$; $9 + 5 = 14$; $14 + 9 = 23$; $14 + 23 = 37$). Il numero mancante è dunque 60, che si ottiene sommando 23 e 37 (alternativa **A**).

---

5 **5, 6, 8, 8, 11, 10, 14, ...?**

A 24 **B** 11 **C** 14 **D** 12 **E** 16

In questo caso, *si alternano due serie di numeri,* che occupano una le posizioni dispari e l'altra quelle pari della successione data e che possono rispondere a uno qualsiasi dei criteri logici già visti. Nell'esempio si hanno due serie, entrambe di tipo additivo: la prima è composta dai numeri 5, 8, 11, 14 (si aggiunge 3 passando da un elemento al successivo); la seconda è 6, 8, 10, … (si aggiunge 2 passando da un elemento al successivo).

L'elemento incognito occupa una posizione pari e quindi appartiene alla seconda delle due serie che si alternano. Il suo valore è perciò dato da: $10 + 2 = 12$ (risposta **D**).

---

6 **2, 4, 7, 6, 12, 15, 14, 28, 31, ...?**

A 29 **B** 30 **C** 27 **D** 62 **E** 34

In questa successione compaiono più *operazioni aritmetiche che si ripetono ciclicamente*; l'ordine delle operazioni è il seguente: moltiplicare per due ($\cdot$ 2), aggiungere tre (+ 3), sottrarre uno (– 1). Osservando la successione data, si nota il seguente andamento: $2 \cdot 2 = 4$; $4 + 3 = 7$; $7 - 1 = 6$; $6 \cdot 2 = 12$; $12 + 3 = 15$; $15 - 1 = 14$; $14 \cdot 2 = 28$; $28 + 3 = 31$; $31 - 1 = 30$. Il numero mancante è perciò 30 (risposta esatta **B**).

---

7 **5, 8, 12, 17, 23, ...?**

A 30 **B** 28 **C** 26 **D** 32 **E** 33

La sequenza delle operazioni in questo caso è: + 3, + 4, + 5, + 6, … Il numero mancante è dunque il risultato della somma $23 + 7$, cioè 30 (alternativa **A**). In alcuni casi, le successioni di numeri non sono lineari, come quelle analizzate sinora, ma presentano una *diversa disposizione spaziale*. Si considerino, a questo proposito, gli esempi che seguono.

---

8 **Individuare il numero mancante.**

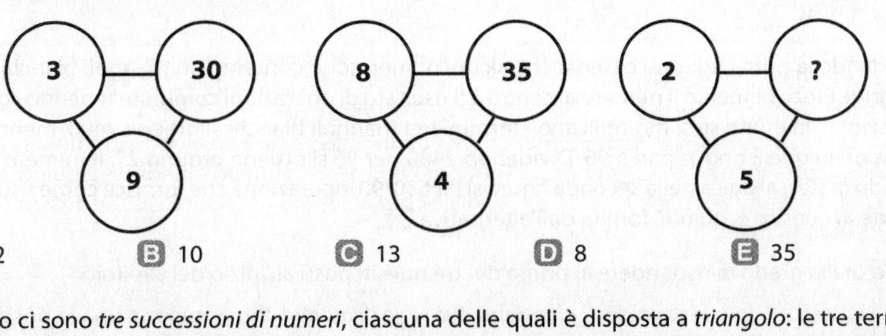

A 12 **B** 10 **C** 13 **D** 8 **E** 35

In questo caso ci sono *tre successioni di numeri*, ciascuna delle quali è disposta a *triangolo*: le tre terne di numeri devono essere governate dalla *stessa logica* che, una volta individuata, permette di risolvere l'esercizio. Nell'esercizio, all'interno di ciascuna successione, il numero in alto a destra è ottenuto aggiungendo 3 al prodotto degli altri due numeri: nelle prime due successioni si ha infatti:

$(3 \cdot 9) + 3 = 30$ e $(8 \cdot 4) + 3 = 35$.

Allo stesso modo, nella terza successione il numero mancante deve essere uguale a:

$(2 \cdot 5) + 3 = 13$ (alternativa **C**).

9 Individuare il numero mancante.

10	18	22
16	32	?
6	10	13

A 72
B 22
C 24
D 32
E 36

In questo esempio ci sono ancora tre terne, ciascuna delle quali è però disposta in senso verticale e racchiusa all'interno di un rettangolo. La logica che collega i tre numeri di ogni successione è la seguente: il numero al centro di ciascun rettangolo è dato dalla differenza tra il numero in alto e il numero in basso, moltiplicata per 4. Cioè: $(10 - 6) \cdot 4 = 16$; $(18 - 10) \cdot 4 = 32$; $(22 - 13) \cdot 4 = 36$. La soluzione esatta è dunque la E.

PARTE TERZA

10 Individuare il numero mancante.

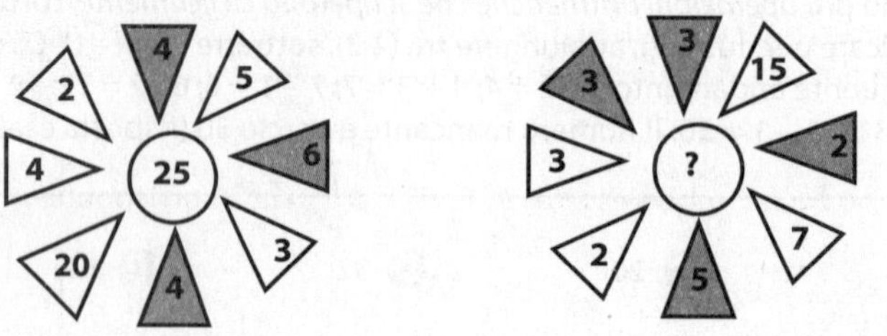

A 20
B 15
C 7
D 10
E 36

Guardando la prima figura si osserva che alcuni numeri sono contenuti in triangoli bianchi, altri in triangoli grigi. Probabilmente il numero al centro è il risultato di operazioni compiute tenendo conto di questa distinzione. In effetti se si moltiplicano i termini nei triangoli bianchi si ottiene 2400, mentre il prodotto dei valori in quelli grigi è pari a 96. Dividendo 2400 per 96 si ottiene proprio 25, il numero al centro. Seguendo la stessa logica nella seconda figura si ha 630/90, operazione che fornisce come risultato 7. La soluzione al quesito è, quindi, fornita dall'alternativa C.

Siamo ora in grado di rispondere al primo dei tre quesiti posti all'inizio del capitolo

Quesito I. In questo caso *si alternano due serie di numeri* che occupano una le posizioni dispari e l'altra quelle pari della successione data e che presentano due logiche indipendenti tra loro. Sono entrambe di tipo additivo: la prima è composta dai numeri 5, 8, 11, 14 (si aggiunge 3 passando da un elemento al successivo); la seconda è 10, 12, 14 … (si aggiunge 2 passando da un elemento al successivo).
Una volta che si sia stabilito che l'elemento incognito occupa una posizione pari e quindi appartiene alla seconda delle due serie che si alternano, si ricava facilmente il suo valore, che è perciò dato da: $14 + 2 = 16$ (risposta E).

7.2.1 | Successioni di lettere

La logica che sottende alle successioni di lettere non è sostanzialmente diversa da quella che regola le successioni di numeri.

Per poter risolvere questo tipo di esercizi è però indispensabile *conoscere la successione ordinata e completa delle lettere dell'alfabeto utilizzato.*

Generalmente l'alfabeto utilizzato è quello italiano; qualora nell'esercizio compaia almeno una delle cinque lettere tipiche dell'alfabeto inglese (J, K, W, X, Y) occorre fare riferimento all'alfabeto inglese riportato di seguito e che è opportuno memorizzare:

A B C D E F G H I J K L M N O P Q R S T U V W X Y Z

Esempio

---

1 **C, F, I, N, Q, ...?**

A T B O C R D Z E S

Si tratta di una sequenza alfabetica il cui ordine va dalla A alla Z, ma in cui, ogni due lettere consecutive, manca un gruppo di due lettere. In sostanza, è una successione del tutto simile a quella numerica additiva (aggiunge 3 passando da un elemento all'altro della successione). La lettera incognita è dunque T (risposta A) che è situata a 3 posizioni dalla Q.

✔ La maggior parte degli esercizi con successioni di lettere è riconducibile alle tipologie di successione numerica additiva e sottrattiva, anche nella forma di sequenze alternate o composte.

Suggerimenti

Una **successione additiva composta** potrebbe essere: A, C, G, I, O, ..., che corrisponde a: + 2, + 4, + 2, + 4, + ... L'elemento mancante è la lettera Q.

Una **serie alternata** potrebbe essere: A, B, B, D, C, F, ..., dove le lettere in posizione dispari (A, B, C, ...) si susseguono secondo l'ordine alfabetico, mentre quelle in posizione pari (B, D, F, ...) si susseguono saltando una lettera su due: la lettera che completa la successione è dunque la lettera D.

Sono rari i casi in cui **le lettere sottendono un preciso significato**, come nel caso di una sequenza data dalle iniziali dei giorni della settimana L, M, M, G, V, S, ...

Siamo ora in grado di rispondere al secondo dei tre quesiti posti all'inizio del capitolo.

Quesito II. Le successioni di lettere sono due. La prima procede dal fondo dell'alfabeto (inglese) con un "passo" pari a uno, la seconda procede dall'inizio con lo stesso passo. L'incognita figura in questa seconda serie e quindi, dopo la B, dovrà venire la C. La risposta esatta è dunque la C.

7.2.2 | Successioni combinate di numeri e lettere

In questi esercizi, la sequenza di numeri e quella di lettere si trovano combinate in un'unica successione, ma seguono ciascuna una propria logica.

Esempi

---

1 **Individuare l'elemento mancante.**

A	3	D	6	B	4	E	7	C	5	?	?

A F; 7 B G; 8 C G; 7 D F; 8 E E; 8

Sia le lettere, sia i numeri presentano un'alternanza di due serie. Così per la lettere prendendone una sì e una no si ha: A, B, C da una parte e D, E, ? dall'altra. La lettera mancante è quindi la F. Con lo stesso ragionamento si ottiene per i numeri il valore 8 come mancanti, La soluzione al quesito è fornita, quindi, dall'alternativa D.

RAGIONAMENTO NUMERICO

2 Individuare l'elemento mancante.

15	18	17	20	19	22	21	?
b	c	a	d	e	c	f	?

A	B	C	D
15	27	24	e
b	f	g	12

I numeri e le lettere sono contenute in figure rettangolari, ma, in questo caso, *la sequenza dei numeri e quella delle lettere sono indipendenti*, nel senso che seguono ciascuna una logica a sé stante. Per quanto riguarda la *sequenza dei numeri*, si passa dal primo numero al secondo aggiungendo 3, dal secondo al terzo sottraendo 1, dal terzo al quarto aggiungendo 3, dal quarto al quinto sottraendo 1, e così via (la sequenza di operazioni è quindi: + 3; – 1; +3; – 1 e così via). Il numero mancante è perciò 24.

Per ciò che riguarda la *sequenza di lettere*, bisogna innanzitutto considerare che, non comparendo nessuna lettera esclusiva dell'alfabeto inglese, è probabile che l'alfabeto a cui l'esercizio fa riferimento sia quello italiano. In effetti, facendo riferimento a quest'ultimo, le lettere dell'esercizio si susseguono in base alla regola seguente: si passa dalla prima lettera alla seconda avanzando di una posizione nell'alfabeto, dalla seconda alla terza arretrando di 2, dalla terza alla quarta avanzando di 3 e poi, di nuovo, dalla quarta alla quinta avanzando di 1, dalla quinta alla sesta arretrando di 2 e dalla sesta alla settima avanzando di 3 (la sequenza è cioè data da: + 1; – 2; + 3; + 1; – 2; + 3 e così via). La lettera mancante è dunque la *g* (*f* + 1). La soluzione dell'esercizio è pertanto l'alternativa C. Si noti che l'alternativa D è palesemente sbagliata in quanto le posizioni del numero e della lettera risultano tra loro invertite.

3 Z, 7, U, 11, S, 15, Q, 19, ..., ...?

- A O, 23
- B Q, 21
- C 23, O
- D S, 17
- E V, 19

Per risolvere l'esercizio, la successione va sdoppiata in una *successione di lettere* (Z, U, S, Q) in cui ogni elemento è ottenuto procedendo a ritroso di due posizioni rispetto al precedente, e in una *successione di numeri* (7, 11, 15, 19) in cui ogni elemento è ottenuto avanzando di quattro posizioni rispetto al precedente; la risposta esatta è quindi O, 23 (alternativa A).

Anche nel caso delle successioni combinate di numeri e lettere, la disposizione spaziale può assumere una configurazione particolare, come illustrano gli esempi seguenti.

Siamo ora in grado di rispondere al terzo dei tre quesiti posti all'inizio del capitolo

Quesito III. Per risolvere l'esercizio, la successione va sdoppiata in una *successione di lettere* (Z, U, S, Q), in cui ogni elemento è ottenuto procedendo a ritroso di due posizioni rispetto al precedente, e in una *successione di numeri* (2, 4, 16, 256), in cui ogni elemento è ottenuto elevando al quadrato il precedente; la risposta esatta è quindi la A. Si noti che la soluzione esatta deve presentare nell'ordine corretto i due elementi (in questo caso prima la lettera e poi il numero). Per questa ragione, l'alternativa C è immediatamente riconoscibile come errata.

4 **Individuare l'elemento mancante.**

A 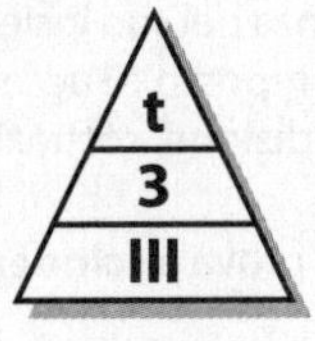

B 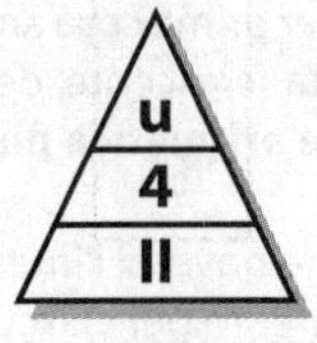

C 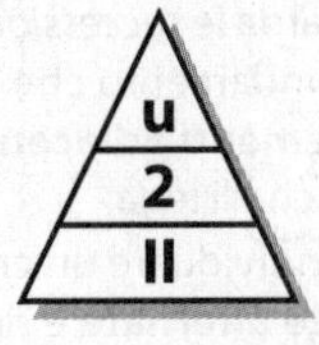

D 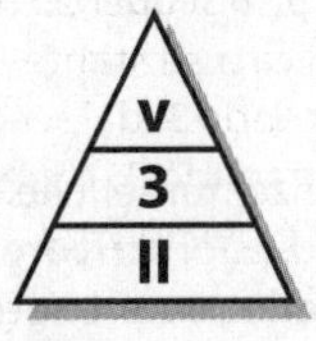

E 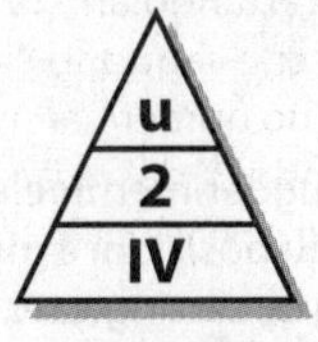

In questo esercizio sono presenti tre successioni differenti: una di lettere, una di numeri arabi e una di numeri romani. Per quanto riguarda la sequenza di lettere, poiché non compare alcuna lettera dell'alfabeto inglese, è opportuno ragionare utilizzando l'alfabeto italiano. La logica alla base della successione è la seguente: per passare dalla prima lettera *a* alla seconda *d* si avanza di tre posizioni (+ 3); dalla seconda *d* alla terza *h* si avanza di quattro posizioni (+ 4); dalla terza *h* alla quarta si avanza di cinque posizioni (+ 5). La logica è quindi: + 3, + 4, + 5; la lettera mancante è dunque *o* + 6 (ossia *u*). Per quanto riguarda i numeri arabi, la logica è – 1, – 2, – 3 e quindi il numero mancante è dato da 6 – 4 = 2. Infine, nella successione dei numeri romani ogni numero è ottenuto dividendo per due il numero precedente; quindi la cifra mancante è IV diviso 2 = II. La risposta corretta è dunque la C.

Ripassa da qui

SUCCESSIONI NUMERICHE

Per quanto riguarda le *successioni numeriche*, per prima cosa analizza la sequenza nel suo insieme per cercare di capire l'andamento che questa presenta (crescente, decrescente o composto). Successivamente **cerca tra gli elementi adiacenti l'operazione aritmetica più semplice** (addizione, sottrazione, moltiplicazione ecc.) che li lega.

Se non riesci a individuare un criterio logico che governi l'intera successione, prova a **scindere la stessa in due sequenze alternate** e ripeti il procedimento per ciascuna di esse.

SUCCESSIONI DI LETTERE

Per le *successioni di lettere* valgono gli stessi suggerimenti relativi alle sequenze numeriche. Nel caso la successione preveda conteggi complicati, di più posizioni e magari all'indietro, puoi **scrivere l'intero alfabeto ordinato** (si tratti di quello italiano o di quello inglese), in modo da averlo sempre sott'occhio per capire velocemente la relazione tra le lettere della successione tra loro adiacenti. Questo accorgimento è tanto più utile quanto più numerosi sono gli esercizi di successioni di lettere presenti nel test.

Se non è specificato nel testo del quesito quale sia l'alfabeto di riferimento, presta attenzione all'eventuale presenza di una o più fra le lettere **J, K, W, X o Y**, che consentono di stabilire con certezza che si tratta dell'alfabeto inglese (possono effettivamente capitare quesiti che non specificano l'alfabeto di riferimento proprio perché è richiesto al candidato di desumerlo dalla presenza, nella successione proposta, di una di queste lettere).

8 Interpretazione di grafici e tabelle

Mettiti alla prova

In base al grafico riportato, relativo agli sport maggiormente praticati dagli abitanti del Paese di Sportinia, rispondere alle successive domande.

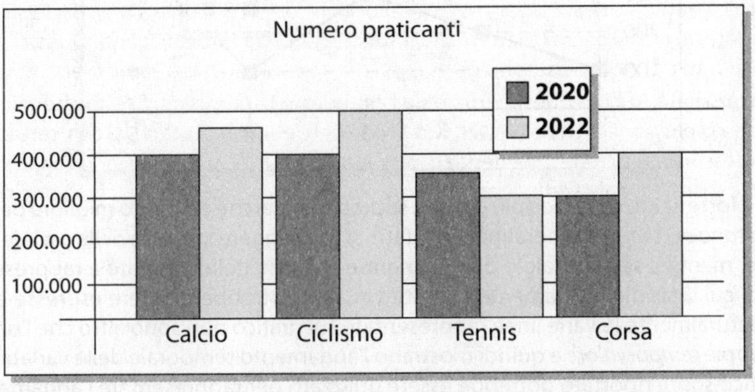

I **Quale dei quattro sport maggiormente praticati in Sportinia ha visto crescere maggiormente il numero di praticanti tra il 2020 e il 2022, in termini percentuali?**

- A Ciclismo
- B Calcio
- C Tennis
- D Corsa
- E Ciclismo e corsa hanno avuto il medesimo incremento percentuale

II **Stando ai dati rappresentati nel grafico, quale fra le seguenti affermazioni NON è corretta?**

- A Il numero complessivo di praticanti dei 4 sport considerati è cresciuto dal 2020 al 2022
- B Il ciclismo è lo sport più praticato nel 2022 in Sportinia
- C Il numero di chi ha praticato il tennis nel 2020 è pari al numero di chi ha praticato la corsa nel 2022
- D Il numero di chi pratica la corsa nel 2022 è pari al numero di chi ha praticato ciclismo nel 2020
- E Se nel biennio 2022-2024 i praticanti del calcio cresceranno come nei due anni precedenti, raggiungeranno il numero di praticanti che il ciclismo ha avuto nel 2022

RAGIONAMENTO NUMERICO

Ecco le risposte esatte dei 2 quesiti proposti: I D, II C,

Questi esercizi hanno lo scopo di valutare la competenza del candidato nel **leggere, comprendere e utilizzare le informazioni contenute in tabelle e grafici statistici**. La tipologia può comparire nei **test predisposti dalla università** per le aree di Psicologia, Educazione e Sociologia come nelle prove CISIA, sia per quanto riguarda il **TOLC-PSI**, sia nel **TOLC-SU**, in cui grafici e tabelle sono talvolta utilizzati nei quesiti della sezione dedicata alla conoscenze acquisite negli studi. I metodi di risoluzione non cambiano.

8.1 | Principali tipologie di grafici

Si illustrano, infine, alcuni dei tipi più comuni di grafici, accompagnati da alcune indicazioni in merito alla loro lettura e interpretazione.

PARTE TERZA

Grafico lineare

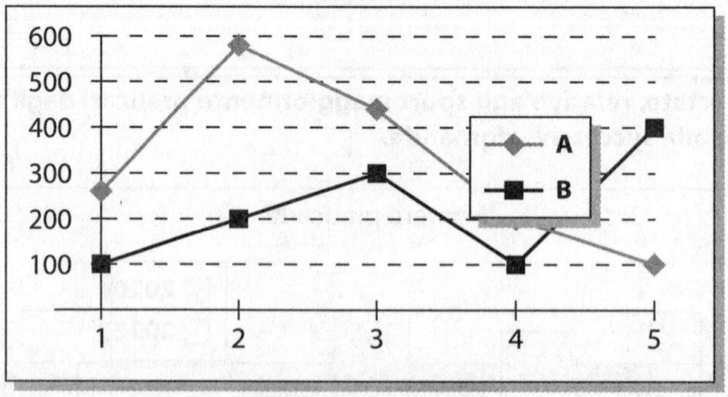

Quello **lineare** è forse il tipo di grafico più diffuso, soprattutto perché è il modo migliore per *rappresentare quantità che mutano nel tempo*. Generalmente, infatti, si può leggere sull'asse delle ascisse una scala temporale (annuale, mensile, settimanale o oraria), mentre sull'asse delle ordinate è rappresentato il valore delle variabili di cui si studia l'andamento (queste variabili potrebbero essere espresse anche in forma percentuale). Naturalmente le varie linee rappresentate sul grafico non sono altro che l'unione dei punti definiti dalle coppie *tempo-valore* e quindi mostrano l'andamento temporale delle variabili in esame. Per esempio, il grafico sopra riportato potrebbe essere utilizzato per rappresentare l'andamento del prezzo di due titoli azionari (A e B) nei primi cinque mesi dell'anno (1, 2, 3, 4, 5).

Grafico a barre verticali o istogramma

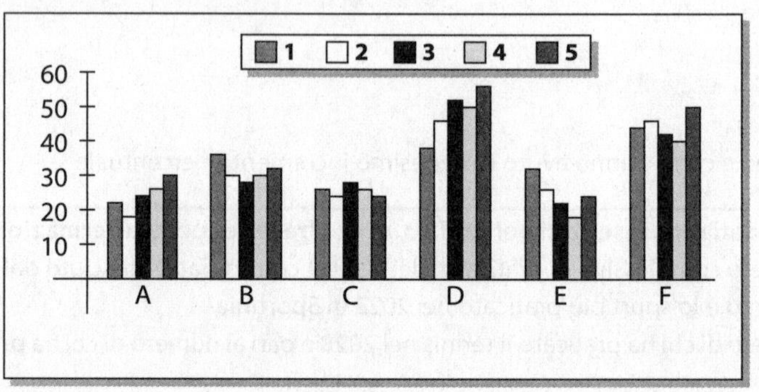

Anche l'*istogramma* è alquanto comune ed è utilizzato prevalentemente per il *confronto di variabili diverse in tempi o luoghi diversi*.

Nel caso riportato nella figura, ogni variabile indicata con un numero da 1 a 5 potrebbe indicare le vendite di un prodotto, mentre le variabili indicate dalle lettere potrebbero indicare diversi Paesi. Il grafico rappresenterebbe dunque il volume delle vendite di ogni prodotto in ciascun Paese. Si noti che attraverso questo tipo di grafico, si rende possibile un confronto sia tra valori assunti dalle vendite di un singolo prodotto in Paesi diversi, sia tra le vendite dei vari prodotti in un singolo Paese.

Occorre ricordare, infine, che le stesse informazioni possono essere rappresentate da istogrammi in cui le barre sono orientate in senso orizzontale anziché verticale.

Grafico a torta

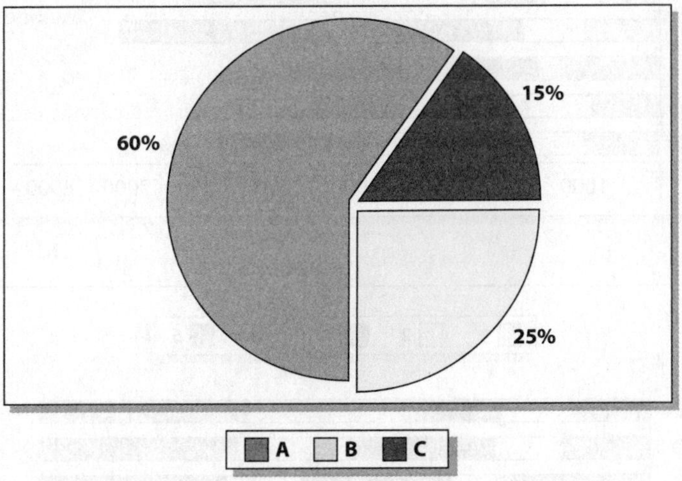

Il grafico **a torta** viene utilizzato per *mostrare la suddivisione di una variabile nelle sue varie componenti*. Nel caso sopra riportato, la componente B rappresenta il 25% del fenomeno considerato nel suo insieme.

Grafico ad aree

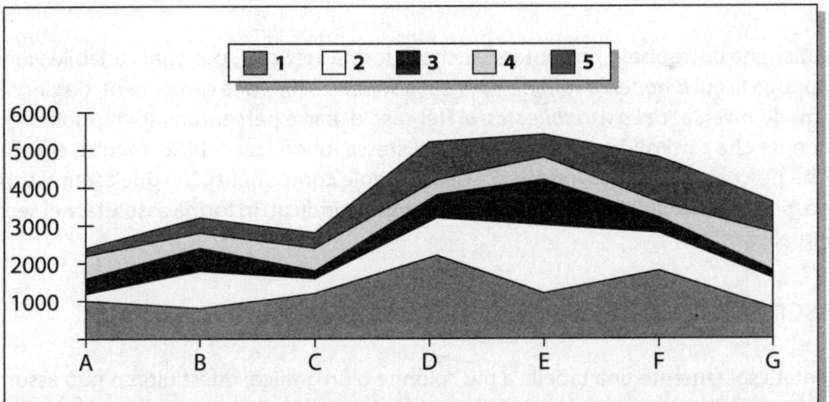

Anche questa tipologia è utilizzata frequentemente. L'informazione che offre è assai *simile a quella dei grafici cumulativi*, dal momento che, per ogni variabile (A, B, C ecc.), vengono sommate le varie componenti (1, 2, 3 ecc.).

Vengono quindi uniti i punti che definiscono le componenti e colorate le aree comprese tra le linee così definite, con il risultato di *mettere in maggior risalto le componenti anziché le singole variabili*. Dal grafico in esame si deduce, semplicemente osservando la grandezza delle aree, qual è la componente che ha maggior peso nel complesso di tutte le variabili.

Grafico a barre cumulative o sovrapposte

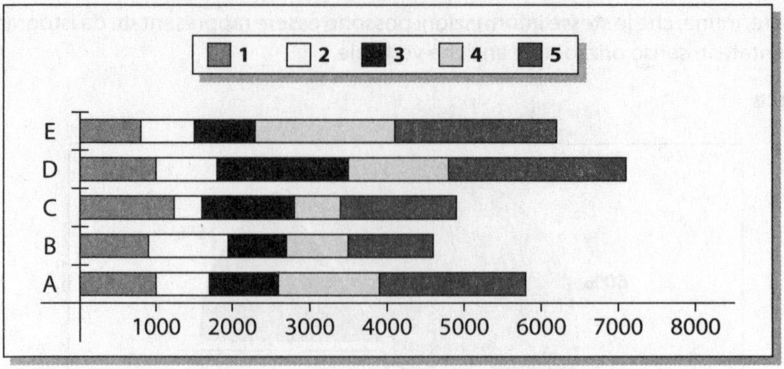

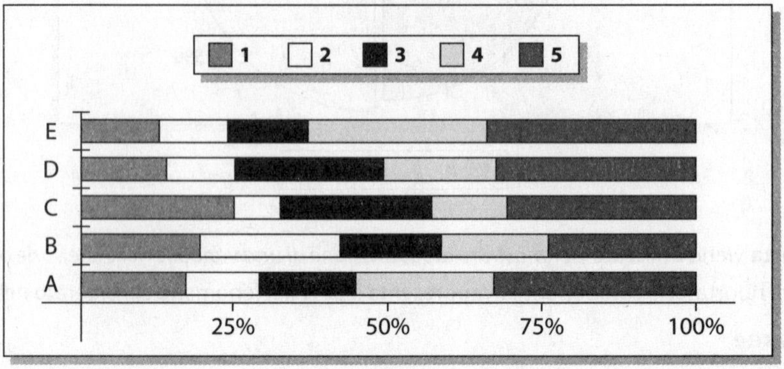

In questi grafici, che potrebbero presentarsi anche in forma verticale, per ogni variabile viene disegnato un istogramma la cui *lunghezza totale è data dalla somma delle varie componenti* (le singole porzioni colorate in modo diverso) *della variabile stessa*. Nel caso di barre percentuali sovrapposte (grafico inferiore), è evidente che tutti gli istogrammi hanno la stessa lunghezza (100%) mentre ciò che varia è la composizione percentuale, cioè la lunghezza delle singole componenti. Nei due esempi sopra riportati, i dati sono gli stessi ma, mentre nel primo caso vengono indicati in forma assoluta, nel secondo sono stati percentualizzati.

8.2 | Descrizione degli esercizi

Viene presentata solitamente una tabella a più colonne o un grafico; quest'ultimo può assumere forme diverse, a seconda della natura dei dati da rappresentare e delle informazioni che intende fornire. Di seguito vengono formulate alcune domande, come al solito seguite da più risposte alternative, fra le quali il candidato deve scegliere quella esatta.

Le domande possono riguardare la natura dei dati contenuti nel campionamento, oppure rapidi esercizi di calcolo basati sui dati mostrati, o ancora possono vertere sulla natura del grafico o della tabella.

Talvolta, nel procedere dei quesiti relativi al grafico o alla tabella presentati, sono proposti ulteriori grafici e/o tabelle che forniscono altre informazioni sulla situazioni in analisi, la comprensione delle quali viene verificata dalle domande che seguono.

Esempi

Leggere il testo dell'esercizio e rispondere alle relative domande.

Nel 2014 nella città di New York si sono verificati incidenti stradali in misura maggiore rispetto all'anno precedente; il Comune di New York ha deciso di svolgere uno studio statistico per capire le ragioni del fenomeno in questione. I risultati dello studio sono espressi nel grafico seguente:

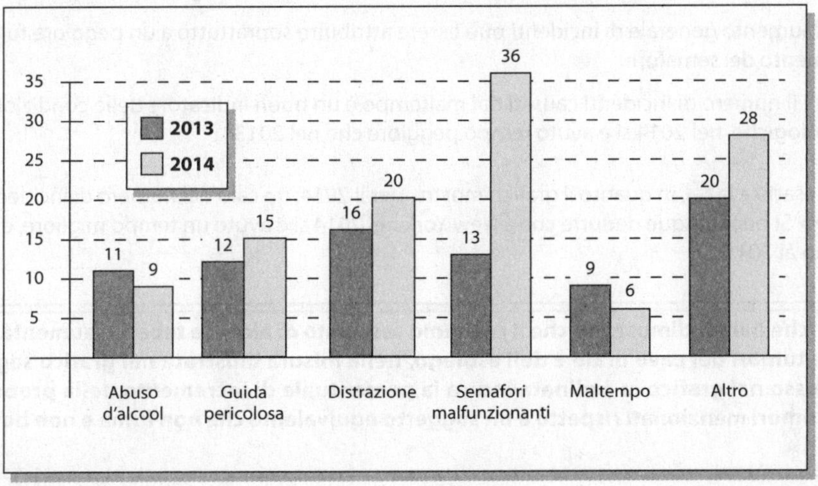

1 **Quale percentuale di incidenti può essere imputata alle cause rientranti nella categoria *Altro*, nel 2014?**

- **A** Circa il 60%
- **B** Circa il 45%
- **C** Circa il 25%
- **D** Il 39%
- **E** Circa il 90%

Si nota dal grafico che gli incidenti nel 2014 sono stati complessivamente 114, di cui 28 (colonna *Altro*) rappresenta circa il 25% (risposta **C**).

2 **Dal 2013 al 2014 sono aumentati in percentuale maggiore gli incidenti per *guida pericolosa* o per *distrazione*?**

- **A** Sono aumentati i primi e diminuiti i secondi
- **B** Sono aumentati entrambi del 25% circa
- **C** Per *guida pericolosa*
- **D** Per *distrazione*
- **E** Non è possibile rispondere

Nel grafico si legge che l'aumento in valore assoluto è stato di 3 unità per *guida pericolosa* e di 4 unità per *distrazione*, ma, in termini percentuali, tale aumento risulta uguale. Infatti:

- aumento casi per guida pericolosa: $\frac{15-12}{12} = \frac{3}{12} = \frac{1}{4} = 25\%$
- aumento casi per distrazione: $\frac{20-16}{16} = \frac{4}{16} = \frac{1}{4} = 25\%$

L'alternativa esatta è dunque la **B**.

RAGIONAMENTO NUMERICO

3 Dal grafico si possono trarre tutte le seguenti conclusioni tranne una. Quale?

A L'incremento percentuale di incidenti più elevato è stato quello causato dai semafori mal funzionanti

B Il numero di incidenti causati da abuso d'alcool è diminuito dal 2013 al 2014

C Sia nel 2013 che nel 2014, la distrazione e il maltempo hanno causato complessivamente un numero di incidenti maggiore rispetto all'abuso d'alcool e alla guida pericolosa insieme

D L'aumento generale di incidenti può essere attribuito soprattutto a un peggiore funzionamento dei semafori

E Se il numero di incidenti causati dal maltempo è un buon indicatore delle condizioni meteorologiche, nel 2014 si è avuto tempo peggiore che nel 2013

L'alternativa esatta è la E, in quanto il grafico mostra, per il 2014, un calo del numero di incidenti causati dal maltempo. Si può dunque dedurre che a New York nel 2014 si è avuto un tempo migliore, e non peggiore, rispetto al 2013.

Recenti ricerche hanno dimostrato che il consumo associato di alcool e tabacco aumenta il rischio di contrarre tumori del cavo orale e dell'esofago, nella misura illustrata nel grafico seguente. Il valore espresso nel grafico in ordinata indica la percentuale di incremento della probabilità di contrarre i tumori menzionati rispetto a un soggetto equivalente che non fuma e non beve.

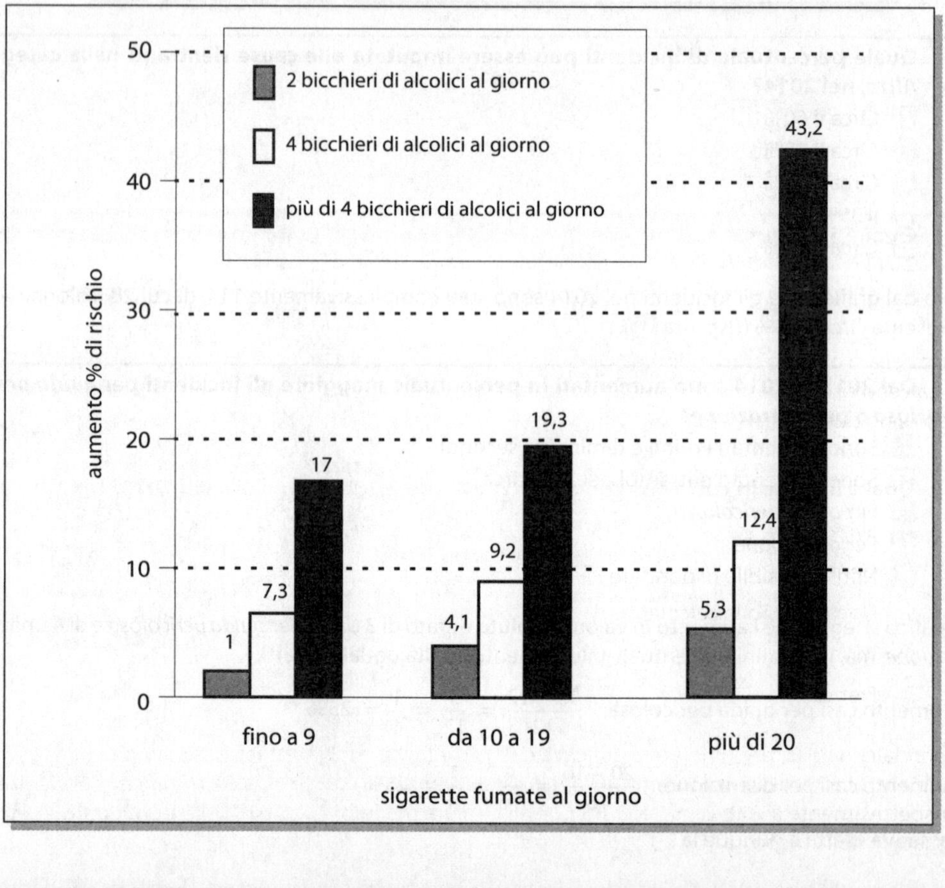

4 **Secondo questo istogramma, qual è l'aumento percentuale di rischio di un individuo che consuma ogni giorno più di 4 bicchieri di bevande alcoliche e fuma 15 sigarette?**

A 12,4

B 17,0

C 4,1

D 19,3

E 43,2

La domanda si riferisce a un individuo che fuma 15 sigarette; pertanto il gruppo di barre da analizzare è quello centrale, relativo a coloro che fumano quotidianamente da 10 a 19 sigarette. In particolare, l'informazione richiesta è quella espressa graficamente dalla barra di colore nero (di valore pari a 19,3), relativa agli individui che consumano più di quattro bicchieri di alcolici al giorno. La risposta esatta è quindi la D.

Leggere il testo del seguente esercizio e rispondere alle relative domande.

L'azienda Beta vende i propri prodotti in quattro Paesi europei attraverso due divisioni: X e Y. Nel 2010 ha effettuato vendite come riportato nella tabella seguente:

Paese	Vendite totali (migliaia di euro)	Percentuale vendite divisione X
Italia	500	80
Svizzera	50	50
Germania	60	10
Francia	20	90

5 **Qual è l'ammontare delle vendite, in migliaia di euro, della divisione Y in Germania nel 2010?**

A 50000 B 6 C 90% D 54 E 54000

Dalla tabella si osserva che l'ammontare complessivo in migliaia di euro delle vendite in Germania è pari a 60. La vendite relative alla divisione X corrispondono al 10% di tale valore, cioè 6. Le vendite della divisione Y sono dunque pari a 60 – 6 = 54. La risposta corretta è la E.

6 **Qual è il Paese in cui la divisione Y ha effettuato maggiori vendite nel 2010?**

A Svizzera

B Germania

C Non è possibile calcolarlo

D Italia

E Francia

Sempre dalla tabella, per differenza, si ricava che la divisione Y ha effettuato una vendita pari al 20% di 500 in Italia, al 50% di 50 in Svizzera, al 90% di 60 in Germania, e al 10% di 20 in Francia. Tali valori sono pari rispettivamente a 100, 25, 54 e 2. Tra questi, il valore maggiore è quello corrispondente alle vendite effettuate in Italia (risposta D).

RAGIONAMENTO NUMERICO

Siamo ora in grado di rispondere ai due quesiti posti all'inizio del capitolo

Quesito I. Per risolvere l'esercizio si può scartare subito la risposta C, dato che il tennis ha visto una diminuzione e non un incremento dei praticanti. Si scarta poi facilmente anche la B, poiché dal grafico è evidente che i praticanti del calcio sono cresciuti meno di quelli di ciclismo e corsa, ovvero di 50.000 unità, passando da 400.000 a 450.000, con un incremento percentuale, quindi, pari al 12,5%. A questo punto, si osserva che ciclismo e corsa hanno avuto il medesimo incremento in termini assoluti, pari a 100.000 unità, ma si deve prestare attenzione alla richiesta del quesito, che verte sull'incremento percentuale: la risposta E è pertanto errata, mentre la soluzione è la D, in quanto i praticanti della corsa, passando da 300.000 a 400.000, sono cresciuti di circa il 33%, mentre quelli del calcio, 400.000 nel 2020 e 500.000 nel 2022, sono cresciuti del 25%. Si noti che si può individuare la risposta corretta anche solo considerando che i corridori crescono di circa 1/3, mentre i calciatori di 1/4.

Quesito II. L'alternativa che propone un'affermazione errata è la C, che è dunque la soluzione. Nel 2020, infatti, hanno praticato il tennis in 350.000, mentre nel 2022 sono stati in 400.000 a praticare la corsa. Conviene prestare attenzione al testo per non confondersi: i dati che corrispondono sono quelli relativi al numero di tennisti nel 2022 e di corridori nel 2020, entrambi pari a 300.000.

Sono vere tutte le altre affermazioni: che il numero di praticanti sia complessivamente aumentato lo si nota anche a una prima osservazione del grafico (il solo sport in calo è il tennis, mentre gli altri aumentano, in modo tale che la variazione totale è positiva e la A è vera); la colonna dei praticanti del ciclismo del 2022 è la più alta fra tutte quelle nel grafico (B vera); i corridori nel 2022 sono 400.000, quanti erano i ciclisti nel 2020 (D vera); i calciatori, 400.000 nel 2020 e 450.000 nel 2022, se crescessero di altre 50.000 unità, nel 2024 sarebbero 500.000, eguagliando il numero di ciclisti nel 2022 (E vera).

Nella tabella sottostante si riportano i dati (rilevati l'ultimo giorno di ogni mese) di pezzi venduti dei prodotti A e B negli anni 2015 e 2016:

	Prodotto A		Prodotto B	
	2015	**2016**	**2015**	**2016**
Gennaio	3.150	3.000	800	2.200
Febbraio	2.800	2.900	950	1.900
Marzo	3.100	3.200	1.100	2.600
Aprile	4.200	4.200	1.000	2.980
Maggio	2.650	3.200	1.600	2.500
Giugno	1.800	2.600	2.500	3.000
Luglio	920	1.850	2.700	5.400
Agosto	680	2.000	2.200	4.800
Settembre	1.400	1.600	1.900	3.900
Ottobre	2.500	2.800	1.800	3.200
Novembre	3.400	3.500	1.300	3.000
Dicembre	4.300	3.800	3.500	5.000

---

7 **Rispetto allo stesso mese dell'anno precedente, in quale mese del 2016 il prodotto B ha registrato un incremento percentuale di vendite simile a quello registrato dal prodotto A nell'agosto del 2016 rispetto allo stesso mese dell'anno precedente?**

A Gennaio B Febbraio C Aprile D Luglio E Novembre

Osservando le vendite del prodotto A registrate nel mese di agosto 2015 e 2016 si nota come esse si siano circa triplicate passando da 680 a 2000 unità (680 x 3 = 2040). Si nota che lo stesso incremento si registra per il prodotto B nel mese di aprile 2016 rispetto allo stesso mese dell'anno precedente (si passa da 1.000 a 2.980). La C è quindi la soluzione cercata.

---

8 Considerando sia il prodotto A sia il prodotto B, sia l'anno 2015, sia l'anno 2016, in quale mese è stato venduto il maggior numero di pezzi dei due prodotti?

A Gennaio

B Aprile

C Ottobre

D Novembre

E Dicembre

Per risolvere l'esercizio non è necessario fare le somme delle quantità di A e B vendute nei due anni per ognuno dei mesi proposti, ma basta confrontare a occhio i valori. Ci si accorge che nel mese di dicembre i valori relativi ai pezzi venduti sono sempre i più alti dell'anno, tranne che per il prodotto A nel 2016 che registra in quel mese 400 pezzi in meno venduti rispetto a aprile (3.800 contro 4.200 di aprile). Si osserva però che questa differenza a favore del mese di aprile è più che compensata dalle maggiori vendite di pezzi di A a dicembre 2015 e soprattutto di B a dicembre nei due anni considerati.

Dicembre è quindi certamente il mese in cui è stato venduto tra il 2015 e il 2016 il maggior numero di pezzi dei prodotti A e B (E soluzione del quesito).

Suggerimenti

Alcuni consigli generali possono risultare molto utili al fine di una corretta interpretazione delle tabelle e dei grafici.

- Leggere attentamente i **titoli delle colonne** nelle tabelle, come pure le variabili rappresentate sugli **assi dei grafici** o eventuali note.
- Fare attenzione a quali **unità di misura** sono usate per esprimere le quantità presenti nelle tabelle e nei grafici (percentuali, anni, euro, metri ecc.).
- Prima di effettuare calcoli, **leggere le risposte alternative**, dal momento che spesso sono richiesti valori approssimati. In questo modo è possibile "arrotondare", guadagnando tempo.
- **Non confondere decimali con percentuali.** Se per esempio una colonna rappresenta cifre in forma percentuale, un numero come 0,2 significa 0,2% e quindi è uguale a 0,002.
- Quando il grafico è costituito da più serie di dati (per esempio più linee o più barre), è conveniente **"etichettare" ogni serie in accordo con la legenda del grafico**, in modo da distinguere velocemente le diverse serie di dati quando si risponde alle domande.
- Quando in un esercizio vengono presentati più grafici, è opportuno **individuare con attenzione il grafico da utilizzare** per rispondere a ogni domanda.
- Per confrontare colonne o righe non adiacenti in una tabella o in un grafico, può essere utile **utilizzare la matita o la penna come righello**.

Appendice

I quesiti relativi ai **diagrammi insiemistici** e alla **logica figurale** sono raramente presenti nelle prove a cui questo volume si rivolge. Non essendo tuttavia escluso che queste tipologie di esercizi possano essere riproposte, nelle pagine seguenti abbiamo voluto fornirne la descrizione con alcuni esempi, perché il lettore sia preparato qualora incontrasse domande di questo genere.

Diagrammi insiemistici

8.2.1 | Descrizione degli esercizi

In questo tipo di esercizi vengono presentati tre termini e si richiede di individuare, tra una serie di diagrammi, quello che rappresenta correttamente la relazione insiemistica esistente tra i tre termini dati.

Per una migliore comprensione di questa prova occorre innanzitutto definire la nozione di insieme. Un **insieme** è definito come *un gruppo di uno o più elementi aventi caratteristiche comuni*: per esempio, si può avere l'insieme *automobili* o l'insieme *studenti universitari*, oppure ancora l'insieme *Lombardia* (in quest'ultimo caso la parola non definisce effettivamente un gruppo di elementi ma *un insieme costituito da un solo elemento*). In pratica, un insieme risulta definito quando esiste una "regola" che permette di stabilire se un qualunque elemento appartiene o meno all'insieme.

8.2.2 | Relazioni tra insiemi

Le relazioni esistenti tra due classi di oggetti o insiemi possono essere di tre tipi.

1. **Estraneità**: le due classi di oggetti costituiscono due insiemi distinti e sono quindi rappresentate da due linee chiuse staccate tra loro. Si considerino per esempio i termini *uomini* e *madri*: tali termini vengono correttamente rappresentati da due insiemi tra loro completamente separati e distinti, come illustrato nella figura. Non esistono infatti *uomini* che siano anche *madri* e viceversa.

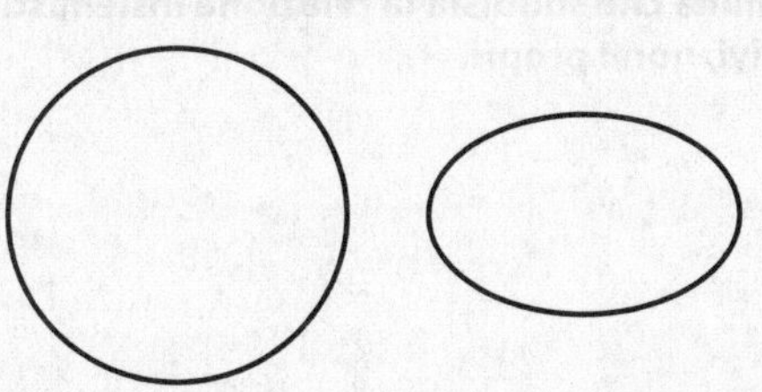

2. **Intersezione**: le due categorie di oggetti costituiscono due insiemi che condividono alcuni elementi e sono quindi rappresentati da due linee chiuse con alcuni punti in comune. Si pensi, per esempio, ai due termini *madri* e *sorelle*: nel diagramma sotto raffigurato il cerchio potrebbe rappresentare l'insieme *madri* e l'ellisse l'insieme *sorelle*; l'area comune alle due figure rappresenta l'*area intersezione* dei due insiemi. Il diagramma soddisfa la relazione tra i due termini dati dal momento che esistono *madri* che sono anche *sorelle* e *sorelle* che sono anche *madri* (area comune). Vi sono però anche *madri* che non sono *sorelle* così come *sorelle* che non appartengono all'insieme *madri*.

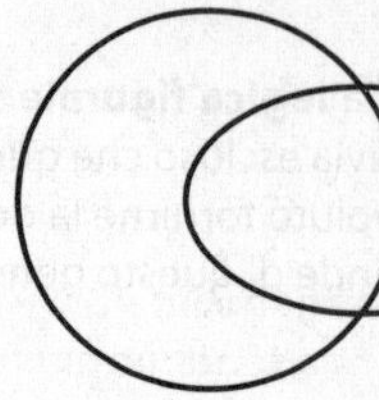

3. **Subordinazione**: tutti gli elementi di uno dei due insiemi fanno parte dell'altro, che però comprende anche altri elementi. Si pensi, per esempio, ai termini *donne* e *madri*: tutte le *madri* (insieme più piccolo) sono comprese nell'insieme più grande delle *donne*; non esistono infatti *madri* che non siano *donne*, mentre esistono *donne* che non sono *madri*.

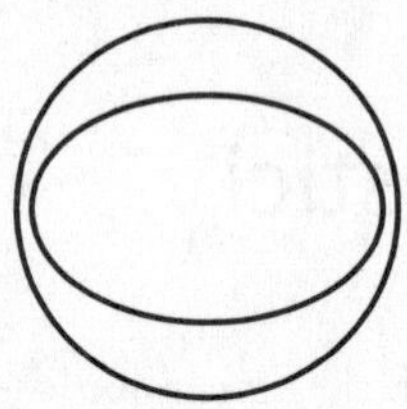

Di seguito, vengono analizzati alcuni esempi di esercizi in cui si richiede di indicare la rappresentazione che soddisfa la relazione insiemistica esistente tra i termini dati.

Esempi

Per ciascuno degli esercizi seguenti, indicare la rappresentazione insiemistica che soddisfa la relazione esistente tra i 3 termini dati (le alternative proposte per ciascun esercizio sono quelle raffigurate qui di seguito).

diagramma 1 **diagramma 2** **diagramma 3** **diagramma 4** **diagramma 5** **diagramma 6** **diagramma 7**

---

1 **Individuare il diagramma che soddisfa la relazione insiemistica esistente tra i termini dati: Articoli, verbi transitivi, nomi propri.**

- A Diagramma 5
- B Diagramma 7
- C Diagramma 2
- D Diagramma 3
- E Diagramma 6

Articoli, *verbi transitivi* e *nomi propri* rappresentano tre insiemi separati tra loro e quindi il diagramma che rappresenta correttamente la relazione insiemistica è il numero 6 e la soluzione è la **E**.

---

2 Individuare il diagramma che soddisfa la relazione insiemistica esistente tra i termini dati: Lettere della parola "preparazione", lettere della parola "arpa" lettere della parola "soluzione".

- **A** Diagramma 6
- **B** Diagramma 7
- **C** Diagramma 4
- **D** Diagramma 3
- **E** Diagramma 5

L'insieme delle lettere della parola *arpa* appartengono interamente all'insieme delle lettere della *preparazione*. Alcune lettere di quest'ultima parola appartengono anche alle lettere della parola *soluzione*. Tra le lettere appartenenti a quest'ultima e a quelle della parola *arpa* non esiste, invece, relazione. Il diagramma che rappresenta correttamente la relazione è quindi il numero 7 e la soluzione è la **B**.

---

3 Individuare il diagramma che soddisfa la relazione insiemistica esistente tra i termini dati: musei di arte moderna, Musei francesi, quadri.

- **A** Diagramma 1
- **B** Diagramma 2
- **C** Diagramma 3
- **D** Diagramma 4
- **E** Diagramma 5

Alcuni *musei di arte moderna* sono situati in *Francia*, come esistono dei *musei di arte* che non sono in *Francia* o *musei francesi* che non sono di *arte moderna*. Tra i due insiemi esiste quindi un rapporto di intersezione. Sebbene i *musei* contengano dei *quadri*, tra questo insieme e quello dei *musei* non esiste alcun rapporto di appartenenza o intersezione. Il diagramma che soddisfa la relazione insiemistica richiesta è quindi il numero 1 e la soluzione è la **A**.

---

4 Individuare il diagramma che soddisfa la relazione insiemistica esistente tra i termini dati: intestino, organi dell'apparato digerente, proteine.

- **A** Diagramma 7
- **B** Diagramma 2
- **C** Diagramma 6
- **D** Diagramma 5
- **E** Diagramma 3

L'*intestino* fa parte degli *organi dell'apparato digerente*, per cui il rapporto tra questi due insiemi è di inclusione del primo nel secondo. Nessun rapporto hanno, invece, questi due insiemi con quello delle *proteine*: il diagramma 2 è quindi quello corretto e la **B** è la soluzione del quesito.

---

5 Individuare il diagramma che soddisfa la relazione insiemistica esistente tra i termini dati: avvocati, architetti, persone bionde.

- **A** Diagramma 4
- **B** Diagramma 2
- **C** Diagramma 3
- **D** Diagramma 6
- **E** Diagramma 5

RAGIONAMENTO NUMERICO

Avvocati e *architetti* sono due insiemi distinti (è vero che potrebbe esistere un avvocato che è anche architetto, ma essendo due categorie professionali differenti i due insiemi vanno tenuti separati). Tra gli *avvocati*, come tra gli *architetti* ci possono essere *persone bionde*, come possono esistere *persone bionde* al di fuori di questi due insiemi. La relazione corretta è quindi quella mostrata dal diagramma 3 (C soluzione del quesito) con l'insieme *persone bionde* che interseca gli altri due insiemi (che sono tra loro separati).

---

6 Individuare quale diagramma soddisfa la relazione insiemistica esistente fra i tre termini seguenti: banane, mele, fruttivendoli.

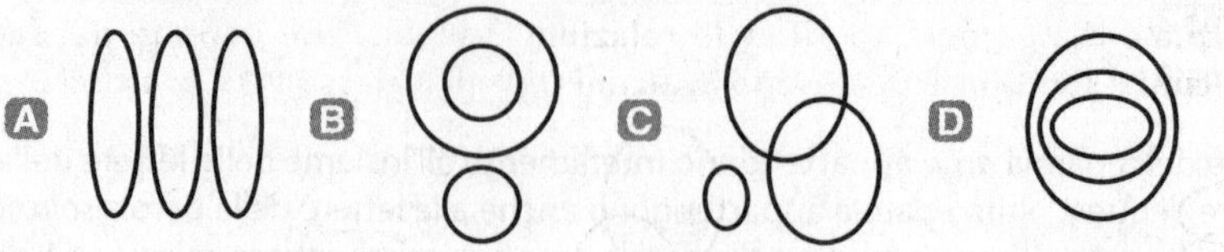

In questo caso i tre termini identificano tre categorie distinte di oggetti e sono quindi correttamente rappresentate dall'alternativa A.

Il fatto che i tre termini in esame presentino delle connessioni (per esempio il fatto che i *fruttivendoli* vendono *banane* e *mele*) non è da considerare ai fini della risoluzione dell'esercizio.

È necessario, infatti, limitarsi a considerare che, se un oggetto appartiene alla categoria delle *banane*, non appartiene a quella delle *mele*. In altre parole, se un oggetto è una banana non può essere nel contempo anche una mela e viceversa; quindi, *mele* e *banane* sono insiemi caratterizzati da un rapporto di **estraneità**. Allo stesso modo, né *mele* né *banane* hanno punti in comune con l'insieme *fruttivendoli*.

---

7 Individuare quale diagramma soddisfa la relazione insiemistica esistente fra i tre termini seguenti: chitarre, musicisti, strumenti musicali.

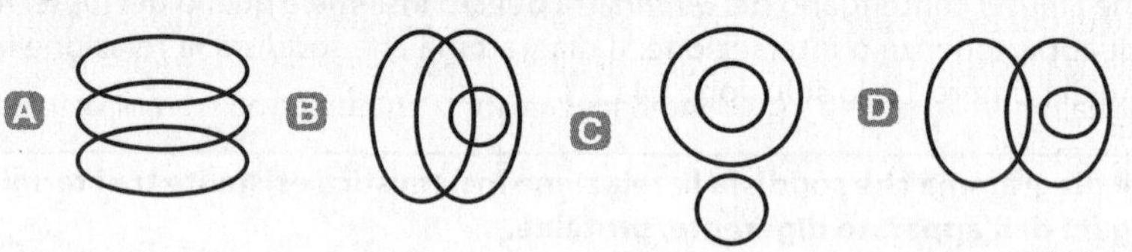

Si proceda, in questo caso, a considerare a due a due i termini proposti dall'esercizio: la categoria *chitarre* è sicuramente inclusa in quella degli *strumenti musicali* (tutte le chitarre sono strumenti musicali); i due insiemi sono pertanto caratterizzati da un rapporto di **subordinazione**. La soluzione dell'esercizio deve dunque raffigurare un insieme interamente contenuto in un altro insieme. L'insieme *musicisti*, rispetto ai precedenti, rimane invece a sé stante: non è infatti lecito pensare che, siccome i musicisti utilizzano strumenti musicali, gli uni rappresentino un sottoinsieme degli altri! Ciò in quanto un musicista non è uno strumento musicale e uno strumento musicale non è un musicista: i due insiemi sono cioè caratterizzati da un rapporto di **estraneità**. L'alternativa corretta è dunque la C.

---

8 Individuare quale diagramma soddisfa la relazione insiemistica esistente fra i tre termini seguenti: laureati, persone timide, biondi.

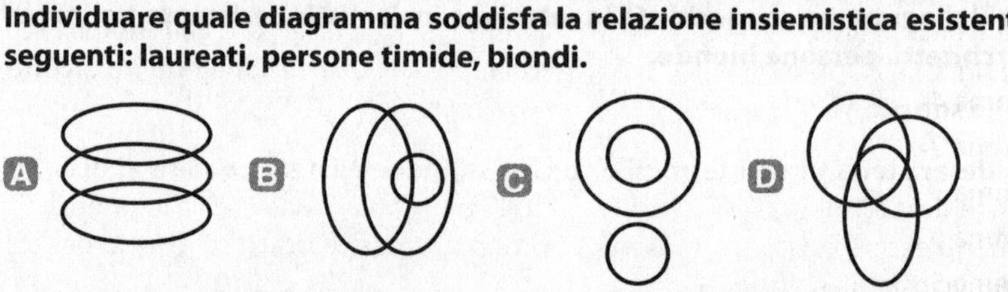

È questo un tipico esempio in cui le tre categorie di oggetti si intersecano parzialmente dando luogo a una rappresentazione insiemistica come quella descritta dalla alternativa D. Nell'esercizio, i tre insiemi sono caratterizzati da un rapporto di **intersezione**, dal momento che esistono *laureati* che sono *persone timide, laureati* che sono *biondi* e *persone timide* che sono *bionde*. Nel contempo è anche vero che non tutti i *laureati* sono *persone timide*, così come non tutte le *persone timide* sono *bionde* e non tutti i *laureati* sono *biondi*: per tale ragione la sovrapposizione tra i diversi insiemi è solo parziale.

Si consideri ora un caso, assai meno frequente dei precedenti in cui, al posto dei tre termini, compare un enunciato che stabilisce le relazioni esistenti tra tre insiemi indicati con le lettere P, Q e R.

9 Individuare quale diagramma soddisfa le relazioni insiemistiche definite dal seguente enunciato: alcuni P sono Q; alcuni P sono R; alcuni Q sono P; nessun Q è R; alcuni R sono P.

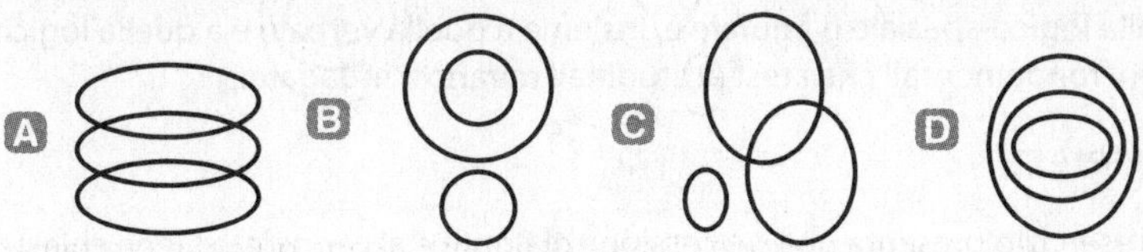

In questo caso occorre prestare molta attenzione a ogni parte dell'enunciato. L'alternativa corretta è la A: l'ellisse centrale rappresenta l'insieme P, mentre le altre due ellissi rappresentano l'insieme Q e l'insieme R.

È importante osservare che:

- la relazione *alcuni P sono Q* non implica necessariamente che *alcuni Q sono P*. Potrebbe essere infatti che *tutti i Q siano P*;
- il fatto che *nessun Q è R* significa necessariamente, allo stesso tempo, che *nessun R è Q*.

Prima di considerare alcuni utili suggerimenti, è opportuno precisare che, in qualche esercizio, le alternative proposte sono più di quattro e prevedono anche, come ultima possibilità, la soluzione *nessuna delle precedenti*. Tale evenienza, pur aumentando il grado di difficoltà, non modifica la logica degli esercizi stessi, che risultano ugualmente risolvibili per il candidato che abbia compreso gli esempi visti e che consideri i seguenti suggerimenti.

Suggerimenti

- Non conviene procedere per esclusione, esaminando tutte le alternative proposte per individuare quella esatta. Risulta invece più veloce **stabilire la relazione esistente tra i termini dati (considerandoli a due a due)** per poi ricercare, tra le alternative proposte, l'unica soluzione che soddisfa, da un punto di vista insiemistico, tale relazione.
- **Non è necessario che vi sia corrispondenza** tra l'ordine con il quale vengono presentate le tre categorie di oggetti e l'ordine con il quale si succedono i relativi insiemi all'interno di ciascuna alternativa.
- **Il tipo di figure** (cerchi, ellissi, rettangoli ecc.) utilizzato per rappresentare gli insiemi, i rapporti di grandezza tra le figure e l'ampiezza della loro eventuale area di intersezione **non ha alcuna importanza ai fini della soluzione.**
- **Evitare di considerare legami tra i termini dati che, seppure esistenti, vanno al di là della relazione insiemistica dei termini stessi.** Occorre in altre parole individuare quale legame di tipo insiemistico può o meno essere esistente fra i gruppi proposti e concentrarsi su di esso per stabilire le relazioni tra i relativi insiemi.

Logica figurale

Le tipologie dedicate alle *successioni di figure* hanno carattere attitudinale, intendono cioè **valutare l'attitudine logico-spaziale** del candidato, intesa come capacità di osservazione che conduce alla scoperta di analogie e rapporti quantitativi, qualitativi e spaziali esistenti tra più oggetti o figure astratte.

Si può affermare che quella logico-spaziale o figurale è, insieme a quella verbale e a quella logico-matematica, una delle attitudini fondamentali che i test attitudinali mirano a indagare.

Descrizione degli esercizi

Nella generalità dei casi, l'esercizio presenta una successione di figure e al candidato viene chiesto di scegliere, tra le alternative proposte, quella che completa la successione data.

Gli esercizi si differenziano tra loro a seconda del tipo di figure utilizzate e della disposizione spaziale delle stesse. Sulla base di tali differenze, si distinguono:

- figura da scartare;
- sequenze di figure;
- analogie tra figure;
- matrici di Raven;
- test del domino;
- carte da gioco;
- logica insiemistica.

Figura da scartare

In questo tipo di esercizi viene presentata una successione di figure (generalmente quattro o cinque) tra le quali ve n'è una che il candidato deve scartare perché estranea rispetto alle altre.

Occorre quindi individuare la logica che accomuna tutte le figure date a eccezione di una.
Si considerino i seguenti esempi.

Esempi

---

1 Individuare la figura da scartare.

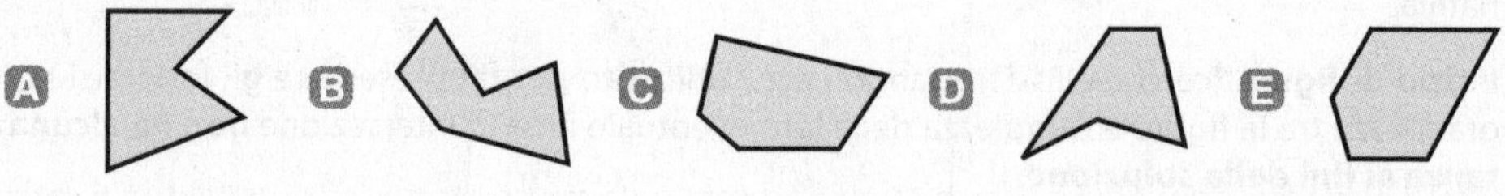

È necessario *trovare la caratteristica che accomuna quattro delle cinque figure*. Si noti che tutte le figure rappresentano un poligono con cinque lati, a esclusione della seconda in cui il poligono ne ha sei; la figura da scartare è dunque la B.

2 Individuare la figura da scartare.

Tra le cinque figure è possibile individuare due coppie (A e D; C ed E) i cui elementi rappresentano il *positivo* e il *negativo* di una stessa immagine. La figura da scartare è quindi quella individuata dall'alternativa B, l'unica che non si accoppia a un'altra figura all'interno della successione.

3 Individuare la figura da scartare.

In questo caso non si tratta di figure astratte ma di raffigurazioni di oggetti reali. È semplice osservare che si tratta di veicoli a motore a eccezione della bicicletta (risposta B) che è dunque la risposta corretta.

Sequenze di figure

Si tratta di esercizi che intendono valutare la capacità del candidato di scoprire con rapidità il criterio in base al quale le figure sono disposte all'interno di una sequenza data. In questi esercizi viene fornita una serie incompleta di figure nella quale compare un'incognita che il candidato deve sostituire scegliendo, tra le alternative proposte, la figura che soddisfa il criterio logico che governa l'intera sequenza.

Vengono analizzati di seguito alcuni esempi che mostrano i criteri logici alla base di questa tipologia di esercizi.

Esempi

1 Individuare la figura che completa correttamente la seguente serie.

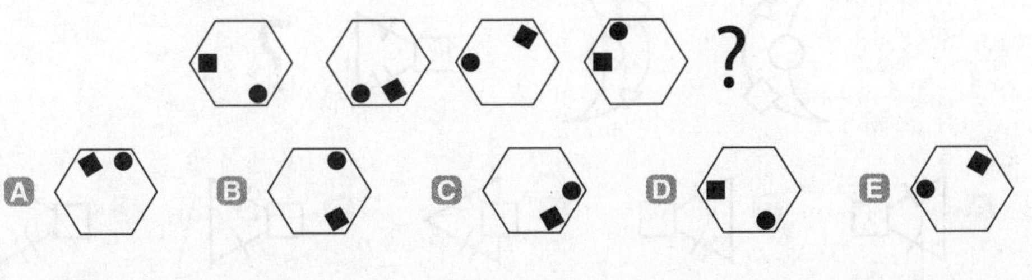

In questo esempio, ogni figura della sequenza è costituita da un esagono contenente un cerchio e un quadrato. Analizzando le quattro figure della sequenza, si osserva che passando da una figura alla successiva il cerchio e il quadrato cambiano posizione: in particolare il cerchio si sposta (in senso orario) sul vertice successivo dell'esagono, mentre il quadrato si sposta (in senso antiorario) di due vertici. La risposta corretta è dunque la B.

2 Individuare la figura che completa correttamente la seguente serie.

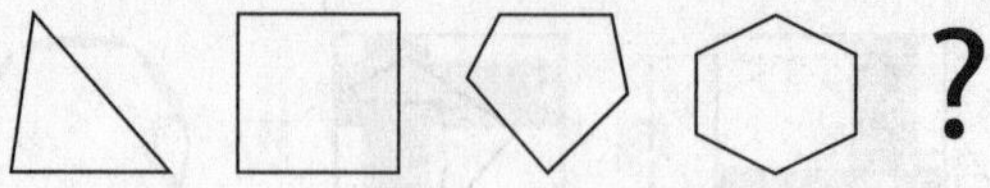

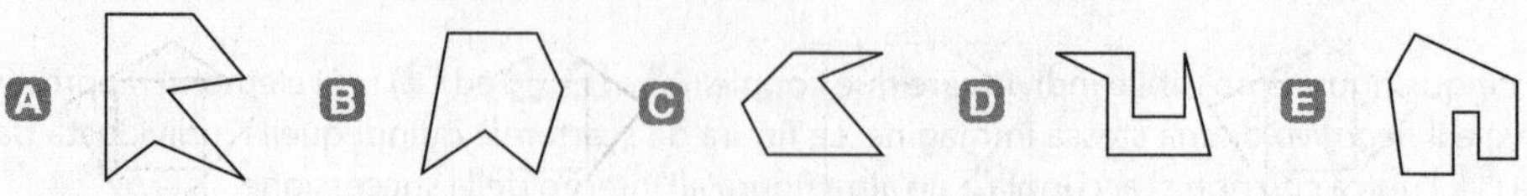

La serie data è costituita da poligoni aventi un numero di lati crescente: un triangolo (3 lati), un quadrato (4 lati) un pentagono (5 lati) e un esagono (6 lati). L'unica alternativa che soddisfa tale logica è la A che presenta un poligono con 7 lati.

Suggerimenti

È consigliabile osservare con attenzione le figure e analizzare la **relazione esistente tra gli elementi adiacenti**. È dunque opportuno cercare tra le figure adiacenti la relazione che li lega, verificando ciò che avviene passando da una figura alla successiva.

Nei test selettivi, quando utilizzati, gli esercizi sulle *sequenze di figure* sono presenti in quantità elevata. Poiché il tempo a disposizione per la loro risoluzione è estremamente breve, si consiglia di **acquisire una buona familiarità con gli esempi descritti** in questo capitolo, in modo da ridurre al minimo, durante la prova ufficiale, il tempo necessario alla comprensione degli esercizi.

Analogie tra figure

Gli esercizi che riguardano le *analogie tra figure* sono costituiti da una *proporzione* i cui *termini* sono rappresentati da figure. Uno dei quattro termini è naturalmente incognito e va individuato scegliendo l'alternativa corretta tra quelle proposte.

Trattandosi di una proporzione, la condizione da rispettare (e che deve guidare il candidato nella scelta della risposta) è *l'equivalenza* fra la relazione esistente tra le due figure del *primo membro* e quella esistente tra le due figure del *secondo membro*.

Esempi

1 Individuare la figura mancante.

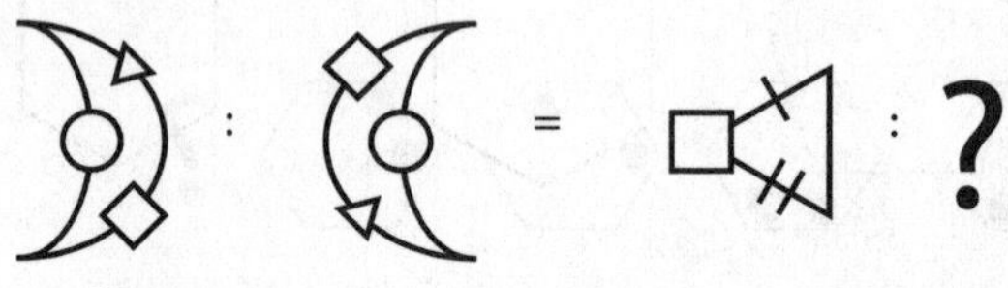

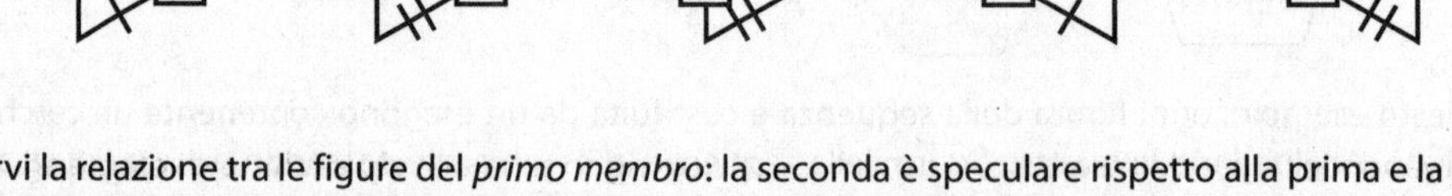

Si osservi la relazione tra le figure del *primo membro*: la seconda è speculare rispetto alla prima e la posizione di due elementi (il *triangolo* e il *quadrato*) è stata invertita. Affinché la stessa relazione venga mantenuta anche al *secondo membro*, è necessario ribaltare specularmente il triangolo e invertire la posizione dei trattini posti sui due lati obliqui (risposta A).

2 Individuare la figura mancante.

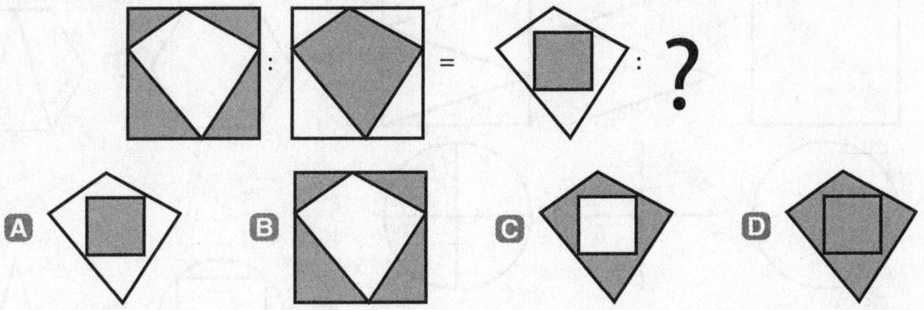

Il primo membro della proporzione è composto da due figure: la prima in positivo e la seconda in negativo. Applicando la stessa logica al secondo membro della proporzione si ottiene la soluzione dell'esercizio (risposta C).

Matrici di Raven

Questa prova si presenta come una serie di figure (rappresentate da *motivi astratti, geometrici* o *soggetti stilizzati*) generalmente disposte su più righe, in cui un elemento è incognito e va individuato tra le alternative proposte. Le matrici di Raven prevedono logiche di successione diverse rispetto alle tipologie di quesiti sinora analizzate in questo capitolo: le figure stesse sono diverse in quanto rappresentate da *motivi astratti, geometrici* o *soggetti stilizzati.*

Esempi

1 Individuare la figura mancante.

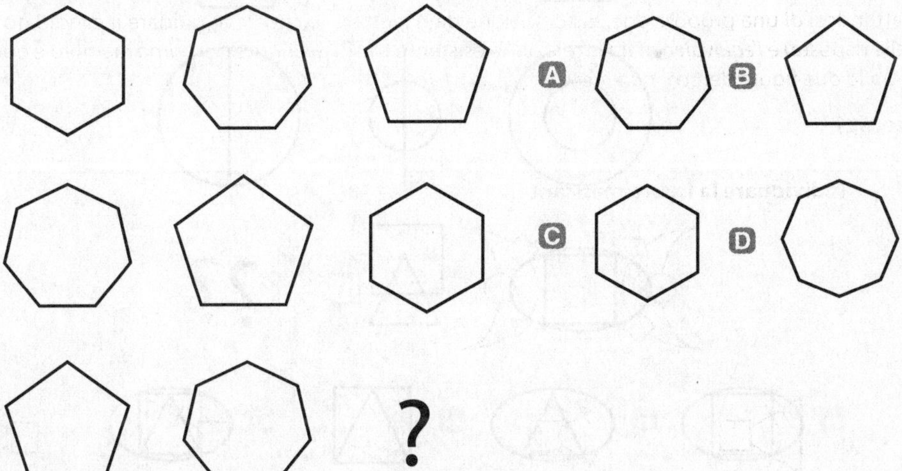

Osservando le figure dell'esercizio, si nota che nelle tre righe si ha una **ripetizione di elementi identici in ordine differente.** In altre parole, la successione è composta solamente da tre figure, che si ritrovano nella prima e nella seconda riga, rappresentate ciascuna una sola volta, in ordine differente. Nella riga inferiore, l'unica figura mancante è l'esagono (alternativa C).

2 **Individuare la figura mancante.**

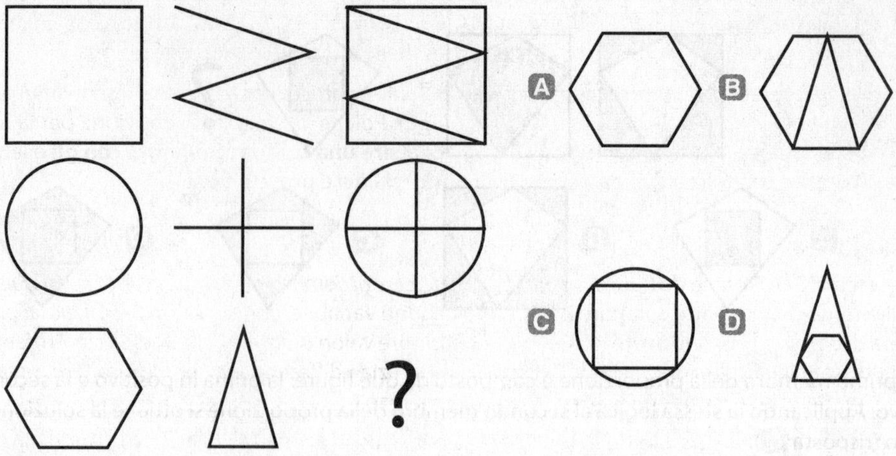

Questo secondo esempio mostra un'altra logica che frequentemente sta alla base delle matrici di Raven: la **sovrapposizione e addizione di elementi differenti.** Si nota, infatti, che nelle prime due righe l'ultima figura a destra è ottenuta mediante la sovrapposizione delle due figure che la precedono sulla stessa riga. Lo stesso criterio viene rispettato nella terza riga, quindi l'alternativa corretta è la B.

3 **Individuare la figura mancante.**

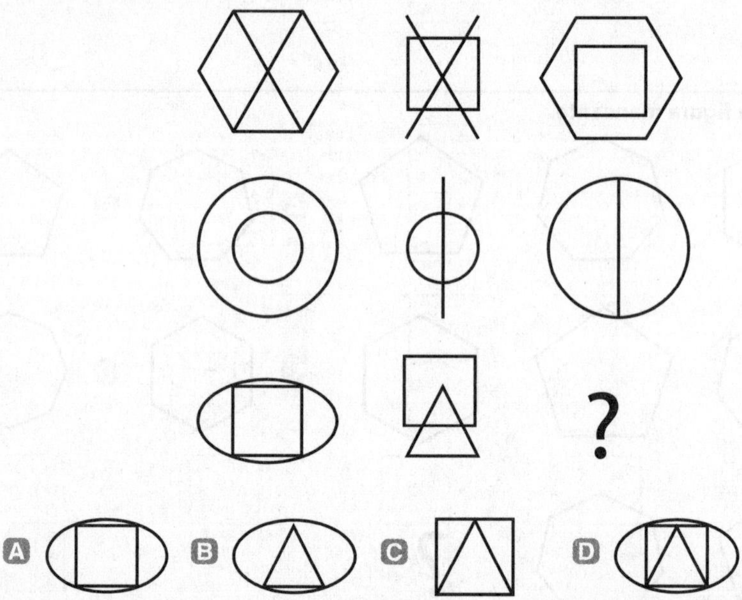

Questo esempio prevede, come criterio logico, **la sovrapposizione con eliminazione degli elementi comuni.** Nelle prime due righe, infatti, la figura più a destra è ottenuta sovrapponendo le due figure che la precedono ed eliminando gli elementi che esse hanno in comune. Allo stesso modo, la figura mancante si ottiene sovrapponendo l'ellisse al triangolo ed eliminando il quadrato che le due figure hanno in comune (risposta B).

Suggerimenti

- È consigliabile **osservare con attenzione le figure** e analizzare la relazione esistente tra gli elementi di una stessa riga: come per gli esercizi relativi ai *diagrammi insiemistici*, non è conveniente cercare la soluzione per esclusione partendo dall'analisi delle alternative proposte.
- Nei test selettivi, quando utilizzati, gli esercizi sulle *matrici di Raven* sono presenti in quantità elevata (a volte ci sono più di 50 quesiti di questo tipo). Poiché il tempo a disposizione per la risoluzione di essi è estremamente breve, si consiglia di **acquisire una buona familiarità con gli esempi descritti** in questo capitolo, a cui sono riconducibili i quesiti delle prove ufficiali.

Test del domino

L'esercizio è composto da figure rappresentanti *tessere di domino*, cioè rettangoli divisi in due parti uguali. All'interno di ogni parte compare un numero di punti variabile, compreso tra 0 e 6. Le due parti della tessera di domino possono avere lo stesso valore oppure valori differenti. Negli esercizi vengono presentate più tessere in successione, secondo disposizioni spaziali differenti (*croce*, *linea*, *corona*, *rettangolo* e così via), ma sempre rispondenti a un preciso ordine logico.

I valori di una delle tessere della serie sono sconosciuti: il problema consiste nell'individuare tali valori, dopo avere compreso la legge che governa la disposizione delle tessere. Si propongono ora alcuni esempi, che mostrano diversi tipi di leggi.

Esempi

1 Individuare la tessera mancante.

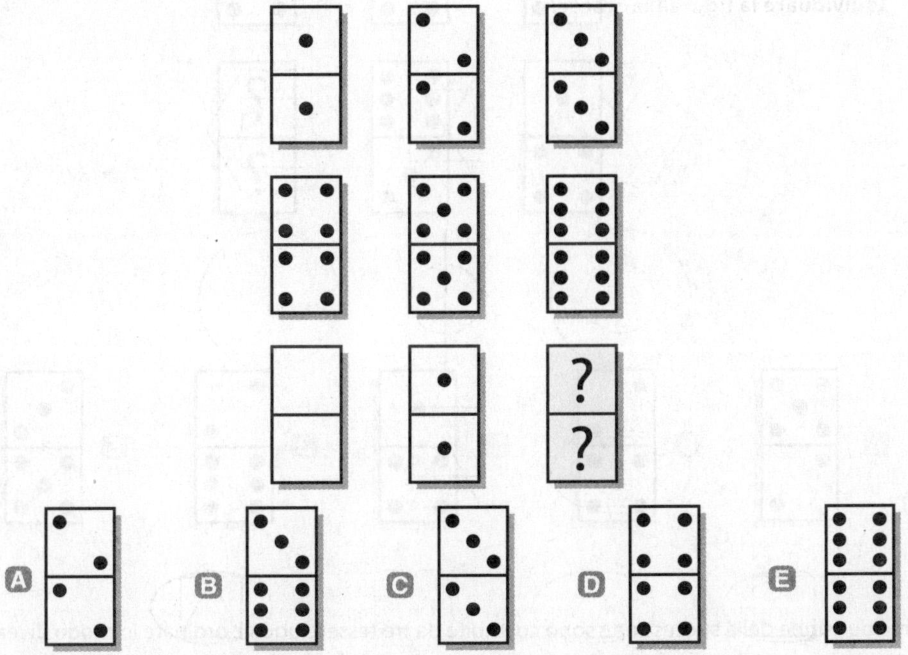

Osservando le figure, si nota che le due parti componenti ogni singola tessera hanno il medesimo valore. In particolare, in ogni riga, andando da sinistra verso destra, le due metà di ciascuna tessera presentano il valore della precedente incrementato di 1. Si deduce che le due parti della tessera mancante hanno il medesimo valore e che questo valore è quello che segue 1, cioè 2 (alternativa A). Si tratta quindi di una legge di successione.

RAGIONAMENTO NUMERICO

> ✔ Da notare che nel test del domino anche lo zero (corrispondente all'assenza di punti) occupa, nella successione dei numeri, una posizione ben precisa, compresa tra 6 e 1.

È opportuno anche segnalare che la legge di successione può essere sia *crescente* sia *decrescente* e che vi possono essere due leggi diverse che governano le due parti delle tessere (per esempio la parte superiore può rispondere a una legge crescente, mentre quella inferiore a una legge decrescente).

---

2 Individuare la tessera mancante.

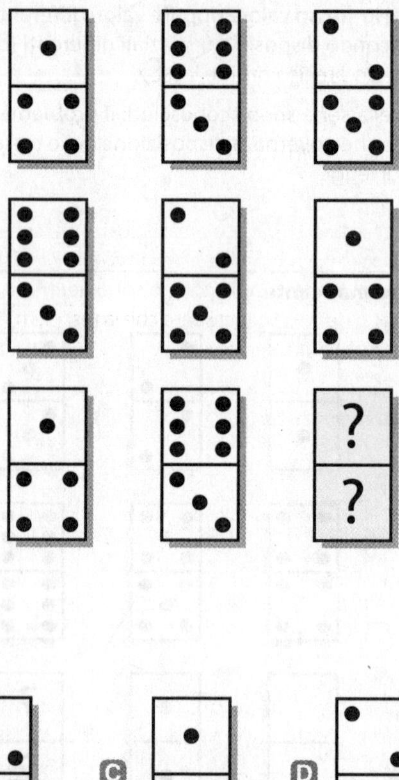

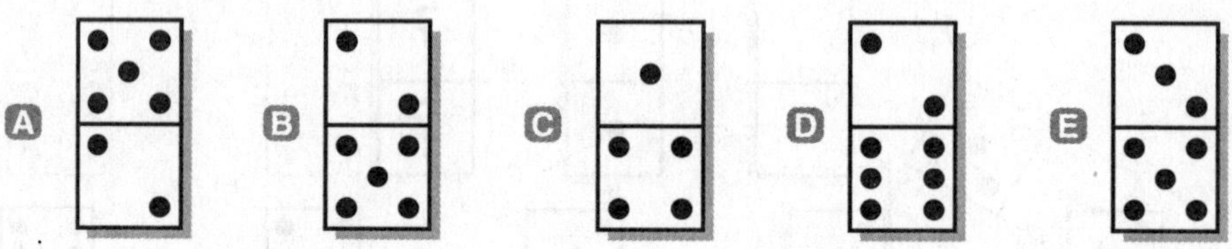

Le prime due righe della successione sono costituite da tre tessere uguali, ordinate in modo diverso. Anche la terza riga deve dunque presentare le stesse tessere e, infatti, due di queste corrispondono.

L'unica mancante è quella con i valori 2 e 5, indicata dall'alternativa **B**.

Lo stesso risultato sarebbe stato raggiunto facendo la *somma dei valori di ogni riga:* la somma delle parti superiori delle tre tessere deve essere sempre uguale a 9, mentre quella delle parti inferiori sempre uguale a 12. Sarebbe stato quindi facile, anche seguendo questa strada, individuare la tessera incognita.

3 Individuare la tessera mancante.

In questo esercizio, caratterizzato da una particolare disposizione spaziale, le parti delle tessere che stanno all'interno della *corona* sono disposte in modo che *la somma delle parti contrapposte è sempre uguale a* 7 (4 + 3 = 7; 6 + 1 = 7); le parti che stanno all'esterno della corona sono determinate dalla *legge di successione* (6, 5, 4, 3, 2, leggendo in senso orario). Si può dunque concludere che la tessera mancante è quella composta da 1 (parte esterna) e 5 (parte interna), proposta dall'alternativa **C**.

4 Individuare la tessera mancante.

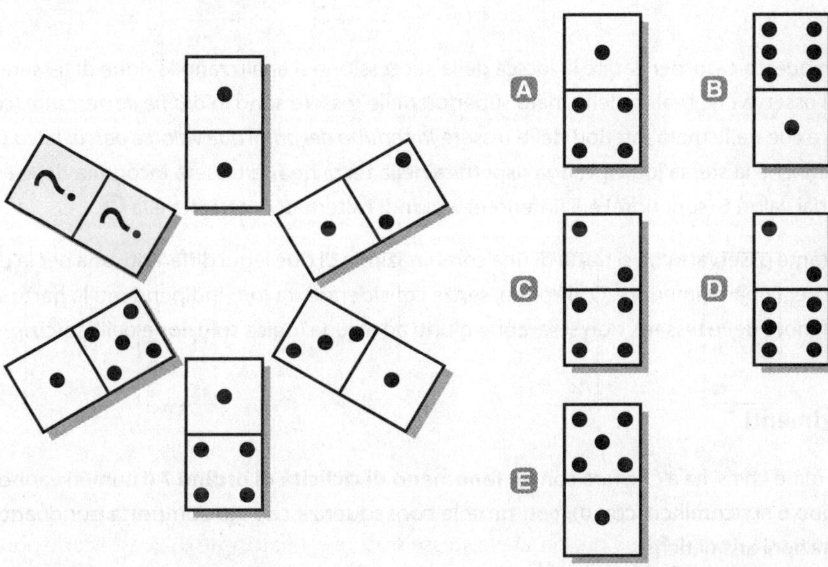

Anche in questo caso si ha una disposizione a *corona*; per i valori numerici si noti che il valore 1 appare in ogni tessera, alternativamente nella parte interna e nella parte esterna. Nelle restanti parti si ha una legge di successione (1, 2, 3, 4, 5, leggendo in senso orario) che chiaramente risulta alternata tra parti interne ed esterne. La tessera incognita è dunque quella indicata dalla risposta **B**.

5 Individuare la tessera mancante.

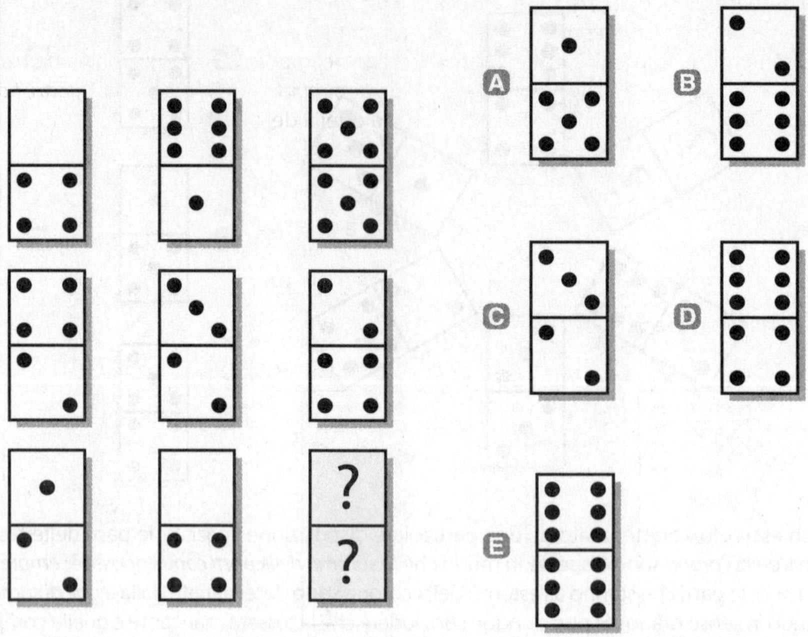

Anche in questo caso, per capire la logica della successione si analizzano le righe di tessere interamente note e si osserva che i valori delle metà superiori delle tessere sono in *ordine decrescente* (con differenza pari a 1) e che nelle metà inferiori delle tessere *la somma dei primi due valori è pari al terzo* (4 + 1 = 5; 2 + 2 = 4). Affinché la stessa logica venga rispettata nella terza riga, la tessera incognita deve essere rappresentata dai valori 6 (superiore) e 6 (inferiore) e quindi l'alternativa corretta è la E.

È importante osservare che si tratta di una combinazione di due leggi differenti: una per la parte superiore e una per la parte inferiore. D'altronde, senza considerare tra loro indipendenti la parte superiore e la parte inferiore delle tessere, non si sarebbe giunti ad alcuna logica soluzione dell'esercizio.

Suggerimenti

- Ricordare che si ha a che fare con un **fenomeno di ciclicità di ordine 7** (i numeri vanno cioè da 0 a 6 e dopo 6 si ricomincia con 0), con tutte le conseguenze che ciò comporta per quanto riguarda le operazioni aritmetiche.
- **La conoscenza delle regole del gioco del domino non è di alcuna utilità al fine della risoluzione degli esercizi**, che sono composti con tessere di domino per la sola ragione che il domino presenta una numerazione diversa da quella decimale e che, esistendo due parti per ogni tessera, al fattore aritmetico si associa anche un fattore spaziale (interno-esterno, destra-sinistra ecc.).

Carte da gioco

Si tratta di successioni di figure caratterizzate da un *valore numerico* e da un *simbolo grafico*, disposte in sequenza secondo diverse leggi che, una volta comprese, permettono di individuare la figura incognita. Più precisamente, le figure presentano, come accade nel gioco delle carte, una *numerazione che va da* 1-*Asso a* 13-*Re* (fenomeno di ciclicità di ordine 13) e una *simbologia data da cuori, quadri, fiori, picche*. La soluzione deve soddisfare sia la logica dei numeri, sia quella dei semi.

Esempi

1 Individuare la carta mancante.

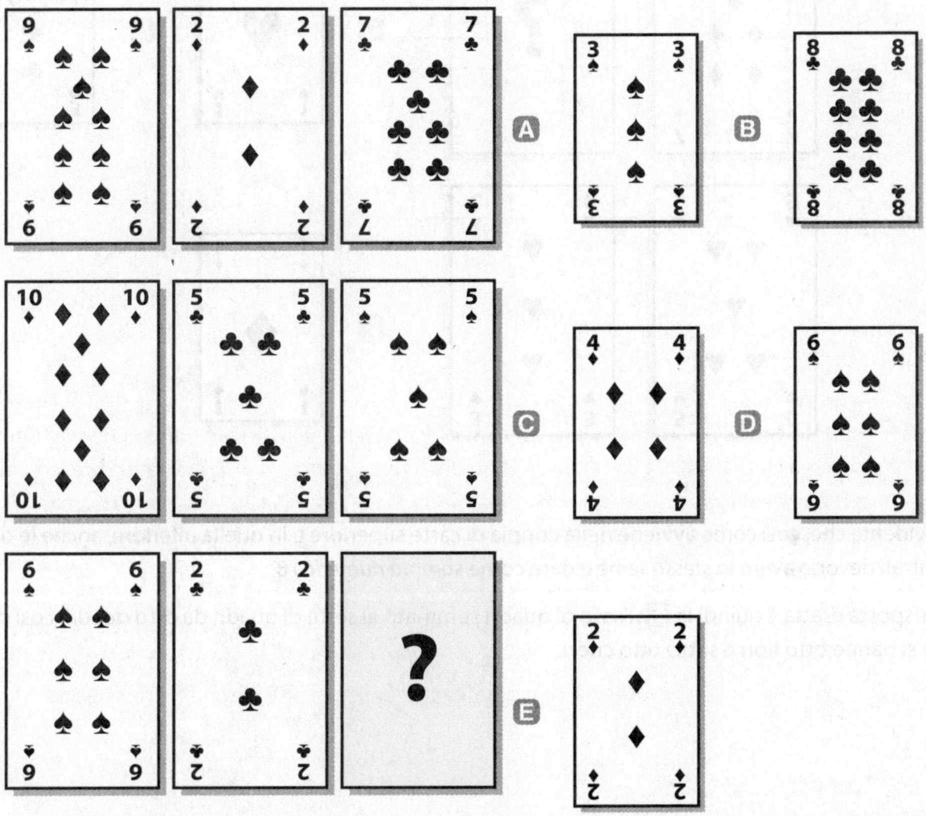

In questo caso, nella riga superiore e in quella intermedia *si ripetono i tre stessi semi*, anche se in ordine sequenziale diverso. Inoltre *la carta di sinistra è ottenuta sommando i valori numerici delle altre due carte della stessa riga*.

Entrambe queste caratteristiche devono essere soddisfatte anche nella terza riga e ciò si verifica sostituendo la carta incognita con il 4 di quadri (alternativa C).

2 Individuare la carta mancante.

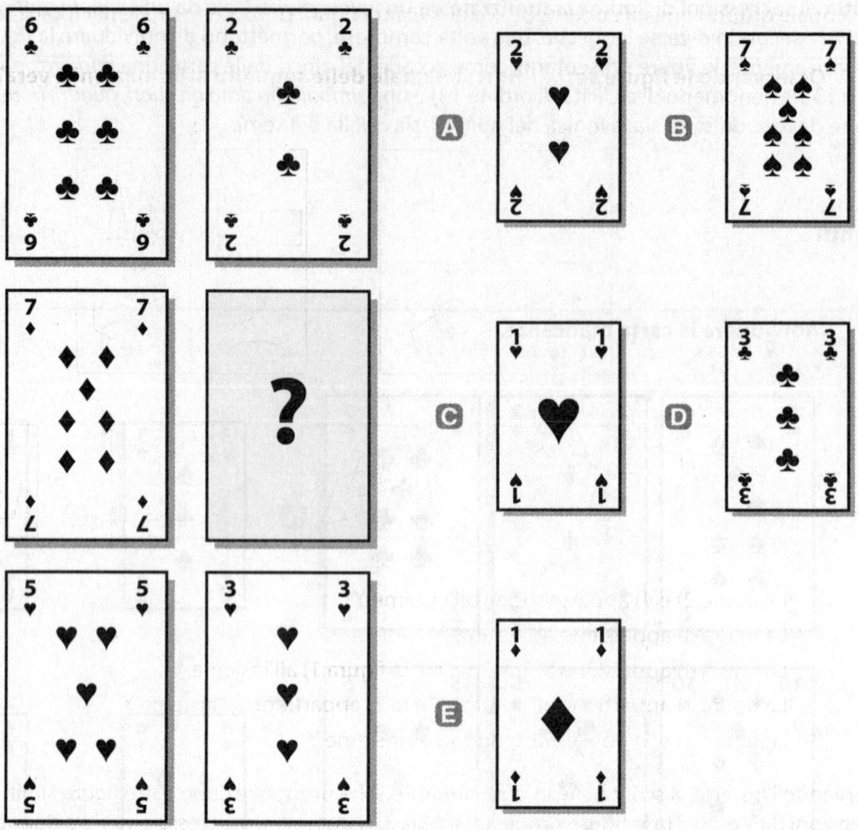

È evidente che, così come avviene nella coppia di carte superiore e in quella inferiore, anche le due carte centrali devono avere lo *stesso seme* e dare come *somma numerica* 8.

La risposta esatta è quindi la E: l'asso di quadri sommato al sette di quadri dà otto quadri, così come sopra si hanno otto fiori e sotto otto cuori.

Suggerimenti

- Ricordare che si ha a che fare con un **fenomeno di ciclicità di ordine 13** (i numeri vanno cioè da 1 a 13 e dopo il 13 si ricomincia con 1), con tutte le conseguenze che ciò comporta per quanto riguarda le operazioni aritmetiche.
- Prestare attenzione alla **disposizione spaziale delle carte.**
- Ricercare sempre, come primo approccio, il **criterio che lega tra loro le figure** (seme o numero) e che consente di giungere più rapidamente alla soluzione.

Insiemi di figure

Questo tipo di esercizio di ragionamento astratto chiede al candidato, data una certa figura, di comprendere a quale gruppo questa appartiene o a quale altra figura proposta è simile per logica seguita.

1 Osservando le figure sotto riportate, quale delle seguenti affermazioni è vera?

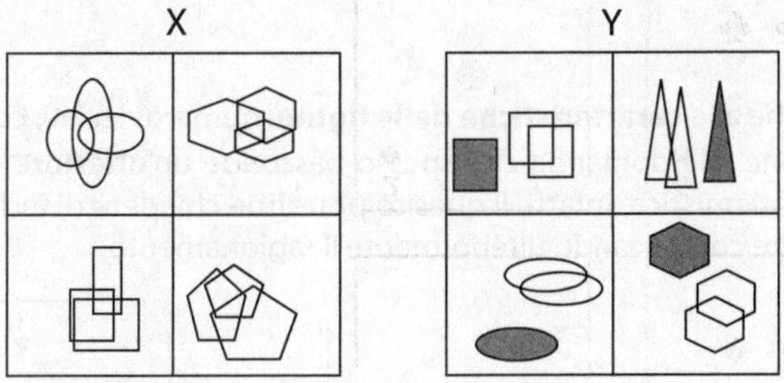

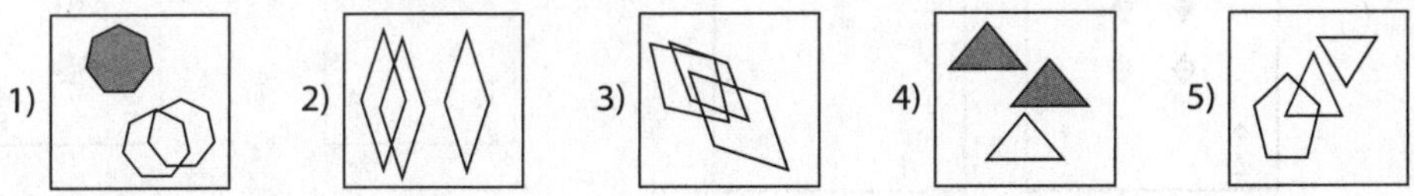

- **A** Le figure 2) e 4) appartengono all'insieme Y
- **B** La figura 3) appartiene all'insieme Y
- **C** La figura 4) appartiene all'insieme Y e la figura 1) all'insieme X
- **D** La figura 1) appartiene all'insieme Y e la 3) appartiene all'insieme X
- **E** Le figure 1) e 3) non appartengono all'insieme Y

Osservando l'insieme X si nota che in ogni riquadro si ha un'intersezione di tre figure simili tra loro ma di dimensioni differenti. Tra le figure proposte, solo la 3) rispetta questo stesso criterio e dunque appartiene a tale insieme. Nell'insieme Y si hanno sempre tre figure uguali in forma e dimensione, delle quali due sono dello stesso colore e sono intersecate fra loro, mentre la terza ha un colore differente ed è staccata dalle altre due. La figura 1) rispetta questo criterio e quindi fa parte di tale insieme. La soluzione al quesito è fornita, quindi, dall'alternativa **D**.

2 Osservando le figure sotto riportate, quale delle seguenti affermazioni è vera?

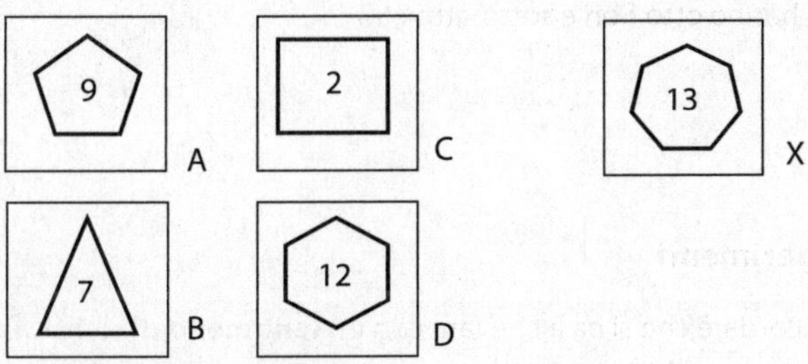

- **A** La figura X appartiene allo stesso insieme della figura D
- **B** La figura X appartiene allo stesso insieme della figura C
- **C** La figura X appartiene allo stesso insieme della figura B
- **D** La figura X appartiene allo stesso insieme della figura A
- **E** Nessuna delle altre alternative è vera

Ogni figura contiene un numero. Nella figura A è pari al numero dei lati moltiplicato per 2 e poi sottratto 1 ($5 \cdot 2 = 10 - 1 = 9$). Nella figura B, dopo aver moltiplicato per 2 il numero di lati, si ottiene 7 sommando 1. Nella figura C il numero è pari al numero dei lati diviso per 2, mentre, infine, nella figura D è pari al numero dei lati moltiplicato per 2. Poiché la figura X ha 7 lati e un numero all'interno pari a 13, apparterrà allo stesso insieme della figura A e la soluzione è, quindi, fornita dall'alternativa **D**.

Suggerimenti

- Prestare attenzione alle **caratteristiche delle figure**: numero dei lati, colori ecc.
- Prestare attenzione alla domanda che spesso nasconde un'**ulteriore difficoltà**: dopo aver individuato la logica insiemistica, infatti, il quesito potrebbe chiedere di individuare l'affermazione falsa tra quelle proposte complicando ulteriormente il ragionamento.

parte quarta

COMPRENSIONE DEL TESTO E CONOSCENZA DELLA LINGUA ITALIANA

Introduzione

Nelle prove di ammissione dell'area Psicologia e dei corsi delle aree Educazione e Sociologia – che si tratti delle prove CISIA **TOLC-PSI** o **TOLC-SU**, o dei **test di ateneo** – hanno sempre largo spazio le domande relative alla comprensione di testi. Si suggerisce dunque a tutti i lettori uno studio attento di questa Parte.

Le domande di comprensione richiedono al candidato di leggere un testo per poi rispondere ai quesiti relativi. La lunghezza del testo nelle prove predisposte dal CISIA può variare dalla mezza pagina, o poco meno, alla pagina intera, o poco più; se si considerano i test di ateneo, la lunghezza dei brani proposti varia dalle poche righe sino alle due pagine. I brani possono essere di vario genere: saggistico, giornalistico, letterario o scientifico. In particolare, per il **TOLC-PSI** sono previsti testi di tipo saggistico, giornalistico o scientifico (sono quindi esclusi brani letterari), mentre il **TOLC-SU** può comprendere testi letterari, saggistici o giornalistici. I quesiti – 5 per brano nel TOLC-PSI, 10 per brano nel TOLC-SU – possono centrarsi o sul brano in generale o su passi ed espressioni specifiche. Le domande hanno lo scopo di valutare:

- la capacità di **sintesi**, cioè di riconoscere le caratteristiche generali del brano (senso complessivo, stile, genere testuale, argomento o tema principale, tesi sostenuta o scopo perseguito ecc.);
- la capacità **analitica**, cioè di reperire nel testo informazioni specifiche, di individuare e collegare dati, riconoscere gli impliciti e dedurre conseguenze certe o possibili.

COMPRENSIONE DEL TESTO

Nelle prove CISIA, sia **TOLC-PSI** sia **TOLC-SU**, le domande a corredo, oltre a verificare la capacità di **comprensione**, valutano anche la padronanza **linguistica** – cioè la capacità di riconoscere il senso e l'impiego del lessico nel contesto – e la capacità di riconoscere e utilizzare le basilari strutture della morfologia e della sintassi. I quesiti possono assumere le seguenti forme:

- domande che chiedono di verificare la coerenza o incoerenza di una affermazione con il testo dato (nel suo complesso o in un suo punto specifico);
- domande a completamento, che chiedono di integrare un punto del testo da cui sono state appositamente tolti uno o più vocaboli o espressioni, scegliendo la più adeguata tra le alternative fornite;
- domande di comprensione puntuale, che chiedono di stabilire quale sia il senso corretto (o scorretto) di un certo passo o periodo o espressione del brano;
- domande che richiedono di indicare il significato o il sinonimo o l'omologo di un certo vocabolo o di una certa espressione che si trova nel testo;
- domande che richiedono quale funzione grammaticale o sintattica svolga un vocabolo o un'espressione o una frase che si trova nel testo.

Il test **TOLC-SU** spesso propone nei brani una scansione grafica mediante rimandi interni alfanumerici (per esempio: [1], [2], [A] ecc.) che vengono di volta in volta ripresi nel testo delle domande per indicare il punto del brano a cui il quesito si riferisce. Ciò è molto utile al candidato per reperire il passo da considerare. Questo sistema di notazione non è però utilizzato nel TOLC-PSI e nemmeno in altre prove di ammissione. Nei consigli di metodo riportati nelle pagine seguenti e nei brani di esempio si danno perciò indicazioni su come gestire i brani in entrambi i casi.

Questa parte del Manuale presenta tutte le più frequenti tipologie di domande collegate alla comprensione di brani, spiegando come risolverle e illustrando anche le tecniche per una lettura rapida, per l'individuazione dei dati rilevanti, per una efficace procedura di lavoro.

L'analisi delle prove **CISIA** mostra che per ogni brano circa un terzo dei quesiti riguarda le conoscenze grammaticali e di lessico. Per risolvere correttamente questi esercizi, può non essere sufficiente il solo procedimento logico ma è necessario il ricorso ad abilità e conoscenze specifiche. Per acquisire o rinfrescare le nozioni essenziali in questo ambito, si consiglia lo studio dei due capitoli con la sintesi dei principali argomenti di **morfologia** e **sintassi** e una guida alle **competenze lessicali**.

9| Esercizi di comprensione del testo

Mettiti alla prova

In base alle informazioni contenute nel brano seguente, rispondere alle relative domande.

La crisi del debito che colpì numerosi Paesi in via di sviluppo ebbe tre cause principali: una cattiva politica macroeconomica da parte dei Paesi debitori; una politica poco prudente di finanziamento da parte delle banche; e l'incremento dei tassi di interesse reali. L'aumento dei tassi di interesse reali fino a circa il 6% nel 1982 arrivò a sestuplicare l'onere reale degli interessi per i Paesi indebitati, modificando completamente la natura del problema del debito. Un simile incremento per un periodo così protratto non si era mai visto in precedenza. Durante le crisi precedenti, quando i prestiti venivano concessi a un tasso di interesse fisso, i tassi di interesse reali diminuivano a causa della deflazione. Ma quando il livello dei prezzi si stabilizzava, l'onere reale degli interessi rimaneva più elevato solo in proporzione alla diminuzione dei prezzi. Ed era comunque possibile che l'inflazione riducesse tale onere. In questa crisi, invece, il tasso di interesse reale aumentò in modo significativo e rimase elevato per molti anni, mostrando scarsi segni di diminuzione. L'inflazione, ormai, non portava alcun sollievo ai Paesi debitori.

Il timore di un collasso finanziario negli Stati Uniti fu una delle principali motivazioni alla base dell'approccio iniziale alla crisi del debito. I pagamenti di interessi dai Paesi debitori eccedettero i nuovi prestiti negli anni 1984, 1985, e 1986. Le banche statunitensi ridussero la propria esposizione nei confronti dell'America Latina nel 1985. Nel 1982, le nove principali banche commerciali statunitensi avevano un ammontare di prestiti nei confronti dei Paesi in via di sviluppo pari al 250% del proprio capitale; alla metà del 1986, le stesse banche avevano un grado di capitalizzazione sufficiente a sopportare anche la completa perdita dei prestiti nei confronti dell'America Latina. Anche dopo che le banche aumentarono gli accantonamenti a riserva, esse continuarono a riportare in bilancio i prestiti ai Paesi in via di sviluppo al valore nominale. Il mercato secondario attribuiva invece a tali prestiti un valore decisamente inferiore.

L'attuale strategia di approccio al problema del debito dei Paesi in via di sviluppo è basata sull'allungamento della scadenza effettiva del debito. Ogni metodo che consente di ridurre il flusso di fondi in uscita dai Paesi debitori aiuterà gli stessi Paesi a crescere economicamente nel breve periodo. Ma un ulteriore finanziamento non rappresenta la soluzione al problema del debito. Fino a quando i tassi di interesse reali resteranno intorno al 6%, i Paesi debitori avranno grandi difficoltà a uscire dal problema del debito. Vi sono due possibilità. O si continua con l'approccio corrente, o si ricorre a una qualche forma di cancellazione del debito. Per anni i Paesi in via di sviluppo hanno pagato il prezzo del debito nella forma di un basso tasso di crescita del PIL e di diminuzioni sostanziali dei salari reali. Milioni di persone residenti in questi Paesi rimangono a livelli di reddito ridotti semplicemente per gli interessi degli azionisti delle banche creditrici. Mediante una cancellazione del debito, i singoli Paesi e le istituzioni multilaterali potrebbero cominciare a pensare alle necessarie politiche di sviluppo orientate alla crescita. Ciò sarebbe possibile senza aumentare l'onere fiscale per i residenti dei Paesi sviluppati.

1 **Nel primo paragrafo del brano ricorre la parola *onere*, che potrebbe essere sostituita con:**

- A peso
- B compito
- C sconto
- D pagamento
- E fatica

2 **In «Anche dopo che le banche aumentarono gli accantonamenti a riserva, esse continuarono a riportare in bilancio i prestiti ai Paesi in via di sviluppo al valore nominale», la parola *esse*:**

- A non è un pronome
- B è un pronome indefinito
- C vale come "le nove principali banche commerciali statunitensi"
- D vale come "tutte le banche"
- E è una particella pronominale

3 **Il brano suggerisce che la crisi debitoria dei Paesi in via di sviluppo differiva da altre precedenti crisi debitorie in quanto l'aumento dei tassi di interesse:**

I) era parzialmente cancellato da un aumento dei prezzi

II) era relativamente limitato se confrontato con la variazione dei prezzi

III) era più significativo e più duraturo

- A Solo la I)
- B Solo la III)
- C La I) e la II)
- D La I) e la III)
- E La II) e la III)

4 **Sulla base dei dati riportati nel secondo paragrafo del brano, quale tra le seguenti affermazioni è corretta?**

- A Nel 1986 i nuovi prestiti statunitensi ai Paesi debitori furono incrementati rispetto all'anno precedente
- B Nel 1986 le banche statunitensi cominciarono a ridurre la propria esposizione nei confronti dei Paesi dell'America Latina rispetto all'anno precedente
- C Nel 1985 i Paesi debitori, complessivamente, pagarono meno interessi rispetto al 1982
- D Nel 1984 i Paesi debitori, complessivamente, pagarono per gli interessi una somma maggiore rispetto all'ammontare di nuovi prestiti ricevuti
- E Dal 1982 al 1986 l'esposizione delle banche creditrici aumentò costantemente

5 **Sulla base di quanto affermato nel testo, si può ricavare che per l'autore l'effetto più dannoso della crisi del debito:**

- A è il livello forzosamente basso dei salari reali percepiti dai residenti dei Paesi debitori
- B sono i problemi connessi al rimborso del debito causati dall'elevato livello dei tassi di interesse
- C è la drastica diminuzione delle prospettive di crescita nel lungo periodo dei Paesi debitori
- D è la scarsa attenzione posta al problema dalle banche creditrici
- E sono le perdite subite dalle banche internazionali

Ecco le risposte esatte dei 5 quesiti proposti: I **A**, II **C**, III **B**, IV **D**, V **C**.

I quesiti di comprensione di testi propongono al candidato brani inerenti ad argomenti di diversi ambiti (psicologico, pedagogico, letterario, storico, filosofico, etico, medico-scientifico o di attualità), seguiti da un certo numero di quesiti (nel TOLC-PSI sono 5, nel TOLC-SU sono 10) che verificano la comprensione di quanto esposto nel brano stesso.

Il testo proposto è generalmente tratto da un saggio, da un articolo di giornale o – tranne che nel TOLC-PSI – da un'opera letteraria (la fonte può essere indicata o meno: se lo è, di solito i dati risultano utili per rispondere ad almeno un quesito); può configurarsi anche sotto forma di dialogo e la sua lunghezza varia da poche righe a qualche pagina.

Questi esercizi possono chiedere al candidato o di individuare nel testo i concetti salienti, i dati e le nozioni significative o di saper riferire tali dati all'autore, al suo contesto storico-geografico, al genere di scrittura o all'argomento del brano ecc.

È anche oggetto di valutazione la capacità del candidato di saper distinguere tra contenuti espliciti del testo e contenuti impliciti, di comprendere ciò che è strettamente deducibile, ciò che è coerente ma non implicato, ciò che non è possibile o logico concludere sulla base delle informazioni note.

Si ricorda che le risposte devono essere sempre ricavate solo sulla base del testo dato e mai in base ad altre eventuali e personali conoscenze rispetto all'argomento.

A grandi linee, le domande si possono raggruppare in cinque categorie.

1. Quesiti relativi al nucleo centrale del brano

Queste domande sono generalmente poste in una delle seguenti forme:

- Il titolo che meglio esprime le idee del brano è …
- L'idea principale espressa dal brano è …
- L'affermazione che meglio riporta il tema centrale del brano è …
- Il brano illustra …
- Lo scopo dell'autore del brano è di …

Per rispondere il candidato deve individuare il *nucleo tematico* del brano e la *finalità* con cui l'autore scrive. Spesso è possibile ricavare quanto serve dai capoversi iniziali o finali del testo, mentre il corpo in genere sviluppa le argomentazioni o il contesto.

2. Quesiti relativi a specifici concetti o dettagli riportati dal brano

Queste domande sono generalmente riportate nelle seguenti forme:

- Al punto **[1]** si afferma/non si afferma che …
- L'autore afferma che …
- Il brano riporta tutte le seguenti affermazioni tranne una. Quale?
- Quale delle seguenti affermazioni è corretta, secondo quanto riportato al punto **[2]** del brano?
- Quanti/Quali/Quando/Dove?…

In questi casi, bisogna ricavare dati o concetti da uno specifico passo del brano oppure confrontare con un punto del brano le affermazioni date. Leggendo il testo, più che memorizzare tutti i dettagli e i concetti riportati, il lettore deve cercare di ricordare *il punto in cui vengono enunciati*, in modo poi da potervi tornare velocemente durante l'analisi dei quesiti. Emerge già ora un utile suggerimento che verrà successivamente ripreso: nel corso della lettura, è inutile in termini di tempo focalizzare tutti i dettagli e le affermazioni. Occorre piuttosto *individuare i punti chiave* per potervi tornare in seguito.

3. **Quesiti che richiedono di identificare le implicazioni e le conseguenze logiche di quanto affermato nel brano**

Queste domande sono generalmente espresse nelle seguenti forme:

- Stando al brano, si può dire che l'autore ritiene…
- Dal brano è possibile dedurre che …/ non è possibile dedurre che …
- Il paragrafo che precede il brano riportato probabilmente afferma che …
- Quale delle seguenti sarebbe una logica continuazione del brano?
- Quale delle seguenti conclusioni non può essere dedotta dal brano?

Si tratta di quesiti più complessi dei precedenti, giacché non si limitano a indagare la comprensione di quanto esplicitamente riportato dal brano, ma mirano a valutare anche la *comprensione di ciò che può essere logicamente dedotto dal testo.*

È dunque necessaria anche una *lettura critica del testo*, condotta per individuare gli snodi narrativi o quelli logici del ragionamento e le diverse argomentazioni portate a sostegno.

4. **Quesiti relativi al contesto del brano**

Queste domande sono generalmente formulate nelle seguenti forme:

- Dal brano si deduce che l'autore è un … (fisico, avvocato, romanziere, giornalista, chimico, economista, storico e così via)
- L'epoca in cui si svolgono gli avvenimenti descritti è probabilmente …
- La nazionalità dell'autore è …
- Il brano tratta argomenti di natura… (scientifica, storica, economica ecc.)
- Il carattere del brano è … (apologetico, allusivo, critico, celebrativo, descrittivo, giornalistico, divulgativo, polemico e così via)

Si tratta di quesiti volti a valutare le capacità del candidato di inserire il brano in un contesto storico o geografico, di comprendere l'identità dell'autore, di individuare la natura del brano sulla base dei contenuti e infine di identificare il carattere del brano sulla base del linguaggio utilizzato e del modo in cui l'argomento viene trattato.

PARTE QUARTA

✔ È bene sottolineare la differenza tra genere testuale (narrativo, informativo/espositivo, argomentativo, giornalistico, divulgativo, specialistico ecc.) e argomento del testo (che riguarda i contenuti e l'argomento del testo)

5. **Quesiti relativi al significato di termini o espressioni e al valore grammaticale e sintattico**

Queste domande sono generalmente formulate nelle seguenti forme:

- Al punto **[1]** il termine/l'espressione/la frase … significa
- Nella frase … il termine mancante è
- Nel paragrafo **[2]** il vocabolo… grammaticalmente è
- Nel periodo **[3]** l'espressione/frase … è un complemento di /proposizione
- Nella frase … il pronome/aggettivo/verbo … si riferisce a

Soprattutto nelle prove CISIA sono presenti anche domande di **competenza linguistica**, sia **grammaticale** sia **lessicale**. Per rispondere è importante avere elementari conoscenze grammaticali e lessicali (per il cui ripasso si rimanda ai relativi capitoli), ma è assai utile lasciarsi guidare anche dal senso logico imposto dal contesto. In tal modo, infatti, si possono spesso escludere alcune opzioni manifestamente errate.

9.1 | Suggerimenti utili per una lettura critica dei brani

Il lavoro preliminare da svolgere sul brano non può ridursi a una lettura ordinaria, ancorché attenta. Anche il primo approccio al testo deve consentire di differenziare le informazioni in modo da poterle recuperare selettivamente nel momento in cui si risponde ai quesiti.

Ecco alcuni utili consigli.

- **Leggere** rapidamente le sole **domande** (non le alternative) prima di passare al brano per individuare da subito i punti del testo interessati dagli esercizi. Quando è presente la numerazione di riferimento, questa operazione è ancora più semplice e opportuna.
- In generale, **ogni brano ha un suo nucleo tematico**, che è necessario mettere a fuoco, distinguendo se possibile tra tesi dell'autore e argomentazioni a sostegno di essa.
- Ogni paragrafo o capoverso contiene almeno un dato, un concetto, un'idea centrale. Evidenziare, durante la lettura, **fatti o informazioni** (e in particolare i dati numerici) attinenti ai quesiti o che si reputano comunque **rilevanti**, per reperirli velocemente nella fase di soluzione.
- Nella lettura del brano è meglio evitare di memorizzare dati e nomi, ma ricordare dove si trovano per tornare sulle informazioni particolari solo se i quesiti lo rendano necessario.
- Le domande chiedono di **rispondere unicamente sulla base di quanto affermato nel brano** – o per quello che è possibile dedurne secondo logica – e non sulla base di eventuali conoscenze personali sull'argomento. Bisogna dunque trarre le proprie conclusioni solo da quanto si legge; ciò significa che non avere conoscenze pregresse sul tema non è uno svantaggio.
- Per rispondere agevolmente ai quesiti relativi alle *implicazioni e alle conseguenze logiche* di quanto affermato nel brano, è opportuno **non solo concentrarsi sul significato esplicito** del testo, **ma anche sforzarsi di ricavare il significato implicito**. Si può ottenere ciò domandandosi, per esempio, quali siano la conseguenza o il presupposto, non esplicitamente riportati nel brano, di una determinata affermazione o di una certa opinione espressa dall'autore.
- Come si noterà dagli esempi, le domande di *comprensione di testi* sono spesso caratterizzate dalla presenza di diverse alternative "verosimili". Da ciò deriva il suggerimento di **analizzare tutte le alternative** proposte da una domanda prima di scegliere quella corretta, che sarà quella che risponde al quesito in esame **nel modo più preciso e completo**. Anche la semplice eliminazione di una o due alternative consente di aumentare le probabilità di successo, nel caso in cui si debba ricorrere alla scelta casuale tra le alternative rimanenti.
- **Una volta cominciato il lavoro su un brano è consigliabile non abbandonarlo** senza aver prima dato tutte le risposte relative. Saltare da un brano all'altro o da un brano a esercizi di altro tipo fa perdere tempo prezioso, perché poi sarà necessario recuperare un'altra volta l'intero testo.

9.2 | Esercizi svolti

Brano 1 In base alle informazioni contenute nel brano seguente, rispondere alle relative domande.

La moda: altro elemento che non era mai stato preso in considerazione. [...] Ora, nel Trecento come nel Novecento, nessuno va genericamente abbigliato secondo la moda del suo tempo, ma di un preciso momento del suo tempo. È proprio della moda superarsi di continuo e, anche se uno è poco attento a queste cose, il suo abbigliamento di oggi non sarà mai come quello di dieci anni fa. Perché dunque non servirsi di questo elemento, quando sia presente in un'opera d'arte, per stabilirne il tempo di esecuzione? Se vi sono dipinti o rilievi figurati di data certa che ci possano servire da punto di appoggio, se – soprattutto – potremo contare su qualche tipo di «bellimbusto» che funzioni da termometro della moda del momento, il gioco è fatto.

Qualcuno ci accuserà di frivolezza, altri – soprattutto in Italia – di brutale positivismo; non importa: siamo convinti che la moda è parte integrante di una figurazione e a volte la condiziona in modo vistoso. Non solo, ma essa ha certamente a che fare con la nascita di certi ideali di bellezza fisica che possono influenzare direttamente l'arte stessa. Il tipo di bellimbusto opulento e massiccio che è alla moda in Italia nella prima metà del Trecento ha ispirato molti capolavori di Tino da Camaino, del giovane Simone Martini, dei Lorenzetti ecc.; «le fronti sbocciate come bulbi giganteschi» dei maestosi idoli femminili di Piero della Francesca, che tutti conserviamo nella memoria, sono in stretto rapporto proprio con le esigenze della moda, che spingeva le donne del Quattrocento a radersi i capelli per mostrare una fronte più alta.

COMPRENSIONE DEL TESTO

D'altra parte, non è impossibile che l'abito attillato che viene in uso dalla seconda metà del Trecento in poi abbia contribuito a formare quella concentrazione di interessi per le strutture reali del corpo umano che esploderà agli inizi del Quattrocento; mentre al tempo in cui uomini e donne andavano vestiti indistintamente in abiti lunghi e larghi come grandi tonache, non si arrivava neppure a rendersi conto – e lo ha osservato il Gombrich – della diversità di forme tra il corpo dell'uomo e quello della donna.

---

1 **In «Ora, nel Trecento come nel Novecento, nessuno va genericamente abbigliato secondo la moda del suo tempo, ma di un preciso momento del suo tempo», *ora* è:**

- **A** un avverbio che modifica il verbo *va*
- **B** una preposizione impropria che introduce il pronome indefinito *nessuno*
- **C** un elemento che serve a scandire il ragionamento
- **D** un elemento che indica un tempo e un luogo preciso
- **E** un elemento che indica un tempo presente già menzionato prima e che sarà ripreso

In principio di frase, la parola *ora* assume spesso – come in questo caso – valore di congiunzione. Qui l'autore la utilizza per riprendere il filo del discorso e fare procedere l'argomentazione che sta sviluppando, come proposto dall'opzione **C**, soluzione del quesito. Le altre opzioni – pur presentando qualche informazione che potrebbe trarre in inganno (in **A**, per esempio, è corretto che *ora* possa avere valore di avverbio, ma non lo ha in questo caso) – nel complesso si scartano con facilità, perché palesemente errate e in qualche caso prive di senso (nella frase in oggetto *ora* di certo non modifica il verbo *va*, né potrebbe indicare non solo un tempo ma anche un luogo preciso ecc.).

---

2 **Nel periodo «Perché dunque non servirsi di questo elemento, quando sia presente in un'opera d'arte, per stabilirne il tempo di esecuzione?», *stabilirne il tempo di esecuzione* significa:**

- **A** fissare il clima culturale in cui fu progettata l'opera d'arte
- **B** determinare la data in cui era di moda un certo tipo di abbigliamento
- **C** determinare il periodo di tempo necessario all'artista per completare la sua opera
- **D** determinare la data in cui l'opera d'arte è stata realizzata
- **E** fissare nella memoria di chi guarda o legge il periodo storico in cui era in voga un certo abbigliamento e fu realizzata l'opera d'arte

In questo punto del suo testo, l'autore vuole difendere la tesi che alla datazione di un'opera d'arte si possa arrivare anche osservando gli abiti, le acconciature, gli ideali di bellezza che vi sono rappresentati, ovvero gli elementi tipici delle convenzioni più diffuse e condivise nell'abbigliamento in generale: cioè la *moda* in voga negli anni della sua realizzazione. Ciò è possibile ogni volta che si possa contare su un'altra opera datata con certezza che faccia da termine di riferimento, mostrando lo stesso particolare elemento. La sola risposta coerente con tale teoria è la **D**, che è pertanto la risposta corretta.

---

3 **La sintesi più efficace del brano nel suo complesso è:**

- **A** così andavano vestiti gli uomini e le donne nel Medioevo
- **B** il cambiamento della moda può contribuire a datare le opere e a spiegarne alcune caratteristiche
- **C** il gusto estetico degli artisti non è soggetto alla moda
- **D** l'arte condiziona il modo di abbigliarsi delle persone nei diversi periodi storici
- **E** l'abbigliamento e le acconciature influenzano gli artisti

La risposta corretta è la **B**: l'autore, infatti, nei passi riportati si impegna a fornire argomenti e prove a sostegno della possibilità di datare le opere d'arte a partire dagli elementi di moda in esse osservabili. Tra le altre alternative, la sola ad avere qualche elemento di coerenza con il contenuto del brano è la **E**, che però resta molto parziale, mentre la **C** è evidentemente smentita da quanto affermato dall'autore, che nulla ci dice, invece, circa le eventuali influenze dell'arte sulla moda (la **D** è quindi da escludere), né ci propone una rassegna delle mode in epoca medievale (**A** errata).

4 **L'espressione *il gioco è fatto*, nel contesto del brano, corrisponde a dire:**

A l'analisi stilistica ha avuto successo

B abbiamo trovato un modo per datare le opere d'arte

C la datazione delle opere d'arte è come un gioco

D la moda è un gioco che cambia a seconda delle epoche storiche

E sulla relazione tra arte e moda non c'è più niente da scoprire

La risposta esatta è la B. L'autore in questa parte della sua argomentazione ne espone uno dei cardini: se un'opera mostra elementi che consentono di individuare una certa moda, e se abbiamo notizie certe circa il periodo in cui tale moda si affermò e fu seguita, possiamo con certezza riferire l'opera a quel periodo. Tale procedimento non costituisce un'analisi stilistica dell'opera: dunque l'opzione A risulta errata, come lo è la C, visto che l'autore non vuole certo proporre il metodo di datazione illustrato come se fosse un gioco. Palesemente false sono, infine, le alternative D ed E.

5 **Con l'immagine del *bellimbusto* che può funzionare da *termometro della moda del momento*, l'autore vuole indicare:**

A il busto in marmo o in gesso di un uomo particolarmente avvenente

B la raffigurazione di un uomo abbigliato e acconciato con accuratezza secondo la moda dominante del suo tempo

C l'immagine di un uomo che da altre fonti sappiamo essere stato molto elegante ai suoi tempi

D la raffigurazione di un uomo che, per ragioni varie, presumiamo ci possa indicare quali abiti o acconciature fossero in voga in quel preciso momento

E un busto maschile che ci fornisce indicazioni su abiti, acconciature e accessori eleganti ad una data epoca

Si dovrebbe evincere con facilità dal testo che questo *bellimbusto* nel metodo di datazione proposto dall'autore corrisponde a una pietra di paragone, a un modello di riferimento certo (a un *punto d'appoggio*, dice il testo). L'alternativa che meglio e senza ambiguità riporta tale significato è la D, soluzione al quesito. Tra le altre, poteva mettere un dubbio la B, invece da escludere perché parla solo di un modello acconciato e abbigliato secondo la moda ma non esplicita quale utilità possa avere per noi tale rappresentazione; infine, la E è errata in quanto si riferisce a un busto maschile, e non a una qualsiasi immagine.

Brano 2 **In base alle informazioni contenute nel brano seguente, rispondere alle successive domande.**

In uno studio pubblicato su *Molecular Psychiatry*, rivista del gruppo Nature, un gruppo di ricerca internazionale ha indagato le origini neurobiologiche alla base dei comportamenti ossessivi e degli stati emotivi alterati che colpiscono chi è affetto da dipendenza da oppioidi.

La nuova ricerca ha permesso di dimostrare che a giocare un ruolo fondamentale in questo senso sono i geni responsabili della sintesi di una classe di ormoni steroidei noti come "glucocorticoidi". A partire da questo elemento, i ricercatori hanno inoltre messo in evidenza che la somministrazione di "mifepristone", uno steroide sintetico, può essere utile per ridurre gli effetti della dipendenza.

"In questo lavoro abbiamo sviluppato una serie di algoritmi per analizzare il trascrittoma, ovvero la collezione di RNA messaggeri – gli mRNA – presente nelle cellule di individui affetti da dipendenza da oppioidi", spiega Federico Giorgi, professore al Dipartimento di Farmacia e Biotecnologie dell'Università di Bologna, tra gli autori dello studio. "I dati ottenuti mostrano che i geni per la sintesi dei glucocorticoidi sono fondamentali per l'attivazione dei circuiti neurali alla base degli stati di ansia e di stress collegati a questa dipendenza".

L'abuso e la dipendenza da oppioidi è un'emergenza pubblica in molte parti del mondo, a partire dagli Stati Uniti, dove ogni anno si registrano decine di migliaia di morti per overdose. Comprendere i meccanismi che collegano la dipendenza da queste sostanze ad alterazioni dell'umore, stati emotivi negativi ed elevati livelli di stress è quindi fondamentale per cercare di ridurne l'impatto.

Con questo obiettivo, il gruppo di ricerca internazionale autore dello studio – coordinato da studiosi del National Institute on Drug Abuse Intramural Research Program di Baltimora (Stati Uniti) – è riuscito a dimostrare che l'attivazione dei geni che regolano l'espressione dei glucocorticoidi altera le funzioni cerebrali e contribuisce a rafforzare il bisogno compulsivo di oppioidi.

Insieme a questa novità, i ricercatori hanno però mostrato anche che la somministrazione di una sostanza antagonista come lo steroide sintetico mifepristone è in grado di contrastare l'emergere di comportamenti legati alla dipendenza da oppioidi.

"Il mifepristone è un farmaco oggi già in uso per il trattamento dell'iperglicemia associata alla sindrome di Cushing ed ha inoltre mostrato risultati promettenti in pazienti affetti da depressione psicotica", dice ancora Giorgi. "Il suo utilizzo combinato con programmi di supporto psicologico potrebbe quindi rappresentare una strategia rapida ed efficace per il trattamento della dipendenza da oppioidi, in particolare per gli individui che fanno uso di queste sostanze per la gestione del dolore cronico e dello stress".

(da www.lescienze.it)

---

6 La ricerca di cui tratta il testo ha avuto per oggetto:

- A i comportamenti ossessivi dei tossicodipendenti
- B i comportamenti ossessivi che causano gli stati emotivi alterati nei soggetti dipendenti da oppioidi
- C gli stati emotivi alterati causati da una dipendenza
- D le origini neurobiologiche dei comportamenti ossessivi che provocano gli stati emotivi alterati nei soggetti dipendenti da oppioidi
- E le origini neurobiologiche che provocano alterazioni degli stati emotivi e scatenano comportamenti ossessivi nei soggetti dipendenti da oppioidi

Tutte le alternative di risposta recuperano e riformulano parti del primo paragrafo del testo in cui si presenta la ricerca oggetto del testo. La A e la C lo fanno in maniera assai parziale e imprecisa, risultando troppo generiche e quindi errate. Anche la B e la D si scartano facilmente, visto che entrambe, anche se in forma diversa, propongono i comportamenti ossessivi quali cause degli stati emotivi alterati, mentre nel testo si trova che ci sono «le origini neurobiologiche alla base dei comportamenti ossessivi e degli stati emotivi alterati che colpiscono chi è affetto da dipendenza da oppioidi», e sono tali origini che la ricerca ha indagato, come affermato correttamente dalla risposta E che è pertanto la soluzione.

---

7 Nel periodo «in questo lavoro abbiamo sviluppato una serie di algoritmi per analizzare il trascrittoma, ovvero la collezione di RNA messaggeri – gli mRNA – presente nelle cellule di individui affetti da dipendenza da oppioidi», quale tra i seguenti vocaboli può essere usato come sinonimo di *collezione*?

- A Sintesi
- B Insieme
- C Miscellanea
- D Eredità
- E Mescolanza

La risposta corretta è la B. Anche senza conoscere il termine *trascrittoma* (ovvero, il profilo di espressione genica, cioè l'insieme delle molecole di RNA messaggero ottenute dalla trascrizione del DNA di un organismo o di un organo, tessuto o cellula in una fase dello sviluppo) si può cogliere che i ricercatori hanno studiato, appunto, l'insieme, il complesso degli RNA messaggeri, e non una sintesi (A errata), né un'eredità (D errata); trattandosi poi di un insieme omogeneo e ben definito, si escludono anche miscellanea (C errata) e mescolanza (E errata), che indicano raggruppamenti eterogenei e meno sistematici.

8 Stando al testo, quale fra le seguenti affermazioni circa il mifepristone non è corretta?

- **A** È in grado di contrastare l'azione dei glucocorticoidi
- **B** Potrebbe essere utilmente somministrato a soggetti sottoposti a terapia del dolore
- **C** È uno steroide sintetico antagonista
- **D** È già stato testato in molti Paesi in cui la dipendenza da oppioidi è un'emergenza pubblica
- **E** Ha già avuto applicazioni nel trattamento di alterazioni dell'umore

La risposta corretta è la **D**. Anche se nel testo si fa menzione della dipendenza da oppioidi quale emergenza pubblica in molte parti del mondo, l'ipotesi che il mifepristone sia già stato utilizzato per trattarla è chiaramente smentita da uno dei temi chiave del brano nel suo complesso, ossia che la ricerca di cui si tratta ha avuto tra i suoi risultati più importanti proprio la dimostrazione che questo farmaco può essere utile nel trattamento dei sintomi della dipendenza. Tutte le altre risposte hanno invece riscontro nel testo, segnatamente perché il mifepristone è effettivamente uno steroide sintetico antagonista che contrasta l'azione dei glucocorticoidi (**A** e **C** errate), «ha mostrato risultati promettenti in pazienti affetti da depressione psicotica» (**E** errata), e potrebbe essere efficace per trattare i sintomi della dipendenza nei soggetti che usano oppioidi per contrastare il dolore cronico, come afferma il professor Giorgi in chiusura di brano (**B** errata).

---

9 Nella frase «i ricercatori hanno però mostrato anche che la somministrazione di una sostanza antagonista...», *però* ha valore di:

- **A** congiunzione concessiva
- **B** avverbio di negazione
- **C** congiunzione avversativa
- **D** avverbio di valutazione
- **E** congiunzione conclusiva

Prima ancora di interrogarci sul senso della frase, possiamo senz'altro escludere le risposte **B** e **D**, visto che *però* e una congiunzione, e non un avverbio. A questo punto, se si osserva che questa congiunzione è utilizzata in relazione al paragrafo precedente, in cui si cita l'alterazione delle funzioni cerebrali che aggrava la dipendenza e che è stata documentata dagli studiosi, i quali hanno *però* dimostrato anche che una certa sostanza antagonista è in grado di alleviarla, si può ricavare che *però* ha qui valore avversativo, in quanto, semplificando, la congiunzione è usata per mettere a contrasto l'identificazione dei sintomi e la possibilità di un loro trattamento, ovvero, in qualche modo, un fenomeno negativo e una contromisura positiva. La soluzione è quindi la **C**.

---

10 Quale fra le seguenti affermazioni è coerente con il percorso seguito dalla ricerca, per come viene ricostruita nel brano?

- **A** Poiché il mifepristone si è dimostrato efficace nel trattare le alterazioni d'umore, gli studiosi ne hanno sperimentato l'applicazione alle alterazioni dovute alla dipendenza da oppioidi
- **B** Avendo dimostrato che i sintomi della dipendenza da oppioidi dipendono dall'espressione dei glucocorticoidi, gli studiosi hanno tra l'altro ipotizzato che il mifepristone potesse essere utili nel contrastarli
- **C** Avendo constato che il mifepristone ha efficacia nel contrastare gli effetti della dipendenza, gli studiosi hanno potuto dimostrare che gli stessi effetti dipendono dall'espressione dei glucocorticoidi
- **D** Visto che il mifepristone è efficace nella terapia del dolore, gli studiosi lo hanno utilizzato per trattare la dipendenza da oppioidi, e hanno così potuto constatare che effettivamente è un antagonista dei glucocorticoidi
- **E** Studiando gli antagonisti dei glucocorticoidi, gli studiosi hanno dimostrato che essi contrastano gli stati emotivi alterati causati dalla dipendenza

Per rispondere conviene schematizzare le fasi della ricerca svolta, per come viene descritta nel brano. Risulta allora chiaro, ed è ripetuto in varie forme in più paragrafi, comprese le parole del professor Giorgi che vengono riportate, che prima di tutto gli studiosi si sono concentrati sui meccanismi, sulle origini neurobiologiche alla base dei sintomi della dipendenza da oppioidi; questo li ha portati a «dimostrare che l'attivazione dei geni che regolano l'espressione dei glucocorticoidi altera le funzioni cerebrali e contribuisce a rafforzare il bisogno compulsivo di oppioidi», e di conseguenza anche che «la somministrazione di una sostanza antagonista come lo steroide sintetico mifepristone è in grado di contrastare l'emergere di comportamenti legati alla dipendenza». Si può a questo punto facilmente individuare la B quale risposta corretta, essendo la A, la C e la D palesemente errate, perché collocano il mifepristone nelle fasi di avvio della ricerca, e la E parziale e imprecisa.

Brano 3 **In base alle informazioni contenute nel brano seguente, rispondere alle successive domande.**

Obiettivo del nostro studio è dimostrare come le recenti teorie sulla cognizione incarnata, che godono di molteplici verifiche sperimentali, trovino i loro prodromi nel discorso antropologico, filosofico, fisiologico e scientifico del Settecento tedesco, al quale Herder contribuisce in maniera sostanziale, aprendo prospettive e visioni sempre nuove. La seconda metà del Settecento si configura quale momento in cui la concezione del mondo, fino ad allora univoca e canonizzata, si disarticola in una molteplicità di saperi, spesso contrapposti, che, per un verso, alimentano il bisogno di porre limiti e confini alle singole prospettive disciplinari, promuovendo un crescente relativismo e scetticismo, e dall'altro, permettono e alimentano la sopravvivenza di una visione della conoscenza di ascendenza umanistica che oggi diremmo 'organica'. In tal senso Herder fonda una ricerca della verità a partire da una visione del mondo basata sulla complessità, che richiede l'applicazione di ogni risorsa conoscitiva, nonché il dialogo tra le scienze e i saperi. Combattendo il dualismo intellettualistico che separava il pensiero astratto dalla sensazione e dall'emozione, Herder postulò con vigore l'inscindibile unitarietà di corpo e mente, individuo e società, assurgendo ad anticipatore dell'attuale necessità di ricongiungere le prospettive della ricerca per affrontare, grazie alla conciliazione tra i saperi, la più grande delle frontiere conoscitive: l'essere umano e la sua mente.

(tratto da https://rosa.uniroma1.it)

---

11 **Alla seconda riga del brano si incontra il termine *prodromi*. Quale fra i seguenti vocaboli può essere usato come suo sinonimo nel medesimo contesto?**

A Fonti

B Maestri

C Cardini

D Precorrimenti

E Epigoni

Il primo termine da scartare è *epigoni*, che significa *discepoli*, *successori* (di solito inferiori rispetto a chi li ha preceduti; nella mitologia greca erano i figli dei sette principi che combatterono contro Tebe) e ha pertanto un senso opposto a quello cercato. I *prodromi*, infatti, precedono qualcosa d'altro, come in qualche modo accade per tutti gli altri quattro termini proposti, almeno in alcune loro accezioni. *Fonti*, *maestri* e *cardini* (che può valere in senso figurato come *fondamenti*) stabiliscono però una relazione troppo diretta e un'influenza eccessiva del pensiero del Settecento tedesco sulle «recenti teorie sulla cognizione incarnata». Nulla nel testo, infatti, lascia intendere che queste ultime abbiano in qualche modo preso direttamente le mosse da quelle premesse, mentre il senso dell'accostamento sembra essere solo quello della comune presenza, della persistenza di alcuni approcci, concetti e visioni. *Precorrimenti* (qualcosa che anticipa quanto più tardi si esprimerà più ampiamente) è pertanto il vocabolo da scegliere, e la D la soluzione.

12 **Nella frase «permettono e alimentano la sopravvivenza di una visione della conoscenza di ascendenza umanistica che oggi diremmo 'organica'», *che* è:**

- **A** pronome relativo riferito all'ascendenza umanistica
- **B** pronome relativo riferito alla sopravvivenza di una visione della conoscenza
- **C** pronome relativo riferito a una visione della conoscenza
- **D** congiunzione comparativa riferita all'ascendenza
- **E** congiunzione comparativa riferita alla visione

Tra i molti valori grammaticali che *che* può assumere si ritrovano entrambi quelli indicati dalle alternative di risposta, ma in questo caso è evidente che la **D** e la **E** si devono scartare, non essendovi alcuna comparazione nella frase e nel periodo considerati. Stabilito dunque che si tratta qui di un pronome relativo, occorre individuare quale elemento del discorso il pronome sostituisca, ovvero quale sia la "cosa" «che oggi definiremmo "organica"»: non è l'ascendenza umanistica (**A** errata), né la sopravvivenza di una visione della conoscenza (**B** errata), ma è la visione della conoscenza di ascendenza umanistica. È infatti quest'ultima che è "organica" e, perciò, precorre le teorie sulla cognizione incarnata (prima riga del brano), in quanto postula «l'inscindibile unitarietà di corpo e mente...». La soluzione è quindi la **C**.

13 **In base a quanto espresso nel testo, quale fra le seguenti affermazioni in merito alla figura di Herder è corretta?**

- **A** Mirava a una scienza che potesse ricondurre le sensazioni e le emozioni entro il dominio della ragione
- **B** È stato uno dei principali artefici della riscoperta dell'Umanesimo nel Settecento tedesco
- **C** Auspicava la sopravvivenza di un'unica scienza umanistica e organica
- **D** Sosteneva la superiorità delle emozioni e delle sensazioni rispetto al pensiero astratto
- **E** Ha sviluppato una concezione della conoscenza ancora per certi versi attuale

Per quesiti di questo tipo, una buona strategia per rispondere, come accade con molte domande di comprensione dei brani, è quella di tornare a leggere il testo avendo messo a fuoco quale sia il nucleo concettuale su cui complessivamente vertono le opzioni di risposta, in questo caso il pensiero e il contributo di Herder. Si dovrebbero così ritrovare facilmente due passaggi chiave ai fini della soluzione. Nella seconda parte del testo si legge, infatti, che «Herder fonda una ricerca della verità a partire da una visione del mondo basata sulla complessità, che richiede [...] il dialogo tra le scienze e i saperi» – e questo basta per scartare le alternative **A**, **C** e **D**. Poco oltre, Herder è indicato quale «anticipatore dell'attuale necessità [...]», valutazione che conferma quanto proposto dalla risposta **E** (soluzione).

14 **Quale fra le seguenti formulazioni sintetizza più efficacemente quanto espresso nella parte centrale del brano circa la *concezione del mondo* che viene espressa nella seconda metà del Settecento?**

- **A** Si verifica una deriva relativista che frantuma la concezione del mondo tradizionale
- **B** Dallo sviluppo delle conoscenze scientifiche conseguito da molte discipline, ha origine una concezione del mondo laica che comincia ad affermare il primato della ragione sulle sensazioni
- **C** La concezione del mondo canonica, consolidatasi nei secoli precedenti, riesce ancora a imporre limiti agli sviluppi delle singole discipline scientifiche
- **D** Si configura una concezione del mondo caratterizzata dalla frammentazione del sapere, con discipline concorrenti e tensioni contrastanti
- **E** Si osserva la scissione tra la visione del mondo canonizzata che si pretendeva univoca e una concezione del sapere più dialettica

COMPRENSIONE DEL TESTO

Una lettura attenta del brano dovrebbe portare a individuare senza troppe difficoltà la risposta corretta, che è la D. In particolare, la *frammentazione del sapere* citata nella risposta trova riscontro nella frase «la concezione del mondo [...] si disarticola», mentre le *discipline concorrenti* e le *tensioni contrastanti* si riferiscono alla «molteplicità di saperi, spesso contrapposti [...]». Le risposte errate, sono chiaramente smentite dal testo, dal quale recuperano termini e categorie per rimescolarli con esiti poco o per nulla pertinenti.

---

15 In base al testo, quale si può desumere sia l'opinione degli autori nei confronti delle teorie sulla cognizione incarnata citate in apertura?

- A Dal testo non emerge una precisa opinione da parte degli autori dello studio, ma un atteggiamento neutrale che ricostruisce e analizza le diverse teorie e il loro sviluppo nel corso del tempo
- B Gli autori sembrano condividere quanto sostenuto dalle teorie sulla cognizione incarnata e auspicano che possano trovare maggiore diffusione e nuovi sviluppi
- C Gli autori esprimono complessivamente una posizione favorevole nei confronti di una visione organica della conoscenza e l'auspicio che anche i teorici della cognizione incarnata la possano fare propria
- D L'intenzione degli studiosi è quella di mostrare come le teorie della cognizione incarnata non abbiano apportato allo studio della conoscenza contributi significativi, in quanto i loro risultati non fanno che recuperare quanto già espresso da numerose discipline nell'ambito culturale del Settecento tedesco
- E L'auspicio degli autori è quello che i teorici e i ricercatori che hanno lavorato sulla conoscenza incarnata mettano ora a frutto i loro metodi applicandoli a un diverso oggetto di indagine: l'essere umano e la sua mente

PARTE QUARTA

Nelle prime righe del brano gli autori affermano che le teorie della cognizione incarnata godono di numerose verifiche sperimentali, mostrando quindi di ritenerle valide. Trattando il pensiero di Herder, poi, figura di spicco di quell'ambito culturale del Settecento tedesco che essi sostengono abbia precorso tali teorie, gli autori fanno riferimento, in termini evidentemente positivi, a una visione organica della conoscenza, e in particolare all'unitarietà di corpo e mente come postulato fondamentale. Nelle ultime righe, infine, si legge «l'attuale necessità di ricongiungere le prospettive della ricerca per affrontare, grazie alla conciliazione tra i saperi, la più grande delle frontiere conoscitive: l'essere umano e la sua mente», ovvero un auspicio affinché più saperi convergano sull'approccio e le acquisizioni portati dalle teorie della cognizione incarnata, affinché sia possibile conseguire nuovi risultati e nuove conoscenze in un campo che ritengono della massima importanza. La risposta corretta è quindi la B.

Brano 4 In base alle informazioni contenute nel brano seguente, rispondere alle successive domande.

L'incertezza non è sempre un male. Ci piacciono le sorprese, purché siano piacevoli. A molti diverte puntare qualche soldo sulle corse di cavalli e la maggior parte degli sport non avrebbe senso se sapessimo all'inizio chi vincerà. Alcuni futuri genitori ci tengono a non sapere il sesso del nascituro. La maggior parte di noi, sospetto, non vorrebbe conoscere in anticipo la data della propria morte, e tanto meno come si verificherà. Ma queste sono eccezioni. La vita è una lotteria. L'incertezza genera spesso dubbi e il dubbio ci fa sentire a disagio; quindi vogliamo ridurre, o meglio ancora eliminare, l'incertezza. Ci preoccupiamo di che cosa succederà. Teniamo d'occhio le previsioni del tempo, pur sapendo che il tempo è notoriamente imprevedibile e che le previsioni sono spesso sbagliate.

Quando guardiamo le notizie in televisione, leggiamo un giornale o navighiamo in rete, possiamo sentirci sopraffatti dalla nostra ignoranza su quello che succederà. Gli aerei precipitano a caso. Terremoti e vulcani devastano aree rurali e urbane. Il settore finanziario si espande e si contrae, e sebbene si parli di «ciclo di espansione e contrazione», sappiamo solo che dopo un'espansione viene una contrazione e dopo una contrazione viene un'espansione. Non abbiamo idea di quando l'una ceda il passo all'altra. Sarebbe come parlare di «ciclo di pioggia e sereno» e affermare che stiamo prevedendo le condizioni del tempo.

Quando sono imminenti le elezioni teniamo d'occhio i sondaggi sperando di farci un'idea su chi possa vincere. Negli ultimi anni i sondaggi sembrano ancor meno affidabili del solito, ma tuttora riescono a rassicurarci o a infastidirci.

A volte non siamo semplicemente incerti; siamo incerti su quale debba essere l'oggetto della nostra incertezza. Molti di noi si preoccupano dei cambiamenti climatici, ma secondo una minoranza chiassosa è tutta una fandonia, perpetrata dagli scienziati (che in realtà non saprebbero organizzare una fandonia se ne andasse della loro vita), o dai cinesi, o magari dai marziani... scegliete la vostra teoria del complotto preferita. Anche i climatologi che hanno previsto i cambiamenti climatici, però, offrono poche certezze sui loro precisi effetti. Hanno comunque un'idea piuttosto chiara sulla natura generale di questi cambiamenti, che all'atto pratico è più che sufficiente per far suonare i campanelli d'allarme.

Non solo siamo incerti su ciò che ci riserva Madre Natura, ma non siamo nemmeno troppo sicuri di ciò che ci riserviamo noi stessi. Le economie mondiali stanno ancora vacillando per la crisi finanziaria del 2008, mentre le persone che l'hanno causata continuano per lo più ad agire come prima, il che probabilmente provocherà un disastro finanziario ancor più grande. Non sappiamo quasi niente di come prevedere l'andamento della finanza globale.

Dopo un periodo di relativa stabilità (storicamente insolita), la politica internazionale si sta incrinando sempre più e le vecchie certezze barcollano. Le «fake news» sommergono i fatti veri sotto un bombardamento di disinformazione e, com'è prevedibile, quelli che se ne lamentano con più forza sono spesso i responsabili stessi delle falsità. Internet, invece di democratizzare la conoscenza, ha democratizzato l'ignoranza e il fanatismo. Rimuovendo i guardiani, le porte sono rimaste a penzolare dai cardini.

Le faccende umane sono sempre state caotiche, ma anche in ambito scientifico la vecchia idea di una natura che obbedisce a leggi esatte ha lasciato il posto a una visione più flessibile. Possiamo trovare regole e modelli che sono approssimativamente veri (in certi ambiti «approssimativo» significa «con dieci cifre decimali», mentre in altri significa «compreso fra dieci volte più piccolo e dieci volte più grande») ma sono pur sempre provvisori, destinati a modifiche se e quando arrivano nuovi dati. La teoria del caos ci dice che perfino quando qualcosa obbedisce effettivamente a regole rigide, può lo stesso essere imprevedibile. La meccanica quantistica ci dice che, arrivando alle scale minime, l'universo è intrinsecamente imprevedibile. L'incertezza non è solo un segno di ignoranza umana; è ciò di cui è fatto il mondo.

Ian Stewart, *I dadi giocano a Dio? La matematica dell'incertezza*, Einaudi, Torino 2020

---

16 In «La maggior parte di noi, sospetto, non vorrebbe conoscere in anticipo la data della propria morte», *sospetto* è:

- **A** aggettivo
- **B** verbo al participio passato
- **C** sostantivo
- **D** verbo al presente
- **E** aggettivo sostantivato

Il participio passato di *sospettare* in italiano è *sospettato*, la risposta **B** è quindi quella più evidentemente errata. Le altre opzioni invece propongono valori grammaticali che *sospetto* può assumere, ma nel periodo oggetto del quesito è l'autore che, nell'inciso posto tra virgole, *sospetta*, cioè ipotizza che generalmente non si voglia conoscere la data della propria morte. Si tratta quindi della prima persona del tempo presente del verbo sospettare. La **D** è la risposta corretta.

COMPRENSIONE DEL TESTO

17 In base al testo, qual è l'opinione dell'autore circa i cambiamenti climatici?

- **A** È inutile preoccuparsi dei cambiamenti climatici, perché sono solo una delle molte ipotesi incerte che la scienza moderna elabora a partire da leggi flessibili, avendo abbandonato l'idea di una natura che risponde a leggi deterministiche
- **B** Chi si preoccupa per i cambiamenti climatici è vittima di una delle numerose teorie del complotto e fake news che circolano in Internet
- **C** Anche se gli scienziati non sono in grado di prevedere precisamente quali effetti potranno avere i cambiamenti climatici, è ragionevole preoccuparsene e cercare di correre ai ripari, perché è piuttosto sicuro che ci saranno e che avranno conseguenze negative
- **D** La minoranza chiassosa che si mobilita per chiedere provvedimenti che possano contrastare i cambiamenti climatici agisce sulla base di teorie scientifiche cui andrebbe dato ascolto, ma deve confrontarsi con gli effetti sull'opinione pubblica di un bombardamento di disinformazione
- **E** È necessario che la scienza riduca l'incertezza circa il possibile verificarsi di cambiamenti climatici e l'entità degli effetti che gli stessi potrebbero avere, altrimenti continueranno a circolare fake news e teorie del complotto che è impossibile screditare una volta per tutte

I cambiamenti climatici sono citati nella parte centrale del brano. L'autore li introduce per esemplificare i casi in cui non solo siamo incerti, ma siamo addirittura «incerti su quale debba essere l'oggetto della nostra incertezza». Nello sviluppo dell'argomentazione, però, emerge che chi considera i cambiamenti climatici una «fandonia» è vittima di una delle molte teorie del complotto che circolano nei media (l'opposto di quanto affermato dalla risposta **B**, errata). L'incertezza cui l'autore fa riferimento in merito ai cambiamenti climatici è invece quella circa i loro effetti, perché «i climatologi che hanno previsto i cambiamenti climatici, [...] offrono poche certezze sui loro precisi effetti»; nondimeno, egli non nutre dubbi sul fatto che quanto gli scienziati ci sanno dire in merito «è più che sufficiente per far suonare i campanelli d'allarme», ovvero per cercare di correre ai ripari, come afferma la risposta **C** (soluzione).

18 Perché, nel secondo paragrafo, l'autore traccia un paragone tra il «ciclo di espansione e contrazione» e il «ciclo di pioggia e sereno»?

- **A** Perché entrambi i cicli sono chiaramente caratterizzati da una situazione positiva (rispettivamente, l'espansione e il sereno) e una negativa (la contrazione e la pioggia), così che chiunque può ritenere auspicabile quella positiva e deprecabile quella negativa e condividere quindi le medesime aspettative
- **B** Perché quello che sappiamo prevedere del ciclo finanziario è solo che dopo una contrazione ci sarà prima o poi un'espansione, così come dopo la pioggia prima o poi si rasserenerà
- **C** Perché il paragone con qualcosa che conoscono tutti, come le condizioni meteorologiche, gli è utile per spiegare in termini più accessibili i meccanismi dei cicli finanziari
- **D** Perché le previsioni del tempo elaborate dai meteorologi e le analisi finanziarie prodotte dagli analisti sono allo stesso modo inaffidabili e quasi sempre sbagliate
- **E** Perché vuole introdurre nell'esposizione un elemento di leggerezza legato alla vita quotidiana di chiunque, in modo da dare al testo un respiro più disteso e un tono più accessibile

La risposta corretta è la **B**. Se si rilegge il testo nel punto in cui l'autore cita i due cicli e li mette in relazione, risulta evidente che il senso è proprio quello di lamentare l'impossibilità di fare previsioni sul ciclo finanziario che non si limitino ad affermare che contrazione ed espansione si alternano, così come si alternano la pioggia e il sereno, senza saper dire quando ciò accadrà (il che è quello che più conterebbe sapere e che renderebbe davvero tale una "previsione").

PARTE QUARTA

19 L'oggetto principale del brano è l'incertezza. Quali fra le seguenti affermazioni riguardo all'incertezza non sono coerenti con le riflessioni che l'autore sviluppa nel brano?

1. Il più delle volte, nelle faccende della nostra vita, l'incertezza è un dato essenziale e piacevole.

2. Solo una parte dell'incertezza che sperimentiamo è frutto della nostra ignoranza.

3. In ultima analisi, non vi sono cose che possiamo considerare del tutto e definitivamente certe e prevedibili.

4. Il progresso scientifico può sia ridurre, sia aumentare il tasso di incertezza presente nella nostra comprensione dei fenomeni.

5. È soprattutto in ragione della nostra curiosità che siamo spinti a cercare di ridurre l'incertezza.

A La 1 e la 5
B La 1, la 3 e la 5
C La 2 e la 5
D La 1 e la 4
E La 4 e la 5

Per stabilire quali, tra quelle proposte, siano affermazioni che contrastano con quanto l'autore esprime nel testo relativamente all'incertezza, conviene verificarle a una a una. La prima affermazione trova facilmente una smentita nella parte iniziale, quando l'autore effettivamente cita casi in cui l'incertezza risulta piacevole ed è una parte irrinunciabile della nostra esperienza, ma si tratta di eccezioni, come il testo dice chiaramente. La seconda, la terza e la quarta affermazione, invece, sono vere, e lo sono in ragione di un medesimo nucleo concettuale esposto nel testo, ovvero che l'incertezza è anche «ciò di cui è fatto il mondo» e, perciò, non è dovuta soltanto alla nostra ignoranza (seconda affermazione), né può essere del tutto eliminata dal progresso scientifico, che anzi può portare a riconoscerla anche in ambiti che prima si ritenevano certi (quarta affermazione), come è accaduto con la rinuncia in ambito scientifico all'idea della natura «che obbedisce a leggi esatte» e con l'imprevedibilità scoperta dalla meccanica quantistica, e come accade pure con la teoria del caos, che ci costringe ad ammettere che «perfino quando qualcosa obbedisce effettivamente a regole rigide, può lo stesso essere imprevedibile» (terza affermazione). La quinta affermazione, invece, anche se potrebbe trarre in inganno, perché plausibile, è errata, in quanto nelle ultime righe del primo paragrafo l'autore collega chiaramente la nostra spinta a eliminare l'incertezza ai dubbi, e quindi al disagio che essa ci provoca. Le affermazioni che non sono coerenti con il testo sono perciò la 1 e la 5 e la risposta corretta è dunque la A. Si noti che, stabilito che la prima affermazione è errata, si possono scartare subito le risposte C ed E (non vi compare il numero 1) e tralasciare di conseguenza la verifica della seconda affermazione.

20 Nell'ultimo paragrafo, in «La meccanica quantistica ci dice che, arrivando alle scale minime, l'universo è intrinsecamente imprevedibile», *scale minime* è una espressione che indica:

A le sostanze essenziali
B le minori frequenze elettromagnetiche
C le più piccole dimensioni
D le velocità prossime allo 0
E le molecole elementari

La risposta corretta è C. La meccanica quantistica descrive in termini di probabilità statistica il comportamento dei sistemi di dimensioni atomiche o subatomiche, quindi "minime". Anche senza avere conoscenze approfondite circa questa teoria, non dovrebbe essere troppo difficile rispondere correttamente procedendo per esclusione.

Brano 5 **In base alle informazioni contenute nel brano seguente, rispondere alle relative domande.**

La critica storica ha ormai confutato l'opinione un tempo comune secondo la quale non vi sarebbe stato alcun reale progresso scientifico e tecnologico nell'età medioevale. Il periodo successivo al secolo XII fu infatti caratterizzato da uno sviluppo rapido e pressoché ininterrotto che non si esaurì neppure con il sopraggiungere della grande crisi economica e demografica dovuta alla peste nera. Sul piano culturale, con il sorgere delle università si crearono dei centri per lo studio delle scienze naturali, studio che si basava in gran parte (ma non esclusivamente) sulle opere degli antichi greci. La tecnologia ricevette un forte impulso dallo sfruttamento di forze naturali quali l'acqua e il vento, dall'adozione di macchinari tessili e di una metallurgia più efficiente, nonché dal diffondersi di invenzioni più recenti come l'orologio meccanico, la bussola e la polvere da sparo, che aprirono una nuova era nella produzione, nel commercio e nella strategia militare. Naturalmente, si può obiettare che era ancora necessario smantellare buona parte delle dottrine elaborate nell'Alto Medioevo perché le nuove idee e i nuovi metodi si potessero affermare nel campo della scienza e della medicina e, inoltre, che bisognava rivoluzionare le pratiche dell'artigianato medioevale perché si potesse sviluppare una società moderna. Ciononostante, le conquiste raggiunte in ciascun campo verso la fine del secolo XV costituirono un salto di qualità, rispetto agli standard prevalenti all'epoca di Carlo Magno, paragonabile soltanto a quello provocato dall'avvento della scienza e della tecnologia nel secolo XIX. Senza questo stadio intermedio, non avremmo avuto né la rivoluzione scientifica del secolo XVII, né la rivoluzione industriale del secolo XVIII.

Il riconoscimento di questi progressi è determinante per l'impostazione iniziale del nostro lavoro, in quanto sarebbe un errore attribuire tutti i mutamenti fondamentali della scienza e della tecnologia sia all'originalità senza precedenti del pensiero moderno, sia esclusivamente al gioco deterministico dei fattori economici. Nessuno di questi campi conobbe mai un momento di profonda e violenta transizione; al contrario, i cambiamenti si verificarono gradualmente a mano a mano che nuovi metodi e nuove idee mostrarono la loro validità; alcuni orientamenti dell'età medioevale ebbero applicazione concreta, mentre altri vennero abbandonati.

Contrariamente a quel che si può credere, neppure il fenomeno delle nuove invenzioni – che pure fu un attributo fondamentale della scienza e della tecnologia dell'Europa occidentale durante la prima fase dell'età moderna – produsse, se non raramente, mutamenti repentini nella vita economica o scientifica. Un aspetto basilare della progressiva differenziazione tra il mondo medioevale e quello moderno forma il tema centrale di questo capitolo. Si tratta del rapporto tra il filosofo e l'artigiano, o, in termini moderni, tra lo scienziato e il tecnico. Troppo spesso si è ritenuto, in maniera alquanto sbrigativa, che la frattura esistente nella società medioevale tra le due rispettive funzioni fosse essa stessa, in gran parte, la causa sia della sterilità della scienza che del livello rudimentale della tecnica. Si è finito in tal modo con il concludere che un duplice progresso ha avuto origine in tempi moderni dalla consapevolezza dei forti legami e della comunanza di interessi tra queste due funzioni: la scienza ha smesso di essere speculativa e la tecnologia è divenuta oggetto di analisi più serie. Di qui, il luogo comune che lo sviluppo tecnologico richieda un parallelo incoraggiamento della scienza "pura" e costituisca il requisito essenziale di una produzione efficiente. Il pericolo implicito in questa concezione è l'idea che la tecnologia si sviluppi sempre e soltanto se "guidata" dalla scienza, e, per converso, che la scienza avanzi soltanto se stimolata dai bisogni tecnici.

Ma, nel passato, le cose andarono ben diversamente. Nel Medioevo e nel Rinascimento, tale relazione tra lo studio e il controllo della Natura a scopi umani venne riconosciuta solo in alcuni casi, tra cui quello dell'utilità di appurare le proprietà delle erbe nella cura delle malattie. Tuttavia questa connessione non venne ignorata per mera ottusità mentale, ma perché le condizioni oggettive le toglievano ogni reale valore. In effetti, le forme di ricerca scientifica allora in voga e i confusi processi di un artigiano tradizionale avevano così poco in comune che certamente nessun vantaggio sarebbe risultato da una più stretta collaborazione. Solo in alcuni casi molto limitati, la ricerca scientifica si rivelava utile a scopi pratici, come per esempio nell'applicazione dell'astronomia alla navigazione oceanica nel secolo XV, oppure determinati bisogni pratici suggerivano ai filosofi "naturali" concreti problemi da risolvere.

Benché la descrizione sistematica dei procedimenti commerciali sia cominciata soltanto nel corso del secolo XVII, buona parte delle nostre conoscenze in fatto di tecnologia dell'età medioevale e della prima fase dell'età moderna risale ai resoconti dei mestieri dell'epoca redatti da uomini di cultura. Che tali scrittori, malgrado l'interesse che portavano per questo argomento, non siano stati in grado di fornire un'analisi esauriente delle tecniche degli artigiani, ci dà la misura della frattura esistente tra la teoria e la pratica. Era dunque necessaria una lunga serie di mutamenti indipendenti e interi stadi di sviluppo sia nella scienza che nella tecnologia perché queste due discipline potessero completarsi a vicenda. Lo scienziato doveva ancora imparare l'importanza di un esame rigoroso dei fatti, del metodo sperimentale e della prudenza nella formulazione di teorie generali. Soltanto dopo aver acquisito una rigorosa base sperimentale, meccanica, fisica e chimica egli poté chiarire i relativi procedimenti tecnici. D'altra parte, perché la scienza trovasse pratica applicazione era pur sempre necessario un certo livello di organizzazione tecnica ed economica.

Lo sviluppo di una produzione su larga scala, la ricerca di nuove fonti energetiche, di macchinari più elaborati, e di procedimenti chimici più complessi, gli effetti della competizione e la ricerca di un'autosufficienza nazionale, tutte queste cose messe insieme contribuirono a suscitare l'esigenza dell'analisi scientifica e di tecniche più sistematiche. Durante il periodo in questione la scienza si sviluppò in modo del tutto indipendente dalla tecnologia; solo negli ultimi anni la figura dello scienziato sperimentale fu finalmente in grado, in alcuni casi, di assumersi l'iniziativa di nuove invenzioni. Verso la fine del secolo XVIII questa grave frattura tra scienza e tecnologia cominciò a colmarsi, e tra le due discipline ebbe inizio una fase reale di collaborazione; ma fino a quel momento i loro rispettivi problemi e il loro autonomo sviluppo erano stati più importanti di qualsiasi occasionale interconnessione.

---

21 Nelle ultime due righe del primo paragrafo, nell'espressione «né la rivoluzione scientifica» il monosillabo *né* è:

- **A** particella pronominale
- **B** avverbio di moto da luogo
- **C** complemento partitivo
- **D** complemento di specificazione
- **E** congiunzione

In italiano, di norma i monosillabi NON si accentano (*su*, *qua*, *qui*, *sto*, *do*, *fu* ecc.); tuttavia in alcuni casi parole monosillabiche si distinguono solo grazie all'accento da forme altrimenti omografe. Anche il monosillabo *né* si presenta accentato solo in quanto non deve essere confuso con il monosillabo (non accentato) *ne*. Quest'ultimo può essere una *particella pronominale* – assumendo a seconda dei contesti il valore di diversi complementi, tra cui anche di specificazione o partitivo – sia un avverbio di moto o di allontanamento. La risposta esatta può dunque essere solo la **E**: in quanto accentato, *né* è una congiunzione negativa copulativa (= e non) che, nel contesto, è anche correlativa (*né la rivoluzione scientifica [...] né la rivoluzione industriale*).

---

22 Nel brano trovano espressione tutte le seguenti affermazioni tranne una. Quale?

- **A** Sono rari i casi in cui, nel Medioevo e nel Rinascimento, la ricerca scientifica si è rivelata utile a scopi pratici
- **B** La connessione tra scienza e tecnica nel periodo medioevale e rinascimentale venne ignorata a causa della sostanziale separazione di metodi e processi utilizzati nei due rami
- **C** Le nostre conoscenze relative alla tecnologia medioevale derivano da descrizioni dei mestieri, stilate dai dotti dell'epoca
- **D** L'utilizzo delle erbe nella cura delle malattie è un esempio efficace delle frequenti applicazioni concrete della ricerca scientifica medioevale
- **E** Descrizioni sistematiche dei procedimenti commerciali risalgono solo al Seicento

Gli ultimi tre paragrafi del testo argomentano ripetutamente che in età medioevale i contatti tra scienza e tecnologia sono stati assai rari: le varie affermazioni proposte riguardano proprio questo concetto. Quanto è riportato nell'opzione **A** si ricava in particolare dal quarto paragrafo (*Solo in alcuni casi molto*

COMPRENSIONE DEL TESTO

limitati, la ricerca scientifica si rivelava utile a scopi pratici); anche la B trova riscontro nel medesimo paragrafo (*le forme di ricerca scientifica … e i confusi processi di un artigiano tradizionale avevano così poco in comune che certamente nessun vantaggio sarebbe risultato da una più stretta collaborazione*); la E e la C riprendono quanto si legge nelle prime righe del quinto paragrafo (rispettivamente, *la descrizione sistematica dei procedimenti commerciali è cominciata soltanto nel corso del secolo XVII; buona parte delle nostre conoscenze di tecnologia dell'età medioevale e della prima fase dell'età moderna risale ai resoconti dei mestieri dell'epoca redatti da uomini di cultura*). L'unica affermazione che non trova riscontro nel brano è dunque la D che fraintende un punto del quarto paragrafo (*tale relazione tra lo studio e il controllo della Natura a scopi umani venne riconosciuta solo in alcuni casi, tra cui quello dell'utilità di appurare le proprietà delle erbe nella cura delle malattie*).

23 Riferendosi al «*gioco deterministico dei fattori economici*» l'autore intende:

- A ricordare il ruolo fondamentale, in ogni epoca, dei finanziamenti alla ricerca scientifica
- B affermare che il mutamento nella struttura economica della società fu la determinante leva per l'improvviso sviluppo della scienza in epoca moderna
- C rivendicare il ruolo che la tecnologia ebbe per lo sviluppo dell'economia in termini moderni
- D affermare che fu una combinazione di fattori puramente economici a consentire il superamento delle dottrine elaborate nel Medioevo
- E escludere una lettura dei progressi scientifici e tecnologici quali conseguenze di fenomeni esclusivamente di tipo economico

PARTE QUARTA

L'espressione riportata si trova nel secondo paragrafo del brano, che si apre con un'affermazione relativa all'impostazione con cui è stato condotto lo studio. In tale impostazione, spiega l'autore, si sono voluti mantenere entro termini relativi e circoscritti sia l'originalità senza precedenti del pensiero moderno sia il peso attribuito ai fattori economici. Entrambi gli elementi, cioè, sono riconosciuti come importanti variabili del processo storico e culturale considerato, ma nello stesso tempo si è voluto dare rilievo al progresso e scientifico e tecnologico precedenti agli sviluppi dell'età moderna. Tenerne conto significa escludere l'attribuzione automatica di tale sviluppo ai soli elementi di crescita economica. La risposta corretta è pertanto la E, mentre la B e la D sono errate proprio perché non coerenti con tale impostazione; la A e la C sono da escludere in quanto non pertinenti.

24 L'autore ritiene che:

- A le nuove invenzioni della prima fase dell'età moderna contribuirono a migliorare rapidamente la vita economica e scientifica dell'Europa occidentale
- B il progresso scientifico e tecnologico avanza rapidamente in corrispondenza delle scoperte più rilevanti, per poi attenuare il proprio sviluppo e attraversare fasi statiche durante le quali i progressi vengono assimilati e pienamente utilizzati
- C il periodo dal Medioevo all'epoca moderna rappresenta uno stadio intermedio, in termini di sviluppo scientifico e tecnologico, che ha favorito la rivoluzione scientifica del secolo XVII e quella industriale del secolo XVIII
- D la frattura tra scienza e tecnica nel Medioevo rappresenta la causa dell'astrattezza della ricerca scientifica e della rudimentalità dei processi tecnologici del periodo
- E una collaborazione più intensa tra scienza e tecnica nel periodo medioevale avrebbe sensibilmente beneficiato entrambe

La risposta esatta è la C. Infatti, al termine del primo paragrafo, l'autore afferma esplicitamente che il Medioevo rappresenta uno stadio intermedio senza il quale non sarebbero state possibili «*né la rivoluzione scientifica del secolo XVII, né la rivoluzione industriale del secolo XVIII*». L'alternativa A è errata in quanto l'inizio del terzo paragrafo afferma che «*il fenomeno delle nuove invenzioni della prima fase dell'età moderna non produsse, se non raramente, dei mutamenti repentini nella vita economica o scientifica*». La B lo è perché l'autore afferma, nel secondo paragrafo, che i progressi della scienza e della tecnica non avvengono a salti, cioè seguendo violente e profonde transizioni, ma piuttosto si verificano «*gradualmente man mano che nuovi metodi e nuove idee mostrano la loro validità».* L'opzione **D** è pure da escludere: a metà del terzo paragrafo, infatti, si afferma il contrario: «*troppo spesso si è ritenuto, in maniera alquanto sbrigativa, che la frattura esistente…*». L'alternativa **E**, infine, è errata in quanto a metà del quarto paragrafo si legge: «*le forme di ricerca scientifica allora in voga e i confusi processi di un artigiano tradizionale avevano così poco in comune che certamente nessun vantaggio sarebbe risultato da una più stretta collaborazione*».

---

25 I «filosofi naturali» citati al termine del quinto paragrafo sono:

- **A** gli scienziati teorici del XV secolo
- **B** gli uomini di cultura che stesero resoconti sui mestieri di età medioevale
- **C** gli intellettuali secondo cui la scienza deve guidare la tecnica
- **D** gli artefici della rivoluzione scientifica del XVII secolo
- **E** gli artigiani di età rinascimentale

Nel terzo paragrafo l'autore argomenta come, in ambito scientifico e tecnologico, un aspetto rilevante nel passaggio dall'età medioevale a quella moderna è stata l'evoluzione del rapporto tra *filosofo* e *artigiano*, che si trasformano rispettivamente nelle figure "moderne" dello *scienziato* e del *tècnico*. Con il termine *filosofo* il testo indica perciò la figura dello studioso di problemi del mondo naturale, spiegando come, ancora nel XV secolo, le interazioni tra i due campi erano rare, e solo talvolta gli studiosi della natura sceglievano l'oggetto delle proprie ricerche sulla scorta di un bisogno pratico. La risposta corretta è **A**.

Brano 6 In base alle informazioni contenute nel brano seguente, rispondere alle relative domande.

[1] Bramante e i suoi collaboratori – Peruzzi, Antonio da Sangallo, Raffaello – progettano i nuovi monumenti della Roma cristiana secondo la stessa misura gigantesca dei monumenti antichi: il nuovo San Pietro, che è un enorme tempio a pianta centrale, coronato da una cupola grande come il Pantheon, il nuovo Palazzo Vaticano, che avrebbe dovuto presentare verso la città una facciata colossale a logge, come il Settizonio (un frammento di questa facciata è il loggiato del cortile di San Damaso); il cortile a gradoni per collegare il Palazzo Vaticano con la Villa del Belvedere, lungo più di 300 metri e organizzato come un unico ambiente prospettico.

[2] Il tessuto umile e aggrovigliato della città medioevale è tagliato senza esitazione per far posto a nuove strade rettilinee e a nuovi edifici regolari (anche qui come a Ferrara si valuta il contrasto tra la città medioevale e la città moderna; ma si distrugge il tessuto medioevale, sovrapponendo i nuovi tracciati regolari a quelli antichi irregolari). Presso le rive del Tevere si aprono due strade diritte: via della Lungara e via Giulia (dove Bramante comincia a costruire l'immenso Palazzo dei Tribunali); ai limiti dell'abitato si ripristina il rettifilo romano del Corso, e si progetta un nuovo sistema di tre strade rettilinee (il Corso, via Ripetta e via del Babuino), che convergono a Porta del Popolo dove si entra in città da nord. Questo ambizioso programma è modificato e interrotto dagli avvenimenti decisivi – politici, religiosi e culturali – dei primi decenni del Cinquecento.

[3] Nel 1513 muore Giulio II e nel 1514 Bramante. Il nuovo papa Leone X, della famiglia Medici, divide i suoi interessi tra Roma e Firenze; la vita culturale romana è dominata da Raffaello, che dirige una vasta organizzazione di esecutori e svolge contemporaneamente molti compiti diversi: segue i lavori urbanistici e edilizi, sorveglia il ritrovamento delle opere d'arte e delle iscrizioni antiche, esegue pitture e decorazioni, allestisce spettacoli teatrali, fornisce i modelli di scrittura alla cancelleria papale. Questo metodo di lavoro collettivo – contrastante con l'individualismo dei più importanti artisti e scrittori del tempo – sembra adatto a realizzare finalmente uno stile moderno coerente e trasmissibile. Ma nel 1520 Raffaello muore a trentasette anni e nello stesso periodo cambia bruscamente l'equilibrio politico e culturale: nel 1519 Carlo V è eletto imperatore; nel 1520 la scomunica di Lutero rende inevitabile lo scisma protestante; nel 1521 muore Leone X e i suoi successori devono ormai difendere l'indipendenza di Roma dalla crescente potenza imperiale. Nel 1527 Roma e il Vaticano sono occupati da un esercito protestante agli ordini di Carlo V, che saccheggia la città come al tempo dei barbari.

26 In base a [1] e [2], il progetto coordinato da Bramante:

A prevedeva una coesistenza armonica tra città medioevale e città moderna
B preferiva i tracciati rettilinei a quelli irregolari
C prevedeva la costruzione del palazzo dei Tribunali lungo il rettifilo romano del Corso
D prevedeva un sistema di tre strade rettilinee situate a sud di Roma
E presentava interventi analoghi a quelli realizzati con il rinnovamento urbanistico di Ferrara

Il paragrafo **[2]** del brano consente di scartare la risposta A (se la città moderna *distrugge* il tessuto medioevale, non può esservi assolutamente coesistenza armonica tra i due elementi). La risposta B è invece concorde con quanto affermato nel primo periodo del medesimo paragrafo ed è dunque la soluzione del quesito. D'altro canto, le risposte C e D si escludono facilmente in base alle altre informazioni presenti in **[2]**: il Palazzo dei Tribunali viene costruito lungo la via Giulia, nei pressi del Tevere, e non lungo il rettifilo romano del Corso; le tre strade rettilinee citate puntano verso la porta di accesso a nord e non a sud di Roma. Allo stesso modo, la E è palesemente in contraddizione con il testo, che cita Ferrara per rimarcare che a Roma si perviene a un differente trattamento del preesistente impianto medioevale: esso viene distrutto a favore di nuovi tracciati regolari (e di nuovo si giunge a B come risposta esatta).

27 Il programma per Roma di Bramante e dei suoi collaboratori:

A venne portato a termine nei primi due decenni del 1500
B venne portato a termine grazie a un nuovo metodo di lavoro
C contrapponeva nuove e più ridotte proporzioni rispetto a quelle caratteristiche di monumenti antichi come il Pantheon
D subì diverse modifiche in rapporto agli avvenimenti politici e religiosi
E viene vanificato dal sacco di Roma

Sulla base di **[2]** si escludono le risposte A e B: il progetto di Bramante non viene portato a termine, bensì si interrompe e si modifica nei primi decenni del secolo. La risposta C si scarta facilmente sulla scorta delle prime righe del brano, in cui si dice che Bramante e collaboratori pensano per la Roma cristiana a monumenti giganteschi come quelli antichi. Anche la E va esclusa, perché la calata dei Lanzichenecchi a cui il testo accenna alla fine di **[3]** riguarda la fine degli anni Venti. La D è dunque la risposta esatta al quesito: al termine del paragrafo **[2]** si legge infatti che il programma del Bramante fu interrotto e modificato da decisivi avvenimenti politici, religiosi e culturali dei primi decenni del Cinquecento.

28 Tra gli ostacoli alla realizzazione del progetto di Bramante, il brano NON indica:

A la morte dell'artista
B la morte di papa Giulio II
C l'elezione di Carlo V a imperatore
D la scomunica di Lutero e lo scisma protestante
E il tessuto umile e aggrovigliato del piano urbano cittadino

Al termine di **[2]** si legge che il progetto complessivo concepito da Bramante subì modifiche e interruzione a causa di diversi avvenimenti nei primi decenni del secolo. In **[3]** questi avvenimenti sono dettagliati e le alternative A, B, C e D li riportano correttamente. La risposta da indicare è dunque la E: il groviglio dell'impianto viario medioevale non è indicato in **[2]** tra gli ostacoli alla realizzazione del nuovo programma urbanistico.

29 Il Pantheon citato nel paragrafo [1] è:

- **A** il mausoleo progettato da Bramante per Giulio II
- **B** il nome del nuovo palazzo Vaticano
- **C** un monumento simbolo dell'architettura rinascimentale fiorentina
- **D** un tempio romano di epoca imperiale
- **E** una basilica paleocristiana

Un primo *Pantheon* (in greco "[tempio] di tutti gli dei") fu edificato a Roma in epoca augustea, nel 27 a.C., dal console Agrippa. Andato distrutto, sullo stesso sito fu fatto ricostruire dall'imperatore Adriano tra il 120 e il 124 d.C. Si tratta di uno dei monumenti più noti e meglio conservati di Roma antica, come indicato dall'alternativa **D**, soluzione del quesito. Viene citato nel paragrafo **[1]** del brano come uno dei monumenti romani cui Bramante si ispirò, segnatamente per le dimensioni della cupola della nuova San Pietro.

30 Stando al testo, dopo la morte di Bramante e Giulio II:

- **A** il nuovo artefice degli interventi urbanistici a Roma è Raffaello, rivale di Bramante
- **B** sono i collaboratori di Bramante a ridefinire lo stile dei nuovi palazzi romani
- **C** è Raffaello, già collaboratore di Bramante, il nuovo protagonista della vita culturale romana
- **D** Raffaello svolge contemporaneamente molti compiti diversi e non riesce a dirigere la vasta organizzazione di esecutori
- **E** diversi giovani architetti emergenti, tra i quali Raffaello, Peruzzi e Antonio da Sangallo, si contendono il favore del nuovo Papa

All'inizio del paragrafo **[3]** si legge chiaramente che, morto Bramante, Raffaello «domina la vita culturale romana»: la soluzione al quesito si individua dunque nell'alternativa **C**. Le altre alternative sono costruite in modo da giustapporre una informazione effettivamente contenuta nel testo con un dato tale da invalidare l'affermazione. Per esempio, la **A** indica correttamente Raffaello come nuovo referente ma lo definisce erroneamente rivale di Bramante (la prima riga del testo cita Raffaello tra i collaboratori di Bramante). La **D** è corretta dove cita l'impegno su più fronti di Raffaello, ma falsa quando ne deduce l'impossibilità di dirigere l'organizzazione dei lavori; la **E** cita correttamente i collaboratori di Bramante ma introduce un elemento di rivalità di cui il testo non parla mai. Anche la **B** riporta una affermazione assente nel brano.

31 Il metodo di lavoro di Raffaello, descritto nel paragrafo [3]:

- **A** era in sintonia con l'individualismo di altri importanti uomini di cultura del suo tempo
- **B** ebbe modo di essere trasmesso e diffuso nella seconda metà del Cinquecento
- **C** prevedeva di seguire contemporaneamente più compiti in diversi ambiti culturali
- **D** si ispirava alla meticolosità organizzativa di Bramante
- **E** gli permise di ridefinire il volto di Roma in modo armonico e complessivo

La risposta esatta è la **C**. Infatti, quando brano parla di Raffaello (a metà circa del paragrafo **[3]**), dettaglia i diversi compiti che l'artista svolgeva contemporaneamente: nell'ambito dell'urbanistica, nel ritrovamento di opere d'arte antiche, nell'esecuzione di dipinti, negli allestimenti a teatro ecc. Ciò risultava possibile solo in forza di una collaborazione e di un coordinamento di più persone e gruppi di lavoro, un metodo di lavoro, aggiunge poco più avanti il testo, *contrastante con l'individualismo dei più importanti artisti e scrittori del tempo*. La risposta **A** è dunque evidentemente errata, mentre le affermazioni proposte dalle alternative **B** e **D** non sono affatto contenute nel brano, così come la **E**, che può essere esclusa anche per la prematura morte di Raffaello nel 1520.

32 Il cortile che collega il Palazzo del Vaticano con la Villa del Belvedere:

A è situato nella parte nord di Roma

B è organizzato secondo più prospettive

C ha dimensioni imponenti

D si trova vicino alle rive del Tevere

E è porticato sui lati lunghi

Nel paragrafo [1] si legge che Bramante progettò «i nuovi monumenti della Roma cristiana secondo la stessa misura gigantesca dei monumenti antichi». Tra gli esempi citati di tali dimensioni, vi è anche il cortile tra Palazzo Vaticano e Villa Belvedere, lungo oltre 300 metri. Tale informazione equivale a quella fornita dalla risposta C.

33 In base a quanto ricostruito nel paragrafo [3], si può affermare che la centralità della figura di Raffaello nelle vicende artistiche romane:

A dura più di 10 anni, dalla morte di Bramante a quella di Leone X

B dura meno di 5 anni e ha fine con la morte di Giulio II

C si impone alla morte di Bramante e si protrae nei pontificati di Giulio II e di Leone X

D dura poco più di 5 anni, dalla morte di Bramante a quella di Raffaello stesso

E ha termine quando l'artista deve lasciare la città per sfuggire al saccheggio di Roma

Per individuare la risposta corretta è utile evidenziare eventi e date riportati nel paragrafo **[3]**: 1513 - morte Giulio II; 1514 - morte Bramante; 1519 - Carlo V imperatore; 1520 - morte Raffaello; 1521 - morte Leone X; 1527 - Sacco di Roma. Così facendo, è semplice osservare che – se Raffaello muore nel 1520, cioè prima sia di Giulio II sia di Leone X – si scartano facilmente le alternative A, B e C; palesemente errata è anche la E: il saccheggio di Roma a opera dei lanzichenecchi nel 1527 è successivo alla morte dell'artista. Resta dunque la D, risposta corretta, a indicare l'intervallo temporale tra la morte di Bramante nel 1514 e quella di Raffaello nel 1520.

34 Nel contesto del paragrafo [2], l'espressione «tessuto umile e aggrovigliato» può essere riformulata al meglio come:

A l'intreccio di vie strette e disordinate

B la stoffa dimessa e ingarbugliata

C il tracciato vecchio e sporco delle strade

D la mappatura antica e difforme

E l'abito inzaccherato e di poco pregio

In questo genere di quesiti, è importante valutare le alternative proposte in base al contesto da cui è tratta l'espressione di cui viene chiesta la riformulazione o il significato. Nel caso in esame, il paragrafo **[2]** descrive il tipo di intervento urbanistico attuato da Bramante e collaboratori, che consisteva nel sovrapporre alla pianta medioevale della città – fatta di vie irregolari (vedi *aggrovigliato*) e prive di rilievo architettonico (vedi *umile*) – un tracciato di lunghe strade rettilinee e ampie. Si possono dunque escludere le due opzioni B ed E che non tengono in alcun conto la metafora per cui il termine *tessuto* indica un fitto impianto di vie. Per le restanti alternative, bisogna valutare il modo in cui sono stati sciolti i due aggettivi *umile* e *aggrovigliato*: in C va totalmente persa l'idea di irregolarità negli incroci delle strade, mentre D introduce il concetto di antichità che l'espressione originale non ha. La riformulazione più rispettosa dell'espressione di partenza è dunque quella proposta da A.

35 **Nella frase «anche qui come a Ferrara si valuta il contrasto tra la città medioevale e la città moderna» (paragrafo [2]) *qui*:**

- **A** si riferisce alla città di Ferrara
- **B** è un pronome che indica il progetto di Bramante
- **C** è un pronome che indica il progetto di Raffaello
- **D** è un connettivo logico del discorso
- **E** è un avverbio che rimanda alla città di Roma

Per risolvere correttamente l'esercizio, è sempre necessario considerare la frase nel suo contesto. Sapendo che l'intero brano tratta degli interventi urbanistici sulla città di Roma (e non di Ferrara: **A** da escludere) e ricordando che *qui* è, grammaticalmente, un avverbio (e non un pronome, né un connettivo: **B**, **C**, **D** errate), si individua **E** come risposta corretta.

Brano 7 **In base alle informazioni contenute nel brano seguente, rispondere alle relative domande.**

Se mi assumessi il risultato e dicessi al lettore: «Tale è il mio carattere», ... **[1]**... credere, se non addirittura che lo inganno, almeno che mi inganno. Ma raccontandogli particolareggiatamente quanto m'è occorso **[A]**, quanto ho fatto, tutto ciò che ho pensato, tutto ciò che ho sentito, non posso indurlo in errore **[2]** (a meno che, per qualche ragione, non lo voglia e anche volendo non vi riuscirei facilmente in questo modo. Sta in lui di riunire quegli elementi e di determinare l'essere che compongono **[3]** il risultato sarà l'opera sua; e se allora s'ingannerà, tutto lo sbaglio sarà suo. Ora, a tal fine non basta che i miei racconti siano fedeli al vero, **[4]** pure che siano esatti. Spetta a me giudicare l'importanza dei fatti. Non credo, ma penso piuttosto di dover esporre tutti gli episodi verificatisi con tale sincerità ... **[5]**... esporre anche le cose più spiacevoli. Mi ci sono applicato sin qui con tutto il mio coraggio, né me ne stancherò in seguito; ma i ricordi dell'età di mezzo sono sempre meno vivaci di quelli della prima giovinezza. Ho cominciato col trarre da questi il miglior partito che m'è stato possibile e, se gli altri mi tornano alla mente con la medesima forza, forse qualche lettore ... **[6]** ... ma io non sarò scontento del mio lavoro. Da questa mia impresa non ho da temere che un'unica cosa: non dire troppo o dir menzogne, bensì di non dire tutto e di tacere qualche verità. **[7]** sia avanti con gli anni, mi sento più giovane di un ragazzino.

36 **Quale parola va inserita in corrispondenza dei puntini indicati con [1]?**

- **A** può
- **B** poteva
- **C** potesse
- **D** potrebbe
- **E** avrebbe potuto

La prima frase del brano è un periodo ipotetico, è cioè l'unione di una subordinata (o più) che pone una *condizione* al verificarsi di quanto espresso dalla reggente, che è l'ipotesi. Per esempio: "Mangerò (ipotesi) se avrò fame (condizione)". A seconda che la condizione posta sia reale, possibile o irreale, la lingua italiana richiede l'uso di tempi e modi verbali specifici per il periodo ipotetico, con l'obbligo di precise concordanze tra i verbi delle proposizioni. Nella frase che l'esercizio chiede di completare, conosciamo il verbo delle subordinate condizionali (introdotte da *se*): *se mi assumessi il risultato e dicessi*; quella che dobbiamo scegliere, perciò, è la forma verbale corretta per la reggente. In presenza di una condizionale al congiuntivo imperfetto – come qui – il periodo ipotetico è di tipo o possibile o irreale (lo si stabilisce in base al senso); in entrambi i casi la proposizione reggente può utilizzare solo il condizionale presente. La parola mancante è quindi, *potrebbe* e la soluzione è fornita dall'alternativa **D**. Si tratta infatti di un periodo ipotetico della possibilità.

37 Nel brano è stata omesso il segno di chiusura per la parentesi che inizia in corrispondenza di [2]. La chiusura di parentesi va inserita dopo la parola:

- A voglia
- B volendolo
- C riuscirei
- D facilmente
- E questo

I segni di parentesi servono a racchiudere una frase o delle espressioni *incidentali*, vale a dire prive di legami sintattici con il resto del testo, tanto che sarebbe possibile eliminarle senza conseguenze sulla correttezza grammaticale. Nel brano, la parentesi si apre dopo «*non posso indurlo in errore*»: bisogna chiuderla in modo tale da non compromettere la sintassi complessiva. Verificando anche le alternative proposte, è facile capire che il segno di chiusura va posto dopo il verbo *voglia*. Infatti, eliminando le parole che si trovano così tra parentesi, la frase manterrebbe coerenza: *«Ma raccontandogli particolareggiatamente quanto m'è occorso, quanto ho fatto, tutto ciò che ho pensato, tutto ciò che ho sentito, non posso indurlo in errore e anche volendo non vi riuscirei facilmente in questo modo»*. La soluzione al quesito è, dunque, fornita dall'alternativa A.

38 Nel testo è stato dimenticato un punto interrogativo. Dopo quale parola deve essere inserito? [Le parole proposte si trovano nel brano a conclusione di altrettante frasi.]

- A inganno
- B esatti
- C fatti
- D giovinezza
- E verità

Per aiutarsi nella risposta è bene prima evidenziare nel testo le parole indicate nelle opzioni, che sono proposte nell'ordine con cui compaiono nel brano. Si può così verificare quale frase risulti compatibile con la trasformazione in una interrogativa diretta, segnalata appunto dal punto interrogativo. In assenza di pronomi o avverbi interrogativi, per individuare quale frase possa diventare sensatamente una domanda bisogna valutare altre spie linguistiche: si nota allora che, dopo la parola *fatti,* il periodo successivo inizia con l'espressione *Non credo* che può rappresentare l'inizio di una risposta. Si verifica che è in effetti così e dunque la soluzione al quesito è fornita dall'alternativa C.

39 In corrispondenza del numero [3] manca un segno di punteggiatura?

- A Sì, una virgola
- B Sì, i due punti
- C Sì, un punto
- D Sì, un punto esclamativo
- E No, non manca nessun segno

Il periodo da considerare è «Sta in lui di riunire quegli elementi e di determinare l'essere che compongono **[3]** il risultato sarà l'opera sua; e se allora s'ingannerà, tutto lo sbaglio sarà suo». Bisogna valutare se dopo la parola *compongono* è necessario o no un segno di punteggiatura e quale. Dal momento che il vocabolo immediatamente successivo (*il*) inizia con una minuscola, si possono escludere le opzioni C e D. Anche la E si può escludere, in quanto anche a una lettura superficiale si avverte la necessità di una punteggiatura per dare senso alla frase. Resta dunque da scegliere tra virgola o due punti. Si nota che i due verbi *Sta* e *sarà* (che hanno soggetti diversi) dal punto di vista sintattico sono tra loro indipendenti e di pari grado (coordinati); dal punto di vista del senso, però, la proposizione «*il risultato sarà l'opera sua*» concettualmente consegue da quanto detto prima. Il segno di punteggiatura che instaura una connessione argomentativa tra proposizioni tra loro indipendenti sono proprio i due punti: *Sta in lui di riunire ... [quindi = :] il risultato sarà l'opera sua.* La soluzione al quesito è fornita dall'alternativa B.

40 La parola omessa al numero [4] è:

A anche
B voglio
C dovrà
D occorre
E credete

La frase oggetto del quesito è «Ora, a tal fine non basta che i miei racconti siano fedeli al vero, **[4]** pure che siano esatti». Per rispondere, basterà verificare quale delle opzioni proposte si inserisce sia correttamente sia con più appropriatezza delle altre. Si scartano facilmente A e C che compromettono il senso e la sintassi. La E si può escludere in quanto – anche se formerebbe una frase grammaticalmente corretta – non è coerente con il brano nel suo complesso, dove l'autore non si rivolge mai a una seconda persona plurale, ma parla a un generico *lettore* in terza singolare. Tra le due rimanenti alternative, entrambe sostenibili, bisogna scegliere dunque la migliore: la frase è centrata sui *racconti* e non su chi racconta, dunque appare più coerente inserire un verbo impersonale (*occorre*) che una prima persona singolare (*voglio*). Inoltre sembra più appropriato esprimere un 'idea di necessità rispetto a quella di volontà. La soluzione al quesito è D.

41 La parola omessa al numero [5] è:

A da
B di
C che
D quale
E senza

La frase da valutare è «Non credo, ma penso piuttosto di dover esporre tutti gli episodi verificatisi con tale sincerità … **[5]**… esporre anche le cose più spiacevoli». La parola mancante è quella che introduce la proposizione seguente. Essendo una implicita, con il verbo all'infinito, è facile escludere C e D: i pronomi relativi hanno necessariamente un verbo di modo finito. Per individuare la soluzione tra le restanti, basta farsi guidare dal testo. L'aggettivo *tale* è, infatti, spesso parte della locuzione di *tale da* che introduce una consecutiva all'infinito. La soluzione al quesito è fornita, quindi, dall'alternativa A.

42 La parte omessa al numero [6] è:

A annoiato
B s'annoierà
C reagiranno con noia
D si sarà annoiato
E s'annoierebbe

La frase da completare è «[…] se gli altri mi tornano alla mente con la medesima forza, forse qualche lettore … **[6]** … ma io non sarò scontento del mio lavoro». Si tratta di un periodo ipotetico, in questo caso costituito da due reggenti coordinate (dette anche *apodosi*) e una subordinata condizionale (detta *protasi*). Come abbiamo visto in un commento precedente, la condizione posta può essere *reale*, *possibile* o *irreale* e determina i tempi e i modi verbali della reggente. Qui abbiamo un periodo ipotetico della *realtà*, dato che la condizionale è all'indicativo presente: ciò implica che il verbo omesso della reggente possa essere solo o un indicativo presente o un indicativo futuro o un imperativo presente: si possono escludere A ed E, per valutare le restanti opzioni. Questo in teoria, nella pratica la scelta è molto facile perché ci è noto il verbo della proposizione coordinata: la risposta esatta è quella che propone un indicativo futuro, come nella frase «*io non sarò scontento del mio lavoro*». Tra B e C si deve scegliere B, per concordanza con il soggetto al singolare: «*forse qualche lettore si annoierà*».

COMPRENSIONE DEL TESTO

43 **In corrispondenza del numero [7] manca una parola:**

- A Anche
- B Quando
- C Affinché
- D Però
- E Benché

La parola mancante è la congiunzione che introduce la frase: «**[7]** sia avanti con gli anni, mi sento più giovane di un ragazzino». Anche "a orecchio" si possono escludere le alternative che non possono abbinarsi al congiuntivo *sia*: si scartano A e D. Per scegliere tra le restanti, basta verificare se la frase, in rapporto alla reggente (*mi sento più giovane di un ragazzino*) ha senso. La risposta corretta è dunque la E.

44 **L'espressione *quanto m'è occorso* (al punto [A]) significa:**

- A ciò che mi è venuto in aiuto
- B quello che mi è capitato
- C la quantità che mi è stata necessaria
- D quello che mi è servito
- E il numero delle cose utili

Le alternative di risposta giocano sul doppio valore del verbo *occorrere* che può significare sia "essere necessario, servire" (soprattutto nella forma impersonale) sia "capitare, accadere". Il tono memorialistico del brano rende semplice la scelta di B: *le cose che mi sono capitate*.

45 **Stando al brano si può dedurre che la voce narrante sia quella:**

- A di un giovane ragazzino
- B di un vecchio malvivente
- C di un prete di mezza età
- D di un uomo anziano
- E di un personaggio immaginario

Il brano si presenta come l'introduzione di un racconto autobiografico, in cui la voce narrante dichiara i propri intenti e si presenta, anche se indirettamente. Non possiamo sapere se si tratta di una persona reale o di un personaggio di fantasia, quindi la E non può essere la risposta al quesito. Dal testo, non si possono trarre informazioni per giustificare conclusioni sull'attività svolta da questa persona: perciò vanno escluse B e C. Quello che si sa per certo è che è chi parla è di sesso maschile e non è un *ragazzino*, ma *avanti negli anni*. La risposta corretta è la D.

Brano 8 **In base alle informazioni contenute nel brano seguente, rispondere alle relative domande.**

[1] Il tempo ha cominciato a diradarli, eppure non si può ancora dire che siano pochi, a Ferrara, quelli che ricordano il dottor Fadigati: Athos Fadigati, l'otorinolaringoiatra che aveva studio e casa in via Gorgadello, a due passi da piazza delle Erbe, ed è finito così male, poveruomo, così tragicamente, proprio lui che da giovane, quando venne a stabilirsi nella nostra città dalla nativa Venezia, era parso destinato alla più normale, tranquilla, e per ciò stesso più invidiabile delle carriere.

[2] Fu nel '19, subito dopo l'altra guerra. Per ragioni d'età, io che scrivo non ho da offrire che una immagine piuttosto vaga e confusa dell'epoca. I caffè del centro rigurgitavano di ufficiali in divisa; ogni momento, lungo corso Giovecca e corso Roma (ribattezzato da qualche anno corso Martiri della Libertà), passavano camion sventolanti di bandiere rosse; sulle impalcature che ricoprivano la facciata in costruzione del palazzo delle Assicurazioni Generali, di fronte al lato nord del Castello, era steso un enorme, scarlatto telone pubblicitario, che invitava amici e avversari del socialismo a bere concordi l'APERITIVO LENIN; le zuffe fra contadini e operai massimalisti da una parte, ed ex combattenti dall'altra, scoppiavano quasi ogni giorno [...].

[3] Questo clima di febbre, di agitazione, di distrazione generale, entro cui si svolse la prima infanzia di tutti coloro che sarebbero diventati uomini nel ventennio successivo, dovette in qualche modo favorire il veneziano Fadigati. In una città come la nostra, dove i giovani di buona famiglia riluttarono più che in qualunque altro luogo a ritornare dopo la guerra alle professioni liberali, si capisce come egli potesse mettere radici facilmente, senza quasi farsi notare.

[4] Nel '25, comunque, quando la scalmana, anche da noi, cominciò a placarsi, e il fascismo, organizzandosi in grande partito nazionale, fu in grado di offrire vantaggiose sistemazioni a tutti i ritardatari, Athos Fadigati era già solidamente impiantato a Ferrara, titolare di un magnifico ambulatorio privato e per di più direttore del reparto orecchio-naso-gola del nuovo Arcispedale Sant'Anna.

[5] Aveva incontrato, come si dice. **[6]** Non più giovanissimo, e con l'aria, già allora, di non esserlo mai stato, piacque che fosse venuto via da Venezia (lo raccontò una volta lui stesso) non tanto per cercare fortuna in una città non sua, quanto per sottrarsi all'atmosfera angosciosa di una vasta casa sul Canal Grande, nella quale aveva visto spegnersi in pochi anni ambedue i genitori e una sorella molto amata. **[7]** Erano piaciuti i suoi modi molto cortesi, discreti, il suo evidente disinteresse, il suo ragionevole spirito di carità nei confronti dei malati più poveri. **[8]** Ma ancora prima che per queste ragioni, egli dovette raccomandarsi per come era: fisicamente, voglio dire. **[9]** Per quegli occhiali d'oro che scintillavano simpaticamente sul colorito terreo delle sue guance glabre, per la pinguedine niente affatto sgradevole di quel suo grosso corpo di cardiaco congenito, scampato per miracolo alla crisi della pubertà, e sempre avvolto, anche l'estate, di soffici lane inglesi (durante la guerra, a causa della salute, non aveva potuto prestare servizio che nella censura postale). **[10]** Ci fu certamente in lui, insomma, a prima vista, qualcosa che subito attrasse e rassicurò.

---

46 **Al punto [2] del brano, nella frase «ogni momento, lungo corso Giovecca e corso Roma (ribattezzato da qualche anno corso Martiri della Libertà), passavano camion sventolanti di bandiere rosse», *lungo* è:**

- **A** un aggettivo che modifica il nome *corso*
- **B** una locuzione preposizionale che regge l'espressione *corso Giovecca e corso Roma*
- **C** un avverbio di luogo
- **D** un aggettivo che modifica, nell'inciso, il nome *momento*
- **E** un avverbio di tempo

La risposta esatta è la **B**. L'aggettivo *lungo* può assumere il valore di locuzione preposizionale in espressioni composte nelle quali è accompagnato da articoli o preposizioni che indicano movimento o direzione continua (come in "camminare lungo la strada"), moto o disposizione nel senso della lunghezza ("passeggiare lungo il viale"), valore temporale riferito allo svolgimento di qualcosa ("chiacchierare lungo il viaggio"). Nella frase considerata, l'autore ha omesso gli articoli determinativi della locuzione che avrebbero appesantito il testo ("lungo il corso Giovecca e il corso Roma").

---

47 **Al punto [1], il verbo *diradare* significa:**

- **A** rendere più corto
- **B** rendere più numeroso
- **C** rendere meno numeroso
- **D** rendere meno frequente
- **E** rendere più lontano

Dal punto di vista etimologico, il verbo è derivato dall'aggettivo *rado* e significa "rendere più rado" e quindi, in base al contesto, meno fitto nello spazio o meno frequente nel tempo. Il senso della frase considerata è che, con il passare del tempo, sono sempre meno coloro i quali ricordano il dottor Fadigati. La risposta esatta è la **C**.

COMPRENSIONE DEL TESTO

48 Al punto [9], nella frase «Per quegli occhiali d'oro che scintillavano simpaticamente sul colorito terreo delle sue guance glabre, per la pinguedine niente affatto sgradevole di quel suo grosso corpo di cardiaco congenito, scampato per miracolo alla crisi della pubertà, e sempre avvolto, anche l'estate, di soffici lane inglesi», l'aggettivo *glabre* indica che le guance sono:

- A dal colorito smorto
- B dal colorito roseo
- C naturalmente prive di peli
- D dalla barba folta
- E appena sbarbate

Glabro, dal latino *glaber*, è aggettivo che definisce in particolare le guance maschili quando sono di per sé prive di barba, lisce, senza peli anche quando non vengono rasate (E errata). La risposta corretta è quindi la C.

49 La sintesi più corretta del brano nel suo complesso è:

- A Il dottor Fadigati, trasferitosi a Ferrara alla vigilia della I guerra mondiale, ha avuto successo, ma poi è morto in disgrazia
- B Il dottor Fadigati, trasferitosi a Ferrara poco dopo la fine della I guerra mondiale, ha incontrato l'amore della sua vita, ma la vicenda è finita male
- C Athos Fadigati, medico di origini veneziane, benché si fosse ambientato con successo a Ferrara durante il ventennio fascista, in seguito è andato incontro a una fine tragica
- D Il dottor Fadigati, per sottrarsi a una situazione angosciosa a Venezia, si è ben inserito a Ferrara dove ha svolto con successo per anni la professione medica
- E Athos Fadigati, otorinolaringoiatra, dopo la II guerra mondiale emigrò a Ferrara; qui esercitò la professione, concludendo però i suoi giorni in disgrazia

Anche se il brano non consente di capire o intuire quale sia stato l'esatto epilogo per la vicenda del dottor Fadigati – se non che si trattò di una fine tragica, come l'autore dice nelle prime righe – una lettura attenta del testo consente di individuare senza troppe difficoltà la risposta al quesito. L'opzione A, infatti, può essere esclusa perché in **[2]** l'arrivo di Fadigati a Ferrara è collocato «*nel '19, subito dopo l'altra guerra*» (quindi non alla vigilia della prima guerra mondiale); la B non è accettabile, in quanto dal testo non si hanno notizie sulla vita sentimentale del dottore; la D è corretta, ma incompleta, perché tace la morte di Fadigati; la E è errata in quanto il dottore arrivò a Ferrara dopo la prima guerra mondiale, non la seconda. La sintesi più corretta del brano nel suo complesso è quindi quella proposta dalla risposta C (soluzione al quesito).

50 Quale tra le seguenti è la migliore riformulazione della frase: «*Nel '25, comunque, quando la scalmana, anche da noi, cominciò a placarsi...*» (punto [4])?

- A Quando anche a Ferrara il clima politico agitato, seguito alla marcia su Roma, si spense...
- B Quando, dopo l'omicidio di Matteotti, anche a Ferrara l'agitazione politica conobbe un picco d'intensità...
- C Quando nel '25, anche a Ferrara, il caldo si fece più sopportabile...
- D Quando, qui da noi in Italia, nel '25 anche i più scalmanati si moderarono...
- E Quando, anche a Ferrara, dopo l'omicidio di Matteotti, con la fine dell'estate ripresero le piogge...

Si possono scartare subito le opzioni C ed E, che propongono riferimenti alle condizioni climatiche evidentemente non pertinenti; anche la B non è accettabile, dato che il verbo placarsi non può essere riformulato parlando di "picco d'intensità". La scelta si riduce alle risposte che colgono correttamente il senso di una generale moderazione dei sentimenti politici. Tuttavia la D, considerando come contesto l'Italia intera, non può comunque essere la risposta esatta. La A, invece, riferendosi allo scenario Ferrarese in cui effettivamente si svolge la vicenda narrata, è l'opzione più corretta.

---

51 Al punto [2] si fa riferimento:

- A ai contrasti tra contadini e operai massimalisti, che preludono all'occupazione delle fabbriche del '21
- B ai contrasti tra militari o reduci della Grande Guerra e militanti socialisti
- C alla concordia tra le diverse componenti sociali, ritrovata dopo la guerra nel nome della ripresa economica
- D alla ripresa economica del primo dopoguerra, testimoniata dall'aumento del traffico di camion
- E alla polemica socialista, antiedonista e anticapitalista, rivolta simbolicamente contro la pubblicità

La risposta corretta è la B. Il paragrafo restituisce una vivida descrizione del clima di *febbre, di agitazione* (come definito al punto **[3]**) negli anni del primo dopoguerra a Ferrara e nella Romagna; si caratterizzò in particolare per i contrasti ideologici tra militari, reduci, proprietà terriera e, più in generale, forze conservatrici e reazionarie, nonché per la nascita del movimento fascista, da una parte, e il variegato mondo dei movimenti socialisti, anarchici, del sindacalismo e delle leghe, dall'altra. La lettura del testo consente di individuare velocemente la soluzione, anche perché le altre opzioni proposte sono palesemente errate (la A e la C) o poco pertinenti (la D e la E).

---

52 L'*altra guerra* cui si fa riferimento al punto [2] è:

- A la seconda guerra mondiale
- B la terza guerra d'indipendenza
- C la guerra di Crimea
- D la prima guerra mondiale
- E la guerra di Libia

L'autore dice che correva l'anno 1919, immediatamente successivo (*subito dopo*) all'altra guerra: il conflitto in questione non può quindi che essere la prima guerra mondiale, come proposto dall'alternativa D (soluzione al quesito). La seconda guerra mondiale, come è noto, scoppiò nel 1939; la terza guerra d'indipendenza si svolse tra 1861 e 1866; la guerra di Crimea tra 1853 e 1856; la guerra di Libia tra 1911 e 1912.

---

53 Al punto [2], nella frase: «Per ragioni d'età, io che scrivo non ho da offrire che una immagine piuttosto vaga e confusa dell'epoca», l'autore sta suggerendo che:

- A non era ancora nato quando terminò la guerra e si deve affidare a ricordi altrui
- B ha ricordi incerti e imprecisi relativamente al clima del dopoguerra
- C scrive di un'epoca che non ha vissuto personalmente
- D non bisogna fidarsi di quel che dirà sull'epoca in questione, perché non abitava lì
- E è troppo vecchio per ricordare bene quel che succedeva allora

Nella frase citata è l'autore stesso a dirci che i ricordi che ci offre sono i propri e che sono vaghi per ragioni d'età: possiamo quindi escludere le alternative A, C e D. Nel successivo punto **[3]** troviamo poi riferimenti a coloro che vissero la propria infanzia in quell'epoca e divennero uomini nel ventennio successivo, mentre nel punto **[5]**, quando il racconto si riferisce ad anni successivi, dal 1925 in poi, le descrizioni si fanno decisamente più nette e particolareggiate. Possiamo quindi escludere anche l'opzione E e individuare nella B la risposta corretta.

COMPRENSIONE DEL TESTO

54 **Dicendo che «il fascismo, organizzandosi in grande partito nazionale, fu in grado di offrire vantaggiose sistemazioni a tutti i ritardatari», al punto [4], l'autore vuole suggerire che:**

- A nel ventennio fascista anche i treni che viaggiavano in ritardo erano ben accetti
- B tutti trassero vantaggi dall'organizzazione del Partito nazionale fascista
- C chi si accodò in ritardo al regime fascista ottenne sistemazioni lavorative privilegiate
- D il Partito nazionale fascista poté avvantaggiare anche i suoi più tardivi iscritti e simpatizzanti
- E l'istituzionalizzazione del fascismo eliminò tutti i privilegi

L'opzione A non è pertinente, la E è in contrasto con la frase proposta, mentre la B estende i vantaggi concessi dal partito non solo a *tutti i ritardatari* (intesi come tardivi aderenti al partito) ma semplicemente a *tutti* (compresi quindi i non aderenti e gli oppositori, come chiaramente non fu): possiamo così escludere queste tre opzioni. A questo punto, occorre prestare attenzione alla sottile differenza di significato tra le due alternative rimaste: la C ci dice che ebbero dei vantaggi i tardivi aderenti al partito, ma non dice nulla a riguardo di coloro i quali avevano aderito in precedenza e che, di conseguenza, già erano stati favoriti, concetto che ritroviamo nella risposta D (soluzione al quesito): «poté avvantaggiare *anche* i suoi più tardivi iscritti».

55 **Secondo l'autore in [7]-[9], il dottor Fadigati era:**

- A magro, calvo e di salute cagionevole
- B rozzo, grasso e interessato agli affari
- C pallido, discreto, dai modi rassicuranti
- D spiritoso, giovanile, tendente all'obesità
- E triste, determinato, attraente, ma rassicurante

PARTE QUARTA

I passi indicati dal quesito ci dicono che, per quanto riguarda il carattere, il dottor Fadigati aveva *modi molto cortesi, discreti*, un *evidente disinteresse* e un *ragionevole spirito di carità* **[7]**: possiamo quindi dedurre che i suoi modi fossero anche rassicuranti; invece, relativamente al suo aspetto, in viso era caratterizzato da un *colorito terreo* **[9]**, cioè decisamente pallido (l'aggettivo indica un colorito smorto, quasi livido). La C è pertanto la risposta corretta, mentre tutte le altre mescolano caratteristiche opposte a quelle attribuite al dottore ad altre che non sono desumibili dalla descrizione fornita dal testo.

Siamo ora in grado di rispondere ai quesiti posti all'inizio del capitolo.

Quesito I. Le occorrenze del sostantivo *onere* nel primo paragrafo si trovano alle frasi: «L'aumento dei tassi di interesse reali [...] arrivò a sestuplicare l'onere reale degli interessi» e «l'onere reale degli interessi rimaneva più elevato [...] Ed era comunque possibile che l'inflazione riducesse tale onere». Si possono escludere facilmente le alternative C e D, perché le parole *sconto* e *pagamento* risultano incoerenti tecnicamente nel contesto (come si nota provando a sostituire). Sapendo che il sostantivo *onere* ha come significato primo "carico", si nota che le alternative B ed E ne propongono possibili traslati: portare un carico può infatti rappresentare un *compito*, un *obbligo* e determinare una *fatica*. Nel contesto, però, queste accezioni non sono ammissibili: sostituendole a *onere* la frase non risulta più comprensibile. Tornando al significato primo: un *carico* è un *peso*, e con questo valore le frasi mantengono un chiaro e coerente significato in tutte e tre le occorrenze, che si possono parafrasare come: *peso effettivo* [degli interessi]. La risposta esatta è A."

Quesito II. Sulla base di elementari conoscenze grammaticali, sarà agevole eliminare alcune alternative: *esse* è un pronome (A errata), ma non è una particella pronominale (in quanto non un è monosillabo invariabile, come per esempio *mi, ci, vi* ecc.: E errata) e neppure un *pronome indefinito* (B errata), essendo invece un *pronome personale*. Per scegliere tra le due sole opzioni rimaste bisogna tornare al contesto d'uso: in termini strettamente grammaticali, *esse* si riferisce qui alla parola *banche*, usata appena prima e nello stesso periodo. In termini ultimi, però, non si intendono *tutte le banche* (come indicato erroneamente da D) ma solo quelle particolari *nove principali banche commerciali statunitensi* di cui si occupa il brano. La risposta corretta è C.

Quesito III. La risposta corretta è la B. L'autore afferma, nel primo paragrafo che in questa crisi, a differenza delle precedenti, «*il tasso di interesse reale aumentò in modo significativo e rimase elevato per molti anni, mostrando scarsi segni di diminuzione*».

Quesito IV. Le opzioni A, B e C propongono affermazioni che non possono essere verificate sulla scorta dei dati presenti nel testo. La E è invece errata, in quanto è vero il contrario: l'esposizione delle banche si ridusse nel periodo considerato. È quindi la D la risposta corretta: il testo riferisce infatti che negli anni 1984, 1985 e 1986 «*i pagamenti di interessi dai Paesi debitori eccedettero i nuovi prestiti*».

Quesito V. Occorre prestare particolare attenzione a non confondere le *cause* con gli *effetti*. La domanda chiede infatti di individuare quale effetto l'autore ritenga essere più dannoso. Ne segue inevitabilmente che le alternative B e D devono essere considerate errate, in quanto entrambe menzionano le cause del problema del debito dei Paesi in via di sviluppo. Anche la E è da scartare: infatti l'autore, specie nell'ultima parte del brano, mostra di considerare gravi gli effetti dell'indebitamento dei Paesi dell'America Latina con riferimento alla situazione di quegli stessi Paesi e delle banche creditrici.
Rimangono da valutare solo le alternative A e C: si ricade dunque nel tipico caso dei quesiti relativi ai brani, dove si possono trovare due alternative non errate. Bisognerà scegliere quella che risulta più calzante. In questo caso fra le due la seconda è più corretta: l'autore infatti attribuisce maggiore rilevanza, in termini di effetto negativo, al problema delle prospettive di crescita a lungo termine dei Paesi debitori e considera invece il basso livello dei salari solo come uno degli effetti che aggravano il problema della crescita. La rilevanza del problema delle prospettive di crescita è d'altronde chiaramente evidenziata nell'ultima parte del brano, dove si sostiene la necessità di una politica orientata alla crescita. La soluzione è pertanto la C.

Ripassa da qui

Volendo sintetizzare e schematizzare le diverse fasi di analisi e soluzione dei quesiti, si può procedere come di seguito.

Veloce lettura preliminare del/i quesito/i

Leggere solo le domande, non le diverse risposte alternative.

Lettura attenta della prima parte del brano

Leggere attentamente i primi paragrafi (per un brano breve il primo paragrafo), concentrandosi sui seguenti elementi:
tema o idea centrale del brano, intento dell'autore,
carattere del brano, tono, contesto geografico e temporale.

Lettura veloce del resto del brano

Leggere più rapidamente il resto del brano, soffermandosi brevemente a identificare mentalmente i concetti e le argomentazioni di ogni passaggio.

Analisi dei quesiti

Esaminare tutte le alternative a disposizione per ogni quesito,
restando pronti a tornare velocemente, se necessario,
alla parte del testo relativa al quesito.

Evitare di passare a un brano successivo senza aver prima completato la serie
di quesiti relativa al brano già letto.

10 | Grammatica e sintassi

Come mostrano gli esempi svolti di domande sulla comprensione dei testi, i quesiti – in particolare delle prove TOLC-PSI e TOLC-SU – possono richiedere anche il possesso delle cosiddette **competenze linguistiche di base**, cioè di sapere applicare le conoscenze essenziali di grammatica e sintassi nonché lessicali.

In quanto domande relative alla comprensione di un brano, questi esercizi non sono mai teorici ma sempre **applicativi**: indagano cioè la capacità del candidato di riconoscere nel testo una data funzione o struttura grammaticale, di comprendere quali sono i legami logici e sintattici in atto tra i vocaboli.

Formulazioni tipiche di queste domande possono essere:

- Nella frase … che funzione/che cosa è/che valore ha … ?
- Nella frase … a cosa si riferisce la parola …?
- Quale alternativa correttamente la lacuna nella frase…
- La congiunzione/avverbio/ pronome/locuzione … introduce un complemento/proposizione di che tipo?

Nel seguito è presentata una sintesi degli argomenti basilari di grammatica e sintassi.

10.1 | Fonologia e ortografia

La *fonologia* studia i suoni fisici (*foni*) nella loro funzione linguistica, cioè come **fonemi.** Un suono non ha significato in sé ma contribuisce a determinare il significato della parola (per esempio: /pelle/, /belle/).

Il **grafema** è il segno grafico che rappresenta un fonema. L'alfabeto italiano è costituito da **21** grafemi, o *lettere*, a cui se ne aggiungono altri 5 che compaiono solo in parole straniere o antiche: J, K, W, X, Y.

Non sempre la corrispondenza tra segno e suono è univoca. Uno stesso segno può rappresentare, a seconda della parola, suoni diversi (per esempio la consonante *s* può essere sorda in *Sara* o sonora in *sbranare*). All'opposto, lo stesso suono può corrispondere a più segni (come accade con *q* e *c* + *a*, *o*, *u*). Altre volte, infine, un certo suono è rappresentato dalla combinazione di due o tre segni: un *digramma* (per esempio *gn*, *sc*, *qu*, *gl*) o un *trigramma* (*gli*).

In italiano i suoni si dividono tra **vocali**, **consonanti** e **semiconsonanti.**

- La **vocale** è un suono capace di formare una sillaba a sé stante. Nella lingua italiana le vocali sono 7, rappresentate da 5 segni. Si distinguono in *aperte* (A, È, Ò) e *chiuse* (I, U, É, Ó).

  Una vocale è **tonica** quando vi cade l'accento tonico della parola; se no, è **atona**. Per esempio, nella parola *circùito* la *u* è tonica e tutte le altre vocali sono atone.

  La *i* e la *u* sono dette vocali *deboli* o *semiconsonanti* (vedi pagina 176) perché nella pronuncia sono intermedie tra il suono delle altre vocali, dette *forti*, e le consonanti.
- Le **consonanti** si possono classificare con diversi criteri:
  - per **luogo di articolazione**: *bilabiali, labiodentali, alveolari, prepalatali, palatali* e *velari*;
  - per **modo di articolazione**: *occlusive* (il canale attraverso cui passa l'aria viene chiuso per un attimo), *continue* (il canale attraverso cui passa l'aria viene ristretto) e *affricate* (con un'articolazione intermedia tra le occlusive e le continue);
  - a seconda che siano **sorde** (prodotte senza vibrazione delle corde vocali), o **sonore** (prodotte con vibrazione delle corde vocali);
  - a seconda che siano **orali** (l'aria esce solo dalla bocca), o **nasali** (l'aria esce anche dal naso.

Consonante	Descrizione fonetica	Esempio
p	occlusiva bilabiale sorda	*ponte*
b	occlusiva bilabiale sonora orale	*buono*
m	occlusiva bilabiale sonora nasale	*mare*
t	occlusiva dentale sorda	*tempo*
d	occlusiva dentale sonora orale	*dente*
n	occlusiva dentale sonora nasale	*nave*
gn	occlusiva nasale palatale	*gnomo*
c + a, o, u // ch + e, i q + ua, ue, ui, uo	occlusiva velare sorda	*canto // chiesa* *quadro*
g + a, o, u // gh + e, i	occlusiva velare sonora	*gatto // ghetto*
z	affricata alveolare sorda	*zio*
z	affricata alveolare sonora	*zero*
c + e, i	affricata prepalatale sorda	*cento*
g + e, i	affricata prepalatale sonora	*gente*
f	continua costrittiva labiodentale sorda	*fonte*
v	continua costrittiva labiodentale sonora	*via*
s	continua costrittiva alveolare sorda	*sera*
s	continua costrittiva alveolare sonora	*smettere*
sc + e, i // sci + a, o, u	continua costrittiva prepalatale sorda	*scelto // scialle*
r	continua vibrante alveolare	*remo*
l	continua laterale alveolare	*latte*
gl + i gli + a, e, o, u	continua laterale palatale	*fogli* *aglio*

Parole scritte nello stesso modo, ma con etimologia e significati diversi si dicono **omografe** e **omonime**. Esempi: *pesca* (= atto del pescare) e *pesca* (= frutto), *danno* (= verbo) e *danno* (= sostantivo) ecc.

- Si definiscono I e U *semiconsonanti* quando precedono immediatamente un'altra vocale: se sono atone, esse formano con questa vocale un **dittongo** e formano una sola sillaba. Esempio: *p**ia**zza, p**ie**no, p**io**vere, a**iu**to; q**ua**ndo, q**ue**llo, q**ui**nto, c**uo**re*. Il dittongo è *ascendente*, perché l'intensità del suono aumenta passando dal primo al secondo elemento.
- Si definiscono I e U *semivocali* quando sono precedute da un'altra vocale: se sono atone, esse formano con questa vocale un **dittongo** e formano una sola sillaba. Esempio: ***vai**, **sei**, **poi**, **pau**sa, **feu**do* Il dittongo è *discendente* perché l'intensità del suono diminuisce dal primo al secondo elemento.
- I gruppi costituiti da una semiconsonante + una vocale + una semivocale, oppure da due semiconsonanti e una vocale sono chiamati **trittonghi** e formano una sola sillaba: *m**iei**, s**uoi**, g**uai***.
- L'incontro di due vocali forti (*a, e, o*) o di una vocale tonica (anche *i* o *u*) e una forte determina uno **iato**, cioè si formano due sillabe distinte: *spì-**a**; b**a**-**ù**-le; m**a**-**è**-stro*.

10.1.1 | Le sillabe e la divisione sillabica delle parole

In italiano la sillaba deve includere *almeno una vocale* (può averne più di una in caso di dittongo o trittongo); d'altra parte una sillaba può consistere solo di una vocale (ma non solo di consonanti).

La sillaba che termina in vocale si dice **aperta** (***ma**-re*); se termina in consonante, è **chiusa** (***mar**-tel-lo*).

Parole formate da una sola sillaba si dicono **monosillabi**, parole formate da più sillabe **polisillabi** (di due, tre o quattro sillabe, detti rispettivamente, bisillabi, trisillabi, quadrisillabi ecc.).

L'ortografia stabilisce come dividere in sillabe una parola. Le principali regole sono le seguenti:

- vocale iniziale seguita da una sola consonante costituisce sillaba a sé: ***o**-ro*;
- consonante semplice fa sillaba con la vocale seguente: ***pa**-ne*;
- le doppie si dividono tra le due sillabe attigue: *lat-**te***; lo stesso vale per *-cq-*: ***ac-qua**; ta**c-que*** ecc.
- i gruppi formati da *s* + consonante (*s* impura) fanno sillaba con la vocale seguente: *ca-**sco**, vo-**stro***;
- gruppi di due o più consonanti fanno sillaba per intero con la vocale seguente se esistono parole inizianti con quel gruppo. Per esempio: *co-**bra**, o-**cra**, A-**fri**-ca, pi-**gro**, so-**pra**, a-ra-**tro**, a-**vran**-no*;
- gruppi di due o più consonanti che non sono mai attestati in principio di parola si dividono tra le due sillabe attigue. Per esempio *a-rit-**me**-ti-ca; ca**l-ma**; pa**r-co**; su**b-do**-lo; ma**g-ma**; a**m-b**ra* ecc.
- gruppi di consonanti che costituiscono digrammi o trigrammi fanno una sola sillaba: *ch, gh, gl, gn, sc, ci* + vocale: *po-**che**, pa-**gh**e, e-**gli**, ba-**gno**, pe-**sce**, Gre-**cia***;
- fanno sillaba unica dittonghi (*ia, ie, io, iu, ua, ue, ui, uo, ai, ei, oi, ui, au, eu*) e trittonghi: ***cuo**-re, a-**iuo**-la*;
- formano due sillabe gli iati: *m**a-e**-stro, r**e-a**-to*.
- Non si dividono i gruppi di consonanti costituiti da *s* + consonante (risposta C errata).
- Non si dividono le vocali che formano dittonghi o trittonghi (risposta D errata).
- Non si dividono i gruppi di consonanti costituiti da *b, c, d, f, g, p, t, v* + *l* oppure *r* (B è sbagliata).
- Una consonante semplice forma sillaba con la vocale o con il dittongo seguente (risposta E errata).

La sillabazione corretta è fornita dall'alternativa A: *go-nio-me-tri-sta*.

10.1.2 | Elisione e troncamento

L'**elisione** consiste nella caduta di una vocale atona (cioè non accentata) in fine di parola davanti a parola che inizia per vocale. Quando si verifica è sempre segnalata dalla presenza di un segno diacritico: l'**apostrofo**. Per esempio: di accordo > *d'accordo*; lo amore > *l'amore;* senza altro> *senz'altro.*

Il **troncamento** è un fenomeno analogo all'elisione e consiste nella caduta della parte finale di una parola: che sia solo una vocale (uno > *un*; buono > *buon*) o una sillaba (bello> *bel;* grande > *gran*). Si verifica solo a condizione che:

- la vocale o la sillaba finale di parola sia atona;
- la vocale finale sia preceduta da *l, r, n, m;*
- la parola seguente non inizi con *s impura* (cioè s + consonante), *z, gn, x, ps*.

Il troncamento di norma NON viene segnalato con l'apostrofo, salvi alcuni casi particolari:

- nelle forme *po'* (< poco); *mo'* (< modo); *be'* (< bene); *to'* (< togli, nel senso antico di "prendi");
- negli imperativi di seconda persona singolare: *da'* (< dai), *di'* (< dici), *fa'* (< fai), *va'* (< vai), *sta'* (< stai).

> I più comuni **errori ortografici** riguardano proprio l'uso dell'accento in caso di troncamento. Ricordiamo i più frequenti:
>
> - la forma **un** dell'articolo indeterminativo maschile, in quanto troncamento della forma *uno*, **non vuole l'apostrofo** davanti a vocale: *un amico*;
> - l'articolo indeterminativo femminile, davanti a vocale subisce elisione **un'** e dunque **vuole l'apostrofo**: *un'amica*;
> - la forma **qual** dell'aggettivo e pronome interrogativo, essendo un troncamento della forma *quale*, **non vuole l'apostrofo** davanti a vocale: *qual è il tuo cappotto?*

10.1.3 | L'accento

L'accento **tonico** consiste nel rafforzarsi della voce o nell'elevazione del tono in corrispondenza di una vocale, detta appunto *tonica*; una vocale non accentata è invece detta *atona*. Se l'accento cade:

- sull'ultima sillaba, la parola è detta **tronca** (*perché, sé, bontà* ecc.);
- sulla penultima sillaba la parola è detta **piana** (*regina, alveare, birra*): è il caso prevalente in italiano;
- sulla terzultima sillaba, la parola si dice **sdrucciola** (*massimo, rapido*);
- sulla quartultima sillaba, la parola è **bisdrucciola** (*regolano, ditemelo*);
- sulla quintultima sillaba, la parola è **trisdrucciola** (sono rari casi, con pronomi enclitici: *récitamelo*).

L'accento **grafico** è la forma scritta dell'accento tonico: se quest'ultimo cade all'interno della parola, in genere non viene segnato graficamente; talvolta lo si fa per comodità quando due termini omografi si distinguono solo per la posizione dell'accento tonico (*còmpito/compìto; tùrbine/turbìne; àncora/ancòra* ecc.) e il contesto non aiuta a eliminare il dubbio. Può essere *grave* (`), quando si trova su una vocale aperta (per esempio: *è, ò*) o *acuto* (´), quando si trova su una vocale chiusa (per esempio: *perché*).

✔ L'accento grafico è **obbligatorio**: sulle parole **tronche** di due o più sillabe (*età, volontà, però, caffè, poiché* ecc.) e su alcuni monosillabi con dittongo (*ciò, già, giù, può, più* ecc.)
Di norma **i monosillabi NON si accentano** (*su, qua, qui, sto, do, fu* ecc.); tuttavia alcuni monosillabi si distinguono proprio grazie all'accento da forme che se no sarebbero omografe.
In tabella diamo conto dei significati delle due diverse forme.

Con accento	Senza accento
ché = perché	**che** = congiunzione dichiarativa o pronome relativo
dà = indicativo presente di *dare*	**da** = preposizione
dì = giorno	**di** = preposizione
è = indicativo presente di *essere*	**e** = congiunzione copulativa
là = avverbio di luogo	**la** = articolo determinativo femminile
lì = avverbio di luogo	**li** = particella pronominale di terza persona
né = congiunzione	**ne** = particella pronominale o avverbio
sé = pronome tonico	**se** = pronome atono o congiunzione
sì = avverbio affermativo	**si** = particella pronominale riflessiva
tè = bevanda	**te** = pronome di seconda persona

10.1.4 | Altri elementi di ortografia

L'ortografia è l'insieme delle regole per la **scrittura corretta**. Riportiamo di seguito alcune norme utili a evitare gli errori ortografici più frequenti e spesso oggetto di quesito nelle prove a test.

H

La consonante *h* in italiano non rappresenta un suono, e per lo più si trova usata nei digramma **ch** e **gh** + e/i per indicare la pronuncia velare di C e G (*cer**ch**io, **gh**iaccio*). H si usa anche:

- per distinguere alcune voci del verbo *avere*: ***h**o, **h**ai, **h**a, **h**anno*;
- per le esclamazioni: *a**h**, a**h**i, o**h**i*;
- in alcuni termini di origine straniera come ***h**otel, **h**obby, **h**ostess.*

Q

La consonante *q* in italiano è usata solo nel digramma **qu-** per rendere il suono velare davanti ad altra vocale: ***qu**ale, **qu**ota* ecc. In alcuni casi, lo stesso suono velare davanti a vocale è reso da **cu**-: *ar**cu**are, cir**cu**ire, **cu**oco, **cu**oio, **cu**ore, s**cu**ola, s**cu**oiare, per**cu**otere* ecc. La forma raddoppiata è sempre -**cqu**-: *a**cqu**a, a**cqui**sto, na**cqu**e, gia**cqu**e* ecc. L'unica eccezione è la forma -**qqu**- solo nella parola *so**qqu**adro.*

CE/CIE; GE/GIE (in corpo di parola)

Seguite da *e/i*, la C e la G hanno pronuncia palatale. I gruppi **cie**, **gie** (quando la *i* è atona) hanno la stessa pronuncia di *ce, ge* e si trovano in poche parole, con i rispettivi derivati:

- ***cie**co, so**cie**tà, spe**cie**, superfi**cie**, defi**cie**nte, suffi**cie**nte, ar**cie**re, bra**cie**re, cro**cie**ra, pa**cie**re, pastic**cie**re;*
- *effi**gie**, rag**gie**ra, i**gie**ne.*

SCE / SCI

Il gruppo di consonanti **sc** è un digramma per rendere il suono sibilante palatale se è seguito da *e/i* (*di**sce**sa, cono**sce**nza, a**sce**nsore, la**sci**to, u**sci**ta* ecc.) MA vale come *s* impura + *c* velare se è seguito da *a/o/u* (***sc**operta, **sc**uola, **sc**atola* ecc.). In corpo di parola, il gruppo **-scie-** compare solo in *u**scie**re* e nelle parole ***scie**nza, co**scie**nza* e derivati (*scientifico, coscienzioso* ecc.).

PARTE QUARTA

-CIA / -GIA / -SCIA > -CIE / -GIE /-SCIE

- Parole terminanti in *-cìa, -gìa, -scìa* **mantengono la ì** tonica anche nel plurale: *farma**cìe**, ma**gìe**, **scìe**.*
- Parole terminanti in *-cia, -gia*, con *-i* atona, al plurale:
  - **mantengono** la **i atona** solo se la sillaba finale è preceduta da vocale: *cilie-**gie**, cami-**cie*** ecc.;
  - **perdono** la **i atona** se la sillaba finale è preceduta da consonante: *province, piog-ge, guan-ce* ecc.
- Parole uscenti in *-scia* (*i* atona), al plurale escono **sempre** in ***-sce***: *fa**sce**, li**sce**.*
- Nella coniugazione dei verbi uscenti in *-ciare, -giare, -sciare*, la **i scompare** davanti a desinenze che iniziano con *-e-*: *lanc-erò, mang-erei, lasc-eremo.*

GN

Il gruppo **gn** è un digramma che rappresenta un unico suono (nasale) e di norma **non inserisce *i*** davanti a vocale: *casta**gn**a, ba**gn**o, ra**gn**o, a**gn**ello, co**gn**ome, i**gn**oranza, o**gn**uno.* Fanno eccezione i casi in cui:

- la **i** è parte della desinenza di un verbo: *inse**gn-i**amo, so**gn-i**amo, spe**gn-i**amo;*
- la **i** è accentata: *compa**gn-ì**-a.*

✔ Non bisogna confondere la grafia **gn** con quella del gruppo **ni**:
*inge**gn**ere* NON *ingeniere* né *ingegniere; mi**ni**era* NON *mignera*

P e B

Davanti alle consonanti P e B si usa la nasale *m* e non la *n* (*ba**mb**ino, a**mb**ito, ca**mp**o, i**mp**osizione*).

DOPPIE

- Z e G non sono mai doppie nei suffissi *-gione* e *-zione* (*sta**z**ione, organizza**z**ione, prigione, re**g**ione*).
- Z non è quasi mai doppia davanti a *ia, ie, io* (*poli**zia**, gra**zie**, vi**zio***; ma *razzia, pazzia*).
- B non si raddoppia davanti al suffisso *-bile* (*possi**b**ile, mo**b**ile*).
- Spesso si raddoppia la consonante iniziale di una parola dopo i prefissi *a-, da-, fra-, su-, sopra-, contra-* (*a**dd**urre, sovra**pp**orre, contra**dd**ire*).

10.2 | Morfologia: le parti del discorso

In italiano le parole sono classificate in **nove** *categorie grammaticali* o *parti del discorso*. Cinque sono dette **variabili**: articolo, nome, aggettivo, pronome, verbo; le altre quattro sono **invariabili**: avverbio, preposizione, congiunzione, interiezione. La parte della grammatica che studia la struttura, la forma, la composizione delle parole e la loro suddivisione in categorie è la **morfologia**.

10.2.1 | Il nome o sostantivo

La sua funzione è indicare oggetti, esseri animati, idee, fatti, sentimenti ecc. Il nome varia in base al genere (maschile e femminile) e al numero (singolare e plurale). In italiano si distinguono nomi:

- **propri**, che identificano individui particolari o entità uniche (*Marta, Verona, Francia*);
- **comuni**, che indicano un elemento generico entro una specie o categoria (*cane, tavolo, ragazzo*);
- **concreti**, che indicano realtà materiali percepibili con i sensi (*pane*, casa, *albero*);
- **astratti**, che definiscono concetti (*ingiustizia, logica, felicità*);
- **individuali**, che indicano un solo individuo (*bambino, gatto, fiume*);
- **collettivi**, che designano insiemi di individui (*gruppo, gregge, stormo*).

✔ Se in una frase il soggetto è un nome collettivo singolare, seguito da un complemento partitivo (vedi pagina 195) al plurale, il verbo può concordare con l'uno o con l'altro (**concordanza a senso**).
Es.: Un gruppo di studenti *salutò* l'insegnante / Un gruppo di studenti *salutarono* l'insegnante.

Genere dei nomi

I nomi sono variabili nel genere: **maschile** o **femminile**. Oggetti o enti inanimati hanno di solito genere fisso (*fiume*, m.; *strada*, f.); quando si riferiscono a esseri animati possono avere sia una forma maschile sia femminile (*leone*, m.; *leonessa*, f.; *libraio*, m.; *libraia*, f.). Per **formare il femminile** si passa:

- dal maschile in **-o** oppure in **-e** al femminile in **-a** (*maestro/maestra; parrucchiere/parrucchiera*);
- dal maschile in **-o** oppure in **-e** al femminile in **-ina** (*eroe/eroina*);

- dal maschile in **-e** al femminile in **-essa** (*conte/contessa*);
- dal maschile in **-tore** al femminile in **-trice** (*scrittore/scrittrice*) o in **-tora** (*tintore/tintora*).

Alcuni nomi – detti **indipendenti** – derivano i due generi da radici diverse (*padre/madre, fratello/sorella, marito/moglie, toro/mucca* ecc.), mantenendo la complementarietà solo sul piano del significato.

Nomi che hanno invece forme uguali per maschile e femminile (*il/la nipote, il/la cantante*) sono perciò detti **di genere comune**; altri, che hanno un'unica forma (*la tigre maschio/la tigre femmina* ecc.) sono perciò detti **di genere promiscuo.**

Numero dei nomi

I nomi sono variabili nel numero: **singolare** o **plurale**. In moltissimi i casi la formazione del plurale non soggiace a regole fisse, dando vita a un gran numero di particolarità. Vediamone alcune:

- nomi in -**co** e -**go**: se sono piani formano il plurale in -**chi** e -**ghi** (*alberghi, carichi, strascichi*), se sono sdruccioli lo formano in -**ci** e -**gi** (*amici, monaci, portici, sindaci*). Sono numerose le eccezioni: i nomi sdruccioli uscenti in -**logo**, se indicano cose formano il plurale in -**loghi** (*dialoghi, epiloghi*), se indicano persone in -**logi** (*biologi, psicologi*); alcuni nomi piani pluralizzano in **-ci -gi** (*amici*); alcuni nomi hanno entrambe le forme (*chirurgi/chirurghi; stomachi/stomaci*);
- nomi in -**ca** e -**ga**: maschili formano il plurale in -**chi** e -**ghi** (*duchi, patriarchi*) a eccezione di *belga/belgi* (ma femminile *belghe*); femminili in -**che** e -**ghe** (*amiche, pieghe*);
- nomi in -**cia** e -**gia**: con *ì* accentata o *i* preceduta da vocale, hanno plurale in -**cie** e -**gie** (*allergìe, camìcie*); con *i* non accentata e preceduta da consonante hanno plurale in -**ce** e -**ge** (*marce, spiagge*);
- nomi in -**io**: se l'accento cade sulla *ì* formano il plurale in -**ii** (*addii, zii*); se la *i* non è accentata in -**i** (*armadi, figli*). Il plurale di *tempio* è **templi.**

Molti nomi maschili e femminili, detti **invariabili**, mantengono la stessa terminazione al singolare e al plurale: in particolare i monosillabici, i nomi che terminano con vocale accentata e i nomi stranieri (*il re/i re, la città/le città, il film/i film*). Invariabili sono anche tutti i nomi in **-ie** (tranne *mogli, superfici, effigi*).

Il **plurale dei nomi composti** si forma diversamente a seconda degli elementi che li compongono:

- con due sostantivi dello stesso genere, diventa plurale il secondo (*cassapanca/cassapanche*);
- con due sostantivi di genere diverso, diventa plurale il maschile (*capofamiglia/capifamiglia, terremoto / terremoti*);
- con un sostantivo e un aggettivo, diventano plurali tutti e due (*pellerossa/pellirosse*);
- con due forme verbali o una forma verbale + avverbio o una forma verbale + nome, il plurale rimane invariato (*saliscendi, posapiano, portamonete*).

Nomi **difettivi** hanno solo il plurale (*gli occhiali, le forbici*) o solo il singolare (*il sangue, la malaria, il latte*).

Altri nomi, detti **sovrabbondanti**, hanno due plurali spesso con significati diversi. I più frequenti sono:

Singolare	Plurale
il braccio	*i bracci* (della croce) // *le braccia* (dell'uomo)
il ciglio	*i cigli* (della strada) // *le ciglia* (degli occhi)
il corno	*i corni* (dell'incudine) // *le corna* (dell'animale)
il cuoio	*i cuoi* (gli oggetti di cuoio) // *le cuoia* (la pelle umana, cfr. "tirare le cuoia")
il filo	*i fili* (di cotone) // *le fila* (del discorso)
il fondamento	*i fondamenti* (della disciplina) // *le fondamenta* (della casa)
il fuso	*i fusi* (per la filatura) // *le fusa* (del gatto)
il gesto	*i gesti* (delle mani) // *le gesta* (degli eroi)
il ginocchio	*i ginocchi // le ginocchia*
il grido	*i gridi* (di animali) // *le grida* (dell'uomo, considerate collettivamente)
il labbro	*i labbri* (di una ferita, di un vaso) // *le labbra* (della bocca)
il lenzuolo	*i lenzuoli* (considerati uno per uno) // *le lenzuola* (considerati al paio)

PARTE QUARTA

Singolare	Plurale
il membro	*i membri* (di un gruppo, considerati uno a uno) // *le membra* (di un corpo, come insieme)
il muro	*i muri* (di una casa) // *le mura* (della città)
l'orecchio	*gli orecchi // le orecchie*
l'osso	*gli ossi* (considerati uno a uno) // *le ossa* (di un corpo, considerate collettivamente)
l'urlo	*gli urli* (considerati uno per uno) // *le urla* (dell'uomo, considerate collettivamente)

Nomi primitivi, derivati e composti

I primitivi non derivano da nessun'altra parola della lingua italiana (*uomo, rosa, paese* ecc.); sono formati dalla **radice**, che è la parte portatrice di significato (*uom-, ros-, paes-*), e dalla **desinenza** (preceduta o meno da vocale tematica), che è la parte variabile indicante genere e numero. Dai nomi primitivi si formano, secondo processi differenti, i nomi derivati, alterati e composti.

- **Nomi derivati**: si formano aggiungendo un affisso a un nome primitivo, che ne modifica il significato. Se è premesso alla radice si parla di **prefisso** (***s**-collegare, **in**-utilizzabile, **pre**-allarme*), se posposto di **suffisso** (*form-**al-izz-are**; bell-**ezza***).
- **Nomi alterati**: sono il risultato di una particolare suffissazione, per cui il significato del nome si modifica in alcuni aspetti *quantitativi* (diminutivi, accrescitivi) o *qualitativi* (vezzeggiativi e spregiativi). Attenzione ai **falsi alterati** (*matto/mattone, pulce/pulcino, botto/bottone* ecc.), in cui le due parole hanno origine diversa e solo casualmente sono presenti i suffissi tipici dell'alterazione;
- **Nomi composti**: sono formati dall'unione di due parole, per esempio da: • nome + nome (*calzamaglia*); • nome + aggettivo (*pellerossa*); • aggettivo + nome (*biancospino*); • aggettivo + aggettivo (*sordomuto*); • verbo + nome (*accendisigari*); • verbo + verbo (*dormiveglia*); • verbo + avverbio (*posapiano*); • avverbio + aggettivo (*sempreverde*); • avverbio + verbo (*benestare*): • preposizione + nome (*soprannumero*).

10.2.2 | L'articolo

È una delle parti variabili del discorso; si premette al nome, di cui segnala il genere (maschile o femminile), il numero (singolare o plurale) e la determinazione o l'indeterminatezza. Si distinguono tre categorie:

- articolo **determinativo** *(il, lo, la, i, gli, le)*: indica una categoria presa nel suo insieme (*La casa* è importante per tutti) o ne individua un membro particolare e già noto (Ti mostro *la casa* di Mario);
- articolo **indeterminativo** *(un, uno, una)* individua un membro generico di una classe (Tutti devono avere *una casa*), o un membro non definito o noto (Abito *in una casa* sul fiume);
- articolo **partitivo** (preposizioni articolate *del, dello, della, dei, degli, delle*): indica una parte, una porzione, una quantità indeterminata di un intero o di un insieme (Ha visto *delle case*; Ha invitato *dei compagni* di scuola).

✔ L'articolo può rendere sostantivi anche altre parti del discorso (*l'utile, il divertirsi, l'aldilà*).

Gli articoli **il**, **i**, **un**, **dei** si usano davanti a nomi maschili inizianti per consonante semplice (*il tavolo, i piatti, un divano, dei libri*).

Gli articoli **lo**, **gli**, **uno**, **dello**, **degli** si usano davanti a nomi maschili inizianti per: • **s-** + **consonante**: *lo stadio, uno stadio*; • **gn-**: *lo gnomo, uno gnomo*; • **pn-**: *lo pneumatico* (ATTENZIONE: è molto diffuso ma scorretto *il pneumatico*), *uno pneumatico*; • **ps-**: *lo psicologo, uno psicologo*; • **z-**: *lo zaino, uno zaino*; • **x-**: *lo xilofono, uno xilofono*; • **y-**: *lo yogurt, uno yogurt*; • **i** + **vocale**: *lo iettatore, uno iettatore.*

Gli articoli **la**, **le** si usano davanti a tutti i nomi femminili; davanti a nomi che iniziano per vocale **la** si apostrofa in **l'** (*l'albicocca, le albicocche*).

Davanti a nomi maschili inizianti per vocale si usa l'articolo determinativo **l'** (ovvero **lo** apostrofato), mentre come articolo indeterminativo si usa **un**, senza apostrofo (*l'albero, un albero*).

L'articolo **una** si usa davanti ai nomi femminili che iniziano per consonante, si apostrofa in **un'** davanti ai nomi femminili che iniziano per vocale (*una barca, un'anima*).

Non si apostrofa mai l'articolo indeterminativo maschile *un*: infatti, non è la forma elisa di *uno*, ma una forma tronca autonoma e distinta.

- *Un albero* **NON** *un'albero; un antico castello* **NON** *un'antico castello.*
- L'articolo femminile *una*, invece, elide la sua vocale davanti a parola iniziante per vocale. *Un'oca* **NON** *un oca; un'introduzione* **NON** *un introduzione.*

10.2.3 | L'aggettivo

Parte variabile del discorso, si affianca al nome per modificarlo, specificarne una qualità o determinarlo in modo più preciso. L'aggettivo può riferirsi al nome direttamente (Mi hanno regalato *un vestito elegante*) con funzione **attributiva**, oppure può collegarsi al nome tramite un verbo (Il mio vestito *è elegante*), con funzione **predicativa**. Grammaticalmente, si accorda con il nome per genere (maschile e femminile) e numero (singolare e plurale). Si distinguono due grandi gruppi di aggettivi:

- **qualificativi**, che attribuiscono una qualità al nome (una focaccia *saporita*, un cappello *rosso ecc.*);
- **determinativi**, che individuano e specificano il nome precisandone l'appartenenza, la collocazione, la quantità, il numero ecc. (la *tua* casa, *questa* sedia, *alcune* persone).

Preceduto da articolo, l'aggettivo può avere valore **sostantivato** (*l'utile, il suo*).
In altri casi l'aggettivo può essere usato con valore **avverbiale** (*parlare chiaro* = chiaramente).

PARTE QUARTA

AGGETTIVI QUALIFICATIVI

Hanno comportamento simile a quello dei nomi: sono una classe aperta a nuove formazioni e possono essere anch'essi **primitivi** (*freddo*), **derivati** (*femminile*), **alterati** (*verdino*) e **composti** (*variopinto*). Variano la desinenza al singolare e al plurale e in diversi casi al maschile e al femminile.

- Gli aggettivi uscenti in *-ista* (*egoista*) hanno forma unica al singolare e doppia al plurale (*egoisti/e*).
- Alcuni aggettivi sono **invariabili** (*pari, blu, viola*).

Se l'aggettivo si riferisce a più nomi di numero e genere diversi, è concordato solitamente al maschile plurale (Il profumo, le luci, i colori erano *fantastici*).

Gradi dell'aggettivo qualificativo

Questi aggettivi non solo attribuiscono una certa qualità a un nome, ma ne indicano anche l'intensità.

- Il grado **positivo** esprime la qualità senza specificarne la misura (*bello*).
- Il **comparativo** indica la qualità istituendo un confronto quantitativo con un altro termine (*più bello, meno bello, bello come*). Può essere a sua volta:
  - **di maggioranza**: la qualità è presente nel primo termine di paragone in misura maggiore che nel secondo (Gianni è *più simpatico di* Gino; Sembrava *più triste che* stanca);
  - **di minoranza**: la qualità è presente nel primo termine di paragone in misura minore che nel secondo (Gianni è *meno simpatico di* Gino; Sembrava *meno triste che* stanca);
  - **di uguaglianza**: la qualità è presente nel primo termine di paragone in misura uguale al secondo (Gianni è (*così*) *simpatico come* Gino; Sembrava (*tanto*) *triste quanto* stanca).
- Il grado **superlativo** indica il possesso della qualità in misura massima (*bellissimo*). Può essere:
  - **assoluto**: la qualità è presente in misura massima, senza termini di confronto. Si forma: • aggiungendo il suffisso *-issimo* alla radice; • accompagnando l'aggettivo con un avverbio che intensifica il significato (*assai, estremamente, molto* ecc.); • con prefissi (*arci-, extra-, iper-, sovra-, stra-, super-, ultra-* ecc.). Es.: Marta è *felicissima*; Marta è davvero *molto felice*; Marta è *arcifelice*;
  - **relativo** (di maggioranza o di minoranza): la qualità è presente in misura massima o minima in rapporto a un insieme di altri elementi. Es.: Marta è la *più felice* tra noi e la *meno triste* di tutti.

Alcuni aggettivi, conservando traccia della derivazione latina, formano il superlativo assoluto con il suffisso ***-errimo*** o ***-entissimo***:

acre – ac*errimo;*	benevolo – benevol*entissimo;*
celebre – celeb*errimo;*	malevolo – malevol*entissimo;*
integro – integ*errimo;*	munifico – munific*entissimo;*
misero – mis*errimo;*	benefico – benefic*entissimo.*
salubre – salub*errimo;* ecc.	

Altri aggettivi hanno – accanto alle forme di comparativo e superlativo regolari – delle forme del tutto autonome, sempre derivate dal latino, dette **organiche**.

Positivo	Comparativo	Superlativo assoluto
buono	più buono / *migliore*	buonissimo / *ottimo*
cattivo	più cattivo / *peggiore*	cattivissimo / *pessimo*
piccolo	più piccolo / *minore*	piccolissimo / *minimo*
grande	più grande / *maggiore*	grandissimo / *massimo*
alto	più alto / *superiore*	altissimo / *supremo* / *sommo*
basso	più basso / *inferiore*	bassissimo / *minimo*

Migliore, peggiore, maggiore, minore, essendo comparativi di maggioranza, non possono essere precedute anche dall'avverbio (Virgilio è *migliore* di Omero **NON** Virgilio è *più migliore* di Omero). Sono anche scorrette forme come *ottimissimo* o *più ottimo*, essendo *ottimo* superlativo assoluto.

AGGETTIVI DETERMINATIVI

Conferiscono al nome caratteristiche non qualitative, che servono a determinarlo. A differenza dei qualificativi, **non possono essere alterati**, non hanno diversi gradi, sono una classe chiusa a cui non si possono aggiungere termini di nuova formazione.

Aggettivi possessivi

Il rapporto indicato da questi aggettivi può essere di *proprietà* (la *mia* macchina), di *relazione* (*tua* sorella, la *sua* amica), di pertinenza (la *vostra* città, il *nostro* partito), di consuetudine (la *loro* corsa mattutina) ecc.

I possessivi, oltre a determinare il nome della cosa/persona posseduta, indicano anche chi è il possessore: se è chi parla (prima persona, **mio /nostro** = *di me / di noi*); se è chi ascolta (seconda persona, **tuo/vostro** = *di te/ di voi*); se è chi o ciò di cui si parla (terza persona, **suo/loro** = *di lui / di esse, di essi*).

L'aggettivo di terza persona ***suo*** si usa per un possessore unico; ***loro*** quando sono almeno due. Per esempio: Lucia mi ha prestato i *suoi* libri; Lucia e Diego mi hanno prestato i *loro* libri.

Altri due aggettivi possessivi sono:

- **proprio**: si può usare al posto di *suo* e *loro*, per rinforzare l'idea di possesso, ma solo quando chi possiede è anche il soggetto della frase (I viaggiatori hanno perso i *propri* bagagli). È consigliato utilizzarlo quando il soggetto è indefinito (Ciascuno deve assumersi le *proprie* responsabilità) o quando nel contesto usare *suo* creerebbe ambiguità (Anna ha incontrato Sara davanti a casa *propria*). È invece **d'obbligo** nelle frasi impersonali (Bisogna ammettere i *propri* errori).
- **altrui** (= di altri, degli altri): è usato quando il possessore è indefinito ed è sempre posposto al nome a cui si riferisce (Si devono rispettare le opinioni *altrui*).

Aggettivi dimostrativi

Collocano il nome a cui si riferiscono nello spazio, nel tempo e nel discorso, indicandone la posizione:

- **questo/a/i/e** indica persona o cosa vicina a chi parla (*Questo* è il libro che cercavo);
- **codesto/a/i/e** indica persona o cosa vicina a chi ascolta (Portami *codesto* libro);
- **quello/a/i/e** indica persona o cosa lontana sia da chi parla sia da chi ascolta (Vuoi *quel* libro?).

COMPRENSIONE DEL TESTO

PARTE QUARTA

Aggettivi indefiniti

Danno informazioni generiche su *quantità* (*Alcune* persone mi sono antipatiche) e a volte *qualità* (È una persona *qualunque*) del nome a cui si riferiscono.

Singolare		Plurale		Plurale		Plurale	
mas.	**femm.**	**mas.**	**femm.**	**mas.**	**femm.**	**mas.**	**femm.**
alcuno	alcuna	alcuni	alcune	poco	poca	pochi	poche
alquanto	alquanta	alquanti	alquante	qualche	qualche	–	–
altrettanto	altrettanta	altrettanti	altrettante	qualunque	qualunque	–	–
altro	altra	altri	altre	qualsiasi	qualsiasi	–	–
certo	certa	certi	certe	qualsivoglia	qualsivoglia	–	–
certuno	certuna	certuni	certune	tale	tale	tali	tali
ciascuno	ciascuna	–	–	taluno	taluna	taluni	talune
diverso	diversa	diversi	diverse	tanto	tanta	tanti	tante
molto	molta	molti	molte	troppo	troppa	troppi	troppe
nessuno	nessuna	–	–	tutto	tutta	tutti	tutte
ogni	ogni	–	–	vario	varia	vari	varie
parecchio	parecchia	parecchi	parecchie				

Aggettivi interrogativi ed esclamativi

Si usano per chiedere informazioni (*Quali* intenzioni avete?) o esprimere stupore (*Che* bel quadro!) circa il nome a cui si riferiscono.

Singolare		Plurale	
maschile	**femminile**	**maschile**	**femminile**
quanto	quanta	quanti	quante
quale	quale	quali	quali
che	che	che	che

Aggettivi identificativi

Precisano l'identità del nome a cui si riferiscono (È lo *stesso* ragazzo di ieri; Abbiamo le *medesime* idee).

Singolare		Plurale	
maschile	**femminile**	**maschile**	**femminile**
stesso	stessa	stessi	stesse
medesimo	medesima	medesimi	medesime

Aggettivi numerali

Precisano il numero del nome a cui si riferiscono e si dividono in:

- **cardinali**: sono invariabili, eccetto *uno* (femminile *una*) e *mille* (plurale *duemila* ecc.); *milione* e *miliardo* sono sostantivi, quindi hanno il plurale (*milioni* e *miliardi*) e, quando sono seguiti da una determinazione, vogliono la preposizione *di* (*cinque milioni di* euro, *tre miliardi di* uomini);
- **ordinali**: indicano l'ordine di successione in una serie, sono variabili nel genere e nel numero; possono essere scritti in cifre romane (*secolo XX*);
- **moltiplicativi**: indicano una quantità maggiore di un'altra di un certo numero di volte (*doppio, triplo, quadruplo* ecc.; *duplice*, *triplice* ecc.).

Esistono anche altri numerali che però non hanno quasi mai funzione aggettivale:

- **frazionari** (sostantivati: *un terzo di* stipendio; ma *mezzo* litro, *mezze* ammissioni ecc.);
- **distributivi** (locuzioni avverbiali: in fila *per due*, *uno alla volta* ecc.);
- **collettivi** (un *paio*, una *decina* ecc.).

Infine, sono aggettivi numerali **ambedue** ed **entrambi/e.**

10.2.4 | Il pronome

È una parte variabile del discorso che ha la funzione di sostituirne un'altra, per evitare ridondanza nella comunicazione; ha capacità *determinativa*, in quanto precisa caratteristiche di quantità, qualità e collocazione nello spazio e nel tempo del termine che sostituisce.

Pronomi personali

Indicano chi parla (**prima** persona), chi ascolta (**seconda** persona), di chi o di cosa si parla (**terza** persona). Tutti i pronomi personali hanno **singolare** e **plurale**, solo la terza persona prevede anche concordanze di **genere**.

Esistono forme diverse per indicare la funzione sintattica di **soggetto** e di **complemento**; per la funzione di complemento sono presenti forme **toniche**, cioè accentate, e forme **atone**, prive di accento, che si appoggiano al verbo che le segue (*Mi dài*) o le precede (*Dàmmi*).

		Soggetto	Complemento	
			forma tonica	forma atona
1ª s.		**io**	**me** (di me, a me, con me ecc.)	**mi**
2ª s.		**tu**	**te** (di te, a te, con te ecc)	**ti**
3ª s.	masch.	**egli** (lui), **esso**	**lui** (di lui, a lui, con lui ecc.), **sé**	**lo**, **gli**, **ne** (= di lui), **si**
	femm.	**ella** (lei), **essa**	**lei** (di lei, a lei, con lei ecc.), **sé**	**la**, **le**, **ne** (= di lei), **si**
1ª pl.		**noi**	**noi** (di noi, a noi, con noi ecc.)	**ci**
2ª pl.		**voi**	**voi** (di voi, a voi, con voi ecc.)	**vi**
3ª pl.	masch.	**essi** (loro)	**essi, loro** (di loro, a loro ecc.), **sé**	**li**, **ne** (= di loro), **si**
	femm.	**esse** (loro)	**esse, loro** (di loro, a loro ecc.), **sé**	**le**, **ne** (= di loro), **si**

✔ I pronomi atoni ***mi***, ***ti***, ***si***, ***ci***, ***vi*** possono valere o come complemento **oggetto** (*mi* vide) o come complemento di **termine** (*mi* disse). Il pronome ***ne*** può valere come *di lui, di lei, di loro* (Non me *ne* parlare), ma anche come *da lui, da lei, da loro* (Non *ne* ho ricavato niente).

✔ Non bisogna usare un pronome se nella frase è già presente un nome nella stessa funzione.

- *Al bambino* il genitore deve dare NON *Al bambino* il genitore deve dar*gli*;
- *Di lei* sentiremo ancora parlare NON *Di lei ne* sentiremo ancora parlare.

✔ ***Te*** o ***me*** non vanno usati come soggetto ma solo come complementi.

- Vieni anche *tu* al cinema? NON Vieni anche *te* al cinema?
- *Tu* e *io* siamo grandi amici MA *Io* e *te* siamo grandi amici

Pronomi personali riflessivi

Si usano per costruire la forma riflessiva dei verbi, in cui l'azione del soggetto ricade sul soggetto stesso.

- Per la prima e seconda persona singolare e plurale si usano le forme atone dei pronomi personali complemento ***mi***, ***ti***, ***ci***, ***vi*** (Noi *ci* laviamo).
- Per la terza persona – singolare e plurale, maschile e femminile – si usa il pronome riflessivo ***si*** (Esse *si* lavano). Nelle forme impersonali dei riflessivi, per evitare la ripetizione, si usa ***ci*** (*Ci si* lava).

Pronomi possessivi

Gli aggettivi possessivi (vedi pagina 183: *mio, tuo, suo, nostro, vostro, loro, proprio, altrui*) possono essere usati anche come pronomi: si riferiscono al nome e indicano chi è il possessore.

Si ricorda in particolare che:

- **suo** si usa in riferimento a un singolo (Giulia ha fatto i compiti e anche Marco ha eseguito i *suoi*);
- **loro** si usa in riferimento a due o più (Aiutando Piero nei compiti, Marco e Giulia fanno anche i *loro*);
- **proprio** si può usare per disambiguare quando il possessore è anche il soggetto della frase (Mentre Giulia stava aspettando la valigia, Marco trovò la *propria*);
- **altrui** è usato con possessore indefinito (Stai agendo per il tuo bene, ma non credo per l'*altrui*).

Pronomi dimostrativi

Precisano la *posizione* del nome a cui si riferiscono rispetto a spazio, tempo e discorso.

- alcuni valgono anche come aggettivi (vedi pagina 183): *questo, codesto, quello, stesso, medesimo*;
- altri sono solo pronomi: *questi* (sing.), *quegli, costui, costei, costoro; colui, colei, coloro, ciò, ne.*

Pronomi indefiniti

Con riferimento al nome che sostituiscono, indicano una *quantità indeterminata*, non precisa:

- alcuni aggettivi indefiniti sono anche pronomi (vedi pagina 184);
- altri sono solo pronomi: *qualcuno/a; ognuno/a; chiunque; qualcosa; niente; nulla; altri* (= un altro) ecc.

Pronomi interrogativi ed esclamativi

- Gli **interrogativi** *che?, quale?, chi?, che cosa?* introducono una domanda o *diretta* (*Che cosa* è accaduto?) o *indiretta* (Vorrei sapere *che cosa* è accaduto).
- Gli stessi sono **esclamativi** quando esprimono emozioni e sentimenti (*Che* lezione noiosa!).

Pronomi relativi

Sono un genere particolare di pronomi perché, oltre a *sostituire* una parte del discorso, hanno la funzione di *connettere* due proposizioni. Essi sono: *il quale, la quale, i quali, le quali, che, chi, cui.*

- ***Che*** vale per tutti i generi e numeri = *il quale, la quale, i quali, le quali*;
- ***chi*** è il cosiddetto *pronome doppio = colui che/colui il quale*; è anche detto *pronome misto*, perché include un dimostrativo (*colui*) e un relativo (*il quale*);
- ***cui*** esprime i complementi indiretti e serve per tutti i generi e i numeri = *del quale, della quale, dei quali, delle quali, al quale, alla quale, ai quali, alle quali.*

> ✔ Il pronome relativo *che* può essere solo **soggetto** o complemento **oggetto.**
> Es.: L'insegnante *di cui* ti ho parlato NON L'insegnante *che* ti ho parlato.

> ✔ **Valori del monosillabo *che***:
> - è pronome **relativo** se si trova dopo un nome o è riferito a un nome; può essere sostituito da *il quale, la quale, i quali, le quali* (La donna *che* ho visto);
> - è **congiunzione** se si trova dopo un verbo, un aggettivo o un avverbio; non può essere sostituito da *il quale, la quale, i quali, le quali* (Ti dico *che* hai torto);
> - è pronome o aggettivo **interrogativo/ esclamativo** se esprime una domanda o un'emozione (Dimmi *che* hai fatto/ *Che* hai combinato!).

10.2.5 | Il verbo

Indica un'azione, fatta o subita, uno stato o una condizione del soggetto; è il centro sintattico attorno a cui si organizzano gli altri elementi della frase. Ogni verbo è composto da una parte che rimane invariata, la **radice**, e da una vocale tematica a cui si aggiunge la **desinenza**, che muta in funzione di numero e persona. La *morfologia* del verbo fornisce molte indicazioni:

- il **modo** dice in quale maniera viene presentata l'azione o condizione: come certezza, realtà, possibilità, desiderio, timore, condizione, comando;
- il **tempo** dice il rapporto cronologico tra un'azione e il momento in cui se ne parla oppure tra due azioni: *contemporaneità, anteriorità, posteriorità*;
- la **persona** e il **numero** dicono a chi il verbo fa riferimento: al parlante, *prima* persona; all'ascoltatore, *seconda* persona; ad altri, *terza* persona;

PARTE QUARTA

- la **forma** o **diatesi** dice il rapporto logico che esiste tra il verbo e il suo soggetto, se cioè l'azione è agita o subita: *attiva, passiva, riflessiva*;
- l'**aspetto** dice quanto dura un'azione, come si svolge, se è conclusa o in corso e se è perfezionata;
- il **significato** dice se il verbo ha un senso compiuto in sé e da solo (*C'è* un vestito = *predicativo*) o se collega il soggetto a un'altra parte nominale che gli dà significato (Il vestito *è bianco* = *copulativo*);
- il **genere** dice se l'azione del verbo si muove dal soggetto verso un oggetto (*transitivo*) oppure se non esiste un oggetto (*intransitivo*); nel primo caso il verbo si può volgere al *passivo*, nel secondo no.

Coniugazioni

Si dicono *regolari* i verbi che formano tutte le voci dalla stessa radice, *irregolari* quelli che nella coniugazione oltre alla desinenza mutano anche la radice, *difettivi* quelli che presentano solo alcune voci e non altre. I verbi si raggruppano in tre coniugazioni: • **1ª** coniugazione: infinito presente in -**are** (*amare, lodare* ecc.); • **2ª** coniugazione: infinito presente in -**ere** (*vedere, vivere* ecc.); • **3ª** coniugazione: infinito presente in -**ire** (*dormire, sentire* ecc.).

I verbi che non terminano in *-are, -ere* o *-ire* sono della 2ª coniugazione (*condurre, trarre, comporre* ecc.).

I verbi *essere* e *avere* – detti **ausiliari** perché uniti al participio degli altri verbi consentono di formare i tempi composti – hanno una coniugazione propria *irregolare*.

Modi e tempi

L'italiano prevede sette **modi**: • *indicativo, congiuntivo, condizionale, imperativo* sono detti **finiti**, perché sono coniugati secondo tempi, persone e numeri; • *infinito, participio e gerundio* sono detti **indefiniti** o **impliciti**, perché privi di persona e numero.

- L'**indicativo** è il modo dell'obiettività, che enuncia fatti veri, certi o ritenuti tali da chi parla o scrive. Proprio perché è il modo della realtà, è l'unico a poter esprimere mediante i suoi tempi tutte e tre le relazioni cronologiche base (*contemporaneità* = presente; *anteriorità* = imperfetto, passato prossimo e remoto, trapassato prossimo e remoto; *posteriorità* = futuro semplice e anteriore).
- Il **congiuntivo** connota un'azione o condizione o stato come possibili, verosimili o irreali, esprime il desiderio, la potenzialità, il dubbio, il timore.

✔ Dopo espressioni come *penso che, credo che, ritengo che, mi sembra che* ecc. **si deve usare il congiuntivo**, modo dell'opinione (Credo che tu *abbia* ragione NON Credo che tu *hai* ragione).

- Il **condizionale** indica azioni, situazioni, fatti la cui attuazione non è certa ma sottoposta a condizione; dunque, eventualmente, anche irrealizzabile.

✔ Attenzione all'uso corretto di congiuntivo e condizionale!
(Se nessuno l'*avesse fermato* avrebbe sbagliato strada NON Se nessuno l'*avrebbe fermato* ecc.).

- L'**imperativo** esprime la volontà che una cosa avvenga o si faccia: ha solo la seconda persona singolare e plurale. Per le restanti persone si usa il *congiuntivo esortativo*.

I **tempi** fondamentali del verbo sono: **presente**, **passato** e **futuro**. Si dividono in:

- **tempi semplici**, formati all'attivo da una sola parola (*ero, ebbe, lavorarono*), al passivo dal verbo *essere* + participio passato (*sono lodato, sia amato*);
- **tempi composti**, formati: • all'attivo da *essere* o *avere* + participio passato del verbo (*ha chiamato; saranno venuti*); • al passivo dal verbo *essere* + *stato* + participio passato del verbo (*è stato chiamato; fossero state scritte*). Si noti che quando l'ausiliare è *avere* il participio passato resta invariato a prescindere da numero e genere della persona (Le tre sorelle *hanno festeggiato* il Natale con i genitori); se l'ausiliare è *essere* il participio concorda sempre con il soggetto in numero e genere (Le tre sorelle *sono andate* dai genitori e *sono state accolte* con allegria).

MODO		TEMPI	
	nel presente	nel passato	nel futuro
indicativo	presente	imperfetto // passato prossimo // passato remoto // trapassato prossimo // trapassato remoto	futuro semplice // futuro anteriore
congiuntivo	presente	imperfetto // passato // trapassato	–
condizionale	presente	passato	–
imperativo	presente	–	–
infinito	presente	passato	–
participio	presente	passato	–
gerundio	presente	passato	–

Forma attiva, passiva, riflessiva e pronominale

La forma o diatesi del verbo indica se è il soggetto a compiere l'azione (io *scrivo* un libro = **attiva**); se il soggetto è anche l'oggetto dell'azione (io *mi correggo* = **riflessiva**), se il soggetto subisce o sperimenta l'azione compiuta da altri (il libro *è stato scritto* da me = **passiva**). Con il verbo al passivo, cioè, il soggetto non è chi agisce; l'azione è presentata dal punto di vista di quello che sarebbe l'oggetto nella forma attiva.

I verbi di genere **intransitivo** non prevedono mai un oggetto, dunque hanno solo la forma attiva; i verbi di genere **transitivo**, che hanno l'oggetto, possono avere sia l'attivo sia il passivo sia il riflessivo.

- La coniugazione **passiva** si ottiene premettendo al participio passato del verbo i tempi semplici e composti del verbo *essere*;

✔ **Non confondere i tempi composti dei verbi intransitivi con i tempi semplici dei verbi passivi.** Es.: *è partito* = passato prossimo attivo di un verbo intransitivo; *è punito* = presente passivo di un verbo transitivo; *eri andato* = trapassato prossimo attivo di un verbo intransitivo; *eri amato* = imperfetto passivo di un verbo transitivo.

✔ Nei tempi semplici del passivo, in luogo dell'ausiliare *essere* si può usare il verbo **venire**, sempre in funzione ausiliare (Ormai i libri *vengono letti* da pochi = *sono letti*).

✔ È una costruzione passiva il cosiddetto **si passivante**: la particella pronominale *si* precede la terza persona (singolare o plurale) attiva di un verbo transitivo, senza che venga specificato l'agente o la causa efficiente.
- *Si teme* un inverno molto freddo (= un inverno freddo è temuto).
- Non *si accettano* carte di credito (= le carte di credito non sono accettate).

- La coniugazione **riflessiva** si ottiene accompagnando la voce verbale attiva con le particelle pronominali *mi, ti, si, ci, vi* che fanno da *oggetto*. Perciò, solo i verbi transitivi possono avere forma riflessiva.

✔ Se il verbo riflessivo è accompagnato da un **servile** (*dovere*, *potere*, *dovere*), si usa come ausiliare *essere* quando la particella pronominale precede il verbo (*Si è voluto vestire*); si usa come ausiliare *avere* quando la particella pronominale segue il verbo (*Ha voluto vestirsi*).

Quando il verbo riflessivo esprime un rapporto scambievole si ha la forma **riflessiva reciproca**: Diego e Lucia *si baciano* = Diego bacia Lucia + Lucia bacia Diego.

✔ Bisogna distinguere le forme riflessive proprie da quelle **apparenti**, quando la particella pronominale vale come complemento di **termine** e non come complemento oggetto.
Nella frase *Anna si è lavata le mani* (= Anna lavale mani a sé), mancando la coincidenza tra soggetto e oggetto (in questo caso: *le mani*), il verbo non è riflessivo ma **transitivo pronominale.**

- La coniugazione **intransitiva pronominale** si ha con alcuni verbi intransitivi – come *vergognarsi, arrendersi, imbattersi, impadronirsi, sedersi* ecc. – che utilizzano le stesse particelle pronominali dei riflessivi (*mi, ti, si, ci, vi*). Questi pronomi, però, non hanno una funzione specifica (*mi pento* non significa *pento me*, né *pento a me*) ma sono soltanto parte indissolubile del verbo senza cui la flessione non è possibile. La coniugazione dei verbi pronominali (transitivi e intransitivi) segue quella passiva.

Verbi impersonali

• Si dicono **assolutamente impersonali** i verbi che non hanno soggetto e vengono usati propriamente solo alla terza persona singolare nei modi finti o nei modi indefiniti. Per lo più indicano fenomeni atmosferici: *piove, grandina, nevica, albeggia* ecc. • Altri verbi e locuzioni verbali, oltre al normale utilizzo, hanno anche uno specifico **senso impersonale**: *accade, bisogna, conviene, è necessario, è chiaro* ecc. • L'ausiliare per le forme impersonali è sempre *essere*. Fanno eccezione i verbi indicanti fenomeni atmosferici che possono usare anche *avere* (Ieri *è piovuto*; Ieri *ha piovuto*). • Qualunque verbo può essere usato impersonalmente, premettendo la particella pronominale **si** alla terza persona singolare: *si dice, si vedrà, si muore* ecc. I verbi riflessivi formano la voce impersonale premettendo la parcella **ci**: *ci si annoia*.

Tutti i valori della particella *SI*
- riflessivo proprio: *Anna si lava* (= lava sé);
- riflessivo apparente: *Anna si lava le mani* (= lava a sé…);
- riflessivo reciproco: *Anna e Sara si guardano* (= l'una guarda l'altra);
- passivante: *Si discuterà il progetto con attenzione* (= sarà discusso);
- pronominale intransitivo: *Gianni si offende facilmente*;
- impersonale: *Si ride per non piangere*.

Verbi ausiliari

I tempi composti di tutti i verbi si formano con l'ausilio di *avere* ed *essere*.

- **Avere** è l'ausiliare di tutti i transitivi attivi e di alcuni intransitivi. Nell'ordine: *ho mangiato*; *ho riso*.
- **Essere** è l'ausiliare di tutte le forme passive, nonché dei verbi riflessivi, pronominali, impersonali e di molti intransitivi. Nell'ordine: *sono stato pettinato; mi sono pettinato*; *mi sono annoiato*; *si è deciso*; *sono andato*.

Entrambi gli ausiliari hanno anche un significato proprio, predicativo e autonomo: avere = *possedere*, essere = *stare* o *trovarsi* o *esistere*.

Tutte le funzioni del verbo *ESSERE*
- **ausiliare**: aiuta a formare le voci verbali composte attive (Anna *è andata* via) e passive (Mario *è stato aiutato* da Sara);
- **copulativa** nel predicato nominale: collega il soggetto della frase con la parte nominale (*Quel libro è molto bello*);
- **predicativa**: con il significato di "trovarsi" (Il libro *è* sul tavolo), "esistere" (Dio *è*), "essere destinato" (Quel libro *è* per Maria) o "appartenere" (Il libro *è* di Maria).

Verbi servili

Indicano la modalità di svolgimento dell'azione o condizione espressa dal verbo servito, che si trova all'infinito mentre il servile viene coniugato. **Dovere** esprime necessità/obbligo (*devo uscire*); **potere** possibilità (*Posso uscire*); **volere** volontà (*Voglio uscire*). Nei tempi composti:

- di solito il verbo servile ha l'ausiliare del servito (*sono* partito > *sono dovuto* partire; *ho* mangiato > *ho potuto* mangiare); però, talvolta, quando si intenda accentuare l'idea veicolata dal servile, si può trovare *avere* in luogo di *essere* (*ho dovuto* partire);
- quando il verbo servito è *essere*, il servile usa *avere* come ausiliare (*ho dovuto* essere intransigente);
- per il comportamento dei servili con i riflessivi, si veda a pagina 188.

COMPRENSIONE DEL TESTO

Verbi fraseologici

Si dicono **fraseologici** i verbi che, oltre ad avere un proprio significato autonomo, possono unirsi a un altro verbo – coniugato all'infinito, al participio o al gerundio – per precisarne un aspetto o arricchirne il significato (*cominciò a leggere, si è sentita perduta, ha smesso di piovere* ecc.).

✔ È frequente l'uso della perifrasi **stare** + **gerundio** per esprimere un'azione durativa (*sto studiando* l'arabo; *sta nevicando*).

ESEMPI DI VOCI VERBALI PER OGNI TEMPO (dal verbo *vedere*)

MODO	Tempo	Attivo	Passivo
INDICATIVO	presente	*io vedo*	*io sono visto*
	passato prossimo	*io ho visto*	*io sono stato visto*
	imperfetto	*io vedevo*	*io ero visto*
	trapassato prossimo	*io avevo visto*	*io ero stato visto*
	passato remoto	*io vidi*	*io fui visto*
	trapassato remoto	*io ebbi visto*	*io fui stato visto*
	futuro	*io vedrò*	*io sarò visto*
	futuro anteriore	*io avrò visto*	*io sarò stato visto*
CONGIUNTIVO	presente	*che io veda*	*che io sia visto*
	passato	*che io abbia visto*	*che io sia stato visto*
	imperfetto	*che io vedessi*	*che io fossi visto*
	trapassato	*che io avessi visto*	*che io fossi stato visto*
CONDIZIONALE	presente	*io vedrei*	*io sarei visto*
	passato	*io avrei visto*	*io sarei stato visto*
IMPERATIVO	presente	*vedi tu*	*sii visto tu*
INFINITO	presente	*vedere*	*essere visto*
	passato	*avere visto*	*essere stato visto*
PARTICIPIO	presente	*vedente*	–
	passato	*visto*	*stato visto*
GERUNDIO	presente	*vedendo*	*essendo visto*
	passato	*avendo visto*	*essendo stato visto*

10.2.6 | L'avverbio

È una parte invariabile del discorso che modifica il significato di un altro termine a cui si accosta. Per esempio:. • Sono *molto contenta* (modifica aggettivo). • Hai finito *troppo presto* (modifica un altro avverbio). • Questo temporale è *quasi un tornado* (modifica un sostantivo). • *È uscito di corsa* (modifica un verbo). • *Fortunatamente non piove* (modifica una frase).

Gli avverì si possono classificare in base alla **forma** (parola unica o locuzione; semplici, composti, derivati ecc.), alla **funzione** (connettivi testuali, modalizzatori, pragmatici) o al **significato**.

Secondo quest'ultimo criterio si distinguono gli avverbi:

- di **modo** o **qualificativi**: indicano come si svolge l'azione o come va intesa una condizione; ne fa parte un buon numero di avverbi in *-mente*, derivati da aggettivi (*dolcemente, ferocemente*);
- di **quantità**: esprimono una quantità in modo non definito (*poco, assai*);
- di **luogo**: esprimono circostanze dello spazio (*lì, dentro*);
- di **tempo**: esprimono circostanze di tempo (*oggi, mai*);
- di **giudizio**: esprimono un giudizio rispetto a uno stato di cose (*purtroppo*), il grado di certezza (*forse*), un'affermazione (*appunto, certo*) o una negazione (*no, neanche*);
- **interrogativi**: introducono una domanda nelle interrogazioni (*come? quando?*).

Gradi dell'avverbio

Molti avverbi di modo, gli avverbi di luogo *lontano* e *vicino*, gli avverbi di tempo *presto, tardi, spesso*, gli avverbi di quantità *poco, molto, tanto* prevedono le forme di comparativo (di maggioranza, uguaglianza e minoranza) e di superlativo (assoluto e relativo).

Il **comparativo** di maggioranza si forma premettendo *più* al grado positivo (*più velocemente*), quello di minoranza premettendo *meno* (*meno velocemente*), quello di uguaglianza premettendo *tanto* o *così* o posponendo *come* o *quanto* (*così velocemente / velocemente come*).

Il **superlativo relativo** assume la forma *il più* + grado positivo + *possibile* (*il più velocemente possibile*).

> Il costrutto *più … possibile* **è invariabile**:
> - Ho letto *più* libri *possibile* NON Ho letto *più* libri *possibili*.
> - Ho indossato le scarpe *più* comode *possibile* NON Ho indossato le scarpe *più* comode *possibili*.

Il **superlativo assoluto** si forma con il suffisso *-issimo* (*pianissimo*) o *-issimamente* (*velocissimamente*). I seguenti avverbi hanno comparativi e superlativi irregolari o organici.

Positivo	Comparativo	Superlativo
bene	*meglio*	benissimo / *ottimamente*
male	*peggio*	malissimo / *pessimamente*
poco	*meno*	pochissimo / *minimamente*
molto	*più*	moltissimo
grandemente	*maggiormente*	*massimamente / sommamente*

> **Valore avverbiale dell'aggettivo.**
> Molti aggettivi, qualificativi o indefiniti, possono essere usati – nella forma invariabile del maschile singolare – con valore avverbiale: *molto, piano, giusto* ecc. Per non confondere le due funzioni, si ricordi che l'aggettivo concorda con un nome in genere e numero (*leggeva molti libri*), quando assume valore di avverbio di solito si riferisce a un verbo e rimane invariato (*leggeva molto*).

Locuzioni avverbiali

Sono combinazioni fisse di parole con funzione di avverbio. Possono essere formate da: • preposizione + nome (*a piedi*); • preposizione + avverbio (*di sotto*); • avverbio + avverbio (*così così*).

10.2.7 | La preposizione

È una parte invariabile del discorso che mette in relazione le parole di una frase o due frasi tra loro. Le preposizioni hanno funzione **subordinante** e sono usate per introdurre i *complementi indiretti* (la mamma *di Carla*) e le proposizioni *subordinate implicite* (Esco *per comprare* il giornale). Possono essere:

- **proprie**: *di, a, da in, con, su, per, tra, fra*;
- **improprie**: avverbi, aggettivi o verbi che in alcuni casi assumono la funzione di preposizione (il gatto è *sotto* la siepe; la strada *lungo* il fiume; tutti *eccetto* Paolo ecc.).

Quando le preposizioni **semplici** si fondono con l'articolo determinativo formano le **preposizioni articolate**.: *del, dello, della, dei, degli, delle, al, allo, alla, ai, agli, alle, dal, dallo, dalla, dai, dagli, dalle, nel, nello, nella, nei, negli, nelle, sul, sullo, sulla, sui, sugli, sulle* ecc.

Le **locuzioni prepositive** sono combinazioni fisse di parole con funzione di preposizione, come: *in mezzo a, a fianco di, accanto a, insieme con, a causa di, a proposito di* ecc.

10.2.8 | La congiunzione

Le congiunzioni – lo dice la parola – uniscono tra loro due o più parole di una proposizione o due o più proposizioni di un periodo. Possono esercitare:

- azione **coordinativa**, se collegano due o più elementi sintatticamente equivalenti e autonomi tra loro. Si dividono, secondo funzione logica, in:
  - **copulative**: *e, anche, pure, né, neppure, neanche, nemmeno* ecc.;
  - **avversative**: *anzi, ma, però, nondimeno, tuttavia, eppure, piuttosto* ecc.;

COMPRENSIONE DEL TESTO

- **disgiuntive**: *o, ovvero, oppure* ecc.;
- **dichiarative** o **esplicative**: *cioè, infatti, invero, ossia* ecc.;
- **conclusive**: *quindi, dunque, ebbene, perciò, allora* ecc.;
- **correlative**: *e ... e, o ... o, sia ... sia, né ... né, non solo ... ma anche* ecc.;

- azione **subordinativa**, se collegano due o più elementi sintatticamente non equivalenti introducendo proposizioni subordinate a una reggente. Si dividono in:
  - **dichiarative**: *che, come;*
  - **finali**: *affinché, perché, che* ecc.;
  - **condizionali**: *se, purché, qualora, a patto che* ecc.;
  - **causali**: *perché, poiché, siccome, dal momento che, per il fatto che* ecc.;
  - **concessive**: *sebbene, benché, seppure, per quanto, nonostante che* ecc.;
  - **consecutive**: *(tanto) ... che, (così) ... che, (tale) ... che, (a tal punto) ... che* ecc.;
  - **temporali:** *quando, mentre, finché, come, prima che, dopo che, fino a che* ecc.;
  - **comparative**: *(così) ... come, (più) ... che, (meglio) ... che, (altrimenti) ... che* ecc.;
  - **modali**: *come, quasi, come se* ecc.;
  - **interrogative indirette**: *se, come, quando, perché* ecc.;
  - **avversative**: *quando, mentre, laddove ecc.;*
  - **limitative**: *che, per quanto, in quanto a* ecc.;
  - **esclusive**: *senza, salvo che eccetto che* ecc.

PARTE QUARTA

10.2.9 | L'interiezione

È una parte invariabile del discorso che esprime una reazione improvvisa, una condizione di agitazione dell'animo, senza collegamento sintattico con il resto del discorso. Le interiezioni possono essere:

- **proprie**: suoni semplici (*ah, oh, ahi, ehi* ecc.) o complessi (*ohibò, eia, auff* ecc.) senza altra funzione;
- **improprie**: parole o gruppi di parole – nomi, aggettivi, verbi, avverbi – usati con funzione di interiezione (*bene!, bravo!, evviva!, santo cielo!, peste e corna!* ecc.).

10.3 | Sintassi della frase semplice (analisi logica)

La **frase semplice** è formata da una sola proposizione, autonoma e dotata di senso compiuto, costituita al minimo da un *predicato* e da un *soggetto*. Talvolta il soggetto può essere sottinteso o mancante (con verbi impersonali) oppure, nelle frasi nominali, può essere sottinteso il predicato.

10.3.1 | Il soggetto

È l'elemento della frase a cui si riferisce il predicato (cioè il verbo). Il soggetto può compiere o subire l'azione, avere una qualità, trovarsi in una condizione. Concorda con il predicato nel numero, nella persona e – se è espresso – nel genere (*Gli studenti* studiano; *Voi* siete partiti; *Anna* sarà invitata).

Tutte le parti del discorso (se sostantivate) possono svolgere la funzione di soggetto: • *essi* (pronome) mangiano; • *il buono* (aggettivo sostantivato) ha vinto; • *errare* (verbo) è umano; • *il peggio* (avverbio) deve arrivare; • *il perché* (congiunzione) è incomprensibile; • *lo* (articolo) è un articolo determinativo.

Il soggetto può essere **sottinteso** se è rappresentato da un pronome personale di prima o seconda persona ("Vai al cinema?" = *tu* sottinteso; "No, vado a casa" = *io* sottinteso) o se è comunque deducibile dal contesto (Guardai *Paolo*. Ricambiò lo sguardo, poi sedette sul divano [= *Paolo* sottinteso]).

Il soggetto è **assente** nelle frasi con verbo impersonale (Oggi piove = soggetto non esiste).

10.3.2 | Il predicato

È l'elemento della frase che dice (predica) qualcosa a proposito del soggetto: chi è, come è, che cosa fa o subisce, in che situazione si trova ecc. Il predicato concorda in numero e persona con il soggetto: • io *leggo* (soggetto e predicato di prima persona singolare); • noi *leggiamo* (soggetto e predicato di prima persona plurale); • Irene *ha studiato* (participio passato invariato); • Irene e Chiara *sono partite* (participio passato femminile plurale).

Predicato verbale

È costituito da un **verbo predicativo**, cioè da un verbo che ha senso compiuto anche quando è usato da solo. Il predicato verbale può essere: *attivo* o *passivo, riflessivo, transitivo* o *intransitivo.*

Quando hanno valore assoluto, gli **ausiliari** *essere* (= esistere) e *avere* (= possedere) sono predicativi.

I verbi **servili** e i verbi **fraseologici** si analizzano insieme al verbo da loro retto, come un solo predicato.

Predicato nominale

È costituito dal verbo *essere* + un nome, un pronome o un aggettivo: • il cielo (soggetto) *è azzurro* (predicato nominale); • Marta (soggetto) *è una fotografa* (predicato nominale); • il problema (soggetto) *è questo* (predicato nominale).

All'interno del predicato nominale la voce del verbo *essere* si dice **copula** (legame, collegamento), il nome o l'aggettivo **parte nominale** o **nome del predicato**. La parte nominale – se è un aggettivo o un nome variabile – concorda con il soggetto nel numero e nel genere.

ESEMPI: • Il nostro viaggio *è stato bello* = sia la copula, sia la parte nominale (costituita da un aggettivo) concordano con il soggetto *maschile*; • Il nostro viaggio è stato un'avventura = la parte nominale è costituita da un sostantivo femminile, ma la copula concorda sempre con il soggetto, pertanto va al *maschile*; • Il nostro viaggio *è stato una bella avventura* = la copula concorda con il soggetto, al *maschile*; la parte nominale è costituita da un sostantivo femminile a cui si riferisce l'attributo, che pertanto concorda al *femminile.*

Verbi copulativi

Oltre al verbo *essere*, altri verbi servono a collegare il soggetto a un nome o a un aggettivo: per questo sono detti copulativi e vengono completati nel loro significato da una parte nominale detta **complemento predicativo** (vedi pagina 193). I principali verbi copulativi (molti dei quali hanno comunque anche un uso predicativo perfettamente autosufficiente) sono:

- *sembrare, parere, divenire, diventare, riuscire, risultare* (Giovanni *sembra* gentile);
- alcuni verbi intransitivi che indicano un modo d'essere del soggetto come *nascere, morire, stare, restare, rimanere, vivere* (Paolo *è nato* fortunato; Paola *è rimasta* povera);
- al passivo i verbi **appellativi** come *dire, chiamare, soprannominare* (Gianni *è soprannominato* il Furbo), **elettivi** come *eleggere, creare, nominare* (Il senatore è *stato eletto* presidente), **estimativi** come *credere, giudicare, ritenere, stimare* (Ti *considero* un uomo buono) ed **effettivi** come *fare, rendere* (Il caldo mi *ha reso* nervoso).

10.3.3 | Il complemento oggetto (diretto)

È l'elemento verso cui transita l'azione espressa dal predicato. È l'elemento della frase che si collega direttamente al verbo, cioè senza essere introdotto da una preposizione. (Anna ha comprato *un divano*; Vedo *il mare* da lontano; Hai sentito *quel grido*?).

✔ Il complemento oggetto introdotto dalle preposizioni articolate *del, della, dei, delle, degli* non contraddice la natura di complemento diretto: si tratta infatti delle forme usate per l'**articolo partitivo** (vedi pagina 181). Per esempio: Francesco ha piantato *dei pomodori*; Portammo *del gelato.*

La presenza di un complemento oggetto è possibile solo in unione con un **verbo transitivo attivo**. Fanno eccezione alcuni verbi intransitivi che possono essere integrati da un complemento **oggetto interno** (morire *una morte* gloriosa; dormire *un sonno* profondo; correre *una corsa* ecc.).

10.3.4 | Il complemento predicativo

È un nome o un aggettivo, riferito grammaticalmente al soggetto o all'oggetto, che completa il significato del verbo (Leopardi morì *giovane;* La tua affermazione sembra *vera;* Giudico Paolo un *bravo ragazzo*).

- I **predicativi del soggetto** si trovano in presenza di **verbi copulativi** e dalle forme **passive** di elettivi, appellativi, estimativi, effettivi (Pietro è ritenuto un *bambino intelligente*).

- I verbi che nella forma passiva reggono il predicativo del soggetto, nella forma attiva reggono il **predicativo dell'oggetto** (Tutti ritengono Pietro un *bambino intelligente*).

Pur essendo un complemento diretto, il complemento predicativo può talvolta essere introdotto da preposizioni, avverbi, locuzioni ecc. ESEMPI: È *di* guardia; Ha preso *a* modello Piero; Marcello ha chiesto *in* moglie Laura; È dato *per* disperso; Fu scelto *come* portavoce ecc.

10.3.5 | L'attributo

È un aggettivo (di qualsiasi tipo) o un participio con valore di aggettivo che si unisce a un nome per precisarne quantità, qualità o una caratteristica; concorda con il nome in genere e in numero. ESEMPI: Luisa è una scrittrice *valente* (= participio presente con valore aggettivale, attributo della parte nominale) e ha scritto un libro *magnifico* (= attributo del complemento oggetto).

Non confondere attributo, nome del predicato e complementi predicativi.

- Il figlio *malato* tornò in città (attributo del soggetto).
- Il figlio tornò in città *malato* (predicativo del soggetto).
- Il medico ha dichiarato suo figlio *malato* (predicativo dell'oggetto).
- Il figlio era *malato* (nome del predicato).

10.3.6 | L'apposizione

È un sostantivo che definisce un altro sostantivo; può riferirsi al soggetto o a un qualsiasi complemento. ESEMPI: Il *fiume* (apposizione del soggetto) Tevere scorre nel Lazio; Ho incontrato l'*ingegner* (apposizione del c. oggetto) Rossi; Porta questa chiave a Giulio, il *meccanico* (apposizione del c. di termine).
L'apposizione talvolta è **introdotta** da preposizioni, locuzioni preposizionali o avverbi. ESEMPI: Mio padre, *da* giovane, viveva in un paesino; Luigi, *come* rappresentante sindacale, ha molte responsabilità; Anna, *in qualità di* capoclasse, deve uscire per ultima.

Non confondere apposizione, attributo, predicativi, nome del predicato.

- Fellini era *un regista originalissimo* (nome del predicato + attributo).
- Fellini era considerato *un regista originalissimo* (c. predicativo del soggetto + attributo).
- Il *regista* Fellini era *originalissimo* (apposizione // nome del predicato).
- Il *regista* Fellini era considerato *originalissimo* (apposizione // c. predicativo del soggetto).
- I critici consideravano Fellini un *regista originalissimo* (c. predicativo dell'oggetto + attributo).
- I critici consideravano il *regista* Fellini *originalissimo* (apposizione del c. oggetto // c. predicativo dell'oggetto).

10.3.7 | Complementi d'agente e di causa efficiente

Dipendono da un predicato verbale transitivo e al passivo e sono il soggetto logico della frase (cioè sarebbero il soggetto grammaticale se il verbo fosse attivo).

- Il **complemento d'agente** indica l'essere vivente da cui è compiuta l'azione espressa dal verbo passivo (Massimo è lodato *da Paolo*; Il divano è stato graffiato *dal gatto*).
- Il **complemento di causa efficiente** indica l'essere inanimato da cui origina l'azione passiva (La casa è battuta *dalla tempesta*; Il vetro è stato colpito *da un sasso*; Evitarono le strade *bloccate dalla neve*).

I due complementi sono introdotti dalla preposizione ***da*** o da locuzioni che la equivalgono, come: *a opera di, da parte di;* entrambi possono essere espressi anche dalla particella pronominale ***ne*** (Ho assistito all'incidente e *ne* (= da esso) sono rimasto sconvolto).

10.3.8 | Complemento di specificazione

Specifica e precisa il termine da cui dipende, che è sempre un sostantivo. Il complemento è introdotto dalla preposizione ***di*** (il treno *di* Paolo; il giardino *della* mia casa ecc.). La specificazione può essere:

- **attributiva**: quando il complemento vale come un attributo (le vacanze *di Pasqua* = pasquali);
- di **possesso**: quando indica a chi o cosa appartiene il nome reggente (la casa *del nonno*);
- di **pertinenza** o **relazione**: quando indica un rapporto (la sorella *di Anna*; l'incarico *di Giovanni*);

- **epesegetica**: quando il complemento precisa un nome generico (l'albero *di ciliegio*);
- **soggettiva**: quando, trasformando in frase il gruppo nome + c. di specificazione, quest'ultimo assumerebbe la funzione di soggetto (Il timore *degli animali* ⇒ *Gli animali* temono);
- **oggettiva**: quando, trasformando in frase il gruppo nome + c. di specificazione, quest'ultimo assumerebbe la funzione di oggetto (Il desiderio *di gloria* ⇒ desiderare *la gloria*).

10.3.9 | Complemento partitivo

Esprime una precisazione relativa al numero: il complemento partitivo esprime il "tutto" di cui il nome o aggettivo che lo regge indica la parte. Il partitivo:

- è introdotto dalle preposizioni ***di***, ***fra***, ***tra*** (Alcuni *dei presenti* protestarono, molti *tra gli altri* no);
- può essere espresso con la particella pronominale ***ne*** (Ho molti libri, ma *ne* ho letti pochi);
- può dipendere anche da aggettivi di grado **superlativo relativo** (La mia amica era la più bella *della scuola*; Ho comprato i biscotti più costosi *di tutti*).

10.3.10 | Complemento di denominazione

Precisa un nome generico o comune con un nome specifico o proprio. È introdotto dalla preposizione ***di*** (Il titolo *di cavaliere*; Il regno *di Francia*; Il mese *di gennaio ecc.*).

✔ **Non confondere denominazione e specificazione.**
La città *di Milano* = denominazione; Le città *di Lombardia* = specificazione.

10.3.11 | Complementi di quantità e di qualità

- Il c. di **quantità** o **misura** indica una quantità (peso, lunghezza, età, distanza, prezzo ecc.) generica o specifica; può completare un verbo o un nome, è introdotto dalle preposizioni ***di***, ***da***, ***a***, ***con***, ***per*** o da nessuna. ESEMPI: È un bambino *di dieci anni*; L'albero è alto *quindici metri*; Lo vendo *per cinque euro*.
- Il c. di **qualità** indica le qualità fisiche o morali di qualcuno o di qualcosa, ed è introdotto dalle preposizioni ***di***, ***da***, ***a***, ***con***. ESEMPI: Mi piacciono le donne *dai capelli rossi* e gli uomini *con la barba*.

10.3.12 | Complementi di abbondanza e di privazione

Il c. di **abbondanza** indica ciò di cui si è forniti in misura notevole; quello di **privazione** indica il contrario. Entrambi sono retti da verbi, nomi o aggettivi che indicano rispettivamente eccesso o difetto e introdotti dalla preposizione ***di*** (Luca è ricco *di interessi* culturali; Sono stati privati *della libertà*). Sono c. di privazione anche le espressioni introdotte da ***senza*** (Comprarono una casa *senza balcone* = priva di).

10.3.13 | Complemento di termine o dell'oggetto indiretto

Indica la persona, l'animale o cosa, verso cui tende l'azione. È introdotto dalla preposizione ***a*** e dipende da: • verbi (Marco *offre* un fiore *a Paola*; Franco *presta* un disco *a Davide*); • aggettivi, come *caro, grato, idoneo, contrario, uguale, simile* ecc. (Sono grato *al mio maestro*; Mi serve un attrezzo simile *a questo*); • nomi, per lo più derivati dagli aggettivi del punto precedente (Porto gratitudine *al mio maestro*.

✔ **Attenzione: *mi, ti, vi, ci* ecc. possono essere sia c. oggetto sia c. di termine.**
Ti ho salutato (*ti* = *te*, complemento oggetto); *Vi* ho parlato (*vi* = *a voi*, complemento di termine).

10.3.14 | Complementi di vantaggio, svantaggio ed etico

- I c. di **vantaggio** e **svantaggio** indicano a favore o a danno di chi o di cosa l'azione si compie; sono introdotti da ***per***, ***a***, ***a favore/a danno di*** ecc. ESEMPI: L'ha fatto *per te*; Ha testimoniato *a tuo danno*.
- Il c. **etico** esprime la partecipazione affettiva all'azione espressa dal verbo. Compare solo nelle forme dei pronomi personali *mi, ti, si, ci, vi*. ESEMPI: Che *mi* combini?; Che *ci* racconti?

10.3.15 | Complementi di luogo

Sono di quattro tipi fondamentali, secondo il significato del verbo o sostantivo da cui dipendono; esprimono la collocazione nello spazio di qualcuno o qualcosa.

- **Stato in luogo**: indica il luogo reale o figurato in cui si trova una cosa o una persona. Dipende da verbi e sostantivi che indicano *stato* e *quiete* ed è introdotto dalle preposizioni ***in***, ***a***, ***su***, ***sopra***, ***sotto***, ***presso***, ***vicino a*** ecc. (Abito *a Milano*; La gatta sta *sotto il letto*; La casa è *vicino al fiume;* Dormi *da me*).
- **Moto a luogo**: indica il luogo reale o figurato verso il quale ci si dirige; dipende da verbi e sostantivi che indicano *movimento verso, ingresso, arrivo* ecc. ed è introdotto dalle preposizioni ***in***, ***a da***, ***per***, ***verso***, ***su*** ecc. (Vanno *a Parigi*; Parto *per l'Australia*; Salgono *sul monte;* ritornano *da me*).
- **Moto da luogo**: indica il luogo reale o figurato dal quale ci si allontana. Dipende da verbi o sostantivi che indicano *movimento da, partenza, uscita* ed è introdotto dalle preposizioni ***da***, ***di***, ***via da***, ***fuori di*** ecc. (È tornata *dal mare*; Sono usciti *di casa*; Vieni via *da qui*; Fugge *da me*).
- **moto per luogo**: indica il luogo reale o figurato che si attraversa. Dipende da verbi o sostantivi che indicano *transito*, *passaggio* ecc. ed è introdotto dalle preposizioni ***per***, ***attraverso***, ***in mezzo a*** ecc. (Gli animali corrono *attraverso la foresta*; Venendo passeremo *per la città*).

✔ Per **distinguere un complemento di luogo da un altro** non basta considerare meccanicamente la preposizione che lo introduce. Bisogna valutare il senso della frase.
- Mi trovo *in Portogallo* (= stato in luogo) e andrò presto *a Lisbona* (= moto a luogo);
- Andrò *in Portogallo* (= moto a luogo) perché ho un lavoro *a Lisbona* (= stato in luogo);
- Ho dormito *dalla zia* (= stato in luogo) prima di partire *per la Sardegna* (= moto a luogo);
- Sono arrivato *dalla zia* (= moto a luogo) e poi ho viaggiato *per la Sardegna* (= moto per luogo);
- Andrò *dalla zia* (= moto per luogo) prima di partire *dalla Sardegna* (= moto da luogo).

PARTE QUARTA

10.3.16 | Complementi di separazione e di origine

Sono varianti (in senso figurato) del c. di *moto da luogo*. Dipendono da verbi, nomi, aggettivi o avverbi.
- Il **c. di separazione** o **allontanamento** indica ciò da cui ci si separa o differenzia; è introdotto dalla preposizione ***da*** (Si allontanò *dalla strada*; Il giardino è separato *dalla campagna*).
- Il **c. di origine** o **provenienza** indica ciò da cui una persona o cosa ha origine o proviene; è introdotto dalle preposizioni ***di***, ***da*** (Non sono *di famiglia* nobile; L'italiano deriva *dal latino*).

✔ **Non confondere tra loro moto da luogo, allontanamento e origine.**
- Verdi era *di Parma* (= origine)
- Verdi veniva *da Parma* (= origine)
- Verdi fu cacciato *da Parma* (= allontanamento)
- Verdi se ne andò *da Parma* (= moto da luogo)

✔ **I valori sintattici dei monosillabi *CI* e *VI*.**
- Come **avverbi di luogo**: • *Ci (/vi)* stavo bene (= stato in luogo); • *Ci (/vi)* venite? (= moto a luogo); • *Ci (/vi)* si passava a fatica (= moto per luogo).
- Come **pronomi** personali: • Mamma *vi* ha invitato, così *ci* vedremo tutti insieme (= c. oggetto); • Lui *ci* ha mentito, ma io *vi* dirò la verità (= c. di termine); • Fate*vi* gli affari vostri che noi *ci* facciamo i nostri (= c. etico)

✔ **I valori sintattici del monosillabo *NE***
- Volevo quel libro ma non *ne* (= di esso, **specificazione**) ricordavo il titolo
- Avevo molti dischi ma ora non *ne* (= di essi, **partitivo**) ho più
- Aveva tanti soldi ma ora *ne* è senza (= di essi, **privazione**)
- Raccolse tanti mirtilli che *ne* riempì tre barattoli (= di essi, **abbondanza**)
- Entrò in casa ma *ne* uscì subito (= da essa, **moto da luogo**)
- Attaccarono discorso, ma *ne* nacque una lite (= da esso, **origine**)
- Era così affezionato a quel bosco, non sapeva staccarsen*e* (= da esso, **allontanamento**)

10.3.17 | Complementi di tempo

Indicano in quale circostanza di tempo si svolge quanto espresso dal verbo. Sono di due tipi:

- **tempo determinato**: indica il momento in cui si svolge un'azione; è introdotto dalle preposizioni ***in***, ***a***, ***di*** o da nessuna (*Nel 1945* finì la guerra; *A marzo* piove; *Di notte* ululano i lupi; *Ieri* faceva freddo).
- **tempo continuato**: indica la durata di quanto espresso dal verbo; è introdotto dalle preposizioni ***per***, ***in***, ***a***, ***da*** o nessuna (Ha piovuto *(per) tutto il giorno*; Aspettai *a lungo*; Marta piange *da un'ora*).

10.3.18 | Complemento di causa

Indica il motivo per cui avviene qualcosa; è introdotto dalle preposizioni ***per***, ***di***, ***da***, ***a causa di*** ecc. (Sono a letto *per indigestione* di pasticcini; È morto *di cancro*; Si piegano in due *dal ridere*). Si distingue tra causa: • *interna* (Piango di dolore); • *esterna* (Piango per la tua cattiveria); • *impediente* (Non dormo dal dolore).

10.3.19 | Complemento di fine

Indica lo scopo di un'azione, ma può anche completare un sostantivo. È introdotto dalle preposizioni ***per***, ***da***, ***a***, ***in***, ***al fine di*** ecc. (La cornice serve *per il quadro*; È un cane *da guardia*; Un monumento *in ricordo* dei caduti).

Non confondere i complementi di causa e fine.
- I ragazzi gareggiano *per la vittoria* (c. di fine).
- I ragazzi esultano *per la vittoria* (c. di causa).

10.3.20 | Complemento di mezzo

Indica la persona, l'animale o la cosa mediante i quali si arriva a effettuare l'azione espressa dal verbo. È introdotto dalle preposizioni ***con***, ***di***, ***a***, ***per***, ***in***, ***mediante***, ***per mezzo di*** ecc. (Mangi *con la forchetta*; Scrive *a mano*; Vengo *in bicicletta*; Da inviare *per corriere*).

10.3.21 | Complemento di modo

Indica i quale maniera viene compiuta l'azione espressa dal verbo. È introdotto dalle preposizioni ***con***, ***da***, ***di***, ***in*** ecc. (Capisce tutto *con rapidità*; Accetto *di cuore* il tuo aiuto; Resta sempre *in silenzio*).

10.3.22 | Complemento di compagnia e di unione

Il complemento di **compagnia** indica l'essere animato in compagnia del quale l'azione del verbo viene compiuta o accade; in caso di ente inanimato, il complemento è **di unione**. È introdotto dalla preposizione ***con***, ***insieme a***, ***in compagnia di*** ecc. (È piacevole stare *insieme ad Azul*; Prendo un gelato *con panna*).

Non confondere i complementi di mezzo, *modo e unione*.
- L'oratore convinse il pubblico *con eloquenza* (c. di mezzo)
- L'oratore parlò *con eloquenza* (c. di modo)
- Il contadino va nel campo *con la zappa* (c. di unione)
- Il contadino lavora il campo *con la zappa* (c. di mezzo)

Si collegano a questi i complementi: • **aggiuntivo** e di **esclusione** (*Oltre ai libri*, amo la musica *eccetto il rock);* • di **sostituzione** (Uso la penna *invece del computer*); • di **opposizione** (Agisci *contro ragione*).

10.3.23 | Complemento di argomento

Indica la persona, animale, cosa o tema di cui si parla. È retto da nomi o verbi che esprimono un'idea di comunicazione (*parlare*, *scrivere* ec.c); è introdotto dalle preposizioni ***di***, ***su***, ***a proposito di***, ***intorno a*** ecc. (Parliamo *di te*; La discussione verteva *sulla guerra*; Era incerto *sul da farsi*).

10.3.24 | Complemento di materia

Indica di quale sostanza è composto un oggetto. È introdotto dalle preposizioni ***in***, ***di*** o espresso mediante **aggettivi** (Ho una tuta *di cotone*; Vide sul colle una casa *in pietra*; Il fungo era di consistenza *legnosa*).

10.3.25 | Complemento di limitazione

Indica entro quali limiti si deve restringere il campo di applicazione di un nome, aggettivo o verbo. È introdotto dalle preposizioni ***in*, *di*, *per*, *riguardo a*** ecc. (Si distingue *per eleganza*; Sono carente *in matematica*; La nonna è sorda *da un orecchio*).

10.3.26 | Complementi di colpa e pena

- Il complemento di **colpa** indica ciò per cui si viene accusati, puniti o assolti. È introdotto dalle preposizioni ***di*, *per, da*** ecc.(È accusato *di frode* fiscale; Fu processato *per omicidio*; Fu assolto *dall'accusa*).
- Il complemento di **pena** indica la condanna. È introdotto dalle preposizioni ***a, con, di, per*** ecc. (Fu condannato *alla ghigliottina*; Ebbi una multa *di 200 euro)*.

TABELLA RIASSUNTIVA DEI PRINCIPALI COMPLEMENTI INTRODOTTI DALLE PREPOSIZIONI *DI, A, DA, IN, CON, SU, PER, TRA/FRA*

Preposizione	Complementi	Esempio
DI	specificazione	gli artigli *dell'aquila*
	denominazione	il regno *d'Inghilterra*
	qualità	è una donna *di carattere*
	modo	è uscito *di nascosto*
	mezzo	si nutrono *di riso*
	causa	morirono *di stenti*
	materia	un tavolo *di legno*
	tempo	*di giorno* fa caldo
	età/quantità	una donna *di quarant'anni/* una borsa *di quattro chili*
	colpa	è accusato *di tradimento*
	abbondanza, privazione	è ricco *di beni*, ma privo *di fantasia*
A	termine	ho dato i fiori *a Bruno*
	stato in luogo	vive *a Ventimiglia*
	moto a luogo	è andato *a Napoli*
	tempo	*al mattino* mi alzo presto
	modo	col caldo dormo *a fatica*
	causa	si è voltato *al rumore* del treno
	mezzo	giochiamo *a carte*
	fine	sono uscito *a passeggio*
	quantità	l'ho comprato *a dieci euro*
	qualità	è un apparecchio *ad alta fedeltà*
	pena	è stato condannato *all'ergastolo*

PARTE QUARTA

Preposizione	Complementi	Esempio
DA	moto da luogo	è uscito *dall'officina*
	origine, provenienza	Leonardo *da Vinci*
	tempo	ti aspetto *da un'ora*
	causa	sono quasi morto *dal freddo*
	qualità	un ragazzo *dallo sguardo misterioso*
	fine	carta *da lettere*
	modo	ti comporti *da vigliacco*
	agente, causa efficiente	il bosco fu incendiato *da un piromane* o *dal fulmine*
IN	stato in luogo	starò *in casa*
	moto a luogo	non andrò *in ufficio*
	tempo	*in primavera* tornano le rondini
	modo	parli troppo *in fretta*
	mezzo	viaggeremo *in treno*
	fine, vantaggio	facciamolo *in memoria* della nonna
	limitazione	è brava *in scienze*
CON	compagnia e unione	Ho parlato con Anna, mentre passeggiavo con il cane
	mezzo	l'ha tagliato *con le forbici*
	modo	meglio agire *con calma*
	qualità	la ragazza *con la vita stretta*
	pena	fu punito *col carcere*
	sostituzione	ha cambiato il maglione con una camicia
SU	stato in luogo	il gatto è *sull'albero*
	moto a luogo	il gatto sale *sull'albero*
	modo	vorrei un vestito *su misura*
	mezzo	ha sceso le rapide *su una canoa*
	età/quantità	è un uomo *sui cinquant'anni*/alto *sui due metri*
	argomento	discuterei *sull'opportunità* della cosa
PER	moto per luogo	venendo da me passerai *per quel vicolo*
	moto a luogo	è partito *per Londra*
	tempo continuato	sarò al mare *per tutta l'estate*
	causa	si è nascosto *per paura*
	mezzo	ho inviato il pacco *per posta*
	quantità	la campagna si estende *per trenta chilometri*
	fine, vantaggio	sto risparmiando *per la vecchiaia*
	sostituzione	ha preso fischi *per fiaschi*
	limitazione	sono uguali *per intelligenza*
	colpa	lo condannarono *per concussione*
TRA/FRA	luogo	si trova *tra Roma e Milano*
	tempo	inizieremo *tra un'ora*

COMPRENSIONE DEL TESTO

10.4 | Sintassi della frase complessa (analisi del periodo)

Una **frase complessa** o **periodo** è una concatenazione di proposizioni compiuta per forma e significato; a ogni predicato (espresso o sottinteso) corrisponde una proposizione. Ogni periodo ha una proposizione *indipendente* o *principale*; se ha una o più *coordinate alla principale* il periodo è **composto**.

Le altre proposizioni sono *subordinate* alla principale oppure subordinate o coordinate a un'altra subordinata.

10.4.1 | La coordinazione o paratassi

In un periodo si ha **paratassi** quando le proposizioni sono collegate, attraverso **punteggiatura** o **congiunzioni,** in modo paritario allo stesso livello sintattico. ESEMPIO: Paolo entra nel bar, saluta gli amici *e* va al banco; *inoltre* chiede una birra. La coordinazione può essere:

- tra **principali**: *Uscì* presto*, incontrò* un amico *e andarono* al parco (due coordinate alla principale);
- tra **dipendenti**: *Uscì* presto *per incontrare* un amico *e andare* con lui al parco (due proposizioni subordinate di primo grado finali, coordinate tra loro in quanto dipendono dal medesimo predicato).

A seconda del tipo di congiunzione utilizzata, la coordinazione può essere:

- **copulativa** (congiunzioni *e, anche, inoltre, né, neppure*): Non so dove sia Franco *né* quando tornerà;
- **avversativa** (congiunzioni *anzi, ma, però, tuttavia, eppure, piuttosto*): Cerco Franco, *ma* non lo trovo;
- **disgiuntiva** (congiunzioni *o, ovvero, oppure*): Non so se telefonare a Franco *o* andarlo a trovare;
- **conclusiva** (congiunzioni *quindi, dunque, ebbene, perciò, allora*): Il tempo è brutto, *quindi* sto in casa;
- **dichiarativa** o **esplicativa** (congiunzioni *cioè, infatti, invero, ossia*): Franco non c'è, *ossia* non si trova;
- **correlativa** (congiunzioni *e … e, o … o, sia … sia, né … né* ecc.): *Né* voglio ascoltarti, *né* devo.

Se nel periodo si ripete più volte una coordinazione mediante congiunzioni si ha **polisindeto** (Il signor Rossi *né* si è presentato, *né* ha scritto, *né* ha telefonato in ufficio). Se nel periodo le frasi sono solo separate da segni di interpunzione deboli, si ha **asindeto** (Il sole stava calando**,** l'aria era ferma**,** il mare era calmo).

10.4.2 | La subordinazione o ipotassi

Nell'**ipotassi** le proposizioni del periodo sono in rapporto gerarchico: la principale, o *reggente*, e le sue eventuali coordinate sono autonome; le subordinate (o *secondarie*) ne dipendono sia per grammatica sia per il senso. I nessi di dipendenza possono essere istituiti attraverso congiunzioni subordinanti.

ESEMPIO: *Appena* entra nel bar, Paolo saluta gli amici *prima di* andare al banco *per* chiedere una birra.

Le dirette subordinate della principale sono di 1° grado; le loro dipendenti sono di 2° grado e così via.

- Una subordinata con verbo di **modo finito** (indicativo, condizionale, congiuntivo, imperativo) è **esplicita**. ESEMPI: Quando *arriverà* il treno i passeggeri saliranno; Doveva passare ancora un'ora prima che il treno *arrivasse*; Non possiamo prendere questo treno perché *arriveremmo* tardi.
- Una subordinata con verbo di modo **indefinito** (infinito, participio, gerundio) è **implicita.** ESEMPI: Gli chiese *di uscire*; *Uscita*, si diresse in città; *Uscendo* prenderò l'ombrello.

Le subordinate esplicite forniscono più informazioni rispetto alle implicite: la congiunzione introduttiva di solito aiuta a capire il rapporto con la reggente; il verbo, di modo finito, esprime chiaramente persona e numero del soggetto della proposizione. Infine, la subordinata esplicita indica meglio quale relazione temporale intercorre con la reggente: **contemporaneità**, **anteriorità** o **posteriorità**.

Reggente		Subordinata all'indicativo	Subordinata al congiuntivo/condizionale
sono / sarò convinto (presente / futuro)	*contemporaneità*	che *dici* la verità	che tu *dica* la verità
	anteriorità	che *hai detto* la verità	che tu *abbia detto* la verità
	posteriorità	che *dirai* la verità	che *dirai* la verità
ero convinto (passato)	*contemporaneità*	che *dicevi* la verità	che tu *dicessi* la verità
	anteriorità	che *avevi detto* la verità	che tu *avessi detto* la verità
	posteriorità	che *avresti detto* la verità	che tu *avresti detto* la verità

Anche la subordinata implicita esprime il rapporto temporale con la reggente:

- **participio presente** (usato raramente con funzione verbale) = **contemporaneità** (Il garage, *facente* parte dell'edificio, *è incluso* nella vendita);
- **participio passato** = **anteriorità** (*Arrivato* a casa, *andò* subito a letto);
- **infinito** e **gerundio presente** = **contemporaneità** (*Penso/Pensavo di capire; Leggendo, imparavo*);
- **infinito** e **gerundio passato** = **anteriorità** (*Penso/Pensavo di aver capito; Avendo letto, ho imparato*).

✔ In italiano, il gerundio può assumere svariati valori:
- **temporale**: *andando* a scuola, ho visto un incidente (= mentre andavo);
- **causale**: *avendo capito*, risolse subito il problema (= poiché aveva capito);
- **concessivo**: *pur essendo contraria,* mi adeguerò (= sebbene io sia contraria);
- **ipotetico**: *volendo,* potresti (= se tu volessi);
- **modale**: si allontanò *correndo* (= di corsa);
- **strumentale**: *facendo* esercizio ho imparato (= per mezzo dell'esercizio).

10.4.3 | Le proposizioni principali

In un periodo, la proposizione principale è indipendente e ha senso compiuto; da essa eventualmente dipendono altre proposizioni, con diversi gradi di subordinazione e/o coordinazione. Le principali o reggenti possono essere di **quattro generi**.

- **Enunciative**: consistono in una constatazione, una descrizione, una narrazione, un'enunciazione. Hanno il verbo generalmente all'**indicativo** e si distinguono in **affermative** (Piove; Il gatto è un animale domestico) e **negative** (Il postino non è arrivato).

✔ Per attenuare o aggiungervi una sfumatura dubitativa o potenziale, possono usare il cosiddetto **falso condizionale**, che corrisponde nella sostanza a un indicativo: *Vorrei* un bicchiere d'acqua; *Non saprei* chi scegliere tra voi; Veramente *avrei già cenato.*

- **Interrogative dirette**: esprimono una domanda in forma diretta (terminano con il punto interrogativo); talvolta sono introdotte da pronomi, aggettivi o avverbi interrogativi. Possono avere il verbo all'**indicativo** (Chi *siete*?; *Hai dormito* bene?; Che ora *è*?), al **condizionale** (*Potrei avere* un altro po' di zucchero?; Cosa ci *sarebbe* di strano?) e più raramente all'**infinito** (Io, *tradire* l'amico più caro?).
  Le interrogative dirette possono essere **semplici** (*Hai preso la frutta?*) o **disgiuntive**, se la domanda dà due possibilità di risposta (Sei stato al mercato *o al bar*?). Si distinguono inoltre in **reali**, quando la domanda riguarda qualcosa che non si sa e si desidera conoscere (*Dove hai messo le forbici?*), o **retoriche**, quando la formulazione della domanda presuppone già la risposta affermativa o negativa (*Cosa c'è di meglio di una bella dormita?; Chi mai potrebbe condannarvi?*).

✔ Quando esprimono un dubbio, un'incertezza per la quale non ci si attende risposta, le interrogative vengono dette **dubitative dirette.** ESEMPI: Troverò mai l'amore?; Che fare?; Dove dovrei andare?

- **Esclamative**: esprimono sentimenti di sorpresa, gioia, dolore, ammirazione, sdegno ecc.; graficamente, terminano con il punto esclamativo. Possono avere verbo all'**indicativo** (Com'è tardi!), al **congiuntivo** (*Sapessi* quante ne ho passate!), al **condizionale** (Che bella vita *sarebbe*!), e a volte all'**infinito** (*Essere punito*, io!).

COMPRENSIONE DEL TESTO

- **Volitive**: Includono proposizioni diversamente caratterizzate. Si distinguono infatti in:
  - **imperative**: quando esprimono un ordine o un divieto, un'esortazione, un consiglio; hanno verbo all'**imperativo** (*Fa'* come dico!; *Non correre* sulle scale!) o al **congiuntivo** (*Si accomodi*);
  - **desiderative**: quando esprimono desiderio, rimpianto, augurio; hanno il verbo al **congiuntivo** (*Potessi* almeno telefonarti!; Che tu *sia* felice!) e talvolta all'**infinito** (*Vederti* a casa una buona volta!) e possono essere introdotte da interiezioni (*oh, se, magari*) o locuzioni (*volesse il cielo* ecc.);
  - **concessive**: quando ammettono un fatto; hanno verbo al **congiuntivo** (Che *parta* pure!; Anche se *fosse* vero…) o talvolta al **futuro indicativo** (*Avrai* anche ragione tu…) e possono essere introdotte da locuzioni (*ammesso che, concesso che* ecc.) e dalla congiunzione *pure*.

Affini alle concessive sono le **suppositive** che esprimono una congettura, una supposizione: *Poniamo* che tu abbia ragione…

10.4.4 | Proposizioni incidentali

Non hanno nessun legame sintattico con il resto del periodo. Si tratta in realtà di **proposizioni indipendenti**, non di subordinate, incastonate nel corpo di una frase, senza connessione grammaticale ma solo logica. Di solito sono racchiuse tra due virgole o due trattini didascalici: esprimono un'osservazione, un commento, un chiarimento. Spesso contengono un verbo di opinione, giudizio, dubbio. ESEMPI: A casa tua – *inutile dirlo* – le feste riescono bene; È uscito da un po' e, *voglio crederlo*, ormai sarà sul treno.

PARTE QUARTA

10.4.5 | Le proposizioni subordinate

Dal punto di vista *funzionale* le subordinate si dividono in tre tipi fondamentali:

- **complementari dirette** o **sostantive** (soggettive, oggettive, dichiarative, interrogative indirette) che fungono da soggetto o oggetto della reggente: Aspetto *che tu torni* (= il tuo ritorno);
- **complementari indirette** o **circostanziali** o **avverbiali** (causali, finali, consecutive, condizionali, concessive, temporali, modali, avversative, comparative, esclusive, limitative ecc.) che indicano una circostanza per l'azione della reggente: Sono offesa *perché menti* (= a causa della tua menzogna);
- **aggettive** o **attributive** o **appositive** (relative proprie), che fungono da attributi e apposizioni: Amava il bosco *che circondava la sua casa* (= circostante).

Proposizioni soggettive

Completano il predicato della reggente facendogli da **soggetto**.

- Se **esplicite** sono introdotte dalla congiunzione ***che*** e hanno verbo all'**indicativo** (Si sa *che non sta bene*); o al **congiuntivo** (È bene *che tu stia qui*); o al **condizionale** (Si dice *che non sarebbe tornato*).
- Se **implicite**, hanno verbo all'**infinito** (È piacevole *uscire in barca*), eventualmente preceduto dalla preposizione ***di*** (Gli sembrava *di volare*).

Proposizioni oggettive

Completano il predicato della reggente facendogli da **oggetto**.

- Se **esplicite** sono introdotte dalla congiunzione ***che*** e hanno il verbo all'**indicativo** (*Ti* dico *che sono sicuro*); o al **congiuntivo** (Credevo *che tu fossi uscita*); o al **condizionale** (Penso *che saresti felice*).
- Se **implicite**, hanno il verbo all'**infinito** (Desidero *incontrarti*), più spesso preceduto dalla preposizione ***di*** (Ha confessato *di aver rubato*).

Proposizioni dichiarative

Hanno la funzione di precisare un elemento della reggente: • un pronome (*Questo* mi piace, che sorridi); • un avverbio (*Così* capita che ci incontriamo spesso); • un nome (Feci una *proposta*: partire).

- Se **esplicite**, sono introdotte dalla congiunzione ***che*** e possono avere il verbo all'**indicativo** (Ho la certezza *che ci rivedremo presto*); al **congiuntivo** (Restava il dubbio *che quell'avventura fosse assurda*); al **condizionale** (Pensavo a quello che avevi detto, cioè *che nessuno mi avrebbe creduto*).
- Possono essere **implicite** solo se il soggetto è lo stesso della reggente; il verbo è allora all'**infinito** preceduto di solito dalle preposizioni ***di*** e ***a*** (Avevo la speranza *di vederti*; Hai fatto bene *a fidarti*).

Proposizioni interrogative indirette

Completano il predicato della reggente. ESEMPI: Fu chiesto *che nessuno si muovesse* (= interrogativa fa da *soggetto* alla reggente).// Chiese *che nessuno si muovesse* (= interrogativa fa da *oggetto* alla reggente).

Hanno forma **esplicita** e possono avere il verbo all'**indicativo**, al **congiuntivo** o al **condizionale** (Si chiedeva chi *aveva telefonato / avesse telefonato / avrebbe telefonato*). Sono **introdotte** da pronomi, aggettivi e avverbi interrogativi (Non so *chi* tu sia; Mi preoccupa *quale* strada scegliere; Dimmi da *dove* vieni) o congiunzioni (Mi chiedo *se* arriverà). Come le interrogative dirette, anche le indirette possono essere:

- **semplici** (Vorrei sapere *se hai comprato la frutta*);
- **disgiuntive** (Non sa *se sia meglio comprare la frutta al mercato o dall'ortolano*);
- **proprie** (Mi chiedo *che ore siano*);
- **retoriche** (Mi domando *se daresti una mano a un amico*).

✔ Affini alle interrogative indirette sono le **dubitative indirette** che esprimono un dubbio e non si aspettano vera risposta. Possono avere forma **esplicita** o **implicita** con verbo all'infinito presente. ESEMPI: Non so *che dovrei fare;* Sono incerto *su cosa scegliere.*

Proposizioni causali

Indicano il motivo per cui si verifica quanto detto nella reggente (Mi bagno *perché piove* = per la pioggia).

- Nella forma **esplicita** sono introdotte da congiunzioni o locuzioni (*perché, poiché, siccome, che, dato che, per il fatto che, dal momento che* ecc.) e possono avere il verbo:
  - all'**indicativo** se esprimono una causa **reale** (Poiché Michele mi *ha invitato*, vado a casa sua);
  - al **congiuntivo**, in particolare nelle frasi negative (Stefano è lento, non perché *sia* pigro);
  - al **condizionale** con valore eventuale, potenziale, desiderativo (Non venire perché ti *annoieresti*).
- Nella forma **implicita** utilizzano il **gerundio** (*Avendo guardato* tutto il giorno la televisione, non hai fatto i compiti), il **participio passato** (*Bruciata* la minestra, rimasero senza cena) o l'**infinito** introdotto dalle preposizioni *per, di, a* (Francesca è dispiaciuta per non *aver passato* l'esame).

Proposizioni finali

Indicano lo scopo per cui si verifica quanto detto nella reggente (Carlo corre *per vincere* = per la vittoria).

- Nella forma **esplicita** sono introdotte da congiunzioni o locuzioni (*perché, affinché, in modo che*) che reggono il verbo al **congiuntivo** presente o imperfetto (Lucia apre le finestre perché il sole *illumini* la stanza; Avevo invitato Marco perché *vivacizzasse* la festa).
- La forma **implicita** è più utilizzata e si esprime con l'**infinito** introdotto dalle preposizioni *per, a, di* o da locuzioni come *al fine di, allo scopo di, nell'intento di* (Bisogna impegnarsi *per ottenere* dei risultati; Vi hanno chiamati *allo scopo di darvi* delle indicazioni).

Proposizioni consecutive

Indicano la conseguenza di quanto espresso dalla reggente, che spesso include elementi prolettici (avverbi o aggettivi: *così, talmente, tanto, tale, simile* ecc.).

- La forma **esplicita** è introdotta da congiunzioni o avverbi o locuzioni (*che, cosicché, in modo tale che, al punto che* ecc.). Ha il verbo all'**indicativo** (Il film era tanto bello *che l'ho visto due volte*); al **congiuntivo** (Gino mi lascia le chiavi di casa *così che faccia mangiare il gatto*); al **condizionale** (Ero tanto arrabbiata *che avrei attaccato lite*).
- Nella forma **implicita** si utilizza l'**infinito** introdotto da preposizioni (Davide ha una fame tale *da mangiare* per due; Era troppo bello *per essere vero*).

Sono forme particolari di consecutive quelle introdotte da **aggettivo** (come *degno, indegno, capace, incapace* ecc.) + **infinito** (Luigi è *capace di arrampicare*; Non era *degno di essere considerato*).

Proposizioni condizionali o ipotetiche

Indicano la condizione o ipotesi da cui dipende l'avverarsi della reggente.

COMPRENSIONE DEL TESTO

- Nella forma **esplicita** sono introdotte da congiunzioni e locuzioni (*se, qualora, purché, quando, nel caso che, a condizione che, nell'ipotesi che, ove, posto che* ecc.) e hanno il verbo all'**indicativo** (Se lo *dici* tu, è vero) o al **congiuntivo** (Se tu me l'*avessi detto* ti avrei creduto).
- Nella forma **implicita** si esprimono al **gerundio** (*Mangiando* troppo si ingrassa), **participio** (*Mangiato* troppo, si ingrassa) o **infinito** introdotto da *a* (*A mangiare* troppo si ingrassa).

Periodo ipotetico

Subordinata condizionale (**protasi**) + reggente (**apodosi**) = **periodo ipotetico**. In base alla natura della condizione posta dalla protasi ci sono tre tipi di periodo ipotetico:

- **della realtà**: l'apodosi ha verbo all'**indicativo** o all'**imperativo** ed è conseguenza della condizione reale; la protasi ha il verbo all'**indicativo** retto da *se* o al **congiuntivo** retto da *qualora, purché* ecc. ESEMPI: Se *sei* in ritardo, *telefona*; Qualora il treno *sia* in ritardo, *rimanderemo* la partenza;
- **della possibilità**: condizione ed evento sono entrambi possibili; l'apodosi ha il verbo al **condizionale** e la protasi al **congiuntivo** imperfetto o trapassato. ESEMPI: Se *trovassi* finanziamenti *aprirei* una libreria; Se *avessi trovato* finanziamenti *avrei aperto* una libreria;
- **dell'irrealtà**: la condizione è irrealizzabile e dunque l'evento è irreale; apodosi e protasi hanno gli stessi modi e tempi del secondo tipo (**condizionale** e **congiuntivo** imperfetto o trapassato) così che, talvolta, è solo il giudizio di chi parla o scrive o il contesto a distinguere tra condizione possibile o impossibile. ESEMPI: • Se *conoscessi* il futuro *saprei* cosa fare. • Se *avessi conosciuto* il futuro *avrei saputo* cosa fare. • Se la Terra *fosse* piatta non *ci sarebbero* i poli. • Se Marco Polo non *avesse viaggiato* non *avrebbe scritto* Il Milione.

Non si usa il condizionale nella protasi del periodo ipotetico.
Il condizionale si utilizza solo nella reggente, mai nella protasi che ha sempre il congiuntivo.
- Se *mi invitasse* a ballare, accetterei NON Se *mi inviterebbe* a ballare accetterei.
- Se *fosse* sempre estate, ci annoieremmo NON Se *sarebbe* sempre estate, ci annoieremmo.

Non si usa l'indicativo imperfetto nel periodo ipotetico dell'irrealtà.
Se *avessi lavorato* meno, saresti meno stanco NON Se *lavoravi* meno, eri meno stanco.

Se l'apodosi è una principale, il periodo ipotetico è **indipendente**. Se invece l'apodosi è una subordinata, il periodo ipotetico è **dipendente**. Modi e tempi dell'apodosi, dunque, possono variare in funzione del tipo di subordinata. ESEMPI: Se farò il mio dovere *sarò* contento (periodo ipotetico indipendente 1° tipo) > Non dubito di *essere* contento se farò il mio dovere (periodo ipotetico dipendente 1° tipo).

La congiunzione *SE* introduce:
- **desiderative** (principale): *Se* potessi vederti ancora una volta …;
- **interrogative indirette**: Dimmi *se* stai bene;
- **dubitative indirette**: Non sai *se* tutto questo sia vero;
- **condizionali**: *Se* è una menzogna, è ben congegnata.

Proposizioni concessive

Indicano la circostanza nonostante la quale si verifica quanto espresso dalla reggente (Uscirono a passeggio *benché piovesse* = nonostante la pioggia).

- Se **esplicite** sono introdotte da congiunzioni o locuzioni (*benché, sebbene, quantunque, nonostante, per quanto* ecc.) o da aggettivi e pronomi indefiniti (*qualunque, chiunque, qualsiasi* ecc.) e hanno il verbo al **congiuntivo** (Sebbene tu *sia* contrario, lo farò ugualmente; Chiunque lo *dica*, si sbaglia).

  Le concessive introdotte da *anche se* hanno verbo all'**indicativo** (*Anche se mi piace*, non ballerò).
- Se **implicite** hanno: • il **gerundio** introdotto da *pure, anche* (*Pur* non *essendo allenati*, fanno lunghe passeggiate); • il **participio passato** introdotto da *pur, benché, per quanto* ecc. (*Benché contrariato,* le sorrise); • la perifrasi **per + infinito + che faccia/ facesse** (*Per leggere che facesse,* era sempre ignorante).

PARTE QUARTA

Proposizioni temporali

Indicano le circostanze di tempo in cui si verifica quanto espresso dalla reggente: • *Mentre passeggiava*, Diego trovò dei porcini (**contemporaneità**); • *Dopo aver setacciato* tutto il bosco, Diego trovò dei porcini (**anteriorità**); • Diego ha comprato dei porcini *prima di tornare* a casa (**posteriorità**).

Se **esplicite** sono introdotte: o da congiunzioni o locuzioni (*quando, mentre, allorché, come, nel momento in cui, fino a che, ogni volta che* ecc.) con verbo all'**indicativo** (Quando *legge* un bel libro, Paola dimentica i suoi guai); o da *prima che* con verbo al **congiuntivo** (È meglio che lo saluti *prima che se ne vada*).

Se **implicite** possono avere il verbo al **gerundio** (*Andando* a scuola, passa dal panettiere; *Avendo comprato* la torta, sono venuto da te), al **participio passato** (*Comprata* la torta, sono venuto da te) o all'**infinito** introdotto dalle locuzioni *prima di, fino a* ecc. (*Prima di comprare* la torta sono venuto da te), dall'avverbio *dopo* (*Dopo aver comprato* la torta, sono venuto da te) o sostantivato (*Nel comprare* la torta ti ho pensato).

Proposizioni modali

Indicano il modo in cui si verifica quanto espresso dalla reggente (Mi salutò *sorridendo* = con un sorriso).

- Se **esplicite** sono introdotte da congiunzioni o locuzioni (*come, comunque, nel modo in cui* ecc.) e hanno il verbo all'**indicativo** (Raccontami nel modo che *preferisci*); al **congiuntivo**, con sfumatura di dubbio o possibilità (Lo diceva come se *ci credesse*); o al **condizionale** (Ti sei comportato come *avrei fatto* io).
- Se **implicite** si esprimono con **gerundio** (Raccontò tutto *piangendo*), **participio** (Salutava sempre *sorridente*) o **infinito** introdotto da *con, a, senza* (Ci si scotta la pelle *a prendere* il sole).

Proposizioni avversative

Indicano ciò che si contrappone a quanto detto nella reggente (Andò a piedi *invece di prendere* il tram).

- Se **esplicite** sono introdotte da congiunzioni (*quando, mentre, laddove*) e hanno il verbo all'**indicativo** (Paola leggeva romanzi quando *doveva studiare*), al **condizionale** (Paola uscì a passeggio mentre *avrebbe dovuto* lavorare).
- Se **implicite** hanno il verbo all'**infinito** introdotto dalle locuzioni *al posto di, invece di, in luogo di, anziché* (Anziché *guardare*, fa' qualcosa!).

Proposizioni comparative

Introducono un paragone con quanto espresso nella reggente (Il cielo era terso *come lo è d'estate*). Solo nella forma **esplicita** possono esprimere tutti e tre i gradi di comparazione:

- **uguaglianza**: introdotte da *(così) … come; (tanto) … quanto* ecc., hanno verbo all'**indicativo** (Fa piacere a te *quanto diverte me*) e **condizionale** (Ti piacerà *come piacerebbe a me*);
- **maggioranza e minoranza**: introdotte da *più … che, più… di quanto, più… di quello che* ecc. e *meno… che, meno… di quanto, peggio… di come* ecc., hanno verbo all'**indicativo** (Quel libro è più interessante *di quanto credevo*), **congiuntivo** (Il libro è più interessante *di quanto mi aspettassi*) e **condizionale** (Quel libro è più interessante *di quanto avrei detto*).

Nella forma **implicita** la comparazione può essere solo di **maggioranza** e **minoranza**: si esprime con l'**infinito** introdotto da *più … che ecc.* (Ballare è *più* difficile *che correre*) oppure, con valore ipotetico, si rende con il **gerundio** introdotto da *come* o *quasi* (Si allontanò in fretta, *come fuggendo*).

Proposizioni esclusive

Indicano un'esclusione a quanto espresso nella reggente (Rideva *senza che ci fosse motivo*).

- Se **esplicite** sono introdotte da congiunzioni e locuzioni (*fuorché, senza che, tranne che eccetto che, che non* ecc.) e hanno il verbo al **congiuntivo** (La vendemmia sarà buona, *tranne che grandinii*).
- Se **implicite** hanno il verbo all'**infinito** introdotto da *senza* (Erano parenti, *senza saperlo*).

Proposizioni limitative

Limitano quanto espresso nella reggente (*Per quanto ne so*, va tutto bene).

- Nella forma **esplicita** sono introdotte da locuzioni (*per quanto, secondo quanto, per quello che* ecc.) e hanno il verbo per lo più all'**indicativo** (*Per quel che vale*, non volevo offenderti).
- Nella forma **implicita** sono introdotte dalla congiunzione *per* o dalla locuzione *(in) quanto a* e hanno il verbo all'**infinito** (*Quanto a cucinare*, sono un vero disastro).

Proposizioni relative

Mettono in relazione la reggente con una subordinata: il più delle volte mediante *pronomi o avverbi relativi*. Si distinguono in relative proprie (o *aggettive*) e improprie (con funzione di *complementari indirette*).

- Le **relative proprie** svolgono nel periodo la funzione di un **attributo** o **apposizione**.
  - Se **esplicite** possono avere il verbo all'**indicativo** (Il pesce *che ho mangiato* non era fresco), al **congiuntivo** (Voglio una camicia *che mi doni*) o al **condizionale** (È un film *che piacerebbe* a tutti).
  - Se **implicite** sono un **participio** (È un libro *rispondente* ai tuoi desideri?; L'argomento *trattato* mi interessa) e all'**infinito** preceduto dalla preposizione *di, a, da, in, con* (È stato il solo *a piacermi*).
- Le **relative improprie** svolgono nel periodo la funzione di **completive indirette**. Hanno natura:
  - **temporale**: Vedevamo il temporale *che arrivava* (= mentre arrivava);
  - **causale**: Fa' tu il conto, *che insegni* matematica (= dal momento che insegni matematica);
  - **finale**: Cercate qualcuno *che lo aiuti* (= affinché lo aiuti);
  - **consecutiva**: Non c'è studente *che non abbia mai copiato* (= tale che);
  - **concessiva**: Anna, *che è la più giovane di noi* (= pur essendo la più giovane), è molto saggia;
  - **condizionale**: C*hi volesse* più informazioni (= se qualcuno volesse), legga il libro.

TABELLA RIASSUNTIVA DELLE PROPOSIZIONI SUBORDINATE INTRODOTTE DALLE CONGIUNZIONI *PERCHÉ, CHE, QUANDO, MENTRE, COME, SE*

Congiunzione	Subordinata	Esempio
perché	causale	Ha freddo *perché si è vestito poco*
	finale	Insisto *perché tu venga da me*
	interrogativa indiretta	Mi chiedo *perché non mangi*
	consecutiva	È troppo piccolo *perché si renda conto del pericolo*
che	oggettiva	Ti dico *che è appena uscita*
	soggettiva	È evidente *che la terra è rotonda*
	dichiarativa	Su questo hai ragione, *che io fossi d'accordo*
	causale	Mettilo vicino, *che voglio vederlo bene*
	finale	Li sollecitai *che leggessero molto*
	consecutiva	Dormiva così bene *che era un piacere guardarla*
	temporale	È andato via *che era già buio*
	limitativa	Ha detto una bugia, *che io sappia*
	comparativa	Preferisco andare al cinema *che guardare la televisione*
quando	temporale	*Quando sarai arrivato*, chiamami
	interrogativa indiretta	Ti chiedo *quando metterai giudizio*
	condizionale	*Quando lo ritenessi utile*, ti chiederei un aiuto
	avversativa	Gianni dorme, *quando dovrebbe aiutarmi*
mentre	temporale	*Mentre dormivo*, è squillato il telefono
	avversativa	Lo aspettavano ieri, *mentre arriverà oggi*
come	modale	Comportatevi *come pensate* che sia meglio
	comparativa	È stato facile *come mi avevi detto*
	interrogativa indiretta	Dimmi *come mi hai trovato*
	temporale	*Come è uscito*, ha iniziato a piovere
se	condizionale	*Se tu mi ascoltassi*, ne avresti dei vantaggi
	concessiva	Arriverò in ritardo *anche se corro*
	interrogativa indiretta	Dimmi *se l'hai riconosciuto*
	causale	*Se due rette si incontrano*, non possono essere parallele

10.5 | Elementi di punteggiatura

I **segni di interpunzione** scandiscono frasi e proposizioni, contribuendo alla coerenza del testo. L'uso della punteggiatura in italiano consente ampia discrezionalità, ma esistono alcune regole da rispettare.

IL PUNTO FERMO

È il segno d'interpunzione che separa in unità sintatticamente autonome un testo. Si trova: alla fine di una frase o di un periodo, di cui indica la conclusione; per indicare una abbreviazione (*ing.*, *dott.*, *ecc.*).

LA VIRGOLA

Si può utilizzare la virgola:

- per separare gli elementi di liste ed elenchi di nomi o aggettivi;
- per delimitare gli incisi (se si usa la virgola in apertura è obbligatorio usarla e in chiusura);
- prima o dopo un'apposizione o un vocativo, a seconda della posizione (Telefonami, *mamma*; *Mamma,* telefonami; Domani, *mamma*, telefonami);
- per segnalare frasi coordinate per *asindeto* (vedi pagina 200) senza congiunzione (Tutte le domeniche riempiva lo zaino, allacciava gli scarponi, si buttava per sentieri);
- per separare dalla principale frasi coordinate avversative (introdotte da *anzi, ma, però, tuttavia*) o subordinate *circostanziali* (temporali, concessive, ipotetiche ecc.);
- talvolta per separare la relativa dalla reggente (Salutai gli amici, che mi avevano aiutato molto).

> **Le frasi relative cambiano valore (e senso) in presenza o meno di virgola dopo la reggente.**
> - Il professore si complimentò con gli studenti che erano interessati (= cioè si complimentò solo con gli studenti interessati. La relativa è *restrittiva*).
> - Il professore si complimentò con gli studenti, che erano interessati (= ovvero si complimentò con gli studenti in quanto erano interessati. La relativa è *appositiva*).

È **vietato** l'uso della virgola:

- tra soggetto e verbo (è però possibile inserire un inciso: Giovanni, il mio amico, è alto);
- tra verbo e complemento oggetto;
- tra il verbo *essere* e l'aggettivo, nome ecc. che fa da nome del predicato;
- tra verbi copulativi e complementi predicativi;
- tra un nome e il suo aggettivo;
- tra reggente e proposizioni completive (soggettive, oggettive, dichiarative, interrogative indirette).

PUNTO E VIRGOLA

Si adopera soprattutto fra proposizioni coordinate e serve a marcare una interruzione dal punto di vista sintattico tra periodi indipendenti, mantenendo però continuità sul piano logico e dei contenuti (Carla salutò da lontano, con affetto; poi si girò e pensò al lavoro che l'attendeva).

Si usa anche per scandire, all'interno di enumerazioni complesse, elementi costituiti da più di una parola o da intere proposizioni (Sono in vendita: piatti piani e fondi; posate, bicchieri e sottobicchieri).

DUE PUNTI

È un segno di avvertenza che svolge quattro funzioni:

- *presentativa*: ai due punti segue la specifica di quanto annunciato (Non era Carla: era sua sorella);
- *esplicativa*: i due punti fanno da spiegazione (Siamo in democrazia: la maggioranza decide);
- *sintattico-argomentativa*,: i due punti valgono, per asindeto, come una congiunzione (Socrate è un uomo: [=quindi] Socrate è mortale);
- *segmentatrice*: i due punti introducono un discorso diretto in combinazione con virgolette e trattini.

PUNTO ESCLAMATIVO e **INTERROGATIVO**

Sono definiti **marche dell'intonazione**, in quanto danno segnali circa l'intonazione con cui dovrebbe essere pronunciata una frase. In un contesto di scrittura, sono *indicatori*: la loro presenza, cioè, evidenzia che una data frase assume un valore "marcato", capace di modificare il significato a una frase.

- Sei scappato di casa? Come!
- Sei scappato di casa! Come?

10.6 | Quesiti di grammatica

Questa tipologia di quesiti è volta a **verificare la padronanza delle regole** che governano la morfologia e la sintassi della lingua italiana. Si è parlato di *padronanza* non a caso, poiché questo è un settore nel quale, più che in altri, fattori determinanti sono la dimestichezza e la prontezza, intese come capacità di applicare con rapidità e senza necessità di riflettervi a lungo le regole della grammatica italiana.
La conoscenza delle regole grammaticali essenziali è cioè considerata bagaglio culturale ormai acquisito da ogni studente di scuola media superiore. Ciò che fa la differenza è il grado di assimilazione di tali regole: maggiore è tale assimilazione, maggiore è la probabilità di rispondere in modo "automatico", senza dover riflettere a lungo sui quesiti.
Gli esercizi, sempre in forma di quesiti a risposta multipla, hanno per oggetto le principali categorie grammaticali: articolo, nome, aggettivo, avverbio, verbo ecc.

Esempi

---

1 **Il participio passato del verbo *detergere* è:**

A detersi
B detergevo
C detergente
D deterso

Il participio passato di *detergere*, che deriva da *tergere* e segue la stessa coniugazione, è *deterso*: la risposta corretta è la D. Le altre risposte presentano rispettivamente la prima persona del passato remoto, la prima persona dell'imperfetto e il participio presente, che può avere l'uso di sostantivo.

---

2 **Il plurale di *altoparlante* è:**

A altoparlante
B altoparlanti
C altiparlanti
D non esiste

I nomi formati da un aggettivo seguito da un sostantivo formano il plurale solo nel secondo elemento. La risposta corretta è dunque la B.

---

3 **Quale delle seguenti frasi contiene un verbo impersonale?**

A Dobbiamo andare
B Andate, altrimenti farete tardi
C Bisogna andare
D Se non andiamo subito, arriveremo in ritardo

I verbi impersonali sono quelli che non richiedono un soggetto determinato. Le frasi riportate nelle alternative A, B e D hanno tutte un soggetto determinato, anche se sottinteso (noi, voi, noi). Nella C invece non si può risalire a un soggetto determinato di *bisogna* (verbo che, usato alla terza persona singolare, è impersonale). Molto spesso i verbi di questo genere indicano fenomeni atmosferici (piove, nevica ecc.). Alcuni verbi possono inoltre essere usati, a seconda delle circostanze, personalmente o impersonalmente (per esempio: ella *sembra* simpatica; *sembra* che ella sia simpatica).

---

4 **Il superlativo relativo di *grande* è:**

A massimo
B più grande
C il maggiore
D maggiore

Più grande e *maggiore* sono i comparativi di maggioranza di *grande*. *Massimo* è il superlativo assoluto. *Il maggiore* (equivalente a *il più grande*) è invece il superlativo relativo. La risposta esatta è dunque la C.

Una regola pratica per identificare i superlativi relativi consiste nell'osservare la presenza o meno dell'articolo determinativo (il, lo, la, i, gli, le). Se c'è l'articolo, il superlativo è sempre relativo (per esempio: Maria è *la* maggiore della sua classe, oppure Maria è *la* più grande).

Suggerimenti

- Unico possibile suggerimento per questa tipologia di esercizi, forse banale, ma certamente efficace, è quello di **rileggere una grammatica italiana** e di ripassare le principali regole, eccezioni incluse.
- Può risultare inoltre utile ripassare modi e tempi dei verbi, concentrandosi in particolare su quelli irregolari.

10.7 | Frasi con errori di grammatica

Questa tipologia di esercizi intende valutare la capacità dei candidati di **individuare gli errori grammaticali,** di diversa natura, presenti in un testo. Gli errori possono riguardare i pronomi, i tempi dei verbi, la costruzione della frase, gli aggettivi e perfino gli accenti.

Gli esercizi si possono presentare in forme differenti. Le più comuni sono due:

- quattro o cinque frasi fra le quali individuare quella che contiene o non contiene un errore di grammatica;
- una frase con una parte in *corsivo* o *sottolineata* che indica la presenza di un errore grammaticale o di forma, con quattro o cinque alternative fra le quali identificare quella che, sostituita alla parte in corsivo o sottolineata, rende corretta la frase di partenza.

Esempi

---

1 Quanti errori sono contenuti in questa frase: «Non sò davvero dirti qual' sia la verità, un'unico pensiero mi sconvolgie»?

A due B tre C cinque D quattro

La risposta corretta è la D. Infatti gli errori sono quattro: *sò* (che non va accentato), *qual'* (che non regge l'apostrofo, tantomeno se seguito da parola che inizia per consonante), *un'unico* (l'articolo indeterminativo al maschile non regge l'apostrofo davanti a una parola che inizia per vocale, ma solo al femminile, per l'elisione della lettera *a*, come per esempio in "un'amica") e *sconvolgie* (l'errore è la presenza della *i* tra la *g* e la *e*).

---

2 Quale delle seguenti frasi NON contiene un errore di grammatica?

A La pianta in giardino è cresciuta rapidamente sebbene che il tempo non sia stato clemente
B Andrea rimase a casa sostenendo che non avrebbe gradito l'ospite danese
C Danilo, non essendo abituato con i numerosi temporali, è sceso in cantina per la paura
D Nonostante fosse solo mezzogiorno, Giorgio si sarebbe gradito volentieri un panino

La risposta corretta è la B. Infatti, tutte le altre frasi contengono errori grammaticali. La A è errata per la presenza del *che* dopo il *sebbene*; la C è errata in quanto il verbo *essere abituati* regge *a* e non *con*; la D è errata in quanto la forma verbale corretta è *avrebbe gradito*, non *si sarebbe gradito*.

---

3 La frase seguente è, nella parte sottolineata, sintatticamente scorretta. Si individui tra le alternative proposte, la proposizione che completa correttamente il periodo.
Nonostante avesse vissuto numerosi anni a Milano, <u>Giulio ancora non conosce le vie principali della città e la strada per raggiungerle</u>.

A Giulio ancora non conobbe le vie principali della città e la strada per raggiungerle
B Giulio ancora non conosceva le vie principali della città e la strada per raggiungere
C Giulio ancora non ebbe conosciuto le vie principali della città e la strada per raggiungerle
D Giulio ancora non conosceva le vie principali della città e la strada per raggiungerle
E Giulio ancora non conoscendo le vie principali della città e la strada per raggiungerle

COMPRENSIONE DEL TESTO

La risposta esatta è la **D**. Le alternative **A**, **C** ed **E** sono errate per la forma verbale di *conoscere* utilizzata nella subordinata. L'alternativa **B** è invece errata in quanto nella proposizione principale, l'infinito *raggiungere*, è privo dell'oggetto *le*.

---

4 La frase seguente è, nella parte sottolineata, sintatticamente scorretta. Si individui tra le alternative proposte, la proposizione che completa correttamente il periodo.
<u>Nonostante fossero in grado di calcolare il più velocemente possibile rispetto a prima,</u> i primi computer, costruiti con tubi invece che con transistor, erano troppo pesanti, ingombranti, e inaffidabili per l'utilizzo aziendale.

- **A** Nonostante i loro calcoli fossero il più rapidi possibili rispetto a prima
- **B** Nonostante fossero il più rapidamente possibili capaci di effettuare calcoli
- **C** Nonostante fossero in grado di calcolare più rapidamente rispetto a quanto possibile in precedenza
- **D** Sebbene che la loro velocità di calcolo fosse il più elevata possibile
- **E** Nonostante fossero capaci di effettuare calcoli a una più possibile elevata velocità

La risposta esatta è la **C**. Infatti la **A** è errata per due motivi: anzitutto *possibili* dovrebbe essere al singolare e inoltre *il più possibile*, essendo un superlativo assoluto, non può reggere *rispetto a*, che introduce il secondo termine di paragone.
Anche l'alternativa **B** è errata per due motivi: il primo, come per l'alternativa **A**, è legato all'utilizzo plurale del termine *possibili*, il secondo riguarda invece il significato della frase, che viene modificato non essendovi più il confronto con la situazione precedente l'introduzione dei computer.
L'alternativa **D** è anch'essa errata sia per il motivo appena accennato sia per l'uso della particella *che* dopo *sebbene*. Infine, l'alternativa **E** è errata per la costruzione sintattica delle ultime parole: *a una più possibile elevata velocità* avrebbe invece dovuto essere *a una velocità il più possibile elevata*.

Suggerimenti

- Prestare attenzione alla struttura di ogni frase, **concentrandosi inizialmente sul significato** e solo successivamente sulla ricerca degli errori di forma o di grammatica.
- Prestare attenzione non solo alla **correttezza dei singoli vocaboli** (pronomi, avverbi, aggettivi, verbi ecc.), ma anche a quella della **struttura complessiva della frase**.
- Nel caso in cui la frase sia composta da una principale e da una subordinata, prestare particolare attenzione alla **coerenza di verbi** (tempi e modi), **avverbi, aggettivi, pronomi**.
- Controllare che ogni proposizione sia correttamente **composta da un soggetto e da un verbo**.
- **Leggere attentamente il testo dell'esercizio**, facendo attenzione all'alternanza fra gli esercizi che richiedono di individuare la *frase corretta* e quelli che richiedono invece di indicare la *frase contenente un errore*.

10.8 | Linguaggio figurato

Si chiama linguaggio figurato l'uso di figure retoriche, immagini e costruzioni grammaticali con il fine di creare forme espressive particolari. Per chiarire tutto con un esempio, nella frase "Annibale era un fulmine di guerra", è evidente che stiamo utilizzando la parola "fulmine" non nel suo significato proprio, ma in un senso esteso, intuitivo o, appunto, figurato.

Esempi

---

1 L'espressione "Non ha capito nulla della lezione, *è proprio un asino*" contiene una:

- **A** metonimia
- **B** similitudine
- **C** metafora
- **D** sineddoche
- **E** perifrasi

Usare la parola *asino* significa sostituire un termine con un altro figurato effettuando una trasposizione simbolica di un'immagine. Questa operazione prende il nome di metafora. La soluzione al quesito è, quindi, fornita dall'alternativa **C**.

2 "Bere una bottiglia" è un'espressione:

- **A** metonimica
- **B** metaforica
- **C** iperbolica
- **D** analogica
- **E** onomatopeica

La soluzione al quesito è rappresentato dall'alternativa **A**, infatti la metonimia è la figura retorica che evoca un'idea citando al suo posto un concetto a essa relativo, per esempio il contenente (la bottiglia) per il contenuto (il vino).

Un caso particolare di quesiti legati all'ambito del linguaggio figurato/poetico è rappresentato da quegli esercizi che, dopo avere fornito dei versi (solitamente citazioni di poesie molto note), chiedono quale tipo di rima è in essi esemplificata.

3 «Don Abbondio (il lettore se n'è già avveduto) non era nato con un cuor di leone» (A. Manzoni, *Promessi Sposi*, cap. I).
Le parole sottolineate danno luogo a una delle seguenti figure retoriche. Quale?

A Metonimia **B** Climax **C** Ossimoro **D** Anafora **E** Litote

La soluzione dell'esercizio è costituita dall'alternativa **E**. La *litote*, è infatti quella figura retorica per cui si esprime un giudizio attraverso il termine contrario rispetto a quello che si intende esprimere, preceduto dalla negazione. Per esempio, vi è una litote nella frase "Quell'uomo non è una volpe", per indicare che è ingenuo o stupido. Per la definizione di *metonimia* (alternativa **A**) e *climax* (alternativa **B**) si rimanda all'elenco seguente. L'*ossimoro* (alternativa **C**) si ha quando si accostano due termini il cui significato è in netto contrasto, con l'obiettivo di esaltare l'espressività di entrambi ("un silenzio assordante"). L'*anafora* (alternativa **D**) consiste nella ripetizione di una parola o di gruppi di parole all'inizio di frasi o di versi successivi, per sottolineare un'immagine o un concetto.

10.8.1 | Piccolo glossario di linguaggio figurato

Le figure retoriche legate allo slittamento di senso sono molte e – negli ultimi anni – piuttosto amate dai compilatori dei test di selezione. È bene, dunque, imparare a riconoscere almeno le principali (di seguito riportate in ordine alfabetico).

Allegoria. È un procedimento espressivo per cui oltre al senso *letterale* (quello proprio) il testo ne ha un secondo più o meno nascosto, che il lettore individua tramite un processo interpretativo. L'allegoria è una figura di pensiero per sostituzione nel contenuto. Per esempio un tipico esempio di discorso allegorico è quello di un poeta che descrive il viaggio di una nave nella tempesta, lasciando sottinteso che si tratta della rappresentazione della propria vita: «*Passa la nave mia, sola, tra il pianto degli alcioni, per l'acqua procellosa*» (Carducci).

Anacoluto. È l'accostamento di due costrutti, uno dei quali resta senza seguito. Esempio: *Io, chi mi vede dovrà tremare*. In questo caso, "io" non ha un seguito. L'anacoluto è un vero e proprio errore di grammatica, per cui è importante imparare a riconoscerlo, ma occorre molta cautela nell'usarlo.

Antonomasia. Figura retorica fondata sullo scambio di funzione tra un nome proprio e un nome comune e viceversa.

- *persona*: si usa il nome di un personaggio noto per una certa qualità per indicare che una persona possiede quella stessa qualità. Per esempio: *un Mecenate* (si indica un protettore di artisti citando il più noto, il protettore di Virgilio e altri poeti all'epoca di Augusto); *un Otello* (si cita il personaggio shakespeariano per indicare una persona particolarmente gelosa); *un Einstein* (per indicare una persona d'intelligenza geniale, dal nome dello scienziato famoso per la teoria della relatività) ecc.
- Al contrario, si può usare il nome comune in funzione di nome proprio: *il Ghibellin fuggiasco* (= Dante, così designato nei *Sepolcri* foscoliani); *il Segretario fiorentino* (= Machiavelli, segretario della seconda cancelleria della Repubblica di Firenze) ecc.

COMPRENSIONE DEL TESTO

- luogo: *un Eden* per indicare un luogo leggiadro e sereno; una *Babilonia* per indicare un posto caotico ecc. Al contrario: *il Bel Paese* (per indicare l'Italia) ecc.

Climax. Consiste in una scala di gradazione ascendente (o, all'opposto, discendente: *anticlimax*) di una serie di elementi del discorso: *Tu duca, tu segnore, e tu maestro; Esige, interroga, domanda.*

Eufemismo. Mitiga un'espressione considerata troppo forte, cruda, spiacevole o sconveniente. Consiste nel ridurre e nello smorzare il tono di un'affermazione (sottrazione) mediante strategie di soppressione («Lucia si è comportata da...») o sostituzione con termini generici («*dove posso lavarmi le mani?*» in luogo di «*dove è il bagno?*»); si usano perifrasi allusive (soprattutto in luogo di *morte* e *malattia*: «è passato a *miglior vita*», «ha *smesso* di soffrire», «ha un *brutto male*»; oppure per attività considerate troppo umili *operatore ecologico* o *collaboratore scolastico* per i più diretti *spazzino* e *bidello*).

Iperbole. Consiste nell'esagerare, oltre la realtà o il verosimile, la rappresentazione dell'oggetto del discorso, amplificandone o minimizzandone artificialmente le caratteristiche. Alcune iperboli sono ormai locuzioni della lingua corrente: «È un *secolo* che non ti vedo», «Sei *lento come una lumaca*», «Mi fai *morire* dal ridere». Nel linguaggio letterario è un'invenzione spesso basata sull'uso di **metafore**.

Ironia. Si ha quando si parla di qualcosa utilizzando intenzionalmente espressioni con un significato lontano o addirittura opposto a quello propriamente coerente; consiste nel «dire il contrario di quello che si pensa o di quello che si vuol far veramente credere». È un'astuzia del linguaggio che l'ascoltatore coglie valendosi di indizi: il contesto, le frasi vicine, l'intenzione generale del discorso, l'intonazione e l'atteggiamento di chi parla. L'ironia gioca sull'ambiguità della parola *arte*. «Ai tempi in cui accaddero i fatti che imprendiamo a raccontare, quel borgo già considerabile era anche un castello, e aveva perciò *l'onore* di alloggiare un comandante, e il *vantaggio* di possedere una stabile guarnigione di soldati spagnuoli, che *insegnavano la modestia* alle fanciulle e alle donne del paese, *accarezzavano* di tempo in tempo le spalle a qualche marito, a qualche padre, e sul finire della state, non mancavano mai di spandersi nelle vigne, *per diradare le uve*, e *alleggerire ai contadini le fatiche* della vendemmia» (Alessandro Manzoni, *I Promessi Sposi*).

Litote. Esprime un concetto negando il concetto opposto: «qualche giorno non è poi l'eternità»; «Orlando non era un'aquila»; «non di rado» ecc.

Metafora. Consiste nella sostituzione di un termine con un altro che con il primo intrattiene un rapporto di analogia. Si può definire una similitudine abbreviata, in cui si omette l'avverbio di paragone «come» e si istituisce un rapporto senza mediazione tra due elementi. «Achille è un *leone*» condensa la similitudine «Achille è forte/coraggioso/pericoloso come un leone». La metafora non solo ha più potenza espressiva e originalità, ma assorbe l'attenzione, arricchisce il testo con valori supplementari. La metafora può consistere nell'accostare un attributo a un sostantivo di diverso campo di senso (una sporca guerra), un'azione a un soggetto non pertinente («faceva tutto rider l'oriente»), un complemento di specificazione o di materia a un sostantivo («Erano i capei d'oro a l'aura sparsi»). Alcune metafore sono entrate nel parlare comune: il *piede* del tavolo, il *cane* del fucile ecc.

Metonimia. Consiste nella sostituzione di un termine con un altro legato al primo da rapporto di causalità, reciprocità, vicinanza e dipendenza. Per esempio: contenitore per il contenuto (bere un *bicchiere*); causa per l'effetto (nelle orecchie mi percosse un *duolo* = lamento per il dolore); effetto per la causa (le *sudate* carte); strumento per chi lo usa: (opera di una *penna* sapiente); autore per l'opera (ascoltare *Beethoven*, leggere *Manzoni*); divinità per la sua sfera d'influenza (cedere a *Bacco* e a *Venere* = al vino e all'amore); il luogo per i suoi abitanti (Ahi serva *Italia*); colore come simbolo di un gruppo (*nerazzurri* = interisti; *rossi* = comunisti); astratto per il concreto (è sfuggito all'*inseguimento*); concreto per l'astratto (quell'uomo ha del *fegato*); materia per l'oggetto (i *legni* nemici = le navi nemiche) ecc.

Perifrasi. Il termine proprio per indicare una persona, una cosa, un concetto viene sostituito da un giro di parole: «la gloria di *colui che tutto move*» = Dio.

Similitudine. Consiste nel paragonare due elementi, evidenziando il rapporto di analogia che li rende accostabili l'un l'altro da un determinato punto di vista. È caratterizzata dalla presenza di un elemento linguistico di comparazione: avverbio (*come, così*), aggettivo (*simile a*), verbo (*somigliare*): forte *come* una roccia; per carattere *simile a* un agnellino ecc.

Sineddoche. Consiste nel sostituire al termine proprio una parola che gli è legata per un rapporto quantitativo: parte per il tutto (In casa ci sono *tante bocche* da sfamare); tutto per la parte (borsa di *coccodrillo*); specie per il genere (si guadagnava il *pane* = cibo); genere per la specie (vilissimo *bipede* = persona); singolare per il plurale (il *romano* è buongustaio); numero determinato per numero indeterminato (ho *mille* nemici); plurale per il singolare (voglio vedere nuovi *cieli*).

PARTE QUARTA

11 | Competenze lessicali

Il **lessico** è l'insieme delle parole che una comunità di parlanti ha potenzialmente a disposizione per comunicare. Nella pratica, tuttavia, ogni persona conosce solo una parte (detta **vocabolario personale**) di questo "serbatoio" virtuale e inoltre, nella vita pratica, ciascuno utilizza solo una porzione di tale sottoinsieme (**vocabolario d'uso**).

Nella realtà, dunque, ognuno di noi domina una certa quantità di termini del lessico italiano, formata dalle parole di uso quotidiano e dai vocaboli che si è in grado di comprendere e di utilizzare correttamente, anche in situazioni o per scopi particolari.

Non occorre sottolineare che, nell'intraprendere studi universitari nell'area di Psicologia o Educazione o Sociologia, è necessario ampliare il più possibile il numero dei vocaboli noti nonché la consapevolezza d'uso, imparando a ragionare su derivazioni, etimologia, senso letterale e figurato, significato e contesto.

È per questo che tra le domande dedicate alla comprensione di un testo, sia nelle prove **CISIA** sia nelle **prove di ateneo**, ce ne sono sempre alcune relative alla **competenza lessicale**, intesa a vari livelli:

- conoscenza del significato di parole ed espressioni;
- ampiezza di vocabolario;
- proprietà d'uso.

Formulazioni tipiche delle domande possono essere:

- Nella frase … la parola … significa
- Quale tra le seguenti può sostituire/è sinonimo di … nella frase …
- Quale alternativa riformula correttamente l'espressione … nella frase …

Per rispondere correttamente a questo genere di quesiti, ricordiamo che – anche quando non si conosca direttamente il significato di una parola – è sempre possibile lasciarsi guidare dal contesto ed escludere secondo logica almeno le alternative palesemente errate.

Tuttavia è anche possibile migliorare le proprie competenze: sia leggendo molto e imparando il significato di parole nuove, sia con un poco di studio.

Nelle pagine seguenti il lettore può trovare alcune nozioni relative a lessico e formazione delle parole e un elenco dei più importanti prefissoidi e suffissoidi.

11.1 | Lessico e semantica

Se il *lessico* è l'insieme delle parole con cui i membri di una comunità linguistica comunicano tra loro, la **semantica** è la disciplina che studia il significato di tali parole (dal greco *semáino*, "significo").

La **parola** a sua volta si definisce come un'unità linguistica dotata di autonomia. In italiano esistono parole **piene**, cioè complete e autosufficienti dal punto di vista del significato: lo sono i *sostantivi* (albero), gli *aggettivi* (alto), i *verbi* (crescere), gli *avverbi* (lentamente) e talvolta i *pronomi* (per esempio, è pieno *io* ma non *che*). Esistono poi le cosiddette parole **grammaticali**, cioè elementi con specifica funzione ma non autosufficienti per significato: *articoli*, *preposizioni*, *congiunzioni* e *pronomi* si associano infatti alle parole piene all'interno di una frase e le collegano.

Il vocabolario di una persona consiste delle parole piene di cui conosce il significato e ha **competenza** d'uso. Non tutte le parole note a ciascuno di noi vengono impiegate attivamente nel parlare o nello scrivere quotidiano (= competenza attiva), una parte di esse rappresenta la *competenza passiva* di termini che si comprendono anche se non si usano. Per migliorare la competenza lessicale (sia attiva sia passiva) bisogna agire:

COMPRENSIONE DEL TESTO

- sull'*ampiezza* del vocabolario (aumentare la quantità di vocaboli usati o usabili);
- sulla *profondità* di conoscenza delle singole parole: morfologia e flessione, compatibilità e combinatoria sintattica, polisemia (pluralità dei significati, anche figurati, e delle accezioni), relazioni di senso (sinonimi, antonimi, iperonimi, iponimi), combinazioni in strutture fisse polirematiche);
- sulla *automaticità* d'uso: cioè capacità di richiamare e utilizzare le parole nel contesto opportuno.

11.1.1 | Relazioni di significato

Ogni parola consiste di un **significante** (cioè l'insieme dei suoni o dei segni grafici che la compongono), a cui corrisponde almeno un **significato**, cioè il senso, il concetto che la parola designa.

✔ Accanto alla parola singola (*monorematica*, dal greco *mónos* "uno" + *rema* "parola") esistono le cosiddette **unità lessicali polirematiche** (dal composto greco *poli-* "molto" + *rema* "parola"): espressioni formate da più parole che costituiscono un insieme non scomponibile e di significato complessivo autonomo rispetto ai singoli costituenti (per esempio, *luna di miele* o *ferro da stiro*).
In particolare, non è possibile sostituire con sinonimi gli elementi di una unità polirematica (si può dire *letto a castello*, ma non *letto a maniero*), né si possono interporre altre parole che modifichino la sequenza prefissata (posso dire "una costosa *macchina da cucire*" ma non "una *macchina* costosa *da cucire*").
Queste locuzioni si distinguono anche sulla base del valore grammaticale assunto, per esempio: "effetto serra" vale come sostantivo; "bagnato fradicio" equivale a un aggettivo superlativo; "prendere fuoco" fa da verbo; "alla larga" fa da avverbio; "riguardo a" locuzione; "dato che" congiunzione; "mamma mia!" vale come esclamazione.

PARTE QUARTA

Si parla di valore **denotativo** di una parola con riferimento al suo significato oggettivo e primario (per esempio *nero*, nel senso del colore); il valore è invece **connotativo** quando si rimanda a un significato ulteriore, secondario (per esempio *nero*, nel senso traslato di "cupo, triste, opprimente"). Ciò a cui il significato rimanda (che può essere un elemento della realtà o del pensiero) si chiama **referente.**
Significante, significato e referente (il cosiddetto *triangolo semiotico*) interagiscono nella parola in vari modi, e stabiliscono tra le parole *rapporti semantici*. Parole e locuzioni, cioè, possono avere tra loro relazioni o associazioni:

- di **equivalenza** o **concorrenza**, quando hanno lo stesso significato o significato simile e risultano quindi intercambiabili una con l'altra, perlomeno in alcuni contesti;
- di **opposizione** o **contrarietà**, quando hanno significato opposto in un contesto;
- di **inclusione** quando il significato di un'espressione comprende, include quello di un'altra.

Possiamo schematizzare come segue.

1. Spesso **a un unico significante corrispondono più significati** (si dice che la parola è *polisemica*). Per esempio: in italiano il termine *tempo* esprime sia il significato di "tempo cronologico", sia di "tempo atmosferico", sia di "flessione verbale" (per i quali altre lingue, come l'inglese, usano tre parole diverse: *time, weather, tense*).

✔ **Non confondere le parole *polisemiche* con *omografi/omonimi*** (vedi pagina 176): nella polisemia, le diverse accezioni di una stessa parola rimandano alla stessa etimologia, mentre nel secondo caso si tratta di parole con derivazioni differenti. Per esempio: *ancòra* (avverbio) deriva dall'unione dell'espressione latina *hinc ad horam*, "da lì fino a quest'ora"; *àncora* (sostantivo) deriva dal corrispondente vocabolo latino, a sua volta dal greco *ágkura*.

2. Viceversa, talvolta disponiamo di **più parole per uno stesso significato**, cioè possiamo dire la stessa cosa scegliendo tra alcuni termini possibili. Parole o locuzioni diverse con referente condiviso si dicono **sinonimi** (dal composto greco *sin-* "insieme" + *ónoma* "nome"), e sono legati da una relazione di equivalenza o almeno di concorrenza.
   Solo in pochi casi i sinonimi sono (quasi) **perfetti**: *papà e padre* si differenziano per il contesto d'uso (consuetudinario, formale) e dunque per il colore emotivo; *sale da cucina* e *cloruro di sodio*, indicano esattamente la stessa sostanza ma la prima locuzione afferisce al lessico quotidiano, la seconda alla terminologia scientifica ecc. È invece difficile trovare equivalenti totali: per lo più esistono, tra i

sinonimi, differenze. Per esempio, anche se il referente di *faccia, volto, viso, muso, grugno, ceffo* è lo stesso (= la parte della testa opposta alla nuca) e dunque coincide il loro significato denotativo, la connotazione non è la stessa. Si tratta allora di **quasi-sinonimi**, che di volta in volta possono:

- esprimere un concetto con diversa gradazione (più forte o più debole, come *freddo/gelido*);
- denotare la stessa azione o situazione, ma con modalità diverse (*piangere/singhiozzare*);
- avere stessa denotazione, ma diversa connotazione (*folla/masnada*);
- avere stessa denotazione, ma in registri diversi (*confusione/casino*);
- avere stessa denotazione, ma in contesti diversi (*raffreddore/rinite*);
- avere stessa denotazione, ma in aree geografiche diverse (*ciotola/scodella*).

✔ Una parola polisemica, con più significati, ha per ciascuno di essi sinonimi diversi.
Per esempio, nelle frasi «Ho comprato un *taglio* di stoffa» e «Anna si è fatta un brutto *taglio* con il vetro», la parola *taglio* avrà **sinonimi non sinonimi tra loro** (rispettivamente: *scampolo / ferita*).

3. Quando parole o locuzioni sono in rapporto di opposizione, si dicono **antonimi** (dal greco *antì* "contro" e *ónoma* "nome") o **contrari** o **opposti**. In italiano, il contrario di una parola può derivare dalla parola stessa con l'aggiunta di un *prefisso* negativo (cosiddetti "antonimi grammaticali": *tipico/atipico*; *felicità/infelicità; fortunato/sfortunato; simpatia/antipatia* ecc.). Più spesso però i contrari sono parole che si oppongono l'una all'altra solo per il significato, senza legami etimologici: *bello/brutto*; *abbondanza/penuria*; *salire/scendere* ecc. (cosiddetti "antonimi lessicali").

Anche l'opposizione può esprimersi con modalità differenti:

- sono tra loro **contradditori** gli opposti che contemporaneamente non possono essere entrambi veri (*indigente/benestante*), ma possono essere entrambi falsi (se si è indigenti non si è benestanti e viceversa, ma si può essere sia non-indigenti sia non-benestanti);
- sono **complementari** gli opposti bipolari, senza possibilità intermedie, del tipo *vero / falso*: per cui se non è vero uno, è per forza vero l'altro (se un'affermazione non è vera è per forza falsa);
- sono **inversi** i vocaboli i cui significati stanno tra loro in un rapporto simmetrico: molti inversi sono parole che designano una stessa cosa, o un fatto, da due punti di vista opposti, come *andare / venire*; *padre / figlio*; *entrata / uscita*; *destra / sinistra*; *sopra / sotto* ecc.
  Per esempio, data la frase *Paola compra un romanzo dal libraio*, se voglio trasformarla lungo l'asse dei protagonisti, narrandola dal punto di vista del libraio, devo utilizzare il verbo inverso: *Il libraio vende a Paola un romanzo.*
  Altri inversi possono essere: *scrivere / leggere*; *parlare / ascoltare*; *insegnare / imparare* ecc.;
- nella maggior parte dei casi, i contrari sono **graduati**, si collocano cioè simmetricamente alle estremità opposte lungo una serie i cui elementi hanno un tratto semantico, una proprietà in comune, ma appunto secondo gradi diversi. Per esempio: *esultante, entusiasta, contento, allegro, gioioso, lieto, gaio // mesto, malinconico, triste, rattristato, cupo, afflitto, tetro, scontento, desolato.*

✔ **Parole che si contraddicono**
Esistono parole che hanno tra i propri significati vocaboli tra loro opposti oppure sono usate con un significato opposto a quello etimologico (queste parole sono dette *enantiosemi*, dal greco *enantio + sema* "di significato contrario"). Per esempio:

- l'aggettivo *alto* può assumere in certi contesti il significato di *profondo* (che in genere è un suo contrario), come *alto mare, alti sentimenti.* Lo si spiega con il valore del participio latino (poi aggettivato) *altus*, che indicava in origine lo sviluppo in verticale, in entrambe le direzioni;
- il sostantivo *ospite* vale (come l'originale latino *hospes*) sia per chi ospita sia per chi è ospitato;
- l'aggettivo *pauroso* vale sia nel senso attivo (che incute paura: *un temporale pauroso*) sia passivo (che prova paura: *un bambino pauroso*);
- l'aggettivo *feriale*, significa "non festivo" in italiano, ma in latino voleva dire l'opposto, derivando dal sostantivo *feriae*, "giorni festivi", significato rimasto nel corrispondente italiano *ferie* (la ragione è storica: nel medioevo si indicavano con l'aggettivo *feriale* i giorni dedicati al culto di un santo, in contrapposizione alla domenica, giorno *festivo* dedicato al Signore; quindi in seguito *feriale* ha assunto il significato di "giorno lavorativo").

4. Quando nel significato generico di un termine sono potenzialmente compresi i significati di altri termini più specifici (per esempio, *animale* comprende *cane, gatto, cavallo, scoiattolo, pesce*) si parla di relazione di **inclusione**. Il termine sovraordinato, come *animale*, è detto **iperonimo** (dal greco *iper*-"sopra" + *ónoma* "nome"), il termine sottordinato, come *cane*, è detto **iponimo** (dal greco *ipo*-"sotto" + *ónoma* "nome"). Uno stesso termine può essere iponimo di una parola, ma iperonimo rispetto a un'altra. Così *cane* è un iponimo di *animale*, mentre è un iperonimo rispetto a *bassotto, dalmata, terranova* ecc. *Pesce* è un altro iponimo di *animale* e a sua volta è iperonimo di *trota, orata, sogliola* ecc.

   Dunque, il significato di un termine iperonimo è attribuibile correttamente a più parole: in sostanza, gli iponimi sono tipi dell'iperonimo (per esempio, *tavolo* è un tipo di *mobile*). Dal punto di vista dell'informazione, però, il significato dell'iponimo è più ricco, perché oltre a tutti i tratti di senso propri del termine sovraordinato ne possiede altri aggiuntivi che al primo non si possono attribuire (la parola *mobile* non include il significato "che ha quattro gambe").

   Un caso speciale di inclusione è la relazione che intercorre tra termini che indicano una parte (detti **meronimi**, dal greco *méros* "parte" + *ónoma* "nome") e termini che indicano il tutto (detti **olonimi**, dal greco *olòs* "intero"). Per esempio, *tronco, ramo, foglia ecc.* sono meronimi rispetto all'olonimo *albero.*

Nuovi significati

PARTE QUARTA

Con il tempo, i vocaboli possono subire slittamenti di senso (detti *risemantizzazioni*): cioè acquisiscono (per via analogica o figurata) un significato ulteriore, finché quest'ultimo prende piede e non viene più sentito come una forzatura o un'estensione (talvolta addirittura può diventare prevalente).

✔ Il verbo *orchestrare* significa propriamente "scrivere partiture per i vari strumenti dell'orchestra"; in tempi recenti ha guadagnato, per analogia, il senso di "organizzare e coordinare gli elementi di una attività complessa". Poiché consente un'applicazione più ampia rispetto al significato specialistico di partenza, questa accezione figurata risulta oggi prevalente su quella originaria.

Il fenomeno della produzione di nuovi significati viene definito nel suo complesso **semantica diacronica**: una parola accresce nel tempo le possibili accezioni. Per esempio, *frizione* ha aggiunto nel tempo, accanto al significato primario di "attrito, sfregamento", quello specialistico nel campo della meccanica, di "pedale che inserisce il meccanismo di accoppiamento/disaccoppiamento tra motore e ruote".

I nuovi significati vengono a definirsi tramite **restringimento** (per esempio, la parola *macchina* accosta al senso generico di "congegno per svolgere un lavoro", quello più ristretto di *automobile*) o **ampliamento** (per esempio, la parola *freccia* ha assunto significati aggiuntivi a quello iniziale di "asta con punta acuminata", tra cui quello di "ago indicatore"). Il procedimento è per lo più **figurato**:

- in forza della **similarità** dei significati (cioè per via di *metafora*, il procedimento retorico che sostituisce una parola con un'altra in rapporto di somiglianza). Per esempio, nella frase: «Tra i due amici ormai c'era un muro», la parola *muro*, con la mediazione del senso di "barriera, ostacolo", esprime il senso aggiuntivo di "divisione, separazione";

✔ Talvolta, il ricorso a un'espressione in un senso diverso da quello proprio è tanto efficace da diventare abituale e far dimenticare che si tratta di un uso figurato.
Si pensi all'uso di *collo* nel senso di "strettoia", *gamba* o *piede* per indicare una base, un elemento di sostegno (*gambe del tavolo, piedi del letto*). È un fenomeno noto come **catacresi** o *metafora lessicalizzata*, che spesso soccorre all'assenza di termini specifici (*letto* del fiume).

- in forza della **contiguità** dei significati (cioè per via di *metonimia,* il procedimento retorico per cui si sostituisce una parola con un'altra in rapporto di vicinanza). Per esempio, il termine *pantalone* ha cominciato a indicare l'indumento attraverso metonimia dal nome proprio *Pantalone*, maschera della commedia dell'arte veneziana che indossava caratteristici calzoni (contiguità tra indumento e chi lo indossa);

- in forza di un rapporto di **quantità** tra i significati (cioè per via di *sineddoche*, procedimento retorico che sostituisce una parola con altra di senso più ampio o più ristretto). Per esempio, si usa *tetto* nel senso di "casa".

Campo semantico e famiglia lessicale

Un **campo semantico** è un insieme di parole appartenenti a una medesima area di significato, organizzate e connesse intorno a una parola chiave, che di queste relazioni è la spiegazione. Per esempio, il campo semantico di *cavallo* comprende iperonimi (*equino*), iponimi (*destriero, ronzino*), meronimi (*criniera, zoccolo*), contigui (*galoppo, nitrito*). **Il campo semantico non implica una comune etimologia**.

Al contrario, la **famiglia lessicale** comprende solo parole che condividono la **stessa etimologia**, cioè la stessa radice o base lessicale. Le parole di una famiglia possono convergere, in tutto o in parte, sul significato; tuttavia, anche quando per evoluzione o risemantizzazione non apparisse più evidente la parentela tra le parole, non per questo cessa l'appartenenza alla comune famiglia di derivazione.

ESEMPIO: dall'aggettivo latino *laetus* deriva in italiano una famiglia lessicale che comprende *lieto, letizia, lietamente, allietare* ecc., ma anche … *letame*. Infatti in latino, *laetus* aveva come primo significato "fertile", da cui "fiorito, allegro". Il valore originario si è mantenuto solo nella parola latina *laetamen*, e lo stesso è accaduto per il corrispondente italiano.

11.2 | La formazione delle parole

L'italiano è una lingua neolatina, dunque larga parte del nostro lessico origina dal latino, attraverso vari fenomeni di mutazione sia fonetica sia morfologica (gli esempi sono infiniti: *padre <pater, albero <arbor, buono <bonus, avere <habere* ecc.). Il latino, a sua volta e soprattutto in epoca classica, aveva contatti molto stretti con il greco, dal quale prese in prestito e derivò numerosissimi vocaboli: per questo tante parole italiane hanno origine greca, sia mediata dal latino (*angelo* < latino *angelus* < greco *ággelos*, "annunciatore") sia diretta (*epatite*, neoformazione dal greco *épatos* "fegato").

Il lessico italiano è sempre cresciuto (e cresce) nel tempo: formando nuove parole da parole preesistenti (*neologismi*) o mutuandone da altre lingue. Questo incremento riguarda solo le parti del discorso che ammettono un numero illimitato di parole, dette per questa ragione *classi aperte* (nomi, verbi, aggettivi e alcuni tipi di avverbi). Le altre, invece, hanno parole definite e sono per questo dette *classi chiuse* (articoli, pronomi, preposizioni, congiunzioni).

Nuove parole si formano dall'interno per *derivazione* o per *composizione* o dall'esterno per *prestito*.

11.2.1 | Derivazione

I derivati si ottengono da una *parola base piena* tramite l'aggiunta di suffissi (base + suffisso: *fior-aio; verdeggiare*) o di prefissi (*ri-giocare, anti-furto il-logico*). Per i cosiddetti *suffissoidi* o *prefissoidi* vedi pagina 218.

Talvolta prefissazione e suffissazione intervengono contemporaneamente nella stessa parola, come nei cosiddetti verbi parasintetici (*de-stabil-izzare*). Oltre a prefissi e suffissi esistono anche i cosiddetti *infissi*, o *interfissi*, inseriti all'interno della parola (*salt-er-ello; frat-ic-ello; ris-ol-ino*).

Suffissazione

Uno degli effetti più interessanti e produttivi della suffissazione è il fatto che il processo non si svolge tutto all'interno della stessa categoria di parole, ma nella più parte dei casi determina il passaggio da una categoria all'altra: da verbo a sostantivo, da aggettivo a verbo, da sostantivo ad aggettivo ecc.

La tabella seguente schematizza le possibili derivazioni, indicando sia la categoria della base (colonna a sinistra), sia la categoria di arrivo del nuovo termine (ultima colonna a destra). Si ricorda che in molti casi è possibile ottenere ulteriori derivati da parole già suffissate: *alfabeto >alfabetizzare > alfabetizzatore*.

denominale (base = nome)	musica	>	musicista	*nome*
	fortuna	>	fortunato	*aggettivo*
	idea	>	ideare	*verbo*
	ginocchio	>	ginocchioni	*avverbiale*
deaggettivale (base = aggettivo)	cattivo	>	cattiveria	*nominale*
	aspro	>	asprigno	*aggettivale*
	largo	>	largheggiare	*verbale*
	veloce	>	velocemente	*avverbiale*
deverbale (base = verbo)	lavare	>	lavaggio	*nominale*
	girare	>	girevole	*aggettivale*
	parlare	>	parlottare	*verbale*
deavverbiale (base = avverbio)	indietro	>	indietreggiare	*verbale*

Anche se non è possibile dare conto qui di tutti i fenomeni fonetici, morfologici e semantici connessi alla formazione delle nuove parole, si ricorda però che si producono spesso delle variazioni formali nell'incontro tra base e suffisso (per esempio la caduta della vocale delle desinenza o del tema, come si vede in tabella). Esiste anche una sorta di *blocco delle suffissazioni*, per cui non qualsiasi suffisso può essere aggiunto a qualsiasi base (per esempio da *felice* posso ottenere *felicità* ma non *felicezza*).

PARTE QUARTA

L'**alterazione** è un tipo speciale di derivazione per suffisso (vedi pagina 181). Alcuni alterati, con un percorso più o meno complesso, si sono **lessicalizzati**, sono diventati cioè unità lessicali autonome, dotate di un significato distinto da quello del nome di partenza. Per esempio, *telefonino* è propriamente un diminutivo di *telefono* ma ormai si è specializzato nel senso di "cellulare"; *cavalletto*, pur essendo di per sé un diminutivo di *cavallo*, designa ormai comunemente l'elemento che sostiene una tela, una macchina fotografica o altro; l'accrescitivo *cavallone*, si è anche lessicalizzato nel senso di "onda marina alta e violenta"; *rosone* non si usa come accrescitivo di *rosa* bensì come termine architettonico, per una grande finestra circolare tipica delle chiese romaniche e gotiche.

Prefissazione

A differenza della suffissazione, questo tipo di derivazione non comporta cambi di categoria grammaticale: *fare/ri-fare; funzione/dis-funzione; naturale /sovran-naturale*. Fanno eccezione aggettivi derivati da nomi come: *multiuso, multicolore, multistrato; incolore, insapore, inodore; antinebbia, antidroga, antigelo.* Si distinguono prefissati **nominali** e **aggettivali** e prefissati **verbali**.

I prefissi si distinguono invece in: provenienti da preposizioni e avverbi (*post-, inter-, ante-, oltre-* ecc.), intensivi (*arci-, iper-, bis-* ecc.) e negativi (*in-, s-, dis-, de-, a-, non-*).

11.2.2 | Composizione

Nella composizione, tra le varie possibilità, è previsto l'incontro di due o più parole (*appendiabiti, portaombrelli* ecc.: vedi pagina 181). Quando i due membri del composto esistono e si usano in italiano anche da soli, si parla di "forme libere"; quando uno dei due membri del composto, perlopiù di origine greca o latina, è una forma che non gode di autonomia, si parla allora di **prefissoide** o di **suffissoide**. Si possono associare un prefissoide e un suffissoide tra loro (*cardio-logo*) o con una forma libera (*panino-teca*).

Diamo qui di seguito un elenco dei più ricorrenti prefissoidi e suffissoidi, con indicazione del significato e un esempio di composizione.

- **Prefissoidi dal latino**: *aero-*= relativo all'aria (*aerobico, aeroplano* ecc.); *agri-*= relativo alla terra (*agricolo*); *ambo-*= due su due (*ambivalente*); *ante-*= davanti, prima (*anteposto, anteguerra*); *bi-/bis-* = doppio (*bilobato, bisavolo*); *circo-*= intorno (*circoscrivere*); *cis-*= al di qua (*cisalpino*); *dece-*= dieci (*decennale*); *deci-*= decima parte (*decimare*); *equi-*= uguale (*equilatero*); *multi-*= molto (*multiverso*); *omni/onni* = tutto (*onnivoro, onnisciente*); *pluri-*= più (*plurale*); *post-*= dopo, dietro (*posteriore, postdatato*); *pre-*= prima (*preistoria, premessa*); *pro-*= a favore di, al posto di (*pronome, profano*);

quadri- = composto di quattro elementi o ripetuto quattro volte (*quadrilatero*); su-/su(b)-= sotto (*supporre, subatomico*); *vice-*= in luogo di (*vicepreside*); *trans-*= al di là (*transalpino, trasvolata*).

- **Prefissoidi dal greco**: *allo-*= diversità (*allomorfo*); *ana-*= movimento dal basso verso l'alto, anche figurato (*anagramma*); *andro-*= relativo all'uomo maschio (*androide*); *antropo-* = relativo all'essere umano (*antropocentrico*); *archeo-*= antico (*archeologia*); *aristo-*= migliore (*aristocrazia*); *auto-*= da sé, relativo a sé (*autocontrollo, autoscatto, automobile*); *bar-*= pesante (*baricentro, barometro*); *biblio-* = libro o relativo al libro (*biblioteca*); *bio-* = relativo alla vita (*biologia, biografia*); *brachi-* = breve, corto (*brachicefalo, brachilogia*); *bradi-*= lento (*bradipo, bradicardia*); *caco-*= brutto, cattivo (*cacofonia*); *calli-*= bello (*calligrafia*); *cata-*= movimento dall'alto verso il basso, anche figurato (*catastrofe, cataratta*); *cefalo-*= testa (*cefalopode*); *cine-*= relativo al movimento (*cinematica, cinematografo*, da cui *cinefilo*); *cino-*= cane (*cinofilo*); *chilo-*= moltiplicato mille (*chilometro*); *cosmo-* = relativo al mondo o all'universo (*cosmopolita, cosmologico*); *cromo-*= colore (*cromatico*); *crono-*= relativo al tempo (*cronometro*); *demo-* = popolo o del popolo (*demografia, democrazia*); *eco-* = ambiente (*ecosistema*) o relativo all'*ecologia* (*ecotassa*); *eco-* = ripetizione di un suono (*ecografia, ecografo* e altri termini tecnici, ma in questi casi *eco* sarà forma libera e non prefissoide; *elio-*= relativo al sole (*elioterapia*); *emi-* = metà (*emisfero, emiparesi*); *emo-*= sangue (*emoglobina, ematico*); *eno-*= vino (*enoteca*); *etero-*= diverso (*eterogeneo, eterodosso*); *etto-*= moltiplicato cento (*ettolitro*); *eu-*= bene (*eufonico*); *filo-*= che ha amore per (*filologia*), può essere anche suffissoide); *fono-* = relativo al suono (*fonetica*); *foto-*= relativo alla luce (*fotografia*); *geo-*= relativo alla terra (*geografia*); *glossa-*= lingua (*glossario*); *idro-* = relativo all'acqua (*idrorepellente*); *ipno-*= sonno (*ipnosi*); *iso-*= uguale (*isocromo, isomeria*); *macro-* = grande (*macrocosmo*); *mega-, megalo-* = grande (*megalomania*), ma *mega-*, nelle unità di misura assegna il valore di un milione (*megabyte, megahertz*); *micro-* = piccolo (*microfilm*); *miso-* = odio o che mostra odio (*misantropo*); *mnemo-*= memoria (*mnemonico*); *mono-* = uno solo, composto da uno o che ha uno (*monopolio*); *neo-*= nuovo (*neodiplomato*); *oligo-*= poco (*oligarchia*); *olo-*= intero (*olistico*); *omo-*= uguale (*omogeneo*); *oro-* = relativo alla montagna (*orografia*); *orto-* = corretto, giusto (*ortografia, ortodossia*); *pan-*= tutto (*panteismo*); *penta-* = cinque o composto di cinque elementi (*pentagramma*); *piro-* = fuoco (*piromane*); *pneuma-*= relativo all'aria e al respiro (*pneumatico*); *poli-* = molto o che ha molti elementi (*poliedro*); *pseudo-*= falso (*pseudonimo*); *psico-* = mente, anima, relativo alla psiche (*psicologia*); *tele-*= a distanza (*televisione, telepatia, telesoccorso, telematica, telefono* ecc.); *teo-*= relativo al divino (*teologia*); *topo-* = luogo (*topografia*); sim-/*sin-/sil-*= con, insieme (*simpatia, sinergia, sillogismo*); *zoo-*= relativo agli animali (*zoomorfo*).

- **Suffissoidi dal latino:** *-cida* = che uccide (*insetticida*); *-colo* = che cura, coltiva (*agricolo*); *-fero* = che porta o genera (*frigorifero, sonnifero*); *-ficio/fico* = che produce (*pastificio, benefico*); *-forme* = forma, che ha forma di (*multiforme, aghiforme*); *-fugo* = che mette in fuga, elimina o fugge (*centrifugo, ignifugo*); *-nauta* = relativo al navigare (*astronauta*); *-pede* = piede (*bipede*, pedestre); *voro* = che mangia, consuma (*carnivoro, idrovoro*).

- **Suffissoidi dal greco**: *-algia* = relativo al dolore (*nevralgia*); *-archia* = comando, governo (*triarchia*); *-crate* = che ha potere (*burocrate*); *-crazia* = potere (*burocrazia*); *-fago/fagia* = mangiare (*antropofagia*); *-filo/filia* = amore, simpatia, affinità (*anglofilia*); *-fobia* = paura, antipatia, ripugnanza (*aracnofobia*); *-fobo*: che ha terrore (*idrofobo*); *-fonia* = suono, voce, relativo al suono (*stereofonia*); *-genia /-geno* (e *-gene*) = generare (*allucinogeno*); *-grafia* = scrittura, relativo alla scrittura (*dattilografia*); *-logia* = studio sistematico, trattazione (*sociologia*); *-mania* = ossessione, passione incontenibile (*cleptomania*); *-morfo* = forma (*antropomorfo*); *neuro/nevro-*= nervi (*neurale, nevrotico*); *-patia* = sofferenza, sentimento (*simpatia*); *-teca*: raccolta, collezione (*enoteca*).

- **Suffissoidi e prefissoidi scientifici**: *cardio-* (gr.)= relativo al cuore (*cardiologia*); *-colo* (lat.) = che abita (*terricolo*); *emo-* (gr.)= relativo al sangue (*emoglobina*); *encefalo-*= cervello (*encefalite*); *-lisi* (gr.) = scissione, divisione (*elettrolisi*); *lito-* (gr.)= pietra (*litofita*); *gastro-*(gr.)= stomaco, ventre (*gastronomia*); *pato-* (gr.)= relativo alla malattia (*patologia*); *oro-* (lat.) = bocca (*orofaringe*); *ovi-* (lat.) = uovo (*ovidotto*); *roto-* (lat.) = ruota (*rotometro*); *-metria* (gr.) = misurazione (*planimetria*); *-scopia* (gr.) = osservazione (*radioscopia*); *termo-* (gr.)= relativo al calore (*termometro*).

Prestiti

Una lingua arricchisce il proprio lessico anche per la via dei *prestiti* o *forestierismi*. Si definiscono così le parole, locuzioni o costruzioni sintattiche di una lingua straniera che entrano a far parte di una lingua di arrivo. Nel lessico italiano contemporaneo si contano oltre 6.000 prestiti (di cui circa 4.500 nei linguaggi tecnico-specialistici). La "cattura" di termini da altre lingue può realizzarsi in tre modi:

- con **prelievi**, diretti e non adattati, in cui la parola o l'espressione straniera entra nel lessico così com'è, mantenendo anche la grafia originaria. I prelievi si verificano soprattutto allo scopo di nominare oggetti, concetti o azioni tipici di altre culture privi di corrispettivo italiano (*totem*, *siesta*, *dulce de leche*, *vodka*, *perestrojka* ecc.); talvolta vengono assunte intere espressioni idiomatiche per ragioni di brevità (*bed & breakfast*, *tête-à-tête*), o anche per la loro forza espressiva (*No pasarán*, *Yes, we can*);
- con **adattamenti**, quando la parola "presa in prestito" subisce delle modificazioni morfologiche e fonetiche che la adeguano alle caratteristiche della lingua di arrivo. In generale si tratta di prestiti più antichi, rispetto ai prelievi, che spesso non sono neppure più riconoscibili come forme straniere. Per esempio: *bistecca* dall'inglese *beefsteak*, *treno* dal francese *train*, *limone* dall'arabo *līmūn* ecc.;
- con **calchi semantici**, quando una parola italiana già esistente assume un nuovo significato in base alla corrispondente parola straniera. Per esempio, *stella* nell'accezione "artista di successo" (come nell'inglese *star*); *salvare* nell'accezione "memorizzare dati digitali" (come nell'inglese *to save*) ecc. sono calchi semantici
- con **calchi formali**, quando si modellano parole italiane per riprodurre composti o locuzioni di un'altra lingua. Sono esempi di calchi formali composti italiani come: *ferrovia*, ricalcato sul tedesco *Eisenbahn* (*Eisen* = ferro + *Bahn* = strada); *autogoverno* sull'inglese *self-government*; *fuorilegge* su *outlaw*; mentre *grattacielo* corrisponde a *skyscraper* (*to scrape* = grattare). Si noti come l'ordine degli elementi nella composizione possa risultare invertito rispetto all'originale, perché la lingua ricevente applica le proprie regole: in italiano, dunque, la sequenza è verbo + nome (*grattacielo*) e non viceversa. Anche in *pallacanestro* gli elementi sono invertiti rispetto al modello *basket-ball*: inizialmente si diceva "palla al canestro" e anche quando si è arrivati a una parola unica, si è mantenuto l'ordine determinato + determinante;
- con **calchi strutturali** (o anche *di traduzione*), che riproducono locuzioni o modi di dire. Per esempio: *non importa cosa* dal francese *n'emporte quoi* o, su modello inglese, *terra di nessuno* da *no man's land*, o anche: *chi fa che cosa* dal modulo *who does what?*

parte quinta

CONOSCENZE SCIENTIFICHE

Introduzione

Questa Parte del Manuale è dedicata alla sintesi dei principali argomenti relativi alle materie scientifiche normalmente studiate nelle scuole superiori. Di solito, infatti, gli argomenti delle domande sono individuati sulla base dei programmi scolastici che vengono recepiti nei programmi per i test di ammissione universitaria (nel caso in cui prevedano la verifica delle discipline scientifiche).

Quesiti di ambito scientifico sono previsti nel **TOLC-PSI** (in particolare su Matematica di base e Biologia), mentre non sono presenti nelle prove TOC-SU.

Negli ultimi anni– nei test di accesso ai corsi di laurea dell'area Psicologia di varie sedi universitarie (per esempio a Bari, a Firenze, a Genova, a Palermo, a Pisa, a Trento, a Trieste) e in alcuni test dell'area Educazione – sono stati somministrati quesiti relativi a conoscenze scientifiche (biologia, chimica, matematica, scienze della Terra, fisica). Per conoscere le esatte richieste dell'ateneo di interesse, si rimanda il lettore a consultare il **bando ufficiale** che generalmente contiene informazioni dettagliate relative alla presenza o meno nel test di quesiti relativi a queste discipline.

Per risolvere questi esercizi non sono richieste nozioni complesse o conoscenze disciplinari approfondite. I quesiti vertono principalmente su nozioni e concetti basilari, sulla capacità di operare deduzioni elementari, sulla conoscenza di personaggi, contenuti e progressi del pensiero scientifico moderno.

I capitoli seguenti riportano una sintesi dei principali argomenti di ciascuna delle discipline indicate, seguite da alcuni quesiti esemplificativi, risolti e commentati.

12 | Matematica

Mettiti alla prova

I **Quanto vale la decima parte di 10^{20}?**

A 1^{20}

B 10^2

C 10^{10}

D 10^{19}

E 20

II **Due equazioni si dicono equivalenti quando ammettono lo stesso insieme di soluzioni. In quale delle seguenti coppie le equazioni sono equivalenti?**

A $5x - 2 = 4x + 8$ e $x = 6$

B $|x| = 1$ e $x^2 = 1$

C $x = 1$ e $x = -1$

D $x = 3$ e $x(x - 3) = 0$

E $4 - 2x = 10$ e $x = 3$

III **L'uguaglianza:**

$$(\log_{\alpha} \alpha^2) \cdot (\log_{\alpha^2} \alpha) = 1$$

è sempre vera?

A Sì, sempre

B No, mai

C Sì, ma solo per α positivo

D Sì, ma solo per α negativo

E Sì, ma solo per α positivo e diverso da uno

IV **Sapendo che in un triangolo rettangolo un cateto è la metà dell'altro e che l'area del triangolo è pari a 64 m^2, determinare quale delle seguenti lunghezze approssima meglio la lunghezza dell'ipotenusa del triangolo.**

A 12 m

B 14 m

C 18 m

D 24 m

E 36 m

CONOSCENZE SCIENTIFICHE

Ecco le risposte esatte dei quattro quesiti proposti: **I D, II B, III E, IV C.**

12.1 | Insiemi, numeri e operazioni

12.1.1 | Insiemi

Un *insieme* può essere inteso come una *collezione di oggetti* (detti *membri* o *elementi* dell'insieme): il concetto di *insieme* e quello di *elemento di un insieme* sono **concetti primitivi**, ossia non definibili tramite concetti più semplici.

Un insieme A risulta definito quando esiste una "regola" specifica (o *univoca*) che permette di stabilire se un qualunque elemento x appartiene o meno all'insieme A.

Sono esempi di insiemi l'insieme delle vocali dell'alfabeto italiano o quello dei numeri relativi.

Simbologia

- $x \in$ A; x appartiene ad A
- $x \notin$ A; x non appartiene ad A
- A $\subseteq$ B; A è contenuto in B (A è **sottoinsieme** di B)
- A $\subset$ B; A è contenuto propriamente in B (A è **sottoinsieme proprio** di B)

Definizioni

Due insiemi A e B sono **uguali** quando contengono gli stessi elementi.

L'**insieme vuoto** (indicato con $\varnothing$) è un insieme privo di elementi.

Può capitare che la definizione di un insieme non sia completa, ossia che non consenta di identificare univocamente l'insieme. Occorre, in altre parole, indicare l'*ambiente* da cui trarre gli elementi dell'insieme.

L'**insieme ambiente** o **universo** (indicato con U) contiene la totalità dei possibili elementi.

PARTE QUINTA

Corrispondenze fra insiemi

Dati due insiemi A e B, se esiste un criterio che permette di associare elementi di A con elementi di B, si dice che i due insiemi sono legati da una *corrispondenza* (o *relazione*).

A = {1, 2, 3, 4, 5, …}; B = {0, 1}
Esempio di corrispondenza: associare a ogni numero dispari di A l'elemento "0" di B e a ogni numero pari di A l'elemento "1" di B.

Tra due insiemi A e B vi è una **corrispondenza univoca** (da A a B) quando a **ogni** elemento a di A corrisponde **uno e un solo** elemento b di B.

Per affermare che tra due insiemi A e B vi è una corrispondenza univoca, è necessario che sia definita una legge che permette di decidere, preso un qualunque elemento $a \in$ A, qual è **il** corrispondente elemento $b \in$ B.

La corrispondenza univoca fra gli elementi di A e quelli di B viene anche detta **funzione** o **applicazione** φ di A in B e viene indicata con φ: A $\rightarrow$ B.

Tra due insiemi vi è una **corrispondenza biunivoca** quando a **ogni** elemento di un insieme corrisponde **uno e un solo** elemento dell'altro insieme **e viceversa**.

Per affermare che tra due insiemi A e B vi è una corrispondenza biunivoca, è necessario che sia definita una legge che associa a ogni elemento $a \in$ A, uno e un solo elemento $b \in$ B, e viceversa a ogni $b \in$ B uno e un solo elemento $a \in$ A. La corrispondenza biunivoca fra gli elementi di A e quelli di B viene anche detta **trasformazione** tra A e B.

Operazioni con gli insiemi

L'insieme **intersezione** di A e B è l'insieme degli elementi appartenenti **contemporaneamente** ad A **e** a B:

$$A \cap B = \{x \mid x \in A \text{ e } x \in B\}$$

L'insieme **unione** di A e B è l'insieme degli elementi appartenenti ad A **oppure** a B:

$$A \cup B = \{x \mid x \in A \text{ oppure } x \in B\}$$

$A = \{0, 3, 8\}$, $B = \{0, 3, 22, 70\}$ → $A \cap B = \{0, 3\}$ e $A \cup B = \{0, 3, 8, 22, 70\}$

L'insieme **differenza** di A e B (considerati in questo ordine) è l'insieme degli elementi di A **non appartenenti** a B:

$$A - B = \{x \mid x \in A \text{ e } x \notin B\}$$

$A = \{0, 3, 8\}$; $B = \{0, 3, 22, 70\}$ → $A - B = \{8\}$

L'insieme **complementare** di A è l'insieme di tutti gli elementi dell'ambiente U **non appartenenti** ad A:

$$\bar{A} = \{x \mid x \in U \text{ e } x \notin A\}$$

$A = \{0, 3, 8\}$; $U = \{0, 3, 8, 22, 70\}$ → $\bar{A} = \{22, 70\}$

Il **prodotto cartesiano** di un insieme A per un insieme B (considerati in questo ordine) è l'insieme, indicato con $A \times B$, di tutte le coppie ordinate (a, b) in cui $a \in A$ e $b \in B$:

$$A \times B = \{(a, b) \mid a \in A \text{ e } b \in B\}$$

Essendo la coppia (a, b) una coppia **ordinata**, in generale si ha $(a, b) \neq (b, a)$ e quindi:

$$A \times B \neq B \times A$$

ossia l'operazione di prodotto cartesiano è (in generale) non commutativa.

Se $A = \{a, b, c\}$ e $B = \{x, y\}$ allora $A \times B$ è l'insieme costituito dalle seguenti 6 coppie ordinate:

$$A \times B = \{(a, x), (a, y), (b, x), (b, y), (c, x), (c, y)\}$$

Nel caso in cui sia $A = B$ allora risulta $A \times A = A^2 = \{(a, b) \mid a, b \in A\}$.

Se $A = \{a, b\}$ allora $A \times A = A^2$ è l'insieme costituito dalle seguenti coppie ordinate:

$$A \times A = A^2 = \{(a, a), (a, b), (b, a), (b, b)\}$$

Uno dei primi obiettivi da perseguire è quello di essere in grado di *classificare* i numeri, ossia conoscere i differenti *insiemi numerici* (insieme dei naturali, insieme degli interi relativi, insieme dei razionali, ...). Partendo dai numeri naturali, con successivi ampliamenti delle **classi numeriche**, si arriva fino ai numeri reali. Nella seguente rappresentazione insiemistica appare evidente che ciascuna classe è un ampliamento di quella che la precede.

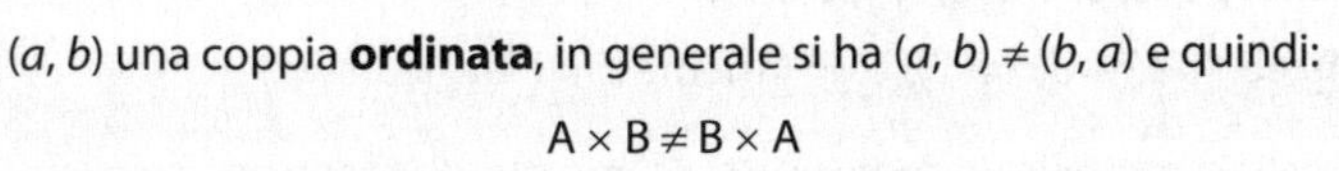

12.1.2 | Numeri naturali

I numeri naturali costituiscono un insieme infinito, generalmente indicato con il simbolo $\mathbb{N}$:

$$\mathbb{N} = \{1, 2, 3, \ldots, n, \ldots\}$$

I numeri naturali devono il loro nome al fatto che traducono l'azione *naturale* del contare.

Operazioni fondamentali e loro proprietà

Il corretto **ordine di priorità decrescente** è il seguente:

1: parentesi 2: potenze e radici 3: moltiplicazioni e divisioni 4: addizioni e sottrazioni

$3 + 4 \cdot (3 + 2)^2 = 3 + 4 \cdot (5)^2 = 3 + 4 \cdot 25 = 3 + 100 = 103$

La tabella seguente riporta le principali proprietà delle quattro operazioni fondamentali.

Operazione	Proprietà
Addizione	commutativa → $a+b=b+a$ associativa → $(a+b)+c=a+(b+c)=a+b+c$
Sottrazione	invariantiva → $a-b=(a\pm c)-(b\pm c)$
Moltiplicazione	commutativa → $a\cdot b=b\cdot a$ associativa → $(a\cdot b)\cdot c=a\cdot(b\cdot c)=a\cdot b\cdot c$ distributiva rispetto alla somma → $a\cdot(b+c)=a\cdot b+a\cdot c$
Divisione	invariantiva → $a:b=(a:c):(b:c)=(a\cdot c):(b\cdot c)$ distributiva rispetto alla somma → $(a+b):c=a:c+b:c$

Criteri di divisibilità e numeri primi

Esistono alcuni *criteri di divisibilità* che consentono di stabilire rapidamente se un qualsiasi numero intero *n* sia divisibile (o meno) per 2, 3, 4, 5, 6, 7, 8, 9 e 11.

***n* è divisibile:**	
per 2	se è divisibile per 2 l'ultima sua cifra
per 3	se è divisibile per 3 la somma delle sue cifre
per 4	se è divisibile per 4 il numero formato dalle ultime due cifre
per 5	se l'ultima sua cifra è 0 oppure 5
per 6	se è divisibile per 2 e per 3
per 7	se è divisibile per 7 la differenza tra il numero ottenuto escludendo la cifra delle unità e il doppio della cifra delle unità
per 8	se è divisibile per 8 il numero formato dalle ultime tre cifre
per 9	se è divisibile per 9 la somma delle sue cifre
per 11	se è divisibile per 11 la differenza fra la somma delle cifre di posto pari e la somma delle cifre di posto dispari

Qualsiasi numero naturale è **sempre** divisibile (senza resto) per sé stesso e per l'unità.

Si consideri, per esempio, il numero naturale 12: si ha che $12 \div 12 = 1$ e che $12 \div 1 = 12$.

Alcuni numeri naturali ammettono anche altri divisori (oltre a sé stessi e all'unità).

Si consideri ancora il numero naturale 12: i suoi divisori sono: 1, 2, 3, 4, 6 e 12.

✔ Si dicono **primi** i numeri naturali maggiori di 1 che ammettono come divisori **solo** sé stessi e l'unità.

I primi dieci numeri primi sono: 2, 3, 5, 7, 11, 13, 17, 19, 23, 29.

Scomposizione in fattori primi

La scomposizione in fattori primi di un numero naturale maggiore di 1 è la rappresentazione del numero stesso come **prodotto dei suoi fattori primi** (ossia come prodotto dei suoi divisori che siano anche numeri primi): indipendentemente dal procedimento utilizzato per il calcolo, la scomposizione in fattori primi è **unica**.

La scomposizione in fattori primi di 126 è: $126 = 2 \cdot 3 \cdot 3 \cdot 7 = 2 \cdot 3^2 \cdot 7$

Per scomporre un numero in fattori primi si utilizza il metodo delle *divisioni successive*: si procede per tentativi cercando un numero primo (partendo dai valori più piccoli: 2, 3, 5, ...) che sia divisore del numero dato finché si trova il primo fattore. A questo punto si riapplica il procedimento al quoziente ottenuto e così via fino a quando si trova come quoziente 1.

$$\begin{array}{r|l} \mathbf{126} & \mathbf{2} \\ \mathbf{63} & \end{array} \rightarrow \begin{array}{r|l} 126 & 2 \\ \mathbf{63} & \mathbf{3} \\ \mathbf{21} & \end{array} \rightarrow \begin{array}{r|l} 126 & 2 \\ 63 & 3 \\ \mathbf{21} & \mathbf{3} \\ \mathbf{7} & \end{array} \rightarrow \begin{array}{r|l} 126 & 2 \\ 63 & 3 \\ 21 & 3 \\ \mathbf{7} & \mathbf{7} \\ \mathbf{1} & \end{array} \rightarrow 126 = 2 \cdot 3 \cdot 3 \cdot 7 = 2 \cdot 3^2 \cdot 7$$

Massimo Comune Divisore e minimo comune multiplo

Il **Massimo Comune Divisore** (M.C.D.) di due o più interi è il maggiore fra gli interi che dividono (senza resto) tutti i numeri dati. Il **minimo comune multiplo** (m.c.m.) di due o più interi è il minore fra gli interi multipli di tutti i numeri dati.

Per determinare il **M.C.D.** di due o più numeri, li si scompone in fattori primi e si calcola il prodotto dei **fattori primi comuni**, ciascuno preso una volta sola con il **minimo esponente** con cui figura.

Per determinare il **m.c.m.** di due o più numeri, li si scompone in fattori primi e si calcola il prodotto dei **fattori primi comuni e non comuni**, ciascuno preso una volta sola con il **massimo esponente** con cui figura.

M.C.D.(24, 144, 60) = 12 e m.c.m.(24, 144, 60) = 720 infatti:

$$\left.\begin{array}{l} 24 = 2^3 \cdot 3 \\ 144 = 2^4 \cdot 3^2 \\ 60 = 2^2 \cdot 3 \cdot 5 \end{array}\right\} \begin{array}{l} \text{M.C.D.}(24, 144, 60) = 2^2 \cdot 3 = 4 \cdot 3 = 12 \\ \text{m.c.m.}(24, 144, 60) = 2^4 \cdot 3^2 \cdot 5 = 16 \cdot 9 \cdot 5 = 720 \end{array}$$

12.1.3 | Numeri interi relativi

Nell'insieme dei numeri naturali non sempre è possibile effettuare l'operazione di sottrazione fra due numeri.

L'operazione 4 – 7 non può essere effettuata nell'insieme dei numeri naturali.

Per rendere possibile la sottrazione anche nei casi in cui il minuendo è minore del sottraendo si introducono i numeri *interi negativi* (mentre i numeri naturali considerati sinora prendono il nome di numeri *interi positivi*) e lo zero.

Gli infiniti numeri interi positivi (ossia i numeri naturali), lo zero e gli infiniti numeri interi negativi costituiscono l'insieme dei numeri interi relativi.

I numeri relativi costituiscono quindi un insieme infinito, indicato con il simbolo $\mathbb{Z}$:

$$\mathbb{Z} = \{..., -n, ..., -3, -2, -1, 0, +1, +2, +3, ..., +n, ...\}$$

L'introduzione dello zero rende necessaria la seguente osservazione.

Negli interi, come in ogni altro insieme numerico, **non si può dividere per zero.**
L'operazione $a \div 0$ è priva di significato.

Viceversa, l'operazione $0 \div a$ ha sempre significato per ogni $a \neq 0$ e si ha: $0 \div a = 0$.

Per il prodotto vale inoltre la notevole **legge dell'annullamento del prodotto:**

Il prodotto tra due numeri si annulla se e solo se almeno uno dei due numeri è uguale a zero.

Valore assoluto di un numero relativo

Il *valore assoluto* (o *modulo*) di un numero relativo a (indicato con $|a|$) è **il numero stesso privato del segno.**

$$|a| = \begin{cases} a & \text{se } a \geq 0 \\ -a & \text{se } a < 0 \end{cases}$$

Il numero $-a$ non è necessariamente negativo: se $a = -3 \rightarrow -a = -(-3) = +3 > 0$.

$|-3| = 3$; $|+7| = 7$

Due numeri relativi aventi lo **stesso valore assoluto e segni contrari** si dicono **opposti** (o anche simmetrici o contrari). Due numeri relativi **aventi lo stesso segno** si dicono **concordi.** Due numeri relativi **aventi segno diverso** si dicono **discordi.**

Ogni numero positivo è maggiore di ogni numero negativo. Fra due numeri positivi è maggiore quello che ha il valore assoluto maggiore, mentre **fra due numeri negativi è maggiore quello che ha il valore assoluto minore.** Inoltre lo zero è minore di ogni numero positivo e maggiore di ogni numero negativo.

Moltiplicazione e divisione fra numeri relativi

Si esegue la moltiplicazione (o la divisione) fra i valori assoluti e si tiene il segno positivo se i due numeri sono concordi, negativo se sono discordi.

$(-2) \cdot (-3) = +6$ $\quad (-4) \cdot (+2) = -8$ $\quad (+6) \div (-3) = -2$ $\quad (-12) \div (-4) = +3$

Per meglio memorizzare le regole sul segno di un prodotto o di un quoziente fra numeri relativi, può essere utile la seguente tabella:

Segno degli operandi		Segno del risultato
+	+	+
+	−	−
−	+	−
−	−	+

12.1.4 | Numeri razionali

Nell'insieme dei numeri interi relativi non sempre è possibile effettuare l'operazione di quoziente fra due numeri.

L'operazione $3 \div 8$ non ha soluzione nell'insieme dei numeri interi.

Per rendere possibile il quoziente anche nei casi in cui il dividendo non sia multiplo del divisore si introducono i numeri *razionali*.

Tutte le possibili frazioni (rapporti fra numeri interi relativi) costituiscono l'insieme dei numeri razionali.

I numeri razionali costituiscono quindi un insieme infinito, indicato con il simbolo $\mathbb{Q}$:

$$\mathbb{Q} = \{a/b \mid a, b \in \mathbb{Z} \text{ e } b \neq 0\}$$

La frazione $\frac{3}{8}$ è il rapporto fra l'intero 3 (il *numeratore*) e l'intero 8 (il *denominatore*).

È utile osservare che tutti gli interi possono essere pensati come frazioni con denominatore unitario, per cui si ricava la seguente catena di inclusioni fra insiemi numerici:

$$\mathbb{N} \subset \mathbb{Z} \subset \mathbb{Q}$$

Proprietà invariantiva e frazioni equivalenti

La proprietà invariantiva, valida per l'insieme $\mathbb{N}$ dei naturali, vale anche per l'insieme $\mathbb{Q}$ dei razionali.

✔ **Moltiplicando o dividendo i due termini di una frazione per uno stesso numero** (purché diverso da zero) **si ottiene una frazione equivalente a quella data.**

Da un altro punto di vista, è possibile affermare che il valore di un numero non varia se questo viene moltiplicato per 1. In una frazione, moltiplicare sia il numeratore sia il denominatore per lo stesso numero equivale a moltiplicare la frazione per 1: la frazione non cambia. Lo stesso accade anche se, anziché moltiplicare, si dividono per lo stesso numero sia il numeratore sia il denominatore.

$$\frac{1}{2} = \frac{1}{2} \cdot 1 = \frac{1}{2} \cdot \frac{3}{3} = \frac{1 \cdot 3}{2 \cdot 3} = \frac{3}{6}; \ \frac{5}{15} = \frac{5}{15} \div 1 = \frac{5}{15} \div \frac{5}{5} = \frac{5 \div 5}{15 \div 5} = \frac{1}{3}$$

Una frazione viene detta **irriducibile** o **ridotta ai minimi termini** quando i suoi termini sono *primi fra loro* (ossia quando il loro M.C.D. vale 1). Per ridurre una frazione ai minimi termini si dividono il numeratore e il denominatore per il loro M.C.D. Questa operazione prende anche il nome di "semplificazione".

$$\frac{24}{60} \xrightarrow{\text{essendo M.C.D.}(24,\,60)\,=\,12} \frac{24 \div 12}{60 \div 12} = \frac{2}{5}$$

Operazioni tra frazioni

Addizione e sottrazione tra frazioni: per sommare (o sottrarre) fra loro due o più frazioni occorre che esse abbiano lo stesso denominatore.

Per ridurre più frazioni al *minimo comune denominatore* si riducono le frazioni ai minimi termini (se non lo sono già), si cerca il m.c.m. dei denominatori e si trasforma ciascuna frazione nella frazione equivalente che abbia il m.c.m. trovato come denominatore.

Una volta ridotte le frazioni al minimo comune denominatore, si considera come somma (o differenza) delle frazioni date una nuova frazione avente per numeratore la somma (o la differenza) fra i numeratori e per denominatore il minimo comune denominatore trovato.

$$\frac{3}{4} + \frac{5}{6} - \frac{7}{8} \xrightarrow{\text{essendo m.c.m.}(4,\,6,\,8)\,=\,24} \frac{18}{24} + \frac{20}{24} - \frac{21}{24} = \frac{18 + 20 - 21}{24} = \frac{17}{24}$$

$$\frac{1}{2} - \frac{4}{6} + \frac{12}{15} = \frac{1}{2} - \frac{2}{3} + \frac{4}{5} \xrightarrow{\text{essendo m.c.m.}(2,\,3,\,5)\,=\,30} \frac{15}{30} - \frac{20}{30} + \frac{24}{30} = \frac{15 - 20 + 24}{30} = \frac{19}{30}$$

Moltiplicazione tra frazioni: il prodotto fra due o più frazioni è la frazione avente per numeratore il prodotto dei numeratori e per denominatore il prodotto dei denominatori.

$$\frac{3}{4} \cdot \frac{5}{6} \cdot \frac{7}{8} = \frac{3 \cdot 5 \cdot 7}{4 \cdot 6 \cdot 8} = \frac{5 \cdot 7}{4 \cdot 2 \cdot 8} = \frac{35}{64}$$

Per quando riguarda il segno di un prodotto tra due frazioni, vale ancora la regola che il prodotto è positivo se le due frazioni sono concordi, negativo se sono discordi.

Inoltre, in un prodotto tra frazioni è possibile effettuare la semplificazione prima di svolgere il prodotto, dividendo il numeratore di una delle due frazioni e il denominatore dell'altra per il loro M.C.D.

$$\frac{3}{4} \cdot \frac{5}{6} = \frac{{}^{1}\cancel{3}}{4} \cdot \frac{5}{\cancel{6}_{2}} = \frac{1}{4} \cdot \frac{5}{2} = \frac{5}{8} \qquad \frac{7}{5} \cdot \frac{15}{4} = \frac{7}{{}_{1}\cancel{5}} \cdot \frac{\cancel{15}^{3}}{4} = \frac{7}{1} \cdot \frac{3}{4} = \frac{21}{4}$$

Divisione tra frazioni: per dividere fra loro due frazioni si moltiplica la prima per la reciproca (ossia la frazione ottenuta scambiando fra loro numeratore e denominatore) della seconda.

$\frac{3}{4} \div \frac{5}{6} = \frac{3}{4} \cdot \frac{6}{5} = \frac{18}{20} = \frac{9}{10}$ $\qquad \frac{4}{7} \div 2 = \frac{4}{7} \cdot \frac{1}{2} = \frac{4}{14} = \frac{2}{7}$

Confronto tra frazioni: per confrontare fra loro due o più frazioni occorre che esse abbiano lo stesso denominatore. Una volta ridotte le frazioni al minimo comune denominatore, si confrontano fra loro i numeratori.

Per confrontare fra loro le tre frazioni $\frac{3}{4}$, $\frac{5}{6}$ e $\frac{7}{8}$, le si riduce allo stesso denominatore, ottenendo $\frac{18}{24}$, $\frac{20}{24}$ e $\frac{21}{24}$. Essendo $18 < 20 < 21$, si ottiene: $\frac{18}{24} < \frac{20}{24} < \frac{21}{24} \rightarrow \frac{3}{4} < \frac{5}{6} < \frac{7}{8}$.

Se le frazioni da confrontare sono soltanto due (per esempio a/b e c/d) esiste un metodo più rapido: si confrontano i due prodotti $a \cdot d$ e $b \cdot c$ e si utilizza la regola seguente.

La frazione più grande è quella il cui numeratore compare nel prodotto maggiore.

Per confrontare fra loro le due frazioni $\frac{4}{5}$ e $\frac{3}{4}$, si calcolano i due prodotti $4 \cdot 4 = 16$ e $5 \cdot 3 = 15$.

Essendo $16 > 15$, il numeratore che compare nel prodotto maggiore è 4, per cui la frazione maggiore è $\frac{4}{5}$, ossia $\frac{4}{5} > \frac{3}{4}$.

Numeri decimali e frazioni generatrici

Ogni numero razionale (ossia ogni frazione) può anche essere rappresentato in forma di **numero decimale**: è sufficiente **dividere il numeratore per il denominatore** utilizzando la nota regola di divisione fra interi.

$\frac{2}{5} = 2 \div 5 = 0{,}4$

Trattandosi di una divisione fra interi, possono presentarsi due casi:

1. a un certo punto della divisione si trova un resto nullo: il quoziente risulta quindi formato da una parte intera (eventualmente nulla) seguito dalla virgola e da un numero finito di cifre (eventualmente nessuna). Si è ottenuto un *numero decimale limitato*;

   $\frac{8}{5} = 8 \div 5 = 1{,}6$

2. per quanto si prosegua nell'operazione di divisione, non si trova mai un resto nullo: il quoziente risulta allora formato da una parte intera (eventualmente nulla) seguita dalla virgola e da un numero infinito di cifre. Si è ottenuto un *numero decimale illimitato*. I resti sono numeri interi minori del divisore, quindi, proseguendo nell'operazione di divisione, si deve ripresentare un resto già ottenuto in precedenza: da questo punto in poi, tutti i resti che seguono si ripetono sempre nello stesso ordine e così pure le cifre del quoziente. Il gruppo di cifre decimali che si ripetono nel quoziente viene detto *periodo* (mentre il gruppo delle eventuali cifre fra la virgola e la prima ricorrenza del periodo viene detto *antiperiodo*) e il numero decimale è *illimitato periodico*.

   $\frac{10}{3} = 3{,}333... = 3{,}(3) = 3{,}\bar{3}$: il periodo è 3.

   $\frac{4}{15} = 0{,}2666... = 0{,}2(6) = 0{,}2\bar{6}$: l'antiperiodo è 2 mentre il periodo è 6.

PARTE QUINTA

È vero anche il viceversa: dato un numero decimale (limitato o illimitato periodico) è possibile trovare la frazione corrispondente, che prende il nome di *frazione generatrice*.

Di nuovo si presentano due casi.

1. Se il numero decimale è limitato, si forma la frazione moltiplicando e dividendo il numero decimale per il numero costituito dalla cifra 1 seguita da tanti zeri quante sono le cifre decimali del numero dato: la frazione ottenuta potrà poi essere ridotta ai minimi termini.

$$0{,}06 = \frac{0{,}06 \cdot 100}{100} = \frac{6}{100} = \frac{3}{50}$$

2. Se il numero decimale è illimitato periodico, si forma la frazione avente per numeratore la differenza fra il numero costituito dalla parte intera seguita dall'antiperiodo e dal periodo preso una sola volta e il numero composto dalla parte intera e dall'eventuale antiperiodo e, per denominatore, un numero composto da tanti 9 quante sono le cifre del periodo seguito da tante cifre 0 quante sono quelle dell'eventuale antiperiodo.

$0{,}(13) = \frac{13-0}{99} = \frac{13}{99}$: in questo caso non c'è antiperiodo.

$2{,}18(4) = \frac{2184-218}{900} = \frac{1966}{900} = \frac{983}{450}$: in questo caso l'antiperiodo è 18.

12.1.5 | Percentuali

Le percentuali sono in sostanza delle frazioni: **per cento** è un sinonimo di **centesimi**, nel senso che 25% significa 25 centesimi. Una percentuale è pertanto una frazione con denominatore pari a 100. È possibile esprimere le percentuali sia come frazioni sia come numeri decimali.

$$25\% = \frac{25}{100} = \frac{1}{4} = 0{,}25$$

Per convertire un numero (intero, decimale o frazionario) in percentuale lo si moltiplica per 100% (ossia si moltiplica per 100 e si affianca il simbolo di percentuale).

Convertire 0,67 in percentuale: $0{,}67 \cdot 100\% = 67\%$, da cui $0{,}67 = 67\%$.

La maggior parte dei problemi con le percentuali è riconducibile all'espressione:

il tasso T percentuale di B è A → il 10% di 60 è 6

Generalmente sono date due variabili ed è richiesto di calcolare la terza. Le formule da utilizzare in questo caso sono:

$$A = T \cdot B; \quad B = \frac{A}{T}; \quad T = \frac{A}{B} \qquad [1]$$

Per trovare il 15% di 50 si applica la prima delle [1] e si ottiene:

$$A = 0{,}15 \cdot 50 = 7{,}5$$

Per calcolare il numero B di cui 5 è il 10% si applica la seconda delle [1] e si ottiene:

$$B = \frac{5}{10\%} = \frac{5 \cdot 100}{10} = 50$$

CONOSCENZE SCIENTIFICHE

12.1.6 | Potenze di un numero razionale

La *potenza* di un numero razionale *a*, detto *base*, con *esponente* intero *n* è il prodotto di *n* fattori tutti uguali ad *a*:

$$a^n = \underbrace{a \cdot a \cdot \ldots \cdot a}_{n \text{ volte}} \quad \text{con} \begin{cases} a \in \mathbb{Q} \\ n \in \mathbb{N} \end{cases}$$

$$3^4 = \underbrace{3 \cdot 3 \cdot 3 \cdot 3}_{4 \text{ volte}} = 81\,; \quad (-5)^3 = \underbrace{(-5) \cdot (-5) \cdot (-5)}_{3 \text{ volte}} = -125$$

Poiché la potenza di un numero è sempre riconducibile a una operazione di moltiplicazione, è possibile enunciare la seguente regola che permette di stabilire il segno di una potenza.

Se la base è positiva, il valore della potenza è sempre positivo.
Se la base è negativa, il valore della potenza è positivo se l'esponente è pari, negativo se l'esponente è dispari.

$$(+5)^3 = +125\,; \quad (-2)^4 = +16\,; \quad (-3)^3 = -27$$

Proprietà delle potenze

Le seguenti proprietà sono conseguenze della definizione di potenza.

Il valore di una potenza con esponente unitario è sempre uguale alla base:

$$a^1 = a$$

Il valore di una potenza con base nulla è sempre nullo qualunque sia l'esponente (purché diverso da zero):

$$0^n = 0 \quad \text{con } n \neq 0$$

Il valore di una potenza con base unitaria è sempre unitario qualunque sia l'esponente:

$$1^n = 1$$

Potenze e operazioni fondamentali

Il prodotto di due o più potenze aventi la stessa base è una potenza avente per base la stessa base e per esponente la somma degli esponenti:

$$a^m \cdot a^n = a^{(m+n)}$$

Il quoziente di due potenze aventi la stessa base è una potenza avente per base la stessa base e per esponente la differenza degli esponenti.

$$\frac{a^m}{a^n} = a^{(m-n)}$$

$$(-2)^3 \cdot (-2)^4 = [(-2) \cdot (-2) \cdot (-2)] \cdot [(-2) \cdot (-2) \cdot (-2) \cdot (-2)]$$
$$= (-2) \cdot (-2) \cdot (-2) \cdot (-2) \cdot (-2) \cdot (-2) \cdot (-2) = (-2)^7 = (-2)^{3+4} = -128$$

$$\frac{(-3)^5}{(-3)^3} = \frac{(-3) \cdot (-3) \cdot (-3) \cdot (-3) \cdot (-3)}{(-3) \cdot (-3) \cdot (-3)} = (-3) \cdot (-3) = (-3)^2 = (-3)^{5-3} = +9$$

Siamo ora in grado di rispondere al primo quesito proposto all'inizio del capitolo.

Quesito I. La decima parte di un numero si ottiene dividendo per dieci il numero dato. Nel caso in esame si ha: $10^{20} \div 10 = 10^{20-1} = 10^{19}$. La risposta corretta è dunque la **D**.

PARTE QUINTA

In base alla precedente proprietà sul quoziente di due potenze risulta possibile dare un valore a due simboli (a^0 e a^{-n}) finora privi di significato come potenze.

La potenza con esponente nullo di una base qualsiasi (purché diversa da zero) **è sempre uguale all'unità.**

$$a^0 = 1 \quad \text{con } a \neq 0$$

Infatti, indicando con n un numero intero positivo qualsiasi, si ha:

$$a^0 = a^{n-n} = \frac{a^n}{a^n} = 1$$

La proprietà sul quoziente di due potenze consente anche di dare significato alle potenze con esponente negativo.

La potenza con esponente negativo è uguale al reciproco della stessa potenza, ma con esponente opposto.

$$a^{-n} = \frac{1}{a^n}$$

Infatti, indicando con n un numero intero positivo qualsiasi, si ha: $a^{-n} = a^{0-n} = \frac{a^0}{a^n} = \frac{1}{a^n}$.

$5^{-2} = \frac{1}{5^2} = \frac{1}{25}$ $\quad \left(-\frac{2}{3}\right)^{-3} = \left(-\frac{3}{2}\right)^3 = -\frac{27}{8}$

Proprietà distributive delle potenze

Per le potenze vale la proprietà distributiva sia rispetto alla moltiplicazione sia rispetto alla divisione.

La potenza del prodotto di più fattori è uguale al prodotto delle potenze di ciascun fattore.

$$(a \cdot b \cdot c \cdot \ldots)^n = a^n \cdot b^n \cdot c^n \cdot \ldots$$

La potenza di un quoziente di due numeri è uguale al quoziente delle potenze di ciascuno dei due numeri dati.

$$\left(\frac{a}{b}\right)^n = \frac{a^n}{b^n} \quad \text{con } b \neq 0$$

- $(2 \cdot 3 \cdot 4)^2 = 2^2 \cdot 3^2 \cdot 4^2$
- $\left(\frac{3}{4}\right)^2 = \frac{3^2}{4^2}$

Una conseguenza della proprietà distributiva rispetto al prodotto è la seguente.

La potenza di una potenza di una base qualsiasi è una potenza avente per base la stessa base e per esponente il prodotto degli esponenti.

$$(a^m)^n = a^{m \cdot n}$$

$(3^2)^3 = 3^{2 \cdot 3} = 3^6$

12.2 | Algebra classica: monomi e polinomi

12.2.1 | Monomi

Si dice **monomio** qualunque espressione algebrica numerica o letterale in cui *non* figurano addizioni o sottrazioni.

Le espressioni $2ab$; $\frac{1}{2}xy^2$; $\left(-\frac{1}{3}\right) \cdot \frac{a^2}{b}$ rappresentano tre monomi.

I numeri 2, $\frac{1}{2}$ e $-\frac{1}{3}$ e le espressioni letterali ab, xy^2 e $\frac{a^2}{b}$ prendono rispettivamente il nome di coefficienti numerici e di parti letterali dei corrispondenti monomi.

CONOSCENZE SCIENTIFICHE

Grado di un monomio intero

Un monomio in cui le lettere non figurano a denominatore viene detto **monomio intero.**

Grado complessivo: è la somma degli esponenti delle lettere del monomio.
Grado relativo a una lettera: è l'esponente con cui tale lettera compare.

x^2y è un monomio di terzo grado (secondo grado rispetto a x e primo grado rispetto a y).

Monomi simili e somma tra monomi

Due o più monomi sono **simili se hanno la stessa parte letterale.**

La somma algebrica di più monomi è un monomio soltanto se i monomi sono simili tra loro.

La somma algebrica di due o più monomi simili **è un monomio simile agli addendi e avente per coefficiente la somma algebrica dei coefficienti.**

$15abc^3$ e $24abc^3$ sono monomi simili e la loro somma vale $39abc^3$.
$12ab^4c^2$ e $4ab^3$ non sono monomi simili e la loro somma non è un monomio.

Prodotto tra monomi e potenza intera di un monomio

Il prodotto di due o più monomi è un monomio avente per coefficiente il prodotto dei coefficienti e per parte letterale il prodotto delle parti letterali.

Ogni fattore letterale compare, quindi, nel prodotto con un esponente uguale alla somma degli esponenti con i quali compare nei singoli monomi.

$(12x^3yz^2) \cdot (4xy^2) = 48x^4y^3z^2$

Dalla regola del prodotto si ha quella della potenza (con esponente intero positivo) di un monomio.

Per elevare alla potenza *n*-esima un monomio si elevano alla potenza *n*-esima sia il coefficiente sia ciascun fattore della parte letterale.

$(3x^2yz^3)^3 = 27x^6y^3z^9$

Quoziente tra monomi

Un monomio si dice divisibile per un altro monomio (purché diverso da zero) **se esiste un terzo monomio che moltiplicato per il secondo dia come risultato il primo.**

Il terzo monomio prende il nome di *quoziente* tra il primo monomio, detto *dividendo*, e il secondo, detto *divisore*. Indicando i tre monomi rispettivamente con le lettere Q, A e B, è possibile quindi scrivere:

$$A \div B = Q \leftrightarrow A = B \cdot Q$$

Dal momento che il grado del monomio A è uguale alla somma dei gradi dei monomi B e Q (osservazione che discende da quanto detto riguardo il prodotto tra monomi) risulta immediato che **il grado del monomio quoziente Q è uguale alla differenza dei gradi dei monomi dividendo A e divisore B.**

Affinché un monomio sia divisibile per un altro **è necessario che il dividendo contenga tutte le lettere che figurano nel divisore, ciascuna elevata a un esponente maggiore o uguale a quello che essa ha nel divisore.**

Se vale la precedente condizione, allora il quoziente di due monomi è un monomio intero che si determina con la seguente regola.

Il coefficiente del monomio quoziente è uguale al quoziente dei coefficienti del dividendo e del divisore; la parte letterale è uguale al quoziente delle parti letterali, ossia è costituita da tutti i fattori letterali del monomio dividendo, ciascuno elevato alla differenza degli esponenti che esso ha nel monomio dividendo e nel monomio divisore.

$$(-15a^5b^3c^4) \div (3a^3b^2c) = (-15/3)a^{5-3}b^{3-2}c^{4-1} = -5a^2bc^3$$
Infatti $(-5a^2bc^3) \cdot (3a^3b^2c) = -15a^5b^3c^4$

Quando due monomi non sono divisibili l'uno per l'altro, non esiste un monomio *intero* quoziente: in questi casi il monomio quoziente è un *monomio frazionario*.

$$(12x^3yz^2) \div (-4xy^3zw) = \frac{12x^3yz^2}{-4xy^3zw} = -\frac{3x^2z}{y^2w}$$

Massimo Comune Divisore (M.C.D.) e minimo comune multiplo (m.c.m.) di più monomi

Il M.C.D. è quel monomio che ha come coefficiente il M.C.D. dei coefficienti e come parte letterale il prodotto delle **lettere comuni** ai monomi dati, ciascuna di esse presa una volta sola con il **minimo esponente** con cui compare.

$$8a^2b^3c^3; \quad 12ab^4c^2; \quad 16a^3b^3 \quad \rightarrow \quad \text{M.C.D.} = 4ab^3$$

Il m.c.m. è quel monomio che ha come coefficiente il m.c.m. dei coefficienti e come parte letterale il prodotto delle **lettere comuni e non comuni** ai monomi dati, ciascuna di esse presa una volta sola con il **massimo esponente** con cui compare.

$$12a^3b^2; \quad 15abc^3; \quad 24a^3c^4 \quad \rightarrow \quad \text{m.c.m.} = 120a^3b^2c^4$$

12.2.2 | Polinomi

La somma algebrica di più monomi (non tutti simili fra loro) si chiama polinomio. I singoli monomi prendono il nome di **termini** del polinomio.

L'espressione $\frac{3}{9}a^2 - \frac{1}{2}a^3b - \frac{5}{4}ab^2c + 2a^5 - 3ab$ è un polinomio.

I binomi e trinomi sono polinomi costituiti da due o tre termini rispettivamente.

Grado di un polinomio

Il grado di un polinomio è il massimo fra i gradi dei suoi termini.

$2xy^2 + 3x^2 + 5y$ è un polinomio di 3° grado, in quanto, fra i tre monomi che lo costituiscono, quello di grado massimo è $2xy^2$, ossia un monomio di 3° grado.

Un *polinomio omogeneo* è un polinomio costituito da termini aventi lo stesso grado.

$2xy + 3x^2 + y^2$ è un polinomio omogeneo di 2° grado.

Somma e differenza di polinomi

La somma algebrica di due o più polinomi è un polinomio avente per termini tutti quelli dei polinomi addendi.

Dopo aver scritto la somma di più polinomi si deve operare la **riduzione dei termini simili**, ossia effettuare la somma algebrica degli eventuali monomi simili.

$$(4xy^2 - 3x^2 + 5y) + (4x^2 + 2y) = 4xy^2 - 3x^2 + 5y + 4x^2 + 2y = 4xy^2 + x^2 + 7y$$

Similmente, la differenza di due polinomi è la somma del primo con l'opposto del secondo, ossia il secondo polinomio in cui sia stato cambiato il segno a tutti i termini.

$$(4xy^2 - 3x^2 + 5y) - (4x^2 + 2y) = 4xy^2 - 3x^2 + 5y - 4x^2 - 2y = 4xy^2 - 7x^2 + 3y$$

CONOSCENZE SCIENTIFICHE

Prodotto e quoziente di un polinomio per un monomio

La moltiplicazione di un polinomio per un monomio può essere vista come una applicazione della proprietà distributiva della moltiplicazione rispetto all'addizione (algebrica).

Il prodotto di un polinomio per un monomio è un polinomio i cui termini si ottengono moltiplicando ciascun termine del polinomio per il monomio.

$$(4x^2 - 3x - 2y + 3z) \cdot (2xy) = 8x^3y - 6x^2y - 4xy^2 + 6xyz$$

Un polinomio si dice *divisibile* per un monomio quando tutti i termini (ossia tutti i monomi) del polinomio sono divisibili per il monomio.

Quando un polinomio è divisibile per un monomio, **il quoziente** (per la proprietà distributiva del quoziente rispetto alla somma) **è uguale al polinomio i cui termini si ottengono dividendo ciascun termine del polinomio per il monomio.**

$$(4a^3b^4 - 8a^2b + 3a^2b^2 - 6a^4b) \div (2a^2b) = 2ab^3 - 4 + \frac{3}{2}b - 3a^2$$

Quando il polinomio non è divisibile per il monomio si ha una *frazione algebrica*.

Prodotto di polinomi

Anche la moltiplicazione di polinomi può essere vista come una applicazione della proprietà distributiva della moltiplicazione rispetto all'addizione.

Il prodotto fra due polinomi **è uguale al polinomio i cui termini si ottengono moltiplicando ciascun termine del primo polinomio per tutti i termini del secondo.**

$$(a+b+c) \cdot (x+y) = a \cdot (x+y) + b \cdot (x+y) + c \cdot (x+y) = ax+ay+bx+by+cx+cy$$

Il grado del polinomio prodotto è uguale (per quanto visto sul prodotto fra monomi) alla somma dei gradi dei polinomi fattori.

Il prodotto di più polinomi si ottiene moltiplicando dapprima i primi due, il prodotto così ottenuto per il terzo e così via fino a esaurire tutti i fattori.

Prodotti notevoli

Nelle applicazioni si presentano spesso alcune moltiplicazioni di particolari polinomi che danno luogo a risultati facilmente memorizzabili e quindi ottenibili in modo più semplice e rapido.

- $(a+b) \cdot (a-b) = a^2 - b^2$
- $(a+b)^2 = a^2 + 2ab + b^2$
- $(a-b)^2 = a^2 - 2ab + b^2$
- $(a+b+c)^2 = a^2 + b^2 + c^2 + 2ab + 2ac + 2bc$
- $(a+b)^3 = a^3 + 3a^2b + 3ab^2 + b^3$
- $(a-b)^3 = a^3 - 3a^2b + 3ab^2 - b^3$
- $a^3 + b^3 = (a+b) \cdot (a^2 - ab + b^2)$
- $a^3 - b^3 = (a-b) \cdot (a^2 + ab + b^2)$

$$(3a+2b)\cdot(3a-2b) = (3a)^2-(2b)^2 = 9a^2-4b^2$$

$$(x^2y+2y^2)\cdot(x^2y-2y^2) = (x^2y)^2-(2y^2)^2 = x^4y^2-4y^4$$

$$(3a+2b)^2 = (3a)^2+2\cdot(3a)\cdot(2b)+(2b)^2 = 9a^2+12ab+4b^2$$

$$(x^2y-2y^2)^2 = (x^2y)^2+2\cdot(x^2y)\cdot(-2y^2)+(-2y^2)^2 = x^4y^2-4x^2y^3+4y^4$$

$$(3a-2b)^3 = (3a)^3+3\cdot(3a)^2\cdot(-2b)+3\cdot(3a)\cdot(-2b)^2+(-2b)^3 =$$
$$= 27a^3-54a^2b+36ab^2-8b^3$$

Quoziente di due polinomi

Per quanto concerne il quoziente di due polinomi vale la seguente definizione.

Un polinomio si dice divisibile per un altro polinomio se esiste un terzo polinomio che moltiplicato per il secondo dia come risultato il primo.

Il terzo polinomio prende allora il nome di *quoziente* tra il primo polinomio, detto *dividendo*, e il secondo polinomio, detto *divisore*. Indicando per brevità i tre polinomi rispettivamente con le lettere Q, A e B, è possibile quindi scrivere:

$$A \div B = Q \leftrightarrow A = B \cdot Q$$

Quando i due polinomi A e B non sono divisibili l'uno per l'altro, il polinomio quoziente si può solo indicare mediante una *frazione algebrica*.

È però possibile mostrare che, in tal caso, se il grado del polinomio A rispetto alla lettera x è maggiore o uguale al grado del polinomio B rispetto alla stessa lettera x, allora si possono determinare in uno e un solo modo due polinomi Q e R (con R di grado inferiore a B) tali che:

$$A = B \cdot Q + R$$

Il polinomio Q prende in questo caso il nome di *quoziente incompleto*, mentre R prende il nome di *resto* della divisione di A per B.

Per eseguire una divisione tra due polinomi, per esempio la divisione:

$$(3a^5+4a^3+3a-1)\div(a^2+a+1)$$

si procede nel modo seguente:

1. si ordinano i due polinomi secondo le potenze decrescenti della stessa lettera, lasciando un "posto vuoto" per ogni termine mancante nel dividendo;

$$\begin{array}{llllll|l} 3a^5+ & & +4a^3+ & & +3a-1 & & a^2+a+1 \\ \hline \end{array}$$

2. si divide il primo termine del dividendo per il primo termine del divisore: il quoziente così ottenuto è il primo termine del quoziente dei due polinomi;

$$\begin{array}{llllll|l} 3a^5+ & & +4a^3+ & & +3a-1 & & a^2+a+1 \\ \cline{7-7} & & & & & & 3a^3 \end{array}$$

3. si moltiplica ciascun termine del divisore per questo primo termine del quoziente, disponendo i prodotti ottenuti sotto i corrispondenti monomi simili del dividendo e cambiandoli di segno;

$$\begin{array}{llllll|l} 3a^5+ & & +4a^3+ & & +3a-1 & & a^2+a+1 \\ \cline{7-7} -3a^5 & -3a^4 & -3a^3 & & & & 3a^3 \end{array}$$

4. si riducono i termini simili sommandoli tra loro (tale riduzione deve portare all'eliminazione del termine di grado massimo): il polinomio che si ottiene si dice *primo resto parziale*;

$$\begin{array}{llllll|l} 3a^5+ & & +4a^3+ & & +3a-1 & & a^2+a+1 \\ \cline{7-7} -3a^5 & -3a^4 & -3a^3 & & & & 3a^3 \\ \hline & -3a^4 & +a^3+ & & +3a-1 & & \end{array}$$

5. se il grado del resto parziale è ancora maggiore o uguale a quello del divisore, si prosegue nella divisione assumendo come dividendo il resto parziale: si ripete il procedimento fino a quando non si trova un resto nullo (la divisione si dirà allora *esatta*) oppure un resto parziale di grado minore a quello del divisore (che sarà quindi il *resto della divisione*).

$$
\begin{array}{rrrrrr|l}
3a^5 + & & +4a^3 + & & +3a - 1 & & a^2 + a + 1 \\ \cline{7-7}
-3a^5 - & 3a^4 - & 3a^3 & & & & 3a^3 - 3a^2 + 4a - 1 \\ \hline
& -3a^4 + & a^3 + & & +3a - 1 & & \\
& +3a^4 + & 3a^3 + & 3a^2 & & & \\ \hline
& & 4a^3 + & 3a^2 + & 3a - 1 & & \\
& & -4a^3 - & 4a^2 - & 4a & & \\ \hline
& & & -a^2 - & a - 1 & & \\
& & & +a^2 + & a + 1 & & \\ \hline
& & & & 0 & &
\end{array}
$$

In questo esempio si è ottenuto un resto nullo per cui:

$$3a^5 + 4a^3 + 3a - 1 = (a^2 + a + 1) \cdot (3a^3 - 3a^2 + 4a - 1)$$

Regola di Ruffini

Si consideri il caso particolare della divisione di un polinomio intero $P(x)$ in una sola lettera (convenzionalmente indicata con x) per un binomio di primo grado nella stessa lettera: $P(x) \div (x + a)$.
Vale allora il seguente teorema, detto *teorema di Ruffini*:[1]

✔ Condizione necessaria e sufficiente affinché un polinomio intero nella variabile x sia divisibile per il binomio $(x + a)$ è che il polinomio si annulli quando a x si sostituisca $-a$.

Per calcolare il quoziente (e l'eventuale resto), per esempio, della divisione:

$$(2x^4 - 18x^2 - x + 3) \div (x - 3)$$

si applica la *regola di Ruffini*, ossia si procede nel modo mostrato nell'esempio seguente.

1. Si scrivono tutti, i coefficienti del polinomio (ordinato) dividendo sulla stessa riga, scrivendo uno *zero* in corrispondenza degli eventuali termini mancanti; a sinistra del primo coefficiente e tra l'ultimo e il penultimo si disegna un segmento verticale, poi un terzo segmento orizzontale;

$$
\begin{array}{c|cccc|c}
 & 2 & 0 & -18 & -1 & 3 \\
 & & & & & \\ \hline
 & & & & &
\end{array}
$$

2. nell'angolo a sinistra si riporta il valore $-a$: in questo esempio, essendo $a = -3$, si scriverà semplicemente 3; inoltre, si riporta il primo coefficiente del polinomio dividendo al disotto del segmento orizzontale;

$$
\begin{array}{c|cccc|c}
 & 2 & 0 & -18 & -1 & 3 \\
3 & & & & & \\ \hline
 & 2 & & & &
\end{array}
$$

3. si moltiplica tale coefficiente per $-a$ (ossia, in questo esempio, 3) e si scrive il prodotto così ottenuto sotto il secondo coefficiente: con quest'ultimo, si esegue poi la somma algebrica e si scrive il risultato al disotto del segmento orizzontale;

$$
\begin{array}{c|cccc|c}
 & 2 & 0 & -18 & -1 & 3 \\
3 & & 6 & & & \\ \hline
 & 2 & 6 & & &
\end{array}
$$

4. si continua a moltiplicare per $-a$ l'ultimo risultato ottenuto, scrivendo il prodotto così ottenuto sotto il terzo coefficiente, eseguendo la somma algebrica, e così via fino al termine noto;

$$
\begin{array}{c|cccc|c}
 & 2 & 0 & -18 & -1 & 3 \\
3 & & 6 & 18 & 0 & -3 \\ \hline
 & 2 & 6 & 0 & -1 & 0
\end{array}
$$

1. Il teorema e la successiva regola di Ruffini valgono anche nel caso in cui il coefficiente della x nel divisore non sia unitario: in tal caso, sarà sufficiente dividere dividendo e divisore per tale coefficiente.

5. l'ultimo risultato rappresenta l'eventuale resto della divisione (in questo esempio si è ottenuto un resto nullo), mentre tutti i precedenti sono, nell'ordine, i coefficienti del polinomio quoziente, polinomio nella stessa lettera e di un grado inferiore rispetto a quello del polinomio dividendo (in questo esempio il quoziente è di 3° grado):

$$(2x^4 - 18x^2 - x + 3) \div (x - 3) = 2x^3 + 6x^2 - 1$$

Scomposizione di un polinomio in fattori

Un'operazione di fondamentale importanza per l'algebra è la *scomposizione di un polinomio in fattori*, ossia la **trasformazione di una somma algebrica di più monomi in un prodotto.**

Non sempre tale scomposizione è possibile, né esiste una regola generale da seguire. Verranno indicati nel seguito alcuni metodi da utilizzare nei diversi casi di scomposizione: solo la pratica può aiutare nella risoluzione di questa tipologia di esercizi.

Raccoglimento a fattore comune

È il tipo più semplice di scomposizione in fattori: consiste nel **mettere in evidenza un fattore comune a tutti i termini** (ossia i monomi) **del polinomio da scomporre.** La migliore applicazione di questo metodo consiste nel mettere in evidenza il M.C.D. dei termini del polinomio.

Per eseguire il raccoglimento a fattore comune **si calcola il M.C.D. dei monomi del polinomio e si pone il polinomio uguale al prodotto di due fattori di cui il primo è il M.C.D. stesso e il secondo è il quoziente tra il polinomio e il M.C.D.**

$15x^6 - 25x^4 + 5x^3 = 5x^3 \cdot (3x^3 - 5x + 1)$ dove M.C.D.: $5x^3$

Raccoglimento a fattore parziale

Se il polinomio è del tipo:

$$ax + bx + ay + by$$

è possibile mettere in evidenza, nei primi due termini, il fattore comune x e, negli ultimi due, il fattore comune y:

$$ax + bx + ay + by = x \cdot (a + b) + y \cdot (a + b)$$

mettendo poi in evidenza il fattore $(a + b)$ si ha:

$$ax + bx + ay + by = x \cdot (a + b) + y \cdot (a + b) = (a + b) \cdot (x + y)$$

$3x + 6y - 2x^2 - 4xy = 3 \cdot (x + 2y) - 2x \cdot (x + 2y) = (x + 2y) \cdot (3 - 2x)$

Scomposizione tramite i prodotti notevoli

Le uguaglianze dedotte affrontando i prodotti notevoli si possono leggere in senso "inverso" ed essere quindi utili come metodi ulteriori per la scomposizione in fattori di un polinomio.

Per esempio, dal prodotto notevole $(a + b) \cdot (a - b) = a^2 - b^2$ si ricava la regola di scomposizione $a^2 - b^2 = (a + b) \cdot (a - b)$ semplicemente invertendo i due membri: tale regola viene espressa a parole dicendo che la differenza dei quadrati di due monomi o polinomi è uguale al prodotto della somma delle basi per la loro differenza.

$x^2 - 4y^2 = x^2 - (2y)^2 = (x + 2y) \cdot (x - 2y)$

$16a^2 - 9b^4 = (4a)^2 - (3b^2)^2 = (4a + 3b^2) \cdot (4a - 3b^2)$

$x^2 + 2x + 1 = (x + 1)^2$

$9a^4 + 4b^6 - 12a^2b^3 = (3a^2 - 2b^3)^2$

CONOSCENZE SCIENTIFICHE

Scomposizione tramite la regola di Ruffini

Ricordando il teorema di Ruffini (ossia il criterio di divisibilità per cui condizione necessaria e sufficiente affinché un polinomio intero in x sia divisibile per il binomio $(x + a)$ è che il polinomio si annulli quando a x si sostituisca $-a$) e applicando la *regola di Ruffini* è talvolta possibile scomporre un polinomio intero in fattori tutti, o in parte, di primo grado.

Per scomporre il polinomio $P(x) = x^4 - x^3 - 2x^2 - 4x - 24$ si osserva in primo luogo che esso si annulla per $x = -2$ e per $x = +3$, infatti:

$$P(-2) = (-2)^4 - (-2)^3 - 2 \cdot (-2)^2 - 4 \cdot (-2) - 24 = 16 + 8 - 8 + 8 - 24 = 0$$

$$P(+3) = (+3)^4 - (+3)^3 - 2 \cdot (+3)^2 - 4 \cdot (+3) - 24 = 81 - 27 - 18 - 12 - 24 = 0$$

quindi il polinomio può essere diviso (mediante Ruffini) per i binomi $(x + 2)$ e $(x - 3)$:

$$P(x) = (x + 2) \cdot (x - 3) \cdot (x^2 + 4)$$

Dal precedente esempio risulta evidente che il problema principale legato all'applicazione della regola di Ruffini come metodo di scomposizione in fattori consiste nell'individuare i valori numerici che annullano il polinomio (ossia, nell'esempio precedente, i due valori $x = -2$ e $x = +3$, che prendono il nome di *zeri del polinomio*).

In generale occorre procedere per tentativi, provando a sostituire diversi valori numerici finché non si trovi qualche zero del polinomio: esiste però la seguente regola, che riduce il numero dei possibili valori "candidati" a essere zeri del polinomio.

Se esiste un numero intero relativo che, sostituito a *x*, annulla il polinomio (ossia, uno zero del polinomio), **esso sarà uno dei divisori del termine noto del polinomio** se il coefficiente del termine di grado massimo è unitario.

I "candidati" zeri del polinomio $P(x) = x^3 + 5x^2 - x - 5$ sono soltanto quattro: ± 1 e ± 5.
Essendo:

$$P(-1) = 0, P(+1) = 0, P(-5) = 0$$

mentre:

$$P(+5) = 240 \neq 0$$

si ottiene quindi:

$$P(x) = x^3 + 5x^2 - x - 5 = (x + 1) \cdot (x - 1) \cdot (x + 5)$$

Semplificazione di frazioni algebriche

Il quoziente fra due espressioni algebriche A e B (che possono essere monomi o polinomi), dove B non sia identicamente nullo, **prende il nome di frazione algebrica**.

Molte delle proprietà delle frazioni numeriche (come la proprietà invariantiva) continuano a valere anche per le frazioni algebriche.

Moltiplicando o dividendo sia il numeratore sia il denominatore di una frazione algebrica per una stessa espressione (purché diversa da zero) **si ottiene una frazione algebrica equivalente a quella data.**

Quando si *dividono* sia il numeratore sia il denominatore di una frazione algebrica per un monomio o un polinomio che sia un divisore comune, si parla di *semplificazione della frazione algebrica*. Per **semplificare una frazione algebrica** si deve:

1. scomporre in fattori (se necessario) numeratore e denominatore;
2. eliminare i fattori comuni tra numeratore e denominatore.

$$\frac{4x^2 - 4x + 1}{8x^4 - x} = \frac{(2x - 1)^2}{x \cdot (8x^3 - 1)} = \frac{(2x - 1)^2}{x \cdot (2x - 1) \cdot (4x^2 + 2x + 1)} = \frac{2x - 1}{x \cdot (4x^2 + 2x + 1)}$$

PARTE QUINTA

12.3 | Radicali e numeri reali

12.3.1 | Numeri razionali, irrazionali e reali

Dati l'insieme dei numeri razionali e i punti di una retta orientata, si ha che a ogni numero razionale corrisponde un punto sulla retta, ma non viceversa; in altre parole **manca** la corrispondenza **biunivoca** tra i numeri razionali e i punti della retta orientata. Esistono inoltre problemi non risolubili nell'insieme dei numeri razionali. Per rendersene conto basta pensare all'equazione $x^2 = 2$, la cui soluzione è $\pm\sqrt{2}$, ossia un numero **non** esprimibile sotto forma di frazione.

In alcuni casi, quindi, l'estrazione di radice ha come risultato un numero decimale che non è né limitato, né illimitato periodico, perché in entrambi i casi lo si potrebbe trasformare in una frazione.

I numeri **non** esprimibili sotto forma di frazione sono quindi numeri decimali **illimitati non periodici**. Tali numeri prendono il nome di **numeri irrazionali**.

$\sqrt{2}, \sqrt{3}, \pi, \log 5, \sqrt[3]{4}$ sono numeri irrazionali.

Per superare questi e altri limiti che si incontrano lavorando con i numeri razionali si deve passare ai numeri reali $\mathbb{R}$. **L'insieme dei numeri reali è l'unione dell'insieme dei razionali e dell'insieme degli irrazionali** ($\mathbb{R} = \mathbb{Q} \cup \mathbb{I}$) e coincide quindi con l'insieme dei numeri decimali.

L'insieme $\mathbb{R}$ dei numeri reali è in corrispondenza biunivoca con i punti di una retta orientata.

Nell'insieme dei numeri reali (come in qualsiasi altro insieme numerico) **non** si può dividere per zero.

12.3.2 | Radicali algebrici e aritmetici

Il simbolo $\sqrt[n]{a}$ (da leggersi "radice *n*-esima di *a*") prende il nome di *radicale*, *a* si chiama *radicando*, mentre *n* (con $n \in \mathbb{N}$) prende il nome di *indice della radice*.

Esistono due tipi di radicali: il radicale algebrico e il radicale aritmetico.

Il *radicale algebrico* $\sqrt[n]{a}$ è **ogni** numero reale la cui potenza *n-esima* è uguale al numero reale *a*.

- $\sqrt{4} = \pm 2$ infatti $(+2)^2 = (-2)^2 = 4$
- $\sqrt[3]{8} = +2$ infatti $(+2)^3 = 8$

Per il radicale algebrico $\sqrt[n]{a}$ si hanno **quattro casi:**

1	Con $a > 0$ e *n* pari → il radicale algebrico assume due valori reali opposti	esempio: $\sqrt{9} = \pm 3$
2	Con $a > 0$ e *n* dispari → un valore positivo	esempio: $\sqrt[3]{8} = 2$
3	Con $a < 0$ e *n* pari → nessun valore reale	esempio: $\sqrt[2]{-4}$ non esiste
4	Con $a < 0$ e *n* dispari → un valore negativo	esempio: $\sqrt[3]{-27} = -3$

Nel caso di radicando nullo, si pone $\sqrt[n]{0} = 0$ per ogni $n \in \mathbb{N}$.

Il *radicale aritmetico* $\sqrt[n]{a}$ (con $a \geq 0$) è invece il numero reale **non negativo** la cui potenza *n-esima* è uguale ad *a*.

$\sqrt{4} = 2$ infatti $2^2 = 4$.

CONOSCENZE SCIENTIFICHE

Proprietà invariantiva dei radicali aritmetici

$$\sqrt[n]{a^m} = \sqrt[np]{a^{mp}} \quad \text{oppure} \quad \sqrt[n]{a^m} = \sqrt[n/q]{a^{m/q}}$$

$\sqrt[6]{27a^6b^9} = \sqrt[6]{(3a^2b^3)^3} = \sqrt{3a^2b^3}$

È importante osservare che la proprietà invariantiva vale nel caso in cui la base della potenza che costituisce il radicando sia positiva: quando invece il segno della base della potenza non è definito, occorre prestare la massima attenzione per evitare che il radicando possa diventare negativo. Per esempio, $\sqrt[6]{a^3} = \sqrt{a}$, infatti $a^3 > 0$ implica $a > 0$; ma $\sqrt[4]{a^2} \neq \sqrt{a}$, infatti $a^2 > 0$ non implica $a > 0$. In altre parole, mentre nel primo caso l'esistenza di $\sqrt[6]{a^3}$ implica l'esistenza di $\sqrt{a}$, nel secondo caso l'esistenza di $\sqrt[4]{a^2}$ non implica l'esistenza di $\sqrt{a}$; infatti, a potrebbe essere negativo e in questo caso $\sqrt{a}$ non esisterebbe, quindi $\sqrt[4]{a^2} \neq \sqrt{a}$. La vera uguaglianza è $\sqrt[4]{a^2} = \sqrt{|a|}$; in questo modo infatti si garantisce l'esistenza di entrambi i membri per ogni valore di a.

Operazioni con i radicali aritmetici

Per poter eseguire una moltiplicazione o una divisione fra radicali è necessario che i radicali abbiano **lo stesso indice**: se così non fosse, occorre prima effettuare una *riduzione di più radicali allo stesso indice*.

Riduzione di più radicali allo stesso indice: si tratta di trasformare radicali con indice diverso in radicali aventi lo stesso indice (sfruttando la proprietà invariantiva).

Trasformare i seguenti radicali portandoli a indice comune uguale a sei:

- $\sqrt[4]{a^2b^6} = \sqrt{|ab^3|} = \sqrt[6]{|a^3b^9|}$
- $\sqrt[18]{27a^{12}(a+b)^3} = \sqrt[18]{[3a^4(a+b)]^3} = \sqrt[6]{3a^4(a+b)}$

Prodotto fra radicali: $\sqrt[n]{a} \cdot \sqrt[n]{b} = \sqrt[n]{ab}$.

$\sqrt{3} \cdot \sqrt{2} = \sqrt{6}$; $\sqrt[2]{3} \cdot \sqrt[3]{2} = \sqrt[6]{3^3} \cdot \sqrt[6]{2^2} = \sqrt[6]{3^3 \cdot 2^2}$.

Quoziente fra radicali (purché $b \neq 0$): $\dfrac{\sqrt[n]{a}}{\sqrt[n]{b}} = \sqrt[n]{\dfrac{a}{b}}$.

$\dfrac{\sqrt[3]{6}}{\sqrt[3]{2}} = \sqrt[3]{3}$; $\dfrac{\sqrt[2]{2}}{\sqrt[3]{3}} = \dfrac{\sqrt[6]{2^3}}{\sqrt[6]{3^2}} = \sqrt[6]{\dfrac{8}{9}}$.

Potenza: $(\sqrt[n]{a})^m = \sqrt[n]{a^m}$.

$(\sqrt[4]{4})^3 = \sqrt[4]{4^3} = \sqrt[4]{64} = \sqrt{8}$

Radice di radice: $\sqrt[m]{\sqrt[n]{a}} = \sqrt[m \cdot n]{a}$.

$\sqrt[3]{\sqrt{a^3b}} = \sqrt[6]{a^3b}$

Trasporto di un fattore fuori dal segno di radice (estrazione di radice): se $a \geq 0$ allora $\sqrt[n]{a^n b} = a\sqrt[n]{b}$.

$\sqrt{12} = \sqrt{4 \cdot 3} = \sqrt{2^2 \cdot 3} = 2 \cdot \sqrt{3}$

PARTE QUINTA

Eseguendo l'operazione di estrazione di radice è necessario **fare attenzione ai segni.**

$\sqrt{ax^2 + bx^2} = \sqrt{x^2(a+b)} = |x|\sqrt{a+b}$: x è in valore assoluto perché altrimenti, se x fosse negativo, l'uguaglianza perderebbe di significato.
Analogamente si ha: $\sqrt{x^2 - 2xy + y^2} = \sqrt{(x-y)^2} = |x-y|$.

In maniera simile si esegue l'operazione inversa, ossia il **trasporto di un fattore sotto il segno di radice**: se $a \geq 0$ allora $a\sqrt[n]{b} = \sqrt[n]{a^n b}$, se $a < 0$ allora $a\sqrt[n]{b} = -\sqrt[n]{|a|^n b}$.

Somma di radicali aritmetici simili

In generale, **la somma algebrica di due o più radicali non si può esprimere sotto forma di un unico radicale.**

- $\sqrt[n]{a} + \sqrt[n]{b} \neq \sqrt[n]{a+b}$
- $\sqrt[n]{a} - \sqrt[n]{b} \neq \sqrt[n]{a-b}$

Per poter calcolare la somma algebrica è necessario che i due radicali siano *simili*.

Due o più radicali si dicono simili quando hanno lo stesso indice, lo stesso radicando e differiscono, eventualmente, **solo per un fattore moltiplicativo.**
La somma algebrica di due o più radicali **simili** è un radicale, simile ai dati, avente per fattore moltiplicativo la somma algebrica dei fattori moltiplicativi.

$\sqrt{3}$ e $2\sqrt{3}$ sono due radicali simili: la loro somma è $(1+2)\cdot\sqrt{3} = 3\cdot\sqrt{3}$.
$2\cdot\sqrt[4]{ab^2}$, $-4\cdot\sqrt[4]{ab^2}$ e $3\cdot\sqrt[4]{ab^2}$ sono radicali simili: la loro somma è $\sqrt[4]{ab^2}$.

Potenza con esponente razionale (frazionario)

Di fondamentale importanza risulta essere la relazione: $a^{m/n} = \sqrt[n]{a^m}$.

- $1^{m/n} = 1$ (con $n \neq 0$)
- $\sqrt[2]{a^3} = a^{3/2}$
- $0^{m/n} = 0$ (con $m \neq 0$ e $n \neq 0$)
- $\sqrt[3]{a^2 b} = a^{2/3} b^{1/3}$
- $5^{3/4} = \sqrt[4]{5^3}$
- $a^{-1/2} = 1/\sqrt{a}$

Applicando le proprietà delle potenze risulta possibile **moltiplicare e dividere fra loro radici con uguale radicando**:

$$\sqrt[n]{a}\cdot\sqrt[m]{a} = \sqrt[nm]{a^{m+n}}$$

$$\sqrt[n]{a}/\sqrt[m]{a} = \sqrt[nm]{a^{m-n}} \quad (\text{con } a \neq 0)$$

- $\sqrt[2]{3}\cdot\sqrt[3]{3} = \sqrt[2\cdot 3]{3^{3+2}} = \sqrt[6]{3^5}$
- $\sqrt[3]{4}/\sqrt[4]{4} = \sqrt[3\cdot 4]{4^{4-3}} = \sqrt[12]{4}$

Razionalizzazione delle frazioni

Razionalizzare una frazione significa eliminare dal denominatore eventuali espressioni irrazionali.

CONOSCENZE SCIENTIFICHE

Per raggiungere questo scopo si moltiplicano numeratore e denominatore per un *fattore razionalizzante* opportuno. Nella tabella seguente sono riportati i principali tipi di frazione con i rispettivi fattori razionalizzanti.

	Frazione	Fattore razionalizzante	Frazione razionalizzata
1	$\frac{1}{\sqrt{a}}$	$\sqrt{a}$	$\frac{\sqrt{a}}{a}$
2	$\frac{1}{a\sqrt{b}}$	$\sqrt{b}$	$\frac{\sqrt{b}}{ab}$
3	$\frac{1}{\sqrt[3]{a}}$	$\sqrt[3]{a^2}$	$\frac{\sqrt[3]{a^2}}{a}$
4	$\frac{1}{\sqrt[n]{a^m}}$	$\sqrt[n]{a^{n-m}}$ $(m < n)$	$\frac{\sqrt[n]{a^{n-m}}}{a}$
5	$\frac{1}{\sqrt{a} \pm \sqrt{b}}$	$\sqrt{a} \mp \sqrt{b}$	$\frac{\sqrt{a} \mp \sqrt{b}}{a-b}$
6	$\frac{1}{a \pm \sqrt{b}}$	$a \mp \sqrt{b}$	$\frac{a \mp \sqrt{b}}{a^2-b}$

- $\frac{1}{\sqrt{2}} = \frac{1}{\sqrt{2}} \cdot \frac{\sqrt{2}}{\sqrt{2}} = \frac{\sqrt{2}}{2}$ (caso 1: il fattore razionalizzante è $\sqrt{2}$);
- $\frac{1}{2\sqrt{3}} = \frac{1}{2\sqrt{3}} \cdot \frac{\sqrt{3}}{\sqrt{3}} = \frac{\sqrt{3}}{2 \cdot 3} = \frac{\sqrt{3}}{6}$ (caso 2: il fattore razionalizzante è $\sqrt{3}$);
- $\frac{2}{\sqrt[3]{5}} = \frac{2}{\sqrt[3]{5}} \cdot \frac{\sqrt[3]{5^2}}{\sqrt[3]{5^2}} = \frac{2\sqrt[3]{5^2}}{5}$ (caso 3: il fattore razionalizzante è $\sqrt[3]{5^2}$);
- $\frac{1}{\sqrt[3]{5^5}} = \frac{1}{5 \cdot \sqrt[3]{5^2}} = \frac{1}{5 \cdot \sqrt[3]{5^2}} \cdot \frac{\sqrt[3]{5}}{\sqrt[3]{5}} = \frac{\sqrt[3]{5}}{25}$ (caso 4: $n = 3$ e $m = 5$; prima di applicare la regola si è resa necessaria una estrazione di radice, in modo da rispettare la condizione $m < n$, ottenendo $n = 3$ e $m = 2$: si ha quindi che il fattore razionalizzante è $\sqrt[3]{5}$);
- $\frac{2}{\sqrt{7} + \sqrt{5}} = \frac{2}{\sqrt{7} + \sqrt{5}} \cdot \frac{\sqrt{7} - \sqrt{5}}{\sqrt{7} - \sqrt{5}} = \frac{2 \cdot (\sqrt{7} - \sqrt{5})}{7 - 5} = \sqrt{7} - \sqrt{5}$ (caso 5: il fattore razionalizzante è $\sqrt{7} - \sqrt{5}$).

12.4 | Equazioni e sistemi di equazioni

12.4.1 | Identità ed equazioni.

Un'uguaglianza tra due espressioni algebriche letterali **verificata per ogni valore numerico assegnato alle lettere** prende il nome di **identità**.

L'uguaglianza $a^2 + b^2 = (a + b)^2 - 2ab$ è un'identità, in quanto il primo membro è identico al secondo membro per ogni valore delle lettere a e b; si ha infatti che:

$$(a + b)^2 - 2ab = a^2 + b^2 + 2ab - 2ab = a^2 + b^2$$

Un'uguaglianza tra due espressioni algebriche letterali **verificata solo per particolari valori numerici assegnati alle lettere** prende il nome di **equazione**.

In questo caso le lettere prendono il nome di *incognite*.

L'equazione $2x + 1 = 7$ è verificata per $x = 3$; infatti, sostituendo 3 al posto di x, l'equazione diventa $2 \cdot 3 + 1 = 7$ che è un'*identità numerica* (ossia un'identità tra due membri numerici e non più letterali).

Soluzione di un'equazione

Risolvere un'equazione significa trovare i valori dell'incognita per i quali la relazione di uguaglianza diventa una identità numerica.

La **soluzione** di un'equazione è rappresentata dall'insieme di **tutti e soli** i valori dell'incognita che soddisfano l'uguaglianza.

L'equazione $3x - 2 = 4$ ha come soluzione il valore $x = 2$ (infatti, sostituendo 2 al posto di x, l'equazione diventa $3 \cdot 2 - 2 = 4$).

Equazione impossibile, indeterminata, determinata

Equazione impossibile: è un'equazione che non ammette soluzioni reali, cioè non è verificata per nessun valore reale dell'incognita.

Si consideri l'equazione:

$$x^2 = -4$$

Si tratta di un'equazione impossibile, in quanto non esiste nessun numero il cui quadrato sia un numero negativo.

Equazione indeterminata: è un'equazione che ammette infinite soluzioni.

Si consideri, per esempio, l'equazione:

$$(x + 1)^2 + x = x^2 + 3x + 1$$

Svolgendo il *prodotto notevole* si ottiene:

$$x^2 + 1 + 2x + x = x^2 + 3x + 1$$

ossia un'identità, verificata per ogni valore di x e quindi con infinite soluzioni.

Equazione determinata: è un'equazione che ammette un numero finito di soluzioni.

Si consideri l'equazione:

$$x^2 = 16$$

Si tratta di un'equazione determinata, in quanto ammette le due soluzioni $x = +4$ e $x = -4$.

Classificazione delle equazioni

Un'equazione si dice **numerica** quando **oltre all'incognita non contiene altre lettere**.

$2x + 1 = 0$ è un'equazione numerica.

Un'equazione si dice **letterale** quando **oltre all'incognita contiene anche altre lettere** (dette *parametri*) **che si considerano costanti.**

$x + a = 2$ è un'equazione letterale.

Un'equazione si dice **intera** quando **l'incognita non compare a denominatore.**

$\frac{x}{2} - 5 = 3$ è un'equazione intera.

CONOSCENZE SCIENTIFICHE

Un'equazione si dice **frazionaria** quando **l'incognita compare a denominatore.**

$\frac{1}{x^2} + x = 1$ è un'equazione frazionaria.

Forma normale e grado di un'equazione

Un'equazione è *in forma normale* quando è nella forma $P(x) = 0$, dove $P(x)$ è un polinomio nell'incognita x ordinato secondo le potenze decrescenti della stessa x.

Il grado di un'equazione a una sola incognita è **il massimo esponente con cui l'incognita compare nell'equazione ridotta in forma normale.**

$2x + 1 = 0$ → è un'equazione di **primo grado**

$2x + x^2 = 1$ → è un'equazione di **secondo grado**

$\frac{x+1}{x} - 3x = 0$ → occorre prima ridurla in forma normale.

Moltiplicando ambo i membri per x e ordinando il polinomio si ottiene: $-3x^2 + x + 1 = 0$, quindi si tratta di un'equazione di **secondo grado.**

Teorema fondamentale dell'algebra

Un'equazione non indeterminata di grado *n* ammette al massimo *n* soluzioni nell'insieme dei numeri reali, alcune delle quali potrebbero coincidere.

- $x + 1 = 0$ → $x = -1$: la soluzione è unica.
- $x^2 = 0$ → $x = 0$ e $x = 0$: le soluzioni sono due, reali e coincidenti.
- $x^2 = -4$ → non ammette soluzioni nell'insieme dei numeri reali.

Metodo della verifica

Per rispondere a domande a risposta multipla relative alle soluzioni di una equazione, spesso non è necessario e talvolta neanche conveniente risolverla: **risulta più rapido sostituire nell'equazione le soluzioni proposte e trovare quale fra queste la soddisfa (cioè quale tra queste è la vera soluzione)**. Si usa, in altre parole, il "metodo della verifica".

Risolvere l'equazione: $x^2 - 1 = 0$.

A) $x = 2; x = 1$
B) $x = 1; x = -1$
C) $x = 0; x = -1$
D) $x = 0; x = 2$
E) $x = 1$

La soluzione corretta è la B in quanto, sostituendo nell'equazione i valori $x = 1$ e $x = -1$, si ottiene in entrambi i casi una identità.

Nonostante il metodo della verifica consenta di risolvere la quasi totalità dei quesiti sulle equazioni, è evidente che la conoscenza dei metodi risolutivi classici permette di scegliere la strada più veloce. Si consiglia pertanto di studiare comunque i paragrafi seguenti.

Condizioni di esistenza delle espressioni frazionarie

Le uguaglianze (e le identità) tra frazioni algebriche (ossia espressioni con denominatori letterali) sono soggette a ben determinate *condizioni di esistenza*.

Prima di risolvere una equazione frazionaria si devono scartare tutti gli *zeri* dei denominatori (ossia tutti i valori numerici che annullano i denominatori), in quanto, in corrispondenza di tali valori, **l'espressione frazionaria perde di significato** (ossia **non esiste**).

PARTE QUINTA

Si consideri, per esempio, l'equazione:

$$\frac{x-2}{(x-3)(x+5)} = 0$$

Il primo membro perde di significato (ossia non esiste) in corrispondenza dei due valori $x = 3$ e $x = -5$: questi due valori devono essere scartati prima di fare qualsiasi altra operazione (anche una semplice semplificazione). Si scriverà allora:

$$\text{C.E. } x \neq 3\,; \quad x \neq -5$$

ossia "le Condizioni di Esistenza sono: x diverso da 3 e x diverso da – 5". In altre parole **l'espressione frazionaria esiste solo per valori di *x* diversi dagli zeri del denominatore.**

Equazioni equivalenti

Due equazioni si dicono *equivalenti* quando ammettono la **stessa soluzione.**

$2x + 1 = 0$ è equivalente a $4x + 2 = 0$: entrambe ammettono come soluzione $x = -1/2$.

Per risolvere una equazione si cerca di trasformarla in un'altra a essa equivalente, ma di forma più semplice: è quindi importante conoscere i seguenti principi di equivalenza.

Aggiungendo ad ambedue i membri di una equazione la medesima espressione algebrica si ottiene un'equazione equivalente a quella data.

- Se uno stesso termine figura come addendo in entrambi i membri di una equazione, esso può essere soppresso (in quanto ciò equivale ad aggiungere ai due membri la medesima quantità, ossia l'opposto del termine stesso):

$$3x^2 + 2x = 12 + 2x \xrightarrow[\text{è equivalente a}]{\text{(sommando } -2x)} 3x^2 = 12$$

- Si può sempre "spostare" un addendo da un membro all'altro purché lo si cambi di segno (in quanto ciò equivale ad aggiungere ai due membri l'opposto del termine):

$$9x^2 + 4 = -5x \xrightarrow[\text{è equivalente a}]{\text{(sommando } -4)} 9x^2 = -5x - 4$$

Moltiplicando o dividendo entrambi i membri di un'equazione per la medesima espressione algebrica (sempre definita e diversa da zero) si ottiene un'equazione equivalente a quella data.

- Se i due membri hanno un fattore numerico comune, questo può essere soppresso (equivale a dividere ambo i membri per quel fattore):

$$9x + 6 = 12 + 3x \xrightarrow[\text{è equivalente a}]{\text{(dividendo per 3)}} 3x + 2 = 4 + x$$

- Moltiplicando i due membri per una espressione opportuna, si possono eliminare i denominatori dall'equazione (in quanto ciò equivale a moltiplicare ambo i membri per il m.c.m. dei denominatori):

$$\frac{4x-2}{3} = 3 + \frac{3x}{4} \xrightarrow[\text{è equivalente a}]{\text{(moltiplicando per 12)}} 16x - 8 = 36 + 9x$$

- Cambiando i segni di tutti i termini di una equazione se ne ottiene una equivalente (in quanto ciò equivale a moltiplicare per – 1):

$$-4x^2 + 2 = -5x \xrightarrow[\text{è equivalente a}]{\text{(moltiplicando per } -1)} 4x^2 - 2 = 5x$$

12.4.2 | Equazioni di primo grado

Equazioni intere di primo grado

Si chiamano anche equazioni **lineari** e (dopo averle ridotte in forma normale) sono equivalenti alla seguente forma generale:

$$ax + b = 0 \quad [2]$$

CONOSCENZE SCIENTIFICHE

Dopo aver spostato il termine noto a destra del segno di uguaglianza e supponendo che sia $a \neq 0$, è possibile dividere ambo i membri per a, ottenendo:

$$x = -\frac{b}{a} \qquad [3]$$

$$3x + 4 = 0 \rightarrow 3x = -4 \rightarrow x = -\frac{4}{3}$$

Dalla [3] discende che un'equazione intera di primo grado in una incognita $ax + b = 0$ **ammette sempre una e una sola soluzione nell'ipotesi che sia $a \neq 0$**: in tal caso si dice che l'equazione è *determinata*. Se invece risulta $a = 0$, la [2] diventa:

$$0 \cdot x + b = 0 \quad \text{ossia:} \quad 0 \cdot x = -b$$

la quale risulta evidentemente **impossibile** se $b \neq 0$, **indeterminata** se $b = 0$.

- $3x + 3 = 4x - 10 \rightarrow -x = -13 \rightarrow x = 13$
  l'equazione è determinata;
- $\frac{x+1}{2} = x - \frac{2x+3}{4} \rightarrow \frac{2x+2}{4} = \frac{4x-2x-3}{4} \rightarrow 2x - 2x = -2 - 3 \rightarrow 0 \cdot x = -5$
  l'equazione è impossibile;
- $\frac{2x+5}{4} - 1 = \frac{x}{2} + \frac{1}{4} \rightarrow \frac{2x+5-4}{4} = \frac{2x+1}{4} \rightarrow 2x - 2x = +1 - 5 + 4 \rightarrow 0 \cdot x = 0$
  l'equazione è indeterminata.

Equazioni frazionarie di primo grado

La risoluzione delle equazioni frazionarie richiede di prestare attenzione alle condizioni di esistenza da porre affinché l'equazione non perda di significato e al fatto che tutte le soluzioni eventualmente trovate dovranno essere confrontate con le condizioni poste.

Per risolvere l'equazione:

$$\frac{x^2-3}{x+1} = x + \frac{2x}{x+1}$$

si comincia con il porre le condizioni per l'esistenza dei denominatori:

$$\text{C.E.:} \quad x + 1 \neq 0 \rightarrow x \neq -1$$

A questo punto, calcolando il denominatore comune e riducendo a forma intera (moltiplicando ambo i membri per il denominatore comune che, dopo aver posto le C.E. è sicuramente diverso da zero) si ha:

$$\frac{x^2-3}{x+1} = \frac{x^2+x+2x}{x+1} \rightarrow x^2 - 3 = x^2 + x + 2x \rightarrow x^2 - x^2 - 3x = 3 \rightarrow -3x = 3$$

per cui, dividendo per il coefficiente della x (ossia -3) si ottiene:

$$-3x = 3 \rightarrow x = -1$$

La soluzione trovata è evidentemente inaccettabile, in quanto contrasta con la condizione di esistenza posta all'inizio. Si conclude quindi che l'equazione data è impossibile.

12.4.3 | Equazioni di secondo grado

Equazioni incomplete di secondo grado

La forma normale di un'equazione di secondo grado è:

$$ax^2 + bx + c = 0$$

Assumendo che sia $a \neq 0$ (altrimenti si avrebbe un'equazione di primo grado), se uno degli altri due parametri, b oppure c, è nullo, l'equazione viene detta *incompleta*. Si distinguono tre casi:

1° caso: $c = 0$ (il termine noto è nullo) $\rightarrow$ l'equazione si dice *spuria*:

$$ax^2 + bx = 0 \xrightarrow[\text{in fattori}]{\text{scomponendo}} x \cdot (ax + b) = 0 \xrightarrow[\text{lamento del prodotto}]{\text{per la legge dell'annul-}} \begin{cases} x_1 = 0 \\ x_2 = -\dfrac{b}{a} \end{cases}$$

dove x_1 e x_2 indicano le **due** soluzioni (ossia il massimo numero di soluzioni previsto dal teorema fondamentale dell'algebra per una equazione di secondo grado).

Qualsiasi equazione intera priva di termine noto ammette la soluzione nulla $x = 0$.

2° caso: $b = 0$ $\rightarrow$ l'equazione si dice *pura*:

$$ax^2 + c = 0 \rightarrow x^2 = -\frac{c}{a} \xrightarrow[\text{brica di entrambi i membri}]{\text{estraendo la radice alge-}} x_{1,2} = \pm\sqrt{-\frac{c}{a}}$$

Per la realtà di tali soluzioni bisogna che sia $-\frac{c}{a} \geq 0$ $\rightarrow$ a e c discordi. In caso contrario, non esistono soluzioni reali.

3° caso: $b = 0$ e $c = 0$ $\rightarrow$ l'equazione viene detta *monomia*:

$$ax^2 = 0 \rightarrow x_{1,2} = 0 \text{ (soluzione doppia)}$$

Equazioni complete di secondo grado

Se nessuno dei tre parametri a, b e c si annulla, l'equazione si dice *completa*:

$$ax^2 + bx + c = 0$$

e le soluzioni sono date dalla *formula risolutiva*:

$$x_{1,2} = \frac{-b \pm \sqrt{b^2 - 4ac}}{2a}$$

Il segno del radicando $\Delta = b^2 - 4ac$ (detto *discriminante*) influenza la realtà delle radici:

- se $\Delta > 0$ $\rightarrow$ le radici sono reali distinte;
- se $\Delta = 0$ $\rightarrow$ le radici sono reali e coincidenti;
- se $\Delta < 0$ $\rightarrow$ non esistono radici reali.

- $2x^2 - 6x + 1 = 0 \xrightarrow{\text{applicando la formula}} x_{1,2} = \dfrac{6 \pm \sqrt{36-8}}{4} = \dfrac{6 \pm 2\sqrt{7}}{4} = \dfrac{3 \pm \sqrt{7}}{2}$
- $2x^2 - 8x + 8 = 0 \xrightarrow{\text{essendo } \Delta = 0} x_{1,2} = \dfrac{8 \pm \sqrt{64-64}}{4} = \dfrac{8 \pm 0}{4} = 2 \left(\begin{matrix}\text{soluzione} \\ \text{doppia}\end{matrix}\right)$
- $3x^2 - 5x + 4 = 0 \xrightarrow{\text{essendo } \Delta < 0} x_{1,2} = \dfrac{5 \pm \sqrt{25-48}}{6} = \dfrac{5 \pm \sqrt{-23}}{6} \left(\begin{matrix}\text{nessuna} \\ \text{soluzione}\end{matrix}\right)$

Se b è pari, si può usare la *formula ridotta*:

$$x_{1,2} = \frac{-b/2 \pm \sqrt{(b/2)^2 - ac}}{a} \xrightarrow{\text{se } k = b/2} x_{1,2} = \frac{-k \pm \sqrt{k^2 - ac}}{a}$$

Siamo ora in grado di rispondere al secondo quesito proposto all'inizio del capitolo.

Quesito II. Tra le coppie di equazioni proposte, le alternative C e D possono essere facilmente scartate: nel primo caso vengono già fornite le soluzioni e sono diverse, mentre nel secondo le equazioni sono una di primo e una di secondo grado, quindi necessariamente non possono essere equivalenti (lo stesso discorso non vale per la B in quanto la presenza del modulo all'interno dell'equazione di primo grado indica la possibile presenza di due soluzioni). Per quanto riguarda le restanti alternative, risolvendo le equazioni si ottiene:

A: $5x - 2 = 4x + 8 \rightarrow x = 10 ; x = 6$

B: $|x| = 1 \rightarrow x = \pm 1 ; x^2 = 1 \rightarrow x = \pm 1$

E: $4 - 2x = 10 \rightarrow x = -3 ; x = 3$

quindi la risposta corretta è la B.

CONOSCENZE SCIENTIFICHE

Equazioni frazionarie di secondo grado

Come per le equazioni frazionarie di primo grado, anche la risoluzione delle equazioni frazionarie di secondo grado richiede di prestare attenzione alle condizioni di esistenza da porre affinché i denominatori non si annullino e al fatto che tutte le soluzioni eventualmente trovate dovranno poi essere confrontate con le condizioni poste.

Per risolvere l'equazione:

$$\frac{3x-1}{x+1}-x=0$$

si calcola il denominatore comune, si pone la condizione di esistenza (ossia C.E.: $x \neq -1$) e si riduce a forma intera:

$$\frac{3x-1}{x+1}-x=0 \rightarrow -x^2+2x-1=0 \rightarrow x^2-2x+1=0 \rightarrow x_{1,2}=1\pm\sqrt{0}=1$$

L'equazione ha dunque due radici reali coincidenti: la soluzione è accettabile in quanto non contrasta con la condizione di esistenza.

Equazioni di grado superiore al secondo

Per risolvere tali equazioni occorre, in generale, scomporre in fattori per poi sfruttare la regola dell'annullamento del prodotto.

Data l'equazione di terzo grado $x^3-5x^2+4x=0$ si scompone in fattori con un raccoglimento a fattor comune e si applica la legge dell'annullamento del prodotto (§ 12.1.3):

$$x\cdot(x^2-5x+4)=0 \rightarrow \begin{cases} x_1=0 \\ x^2-5x+4=0 \end{cases} \xrightarrow{\text{applicando la formula}} \begin{cases} x_2=1 \\ x_3=4 \end{cases}$$

In altri casi, può essere utile effettuare un cambio di variabili: per esempio, un'equazione di quarto grado può diventare di secondo grado se contiene solo le potenze pari dell'incognita (in questo caso l'equazione viene detta *biquadratica*).

Data l'equazione di quarto grado $x^4-5x^2-36=0$, ponendo $t=x^2$ la si trasforma in un'equazione di secondo grado:

$$x^4-5x^2-36=0 \xrightarrow{\text{ponendo } t=x^2} t^2-5t-36=0$$

$$\rightarrow \begin{cases} t_1=-4 \rightarrow x^2=-4 \rightarrow \text{nessuna radice reale} \\ t_2=9 \rightarrow x^2=9 \rightarrow x_{1,2}=\pm 3 \end{cases}$$

12.4.4 | Proporzioni

L'uguaglianza tra due rapporti è detta proporzione.

Dati *a*, *b*, *c* e *d*, con $b\neq 0$ e $d\neq 0$, se $a/b=c/d$ si ha la proporzione:

$$a:b=c:d$$

che si legge: "*a* sta a *b* come *c* sta a *d*".
Terminologia:

a e *c* = *antecedenti* — *b* e *d* = *conseguenti*

a e *d* = *estremi* — *b* e *c* = *medi*

Vale la notevole relazione:

$$a\cdot d=b\cdot c$$

Il prodotto dei medi è uguale al prodotto degli estremi.

Esistono diversi tipi di problemi risolvibili mediante proporzioni.

Se 12 donne su 100 sono bionde, quante donne su 300 non sono bionde?
Si utilizza la proporzione:

$$12:100 = x:300 \rightarrow x = \frac{300 \cdot 12}{100} = 36$$

dove x indica il numero di **donne bionde** su 300. Il numero richiesto è allora:

$$300 - x = 264$$

12.4.5 | Sistemi di equazioni

L'insieme di due (o più) equazioni (nelle stesse incognite) delle quali si voglia trovare una soluzione comune **prende il nome di sistema di equazioni.**

Soluzione di un sistema

Risolvere un sistema significa trovare la soluzione comune alle due (o più) infinità di soluzioni delle singole equazioni che compongono il sistema.

L'insieme delle coppie di valori numerici che soddisfano contemporaneamente tutte le equazioni costituenti il sistema prende il nome di **soluzione** del sistema.

La soluzione di un sistema è contemporaneamente soluzione di ogni equazione costituente il sistema. Si tratta, in altre parole, di trovare l'intersezione fra gli insiemi delle soluzioni delle singole equazioni.

Grado di un sistema

Il grado di un sistema è il **prodotto dei gradi delle equazioni** che lo costituiscono.

$$\begin{cases} 3x + y = 1 & 1° \text{ grado} \\ 2xy + x = 0 & 2° \text{ grado} \end{cases} \rightarrow \text{è un sistema di 2° grado.}$$

I sistemi di primo grado vengono anche detti *sistemi lineari*.

$$\begin{cases} x - 2y = 0 & 1° \text{ grado} \\ 3x + 2y = 8 & 1° \text{ grado} \end{cases} \rightarrow \text{è un sistema di 1° grado, ossia lineare.}$$

Metodi risolutivi dei sistemi lineari

Esistono tre diversi metodi risolutivi dei sistemi di equazioni: *sostituzione*, *confronto* e *riduzione*. Per ognuno di questi si mostra la risoluzione *passo-passo* applicata al sistema:

$$\begin{cases} x - 2y = 0 \\ 3x + 2y = 8 \end{cases}$$

- **Sostituzione**: consiste nel ricavare da una delle equazioni (per esempio dalla prima) una delle incognite (per esempio la x), quindi sostituire l'espressione trovata nell'altra equazione.

$$\begin{cases} x = 2y \\ 3x + 2y = 8 \end{cases} \rightarrow \begin{cases} x = 2y \\ 3 \cdot (2y) + 2y = 8 \end{cases} \rightarrow \begin{cases} x = 2y \\ 8y = 8 \end{cases} \rightarrow \begin{cases} x = 2y \\ y = 1 \end{cases} \rightarrow \begin{cases} x = 2 \\ y = 1 \end{cases}$$

- **Confronto**: consiste nel risolvere entrambe le equazioni rispetto alla stessa incognita (per esempio la y), per poi confrontare le due espressioni trovate.

$$\begin{cases} x - 2y = 0 \\ 3x + 2y = 8 \end{cases} \rightarrow \begin{cases} y = x/2 \\ y = \dfrac{8 - 3x}{2} \end{cases} \rightarrow \begin{cases} y = x/2 \\ \dfrac{x}{2} = \dfrac{8 - 3x}{2} \end{cases} \rightarrow \begin{cases} y = x/2 \\ 4x = 8 \end{cases} \rightarrow \begin{cases} x = 2 \\ y = x/2 \end{cases} \rightarrow \begin{cases} x = 2 \\ y = 1 \end{cases}$$

CONOSCENZE SCIENTIFICHE

- **Riduzione**: consiste nel sommare (o sottrarre) membro a membro le due equazioni in modo da far "scomparire" una delle due incognite.

$$\begin{cases} x-2y = 0 \\ 3x+2y = 8 \end{cases} \rightarrow \begin{cases} x-2y = 0 \\ 3x+2y = 8 \end{cases}$$

$$4x+0 = 8 \rightarrow \begin{cases} 4x = 8 \\ x-2y = 0 \end{cases} \rightarrow \begin{cases} x = 2 \\ y = x/2 \end{cases} \rightarrow \begin{cases} x = 2 \\ y = 1 \end{cases}$$

Carattere dei sistemi lineari

Un sistema lineare (ossia un sistema di primo grado) può essere:

- possibile
  - determinato ⟷ una soluzione
  - indeterminato ⟷ infinite soluzioni
- impossibile ⟷ nessuna soluzione

Non esiste un sistema lineare con due o tre soluzioni.

Dato un sistema lineare di due equazioni in due incognite:

$$\begin{cases} a_1x+b_1y = c_1 \\ a_2x+b_2y = c_2 \end{cases}$$

è possibile stabilirne il carattere (ossia determinare se sia determinato, indeterminato o impossibile) ancora prima di risolverlo. Si possono presentare i seguenti tre casi:

1. $a_1/a_2 \neq b_1/b_2$ → il sistema è determinato (quindi risolubile tramite uno dei metodi appena mostrati);
2. $a_1/a_2 = b_1/b_2 = c_1/c_2$ → il sistema è indeterminato;
3. $a_1/a_2 = b_1/b_2 \neq c_1/c_2$ → il sistema è impossibile.

Il sistema $\begin{cases} 2x-y = 1 \\ 6x-3y = 2 \end{cases}$ è impossibile, infatti: $\frac{2}{6} = \frac{-1}{-3} \neq \frac{1}{2}$ (caso 3).

PARTE QUINTA

12.5 | Disequazioni

12.5.1 | Disuguaglianze e disequazioni

Una disuguaglianza tra due espressioni algebriche letterali **verificata solo per alcuni valori numerici assegnati alle lettere** prende il nome di **disequazione.**

Risolvere una disequazione significa trovare **tutti** i valori dell'incognita che la soddisfano.

Le soluzioni di una disequazione sono quindi **tutti** i valori dell'incognita (di solito infiniti) che, sostituiti nella disequazione, la rendono una disuguaglianza vera.

Le disequazioni vanno risolte in modo "tradizionale", poiché per esse il metodo della verifica non è applicabile.

Rappresentazione grafica della soluzione di una disequazione

Come si vedrà dai successivi esempi, in generale una disequazione è (a differenza di una equazione) verificata da una **infinità** di valori numerici, per esempio:

- da tutti i valori di x minori di un certo numero a, ossia $x < a$;
- da tutti i valori di x maggiori di un certo numero b, ossia $x > b$;
- da tutti i valori di x compresi tra due certi numeri c e d, ossia $c < x < d$.

Se tra i valori assunti dall'incognita si possono considerare anche i valori estremi, le tre scritture precedenti diventano rispettivamente $x \leq a$, $x \geq b$ e $c \leq x \leq d$. Nella pratica, è molto utile rappresentare *graficamente* la soluzione di una disequazione, indicando su di una retta (che rappresenta l'insieme di tutti i valori numerici reali) quali valori soddisfano la disequazione e quali no. Si osservino i seguenti tre esempi, dove le soluzioni sono individuate graficamente da segmenti:

$x > -1$ →

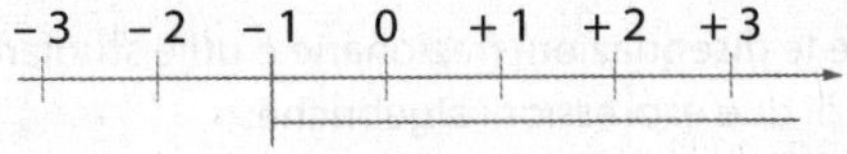

$x < +2$ →

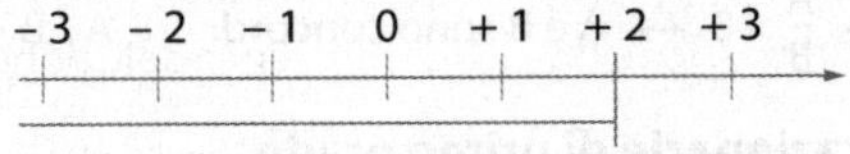

$-2 < x < +1$ →

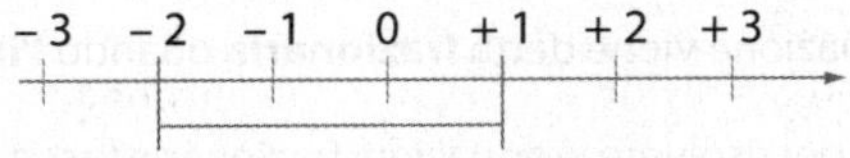

Disequazioni equivalenti

Due disequazioni si dicono *equivalenti* quando ammettono la **stessa soluzione.**

Come per le equazioni, anche per risolvere le disequazioni è importante conoscere i principi di equivalenza che consentono di trasformare una disequazione in un'altra a essa equivalente.

Aggiungendo ad ambedue i membri di una disequazione la medesima espressione algebrica si ottiene una disequazione equivalente a quella data.

$x - 3 > 0 \xrightarrow[\text{è equivalente a}]{\text{(sommando + 3)}} x > 3$ quindi, come per le equazioni, è possibile spostare un termine da un membro all'altro, purché lo si cambi di segno.

Moltiplicando o dividendo entrambi i membri di una disequazione per la medesima espressione algebrica sempre definita e sempre positiva si ottiene una disequazione dello stesso verso ed equivalente a quella data.

$2x > 3 \xrightarrow[\text{è equivalente a}]{\text{(dividendo per 2)}} x > \frac{3}{2}$: la disequazione mantiene lo stesso verso.

Moltiplicando o dividendo entrambi i membri di una disequazione per la medesima espressione algebrica sempre definita e sempre negativa si ottiene una disequazione di verso opposto ed equivalente a quella data.

$-5x > 7 \xrightarrow[\text{è equivalente a}]{\text{(dividendo per – 5)}} x < -\frac{7}{5}$: la disequazione cambia verso.

12.5.2 | Disequazioni di primo grado

Disequazioni intere di primo grado

Una disequazione intera di primo grado può sempre essere ricondotta (tramite le proprietà viste nel paragrafo precedente) a una delle due forme seguenti:

$$ax + b > 0 \quad \text{oppure} \quad ax + b < 0$$

Applicando ancora le proprietà viste nel paragrafo precedente si ha:

$$ax > -b \rightarrow \begin{cases} x > -\dfrac{b}{a} & \text{se } a > 0 \\ x < -\dfrac{b}{a} & \text{se } a < 0 \end{cases} \qquad \text{oppure} \quad ax < -b \rightarrow \begin{cases} x < -\dfrac{b}{a} & \text{se } a > 0 \\ x > -\dfrac{b}{a} & \text{se } a < 0 \end{cases}$$

- $2x+1>0 \rightarrow 2x>-1 \rightarrow x>-\frac{1}{2}$
- $3-4x<0 \rightarrow -4x<-3 \rightarrow x>+\frac{3}{4}$

Segno di un prodotto o di un quoziente

Prima di analizzare le disequazioni frazionarie è utile studiare come si comporta il segno di un prodotto o di un quoziente di due espressioni algebriche:

$$\mathrm{A} \cdot \mathrm{B} > 0 \leftrightarrow \frac{\mathrm{A}}{\mathrm{B}} > 0 \leftrightarrow \text{A e B sono concordi} \qquad \mathrm{A} \cdot \mathrm{B} < 0 \leftrightarrow \frac{\mathrm{A}}{\mathrm{B}} < 0 \leftrightarrow \text{A e B sono discordi}$$

Disequazioni frazionarie di primo grado

Una disequazione viene detta **frazionaria** quando **l'incognita compare a denominatore.**

Il metodo seguito per risolvere le equazioni frazionarie (ossia trovare le Condizioni di Esistenza, quindi eliminare i denominatori moltiplicando ambo i membri per il denominatore comune) non è purtroppo applicabile alle disequazioni in quanto, per poter moltiplicare per il denominatore comune, occorre tener conto del suo segno. Conviene procedere come nel seguente esempio.

Per risolvere una disequazione frazionaria, si comincia con il portare tutti i termini a primo membro, calcolando poi il denominatore comune e riducendo i termini simili:

$$\frac{2}{x-1} \geq -1 \rightarrow \frac{2}{x-1} + 1 \geq 0 \rightarrow \frac{2+x-1}{x-1} \geq 0 \rightarrow \frac{x+1}{x-1} \geq 0$$

Si cercano ora i valori di x che rendono concordi il numeratore e il denominatore. Per fare questo si deve *studiare il segno* di numeratore e denominatore: si comincia quindi con il cercare i valori di x che rendono *positivi* numeratore e denominatore (ricordandosi di scartare per quest'ultimo gli eventuali zeri):

$$\mathrm{N} \geq 0 \rightarrow x+1 \geq 0 \rightarrow x \geq -1$$
$$\mathrm{D} > 0 \rightarrow x-1 > 0 \rightarrow x > 1$$

Questi risultati vengono rappresentati graficamente nel seguente diagramma, dove il tratto continuo indica la positività, il tratteggio indica la negatività, il pallino nero indica che il valore $x = -1$ deve essere incluso dalla soluzione, mentre il pallino bianco indica che il valore $x = +1$ deve essere escluso dalla soluzione:

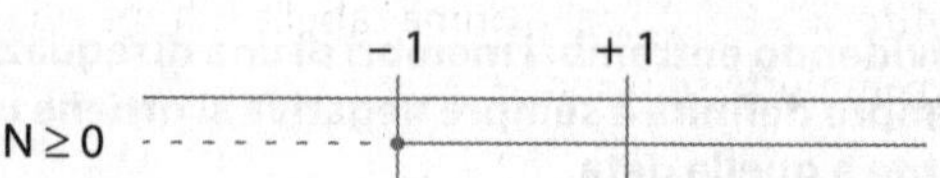

La soluzione cercata è quindi $x \leq -1$ e $x > 1$; infatti, in tali intervalli, c'è concordanza di segno fra il numeratore $(x + 1)$ e il denominatore $(x - 1)$.

12.5.3 | Disequazioni di secondo grado

Segno di un trinomio di secondo grado e disequazioni

Le disequazioni di secondo grado (in forma normale) si presentano nelle seguenti forme:

$$ax^2 + bx + c > 0 \quad \text{oppure} \quad ax^2 + bx + c < 0 \qquad [4]$$

Senza ledere la generalità si può assumere $a > 0$ (in caso contrario, è sufficiente moltiplicare entrambi i membri per – 1 e cambiare verso alla disequazione). In tale circostanza, risolvere una delle due disequazioni [4] equivale a *studiare il segno* del trinomio di secondo grado $ax^2 + bx + c$.

Sia $\Delta = b^2 - 4ac$ il discriminante del trinomio: sotto l'ipotesi $a > 0$ si presentano i tre casi riportati nella tabella seguente.

	Radici del trinomio $ax^2 + bx + c$	**$ax^2 + bx + c > 0$ è soddisfatta da:**	**$ax^2 + bx + c < 0$ è soddisfatta da:**
$\Delta > 0$	due radici distinte x_1 e x_2 con $x_1 < x_2$	$x < x_1$ e $x > x_2$	$x_1 < x < x_2$
$\Delta = 0$	due radici coincidenti $x_{1,2} = -b/2a$	$x \neq -b/2a$	non ammette soluzioni
$\Delta < 0$	nessuna radice reale	tutti i valori di x	non ammette soluzioni

Se la disequazione ammette l'uguaglianza (ossia non prevede una disuguaglianza stretta) e si presenta quindi in una delle seguenti forme:

$$ax^2 + bx + c \geq 0 \quad \text{oppure} \quad ax^2 + bx + c \leq 0$$

sempre sotto l'ipotesi $a > 0$ la tabella precedente diventa:

	Radici del trinomio $ax^2 + bx + c$	**$ax^2 + bx + c \geq 0$ è soddisfatta da:**	**$ax^2 + bx + c \leq 0$ è soddisfatta da:**
$\Delta > 0$	due radici distinte x_1 e x_2 con $x_1 < x_2$	$x \leq x_1$ e $x \geq x_2$	$x_1 \leq x \leq x_2$
$\Delta = 0$	due radici coincidenti $x_{1,2} = -b/2a$	tutti i valori di x	$x = -b/2a$
$\Delta < 0$	nessuna radice reale	tutti i valori di x	non ammette soluzioni

Disequazioni intere di secondo grado

Applicando quanto appena visto, risulta possibile risolvere le disequazioni intere di secondo grado.

Risolvere la disequazione $x^2 - x + 1 < 0$.
Essendo $\Delta = b^2 - 4ac = -3 < 0$, dalla prima tabella (ultima riga e ultima colonna) si ricava che la disequazione non ammette soluzioni.

Risolvere la disequazione $x^2 - 3x + 2 < 0$.
Le radici del trinomio sono $x_1 = 1$ e $x_2 = 2$, per cui la soluzione è costituita dalle x comprese tra 1 e 2. Nella prima tabella (prima riga e ultima colonna) si legge infatti: $x_1 < x < x_2 \rightarrow 1 < x < 2$

Risolvere la disequazione $-x^2 + 5x - 6 \leq 0$.
Dopo aver moltiplicato entrambi membri per – 1 e aver cambiato il verso della disuguaglianza (per rispettare la condizione $a > 0$), si ottiene la disequazione $x^2 - 5x + 6 \geq 0$. Le radici del trinomio a primo membro sono $x_1 = 2$ e $x_2 = 3$. La soluzione della disequazione è quindi (prima riga e penultima colonna della seconda tabella): $x \leq x_1$ e $x \geq x_2 \rightarrow x \leq 2$ e $x \geq 3$

CONOSCENZE SCIENTIFICHE

Disequazioni frazionarie di secondo grado

Per risolvere una disequazione frazionaria di secondo grado si procede allo studio del segno di numeratore e denominatore, per poi verificare dove i segni siano concordi o discordi a seconda del verso della disequazione di partenza.

Per risolvere la seguente disequazione frazionaria:

$$\frac{x^2-2x}{x^2-1}<0$$

si cercano i valori di x che rendono discordi il numeratore e il denominatore.

Per fare questo si studia il segno di numeratore e denominatore: si comincia sempre con il cercare i valori di x che rendono *positivi* numeratore e denominatore. Il numeratore ammette due radici reali e distinte (ossia $x_1 = 0$ e $x_2 = 2$) ed è quindi positivo per valori esterni (ossia $x < 0$ e $x > 2$). Il denominatore ammette anch'esso due radici reali e distinte (ossia $x_1 = -1$ e $x_2 = +1$) ed è positivo per valori esterni (ossia $x < -1$ e $x > +1$). In forma grafica:

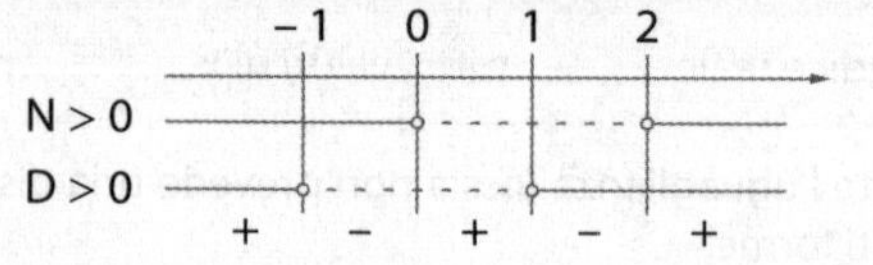

Negli intervalli (– 1, 0) e (1, 2) la frazione è negativa e la disequazione è quindi verificata: la soluzione cercata è pertanto $-1 < x < 0$ e $1 < x < 2$.

Disequazioni di grado superiore al secondo

Le disequazioni di grado superiore al secondo si risolvono scomponendo in fattori il polinomio (di grado superiore al secondo) nel prodotto di due o più fattori (di primo o secondo grado).

Risolvere la disequazione $x^3 - 5x^2 + 4x > 0$.
Effettuando un raccoglimento a fattore comune, si ottiene: $x \cdot (x^2 - 5x + 4) > 0$.
Studiando il segno dei singoli fattori si ricava:

1° fattore > 0 per $x > 0$

2° fattore > 0 per $x < 1$ e $x > 4$

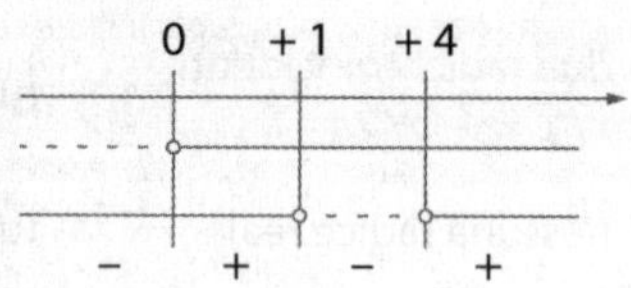

La soluzione della disequazione risulta dunque $0 < x < 1$ e $x > 4$.

12.6 | Logaritmi ed esponenziali

Per introdurre i logaritmi è opportuno iniziare dalla definizione di equazione esponenziale.

Un'equazione esponenziale è un'equazione in cui l'incognita compare all'esponente.

Indicati con *a* e *b* due numeri reali, l'equazione esponenziale *elementare* assume la forma:

$$a^x = b$$

La risoluzione consiste, quando ciò è possibile, nel trasformare *b* (il secondo membro) in una potenza di *a* (la base della potenza a primo membro), per poi trasformare l'uguaglianza fra potenze in una uguaglianza fra esponenti.

- $2^x = 1 \xrightarrow{\text{può essere riscritta nella forma}} 2^x = 2^0 \rightarrow x = 0$
- $5^x = \frac{1}{25} \xrightarrow{\text{può essere riscritta nella forma}} 5^x = 5^{-2} \rightarrow x = -2$
- $3^x = \sqrt[3]{9} \xrightarrow{\text{può essere riscritta nella forma}} 3^x = 9^{1/3} \rightarrow 3^x = 3^{2/3} \rightarrow x = 2/3$

La soluzione di una equazione esponenziale elementare esiste ed è unica se e solo se sono verificate le tre condizioni: $a > 0$, $a \neq 1$, $b > 0$.

Talvolta (come nel caso dell'equazione $2^x = 5$) non è possibile trasformare b in una potenza di a e l'equazione $a^x = b$ non sarebbe risolubile: è necessario utilizzare il concetto di logaritmo.

12.6.1 | Definizione di logaritmo

Data l'equazione esponenziale elementare $a^x = b$, si introduce la seguente definizione.

Dati due numeri positivi a e b (con $a \neq 1$), **si chiama logaritmo in base *a* del numero *b*** (detto anche *argomento*) **l'esponente da attribuire alla base *a* per ottenere il numero *b*.**

In simboli:

$$x = \log_a b \text{ se e solo se } a^x = b$$

- $\log_2 4 = 2 \leftrightarrow 2^2 = 4$
- $\log_3 81 = 4 \leftrightarrow 3^4 = 81$
- $\log_{1/2} 2 = -1 \leftrightarrow \left(\frac{1}{2}\right)^{-1} = 2^1 = 2$
- $\log_3 \frac{1}{9} = -2 \leftrightarrow (3)^{-2} = \frac{1}{3^2} = \frac{1}{9}$

Per la definizione precedente si può allora "risolvere" l'equazione $2^x = 5$, la cui soluzione è quindi $\log_2 5$: in realtà, l'introduzione del logaritmo non consente di risolvere in senso stretto l'equazione (ossia ricavare il valore numerico della radice), ma solo di scriverne la soluzione in forma esplicita utilizzando la nuova simbologia.

Dalla definizione di logaritmo derivano le seguenti proprietà.

Il logaritmo in base *a* dell'argomento *b* esiste se e solo se sono verificate le tre condizioni: $a > 0$, $a \neq 1$, $b > 0$. In particolare, **il logaritmo di un numero negativo non esiste nell'insieme dei numeri reali.**

Per esempio, se esistesse il logaritmo in base 2 del numero – 4 si avrebbe la seguente equazione esponenziale:

$$\log_2(-4) = x \leftrightarrow 2^x = -4$$

che è assurda in quanto la potenza di un numero positivo, qualsiasi sia l'esponente, non è mai negativa.

Il logaritmo dell'unità è sempre nullo, qualsiasi sia la base: $\log_a 1 = 0 \leftrightarrow a^0 = 1$

Il logaritmo della base è sempre uguale all'unità: $\log_a a = 1 \leftrightarrow a^1 = a$

- $\log_2 1 = 0 \leftrightarrow 2^0 = 1$
- $\log_5 1 = 0 \leftrightarrow 5^0 = 1$
- $\log_2 2 = 1 \leftrightarrow 2^1 = 2$
- $\log_5 5 = 1 \leftrightarrow 5^1 = 5$

12.6.2 | Segno del logaritmo

Se $a > 1$, il logaritmo di un numero positivo minore di 1 è negativo, mentre quello di un numero positivo maggiore di 1 è positivo.
Se $0 < a < 1$, il logaritmo di un numero positivo minore di 1 è positivo, mentre quello di un numero positivo maggiore di 1 è negativo.

- $\log_2 16 = 4 > 0$
- $\log_{1/2} 4 = -2 < 0$
- $\log_5 \frac{1}{25} = -2 < 0$
- $\log_{1/3} \frac{1}{27} = 3 > 0$

12.6.3 | Teoremi sui logaritmi

Il logaritmo del prodotto di due o più numeri positivi è uguale alla somma dei logaritmi dei singoli fattori.

$$\log_a bc = \log_a b + \log_a c$$

Il logaritmo del quoziente di due numeri positivi è uguale alla differenza fra il logaritmo del numeratore e quello del denominatore.

$$\log_a \frac{b}{c} = \log_a b - \log_a c$$

Il logaritmo della potenza di un numero positivo è uguale al prodotto dell'esponente per il logaritmo della base della potenza.

$$\log_a b^m = m \cdot \log_a b$$

Il logaritmo della radice di un numero positivo è uguale al prodotto del reciproco dell'indice per il logaritmo del radicando.

$$\log_a \sqrt[n]{b} = \frac{1}{n} \cdot \log_a b$$

Combinando gli ultimi due teoremi si ha:

$$\log_a \sqrt[n]{b^m} = \log_a b^{m/n} = \frac{m}{n} \log_a b$$

- $\log_a (3 \cdot 2) = \log_a 3 + \log_a 2$
- $\log_a (3/2) = \log_a 3 - \log_a 2$
- $\log_a 8 = \log_a 2^3 = 3 \cdot \log_a 2$
- $\log_a \sqrt{3} = \log_a 3^{1/2} = \frac{1}{2} \cdot \log_a 3$

Siamo ora in grado di rispondere al terzo quesito proposto all'inizio del capitolo.

Quesito III. Occorre analizzare singolarmente ciascuno dei due fattori a primo membro. Per il primo e il secondo fattore si ha rispettivamente:

$$\log_\alpha \alpha^2 = 2 \cdot \log_\alpha \alpha = 2$$

$$\log_{\alpha^2} \alpha = \log_{\alpha^2} (\alpha^2)^{1/2} = \frac{1}{2} \cdot \log_{\alpha^2} \alpha^2 = \frac{1}{2} \cdot 1 = \frac{1}{2}$$

quindi, considerando il prodotto fra questi due fattori, si ottiene:

$$(\log_\alpha \alpha^2) \cdot (\log_{\alpha^2} \alpha) = 2 \cdot \frac{1}{2} = 1$$

pertanto l'uguaglianza è sempre verificata, ma solo nel caso in cui la base α rispetti le condizioni di esistenza, ossia α sia positiva e diversa da uno (risposta **E**).

12.6.4 | Sistemi di logaritmi maggiormente utilizzati

L'insieme dei logaritmi di tutti i numeri positivi, rispetto alla stessa base *a*, prende il nome di *sistema dei logaritmi in base a*.

Esistono quindi infiniti sistemi di logaritmi, poiché infinite sono le possibili basi (ossia tutti i numeri *positivi* e *diversi da uno*).

Logaritmi decimali e logaritmi naturali

Tra gli infiniti sistemi di logaritmi, quelli più utilizzati sono i *logaritmi decimali* e i *logaritmi naturali*.

I **logaritmi decimali** hanno come base il numero 10 e si indicano nella forma[1]:

$$\text{Log } x \quad \text{equivalente a} \quad \log_{10} x$$

1. Per i logaritmi decimali si usa anche la simbologia: log *x*

PARTE QUINTA

I **logaritmi naturali** (o **neperiani**) hanno come base un numero irrazionale (detto numero di Eulero) indicato con la lettera *e*, il cui valore approssimato è:

$$e = 2{,}71828\ldots$$

I logaritmi naturali si indicano nella forma[1]:

$$\ln x \quad \text{equivalente a} \quad \log_e x$$

Passaggio da un sistema di logaritmi a un altro

Si supponga di conoscere il logaritmo in base *a* di un numero positivo *b* e di voler calcolare, dello stesso numero *b*, il logaritmo in un'altra base *c*. Si ponga $\log_c b = x$ da cui $c^x = b$.

Si calcoli il logaritmo in base *a* di quest'ultima espressione:

$$\log_a c^x = \log_a b \rightarrow x\log_a c = \log_a b \rightarrow x = \frac{\log_a b}{\log_a c}$$

per cui si perviene alla seguente formula:

$$\log_c b = \frac{\log_a b}{\log_a c}$$

Tale formula può essere utilizzata per passare dai logaritmi decimali a quelli naturali e viceversa:

$$\ln b = \frac{\operatorname{Log} b}{\operatorname{Log} e} \quad \text{e} \quad \operatorname{Log} b = \frac{\ln b}{\ln 10}$$

12.6.5 | Equazioni esponenziali

Un'equazione esponenziale è un'equazione in cui l'incognita compare come esponente di una potenza.

Per le equazioni esponenziali conviene utilizzare il "metodo della verifica".

Equazioni esponenziali particolari

Se l'equazione esponenziale non è nella forma $a^x = b$, si dovranno effettuare alcuni passaggi algebrici per ricondurre la risoluzione dell'equazione alla risoluzione di una o più equazioni elementari.

$$2^{3x-1} = 4^{x+1} \rightarrow 2^{3x-1} = 2^{2(x+1)} \rightarrow 3x-1 = 2(x+1) \rightarrow x = 3$$

È stato sufficiente osservare che la base della potenza al secondo membro (ossia 4) può essere vista come potenza della base del primo membro (ponendo semplicemente $4 = 2^2$).

$$a^{3+x} \cdot a^{\frac{1}{x}} = \frac{a^x}{a^2} \rightarrow a^{3+x+\frac{1}{x}} = a^{x-2} \rightarrow 3+x+\frac{1}{x} = x-2 \rightarrow x = -\frac{1}{5}$$

In questo secondo esempio sono state sfruttate le proprietà delle potenze in modo da trasformare ambo i membri in potenze della stessa base *a*.

In altri casi la risoluzione dell'equazione esponenziale viene ricondotta alla risoluzione di una equazione di secondo grado.

$$2^{2x} - 9 \cdot 2^x + 8 = 0 \xrightarrow{t=2^x} t^2 - 9t + 8 = 0 \rightarrow \begin{cases} t_1 = 1 \\ t_2 = 8 \end{cases}$$

A questo punto si risolvono le due equazioni esponenziali elementari:

$$\begin{cases} 2^x = t_1 \rightarrow 2^x = 1 \rightarrow 2^x = 2^0 \rightarrow x_1 = 0 \\ 2^x = t_2 \rightarrow 2^x = 8 \rightarrow 2^x = 2^3 \rightarrow x_2 = 3 \end{cases}$$

1. Per i logaritmi naturali si usa anche la simbologia: lg *x*

CONOSCENZE SCIENTIFICHE

12.6.6 | Equazioni logaritmiche

Un'equazione logaritmica è un'equazione in cui l'incognita compare nell'argomento di un logaritmo.

Anche per le equazioni logaritmiche conviene utilizzare il "metodo della verifica".

Per risolvere una equazione logaritmica si utilizzano i teoremi sui logaritmi: l'obiettivo è quello di trasformare ambo i membri in logaritmi nella stessa base, per poi trasformare l'uguaglianza fra logaritmi in una uguaglianza fra argomenti.

Risulta molto utile la seguente relazione:

$$n = n \cdot 1 = n \cdot \log_a a = \log_a a^n \rightarrow \boldsymbol{n = \log_a a^n}$$

Inoltre, poiché la risoluzione avviene nell'insieme dei numeri reali, occorre ricordarsi che **si devono sempre porre le condizioni di esistenza per tutti i logaritmi**.

Si consideri l'equazione $\log_2 x = 0$. C.E.: $x > 0$

Sostituendo il secondo membro con $\log_2 1$ (che è nullo) si ottiene:

$$\log_2 x = \log_2 1 \rightarrow x = 1$$

La soluzione è accettabile (rispetta la C.E.).

Si consideri l'equazione $\ln(x+1) = 3$. C.E.: $x + 1 > 0 \rightarrow x > -1$

Essendo $\ln e = 1$ si ha (applicando la relazione $n = \log_a a^n$):

$$3 = \ln e^3$$

per cui è possibile sostituire il secondo membro con $\ln e^3$, ottenendo:

$$\ln(x+1) = \ln e^3 \rightarrow x + 1 = e^3 \rightarrow x = e^3 - 1 > -1$$

La soluzione è accettabile (rispetta la C.E.).

12.7 | Geometria analitica

12.7.1 | Riferimento cartesiano e coordinate di un punto

Si fissino sul piano **due** rette orientate, fra loro *ortogonali*.

Le due rette orientate prendono il nome di **assi coordinati**: una delle due si chiamerà **asse delle *x*** o **asse delle ascisse**, mentre l'altra **asse delle *y*** o **asse delle ordinate.**

Il punto di intersezione fra i due assi prende il nome di *origine del sistema di riferimento* (generalmente indicata con O). I due assi dividono l'intero piano in quattro parti, convenzionalmente chiamate *quadranti* e numerate in senso antiorario.

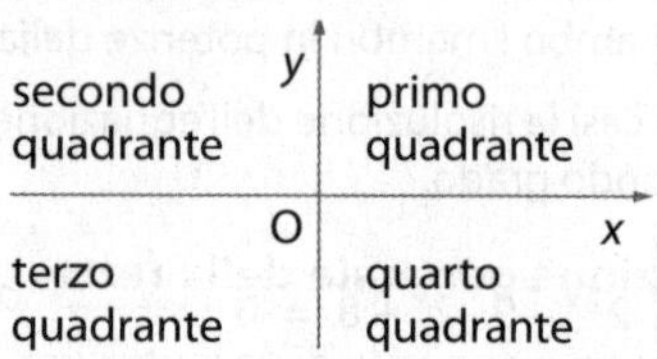

Si consideri ora un qualsiasi punto P del piano: da P si conducano le parallele ai due assi coordinati e siano A e B i loro punti di intersezione con l'asse delle *x* e delle *y* rispettivamente. Fissata una unità *u* su entrambi gli assi, siano *a* e *b* rispettivamente le misure dei segmenti orientati OA e OB, ossia:

$$\overline{OA} = a \qquad \overline{OB} = b$$

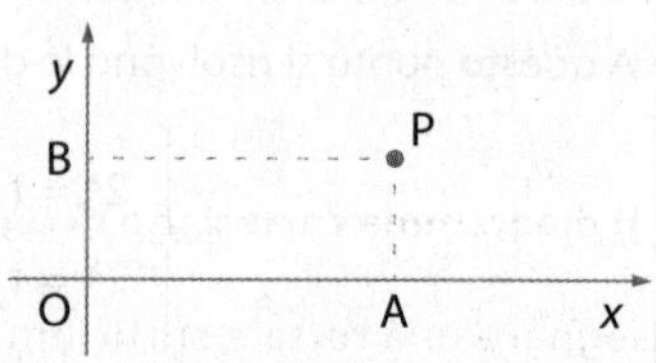

I due numeri *a* e *b* trovati prendono il nome di coordinate cartesiane ortogonali del punto P.

Più precisamente, a prende il nome di **ascissa** di P, b quello di **ordinata** di P.

In questo modo **a ogni punto del piano si associa una coppia di numeri reali.**

Vale anche il viceversa: data una coppia di numeri reali a e b, è sempre possibile determinare uno e un solo punto P che abbia per ascissa a e per ordinata b (si prende sull'asse x il segmento orientato OA di lunghezza a, sull'asse y il segmento orientato OB di lunghezza b e si conduce da A la parallela all'asse y e da B la parallela all'asse x: queste due rette si incontrano nel punto P cercato).

Si è così stabilita **una corrispondenza biunivoca tra i punti del piano e l'insieme delle coppie ordinate di numeri reali.**

Distanza tra due punti e coordinate del loro punto medio

Dati due punti A e B, di coordinate $(x_1; y_1)$ e $(x_2; y_2)$ rispettivamente, valgono le seguenti relazioni per calcolare la loro distanza e le coordinate del loro punto medio (ossia il punto medio del segmento avente A e B come estremi).

$$\overline{AB} = \begin{cases} |y_2 - y_1| & \text{se } x_1 = x_2 \\ |x_2 - x_1| & \text{se } y_1 = y_2 \\ \sqrt{(x_2 - x_1)^2 + (y_2 - y_1)^2} & \text{in generale} \end{cases}$$

$$\text{Punto medio: } M = \left(\frac{x_1 + x_2}{2}; \frac{y_1 + y_2}{2} \right)$$

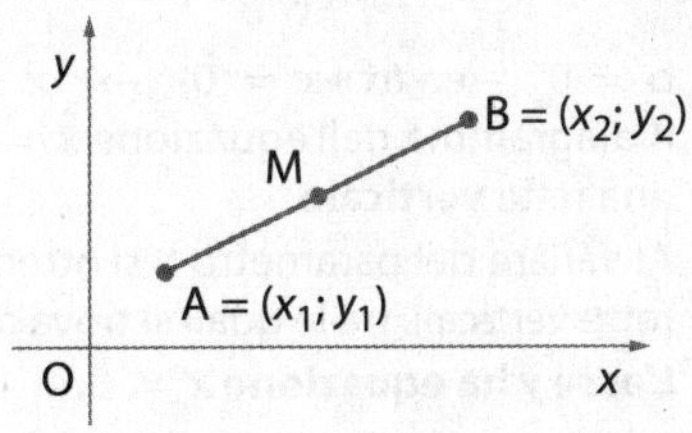

12.7.2 | Curve nel piano

Ogni equazione del tipo $F(x, y) = 0$ può essere rappresentata graficamente nel piano cartesiano: per questo motivo vale la seguente definizione.

Qualsiasi equazione in due incognite $F(x, y) = 0$ è detta anche **curva**.

Condizione di appartenenza

Un punto P di coordinate $(x_0; y_0)$ appartiene alla curva $F(x, y) = 0$ se e solo se le sue coordinate soddisfano l'equazione della curva, ossia se e solo se vale la seguente relazione:

$$F(x_0, y_0) = 0$$

Il punto $P = (2; 3)$ appartiene alla curva di equazione $4y - 5x - 2 = 0$ in quanto:

$$4 \cdot 3 - 5 \cdot 2 - 2 = 12 - 10 - 2 = 0$$

12.7.3 | Curve algebriche del primo ordine: le rette

Equazione generale della retta

La forma più generale di una equazione di primo grado in due incognite (detta anche equazione *lineare*) è la seguente:

$$ax + by + c = 0 \qquad [5]$$

Il diagramma cartesiano di una equazione lineare è una retta.

Per disegnare una retta è sufficiente determinare due soli punti appartenenti a essa. Si scelgono quindi arbitrariamente due valori "comodi" di una delle due variabili e (tramite l'equazione) si determinano i corrispondenti valori dell'altra variabile.

Casi particolari

Nell'equazione generale della retta [5]:

$$ax + by + c = 0$$

compaiono i tre parametri a, b, c i quali non sempre sono diversi da zero. Se uno dei tre parametri si annulla, si ha uno dei seguenti casi particolari.

1. $a = 0 \rightarrow by + c = 0 \rightarrow y = -c/b \rightarrow y = k$ (dove k indica una costante)
Il diagramma dell'equazione $y = k$ è rappresentato da una retta **orizzontale**.
Al variare del parametro k si ottengono tutte le possibili rette orizzontali, tra le quali si trova anche l'asse delle *x*.
L'asse *x* ha equazione *y* = 0.

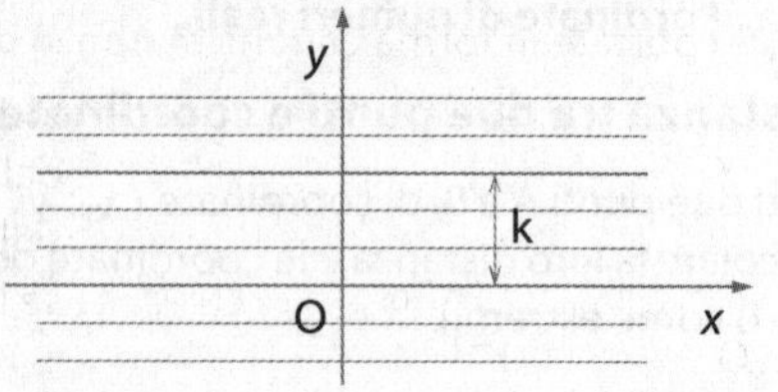

2. $b = 0 \rightarrow ax + c = 0 \rightarrow x = -c/a \rightarrow x = h$ (dove h indica una costante)
Il diagramma dell'equazione $x = h$ è rappresentato da una retta **verticale**.
Al variare del parametro h si ottengono tutte le possibili rette verticali, tra le quali si trova anche l'asse delle *y*.
L'asse *y* ha equazione *x* = 0.

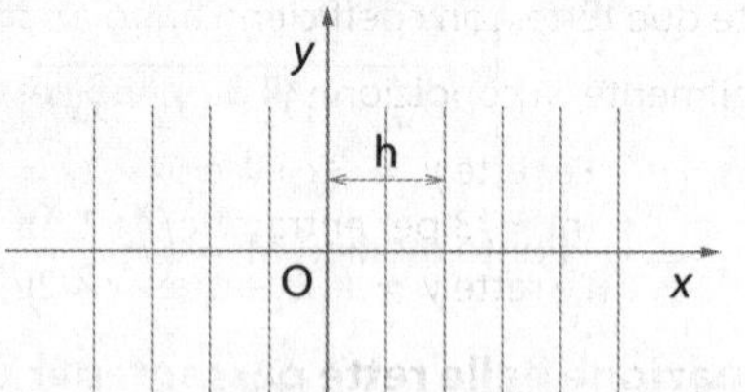

3. $c = 0 \rightarrow ax + by = 0$
Si tratta di una equazione sicuramente soddisfatta dalle coordinate dell'origine: in altre parole il punto O = (0; 0) sicuramente appartiene alla retta.
L'equazione $ax + by = 0$ rappresenta (al variare di a e b) un *fascio* di rette passanti per l'origine O = (0; 0).

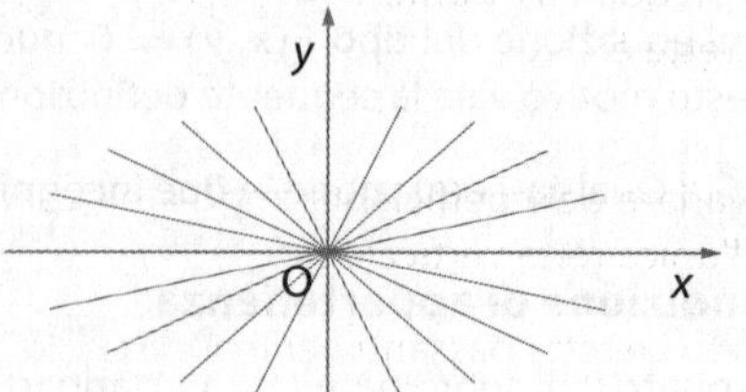

Quando il termine noto è nullo, la curva F (*x*, *y*) = 0 passa per l'origine qualunque sia la sua equazione (e il suo ordine).

Equazione canonica della retta e coefficiente angolare

L'equazione generale della retta (ossia $ax + by + c = 0$) è in forma implicita (si veda § 12.8.1); per esplicitarla si devono eseguire i seguenti passaggi, nell'ipotesi che sia $b \neq 0$:

$$ax + by + c = 0 \rightarrow by = -ax - c \rightarrow y = -\frac{ax}{b} - \frac{c}{b} \qquad [6]$$

Introducendo le seguenti definizioni:

$$-\frac{a}{b} = m \xrightarrow{\text{def}} \textbf{coefficiente angolare} \qquad -\frac{c}{b} = q \xrightarrow{\text{def}} \textbf{termine noto}$$

la [6] diventa:

$$y = mx + q$$

che prende il nome di **equazione canonica della retta**.

PARTE QUINTA

L'equazione generale $3x + 2y - 4 = 0$ diventa (in forma canonica) $y = -\frac{3}{2}x + 2$.

È di fondamentale importanza la seguente osservazione.

Mentre l'equazione generale $ax + by + c = 0$ rappresenta **tutte** le rette, l'equazione canonica $y = mx + q$ tralascia le rette verticali (parallele all'asse y) e **non** rappresenta dunque **tutte** le rette del piano (si è infatti posto $b \neq 0$ per passare da una equazione all'altra).

Data una retta di equazione $ax + by + c = 0$, **il** suo **coefficiente angolare è un indice di quanto la retta è inclinata rispetto all'asse x. Per le rette verticali** (le cui equazioni **non** possono essere portate in forma canonica) **non si definisce il coefficiente angolare.**

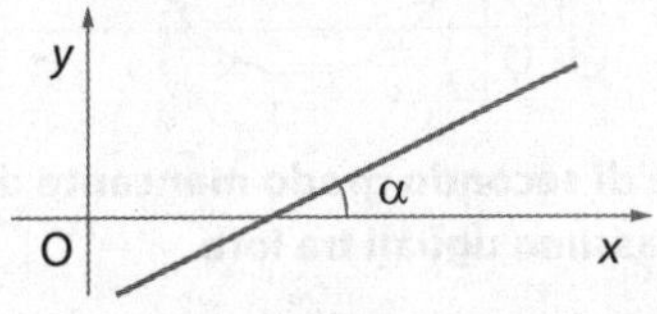

Indicando con α l'angolo orientato in senso antiorario formato dalla retta e dalla semiretta positiva delle ascisse, si ha che:

se l'angolo α è acuto (< 90°) → $m > 0$
se l'angolo α è ottuso (> 90°) → $m < 0$
se $\alpha = 0$ → $m = 0$

Rette parallele e perpendicolari

Date due rette, con coefficienti angolari m_1 e m_2, la **condizione di parallelismo** è: $m_1 = m_2$.
Similmente, la condizione di perpendicolarità è: $m_1 \cdot m_2 = -1$.

- Le rette $y = 3x + 1$ e $6x - 2y = 5$ sono parallele poiché hanno lo stesso coefficiente angolare ($m = 3$ per entrambe).
- Le rette $y = -2x + 1$ e $-x + 2y = 0$ sono invece perpendicolari.

Equazione delle rette passanti per uno o per due punti

Per un qualsiasi punto $P = (x_0; y_0)$ del piano passano infinite rette. L'equazione di una qualsiasi di queste rette è:

$$y - y_0 = m(x - x_0)$$

Al variare del coefficiente angolare m si ottengono tutte le possibili rette passanti per P (a esclusione dell'unica retta verticale).

Le rette passanti per il punto P (1; 2) hanno equazione: $y - 2 = m(x - 1)$.

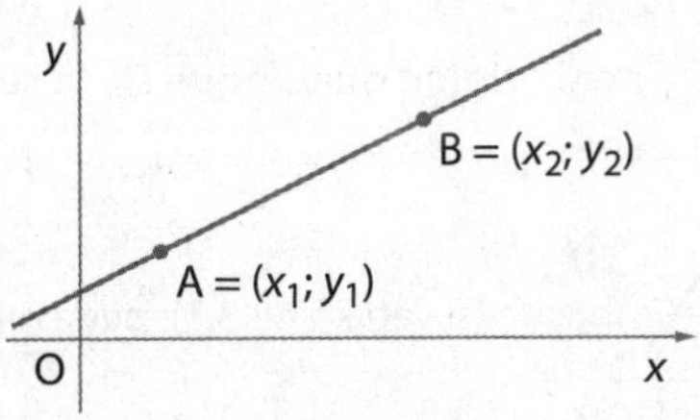

Siano dati ora due punti A e B (di coordinate $(x_1; y_1)$ e $(x_2; y_2)$ rispettivamente): l'equazione della retta passante per i due punti è data dalla formula seguente:

$$\frac{y - y_1}{y_2 - y_1} = \frac{x - x_1}{x_2 - x_1}$$

L'equazione della retta passante per A = (1; 2) e B = (2; 0) è: $\frac{y-2}{-2} = \frac{x-1}{2-1} \rightarrow y = -2x + 4$

Distanza di un punto da una retta

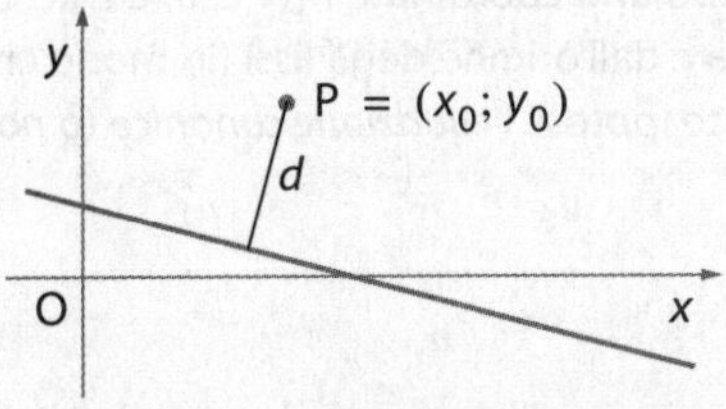

Data la retta $ax + by + c = 0$ e il punto $P = (x_0; y_0)$, la distanza d fra la retta e il punto è pari a:

$$d = \frac{|ax_0 + by_0 + c|}{\sqrt{a^2 + b^2}}$$

12.7.4 | Curve algebriche del secondo ordine: le coniche

Circonferenza

La circonferenza è il luogo geometrico dei punti del piano per i quali è costante la distanza da un punto fisso detto centro.

In base alla precedente definizione è possibile ricavare l'*equazione normale della circonferenza*:

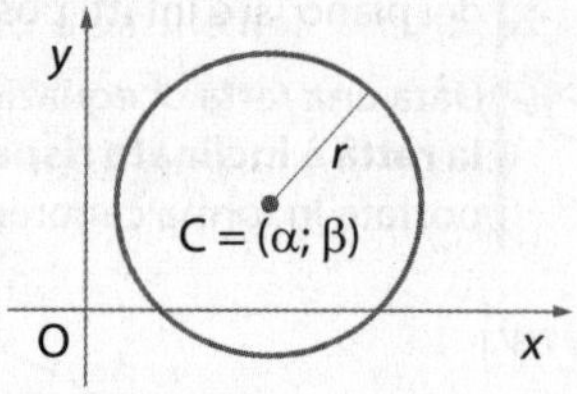

$$x^2 + y^2 + ax + by + c = 0$$

Se si moltiplica tale equazione per una costante k (diversa da zero) si ottiene l'*equazione generale della circonferenza*:

$$kx^2 + ky^2 + kax + kby + kc = 0$$

L'equazione generale della circonferenza è una equazione di secondo grado mancante del termine in *xy* e avente i coefficienti dei termini di grado massimo uguali tra loro.

Data l'equazione di una circonferenza, per trovare le coordinate del centro $C = (\alpha; \beta)$ e il raggio *r* si utilizzano le relazioni seguenti:

$$a = -2\alpha \;\rightarrow\; \alpha = -\frac{a}{2} \qquad b = -2\beta \;\rightarrow\; \beta = -\frac{b}{2}$$

$$c = \alpha^2 + \beta^2 - r^2 \;\rightarrow\; r = \sqrt{\alpha^2 + \beta^2 - c}$$

La circonferenza $x^2 + y^2 - 2x + 4y - 1 = 0$ ha centro $C(1; -2)$ e raggio $r = \sqrt{6}$, infatti:

$$C = (\alpha; \beta) \rightarrow \begin{cases} \alpha = -\frac{a}{2} = 1 \\ \beta = -\frac{b}{2} = -2 \end{cases} \rightarrow C = (1; -2)$$

$$r = \sqrt{\alpha^2 + \beta^2 - c} = \sqrt{1 + 4 + 1} = \sqrt{6}$$

Ellisse

L'ellisse è il luogo geometrico dei punti del piano per i quali è costante la somma delle distanze da due punti fissi detti fuochi.

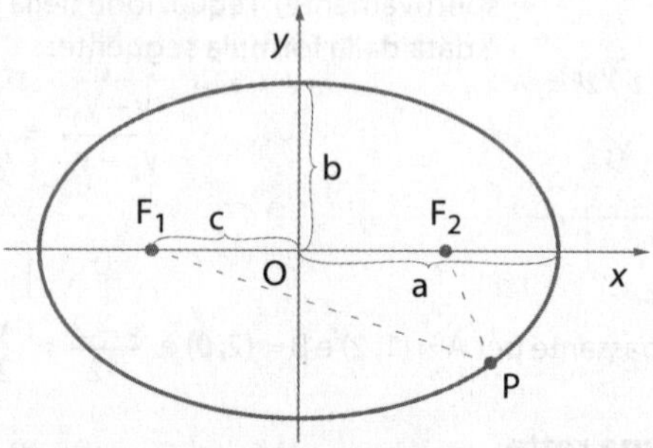

Si supponga (senza ledere la generalità) che i due fuochi F_1 e F_2 abbiano coordinate $F_1(-c; 0)$ e $F_2(c; 0)$, per cui i due fuochi si trovano sull'asse delle *x*, entrambi a distanza c dall'origine degli assi (in modo che l'origine stessa sia il punto medio del segmento F_1F_2); sotto queste ipotesi, l'*equazione canonica* (o *normale*) *dell'ellisse* è la seguente:

$$\frac{x^2}{a^2} + \frac{y^2}{b^2} = 1$$

PARTE QUINTA

Per le ellissi scritte in forma canonica si utilizza la seguente nomenclatura:

a = semiasse maggiore b = semiasse minore c = semidistanza focale

La relazione che lega i tre parametri a, b, c è la seguente:

$$c^2 = a^2 - b^2$$

L'eccentricità dell'ellisse è definita dal rapporto $e = c/a$. L'eccentricità dell'ellisse è un indice di quanto è "schiacciata". Essendo $a > c$, si ha $0 \le e < 1$.

La circonferenza è un'ellisse con eccentricità nulla: i due fuochi coincidono in un punto (il centro della circonferenza) e la loro distanza è $2c = 0$, ossia $c = 0$, il che implica $e = 0$.

Parabola

La parabola è il luogo geometrico dei punti del piano equidistanti da un punto fisso detto fuoco e da una retta fissa detta direttrice.

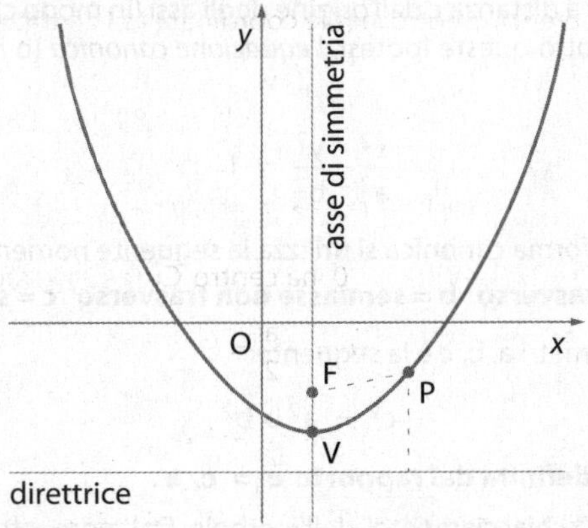

Si supponga che la direttrice sia una retta orizzontale (parallela all'asse delle x); allora, l'equazione generale della parabola risulta essere:

$$y = ax^2 + bx + c$$

Se nell'equazione $y = ax^2 + bx + c$ il **parametro a** (coefficiente numerico del termine di secondo grado) è **positivo**, la **concavità** della parabola è **rivolta verso l'alto**; viceversa, se il **parametro a è negativo, la concavità è rivolta verso il basso.**

Le coordinate del fuoco F e l'equazione della direttrice sono rispettivamente (con $\Delta = b^2 - 4ac$):

$$F = \left(-\frac{b}{2a}; -\frac{\Delta}{4a} + \frac{1}{4a}\right) \quad \text{e} \quad y = -\frac{\Delta}{4a} - \frac{1}{4a}$$

L'equazione dell'*asse di simmetria* (la retta ortogonale alla direttrice passante per il fuoco F) e le coordinate del vertice V (punto di intersezione tra la parabola e l'asse di simmetria) sono invece:

$$x = -\frac{b}{2a} \quad \text{e} \quad V = \left(-\frac{b}{2a}; -\frac{\Delta}{4a}\right)$$

La parabola $y = x^2 - 2x - 3$, con $\Delta = 16$, ha come direttrice la retta $y = -17/4$, le coordinate del fuoco sono $F(1; -15/4)$, l'equazione dell'asse è $x = 1$ e il vertice ha coordinate $V(1; -4)$.

Iperbole

✔ **L'iperbole è il luogo geometrico dei punti del piano per i quali è costante (in valore assoluto) la differenza delle distanze da due punti fissi detti fuochi.**

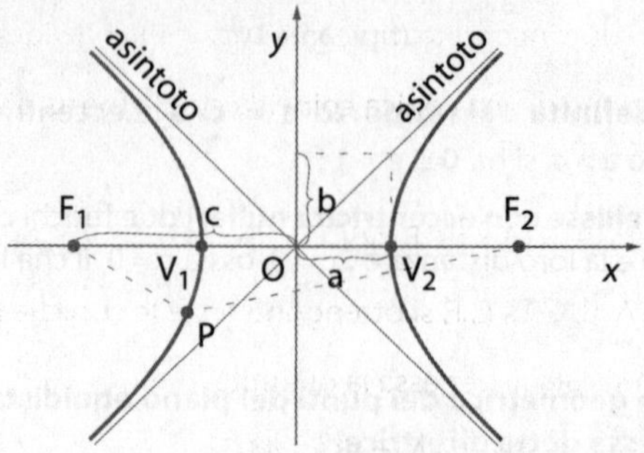

Si supponga ora che i due fuochi F_1 e F_2 abbiano coordinate $F_1(-c; 0)$ e $F_2(c; 0)$, per cui i due fuochi si trovano sull'asse delle *x*, entrambi a distanza c dall'origine degli assi (in modo che l'origine stessa sia il punto medio del segmento $\overline{F_1F_2}$): sotto queste ipotesi, l'*equazione canonica* (o *normale*) *dell'iperbole* è la seguente:

$$\frac{x^2}{a^2} - \frac{y^2}{b^2} = 1$$

✔ Per le iperboli scritte in forma canonica si utilizza la seguente nomenclatura:
a = semiasse trasverso b = semiasse non trasverso c = semidistanza focale

La relazione che lega i tre parametri a, b, c è la seguente:

$$c^2 = a^2 + b^2$$

L'eccentricità dell'iperbole è definita dal rapporto $e = c/a$.

L'eccentricità è un indice dello "schiacciamento" dell'iperbole. Dal momento che $a < c$, si ha $e > 1$.

✔ Quando una curva si avvicina indefinitamente a una retta, il suo comportamento viene detto **asintotico** e la retta in questione **asintoto della curva.**

Un'iperbole possiede sempre due asintoti; se la sua equazione è quella canonica, i due asintoti hanno equazioni:

$$y = \pm\frac{b}{a}x$$

⚙ Gli asintoti dell'iperbole di equazione $\frac{x^2}{16} - \frac{y^2}{9} = 1$ sono $y = \pm\frac{3}{4}x$.

Iperbole equilatera

✔ Un'iperbole si dice **equilatera** quando i suoi asintoti sono perpendicolari tra loro.

L'equazione canonica diventa $x^2 - y^2 = a^2$ e gli asintoti hanno equazioni $y = -x$ e $y = x$, ossia coincidono con le bisettrici degli assi coordinati.

Ruotando di 45° gradi il diagramma di una iperbole equilatera, gli asintoti vengono a coincidere con i due assi coordinati e il diagramma dell'iperbole è tutto contenuto nel primo e nel terzo quadrante.

L'equazione dell'iperbole equilatera diventa particolarmente semplice: $xy = k$.

✔ In questi casi si parla di **iperbole equilatera riferita ai propri asintoti,** in quanto gli asintoti coincidono con gli assi del sistema di riferimento cartesiano.

PARTE QUINTA

12.7.5 | Metodo pratico per il riconoscimento di una conica

Finora è stato affrontato il problema di trovare, data la definizione di una conica come luogo geometrico, la sua equazione (generale o canonica). In questo paragrafo si affronterà il problema opposto: data una equazione di secondo grado in due incognite (tipicamente x e y), individuare di che conica si tratta.

La forma più generale di equazione di una conica coincide con la forma più generale di equazione di secondo grado in due incognite:

$$F(x, y) = Ax^2 + Bxy + Cy^2 + Dx + Ey + F = 0$$

dove al variare dei coefficienti A, B, C, D, E, F, si ottengono tutte le coniche possibili.

Data l'equazione di una conica si calcoli per essa la quantità:

$$\Delta = B^2 - 4AC$$

Si possono presentare i seguenti tre casi.

1. Se $\Delta = B^2 - 4AC < 0$ allora la conica è un'ellisse; in particolare è una circonferenza se $A = C$ e $B = 0$;
2. se $\Delta = B^2 - 4AC = 0$ allora la conica è una parabola;
3. se $\Delta = B^2 - 4AC > 0$ allora la conica è un'iperbole; inoltre l'iperbole è equilatera se e solo se $A + C = 0$.

Data la conica di equazione $3y^2 + 2x - y + 1 = 0$, di che conica si tratta?
Essendo $A = 0$, $B = 0$ e $C = 3$ si ha $\Delta = 0$, quindi la conica è una parabola.

Data la conica di equazione: $2x^2 - 4y^2 - 3x - 5 = 0$, di che conica si tratta?
Essendo $A = 2$, $B = 0$ e $C = -4$ si ha $\Delta = +32 > 0$, quindi la conica è una iperbole: essendo poi $A + C = 2 - 4 = -2 \neq 0$, l'iperbole non è equilatera.

12.7.6 | Proporzionalità diretta e inversa fra grandezze

Tra due variabili x e y vi è **proporzionalità diretta** se il loro **rapporto** è costante:

$$\frac{y}{x} = k \leftrightarrow y = k \cdot x$$

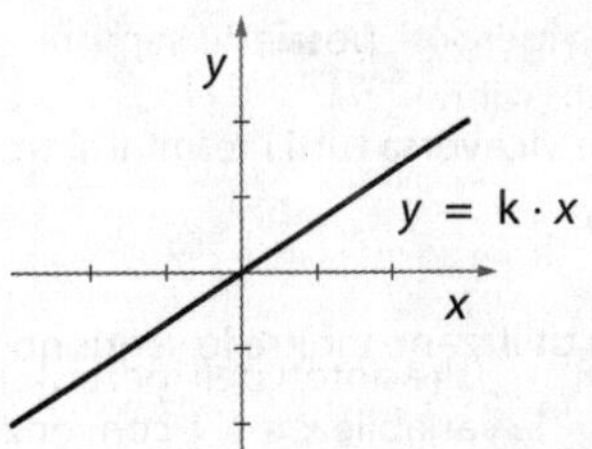

dove k indica una costante.
La rappresentazione grafica della proporzionalità diretta è una retta passante per l'origine e con inclinazione (coefficiente angolare) pari a k.
Tra due variabili x e y vi è invece **proporzionalità inversa** se il loro **prodotto** è costante:

$$x \cdot y = k \leftrightarrow y = \frac{k}{x}$$

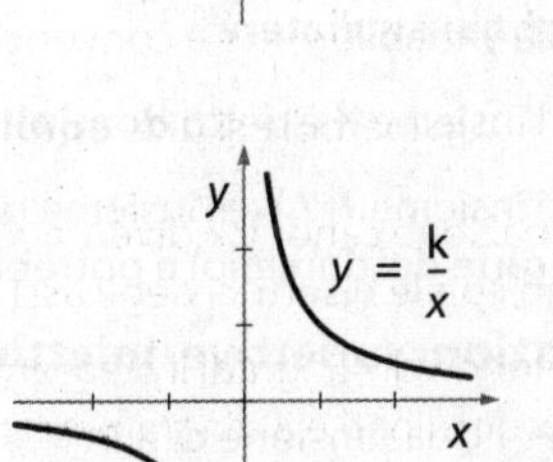

dove ancora k indica una costante.
La rappresentazione grafica della proporzionalità inversa è una iperbole equilatera riferita ai propri asintoti. In altre parole, *la curva è asintotica agli assi coordinati*: nel caso di k positivo, al crescere di una delle due variabili (per esempio, la x), l'altra (la y) deve necessariamente decrescere (per mantenere costante il prodotto) facendo quindi in modo che la curva si avvicini sempre di più all'asse (delle x).

12.8 | Funzioni

12.8.1 | Definizione di funzione

Lo studio di diversi fenomeni della natura e la risoluzione di svariati problemi tecnici e matematici porta a considerare alcune grandezze **variabili** (convenzionalmente indicate in matematica con le lettere $x, y, z, \dots$) e altre grandezze **costanti** (convenzionalmente indicate in matematica con le lettere a, b, c, …). In molti casi, la variazione di una grandezza (sia essa un tempo, una lunghezza, una superficie, una temperatura…) è legata alla variazione di un'altra grandezza.

La lunghezza di una circonferenza y è legata alla lunghezza del raggio x dalla seguente formula:

$$y = 2\pi x$$

In questi casi, ossia quando la variazione della grandezza y è legata alla variazione della grandezza x, si dice che y è **funzione** della variabile x.

Una funzione è quindi una relazione che lega due grandezze variabili in modo che, assegnati valori arbitrari a una di esse (variabile indipendente)**, risultino univocamente determinati i corrispondenti valori dell'altra** (variabile dipendente).

In pratica il concetto di funzione coincide con quello di **corrispondenza univoca**: la definizione corretta di funzione è infatti la seguente.

Dati due insiemi non vuoti X e Y, si chiama **funzione** (o **applicazione**) da X in Y una qualsiasi legge che fa corrispondere a **ogni** elemento x di X **uno e un solo** elemento y di Y: quest'ultimo elemento y viene detto **immagine** di x.

Le notazioni più utilizzate per indicare una funzione da X in Y sono le seguenti:

$$y = f(x); \quad f{:}X \to Y; \quad X \xrightarrow{f} Y$$

Una funzione è rappresentata da una equazione che stabilisce il legame tra la variabile indipendente (generalmente indicata con x) **e la variabile dipendente** (generalmente indicata con y).

Se l'equazione è risolta rispetto a una delle due variabili (di norma, la variabile dipendente y), essa viene detta *in forma esplicita*:

$$y = f(x)$$

Se viceversa tutti i termini si trovano a primo membro, l'equazione viene detta *in forma implicita*:

$$F(x, y) = 0$$

Si utilizzano inoltre le seguenti notazioni:

- la variabile $x \in X$ è convenzionalmente detta **variabile indipendente**;
- la variabile $y \in Y$ è convenzionalmente detta **variabile dipendente**;
- l'insieme X è detto **dominio** (o **campo di esistenza**) della funzione;
- l'insieme $f(X)$ è l'insieme delle immagini di tutti gli elementi di X, viene detto **codominio** (o **immagine** del dominio) e potrebbe non coincidere con l'intero insieme Y: $f(X) \subseteq Y$.

Funzioni suriettive, iniettive e biettive

Una funzione di X in Y si dice **suriettiva** quando **ogni elemento di Y è immagine di almeno un elemento di X**.

In simboli:

$$f(X) = Y$$

Infatti, ogni elemento di Y non è necessariamente l'immagine di un elemento di X: vi può essere un elemento di Y che non è immagine di alcun elemento di X.

Si considerino i due insiemi X = {1, 2, 3} e Y = {1, 2, 4, 6} e la funzione:

$$y = 2x$$

allora $f(X) = \{2, 4, 6\}$: si tratta quindi di un sottoinsieme proprio di Y e la funzione **non** è suriettiva.

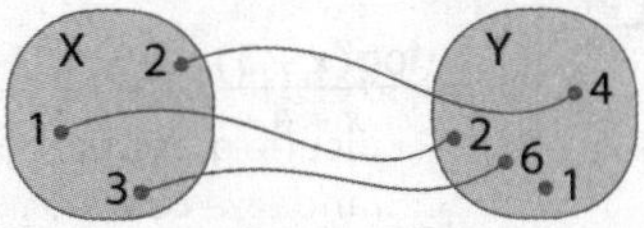

Una funzione di X in Y si dice **iniettiva** se **a elementi distinti di X fa corrispondere elementi distinti di Y.**

In simboli:

$$\text{se } x_1 \neq x_2 \text{ allora } f(x_1) \neq f(x_2)$$

Infatti, un elemento di $f(X)$ potrebbe essere l'immagine di più di un elemento di X.

Sia X = {– 1, 1, 2}, Y = {1, 2} e:

$$y = |x|$$

allora $f(X) = \{1, 2\}$ e l'elemento $y = 1$ è immagine di due elementi distinti di X (ossia $x = 1$ e $x = -1$) e la funzione **non** è iniettiva.

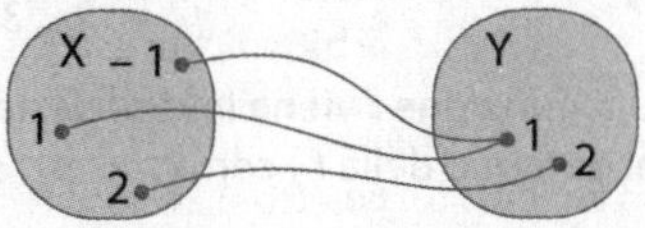

Una funzione di X in Y che sia **contemporaneamente iniettiva e suriettiva** si dice **biettiva** o **biunivoca.**

Campo di esistenza

Il campo di esistenza (o **dominio**) di una funzione **è l'insieme dei valori della variabile indipendente per cui la funzione risulta definita.**

Nel seguito si riportano i campi di esistenza per le principali tipologie di funzioni.

1. **Funzioni razionali intere**: esistono per ogni valore reale della x.

   $y = x + 2$: esiste per ogni $x \rightarrow$ C.E.: $\mathbb{R}$ (dove $\mathbb{R}$ indica l'insieme dei numeri reali)

2. **Funzioni razionali frazionarie**: il denominatore deve essere diverso da zero.

   $y = \dfrac{x+3}{x+2}$: esiste per $x \neq -2 \rightarrow$ C.E.: $x \neq -2$

3. **Funzioni irrazionali**: se l'indice della radice è pari, il radicando deve essere non negativo.

   $y = \sqrt{x+2}$: esiste per $x \geq -2 \rightarrow$ C.E.: $x \geq -2$

4. **Funzioni esponenziali:** esistono per ogni valore della x.

   - $y = 3^x$ esiste per ogni $x \rightarrow$ C.E.: $\mathbb{R}$

5. **Funzioni logaritmiche:** l'argomento dei logaritmi deve essere positivo.

   - $y = \log(x+2)$ esiste per $x > -2 \rightarrow$ C.E.: $x > -2$

Trovare il campo di esistenza di una funzione significa in generale risolvere una disequazione (o un sistema di disequazioni).

- $y = \sqrt{x+1} \rightarrow x + 1 \geq 0 \rightarrow$ C.E.: $x \geq -1$
- $y = \dfrac{1}{x} \rightarrow x \neq 0 \rightarrow$ C.E.: $x \neq 0$
- $y = \log(x-1) \rightarrow x - 1 > 0 \rightarrow$ C.E.: $x > 1$

È chiaro che si possono presentare delle combinazioni dei casi visti: in questi casi si deve ricorrere a **sistemi di disequazioni**.

$$y = \frac{\log(x+3)}{x-4} \cdot \sqrt{x-7} \rightarrow \begin{cases} x+3>0 \\ x-4 \neq 0 \\ x-7 \geq 0 \end{cases} \rightarrow \begin{cases} x>-3 \\ x \neq 4 \\ x \geq 7 \end{cases} \rightarrow \text{C.E.: } x \geq 7$$

Funzioni crescenti e decrescenti

Una funzione *f* viene detta **crescente** se, comunque scelti due elementi x_1 e x_2 (appartenenti al dominio della *f*) con $x_1 < x_2$, si ha:

$$f(x_1) < f(x_2)$$

In altre parole, al crescere di *x* cresce anche il valore di $f(x)$.

Per esempio, la funzione $y = 5x$ è crescente:

$$2 < 3 \rightarrow f(2) < f(3) \quad \text{infatti: } f(2) = 10 < f(3) = 15$$

Una funzione *f* viene invece detta **decrescente** se, comunque scelti due elementi x_1 e x_2 (appartenenti al dominio della *f*) con $x_1 < x_2$, si ha:

$$f(x_1) > f(x_2)$$

In altre parole, al crescere di *x* decresce il valore di $f(x)$.

Funzioni pari e dispari

Una funzione *f* viene detta **pari** se, comunque scelto un elemento *x* (appartenente al dominio della funzione *f*) si ha:

$$f(x) = f(-x)$$

Per esempio, la funzione $f(x) = x^2$ è una funzione pari: $f(4) = f(-4) = 16$.

Una funzione *f* viene invece detta **dispari** se, comunque scelto un elemento *x* (appartenente al dominio della *f*) si ha:

$$f(-x) = -f(x)$$

Per esempio, la funzione $f(x) = x^3$ è una funzione dispari: $f(-4) = -f(4) = -64$.

Funzioni periodiche

Una funzione $y = f(x)$ si dice **periodica** di periodo T quando vale la relazione:

$$f(x) = f(x + k\text{T}) \quad \forall x \in \mathbb{R} \text{ e } \forall k \in \mathbb{Z}$$

Più semplicemente, **una funzione è periodica quando il suo grafico si ripete periodicamente.**

Massimi e minimi

Si definisce **massimo** (o **minimo**) assoluto di una funzione *f* **il più grande** (o **il più piccolo**) dei valori che essa assume. In altre parole la funzione *f* ha un massimo assoluto se esiste un valore x_1 (appartenente al dominio di *f*) tale che comunque scelto un elemento *x* (sempre appartenente al dominio di *f*) si abbia:

$$f(x_1) \geq f(x)$$

e ha un minimo assoluto se esiste un valore x_2 (appartenente al dominio di *f*) tale che:

$$f(x_2) \leq f(x)$$

La funzione $y = -x^2 + 5x - 4$ (parabola con a > 0) ha un massimo in corrispondenza del vertice:

$$\text{V} = \left(-\frac{\text{b}}{2\text{a}}; -\frac{\Delta}{4\text{a}}\right) = \left(\frac{5}{2}; \frac{9}{4}\right)$$

PARTE QUINTA

Funzioni composte

Se $z = f(x)$ e $y = g(z)$ sono due funzioni tali che il codominio della *f* è contenuto nel dominio della *g*, la funzione $y = g[f(x)]$ si dice **composta** mediante la *f* e la *g*.

La funzione composta, ottenuta applicando *prima* la *f* e *poi* la *g*, viene anche indicata anche con la scrittura $y = (g \bullet f)(x)$, dove il simbolo "$\bullet$" è il simbolo della composizione tra funzioni.

Chiamando *h* la funzione composta, si ha il seguente diagramma:

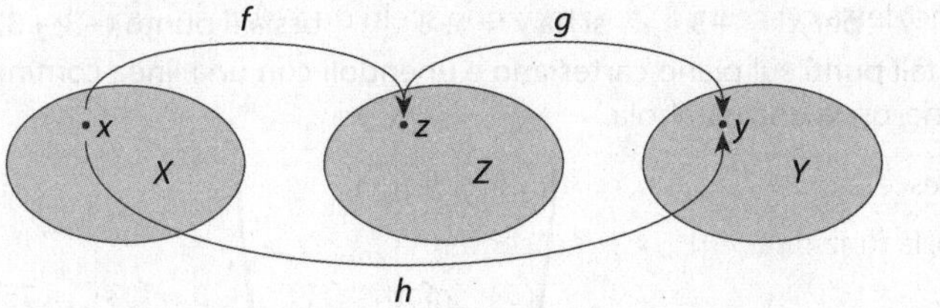

ossia, in simboli:

$$y = h(x) = g[f(x)] = (g \bullet f)(x)$$

Una funzione composta è anche detta *funzione di funzione*.

La funzione $y = \log(\sqrt{x})$ è composta dalle funzioni $z = \sqrt{x}$ e $y = \log z$.

In generale risulta $g \bullet f \neq f \bullet g$ ossia **le due funzioni non sono commutabili**.

Si considerino, per esempio, le due funzioni $f(x) = 2x$ e $g(x) = x^2$. Si ha:

$$(g \bullet f)(x) = g[f(x)] = (2x)^2$$

e

$$(f \bullet g)(x) = f[g(x)] = 2x^2$$

La composizione di funzioni, pur non essendo commutativa, è invece **associativa**.

Attenzione a non confondere la composizione di funzioni con il prodotto di funzioni.

$y = \log(\sqrt{x})$ è una funzione composta, $y = \log x \cdot \sqrt{x}$ è un prodotto di funzioni.

12.8.2 | Rappresentazione grafica delle funzioni

Come si è visto, una qualsiasi funzione stabilisce un legame tra la variabile indipendente (generalmente indicata con *x*) e la variabile dipendente (generalmente indicata con *y*) espresso in termini algebrici attraverso un'equazione: tramite le coordinate cartesiane (§ 12.7.1) è possibile anche *rappresentare graficamente* le funzioni.

Si consideri la funzione: $y = f(x)$. Per ogni valore della variabile indipendente *x* è possibile calcolare il corrispondente valore della variabile dipendente *y*: qualsiasi coppia di valori (x, y), ossia $(x, f(x))$, così ottenuta è una coppia ordinata di numeri reali e come tale può essere rappresentata in un sistema di riferimento cartesiano ortogonale (in quanto alla coppia ordinata corrisponde uno e un solo punto del piano).

Rappresentando sul piano cartesiano tutti i possibili punti $(x; f(x))$ si ottiene una **curva** che prende il nome di **diagramma** (o **grafico**) **della funzione**.
Ogni funzione del tipo $y = f(x)$ può quindi essere rappresentata graficamente nel piano cartesiano.

CONOSCENZE SCIENTIFICHE

Si consideri la funzione: $y = x^2 - 1$. Scegliendo arbitrariamente alcuni valori per la x si possono determinare le seguenti coppie ordinate:

per $x = -3$	si ha $y = +8$	ossia il punto $(-3; +8)$;
per $x = -2$	si ha $y = +3$	ossia il punto $(-2; +3)$;
per $x = -1$	si ha $y = 0$	ossia il punto $(-1; 0)$;
per $x = 0$	si ha $y = -1$	ossia il punto $(0; -1)$;
per $x = +1$	si ha $y = 0$	ossia il punto $(+1; 0)$;
per $x = +2$	si ha $y = +3$	ossia il punto $(+2; +3)$;
per $x = +3$	si ha $y = +8$	ossia il punto $(+3; +8)$.

Riportando tali punti sul piano cartesiano e unendoli con una linea continua, si ottiene il grafico della funzione, ossia una parabola.

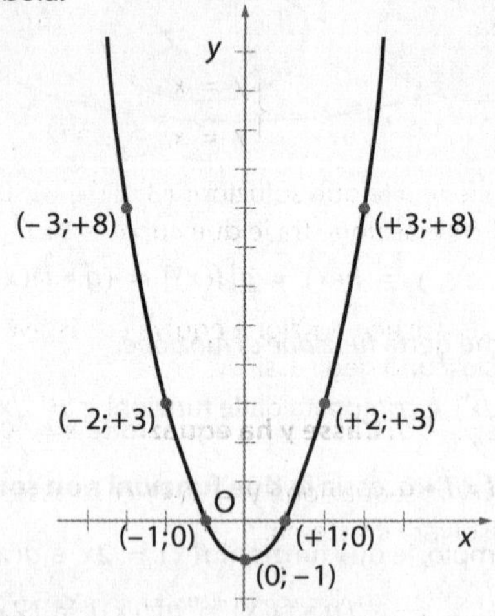

Ovviamente il grafico di una funzione riflette le caratteristiche algebriche della funzione stessa: per esempio, **il grafico di una funzione pari risulta simmetrico rispetto all'asse delle *y***, mentre **il grafico di una funzione dispari risulta simmetrico rispetto all'origine degli assi**. Similmente i punti di massimo e minimo (assoluti) sono rispettivamente il punto più alto e quello più basso del grafico.

Inoltre, poiché una funzione è una relazione univoca da X in Y (in quanto fa corrispondere a ogni elemento *x* di X **uno e un solo** elemento *y* di Y), **un qualsiasi diagramma rappresenta il grafico di una funzione se e solo se il diagramma è unisecato** (ossia intersecato una sola volta) **dalle rette verticali.**

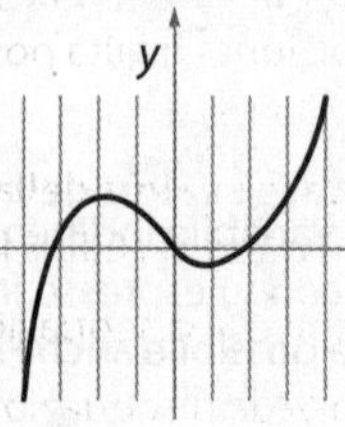

È una funzione

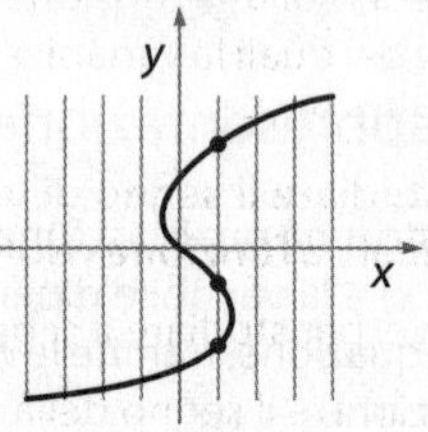

Non è una funzione

Condizione di appartenenza

Come già visto (§ 12.7.2), un punto P di coordinate $(x_0; y_0)$ appartiene al diagramma della funzione $y = f(x)$ se e solo se le sue coordinate soddisfano l'equazione della curva, ossia se e solo se vale la relazione $y_0 = f(x_0)$.

Il punto $P = (2; 3)$ appartiene alla curva di equazione $y = 2x - 1$ in quanto:

$$3 = 2 \cdot 2 - 1$$

Intersezione tra curve

Date due curve $y = f(x)$ e $y = g(x)$ si consideri un loro (eventuale) punto di intersezione $P = (x_0; y_0)$. Per la condizione di appartenenza, P deve appartenere contemporaneamente a entrambe le curve, ossia soddisfare contemporaneamente entrambe le equazioni; le coordinate del punto P saranno allora le soluzioni del sistema:

$$\begin{cases} y = f(x) \\ y = g(x) \end{cases}$$

Le coordinate del punto di intersezione di due curve sono la soluzione del sistema formato dalle equazioni delle due curve.

Gli eventuali punti di intersezione fra le curve di equazione $y = x - 1$ e $y = x^2 - 3x + 2$ si trovano risolvendo il sistema:

$$\begin{cases} y = x - 1 \\ y = x^2 - 3x + 2 \end{cases}$$

In questo modo si perviene alle due soluzioni $(3; 2)$ e $(1; 0)$ che quindi rappresentano le coordinate dei due punti di intersezione fra le due curve date.

Intersezioni con gli assi

Trovare le intersezioni con gli assi di una funzione equivale a risolvere il sistema fra l'equazione della funzione stessa e l'equazione di ciascuno degli assi.

L'asse *x* ha equazione $y = 0$. L'asse *y* ha equazione $x = 0$.

Trovare le intersezioni della curva di equazione $y = f(x)$ con l'asse *x* (ossia trovare i cosiddetti "zeri" della funzione) equivale quindi a risolvere il sistema:

$$\begin{cases} y = f(x) \\ y = 0 \end{cases} \xrightarrow{\text{applicando il metodo del confronto}} \begin{cases} f(x) = 0 \\ y = 0 \end{cases}$$

Analogamente, trovare l'intersezione della curva $y = f(x)$ con l'asse *y* equivale a risolvere il sistema:

$$\begin{cases} y = f(x) \\ x = 0 \end{cases}$$

Segno di una funzione

Studiare il segno di una funzione $y = f(x)$ significa trovare i valori della variabile indipendente *x* in corrispondenza dei quali la variabile *y* (ossia il valore assunto dalla funzione) risulta positiva, nulla o negativa rispettivamente.

Per studiare il segno di una funzione è sufficiente ricercare i valori della *x* in corrispondenza dei quali la funzione risulta positiva o nulla: in tutti gli altri punti del C.E. la funzione sarà negativa.

In altre parole, per studiare il segno della funzione $y = f(x)$ si risolve la disequazione $f(x) \geq 0$.

Per studiare il segno della funzione $y = x^2 - 3x + 2$ si risolve la disequazione:

$$x^2 - 3x + 2 \geq 0$$

Poiché si tratta di una disequazione di secondo grado in una sola incognita, la si risolve ottenendo $x \leq 1$ e $x \geq 2$: questo è l'insieme dei valori di *x* in corrispondenza dei quali la funzione è positiva o nulla. Di conseguenza, la funzione sarà negativa nell'intervallo $1 < x < 2$.

Dal punto di vista grafico lo studio del segno della funzione permette di capire quali sono le zone del piano cartesiano in cui la funzione è positiva (ossia al di sopra dell'asse delle *x*) e quelle in cui è negativa (al di sotto dell'asse *x*): dove la funzione si annulla si avranno le intersezioni con l'asse delle *x* (ossia gli "zeri" della funzione).

Grafici di alcune funzioni notevoli

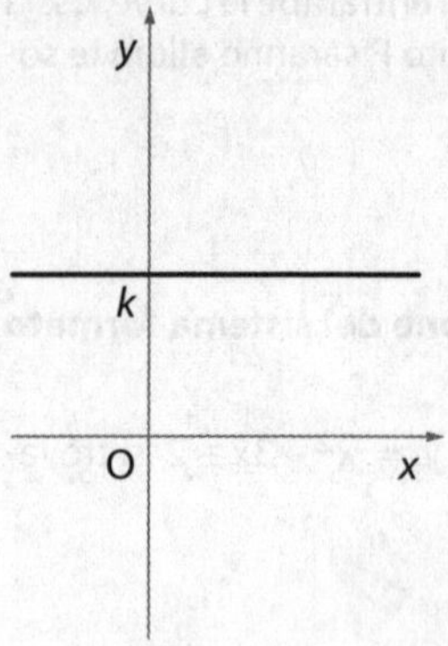

$y = k$ (k costante)

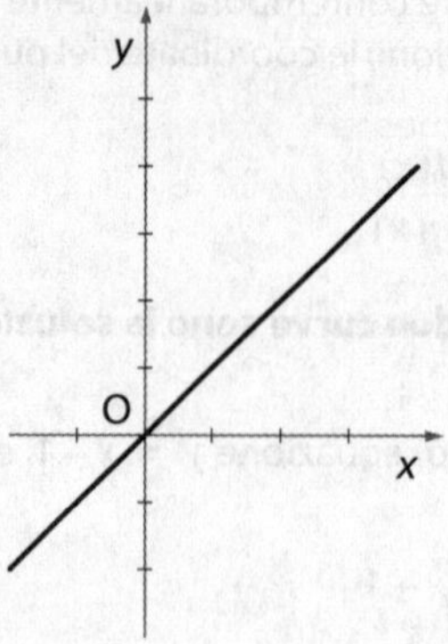

$y = x$

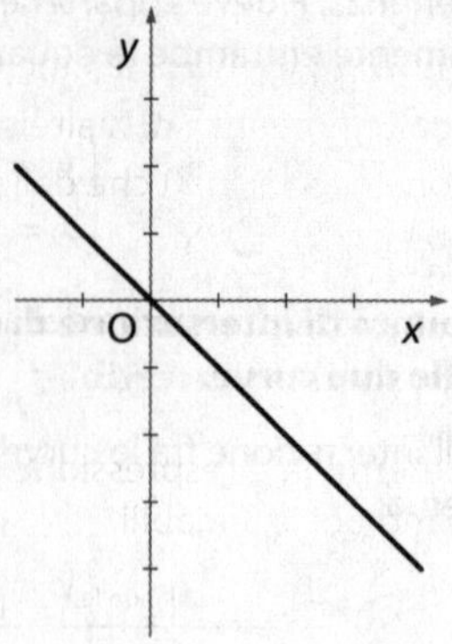

$y = -x$

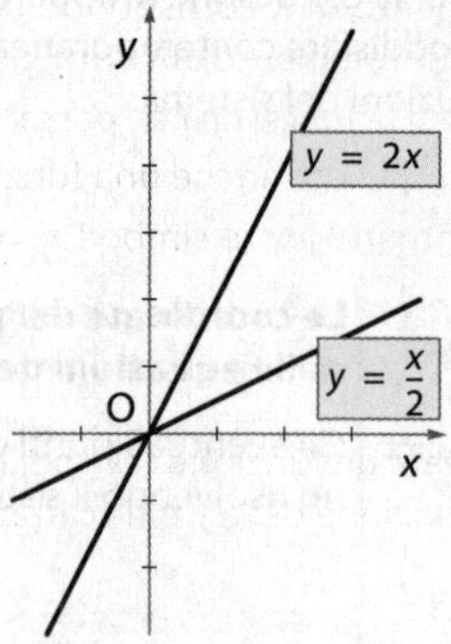

$y = 2x$ e $y = \dfrac{x}{2}$

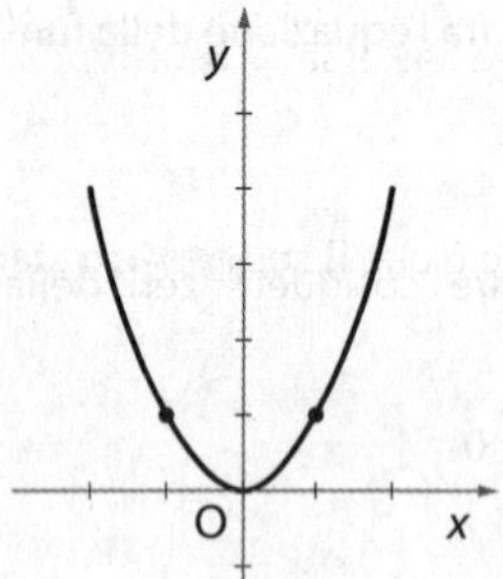

$y = x^2$

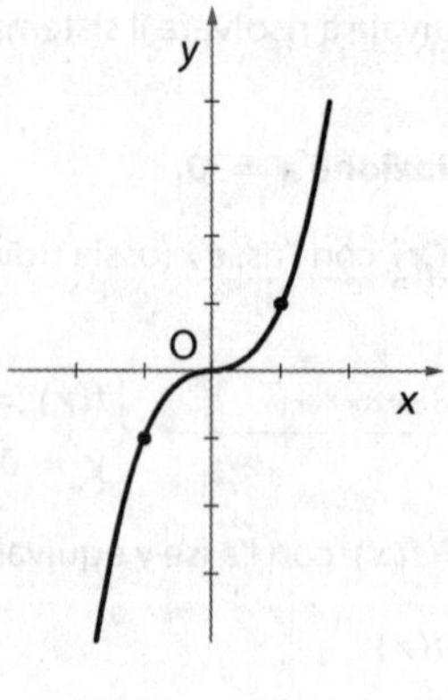

$y = x^3$

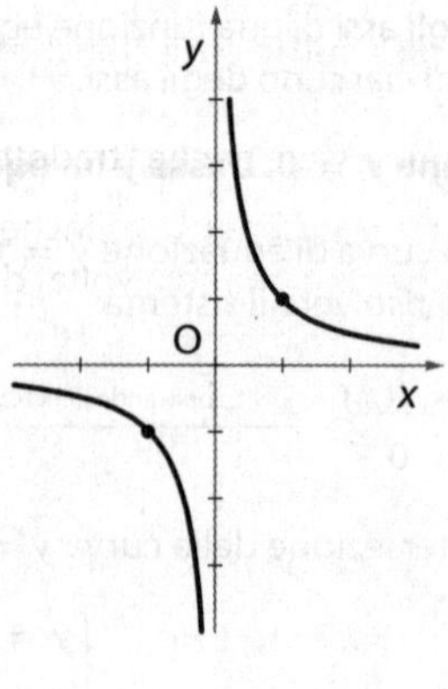

$y = \dfrac{1}{x}$

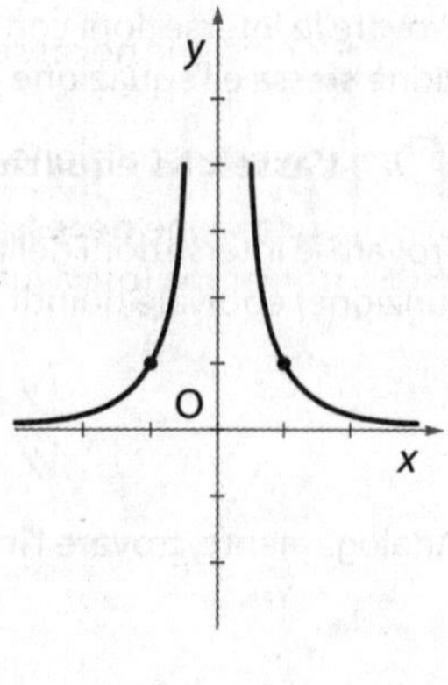

$y = \dfrac{1}{x^2}$

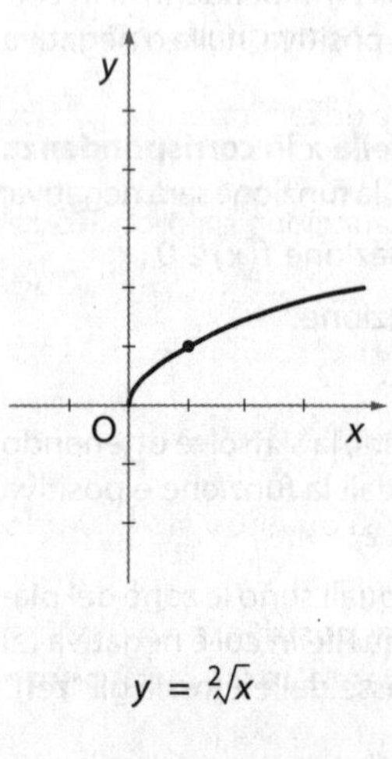

$y = \sqrt[2]{x}$

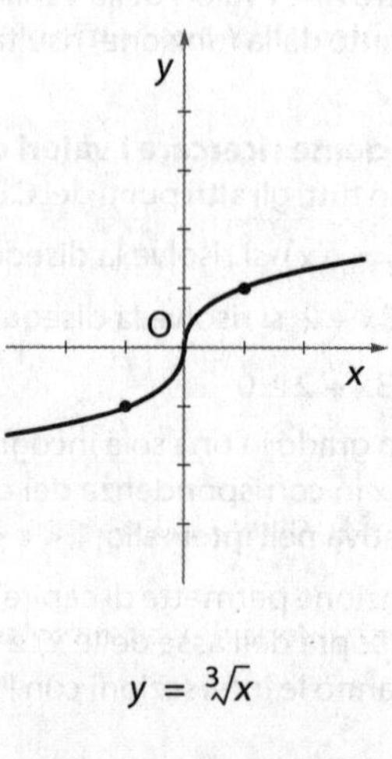

$y = \sqrt[3]{x}$

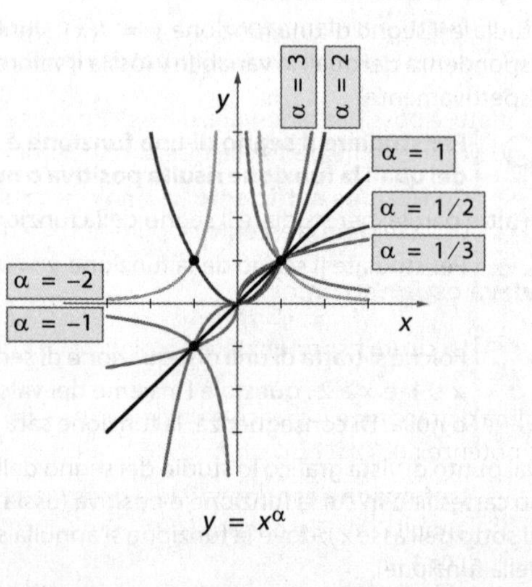

$y = x^{\alpha}$

Funzione inversa

Si consideri una funzione $y = f(x)$ **biunivoca** da X in Y: a ogni elemento di X corrisponde uno e un solo elemento di Y e, viceversa, a ogni elemento di Y corrisponde uno e un solo elemento di X. Perciò, se con la funzione f si "passa" dall'elemento x di X all'elemento $y = f(x)$ di Y, esiste anche una funzione g (da Y in X) che dall'elemento y fa "ritornare" a x: in simboli $x = g(y)$.

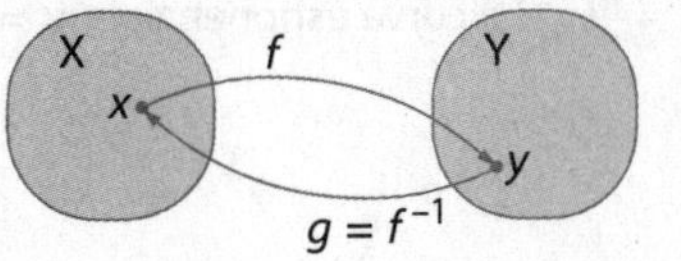

La funzione g prende il nome di **inversa** della funzione f e viene indicata con f^{-1}.
La funzione f viene invece detta **invertibile**.

Data un funzione $f(x)$, per determinare l'espressione analitica della sua funzione inversa si esplicita la x in funzione della y e si scambiano poi le variabili.

$y = 2x \rightarrow x = \frac{y}{2} \xrightarrow{\text{scambiando le variabili}} y = \frac{x}{2}$

$y = x^n \rightarrow x = \sqrt[n]{y} \xrightarrow{\text{scambiando le variabili}} y = \sqrt[n]{x}$

$y = a^x \rightarrow x = \log_a y \xrightarrow{\text{scambiando le variabili}} y = \log_a x$

Condizione **necessaria e sufficiente** affinché una funzione sia invertibile è che essa sia **biunivoca.**

La precedente condizione può essere anche "tradotta" in termini grafici.

Condizione **necessaria e sufficiente** affinché una funzione sia invertibile è che **il suo grafico sia unisecato** (ossia intersecato una sola volta) **dalle rette orizzontali.**

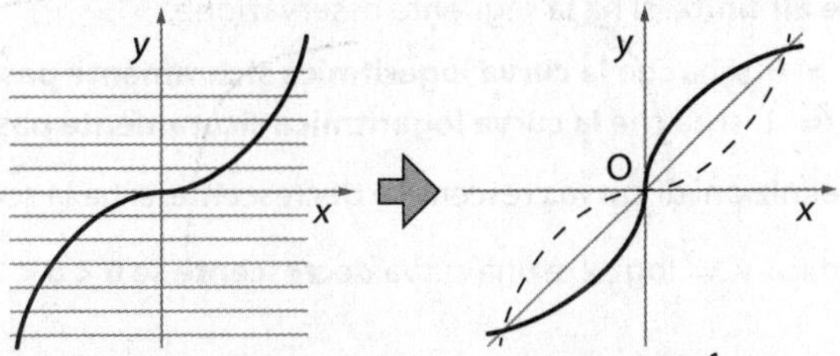

grafico di $f(x)$ grafico di $f^{-1}(x)$

Infatti, nel riferimento cartesiano, il grafico della funzione inversa f^{-1} si ottiene da quello della funzione f mediante una **simmetria rispetto alla bisettrice del primo e del terzo quadrante.**

In effetti, è possibile osservare, per esempio, che i grafici della funzione $y = x^3$ e della funzione $y = \sqrt[3]{x}$ sono simmetrici (rispetto alla bisettrice del primo e del terzo quadrante).

Condizione sufficiente (ma **non necessaria**) per l'invertibilità è che la funzione sia **monotóna**, ossia sempre crescente oppure sempre decrescente.

Curva esponenziale

La **curva esponenziale** è il diagramma della funzione $y = a^x$ (con $a > 0$ e $a \neq 1$).

Prima di tracciarne il grafico è utile ricordare alcune osservazioni (basate anche su quanto visto riguardo le potenze nel § 12.1.6).

La funzione esponenziale è definita per ogni valore di x ed è sempre positiva, quindi non si annulla mai. Essendo $a^0 = 1$ si ha che **la curva esponenziale sicuramente passa per il punto (0; 1)**.

CONOSCENZE SCIENTIFICHE

A questo punto è possibile enunciare l'ultima osservazione sulla curva esponenziale.

La curva esponenziale $y = a^x$ è una curva **decrescente se $0 < a < 1$, crescente se $a > 1$.**

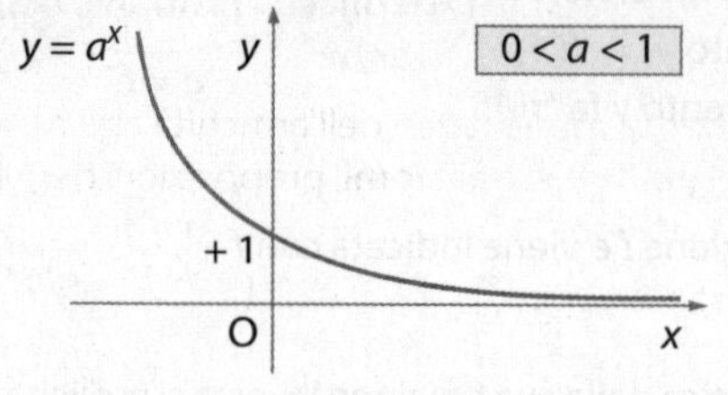

Se $0 < a < 1$ la curva è decrescente

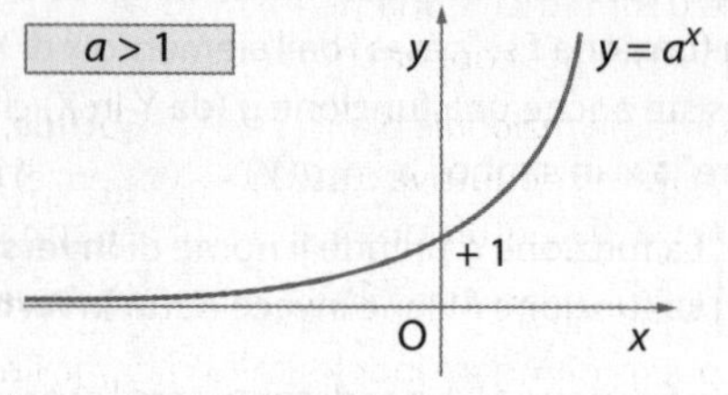

Se $a > 1$ la curva è crescente

$2 < 3 \rightarrow (1/5)^2 > (1/5)^3$

$2 < 3 \rightarrow 5^2 < 5^3$

Curva logaritmica

La **curva logaritmica** è il diagramma della funzione $y = \log_a x$ (con $a > 0$, $a \neq 1$ e $x > 0$).

Anche in questo caso, prima di tracciarne il grafico è utile fare alcune osservazioni (basate anche su quanto visto nel § 12.6.1 e nel § 12.6.2).

La funzione logaritmica è definita solo per i valori positivi della x, quindi non esiste per $x \leq 0$.

In altre parole, il dominio (o campo di esistenza) della funzione logaritmica è C.E.: $x > 0$.

Ricordando che **il logaritmo dell'unità è sempre nullo, qualsiasi sia la base**, e che **il logaritmo della base è sempre uguale all'unità**, si ha la seguente osservazione.

Essendo $\log_a 1 = 0$ si ha che **la curva logaritmica sicuramente passa per il punto $(1; 0)$**.
Essendo $\log_a a = 1$ si ha che **la curva logaritmica sicuramente passa per il punto $(a; 1)$**.

Infine, ricordando le definizioni di curva crescente e decrescente, si ha la seguente osservazione.

La curva logaritmica $y = \log_a x$ è una curva **decrescente se $0 < a < 1$, crescente se $a > 1$.**

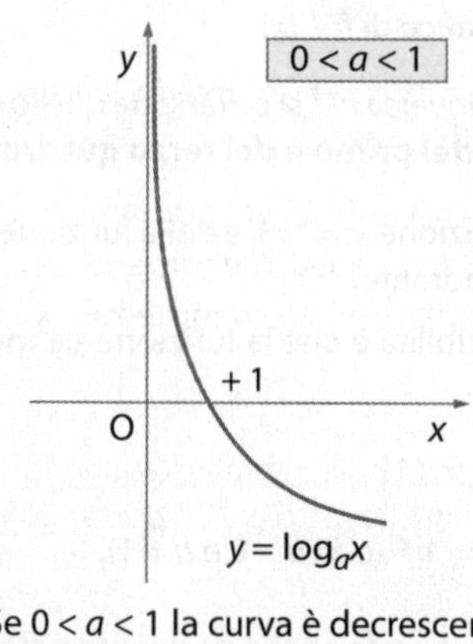

Se $0 < a < 1$ la curva è decrescente

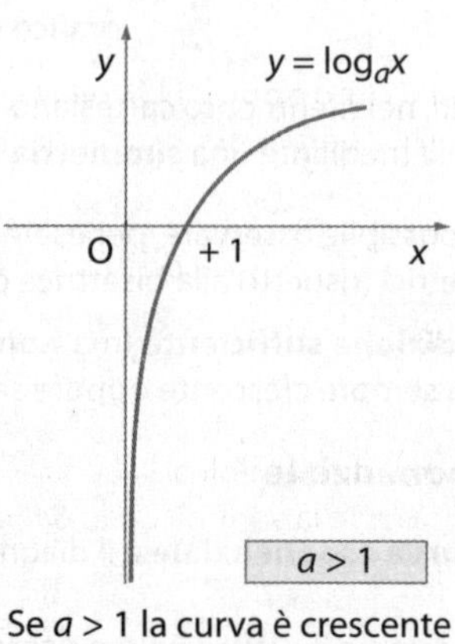

Se $a > 1$ la curva è crescente

$2 < 3 \rightarrow \log_{1/5} 2 > \log_{1/5} 3$

$2 < 3 \rightarrow \log_5 2 < \log_5 3$

È facile osservare che le curve esponenziale e logaritmica sono simmetriche (rispetto alla bisettrice del primo e del terzo quadrante) in quanto le due funzioni sono l'una l'inversa dell'altra.

12.9 | Geometria

12.9.1 | Geometria piana

Gli enti geometrici fondamentali sono il *punto*, la *retta* e il *piano*: si tratta di **concetti primitivi**, ossia non definibili tramite concetti più semplici.

La geometria *razionale* o *euclidea* (da Euclide, il più importante matematico dell'antichità che ne riorganizzò in forma deduttiva tutte le conoscenze) è basata su 5 **postulati** o **assiomi**, proposizioni derivate direttamente dall'intuizione e che si accettano senza dimostrazione:

1. si può tracciare una retta da un punto qualsiasi a ogni altro punto;
2. si può prolungare indefinitamente una linea retta;
3. si può descrivere un cerchio con centro e raggio qualsiasi;
4. tutti gli angoli retti sono uguali fra loro;
5. se una retta, che interseca altre due rette, forma dalla stessa parte angoli la cui somma è minore di due angoli retti, le due rette, indefinitamente prolungate, finiscono con l'incontrarsi.

Angoli e rette

Ciascuna delle due parti di piano individuate da due semirette uscenti da uno stesso punto è detta **angolo**.

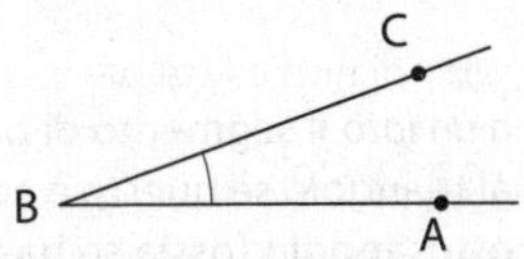

B è il vertice dell'angolo ABC.

Due angoli si dicono **adiacenti** se hanno lo stesso vertice e una semiretta in comune, a patto che un angolo non sia contenuto nell'altro.

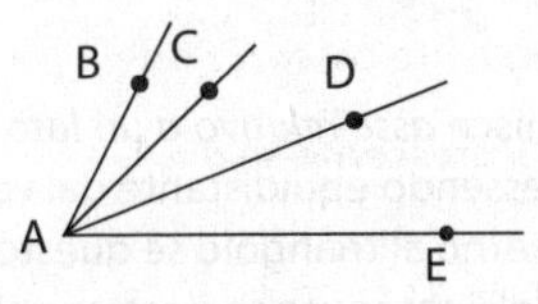

I due angoli BAC e CAE sono adiacenti, mentre i due angoli CAE e DAE non lo sono.

Due angoli si dicono **opposti al vertice** quando i lati dell'uno sono i prolungamenti dei lati dell'altro. Due angoli opposti al vertice sono *congruenti* (ossia hanno la medesima ampiezza).

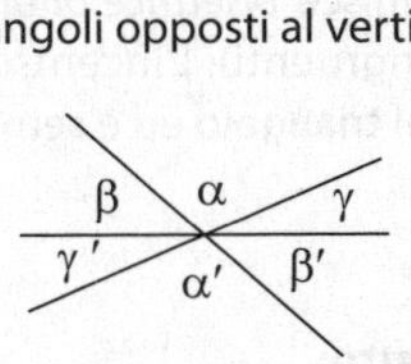

- I due angoli α e α' sono opposti al vertice e quindi congruenti;
- I due angoli β e β' sono opposti al vertice e quindi congruenti;
- I due angoli γ e γ' sono opposti al vertice e quindi congruenti.

Se la somma di due angoli adiacenti è uguale a un angolo piatto (180°), allora i due angoli sono detti **supplementari**; se la somma di due angoli adiacenti è pari a un angolo retto (90°), i due angoli vengono detti **complementari**.

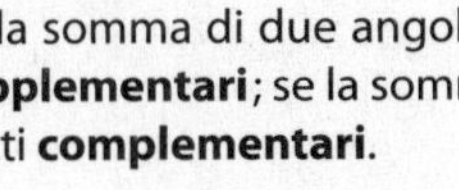

BAD e DAC sono supplementari.

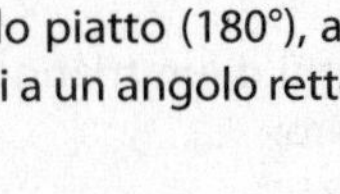

BAD e DAC sono complementari.

Angoli formati da due rette (*a* e *b*) tagliate da una trasversale *c*

Gli angoli:

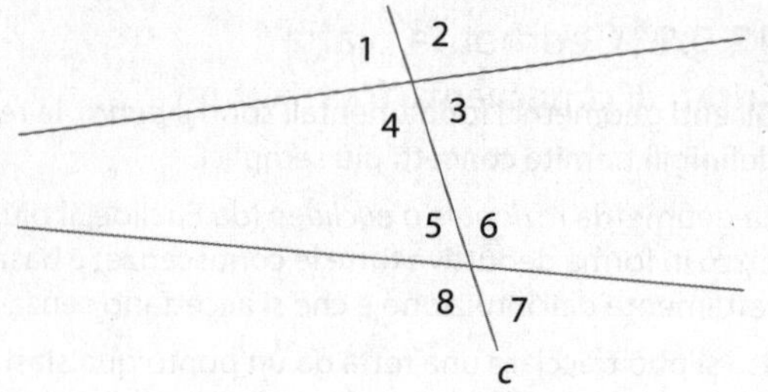

- 4 e 6; 3 e 5 sono detti *alterni interni* (risultano congruenti se le rette *a* e *b* sono parallele);
- 2 e 8; 1 e 7 sono detti *alterni esterni* (risultano congruenti se le rette *a* e *b* sono parallele);
- 1 e 5; 4 e 8; 2 e 6; 3 e 7 sono detti *corrispondenti* (risultano congruenti se le rette *a* e *b* sono parallele);
- 4 e 5; 3 e 6 sono detti *coniugati interni* (risultano supplementari se le due rette *a* e *b* sono parallele);
- 1 e 8; 2 e 7 sono detti *coniugati esterni* (risultano supplementari se le rette *a* e *b* sono parallele).

Triangoli

Il triangolo ABC è detto:

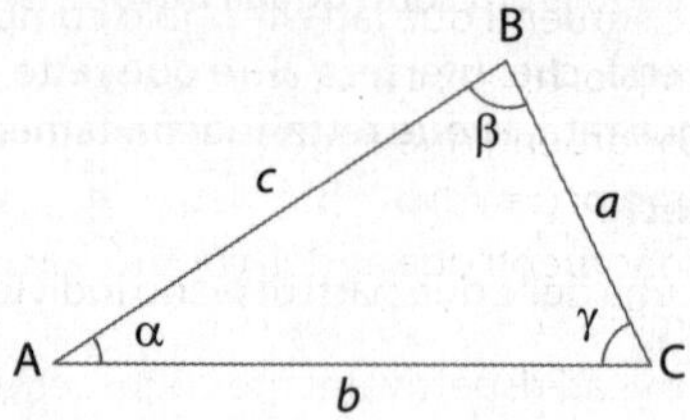

- *scaleno* se $a \neq b \neq c$
- *isoscele* se $b = c$ o $a = c$ o $a = b$
- *equilatero* se $a = b = c$
- *rettangolo* se α o β o $\gamma = 90°$

Punti notevoli di un triangolo

- **Ortocentro**: punto di incontro delle altezze (si definisce *altezza relativa a un lato* il segmento di perpendicolare condotta al lato dal vertice opposto). L'ortocentro è interno al triangolo se questo è acutangolo (ossia se ha tutti gli angoli interni minori di 90°), esterno se è ottusangolo (ossia se ha un angolo interno maggiore di 90°), coincidente con il vertice dell'angolo retto se è rettangolo.
- **Baricentro**: punto di incontro delle mediane (si definisce *mediana relativa a un lato* il segmento che unisce il punto medio del lato con il vertice dell'angolo opposto). Il baricentro è sempre interno al triangolo.
- **Circocentro**: punto di incontro degli assi dei lati del triangolo (si definisce *asse relativo a un lato* la perpendicolare al lato passante per il suo punto medio). Il circocentro (essendo equidistante dai vertici) è anche il centro della circonferenza circoscritta al triangolo ed è interno al triangolo se questo è acutangolo, esterno se è ottusangolo, coincidente con il punto medio dell'ipotenusa se è rettangolo.
- **Incentro**: punto di incontro delle bisettrici degli angoli del triangolo (si definisce *bisettrice di un angolo* la semiretta uscente dal vertice che divide l'angolo in due parti congruenti). L'incentro (essendo equidistante dai lati) è anche il centro della circonferenza inscritta nel triangolo ed è sempre interno al triangolo.

Relazioni tra gli elementi di un triangolo

In ogni triangolo la somma degli angoli interni è uguale a un angolo piatto:

$$\alpha + \beta + \gamma = 180°$$

La somma degli angoli esterni di un triangolo qualsiasi è pari a un angolo giro:

$$\alpha' + \beta' + \gamma' = 360°$$

Inoltre, ciascun angolo esterno è pari alla somma dei due angoli interni non adiacenti:

$$\alpha' = \beta + \gamma \qquad \beta' = \alpha + \gamma \qquad \gamma' = \alpha + \beta$$

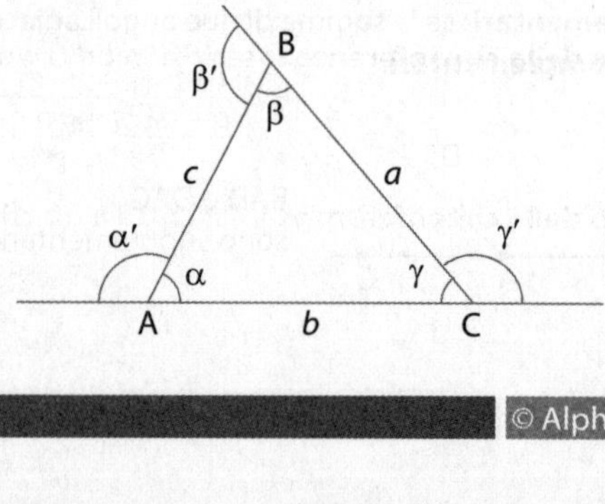

In ogni triangolo ciascun lato è minore della somma degli altri due e maggiore della loro differenza. In ogni triangolo il lato maggiore (minore) è opposto all'angolo maggiore (minore) e viceversa.

Criteri di congruenza fra triangoli

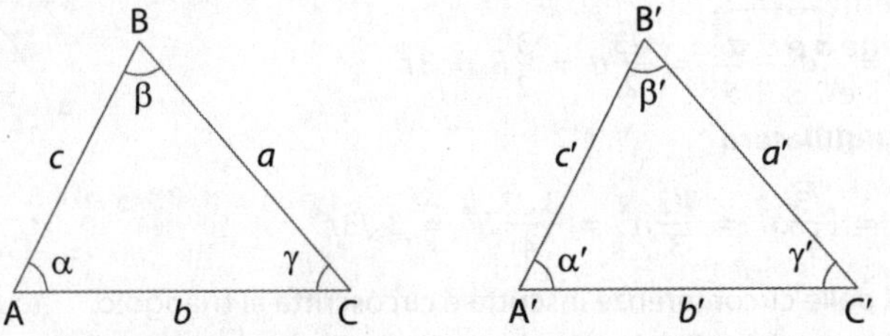

I triangoli ABC e A'B'C' sono congruenti se si verifica una delle seguenti condizioni:

- hanno congruenti due lati e l'angolo compreso (per esempio: $b \equiv b'$; $c \equiv c'$; $\alpha \equiv \alpha'$);
- hanno congruenti due angoli e il lato a essi comune (per esempio: $\alpha \equiv \alpha'$; $\beta \equiv \beta'$; $c \equiv c'$);
- hanno congruenti due angoli e il lato opposto a uno di essi (per esempio: $\alpha \equiv \alpha'$; $\beta \equiv \beta'$; $a \equiv a'$);
- hanno i tre lati rispettivamente congruenti (ossia: $a \equiv a'$; $b \equiv b'$; $c \equiv c'$).

Criteri di similitudine fra triangoli

Due triangoli sono **simili** se hanno **tutti gli angoli uguali e i lati corrispondenti in proporzione.**
I triangoli ABC e A'B'C' sono **simili** se si verifica una delle seguenti condizioni:

- hanno due angoli uguali;
- hanno due lati proporzionali e gli angoli tra essi compresi uguali;
- hanno tutti e tre i lati in proporzione

Perimetro e area di un triangolo

Perimetro di un triangolo

$$P = a + b + c$$

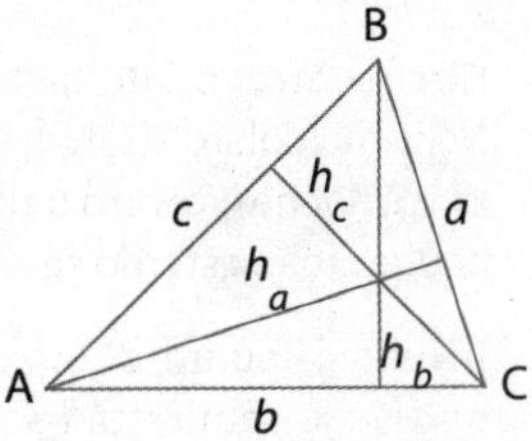

Area di un triangolo

$$A = \frac{ah_a}{2} = \frac{bh_b}{2} = \frac{ch_c}{2}$$

Formula di Erone

Serve per calcolare l'area di un triangolo qualunque conoscendo le misure dei tre lati:

$$A = \sqrt{p(p-a)(p-b)(p-c)}$$

ove p è il semiperimetro (ossia $p = P/2$).

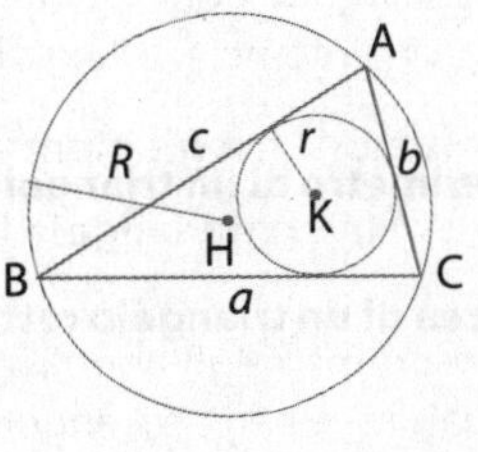

Se r e R sono i raggi delle circonferenze inscritta e circoscritta, si ha:

$$A = r \cdot p = \frac{a \cdot b \cdot c}{4R}$$

Raggio della circonferenza inscritta in un triangolo

$$r = \frac{A}{p} = \sqrt{\frac{(p-a)(p-b)(p-c)}{p}}$$

Raggio della circonferenza circoscritta a un triangolo

$$R = \frac{abc}{4A}$$

CONOSCENZE SCIENTIFICHE

Triangoli equilateri

Perimetro di un triangolo equilatero

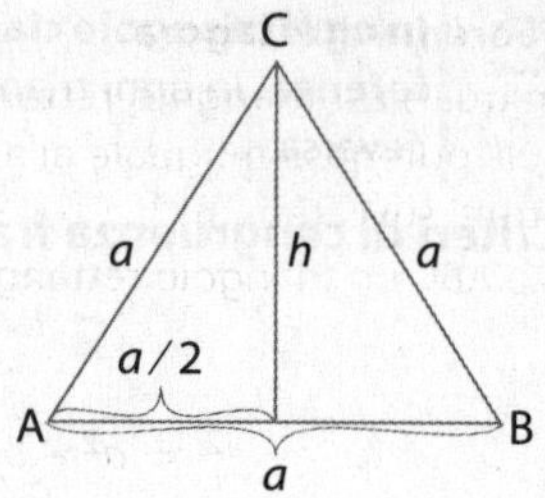

$$P = 3a$$

Altezza di un triangolo equilatero

$$h = \sqrt{a^2 - \frac{a^2}{4}} = \frac{\sqrt{3}}{2}a = \frac{3}{2}R = 3r$$

Area di un triangolo equilatero

$$A = \frac{ah}{2} = \frac{\sqrt{3}}{4}a^2 = \frac{\sqrt{3}}{3}h^2 = \frac{3\sqrt{3}}{4}R^2 = 3\sqrt{3}r^2$$

dove r e R sono i raggi delle circonferenze inscritta e circoscritta al triangolo.

Raggio della circonferenza inscritta in un triangolo equilatero

$$r = \frac{h}{3} = \frac{\sqrt{3}}{6}a = \frac{R}{2}$$

Raggio della circonferenza circoscritta a un triangolo equilatero

$$R = \frac{2}{3}h = \frac{\sqrt{3}}{3}a = 2r$$

Triangoli isosceli

Perimetro di un triangolo isoscele

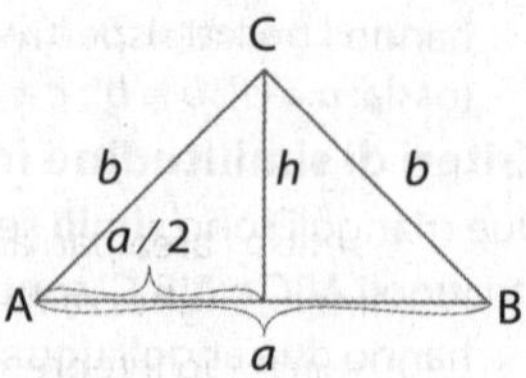

$$P = a + 2b$$

Area di un triangolo isoscele

$$A = \frac{ah}{2} = \frac{1}{2}a\sqrt{b^2 - \frac{a^2}{4}}$$

Triangoli rettangoli

Sia ABC un triangolo rettangolo in C (quindi a e b sono i cateti, mentre c è l'ipotenusa).

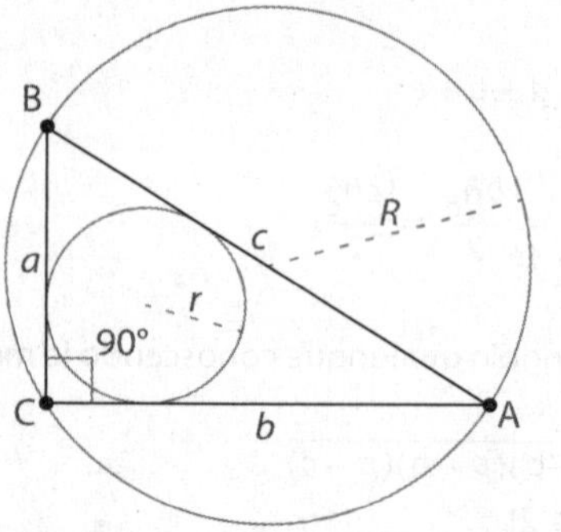

Perimetro di un triangolo rettangolo

$$P = a + b + c$$

Area di un triangolo rettangolo

$$A = \frac{ab}{2}$$

Altezza relativa all'ipotenusa

$$h = \frac{ab}{c}$$

Raggio della circonferenza inscritta e di quella circoscritta

$$r = p - c = \frac{a+b-c}{2} \qquad R = \frac{c}{2}$$

Teorema di Pitagora

In qualsiasi triangolo rettangolo, l'area del quadrato costruito sull'ipotenusa è uguale alla somma delle aree dei quadrati costruiti sui cateti.

Sia ABC un triangolo rettangolo con ipotenusa c e cateti a e b:

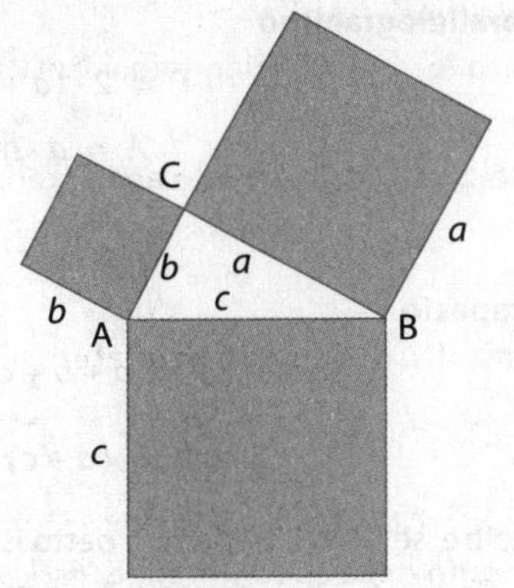

$$c^2 = a^2 + b^2 \rightarrow \begin{cases} a = \sqrt{c^2 - b^2} \\ b = \sqrt{c^2 - a^2} \\ c = \sqrt{a^2 + b^2} \end{cases}$$

Si definisce **terna pitagorica** una terna di numeri naturali a, b e c tali che:

$$a^2 + b^2 = c^2$$

Se a, b e c è una terna pitagorica, lo è anche ka, kb e kc dove k è un numero naturale qualsiasi.
Le terne pitagoriche che compaiono più di frequente nei quesiti sono:

3, 4 e 5   5, 12 e 13   7, 24 e 25   8, 15 e 17

Siamo ora in grado di rispondere al quarto quesito proposto all'inizio del capitolo.

Quesito IV. Se si indica con x il cateto avente la lunghezza minore, allora il secondo cateto ha lunghezza pari a $2x$. L'area del triangolo è pertanto uguale a:

$$A = \frac{b \cdot h}{2} = \frac{2x \cdot x}{2} = x^2$$

Essendo l'area pari a 64 m^2, si ricava $x^2 = 64 \text{ m}^2$, da cui $x = 8$ m. Pertanto, i due cateti del triangolo hanno lunghezza 8 m e 16 m rispettivamente.
Applicando il teorema di Pitagora, è ora possibile determinare la lunghezza dell'ipotenusa:

$$\text{ipotenusa} = \sqrt{8^2 \text{ m}^2 + 16^2 \text{ m}^2} = \sqrt{64 \text{ m}^2 + 256 \text{ m}^2} = \sqrt{320 \text{ m}^2} \approx 18 \text{ m}$$ (risposta **C**)

Perimetro e area dei poligoni

Rettangolo

$$P = 2 \cdot (a + b)$$

$$A = a \cdot b$$

$$d = \sqrt{a^2 + b^2}$$

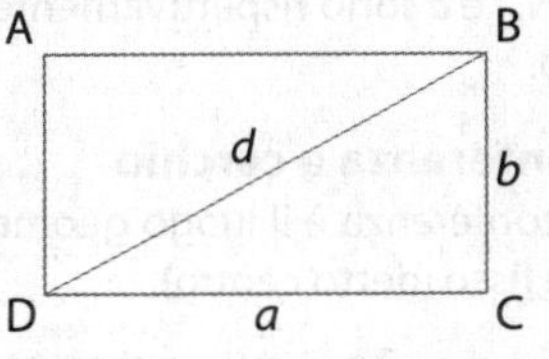

Quadrato

$$P = 4 \cdot a$$

$$A = a^2$$

$$d = a\sqrt{2}$$

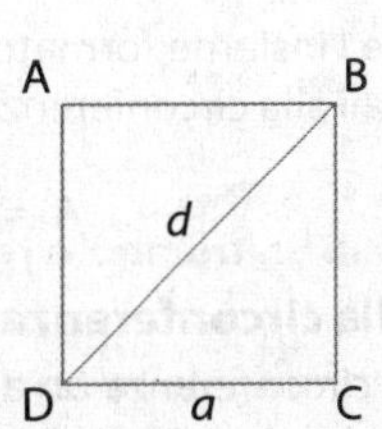

Rombo

$$P = 4 \cdot a$$

$$A = \frac{d_1 \cdot d_2}{2}$$

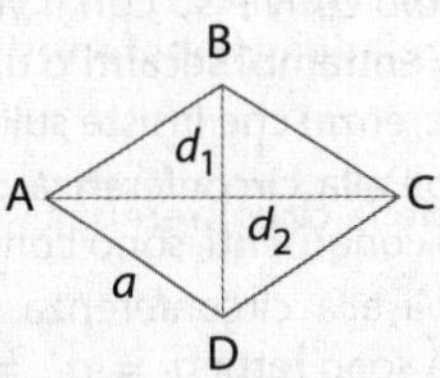

Parallelogrammo

$$P = 2 \cdot (a + b)$$
$$A = a \cdot h$$

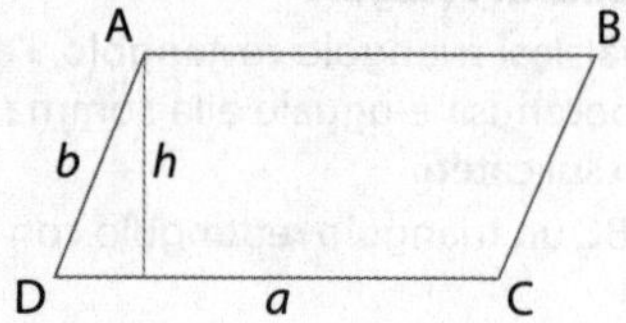

Trapezio

$$P = a + b + c + d$$
$$A = (a + c) \cdot \frac{h}{2}$$

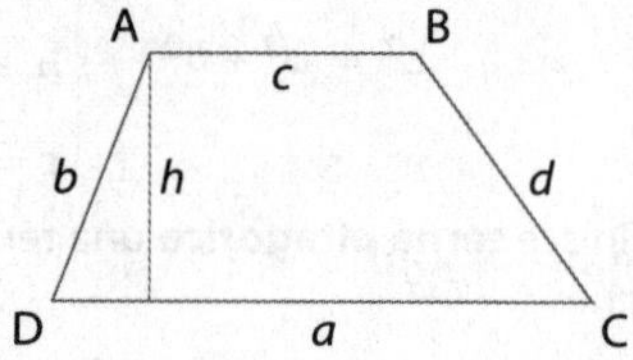

Inoltre, se $b = d$ il trapezio è detto isoscele.

Somma degli angoli interni di un poligono

La somma degli angoli interni di un poligono vale $(N - 2) \cdot 180°$, dove N indica il numero di lati del poligono.

Poligoni regolari

Un poligono si dice **regolare** quando ha tutti i lati e tutti gli angoli uguali: ogni poligono regolare è inscrivibile e circoscrivibile a una circonferenza. Queste due circonferenze hanno lo stesso centro che viene detto **centro del poligono.**

Si definisce **apotema** il segmento di perpendicolare tracciata dal centro di un poligono regolare a un lato: l'apotema coincide con il raggio della circonferenza inscritta nel poligono.

Il **perimetro** e l'**area** di un poligono regolare sono:

$$P = N \cdot l$$
$$A = \frac{P \cdot a}{2}$$

dove N, l e a sono rispettivamente il numero dei lati, la lunghezza di ciascuno di essi e l'apotema del poligono.

Circonferenza e cerchio

La circonferenza è il luogo geometrico dei punti equidistanti da un punto fisso (detto centro).

$$d = 2r = \overline{AB} = \text{diametro} \qquad P = 2\pi r = \pi d$$

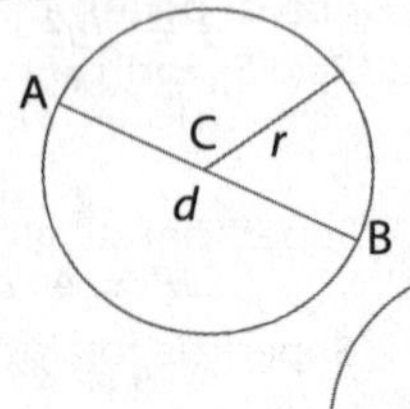

Il cerchio è l'insieme formato dai punti di una circonferenza e dai punti interni alla circonferenza. La sua area è:

$$A = \pi r^2 = \frac{\pi d^2}{4}$$

Angoli alla circonferenza e angoli al centro

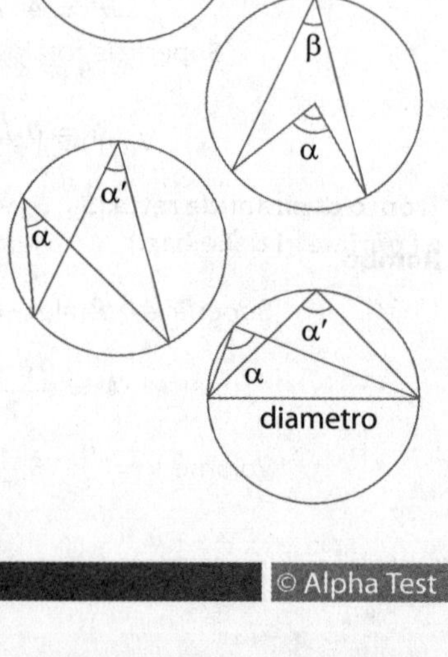

- In una circonferenza un angolo al centro (cioè con il vertice nel centro) è il doppio del corrispondente angolo alla circonferenza (angolo convesso con il vertice sulla circonferenza e i cui lati sono entrambi secanti o uno secante e l'altro tangente alla circonferenza) che insiste sullo stesso arco: $\alpha = 2\beta$.
- Angoli alla circonferenza che insistono sullo stesso arco, o su archi congruenti, sono congruenti: $\alpha = \alpha'$.
- Angoli alla circonferenza che insistono su una semicirconferenza sono retti: $\alpha = \alpha' = 90°$.

PARTE QUINTA

Settore circolare

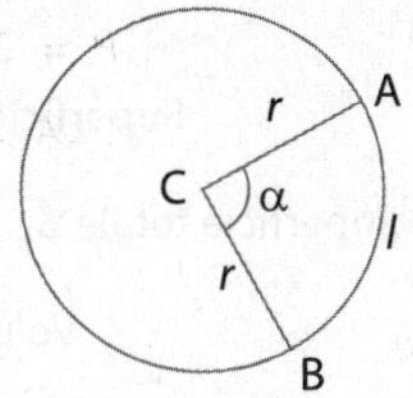

$$\text{arco AB} = l = \frac{\pi r}{180°} \cdot \alpha°$$

$$P = l + 2r = \frac{\pi r}{180°} \cdot \alpha° + 2r$$

$$A = \frac{l \cdot r}{2} = \frac{\pi \cdot r^2}{360°} \cdot \alpha°$$

12.9.2 | Geometria solida

Parallelepipedi

Cubo

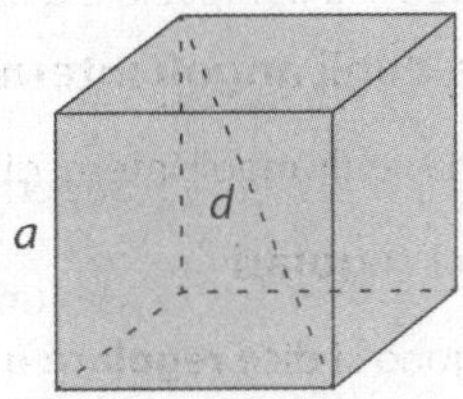

Superficie laterale $S_l = 4a^2$

Superficie totale $S_t = 6a^2$

Volume $V = a^3$

Diagonale $d = a\sqrt{3}$

Parallelepipedo rettangolo

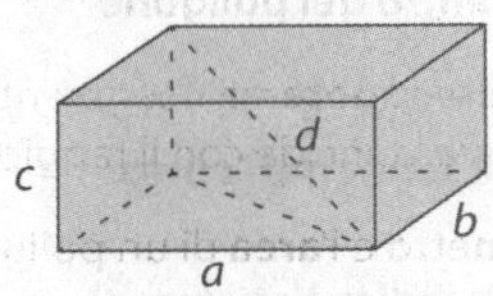

Superficie laterale $S_l = 2c(a + b)$

Superficie totale $S_t = 2(ab + ac + bc)$

Volume $V = a \cdot b \cdot c$

Diagonale $d = \sqrt{a^2 + b^2 + c^2}$

Prisma retto (P_B e S_B indicano il perimetro e la superficie della base)

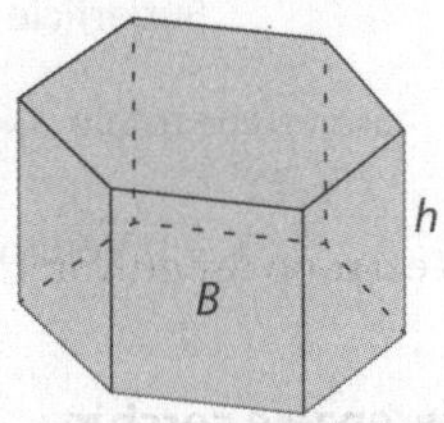

Superficie laterale $S_l = P_B \cdot h$

Superficie totale $S_t = S_l + 2S_B$

Volume $V = S_B \cdot h$

Piramide e tronco di piramide

Piramide retta (P_B e S_B indicano il perimetro e la superficie della base)

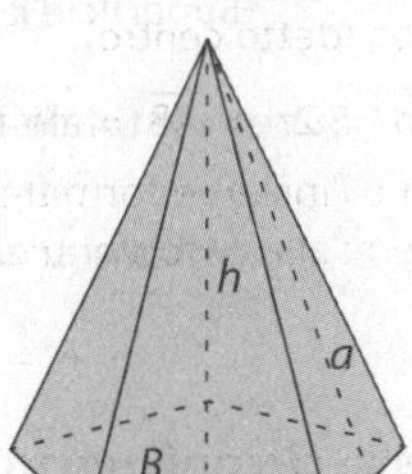

Superficie laterale $S_l = \frac{a}{2} \cdot P_B$

Superficie totale $S_t = S_l + S_B$

Volume $V = \frac{S_B \cdot h}{3}$

Tronco di piramide retta (S_B, $S_{B'}$, P_B e $P_{B'}$ indicano le superfici e i perimetri delle basi)

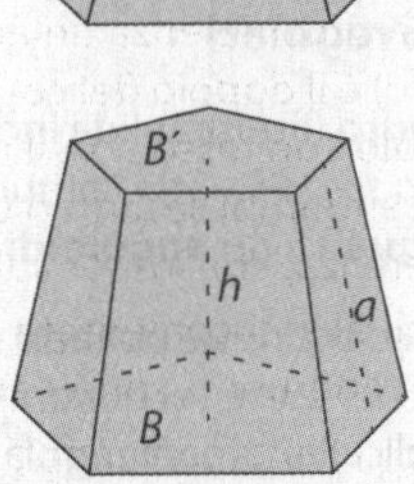

Superficie laterale $S_l = \frac{a}{2} \cdot (P_B + P_{B'})$

Superficie totale $S_t = S_l + S_B + S_{B'}$

Volume $V = \frac{h}{3} \cdot (S_B + S_{B'} + \sqrt{S_B \cdot S_{B'}})$

Cilindro

Superficie laterale $S_l = 2\pi r \cdot h$

Superficie totale $S_t = 2\pi r \cdot h + 2\pi r^2 = 2\pi r \cdot (h + r)$

Volume $V = \pi r^2 \cdot h$

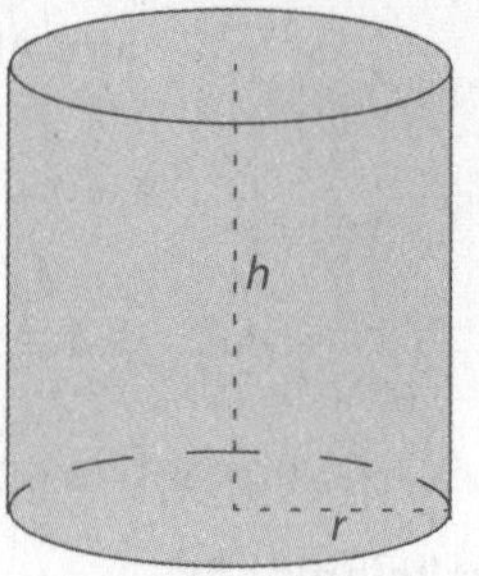

Sfera

Superficie $A = 4\pi r^2$

Volume $V = \frac{4}{3}\pi r^3$

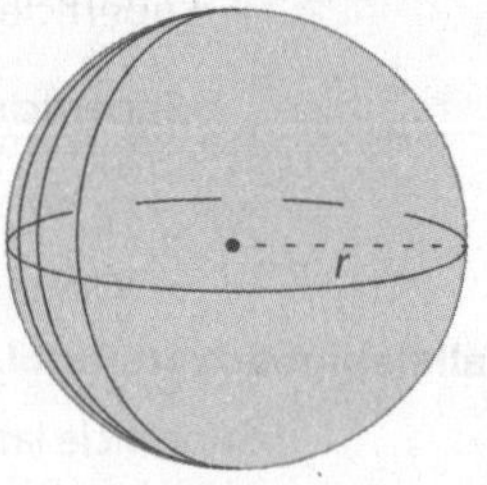

Cono e tronco di cono

Cono (*a* indica l'apotema)

Superficie laterale $S_l = \pi r \cdot a$

Superficie totale $S_t = \pi r \cdot a + \pi r^2 = \pi r \cdot (a + r)$

Volume $V = \frac{1}{3}\pi r^2 \cdot h$

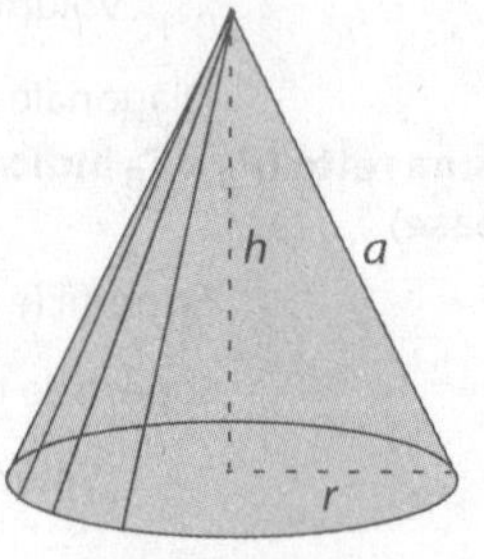

Tronco di cono (*a* indica l'apotema)

Superficie laterale $S_l = \pi(r + R) \cdot a$

Superficie totale $S_t = \pi(r + R) \cdot a + \pi r^2 + \pi R^2$

Volume $V = \frac{1}{3}\pi(R^2 + r^2 + r \cdot R) \cdot h$

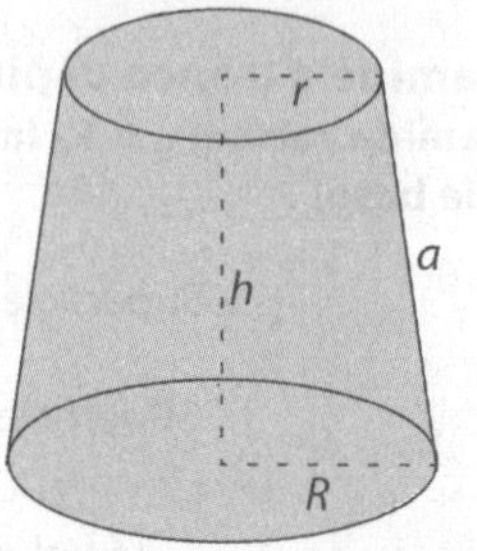

Poliedri regolari

Un poliedro (figura solida individuata da poligoni, o *facce*, non tutti complanari e disposti in modo che i loro lati, o *spigoli*, siano comuni esattamente a due di essi) **si dice regolare se le facce sono poligoni regolari uguali e gli angoloidi sono uguali.**

Esistono solo cinque poliedri regolari: il **tetraedro** (ha per facce quattro triangoli equilateri), l'**esaedro** o cubo (ha per facce sei quadrati), l'**ottaedro** (ha per facce otto triangoli equilateri), il **dodecaedro** (ha per facce dodici pentagoni regolari) e l'**icosaedro** (ha per facce venti triangoli equilateri). La tabella seguente ne riporta le caratteristiche principali.

PARTE QUINTA

Poliedro regolare	Facce	Lati di ogni faccia	Vertici	Spigoli
Tetraedro	4	3	4	6
Esaedro	6	4	8	12
Ottaedro	8	3	6	12
Dodecaedro	12	5	20	30
Icosaedro	20	3	12	30

Per i poliedri regolari vale la **relazione di Eulero**:

$$F + V = S + 2$$

dove con F, V e S si indicano rispettivamente il numero delle facce, dei vertici e degli spigoli.

12.10 | Esercizi svolti

1 Quale delle seguenti quaterne di numeri è ordinata secondo valori crescenti?

A $\frac{12}{1001}, 0{,}12 \cdot 10^{-1}, \frac{12}{999}, 121 \cdot 10^{-4}$

B $\frac{12}{999}, 0{,}12 \cdot 10^{-1}, \frac{12}{1001}, 121 \cdot 10^{-4}$

C $\frac{12}{1001}, \frac{12}{999}, 0{,}12 \cdot 10^{-1}, 121 \cdot 10^{-4}$

D $\frac{12}{1001}, 0{,}12 \cdot 10^{-1}, 121 \cdot 10^{-4}, \frac{12}{999}$

E $0{,}12 \cdot 10^{-1}, \frac{12}{1001}, 121 \cdot 10^{-4}, \frac{12}{999}$

Il metodo migliore per risolvere il quesito è trasformare i numeri dati in frazioni facilmente confrontabili:

- $\frac{12}{1001}$
- $0{,}12 \cdot 10^{-1} = \frac{0{,}12}{10} = \frac{12}{1000}$
- $\frac{12}{999}$
- $121 \cdot 10^{-4} = \frac{121}{10000}$

Esaminando le frazioni ottenute è immediato dedurre che la quaterna corretta dovrà rispettare gli ordinamenti relativi:

$$\frac{12}{1001} < \frac{12}{1000} < \frac{12}{999} \quad \text{e} \quad \frac{12}{1000} = \frac{120}{10000} < \frac{121}{10000}$$

cioè:

$$\frac{12}{1001} < 0{,}12 \cdot 10^{-1} < \frac{12}{999} \quad \text{e} \quad 0{,}12 \cdot 10^{-1} < 121 \cdot 10^{-4}$$

CONOSCENZE SCIENTIFICHE

Le uniche alternative plausibili sono dunque la **A** e la **D**, che differiscono solo per il posizionamento di $\frac{12}{999}$ e $121 \cdot 10^{-4} = \frac{121}{10000}$.

Confrontando le due frazioni, poiché:

$$12 \cdot 10000 = 120000 < 121 \cdot 999 = 121 \cdot (1000 - 1) = 121000 - 121$$

si deduce che la maggiore è $121 \cdot 10^{-4} = \frac{121}{10000}$, quindi il corretto ordinamento crescente dei numeri dati è:

$$\frac{12}{1001}, 0{,}12 \cdot 10^{-1}, \frac{12}{999}, 121 \cdot 10^{-4}$$

quindi la risposta esatta è la **A**.

---

2 **Calcolare il M.C.D. e il m.c.m. di 48, 60 e 72.**

- **A** 2 e 1440
- **B** 3 e 720
- **C** 12 e 720
- **D** 24 e 1440
- **E** 36 e 720

Il primo passo consiste nella scomposizione in fattori primi dei numeri dati:

$$48 = 2^4 \cdot 3$$
$$60 = 2^2 \cdot 3 \cdot 5$$
$$72 = 2^3 \cdot 3^2$$

per cui risulta:

$$\text{M.C.D.} = 2^2 \cdot 3 = 12$$
$$\text{m.c.m.} = 2^4 \cdot 3^2 \cdot 5 = 720$$

La risposta corretta è dunque la **C**.

---

3 **L'espressione $(a^2 + b^2)^2$ è uguale a:**

- **A** $(a^2 + b^2) - (2ab)^2$
- **B** $(a + b)^3 \cdot (a - b)$
- **C** $(a - b)^3 \cdot (a + b)$
- **D** $[(a - b)^2 + 2ab]^2$
- **E** $(a^2 + b^2) + 2ab$

Svolgendo il quadrato del binomio contenuto nel testo del quesito si ottiene $a^4 + 2a^2b^2 + b^4$ ossia un'espressione che non coincide con alcuna delle risposte proposte. Conviene quindi partire dalle risposte individuando quella che, attraverso opportuni passaggi algebrici, risulta uguale all'espressione contenuta nel testo del quesito. Svolgendo la **D** si ottiene:

$$[(a - b)^2 + 2ab]^2 = [a^2 + b^2 - 2ab + 2ab]^2 = (a^2 + b^2)^2$$

da cui si deduce che è proprio la risposta cercata.

4 **Semplificare la seguente frazione algebrica $\frac{x^2-1}{x^3+x+2x^2}$.**

A $x+1$ **B** $\frac{x-1}{x(x+1)}$ **C** $\frac{x+1}{x}$ **D** $\frac{-1}{x^3+x+2x^2}$ **E** $\frac{x}{x(x+1)}$

Per eseguire la semplificazione, si devono scomporre in fattori i termini della frazione:

$$\frac{x^2-1}{x^3+2x^2+x}=\frac{(x+1)(x-1)}{x(x^2+2x+1)}=\frac{(x+1)(x-1)}{x(x+1)^2}=\frac{x-1}{x(x+1)} \quad \text{(risposta B)}$$

---

5 **$\sqrt{3}$ è un numero:**

- **A** intero
- **B** razionale
- **C** immaginario
- **D** reale
- **E** nessuna delle altre risposte è corretta

$\sqrt{3}$ è un numero irrazionale (non è esprimibile sotto forma di frazione). Ciononostante, non sarebbe corretto scegliere la risposta **E**. Per rispondere correttamente occorre osservare che $\sqrt{3}$, oltre a essere un numero irrazionale, appartiene all'insieme $\mathbb{R}$ dei numeri reali. La risposta corretta è dunque la **D**.

---

6 **Eseguire la razionalizzazione di $\frac{1}{\sqrt{3}\cdot(\sqrt{5}-\sqrt{3})}$.**

A $\frac{\sqrt{15}+3}{6}$ **B** $\frac{\sqrt{3}}{\sqrt{3}-\sqrt{5}}$ **C** $\frac{5\sqrt{3}}{3}$ **D** $\sqrt{3}+\sqrt{5}$ **E** $\frac{5\sqrt{3}}{6}$

Prima di effettuare la vera e propria razionalizzazione, è utile svolgere il prodotto a denominatore: $\frac{1}{\sqrt{15}-3}$. Ora è facile individuare il fattore razionalizzante $\sqrt{15}+3$. La razionalizzazione sarà quindi

$$\frac{1}{\sqrt{15}-3}\cdot\frac{\sqrt{15}+3}{\sqrt{15}+3}=\frac{\sqrt{15}+3}{15-9}=\frac{\sqrt{15}+3}{6}$$. La risposta corretta è la **A**.

---

7 **Un'equazione di secondo grado ha come unica radice il valore – 1. Il suo discriminante è:**

- **A** minore di zero
- **B** maggiore di zero
- **C** un numero immaginario
- **D** uguale a – 1
- **E** uguale a zero

Un'equazione di secondo grado ha due radici reali coincidenti (ossia un'unica radice *doppia*) quando il suo discriminante è nullo. La risposta corretta è la **E**.

CONOSCENZE SCIENTIFICHE

8 **Il sistema di equazioni** $\begin{cases} 2x + y = 3 \\ 4x + 2y = 6 \end{cases}$:

- **A** non ha soluzioni
- **B** ha come unica soluzione $x = 1, y = 1$
- **C** ha infinite soluzioni
- **D** ha come unica soluzione $x = 2, y = 1$
- **E** ha come unica soluzione $x = 1, y = 2$

Dato che $\frac{a_1}{a_2} = \frac{b_1}{b_2} = \frac{c_1}{c_2} = \frac{1}{2}$ il sistema è indeterminato, quindi la risposta corretta è la **C**.

---

9 **Le soluzioni della disequazione $x^2 - 6x + 5 < 0$ sono:**

- **A** $x < 1$ o $x > 5$
- **B** $1 < x < 5$
- **C** $2 < x < 3$
- **D** $x < -6$
- **E** non esistono nell'insieme reale

Il trinomio contenuto nel primo membro della disequazione data è negativo per valori interni all'intervallo delle radici dell'equazione associata, $x^2 - 6x + 5 = 0$, le cui soluzioni sono $x_1 = 1$ e $x_2 = 5$. La disequazione è quindi verificata per $1 < x < 5$ (risposta **B**).

---

10 **Risolvere la disequazione $(2x + x^2 + 1)/(x^2 - 1) > 0$.**

- **A** $x > 0$
- **B** $x < -1$ e $x > 1$
- **C** $-1 < x < 1$
- **D** $x < 0$
- **E** x qualunque

Le disequazioni, diversamente da quanto accade per le equazioni, vanno risolte in modo tradizionale, non si può ricorrere al metodo della verifica. Per rispondere ai quesiti sulle disequazioni è dunque molto importante scegliere una "strada veloce".

In questo esercizio è sufficiente notare che il numeratore è un quadrato perfetto $(2x + x^2 + 1 = (x + 1)^2)$ per concludere che la disequazione è soddisfatta dai valori di x che rendono positivo il denominatore e non annullano il numeratore. Si tratta cioè di risolvere la disequazione di secondo grado $x^2 - 1 > 0$. L'equazione equivalente ammette le due radici $x = 1$ e $x = -1$: il binomio $x^2 - 1$ è positivo per valori esterni all'intervallo delle due radici. La risposta corretta è dunque la **B**.

---

11 **L'espressione $\log_{a^{1/2}}\left(\frac{1}{a^{2/3}}\right)$:**

- **A** vale $1/3$
- **B** vale $-4/3$
- **C** vale $-2/3$
- **D** è irrazionale
- **E** ha un valore che dipende da a

PARTE QUINTA

Applicando le proprietà dei logaritmi all'espressione contenuta nel testo del quesito si ottiene:

$$\log_{a^{\frac{1}{2}}}\left(\frac{1}{a^{\frac{2}{3}}}\right) = \log_{a^{\frac{1}{2}}} a^{-\frac{2}{3}} = -\frac{2}{3}\log_{a^{\frac{1}{2}}} a = -\frac{2}{3}\cdot 2 = -\frac{4}{3}$$

La risposta esatta è quindi la **B**.

---

12 Se $\log_x 196 = -2$, quanto vale x?

- **A** 7
- **B** 1/7
- **C** 14
- **D** 1/14
- **E** – 392

La risposta corretta è la **D**. Infatti, per la definizione di logaritmo, occorre trovare il valore di x per cui:

$$x^{-2} = 196 \rightarrow \frac{1}{x^2} = 196 \rightarrow x^2 = \frac{1}{196} \rightarrow x = \frac{1}{\sqrt{196}} = \frac{1}{14}$$

---

13 In un piano cartesiano la distanza fra i punti (2; 1) e (3; 2) è:

- **A** 2
- **B** radice quadrata di 2
- **C** 4
- **D** 8
- **E** radice quadrata di 8

I due punti proposti dal quesito non hanno in comune né l'ascissa, né l'ordinata: si deve quindi utilizzare la formula generale per la distanza fra due punti.

$$\text{distanza} = \sqrt{(x_2 - x_1)^2 + (y_2 - y_1)^2} = \sqrt{(3-2)^2 + (2-1)^2} = \sqrt{1+1} = \sqrt{2}$$

La risposta corretta è quindi la **B**.

---

14 Le due rette $y = 3x + 2$ e $6y = 18x - 4$:

- **A** si incontrano nel punto (0; 4)
- **B** si incontrano nel punto (3; 1)
- **C** si incontrano nel punto (0; 3)
- **D** sono parallele
- **E** sono sghembe

Ricavando y nella seconda equazione:

$$6y = 18x - 4 \rightarrow y = \frac{18}{6}x - \frac{4}{6} \rightarrow y = 3x - \frac{2}{3}$$

si deduce che le due rette hanno il medesimo coefficiente angolare $m = 3$, quindi sono parallele. La risposta esatta è dunque la **D**.

CONOSCENZE SCIENTIFICHE

15 Determinare il dominio della funzione $y = \sqrt{x-1}$.

A $x > 0$
B $x \geq 1$
C $x \leq 2$
D $x > 1$
E $x > -1$

Il procedimento da seguire per determinare il dominio di una funzione è lo stesso che si usa per determinare il campo di esistenza delle espressioni frazionarie o irrazionali. Nel quesito proposto, poiché l'indice della radice è pari, il radicando deve essere positivo o nullo, quindi:

$$x - 1 \geq 0 \rightarrow x \geq 1 \quad \text{(risposta B)}$$

16 Il logaritmo in base 5 di 24:

A è compreso tra 1 e 2
B è compreso tra 2 e 3
C non esiste
D è compreso tra – 1 e 1
E è uguale a 24/5

Il numero 24 non è una potenza intera di 5, quindi il logaritmo in base 5 di 24 non potrà essere un numero intero. È sufficiente però osservare che:

$$5 < 24 < 25$$

e quindi:

$$5^1 < 24 < 5^2$$

A questo punto, calcolando il logaritmo in base 5 (funzione crescente dell'argomento) della precedente relazione si ricava:

$$\log_5 5 = 1 < \log_5 24 < \log_5 5^2 = 2 \cdot \log_5 5 = 2$$

per cui $1 < \log_5 24 < 2$ (risposta A).

17 Si consideri un quadrato con lato pari a 2.
Su ogni lato del quadrato si costruisca un semicerchio avente per base il lato del quadrato stesso, come rappresentato a lato.
Qual è l'area della figura così ottenuta?

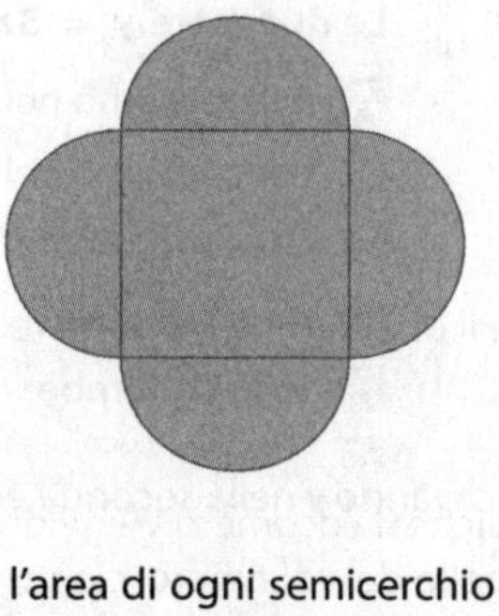

A $2 + 4\pi$
B $2 - 4\pi$
C $4 + 8\pi$
D $4 + 2\pi$
E $8 - 4\pi$

La risposta corretta è la D. Infatti, l'area del quadrato è $2 \cdot 2 = 4$, mentre l'area di ogni semicerchio è $\pi r^2/2$, ossia $\pi/2$ (essendo il raggio pari a 1). Poiché i semicerchi sono quattro, l'area della figura ottenuta è pari a:

$$\text{area totale} = \text{area quadrato} + 4 \cdot \text{area semicerchio} = 4 + 2\pi$$

18 La somma degli angoli interni di un esagono non regolare:

A dipende dalla misura dei lati

B è pari a 600°

C è pari a 360°

D dipende dalla forma del poligono

E è pari a 720°

La somma degli angoli interni di un poligono di N lati è uguale a tanti angoli piatti quanti sono i lati diminuiti di due, cioè a $180° \cdot (N-2)$.
Nel caso di un esagono tale somma è pari a $180° \cdot (6-2) = 180° \cdot 4 = 720°$. La risposta esatta è la E.

19 Se un quadrato e un cerchio sono equivalenti, allora:

A la diagonale del quadrato è minore del diametro del cerchio

B il lato del quadrato e il raggio del cerchio sono grandezze commensurabili

C il perimetro del quadrato è maggiore della lunghezza della circonferenza

D il perimetro del quadrato è minore della lunghezza della circonferenza

E nessuna delle altre risposte è corretta

Due figure sono equivalenti quando hanno la stessa area. Un quadrato di lato a e un cerchio di raggio r sono equivalenti se $a^2 = \pi r^2$, ossia se $a = \sqrt{\pi} \cdot r$. Il perimetro del quadrato è pari a $4a = 4\sqrt{\pi}\, r > 2\pi r$, da cui segue che la C è la risposta esatta.

È opportuno ricordare che **a parità di superficie, il cerchio è la figura geometrica con perimetro minore; a parità di volume, la sfera è il solido con superficie minore.**

Osserviamo che la risposta B è errata perché il rapporto tra il lato del quadrato e il raggio del cerchio non è un numero razionale. Da $a = \sqrt{\pi} \cdot r$ otteniamo infatti $a/r = \sqrt{\pi}$ e $\sqrt{\pi}$ è un numero irrazionale.

20 Un cocomero di forma sferica viene tagliato in 16 fette tutte uguali fra loro. Se il diametro del cocomero è di 40 cm, il volume di ciascuna fetta è di:

A $\frac{40}{16}\pi \text{ cm}^3$

B $\frac{40^3}{16}\pi \text{ cm}^3$

C $\frac{\pi^3}{16} \text{ cm}^3$

D $\frac{2000}{3}\pi \text{ cm}^3$

E $\frac{\pi}{16} \text{ cm}^3$

Se il diametro del cocomero misura 40 cm, il suo raggio misura 20 cm e il suo volume vale:

$$V_{\text{cocomero}} = \frac{4}{3}\pi r^3 = \frac{4}{3}\pi(20)^3 = \frac{4}{3} \cdot 8000\pi \text{ cm}^3 = \frac{32.000}{3}\pi \text{ cm}^3$$

Poiché il cocomero viene diviso in 16 fette uguali, ciascuna di esse avrà volume pari a un sedicesimo di quello del cocomero, cioè:

$$V_{\text{fetta}} = \frac{1}{16}V_{\text{cocomero}} = \frac{1}{16} \cdot \frac{32.000}{3}\pi \text{ cm}^3 = \frac{2000}{3}\pi \text{ cm}^3$$

quindi la risposta esatta è la D.

CONOSCENZE SCIENTIFICHE

Ripassa da qui

INSIEMI, NUMERI E OPERAZIONI

- Regole per il calcolo di M.C.D. e m.c.m. fra due o più numeri naturali
  - M.C.D.: prodotto dei fattori primi comuni, ciascuno preso una volta sola con il minimo esponente con cui figura;
  - m.c.m.: prodotto dei fattori primi comuni e non comuni, ciascuno preso una volta sola con il massimo esponente con cui figura.
- Proprietà delle potenze
  - $a^1 = a$
  - $a^0 = 1$ (con $a \neq 0$)
  - $a^{-n} = \frac{1}{a^n}$
  - $a^m \cdot a^n = a^{(m+n)}$
  - $\frac{a^m}{a^n} = a^{(m-n)}$

ALGEBRA CLASSICA: MONOMI E POLINOMI

- Regole per il calcolo di M.C.D. e m.c.m. fra due o più monomi
  - M.C.D.: è quel monomio che ha come coefficiente il M.C.D. dei coefficienti e come parte letterale il prodotto delle lettere comuni ai monomi dati, ciascuna di esse presa una volta sola con il minimo esponente con cui compare;
  - m.c.m.: è quel monomio che ha come coefficiente il m.c.m. dei coefficienti e come parte letterale il prodotto delle lettere comuni e non comuni ai monomi dati, ciascuna di esse presa una volta sola con il massimo esponente con cui compare.
- Prodotti notevoli principali
  - $(a+b) \cdot (a-b) = a^2 - b^2$
  - $(a+b)^2 = a^2 + 2ab + b^2$
  - $(a-b)^2 = a^2 - 2ab + b^2$
  - $(a+b+c)^2 = a^2 + b^2 + c^2 + 2ab + 2ac + 2bc$
  - $(a+b)^3 = a^3 + 3a^2b + 3ab^2 + b^3$
  - $(a-b)^3 = a^3 - 3a^2b + 3ab^2 - b^3$
  - $a^3 + b^3 = (a+b) \cdot (a^2 - ab + b^2)$
  - $a^3 - b^3 = (a-b) \cdot (a^2 + ab + b^2)$
- Scomposizione di un polinomio in fattori
  - raccoglimento a fattore comune
  - raccoglimento a fattore parziale
  - scomposizione tramite i prodotti notevoli
- Semplificazione di frazioni algebriche
  - prima scomporre in fattori (se necessario) numeratore e denominatore;
  - poi eliminare i fattori comuni tra numeratore e denominatore.

RADICALI E NUMERI REALI

- Radicali algebrici e aritmetici
  - Il *radicale algebrico* $\sqrt[n]{a}$ è ogni numero reale la cui potenza *n-esima* è uguale al numero reale *a*.
  - Il *radicale aritmetico* $\sqrt[n]{a}$ (con $a \geq 0$) è invece il numero reale non negativo la cui potenza *n-esima* è uguale ad *a*.
- Proprietà invariantiva dei radicali aritmetici

$$\sqrt[n]{a^m} = \sqrt[np]{a^{mp}} \quad \text{oppure} \quad \sqrt[n]{a^m} = \sqrt[n/q]{a^{m/q}}$$

- Operazioni con i radicali aritmetici
  - $\sqrt[n]{a} \cdot \sqrt[n]{b} = \sqrt[n]{ab}$
  - $\dfrac{\sqrt[n]{a}}{\sqrt[n]{b}} = \sqrt[n]{\dfrac{a}{b}}$ (purché $b \neq 0$)
  - $(\sqrt[n]{a})^m = \sqrt[n]{a^m}$
  - $\sqrt[m]{\sqrt[n]{a}} = \sqrt[m \cdot n]{a}$
  - se $a \geq 0$ allora $\sqrt[n]{a^n b} = a\sqrt[n]{b}$
  - $a^{m/n} = \sqrt[n]{a^m}$
  - Razionalizzare una frazione significa eliminare dal denominatore eventuali espressioni irrazionali.

EQUAZIONI E SISTEMI DI EQUAZIONI

- Teorema fondamentale dell'algebra
  Un'equazione algebrica determinata di grado *n* ammette al massimo *n* soluzioni nell'insieme dei numeri reali, alcune delle quali potrebbero coincidere.
- Criteri di equivalenza
  - Aggiungendo ad ambedue i membri di un'equazione la medesima espressione algebrica si ottiene un'equazione equivalente a quella data.
  - Moltiplicando o dividendo entrambi i membri di un'equazione la medesima espressione algebrica (sempre definita e diversa da zero) si ottiene un'equazione equivalente a quella data.
- Equazioni di primo grado

$$ax + b = 0 \text{ con } a, b \in \mathbb{R}$$

  - se $a \neq 0$ l'equazione è determinata e ammette un'unica soluzione: $x = -\dfrac{b}{a}$
  - se $a = 0$ e $b \neq 0$ l'equazione è impossibile;
  - se $a = 0$ e $b = 0$ l'equazione è indeterminata.
- Equazioni di secondo grado

$$ax^2 + bx + c = 0 \text{ con } a, b, c \in \mathbb{R} \text{ e } a \neq 0$$

$$\Delta = b^2 - 4ac$$

  - Formula risolutiva generale

$$x_{1,2} = \frac{-b \pm \sqrt{\Delta}}{2a}$$

  - Formula risolutiva ridotta (valida se *b* è pari)

$$x_{1,2} = \frac{-b/2 \pm \sqrt{\Delta/4}}{a}$$

  - se $\Delta > 0$ l'equazione ha due soluzioni reali distinte;
  - se $\Delta = 0$ l'equazione ha due soluzioni reali coincidenti;
  - se $\Delta < 0$ l'equazione non ha alcuna soluzione reale.

CONOSCENZE SCIENTIFICHE

- Sistemi lineari
  Dato il sistema

$$\begin{cases} a_1x + b_1y = c_1 \\ a_2x + b_2y = c_2 \end{cases}$$

si possono presentare i seguenti casi:

- $\frac{a_1}{a_2} \neq \frac{b_1}{b_2} \rightarrow$ determinato
- $\frac{a_1}{a_2} = \frac{b_1}{b_2} = \frac{c_1}{c_2} \rightarrow$ indeterminato
- $\frac{a_1}{a_2} = \frac{b_1}{b_2} \neq \frac{c_1}{c_2} \rightarrow$ impossibile

DISEQUAZIONI

- Criteri di equivalenza
  - Aggiungendo ad ambedue i membri di una disequazione la medesima espressione algebrica si ottiene una disequazione equivalente a quella data.
  - Moltiplicando o dividendo entrambi i membri di una disequazione per la medesima espressione algebrica sempre definita e sempre positiva (negativa) si ottiene una disequazione dello stesso verso (di verso opposto) ed equivalente a quella data.
- Disequazioni intere di primo grado

$$ax + b > 0 \quad \text{oppure} \quad ax + b < 0$$

$$ax > -b \rightarrow \begin{cases} x > -\frac{b}{a} & \text{se } a > 0 \\ x < -\frac{b}{a} & \text{se } a < 0 \end{cases} \quad \text{oppure} \quad ax < -b \rightarrow \begin{cases} x < -\frac{b}{a} & \text{se } a > 0 \\ x > -\frac{b}{a} & \text{se } a < 0 \end{cases}$$

- Segno di un prodotto o di un quoziente
  Siano A e B due espressioni algebriche sempre definite:

$$\mathrm{A} \cdot \mathrm{B} > 0 \leftrightarrow \frac{\mathrm{A}}{\mathrm{B}} > 0 \leftrightarrow \text{A e B sono concordi} \qquad \mathrm{A} \cdot \mathrm{B} < 0 \leftrightarrow \frac{\mathrm{A}}{\mathrm{B}} < 0 \leftrightarrow \text{A e B sono discordi}$$

- Disequazioni intere di secondo grado

$$ax^2 + bx + c > 0 \text{ oppure } ax^2 + bx + c < 0 \text{ oppure } ax^2 + bx + c \geq 0 \text{ oppure } ax^2 + bx + c \leq 0$$

Sia $\Delta = b^2 - 4ac$ il discriminante del trinomio: sotto l'ipotesi $a > 0$ si presentano i casi riportati nella tabella seguente.

	Radici di $ax^2 + bx + c$	**$ax^2 + bx + c > 0$ è soddisfatta da:**	**$ax^2 + bx + c < 0$ è soddisfatta da:**	**$ax^2 + bx + c \geq 0$ è soddisfatta da:**	**$ax^2 + bx + c \leq 0$ è soddisfatta da:**
$\Delta > 0$	due radici distinte x_1 e x_2 con $x_1 < x_2$	$x < x_1$ e $x > x_2$	$x_1 < x < x_2$	$x \leq x_1$ e $x \geq x_2$	$x_1 \leq x \leq x_2$
$\Delta = 0$	due radici coincidenti $x_{1,2} = -b/2a$	$x \neq -b/2a$	non ammette soluzioni	tutti i valori di x	$x = -b/2a$
$\Delta < 0$	nessuna radice reale	tutti i valori di x	non ammette soluzioni	tutti i valori di x	non ammette soluzioni

PARTE QUINTA

- Disequazioni frazionarie di secondo grado
  Per risolvere una disequazione frazionaria di secondo grado si procede allo studio del segno di numeratore e denominatore, per poi verificare dove i segni siano concordi o discordi a seconda del verso della disequazione di partenza.

LOGARITMI ED ESPONENZIALI

- $x = \log_a b$ se e solo se $a^x = b$, con $a > 0, a \neq 1, b > 0$
- $\log_a 1 = 0 \leftrightarrow a^0 = 1$
- $\log_a a = 1 \leftrightarrow a^1 = a$
- Segno del logaritmo
  - Se $a > 1$, il logaritmo di un numero positivo minore di 1 è negativo, mentre quello di un numero positivo maggiore di 1 è positivo.
  - Se $0 < a < 1$, il logaritmo di un numero positivo minore di 1 è positivo, mentre quello di un numero positivo maggiore di 1 è negativo.
- Teoremi sui logaritmi
  - $\log_a bc = \log_a b + \log_a c$
  - $\log_a b^m = m \cdot \log_a b$
  - $\log_a \frac{b}{c} = \log_a b - \log_a c$
  - $\log_a \sqrt[n]{b} = \frac{1}{n} \cdot \log_a b$
- L'insieme dei logaritmi di tutti i numeri positivi, rispetto alla stessa base *a*, prende il nome di sistema dei logaritmi in base *a*.
  - I logaritmi decimali hanno come base il numero 10 e si indicano con $\text{Log}\, x$ o $\log_{10} x$.
  - I logaritmi naturali hanno come base *e*, numero di Eulero, e si indicano con $\ln x$ o $\log_e x$.

GEOMETRIA ANALITICA

- Distanza tra due punti

$$\overline{AB} = \begin{cases} |y_2 - y_1| & \text{se } x_1 = x_2 \\ |x_2 - x_1| & \text{se } y_1 = y_2 \\ \sqrt{(x_2 - x_1)^2 + (y_2 - y_1)^2} & \text{in generale} \end{cases}$$

- Coordinate del punto medio tra due punti

$$M = \left(\frac{x_1 + x_2}{2} ; \frac{y_1 + y_2}{2}\right)$$

- Retta
  - Equazione generale della retta

$$ax + by + c = 0$$

  - Equazione canonica della retta

$$y = mx + q$$

$$-\frac{a}{b} = m \text{ coefficiente angolare} \qquad -\frac{c}{b} = q \text{ termine noto}$$

  - Condizione di parallelismo: $m_1 = m_2$
  - Condizione di perpendicolarità: $m_1 \cdot m_2 = -1$
  - Rette passanti per un punto

$$y - y_0 = m(x - x_0)$$

  - Retta passante per due punti

$$\frac{y - y_1}{y_2 - y_1} = \frac{x - x_1}{x_2 - x_1}$$

CONOSCENZE SCIENTIFICHE

- Distanza di un punto da una retta

$$d = \frac{|ax_0 + by_0 + c|}{\sqrt{a^2 + b^2}}$$

- Circonferenza
  - È il luogo dei punti del piano per i quali è costante la distanza da un punto fisso detto centro:

$$x^2 + y^2 + ax + by + c = 0$$

  - Centro: $C = (\alpha; \beta)$, con $\alpha = -\frac{a}{2}$ e $\beta = -\frac{b}{2}$
  - Raggio: $r = \sqrt{\alpha^2 + \beta^2 - c}$
- Ellisse
  - È il luogo geometrico dei punti del piano per i quali è costante la somma delle distanze da due punti fissi detti fuochi:

$$\frac{x^2}{a^2} + \frac{y^2}{b^2} = 1$$

  - Fuochi: $F_1 = (-c; 0)$ e $F_2 = (c; 0)$
  - Eccentricità: $e = \frac{c}{a}$, $0 \le e < 1$
- Parabola
  - È il luogo geometrico dei punti del piano equidistanti da un punto fisso detto fuoco e da una retta fissa detta direttrice:

$$y = ax^2 + bx + c$$

  - Fuoco: $F = \left(-\frac{b}{2a}; -\frac{\Delta}{4a} + \frac{1}{4a}\right)$
  - Direttrice: $y = -\frac{\Delta}{4a} - \frac{1}{4a}$
  - Asse: $x = -\frac{b}{2a}$
  - Vertice: $V = \left(-\frac{b}{2a}; -\frac{\Delta}{4a}\right)$
- Iperbole
  - È il luogo geometrico dei punti del piano per i quali è costante (in valore assoluto) la differenza delle distanze da due punti fissi detti fuochi

$$\frac{x^2}{a^2} - \frac{y^2}{b^2} = 1$$

  - Fuochi: $F_1 = (-c; 0)$ e $F_2 = (c; 0)$
  - Eccentricità: $e = \frac{c}{a}$, $e > 1$
  - Asintoti: $y = \pm\frac{b}{a}x$
  - Iperbole equilatera: $x^2 - y^2 = a^2$, asintoti $y = \pm x$
  - Iperbole equilatera riferita ai propri asintoti: $xy = k$

- Metodo pratico per il riconoscimento di una conica

$$F(x,y) = Ax^2 + Bxy + Cy^2 + Dx + Ey + F = 0 \qquad \Delta = B^2 - 4AC$$

  - Se $\Delta < 0$ la conica è un'ellisse (una circonferenza se $A = C$ e $B = 0$);
  - se $\Delta = 0$ la conica è una parabola;
  - se $\Delta > 0$ la conica è un'iperbole (equilatera se e solo se $A + C = 0$).
- Proporzionalità diretta e inversa fra grandezze
  - x e y sono direttamente proporzionali se il loro rapporto è costante: $\frac{y}{x} = k \leftrightarrow y = k \cdot x$
  - x e y sono inversamente proporzionali se il loro prodotto è costante: $x \cdot y = k \leftrightarrow y = \frac{k}{x}$

FUNZIONI

- Campo di esistenza
  - Funzioni razionali intere: esistono per ogni valore reale della x.
  - Funzioni razionali frazionarie: il denominatore deve essere diverso da zero.
  - Funzioni esponenziali: esistono per ogni valore della x.
  - Funzioni logaritmiche: l'argomento dei logaritmi deve essere positivo.
- Funzioni crescenti e decrescenti
  - f crescente: $x_1 < x_2 \rightarrow f(x_1) < f(x_2)$
  - f decrescente: $x_1 < x_2 \rightarrow f(x_1) > f(x_2)$
- Funzioni pari e dispari
  - f pari: $f(x) = f(-x)$, grafico simmetrico rispetto all'asse delle y
  - f dispari: $f(-x) = -f(x)$, grafico simmetrico rispetto all'origine degli assi
- Funzione periodica
  - f è periodica di periodo T se $f(x) = f(x + kT)\ \forall x \in \mathbb{R}$ e $\forall k \in \mathbb{Z}$
- Funzione composta
  - se $z = f(x)$ e $y = g(z)$ sono funzioni tali che il codominio della f è contenuto nel dominio della g, la funzione $y = g[f(x)]$ si dice composta mediante la f e la g.
- Intersezione tra curve

$$\begin{cases} y = f(x) \\ y = g(x) \end{cases}$$

- Funzione inversa
  - f invertibile $\leftrightarrow f$ biunivoca
  - f monotóna $\rightarrow f$ invertibile
- Curva esponenziale
  - $y = a^x$ (con $a > 0$ e $a \neq 1$)
  - è sempre positiva, e passa per il punto $(0; 1)$
  - è decrescente se $0 < a < 1$, crescente se $a > 1$
- Curva logaritmica
  - $y = \log_a x$ (con $a > 0, a \neq 1$ e $x > 0$)
  - è definita solo per $x > 0$, passa per il punto $(1; 0)$ e per il punto $(a; 1)$
  - è decrescente se $0 < a < 1$, crescente se $a > 1$

13 Biologia

Mettiti alla prova

I Un organismo vivente è formato principalmente da:

- A acqua
- B zuccheri
- C acidi nucleici
- D proteine
- E grassi

II La fotosintesi clorofilliana è un processo caratteristico:

- A solo dei funghi
- B solo delle alghe
- C di tutte le piante verdi
- D solo di batteri
- E dei funghi e delle piante

III La sindrome di Down:

- A è ereditaria
- B è dovuta all'assunzione di particolari farmaci durante la gravidanza
- C è conseguenza di comportamenti devianti dei genitori
- D può insorgere per imitazione di soggetti che ne sono affetti
- E riguarda i cromosomi

IV Quale tra le seguenti sostanze è un ormone prodotto dal pancreas?

- A Adrenalina
- B Emoglobina
- C Tiroxina
- D Ptialina
- E Insulina

CONOSCENZE SCIENTIFICHE

Ecco le risposte esatte dei quattro quesiti proposti: I A, II C, III E, IV E.

13.1 | Caratteristiche dei viventi

Oggetto di studio della biologia sono gli esseri viventi e il loro funzionamento. Ogni essere vivente è caratterizzato da un insieme di proprietà che lo distinguono da un oggetto non vivente:

- **sono formati da una o più cellule**
- **crescono e si sviluppano**: la crescita è l'aumento di dimensioni; lo sviluppo comprende i cambiamenti, strutturali e fisiologici, che si verificano nel corso della vita.
- **si riproducono**
- **regolano il proprio metabolismo**: gli esseri viventi sono in grado di scambiare materia ed energia con l'ambiente circostante e di trasformare energia da una forma all'altra. Le reazioni chimiche che costituiscono il *metabolismo* di ogni vivente sono accuratamente regolate per garantire l'**omeostasi**, cioè la stabilità dell'ambiente interno.
- **rispondono agli stimoli**
- **possiedono informazione genetica**: l'informazione relativa alla struttura e al funzionamento di ogni essere vivente è contenuta in un programma costituito da *geni*, formati in tutti gli organismi (tranne alcuni virus) da DNA
- **le popolazioni di viventi sono soggette a evoluzione**: le caratteristiche delle popolazioni di viventi cambiano nel tempo adattandosi ai cambiamenti dell'ambiente circostante

La chiave delle differenze tra gli organismi viventi e gli oggetti non viventi è l'**organizzazione**, cioè la coesistenza di parti diverse che cooperano in modo armonico allo svolgimento delle funzioni vitali.

Organizzazione è sinonimo di ordine, e il mantenimento di strutture "ordinate" richiede energia. Negli organismi viventi avvengono continuamente trasformazioni chimiche (reazioni), se queste reazioni vengono arrestate, le cellule e gli organismi muoiono nel giro di pochi minuti.

PARTE QUINTA

13.1.1 | Bioelementi e biomolecole

Dei 92 elementi chimici naturali quattro sono i più abbondanti nella materia vivente: ossigeno, carbonio, idrogeno e azoto (tali elementi costituiscono il 95% del corpo umano). Calcio, fosforo, cloro, zolfo, potassio, sodio, magnesio, iodio e ferro sono elementi essenziali presenti in concentrazioni assai ridotte; rame, manganese, zinco e fluoro sono elementi presenti in tracce. Questi elementi vengono combinati a formare le **biomolecole**, composti organici appartenenti a quattro classi principali, per la descrizione delle quali si rimanda alla parte di chimica: **proteine**, **carboidrati**, **lipidi** e **acidi nucleici**.

13.2 | Biologia cellulare

13.2.1 | La teoria cellulare

Il termine "cellula" fu introdotto per la prima volta nel 1665 da Robert Hooke per descrivere le piccole cavità evidenziate osservando una sezione di sughero con un primo semplice microscopio (di sua invenzione); da allora la struttura della cellula è stata studiata in dettaglio e oggi è universalmente riconosciuta una teoria unificante sulla natura degli organismi viventi, nota come *teoria cellulare*, formulata originariamente da Schleiden, Schwann e Virchow intorno alla metà del XIX secolo.

✔ Una cellula può essere definita come un elemento di piccole dimensioni, delimitato da una membrana, contenente acqua e sostanze chimiche utili al suo funzionamento, dotato della capacità di produrre copie di sé stesso, crescendo e dividendosi in due.

La teoria cellulare può essere riassunta nei seguenti punti:

- **tutti gli organismi viventi sono composti da cellule**, unità elementari dotate di proprietà comuni;
- **la cellula è l'unità morfologica e fisiologica fondamentale** nella struttura degli organismi viventi, dei quali possiede tutte le proprietà caratteristiche. Negli organismi viventi molte funzioni complesse sono rese possibili dall'esistenza di una continua cooperazione tra le diverse cellule;
- **ogni cellula deriva da un'altra cellula preesistente**;
- nelle cellule **l'informazione genetica risiede nel DNA** e viene trasmessa dalle cellule parentali alle cellule figlie durante la divisione cellulare.

13.2.2 | Tipi cellulari

Ogni cellula è circondata e separata dall'ambiente esterno da una membrana cellulare all'interno della quale si trova il *citoplasma*,[1] una soluzione acquosa in cui sono immersi i costituenti cellulari e in cui si svolge buona parte delle funzioni cellulari.

In tutte le cellule la **membrana cellulare** (detta anche *membrana plasmatica* o *plasmalemma*) ha le stesse caratteristiche: è un sottile involucro di circa 7-9 nanometri[2] di spessore che avvolge la cellula, separandola dall'ambiente circostante, e regola lo scambio di materiali con l'esterno. È costituita da un doppio strato di *fosfolipidi* e altri componenti presenti in minore quantità, quali *colesterolo* e *glicolipidi*, in cui sono inserite, o a cui aderiscono, numerose *proteine*, responsabili di funzioni importanti, come per esempio recettori di ormoni, enzimi, proteine di trasporto ecc.

Nelle cellule più evolute le diverse funzioni sono assolte da strutture specializzate, gli *organelli* (o *organuli*) *citoplasmatici*, e il DNA è separato dal citoplasma e racchiuso in un *nucleo* ben definito. Ove presenti, tutti gli organuli citoplasmatici e il nucleo sono delimitati da una membrana che presenta le stesse caratteristiche della membrana cellulare. In base alla presenza o meno di un nucleo vero e proprio le cellule vengono dunque divise in due gruppi: cellule procariotiche e cellule eucariotiche ("cario" dal greco = "nucleo", quindi pro-cario = "prima del nucleo", mentre eu-cario = "nucleo fatto bene").

La cellula procariotica

Le cellule procariotiche sono le più semplici e le più piccole cellule esistenti: le loro dimensioni variano tra 0,5 e5 μm. Sono prive di organelli citoplasmatici delimitati da membrana (gli unici organelli sono i ribosomi) e non possiedono un vero nucleo: il materiale genetico è disperso nel citoplasma e consiste di una singola molecola di DNA circolare.

Le cellule procariotiche sono generalmente circondate da una *parete cellulare* esterna alla membrana cellulare, costituita di peptidoglicani (macromolecole formate da polisaccaridi e ammino-zuccheri). Gli organismi formati da cellule procariotiche, tutti unicellulari, sono i batteri, le alghe azzurre e gli archebatteri.

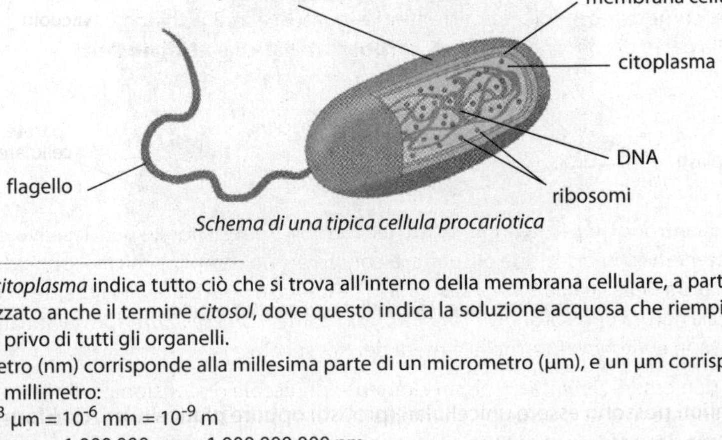

Schema di una tipica cellula procariotica

1. Il termine *citoplasma* indica tutto ciò che si trova all'interno della membrana cellulare, a parte il nucleo. In alcuni testi è utilizzato anche il termine *citosol*, dove questo indica la soluzione acquosa che riempie la cellula, quindi il citoplasma privo di tutti gli organelli.
2. Un nanometro (nm) corrisponde alla millesima parte di un micrometro (μm), e un μm corrisponde alla millesima parte di un millimetro:
   $1 \text{ nm} = 10^{-3} \text{ μm} = 10^{-6} \text{ mm} = 10^{-9} \text{ m}$
   1 m = 1000 mm = 1.000.000 μm = 1.000.000.000 nm

CONOSCENZE SCIENTIFICHE

La cellula eucariotica

Le cellule eucariotiche sono più complesse e hanno un diametro compreso fra 10 e 30 μm. Sono dotate di un **nucleo** ben definito, delimitato da una doppia membrana, che racchiude il materiale genetico (molecole di DNA lineari che, complessate con specifiche proteine, formano i cromosomi). Nel citoplasma sono presenti diversi **organuli** delimitati da una membrana (tranne i ribosomi, che non hanno membrana), che consentono lo svolgimento delle varie attività cellulari in compartimenti distinti separati dal citoplasma.

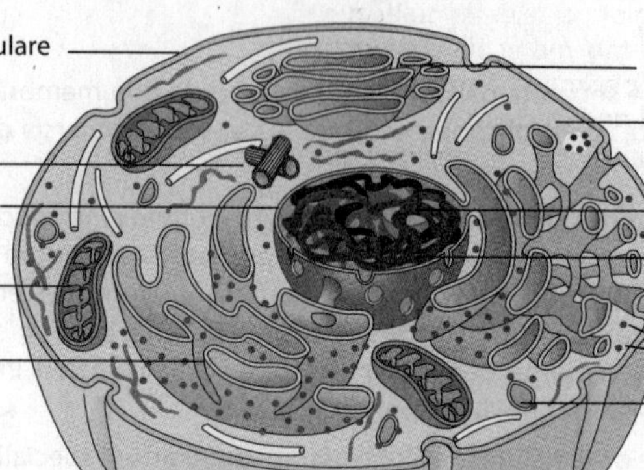

Schema di una tipica cellula eucariotica animale

Le cellule eucariotiche vengono distinte in *animale* e *vegetale*: entrambe presentano le stesse caratteristiche, ma la cellula vegetale possiede, in aggiunta, una **parete cellulare** di cellulosa, esterna alla membrana, un **vacuolo** (grossa goccia di acqua e riserve che occupa quasi tutto il citoplasma) e i **cloroplasti** (organuli circondati da doppia membrana, sede della fotosintesi clorofilliana).

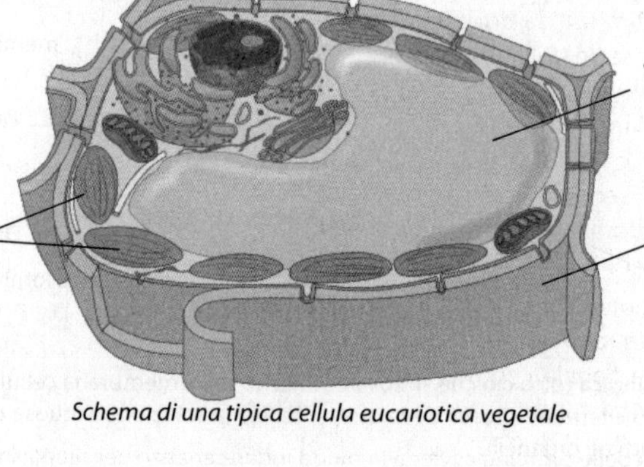

Schema di una tipica cellula eucariotica vegetale

Gli organismi eucarioti possono essere unicellulari (protisti) oppure pluricellulari, cioè formati da più cellule cooperanti (piante, funghi e animali).

Principali strutture cellulari

Struttura	Funzione	Procarioti	Eucarioti
parete cellulare	protezione e sostegno	presente (peptidoglicano)	presente nelle piante (cellulosa) e nei funghi (chitina)
membrana plasmatica o cellulare	regola il movimento di sostanze dentro e fuori la cellula; funzioni di riconoscimento e comunicazione	presente	presente
membrana nucleare	barriera al movimento della maggior parte delle molecole; gli scambi molecolari fra nucleo e citoplasma avvengono a livello dei pori nucleari	assente	presente
cromosomi	portatori dell'informazione genetica	è presente una sola molecola di DNA circolare	sono presenti più cromosomi lineari costituiti da DNA e proteine
nucleolo	zona del nucleo, non delimitato da membrana, sede della sintesi dell'RNA ribosomiale	assente	presente
reticolo endoplasmatico rugoso (RER)	sistema di membrane a cui aderiscono i ribosomi per la sintesi delle proteine non destinate al citoplasma	assente[1]	presente
apparato di Golgi	riceve le proteine dal RER; sede di modificazione di proteine non destinate al citoplasma	assente	presente
reticolo endoplasmatico liscio (REL)	sede della sintesi di acidi grassi e steroidi	assente	presente
lisosomi	organuli digestivi; pH acido, presenza di enzimi idrolitici; degradazione di molecole o organismi estranei	assenti	presenti
ribosomi	non delimitati da membrana; formati da proteine e rRNA; deputati alla sintesi delle proteine	presenti liberi nel citoplasma[2]	presenti liberi nel citoplasma o adesi al RER
mitocondri	delimitati da doppia membrana; sede della respirazione cellulare; contengono DNA circolare e ribosomi	assenti[3]	presenti
cloroplasti	delimitati da doppia membrana; sede della fotosintesi clorofilliana; contengono DNA circolare e ribosomi	assenti	presenti nelle parti verdi delle piante
citoscheletro	mantengono la forma della cellula (microfilamenti); formano ciglia, flagelli, centrioli, fuso mitotico (microtubuli)	assenti[4]	presenti

1. Nei procarioti la sintesi delle proteine avviene in modo indifferenziato nel citoplasma.
2. I ribosomi dei procarioti sono più piccoli di quelli degli eucarioti (70 S anziché 80 S) e contengono rRNA diversi.
3. Una funzione analoga viene compiuta dalla membrana plasmatica.
4. Alcuni procarioti sono dotati di sottili flagelli, di struttura differente da quella degli eucarioti.

CONOSCENZE SCIENTIFICHE

13.2.3 | Scambio di materiali fra interno ed esterno della cellula

Le sostanze possono entrare e uscire dalla cellula in modi diversi; è opportuno innanzitutto distinguere il trasporto passivo dal trasporto attivo:

- Il **trasporto passivo** avviene **secondo gradiente di concentrazione**, quando cioè una sostanza si sposta da una zona in cui la sua concentrazione è maggiore a un'altra in cui la concentrazione è minore. Questo processo è spontaneo e **non richiede energia.**
- Il **trasporto attivo** avviene **contro gradiente di concentrazione**, quando cioè una sostanza si sposta da una zona in cui la sua concentrazione è minore a un'altra in cui la concentrazione è maggiore. Il trasporto attivo **richiede energia** che viene fornita dall'idrolisi di ATP.

La membrana plasmatica è **semipermeabile**: può essere attraversata liberamente solo dall'acqua e da piccole molecole non polari (come O_2 e CO_2), mentre non può essere attraversata da grosse molecole polari (come il glucosio) e dagli ioni, anche se piccoli. Per regolare l'entrata e l'uscita delle molecole di dimensioni più grandi e di tutti gli ioni sono presenti specifici **sistemi di trasporto**, costituiti da proteine di membrana che permettono il passaggio di sostanze specifiche, associato, oppure no, all'idrolisi di ATP, a seconda che la sostanza si muova rispettivamente contro gradiente oppure secondo gradiente.

L'**osmosi** è un caso particolare di diffusione e consiste nel passaggio di acqua attraverso una membrana semipermeabile che separa due soluzioni a diversa concentrazione: l'acqua passa spontaneamente dalla soluzione più diluita (ipotonica) a quella più concentrata (ipertonica). Ad esempio, ponendo una cellula animale in soluzione isotonica (cioè alla stessa concentrazione) rispetto al citoplasma (A) non si osserva alcuna variazione; in una soluzione ipotonica (B) si ha un ingresso netto di acqua e la cellula si gonfia, eventualmente fino a scoppiare; in soluzione ipertonica (C) si ha fuoriuscita di acqua e la cellula si raggrinzisce.

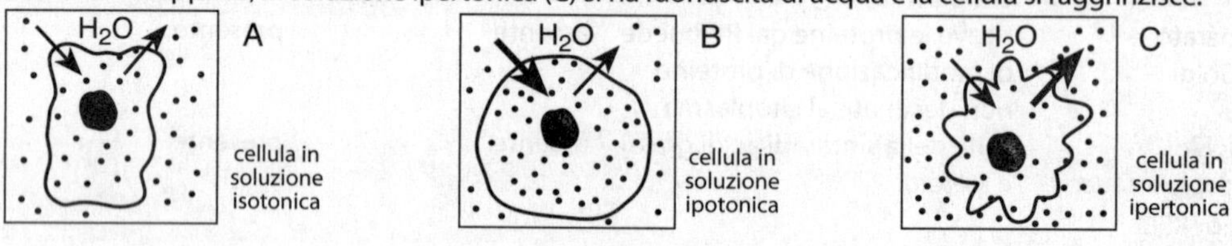

osmosi

Siamo ora in grado di rispondere al primo quesito proposto all'inizio del capitolo.

Quesito I. Zuccheri, acidi nucleici, proteine e grassi sono le biomolecole che compongono la materia vivente, ma, pur essendo un composto inorganico, l'acqua è un componente essenziale e spesso preponderante di tutte le cellule e degli organismi viventi: il contenuto d'acqua del corpo umano è pari mediamente al 60-70%. La risposta corretta è la **A**.

13.2.4 | Metabolismo cellulare

Il metabolismo cellulare è l'insieme delle reazioni di trasformazione della materia e dell'energia che si svolgono all'interno della cellula.

- **catabolismo:** l'insieme delle reazioni di degradazione delle molecole complesse (come glucosio) in sostanze più semplici; fornisce energia
- **anabolismo:** l'insieme delle reazioni di sintesi dei costituenti cellulari (come enzimi, fosfolipidi, proteine di membrana ecc.) a partire da composti semplici; richiede energia

L'energia liberata dalle reazioni cataboliche viene immagazzinata sotto forma di ATP, e viene ceduta all'occorrenza per lo svolgimento delle reazioni anaboliche, grazie all'idrolisi di ATP.

L'**adenosintrifosfato**, o **ATP**, è formato da un nucleoside, l'adenosina, legato a tre gruppi fosfato. Il legame fra il primo e il secondo fosfato e quello fra il secondo e il terzo (contrassegnati nelle formule con il simbolo ~) sono legami ad alta energia: la loro rottura libera energia.

La sintesi dell'ATP richiede energia e avviene a partire da ADP (adenosinadifosfato) e fosfato inorganico (P_i); l'idrolisi dell'ATP porta alla formazione di ADP e P_i e libera la stessa quantità di energia necessaria per la sua sintesi.

PARTE QUINTA

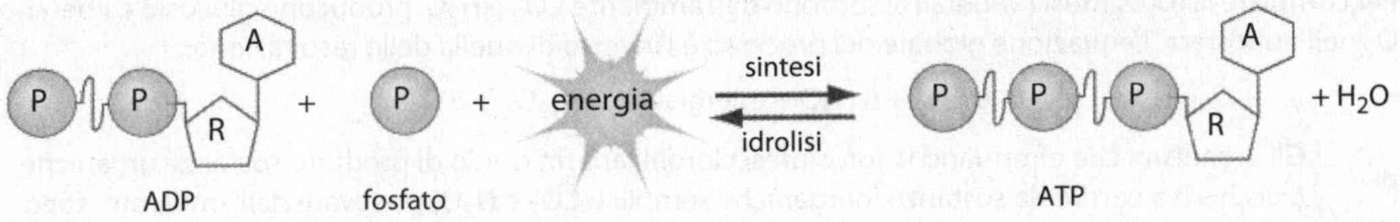

13.2.5 | Catabolismo del glucosio

La principale fonte di energia per le cellule deriva dalla demolizione del glucosio ($C_6H_{12}O_6$), processo che si svolge in diverse fasi e può procedere fino all'ossidazione completa, ovvero con la trasformazione completa del glucosio in CO_2, oppure arrestarsi a livello di composti intermedi.

Glicolisi

La prima fase dell'ossidazione del glucosio è rappresentata dalla glicolisi, una serie di reazioni attraverso le quali una molecola di glucosio (a 6 C) viene demolita ad acido piruvico (a 3 C) e si libera energia sufficiente a produrre due molecole di ATP e due molecole di NADH.[1]

La glicolisi avviene nel citoplasma ed è presente praticamente **in tutte le cellule**, dai più semplici batteri alle cellule dei più complessi organismi pluricellulari.

A seconda delle capacità dell'organismo e delle condizioni ambientali, l'acido piruvico formato con la glicolisi può seguire due percorsi alternativi:

- in assenza di ossigeno (*anaerobiosi*) viene ridotto, tramite il processo della **fermentazione**, ad acido lattico, etanolo o altri composti;
- in presenza di ossigeno (*aerobiosi*) viene ossidato a CO_2 durante la respirazione cellulare.

In presenza di ossigeno, l'acido piruvico (o piruvato) viene ossidato e demolito totalmente con produzione di CO_2 e H_2O nella **respirazione cellulare**, la seconda fase della degradazione del glucosio. Questo processo ha luogo nei mitocondri e viene diviso in tre fasi principali: la decarbossilazione dell'acido piruvico, il ciclo di Krebs (o ciclo dell'acido citrico) e la catena respiratoria. Nella parte finale (catena respiratoria) il NADH prodotto cede i propri elettroni a una catena di proteine presenti sulla membrana interna del mitocondrio, che li trasportano fino all'accettore finale, O_2 (che viene quindi trasformato in H_2O). Il trasporto degli elettroni genera in contemporanea un gradiente di ioni H^+: gli ioni vengono pompati tra le due membrane del mitocondrio e ritornano all'interno passando attraverso una proteina chiamata ATP sintasi. Il passaggio di ioni H^+ apporta l'energia necessaria alla ATP sintasi per produrre ATP a partire da ADP e fosfato.

Dall'ossidazione completa di una molecola di glucosio si ottengono 38 molecole di ATP; di queste, solo 2 sono prodotte dalla glicolisi, contro le 36 prodotte dalla respirazione, che è dunque la via più efficiente per liberare l'energia contenuta nel glucosio.

La reazione complessiva della demolizione aerobica del glucosio può essere così riassunto:

$$C_6H_{12}O_6 + 6\,O_2 \rightarrow 6\,CO_2 + 6\,H_2O + \text{energia (ATP)}$$

13.2.6 | Fotosintesi clorofilliana

La fotosintesi clorofilliana è un processo compiuto dai vegetali (piante e alghe) e da alcuni procarioti. L'energia luminosa viene immagazzinata sotto forma di ATP e viene sfruttata per l'**organicazione del carbonio**, cioè per trasformare la CO_2 (composto inorganico) in glucosio (composto organico).

1. Il NADH è un trasportatore di elettroni: acquista gli elettroni ceduti dall'ossidazione del glucosio e li cede in reazioni successive

CONOSCENZE SCIENTIFICHE

Per compiere la fotosintesi i vegetali assorbono dall'ambiente CO_2 e H_2O, producono glucosio e liberano O_2 nell'atmosfera. L'equazione globale del processo è l'inverso di quella della respirazione:

$$6\,CO_2 + 6\,H_2O + \text{energia} \rightarrow C_6H_{12}O_6 + 6\,O_2$$

Gli organismi che effettuano la fotosintesi clorofilliana, in grado di produrre sostanze organiche (zuccheri) a partire da sostanze inorganiche semplici (CO_2 e H_2O) prelevate dall'ambiente, sono detti **autotrofi**.
Gli organismi (come gli animali e i funghi) che devono assumere le sostanze organiche dall'ambiente sono detti **eterotrofi**.

Siamo ora in grado di rispondere al secondo quesito proposto all'inizio del capitolo.

Quesito II. La fotosintesi clorofilliana è un processo che permette l'utilizzo dell'energia solare e la sua conversione in energia chimica, per produrre glucosio a partire da anidride carbonica e acqua. I funghi non effettuano questo processo mentre sono fotosintetiche tutte le piante verdi, oltre alle alghe, alle alghe azzurre (procariote) e ad alcuni batteri (procarioti). La risposta esatta è quindi **C**.

13.2.7 | I virus

I virus sono entità viventi, ma non sono costituiti da cellule; per questo motivo spesso vengono definiti "oggetti biologici" piuttosto che "organismi".
Presentano le seguenti caratteristiche che li differenziano dagli altri viventi:

- per riprodursi devono infettare cellule ospiti di cui sfruttano gli enzimi e il sistema energetico: possono quindi essere definiti **parassiti endocellulari obbligati**;
- sono incapaci di sintetizzare autonomamente le proteine di cui sono formati;
- sono costituiti da una molecola di acido nucleico (DNA o RNA, a filamento doppio o singolo) contenente le informazioni genetiche relative alla sintesi dei propri elementi costitutivi, racchiusa in un involucro di natura proteica detto *capside*;
- hanno forma e dimensioni varie (comprese tra 10 e 300 nm);
- sono parassiti specifici: alcuni infettano solo cellule animali, alcuni solo cellule vegetali, altri, chiamati *batteriofagi* o *fagi*, solo cellule batteriche.

13.3 | Divisione cellulare e riproduzione

13.3.1 | Divisione cellulare

La divisione cellulare è il processo che permette a una cellula di dare origine a due cellule figlie.
Tutte le cellule hanno origine dalla divisione di altre cellule, quindi questo processo riveste un'enorme importanza per i viventi.
Ogni cellula, anche la più semplice, contiene una gran mole di informazioni sotto forma di geni che, dal punto di vista chimico, sono tratti di DNA. Prima di ogni divisione cellulare il DNA si duplica, e ognuna delle due cellule che si originano dalla divisione riceve una copia di informazioni, identica a quella della cellula madre.
Il processo di divisione cellulare deve garantire la distribuzione equa di DNA, citoplasma e degli organuli cellulari.
Negli organismi **unicellulari** la divisione cellulare coincide con la riproduzione, cioè la formazione di altri esseri viventi della stessa specie; in quelli **pluricellulari** permette lo sviluppo dell'embrione, l'accrescimento e il rinnovamento dei tessuti poiché, ogni giorno, le cellule morte o danneggiate devono essere sostituite.
Nelle **cellule procariotiche**, dotate di un'unica molecola di DNA circolare, la divisione cellulare è un processo molto semplice, detto **scissione binaria** (o **fissione binaria**), mediante il quale, dopo la replicazione del DNA, la cellula si strozza e si divide in due cellule, ognuna delle quali riceve una molecola di DNA.
Nelle **cellule eucariotiche**, fornite di diverse molecole di DNA sotto forma di cromosomi, la divisione cellulare è un processo complesso, detto **mitosi,** che garantisce l'equa ripartizione del materiale genetico.

La mitosi è un processo suddiviso in quattro fasi (profase, metafase, anafase e telofase) che permette la formazione di due cellule identiche, dal punto di vista genetico, alla cellula madre.

13.3.2 | Riproduzione asessuata

Negli organismi a riproduzione asessuata (detta anche *agamica* o *vegetativa*) la prole ha origine da un unico individuo, senza l'intervento e la fusione (fecondazione) di cellule specializzate per la riproduzione. A meno dell'insorgenza di mutazioni spontanee, la prole risulta dunque geneticamente identica alla cellula madre.

13.3.3 | Riproduzione sessuata

La riproduzione sessuata (detta anche *gamica* o *anfigonica*) prevede la partecipazione di cellule specializzate per questa funzione: i **gameti** (o *cellule germinali*), prodotti generalmente da due individui di sesso diverso, ognuno dei quali, con i propri cromosomi, contribuisce alla formazione del corredo genetico della progenie. La riproduzione ha luogo quando il gamete maschile si fonde con quello femminile; dalla fusione dei due gameti, detta **fecondazione**, ha origine una cellula, lo **zigote**, che rappresenta la prima cellula del nuovo organismo da cui si formerà l'individuo adulto, attraverso una serie di divisioni mitotiche successive.

Poiché la fusione dei gameti implica l'unione dei corredi cromosomici di origine materna e paterna, la riproduzione sessuata comporta il rimescolamento di materiale genetico diverso. Per questo gli individui figli sono diversi dai loro genitori e diversi tra loro. A differenza della riproduzione asessuata, quella sessuata consente perciò di ottenere un **aumento della variabilità genetica.**

Cellule aploidi e diploidi

I gameti si differenziano dalle altre cellule dell'organismo, dette *cellule somatiche*, per il numero di cromosomi:

- le **cellule somatiche** sono **diploidi**, cioè possiedono una doppia serie di cromosomi: ogni cromosoma è presente in due copie che costituiscono una coppia di *cromosomi omologhi*, uno di origine paterna e uno di origine materna. I cromosomi omologhi sono cromosomi aventi la stessa forma, le stesse dimensioni e la stessa sequenza di geni. Il possesso di un numero diploide di cromosomi si indica con la sigla $2n$. In una cellula somatica di un essere umano ci sono 46 cromosomi (23 coppie).
- i **gameti** sono **aploidi**, cioè possiedono un'unica serie di cromosomi: contengono cioè un solo cromosoma di ogni coppia. Il possesso di un numero aploide di cromosomi si indica con la sigla n.In un gamete umano ci sono 23 cromosomi.

I gameti contengono quindi un numero di cromosomi (n) pari alla metà di quello delle cellule somatiche ($2n$) e il meccanismo che permette la riduzione del numero di cromosomi è la ***meiosi.*** Questo processo consiste in due divisioni cellulari successive che, a partire da una cellula diploide, ne producono quattro aploidi; le due divisioni (meiosi I e II) sono simili a due mitosi ma solo la prima è preceduta dalla replicazione del DNA.

La meiosi ha luogo in organi particolari, le *gonadi*. Negli animali le gonadi femminili sono le *ovaie* (in cui si formano le cellule uovo), quelle maschili i *testicoli* (in cui si formano gli spermatozoi); nelle piante gli organi riproduttivi femminili sono gli *ovari*, quelli maschili gli *stami*.

Durante la meiosi I i cromosomi che formano ogni coppia di omologhi si appaiano e in questa fase si può verificare il **crossing-over,** cioè lo scambio di porzioni di cromosoma fra cromosomi omologhi. Questo fenomeno aumenta la variabilità genetica dei gameti.

13.4 | Ereditarietà

L'ereditarietà, cioè il complesso delle modalità di trasmissione dei caratteri ereditari dagli individui di una generazione ai loro discendenti, è l'oggetto di studio della **genetica**.

- **gene:** tratto di DNA responsabile della determinazione di un dato carattere (esempio: forma del seme)
- **alleli:** forme diverse di un gene (seme liscio o rugoso)
- **genotipo**: combinazione di alleli presenti in un individuo
- **fenotipo**: l'insieme delle caratteristiche che si manifestano in un individuo, determinate dal suo genotipo e dall'ambiente

CONOSCENZE SCIENTIFICHE

13.4.1 | Genetica mendeliana

Le regole fondamentali che governano la trasmissione dei caratteri ereditari furono scoperte, tra il 1854 e il 1864 da Gregor Mendel (1822-84), considerato il padre della genetica. Mendel eseguì una serie di esperimenti utilizzando piante di pisello con caratteristiche differenti, le incrociò fra loro e fece l'analisi numerica delle frequenze con cui comparivano nelle generazioni i diversi caratteri considerati.

Mendel incrociò piante di linea pura che differivano fenotipicamente per un singolo carattere (per esempio, seme liscio o rugoso), chiamate *generazione parentale* (P). Osservò che gli individui della progenie, definita *prima generazione filiale* (F_1), avevano tutti lo stesso fenotipo, uguale a quello di uno solo dei due genitori (per esempio, seme liscio), mentre l'altro fenotipo parentale (seme rugoso) sembrava scomparso. Egli definì **dominante** il carattere che si manifestava nella F_1 e **recessivo** quello che non si manifestava.

Incrociando poi fra loro gli individui della F_1, nella progenie, chiamata *seconda generazione filiale* (F_2), ricompariva il carattere apparentemente scomparso, e i due caratteri si manifestavano secondo un rapporto numerico ben preciso: circa 3/4 della progenie presentava il carattere dominante (seme liscio), mentre solo 1/4 manifestava il carattere recessivo (seme rugoso).

Per spiegare i risultati ottenuti Mendel avanzò alcune ipotesi poi rivelatesi corrette:

- ogni carattere è determinato da una particella materiale, il gene (chiamato da Mendel *fattore*), trasmesso dai genitori ai discendenti attraverso i gameti con la riproduzione;
- i geni esistono in forme alternative (gli alleli);
- un organismo possiede due copie di ogni fattore (due alleli di ogni gene) per ogni carattere ereditato e ciascun fattore (ogni allele) deriva da uno dei due genitori;
- le due copie di un fattore (i due alleli di un gene) si separano (*segregano*) durante la meiosi, così che i gameti possiedono un'unica copia (un solo allele) per ogni carattere.

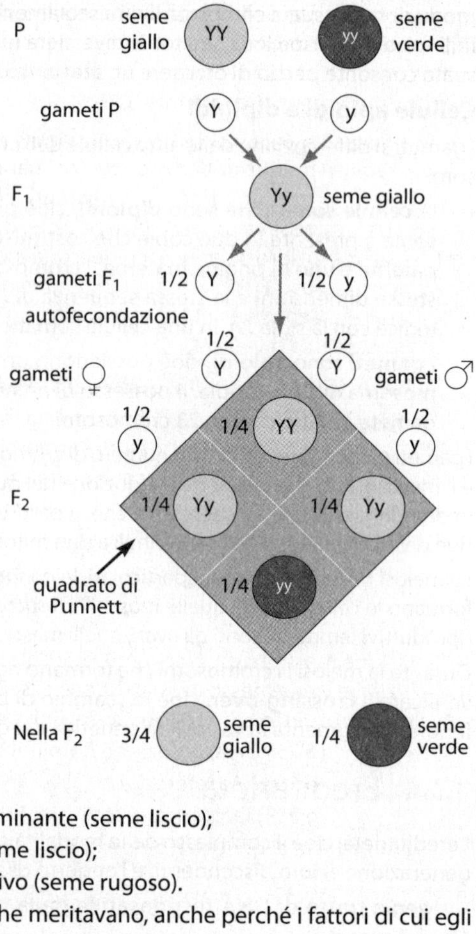

Gli individui che possiedono due alleli uguali per un dato carattere sono detti **omozigoti** per quel carattere, mentre quelli con due alleli diversi sono detti **eterozigoti**. L'allele dominante si manifesta a livello fenotipico sia nell'individuo omozigote dominante, sia nell'eterozigote; quello recessivo si manifesta invece solo nell'omozigote recessivo.

Per convenzione, due alleli dello stesso gene si indicano con la stessa lettera dell'alfabeto, maiuscola (per esempio R) per l'allele dominante, minuscola (r) per quello recessivo. Sono quindi possibili tre genotipi diversi, corrispondenti a due fenotipi:

- genotipo omozigote dominante (RR) → fenotipo dominante (seme liscio);
- genotipo eterozigote (Rr) → fenotipo dominante (seme liscio);
- genotipo omozigote recessivo (rr) → fenotipo recessivo (seme rugoso).

Le scoperte di Mendel non furono accolte con il favore che meritavano, anche perché i fattori di cui egli aveva ipotizzato l'esistenza non erano mai stati osservati.

13.4.2 | Teoria cromosomica dell'eredità

Nei primi anni del Novecento, dopo che i progressi delle tecniche di microscopia avevano permesso di osservare che i cromosomi, durante la meiosi, si distribuiscono alle cellule figlie nel modo che Mendel

PARTE QUINTA

ipotizzava per i suoi "fattori", i risultati di Mendel vennero reinterpretati nella *teoria cromosomica dell'eredità* (1903), secondo la quale i geni sono particelle materiali localizzate sui cromosomi.

Il **cariotipo** è l'immagine della totalità dei cromosomi di una specie, o di un individuo, ordinati in base alla lunghezza e alla posizione del centromero (zona in cui il cromosoma presenta una strozzatura). Nel cariotipo delle cellule diploidi i cromosomi sono disposti in coppie di omologhi.

Le **cellule somatiche** umane (diploidi) contengono **46 cromosomi**, ovvero **23 coppie**:

- 22 coppie di **autosomi;**
- 1 coppia di **cromosomi sessuali** (o **eterocromosomi**): le femmine possiedono due cromosomi X (**XX**), mentre i maschi hanno un cromosoma X e un cromosoma Y (**XY**).

I **gameti**, essendo aploidi, contengono invece **23 cromosomi**:

- 22 autosomi;
- 1 cromosoma sessuale; le cellule uovo contengono un cromosoma X, gli spermatozoi contengono un cromosoma X o un cromosoma Y.

Il **sesso di un individuo** dipende da quale dei due cromosomi sessuali è contenuto nello spermatozoo al momento della fecondazione: gli ovociti (gameti femminili) contengono sempre un cromosoma X, mentre lo spermatozoo può contenere un cromosoma X oppure un cromosoma Y. Nel primo caso lo zigote conterrà due cromosomi X e l'individuo sarà femmina; nel secondo caso lo zigote conterrà un cromosoma X e uno Y, e sarà maschio.

I gemelli possono essere monozigoti o dizigoti.
I gemelli monozigoti (o monovulari) hanno origine da una sola cellula uovo fecondata da un solo spermatozoo. In questo caso i gameti si fondono e formano un unico zigote, ma, durante una delle primissime divisioni dello zigote, due cellule (o due piccole masse di cellule) perdono contatto tra di loro e danno origine a due individui separati ma geneticamente identici. I gemelli dizigoti (o biovulari) invece hanno origine da due cellule uovo diverse fecondate da due spermatozoi diversi. Questi gemelli non sono identici geneticamente, difatti possono anche avere sesso diverso.

In un incrocio Aa x Aa, quale sarà la percentuale di individui omozigoti recessivi?
La prima cosa da fare è riconoscere i gameti che produrrà ogni genitore. In questo caso i genotipi dei genitori coincidono, quindi entrambi producono lo stesso tipo di gameti; in particolare, essendo il loro genotipo **Aa**, i gameti potranno essere **A** oppure **a**. Si costruisce quindi uno schema (chiamato *quadrato di Punnett*) in cui inserire i genotipi dei genitori e poterli incrociare:

	A	**a**
A	AA	Aa
a	Aa	aa

Come mostrato dallo schema, ogni allele del padre viene messo in una colonna, ogni allele della madre viene messo in una riga e le caselle di incrocio tra madre e padre forniscono il genotipo dei figli. In questo caso i genotipi dei figli saranno:

- 1/4 (o 25%) AA, omozigoti dominanti;
- 2/4 (o 50%) Aa, eterozigoti;
- 1/4 (o 25%) aa, omozigoti recessivi.

La risposta al quesito è quindi: 25%.

13.4.3 | Malattie genetiche

Una malattia genetica, o ereditaria, è causata dalla presenza di uno specifico allele che può essere legato agli autosomi o ai cromosomi sessuali.

Le **malattie autosomiche** sono legate a geni presenti sugli autosomi. Le malattie autosomiche dominanti (come l'acondroplasia e la corea di Huntington) sono dovute alla presenza di almeno un allele dominante (A) e si manifestano sia nell'individuo omozigote dominante (AA) sia nell'eterozigote (Aa).

Le malattie autosomiche recessive (come l'albinismo e la fenilchetonuria) si manifestano invece solo nell'individuo omozigote recessivo (aa) mentre l'eterozigote (Aa) è portatore sano della malattia.
Le **malattie legate ai cromosomi sessuali** sono causate da alleli situati su uno dei cromosomi sessuali, di solito il cromosoma X, e si parla di "eredità legata al sesso". Nell'uomo, **l'emofilia** e il **daltonismo** sono malattie recessive legate al cromosoma X e colpiscono i maschi piuttosto che le femmine per una ragione ben precisa: una malattia causata da un allele recessivo situato sul cromosoma X, nei maschi si manifesta sempre, perché sul cromosoma Y non c'è l'allele necessario a controbilanciare l'allele "malato"; nelle femmine, invece, si manifesta solo se entrambi i cromosomi X portano l'allele recessivo che causa la malattia.

13.5 | Genetica molecolare

Con il termine **genoma** si indica il corredo completo di informazione di un organismo e il DNA che lo contiene fisicamente
La genetica molecolare indaga i meccanismi chimici che permettono la trasmissione e l'espressione delle informazioni genetiche in un individuo.

13.5.1 | Il DNA

Il DNA è un acido nucleico ed è quindi un *polimero lineare di nucleotidi*. Ogni nucleotide è formato da uno zucchero a cinque atomi di carbonio (desossiribosio) al quale sono legati una base azotata e un gruppo fosfato. Le basi azotate presenti nel DNA sono quattro: due puriniche, *adenina* (A) e *guanina* (G), e due pirimidiniche, *citosina* (C) e *timina* (T).
Nei primi anni '50, James Watson e Francis Crick, analizzando tutti i dati allora disponibili, individuarono la struttura tridimensionale del DNA delineando il noto modello della **doppia elica.**
Secondo tale modello il DNA è costituito da due filamenti paralleli avvolti a elica intorno a un asse centrale. Ogni filamento è formato da uno scheletro di molecole di deossiribosio e gruppi fosfato alternati, dal quale sporgono lateralmente le basi azotate legate allo zucchero. I due filamenti sono uniti dai legami a idrogeno che si formano tra le basi azotate che si fronteggiano nella doppia elica. **Le basi azotate non si appaiano in modo casuale** ma secondo un meccanismo molto preciso: le basi appaiate sono dette **complementari,** in particolare, l'adenina si appaia con la timina (**A-T**), mentre la guanina si appaia con la citosina (**G-C**).

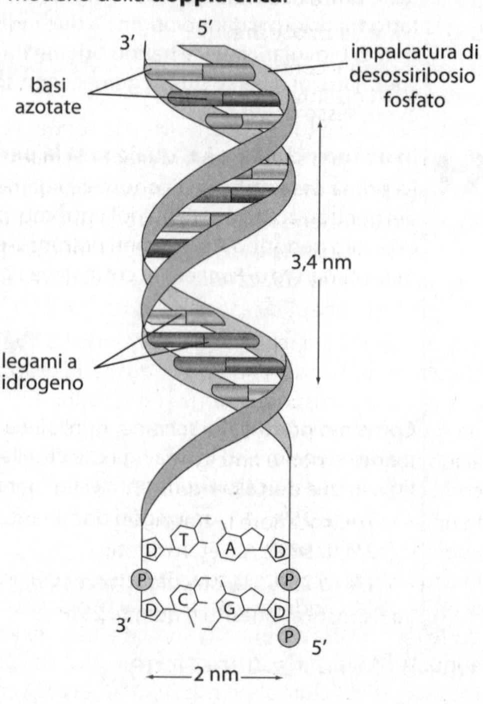

La replicazione del DNA

Per poter essere trasmesso ai discendenti, il materiale genetico, cioè il DNA, deve essere duplicato.
Il processo di duplicazione del DNA ha luogo prima che una cellula si divida ed è chiamato *replicazione*.
Al momento della replicazione, i due filamenti della doppia elica si separano come in una cerniera lampo grazie alla rottura dei legami a idrogeno tra le basi appaiate.
Ciascun filamento può così funzionare come stampo per la sintesi di un nuovo filamento a esso complementare, utilizzando i desossiribonucleotidi liberi presenti nella cellula.
La replicazione del DNA è semiconservativa, ciò significa che ognuna delle due molecole figlie di DNA è costituita da un filamento del DNA parentale (conservato) e da un filamento sintetizzato *ex novo*.

PARTE QUINTA

Il cromosoma eucariote

Mentre il genoma dei procarioti è formato da una semplice molecola circolare di DNA, quello degli eucarioti è formato da più cromosomi, ognuno dei quali è una lunga molecola di DNA lineare, associata a specifiche proteine: le più abbondanti sono gli **istoni**, piccole proteine attorno alle quali si avvolge il DNA che in tal modo può essere contenuto nel ristretto spazio nucleare. Il complesso formato da DNA e proteine è detto *cromatina*. Il numero di cromosomi presenti nel nucleo delle cellule di organismi appartenenti alla stessa specie è caratteristico e costante. La zanzara, per esempio, possiede 3 coppie di cromosomi, la rana 13 coppie, l'uomo 23 e il cane 39.

13.5.2 | RNA

Nelle cellule, oltre al DNA, è presente un altro acido nucleico, formato anch'esso da una sequenza di nucleotidi: l'acido ribonucleico o RNA.

L'RNA differisce dal DNA per alcune caratteristiche:

- lo zucchero è il *ribosio* anziché il desossiribosio;
- è costituito da un *filamento singolo* anziché da una doppia elica;
- contiene quattro basi azotate, tre delle quali (A, G e C) uguali a quelle del DNA e una diversa: al posto della timina si trova infatti l'*uracile* (U) che, al pari della timina, si appaia con l'adenina.

Esistono tre tipi diversi di RNA, ciascuno dei quali partecipa alla sintesi delle proteine:

- **mRNA**: RNA *messaggero*, è la fotocopia del DNA utilizzata per sintetizzare le proteine;
- **rRNA**: RNA *ribosomiale*, è un elemento costitutivo dei ribosomi;
- **tRNA**: RNA di *trasporto*, trasporta gli amminoacidi liberi nel citoplasma ai ribosomi durante la sintesi proteica, e serve per tradurre l'informazione contenuta nella sequenza di nucleotidi dell'mRNA in una sequenza di amminoacidi.

Dai geni alle proteine

Le informazioni contenute nei geni servono per produrre soprattutto proteine; questo processo è diviso in due parti distinte:

- **trascrizione** (da DNA a mRNA): la sequenza di nucleotidi che formano un gene viene copiata (trascritta) in una sequenza di nucleotidi chiamata mRNA
- **traduzione** (da mRNA a proteina): anche detta "sintesi proteica", avviene nei ribosomi. La sequenza del mRNA viene letta a triplette di nucleotidi (codone) da tRNA che portano, da una parte, una tripletta complementare al codone (anticodone), dall'altra, un amminoacido specifico. Gli amminoacidi vengono staccati dai rispettivi tRNA e vengono legati in sequenza tra di loro a formare una catena polipeptidica (o proteina).

In questo modo si realizza l'associazione fra i 64 codoni (cioè i possibili assortimenti che si possono formare raggruppando 4 nucleotidi diversi in gruppi da 3) e i 20 amminoacidi che compongono le proteine. Il sistema di corrispondenza fra ogni codone e il corrispondente amminoacido è detto **codice genetico** ed è universale per tutti gli organismi. Si noti che un dato codone specifica sempre un unico amminoacido (il codice non è ambiguo) ma quasi tutti gli amminoacidi sono specificati da più di un codone (il codice genetico è detto per questo motivo "degenerato" o "ridondante").

In una cellula procariote la trascrizione e la traduzione avvengono in contemporanea, dato che il DNA è libero nel citoplasma.

In una cellula eucariote la trascrizione avviene nel nucleo, mentre la traduzione avviene nel citoplasma. Se la proteina da produrre è destinata al citoplasma, i ribosomi rimangono liberi; se invece la proteina da produrre è destinata alla membrana, ad altri organuli o ad essere escocitata, i ribosomi si associano al reticolo endoplasmatico rugoso e rilasciano la proteina prodotta al suo interno.

I mitocondri e i cloroplasti possiedono sia DNA che ribosomi, quindi sono in grado di produrre autonomamente alcune delle loro proteine (ma non tutte: per alcune proteine dipendono dal nucleo della cellula).

13.5.3 | Mutazioni

Le mutazioni sono cambiamenti del materiale genetico. Sono fenomeni casuali e spontanei abbastanza rari, ma la loro frequenza può essere aumentata da fattori mutageni chimici (prodotti di combustione presenti nel fumo di sigaretta, smog, pesticidi) o fisici (raggi X, raggi UV, materiali radioattivi). Se avvengono in una cellula germinale possono essere trasmesse alla progenie; se avvengono una cellula somatica interessano solo l'individuo e non la sua progenie. I cambiamenti che apportano possono essere vantaggiosi, neutri o svantaggiosi per l'individuo, per la progenie e quindi per la specie.

Le **mutazioni geniche** determinano un'alterazione della sequenza dei nucleotidi nel DNA.

Le **mutazioni cromosomiche** sono dovute alla rottura di un cromosoma; il frammento ottenuto può andare perduto (*delezione*), attaccarsi al cromosoma omologo (*duplicazione)*, a un cromosoma non omologo (*traslocazione*) oppure riattaccarsi al cromosoma originale ma dopo aver ruotato di 180° (*inversione*).

Le **mutazioni genomiche** comportano la perdita o l'acquisto di uno o più cromosomi (aneuploidia), oppure una variazione dell'intero corredo cromosomico, per cui ciascun cromosoma risulta rappresentato da più di due omologhi (*poliploidia*). La **sindrome di Down** (o *trisomia 21*), per esempio, è un caso di aneuploidia: gli individui malati possiedono tre copie (anziché due) del cromosoma 21 e manifestano ritardo nello sviluppo sia fisico che mentale.

Siamo ora in grado di rispondere al terzo quesito proposto all'inizio del capitolo.

Quesito III. La sindrome di Down, o trisomia 21, è una patologia che comporta malformazioni e ritardo mentale, causata dalla presenza nelle cellule di tre copie del cromosoma 21, anziché due, come accade normalmente. Questa sindrome è dovuta a errori che si verificano durante la meiosi, non è quindi una malattia ereditaria, né è dovuta all'assunzione di farmaci durante la gravidanza; le risposte A e B sono quindi da escludere, come pure la C e la D. La risposta corretta è la E.

13.5.4 | Tecnologie del DNA

La tecnologia del DNA ricombinante (o ingegneria genetica) comprende le metodiche che permettono di modificare in modo mirato il patrimonio genetico di un organismo. Questo insieme di tecniche ha dato ai ricercatori la possibilità di prelevare un singolo gene fra le tante migliaia che la cellula possiede, amplificarlo (ossia produrne molte copie), studiarlo per determinarne la sequenza di nucleotidi e inserirlo all'interno di molecole di DNA diverse, appartenenti anche a un altro organismo, ottenendo così un DNA detto *ricombinante*.

Gli organismi geneticamente modificati (OGM) sono organismi procarioti o eucarioti il cui genoma è stato modificato con tecniche di ingegneria genetica (in cui sono stati incorporati geni o sono stati tolti geni): se tali geni provengono da una specie diversa, allora l'organismo risultante viene definito transgenico. Per introdurre geni estranei è possibile iniettare direttamente il DNA oppure possono essere utilizzati dei virus particolari come vettori.

L'ingegneria genetica ha numerose applicazioni ed enormi potenzialità, molte delle quali probabilmente ancora da scoprire. Di seguito sono illustrate alcune applicazioni.

- **Produzione di sostanze utili**
  Cellule manipolate geneticamente (contenenti DNA ricombinante) possono produrre sostanze utili di interesse medico, agricolo o industriale. In **campo medico** gli esempi di proteine umane prodotte grazie all'ingegneria genetica sono ormai numerosi: per esempio, si possono produrre vaccini, oppure ormoni come l'insulina, indispensabile per la cura del diabete, o l'ormone della crescita, utilizzato per la cura del nanismo.
- **Ricerca di base**
  Un'ulteriore, importante possibilità fornita dall'ingegneria genetica è quella di isolare singoli geni e poter così studiare il loro funzionamento e la loro regolazione direttamente sul gene, anziché sull'intero genoma. Rientra in questo campo il **Progetto Genoma Umano**, programma di mappatura dell'intero genoma dell'uomo, che ha impegnato centinaia di laboratori di ricerca in tutto il mondo, ha fornito un primo set di risultati nel 2001 e si è concluso nel 2003. Un'analisi completa dei dati raccolti richiederà alcune decine d'anni, ma la prima sorpresa è venuta dalla stima del numero dei geni umani, risultati non più di 25.000, mentre le previsioni erano di circa 100.000.

Lo studio del genoma (*genomica*) ha dato il via ad altre indagini *"-omiche"*, quali la *proteomica* (lo studio delle proteine prodotte), la *trascrittomica* (lo studio degli mRNA trascritti) e la *metabolomica* (lo studio dei metaboliti di una cellula), parole sempre più frequenti nella cosiddetta era post-genomica.

- **Agricoltura**
  Il genoma delle piante coltivate può essere modificato introducendo, per mezzo di batteri, geni esogeni utili. Si possono così ottenere piante che producono maggiori quantità di sostanze utili, più resistenti agli stress ambientali (per esempio al freddo) e meno vulnerabili di fronte alle malattie e ai parassiti.

13.6 | Evoluzione

L'**evoluzione** è il processo di cambiamento e adattamento che porta a un aumento della diversità genetica e allo sviluppo di nuove forme di vita.

13.6.1 | Teoria evolutiva di Darwin

I meccanismi dell'evoluzione sono stati interpretati in modo diverso dai vari ricercatori nel corso degli anni, ma il nucleo centrale della teoria, condiviso da tutti, rimane quello esposto nel 1859 da Charles Darwin (1809-82) nell'opera *L'origine delle specie*.
Tale teoria può essere sintetizzata in quattro punti principali:

- gli esseri viventi si riproducono generando organismi simili a sé stessi nelle caratteristiche fondamentali ma con una notevole variabilità fra i singoli, e queste differenze sono, almeno in parte, ereditabili;
- gli organismi producono una prole troppo numerosa rispetto alle risorse disponibili per garantirne la sopravvivenza: tra di essi, quindi, è sempre in atto una lotta per l'esistenza;
- quali organismi possano sopravvivere e riprodursi dipende dalle interazioni fra questi e l'ambiente: quelli che, nella variabilità che sempre si manifesta, mostrano le caratteristiche più adatte all'ambiente in cui si trovano, sopravvivono e si riproducono, permettendo il perpetuarsi delle loro caratteristiche vantaggiose. Questo processo è indicato come *selezione naturale*;
- operando generazione dopo generazione, la selezione naturale porta a un accumulo di cambiamenti tale da differenziare i gruppi di organismi, permettendo la comparsa di nuove specie.

Una specie è definita come un gruppo di individui che possono incrociarsi tra loro, dando origine a prole fertile. Per esempio, una femmina di cavallo e un maschio di asino sono in grado di dare origine a prole (il mulo), ma sterile: cavallo e asino appartengono quindi a due specie diverse.

Nella teoria di Darwin è l'ambiente che dirige i cambiamenti delle specie, ma lo fa in modo indiretto: non provoca la comparsa di caratteri nuovi, ma fa sì che gli individui dotati di caratteri che in quel determinato ambiente risultano "favorevoli" sopravvivano meglio e lascino un maggior numero di discendenti, in confronto agli individui in possesso di caratteri meno adatti.
Secondo questa teoria, l'ambiente seleziona gli individui più adatti e in tal modo determina cambiamenti nelle caratteristiche delle specie, cambiamenti che, sommandosi, possono arrivare a generare una specie nuova.
In quest'ottica, la storia dei viventi si potrebbe rappresentare come un grande albero genealogico, con tanti rami morti nel corso dei milioni di anni, e all'origine del quale si troverebbe l'antenato comune di tutti i viventi.

Prima di Darwin, Jean Baptiste de Lamarck (1744-1829) propose la prima teoria scientifica dell'evoluzione, basata fondamentalmente su due assunti: il primo era che gli organi che sono intensamente usati si sviluppano, mentre quelli non utilizzati si atrofizzano; il secondo, rivelatosi poi errato, era che i caratteri acquisiti durante la vita dell'individuo potessero essere trasmessi alla progenie.

Prove dell'evoluzione

Le prove dell'evoluzione si ricavano da numerose osservazioni, compiute da varie discipline, che possono essere effettuate sui viventi:

- la **paleontologia** ha dimostrato che non tutte le specie attualmente esistenti sulla Terra erano presenti anche in passato e che, per contro, molte specie un tempo esistenti sono ormai scomparse;

CONOSCENZE SCIENTIFICHE

- la **biogeografia**, scienza che studia la distribuzione delle forme viventi nelle varie regioni del globo, fornisce importanti prove a sostegno della teoria dell'evoluzione;
- l'**anatomia comparata** dimostra che gli organismi appartenenti a uno stesso gruppo presentano sempre molte somiglianze strutturali;
- l'**embriologia comparata** mostra che gli stadi dello sviluppo embrionale negli organismi imparentati si assomigliano, indicando un'origine evolutiva comune;
- la **biologia molecolare** mostra che maggiore è la parentela evolutiva fra due specie, maggiore è il grado di somiglianza nella sequenza delle basi del loro DNA.

13.6.2 | Neo-darwinismo (teoria sintetica dell'evoluzione)

La teoria di Darwin fu contestata dai suoi contemporanei, perché presentava due gravi lacune:

- non proponeva un meccanismo convincente per spiegare come i caratteri ereditari fossero trasmessi da una generazione all'altra (Darwin non conosceva i lavori di Mendel);
- non indicava quale fosse l'origine della variabilità dei caratteri.

I successivi sviluppi della genetica hanno consentito di risolvere questi problemi, individuando nella mutazione e nella ricombinazione genica che si verifica con la riproduzione sessuata la fonte della variabilità ereditabile.

La moderna teoria dell'evoluzione reinterpreta la teoria evolutiva di Darwin sulla base delle scoperte della genetica ed è chiamata neo-darwinismo (o teoria sintetica dell'evoluzione).

La sintesi tra la genetica mendeliana e l'approccio evolutivo darwiniano ha anche dato origine a una nuova branca della biologia, la *genetica di popolazione*.

Nell'ottica neo-darwinista il soggetto dell'evoluzione è la *popolazione*, cioè un insieme di individui, appartenenti alla stesse specie, che convivono nella stessa regione e possono incrociarsi. Si definisce *pool genico* l'insieme di tutti gli alleli presenti negli individui di una popolazione in un determinato momento, mentre la *frequenza genica* è la frequenza relativa di un particolare allele in una popolazione.

L'evoluzione può essere considerata il risultato di una modificazione delle frequenze geniche all'interno di una popolazione.

13.7 | Classificazione dei viventi

Il primo sistema ordinato di classificazione dei viventi è stato messo a punto dal grande naturalista svedese Carlo Linneo (1707-1778), nel XVIII secolo. Egli organizzò un sistema gerarchico, ancora in gran parte in uso, basato sui principi di *precedenza* e *inclusione*: le diverse categorie sistematiche sono disposte in modo tale che ognuna è inclusa in quelle precedenti e comprende tutte quelle successive. Le categorie tassonomiche principali nella tassonomia moderna sono le seguenti: *dominio, regno, phylum* (per gli animali) o *divisione* (per le piante), *classe, ordine, famiglia, genere* e *specie*.

L'unità fondamentale di questo sistema è la **specie**.

Per indicare in modo non equivoco le specie, si utilizza un sistema di nomenclatura, detto **nomenclatura binomia**, ideato da Linneo nel 1758. Ogni specie viene indicata con due nomi latini: il primo si riferisce al genere a cui l'organismo appartiene, il secondo alla specie, ad esempio: *Homo sapiens*.

13.7.1 | Tre domini, sei regni

La classificazione dei viventi presenta numerosi aspetti controversi, soprattutto per quanto riguarda gli organismi inferiori: per questo motivo sono stati proposti diversi schemi e quello attualmente accettato prevede la suddivisione di tutti gli esseri viventi (a esclusione dei virus) in tre domini e sei regni, in base alla complessità della struttura e alle modalità di nutrizione.

Le caratteristiche fondamentali dei sei regni sono schematizzate nella tabella seguente.

Dominio	Regno	Tipo cellulare	Nutrizione	Esempi
Archaea	Archebatteri	procarioti; unicellulari (parete e membrana diverse dagli Eubatteri)	autotrofi ed eterotrofi	microrganismi estremofili (solfatare, profondità marine)
Bacteria	Eubatteri	procarioti; unicellulari o coloniali	autotrofi ed eterotrofi	batteri; cianobatteri
Eukaryota	Protisti	eucarioti; unicellulari, coloniali o pluricellulari con strutture molto semplici	autotrofi ed eterotrofi	amebe; parameci; alghe; diatomee; oomiceti; mixomiceti
	Funghi	eucarioti; pluricellulari filamentosi	eterotrofi	lieviti; funghi; muffe
	Piante	eucarioti; pluricellulari	autotrofi fotosintetici	muschi; felci; piante con semi; piante con fiori
	Animali	eucarioti; pluricellulari	eterotrofi	spugne; molluschi; insetti; uccelli; mammiferi

Vediamo brevemente le caratteristiche dei primi tre regni per poi approfondire gli ultimi due.

Procarioti

Tutti gli organismi procarioti sono suddivisi in due regni, Archebatteri ed Eubatteri, inclusi rispettivamente nei domini *Archaea* e *Bacteria*.

I procarioti sono privi di organelli membranosi intracellulari come pure di nucleo, hanno invece un'unica molecola circolare di DNA a doppio filamento. Si riproducono in modo asessuato: la divisione cellulare avviene per scissione binaria, dopo la duplicazione del DNA e la separazione di una copia del materiale genetico a ciascuna estremità della cellula (modalità detta anche *amitosi*). Sono noti comunque diversi fenomeni (trasformazione, trasduzione e coniugazione), non legati alla riproduzione, che permettono un certo riassortimento genetico. In condizioni sfavorevoli, molti ceppi batterici possono formare spore resistenti che sono in grado di rimanere quiescenti per lungo tempo, finché le condizioni ambientali non ritornino più favorevoli.

Gli archebatteri hanno struttura cellulare di tipo procariotico, parete priva di peptidoglicano e una struttura chimica della membrana cellulare diversa sia dagli eubatteri sia dagli eucarioti. Vivono in condizioni estreme, simili a quelle che si suppone esistessero all'origine della Terra.

Gli eubatteri possiedono una parete cellulare costituita di peptidoglicani.

I batteri possono essere eterotrofi o autotrofi e nel secondo caso si distinguono chemioautotrofi o fotoautotrofi. Questi ultimi ricavano dalla radiazione solare l'energia per produrre le sostanze organiche, mentre i chemioautotrofi ricavano l'energia dall'ossidazione di composti chimici inorganici.

Fra i batteri eterotrofi, alcuni sono parassiti, cioè si nutrono a spese di altri organismi viventi. A questo gruppo appartengono i batteri patogeni, quelli che provocano malattie come il colera, il tifo o la tubercolosi. Non si deve dimenticare però che questi sono solo una minima parte, infatti i batteri sono per la maggior parte saprobi (o *saprofiti*), cioè si nutrono di materiale organico morto.

I **cianobatteri** sono procarioti autotrofi che effettuano la fotosintesi con un meccanismo simile a quello delle piante: utilizzano H_2O come donatore di elettroni e producono O_2. Possiedono sistemi di membrane interne, coinvolte nello svolgimento della fotosintesi, in modo simile ai cloroplasti, e la clorofilla rappresenta il principale pigmento per l'assorbimento della luce. Alcuni cianobatteri sono in grado di fissare l'azoto atmosferico; alcune specie instaurano simbiosi con i funghi formando i *licheni*.

CONOSCENZE SCIENTIFICHE

Protisti

Il regno dei protisti comprende tutti gli organismi eucarioti che non sono funghi, né piante né animali; prevalentemente unicellulari (di dimensioni mediamente comprese fra 5 e 100 μm) o coloniali, a parte le alghe,[1] che sono pluricellulari ma non sono formate da veri e propri tessuti differenziati.

A questo gruppo appartengono organismi molto diversi fra loro: alcuni (le *alghe*) compiono la fotosintesi e risultano quindi simili alle piante; altri, detti *protozoi*, non sono fotosintetici e si procurano il cibo per predazione; altri ancora hanno modalità di nutrizione simili a quelle dei funghi (*mixomiceti*).

Funghi

I funghi sono organismi eterotrofi, per lo più pluricellulari, alcuni unicellulari. La maggior parte secerne sostanze che effettuano la digestione del materiale nutritizio al di fuori del corpo, seguita dall'assorbimento attraverso la parete cellulare (costituita da chitina).

Hanno il corpo a *tallo*, cioè non suddiviso in radici, fusto e foglie; in particolare il corpo dei funghi superiori, formato da un intreccio di filamenti detti ife, è chiamato micelio. Sono *saprobi* se si nutrono di materia organica morta, oppure *parassiti*, se si nutrono a spese di esseri viventi. Al regno dei funghi appartengono i lieviti, organismi unicellulari che effettuano la fermentazione alcolica, utilizzati per la panificazione e la produzione di alcune bevande alcoliche. Alcune muffe producono antibiotici, tra i quali la penicillina.

13.7.2 | Piante

Le piante sono organismi vegetali **pluricellulari autotrofi**; sono in grado di sintetizzare gli zuccheri necessari alla vita, utilizzando anidride carbonica e acqua tramite il processo della fotosintesi, mentre ottengono gli altri elementi indispensabili sotto forma di sali disciolti in acqua.

Le piante sono di solito suddivise in **tallofite** e **tracheofite**; le prime sono dotate di corpo a tallo e prive di tessuti veri e propri; comprendono le briofite (muschi), ovvero le prime piante terrestri, ancora parzialmente dipendenti dall'acqua e quindi confinate in luoghi umidi e ombrosi.

Le **tracheofite** (o piante superiori) sono viceversa caratterizzate dal corpo differenziato in radici, fusto e foglie, e possiedono un sistema di vasi conduttori necessario per la distribuzione dell'acqua e dei sali minerali a tutte le parti della pianta (sono infatti note anche come piante vascolari); sono suddivise in gruppi in base alla struttura degli organi riproduttori.

Le **pteridofite**, comprendenti le felci e gli equiseti, si riproducono mediante *spore*, mentre le **spermatofite** si riproducono mediante *seme*, un organo costituito dall'embrione quiescente racchiuso in tessuti nutritivi e protettivi. Quest'ultimo gruppo comprende le gimnosperme (conifere come pini, abeti ecc.) e le angiosperme, le piante attualmente più diffuse e numerose. I semi delle gimnosperme sono portati da strutture dette strobili (o pigne), mentre il seme delle angiosperme è racchiuso in un frutto.

13.7.3 | Animali

Gli animali sono organismi **pluricellulari eterotrofi**; di seguito vengono analizzati alcuni dei *phyla* principali appartenenti a questo regno.

Quello dei **poriferi** è l'unico *phylum* del regno animale i cui gli individui sono formati da semplici aggregati di cellule che non costituiscono tessuti differenziati (sottoregno dei *parazoi*).

---

1. La classificazione delle alghe è estremamente controversa: in passato le alghe pluricellulari erano incluse nelle piante e quelle unicellulari nei protisti, poi è stato elaborato lo schema che include tutte le alghe nei protisti. Altre classificazioni inquadrano le alghe verdi (unicellulari e pluricellulari) con le piante, mentre le altre alghe sono classificate all'interno di diversi gruppi.

I **celenterati**, o cnidari (meduse e coralli) sono invertebrati quasi esclusivamente marini, caratterizzati da una rudimentale differenziazione dei tessuti.

I **platelminti** sono chiamati volgarmente *vermi piatti*. Con essi compare la *simmetria bilaterale* e lo sviluppo di organi. I cestodi comprendono le tenie, parassiti del tubo digerente degli animali e dell'uomo.

I **nematodi**, detti anche *vermi cilindrici*, sono caratterizzati da tubo digerente completo, con due aperture (bocca e ano). Comprendono numerose forme parassite, tre cui l'*ossiuro*, il comune verme intestinale dei bambini, e le *filarie*, che in alcuni casi provocano una deformazione mostruosa degli arti, nota con il nome di elefantiasi.

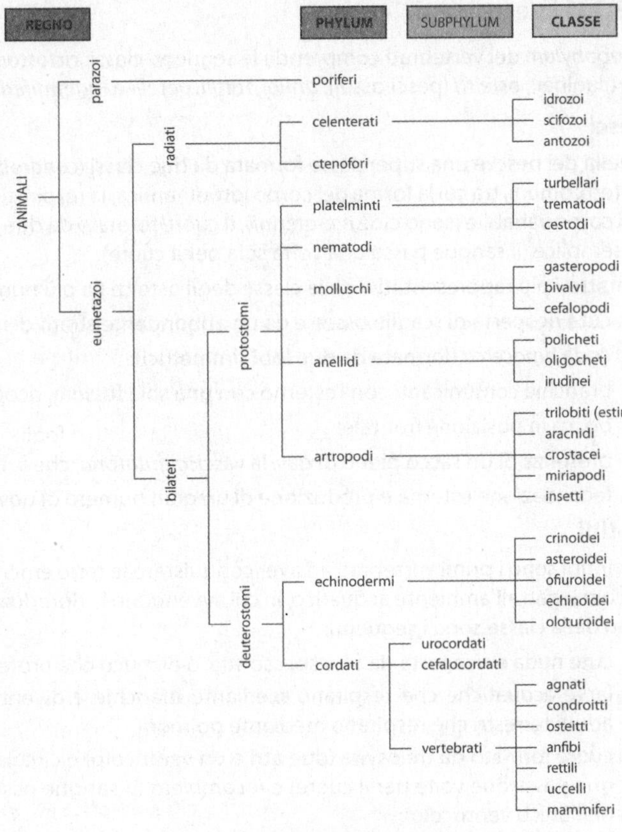

I principali gruppi di animali

Fra i **molluschi** molti presentano una conchiglia calcarea, prodotta da un tessuto sottostante chiamato mantello. Si muovono per mezzo di un robusto piede muscolare e sono in genere a sessi separati. Il *phylum* comprende diverse classi tra cui i gasteropodi (chiocciole), i bivalvi (mitili e vongole) e i cefalopodi (polpi, seppie e calamari). In alcuni cefalopodi si assiste a un particolare sviluppo del sistema nervoso e degli organi di senso.

Gli **anellidi**, detti anche *vermi segmentati*, sono caratterizzati dalla comparsa della metameria (suddivisione corporea in segmenti ripetitivi) che rappresenta un'importante conquista ai fini della locomozione e si ritroverà in artropodi e vertebrati. Comprendono i lombrichi (i comuni vermi di terra) e le sanguisughe, parassite di vari vertebrati.

Quello degli **artropodi** è il *phylum* che comprende il maggior numero di specie viventi (oltre 1 milione) ed è considerato il più evoluto degli invertebrati. Gli artropodi sono caratterizzati da un esoscheletro di chitina e dal corpo generalmente diviso in tre parti (capo, torace e addome) e provvisto di appendici articolate in ogni segmento. Sono per lo più a sessi separati. Il *phylum* comprende diverse classi tra cui i gli aracnidi (ragni, scorpioni, acari), gli insetti e i crostacei (gamberi, granchi, aragoste).

Gli **echinodermi** sono animali marini a simmetria pentaraggiata. Caratteristico di questo gruppo è il *sistema acquifero*, un sistema di canali avente funzione locomotoria e respiratoria, ripieno di liquido, in comunicazione con l'acqua circostante. Gli echinodermi sono caratterizzati da sessi separati. Esempi di echinodermi sono le stelle di mare e i ricci di mare.

I **cordati** sono animali a simmetria bilaterale, generalmente a sessi separati, caratterizzati dalla presenza della corda dorsale (o *notocorda*), una struttura cilindrica di sostegno, almeno durante una parte del loro ciclo vitale.

Il *phylum* è suddiviso in tre *subphyla*:

- **urocordati**, che presentano la corda dorsale solo nella regione caudale e solo negli stadi embrionali;
- **cefalocordati**, in cui la corda permane per tutto l'arco vitale e occupa l'intera lunghezza del corpo;
- **vertebrati**, in cui la corda dorsale viene sostituita da una struttura scheletrica, la *colonna vertebrale*.

13.7.4 | Vertebrati

Il *subphylum* dei vertebrati comprende le seguenti classi: *ciclostomi* o *agnati* (lamprede), *condroitti* (pesci cartilaginei), *osteitti* (pesci ossei), *anfibi*, *rettili*, *uccelli* e *mammiferi*.

Pesci

Quella dei pesci è una superclasse formata da due classi (*condroitti* e *osteitti*) che condividono alcuni caratteri comuni, tra cui la forma del corpo idrodinamica, la respirazione mediante branchie, la temperatura del corpo variabile (sono cioè *eterotermi*), il cuore formato da due cavità e la circolazione sanguigna chiusa semplice (il sangue passa una volta sola per il cuore).

I caratteri più rappresentativi della classe degli osteitti (la più numerosa) sono i seguenti:

- cute ricoperta di scaglie ossee e da un abbondante strato di muco;
- coda *omocerca* (formata da due lobi simmetrici);
- branchie comunicanti con l'esterno con una sola fessura, ricoperta da un opercolo osseo;
- bocca in posizione frontale;
- presenza di un sacco pieno di gas, la *vescica natatoria*, che funge da organo di galleggiamento;
- fecondazione esterna e produzione di un gran numero di uova di piccole dimensioni.

Anfibi

Gli anfibi sono i primi vertebrati ad aver conquistato le terre emerse, circa 350 milioni di anni fa, ma sono ancora legati all'ambiente acquatico, in cui avvengono la riproduzione e lo sviluppo. I caratteri più importanti della classe sono i seguenti:

- cute nuda e ricoperta da uno spesso strato di muco che protegge dalla disidratazione;
- larve acquatiche che respirano mediante branchie e diventano adulte attraverso la *metamorfosi*; adulti terrestri che respirano mediante polmoni;
- cuore formato da tre cavità (due atri e un ventricolo) e circolazione sanguigna chiusa *doppia* (il sangue passa due volte per il cuore) e *incompleta* (il sangue ossigenato e deossigenato si mescolano nell'unico ventricolo);
- temperatura del corpo variabile (*eterotermi*).

La classe è suddivisa in tre ordini principali: *urodeli* (tritoni e salamandre), *anuri* (rane e rospi) e *apodi* (anfibi poco noti che vivono in gallerie scavate nel terreno umido).

Rettili

I rettili, i primi vertebrati terrestri del tutto svincolati dall'acqua, comparvero nel Carbonifero e raggiunsero un'incredibile diffusione nel Mesozoico (da circa 200 a 65 milioni di anni fa), quando occupavano tutte le nicchie ecologiche, con forme terrestri, acquatiche, oppure adattate al volo. I *dinosauri*, in particolare, si diversificarono in un gran numero di specie, spesso di grandi dimensioni. Tutti i grandi rettili scomparvero al termine del Cretaceo (65 milioni di anni fa), in un lasso di tempo relativamente breve. Secondo una teoria piuttosto accreditata, la loro estinzione sarebbe stata causata da un drastico e improvviso cambiamento ambientale, dovuto alla caduta sulla Terra di un grande asteroide, che avrebbe provocato la formazione nell'atmosfera di enormi nubi di polveri.

Una delle principali "innovazioni fisiologiche" che rendono i rettili indipendenti dall'ambiente acquatico consiste negli adattamenti dell'apparato riproduttore: uova racchiuse in un guscio coriaceo e dotate di una cavità piena di liquido, la *cavità amniotica*, che protegge l'embrione. Altri caratteri distintivi sono:

- cute secca e rivestita di squame o scudetti cornei;
- fecondazione interna e deposizione delle uova in ambiente terrestre;
- respirazione mediante polmoni (meno efficienti di quelli di uccelli e mammiferi);
- cuore formato da tre cavità e circolazione sanguigna chiusa, doppia e incompleta;
- temperatura del corpo variabile;
- quattro arti, in alcune forme ridotti oppure assenti.

Gli ordini principali sono tre: *squamati* (serpenti, iguane e lucertole), *cheloni* (tartarughe) e *coccodrilli*.

Uccelli

Gli uccelli costituiscono la classe di vertebrati comparsa più recentemente (circa 190 milioni di anni fa), come discendenti diretti dei dinosauri.

Le caratteristiche più appariscente di questi animali sono, oltre alla capacità di volare, quelle anatomo-fisiologiche rappresentano in gran parte caratteri utili per l'adattamento al volo; i caratteri distintivi sono:

- cute ricoperta di *penne*, derivate da squame trasformate;
- respirazione mediante polmoni molto efficienti, dotati di *sacchi aerei*;
- cuore formato da quattro cavità (due atri e due ventricoli) e circolazione sanguigna chiusa, doppia e completa (il sangue ossigenato e deossigenato non si mescolano);
- *omeotermia*, cioè capacità di mantenere la temperatura corporea costante;
- quattro arti, dei quali i due anteriori trasformati in ali;
- fecondazione interna e deposizione di uova rivestite da un guscio calcareo;
- eliminazione di acido urico come prodotto di scarto del metabolismo dei composti azotati;
- scheletro robusto e leggero, caratterizzato da ossa cave;
- bocca provvista di un becco corneo e priva di denti.

Mammiferi

I primi mammiferi, discendenti di un gruppo primitivo di rettili, comparvero circa 200 milioni di anni fa, ma la loro diffusione iniziò solamente 65 milioni di anni fa, in seguito all'estinzione dei grandi rettili, che rese disponibile un gran numero di nicchie ecologiche.

I mammiferi presentano i seguenti caratteri distintivi:

- corpo in genere rivestito di peli, annessi cutanei con funzione di isolamento termico;
- respirazione mediante polmoni;
- cuore formato da quattro cavità e circolazione sanguigna chiusa, doppia e completa;
- temperatura corporea costante (*omeotermi*);
- quattro arti;
- presenza di *ghiandole mammarie* che producono il latte, con cui è nutrita la prole;
- sistema nervoso, in particolare l'encefalo, molto sviluppato;
- fecondazione interna e uova di piccole dimensioni.

La classe dei mammiferi è suddivisa in tre gruppi: i **prototeri**, con l'unico ordine dei *monotremi*, che comprende ornitorinco ed echidna, sono ovipari; i **marsupiali** partoriscono prole viva ma i loro neonati, poco più che embrioni, completano lo sviluppo all'interno del marsupio; i **placentati**, una ventina di ordini, hanno la modalità riproduttiva più efficiente: sono dotati di *placenta*, organo che mette in relazione madre e feto permettendo lo scambio di ossigeno, sostanze nutritive e prodotti di rifiuto.

Ominazione

L'ominazione è l'insieme degli eventi che hanno caratterizzato l'evoluzione dell'uomo.

L'uomo appartiene all'ordine dei primati, e alla famiglia degli ominidi (*Hominidae*) che comprende anche gorilla, scimpanzé, bonobo e orangutan; il genere è *Homo*, la specie è *Homo sapiens*.

L'ordine dei primati è comparso circa 60 milioni di anni fa con piccoli animali notturni, arboricoli, dotati di vista frontale e alimentazione insettivora. Le scimmie antropoidi comparvero circa 20 milioni di anni fa, e il più noto genere risalente a questo periodo è *Proconsul*: viveva sugli alberi nutrendosi di frutta e foglie, ed è considerato l'antenato comune di gorilla, scimpanzé e uomo.

La separazione fra la linea evolutiva dello scimpanzé e quella dell'uomo è invece molto recente: il sequenziamento del genoma dello scimpanzé (avvenuto nel 2005) e il suo confronto con quello umano portano a ritenere che la separazione fra i due generi si sia verificata circa 6 milioni di anni fa. Le modificazioni più importanti avvenute nel corso dell'evoluzione dell'uomo, rispetto a gorilla e scimpanzé, sono state: acquisizione della postura eretta con conseguente liberazione degli arti superiori; notevole aumento della capacità cranica e sviluppo del cervello; variazioni nella forma di scatola cranica e denti. Oltre che per la morfologia della scatola cranica, lo scheletro si differenzia da quello delle scimmie soprattutto per la presenza del pollice opponibile, la forma diversa del bacino e la presenza di curvature tipiche della colonna vertebrale conseguenti alla postura eretta.

I primi ominidi veri e propri appartengono al genere *Australopithecus*, comparso circa 5 milioni di anni fa, con diverse forme dotate di capacità cranica ancora molto ridotta (circa 500 cm^3); erano dotati di postura eretta e locomozione bipede. Da un ceppo di *Australopithecus africanus* si pensa che abbia avuto origine il genere *Homo*.

Le scoperte di ominidi fossili, che si verificano frequentemente, fanno sì che la storia dell'evoluzione umana venga continuamente rivista e corretta. È certo però che l'albero evolutivo dell'uomo non possa più essere rappresentato come una successione lineare da una forma alla successiva, quanto, piuttosto, come un "cespuglio" di linee a significare che forme diverse sono vissute nello stesso periodo e sono, probabilmente, entrate in contatto tra loro.

Per una breve descrizione di alcuni dei nostri antenati ricordiamo l'*Homo habilis*, comparso circa 2,5 milioni di anni fa, con capacità cranica pari a circa 750 cm^3, capace di costruire rudimentali utensili in pietra scheggiata; *Homo erectus* (circa 900 cm^3), comparso circa 1,6 milioni di anni fa, imparò a utilizzare il fuoco, si organizzò in villaggi e sviluppò il linguaggio; *Homo neanderthalensis*, comparso circa 250.000 anni fa ed estinto circa 30.000 anni fa per cause non comprese, aveva una capacità cranica pari a circa 1.500 cm^3, era organizzato in tribù con tradizioni e rituali propri; *Homo sapiens*, infine, ebbe origine circa 200.000 anni fa nell'Africa orientale e raggiunse l'Europa circa 50.000 anni fa. Questa specie, l'unica di ominidi presente attualmente sul Pianeta, addomesticò per la prima volta gli animali e sviluppò l'agricoltura oltre a dedicarsi in modo particolare alle attività artistiche.

13.8 | Ecologia

13.8.1 | Definizioni

Ecologia: scienza interdisciplinare che studia le relazioni intercorrenti tra gli organismi viventi e l'ambiente che li circonda e con cui interagiscono.

Ecosistema (o **sistema ecologico**): comprende una comunità biologica e il biotopo (spazio) da essa occupato.

Habitat: ambiente fisico in cui vive una data specie.

Bioma: complesso di ecosistemi che determina l'aspetto di ogni regione del pianeta Terra ed è caratterizzato principalmente da un certo tipo di vegetazione.

Biosfera: spazio aereo, terrestre e acquatico del pianeta Terra abitato dagli organismi viventi.

I principali biomi terrestri

Nome	Localizzazione	Vegetali caratteristici
Tundra	Zone più settentrionali di Nord-America, Siberia ed Europa, al di sotto delle regioni dei ghiacci perenni	Muschi, licheni, erbe, giunchi, salici ed eriche nani che si sviluppano durante i pochi mesi della stagione estiva; totalmente assenti gli alberi ad alto fusto
Taiga (o foresta boreale di conifere)	Ampia fascia a sud della tundra che comprende Europa settentrionale, Siberia e Canada. È il bioma più esteso della Terra	Poche specie arboree, prevalentemente conifere (pini, abeti ecc.)
Foresta decidua (o foresta a latifoglie)	Gran parte di Europa, Cina e Stati Uniti, in aree caratterizzate da marcate differenze climatiche stagionali	Grandi foreste di piante decidue, soprattutto querce, faggi, aceri, castagni, frassini, betulle, olmi e pioppi
Foresta pluviale	Regioni prossime all'equatore	Vegetazione rigogliosa, principalmente latifoglie sempreverdi
Prateria	Zone in cui le precipitazioni sono presenti, ma non sufficienti a garantire la sopravvivenza del bioma forestale	Piante erbacee annuali, soprattutto graminacee
Deserto	Ampie fasce comprese tra 20° N e 20°pS	Vegetazione scarsa o nulla a causa delle precipitazioni estremamente ridotte

13.8.2 | Catene alimentari ed energia

Una catena alimentare è la sequenza di organismi attraverso i quali l'energia fluisce sotto forma di molecole nutritizie; in altre parole, è la successione con cui alcuni organismi si alimentano di quelli che li precedono e costituiscono alimento per quelli che li seguono.

Ogni catena alimentare è formata da tre componenti fondamentali:

- **produttori**: organismi in grado di trasformare semplici composti chimici inorganici, disponibili nell'ambiente, in sostanze organiche (organismi autotrofi);
- **consumatori**: organismi eterotrofi che si nutrono del materiale organico fornito dai produttori, in modo diretto (consumatori *primari*, erbivori) oppure indiretto (consumatori *secondari*, carnivori);
- **decompositori**: organismi che si nutrono di organismi morti o delle deiezioni di quelli vivi; degradano le sostanze organiche complesse in molecole semplici che potranno essere riutilizzate dai produttori. Il ruolo di decompositori è svolto principalmente dai batteri e dai funghi.

Negli ecosistemi, le relazioni alimentari tra specie diverse assumono generalmente la forma di complesse *reti alimentari*, piuttosto che di semplici catene, perché ogni specie è quasi sempre preda e/o predatore di più specie differenti. Ciascun livello nutrizionale viene denominato *livello trofico*. A ogni livello trofico l'energia diminuisce in quanto viene in parte dissipata, principalmente sotto forma di calore, dagli organismi che lo compongono.

L'entità della perdita di energia da un livello trofico al successivo in una catena alimentare varia da ecosistema a ecosistema, ma è in media pari al 90%. La perdita di energia attraverso la catena alimentare può essere rappresentata graficamente dalla *piramide dell'energia*, una piramide la cui base rappresenta il contenuto energetico (espresso per esempio in kcal) degli organismi produttori e al cui vertice sono invece posti i consumatori di ordine superiore.

13.8.3 | Interazioni tra specie

Competizione

È un'interazione tra due gruppi di organismi che, concorrendo per la medesima risorsa, si limitano reciprocamente; è dunque un'interazione di tipo negativo, da cui entrambi i gruppi risultano svantaggiati. La *competizione interspecifica* agisce tra organismi di specie diverse, è alla base della selezione naturale ed è quindi un fattore di evoluzione. Sono poi sempre in atto meccanismi di *competizione intraspecifica* (tra organismi della stessa specie), efficace fattore limitante per la crescita di una popolazione.

Predazione

La predazione è il processo per cui gli animali di una data specie, detti predatori, si cibano di quelli di altre specie, detti prede, mediante uccisione diretta. La predazione è uno dei fattori limitanti più importanti ed esercita un'efficace azione di selezione eliminando gli animali malati, meno robusti o semplicemente i meno adatti all'ambiente.

Parassitismo

Il parassitismo è il processo in base al quale una specie, il *parassita*, vive sopra (*ectoparassita*) o dentro (*endoparassita*) un'altra specie, l'*ospite*, utilizzandola come fonte di cibo.

Il parassitismo può anche essere considerato un caso limite di predazione e il rapporto ospite-parassita un caso particolare di rapporto preda-predatore.

Simbiosi

Oltre alle interazioni negative, considerate ai paragrafi precedenti, nelle comunità sono presenti forme di interazione positiva, dalle quali almeno una delle specie trae vantaggio. È il caso della simbiosi, un'associazione stretta e spesso permanente tra organismi di specie diversa, che può assumere due forme:

- **commensalismo**: una specie, detta *commensale*, risulta avvantaggiata, mentre l'altra non è danneggiata né favorita in alcun modo;
- **mutualismo**: entrambe le specie traggono vantaggio dalla relazione.

La simbiosi può essere obbligatoria oppure facoltativa.

13.8.4 | Alterazioni ambientali e inquinamento

Effetto serra: consiste nel riscaldamento dell'atmosfera terrestre dovuto all'assorbimento delle radiazioni infrarosse emesse dalla superficie della Terra da parte dell'anidride carbonica atmosferica. Il continuo incremento delle emissioni di CO_2 nell'atmosfera da parte dell'uomo sta portando a un'intensificazione dell'effetto serra che potrebbe essere responsabile di un progressivo riscaldamento dell'atmosfera stessa, con ripercussioni preoccupanti sul clima globale del pianeta.

Una conferma dell'ipotesi che un riscaldamento sia in atto e che l'attività antropica abbia un ruolo importante viene dai Rapporti valutativi, presentati dall'*Intergovernmental Panel on Climate Change* (IPCC) delle Nazioni Unite, stilati, a partire dal 1990, sulla base dei pareri elaborati da circa 2.500 scienziati di tutto il mondo. L'ultimo rapporto in ordine cronologico è il V del 2014, il prossimo atteso è il VI del 2022.

Buco nell'ozono: rarefazione dello strato di ozono intorno in una fascia dell'atmosfera compresa tra i 20 e i 30 km di quota, detta appunto *ozonosfera*, che rende possibile la vita sulla Terra fungendo da schermo per le pericolose radiazioni ultraviolette. La riduzione dello strato di ozono sembra essere determinata principalmente dalle emissioni di *freon* nell'atmosfera. Con il nome di freon si indica un insieme di composti organici gassosi contenenti fluoro e cloro, noti anche come *clorofluorocarburi* (CFC), le cui emissioni sono state limitate a partire dal 1987, in seguito alla firma di un trattato sottoscritto da ventitré nazioni.

Piogge acide: fenomeno di abbassamento del pH naturale delle precipitazioni (già di per sé lievemente acido), determinato dall'emissione nell'atmosfera di quantità massicce di ossidi di zolfo e di azoto (indicati come SO_x e NO_x), provenienti principalmente dagli scarichi industriali e automobilistici. A contatto con le goccioline di vapore acqueo atmosferico, i SO_x e NO_x si trasformano in acido solforico e acido nitrico che determinano una drastica riduzione del pH della pioggia. Nelle zone in cui il fenomeno si manifesta con particolare intensità il pH delle precipitazioni può abbassarsi fino a 4, provocando gravi danni a edifici, monumenti, nonché alla vegetazione e a molte specie animali.

Eutrofizzazione: fenomeno di alterazione della qualità dell'acqua dovuto all'abnorme proliferazione della flora acquatica (alghe) per un eccessivo apporto di sostanze nutrienti, in particolare nitrati e fosfati.

Pesticidi: sono sostanze chimiche utilizzate per eliminare i parassiti di varia natura dalle colture, dagli animali domestici e dagli ambienti abitati dall'uomo. L'uso di queste sostanze andrebbe attentamente controllato e limitato poiché quasi sempre si tratta di composti molto tossici, spesso cancerogeni, che possono arrecare gravi danni all'ambiente, anche perché **non biodegradabili**.

Una sostanza è *biodegradabile* se può essere del tutto o in parte degradata dagli organismi decompositori e/o da fattori chimico-fisici. Le sostanze non biodegradabili che vengono assunte dagli esseri viventi sono trasferite attraverso le catene alimentari da un livello all'altro e si accumulano negli organismi posti al vertice di tali catene.

13.9 | Anatomia e fisiologia umana

13.9.1 | Classificazione dei tessuti

Nonostante tutte le cellule embrionali derivino da un singolo zigote e siano quindi caratterizzate dallo stesso DNA, durante lo sviluppo le cellule e i tessuti si differenziano, così da svolgere funzioni uniche e specializzate, mediante la trascrizione selettiva del genoma: con il progredire dello sviluppo, le cellule di tessuti diversi esprimono geni differenti mentre la maggior parte dell'informazione genetica contenuta in ogni singola cellula non viene espressa.

Le **cellule staminali** sono cellule indifferenziate che dividendosi per mitosi possono generare diverse linee cellulari. Attualmente sono in corso numerose ricerche destinate a chiarire il loro possibile ruolo terapeutico per rigenerare tessuti danneggiati e curare alcune malattie degenerative. Le staminali più versatili sono le cellule embrionali nella prima fase dello sviluppo e quelle del cordone ombelicale, in grado di dare origine a tutti i tipi cellulari presenti nell'organismo.

I tessuti vengono classificati in base alle differenze di struttura a livello microscopico, alle prestazioni funzionali e alla loro derivazione embrionale. Le cellule caratteristiche di un dato tessuto sono specializzate per svolgere particolari funzioni e sono sostanzialmente uguali tra loro, avendo grandezza, forma e disposizione caratteristiche.

Si distinguono 4 tipi principali di tessuti: epiteliale, connettivo, muscolare e nervoso.

Tessuto epiteliale

L'*epitelio*, flessibile e resistente, è costituito da cellule contigue, unite strettamente, e da pochissima sostanza extracellulare. Ha funzione prevalentemente protettiva, ma può avere anche funzione ghiandolare (in questo caso è formato da cellule che secernono sostanze specifiche) o sensoriale. Il tessuto epiteliale forma membrane che, a seconda della struttura e della localizzazione, prendono nomi diversi:

- la *cute* riveste la superficie esterna del corpo;
- le *mucose* rivestono la superficie interna degli organi cavi comunicanti in modo più o meno diretto con l'esterno, come lo stomaco, l'intestino o l'utero;
- le *sierose* rivestono cavità non comunicanti con l'esterno; appartengono a questo gruppo le pleure, che rivestono la cavità pleurica (polmoni), il pericardio che riveste il cuore e il peritoneo, che riveste la cavità peritoneale (visceri).

I tessuti epiteliali sono classificati in base al numero di strati e alla forma delle cellule, che possono essere *cubiche*, *cilindriche* o quasi totalmente appiattite (*pavimentose*). A seconda del numero di strati l'epitelio può essere *semplice* (costituito da un solo strato di cellule), *pluristratificato* (costituito da più strati cellulari), o *pseudostratificato* (costituito da un unico strato di cellule di altezza diversa, in modo che l'epitelio sembra pluristratificato).

Tessuto connettivo

Il tessuto connettivo **propriamente detto** è un tessuto di riempimento e di sostegno che avvolge gli organi molli (*connettivo lasso*) e fa da collegamento tra scheletro e muscoli (tendini; *connettivo denso*). È costituito da cellule (*fibroblasti*) che non sono a stretto contatto, bensì disperse in una *sostanza fondamentale*, o *matrice extracellulare*, ricca di acqua e proteine secrete (come il collagene e l'elastina) dalle cellule connettivali stesse. Al tessuto connettivo **specializzato** appartengono il tessuto adiposo, osseo, cartilagineo e fluido (sangue).

Le cellule del **tessuto adiposo** (adipociti) sono riconoscibili al microscopio in quanto occupate da una grossa goccia bianca costituita da grassi e costituiscono un'importante riserva energetica, ma anche una protezione meccanica e termica per l'organismo (*pannicolo adiposo* che si trova al di sotto della cute).

Il **tessuto cartilagineo** è caratterizzato dalla flessibilità data dalla matrice elastica secreta dai *condrociti*, le cellule proprie di questo tessuto. Forma lo scheletro nel periodo fetale, mentre nell'adulto è presente in pochi punti, come il padiglione auricolare e i dischi intervertebrali.

Dotato di estrema durezza e forza, ma allo stesso tempo leggero ed elastico, il **tessuto osseo** è il tessuto ideale per il sostegno del corpo. Il tessuto osseo è un tessuto connettivo mineralizzato: è infatti formato da una matrice organica densa (formata in prevalenza da collagene) impregnata di depositi inorganici costituiti per lo più da *carbonato di calcio* e *fosfato di calcio*. È prodotto da cellule dette *osteoblasti* che, una volta circondate dalla matrice, maturano e si trasformano in *osteociti*. Durante la vita di un individuo le ossa sono continuamente rimaneggiate e rimodellate; le cellule responsabili della distruzione dell'osso sono chiamate *osteoclasti*. Il tessuto connettivo fluido è costituito da sangue e linfa (§ 13.9.5).

Tessuto muscolare

Il tessuto muscolare è costituito da cellule di forma allungata, dotate di due proprietà fondamentali: **l'eccitabilità** e la **contrattilità** in risposta all'eccitamento, cioè la capacità di accorciarsi attivamente e tornare passivamente alla lunghezza originaria. Il citoplasma di queste cellule è ricco di filamenti contrattili di natura proteica, detti *miofilamenti*, formati da *actina* e *miosina*. Per sostenere l'elevato consumo di energia metabolica associato alla contrazione, le cellule muscolari sono particolarmente ricche di mitocondri. Nell'uomo (come in tutti i vertebrati e in molti invertebrati) si riconoscono tre tipi di tessuto muscolare: striato (o scheletrico), liscio e miocardico; il meccanismo della contrazione muscolare è sostanzialmente uguale nei tre tipi.

Il tessuto muscolare **striato** costituisce i muscoli scheletrici, e la sua contrazione è volontaria. La funzione principale del tessuto muscolare scheletrico è mantenere la postura e, in collaborazione con le ossa, consentire il movimento. È detto striato in quanto al microscopio è osservabile un'alternanza di bande chiare e scure per tutto il muscolo. Le sue cellule sono fuse l'una con l'altra a formare una specie di lungo tubo.

Il tessuto muscolare **liscio** è così chiamato perché al microscopio non sono visibili le bande tipiche dello striato; le sue cellule sono di forma allungata; riveste le pareti dei grossi vasi sanguigni e degli organi cavi dell'apparato digerente (come lo stomaco), urinario e genitale; la sua contrazione è indipendente dalla volontà e risponde a stimoli nervosi o ormonali; la sua funzione è restringere o allargare il lume (ossia lo spazio interno) degli organi che avvolge. Il tessuto muscolare **miocardico** costituisce esclusivamente la muscolatura cardiaca; ha aspetto striato ma la sua contrazione è involontaria, regolata da fattori intrinseci, dal sistema nervoso autonomo e da ormoni.

Tessuto nervoso

L'unità di base del tessuto nervoso è la cellula nervosa, detta **neurone**. I neuroni sono dotati di due importanti proprietà:

- *eccitabilità*, cioè capacità di ricevere stimoli e trasformarli in impulsi nervosi;
- *conducibilità*, cioè capacità di trasportare gli impulsi nervosi e trasmetterli a un'altra cellula.

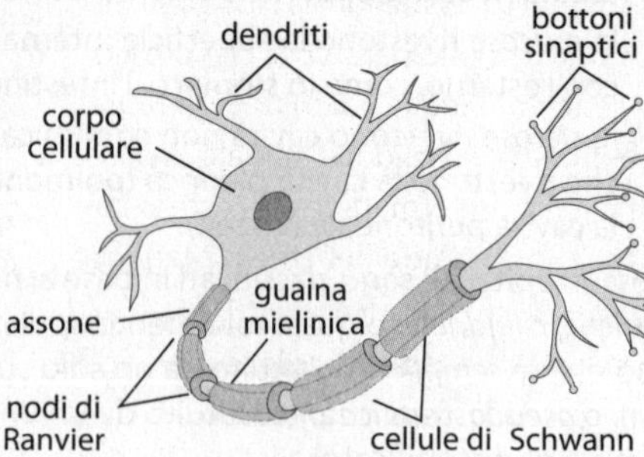

Schema di una tipica cellula nervosa

Il neurone è formato da un corpo cellulare, il *pirenoforo*, da cui si dipartono due o più prolungamenti: un *assone* (o *neurite*) e uno o più *dendriti*; un dendrite è un prolungamento che trasmette gli stimoli dalla periferia al corpo cellulare, mentre l'assone conduce gli impulsi in direzione centrifuga rispetto al corpo cellulare. I neuroni sono organizzati in una fitta rete di vie nervose, che permette di ricevere gli stimoli provenienti dall'ambiente esterno e interno e di rispondere a essi.Oltre ai neuroni, che costituiscono solo il 10% circa di tutte le cellule del sistema nervoso, al tessuto nervoso appartengono anche le cellule gliali:

- le *cellule di Schwann* formano la guaina mielinica che riveste i neuroni del sistema nervoso periferico,
- gli *oligodendrociti* hanno la stessa funzione nel sistema nervoso centrale,
- la *microglia* rappresenta il sistema immunitario presente nel sistema nervoso
- gli *astrociti* hanno la funzione di nutrire e sostenere i neuroni stessi

Nel corpo umano i diversi tessuti si aggregano a formare gli **organi**, strutture ben definite sia nella forma, sia nella funzione, come per esempio l'occhio o il rene. A un livello organizzativo superiore, più organi possono unirsi collaborando allo svolgimento di una stessa funzione, formando così un **apparato** (o **sistema**).

13.9.2 | Apparato tegumentario

L'apparato tegumentario **protegge il corpo dagli agenti esterni e dagli stress ambientali**, contiene **recettori sensoriali** ed è coinvolto nell'**escrezione** e nella **termoregolazione.**

È costituito dalla pelle e dagli annessi cutanei (peli, capelli, unghie, ghiandole sudoripare, ghiandole sebacee e, nella donna, ghiandole mammarie).

La **pelle**, o **cute**, è formata da due strati: più esternamente si trova l'*epidermide*, un tessuto epiteliale pluristratificato; più in profondità il *derma*, uno strato di connettivo. Il derma contiene i *follicoli piliferi*, che producono i peli; le *ghiandole sebacee*, associate ai peli; le *ghiandole sudoripare*, produttrici del *sudore* con funzione di termoregolazione ed escrezione; capillari sanguigni e terminazioni nervose e sensoriali.

13.9.3 | Sistema scheletrico

Lo scheletro ha la funzione di **dare supporto fisico all'organismo, permettere il movimento e proteggere alcuni organi molto importanti e delicati.** Insieme al sistema muscolare costituisce l'**apparato locomotore.**

Il corpo umano comprende circa 206 ossa distinte in:

- ossa *lunghe*, per esempio la tibia e l'omero;
- ossa *corte*, per esempio le vertebre;
- ossa *piatte*, per esempio le scapole.

Nello scheletro umano è possibile distinguere una porzione assile e una porzione appendicolare.

Lo **scheletro assile** forma l'asse del corpo ed è costituito dal *cranio*, che protegge l'encefalo, dalla *colonna vertebrale*, che protegge il midollo spinale, e dalla *cassa toracica* (formata da 24 coste, o costole), che insieme allo *sterno* protegge il cuore e i polmoni.

Lo **scheletro appendicolare** è invece formato dalle ossa degli arti, oltre che dal *cinto scapolare* e dal *cinto pelvico*, che collegano gli arti alla colonna vertebrale.

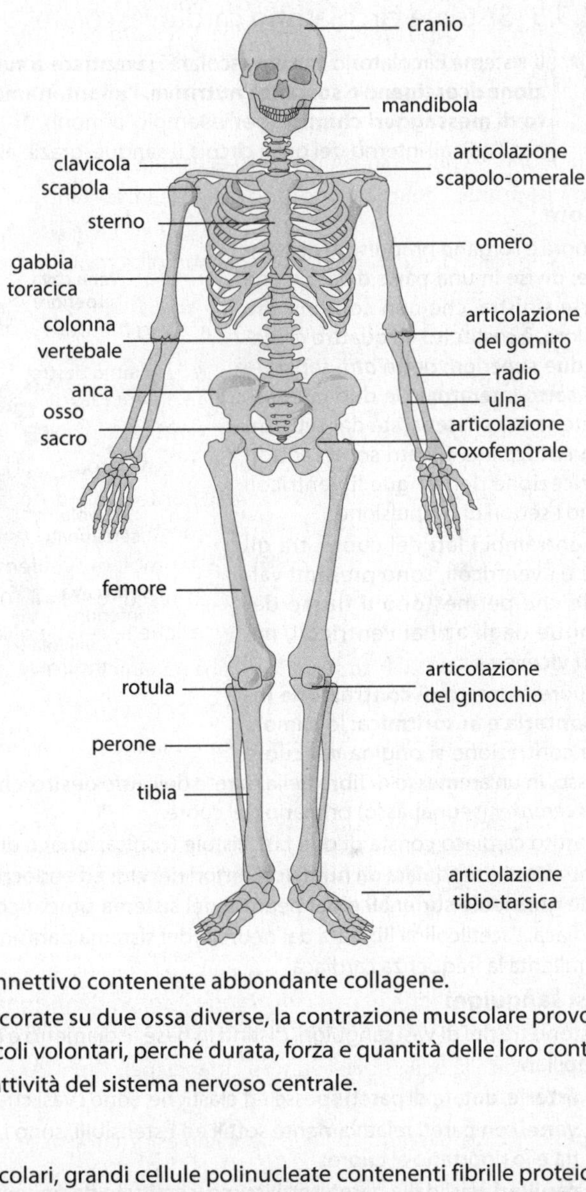

13.9.4 | Sistema muscolare

Il sistema muscolare è costituito dai circa **620 muscoli scheletrici che, contraendosi, permettono lo spostamento dei segmenti ossei su cui sono inseriti, e quindi i movimenti.**

I muscoli sono di solito distinti in lunghi, larghi e brevi, ma possono essere molto diversificati, avere capi multipli (*bicipiti*, *tricipiti*), oppure più di un ventre muscolare (*poligastrici*).

I muscoli scheletrici sono ancorati alle ossa mediante i *tendini*, strutture elastiche e resistenti costituite di tessuto connettivo contenente abbondante collagene.

Quando le estremità del muscolo sono ancorate su due ossa diverse, la contrazione muscolare provoca il movimento di una delle due. Sono muscoli volontari, perché durata, forza e quantità delle loro contrazioni sono regolate volontariamente dall'attività del sistema nervoso centrale.

La contrazione muscolare

I muscoli sono formati da fibrocellule muscolari, grandi cellule polinucleate contenenti fibrille proteiche di actina e miosina, organizzate in un modo specifico in unità dette *sarcomeri* (questa particolare disposizione conferisce al muscolo l'aspetto striato). La contrazione è dovuta al fatto che le fibrille scorrono reciprocamente determinando l'accorciamento delle fibrocellule e quindi del muscolo. Lo stimolo alla contrazione proviene da neuroni motori del sistema nervoso somatico (si veda § 13.9.11) che prendono contatto con il sarcolemma (la membrana delle fibrocellule muscolari) in corrispondenza di specifiche sinapsi dette *giunzioni neuromuscolari*.

L'arrivo di un impulso nervoso all'estremità del neurone motore provoca la liberazione del neurotrasmettitore *acetilcolina* che va a legarsi a specifici recettori sul sarcolemma; se viene stimolato un numero sufficiente di recettori, si verifica un rilascio di Ca^{2+} dalle cisterne del reticolo sarcoplasmatico (in cui è accumulato, quando il muscolo è a riposo) nel citoplasma; l'interazione di questo ione con i filamenti di actina innesca la contrazione. L'effetto cessa dopo un tempo brevissimo, per cui per un'attività muscolare prolungata sono necessari più impulsi nervosi ripetuti.

13.9.5 | Sistema circolatorio cardiovascolare

> Il sistema circolatorio cardiovascolare **garantisce a tutte le cellule dell'organismo la distribuzione di ossigeno e sostanze nutritive, l'allontanamento delle sostanze di rifiuto e il trasporto di messaggeri chimici** (per esempio ormoni). È formato dai vasi sanguigni (vene, arterie e capillari), all'interno dei quali circola il sangue, grazie all'azione di pompa esercitata dal cuore.

Cuore

Il cuore è l'organo propulsore del sangue; diviso in una parte destra e una parte sinistra, che non comunicano tra loro, è costituito da quattro camere: due superiori, dette *atri*, separate dal setto interatriale, e due inferiori, dette *ventricoli*, separate dal setto interventricolare. Gli atri sono i settori di ricezione del sangue, i ventricoli sono i settori di propulsione.

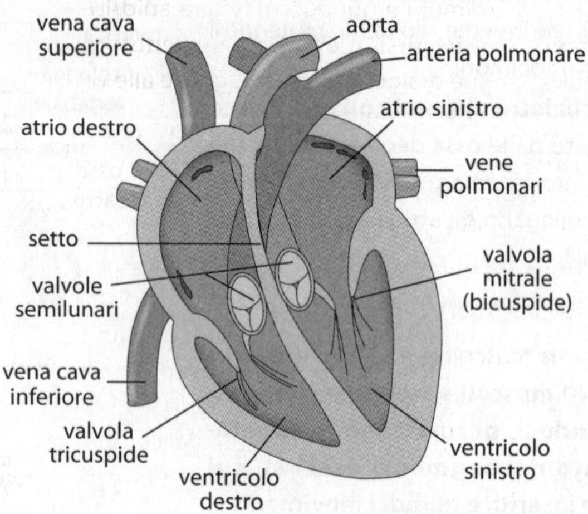

Su entrambi i lati del cuore, tra gli atri e i ventricoli, sono presenti valvole che permettono il flusso del sangue dagli atri ai ventricoli, ma non viceversa.

Il cuore è dotato di **contrazione involontaria e autoritmica**: lo stimolo alla contrazione si origina nel cuore stesso, in un ammasso di fibre della parete dell'atrio destro, chiamato *nodo seno-atriale*, che rappresenta il *pacemaker* (segnapasso) primario del cuore.

Il battito cardiaco consta di due fasi, sistole (contrazione) e diastole (riempimento), e la frequenza delle contrazioni è modulata da numerosi fattori nervosi ed endocrini: l'adrenalina e la noradrenalina, liberate dalle ghiandole surrenali e dai neuroni del sistema simpatico, provocano un aumento della frequenza cardiaca, l'acetilcolina liberata dai neuroni del sistema parasimpatico (soprattutto dal nervo vago), invece, rallenta la frequenza cardiaca.

Vasi sanguigni

Esistono tre tipi di vasi sanguigni distinti in base al diametro e allo spessore delle loro pareti: arterie, vene e capillari:

- **arterie**, dotate di pareti spesse ed elastiche, sono i vasi che portano il sangue dal cuore alla periferia;
- **vene**, con pareti relativamente sottili ed estensibili, sono i vasi che raccolgono il sangue dalla periferia e lo riportano al cuore;
- **capillari**, vasi dalle pareti sottilissime, costituite da un unico strato di cellule, l'*endotelio*, attraverso il quale i gas respiratori, le sostanze nutritive, gli enzimi, gli ormoni e le sostanze di rifiuto possono passare facilmente per diffusione. Il flusso sanguigno nei capillari è molto lento, e così sono facilitati gli scambi tra il sangue e i tessuti circostanti.

Circolazione sanguigna

La circolazione del sangue comprende la circolazione sistemica e la circolazione polmonare.

Il percorso del sangue nella **circolazione sistemica** (detta anche *grande circolazione* o *grande circolo*), attraverso la quale il sangue ossigenato viene distribuito a tutti i tessuti e fa ritorno al cuore impoverito in ossigeno, ha origine dal ventricolo sinistro, da cui viene immesso nell'*aorta*. Questo vaso, il più voluminoso del corpo umano, si ramifica in diverse arterie, dirette alle diverse parti del corpo, e queste in *arteriole*. Le arteriole si ramificano a loro volta formando una fitta rete di capillari che vengono in diretto contatto con le cellule del corpo. Ceduti l'ossigeno e i nutrienti ai tessuti e caricatosi di sostanze di rifiuto, il sangue presente nei capillari venosi confluisce in vasi più grossi, le *venule*, le quali a loro volta sboccano in vene di diametro via via maggiore, e giunge infine all'atrio destro del cuore mediante le *vene cave* (*superiore* e *inferiore*).

La **circolazione polmonare** (detta anche *piccola circolazione* o *piccolo circolo*), circuito cuore-polmoni-cuore, che permette l'ossigenazione del sangue deossigenato, ha inizio dal ventricolo destro del cuore che pompa nelle *arterie polmonari* sangue povero di ossigeno. Attraverso questi vasi il sangue raggiunge i polmoni e qui può rilasciare anidride carbonica e arricchirsi in ossigeno. Avvenuti gli scambi, il sangue ossigenato ritorna, grazie alle *vene polmonari*, all'atrio sinistro.

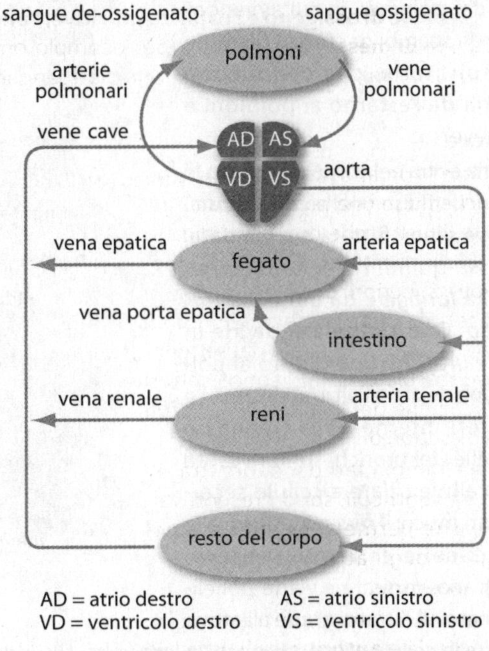

Schema del sistema circolatorio cardiovascolare.

Il sangue

Il sangue raggiunge tutte le parti del corpo consentendo il trasporto ai tessuti di ossigeno e sostanze nutrienti e l'allontanamento di anidride carbonica e altre sostanze di rifiuto; permette inoltre la distribuzione degli ormoni e svolge funzioni di difesa. Nell'uomo sono presenti in media 4-6 litri di sangue, costituito da una componente liquida, il plasma sanguigno (55% in volume), e da una componente particolata che comprende diversi tipi cellulari (45% in volume).

- Il **plasma sanguigno** è costituito per il 90% di acqua in cui sono disciolti proteine (7%) e sali (1%), oltre a piccole molecole organiche assorbite dall'intestino (come amminoacidi e glucosio) e materiali di rifiuto cellulari (come urea e acido urico). Le proteine del plasma hanno numerose funzioni: sono attive nella coagulazione del sangue, permettono il trasporto di sostanze (per esempio le *lipoproteine*, per il trasporto dei lipidi), hanno funzione di regolazione del volume plasmatico e del pH, funzione di riserva proteica, funzione ormonale, oppure difensiva (anticorpi).
- I tre tipi principali di **cellule del sangue** (o *elementi figurati*) sono: eritrociti, leucociti e piastrine.
  - Gli *eritrociti*, o *globuli rossi*, responsabili del trasporto dell'ossigeno, hanno forma di disco biconcavo, sono privi di nucleo e di organuli cellulari,[1] l'*emoglobina*, la proteina deputata al trasporto dell'ossigeno, è il principale costituente. Sulla membrana dei globuli rossi si trovano particolari proteine antigeniche, che permettono di distinguere diversi gruppi sanguigni: A, B, AB e 0.
  - I *leucociti*, o *globuli bianchi*, responsabili della risposta immunitaria, sono presenti con diversi tipi che si distinguono per la forma del nucleo e l'affinità ai coloranti: *granulociti* (*neutrofili*, *eosinofili* e *basofili*), *monociti*, e *linfociti T* e *B*. I granulociti e i monociti, dotati di attività fagocitaria, possono eliminare particelle e microrganismi estranei e sono coinvolti nei meccanismi di difesa aspecifici (infiammazione). I linfociti sono i responsabili della risposta immunitaria specifica.
  - Le *piastrine* sono frammenti cellulari di forma irregolare e di diametro pari a 1-4 μm; rivestono un ruolo fondamentale nel processo di coagulazione del sangue.

1. Tutti i mammiferi possiedono globuli rossi privi di nucleo, diversamente dagli altri vertebrati che sono dotati di globuli rossi nucleati.

CONOSCENZE SCIENTIFICHE

13.9.6 | Apparato respiratorio

L'apparato respiratorio ha la funzione di **permettere gli scambi gassosi** (assunzione di ossigeno ed eliminazione di anidride carbonica) **tra l'apparato circolatorio e l'ambiente esterno.**

L'apparato respiratorio è formato dai polmoni, in cui avvengono gli scambi gassosi, e dalle vie respiratorie, che conducono l'aria dall'esterno ai polmoni e viceversa.

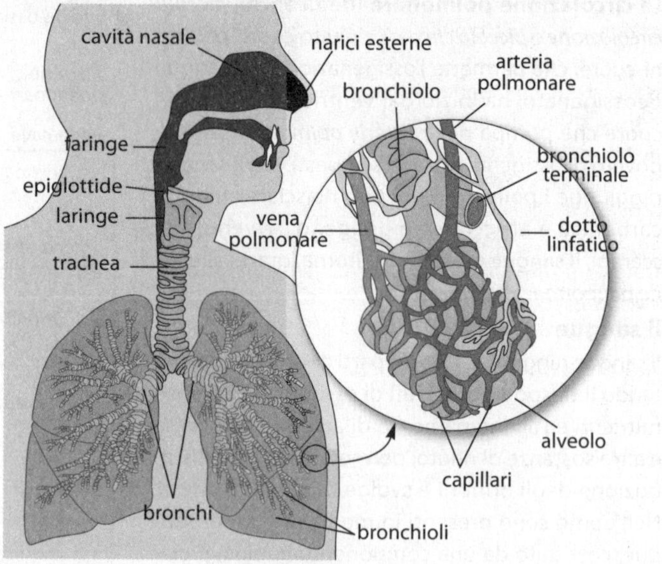

L'apparato respiratorio

L'aria entra nel corpo attraverso le *narici* e fluisce nelle *cavità nasali* dove viene filtrata e riscaldata; passa quindi nella *faringe*, poi nella *laringe* e da qui nella *trachea*. Quest'ultima si divide in due *bronchi*: uno diretto al polmone destro e l'altro al sinistro. Le pareti interne della trachea e quelle dei bronchi sono rivestite di cellule ciliate e cellule secernenti muco: il muco intrappola le particelle estranee presenti nell'aria inspirata e viene poi eliminato all'esterno grazie all'attività delle cellule ciliate. I bronchi, a loro volta, si suddividono in *bronchioli* di calibro via via minore, fino ai *bronchioli terminali*, che si dilatano a formare numerose camere dette *alveoli polmonari*, circondate da capillari sanguigni. Qui avvengono gli scambi di gas tra polmoni e sistema circolatorio. Le pareti degli alveoli sono costituite da un unico strato di cellule epiteliali appiattite che può essere attraversato agevolmente per diffusione dai gas respiratori. Avvenuto lo scambio di gas, l'aria percorre in senso inverso le vie respiratorie (bronchioli, bronchi ecc.) e viene emessa all'esterno (espirazione).

Il meccanismo della **ventilazione polmonare**, articolato nelle due fasi dell'inspirazione e dell'espirazione, dipende dalle variazioni di pressione all'interno della cavità toracica, determinate a loro volta dai movimenti del diaframma, muscolo piatto che separa la cavità toracica dalla cavità addominale.

- Durante l'**inspirazione**, il diaframma si abbassa e i muscoli intercostali si contraggono, provocando l'allargamento della cassa toracica; si crea così una depressione che causa l'espansione dei polmoni, richiamando in essi aria atmosferica.
- Durante l'**espirazione**, il rilassamento del diaframma e dei muscoli intercostali riporta la cavità toracica nelle condizioni iniziali e l'aria viene espulsa passivamente dai polmoni.

13.9.7 | Apparato digerente

L'apparato digerente è il complesso degli organi adibiti alla **masticazione del cibo**, alla **degradazione delle grosse molecole** contenute negli alimenti fino alle loro unità costituenti, e all'**assorbimento di queste ultime**.

L'apparato digerente è formato da un lungo t*ubo digerente* che si allarga in dilatazioni responsabili di funzioni diverse, e dalle ghiandole annesse. Il tubo digerente inizia con la bocca, seguono poi la faringe, l'esofago, lo stomaco, l'intestino tenue (con i tratti duodeno, digiuno e ileo) e il crasso (cieco, colon, e retto), che termina con l'ano; è accompagnato dalle ghiandole salivari, dal fegato e dal pancreas.

Il cibo in via di digestione procede nel canale gastrointestinale grazie alle contrazioni della muscolatura liscia che fa parte delle pareti del canale stesso, contrazioni indicate come *movimenti peristaltici*.

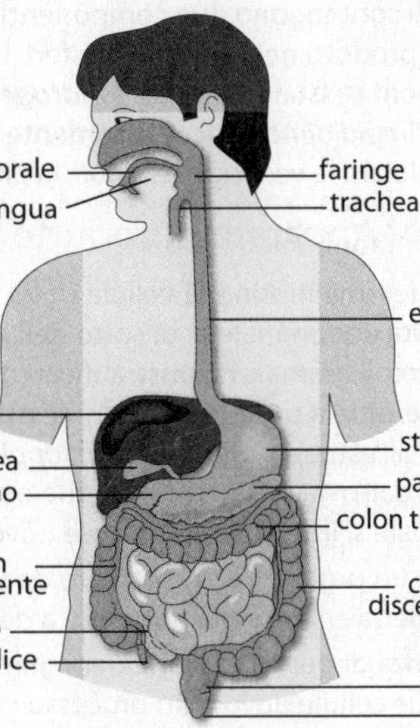

Digestione

La digestione inizia in bocca per opera dell'enzima *ptialina*, contenuto nella saliva, che scinde i polisaccaridi (come l'amido) in frammenti più piccoli.

Nello stomaco viene sospesa la digestione dei carboidrati, mentre inizia quella delle proteine, grazie alla *pepsina*, secreta dalle ghiandole gastriche sotto forma di *pepsinogeno*, precursore inattivo che viene attivato dal pH acido dei succhi gastrici.

La digestione prosegue poi nel duodeno, il primo tratto dell'intestino tenue. In questo segmento del tubo digerente si svolge la maggior parte dei processi digestivi, grazie agli enzimi secreti dalla mucosa intestinale e dal pancreas, in grado di demolire carboidrati (*amilasi*), proteine (*peptidasi*) e lipidi (*lipasi*). La digestione dei lipidi, che si svolge interamente in questo tratto, è facilitata anche dalla presenza della *bile*, liquido con funzione emulsionante prodotto da fegato, che si accumula nella cistifellea e viene immesso nel duodeno poco dopo l'inizio di ogni pasto.

Assorbimento

Gran parte dell'assorbimento degli alimenti digeriti ha luogo nell'intestino tenue, attraverso le pareti del digiuno e dell'ileo. Nell'intestino crasso, in particolare nella sua porzione detta colon, ha luogo il riassorbimento dei liquidi. Al termine di questo percorso si formano le feci (contenenti cibo non digerito, batteri, acqua e secrezioni digestive), di consistenza più o meno solida a seconda del tempo di permanenza nel colon.

Fegato

Il fegato è la ghiandola più grande del corpo umano e riveste un ruolo fondamentale nella digestione del cibo, producendo la bile. Oltre a questa funzione, il fegato è coinvolto in numerosi importanti processi, infatti partecipa al metabolismo del glucosio (trasforma il glucosio in glicogeno quando è presente in quantità eccessiva e demolisce il glicogeno a glucosio quando è necessario innalzare la glicemia) e degli amminoacidi, produce l'urea e diverse proteine plasmatiche, inoltre permette la demolizione delle sostanze nocive (*detossificazione*), come l'alcol e molti farmaci.

13.9.8 | Apparato escretore

L'apparato escretore svolge due funzioni fondamentali:

- collabora all'omeostasi, cioè al mantenimento di caratteristiche costanti all'interno dell'organismo, regolando la concentrazione dei soluti nei liquidi corporei e il volume dei liquidi circolanti (*osmoregolazione*);
- provvede all'escrezione, cioè la rimozione dei prodotti di rifiuto del metabolismo.

Gli organi principali dell'apparato escretore sono i **reni**, in cui si realizza la produzione dell'urina. I reni sono due organi di colore rosso scuro a forma di fagiolo, lunghi circa 10 cm, situati nell'addome dietro allo stomaco e al fegato, ai lati dell'aorta. Un rene è costituito da circa un milione di unità escretrici, dette *nefroni*. Nei nefroni ha luogo la filtrazione del sangue e la formazione dell'urina; da ogni rene ha origine un tubo detto *uretere*, che convoglia l'urina nella *vescica*, da cui viene periodicamente eliminata all'esterno tramite l'*uretra*.

13.9.9 | Apparato riproduttore maschile

L'apparato riproduttore maschile comprende le gonadi maschili (i testicoli), in cui vengono prodotti gli spermatozoi, e le vie spermatiche, cioè l'insieme dei tubuli che portano gli spermatozoi dai testicoli all'esterno.

CONOSCENZE SCIENTIFICHE

I **testicoli** contengono due componenti funzionali: i *tubuli seminiferi* e le *cellule interstiziali*. Gli spermatozoi sono prodotti nei tubuli seminiferi. Le cellule interstiziali, site tra i tubuli, secernono il testosterone e altri ormoni sessuali maschili (*androgeni*). Gli spermatozoi, una volta prodotti, vengono immessi nei tubuli dell'*epididimo* e successivamente vengono mescolati con un secreto viscoso prodotto da tre organi ghiandolari: le *vescicole seminali*, la *prostata* e le *ghiandole bulbouretrali*, formando il *liquido seminale*.

13.9.10 | Apparato riproduttore femminile

I gameti femminili sono le cellule uovo (o ovociti) e vengono prodotti ciclicamente dalle **ovaie**, situate nella cavità addominale al di sotto dell'apparato digerente. Ogni ovaia è costituita da migliaia di *follicoli oofori*, piccoli ammassi pluristratificati di cellule che contengono, proteggono e nutrono le cellule uovo immature, oltre a produrre ormoni sessuali, gli *estrogeni*. Ogni ovaia è in comunicazione con un condotto allargato all'estremità, la *tuba di Falloppio* (o *ovidotto*), nella quale è rilasciata ogni mese una cellula uovo prodotta dall'ovaia. Ciascuno dei due ovidotti si apre all'altra estremità nella porzione superiore dell'utero, nel quale si impianta l'eventuale uovo fecondato.

L'**utero** è un organo cavo costituito da uno spesso strato muscolare, detto *miometrio*, e da una mucosa interna, detta *endometrio*, soggetta a periodiche modificazioni nel corso di ogni ciclo mestruale.

A differenza di quanto accade per i gameti maschili, che vengono prodotti in modo continuo, la produzione delle cellule uovo è un processo ciclico, detto ciclo ovarico, che normalmente porta a maturazione un ovocita ogni 28 giorni. Il ciclo ovarico è sottoposto a un controllo ormonale molto preciso, si svolge nelle ovaie ed è accompagnato da modificazioni della mucosa uterina (*ciclo mestruale*), che si ispessisce per accogliere l'eventuale ovocita fecondato mentre, se questo non accade, si sfalda e viene eliminata con la mestruazione.

13.9.11 | Sistema nervoso

Il sistema nervoso comprende il complesso delle strutture che permettono all'organismo di **ricevere informazioni dall'ambiente** (esterno e interno), di **elaborarle**, e di **trasmettere risposte appropriate agli organi effettori** (muscoli e ghiandole); è responsabile, insieme al sistema endocrino, della regolazione di tutte le funzioni corporee.

L'unità di base del sistema nervoso è il neurone (§). I neuroni sono suddivisi in tre classi:

- *neuroni sensoriali*, in grado di rilevare i diversi stimoli ambientali e di trasmetterli al sistema nervoso centrale;
- *interneuroni*, che ricevono i segnali dai vari neuroni sensoriali e li integrano tra loro;
- *neuroni motori*, che ricevono le risposte agli stimoli elaborate dal sistema nervoso centrale e le trasmettono agli organi effettori, cioè muscoli o ghiandole.

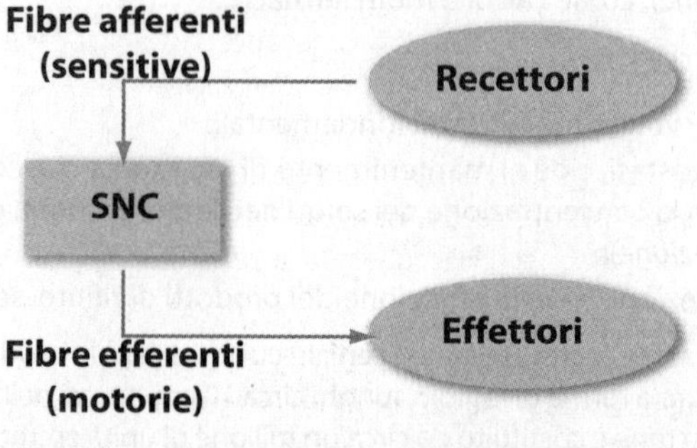

Impulso nervoso

Il segnale nervoso è di natura elettrica: la trasmissione del segnale (impulso nervoso) è legata a una modificazione transitoria della permeabilità della membrana cellulare agli ioni (soprattutto Na^+ e K^+) che modifica il potenziale di membrana. In un neurone a riposo, la pompa Na^+/K^+ mantiene una differenza di concentrazione per ciascuno di questi due ioni tra i due lati della membrana cellulare: essa pompa all'esterno della cellula gli ioni Na^+ e porta all'interno della cellula gli ioni K^+. Questo dà luogo a una differenza di potenziale elettrico, detta *potenziale di riposo* (o *potenziale di membrana*), pari a circa – 70 mV.

Il potenziale d'azione

Quando uno stimolo raggiunge un assone, si verifica una variazione del potenziale di membrana (che diventa meno negativo), processo che prende il nome di *depolarizzazione*.
Se lo stimolo è sufficientemente forte da depolarizzare la membrana fino a –50 mV, si raggiunge il cosiddetto *valore soglia* (o livello di soglia) e si genera un potenziale d'azione: si aprono i canali del Na^+ e questo ione fluisce all'interno dell'assone, secondo il gradiente di concentrazione creato nella cellula a riposo dalla pompa Na^+/K^+.
La membrana dell'assone continua a depolarizzarsi finché la differenza di potenziale attraverso la membrana dell'assone è pari a +30-35 mV. Subito dopo, i canali del Na^+ si chiudono e si aprono quelli del K^+: la fuoriuscita di ioni K^+ tende ad annullare il potenziale d'azione, mentre l'azione della pompa Na^+/K^+ ripristina nel neurone il potenziale di riposo.

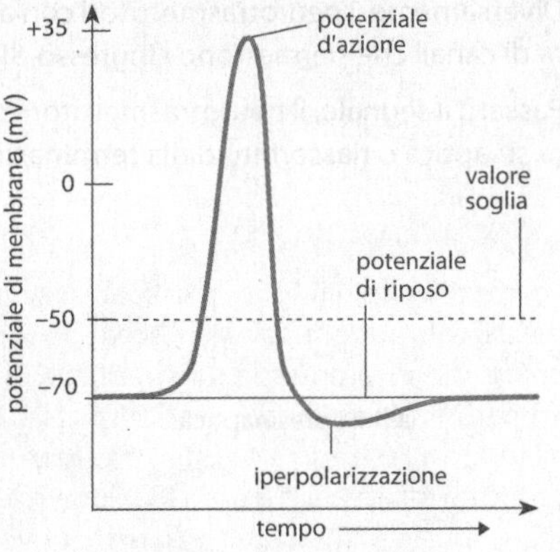

Il potenziale d'azione

Questa fase, in cui il potenziale di membrana scende verso valori negativi, prende il nome di *ripolarizzazione*. La ripolarizzazione è seguita dall'*iperpolarizzazione*, una condizione nella quale il potenziale di membrana risulta più negativo rispetto al normale potenziale di riposo.
I potenziali d'azione mostrano il fenomeno della risposta "tutto o nulla", per cui il potenziale d'azione non si scatena se la depolarizzazione non raggiunge il valore soglia. Stimoli deboli non determinano variazioni significative di permeabilità e provocano quindi solo una leggera depolarizzazione, subito seguita da un ritorno al potenziale di riposo.

Propagazione dell'impulso

Quando si scatena un potenziale d'azione, la depolarizzazione inizia in un piccolo tratto dell'assone: le cariche positive (Na^+) entrano nell'assone e si spostano nella zona immediatamente adiacente. Come risultato, la permeabilità della membrana in quella regione cambia, permettendo al Na^+ di entrare nell'assone in quel punto. In questo modo, il potenziale di azione si propaga lungo tutta la lunghezza del neurone in una specie di reazione a catena.
Anche se i potenziali d'azione possono viaggiare in entrambe le direzioni lungo un assone, generalmente procedono dai dendriti verso il corpo cellulare e da questo lungo l'assone, verso il rigonfiamento terminale della sinapsi (bottone sinaptico).
La velocità di conduzione del potenziale d'azione può essere molto elevata (fino a 100 m/s) e dipende dal diametro dell'assone: maggiore è il diametro dell'assone, maggiore sarà la velocità di conduzione dell'impulso lungo di esso.

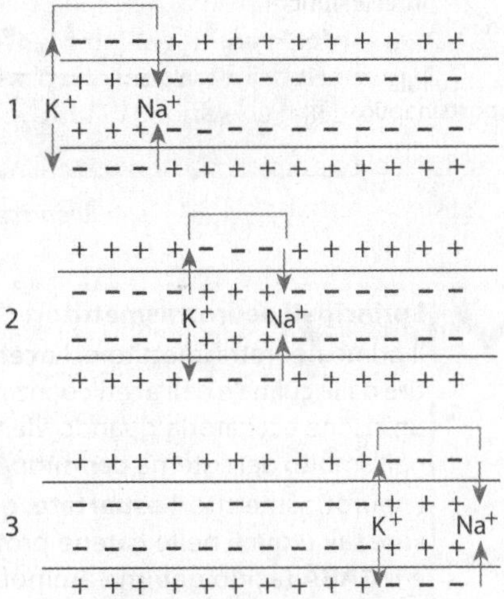

Propagazione del potenziale d'azione lungo l'assone

Sinapsi

I neuroni trasmettono il segnale ad altre cellule (nervose o effettrici) attraverso strutture specializzate dette *sinapsi chimiche* (in figura) perché al loro interno il segnale viene trasformato da elettrico in chimico, tramite il rilascio, da parte del neurone presinaptico, di molecole-segnale dette *neurotrasmettitori*.
Quando un potenziale d'azione arriva a un terminale assonico, le vescicole sinaptiche contenenti il neurotrasmettitore si fondono con la membrana cellulare, scaricando il proprio contenuto nello *spazio intersinaptico*.
Il neurotrasmettitore si lega allora a recettori presenti sulla membrana del neurone postsinaptico e, se ha effetto eccitatorio, induce l'apertura dei canali ionici (Na^+), e quindi la depolarizzazione.

Diversamente, i neurotrasmettitori con azione inibitoria (il GABA è il più importante) inducono l'apertura di canali che permettono l'ingresso di ioni Cl^-, provocando iperpolarizzazione.

Passato il segnale, il neurotrasmettitore sarà poi degradato rapidamente da enzimi presenti nella fessura sinaptica o riassorbito dalla terminazione presinaptica.

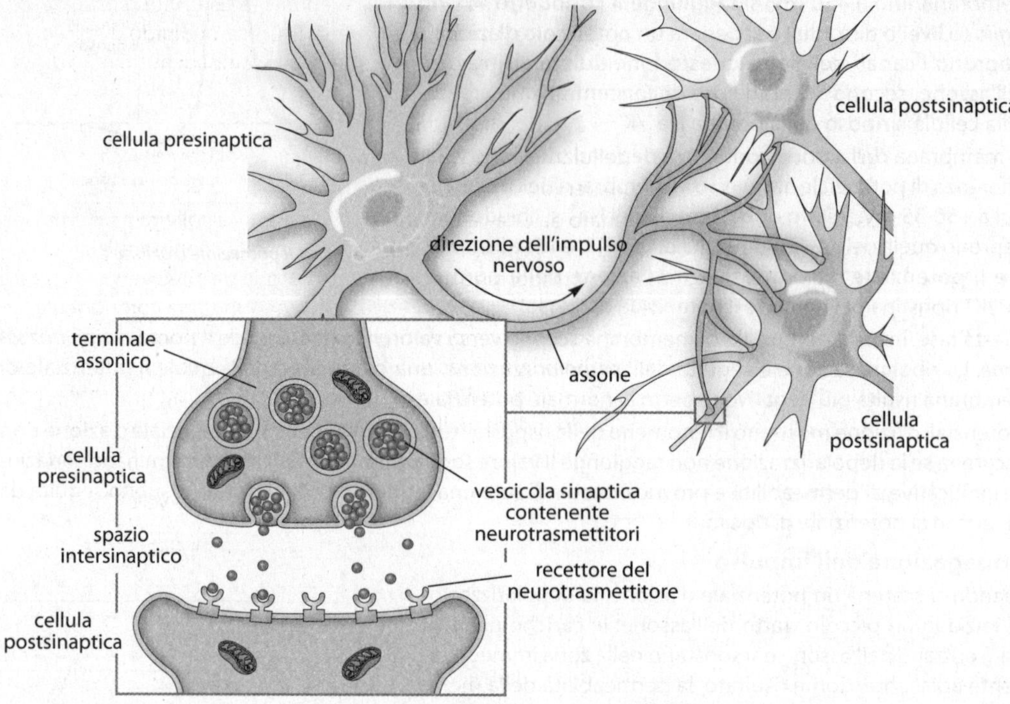

Rappresentazione schematica di una sinapsi

I principali neurotrasmettitori

Il primo neurotrasmettitore, **l'acetilcolina**, fu scoperto nel 1924 da Otto Loewi. Sintetizzato a partire dalla colina e dall'acetilcoenzima A, l'acetilcolina è un neurotrasmettitore dalle molte facce: ha un'azione eccitatoria quando viene rilasciato a livello delle giunzioni muscolari, inibitoria invece nell'ambito del sistema parasimpatico.

I neurotrasmettitori **aspartato**, **glutammato** e **glicina** sono amminoacidi che si possono ritrovare tali e quali nelle catene proteiche. Un altro neurotrasmettitore di natura amminoacidica è il **GABA** (acido gamma-aminobutirrico), un derivato del glutammato. In generale, glicina e GABA mediano segnali di natura inibitoria, mentre aspartato e glutammato sono prevalentemente eccitatori.

Un'altra importante classe di neurotrasmettitori è quella della **catecolammine**, molecole che derivano dall'amminoacido tirosina. Fra le catecolammine si annoverano la **noradrenalina**, neurotrasmettitore principale del sistema ortosimpatico, e la **dopamina**, protagonista di molti dei circuiti nervosi che regolano i movimenti. Alterazioni del sistema dopaminergico sono alla base di gravi patologie del sistema nervoso, quali il morbo di Parkinson (dove si ha la distruzione di alcuni circuiti che rilasciano dopamina) e la schizofrenia, dove si ha invece un eccessivo rilascio di questo neurotrasmettitore. La **serotonina**, infine, derivata dall'amminoacido triptofano, è coinvolta in fenomeni tanto importanti quanto diversi: dal controllo della temperatura al ritmo sonno-veglia, dal tono dell'umore (una sua carenza è coinvolta infatti nello sviluppo della depressione) agli effetti dell'LSD, uno dei più forti allucinogeni conosciuti.

Organizzazione del sistema nervoso

Il sistema nervoso è organizzato in due parti: il sistema nervoso centrale e il sistema nervoso periferico.

Il **sistema nervoso centrale** (SNC), formato dall'**encefalo** e dal **midollo spinale,** raccoglie le informazioni sensoriali, le integra ed elabora le risposte.

Il SNC è protetto da tre membrane dette *meningi*, dall'esterno all'interno: *dura madre, aracnoide* e *pia madre.* Tra aracnoide e pia madre, come pure all'interno dei ventricoli cerebrali (sottili cavità presenti all'interno dell'encefalo) e nel sottile canale che percorre il midollo spinale, è presente un fluido detto *liquido cefalo-rachidiano*, con funzione sia di ammortizzatore sia di regolatore degli scambi di nutrienti e di prodotti di rifiuto fra il sistema nervoso e il sangue.

Midollo spinale ed encefalo sono formati da due tipi di sostanza:

- la sostanza grigia comprende i corpi cellulari (organizzati in *nuclei*) e i dendriti dei neuroni;
- la sostanza bianca è formata dalle fibre nervose (gli assoni) mielinizzate.

Il **sistema nervoso periferico** (SNP) è formato da una vasta rete di *nervi* e *gangli* e collega il sistema nervoso centrale con il resto del corpo: le *vie afferenti* (*sensitive*) trasportano informazioni sensoriali dai recettori verso il SNC e le *vie efferenti* (*motorie*) trasportano informazioni motorie dal SNC verso muscoli e ghiandole (effettori). Le vie efferenti del sistema nervoso periferico comprendono una componente *somatica*, che innerva la muscolatura volontaria, e una componente *vegetativa*, che innerva la muscolatura involontaria (tubo digerente, cuore ecc.), le ghiandole e i vasi sanguigni. Quest'ultima componente, detta **sistema nervoso autonomo** (o sistema neurovegetativo) ha la funzione di contribuire a mantenere l'omeostasi attraverso meccanismi riflessi, indipendenti dalla volontà.

SNC: encefalo

L'encefalo, l'organo più complesso che si conosca, rappresenta il principale centro di integrazione del sistema nervoso centrale. Comprende cinque parti principali:

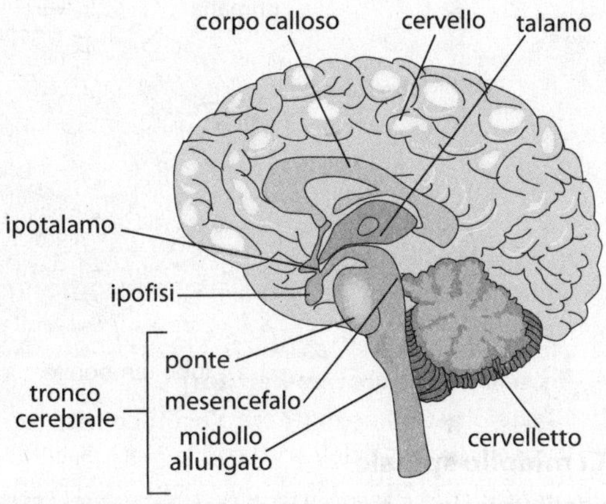

- il **tronco cerebrale**, il tratto più antico, si trova in continuità con il midollo spinale ed è formato dal *midollo allungato* (o *bulbo*), dal *ponte* e dal *mesencefalo*. Situato tra i centri superiori e il midollo spinale, filtra l'informazione proveniente dal sistema nervoso periferico e controlla le funzioni vitali di base, come il battito cardiaco, la respirazione, la pressione sanguigna, i cicli sonno-veglia (oltre alla deglutizione, alla tosse e al vomito);
- il **cervelletto**, localizzato nella parte posteriore dell'encefalo, è responsabile della coordinazione automatica dei movimenti, del mantenimento della postura e dell'equilibrio;
- il **talamo**, posto fra il cervello e il tronco cerebrale, è un importante centro di smistamento e controllo delle informazioni scambiate tra midollo spinale e cervello;
- l'**ipotalamo**, situato al di sotto del talamo e del cervello, è responsabile del controllo di numerose funzioni fondamentali tra cui la temperatura corporea, il bilancio idrico, le funzioni sessuali, i meccanismi della fame e della sete e le reazioni che accompagnano gli stati emotivi (ira, paura ecc.); agisce attraverso il sistema neurovegetativo e il controllo della secrezione ormonale. Produce almeno 9 ormoni di rilascio che regolano la secrezione degli ormoni dell'ipofisi, oltre a due ormoni che agiscono direttamente sugli organi bersaglio. L'ipotalamo rappresenta il principale centro di integrazione fra i sistemi nervoso ed endocrino, e il legame fra emozioni e livelli ormonali;
- il **cervello**, la parte superiore dell'encefalo, è la struttura del sistema nervoso dove giungono le informazioni sensitive e sono elaborate le risposte motorie di tipo volontario; è sede inoltre di tutte le attività intellettuali. Il cervello è suddiviso in un emisfero destro e un emisfero sinistro, collegati da un fascio molto compatto di fibre nervose detto *corpo calloso*. Alcuni solchi suddividono ogni emi-

sfero in quattro lobi: *frontale, parietale, temporale* e *occipitale*. La superficie del cervello, la *corteccia cerebrale*, è la regione più recente dal punto di vista evolutivo: si tratta di un sottile strato di sostanza grigia (corpi cellulari di neuroni) dove si realizzano i processi associativi più complessi. Nella corteccia sono presenti aree sensoriali, aree motorie e aree associative.

Fra le **aree sensoriali** ricordiamo i *centri della vista* nei lobi occipitali e i *centri dell'udito* nei lobi temporali; nella parte anteriore di ogni lobo temporale, subito dietro al solco che separa i lobi temporali dai lobi frontali è presente l'*area sensoriale primaria*: a ogni porzione della corteccia è associata una determinata parte del corpo e l'area di corteccia è tanto più estesa quanto più sono numerosi i recettori sensoriali posti in quella parte del corpo.

In ogni emisfero, nella parte posteriore del lobo frontale, davanti al solco che lo separa dal lobo temporale, si trova l'**area motoria primaria**, strutturata come l'area sensoriale primaria: a ogni porzione di corteccia corrisponde una specifica parte del corpo e l'area di corteccia destinata al controllo di una certa parte di corpo è tanto più estesa quanto più sono fini i movimenti da quella compiuti.

Oltre alle aree sensoriali e motorie sono presenti **aree associative**, responsabili di attività cognitive superiori, come l'apprendimento, il linguaggio, la memoria e il giudizio.

Per quanto riguarda in particolare il linguaggio, sono coinvolte due aree poste nell'emisfero sinistro: l'*area di Wernicke* (area sensitiva del linguaggio), non distante dalla corteccia uditiva, controlla la comprensione del linguaggio scritto e parlato, mentre l'*area di Broca* (o area motoria del linguaggio), posta nei pressi dell'area motoria primaria, controlla la formazione delle frasi.

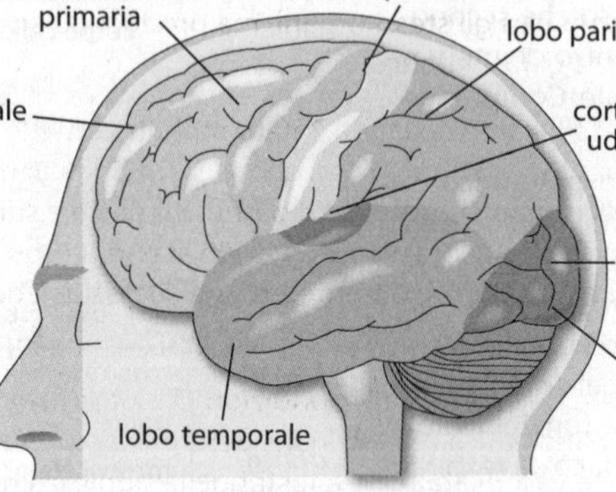

SNC: midollo spinale

Il midollo spinale è un cilindro di tessuto nervoso, attraversato da un sottile canale centrale, racchiuso nella colonna vertebrale. Fa parte del sistema nervoso centrale e costituisce la connessione fra il sistema nervoso periferico e l'encefalo. Ai due lati del midollo spinale, in corrispondenza di ciascuno spazio intervertebrale, emerge un paio di nervi spinali, ognuno formato da una componente motoria e una sensitiva. È anche la sede dei movimenti riflessi: movimenti stereotipati rapidi che non richiedono l'intervento dell'encefalo, attivati in risposta a un pericolo (come ad esempio la ritrazione della mano da un oggetto bollente).

Sistema Nervoso Periferico

È formato dai nervi che collegano i recettori e gli effettori (muscoli e ghiandole) al SNC. I corpi cellulari dei neuroni le cui fibre formano i nervi si trovano raggruppati nei nuclei (all'interno del tronco encefalico e del midollo spinale) o nei gangli (all'esterno del sistema nervoso centrale).

I **nervi** sono fasci di assoni, uniti da tessuto connettivo e vascolarizzati da vasi sanguigni che forniscono loro sostanze nutritive e O_2. Sono responsabili della trasmissione degli impulsi nervosi sulle lunghe distanze e in base al tipo di neuroni da cui sono formati vengono distinti in *nervi sensitivi*, *nervi motori* e *nervi misti*; questi ultimi sono formati sia da neuroni sensitivi che da neuroni motori e possono trasmettere impulsi in entrambe le direzioni.

PARTE QUINTA

Dal punto di vista anatomico, distinguiamo i nervi cranici, 12 paia di nervi che emergono dal tronco encefalico (uno a destra e uno a sinistra) e innervano principalmente la testa e il collo, e i nervi spinali, 31 paia, ognuno formato dalla confluenza fra una radice anteriore, motoria, formata da fibre dirette dal midollo alla periferia (fibre efferenti), e una radice posteriore, sensitiva, comprendente fibre dirette dalla periferia al midollo (fibre afferenti). I corpi cellulari dei neuroni motori si trovano nella sostanza grigia all'interno del midollo spinale, mentre i corpi cellulari dei neuroni sensitivi si trovano nei *gangli spinali* inseriti nella radice posteriore di ciascun nervo spinale. Ogni nervo spinale si divide in diversi rami e in alcune regioni sono presenti reti complesse definite *plessi*. I nervi spinali vengono denominati e numerati in base al segmento della colonna vertebrale da cui hanno origine.

Sistema nervoso autonomo

Il sistema autonomo (o sistema neurovegetativo) è la componente del sistema nervoso che controlla le ghiandole e la muscolatura involontaria, quindi gli apparati digerente e respiratorio, il cuore, i vasi ecc. I recettori situati nei visceri e nella muscolatura inviano segnali al SNC tramite fibre afferenti che appartengono a nervi cranici o a nervi spinali, a seconda dei casi; il SNC elabora le risposte a livello di centri specifici, come il centro di controllo del respiro, o il centro di controllo cardiovascolare, e invia le risposte tramite fibre efferenti che decorrono all'interno di diversi nervi e raggiungono la muscolatura involontaria (dei vasi, dei bronchi, dello stomaco ecc.), oppure le ghiandole, sia esocrine che endocrine.

Le vie nervose del sistema neurovegetativo sono costituite da due neuroni: il *neurone pregangliare* con origine nel sistema nervoso centrale, e il *neurone postgangliare*, che, preso contatto con il primo in corrispondenza di un ganglio, raggiunge l'organo bersaglio. Il sistema nervoso vegetativo comprende due componenti che innervano in molti casi gli stessi organi, ma producono effetti opposti: l'ortosimpatico (o, semplicemente, "simpatico") e il parasimpatico.

L'**ortosimpatico** è responsabile dello stato di allerta, infatti mobilita tutte le risorse dell'organismo in risposta a forti sollecitazioni ambientali: aumenta l'irrorazione sanguigna ai muscoli, provoca vasocostrizione periferica e dilatazione delle vie aeree, accelera il battito cardiaco e stimola la demolizione del glicogeno nel fegato, favorendo un aumento della glicemia, allo stesso tempo inibisce la motilità gastrica. Inoltre stimola l'attività delle ghiandole sudoripare e determina dilatazione della pupilla. Il neurotrasmettitore tipico è la *noradrenalina* (*fibre adrenergiche*).

Il **parasimpatico** adegua in genere l'organismo alle condizioni di riposo, promuovendo le funzioni vegetative: stimola l'attività gastrica, pancreatica e intestinale, determina contrazione dei bronchi e rallentamento del battito cardiaco, induce vasodilatazione e restringe la pupilla; il neurotrasmettitore caratteristico è l'*acetilcolina* (*fibre colinergiche*).

Una terza struttura appartenente al sistema nervoso autonomo, il **sistema nervoso metasimpatico**, o **"cervello addominale"**, comprende una rete nervosa costituita da circa cento milioni di neuroni situata all'interno delle pareti dell'intestino e dello stomaco. È collegata alle fibre nervose ortosimpatiche e parasimpatiche, svolge un ruolo in gran parte indipendente dal sistema nervoso centrale (SNC).

> La **psiconeuroendocrinoimmunologia** è la disciplina che studia le relazioni, individuate da ricerche recenti, fra il sistema endocrino, il sistema nervoso e l'immunitario. La scoperta del cervello addominale, insieme all'individuazione di diversi neurotrasmettitori che possono esercitare un'azione diretta anche sull'apparato digerente o sul sistema immunitario, ha dimostrato l'esistenza di queste strette interconnessioni.

Le sostanze psicoattive

Sono definite psicoattive tutte le sostanze che, influendo sul SNC, alterano lo stato di allerta della coscienza oppure il comportamento. Esistono quattro classi di sostanze psicoattive: gli *stimolanti*, che accrescono il grado di prontezza dell'organismo; i *sedativi* e gli *ipnotici*, che riducono l'attività di alcune parti dell'encefalo; gli *analgesici*, che inibiscono l'attività dei centri del dolore; gli *allucinogeni*, che alterano gravemente la percezione sensoriale.

13.9.12 | Recettori sensoriali e organi di senso

I recettori sensoriali sono strutture anatomiche specializzate nella percezione dei cambiamenti che si verificano nell'ambiente: cellule, o gruppi di cellule, capaci di avvertire determinati segnali e di tradurli in un impulso nervoso che viene trasmesso al sistema nervoso centrale attraverso i nervi sensitivi. I recettori possono essere formati da poche cellule, oppure associarsi formando organi di senso complessi come l'occhio e l'orecchio.

Nella pelle sono presenti numerosi recettori del caldo e del freddo (*termorecettori*) e recettori meccanici (*meccanorecettori*) che forniscono le informazioni tattili.

I *chemiorecettori* presenti nella mucosa olfattiva che riveste la cavità nasale raccolgono informazioni olfattive, mentre quelli presenti nelle papille gustative della lingua raccolgono informazioni sulla natura chimica del cibo.

L'**occhio** ha la funzione di captare i segnali luminosi e di trasformarli in segnali nervosi. La luce attraversa la *cornea*, una membrana trasparente convessa che funge da prima lente, entra all'interno dell'occhio passando per un foro (*pupilla*), il cui diametro è regolato dall'*iride* in base all'intensità della luce, e attraversa una seconda lente biconvessa (*cristallino*), la quale mette a fuoco i raggi sulla membrana posteriore del globo oculare (*retina*). Qui si trovano i fotorecettori (*coni*, per la visione diurna, a colori, e *bastoncelli*, per la visione notturna, in bianco e nero), cellule specializzate in grado di trasmettere le informazioni luminose al nervo ottico e quindi all'encefalo.

L'**orecchio** ha il compito di captare le onde sonore e trasformarle in segnali nervosi ed è responsabile del mantenimento dell'equilibrio. Le onde acustiche vengono convogliate dal *padiglione auricolare* (orecchio esterno) al *timpano*, una membrana che, vibrando, porta al movimento di *martello*, *incudine* e *staffa* (ossicini dell'udito), la quale poggia su un'altra membrana vibrante (*finestra ovale*). Le vibrazioni giungono quindi al liquido gelatinoso (*endolinfa*) contenuto nella *chiocciola* (o *coclea*) in cui sono presenti cellule ciliate che fungono da recettori acustici (*organo del Corti*) e trasmettono le informazioni al nervo acustico e quindi all'encefalo.

Responsabile del mantenimento dell'equilibrio è invece *l'apparato vestibolare*, costituito da tre *canali semicircolari* perpendicolari gli uni agli altri, in grado di percepire e trasmettere al sistema nervoso centrale le informazioni relative ai movimenti del corpo e del capo

13.9.13 | Sistema endocrino

Il corretto esplicarsi di tutte le funzioni di un organismo è assicurato dalla continua interazione tra il sistema nervoso e il sistema endocrino, che rappresentano i sistemi di coordinazione e comunicazione interna.
Essi controllano processi quali il metabolismo, l'accrescimento, la composizione dei liquidi corporei e la maturazione sessuale.

Il sistema endocrino è formato dall'insieme delle **ghiandole endocrine** e delle sostanze che queste ghiandole producono e immettono nel circolo sanguigno: gli **ormoni**.

Un ormone è una sostanza prodotta da una ghiandola che, una volta immessa nel torrente circolatorio, raggiunge cellule o organi distanti, si lega a a specifici recettori presenti sulla membrana o all'interno delle cellule bersaglio, ed esercita una specifica funzione.

Le principali ghiandole endocrine sono l'*ipofisi*, la *tiroide*, le *paratiroidi*, le ghiandole *surrenali*, le *isole di Langerhans* del pancreas, le *gonadi* (testicolo e ovaia) e l'*epifisi*. A differenza del sistema nervoso, che induce effetti particolarmente rapidi e precisi, il sistema endocrino agisce come regolatore dei processi metabolici in modo lento ma più diffuso e duraturo. Un ruolo centrale è svolto dall'ipofisi che regola l'attività di numerose ghiandole ed è a sua volta controllata dal sistema nervoso, cui è connessa in corrispondenza dell'ipotalamo; per questo motivo si parla anche di *sistema neuroendocrino*.

Tabella riepilogativa dei principali ormoni

Ghiandola	Ormoni	Effetti ormonali
ipotalamo	ormone antidiuretico (o vasopressina, ADH)	regola la composizione dei fluidi corporei, stimolando il riassorbimento di acqua nel rene e la produzione di urina concentrata
	ossitocina	stimola la produzione e la secrezione di latte da parte della ghiandola mammaria e le contrazioni uterine che si verificano durante il parto
	ormoni di rilascio e di inibizione	regolano (stimolandolo oppure inibendolo) il rilascio degli ormoni prodotti dall'adenoipofisi
ipofisi (adenoipofisi)	ormone follicolostimolante (FSH)	agisce sulle gonadi stimolando la maturazione del follicolo ovarico e la secrezione di estrogeni, nelle femmine, la spermatogenesi nei maschi
	ormone luteinizzante o luteotropina (LH)	agisce sulle gonadi stimolando la formazione del corpo luteo nelle ovaie della femmina, e la produzione di testosterone da parte del testicolo, nel maschio
	ormone tireotropo o tireotropina (TSH)	stimola la proliferazione delle cellule della tiroide e il rilascio degli ormoni tiroidei
	ormone della crescita o somatotropina (GH)	influisce in modo complesso sul metabolismo del glucosio, stimola la sintesi proteica e la crescita delle ossa
	ormone adrenocorticotropo o corticotropina (ACTH)	stimola la parte corticale delle ghiandole surrenali a produrre cortisolo (glucocorticoidi) e aldosterone
	prolattina	stimola la produzione e la secrezione del latte da parte delle ghiandole mammarie
tiroide	tiroxina e triiodotironina	entrambi gli ormoni attivano il metabolismo e l'accrescimento, stimolando il consumo di ossigeno da parte dei tessuti, la produzione di calore, i processi di biosintesi
	calcitonina	riduce la calcemia, inibendo la liberazione di calcio da parte delle ossa
paratiroidi	paratormone (o ormone paratiroideo)	innalza la calcemia, stimolando il riassorbimento di calcio a livello renale e intestinale, e la liberazione di calcio dalle ossa
midollare surrenale	adrenalina e noradrenalina	preparano l'organismo all'azione: stimolano l'attività cardiaca, l'irrorazione sanguigna ai muscoli, la funzione respiratoria
corticale surrenale	glucocorticoidi (cortisolo, cortisone)	regolano il metabolismo dei carboidrati e dei grassi; fanno aumentare la glicemia; hanno effetti antinfiammatori
	aldosterone	regola l'equilibrio idrico-salino, aumentando il riassorbimento di sodio e acqua nel rene

Ghiandola	Ormoni	Effetti ormonali
pancreas	insulina	abbassa la glicemia favorendo l'ingresso di glucosio nelle cellule; stimola la sintesi di glicogeno nel fegato; inibisce la degradazione dei grassi e ne favorisce l'accumulo
	glucagone	fa aumentare la glicemia, stimolando la demolizione del glicogeno a glucosio
ovaie	estrogeni	stimolano la comparsa dei caratteri sessuali, regolano, insieme al progesterone, la dinamica del ciclo mestruale, stimolando l'ispessimento della mucosa uterina
	progesterone	regola il ciclo mestruale favorendo l'ispessimento della mucosa uterina, in preparazione a un'eventuale gravidanza; inibisce il verificarsi di un'altra ovulazione
testicolo	testosterone (androgeni)	controlla la formazione dei testicoli e dei caratteri sessuali secondari maschili, stimola la spermatogenesi e ha effetto anabolizzante
epifisi	melatonina	regola "l'orologio biologico" in relazione al ciclo sonno-veglia e all'andamento del ciclo ovarico

Siamo ora in grado di rispondere al quarto quesito proposto all'inizio del capitolo.

Quesito IV. L'adrenalina è un neurotrasmettitore, ma agisce anche come ormone, prodotto dalla porzione midollare della ghiandola surrenale (la A è errata). L'emoglobina è la molecola cui si lega l'ossigeno nei globuli rossi (la B è errata) e la ptialina è un enzima contenuto nella saliva (la D è errata). L'adrenalina, la tiroxina e l'insulina sono sostanze che agiscono come ormoni, ma l'unica a essere prodotta dal pancreas è l'insulina; la risposta corretta è quindi la E.

13.9.14 | Sistema immunitario

Il sistema immunitario comprende **le cellule e gli organi responsabili dei diversi meccanismi che l'organismo mette in atto per difendersi dagli agenti estranei** che penetrano al suo interno, come virus o batteri.

Le cellule del sistema immunitario sono in grado di riconoscere gli agenti estranei (*non-self*) dalle cellule che appartengono all'organismo stesso (*self*) grazie alla presenza di specifiche proteine sulla membrana di tutte le cellule dell'organismo.
I meccanismi di risposta immunitaria possono essere *innati* o *acquisiti*.

Immunità innata

L'immunità innata comprende le reazioni di difesa che si attivano nei confronti di qualsiasi agente estraneo, dette **aspecifiche**. Fra i meccanismi dell'immunità innata si ricorda la presenza, nel sudore e nella saliva, del *lisozima*, un enzima in grado di demolire la parete cellulare di molti batteri. Fa parte dell'immunità innata anche l'attività di *fagocitosi* che permette a globuli bianchi come i *macrofagi* e i *granulociti*, di inglobare e distruggere batteri, frammenti cellulari e detriti vari.

Anche la *risposta infiammatoria* è una reazione dell'immunità innata: caratterizzata da calore, arrossamento, gonfiore, dolore e diminuzione della funzione della parte infiammata, è innescata dalle sostanze liberate dai tessuti della parte lesa e da cellule specifiche, come i *mastociti* e i *granulociti basofili*. Tali sostanze, la più importante delle quali è l'*istamina*, fanno aumentare il flusso sanguigno locale e la permeabilità dei capillari all'acqua e ai globuli bianchi: il risultato è un maggior afflusso di sangue e di globuli bianchi nella parte lesa, in modo da facilitare la distruzione degli agenti estranei e la rigenerazione dei tessuti danneggiati.

Immunità acquisita

Quando la risposta aspecifica non è sufficiente per bloccare l'infezione, entrano in gioco, in un'azione di contrattacco più mirata, le cellule responsabili della risposta immunitaria **specifica**, che si attivano nei confronti di specifici agenti estranei che l'organismo riconosce per la presenza di particolari proteine, dette *antigeni*.

Le cellule responsabili della risposta immunitaria specifica sono i **linfociti**. Nel nostro organismo esistono numerosissimi ceppi di linfociti, che si differenziano per specifiche proteine presenti sulla membrana cellulare; quando nel nostro organismo penetra un certo agente patogeno, viene riconosciuto da uno specifico ceppo di linfociti che comincia a proliferare con diverse linee cellulari, mettendo in atto diversi meccanismi mirati alla distruzione dell'agente patogeno.

La **risposta umorale** è la produzione, da parte dei linfociti B (che, una volta attivati, vengono detti *plasmacellule*) di *anticorpi*, proteine che vanno a legarsi all'agente patogeno impedendogli di svolgere la propria attività.

La **risposta cellulo-mediata** è invece l'azione diretta dei linfociti T citotossici contro cellule dell'organismo infettate da virus.

È importante ricordare che, una volta che un certo ceppo di linfociti è stato attivato per mettere in atto una risposta specifica, rimane un ceppo di linfociti della memoria, pronti a proliferare in modo più rapido ed efficiente in caso di un secondo contatto con lo stesso antigene.

Vaccinazione e sieroterapia

I meccanismi visti finora riguardano l'immunità indotta naturalmente: un individuo, però, può essere immunizzato anche in modo artificiale, inoculando un vaccino o un siero.

Un **vaccino** è una preparazione formata da microrganismi patogeni morti oppure resi innocui (*attenuati*) o composta da parti di essi, che viene somministrata per attivare nell'organismo una risposta immunitaria e conferire resistenza alla malattia provocata dagli stessi microrganismi.

Se invece un'infezione è già in atto, si può ricorrere alla somministrazione di un **siero**, cioè una preparazione contenente anticorpi contro l'antigene responsabile della malattia, ottenuto immunizzando un animale.

L'effetto del siero è rapido e di breve durata, mentre quello del vaccino si instaura più lentamente ed è duraturo.

Disordini del sistema immunitario

Quando il sistema immunitario perde la capacità di distinguere tra *self* e *non-self*, considerando alcune proteine dell'organismo come sostanze estranee e producendo quindi anticorpi contro le proprie cellule, si ha una **malattia autoimmune**. Sono malattie autoimmuni l'*artrite reumatoide* (caratterizzata da grave infiammazione delle articolazioni) e la *sclerosi multipla* (dovuta alla distruzione da parte dei linfociti T del rivestimento dei nervi).

Un'altra anomalia è rappresentata dalle **allergie**, fenomeni per cui l'organismo scatena una risposta immunitaria contro sostanze normalmente innocue (pollini, polvere domestica, alimenti ecc.). In questo caso, quando l'antigene penetra nell'organismo, i mastociti producono dosi massicce di *istamina* e *prostaglandine*, che originano tutti i noti fenomeni allergici (congestione delle mucose, asma ecc.).

CONOSCENZE SCIENTIFICHE

13.10 | Esercizi svolti

1 **Indicare l'affermazione corretta**

- **A** Il nucleo delle cellule procariotiche è più grande di quello delle cellule eucariotiche
- **B** Il nucleo delle cellule eucariotiche è più grande di quello delle cellule procariotiche
- **C** Le cellule eucariotiche sono generalmente più grandi di quelle procariotiche
- **D** Le cellule eucariotiche non hanno il nucleo
- **E** I cloroplasti sono presenti solamente nelle cellule procariotiche

La principale differenza tra cellule procariotiche ed eucariotiche è la presenza o meno del nucleo: i procarioti non possiedono un nucleo, mentre gli eucarioti sono definiti tali proprio per la presenza di un nucleo ben formato. È quindi possibile scartare le risposte **A**, **B** e **D**. I cloroplasti sono presenti nelle cellule eucariotiche, anche la risposta **E** è errata. La risposta corretta è la **C**: le cellule eucariotiche hanno dimensioni variabili tra 10 e 30 μm, mentre i procarioti hanno dimensioni comprese tra 0,5 e 5 μm.

2 **A livello di quale dei seguenti organuli si ha la sintesi di catene polipeptidiche?**

- **A** nucleo
- **B** ribosomi
- **C** mitocondri
- **D** lisosomi
- **E** cloroplasti

La sintesi delle proteine (o catene polipeptidiche) avviene grazie ai ribosomi, organuli formati da proteine e rRNA, non circondati da membrana, risposta **B**.

3 **La glicolisi avviene...**

- **A** Soltanto negli organismi anaerobi
- **B** Soltanto negli organismi aerobi
- **C** In nessun organismo
- **D** In tutti gli organismi
- **E** Soltanto negli animali

La glicolisi è l'insieme di reazioni attraverso le quali una molecola di glucosio viene demolita ad acido piruvico per ricavare energia, immagazzinata sotto forma di ATP. Ha luogo nel citoplasma di tutti gli esseri viventi, da quelli più semplici a quelli più complessi, risposta **D**.

4 **I virus sono considerati parassiti obbligati perché:**

- **A** non possiedono genoma proprio
- **B** non contengono proteine
- **C** sono privi di macchinari biosintetici
- **D** sono di dimensioni ultramicroscopiche
- **E** sono insensibili ai disinfettanti classici

Un virus è costituito semplicemente da un involucro proteico che racchiude il materiale genetico (DNA oppure RNA); è privo degli enzimi necessari per svolgere le reazioni biochimiche, compresa la sintesi proteica e la duplicazione del materiale genetico. Per riprodursi, quindi, un virus deve introdursi in una cellula ospite, di cui sfrutta le strutture biochimiche, gli enzimi e il sistema energetico. Per questo motivo i virus sono considerati parassiti endocellulari obbligati; risposta **C**.

5 **Indicare quale dei seguenti abbinamenti tra organulo cellulare e funzione è CORRETTO.**

A Microtubulo - energia
B Mitocondrio - movimento
C Apparato di Golgi - fotosintesi
D Mitocondrio - fotosintesi
E Lisosoma - digestione

I microtubuli sono sottili filamenti cavi che fanno parte del citoscheletro, cioè l'insieme di filamenti che dà la forma alla cellula e in alcuni casi ne permette il movimento. I mitocondri sono le centrali energetiche della cellula, dove si svolge la respirazione cellulare e viene prodotta una grande quantità di ATP. L'apparato di Golgi è un sistema di cisterne appiattite in cui vengono modificate alcune proteine prodotte dalla cellula, destinate a raggiungere comparti specifici oppure a essere secrete. I lisosomi sono vescicole contenti enzimi idrolitici e hanno la funzione di "apparato digerente" cellulare. L'associazione corretta è quindi la E.

---

6 **Il corredo cromosomico nel corso della vita di una cellula somatica:**

A raddoppia
B subisce modificazioni numeriche
C va incontro a degradazione
D rimane inalterato
E subisce numerose mutazioni

Il numero dei cromosomi è caratteristico per ogni specie, non varia nei diversi tipi cellulari e si mantiene inalterato nel corso della vita delle cellule somatiche. La risposta esatta è quindi la D.

---

7 **Le cellule sessuali:**

A contengono una coppia di ciascun cromosoma
B contengono un solo cromosoma di ogni coppia
C contengono due coppie di ciascun cromosoma
D sono derivate da un particolare processo di divisione cellulare
E contengono tre coppie di ciascun cromosoma

Le cellule sessuali vengono prodotte tramite il processo di meiosi, un tipo di divisione cellulare che consente di dimezzare il corredo cromosomico: da una cellula diploide, che possiede due copie di ciascun cromosoma (una coppia di *omologhi*), vengono prodotte, con due divisioni successive, quattro cellule figlie aploidi, che possiedono una sola copia di ogni cromosoma. La risposta corretta è la B.

---

8 **Due gemelli presentano alla nascita lo stesso sesso. Quale delle seguenti affermazioni è vera?**

A La fecondazione è avvenuta sicuramente da un solo spermatozoo
B Hanno lo stesso patrimonio genetico
C Possono essere sia monovulari sia biovulari
D Sono senz'altro biovulari
E Possono essere solo monovulari

La nascita di due gemelli *monovulari* (o *monozigotici*) si verifica quando durante lo sviluppo embrionale uno zigote o una blastula (uno dei primi stadi dell'embrione composto da poche cellule) si dividono in due, dando origine a due embrioni separati. Sviluppandosi dal medesimo zigote, i gemelli monozigotici sono geneticamente identici e hanno perciò necessariamente lo stesso sesso. La nascita di due gemelli *biovulari* (o *dizigotici*) si verifica invece quando, durante un ciclo mestruale, vengono rilasciate eccezionalmente due cellule uovo, che vengono poi fecondate da due spermatozoi diversi, formando due zigoti distinti. I gemelli biovulari non sono dunque geneticamente identici, hanno la stesso grado di somiglianza genetica di due fratelli normali e possono quindi essere sia dello stesso sesso, sia di sesso diverso. In base alle considerazioni esposte, si conclude che la risposta corretta è la C.

CONOSCENZE SCIENTIFICHE

9 Le forme alternative di uno stesso gene sono definite:

A alleli
B gameti
C genotipi
D zigoti
E fenotipi

I gameti sono le cellule sessuali maschile e femminile, i quali, fondendosi, danno origine a una nuova cellula, lo zigote, dalla quale si svilupperà un nuovo individuo (risposte B e D errate). Per genotipo si intende l'insieme di geni portati da un individuo, mentre il fenotipo è ciò che di questi geni viene manifestato (risposte C ed E errate). La risposta corretta è la A.

10 Il carattere "occhi scuri" è dominante sul carattere "occhi chiari". Da una coppia in cui il padre è omozigote con occhi chiari e la madre omozigote con occhi scuri, nasceranno figli:

A 50% con occhi chiari e 50% con occhi scuri
B 75% con occhi scuri e 25% con occhi chiari
C 75% con occhi chiari e 25% con occhi scuri
D tutti con occhi scuri
E tutti con occhi chiari

Per risolvere questo esercizio occorre innanzitutto scrivere il genotipo dei genitori: il padre è fenotipicamente omozigote per il carattere recessivo (occhi chiari), quindi il suo genotipo è **aa**; la madre è fenotipicamente omozigote per il carattere dominante (occhi scuri), quindi il suo genotipo è **AA**. Si costruisce quindi il *quadrato di Punnett*:

	a	**a**
A	Aa	Aa
A	Aa	Aa

In questo caso, i figli saranno tutti (100%) genotipicamente eterozigoti (Aa) e quindi fenotipicamente manifesteranno tutti (100%) il carattere "occhi scuri", risposta D.

11 I nucleotidi che costituiscono il DNA sono formati dalle seguenti molecole:

A acido fosforico, desossiribosio e una base azotata fra adenina, guanina, citosina e uracile
B acido fosforico, ribosio e una base azotata fra adenina, guanina, citosina e timina
C acido fosforico, ribosio e una base azotata fra adenina, guanina, citosina e uracile
D acido fosforico, desossiribosio e una base azotata fra adenina, guanina, citosina e timina
E due molecole di acido fosforico, desossiribosio e una base azotata fra adenina, guanina, citosina e timina

L'acido desossiribonucleico (DNA) è un polimero di nucleotidi in cui ogni nucleotide è formato da una molecola di desossiribosio, una molecola di acido fosforico (detto anche gruppo fosfato) e una base azotata fra adenina, guanina, citosina e timina. La risposta corretta è quindi la D.

12 La produzione di una molecola di RNA a partire da una porzione di DNA è nota come:

A duplicazione
B replicazione
C traduzione
D splicing dell'RNA
E trascrizione

La replicazione è il processo che permette di duplicare il DNA (risposte A e B errate); la traduzione consente di produrre una proteina a partire da mRNA (risposta C errata); lo splicing è un passaggio nella maturazione del mRNA eucariotico che precede la sua uscita dal nucleo e la sua traduzione (risposta D errata). La risposta corretta è quindi la E.

PARTE QUINTA

13 **La mutagenesi può avvenire:**

A in seguito a errori durante la fase di diastole

B in seguito a errori durante la fase di sistole

C in seguito a errori sia durante la fase di diastole sia durante la fase di sistole

D a causa di errori durante la duplicazione del DNA

E nessuna delle precedenti risposte

Con il termine mutagenesi si intende l'insorgenza di mutazioni, cioè di cambiamenti al DNA, la quale può essere causata da agenti fisici, chimici o da errori durante la duplicazione del DNA, risposta D.

14 **Sia Lamarck che Darwin teorizzarono che:**

A le specie possono subire cambiamenti nel tempo

B i reperti fossili indicano che le specie sono entità fisse

C i cambiamenti indotti dall'ambiente sono ereditari

D l'adattamento deriva dall'uso delle strutture anatomiche

E le specie non possono subire cambiamenti nel tempo

Lamarck ha affrontato per la prima volta il tema dell'evoluzione in modo "scientifico", in un'epoca in cui gran parte dei filosofi e degli scienziati ritenevano che le specie fossero state create da un essere superiore e fossero rimaste tal quali dal giorno della creazione. Egli, come Darwin, riteneva che le specie viventi fossero in continuo cambiamento e che nei milioni di anni da quando è comparsa la vita sulla Terra tante specie fossero scomparse, mentre tante altre erano via via comparse. Lamarck, come Darwin, riteneva che l'ambiente avesse il ruolo di guida di questo processo e che le specie si modificassero per adattarsi ai cambiamenti ambientali. Per Lamarck però l'ambiente aveva un ruolo diretto e induceva la comparsa delle modificazioni, egli inoltre riteneva che i caratteri adattativi acquisiti nel corso della vita si potessero trasmettere alla prole. Darwin, diversamente intuì il ruolo indiretto dell'ambiente che "seleziona" i più adatti fra gli organismi che formano le popolazioni, organismi che in ogni momento presentano una grande e casuale variabilità. La risposta corretta è la A.

15 **L'habitat è rappresentato:**

A dal luogo in cui l'animale vive

B dalla regione geografica in cui l'animale vive

C dalla caratteristiche fisiche di un animale

D dall'insieme delle tane che l'animale ha nella sua vita

E dal luogo dove un animale va in letargo

Il termine *habitat* indica l'ambiente fisico occupato da una specie in un ecosistema; l'area specifica in cui una specie è presente è invece definita *areale* di distribuzione. La risposta corretta è quindi la A.

16 **La definizione di tessuto è:**

A un insieme di organi deputati alla stessa funzione

B un insieme di cellule e di organi deputati alla stessa funzione

C un gruppo di cellule simili organizzate in un'unità strutturale e funzionale

D un gruppo di cellule identiche

E un gruppo di cellule diverse deputate alla stessa funzione

Un insieme di cellule con la stessa struttura e la stessa funzione formano un tessuto, risposta C.

CONOSCENZE SCIENTIFICHE

17 Quale fra i seguenti NON è un osso del corpo umano?

A Martello B Staffa C Incudine D Timpano E Capitato

Il martello, l'incudine e la staffa sono gli ossicini dell'orecchio medio; il capitato è un osso della mano. Il timpano invece non è un osso, bensì la membrana dell'orecchio che viene fatta vibrare dalle onde sonore; risposta D.

18 Qual è la funzione dell'emoglobina?

A ridurre il colesterolo presente nel sangue
B trasportare l'ossigeno
C trasportare il ferro
D trasportare energia
E interviene nella coagulazione del sangue

L'emoglobina è una proteina presente nei globuli rossi deputata al trasporto dell'ossigeno, risposta B.

19 Il termine "amilasi" fa riferimento a:

A cellule decomposte
B enzimi
C polveri inorganiche
D virus infettivi
E vitamine

La desinenza -asi deve subito farci pensare a un enzima, infatti il nome di questi composti generalmente termina proprio così. Le amilasi in particolare sono enzimi che catalizzano le reazioni di demolizione dell'amido; risposta B.

20 L'uretra:

A porta l'urina dalla vescica all'esterno
B è un segmento delle vie genitali interne femminili
C porta l'urina dai reni alla vescica
D è una sostanza di rifiuto azotata
E congiunge utero e ovaie

I reni filtrano il sangue e producono urina, la quale, tramite gli ureteri, viene convogliata nella vescica per poi essere eliminata all'esterno attraverso un canale chiamato uretra, risposta A.

21 Considerando il neurone come un sistema con un input e un output, una sola delle seguenti affermazioni è vera:

A l'input è rappresentato dai neuriti e l'output dai dendriti
B l'input è rappresentato dagli assoni e l'output dai dendriti
C l'input è rappresentato dai dendriti e l'output dagli assoni
D l'input è rappresentato dai dendriti e l'output dai mitocondri
E l'input è rappresentato dai mitocondri e l'output dai dendriti

Se si considera il neurone come un sistema con un input e un output, l'input è rappresentato dai dendriti, prolungamenti del corpo cellulare nei quali l'impulso viaggia in senso centripeto, mentre l'output è rappresentato dall'assone, nel quale l'impulso nervoso viaggia in senso centrifugo, dal nucleo cellulare verso l'estremità sinaptica. La risposta corretta è la C.

22 Il sistema limbico:

- A non ha funzioni
- B trasporta la linfa attraverso i vasi linfatici
- C ha funzioni solo motorie
- D ha funzioni solo percettive
- E è coinvolto nelle emozioni

Il sistema limbico è una parte del sistema nervoso centrale, che comprende una porzione della corteccia e altre strutture subcorticali, come ad esempio ippocampo e amigdala. è coinvolto nella memoria e nelle emozioni, risposta E.

23 Di notte si ha difficoltà a vedere i colori perché:

- A sono attivi solo i coni della lunghezza d'onda corrispondente al blu
- B nessun fotorecettore è attivo
- C sono attivi solo i coni, che hanno solo un fotopigmento
- D sono attivi solo i bastoncelli, che hanno solo un fotopigmento
- E attiva solo la via retinotettale che va ai collicoli superiori

I coni sono i fotorecettori responsabili alla visione diurna e sono sensibili alle lunghezze d'onda del rosso, del verde e del blu; i bastoncelli sono responsabili della visione in condizioni di scarsa illuminazione e consentono una visione in bianco e nero, risposta D.

24 Cosa sono gli anticorpi?

- A Organuli cellulari atti a reagire con sostanze specifiche
- B Cellule circolanti nel sangue
- C Proteine che reagiscono con antigeni specifici
- D Cellule effettrici del sistema immunitario
- E Proteine presenti sulla superficie degli eritrociti

Gli anticorpi sono proteine prodotte dai linfociti B nel corso della risposta immunitaria, per neutralizzare agenti patogeni penetrati nell'organismo; risposta C.

Ripassa da qui

CATABOLISMO DEL GLUCOSIO E FOTOSINTESI CLOROFILLIANA

Nei due schemi riassuntivi puoi vedere esattamente il destino di una singola molecola di glucosio e le principali reazioni della fotosintesi.

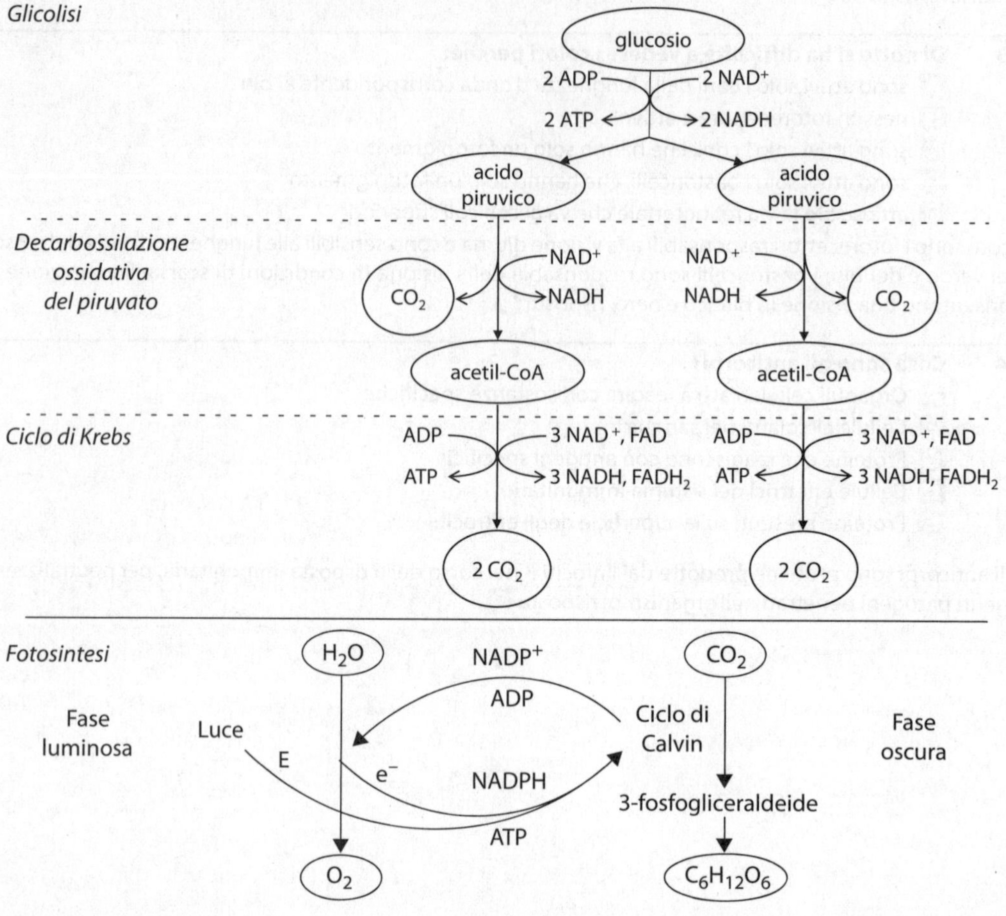

MITOSI *vs* MEIOSI

A partire da una cellula madre:

- la **mitosi** dà origine a due cellule figlie identiche con lo stesso numero di cromosomi;
- la **meiosi** dà origine a quattro cellule figlie diverse con il numero di cromosomi dimezzato.

SPERMATOGENESI *vs* OVOGENESI

- Uno **spermatogonio** → quattro spermatozoi (quattro gameti funzionali);
- un **ovogonio** → una cellula uovo e tre globuli polari (un gamete funzionale + tre cellule ridotte e non funzionali).

CROMOSOMI, CROMATIDI E PLOIDIA

La tabella sottostante è una sintesi dello stato dei cromosomi durante i diversi stadi del ciclo cellulare, ossia prima (G_1) e dopo (G_2) la duplicazione del DNA, dopo la mitosi e dopo la meiosi I e II. I numeri rispecchiano i cromosomi presenti nelle nostre cellule, mentre le illustrazioni sono relative, per semplificare, a un'ipotetica cellula diploide con 4 cromosomi ($2n = 4$), ovvero due coppie di cromosomi omologhi (come nella nostra specie) di cui uno di origine paterna (blu) e uno di origine materna (rosa). Nella semplificazione non si è tenuto conto degli effetti del crossing over.

	G_1	G_2	Dopo la mitosi	Dopo la meiosi I	Dopo la meiosi II
	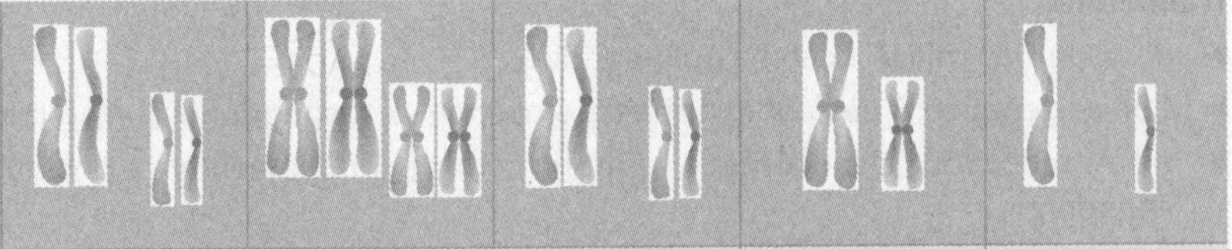				
Numero cromosomi	46	46	46	23	23
Numero cromatidi	46	92	46	46	23
Ploidia	$2n$ (diploide)	$2n$ (diploide)	$2n$ (diploide)	n (aploide)	n (aploide)
Quantità di DNA	S	2S	S	S	S/2
Peso del DNA	7 pg	14 pg	7 pg	7 pg	3,5 pg

ESEMPIO DI INCROCIO MONOIBRIDO

Aa x Aa		
	A	**a**
A	AA	Aa
a	Aa	aa

- Genotipi:
  - 1/4 AA: omozigote dominante
  - 1/2 Aa: eterozigote
  - 1/4 aa: omozigote recessivo
- Fenotipi:
  - 3/4 A-: fenotipo dominante
  - 1/4 aa: fenotipo recessivo

INCROCIO DIIBRIDO

Se i geni non sono associati e i genitori sono eterozigoti per entrambi i geni (AaBb), nella la prole ci saranno 16 combinazioni possibili in rapporto **9:3:3:1**.

PRINCIPALI MALATTIE GENETICHE

Malattia	Tipo	Difetto
Corea di Huntington	Autosomica dominante	degenerazione cerebrale dopo i 35 anni
Brachidattilia	Autosomica dominante	dita corte
Acondroplasia	Autosomica dominante	forma di nanismo
Fenilchetonuria	Autosomica recessiva	incapacità di metabolizzare la fenilalanina
Galattosemia	Autosomica recessiva	incapacità di metabolizzare il galattosio
Albinismo	Autosomica recessiva	incapacità di sintetizzare la melanina
Alcaptonuria	Autosomica recessiva	incapacità di metabolizzare la tirosina
Fibrosi cistica	Autosomica recessiva	anomalia negli scambi di ioni e acqua transmembrana e conseguente produzione di muco denso
Emofilia	X-linked recessiva	deficit nella coagulazione del sangue
Daltonismo	X-linked recessiva	incapacità di distinguere i colori

SINTESI E CARATTERISTICHE DEI PRINCIPALI EVENTI IN CUI SONO COINVOLTI GLI ACIDI NUCLEICI

Replicazione

- Semiconservativa: filamento parentale funge da stampo.
- RNA polimerasi: inizia la sintesi producendo un primer di RNA.
- DNA polimerasi: enzima principale.

Trascrizione

- RNA polimerasi: produce RNA copiando una sequenza (gene) di DNA (5′ → 3′).
- Eucarioti: modificazioni post-trascrizionali.

Traduzione

- Ribosomi: da mRNA a catena polipeptidica.
- Codice genetico: 3 nucleotidi (tripletta o codone) corrispondono a un amminoacido.
- tRNA: anticodone che riconosce il proprio codone complementare e posiziona l'amminoacido corrispondente.

LA GERARCHIA NEL SISTEMA TASSONOMICO

Come rispondere presto e bene alle domande che richiedono di stabilire il corretto ordine gerarchico di termini relativi alla classificazione linneana? Una frase mnemonica può essere la soluzione: *Dear King Phillip came over for great spaghetti.* L'unica differenze rispetto all'italiano è nella seconda lettera:

Dear	Dominio
King	Regno (*Kingdom*)
Phillip	Phylum
Came	Classe
Over	Ordine
For	Famiglia
Great	Genere
Spaghetti	Specie

LA CLASSIFICAZIONE DEI VIVENTI

Dominio	Regno	Tipo cellulare	Nutrizione
Archaea	Archebatteri	procarioti; unicellulari	autotrofi ed eterotrofi
Bacteria	Eubatteri	procarioti; unicellulari o coloniali	autotrofi ed eterotrofi
Eukaryota	Protisti	eucarioti; unicellulari, coloniali o pluricellulari	autotrofi ed eterotrofi
	Funghi	eucarioti; pluricellulari	eterotrofi
	Piante	eucarioti; pluricellulari	autotrofi fotosintetici
	Animali	eucarioti; pluricellulari	eterotrofi

I VERTEBRATI

La tabella seguente riassume le principali caratteristiche dei diversi tipi di vertebrati:

Vertebrati	Tipo di fecondazione	Temperatura del corpo	Cuore e circolazione
pesci	interna (condroitti); esterna (osteitti)	eterotemi	due cavità; semplice
anfibi	esterna	eterotermi	tre cavità; doppia e incompleta
rettili	interna	eterotermi	tre cavità; doppia e incompleta
uccelli	interna	omeotermi	quattro cavità; doppia e completa
mammiferi	interna	omeotermi	quattro cavità; doppia e completa

PARTE QUINTA

TESSUTI E PRINCIPALI CARATTERISTICHE

Epiteliale	• Rivestimenti esterno e interni (protezione e scambi) • Ghiandole, recettori

Connettivo	• Propriamente detto (fibroblasti)
	  • denso
	  • lasso
	• Adiposo
	• Cartilagine
	• Osso
	• Sangue

Muscolare	• Striato
	  • scheletrico
	  • cardiaco
	• Liscio

Nervoso	• Neuroni
	• Cellule gliali
	  • astrociti
	  • microglia
	  • oligodendrociti
	  • cellule di Schwann

FASI DELLA CONTRAZIONE MUSCOLARE

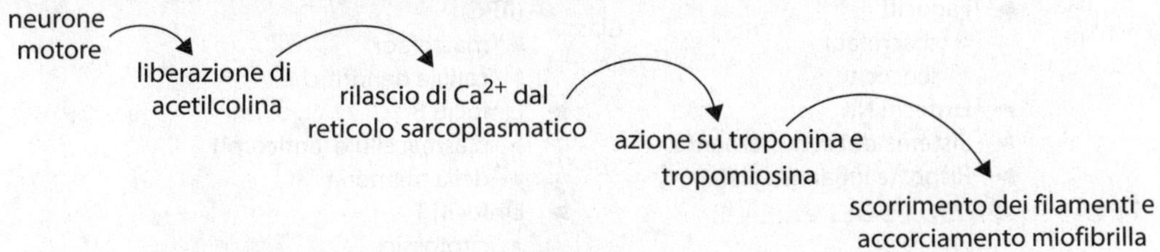

IL SANGUE: COMPOSIZIONE E COAGULAZIONE

Sangue		**cellule/mm³**
Plasma (55%)	Acqua (90%) Soluti (proteine, sali ecc.)	
Elementi figurati (45%)	Eritrociti	4.500.000 - 5.000.000
	Leucociti	4000 - 9000
	Piastrine	150.000 - 400.000

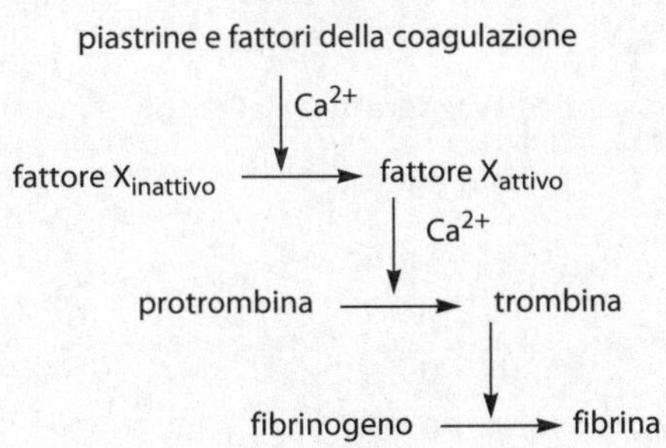

Schema della coagulazione

ORGANIZZAZIONE DEL SISTEMA NERVOSO

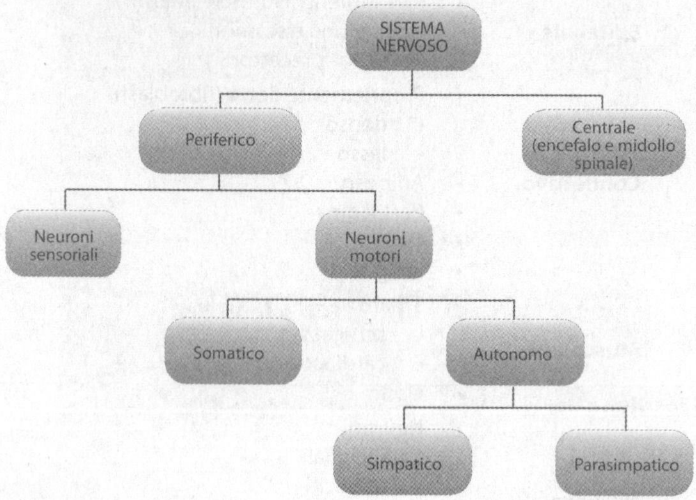

SISTEMA IMMUNITARIO

Immunità innata	Immunità acquisita

► Lisozima
► Fagociti
  ▸ macrofagi
  ▸ leucociti
► Linfociti NK
► Sistema del complemento
► Risposta infiammatoria
	► Cellule presentanti l'antigene (APC)
	  ▸ macrofagi
	  ▸ cellule dendritiche
	► Linfociti B
	  ▸ plasmacellule (anticorpi)
	  ▸ della memoria
	► Linfociti T
	  ▸ citotossici
	  ▸ helper
	  ▸ soppressori
	  ▸ della memoria

PARTE QUINTA

14 | Chimica

Mettiti alla prova

I L'atomo è costituito da:

A neutroni, protoni, elettroni

B protoni, cistroni, elettroni

C protoni, elettroni, cationi

D anioni, protoni, elettroni

E neutroni, cationi, elettroni

II I legami presenti nella molecola di acqua (H_2O) sono:

A a ponte di idrogeno

B covalenti apolari

C uno ionico e l'altro covalente

D uno ionico e l'altro dativo

E covalenti polari

III Una reazione di ossidazione è sempre caratterizzata da:

A un acquisto di elettroni

B una perdita di elettroni

C né acquisto né perdita di elettroni

D una diminuzione del numero di ossidazione

E un acquisto di atomi di ossigeno

IV Una soluzione che ha pH = 14 è da considerarsi:

A fortemente basica

B debolmente acida

C neutra

D acida

E fortemente acida

CONOSCENZE SCIENTIFICHE

Ecco le risposte esatte dei quattro quesiti proposti: **I A, II C, III E, IV E.**

14.1 | La composizione della materia

L'oggetto di studio della chimica è la *materia*. La chimica è infatti la disciplina che studia:

- la struttura e la composizione della materia;
- le trasformazioni che la materia subisce;
- l'energia coinvolta in queste trasformazioni.

La materia è fatta di *atomi*, particelle piccolissime che possono combinarsi tra loro in modo diverso.

14.2 | Primi modelli atomici

Il concetto di atomo è molto antico: già Democrito, nel 400 a.C., aveva proposto una teoria atomica che conteneva tutte le idee fondamentali esposte poi nella teoria atomica di Dalton, la prima dotata di valore scientifico perché impostata su un sistema di misure, spiegazioni e previsioni.

Le prove della reale esistenza degli atomi furono fornite (alla fine del XVIII secolo) dall'osservazione che la materia coinvolta nelle trasformazioni chimiche segue due leggi fondamentali: la legge di conservazione della massa e la legge delle proporzioni definite.

Legge di conservazione della massa (Lavoisier, 1783)

In una reazione chimica, la somma delle masse delle sostanze reagenti è uguale alla somma delle masse delle sostanze prodotte.

Legge delle proporzioni definite (Proust, 1799)

In una sostanza pura, gli elementi che la costituiscono sono combinati secondo un rapporto in peso definito e costante.

Per spiegare il comportamento della materia esposto da queste leggi, Dalton elaborò la teoria atomica che porta il suo nome.

14.2.1 | Teoria atomica di Dalton (1802)

La teoria di Dalton si basa sui seguenti tre postulati:

1. tutti gli elementi sono fatti di particelle piccolissime chiamate atomi:
   - gli atomi di un elemento sono uguali tra loro e hanno le stesse proprietà chimiche;
   - gli atomi di elementi diversi sono diversi e hanno proprietà diverse;
2. nelle reazioni chimiche gli atomi conservano la loro identità;
3. gli atomi di elementi diversi si combinano tra loro formando composti. In un dato composto, il numero relativo e il tipo di atomi di ogni elemento sono costanti.

Le leggi quantitative della chimica, dedotte da osservazioni di tipo macroscopico sul comportamento della materia, possono essere spiegate alla luce della teoria di Dalton:

- la legge della conservazione della massa si spiega in base al postulato 2: se gli atomi si conservano, anche la loro massa si conserva;
- la legge delle proporzioni definite si spiega facendo riferimento al postulato 3: se il rapporto tra gli atomi degli elementi presenti in un composto è fisso, lo è anche il loro rapporto in peso.

Legge delle proporzioni multiple (Dalton, 1803)

Conseguenza della teoria atomica di Dalton è la legge delle proporzioni multiple, secondo la quale: quando due elementi si combinano tra loro per dare più di un composto, le quantità in peso di uno che si combinano con una quantità fissa dell'altro, stanno tra loro in rapporti semplici esprimibili mediante numeri

PARTE QUINTA

interi piccoli. Questa legge è correlata al postulato 2, secondo cui gli atomi si combinano mantenendo la propria individualità.

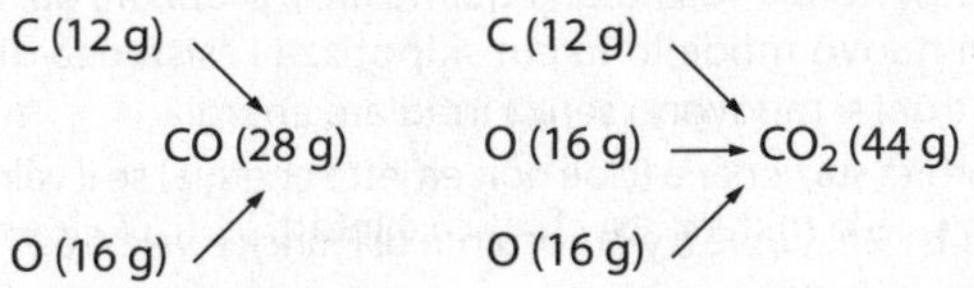

$$\frac{\text{Massa di O in } CO_2}{\text{Massa di O in CO}} = \frac{32\ \text{g}}{16\ \text{g}} = \frac{2}{1} = 2$$

14.2.2 | Modello di Rutherford (1911)

Nel modello di Rutherford l'atomo è costituito da:

- un **nucleo** centrale formato da particelle cariche positivamente, dette **protoni**, e particelle neutre, dette **neutroni**. Nel nucleo risiede la quasi totalità della massa dell'atomo;
- particelle cariche negativamente, dette **elettroni**, in movimento intorno al nucleo in numero uguale a quello dei protoni: l'atomo isolato è elettricamente neutro.

Ogni atomo è caratterizzato da:

- Z, *numero atomico* = numero di protoni contenuti nel nucleo (è generalmente indicato in basso a sinistra del simbolo dell'elemento);
- A, *numero di massa* = numero di neutroni e protoni contenuti nel nucleo cioè numero di nucleoni del nucleo (è generalmente indicato in alto a sinistra del simbolo dell'elemento).

L'atomo di ossigeno ${}^{16}_{8}O$ ha Z = 8 e A = 16.

Tutti gli atomi con lo stesso numero atomico (Z) si comportano chimicamente nello stesso modo e sono classificati come atomi dello stesso elemento chimico.

Gli ioni

Un atomo (o una molecola) può cedere o acquistare uno o più elettroni (processo di ionizzazione), perdendo così la propria neutralità elettrica e trasformandosi in uno *ione*.

Un *catione* (ione positivo) è un atomo che ha perso uno o più elettroni esterni (per esempio H^+).

Un *anione* (ione negativo) è un atomo che ha acquistato uno o più elettroni esterni (per esempio Cl^-).[1]

Nei processi chimici sono coinvolti solo gli elettroni. I protoni e i neutroni non partecipano.

Nel modello atomico di Rutherford, chiamato anche modello planetario, l'atomo, rappresentato nella figura a lato, è costituito da un piccolissimo nucleo centrale, in cui sono concentrate la carica positiva e quasi tutta la massa dell'atomo, e da elettroni che gli ruotano intorno a grande distanza su orbite circolari. Tale modello risulta però in disaccordo con la teoria elettromagnetica classica, secondo la quale una carica elettrica in movimento come l'elettrone, dovrebbe perdere gradualmente energia, descrivendo orbite di raggio sempre più piccolo, fino a cadere sul nucleo.

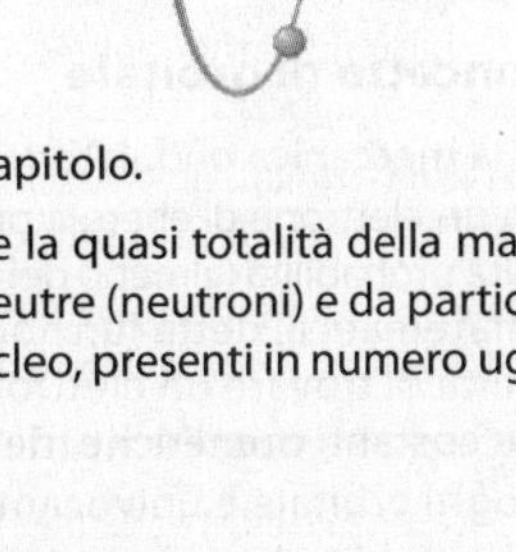

Siamo ora in grado di rispondere al primo quesito proposto all'inizio del capitolo.

Quesito I. L'atomo è costituito da un nucleo centrale (in cui risiede la quasi totalità della massa) formato da particelle cariche positivamente (protoni) e particelle neutre (neutroni) e da particelle cariche negativamente, dette elettroni, in movimento intorno al nucleo, presenti in numero uguale a quello dei protoni. La risposta esatta è quindi la **A**.

1. La definizione si riferisce agli ioni costituiti da un solo atomo (monoatomici); esistono però anche gli ioni poliatomici, per esempio NH_4^+ e OH^-, costituiti da aggregati di atomi dotati di carica positiva o negativa.

14.2.3 | Modello di Bohr (1913)

Bohr si basa sul modello di Rutherford e sulla teoria quantistica, proposta da Max Planck agli inizi del secolo scorso, per proporre un nuovo modello in cui si ipotizza l'esistenza di *orbite stazionarie* (o *stati stazionari*) nelle quali gli elettroni si muovono senza irradiare energia.
Un elettrone appartiene a un'orbita stazionaria (cioè non emette energia) se il valore del suo momento angolare *mvr* è un multiplo intero di $h/2\pi$ (dove h è la costante di Planck e vale $6{,}625 \cdot 10^{-34}$ J · s).
Un elettrone appartiene quindi a un'orbita stazionaria, ovvero può muoversi indefinitamente senza irradiare, se vale la relazione seguente:

$$mvr = n \cdot \frac{h}{2\pi}$$

dove *n* assume valori interi e prende il nome di *numero quantico principale*.

- L'energia di un elettrone in un atomo aumenta all'aumentare di *n*.
- La posizione dell'elettrone dipende dal suo contenuto energetico: più un elettrone è lontano dal nucleo, maggiore è la sua energia quindi gli elettroni più lontani dal nucleo sono quelli con *n* maggiore.
- Un atomo può scambiare energia con l'esterno solo se un suo elettrone passa da un'orbita stazionaria a un'altra. Se ciò avviene, l'energia scambiata è pari alla differenza di energia tra i due stati coinvolti nella transizione.

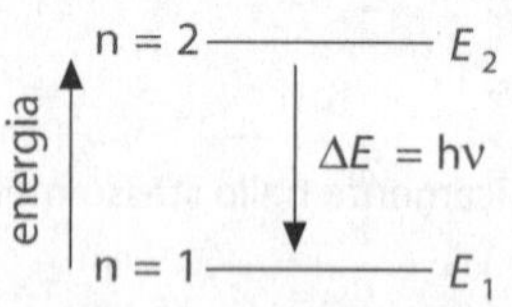

Gli scambi di energia tra un atomo e l'ambiente che lo circonda avvengono per assorbimento, o emissione, di un fotone con energia pari a $h\nu$. Come mostrato nella figura a lato se un elettrone passa dallo stato $n = 2$ allo stato $n = 1$ si ha l'emissione di un *fotone* di energia pari a: $E_2 - E_1 = h\nu$

14.2.4 | Modello ondulatorio dell'atomo (1930)

Come nel modello di Bohr, nel modello ondulatorio l'atomo è costituito da un nucleo (contenente protoni e neutroni) e da elettroni. In questo modello però, il movimento degli elettroni intorno al nucleo può essere rappresentato solo ricorrendo al concetto di *probabilità*. Dentro l'atomo l'elettrone si trova confinato in regioni di spazio (chiamate *orbitali*) nelle quali non è identificabile come particella fisica poiché si comporta come se fosse una "nuvola elettronica" più o meno densa.

Principio di indeterminazione di Heisenberg

Il principio di indeterminazione di Heisenberg afferma che è impossibile conoscere simultaneamente e con una precisione grande a piacere la *posizione* e la *velocità* (o equivalentemente la *quantità di moto*) di una particella. Una conseguenza di tale principio è che per un elettrone in un atomo non si può parlare di traiettoria, ma solo di **regione di spazio** in cui è diversa da zero la probabilità di trovare l'elettrone in un dato istante; ciò a causa della naturale incertezza nella determinazione della sua posizione.

Il concetto di orbitale

Con la meccanica ondulatoria, al concetto di orbita di un elettrone si sostituisce quello di **orbitale.**
Dato un elettrone di energia prefissata, si definisce orbitale la regione di spazio intorno al nucleo ove esiste un'alta probabilità (almeno del 90%) di trovare l'elettrone dato. Ogni orbitale è identificato da una funzione matematica, detta funzione d'onda ψ, che assegna alle regioni di spazio attorno al nucleo la probabilità di trovare un elettrone dotato di una certa energia. Nella funzione d'onda ψ compaiono alcune costanti numeriche, dette *numeri quantici*. In generale si può affermare che:

- ogni orbitale è univocamente determinato dai tre numeri quantici *n*, *l*, *m*;
- ogni orbitale può ospitare al massimo due elettroni (§ 14.2.5), che differiscono l'uno dall'altro nel valore del quarto numero quantico, m_s;

- orbitali che ospitano elettroni di pari energia si dicono isoenergetici (o degeneri);
- lo stato di un elettrone in un atomo è univocamente determinato dai valori dei suoi quattro numeri quantici n, l, m, m_s.

Valori numerici e significato fisico dei numeri quantici

	Numero quantico	Simbolo	Significato fisico	Valori possibili
1	principale	n	Dimensione dell'orbitale. Indica l'energia dell'elettrone.	1, 2, 3,...
2	secondario (o angolare)	l	Forma dell'orbitale. Indica il momento angolare dell'elettrone.	numero intero 0 ð *l* ð *n* – 1
3	magnetico	m	Orientamento dell'orbitale nello spazio.	0, ± 1,..., ± *l*
4	di *spin*	m_s	Senso di rotazione dell'elettrone intorno al proprio asse.	+ 1/2; – 1/2

Gli orbitali di un atomo aventi lo stesso n appartengono allo stesso *strato* (*guscio*) o *livello energetico*:

- lo strato con $n = 1$ —viene detto anche→ strato K
- lo strato con $n = 2$ —viene detto anche→ strato L
- lo strato con $n = 3$ —viene detto anche→ strato M

Gli orbitali con lo stesso l appartengono allo stesso *sottostrato* o *sottolivello*:

- gli orbitali con $l = 0$ —si chiamano→ orbitali *s*
- gli orbitali con $l = 1$ —si chiamano→ orbitali *p*
- gli orbitali con $l = 2$ —si chiamano→ orbitali *d*
- gli orbitali con $l = 3$ —si chiamano→ orbitali *f*

Tabella riassuntiva della correlazione tra numeri quantici e orbitali

0	I			II	III	IV
	n	l	m			
K	1	0	0	1 orbitale 1*s*	1	2
L	2	0	0	1 orbitale 2*s*	4	8
		1	–1, 0, +1	3 orbitali 2*p* ($2p_x, 2p_y, 2p_z$)		
M	3	0	0	1 orbitale 3*s*	9	18
		1	–1, 0, +1	3 orbitali 3*p*		
		2	–2, –1, 0, +1, +2	5 orbitali 2*d*		

0 → simbolo dello strato
I → valori dei numeri quantici
II → numero e tipo di orbitali possibili per ciascun valore di n
III → numero totale di orbitali possibili per ciascun valore di n
IV → numero massimo di elettroni per ciascun valore di n

Il livello energetico con numero quantico principale n contiene n^2 orbitali (fino a $n = 4$) e può ospitare al massimo $2n^2$ elettroni.

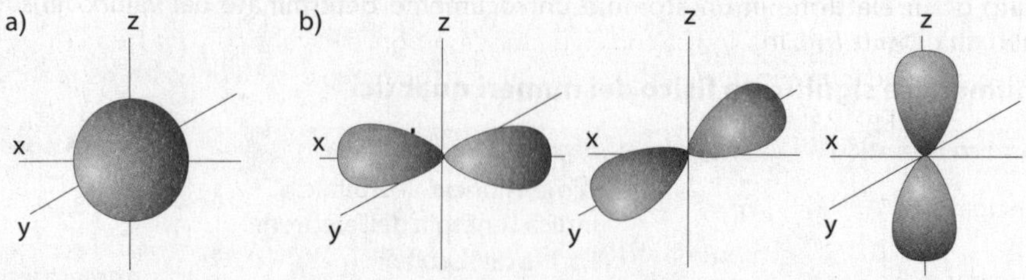

Forma e disposizione spaziale degli orbitali più semplici: a) orbitale di tipo s, b) orbitali di tipo p.

14.2.5 | Disposizione degli elettroni negli atomi

La distribuzione degli elettroni nei vari livelli e sottolivelli energetici di un atomo si rappresenta con una notazione indicata come **configurazione elettronica**.

L'ossigeno (Z = 8) ha configurazione elettronica $1s^2\ 2s^2\ 2p^4$, dove i numeri 1 e 2 che precedono le lettere sono i valori del numero quantico principale, *s* e *p* sono i simboli dei sottolivelli (cioè del tipo di orbitale) e gli esponenti rappresentano il numero di elettroni presenti nell'orbitale (o negli orbitali).

Per scrivere correttamente la configurazione elettronica occorre conoscere l'ordine con cui sono riempiti i vari orbitali. L'ordine di riempimento è basato su tre regole:

- principio di Aufbau;
- principio di esclusione di Pauli;
- principio della massima molteplicità (o regola di Hund).

Principio di Aufbau

Gli elettroni si dispongono in un atomo occupando prima gli orbitali liberi con energia minore. L'energia di un orbitale dipende in prima istanza dal suo numero quantico principale *n* e in secondo luogo dal suo numero quantico secondario *l*.

L'energia di un orbitale aumenta all'aumentare di *n*; a parità di *n* l'energia degli orbitali cresce al crescere di *l*. L'ordine di energia crescente per i primi otto sottolivelli è il seguente:

1*s*, 2*s*, 2*p*, 3*s*, 3*p*, 4*s*, 3*d*, 4*p*,...

Si noti che il riempimento del quarto livello inizia prima del completamento di quello del terzo. L'energia degli orbitali *nd* è infatti superiore a quella degli orbitali (*n* + 1)*s*. L'energia degli orbitali *nf* è superiore a quella degli orbitali (*n* + 1)*p* e (*n* + 2)*s*.

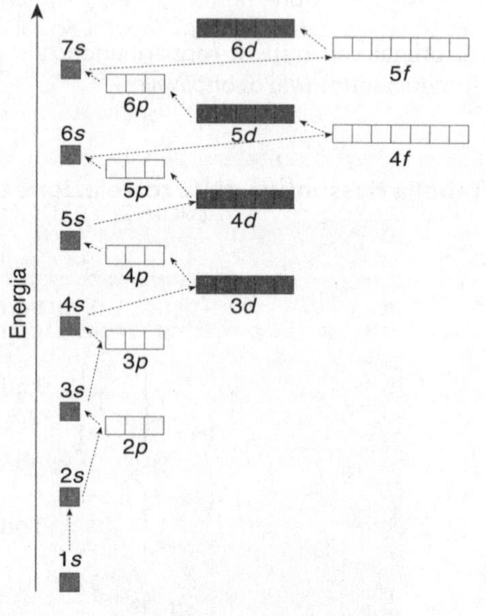

Diagramma di Aufbau che mostra la sequenza di riempimento degli orbitali.

Principio di esclusione di Pauli

In un atomo non possono coesistere due o più elettroni che abbiano i quattro numeri quantici uguali. Ogni orbitale può quindi ospitare al massimo due elettroni, che devono avere spin opposto.

Principio della massima molteplicità (regola di Hund)

Se sono disponibili orbitali di pari energia (degeneri), gli elettroni si distribuiscono singolarmente, con spin paralleli (cioè tutti con $m_s = +1/2$ oppure tutti con $m_s = -1/2$), sul numero massimo possibile di questi.

La configurazione elettronica dell'ossigeno (Z = 8) è: $1s^2\ 2s^2\ 2p^4$. Si immagini di costruire tale struttura elettronica partendo dal solo nucleo dell'atomo di ossigeno e aggiungendo gli elettroni uno alla volta. Ogni orbitale si indica con un quadratino, ogni elettrone con una freccia (due frecce con verso opposto indicano due elettroni con numero quantico di spin opposto, ossia antiparalleli). Passo dopo passo si ottiene:

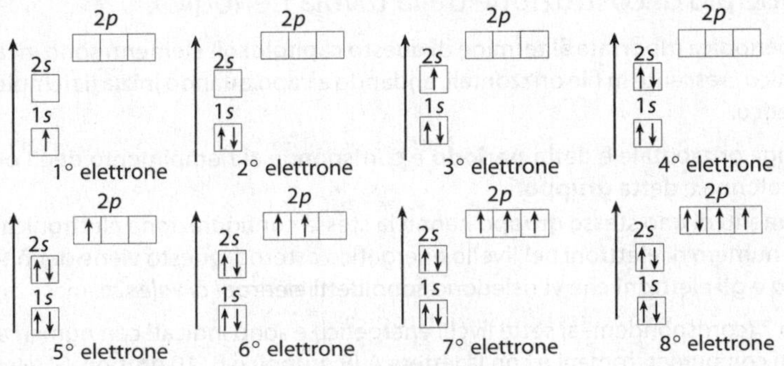

Osservazioni sulla costruzione dell'atomo di ossigeno

- Il terzo elettrone si dispone nell'orbitale sferico perché questo, tra i quattro orbitali del secondo livello energetico, è quello con energia minore.
- Il sesto elettrone non si accoppia all'elettrone già presente in uno dei tre orbitali di tipo *p* ma ne occupa uno dei due liberi, in accordo con il principio della massima molteplicità.

Con una logica analoga a quella seguita per l'atomo di ossigeno si possono ricavare le configurazioni elettroniche degli altri atomi, alcune delle quali sono riportate nella seguente tabella.

Configurazione elettronica dei primi 18 elementi della tavola periodica

ELEMENTO	NUMERO ATOMICO	CONFIGURAZIONE ESTERNA
H	1	$1s^1$
He	2	$1s^2$
Li	3	$1s^2\ 2s^1$
Be	4	$1s^2\ 2s^2$
B	5	$1s^2\ 2s^2\ 2p^1$
C	6	$1s^2\ 2s^2\ 2p^2$
N	7	$1s^2\ 2s^2\ 2p^3$
O	8	$1s^2\ 2s^2\ 2p^4$
F	9	$1s^2\ 2s^2\ 2p^5$
Ne	10	$1s^2\ 2s^2\ 2p^6$
Na	11	$1s^2\ 2s^2\ 2p^6\ 3s^1$
Mg	12	$1s^2\ 2s^2\ 2p^6\ 3s^2$
Al	13	$1s^2\ 2s^2\ 2p^6\ 3s^2\ 3p^1$
Si	14	$1s^2\ 2s^2\ 2p^6\ 3s^2\ 3p^2$
P	15	$1s^2\ 2s^2\ 2p^6\ 3s^2\ 3p^3$
S	16	$1s^2\ 2s^2\ 2p^6\ 3s^2\ 3p^4$
Cl	17	$1s^2\ 2s^2\ 2p^6\ 3s^2\ 3p^5$
Ar	18	$1s^2\ 2s^2\ 2p^6\ 3s^2\ 3p^6$

14.3 | Tavola periodica degli elementi

Ogni elemento chimico è individuato tramite un nome e un simbolo costituito da una o due lettere (generalmente ricavate dal nome inglese o latino), di cui la prima sempre maiuscola e la seconda sempre minuscola.

14.3.1 | Principio di costruzione della tavola periodica

Nella tavola periodica (riportata al termine di questo capitolo) gli elementi sono incasellati in ordine di numero atomico crescente in file orizzontali, andando a capo quando inizia il riempimento di un nuovo livello energetico.

Ogni riga orizzontale è detta **periodo** e corrisponde al riempimento degli orbitali di un livello. Ogni colonna è detta **gruppo**.

Gli elementi di uno stesso gruppo hanno la stessa configurazione elettronica esterna, ovvero lo stesso numero di elettroni nel livello energetico esterno, questo viene definito *livello* o *guscio di valenza* e gli elettroni che vi risiedono sono detti *elettroni di valenza*.

I periodi sono 7 (corrispondenti ai sette livelli energetici) e sono indicati con numeri arabi. I gruppi sono invece indicati con numeri romani e con la lettera A (8 gruppi) o B (10 gruppi). Gli elementi dei gruppi A sono chiamati *elementi rappresentativi* e hanno gli elettroni più esterni negli orbitali *s* o *p*. Gli elementi dei gruppi B sono detti *elementi di transizione* e hanno il sottolivello *d* parzialmente riempito. Nel sesto e nel settimo periodo sono inserite due file di elementi chiamati *elementi di transizione interna* (lantanidi e attinidi) e caratterizzati dal sottolivello *f* parzialmente riempito[1]. La tavola periodica può essere suddivisa anche in blocchi:

blocco *s*	→ gruppi I A e II A; elementi che hanno l'ultimo elettrone in un orbitale *s*
blocco *p*	→ gruppi III A - 0; elementi che hanno l'ultimo elettrone in un orbitale *p*
blocco *d*	→ gruppi B; elementi che hanno l'ultimo elettrone in un orbitale *d*
blocco *f*	→ elementi che hanno l'ultimo elettrone in un orbitale *f*

Diagramma a blocchi della tavola periodica

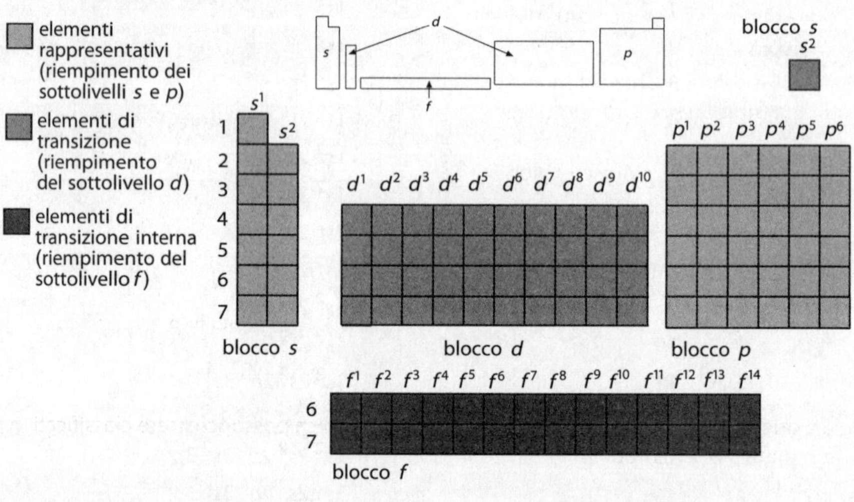

1. Per evitare equivoci causati dal fatto che nella tavola periodica esistono gruppi "A" e gruppi "B" la IUPAC ha proposto una nuova numerazione dei gruppi basata su un numero progressivo da 1 a 18: così IA e IIA diventano 1 e 2; III B, IV B, V B, VI B, VII B, VIII B, I B e II B vanno da 3 a 12; III A, IV A, V A, VI A, VII A e 0 da 13 a 18. Attualmente sono in uso entrambe le numerazioni e generalmente i quesiti delle prove di ammissione fanno riferimento alla numerazione tradizionale, la stessa cui fanno riferimento tutti i quesiti di questo libro.

14.3.2 | Proprietà periodiche degli elementi

La base logica del sistema periodico sta nella periodicità della configurazione elettronica esterna degli atomi che si riflette nella periodicità delle loro proprietà chimiche.

Le proprietà chimiche degli atomi sono determinate in prima istanza dalla configurazione elettronica dello strato più esterno che contiene elettroni.

Dimensione atomica

Secondo il modello ondulatorio, la nube elettronica non ha un confine ben definito; non è quindi possibile determinare con precisione il confine di un atomo. Generalmente, i raggi atomici sono dedotti da misure di distanza tra i centri di atomi adiacenti: per convenzione, infatti, il raggio atomico è definito come la metà della distanza tra i nuclei di due atomi dello stesso elemento in una molecola biatomica (raggio covalente).

Nella tavola, la dimensione atomica decresce da sinistra a destra lungo i periodi e cresce lungo i gruppi dall'alto verso il basso.

Potenziale (o energia) di ionizzazione (EI)

Il potenziale di ionizzazione è l'energia necessaria per sottrarre un elettrone a un atomo, ottenendo un catione. Si definisce:

- *energia di prima ionizzazione* → energia necessaria per strappare l'elettrone più esterno a un atomo neutro (allo stato gassoso);
- *energia di seconda ionizzazione* → energia necessaria per strappare l'elettrone più esterno a un catione con carica +1.

L'energia di ionizzazione, cui si fa normalmente riferimento, è l' energia di prima ionizzazione, valore inversamente proporzionale a quello della dimensione atomica: aumenta quindi lungo i periodi e diminuisce lungo i gruppi.

Affinità elettronica (AE)

L'affinità elettronica è l'energia che si libera quando un atomo neutro acquista un elettrone, trasformandosi in un anione. Aumenta lungo i periodi e diminuisce lungo i gruppi.

Elettronegatività

L'elettronegatività è definita come la tendenza dell'atomo ad attirare su di sé gli elettroni di legame.

Aumenta lungo i periodi e diminuisce lungo i gruppi.

L'elettronegatività è una grandezza adimensionale il cui valore si esprime mediante una scala che va da 0 a 4.

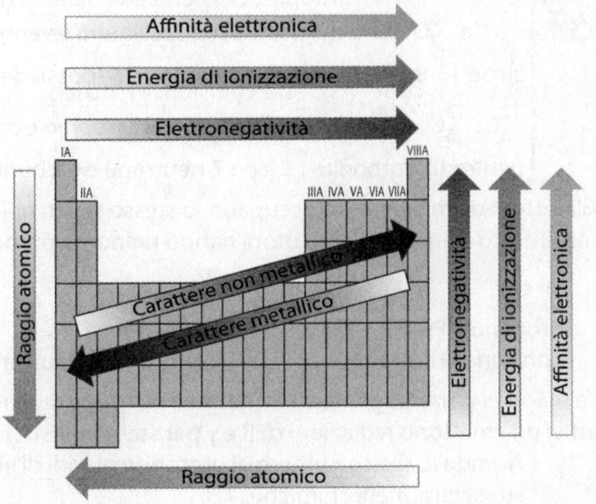

14.3.3 | Classificazione degli elementi

In base alle proprietà chimiche, gli elementi della tavola periodica possono essere classificati in tre gruppi: metalli, non metalli e semimetalli.

Metalli

I metalli sono localizzati a sinistra della linea spezzata che va dal boro all'astato nella tavola periodica. I metalli hanno pochi elettroni nel livello esterno, bassa EI, bassa AE, bassa elettronegatività e formano facilmente ioni positivi. A temperatura ambiente sono generalmente solidi, hanno punti di fusione e densità elevati, sono duttili, malleabili, lucenti e hanno alta conducibilità termica ed elettrica (il carattere metallico diminuisce lungo un periodo da sinistra e destra e aumenta lungo un gruppo dall'alto verso il basso).

CONOSCENZE SCIENTIFICHE

Non metalli

I non metalli sono localizzati a destra della linea spezzata che va dal boro all'astato nella tavola periodica. Ai non metalli mancano pochi elettroni per completare il livello esterno e hanno alta EI, alta AE e alta elettronegatività, formano quindi facilmente ioni negativi. Non sono né duttili, né malleabili, né lucenti e hanno bassa conducibilità termica ed elettrica.

Semimetalli

I semimetalli sono localizzati a cavallo della linea spezzata che divide i metalli dai non metalli e hanno proprietà intermedie tra quelle degli altri due gruppi. La loro reattività chimica dipende dall'atomo con cui si legano; il boro (B), per esempio, si comporta come un non metallo reagendo con il sodio (Na) e come un metallo reagendo con il fluoro (F). Gli elementi classificati come semimetalli sono: B, Si, Ge, As, Sb, Te.

Denominazioni dei gruppi della tavola periodica

Alcuni gruppi della tavola periodica hanno denominazioni proprie:

- I A o 1: metalli alcalini.
- II A o 2: metalli alcalino-terrosi.
- VII A o 17: alogeni.
- VIIIA o 18: gas nobili.

14.4 | Isotopi

Gli *isotopi* sono atomi aventi lo stesso numero atomico (atomi dello stesso elemento), ma diverso numero di massa perché contenenti un diverso numero di neutroni.
Un determinato isotopo si rappresenta scrivendo in alto a sinistra il numero di massa e in basso a sinistra il numero atomico, vicino al simbolo dell'elemento.

$^{18}_{8}O$ e $^{16}_{8}O$ sono due isotopi dell'ossigeno e vengono chiamati rispettivamente ossigeno-18 (possiede 18-8=10 neutroni) e ossigeno-16 (possiede 16-8=8 neutroni);
$^{12}_{6}C$, $^{13}_{6}C$ e $^{14}_{6}C$ sono tre isotopi del carbonio e sono chiamati rispettivamente carbonio-12 (con 6 neutroni), carbonio-13 (con 7 neutroni) e carbonio-14 (con 8 neutroni).

Gli isotopi di un elemento occupano lo stesso posto nella tavola periodica (§ 14.3) e hanno lo stesso nome. L'unico elemento i cui isotopi hanno un nome proprio è l'idrogeno che ha tre isotopi:

$^{1}_{1}H$ o H	$^{2}_{1}H$ o D	$^{3}_{1}H$ o T
Idrogeno o Prozio	Deuterio	Trizio
1 protone; 0 neutroni	1 protone; 1 neutrone	1 protone; 2 neutroni

La maggior parte degli elementi naturali possiede due o più isotopi stabili; gli isotopi instabili sono radioattivi ed emettono radiazioni α, β e γ per stabilizzarsi.

Avendo lo stesso numero di protoni, e quindi di elettroni, gli isotopi di un dato elemento hanno le stesse proprietà chimiche.
Avendo diverso numero di massa, gli isotopi di un dato elemento hanno diversa massa atomica.

14.5 | Massa atomica, massa molecolare e mole

Si definisce **unità di massa atomica** (u.m.a.) la quantità di materia pari a 1/12 della massa di un atomo dell'isotopo 12 del carbonio ($^{12}_{6}C$), a cui è stata attribuita per convenzione una massa pari a 12.

La **massa atomica relativa** di un elemento (detta anche, semplicemente, massa atomica) è pari al rapporto fra la massa assoluta dell'atomo e l'unità di massa atomica. Questa grandezza, nei quesiti, si trova spesso indicata, anche se impropriamente, come *peso atomico*, notazione che useremo anche in questo testo. La massa atomica si può trovare abbreviata in modi diversi, fra cui MA, PA e m_r.

PARTE QUINTA

I valori di massa atomica di ciascun elemento sono riportati sulla tavola periodica degli elementi. Questi valori sono il risultato della media della massa dei diversi isotopi di un elemento, tenuto conto dell'abbondanza relativa di ogni isotopo in natura.

> Il PA approssimato dell'idrogeno (H) è 1, quello dell'elio (He) è 4 e quello dell'ossigeno (O) è 16.

La **massa molecolare relativa** è uguale alla somma delle masse atomiche degli atomi che costituiscono la molecola, ognuna moltiplicata per il rispettivo pedice. È spesso indicata, seppur impropriamente, come *peso molecolare*. In forma abbreviata si trova M, MM o PM.

> $PM_{H_2O} = PA_O + 2 \cdot PA_H = 15{,}99994 + 2 \cdot 1{,}008 = 18{,}015$ Ý 18

> Una **mole** di qualsiasi sostanza contiene $6{,}02 \cdot 10^{23}$ unità elementari di quella sostanza. Il peso di questa quantità, espresso in grammi, corrisponde al peso atomico, o al peso molecolare, della sostanza considerata.

$6{,}02 \cdot 10^{23} = N_A$ = numero di Avogadro = n° di unità elementari contenute in una mole.

> - Una mole di $^{12}_{6}C$ (PA = 12) pesa 12 g e contiene $6{,}02 \cdot 10^{23}$ atomi di carbonio.
> - Una mole di acqua (H_2O, PM = 18) pesa 18 g e contiene $6{,}02 \cdot 10^{23}$ molecole di acqua.

14.6 | Formule chimiche

Ogni sostanza può essere rappresentata nel modo più semplice attraverso una formula chimica, formata dai simboli degli elementi costituenti, che ne indica la composizione qualitativa (quali elementi fanno parte della sostanza) e quantitativa (il rapporto di combinazione tra gli elementi).

Esistono diversi tipi di formule. La **formula bruta** o (grezza) indica esclusivamente il tipo e il numero di atomi che compongono la molecola, senza mostrare come questi sono legati tra loro. La formula viene scritta ponendo uno dopo l'altro, generalmente in ordine crescente di elettronegatività (§ 14.3.2), i simboli degli elementi che formano il composto. Il rapporto quantitativo (stechiometrico) tra di essi si evidenzia associando a ogni simbolo un *indice* numerico che rappresenta il numero di atomi di un dato elemento contenuti in una molecola (o in una formula minima) del composto.

> H_2SO_4 è la formula bruta dell'acido solforico e indica che una molecola del composto è formata da 2 atomi di idrogeno (H), 1 atomo di zolfo (S) e 4 atomi di ossigeno (O).

La formula bruta può essere espressa come:

- **formula minima** → indica il rapporto minimo di combinazione tra gli elementi nel composto;
- **formula molecolare** → indica il rapporto effettivo di combinazione tra gli elementi in una molecola.

> CH_2O → formula minima del glucosio;
> $C_6H_{12}O_6$ → formula molecolare del glucosio.

I composti possono essere suddivisi in due gruppi: molecolari e ionici. I **composti molecolari** sono formati da molecole; i **composti ionici** sono aggregati di ioni positivi e negativi organizzati in modo tale da formare reticoli cristallini tridimensionali (§ 14.7.5)

La formula di un composto molecolare è generalmente espressa come formula molecolare (con qualche eccezione come i polimeri), quella di un composto ionico è sempre una formula minima.

> Il cloruro di magnesio è un composto ionico la cui formula bruta è $MgCl_2$. Questa formula è una formula minima e indica che nel composto gli atomi sono combinati secondo un rapporto di un atomo di Mg ogni 2 atomi di Cl.

La **formula di struttura** indica la disposizione spaziale degli atomi nella molecola, mostrando come gli atomi sono legati tra loro e con quale tipo di legame.

La formula di struttura dell'acido solforico (H_2SO_4) è: 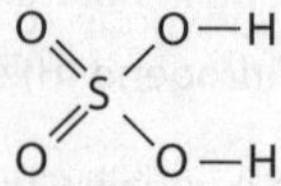

La formula di struttura dell'anidride carbonica (CO_2) è: O=C=O

14.7 | I legami chimici

Solo i gas nobili si trovano in natura allo stato monoatomico. Gli altri atomi isolati sono estremamente instabili e tendono a legarsi tra loro attraverso i legami chimici a formare sostanze pure, ovvero sostanze elementari oppure composti. Si è già visto che i composti sono sostanzialmente di due tipi, *molecolari* o *ionici* (§ 14.6).

14.7.1 | Elettroni di valenza e regola dell'ottetto

Nella formazione dei legami chimici sono coinvolti solo gli elettroni: in particolare, gli elettroni contenuti nel livello energetico più esterno, chiamati *elettroni di valenza.*

Per gli elementi dei gruppi A, il numero di elettroni di valenza è uguale al numero del gruppo cui un elemento appartiene.

La configurazione elettronica esterna dei gas nobili ($s^2\ p^6$) è chiamata *ottetto*. Tale configurazione è estremamente stabile ed è responsabile dell'inerzia chimica dei gas nobili.

La **regola dell'ottetto** afferma che gli atomi, nella formazione di legami (siano essi covalenti, dativi o ionici), tendono a raggiungere tale configurazione elettronica mediante:

condivisione di elettroni → formazione di un legame covalente → molecola;

perdita o acquisto di elettroni → formazione di un legame ionico → composto ionico.

14.7.2 | Energia di legame

La formazione di un legame chimico è un fenomeno spontaneo che avviene in accordo con il principio fisico secondo il quale ogni sistema tende a raggiungere uno stato di minima energia potenziale, a cui corrisponde la massima stabilità. Una molecola generica A – B si forma se la sua energia è minore dell'energia totale dei due atomi A e B isolati. Quando i due atomi si legano si libera quindi una certa quantità di energia, pari alla differenza di energia tra lo stato iniziale e quello finale.

L'energia che si libera all'atto della formazione di un legame, o che bisogna fornire dall'esterno per romperlo, è detta energia di legame.

La forza di un legame è proporzionale al valore dell'energia di legame.

14.7.3 | Legame covalente

Un legame covalente si forma quando due atomi con elettronegatività uguale o simile (§ 14.3.2) mettono in comune uno o più elettroni spaiati ciascuno, in modo da raggiungere entrambi l'ottetto o, secondo una visione più moderna, una configurazione elettronica stabile.Il composto che si forma viene definito *molecola*.

Un legame covalente è costituito da una coppia di elettroni condivisa tra due atomi; si forma fra atomi la cui differenza di elettronegatività sia inferiore a 1,7.

In base alla differenza di elettronegatività tra gli atomi legati, il legame covalente può essere *puro* (o *omopolare*) oppure *polare* (o *eteropolare*).

Legame covalente puro

- Si forma tra atomi con elettronegatività uguale o simile.
- È caratterizzato da una condivisione equa della coppia di elettroni di legame, quindi la nuvola elettronica dell'orbitale molecolare è simmetrica e non si ha nessuna separazione di carica elettrica.

In H_2 i due atomi di idrogeno sono uniti da un legame covalente puro.

Legame covalente polare

- Si forma tra atomi diversi con piccola differenza di elettronegatività (generalmente compresa tra 0,4 e 1,7).
- È caratterizzato da una condivisione non equa della coppia di elettroni di legame quindi la nuvola elettronica dell'orbitale molecolare è distorta e più densa verso l'elemento più elettronegativo; si ha infatti un parziale trasferimento del doppietto di legame dall'atomo meno elettronegativo, che acquista una carica parziale positiva (δ^+), a quello più elettronegativo, che acquista una carica parziale negativa (δ^-).

Nella molecola HCl i due atomi sono uniti da un legame covalente polare. L'elettronegatività di H è infatti uguale a 2,1, mentre quella di Cl è pari a 3. La nuvola elettronica ha quindi densità maggiore sul cloro, che acquista una carica parziale negativa, e minore sull'idrogeno, che acquista una carica parziale positiva.

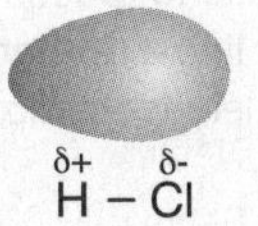

Siamo ora in grado di rispondere al secondo quesito proposto all'inizio del capitolo.

Quesito II. La differenza di elettronegatività tra ossigeno e idrogeno è 1,4 (= 3,5 – 2,1), il legame che li unisce nella molecola d'acqua è perciò covalente polare e non ionico. La risposta corretta è la **E**. Il legame a idrogeno (risposta **A**) è invece il tipo di legame intermolecolare che tiene unite le molecole d'acqua tra loro allo stato liquido e allo stato solido.

14.7.4 | Legame dativo (o di coordinazione)

Il *legame dativo* è un tipo particolare di legame covalente e, come tale, costituito da due elettroni condivisi tra due atomi.

Mentre nel legame covalente, i due elettroni del doppietto sono forniti ciascuno da un atomo, nel legame dativo i due elettroni provengono entrambi dallo stesso atomo (*donatore*) che li condivide con l'altro atomo (*accettore*). Il legame si forma tra un atomo (atomo donatore) che dispone di almeno un *doppietto solitario* (detto anche coppia solitaria o doppietto non condiviso o coppia di non legame) e una specie chimica che ha (o può ottenere) un orbitale vuoto (accettore). Il legame si indica graficamente con una freccia diretta dal donatore verso l'accettore.

14.7.5 | Legame ionico

Il *legame ionico* si forma tra due atomi con elevata differenza di elettronegatività in seguito al trasferimento di uno o più elettroni di valenza dall'atomo meno elettronegativo a quello più elettronegativo, con formazione di due ioni di carica elettrica opposta. In questo caso il composto che si forma viene definito *composto ionico*.

Il legame acquista carattere ionico superiore al 50% quando la differenza di elettronegatività tra gli atomi coinvolti è superiore a 1,7. Un legame ionico è un'attrazione di tipo elettrostatico tra due ioni di carica elettrica opposta.

Tipicamente il legame ionico si forma tra un metallo (poco elettronegativo) e un non metallo (o un'altra specie poliatomica contenente un atomo molto elettronegativo) quando gli atomi del metallo cedono uno o più elettroni al non metallo, trasformandosi rispettivamente in ioni positivi (cationi) e ioni negativi (anioni).

Nel caso del legame ionico non si formano né orbitali molecolari, né molecole; la **forza** del legame ionico è **puramente elettrostatica**.

Anziché da molecole, i composti ionici sono formati da un insieme di ioni di carica opposta, disposti in modo tale da formare un *reticolo cristallino* tridimensionale in cui sono minime le forze di repulsione tra gli ioni della stessa carica e massime le forze attrattive tra ioni di carica opposta. I composti ionici, per questo motivo, sono invariabilmente solidi.

14.7.6 | Legame metallico

A temperatura ambiente tutti i metalli, tranne il mercurio, sono solidi in cui gli atomi sono disposti in modo ordinato nelle tre dimensioni dello spazio a formare un reticolo cristallino. Il legame tra gli atomi del metallo nel cristallo non è né ionico, né covalente.
Si ricordi che i metalli hanno bassa elettronegatività e bassa energia di ionizzazione; tendono quindi a cedere con facilità i loro elettroni di valenza, trasformandosi in cationi. Un pezzo di metallo viene considerato appunto un insieme di cationi che hanno espulso i loro elettroni di valenza e non un insieme di atomi neutri; gli *elettroni* perduti, messi in comune fra tutti gli ioni e *delocalizzati su un orbitale esteso a tutto il metallo*, possono muoversi liberamente in tutto il campione.
Le proprietà fisiche dei metalli, tra cui l'elevata conduttività elettrica e termica, la duttilità e la malleabilità, sono giustificate dalla mobilità degli elettroni. L'attrazione che si esercita tra i cationi del reticolo cristallino e gli elettroni di valenza delocalizzati costituisce il legame metallico. Il legame ha quindi carattere sia elettrostatico che covalente ed è adirezionale.

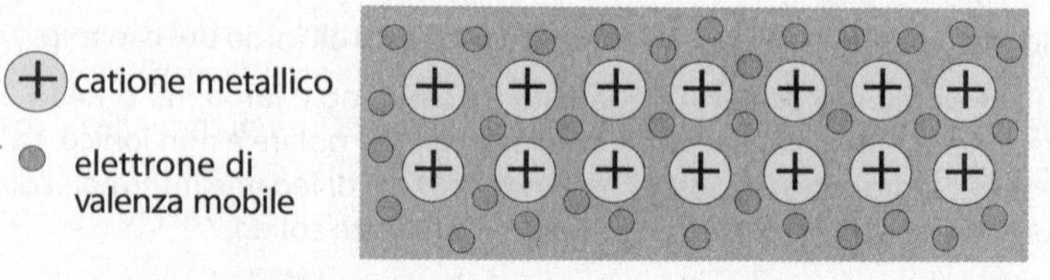

Rappresentazione del reticolo cristallino metallico in sezione.

14.7.7 | Legami intermolecolari

✔ Le molecole in un solido o in un liquido interagiscono tra loro attraverso i legami intermolecolari: forze attrattive molto più deboli dei legami che uniscono gli atomi nelle molecole

I legami intermolecolari comprendono:
- le interazioni dipolo-dipolo;
- le forze di dispersione (dette anche forze di London);
- il legame a idrogeno;
- le interazioni ione-dipolo

Legame a idrogeno

Il legame a idrogeno è un'interazione elettrostatica tra un atomo di idrogeno legato con legame covalente a un atomo molto elettronegativo (F, O o N) e il doppietto solitario di un atomo molto elettronegativo (F, O o N) di una molecola adiacente (legame a idrogeno intermolecolare) o della stessa molecola (legame a idrogeno intramolecolare). Si presenta nelle molecole contenenti raggruppamenti del tipo: H – F; H – O; H – N quindi esiste legame a idrogeno nell'acido fluoridrico (HF), nell'ammoniaca (NH_3), nell'acqua (H_2O). Le molecole unite da legami a idrogeno hanno punti di ebollizione notevolmente superiori a quelli di molecole di analoga massa molecolare che non formano però legami a idrogeno. Il legame a idrogeno è un legame *direzionale*.

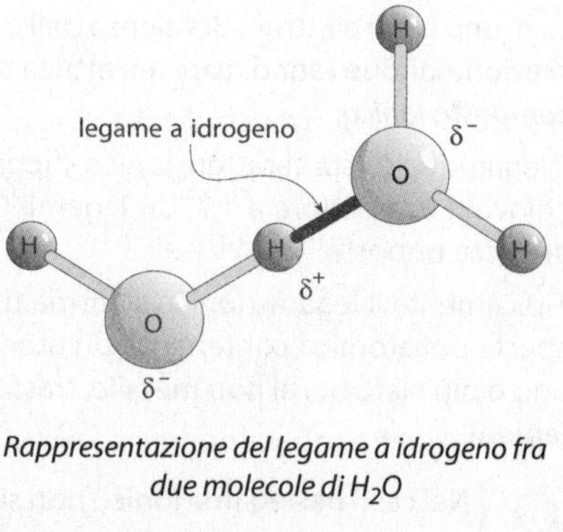

Rappresentazione del legame a idrogeno fra due molecole di H_2O

La presenza del legame a idrogeno nell'H_2O determina importanti conseguenze:

- la massima densità dell'acqua è a 4 °C;
- l'acqua aumenta di volume nel passaggio da liquido a solido;
- a temperatura ambiente l'acqua è liquida e non gassosa.

14.8 | Composti inorganici

14.8.1 | Numero di ossidazione

Dato un atomo legato ad altri atomi (uguali o diversi) in una sostanza, il suo stato di ossidazione o *numero di ossidazione* (N.O.) corrisponde al numero delle cariche che l'atomo assume se i doppietti elettronici di legame vengono assegnati formalmente all'atomo più elettronegativo tra quelli coinvolti.

Nella molecola HCl il cloro è l'atomo più elettronegativo: i due elettroni di legame vengono quindi assegnati al cloro che assume carica formale – 1.

numero di ossidazione → +1 – 1
H – Cl
elettronegatività → 2,1 3

A volte, quando si costruiscono le formule dei composti chimici, si parla di **valenza**, intendendo il numero di elettroni di un atomo impegnati nella formazione di legami. La valenza è un numero sempre positivo, che assume gli stessi valori numerici del N.O., quest'ultimo però è dotato di segno positivo o negativo perché tiene conto della diversa tendenza ad attrarre gli elettroni di legame.
È importante calcolare il numero di ossidazione di un atomo per comprendere i processi che si verificano durante le reazioni chimiche, in particolare nel corso delle reazioni di ossidoriduzione.
Il numero di ossidazione di un atomo in un composto si assegna in base alle seguenti **regole**:

- tutte le sostanze allo stato elementare hanno numero di ossidazione nullo;
- il numero di ossidazione di uno ione monoatomico è uguale alla carica dello ione;
- la somma dei numeri di ossidazione di tutti gli atomi presenti in una molecola neutra è pari a 0, mentre in uno ione poliatomico è pari alla carica dello ione;
- il N.O. dell'idrogeno è +1, tranne che nei composti con i metalli (idruri) in cui è –1;
- nella maggior parte dei composti (tranne nei perossidi e in OF_2) il N.O. dell'ossigeno è –2;
- il N.O. degli elementi del gruppo I A è +1, il N.O. degli elementi del gruppo II A è +2.
- il N.O. degli elementi del gruppo III A è +3.

In H_2SO_4: H ha N.O. = +1; O ha N.O.= –2; carica del composto = 0.
Si può così calcolare il N.O. di S, infatti si ha:
$2 \cdot (+1) + N.O._S + 4 \cdot (-2) = 0$ da cui: $N.O._S = -2 + 8 = +6$

14.8.2 | Composti binari

I composti binari sono quelli formati da due soli elementi diversi, come, per esempio, $CaCl_2$, o H_2O.
Fra i composti binari ricordiamo gli idruri, gli ossidi e gli idracidi.
Gli **idruri** sono formati da idrogeno e un metallo, in cui H ha numero di ossidazione –1.

LiH → idruro di litio.

Gli **ossidi** sono formati dalla combinazione di uno dei vari elementi (tranne i gas nobili e il fluoro) con l'ossigeno. Gli ossidi formati da ossigeno e un metallo sono detti ossidi basici, perché in soluzione acquosa danno reazione basica. Gli ossidi formati da ossigeno e un non metallo sono detti ossidi acidi, o anidridi, e in soluzione acquosa danno reazione acida.

Na_2O → ossido di sodio;
CO_2 → diossido di carbonio o anidride carbonica.

CONOSCENZE SCIENTIFICHE

Gli **idracidi** sono composti formati da H e uno dei seguenti non metalli: S, F, Cl, Br e I. Allo stato puro queste sostanze sono composti molecolari; sciolte in acqua, però, si comportano come acidi liberando ioni H^+ (§ 14.11.1).

$HCl \rightarrow$ acido cloridrico.

14.8.3 | Composti ternari

I composti ternari sono composti formati dalla combinazione di tre elementi; fra i composti ternari si ricordano gli idrossidi e gli ossiacidi.

Gli **idrossidi** (o basi) sono composti ionici ternari formati da un catione metallico e da tanti ioni idrossido (OH^-) quanti ne occorrono per neutralizzare la carica del catione. Si preparano facendo reagire gli ossidi basici con l'acqua.

Preparazione dell'idrossido di calcio: $CaO + H_2O \rightarrow Ca(OH)_2$

Sciolti in acqua, quelli idrosolubili si dissociano e si comportano come basi liberando ioni OH^- (§ 14.11.1).

Gli **ossiacidi** (acidi ossigenati) sono composti ternari molecolari formati da idrogeno, un non metallo (oppure un metallo di transizione con alto numero di ossidazione) e ossigeno, scritti nella formula in quest'ordine. Si preparano facendo reagire gli ossidi acidi (anidridi) con l'acqua.

Preparazione dell'acido nitrico: $N_2O_5 + H_2O \rightarrow 2\ HNO_3$
Preparazione dell'acido carbonico: $CO_2 + H_2O \rightarrow H_2CO_3$

14.8.4 | Sali

I sali sono composti ionici formalmente derivati dagli acidi per sostituzione totale (nei *sali neutri*) o parziale (nei *sali acidi*) degli atomi di idrogeno con uno o più cationi metallici, tanti quanti ne occorrono per neutralizzare la carica dell'anione. I sali neutri degli idracidi sono composti binari mentre i sali neutri degli ossiacidi sono composti ternari.

$LiCl$	$\rightarrow$	cloruro di litio;
K_2CO_3	$\rightarrow$	carbonato di potassio;
$Ca(NO_3)_2$	$\rightarrow$	nitrato di calcio;
$NaHCO_3$	$\rightarrow$	idrogenocarbonato (o bicarbonato) di sodio (sale acido);
Cu_2SO_4	$\rightarrow$	solfato rameoso o solfato di rame (I).

I sali, costituiti da una componente metallica e una non metallica, possono essere preparati in molteplici modi, il più noto dei quali è la reazione fra un acido e una base, detta neutralizzazione.

Acido + base $\rightarrow$ sale + acqua

$H_2SO_4 + Ca(OH)_2 \rightarrow CaSO_4 + 2\ H_2O$

Acido solforico + idrossido di calcio $\rightarrow$ solfato di calcio + acqua

14.9 | Reazioni chimiche

Una reazione chimica è una trasformazione in cui si rompono e si formano legami chimici. Il modo più sintetico per rappresentarla consiste nella scrittura di un'*equazione chimica*, in cui le formule delle sostanze reagenti, scritte a sinistra, sono separate da una freccia dalle formule delle sostanze prodotte, scritte a destra:

$$\alpha\ A + \beta\ B \rightarrow \gamma\ C + \delta\ D$$

dove A e B si dicono *reagenti*, C e D si dicono *prodotti*, mentre α, β, γ e δ sono numeri interi e si dicono *coefficienti stechiometrici.*

Spesso le reazioni chimiche sono accompagnate da sviluppo o assorbimento di calore: si parla di reazioni *esotermiche* (che sviluppano calore) ed *endotermiche* (che assorbono calore).

PARTE QUINTA

14.9.1 | Bilanciamento delle reazioni chimiche

Nelle reazioni chimiche, la massa dei reagenti deve essere uguale alla massa dei prodotti; perciò un'equazione chimica deve essere *bilanciata*. Per bilanciare un'equazione, si devono anteporre alle formule dei reagenti e dei prodotti i *coefficienti stechiometrici* tali per cui il numero di atomi per ogni elemento sia uguale nei reagenti e nei prodotti, in modo da rispettare la legge di conservazione della massa (§ 14.2).

$H_2 + O_2 \rightarrow H_2O$ reazione non bilanciata

$2\,H_2 + O_2 \rightarrow 2\,H_2O$ reazione bilanciata

Per bilanciare un'equazione è opportuno seguire le seguenti **regole**:

1. contare il numero di atomi di un dato elemento presente nel lato reagenti e nel lato prodotti, se il numero non è lo stesso aggiungere i coefficienti stechiometrici tali da renderlo uguale in entrambi i lati dell'equazione;
2. ripetere questa operazione per ogni elemento che compare nell'equazione;
3. è opportuno iniziare a bilanciare da un elemento diverso da O e H perché questi elementi compaiono spesso in più di due composti;
4. uno ione poliatomico che compare sia tra i reagenti che tra i prodotti va contato come un tutto unico;
5. il coefficiente 1 non si indica;
6. tutti i coefficienti devono avere il minimo valore intero possibile.

Bilanciare l'equazione $N_2H_{4\,(g)} + N_2O_{4\,(g)} \rightarrow N_{2\,(g)} + H_2O_{\,(l)}$.

si bilancia N: $N_2H_{4\,(g)} + N_2O_{4\,(g)} \rightarrow 2\,N_{2\,(g)} + H_2O_{\,(l)}$

si bilancia H: $N_2H_{4\,(g)} + N_2O_{4\,(g)} \rightarrow 2\,N_{2\,(g)} + 2\,H_2O_{\,(l)}$

si bilancia O: $N_2H_{4\,(g)} + N_2O_{4\,(g)} \rightarrow 2\,N_{2\,(g)} + 4\,H_2O_{\,(l)}$

si bilancia H: $2\,N_2H_{4\,(g)} + N_2O_{4\,(g)} \rightarrow 2\,N_{2\,(g)} + 4\,H_2O_{\,(l)}$

si bilancia N: $2\,N_2H_{4\,(g)} + N_2O_{4\,(g)} \rightarrow 3\,N_{2\,(g)} + 4\,H_2O_{\,(l)}$

14.9.2 | Classificazione delle reazioni chimiche

Esistono diversi tipi di reazioni chimiche. Spesso una reazione può appartenere a più classi tra quelle che seguono; il nome che si utilizza per descriverla serve per evidenziare un determinato aspetto.

Reazione di sintesi: A + B → AB

Due o più sostanze (elementi o composti) reagiscono tra loro formando una sostanza unica (necessariamente un composto).

$H_2 + I_2 \rightarrow 2\,HI$

Reazione di decomposizione (o scissione): AB → A + B

Un unico composto si scinde in due o più sostanze più semplici (elementi o composti).

$CaCO_3 \rightarrow CaO + CO_2$

Reazione di dissociazione: AB → $A^+ + B^-$

Un composto ionico si dissocia liberando ioni.

$MgCl_2 \rightarrow Mg^{2+} + 2\,Cl^-$

Reazione di ionizzazione: $HA + H_2O \rightarrow A^- + H_3O^+$

Un composto molecolare reagisce con l'acqua formando ioni positivi e negativi.

$HCl + H_2O \rightarrow H_3O^+ + Cl^-$

CONOSCENZE SCIENTIFICHE

Reazione di neutralizzazione

Un acido reagisce con una base formando un sale e acqua.

$NaOH + HNO_3 \rightarrow NaNO_3 + H_2O$

Reazione di condensazione

Unione di due molecole (organiche) mediante l'eliminazione di una molecola d'acqua

$CH_3OH + CH_3OH \rightarrow CH_3OCH_3 + H_2O$

metanolo metanolo dimetiletere

Reazione di idrolisi: $AB + H_2O \rightarrow HA + BOH$

Rottura di una molecola (organica) per ingresso di acqua, con formazione di due molecole.

$CH_3OCH_3 + H_2O \rightarrow CH_3OH + CH_3OH$

dimetiletere metanolo metanolo

Reazione di spostamento (o di sostituzione o scambio semplice): $A + BC \rightarrow AC + B$

Gli atomi di un elemento sostituiscono gli atomi di un altro in un composto.

$Fe + 2\,HCl \rightarrow FeCl_2 + H_2$

Reazione di combustione

È una reazione di ossidoriduzione in cui una sostanza (*combustibile*) si ossida a opera di una seconda sostanza (*comburente*), di solito ossigeno, con sviluppo di energia termica.

Tipica reazione di combustione è: $CH_4 + 2\,O_2 \rightarrow CO_2 + 2\,H_2O$ + calore

Reazioni di ossidoriduzione (redox)

Reazione che comporta trasferimento di elettroni da una specie chimica a un'altra.

$2\,Na + Cl_2 \rightarrow 2\,NaCl$

Una reazione redox può considerarsi come la somma di due semireazioni che avvengono contemporaneamente: la semireazione di ossidazione e la semireazione di riduzione.

Ossidazione: una specie chimica si ossida quando cede elettroni e aumenta quindi il suo N.O.

Riduzione: una specie chimica si riduce quando acquista elettroni e diminuisce quindi il suo N.O.

La specie che si ossida cede elettroni alla specie che si riduce ed è quindi l'*agente riducente*.

La specie che si riduce acquista elettroni dalla specie che si ossida ed è quindi l'*agente ossidante*.

Ossidazione: $Na \rightarrow Na^+ + e^-$

il sodio ha perso un elettrone e il suo N.O. è passato da 0 a + 1 ⇒ si è ossidato.

Riduzione: $Cl + e^- \rightarrow Cl^-$

il cloro ha acquistato un elettrone e il suo N.O. è passato da 0 a –1 ⇒ si è ridotto.

La reazione complessiva è: $2\,Na + Cl_2 \rightarrow 2\,NaCl$

Na si ossida e riduce Cl ⇒ è l'agente riducente;

Cl si riduce e ossida Na ⇒ è l'agente ossidante.

Siamo ora in grado di rispondere al terzo quesito proposto all'inizio del capitolo.

Quesito III. Si definisce "ossidazione" una reazione in cui una specie chimica trasferisce uno o più elettroni, e il suo numero di ossidazione aumenta. La specie che si ossida può cedere realmente elettroni, trasformandosi in catione, oppure formare legami con un elemento più elettronegativo; anche in questo caso, quindi, cede (formalmente) uno o più elettroni. La risposta esatta è la **B**.

14.10 | Soluzioni

Una soluzione è una miscela omogenea costituita da almeno due componenti (*solvente* e *soluto*) le cui quantità relative possono essere variate con continuità.

Il **solvente** è il componente che si presenta nello stesso stato di aggregazione della soluzione ed è la specie presente nella soluzione in quantità maggiore.
Il **soluto** è la sostanza che viene sciolta dal solvente ed è presente nella soluzione in quantità minore.

In base alla fase in cui si presentano, si distinguono soluzioni:

- gassose → miscele di gas in cui non si fa distinzione tra soluto e solvente;
- liquide → il solvente è liquido, il soluto può essere solido, liquido o gassoso;
- solide → il solvente è solido, il soluto può essere solido, liquido o gassoso.

- L' acqua di mare è una soluzione liquida;
- l'aria è una soluzione gassosa;
- le leghe (per esempio il bronzo, costituito da rame e stagno) sono soluzioni solide.

14.10.1 | Solubilità

Il processo di dispersione delle particelle del soluto tra le molecole del solvente prende il nome di *dissoluzione* o *solvatazione*. Alla fine del processo tutte le particelle del soluto sono state separate le une dalle altre e sono state circondate dalle molecole del solvente; si dice allora che le particelle sono solvatate.

La quantità di soluto che si può sciogliere in una data quantità di solvente non è illimitata.

Una *soluzione satura* è una soluzione contenente la massima quantità di un dato soluto che un dato volume di solvente è in grado di sciogliere a una certa temperatura. Se si aggiunge un'ulteriore quantità di soluto a una soluzione satura, il soluto aggiunto non si scioglie più e precipita come *corpo di fondo*.

La **solubilità** di un soluto è la *concentrazione della soluzione satura*; viene di solito espressa in mol/L, ma si può trovare anche espressa in g/L o nelle altre forme in cui viene espressa la concentrazione.

Le sostanze in cui le particelle sono unite da forze intermolecolari simili tendono a essere solubili le une nelle altre. In generale si può affermare che "il simile scioglie il simile". Pertanto:

- le sostanze non polari sono solubili in solventi non polari, così lo iodio (non polare) è solubile in esano (non polare);
- le sostanze ioniche e quelle molecolari polari sono solubili nei solventi polari, per esempio il cloruro di sodio (ionico) e il glucosio (polare) sono solubili in acqua (polare);
- le sostanze non polari e quelle polari sono insolubili le une nelle altre, quindi l'esano (non polare) non è solubile in acqua (polare), si forma un sistema eterogeneo

Le soluzioni più comuni sono le soluzioni acquose, nelle quali il solvente è l'acqua. L'acqua è un ottimo solvente: è infatti un dipolo e può formare legami a idrogeno o legami ione-dipolo con il soluto.

Per quanto riguarda le soluzioni acquose, si ricordano le seguenti regole di solubilità:

- i solidi covalenti (ad esempio il diamante) e i solidi metallici (ad esempio il ferro) sono insolubili in acqua;
- la solubilità in acqua di un solido molecolare dipende dalla sua polarità e dalla possibilità di formare legami a idrogeno con le molecole del solvente;

  - Il saccarosio, solido molecolare polare, è solubile in acqua;
  - lo iodio cristallino (I_2), solido molecolare formato da molecole non polari, non è solubile in acqua.

- i solidi ionici sono generalmente solubili in acqua perché gli ioni del solido possono formare legami ione-dipolo con il solvente. Esistono però anche solidi ionici insolubili in acqua.

  - Il sale da cucina, NaCl, è un composto ionico solubile in acqua;
  - il carbonato di calcio, $CaCO_3$, è un composto ionico non solubile in acqua.

CONOSCENZE SCIENTIFICHE

14.10.2 | Concentrazione di una soluzione

La concentrazione di una soluzione esprime il rapporto tra la quantità di soluto e la quantità di soluzione o di solvente.

La concentrazione di una soluzione può essere espressa con diverse unità di misura; di queste ricordiamo la composizione percentuale p/V e la molarità.

Composizione percentuale peso/volume (% p/V)

La composizione percentuale peso/volume, espressione della concentrazione molto usata nei laboratori a fini pratici, indica il numero di grammi di soluto contenuti in 100 millilitri di soluzione. Si calcola con la formula:

$$\% \text{ p/V} = \frac{\text{massa soluto (g)}}{\text{volume soluzione (mL)}} \cdot 100$$

In una soluzione acquosa del volume complessivo di 500 mL sono presenti 20 g di idrossido di sodio (NaOH).
Qual è la concentrazione della soluzione, espressa in percentuale peso/volume?

Poiché la percentuale peso/volume indica i grammi di soluto presenti in 100 mL di soluzione imposto la seguente proporzione:

$$20 \text{ g} : 500 \text{ mL} = x : 100 \text{ mL}$$

da cui:

$$x = \frac{100\ mL \cdot 20\ g}{500 mL} = 4 \text{ g}$$

Si tratta quindi di una soluzione al 4% p/V.

Molarità (M)

La molarità indica il numero di moli di soluto contenute in un litro di soluzione; è l'espressione della concentrazione più utilizzata in chimica. Si calcola con la formula:

$$M = \frac{n \text{ (mol)}}{V \text{ (L)}}$$

La concentrazione molare viene indicata ponendo fra parentesi quadre la formula della sostanza cui si fa riferimento; per esempio la notazione [HCl] = 0,5 M indica una soluzione contenente 0,5 moli di HCl per litro di soluzione.

Calcolare la concentrazione molare di una soluzione contenente 0,5 moli di idrossido di sodio in 500 mL di volume complessivo.

Poiché la molarità è definita come il numero di moli di soluto contenute in un litro di soluzione, la molarità della soluzione in esame si può ricavare sostituendo nella formula i dati in nostro possesso, ossia 0,5 moli in 0,5 litri:

$$M = \frac{0{,}5 \text{ mol}}{0{,}5 \text{ L}} = 1 \text{ mol/L}$$

La soluzione ha concentrazione 1 molare, o 1 M.

14.11 | Acidi e basi

14.11.1 | Definizione secondo Arrhenius

Acido: specie chimica che in soluzione acquosa si dissocia liberando uno (monoprotico) o più (poliprotico) ioni idrogeno H^+ (che esistono in realtà solo sotto forma di *ione idronio*, H_3O^+).

L'acido nitrico (HNO_3) è un acido monoprotico che in soluzione acquosa si dissocia liberando uno ione H^+ secondo la reazione: $HNO_{3\,(aq)} \rightarrow NO_3^-{}_{(aq)} + H^+{}_{(aq)}$

PARTE QUINTA

Base: specie chimica che in soluzione acquosa libera uno o più ioni idrossido OH^-.

L'idrossido di sodio (NaOH) è una base che in soluzione acquosa si dissocia liberando uno ione OH^- secondo la reazione: $NaOH_{(aq)} \rightarrow Na^+_{(aq)} + OH^-_{(aq)}$

Acido e base reagendo fra loro formano sale e acqua

$HNO_3 + NaOH \rightarrow NaNO_3 + H_2O$
acido base sale acqua

Questa reazione si chiama *reazione di neutralizzazione* e l'energia liberata dalla reazione è detta calore di neutralizzazione. La definizione di Arrhenius presenta alcuni limiti:

- è applicabile solo alle soluzioni acquose;
- restringe il campo delle sostanze acide e basiche a quelle contenenti rispettivamente atomi di idrogeno e gruppi OH dissociabili;
- fa pensare ad acidità e basicità come caratteristiche assolute dei vari composti.

14.11.2 | Definizione secondo Brønsted-Lowry

Acido: specie chimica in grado di trasferire uno o più ioni H^+ accettati da una base.

Base: specie chimica in grado di accettare uno o più ioni H^+ ceduti da un acido.

- Quando un acido cede uno ione H^+ si trasforma nella sua base coniugata.
- Quando una base acquista uno ione H^+ si trasforma nel suo acido coniugato.

Secondo questa teoria non esistono acidi e basi a sé stanti, ma solo **coppie acido/base coniugata**.

CONIUGATI

$CH_3COOH + H_2O \rightleftharpoons CH_3COO^- + H_3O^+$
acido base base acido

CONIUGATI

Una coppia acido/base coniugata è una coppia di specie chimiche che differiscono soltanto per uno ione H^+. Qualunque reazione che comporta il trasferimento di uno ione H^+ da un acido a una base è una reazione acido-base secondo Brønsted-Lowry e può essere così schematizzata:

acido + base $\rightleftharpoons$ base coniugata + acido coniugato

Un acido può, in determinate circostanze, comportarsi da base e viceversa: si parlerà in questo caso di *sostanza anfotera*.

L'H_2O è un anfotero { con HNO_3 si comporta da base; con NH_3 si comporta da acido }

Si ha infatti:

$HNO_3 + H_2O \rightleftharpoons NO_3^- + H_3O^+$
acido base base coniugata acido coniugato

$NH_3 + H_2O \rightleftharpoons NH_4^+ + OH^-$
base acido acido coniugato base coniugata

14.11.3 | Forza degli acidi e delle basi

Un acido (o una base) di Arrhenius è tanto più forte quanto più si dissocia in H_2O.
Acidi e basi forti sono sostanze che in soluzione acquosa sono totalmente dissociate nei loro ioni costituenti.
Acidi e basi deboli sono sostanze che in soluzione acquosa sono dissociate solo parzialmente.

HCl, HNO_3 e H_2SO_4 sono acidi forti; CH_3COOH e H_2CO_3 sono acidi deboli.
$NaOH$ e KOH sono basi forti; NH_3 è una base debole.

Un generico acido HA in soluzione acquosa è soggetto all'equilibrio di dissociazione:

$$HA \rightleftarrows H^+ + A^-$$

a cui corrisponde una costante detta *costante di dissociazione dell'acido* e indicata con simbolo K_A:

$$K_A = \frac{[H^+] \cdot [A^-]}{[HA]}$$

K_A è una misura della forza di un acido: maggiore è il valore di K_A, maggiore è la forza dell'acido; maggiore è il valore di K_A, più l'acido tende a cedere ioni H^+.
In modo analogo, la *costante di dissociazione della base*, K_B indica la forza di una base.

14.11.4 | pH di una soluzione acquosa

Utilizzando strumenti ad altissima sensibilità, si può rilevare anche nell'acqua pura la presenza di ioni in soluzione. La presenza di tali ioni dipende dal fatto che l'acqua si dissocia, anche se in modo estremamente limitato, secondo la seguente *reazione di autoprotolisi* (o *autoionizzazione*):

$$H_2O + H_2O \rightleftarrows H_3O^+ + OH^-$$

A 25 °C: $$[H_3O^+] \cdot [OH^-] = 10^{-14}$$

(Si noti che l'espressione $[H^+] \cdot [OH^-] = 10^{-14}$ è del tutto equivalente).

Nell'acqua pura si ha: $[H_3O^+] = 10^{-7}$ e $[OH^-] = 10^{-7}$

Nelle soluzioni, invece, le concentrazioni degli ioni H_3O^+ e OH^- variano a seconda della natura del soluto, per questo si possono individuare tre tipi di soluzioni:

1. soluzioni in cui $[H_3O^+] > [OH^-]$ ↔ soluzioni *acide*
2. soluzioni in cui $[H_3O^+] < [OH^-]$ ↔ soluzioni *basiche*
3. soluzioni in cui $[H_3O^+] = [OH^-]$ ↔ soluzioni *neutre*

La concentrazione degli ioni H^+ (ovvero H_3O^+) viene spesso espressa come pH, dove:

$$pH = -\text{Log}\,[H_3O^+]$$

In acqua pura $[H_3O^+] = [H^+] = 10^{-7}$ M $\Rightarrow$ pH = 7.

In base al valore del pH le soluzioni vengono divise in tre gruppi:

Soluzione	**$[H_3O^+]$**	**pH**
Acida	$> 10^{-7}$ M	< 7
Basica	$= [OH^-] = 10^{-7}$ M	= 7
Neutra	$< 10^{-7}$ M	> 7

Analogamente, la concentrazione degli ioni OH^- si può esprimere come pOH:

$$pOH = -\text{Log}\,[OH^-]$$

dalla relazione: $[H_3O^+] \cdot [OH^-] = 10^{-14}$ segue che:

$$pH + pOH = 14$$

Siamo ora in grado di rispondere al quarto quesito proposto all'inizio del capitolo.

Quesito IV. La scala del pH va da 0 a 14; sono definite acide le soluzioni con pH < 7 e basiche quelle con pH > 7; si deduce che una soluzione che ha pH = 14 è fortemente basica. Risposta **A**.

14.11.5 | Reazioni di neutralizzazione e idrolisi salina

Un acido e una base reagiscono tra loro formando sale e acqua nella reazione di neutralizzazione.

Quantità equivalenti di una soluzione di HNO_3 (acido) e di una soluzione di NaOH (base) danno:

$$\underset{\text{acido}}{HNO_3} + \underset{\text{base}}{NaOH} \rightarrow \underset{\text{sale}}{NaNO_3} + \underset{\text{acqua}}{H_2O}$$

La reazione è detta neutralizzazione perché gli ioni H_3O^+ della soluzione acida si combinano con gli ioni OH^- di quella basica cosicché la soluzione risultante è neutra (pH = 7).

La soluzione è neutra solo quando reagiscono uguali quantità di acido forte e base forte oppure uguali quantità di acido debole e base debole di uguale forza.

Quando la reazione di neutralizzazione ha luogo tra un acido debole e una base forte, oppure tra un acido forte e una base debole, la soluzione finale non è neutra e ha quindi un pH diverso da 7. Ciò è dovuto al fenomeno dell'idrolisi salina.

L'**idrolisi salina** è il fenomeno in base al quale gli ioni derivanti dalla dissociazione del sale reagiscono con le molecole d'acqua, scambiando ioni H_3O^+.

I sali possono dare soluzioni neutre, acide o basiche a seconda della natura degli acidi da cui derivano.

14.12 | Cenni di chimica organica

La chimica organica è la chimica dei composti del carbonio.

Quasi tutti i composti del carbonio appartengono alla categoria dei composti organici, fanno eccezione il monossido di carbonio (CO), l'anidride carbonica (CO_2), l'acido carbonico (H_2CO_3) e i suoi sali.

I composti organici sono milioni, ma il loro studio è facilitato dal fatto che possono essere riuniti in *classi*, ciascuna contraddistinta da proprietà chimico-fisiche caratteristiche.

Isomeria

I composti organici, dato il loro elevatissimo numero, presentano il fenomeno dell'isomeria, in base al quale alla medesima formula bruta possono corrispondere due o più composti diversi.

Si dicono isomeri due o più composti aventi la stessa formula bruta (e quindi lo stesso peso molecolare), ma diversa formula di struttura o diversa disposizione spaziale degli atomi.

Si ricordi che le molecole sono oggetti tridimensionali. Gli isomeri sono composti diversi e hanno quindi (spesso) proprietà chimiche e fisiche diverse

14.12.1 | Idrocarburi

I composti organici più semplici sono gli **idrocarburi**, composti binari costituiti solo da carbonio e idrogeno che, in base alla loro struttura, vengono suddivisi in diverse classi; una prima importante distinzione viene posta fra idrocarburi **aromatici** e **alifatici**: gli aromatici contengono anelli carboniosi con legami a elettroni delocalizzati (cioè distribuiti su tutta la molecola, come il benzene), mentre gli alifatici non contengono legami a elettroni delocalizzati.

Gli idrocarburi alifatici comprendono alcani, alcheni e alchini (a catena aperta o ciclici).

In base al tipo di legame carbonio-carbonio possono anche essere suddivisi in:

- *saturi* → contenenti solo legami semplici C – C: **alcani**;
- *insaturi* → contenenti uno o più legami multipli; comprendono:
  - **alcheni** → contenenti uno o più doppi legami C = C;
  - **alchini** → contenenti uno o più tripli legami C ≡ C.

I composti organici sono denominati in base a precise regole di nomenclatura IUPAC secondo le quali il nome di un idrocarburo è formato da un prefisso che indica il numero di atomi di carbonio che costituiscono la molecola, seguito da una desinenza diversa a seconda della classe di appartenenza (alcani, alcheni o alchini), come indicato nella tabella seguente.

Il prefisso indica il numero di atomi di carbonio		La desinenza indica la classe
met – un atomo	**es** – sei atomi	– **ano** (alcani)
et – due atomi	**ept** – sette atomi	– **ene** (alcheni)
prop – tre atomi	**ott** – otto atomi	– **ino** (alchini)
but – quattro atomi	**non** – nove atomi	
pent – cinque atomi	**dec** – dieci atomi	

$CH_3 - CH_2 - CH_2 - CH_3$ butano

$CH_3 - CH = CH - CH_3$ 2-butene

$CH_3 - C \equiv C - CH_3$ 2-butino

Gli **alcani** hanno formula generale C_nH_{2n+2} (con n = 1, 2, 3, ...), contengono solo legami semplici fra atomi di C e i loro nomi terminano con la desinenza *–ano.*

La tabella seguente riporta i primi cinque termini della *serie omologa* degli alcani.

Nome	Formula
Metano	CH_4
Etano	$CH_3 - CH_3$
Propano	$CH_3 - CH_2 - CH_3$
Butano	$CH_3 - CH_2 - CH_2 - CH_3$
Pentano	$CH_3 - CH_2 - CH_2 - CH_2 - CH_3$

Gli **alcheni** hanno formula generale C_nH_{2n} (con n ≥ 2), contengono uno o più doppi legami fra atomi di C e i loro nomi terminano con la desinenza *–ene.*

Gli **alchini** hanno formula generale C_nH_{2n-2} (con *n* ≥ 2), contengono uno o più tripli legami fra atomi di C e i loro nomi terminano con la desinenza *–ino.*

Petrolio

Il petrolio è una miscela di idrocarburi alifatici (alcani lineari e ciclici, alcheni e alchini) e aromatici, mono- e policiclici.

Il petrolio greggio estratto dal sottosuolo non è utilizzabile come tale e deve essere sottoposto a *distillazione frazionata* in speciali colonne di distillazione all'interno delle raffinerie. Da tale processo si ottengono varie frazioni a diverso punto di ebollizione e PM, principalmente gas di petrolio (metano, etano, propano e butano), il così detto GPL, benzina e nafta, cherosene, gasolio e un residuo "pesante" formato da una miscela di idrocarburi ad alto punto di ebollizione

14.12.2 | Derivati degli idrocarburi

Quando, legati agli atomi di carbonio sono presenti atomi o gruppi di atomi diversi dall'idrogeno questi sono detti *gruppi funzionali.*

Un gruppo funzionale è un atomo o un gruppo di atomi che, legato alla catena carboniosa, è responsabile delle proprietà chimico-fisiche del composto.

Moltissimi composti organici sono caratterizzati dalla presenza di uno o più gruppi funzionali.

I composti aventi lo stesso gruppo funzionale presentano analoghe proprietà chimico-fisiche e possono essere raggruppati nella stessa **classe.**

PARTE QUINTA

Nella tabella sono riportati la struttura e il nome dei principali gruppi funzionali, la classe di cui sono caratteristici e alcuni esempi.

Struttura	Nome	Classe	Esempi
—OH	gruppo ossidrilico	alcoli	CH_3OH → metanolo CH_3CH_2OH → etanolo $CH_3CH_2CH_2OH$ → propanolo
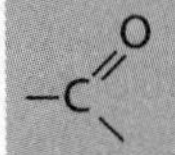	gruppo carbonilico	aldeidi chetoni	CH_2O → metanale o aldeide formica CH_3CHO → etanale o aldeide acetica CH_3COCH_3 → propanone o acetone
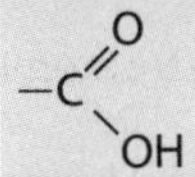	gruppo carbossilico	acidi carbossilici	HCOOH → acido metanoico o acido formico CH_3COOH → acido etanoico o acido acetico
$—NH_2$	gruppo amminico	ammine	$CH_3CH_2NH_3$→ etilammina

14.12.3 | Composti organici di interesse biologico

I composti più importanti dal punto di vista biologico, detti anche **biomolecole**, appartengono a quattro classi: **carboidrati**, **proteine**, **acidi nucleici** e **lipidi**.

I composti compresi nelle prime tre classi sono polimeri formati da unità più semplici (monomeri): i carboidrati, in particolare i polisaccaridi, sono polimeri di monosaccaridi, le proteine sono polimeri di amminoacidi e gli acidi nucleici sono polimeri di nucleotidi. La classe dei lipidi comprende invece composti di struttura chimica eterogenea, accomunati principalmente da caratteristiche fisiche simili.

CONOSCENZE SCIENTIFICHE

Carboidrati

I carboidrati (detti anche *saccaridi*, *glucidi* o *zuccheri*) sono composti contenenti carbonio, ossigeno e idrogeno.

I carboidrati contengono vari gruppi alcolici e un gruppo aldeidico (negli *aldosi*) oppure chetonico (nei *chetosi*).

La desinenza caratteristica della classe è *-osio* o *-oso*.

I carboidrati costituiscono il 60-90% del peso secco dei vegetali, mentre rappresentano solamente l'1% circa dei tessuti umani; tuttavia sono di grande importanza come fonte energetica e forniscono buona parte delle calorie totali assunte nell'alimentazione umana.

In base alla loro struttura i carboidrati vengono suddivisi in:

- *monosaccaridi* (o zuccheri semplici): non possono essere ulteriormente idrolizzati a dare zuccheri più semplici; esempi di monosaccaridi: glucosio, fruttosio, ribosio, desossiribosio, galattosio;
- *disaccaridi*: sono formati da due monosaccaridi, i quali possono essere separati mediante una reazione di idrolisi; esempi di disaccaridi: saccarosio (o zucchero da tavola, formato da glucosio + fruttosio), lattosio (glucosio + galattosio);
- *polisaccaridi*: sono formati da più monosaccaridi (superiore a 100), i quali possono essere separati mediante una reazione di idrolisi; esempi di polisaccaridi: amido (polisaccaride di glucosio presente come riserva energetica nei vegetali), glicogeno (polisaccaride di glucosio presente come riserva energetica negli animali), cellulosa (polisaccaride di glucosio presente nella parete cellulare dei vegetali).

Amminoacidi e proteine

Gli **amminoacidi** sono composti contenenti i gruppi funzionali *amminico* ($-NH_2$) e *carbossilico* ($-COOH$). Dei 20 amminoacidi che compongono le proteine presenti nell'organismo umano, 10 non possono essere sintetizzati, sono detti perciò *amminoacidi essenziali*, e devono essere introdotti con l'alimentazione.

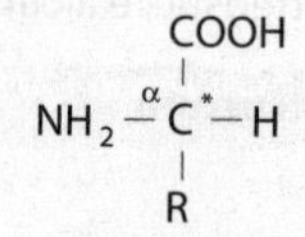

amminoacido

Le **proteine** sono polimeri biologici risultanti dall'unione dei 20 diversi amminoacidi. Sono grosse molecole contenenti spesso alcune centinaia di amminoacidi, la varietà di combinazioni e strutture possibili è quindi enorme, come pure la varietà di funzioni specifiche. Le proteine sono di grande importanza in tutti gli esseri viventi, e la loro sintesi, in ogni cellula, dipende direttamente dal DNA.

> Sono proteine gli enzimi che controllano tutte le reazioni del metabolismo, ma anche molti ormoni, gli anticorpi, l'emoglobina e le fibrille che formano i muscoli e permettono la contrazione muscolare.

Anche i **peptidi** sono polimeri di amminoacidi, ma più semplici delle proteine, contengono infatti fino a qualche decina di amminoacidi.

Una proteina può presentare quattro livelli di struttura:

- **struttura primaria**: è determinata dalla sequenza degli amminoacidi lungo la proteina;
- **struttura secondaria**: è determinata dalla disposizione nello spazio degli amminoacidi vicini lungo la catena (α-elica o a foglietto-β);
- **struttura terziaria**: struttura tridimensionale che assume la proteina nello spazio; è originata dal ripiegamento su sé stessa della struttura secondaria;
- **struttura quaternaria**: è data dalla presenza di due o più subunità peptidiche.

Lipidi

All'ampia classe dei lipidi appartengono sostanze piuttosto eterogenee dal punto di vista chimico, accomunate soprattutto dalla somiglianza delle proprietà fisiche, in particolare l'insolubilità in acqua e la solubilità nei solventi organici non polari.

I lipidi principali sono i *trigliceridi* (formati da una molecola di glicerolo e tre di acidi grassi, hanno funzione di riserva energetica), i *fosfolipidi* (formati da una molecola di glicerolo, due di acidi grassi e un gruppo fosfato; sono i costituenti principali delle membrane biologiche), gli *steroidi* (come il colesterolo e gli ormoni steroidei) e le *cere*.

Negli organismi viventi i lipidi sono importanti sia come componenti strutturali (fosfolipidi) sia come riserva di energia (trigliceridi), oltre che come "messaggeri" chimici: alcuni importanti ormoni steroidei (per esempio l'aldosterone e il testosterone) appartengono a questa classe.

Nucleotidi e acidi nucleici

Gli acidi nucleici, DNA (acido desossiribonucleico) e RNA (acido ribonucleico), rappresentano un'importante classe di polimeri biologici e svolgono ruoli fondamentali nell'ereditarietà e nella sintesi proteica (si veda a questo proposito la parte di Biologia).

Gli acidi nucleici possono essere considerati polimeri lineari di nucleotidi.

> Un *nucleotide* è formato da una base azotata legata a uno zucchero a 5 atomi di carbonio (ribosio, nell'RNA o 2-desossiribosio, nel DNA), legato a sua volta a una molecola di acido fosforico.

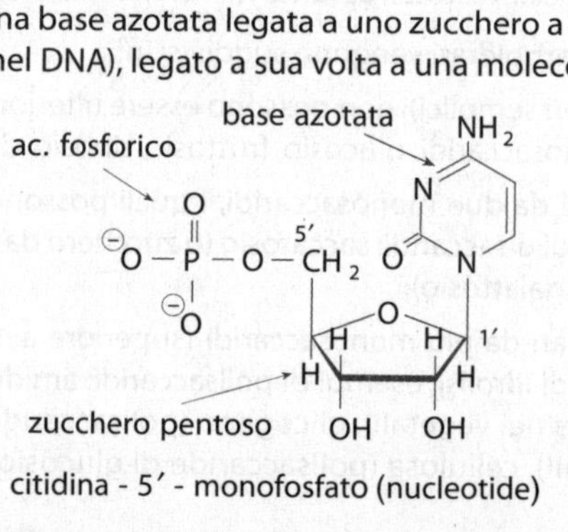

citidina - 5′ - monofosfato (nucleotide)

PARTE QUINTA

Ripassa da qui

Particella	Particelle subatomiche	Carica
Atomo	Numero protoni = numero elettroni	neutro
Anione	n. elettroni > n. protoni	–
Catione	n. protoni > n. elettroni	+
Isotopo	n. protoni = n. elettroni, ma n. neutroni variabile	neutro

Ordine di riempimento dei livelli e sottolivelli energetici nella configurazione elettronica

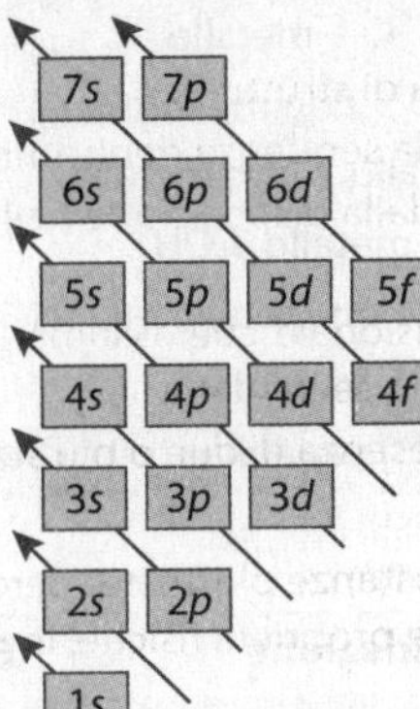

Classificazione dei legami chimici

Legami interatomici
- covalente
  - apolare
  - polare
  - dativo
  - a elettroni delocalizzati (risonanza)
- ionico
- metallico

Legami intermolecolari
- *a idrogeno*
- *forze di dispersione*
- *dipolo-dipolo*
- *ione-dipolo*

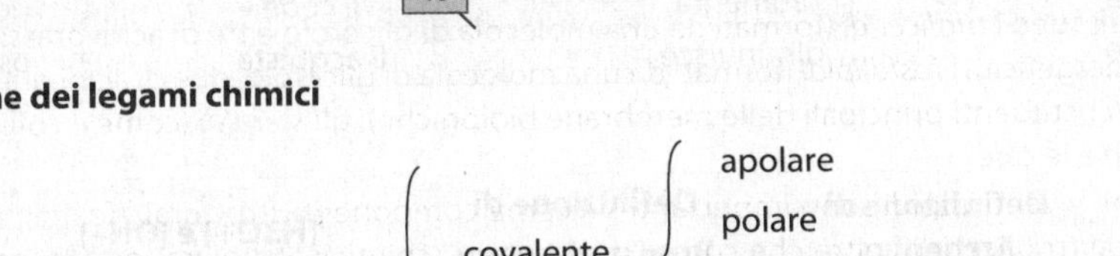

Caratteristiche dei legami forti

Legame covalente	Legame ionico	Legame metallico
Si stabilisce tra non metalli	Tra metalli e non metalli	Tra metalli
Condivisione di elettroni (sovrapposizione degli orbitali) → formazione di orbitali molecolari	Trasferimento di elettroni dal metallo al non metallo → formazione di ioni	Condivisione degli elettroni in un orbitale esteso a tutta la massa del metallo
Formazione di molecole	Formazione di reticoli cristallini ionici (solidi a T ambiente)	Formazione di reticoli cristallini metallici (solidi a T ambiente, eccetto Hg)

Composti inorganici

Composti binari	Idruri	H + metallo	LiH	Idruro di litio
	Idracidi	H + S, F, Cl, Br, I	HCl	Acido cloridrico
	Ossidi Basici	O + metallo	Na_2O	Ossido di sodio
	Ossidi Acidi	O + non metallo	CO_2	Anidride carbonica
	Sali	metallo + non metallo	NaCl	Cloruro di sodio
Composti ternari	Idrossidi	metallo + OH	NaOH	Idrossido di sodio
	Ossiacidi	H +non metallo + O	H_2CO_3	Acido carbonico
	Sali	variabile	K_2CO_3	Carbonato di potassio
Quaternari	Sali	variabile	$NaHCO_3$	Bicarbonato di sodio

Reazioni di ossidoriduzione

Elemento	Numero di ossidazione	Elettroni	Capacità
si ossida	aumenta	li cede	riducente
si riduce	diminuisce	li acquista	ossidante

Acidi e basi

Soluzione	Definizione di Arrhenius	Definizione di Brønsted-Lowry	[H3O+] e [OH–]	pH
Acida	Cede H^+	Cede H^+	$[H_3O^+] > [OH^-]$	< 7
Basica	Cede OH^-	Acquista H^+	$[H_3O^+] < [OH^-]$	> 7
Neutra			$[H_3O^+] = [OH^-]$	= 7

Composti organici

Gruppo funzionale	Classe		Desinenza
Legame semplice	idrocarburi	alcani	-ano
Doppio legame		alcheni	-ene
Triplo legame		alchini	-ino
Gruppo ossidrilico (-OH)	alcoli		-olo
Gruppo carbonilico (-CHO)	aldeidi		-ale
	chetoni		-one
Gruppo carbossilico (-COOH)	acidi carbossilici		-oico
Gruppo amminico ($-NH_2$)	ammine (primarie)		-ammina

PARTE QUINTA

14.13 | Esercizi svolti

1 Quale tra le seguenti NON è una sostanza pura?

- **A** Stagno
- **B** Acciaio
- **C** Saccarosio
- **D** Cloruro di sodio
- **E** Acqua ossigenata

Le sostanze pure hanno una composizione uniforme e ben definita, si suddividono in composti ed elementi. I composti possono essere scissi, con gli ordinari mezzi chimici, in sostanze più semplici; esempi di composti: acqua ossigenata (H_2O_2), il cloruro di sodio (NaCl), il saccarosio (disaccaride formato da glucosio e fruttosio, formula bruta $C_{12}H_{22}O_{11}$). Gli elementi corrispondono ai 118 elementi della Tavola Periodica, in cui è presente anche lo Stagno (Sn). L'acciaio è una lega composta principalmente dal ferro e carbonio, pertanto è considerato un miscuglio omogeneo allo stato di aggregazione solido. La risposta corretta è la **B**: l'acciaio non è una sostanza pura.

2 Le caratteristiche chimiche di un elemento dipendono da:

- **A** il peso atomico dell'elemento
- **B** il numero di neutroni e la loro mobilità
- **C** il numero e la collocazione degli elettroni
- **D** il rapporto tra il numero dei protoni e quello dei neutroni
- **E** la massa atomica dell'elemento

Le caratteristiche chimiche di un elemento dipendono dal numero e dalla disposizione degli elettroni, in particolare di quelli presenti nel livello energetico più esterno; infatti, questi elettroni possono essere persi, acquistati o condivisi con altri atomi; la risposta esatta è quindi la **C**.

3 Un atomo che ha perso un elettrone è definito:

- **A** nuclide radioattivo
- **B** anione
- **C** anfoione
- **D** catione
- **E** isotopo stabile

Un atomo è neutro perché possiede lo stesso numero di cariche positive (protoni) e negative (elettroni). Nel caso in cui un atomo perda un elettrone, avrà una carica positiva in più e sarà definito catione; mentre, nel caso in cui acquisti un elettrone, avrà una carica negativa in più e diventerà un anione; risposta **D**.

4 Due atomi hanno numero atomico 6 e numero di massa rispettivamente 12 e 14. Si può affermare che:

- **A** si tratta di due isotopi dello stesso elemento
- **B** i due elementi appartengono a gruppi diversi della tavola periodica
- **C** i due elementi hanno lo stesso numero di neutroni
- **D** i due elementi appartengono a periodi diversi della tavola periodica
- **E** i due elementi sono carbonio e azoto

Il numero atomico, ossia il numero di protoni presenti nel nucleo, è caratteristico di ogni elemento. Due atomi con lo stesso numero atomico, in questo caso 6, rappresentano lo stesso elemento (il carbonio). Visto che i due atomi hanno identico numero atomico, ma diverso numero di massa, avranno un diverso numero di neutroni. Quest'ultimo infatti si ricava dalla differenza tra numero atomico e numero di massa. Si tratta quindi di due isotopi del carbonio: ^{12}C (6 protoni, 6 neutroni) e ^{14}C (6 protoni, 8 neutroni) e la risposta corretta è la **A**.

5 Una mole di un dato composto contiene:

A un numero di molecole pari al numero di Avogadro
B un grammo del composto
C un numero di molecole pari alla costante di Boltzmann
D un numero di molecole pari al numero di Avogadro moltiplicato per il peso molecolare
E non si può dire senza ulteriori dati

Una mole di qualsiasi sostanza contiene un numero di unità elementari (molecole, ioni o atomi) di quella sostanza pari al numero di Avogadro, cioè $6{,}02 \cdot 10^{23}$ unità elementari di quella sostanza. La risposta esatta è quindi la A.

6 Un legame ionico si forma fra:

A due atomi uguali
B atomi con piccole differenze di elettronegatività
C atomi con uguali valori di elettronegatività
D atomi con grandi differenze di elettronegatività
E due gas nobili

Un legame ionico si forma tra due atomi con grande differenza di elettronegatività (>1,7), tipicamente fra un metallo e un non metallo; la risposta esatta è perciò la D.

7 CO rappresenta la formula di:

A monossido di carbonio
B acido carbonico
C metano
D anidride carbonica
E carbone minerale

Il composto formato da un atomo di carbonio e un atomo di ossigeno (CO) è il monossido di carbonio, risposta esatta A. L'anidride carbonica, invece, è il nome tradizionale del biossido di carbonio, di formula CO_2 (risposta D errata).

8 Quale delle seguenti reazioni è correttamente bilanciata?

A $2NaOH + H_2SO_4 \rightarrow Na_2SO_4 + 2H_2O$
B $2NaOH + 2H_2SO_4 \rightarrow 2Na_2SO_4 + 2H_2O$
C $2NaOH + 3H_2SO_4 \rightarrow Na_2SO_4 + 2H_2O$
D $2NaOH + H_2SO_4 \rightarrow Na_2SO_4 + 3H_2O$
E $3NaOH + H_2SO_4 \rightarrow Na_2SO_4 + H_2O$

Una reazione è bilanciata quando ogni elemento che partecipa compare con lo stesso numero di atomi nei reagenti e nei prodotti. La reazione bilanciata correttamente è la A, qui infatti compaiono 2 atomi di Na nei reagenti e 2 nei prodotti, 6 atomi di O nei reagenti e 6 nei prodotti, 4 atomi di H sia nei reagenti che nei prodotti.

9 L'olio d'oliva non si scioglie in acqua perché:

A è meno denso dell'acqua
B è costituito soprattutto da molecole idrofobe
C è più viscoso dell'acqua
D ha peso specifico inferiore a quello dell'acqua
E non è un composto ionico

PARTE QUINTA

La miscibilità di due liquidi dipende dalla loro polarità: in generale, le sostanze polari si sciolgono in quelle polari, mentre le sostanze apolari si sciolgono in quelle apolari ("il simile scioglie il suo simile"). Dato che l'acqua è una sostanza polare, mentre l'olio d'oliva è una miscela di molecole organiche lipidiche, apolari e idrofobiche, i due liquidi sono totalmente immiscibili.
Si conclude pertanto che la risposta esatta è la B.

---

10 La molarità di una soluzione esprime:

- A le molecole di soluto in 100 g di acqua
- B le moli di soluto in 100 ml di soluzione
- C le moli di soluto in un litro di soluzione
- D le moli di soluto per kg di solvente
- E i grammi equivalenti di soluto in un litro di soluzione

La molarità rappresenta uno dei modi in cui si può esprimere la concentrazione di una soluzione, in particolare indica il numero di moli di soluto contenute in un litro di soluzione. La risposta esatta è quindi la C.

---

11 Un processo è esotermico quando avviene:

- A con assorbimento di calore
- B a temperatura costante
- C con cessione di calore
- D a pressione costante
- E a volume costante

È definito esotermico un processo accompagnato da cessione di calore; risposta C.

---

12 Cosa indica il pH?

- A Il potenziale elettrico di una soluzione
- B L'acidità di una soluzione
- C Il potenziale magnetico di un metallo
- D L'elettronegatività
- E Il numero di molecole presenti

Il pH è un indicatore della concentrazione degli ioni H^+ (o H_3O^+) in una soluzione, e quindi dell'acidità della soluzione. Il pH è definito come l'inverso del logaritmo della concentrazione di ioni H^+:

$$pH = -\text{Log}[H^+]$$

In acqua pura $[H^+] = 10^{-7}$ M, quindi pH = 7.
Nelle soluzioni acide, dove la concentrazione di ioni H^+ è maggiore di 10^{-7} M, si ha pH < 7; nelle soluzioni neutre, in cui la concentrazione di ioni H^+ è pari a 10^{-7} M, si ha pH = 7; nelle soluzioni basiche, in cui la concentrazione di ioni H^+ è minore di 10^{-7} M, si ha pH > 7. La risposta corretta è la B.

---

13 Una sostanza messa in soluzione acquosa la rende acida quando:

- A reagendo con l'acqua ne aumenta la dissociazione
- B dissociandosi produce ossidrilioni
- C dissociandosi libera idrogenioni
- D reagendo con l'acqua ne diminuisce la dissociazione
- E modifica il pH rendendolo maggiore di 7

La concentrazione di ioni H^+ nell'acqua pura, come quella degli ioni OH^-, è pari a 10^{-7} M. Una soluzione acquosa viene definita acida quando è caratterizzata da una concentrazione di ioni H^+ superiore a 10^{-7} M. Una specie chimica che dissociandosi libera idrogenioni (cioè un acido, secondo la definizione di Arrhenius) rende acida la soluzione, la risposta esatta è quindi la C.

14 I composti organici contenenti solo atomi di C e H, vengono detti:

- A colloidi
- B idruri
- C grafiti
- D carboidrati
- E idrocarburi

I composti organici formati solamente da atomi di carbonio e idrogeno sono detti idrocarburi; risposta esatta: E.

15 Quale dei seguenti termini NON si riferisce alla medesima classe di composti?

- A Carboidrati
- B Idrati di carbonio
- C Zuccheri
- D Gliceridi
- E Glucidi

I carboidrati, o idrati di carbonio, sono denominati anche zuccheri o glucidi, mentre i gliceridi sono i composti che derivano dall'esterificazione di una molecola di glicerolo con acidi grassi a elevato numero di atomi di carbonio e sono classificati come lipidi. La risposta esatta è quindi la D.

16 Solo una delle seguenti affermazioni è CORRETTA. Quale?

- A Alcune proteine non contengono azoto
- B Nelle proteine è sempre contenuto fosforo
- C Nelle proteine è sempre contenuto ossigeno
- D Il carbonio è l'unico elemento obbligatoriamente presente in tutte le proteine
- E Alcune proteine non contengono carbonio

Gli amminoacidi, che sono i "mattoni" per la costruzione delle proteine, sono derivati degli idrocarburi (composti a base di carbonio e idrogeno), caratterizzati dalla presenza di un gruppo amminico $-NH_2$ e un gruppo carbossilico $-COOH$. Si può dire quindi che nelle proteine sono sempre presenti carbonio, idrogeno, ossigeno e azoto; la C è la risposta esatta.

PARTE QUINTA

Tavola periodica degli elementi

Legenda

82 S 1,8 4/2 207,2 **Pb** $(Xe)4f^{14}5d^{10}6s^{2}6p^{2}$ Piombo

- Numero atomico
- Stati di ossidazione (in **grassetto** il più stabile)
- Simbolo+
- Nome
- S = solido*, L = liquido*, G = gas*, A = artificiale
- Elettronegatività
- Peso atomico (in *corsivo* quello dell'isotopo più comune)
- Configurazione elettronica

* In condizioni standard

+ In grigio gli elementi artificiali

	1 **I A**	2 **II A**	3 **III B**	4 **IV B**	5 **V B**	6 **VI B**	7 **VII B**	8 VIII B	9 VIII B	10 VIII B
1	1 G 2,1 1/–1 1,0079 **H** $1s^{1}$ Idrogeno									
2	3 S 1,0 **1** 6,941 **Li** $(He)2s^{1}$ Litio	4 S 1,5 **2** 9,01218 **Be** $(He)2s^{2}$ Berillio								
3	11 S 0,9 **1** 22,98977 **Na** $(Ne)3s^{1}$ Sodio	12 S 1,2 **2** 24,305 **Mg** $(Ne)3s^{2}$ Magnesio								
4	19 S 0,8 **1** 39,0983 **K** $(Ar)4s^{1}$ Potassio	20 S 1,0 **2** 40,08 **Ca** $(Ar)4s^{2}$ Calcio	21 S 1,3 **3** 44,9559 **Sc** $(Ar)3d^{1}4s^{2}$ Scandio	22 S 1,5 **4**/3/2 47,88 **Ti** $(Ar)3d^{2}4s^{2}$ Titanio	23 S 1,6 **5**/**4**/3/2 50,9415 **V** $(Ar)3d^{3}4s^{2}$ Vanadio	24 S 1,6 6/**3**/2 51,996 **Cr** $(Ar)3d^{5}4s^{1}$ Cromo	25 S 1,5 7/6/4/3/**2** 54,9380 **Mn** $(Ar)3d^{5}4s^{2}$ Manganese	26 S 1,8 **3**/2 55,847 **Fe** $(Ar)3d^{6}4s^{2}$ Ferro	27 S 1,8 **3**/2 58,9332 **Co** $(Ar)3d^{7}4s^{2}$ Cobalto	28 S 1,8 3/2 58,69 **Ni** $(Ar)3d^{8}4s^{2}$ Nichel
5	37 S 0,8 **1** 85,4678 **Rb** $(Kr)5s^{1}$ Rubidio	38 S 1,0 **2** 87,62 **Sr** $(Kr)5s^{2}$ Stronzio	39 S 1,3 **3** 88,9059 **Y** $(Kr)4d^{1}5s^{2}$ Ittrio	40 S 1,4 **4** 91,22 **Zr** $(Kr)4d^{2}5s^{2}$ Zirconio	41 S 1,6 **5**/3 92,9064 **Nb** $(Kr)4d^{4}5s^{1}$ Niobio	42 S 1,8 **6**/5/4/3/2 95,94 **Mo** $(Kr)4d^{5}5s^{1}$ Molibdeno	43 A 1,9 **7** *98* **Tc** $(Kr)4d^{6}5s^{1}$ Tecnezio	44 S 2,2 8/6/**4**/**3**/2 101,07 **Ru** $(Kr)4d^{7}5s^{1}$ Rutenio	45 S 2,2 4/**3**/2 102,9055 **Rh** $(Kr)4d^{8}5s^{1}$ Rodio	46 S 2,2 4/**2** 106,42 **Pd** $(Kr)4d^{10}5s^{0}$ Palladio
6	55 L 0,7 **1** 132,9054 **Cs** $(Xe)6s^{1}$ Cesio	56 S 0,9 **2** 137,33 **Ba** $(Xe)6s^{2}$ Bario	57 S 1,1 **3** 138,9055 **La*** $(Xe)5d^{1}6s^{2}$ Lantanio	72 S 1,3 **4** 178,49 **Hf** $(Xe)4f^{14}5d^{2}6s^{2}$ Afnio	73 S 1,5 **5** 180,9479 **Ta** $(Xe)4f^{14}5d^{3}6s^{2}$ Tantalio	74 S 1,7 **6**/5/4/3/2 183,85 **W** $(Xe)4f^{14}5d^{4}6s^{2}$ Tungsteno	75 S 1,9 7/6/4/2/ 186,207 **Re** $(Xe)4f^{14}5d^{5}6s^{2}$ Renio	76 S 2,2 8/6/**4**/3 190,2 **Os** $(Xe)4f^{14}5d^{6}6s^{2}$ Osmio	77 S 2,2 6/**4**/3/2 192,22 **Ir** $(Xe)4f^{14}5d^{7}6s^{2}$ Iridio	78 S 2,2 **4**/2 195,08 **Pt** $(Xe)4f^{14}5d^{9}6s^{1}$ Platino
7	87 L 0,7 **1** *223* **Fr** $(Rn)7s^{1}$ Francio	88 S 0,9 **2** 226,0254 **Ra** $(Rn)7s^{2}$ Radio	89 S 1,1 **3** 227,0278 **Ac**** $(Rn)6d^{1}7s^{2}$ Attinio	104 A *261* **Rf** $(Rn)5f^{14}6d^{2}7s^{2}$ Rutherfordio	105 A *262* **Db** $(Rn)5f^{14}6d^{3}7s^{2}$ Dubnio	106 A *266* **Sg** $(Rn)5f^{14}6d^{4}7s^{2}$ Seaborgio	107 A *264* **Bh** $(Rn)5f^{14}6d^{5}7s^{2}$ Bohrio	108 A *277* **Hs** $(Rn)5f^{14}6d^{6}7s^{2}$ Hassio	109 A *268* **Mt** $(Rn)5f^{14}6d^{7}7s^{2}$ Meitnerio	110 A *271* **Ds** $(Rn)5f^{14}6d^{9}7s^{1}$ Darmstadtio

58 S 1,1 4/3 140,12 **Ce** $(Xe)4f^{2}5d^{0}6s^{2}$ Cerio	59 S 1,1 **4**/**3** 140,9077 **Pr** $(Xe)4f^{3}5d^{0}6s^{2}$ Praseodimio	60 S 1,2 **3** 144,24 **Nd** $(Xe)4f^{4}5d^{0}6s^{2}$ Neodimio	61 A **3** *145* **Pm** $(Xe)4f^{5}5d^{0}6s^{2}$ Promezio	62 S 1,2 **3**/**2** 150,36 **Sm** $(Xev)4f^{6}5d^{0}6s^{2}$ Samario	63 S **3**/**2** 151,96 **Eu** $(Xe)4f^{7}5d^{0}6s^{2}$ Europio	64 S 1,1 **3** 157,25 **Gd** $(Xe)4f^{7}5d^{1}6s^{2}$ Gadolinio
90 S 1,3 **4** 232,0381 **Th** $(Rn)5f^{0}6d^{2}7s^{2}$ Torio	91 S 1,5 5/4 231,0359 **Pa** $(Rn)5f^{2}6d^{1}7s^{2}$ Protattinio	92 S 1,7 **6**/5/4/3 238,0289 **U** $(Rn)5f^{3}6d^{1}7s^{2}$ Uranio	93 A 1,3 **6**/**5**/**4**/3 237,0482 **Np** $(Rn)5f^{4}6d^{1}7s^{2}$ Nettunio	94 A 1,3 6/5/**4**/3 *244* **Pu** $(Rn)5f^{6}6d^{0}7s^{2}$ Plutonio	95 A 1,3 6/5/4/**3** *243* **Am** $(Rn)5f^{7}6d^{0}7s^{2}$ Americio	96 A 4/**3** *247* **Cm** $(Rn)5f^{7}6d^{1}7s^{2}$ Curio

Metalli | Semimetalli | *

Non metalli | Gas nobili | **

11 I B	12 II B	13 III A	14 IV A	15 V A	16 VI A	17 VII A	18 Gas Nobili	Livelli riempiti lungo il periodo
							2 G — 0 4,0026 **He** $1s^2$ Elio	*1s*
		5 S 2,0 3 10,81 **B** $(He)2s^2 2p^1$ Boro	6 S 2,5 ±**4**/2 12,011 **C** $(He)2s^2 2p^2$ Carbonio	7 G 3,0 5/4±**3**/1 14,0067 **N** $(He)2s^2 2p^3$ Azoto	8 G 3,5 **−2** 15,9994 **O** $(He)2s^2 2p^4$ Ossigeno	9 G 4,0 −1 18,998403 **F** $(He)2s^2 2p^5$ Fluoro	10 G — 0 20,179 **Ne** $(He)2s^2 2p^6$ Neon	*2s*, *2p*
		13 S 1,5 **3** 26,98154 **Al** $(Ne)3s^2 3p^1$ Alluminio	14 S 1,8 ±**4** 28,0855 **Si** $(Ne)3s^2 3p^2$ Silicio	15 S 2,1 **5**/4/±3/1 30,97376 **P** $(Ne)3s^2 3p^3$ Fosforo	16 S 2,5 **6**/4/±2 32,06 **S** $(Ne)3s^2 3p^4$ Zolfo	17 G 3,0 7/5/3/±**1** 35,453 **Cl** $(Ne)3s^2 3p^5$ Cloro	18 G — 0 39,948 **Ar** $(Ne)3s^2 3p^6$ Argon	*3s*, *3p*
29 S 1,9 **2**/1 63,546 **Cu** $(Ar)3d^{10} 4s^1$ Rame	30 S 1,6 **2** 65,38 **Zn** $(Ar)3d^{10} 4s^2$ Zinco	31 L 1,6 **3** 69,72 **Ga** $(Ar)3d^{10} 4s^2 4p^1$ Gallio	32 S 1,8 **4** 72,59 **Ge** $(Ar)3d^{10} 4s^2 4p^2$ Germanio	33 S 2,0 5/±**3** 74,9216 **As** $(Ar)3d^{10} 4s^2 4p^3$ Arsenico	34 S 2,4 6/**4**/−2 78,96 **Se** $(Ar)3d^{10} 4s^2 4p^4$ Selenio	35 L 2,8 5/±**1** 79,904 **Br** $(Ar)3d^{10} 4s^2 4p^5$ Bromo	36 G 0 83,80 **Kr** $(Ar)3d^{10} 4s^2 4p^6$ Kripton	*4s*, *3d*, *4p*
47 S 1,9 2/**1** 107,868 **Ag** $(Kr)4d^{10} 5s^1$ Argento	48 S 1,7 **2** 112,41 **Cd** $(Kr)4d^{10} 5s^2$ Cadmio	49 S 1,7 **3** 114,82 **In** $(Kr)4d^{10} 5s^2 5p^1$ Indio	50 S 1,8 **4**/2 118,69 **Sn** $(Kr)4d^{10} 5s^2 5p^2$ Stagno	51 S 1,9 5/±**3** 121,75 **Sb** $(Kr)4d^{10} 5s^2 5p^3$ Antimonio	52 S 2,1 6/**4**/−2 127,60 **Te** $(Kr)4d^{10} 5s^2 5p^4$ Tellurio	53 S 2,5 7/5/±**1** 126,9045 **I** $(Kr)4d^{10} 5s^2 5p^5$ Iodio	54 G 0 131,29 **Xe** $(Kr)4d^{10} 5s^2 5p^6$ Xeno	*5s*, *4d*, *5p*
79 S 2,4 **3**/1 196,9665 **Au** $(Xe)4f^{14} 5d^{10} 6s^1$ Oro	80 L 1,9 **2**/1 200,59 **Hg** $(Xe)4f^{14} 5d^{10} 6s^2$ Mercurio	81 S 1,8 3/**1** 204,383 **Tl** $(Xe)4f^{14} 5d^{10} 6s^2 6p^1$ Tallio	82 S 1,8 4/**2** 207,2 **Pb** $(Xe)4f^{14} 5d^{10} 6s^2 6p^2$ Piombo	83 S 1,8 5/**3** 208,99804 **Bi** $(Xe)4f^{14} 5d^{10} 6s^2 6p^3$ Bismuto	84 S 2,0 6/4/**2** *209* **Po** $(Xe)4f^{14} 5d^{10} 6s^2 6p^4$ Polonio	85 S 2,2 7/5/3/±**1** *210* **At** $(Xe)4f^{14} 5d^{10} 6s^2 6p^5$ Astato	86 G 0 *222* **Rn** $(Xe)4f^{14} 5d^{10} 6s^2 6p^6$ Rado	*6s*, (*4f*), *5d*, *6p*
111 A *272* **Rg** $(Rn)5f^{14} 6d^{10} 7s^1$ Roentgenio	112 A 285 **Cn** $(Rn)5f^{14} 6d^{10} 7s^2$ Copernicio	113 A *284* **Nh** $(Rn)5f^{14} 6d^{10} 7s^2 7p^1$ Nihonium	114 A *289* **Fl** $(Rn)5f^{14} 6d^{10} 7s^2 7p^2$ Flerovio	115 A *288* **Mc** $(Rn)5f^{14} 6d^{10} 7s^2 7p^3$ Moscovium	116 A *292* **Lv** $(Rn)5f^{14} 6d^{10} 7s^2 7p^4$ Livermorio	117 A *310* **Ts** $(Rn)5f^{14} 6d^{10} 7s^2 7p^5$ Tennessine	118 A *314* **Og** $(Rn)5f^{14} 6d^{10} 7s^2 7p^6$ Oganesson	*7s*, (*5f*), *6d*

65 S 1,2 4/**3** 158,9254 **Tb** $(Xe)4f^9 5d^0 6s^2$ Terbio	66 S **3** 162,50 **Dy** $(Xe)4f^{10} 5d^0 6s^2$ Disprosio	67 S 1,2 **3** 164,9304 **Ho** $(Xe)4f^{11} 5d^0 6s^2$ Olmio	68 S 1,2 **3** 167,26 **Er** $(Xe)4f^{12} 5d^0 6s^2$ Erbio	69 S 1,2 **3**/2 168,9342 **Tm** $(Xe)4f^{13} 5d^0 6s^2$ Tulio	70 S 1,1 **3**/2 173,04 **Yb** $(Xe)4f^{14} 5d^0 6s^2$ Itterbio	71 S 1,2 **3** 174,967 **Lu** $(Xe)4f^{14} 5d^1 6s^2$ Lutezio
97 A 4/**3** *247* **Bk** $(Rn)5f^9 6d^0 7s^2$ Berchelio	98 A **3** *251* **Cf** $(Rn)5f^{10} 6d^0 7s^2$ Californio	99 A **3** *252* **Es** $(Rn)5f^{11} 6d^0 7s^2$ Einsteinio	100 A **3** *257* **Fm** $(Rn)5f^{12} 6d^0 7s^2$ Fermio	101 A **3**/2 *258* **Md** $(Rn)5f^{13} 6d^0 7s^2$ Mendelevio	102 A **3**/2 259 **No** $(Rn)5f^{14} 6d^0 7s^2$ Nobelio	103 A **3** *260* **Lr** $(Rn)5f^{14} 6d^1 7s^2$ Laurenzio

CONOSCENZE SCIENTIFICHE

15 | Fisica

Mettiti alla prova

I **Quale vettore tra quelli indicati nei seguenti disegni con i numeri rispettivamente 1, 2, 3, 4, 5 rappresenta il vettore differenza a – b?**

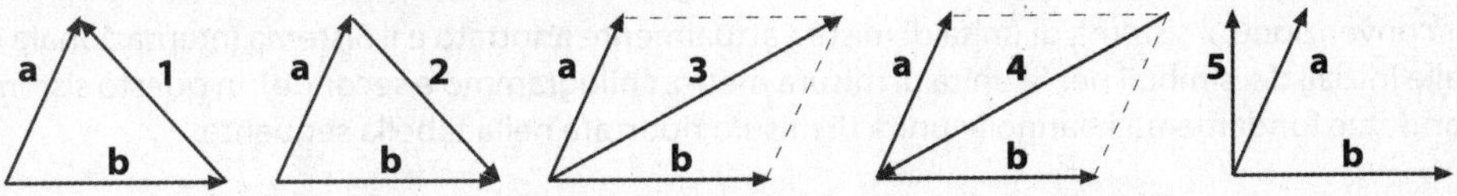

- A 1
- B 2
- C 3
- D 4
- E 5

II **Una forza costante di 7,00 N viene applicata lungo una linea retta ad un corpo, per spostarlo di 13 m, parallelamente alla direzione della forza, in 5 secondi. Qual è la potenza sviluppata dalla forza per spostare il corpo?**

- A 1,82 W
- B 9,10 W
- C 18,2 W
- D 91,0 W
- E 455 W

III **La temperatura dell'acqua bollente:**

- A può essere di 98 gradi centigradi
- B può superare i 100 gradi centigradi solo se irradiata da sorgenti radioattive ad alta potenza
- C dipende dalla temperatura dell'ambiente
- D è sempre 100 gradi centigradi
- E nessuna delle precedenti risposte è corretta

IV **Un campo magnetico è prodotto:**

- A da cariche elettriche in movimento
- B da un campo elettrico stazionario
- C da una massa in moto in un campo elettrico esterno
- D da cause non in relazione a fenomeni elettrici
- E da un sistema di cariche in quiete

Ecco le risposte esatte dei quattro quesiti proposti: I **A**, II **C**, III **A**, IV **A**.

15.1 | Scalari e vettori

15.1.1 | Grandezze scalari

Misurare una grandezza fisica significa fissare un'opportuna **unità di misura** e stabilire quante volte questa unità è contenuta nella grandezza data.

Si dice **scalare** una grandezza che può essere descritta indicando un numero, eventualmente accompagnato dalla relativa unità di misura.

Sistema internazionale delle unità di misura

In fisica si definiscono sette grandezze **fondamentali** fra loro indipendenti. Tutte le altre prendono il nome di grandezze **derivate** nel senso che si possono ricavare tramite opportune "ricette" matematiche a partire da quelle fondamentali.
Per convenzione, il sistema di unità di misura attualmente adottato è il Sistema internazionale (SI) o MKS (dalle iniziali dei simboli per le unità di misura metro, chilogrammo e secondo); in questo sistema le sette grandezze fondamentali hanno le unità di misura riportate nella tabella seguente.

Grandezza fondamentale	Unità di misura nel SI	Simbolo
Lunghezza	metro	m
Massa	chilogrammo	kg
Tempo	secondo	s
Intensità di corrente	ampere	A
Temperatura	kelvin	K
Intensità luminosa	candela	cd
Quantità di sostanza	mole	mol

PARTE QUINTA

Il SI non è il solo sistema di unità di misura esistente; un altro molto usato è il CGS (dalle iniziali di centimetro, grammo e secondo), nel quale per lunghezza, massa e tempo si usano rispettivamente le unità di misura centimetro, grammo e secondo. In questo testo, in generale, si utilizzano le unità di misura del SI.

Unità di misura e sottomultipli

In entrambi i sistemi SI e CGS si aggiungono prefissi alle unità di misura in modo da rendere i numeri più "maneggevoli". Le tabelle seguenti riportano i prefissi più usati.

Multipli			
deca (da)	10^1	mega (M)	10^6
etto (h)	10^2	giga (G)	10^9
chilo (k)	10^3	tera (T)	10^{12}

Sottomultipli			
deci (d)	10^{-1}	micro (μ)	10^{-6}
centi (c)	10^{-2}	nano (n)	10^{-9}
milli (m)	10^{-3}	pico (p)	10^{-12}

$7\ \text{Gm} = 7 \cdot 10^9\ \text{m} = 7 \cdot 10^{11}\ \text{cm} = 7 \cdot 10^{18}\ \text{nm}$
$9{,}7\ \text{mm} = 9{,}7 \cdot 10^{-2}\ \text{dm} = 9{,}7 \cdot 10^{-6}\ \text{km} = 9{,}7 \cdot 10^{-9}\ \text{Mm}$

Notazione scientifica o esponenziale

Ogni numero razionale può essere scritto nella forma $a \cdot 10^b$, dova a è un numero decimale con una sola cifra diversa da zero prima della virgola, mentre b è un numero intero.

$0{,}0025 = 2{,}5 \cdot 10^{-3}$; $-562{,}5 = -5{,}625 \cdot 10^2$; $-0{,}070 = -7{,}0 \cdot 10^{-2}$

Ordine di grandezza

L'ordine di grandezza (ODG) di un numero indica con quale potenza di 10 lo si può sostituire in calcoli approssimati. Dato un numero espresso nella notazione esponenziale $a \cdot 10^b$, il suo ODG è pari all'esponente b se $|a| < 5$, pari a $b + 1$ se $|a| \geq 5$

ODG(0,0025) = −3 ; ODG(−562,5) = 2 + 1 = 3 ; ODG(−0,070) = − 2 + 1 = −1

Dimensioni di una grandezza fisica e analisi dimensionale

Per ciascuna delle grandezze fondamentali della fisica si introduce un'etichetta di riconoscimento che, racchiusa fra parentesi quadre, indica la grandezza stessa o, più correttamente, la sua *dimensione*. Nella tabella seguente vengono riportate le dimensioni delle grandezze fondamentali.

Grandezza	Dimensione
Lunghezza	[L]
Massa	[M]
Tempo	[T]
Intensità di corrente	[i]
Temperatura	[K]
Intensità luminosa	[I]
Quantità di sostanza	[m]

Le dimensioni di una grandezza derivata si ricavano dalle dimensioni delle grandezze fondamentali, secondo la stessa relazione che lega la grandezza derivata alle grandezze fondamentali.

Le dimensioni della velocità media, definita come $\frac{\Delta s}{\Delta t}$, sono $\frac{[L]}{[T]}$.

Se due grandezze fisiche hanno le stesse dimensioni, si dicono **omogenee**.
Alcune grandezze (tipicamente quelle definite come rapporto fra due grandezze omogenee) sono prive di dimensioni: si tratta di grandezze fisiche **adimensionali**.

Le dimensioni vengono trattate proprio come le quantità algebriche nel calcolo letterale. Questo implica alcune regole pratiche:

1. i numeri puri, gli angoli e tutte le grandezze adimensionali in genere non hanno dimensioni; nell'analisi dimensionale si possono sostituire con un 1;
2. moltiplicare (dividere) una grandezza fisica per un numero puro non varia le dimensioni del risultato;
3. le grandezze fisiche possono essere sommate o sottratte solo se hanno le stesse dimensioni (ossia se sono omogenee);
4. i due membri di un'equazione o di un'uguaglianza fisica devono avere le stesse dimensioni.

15.1.2 | Grandezze vettoriali

Le grandezze vettoriali sono individuate, oltre che da un numero (*modulo* o *intensità*) che ne esprime la misura rispetto a un'unità prefissata, anche da una *direzione* e da un *verso*.

I vettori si rappresentano simbolicamente con delle frecce.

Nella figura è rappresentato un vettore.

- A è il punto di "partenza" o **punto di applicazione**.
- Il **modulo** o **intensità** del vettore è pari alla lunghezza della freccia (rapportata alla relativa unità di misura).
- La **direzione** del vettore è la retta a cui la freccia appartiene.
- Il **verso** del vettore è quello indicato dalla freccia (per ogni direzione si possono avere due versi).

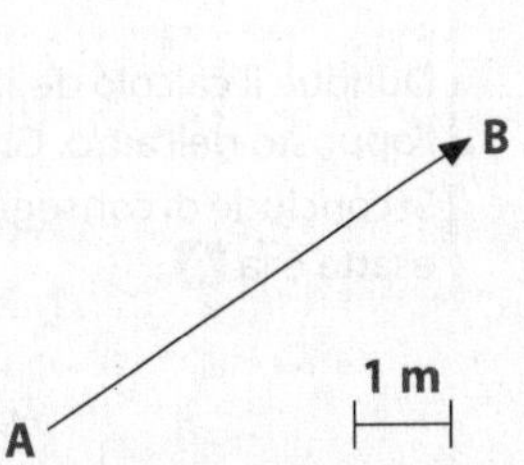

CONOSCENZE SCIENTIFICHE

Esistono diverse notazioni per indicare un vettore. Le più utilizzate sono il grassetto **v** o la freccia sopra la lettera, $\vec{v}$. Il suo modulo è indicato con il simbolo $|\mathbf{v}|$ oppure con il corsivo *v*.

Due vettori si dicono:

- **paralleli** quando giacciono su direzioni (rette) coincidenti o parallele;
- **concordi** quando sono paralleli e hanno lo stesso verso;
- **antiparalleli** o **discordi** quando sono paralleli ma hanno verso opposto;
- **ortogonali** o **perpendicolari** quando le loro direzioni formano un angolo di 90°.

15.1.3 | Somma e differenza fra vettori

I vettori si sommano con la **regola del parallelogramma**: la **somma** (o **risultante**) di due vettori $\mathbf{v}_1$ e $\mathbf{v}_2$ è un vettore $\mathbf{v}_1 + \mathbf{v}_2 = \mathbf{v}$ diretto lungo la diagonale del parallelogramma avente per lati i vettori $\mathbf{v}_1$ e $\mathbf{v}_2$ e per modulo la lunghezza della diagonale. In generale, $|\mathbf{v}| \neq |\mathbf{v}_1| + |\mathbf{v}_2|$. Seguono tre esempi in cui il relativo calcolo può essere effettuato più rapidamente, ricordando che $\cos 0° = 1$, $\cos 90° = 0$ e $\cos 180° = -1$.

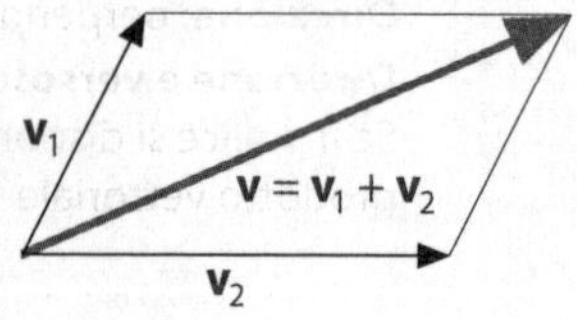

Se $\mathbf{v}_1$ e $\mathbf{v}_2$ sono ortogonali tra loro ($\alpha = 90°$), direzione e verso del vettore risultante **v** si costruiscono con la regola del parallelogramma, mentre il modulo del vettore somma si ricava applicando il teorema di Pitagora:

$$|\mathbf{v}| = \sqrt{|\mathbf{v}_1|^2 + |\mathbf{v}_2|^2}$$

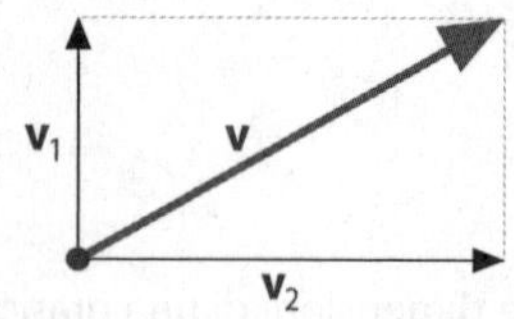

Se $\mathbf{v}_1$ e $\mathbf{v}_2$ sono paralleli e concordi ($\alpha = 0°$), il vettore risultante **v** ha la stessa direzione e lo stesso verso di $\mathbf{v}_1$ e $\mathbf{v}_2$, mentre il modulo è $|\mathbf{v}| = |\mathbf{v}_1| + |\mathbf{v}_2|$.

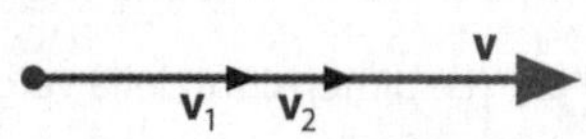

Se $\mathbf{v}_1$ e $\mathbf{v}_2$ sono antiparalleli ($\alpha = 180°$), il vettore risultante **v** ha la stessa direzione di $|\mathbf{v}_1| + |\mathbf{v}_2|$ e lo stesso verso del vettore di modulo maggiore. Il modulo è invece dato da:

$$|\mathbf{v}| = |\mathbf{v}_2| - |\mathbf{v}_1| \text{ se } |\mathbf{v}_2| > |\mathbf{v}_1| \text{ ; } |\mathbf{v}| = |\mathbf{v}_1| - |\mathbf{v}_2| \text{ altrimenti}$$

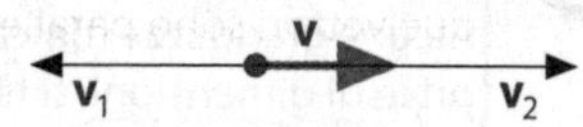

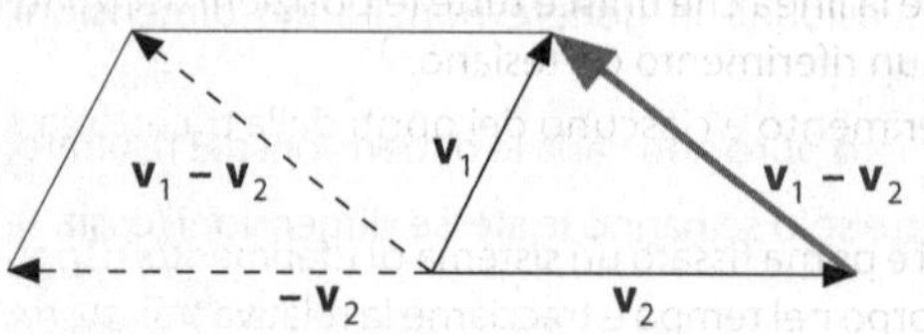

La **differenza** tra due vettori si ottiene sommando al primo vettore l'opposto del secondo:

$$\mathbf{v}_1 - \mathbf{v}_2 = \mathbf{v}_1 + (-\mathbf{v}_2)$$

Siamo già in grado di rispondere alla prima domanda posta all'inizio del capitolo.

Quesito I. Secondo la regola del parallelogramma, la somma vettoriale (o risultante) di due vettori **a** e **b** è la diagonale del parallelogramma che ha per lati **a** e **b**. La risultante $\mathbf{a} + \mathbf{b}$ è rappresentata nel diagramma 3.
Utilizzando sempre la regola del parallelogramma, si definisce differenza tra **a** e **b**:

$$\mathbf{a} - \mathbf{b} = \mathbf{a} + (-\mathbf{b})$$

Dunque il calcolo della differenza di due vettori si riduce al calcolo della somma di un vettore con l'opposto dell'altro. Graficamente, il vettore opposto è lo stesso vettore cambiato di verso.
Si conclude di conseguenza che lo schema corretto per la differenza $\mathbf{a} - \mathbf{b}$ è il numero 1: la risposta esatta è la **A**.

15.1.4 | Prodotto fra vettori

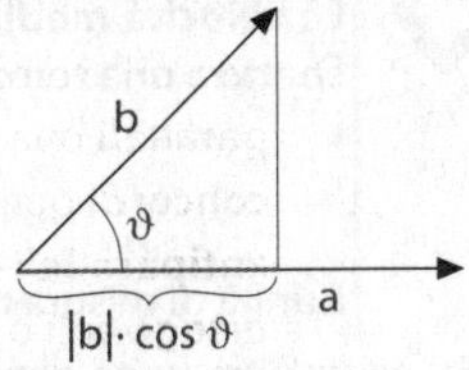

Il prodotto scalare tra due vettori **a** e **b** è uno scalare così definito:

$$\mathbf{a} \cdot \mathbf{b} = |\mathbf{a}| \cdot |\mathbf{b}| \cdot \cos\vartheta$$

dove ϑ è l'angolo tra **a** e **b**.

Il prodotto scalare è massimo quando i due vettori sono paralleli e concordi ($\vartheta = 0$), mentre se sono perpendicolari ($\vartheta = 90°$) è nullo.

Il prodotto vettoriale $\mathbf{a} \wedge \mathbf{b}$ è un vettore così definito:

- **Intensità**: $|\mathbf{a}| \cdot |\mathbf{b}| \cdot \operatorname{sen}\vartheta = |\mathbf{a}_n| \cdot |\mathbf{b}|$ dove $\mathbf{a}_n$ è la componente di **a** perpendicolare a **b**.
- **Direzione**: perpendicolare al piano individuato da **a** e **b**.
- **Direzione e verso**: determinato dalla *regola della mano destra*, illustrata nella figura seguente. Se il pollice si dispone come **a** e l'indice come **b**, allora il medio indica la direzione e il verso del prodotto vettoriale tra i due.

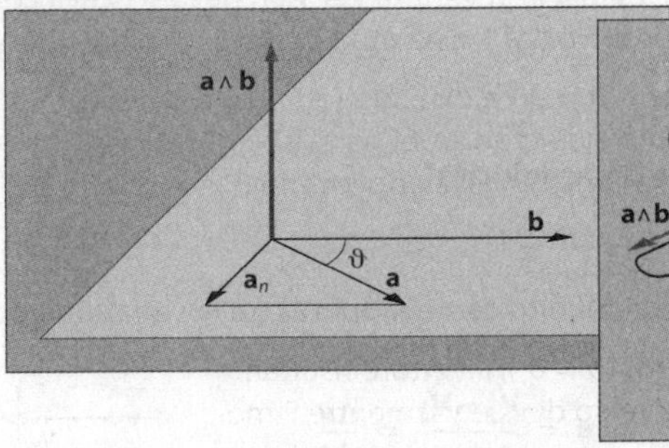

Il modulo del prodotto vettoriale è massimo quando i due vettori **a** e **b** sono perpendicolari. Se i due vettori sono paralleli il modulo del prodotto vettoriale è nullo.

15.2 | Cinematica

La cinematica studia e descrive il moto dei corpi senza interessarsi delle cause che lo producono.

La **traiettoria** di un punto materiale in movimento è la linea che unisce tutte le posizioni occupate dal punto al trascorrere del tempo, per esempio in un riferimento cartesiano.
Il vettore che congiunge l'origine del sistema di riferimento e ciascuno dei punti della traiettoria è detto **vettore posizione**.

Dire che un oggetto è in quiete o in moto ha senso solo se si è prima fissato un sistema di riferimento, rispetto al quale è possibile esprimere le posizioni occupate dal corpo nel tempo e tracciarne la relativa traiettoria. Il sistema di riferimento che si sceglie è normalmente solidale con la Terra, cioè in quiete rispetto a essa. Il moto del corpo è di conseguenza un moto relativo perché riferito a quel sistema. A seconda che il movimento avvenga lungo una retta, su un piano o nello spazio, per rappresentarlo si useranno rispettivamente una retta, un sistema di due assi ortogonali (**piano cartesiano**) o un sistema di tre assi (**terna cartesiana**).

15.2.1 | Grandezze cinematiche

Spostamento

Il *vettore spostamento* unisce la posizione occupata nell'istante iniziale da un punto materiale in moto a quella occupata nell'istante finale. Si definisce quindi come una differenza di vettori posizione e si indica con $\Delta\mathbf{s}$: $\Delta\mathbf{s} = \mathbf{s}_2 - \mathbf{s}_1$. L'unità di misura dello spostamento nel SI è il metro.

In generale l'operatore matematico Δ applicato a una grandezza fisica *g* indica la **variazione** di *g* e si calcola sottraendo al valore assunto da *g* nell'istante finale il valore assunto da *g* nell'istante iniziale: $\Delta g = g_2 - g_1$.

Velocità

La **velocità media** è un vettore definito come rapporto tra la variazione del vettore posizione (rispetto a una terna cartesiana) e la variazione di tempo.

$$\mathbf{v} = \frac{\mathbf{s}_2 - \mathbf{s}_1}{t_2 - t_1} = \frac{\Delta \mathbf{s}}{\Delta t}$$

L'unità di misura della velocità nel SI è il $m \cdot s^{-1} = m/s$ l.

Esiste un'altra unità di misura della velocità molto usata: il km/h. Per passare da km/h a m/s si divide per 3,6, mentre per passare da m/s a km/h si moltiplica per 3,6.

$$v = 60\,\frac{km}{h} = \frac{60 \cdot 1000}{3600}\,\frac{m}{s} = \frac{60}{3{,}6}\,\frac{m}{s} = 16{,}7\,\frac{m}{s}$$

$$v = 10\,\frac{m}{s} = 10 \cdot 3{,}6\,\frac{km}{h} = 36\,\frac{km}{h}$$

La velocità media è un vettore. È parallela al vettore $\Delta \mathbf{s}$ perché la si ricava come rapporto tra il vettore $\Delta \mathbf{s}$ e un numero sempre positivo (Δt), e ha modulo pari al modulo di $\Delta \mathbf{s}$ diviso Δt:

$$v = \Delta s / \Delta t$$

La velocità media non è la media delle velocità!

Accelerazione

L'**accelerazione media** è un vettore definito come rapporto tra la variazione del vettore velocità (rispetto a una terna cartesiana) e la variazione di tempo:

$$\mathbf{a} = \frac{\mathbf{v}_2 - \mathbf{v}_1}{t_2 - t_1} = \frac{\Delta \mathbf{v}}{\Delta t}$$

L'unità di misura dell'accelerazione nel SI è il $m \cdot s^{-2} = m/s^2$.

L'accelerazione media è un vettore. Direzione e verso sono gli stessi della variazione di velocità Δv, poiché Δt è un numero sempre positivo, mentre il **modulo** è pari al rapporto fra il modulo della variazione di velocità $|\Delta \mathbf{v}|$ e il tempo Δt impiegato per tale variazione.

L'accelerazione media è stata definita come variazione del vettore velocità nel tempo. Si può avere una variazione del vettore velocità ($\Delta \mathbf{v} \neq 0$) anche se il suo modulo è $|\mathbf{v}|$ = costante: è sufficiente che cambi la direzione. Infatti, **il vettore velocità è sempre tangente alla traiettoria**. In altre parole, **si può avere accelerazione diversa da zero anche se la velocità rimane costante in modulo.**

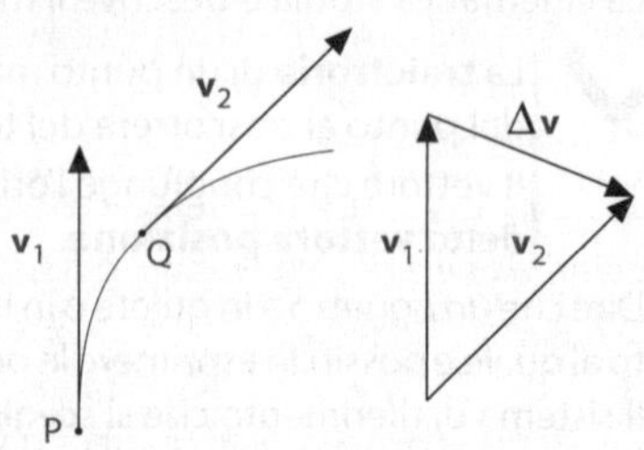

Le dimensioni dell'accelerazione sono $[L]/[T]^2$.

PARTE QUINTA

15.2.2 | Moti particolari

Il moto è **rettilineo** quando la velocità **v** ha *direzione costante* (il modulo può variare).
Il moto è **uniforme** quando la velocità **v** ha *modulo costante* (la direzione può variare).

Moto rettilineo uniforme

È il moto più semplice, in cui la velocità **v** è costante in direzione, modulo e verso; $\mathbf{v} = \frac{\Delta \mathbf{s}}{\Delta t}$, da cui si ricava:

$$v = \frac{\Delta s}{\Delta t}; \quad \Delta t = \frac{\Delta s}{v}; \quad \Delta \mathbf{s} = \mathbf{v} \cdot \Delta t$$

Per **legge oraria** di un moto si intende la relazione che esprime lo spazio in funzione del tempo. Nel caso del moto rettilineo uniforme, la legge oraria assume la forma:

$$\mathbf{s} = \mathbf{v} \cdot t$$

Se all'istante iniziale t_0 il corpo ha già percorso un tratto s_0, la legge oraria diventa:

$$\mathbf{s} = \mathbf{s}_0 + \mathbf{v} \cdot t$$

Il moto rettilineo uniforme di un punto materiale si può sempre rappresentare graficamente nel piano spazio-tempo con una retta il cui coefficiente angolare è pari alla velocità del punto.

Moto uniformemente accelerato

Se in un moto l'accelerazione è costante, il moto si dice *uniformemente accelerato*.
Per tale moto la velocità raggiunta dopo avere accelerato per un tempo t vale:

$$\mathbf{v}_f = \mathbf{v}_0 + a \cdot t$$

mentre lo spazio percorso dopo un tempo t (legge oraria) è:

$$\mathbf{s} = \mathbf{s}_0 + \mathbf{v}_0 \cdot t + \frac{1}{2}\mathbf{a} \cdot t^2$$

dove $\mathbf{v}_0$ e $\mathbf{v}_f$ sono la velocità iniziale e finale, $\mathbf{s}_0$ è lo spazio iniziale, **a** è l'accelerazione (costante) e t è il tempo trascorso dall'istante iniziale.

Nel piano spazio-tempo la rappresentazione grafica del moto è una parabola, che ha vertice nell'origine se $s_0 = v_0 = 0$. Nel piano velocità-tempo la rappresentazione grafica è una semiretta passante per l'origine degli assi, il cui coefficiente angolare è pari al valore dell'accelerazione, mentre nel piano accelerazione-tempo è una retta orizzontale che interseca l'asse delle ordinate in corrispondenza del valore costante dell'accelerazione.

Moto di caduta dei gravi

L'importanza che riveste il moto uniformemente accelerato è dovuta al fatto che la caduta libera dei gravi sulla Terra è un moto di questo tipo. Per questo motivo, il moto di caduta dei gravi è chiamato anche moto *naturalmente accelerato*.

In particolare, nel campo gravitazionale si ha: $a = g = 9{,}8\ \text{m/s}^2$.

Le variazioni dell'accelerazione gravitazionale sono talmente piccole che il modulo di **g** può essere considerato costante sulla superficie terrestre. Il vettore **g** è sempre *diretto* lungo la verticale, *verso* il basso.
Trattandosi di un moto uniformemente accelerato, valgono le stesse leggi viste per tale moto. Indicando con h l'altezza a cui si trova il grave che cade lungo la verticale, si ha:

$$h = h_0 + v_0 \cdot t - \frac{1}{2} g \cdot t^2 \qquad [1]$$

dove h_0 è la posizione iniziale e v_0 è l'eventuale velocità iniziale del grave; il segno – appare perché l'accelerazione è diretta verso il basso, cioè verso altezze decrescenti.

Se $h_0 = v_0 = 0$, la [1] assume la forma: $h = \frac{1}{2} g \cdot t^2$.

- Per un corpo lasciato cadere da un'altezza h_0 con velocità iniziale nulla, si ha:

$$\text{tempo di caduta} = t_c = \sqrt{\frac{2h_0}{g}}; \qquad \text{velocità finale} = v_f = \sqrt{2gh_0}$$

- Per un corpo lanciato verso l'alto con velocità iniziale v_0, si ha:

$$\text{altezza max raggiunta} = h = \frac{v_0^2}{2g}; \qquad \text{tempo necessario per raggiungerla} = t_h = \frac{v_0}{g}$$

Si noti che **nessuna delle grandezze appena definite per un corpo in caduta libera dipende dalle caratteristiche particolari del corpo** (per esempio massa, materiale, forma).

In generale il tempo necessario per raggiungere una certa altezza è pari al tempo necessario per ripercorrerla a ritroso, in caduta libera. Nello stesso modo si dimostra che la velocità iniziale verso l'alto è la stessa con cui il corpo passa nuovamente per il punto di partenza.

Moto circolare uniforme

È il moto di un punto che descrive una traiettoria circolare con velocità costante in modulo.

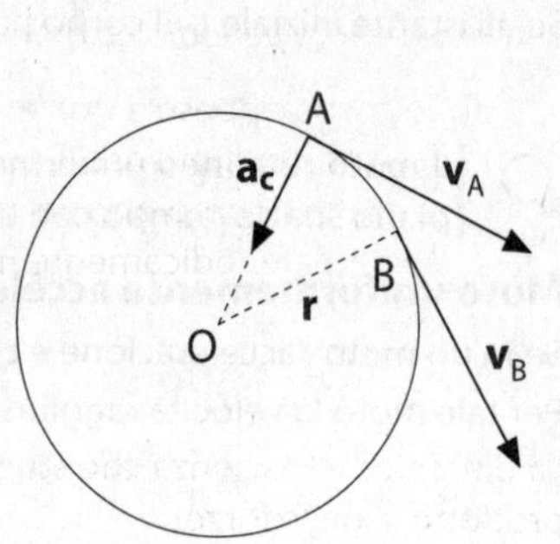

Si definiscono:

- T = **periodo** = tempo impiegato a compiere una rotazione completa.
- ν = **frequenza** = numero di rotazioni al secondo.

T e ν sono grandezze scalari aventi rispettivamente per unità di misura i secondi e i s^{-1} = hertz (simbolo: Hz).

Dalla definizione di velocità, si ha:

$$|\mathbf{v}_A| = |\mathbf{v}_B| = \frac{\text{lunghezza della circonferenza}}{\text{periodo di rotazione}} = \frac{2\pi r}{T} = \text{costante}$$

Nel moto circolare uniforme il modulo della velocità è costante, mentre la sua direzione è in ogni punto tangente alla circonferenza (dunque perpendicolare al raggio), quindi varia: il punto materiale che si muove di moto circolare uniforme è pertanto sottoposto a un'accelerazione sempre diversa da zero, diretta verso il centro della circonferenza. Tale accelerazione, detta **accelerazione centripeta**, è di conseguenza sempre perpendicolare alla velocità istantanea del punto..

Nel moto circolare uniforme, il vettore accelerazione centripeta $\mathbf{a}_c$ ha *direzione* radiale in ogni punto, *verso* dall'esterno al centro della circonferenza e *modulo* costante, dato dal rapporto fra il quadrato della velocità e il raggio della circonferenza:

$$a_c = v^2/r$$

Si ha accelerazione centripeta ogni volta che la velocità varia in direzione!

Nel moto circolare, accanto alla velocità lineare del punto materiale che si sposta lungo la circonferenza, si definisce anche una **velocità angolare media** ω, data dal rapporto fra l'angolo al centro *spazzato* dal raggio vettore (il vettore radiale che ha origine nel centro della circonferenza ed estremo sul punto materiale) e il tempo impiegato a spazzarlo: $\omega_{media} = \Delta\theta/\Delta t$.

Nel moto circolare uniforme la velocità angolare è un vettore che ha direzione perpendicolare al piano di rotazione, *verso* uscente dal piano di rotazione se questa è antioraria, entrante nel piano se è oraria e modulo costante: $\omega = 2\pi_{rad}/T = 2\pi\nu$.

Nel moto circolare uniforme valgono le seguenti relazioni:

$$T = 1/\nu \qquad T = 2\pi/\omega \qquad v = \omega \cdot r \qquad \omega = v/r \qquad a_c = v^2/r = \omega^2 \cdot r$$

Moto oscillatorio armonico

Il moto oscillatorio armonico è, come il moto circolare uniforme, periodico; precisamente è il moto che compie il punto P' (proiezione di P lungo il diametro AB) quando P si muove di moto circolare uniforme.

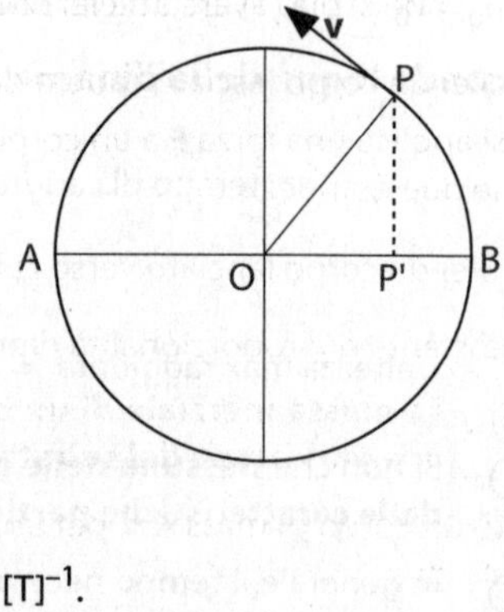

- La velocità di P' è massima in O e nulla in A e B, dove P' inverte il moto.
- L'accelerazione di P' è proporzionale allo spostamento OP': è massima in A e in B ed è nulla in O.

La legge oraria di tale moto è è rappresentata graficamente da una sinusoide, $x(t) = A \cdot \text{sen}(\omega \cdot t + \varphi)$, dove A è l'ampiezza massima dell'oscillazione, φ è un parametro detto *fase iniziale* che tiene conto delle condizioni iniziali e ω prende il nome di *pulsazione* e ha dimensione $[T]^{-1}$.

Si tratta di *moto periodico* di periodo $T = 2\pi / \omega$; ω è la *pulsazione del moto* e si ha:

Un corpo appeso a una molla inizialmente allungata, una volta lasciato libero, compie, in assenza di attriti, un moto oscillatorio armonico. Per piccole oscillazioni, un pendolo o un'altalena in assenza di attriti compiono un moto oscillatorio armonico. Se non intervengono forze esterne, tale moto si ripete periodicamente nel tempo senza mai arrestarsi.

15.3 | Dinamica

La dinamica è la scienza che studia e descrive le relazioni fra il moto di un corpo e le cause che lo hanno prodotto, cioè le forze.

15.3.1 | Principio di relatività galileiana

Galileo, eseguendo un *esperimento ideale*, constatò che **non è possibile distinguere lo stato di quiete da uno stato di moto con accelerazione nulla.** Più precisamente si può affermare che:

Le leggi della fisica sono le stesse per tutti i sistemi di riferimento in moto rettilineo uniforme gli uni rispetto agli altri.

15.3.2 | Forze, sistemi inerziali e leggi della dinamica

Dato un punto materiale libero di muoversi, la forza è una grandezza fisica che, se applicata a tale punto, è in grado di modificarne lo stato di moto o di quiete.

La dinamica spiega le relazioni forze-moto attraverso le sue tre leggi fondamentali.

Sistemi inerziali e prima legge della dinamica.

Esiste almeno un osservatore per il quale, se un punto materiale è fermo e su di esso non agisce alcuna forza, questo rimane fermo. Questo **osservatore** si dice **inerziale**.

I sistemi di riferimento in moto traslatorio rettilineo uniforme rispetto a un sistema di riferimento inerziale sono anch'essi inerziali. La Terra viene considerata una buona approssimazione di un sistema inerziale su brevi intervalli di tempo.

Il concetto di sistema di riferimento inerziale permette di enunciare la **prima legge della dinamica** o principio di inerzia:

In ogni sistema di riferimento inerziale un corpo su cui non agisce alcuna forza o sul quale agiscono forze in equilibrio (a risultante nulla) mantiene il suo stato di moto (rettilineo uniforme) o di quiete.

In assenza di forze, la velocità vettoriale di un punto materiale rimane costante: in assenza di forze non si può avere accelerazione.

Seconda legge della dinamica

Se si applica una forza **F** a un corpo e si misura la sua accelerazione **a**, si nota una proporzionalità diretta tra le due grandezze:

$$\frac{F}{a} = m$$

La costante di proporzionalità dipende dal corpo e prende il nome di *massa inerziale*.

La massa inerziale di un corpo esprime l'inerzia (ossia la **resistenza**) **che il corpo oppone a una variazione del suo stato di moto.**

Dato un corpo di massa *m*, per imprimergli una accelerazione **a** è quindi necessario applicare una forza **F** tale che:

$$\mathbf{F} = m \cdot \mathbf{a} \qquad [2]$$

dove *m* è la massa inerziale.

CONOSCENZE SCIENTIFICHE

Allo stesso modo, se su un corpo di massa *m* agiscono più forze, esso subisce un'accelerazione data dalla [2], dove **F** è la risultante delle forze applicate al corpo.

Si noti che $\mathbf{F} = m \cdot \mathbf{a}$ è una relazione **vettoriale.**

Dimensioni della forza: $[F] = [M][L][T]^{-2}$

Unità di misura nel SI $N = kg\ m\ s^{-2}$

L'unità di misura della forza nel SI è il newton (N). Le forze si misurano con il *dinamometro*.

Come abbiamo visto, un corpo in moto circolare uniforme è sottoposto a una accelerazione diretta verso il centro della traiettoria (accelerazione centripeta), il cui modulo è $a = v^2/r$. Dalla [2] si deduce che il corpo, per poter mantenere la traiettoria circolare, deve essere soggetto a una forza il cui modulo vale $F = m \cdot v^2/r$. Sempre dalla [2] si deduce che tale forza ha la stessa direzione e lo stesso verso dell'accelerazione: è diretta radialmente e orientata verso il centro della circonferenza.

Questa forza prende il nome di **forza centripeta.**

Se venisse a mancare la forza centripeta, il corpo abbandonerebbe immediatamente la traiettoria circolare e proseguirebbe indisturbato lungo la retta tangente alla traiettoria nel punto in cui è cessata la forza, con un moto rettilineo uniforme.

Nel linguaggio comune si è abituati a parlare di **forza centrifuga** (uguale e opposta alla forza centripeta). Essa è una forza **fittizia** o **apparente**, introdotta da un osservatore che si trova in un sistema non inerziale per spiegare ciò che osserva. Per esempio, un osservatore su un autobus che sta curvando (sistema non inerziale) vedrebbe un oggetto libero di muoversi dirigersi verso l'esterno della curva e supporrebbe l'esistenza di una forza responsabile di tale moto.

Terza legge della dinamica o principio di azione e reazione)

A ogni azione corrisponde una reazione uguale e contraria.

Dati due corpi (1 e 2) interagenti si ha:

$$\mathbf{F}_{1\to 2} = -\mathbf{F}_{2\to 1} \qquad [3]$$

dove $\mathbf{F}_{1\to 2}$ forza che il corpo 1 esercita sul corpo 2, $\mathbf{F}_{2\to 1}$ è la forza esercitata dal corpo 2 sul corpo 1.

Le forze sono vettori e la [3] è una relazione vettoriale, quindi le due forze $\mathbf{F}_{1\to 2}$ e $\mathbf{F}_{2\to 1}$ hanno la stessa direzione e lo stesso modulo, ma verso opposto.

Una forza e la corrispondente reazione sono applicate l'una a un corpo e l'altra sull'altro.

Sparando con un'arma da fuoco, la stessa forza che mette in moto il proiettile spinge in senso opposto anche l'arma. Si ha così l'effetto del *rinculo*. Poiché il proiettile e l'arma hanno masse diverse, per la seconda legge della dinamica le rispettive accelerazioni sono inversamente proporzionali e il proiettile acquista una velocità decisamente superiore a quella dell'arma.

Principio di conservazione della quantità di moto

Un sistema di particelle si dice **isolato** se le particelle del sistema sono soggette soltanto alla loro mutua interazione (non sono cioè soggette a forze esterne)

La quantità di moto totale di un sistema isolato è costante.

$$\mathbf{P}_1 = \sum m_i \cdot \mathbf{v}_{i,1} = \mathbf{P}_2 = \sum m_i \cdot \mathbf{v}_{i,2}$$

15.3.3 | Legge di gravitazione universale

Due corpi dotati di massa e posti a distanza *r* l'uno dall'altro si attraggono con una **forza gravitazionale F**, il cui modulo è dato dalla relazione seguente (detta *legge di gravitazione universale* o *legge di Newton*):

$$F = G \cdot \frac{m_1 \cdot m_2}{r^2} \qquad [4]$$

dove m_1 e m_2 indicano le **masse gravitazionali** dei due corpi e G è una costante detta *costante di gravitazione universale*, il cui valore è: $G = 6{,}67 \cdot 10^{-11}\ N \cdot m^2/kg^2$.

La massa *gravitazionale* è la caratteristica dei corpi responsabile della loro mutua attrazione gravitazionale. Pur essendo associate a fenomeni fisici differenti, la massa *inerziale* e la massa *gravitazionale* di un corpo hanno la stessa unità di misura e lo stesso valore: nel seguito si parlerà spesso indistintamente di *massa*.

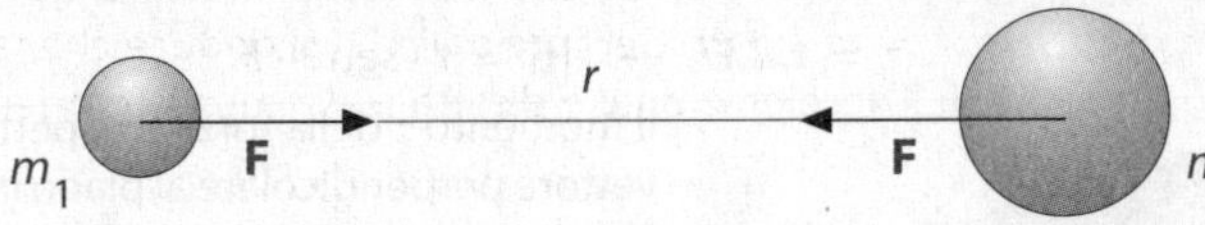

La forza gravitazionale tra due corpi è **sempre attrattiva**; è diretta lungo la congiungente i baricentri e la sua intensità è data dalla legge [4].

La forza gravitazionale è inversamente proporzionale al quadrato della distanza tra le masse: se la distanza raddoppia, la forza diventa quattro volte più piccola.

15.3.4 | Forza peso

Nei pressi della superficie terrestre gli spostamenti in verticale sono trascurabili rispetto al raggio medio della Terra (6380 km). Allora si può dire che **tutti i gravi lasciati liberi di cadere sono sottoposti alla stessa accelerazione g**, detta *accelerazione gravitazionale terrestre*, il cui modulo è legato all'attrazione gravitazionale esistente tra la Terra e i corpi dotati di massa. Il suo valore medio è:

$$|\mathbf{g}| = 9{,}8\ m/s^2$$

Per la seconda legge della dinamica, tale accelerazione è dovuta a una forza, detta **forza peso** e generalmente indicata con **P**, data da:

$$\mathbf{P} = \text{forza peso} = m \cdot \mathbf{g}$$

La **massa** di un corpo è una caratteristica intrinseca del corpo: è indipendente dal luogo dove il corpo si trova. È una grandezza *scalare*.

Il **peso** di un corpo dipende invece dal luogo nel quale il corpo si trova (per esempio sulla Terra oppure sulla Luna). Trattandosi di una forza, è una grandezza *vettoriale* e si misura in newton.

Sulla Terra il kg_{massa} (unità di massa) ha massa unitaria e peso $P = 9{,}8$ N; lo stesso kg_{massa} sulla Luna avrebbe sempre massa unitaria, ma il suo peso sarebbe circa 1/6 di quello sulla Terra (1,6 N), in quanto l'accelerazione gravitazionale lunare è sei volte più piccola di quella terrestre.

15.3.5 | Densità e peso specifico

Densità: $\rho = \dfrac{m}{V}$

Dimensioni $[\rho] = [M] \cdot [L]^{-3}$

Unità di misura nel SI $kg \cdot m^{-3}$

La densità dell'acqua vale: $\rho_{H_2O} = 1000\ kg/m^3 = 10^3\ kg \cdot m^{-3}$

Peso specifico: $p = \dfrac{m \cdot g}{V}$

Dimensioni $[p] = [M] \cdot [L]^{-2} \cdot [T]^{-2}$

Unità di misura nel SI $N \cdot m^{-3}$

Vale la relazione $p_{specifico} = \rho \cdot g$.

Il peso specifico dell'acqua è: $p_{H_2O} = \rho_{H_2O} \cdot g = 1000\ kg/m^3 \cdot 9{,}8\ m/s^2 \approx 10.000\ N/m^3$.

CONOSCENZE SCIENTIFICHE

15.3.6 | Momento di una forza

Dato un *sistema di forze*, la sua **risultante** è, per definizione, il vettore che si ottiene sommando tra loro le forze costituenti il sistema. La risultante di più forze applicate a un punto materiale libero è la forza che, applicata da sola al punto materiale, produce lo stesso effetto che producono le altre insieme.

Tuttavia, se il corpo sul quale sono applicate le forze non è puntiforme ma spazialmente esteso (ovvero se l'approssimazione a un punto materiale non può essere applicata), il sistema di forze non può generalmente essere ricondotto alla sola forza risultante: occorre introdurre una nuova grandezza: il *momento* di una forza.

Il **momento di una forza** rispetto a un punto è un indice della capacità della forza di *generare una rotazione* intorno al punto. Si definisce come prodotto vettoriale:

$$\tau = \mathbf{r} \wedge \mathbf{F} \quad \rightarrow \quad |\tau| = r \cdot \text{sen}\theta \cdot F$$

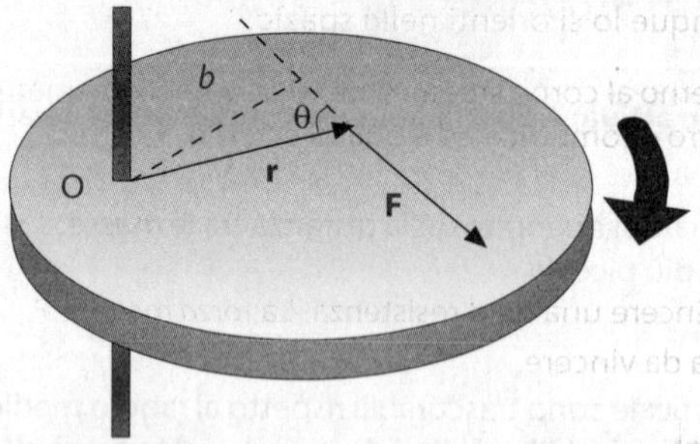

Il momento τ della forza **F** rispetto a un punto O è un vettore perpendicolare al piano individuato da **F** e dal suo *vettore posizione* **r**.

Il modulo di τ è tanto maggiore quanto maggiore è la distanza di **F** da O.

La distanza tra il vettore **F** e il punto O è la lunghezza del segmento condotto da O perpendicolarmente alla direzione di **F**.

Tale distanza prende il nome di braccio *b* della forza **F** rispetto al polo O.

In generale, quando un sistema di forze dà luogo a un momento τ nullo rispetto a un polo O, il sistema di forze **non genera rotazione** rispetto a quel polo. Quando invece τ è diverso da zero, per la regola della mano destra è sempre diretto lungo una direzione perpendicolare al piano che contiene la forza e il raggio della forza: se τ è entrante nel piano allora la rotazione è **oraria**, e viceversa, se τ è uscente la rotazione è **antioraria**.

Coppia di forze

Si tratta di un sistema composto da due forze parallele, di intensità *uguale*, ma verso opposto.

$$\mathbf{F}_1 = -\mathbf{F}_2 \quad \rightarrow \quad \mathbf{R} = 0$$

L'effetto di una coppia applicata a un *corpo rigido* libero è quello di generare una rotazione del corpo attorno a un asse ortogonale al piano individuato dalle due forze che compongono la coppia.

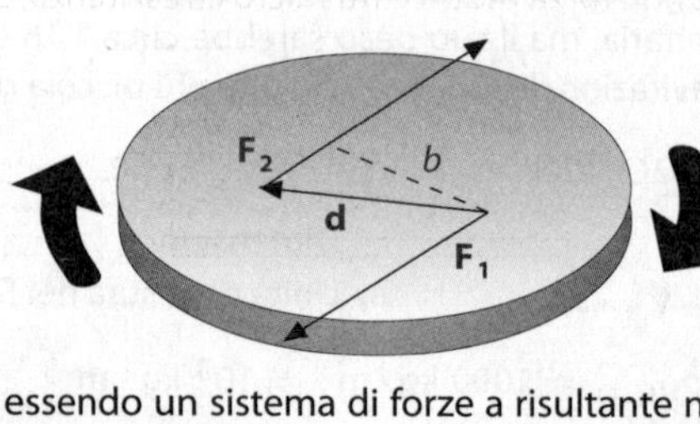

La coppia di forze, pur essendo un sistema di forze a risultante nulla, è in grado di generare una rotazione del corpo a cui è applicata.

Momento di una coppia di forze:

$$\tau = \mathbf{d} \wedge \mathbf{F}_1 \quad \rightarrow \quad |\tau| = F \cdot b$$

dove *F* indica il modulo di una delle due forze, *b* la distanza tra le forze (braccio della coppia) e **d** infine è la distanza vettoriale fra i loro punti di applicazione.

PARTE QUINTA

Il momento di una coppia di forze è la somma dei momenti delle due forze che la compongono rispetto a un qualunque punto O del piano.

Il momento di una forza dipende dalla posizione del polo O mentre il momento di una coppia è lo stesso per tutti i punti del piano della coppia.

15.3.7 | Baricentro

Ogni sistema di forze è equivalente, dal punto di vista statico e dinamico, a un sistema composto dalla forza risultante e da una opportuna coppia di forze.

Il centro di gravità o **baricentro** di un corpo o di un sistema di corpi è il punto in cui si può immaginare concentrato tutto il peso del corpo o del sistema di corpi.

- Qualunque sia la posizione di un corpo rispetto al terreno, la somma dei momenti delle forze gravitazionali rispetto al suo baricentro è nulla: un corpo posto nel campo gravitazionale e tenuto sospeso per il suo baricentro è in equilibrio, comunque lo si orienti nello spazio.
- Il baricentro di un corpo esteso può anche essere esterno al corpo stesso: si pensi a un anello di materiale omogeneo: il suo baricentro coincide con il centro geometrico ed è quindi esterno al corpo.

15.3.8 | Macchine

Una macchina è un dispositivo con il quale è possibile vincere una data resistenza. La *forza motrice* $\mathbf{F}_m$ è la forza che compie l'azione; la *forza resistente* $\mathbf{F}_r$ è quella da vincere.

Vantaggio statico di una macchina: $V = |\mathbf{F}_r| / |\mathbf{F}_m|$

A seconda che *V* sia maggiore, minore o uguale a 1, la macchina sarà vantaggiosa, svantaggiosa o indifferente. Segue l'esame di due tipi di macchine: leve e piano inclinato.

Leve

La leva è costituita da un'asta rigida girevole intorno a un asse a essa perpendicolare. Il **fulcro** è il punto di incontro fra asse e leva; i **bracci** sono la distanza tra i punti di applicazione di $\mathbf{F}_m$ e $\mathbf{F}_r$ e il fulcro. Le leve sono di *tre specie* a seconda delle posizioni di fulcro, forza motrice e resistenza:

1. **prima specie** (es: forbici): fulcro fra forza motrice $\mathbf{F}_m$ e resistenza $\mathbf{F}_r$; è vantaggiosa se $b_r < b_m$;
2. **seconda specie** (es: schiaccianoci): resistenza fra fulcro e forza motrice; sempre vantaggiosa;
3. **terza specie** (es: braccio umano): forza motrice fra fulcro e resistenza; sempre svantaggiosa.

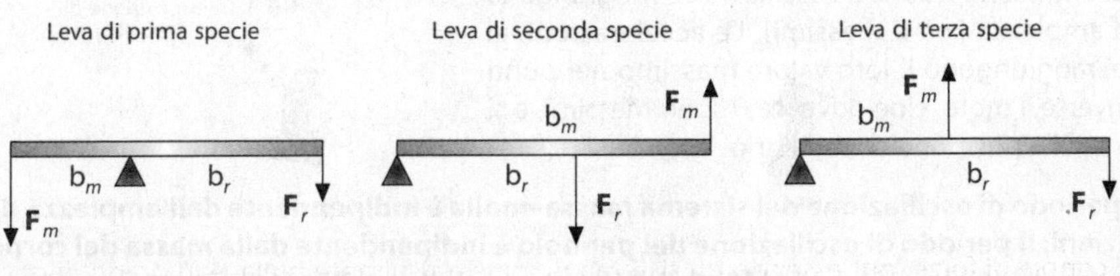

Dalla condizione di equilibrio per i momenti delle forze rispetto al fulcro di una leva, si ricava la **condizione di equilibrio per le leve:**

$$F_m \cdot b_m = F_r \cdot b_r \rightarrow F_m : F_r = b_r : b_m$$

dove $\mathbf{F}_m$, $\mathbf{F}_r$, b_m, b_r rappresentano la forza motrice, la forza resistente e i corrispondenti bracci d'azione.

Piano inclinato

Si tratta di una macchina formata da un piano di lunghezza *l*, inclinato rispetto all'orizzontale con un dislivello *h*, sul quale viene appoggiato un corpo che si vuole tenere in equilibrio. Il peso dell'oggetto costituisce la forza resistente $\mathbf{F}_r$. Il metodo più vantaggioso per bilanciare la caduta del corpo è applicare la forza motrice $\mathbf{F}_m$ parallela al piano. Tale forza deve essere uguale e contraria alla componente della forza peso parallela al piano Si ha: $F_m = F_r \cdot h/l$.
Per il piano inclinato il vantaggio è $V = l/h$.

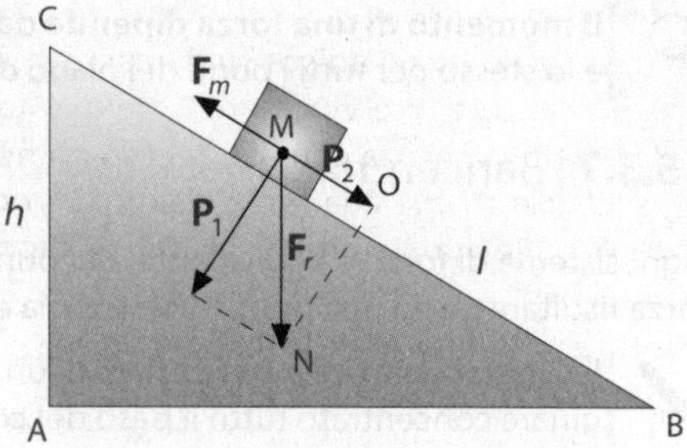

Essendo $l > h$, la macchina è sempre vantaggiosa.

15.3.9 | Forze elastiche e moto armonico

Due casi notevoli di moto armonico (§ 15.2.2) sono l'oscillazione di un sistema *massa-molla* e l'oscillazione di un *pendolo semplice.*

La molla e il pendolo semplice

Nella figura a lato, il **sistema massa-molla** è rappresentato nella configurazione di equilibrio (a) e in una configurazione dove la massa è spostata di una quantità *x* dalla posizione di equilibrio (b).

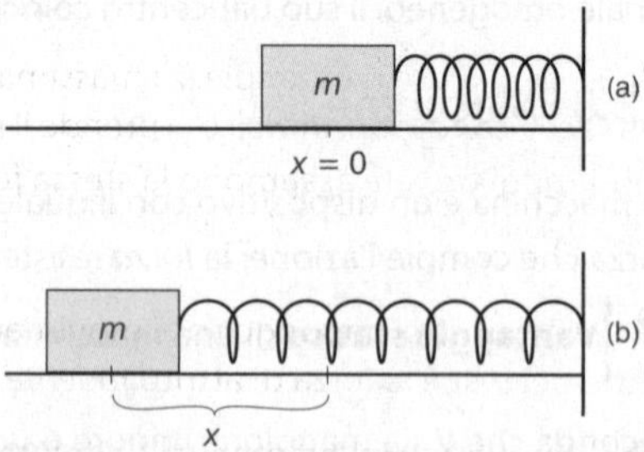

La massa è soggetta alla forza della molla che è una *forza di tipo elastico*, cioè opposta e proporzionale alla deformazione. Tale forza è data da: $\mathbf{F} = -k \cdot \mathbf{x}$, dove $\mathbf{x}$ è lo spostamento dalla posizione di equilibrio e k è la *costante elastica* della molla.

La massa del **pendolo semplice** (una massa puntiforme *m* sospesa a un filo inestensibile di massa trascurabile sospesa grazie a un filo inestensibile di massa trascurabile e lunghezza *l*) è invece sottoposta a due forze: la forza peso pari a *m***g** e la tensione del filo. La risultante di tali forze è indicata con **F** in figura.

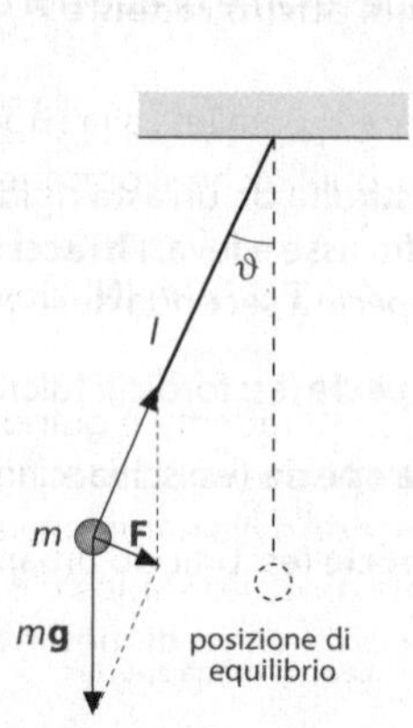

Sia nel caso della molla sia in quello del pendolo si tratta di forze di richiamo che, in mancanza di attriti, fanno oscillare le masse senza interruzione. Sempre in entrambi i casi, quando le masse transitano nelle posizioni di equilibrio ($x = 0$ e $\theta = 0$), le loro velocità risultano massime, mentre si annullano quando l'oscillazione raggiunge la massima ampiezza (*x* e θ massimi). Le accelerazioni, al contrario, raggiungono il loro valore massimo nei punti dove si inverte il moto, cioè dove *x* e θ sono massimi, e si annullano nella posizione di equilibrio

Il periodo di oscillazione del sistema massa–molla è indipendente dall'ampiezza delle oscillazioni; il periodo di oscillazione del pendolo è indipendente dalla massa del corpo appeso al filo e dall'ampiezza delle oscillazioni.

Per il sistema massa-molla e per il pendolo semplice si ha, rispettivamente:

$$T = 2\pi \cdot \sqrt{\frac{m}{k}} \quad \text{e} \quad T = 2\pi \cdot \sqrt{\frac{l}{g}}$$

PARTE QUINTA

Legge orario del moto armonico

Si consideri il sistema massa-molla rappresentato in figura.

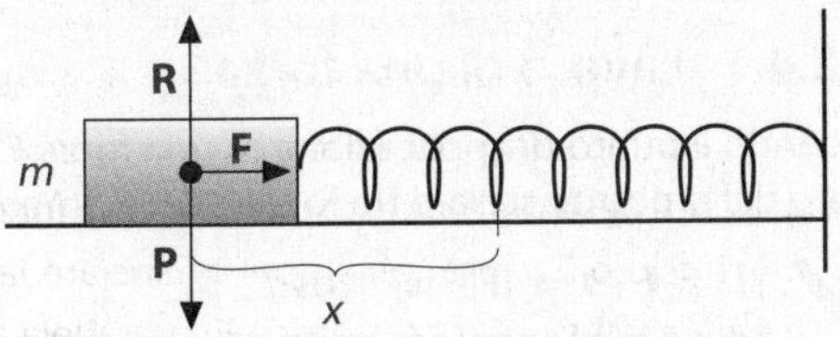

La forza peso **P** che agisce sulla massa m è bilanciata dalla reazione vincolare **R** del piano di appoggio. L'unica forza con risultante non nulla che agisce sulla massa è la forza elastica di richiamo $\mathbf{F} = -k \cdot \mathbf{x}$. Tale forza provoca l'accelerazione della massa.

Per la seconda legge della dinamica si ha:

$$m \cdot \mathbf{a} = -k \cdot \mathbf{x} \quad \text{da cui} \quad \mathbf{a} = -\frac{k}{m} \cdot \mathbf{x} \qquad [5]$$

Nel moto armonico l'accelerazione è sempre direttamente proporzionale allo spostamento del corpo rispetto alla posizione di equilibrio.

Dalla [5] si ricava la legge oraria del moto armonico.

$$x(t) = A \cdot \text{sen}(\omega \cdot t + \varphi)$$

dove $\omega = \sqrt{k/m}$, A è l'ampiezza massima dell'oscillazione, φ è un parametro detto *fase iniziale* che tiene conto delle condizioni iniziali e ω prende il nome di pulsazione e ha le dimensioni dell'inverso di un tempo.

Le equazioni trovate assumono la stessa forma per qualunque moto oscillatorio.

15.3.10 | Forze di attrito

Le *forze di attrito* si oppongono ai movimenti relativi tra i corpi. La forma di attrito più ricorrente nelle domande dei test è la forza di attrito *radente*.

Dati due corpi mantenuti a contatto da una forza **N** perpendicolare alla superficie di contatto, la forza di **attrito radente** $\mathbf{F}_a$ è originata dallo slittamento di un corpo sull'altro ed è un vettore così definito:

Direzione: parallela alla superficie di contatto
Verso: quello che si oppone al moto relativo tra i due corpi

Intensità: $|\mathbf{F}_a| = f \cdot |\mathbf{N}|$ dove $f = \begin{cases} f_s : \text{ coefficiente di attrito statico} \\ f_k : \text{ coefficiente di attrito dinamico} \end{cases}$

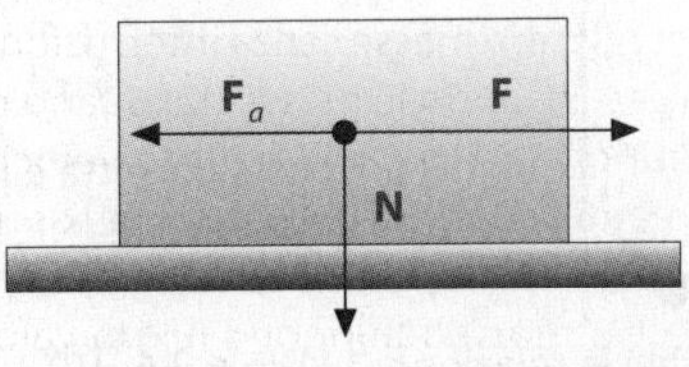

La forza di attrito radente è quindi direttamente proporzionale alla forza normale **N** (che nel caso in figura coincide con la forza peso del corpo) e dipende dalla natura delle superfici di contatto.

Il coefficiente di attrito statico f_s è proprio della resistenza che si incontra quando si cerca di mettere in movimento un corpo inizialmente fermo.

Quello di attrito dinamico f_k riguarda invece un corpo già in moto.

Per ogni materiale vale la disuguaglianza $f_s > f_k$.

Oltre alla forza di attrito radente, esistono altri due tipi di forze di attrito.

- **Forza di attrito volvente**: si tratta della forza che si oppone al rotolamento di un corpo su un altro. Sperimentalmente si trova che l'attrito volvente è sempre inferiore a quello radente.
- **Forza di attrito nei fluidi**: quando un corpo si muove all'interno di un fluido viscoso (come un pesce nell'acqua o un paracadutista nell'aria) incontra una resistenza che dipende dalla viscosità del fluido (§ 15.6.5) e dalla forma, dalle dimensioni e dalla velocità del corpo che si muove nel fluido.

CONOSCENZE SCIENTIFICHE

15.4 | Lavoro ed energia

15.4.1 | Lavoro di una forza

Quando il punto di applicazione di una forza **F** compie uno spostamento **s**, la forza compie un lavoro *L* dato dal prodotto scalare tra forza e spostamento.

$L = \mathbf{F} \cdot \mathbf{s} = |\mathbf{F}| \cdot |\mathbf{s}| \cdot \cos\alpha$ — Dimensioni: $[M]\,[L]^2\,[T]^{-2}$

dove α è l'angolo formato dai vettori **F** e **s**. — Unità di misura nel SI: $N \cdot m = \text{joule (J)}$

Il lavoro è una grandezza scalare.

Il lavoro compiuto da una forza **F** quando il suo punto di applicazione si sposta non dipende solo dalle intensità della forza e dello spostamento, ma anche dal loro orientamento reciproco nello spazio.

Il lavoro è **positivo** se l'angolo α formato da **F** e da **s** è **acuto** (minore di 90°).
Il lavoro è **negativo** se l'angolo α formato da **F** e da **s** è **ottuso** (maggiore di 90°).

Il lavoro è massimo quando forza e spostamento sono paralleli.

Dalla definizione di lavoro, poiché $\cos(90°) = 0$, si ricava che **le forze perpendicolari allo spostamento non compiono lavoro.**

Più in generale, il lavoro di una forza è **nullo** quando vale **almeno una** delle seguenti condizioni:

$$|\mathbf{F}| = 0; \quad |\mathbf{s}| = 0; \quad \mathbf{F} \perp \mathbf{s}$$

15.4.2 | Potenza

La potenza media di una forza o, più in generale di una macchina, è definita come il rapporto tra il lavoro compiuto dalla forza (o dalla macchina) e il tempo impiegato a produrre il lavoro.

$P = \frac{L}{\Delta t}$ — Dimensioni: $[P] = [M]\,[L]^2\,[T]^{-3}$

Unità di misura nel SI: $J/s = \text{watt (W)}$

Siamo ora in grado di rispondere alla seconda domanda posta all'inizio del capitolo.

Quesito II. Una forza da 7,00 N applicata lungo una linea retta a un corpo, per spostarlo di 13 m, produce un lavoro pari a:

$$L = \mathbf{F} \cdot \mathbf{s} = 7{,}00\ \text{N} \cdot 13\ \text{m} \cdot \cos 0° = 91\ \text{J}$$

La potenza media è data dal rapporto tra il lavoro prodotto dalla forza e il tempo impiegato per produrre il lavoro, per cui la forza di 7,00 N in un intervallo di 5 s sviluppa una potenza pari a:

$$P = \frac{L}{\Delta t} = \frac{91\ \text{J}}{5\ \text{s}} = 18{,}2\ \text{W}$$

quindi la risposta corretta è la **C**.

Il **chilowattora** è il lavoro compiuto in un'ora da una macchina avente la potenza di 1000 W.

Vale la relazione: $1\ \text{kWh} = 3{,}6 \cdot 10^6\ \text{J}$.

Il chilowattora misura un lavoro e non una potenza!

15.4.3 | Energia meccanica

L'energia meccanica di un corpo è una misura del lavoro meccanico che è stato fatto sul corpo o del lavoro meccanico che il corpo è potenzialmente in grado di produrre. **Lavoro ed energia sono quindi grandezze omogenee**: entrambe si misurano in joule.

L'*energia meccanica* si distingue in:

- **energia cinetica**: energia di movimento che non dipende dalla posizione del corpo;
- **energia potenziale**: energia di posizione che non dipende dallo stato di moto del corpo.

PARTE QUINTA

Energia cinetica

Dato un corpo di massa m che si muove alla velocità **v**, la sua energia cinetica E_k vale:

$$E_k = \frac{1}{2}mv^2$$

L'energia cinetica, come ogni forma di energia, si misura in joule.

Teorema dell'energia cinetica

Dato un corpo C soggetto alla sola forza **F**, il lavoro compiuto da **F** quando C si sposta da un punto A a un punto B è uguale alla variazione dell'energia cinetica ΔE_k del corpo C.

$$\Delta E_k = E_{k,B} - E_{k,A} = L_{A \to B}$$

Energia potenziale

Per definire l'energia potenziale di un corpo è necessario introdurre i concetti di *campo vettoriale* e di *campo conservativo.*

Campo vettoriale: regione di spazio a ogni punto della quale è possibile associare un vettore che caratterizza il campo in quel punto.

Il **campo gravitazionale** è un campo vettoriale, dato che a ogni punto si può associare il vettore che rappresenta la forza gravitazionale che agisce sull'unità di massa posta in quel punto.
Il campo gravitazionale può essere visto anche come un *campo di forze.*

Campo conservativo: campo di forze nel quale il lavoro delle forze del campo è una funzione di stato, cioè non dipende dal cammino seguito dal punto di applicazione della forza ma solo dalle sue posizioni iniziale e finale.

In un campo conservativo il lavoro delle forze del campo lungo una *traiettoria chiusa* è sempre nullo.

A questo punto è possibile definire l'energia potenziale.

L'**energia potenziale** E_p di un corpo immerso in un campo di forze conservativo è una funzione della posizione del corpo tale che **la differenza fra i suoi valori nelle posizioni iniziale A e finale B è uguale al lavoro compiuto sul corpo dalle forze del campo per spostarlo dalla posizione A alla posizione B**:

$$L_{A \to B} = E_{P_A} - E_{P_B} = -(E_{P_B} - E_{P_A}) = -\Delta E_P \quad [6]$$

Allo stesso modo, si può affermare che il lavoro che bisogna compiere per vincere le forze del campo (cioè *contro le forze del campo*) portando un corpo dal punto A al punto B è pari alla variazione dell'energia potenziale ΔE_p del corpo tra A e B.

Si noti il **cambiamento di segno**:
- lavoro compiuto dalle forze del campo: $L_{A \to B} = -\Delta E_p$
- lavoro compiuto dalle forze esterne *contro* le forze del campo: $L_{A \to B} = \Delta E_p$

L'energia potenziale è definibile solo per campi conservativi.

Il campo gravitazionale è conservativo: il lavoro che le forze del campo compiono per portare un corpo di massa m dal punto A al punto B non dipende dal cammino seguito.

L'energia potenziale gravitazionale vale:

$$E_p = m \cdot g \cdot h$$

CONOSCENZE SCIENTIFICHE

L'energia potenziale gravitazionale di un corpo di massa *m* è direttamente proporzionale a *m* ed esprime fisicamente la quantità di lavoro meccanico che la forza gravitazionale compie sul corpo se questo viene lasciato cadere liberamente nel campo.

Si dimostra che l'**energia potenziale elastica** di una molla di costante elastica k che ha subito un allungamento *x* vale:

$$E_p = \frac{1}{2}kx^2$$

Conservazione dell'energia meccanica totale

L'energia meccanica totale E_{tot} (ossia la somma di energia cinetica e di energia potenziale) di un corpo posto in un **campo conservativo** e soggetto alle sole forze del campo è costante:

$$E_{tot} = E_k + E_p = \text{costante}$$

Si consideri un corpo in caduta libera: via via che il corpo cade, la sua energia potenziale diminuisce (*h* diminuisce) e si trasforma in energia cinetica (*v* aumenta); in tal modo la loro somma rimane costante durante tutta la caduta.

$$E_{tot} = \frac{1}{2}mv^2 + mgh = \text{costante}$$

Quando il corpo tocca il terreno intervengono forze non conservative in presenza delle quali non si applica il principio di conservazione dell'energia meccanica totale.

In un campo non conservativo l'energia meccanica totale non si conserva. Parte di essa si può per esempio trasformare in energia termica.

La forza di attrito radente (§ 15.3.10) è una forza il cui lavoro *dipende* dal cammino seguito dal suo punto di applicazione. Si tratta quindi di una forza non conservativa.
In presenza di attriti non si è più in un campo di forze conservativo: cade dunque il principio di conservazione dell'energia meccanica totale.

PARTE QUINTA

15.4.4 | Urti

Si parla di **urto** quando due (o più) particelle collidono (es: urto tra due palle da biliardo) oppure quando interagiscono a distanza ravvicinata (es: cariche elettriche o particelle alfa).

Studiando microscopicamente una collisione tra due corpi, si possono presentare due casi:

1. dopo l'urto, i due corpi hanno ancora la stessa forma e la stessa temperatura. Si tratta di corpi elastici e l'urto prende il nome di **urto elastico**;
2. nell'urto i due corpi hanno subito delle variazioni nella struttura, nella forma o nella temperatura interna; si parla in questo caso di **urto anelastico**. In particolare se i due corpi rimangono uniti, l'urto si dice **perfettamente anelastico**.

Il sistema costituito dalle particelle che si urtano può essere considerato con buona approssimazione un sistema isolato. In ogni tipo di urto, elastico o anelastico, vale quindi il principio di **conservazione della quantità di moto**:

$$\sum \mathbf{P}_i = \sum \mathbf{P'}_i \qquad [7]$$

dove $\mathbf{P}_i$ e $\mathbf{P'}_i$ sono le quantità di moto della *i*-esima particella prima e dopo l'urto.
Nel caso di un urto tra due particelle, la [7] diventa:

$$m_1\mathbf{v}_1 + m_2\mathbf{v}_2 = m_1\mathbf{v'}_1 + m_2\mathbf{v'}_2$$

Se i due corpi rimangono attaccati dopo l'urto (costituendo così un unico corpo con una massa pari alla somma delle masse dei due corpi) si parla di urto perfettamente anelastico e la [7] diventa:

$$m_1\mathbf{v}_1 + m_2\mathbf{v}_2 = (m_1 + m_2)\mathbf{v'} \rightarrow \mathbf{v'} = \frac{m_1\mathbf{v}_1 + m_2\mathbf{v}_2}{m_1 + m_2}$$

Negli urti elastici l'energia cinetica si conserva. Negli urti anelastici le deformazioni e il riscaldamento sono provocati da forze dissipative, e l'energia cinetica non si conserva.

L'energia cinetica si conserva **solo** negli urti elastici, mentre la quantità di moto si conserva **sempre**, in ogni tipo di urto.

15.5 | Stati di aggregazione

Gli stati di aggregazione della materia in natura sono tre: **aeriforme, liquido** e **solido**.

- **Aeriforme**: non ha né volume né forma propri: si distribuisce uniformemente in tutto il volume a disposizione (si distingue il *gas*, che non può liquefare, dal *vapore*, che se compresso sufficientemente, liquefa).
- **Liquido**: ha volume proprio e assume la forma del recipiente che lo contiene.
- **Solido**: ha volume e forma propri.

Nei precedenti capitoli si è trattata la meccanica dei corpi solidi; ora si prendono in esame i liquidi e gli aeriformi, che sotto alcuni aspetti hanno comportamenti ben differenti dalla materia solida.

Per fluido si intende un liquido o un aeriforme. Si dice *perfetto* o *ideale* un fluido la cui viscosità (attrito interno) è nulla. In caso contrario il fluido si dice *reale*.

Le leggi della meccanica dei fluidi sono valide indifferentemente per i liquidi e aeriformi, con la particolarità che:

- un **liquido perfetto** è incomprimibile e non viscoso;
- un **aeriforme perfetto** è comprimibile, perfettamente elastico e non viscoso.

15.5.1 | Funzioni di stato

Le grandezze *pressione*, *volume* e *temperatura* di un fluido prendono il nome di *funzioni di stato* in quanto determinano lo *stato termodinamico* del fluido.

Pressione

La pressione di una forza su una superficie è definita come il rapporto tra il modulo della componente della forza perpendicolare alla superficie (detta componente *normale*, F_n) e l'area della superficie stessa.

Pressione: $P = \dfrac{F_n}{S}$ — Dimensioni: $[P] = [M]\,[L]^{-1}\,[T]^{-2}$ — Unità di misura nel SI: $Pa = N \cdot m^{-2}$

La pressione atmosferica a livello del mare (alla temperatura di 0 °C) è pari alla pressione esercitata da una colonna di mercurio alta 760 mm e vale 1 **atmosfera** (atm).

Il **millimetro di mercurio** (mmHg) o **torricelli** (torr) è l'unità di misura usata per la pressione sanguigna.

Nel CGS si definisce come unità di misura per la pressione la **baria** (barie), ma è molto usato anche un suo multiplo, il **bar**, che vale 10^6 barie . Valgono le equivalenze:

$$1 \text{ atm} = 760 \text{ mm Hg} = 1{,}01325 \text{ bar} = 101.325 \text{ Pa} \approx 10^5 \text{ Pa} = 10^5 \text{ N/m}^2$$

Volume

Il volume occupato da un sistema si misura in metri cubi oppure in litri e si ha:

$$\text{un litro} = 1 \text{ l} = 1 \text{ dm}^3 = 10^{-3} \text{ m}^3$$

Temperatura

La temperatura di un corpo ne esprime lo *stato termico* ed è un indice della tendenza del calore ad abbandonare il corpo. Esistono diverse scale termometriche: *scala centigrada* o *Celsius*; *scala Fahrenheit* e *scala assoluta o Kelvin*.

La prima prende come punti di riferimento la fusione del ghiaccio e l'ebollizione dell'acqua alla pressione di 1 atm. La scala Fahrenheit segna come 0 °F la temperatura più bassa raggiungibile con una miscela ghiaccio-cloruro di ammonio (corrispondente a circa – 18 °C) e come 100 °F la temperatura media del cor-

CONOSCENZE SCIENTIFICHE

po umano. Entrambe sono **scale convenzionali**. La scala assoluta (la cui unità di misura è il **kelvin**) è definita in base alla teoria cinetica dei gas e ad alcune leggi della fisica come l'equazione di stato dei gas ideali: a differenza delle scale Celsius e Fahrenheit è una **scala assoluta**.

Lo zero kelvin rappresenta il limite inferiore delle temperature raggiungibili in natura. **Non esistono temperature kelvin negative**.

Se la differenza tra le temperature di due corpi è di 1 °C, questa è anche di 1 K; un grado centigrado è identico a un kelvin: le due scale sono solo *traslate* l'una rispetto all'altra di 273,15 gradi.

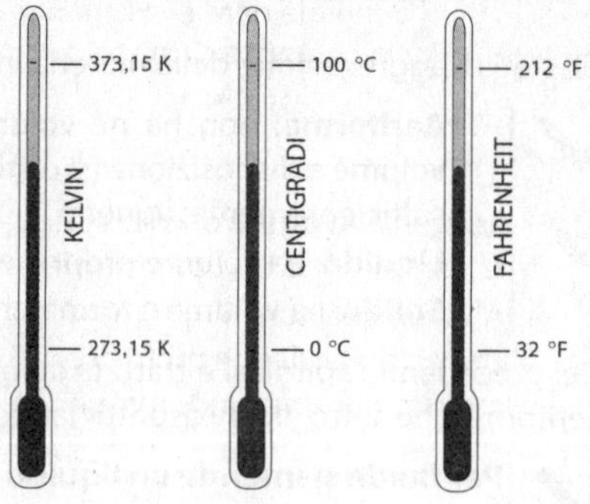

Per passare da una scala termometrica all'altra si utilizzano le seguenti relazioni:

$$T_F = 9/5\, T_C + 32$$
$$T_K = T_C + 273{,}15$$
$$T_F = 9/5\, T_K - 459{,}6$$

Gli strumenti utilizzati per misurare la temperatura sono i *termometri*.

15.5.2 | Passaggi di stato

Fornendo o sottraendo calore a una sostanza è possibile portarla a un diverso stato di aggregazione. Queste trasformazioni sono dette **cambiamenti di stato** o **passaggi di stato**. Nella figura seguente sono riportati tutti i possibili passaggi.

Nelle trasformazioni da sinistra a destra (→) occorre fornire energia al sistema, mentre in quelle da destra a sinistra (←) il sistema dà energia all'esterno.

La liquefazione viene anche detta condensazione, mentre la vaporizzazione si divide in evaporazione ed ebollizione.

- Ogni passaggio di stato è caratterizzato dalla **rottura o dalla formazione di legami chimici**.
- Durante il cambiamento di stato, **la temperatura del sistema si mantiene costante**.
- Ogni sostanza per cambiare il suo stato ha bisogno di una ben precisa quantità di calore per unità di massa, detta **calore latente** del cambiamento di stato.

Il calore acquistato o ceduto a una massa *m* di una sostanza affinché questa cambi il suo stato di aggregazione è pari a $Q = m \cdot \lambda$, dove λ è il calore latente del cambiamento, espresso in calorie/grammi.

Il calore latente di fusione dell'acqua vale $\lambda_f = 79{,}7\ \text{cal} \cdot \text{g}^{-1}$.
Il calore latente di evaporazione dell'acqua vale $\lambda_e = 540\ \text{cal} \cdot \text{g}^{-1}$.

15.5.3 | Stato gassoso

Gas perfetti

È *perfetto* (o *ideale*) un gas che soddisfa le seguenti condizioni:

- le particelle che costituiscono il gas sono puntiformi;
- fra le particelle non esistono interazioni a distanza;
- gli urti tra le particelle sono elastici..

Le leggi dei gas si riassumono nell'**equazione di stato dei gas perfetti** (o **legge di Clapeyron**) che lega tra loro i valori delle funzioni di stato di un gas perfetto:

$$P \cdot V = n \cdot R \cdot T$$

dove:

- T è la temperatura espressa in kelvin;
- n è il numero di moli (nei problemi riguardanti i gas perfetti, la quantità di gas in esame viene in generale data come *numero di moli*);
- R è la **costante di stato dei gas perfetti** e ha un valore pari a:

$$R = 8{,}318 \frac{J}{K \cdot mole} = 0{,}082 \frac{litri \cdot atm}{K \cdot mole}$$

Legge di Avogadro: volumi uguali di gas diversi nelle stesse condizioni di pressione e temperatura contengono un *ugual numero di molecole*.
Alla temperatura $T = 0\,°C = 273{,}15\,K$ e alla pressione $P = 1\,atm = 760\,mmHg$ (dette condizioni standard) una mole di qualunque gas occupa un volume di 22,4 litri e contiene $6{,}022 \cdot 10^{23}$ molecole (**numero di Avogadro**, indicato con N_A).

15.5.4 | Stato liquido

Nei liquidi, contrariamente a quanto accade per i gas, le molecole sono condizionate dalle forze di attrazione intermolecolari che le tengono le une vicine alle altre. I liquidi hanno le seguenti proprietà:

- occupano un volume proprio;
- sono incomprimibili;
- come gli aeriformi, non hanno forma propria e diffondono;
- sono dotati di tensione superficiale.

Evaporazione ed ebollizione

La *vaporizzazione* di un liquido si divide in *evaporazione* ed *ebollizione* a seconda che il passaggio di stato coinvolga solo la parte superficiale o l'intera massa del liquido.

L'energia cinetica media delle molecole di un liquido è proporzionale alla temperatura assoluta del liquido. A causa dell'agitazione termica, alcune molecole in prossimità della superficie del liquido possono acquistare un'energia leggermente superiore alla media, sufficiente a spezzare i legami che le tengono unite al liquido. Tali molecole possono quindi sfuggire al liquido e passare allo stato aeriforme. È questo il fenomeno dell'**evaporazione.** Nella fase aeriforme che sovrasta un liquido, si trovano sempre delle molecole di liquido evaporate. Tali molecole formano il **vapore**.

Vapore: parte dell'aeriforme che sovrasta un liquido.
Fase: stato di aggregazione della materia.
Sistema liquido-vapore: *sistema bifasico.*

Si consideri un liquido in un recipiente chiuso, all'interno del quale è stato praticato il vuoto: alcune molecole del liquido sfuggono ai legami con le altre molecole e passano allo stato di vapore incrementandone il contenuto e quindi la pressione. Contemporaneamente alcune molecole del vapore passano allo stato liquido. Questo fenomeno continua fino al raggiungimento dell'equilibrio tra le due fasi, cioè fino a quando il numero di molecole che passano allo stato di vapore nell'unità di tempo è uguale al numero di molecole che passano allo stato liquido sempre nell'unità di tempo.

L'equilibrio liquido-vapore è dinamico.

All'equilibrio il vapore si dice **saturo.** La **tensione di vapore** di un liquido a una data temperatura è la pressione del vapore saturo a quella temperatura.

La tensione di vapore dipende solo dalla temperatura e dalla natura del liquido: aumenta con l'aumentare della temperatura.
Il punto di ebollizione di un liquido è la temperatura alla quale la tensione di vapore del liquido è pari al valore della pressione della fase gassosa che sovrasta il liquido (pressione esterna).

CONOSCENZE SCIENTIFICHE

Nell'ebollizione, diversamente da quanto accade nell'evaporazione, si ha formazione di vapore in tutta la massa liquida.

La **temperatura di ebollizione di un liquido** dipende solo dalla natura del liquido e dalla pressione a cui è sottoposto: **cresce al crescere della pressione esterna**.

Siamo ora in grado di rispondere anche al terzo quesito posto all'inizio del capitolo.

Quesito III. La temperatura di ebollizione di un liquido dipende solo dalla natura del liquido e dalla pressione a cui è sottoposto. In particolare, essa cresce al crescere della pressione esterna e dunque la risposta **D** è da escludere. Le risposte **B** e **C** sono errate, poiché la temperatura di ebollizione non dipende né da sorgenti esterne né dalla temperatura dell'ambiente.

La risposta esatta è la **A**: infatti, diminuendo la pressione esterna (per esempio all'aumentare dell'altitudine) diminuisce la temperatura di ebollizione.

Tensione superficiale

Lo strato superficiale di un liquido si trova in una condizione diversa rispetto al liquido rimanente: le molecole in superficie non sono completamente circondate da molecole uguali a loro. Le molecole interne subiscono l'attrazione delle altre in tutte le direzioni, mentre quelle sulla superficie interagiscono solo con le molecole sottostanti. Questo causa una "contrazione" dello strato superficiale, che tende a comportarsi come una *pellicola elastica*.

Grazie al fenomeno della tensione superficiale, alcuni insetti riescono a muoversi sugli specchi d'acqua senza affondare. Per lo stesso motivo è possibile appoggiare un ago sulla superficie di un liquido senza che esso affondi.

15.5.5 | Stato solido

Un solido è tale se dotato di *reticolo cristallino*. Il vetro (che non è un solido perché non ha una struttura cristallina) viene chiamato *solido amorfo* in virtù della sua consistenza.

15.6 | Meccanica dei fluidi

Come si è visto, per fluido si intende un liquido o un aeriforme.

15.6.1 | Legge di Pascal

In un fluido la pressione si trasmette in tutti i punti e in tutte le direzioni, e le forze di pressione agiscono perpendicolarmente alle superfici dei corpi indipendentemente da come queste sono orientate.

La legge di Pascal afferma che in ogni punto di un fluido in quiete si ha la stessa pressione, sotto l'ipotesi che il fluido **non sia soggetto alla forza di gravità**, o che, almeno, le forze di pressione siano considerevolmente superiori alle forze di gravità coinvolte.

Se cade questa ipotesi, in un fluido si distinguono due tipi di forze.

1. **Forze superficiali**: agiscono solo sulla superficie delimitante il fluido.
2. **Forze di volume**: agiscono su tutti i punti del fluido e dipendono quindi dal suo volume.

I casi in cui si possono trascurare le forze di volume vengono affrontati tramite la legge di Pascal. Diversamente, la pressione derivante dalle forze di volume è regolata dalla legge di Stevino.

15.6.2 | Legge di Stevino

La pressione idrostatica o aerostatica (pressione dovuta al solo peso del fluido) **cresce con la profondità**. Nel caso di un liquido le due grandezze sono direttamente proporzionali.

Se h indica la profondità all'interno di un liquido, allora la pressione vale $P = \rho \cdot g \cdot h$ dove ρ è la densità del liquido e g è l'accelerazione gravitazionale.

Principio dei vasi comunicanti

Dati alcuni contenitori aventi forme diverse e tra loro comunicanti, se si versa del liquido nel primo, questo si distribuisce in tutti i contenitori in modo da raggiungere la stessa altezza in ciascuno.

15.6.3 | Principio di Archimede

Un corpo immerso in un fluido riceve una spinta dal basso verso l'alto di intensità pari al peso del fluido spostato.

È facile dunque concludere che un corpo parzialmente immerso in acqua galleggia solo se il suo peso è inferiore a quello del volume d'acqua che occupa la sua parte immersa; questo si verifica se la densità del corpo è inferiore a quella dell'acqua. Quanto detto è valido anche per un corpo immerso in un gas (si pensi alla mongolfiera).

La forza di Archimede va applicata al **baricentro della massa di liquido spostata**: non al baricentro del corpo né a quello della parte del corpo immersa nel fluido.

15.6.4 | Cenni di fluidodinamica

- **Teorema di Torricelli**: se un recipiente contiene un liquido (non viscoso) e viene praticato un foro a una profondità *h*, la velocità di efflusso del liquido dal foro è pari a $v = \sqrt{2gh}$.
- **Portata di un condotto**: è la quantità di fluido che attraversa una sua sezione in un secondo $Q = V/t$ (si misura in m^3/s). Ipotizzando il fluido incomprimibile, si ottiene l'**equazione di continuità**:

$$Q_1 = Q_2 \rightarrow S_1 \cdot v_1 = S_2 \cdot v_2 \rightarrow S_1/S_2 = v_2/v_1$$

- **Teorema di Bernoulli**: si consideri un condotto in cui scorre un fluido ideale di densità ρ e si fissi l'attenzione su due punti 1 e 2. Si indichino con v_1 e v_2 i moduli delle velocità del fluido, con P_1 e P_2 le pressioni del fluido e con h_1 e h_2 le altezze dei due punti rispetto a un riferimento orizzontale. Allora vale:

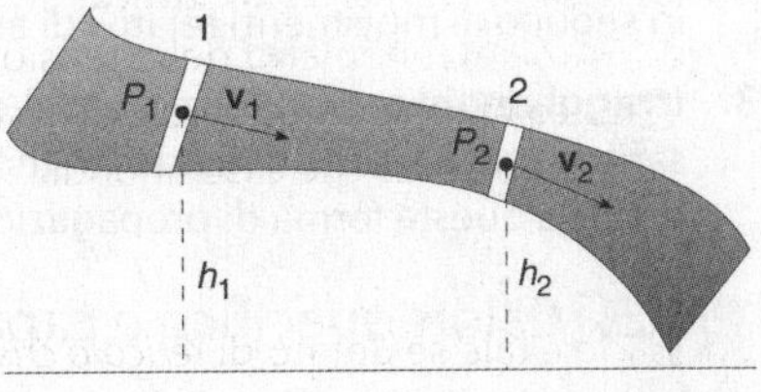

$$\frac{P}{\rho g} + h + \frac{v^2}{2g} = \text{costante}$$

I tre termini a primo membro hanno le dimensioni di una lunghezza e sono rispettivamente detti *altezza piezometrica*, *altezza geometrica* e *altezza cinetica*.

- **Principio di Venturi**: a parità di altezza geometrica, se in un condotto la sezione diminuisce, la velocità del fluido che la attraversa aumenta (equazione di continuità) e quindi la sua pressione diminuisce (teorema di Bernoulli).

15.6.5 | Fluidi reali

Nei fluidi reali, a differenza dei fluidi ideali, è presente un attrito interno dovuto alle forze di coesione tra le particelle del fluido e di adesione tra fluido e pareti del recipiente. Il termine con il quale la fisica descrive l'attrito interno di un fluido è **viscosità**.

La viscosità è un indice della resistenza che un fluido oppone agli scorrimenti relativi tra i suoi strati interni.

15.7 | Calorimetria e termodinamica

15.7.1 | Calore

Il **calore** è una forma di energia che viene scambiata fra corpi a temperature diverse. La quantità di calore si indica con il simbolo *Q* e ha come unità di misura (non appartenente al SI) la caloria.

Una **caloria** (1 cal) è l'energia necessaria per innalzare di un grado (da 14,5 °C a 15,5 °C) la temperatura di un grammo di acqua. 1 cal = 4,186 J

Il calore non è una caratteristica propria dei corpi: può fluire da un corpo a un altro.

Principio di equivalenza tra calore e lavoro

Nei processi puramente meccanici l'energia meccanica si conserva; nei fenomeni puramente termici il calore totale si conserva. Generalmente nei processi naturali energia meccanica e calore coesistono e si ve-

CONOSCENZE SCIENTIFICHE

rifica che, separatamente, non si conservano. Sperimentalmente, si può però notare che se in una trasformazione parte dell'energia meccanica viene spesa per creare calore, il loro rapporto è costante. Il valore di tale rapporto è stato trovato da Joule nel 1843 attraverso la cosiddetta *esperienza di Joule* e vale:

$$\frac{L}{Q} = \text{costante} = 4{,}186\ \frac{\text{joule}}{\text{cal}} = \text{equivalente meccanico della caloria}$$

da cui si può affermare che il calore è una forma di energia termica e vale 1 cal = 4,186 joule.

Propagazione del calore

Il calore si propaga da un corpo a un altro in tre modi.

1. **Conduzione**: è una forma di propagazione del calore caratteristica dei corpi solidi; non è accompagnata da spostamento di materia. Se si mettono a contatto due corpi A e B, rispettivamente a temperatura T_A e T_B (con $T_A > T_B$) si ha passaggio di calore per conduzione dal corpo A al corpo B. La velocità con cui il calore passa dal corpo A al corpo B è direttamente proporzionale alla differenza di temperatura tra A e B ($T_A - T_B$) e all'area della superficie di contatto tra i due corpi.
2. **Convezione**: è una forma di propagazione del calore caratteristica dei fluidi; è accompagnata da spostamento di materia (si pensi, per esempio, agli scambi di calore che avvengono nell'atmosfera in seguito ai movimenti relativi di aria calda e di aria fredda).
3. **Irraggiamento**: propagazione del calore mediante onde elettromagnetiche (§ 15.8.4): non è necessaria la presenza di un mezzo materiale (le onde elettromagnetiche si propagano anche nel vuoto). È grazie a questa forma di propagazione che riceviamo il calore emanato dal Sole.

15.7.2 | Calore specifico e capacità termica

La **capacità termica** di un corpo è la quantità di calore (energia termica) che esso deve assorbire affinché la sua temperatura aumenti di 1 °C (o di 1 K).

$$C = \frac{\Delta Q}{\Delta T} \quad \text{(si misura in } \frac{\text{J}}{\text{K}}\text{)}$$

Il **calore specifico** di una sostanza è invece è la quantità di calore (energia termica) necessaria per elevare di 1°C (o di 1 K) la temperatura dell'unità di massa di quella sostanza.

$$c = \frac{\Delta Q}{(m \cdot \Delta T)} \quad \text{(si misura in } \frac{\text{J}}{\text{kg} \cdot \text{K}}\text{)}$$

Valgono le relazioni:

$$C = c \cdot m \qquad \Delta Q = c \cdot m \cdot \Delta T \qquad \Delta Q = C \cdot \Delta T$$

Il calore specifico varia da sostanza a sostanza e dipende dalla temperatura anche se, per intervalli di temperatura di qualche decina di gradi, lo si può supporre costante. Inoltre, per uno stesso materiale, il calore specifico cambia a seconda dello stato di aggregazione.

Per acqua e ghiaccio vale $c_{H_2O} = 1\ \text{cal} \cdot \text{g}^{-1} \cdot °\text{C}^{-1}$ e $c_{\text{ghiaccio}} = 0{,}5\ \text{cal} \cdot \text{g}^{-1} \cdot °\text{C}^{-1}$.

Equilibrio termico

Se due corpi di massa m_1 e m_2, calori specifici c_1 e c_2, alle temperature T_1 e T_2 con $T_1 > T_2$ vengono posti a contatto, si verifica un passaggio di calore dal corpo caldo a quello freddo, fino al raggiungimento di una temperatura di equilibrio T_e. La quantità di calore ceduta dal più caldo al più freddo è pari a $\Delta Q = m_1 \cdot c_1 \cdot (T_1 - T_e)$, mentre il più freddo assorbe la quantità di calore $\Delta Q = m_2 \cdot c_2 \cdot (T_e - T_2)$

Poiché la quantità di calore ceduta dal primo viene totalmente assorbita dal secondo, si ha:

$$m_1 \cdot c_1 \cdot (T_1 - T_e) = m_2 \cdot c_2 \cdot (T_e - T_2)$$

Se due oggetti di diversa natura ($c_1 \neq c_2$) con temperature diverse vengono posti a contatto, la temperatura di equilibrio raggiunta dal sistema vale:

$$T_e = \frac{T_1 \cdot m_1 \cdot c_1 + T_2 \cdot m_2 \cdot c_2}{m_1 \cdot c_1 + m_2 \cdot c_2}$$

Se due oggetti della stessa natura ($c_1 = c_2$) con temperature diverse vengono posti a contatto, la temperatura di equilibrio raggiunta dal sistema vale:

$$T_e = \frac{T_1 \cdot m_1 + T_2 \cdot m_2}{m_1 + m_2}$$

15.7.3 | Sistema termodinamico e funzioni di stato

Un sistema termodinamico è costituito da una quantità fissata di un fluido omogeneo (tipicamente un gas): lo **stato termodinamico** del sistema è uno stato di equilibrio determinato dai valori delle grandezze *pressione*, *volume* e *temperatura*, dette anche funzioni di stato.

Un sistema termodinamico può essere:
isolato: non scambia né materia né energia con l'ambiente;
chiuso: scambia energia ma non materia con l'ambiente;
aperto: scambia materia ed energia con l'ambiente.

Se in un sistema non avviene alcun cambiamento (cioè se pressione, temperatura, volume, composizione chimica ecc. rimangono costanti) esso si dice in **equilibrio termodinamico.**

I valori delle *funzioni di stato* sono indipendenti dal modo in cui lo stato stesso viene raggiunto: le funzioni di stato non hanno memoria del cammino seguito dal sistema per giungere a tale stato.

Trasformazioni termodinamiche

Un sistema termodinamico subisce una *trasformazione termodinamica* quando scambia calore e/o lavoro con l'ambiente che lo circonda. Si rende necessario fissare per convenzione un segno da dare a queste due grandezze: il calore si assume positivo se acquistato dal sistema e negativo se ceduto dal sistema all'ambiente; il lavoro invece si assume negativo se acquistato dal sistema e positivo se ceduto dal sistema all'ambiente.

Le trasformazioni vengono disegnate su un sistema di assi cartesiani, nelle due variabili pressione e volume: si tratta del **piano *PV*** o **piano di Clapeyron**. Ogni punto di tale piano rappresenta uno stato termodinamico del sistema. Le trasformazioni sono rappresentate da curve che uniscono i punti toccati dal sistema durante la trasformazione.

- Trasformazioni **isoterme**: avvengono a temperatura costante; nel piano *PV* sono rappresentate da iperboli equilatere. Vale: $P \cdot V =$ costante.
- Trasformazioni **isobare**: avvengono a pressione costante; nel piano *PV* sono rappresentate da rette orizzontali. Vale: $P =$ costante.
- Trasformazioni **isocore**: avvengono a volume costante; nel piano *PV* sono rappresentate da rette verticali. Vale: $V =$ costante.
- Trasformazioni **adiabatiche**: avvengono senza scambio di calore con l'ambiente; nel piano *PV* sono rappresentate da curve simili alle isoterme, ma più "ripide".

15.7.4 | Primo principio della termodinamica

Il principio di conservazione dell'energia meccanica può essere esteso considerando anche l'energia termica: si arriva così a formulare il primo principio della termodinamica il quale afferma che **l'energia, in natura, non si crea e non si distrugge ma può solo trasformarsi da una forma a un'altra** (per esempio da elettrica a meccanica o da meccanica a termica).

CONOSCENZE SCIENTIFICHE

Tenendo conto delle convenzioni sui segni di calore e lavoro, il primo principio della termodinamica si esprime simbolicamente attraverso la relazione $\Delta U = Q - L$, dove:

- U è l'energia interna del sistema; è una funzione di stato;
- Q è il **calore** che il sistema assorbe dall'ambiente; **non** è una funzione di stato;
- L è il **lavoro** che il sistema cede all'ambiente; **non** è una funzione di stato.

Il lavoro compiuto da un gas in una trasformazione a pressione costante e uguale al prodotto tra la pressione e la variazione di volume del gas: $L = P \cdot \Delta V$ (isobara). Se la pressione non è costante, la trasformazione deve essere suddivisa in più trasformazioni nelle quali il valore di P possa essere considerato costante. Il lavoro totale si ottiene come somma dei lavori compiuti nelle singole trasformazioni.

Rendimento di una macchina termica

Una macchina termica è un dispositivo in grado di trasformare energia termica in energia meccanica o viceversa. Affinché la produzione di energia meccanica sia continua, la trasformazione della macchina deve essere **ciclica**. Il ciclo avviene tra due sorgenti di calore alle temperature T_f (termostato freddo) e T_c (termostato caldo): indicando rispettivamente con Q_f e Q_c i valori assoluti del calore ceduto dal sistema alla sorgente fredda e del calore ceduto dalla sorgente calda al sistema è possibile definire il rendimento

Si definisce **rendimento** η di una macchina termica il rapporto fra il lavoro L prodotto dalla macchina e il calore Q assorbito. Vale:

$$\eta = \frac{L}{Q} = \frac{Q_c - Q_f}{Q_c} = 1 - \frac{Q_f}{Q_c}$$

Poiché $Q_f \leq Q_c$ il lavoro è sempre positivo e **il rendimento di un ciclo è sempre positivo** e minore o uguale a uno.

Il *massimo valore del rendimento* di una macchina si ottiene quando il calore assorbito si trasforma integralmente in lavoro, ma per il secondo principio della termodinamica (§ 15.7.5) questo non è possibile.

Ciclo di Carnot

Il massimo rendimento che una macchina termica ideale può raggiungere è quello che si ottiene con il *ciclo di Carnot* rappresentato in figura: è un ciclo costituito da due trasformazioni isoterme (A → B e C → D) e due trasformazioni adiabatiche (B → C e D → A). Il lavoro prodotto in ciascun ciclo compiuto dalla macchina termica è numericamente uguale all'area della figura chiusa ABCD. Per il ciclo di Carnot si ha:

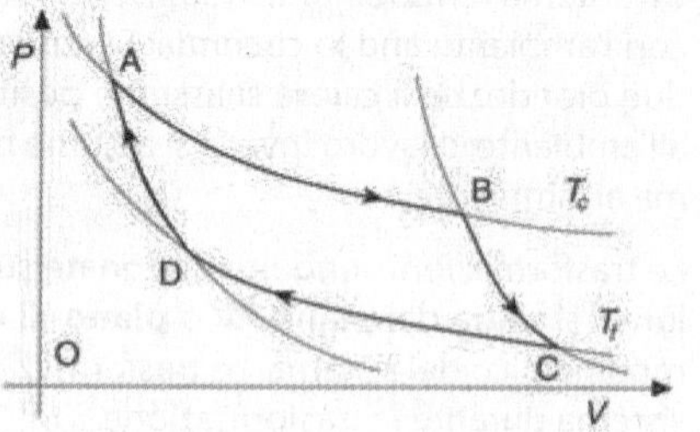

$$\frac{T_f}{T_c} = \frac{Q_f}{Q_c} \quad \rightarrow \quad \eta = 1 - \frac{Q_f}{Q_c} = 1 - \frac{T_f}{T_c}$$

dove **la temperatura è espressa in kelvin**.

Quindi il rendimento di una macchina termica che segue il ciclo di Carnot dipende solo dalle temperature dei due termostati.

Trasformazioni reversibili e irreversibili

Affinché una trasformazione sia **reversibile** devono verificarsi le condizioni seguenti:

- le cause che provocano la trasformazione sono di entità infinitamente piccola;
- la trasformazione può essere vista come una successione di stati di equilibrio del sistema nei quali le funzioni di stato sono definite;
- la trasformazione può avvenire in entrambi i versi (la caduta di un grave, per esempio, non è una trasformazione reversibile: il grave non può ritornare spontaneamente alla quota iniziale).

Se in una trasformazione sono presenti attriti, la trasformazione non è reversibile; poiché le trasformazioni reali avvengono sempre in presenza di attriti, esse sono sempre **irreversibili**.

Il ciclo di Carnot è un ciclo reversibile e quindi teorico. Ogni macchina termica reale che segue il ciclo di Carnot ha un rendimento inferiore a quello ideale.

15.7.5 | Secondo principio della termodinamica

Il primo principio della termodinamica consiste in una legge di conservazione dell'energia totale (meccanica e termica): per compiere lavoro meccanico una macchina deve prendere almeno altrettanto calore dall'ambiente. Viene in questo modo negata la possibilità di un **moto perpetuo di prima specie**, cioè la produzione di lavoro senza assorbimento di energia dall'esterno.

Il primo principio non è però in disaccordo con il fatto che una macchina termica possa sfruttare in maniera ciclica il calore, per esempio del mare, per produrre lavoro in modo continuo. Si tratterebbe del **moto perpetuo di seconda specie**, in cui il calore viene integralmente trasformato in lavoro. Si può dimostrare che per produrre lavoro in modo continuo non è sufficiente lavorare con un'unica sorgente di calore, ma è necessario averne due a temperature differenti; l'effetto di questo vincolo è che solo parte del calore ceduto dalla sorgente calda può essere trasformato in lavoro. Questo è quanto affermano la teoria dell'entropia e il secondo principio della termodinamica.

Il secondo principio può essere enunciato in tre modi tra loro equivalenti.

- **Enunciato secondo Kelvin**: è impossibile far compiere a una macchina termica una trasformazione il cui **unico risultato** sia quello di trasformare **integralmente** in lavoro il calore assorbito da una sola sorgente. Dunque $\eta < 1$ (il primo principio vieta solo che il rendimento sia maggiore di 1).
- **Enunciato secondo Clausius**: il calore passa **spontaneamente** dai corpi caldi ai corpi freddi e non viceversa.
- **Terzo enunciato**: in un *sistema isolato* ogni trasformazione **spontanea** (irreversibile) comporta un **aumento** di entropia.

15.8 | Onde

Un'onda è un'oscillazione che si propaga nello spazio trasportando energia, ma non materia.

Appoggiando un tappo di sughero su uno specchio d'acqua e provocando un'onda, si nota che il tappo oscilla verticalmente, ma non ha spostamenti orizzontali: la materia non viene trasportata dall'onda.

15.8.1 | Classificazione delle onde esistenti in natura

Le onde si distinguono in:

- **onde meccaniche**: il meccanismo della loro propagazione ha origine dalle proprietà elastiche del mezzo in cui si trasmettono; **hanno bisogno di un mezzo nel quale propagarsi**; non si propagano nel vuoto (le onde acustiche sono un esempio di onde meccaniche);
- **onde elettromagnetiche**: il meccanismo della loro propagazione ha origine dalle proprietà dei campi elettrici e magnetici; **non** hanno bisogno di un mezzo nel quale propagarsi; si propagano anche nel vuoto.

Le onde si dividono anche in trasversali e longitudinali:

- **onde trasversali**: la direzione di vibrazione è perpendicolare alla direzione di propagazione dell'onda (per esempio le onde sull'acqua e la luce);
- **onde longitudinali**: la direzione di vibrazione è parallela alla direzione di propagazione dell'onda (per esempio le onde sonore).

Le *onde meccaniche* possono propagarsi indifferentemente nei solidi, nei liquidi e negli aeriformi: nei solidi si propagano onde sia longitudinali sia trasversali; nei gas e all'interno dei liquidi si propagano solo onde longitudinali; sulla superficie dei liquidi si propagano onde trasversali. Mentre le onde meccaniche necessitano di un mezzo per propagarsi, le onde elettromagnetiche viaggiano indifferentemente nel vuoto e nella materia: la luce, per esempio, si propaga anche nei liquidi e, in misura minore, nei solidi.

CONOSCENZE SCIENTIFICHE

15.8.2 | Caratteristiche di un'onda

- **Periodo *T***: tempo necessario a compiere un'oscillazione completa (si misura in secondi).
- **Lunghezza d'onda** λ: distanza percorsa dall'onda in un periodo (si misura in metri).
- **Frequenza** ν: numero di oscillazioni al secondo (si misura in hertz).
- **Velocità *v***: velocità con cui si propaga l'energia trasportata dall'onda (si misura in m/s).
- **Ampiezza *A***: per le onde meccaniche corrisponde al massimo spostamento di una particella dalla sua posizione di equilibrio.

Il periodo e la frequenza di un'onda esprimono proprietà intrinseche dell'onda mentre la lunghezza d'onda, la velocità e l'ampiezza dipendono dal mezzo nel quale l'onda si propaga.

Valgono le relazioni notevoli: : $\left.\begin{array}{l} T = 1/\nu \\ v = \lambda/T \end{array}\right\} \rightarrow \quad v = \nu \cdot \lambda$

La lunghezza d'onda delle onde elettromagnetiche viene spesso misurata in **angstrom** (simbolo: Å) dove $1\ \text{Å} = 10^{-10}$ m.

15.8.3 | Onde sonore

Il suono è un'onda meccanica che ha bisogno di un mezzo nel quale propagarsi. Nei fluidi è un'*onda elastica longitudinale* costituita da una serie di strati in cui il fluido è alternativamente compresso e rarefatto (come rappresentato in figura); nei *solidi* è costituito da onde *trasversali* e *longitudinali*.

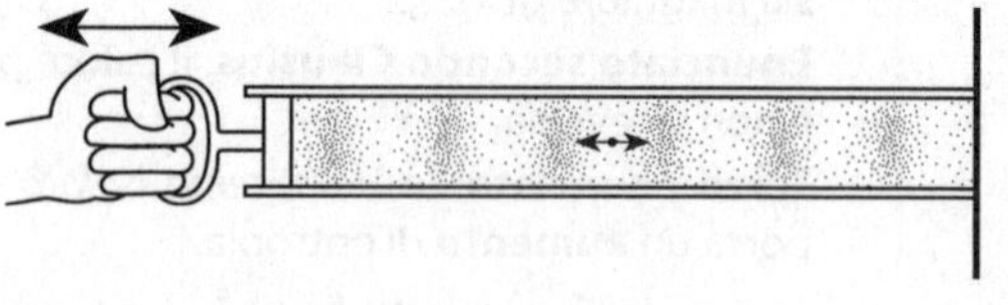

Le onde acustiche sono onde meccaniche: non si propagano nel vuoto.

Perché un'onda acustica sia *udibile* bisogna che la sua frequenza ν soddisfi la condizione 16 Hz < ν < 20.000 Hz. Se ν < 16 Hz si parla di *infrasuoni*; se ν > 20.000 Hz si parla di *ultrasuoni*.
Quando viene prodotto un suono, le molecole di materia prossime alla sorgente cominciano a vibrare; la vibrazione viene trasmessa alle molecole vicine, poi da queste alle successive e così via. La velocità con cui la vibrazione si propaga è diversa a seconda del mezzo: nell'aria secca vale 331,4 m/s; nell'aria in condizioni ambientali ordinarie vale 340 m/s; nei liquidi è maggiore (1450 m/s nell'acqua); nei solidi è ancora più alta (5130 m/s nel ferro).

15.8.4 | Onde elettromagnetiche

Le onde elettromagnetiche sono onde trasversali formate da un campo elettrico e un campo magnetico che si propagano vibrando perpendicolarmente tra loro e perpendicolarmente alla direzione di propagazione dell'onda.

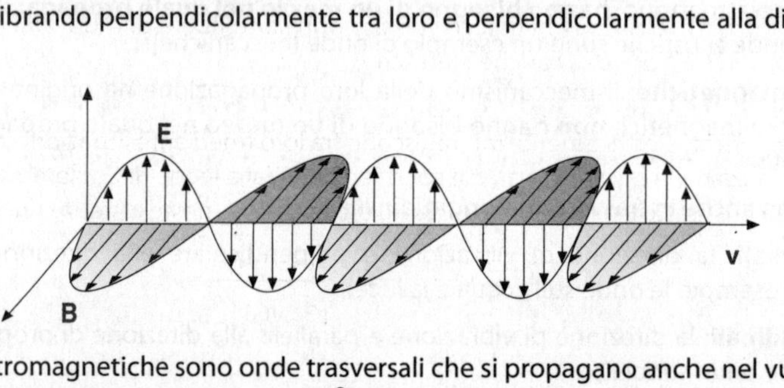

Le onde elettromagnetiche sono onde trasversali che si propagano anche nel vuoto. La loro velocità nel vuoto è una costante pari a $3 \cdot 10^8$ m/s = 300.000 km/s; viene indicata con la lettera c.

La luce visibile è un'onda elettromagnetica con lunghezza d'onda λ compresa fra 380 nm (violetto) e 760 nm (rosso).
Uno dei risultati della fisica moderna è stato quello di mostrare che la luce (e con essa tutte le onde elettromagnetiche) ha in realtà una *doppia natura: ondulatoria e corpuscolare.*

I corpuscoli costituenti la luce si chiamano *quanti di luce* o *fotoni*: **la loro energia è direttamente proporzionale alla frequenza** secondo la relazione $E = h \cdot \nu$, dove h è detta costante di Planck. Quindi **con la luce si propaga energia**.

Un'onda elettromagnetica è tanto più energetica quanto maggiore è la sua frequenza.

I raggi infrarossi sono meno energetici della luce visibile, che a sua volta è meno energetica degli ultravioletti. Con l'aumentare dell'energia di un'onda elettromagnetica, aumenta anche la probabilità di subire dei danni da esposizione alla radiazione stessa.

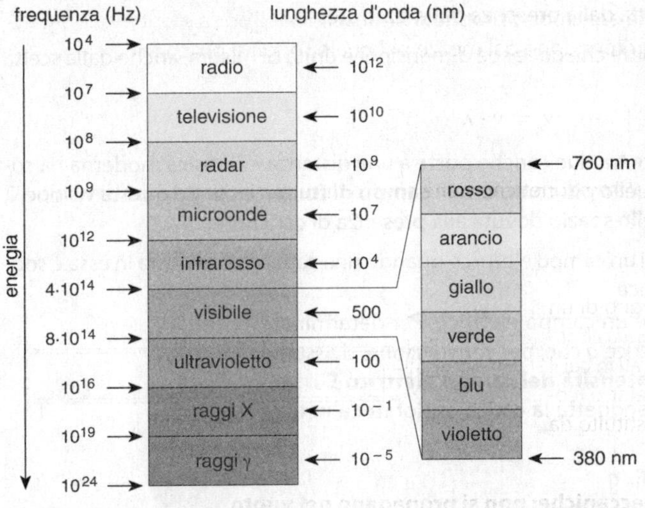

Lo schema a lato riporta una classificazione delle onde elettromagnetiche al variare della frequenza e quindi della lunghezza d'onda.

Si noti che le onde radio, l'ultravioletto, la luce visibile, gli infrarossi, le microonde e i raggi X sono tutte onde elettromagnetiche che differiscono per frequenza e lunghezza d'onda.

15.9 | Elettrostatica

L'elettricità si manifesta attraverso interazioni fra corpi (attrazioni e repulsioni) quando su di essi sono presenti *cariche elettriche*. Le cariche elettriche sono di due tipi, chiamate convenzionalmente *positive* e *negative*.

Cariche di segno opposto si attraggono, cariche dello stesso segno si respingono.

I costituenti dell'atomo sono particelle cariche: l'*elettrone*, portatore di una carica negativa ($-1{,}6 \cdot 10^{-19}$ C) e il *protone*, portatore di una carica positiva. Nel SI la carica non è considerata una grandezza fondamentale: la si ricava dall'intensità di corrente, misurata in ampere, insieme al concetto di corrente elettrica. Per ora basti sapere che l'unità di misura scelta per la carica elettrica si chiama **coulomb** (corrispondente alla carica posseduta da circa 10^{19} protoni) e che le sue dimensioni sono $[Q] = [i] \cdot [T]$, dove $[i]$ è la dimensione dell'intensità di corrente.

Dal punto di vista dei fenomeni elettrici, i materiali si dividono in due categorie:

- **conduttori**: materiali dotati di cariche elettriche (elettroni o ioni) libere di muoversi (i metalli sono i conduttori per eccellenza);
- **isolanti** (o **dielettrici**): le cariche in essi contenute non sono libere di muoversi (l'isolante per eccellenza è il vuoto, perché è privo di cariche elettriche).

15.9.1 | Carica elettrica e legge di Coulomb

Si è visto che i corpi caricati elettricamente interagiscono fra loro (mediante attrazioni o repulsioni). Le forze di interazione a distanza tra le cariche elettriche sono regolate dalla legge di Coulomb, la quale afferma che il modulo della forza **F** (attrattiva o repulsiva) tra due cariche Q_1 e Q_2 poste distanza r nel vuoto è:

$$|\mathbf{F}| = K_0 \cdot \frac{|Q_1 \cdot Q_2|}{r^2} = \frac{|Q_1 \cdot Q_2|}{4\pi\varepsilon_0 \cdot r^2} \qquad [8]$$

dove

$$K_0 = \frac{1}{4\pi\varepsilon_0}$$

è la *costante di Coulomb* nel vuoto e ε_0 è la *costante dielettrica* del vuoto.

La forza di Coulomb è diretta lungo la congiungente le cariche e il verso dipende dal segno delle cariche: cariche di segno opposto si attraggono, cariche dello stesso segno si respingono.

CONOSCENZE SCIENTIFICHE

Costante dielettrica

La forza di Coulomb tra due cariche elettriche dipende dal mezzo che separa le cariche. Se le cariche sono poste in un mezzo e non nel vuoto, la legge di Coulomb diventa:

$$F = K \cdot \frac{Q_1 \cdot Q_2}{r^2} = \frac{1}{4\pi\varepsilon} \cdot \frac{Q_1 \cdot Q_2}{r^2} = \frac{1}{4\pi\varepsilon_0\varepsilon_r} \cdot \frac{Q_1 \cdot Q_2}{r^2}$$

dove $\varepsilon = \varepsilon_0\varepsilon_r$ è la **costante dielettrica** del mezzo e ε_r è la **costante dielettrica relativa** del mezzo rispetto al vuoto. La costante dielettrica relativa del mezzo che separa le cariche è tanto maggiore quanto più la forza elettrica tra le cariche è ridotta dalla presenza del mezzo stesso.

Il valore numerico di K dipende, oltre che dalle sue dimensioni e unità di misura, anche dalla scelta del sistema di misura.

15.9.2 | Campo elettrico

La forza di Coulomb è una forza presente tra due cariche poste a una distanza *r*. La fisica moderna ha sostituito al concetto di forze a distanza quello più completo di **campo di forze**. Secondo questa visione, il campo elettrico è una perturbazione dello spazio dovuta alla presenza di cariche.

Una regione dello spazio è sede di un campo elettrico quando una carica ferma posta in essa è soggetta a forze di natura elettrostatica.

Ogni carica elettrica genera intorno a sé un campo elettrico. Per determinare tale campo si fa uso della carica esploratrice *q* che, per convenzione, si assume di segno positivo. Si definisce vettore **intensità del campo elettrico E** il rapporto tra la forza elettrostatica a cui è soggetta la carica esploratrice in quel punto e la carica stessa:

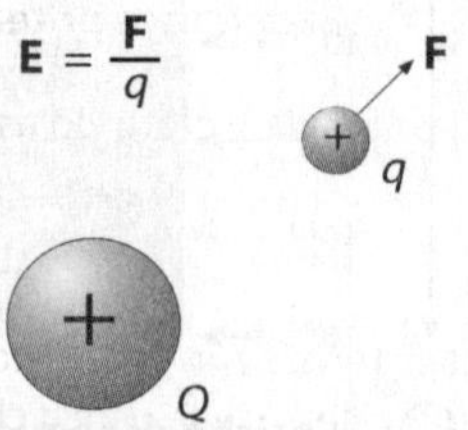

$$\mathbf{E} = \mathbf{F}/q$$

dove **F** è la forza elettrostatica e *q* la carica esploratrice.

L'unità di misura del campo elettrico nel Sistema internazionale è $\frac{\text{newton}}{\text{coulomb}}$ (oppure $\frac{\text{volt}}{\text{metro}}$)

Si supponga ora che il campo elettrico sia generato da una carica puntiforme *Q* e si indichi la carica esploratrice con *q*. Dalle espressioni della forza di Coulomb e del campo elettrico si ha:

$$E = \frac{F}{q} = K \cdot \frac{Q \cdot q}{r^2} \frac{1}{q} = K \cdot \frac{Q}{r^2}$$

Il campo elettrico in un punto non dipende dal valore *q* della carica esploratrice; dipende solo dalla carica generatrice e dalla posizione del punto nello spazio.

Un metodo per rappresentare il campo elettrico è disegnare le sue **linee di forza**, cioè linee orientate e dirette concordemente al campo e in ogni punto tangenti al vettore **E** associato a quel punto.

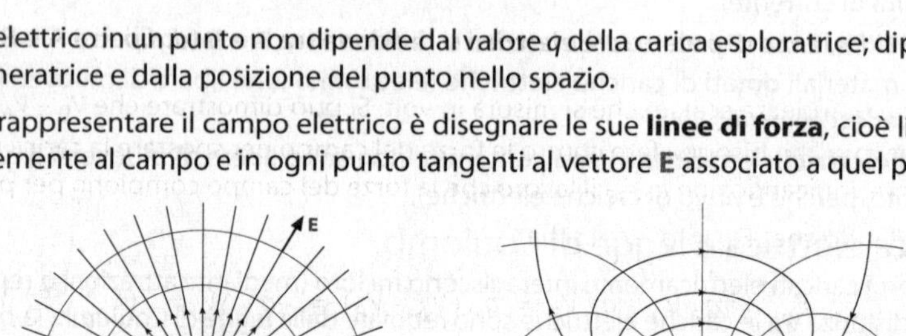

(a) (b)

(a) Linee di forza del campo elettrico generato da una carica puntiforme positiva.
(b) Linee di forza del campo elettrico generato da due cariche puntiformi di segno opposto.

Le linee di forza del campo elettrico sono per convenzione sempre uscenti dalle cariche positive ed entranti in quelle negative.

15.9.3 | Energia potenziale elettrica

L'**energia potenziale** E_p di una carica q associata a un punto P di un campo elettrico è il lavoro che bisogna compiere *contro le forze del campo* per portare la carica dall'infinito (dove l'energia potenziale è nulla per definizione) al punto P. L'unità di misura è il joule.

Nel caso di un campo elettrico generato da una sola carica Q, l'energia potenziale E_p è positiva se la carica generatrice e la carica q sono concordi, negativa se sono discordi.

È possibile dare un'espressione matematica all'energia potenziale elettrica associata a una carica q posta a distanza r dalla carica puntiforme Q:

$$E_p = K \cdot \frac{Q \cdot q}{r}$$

L'energia potenziale E_p è direttamente proporzionale ai valori della carica che genera il campo, della carica esploratrice e inversamente proporzionale alla distanza tra le due cariche.

Potenziale elettrico

Una carica q posta in un campo elettrico acquista energia potenziale elettrica E_p. Al variare del valore della carica esploratrice q, il valore di E_p cambia, ma il rapporto tra E_p e q rimane costante.

Si definisce **potenziale elettrico** l'espressione: $V_p = E_p/q$.

Il potenziale elettrico associato a un punto a distanza r dalla carica generatrice del campo è:

$$V_p = \frac{E_p}{q} = K \cdot \frac{Q \cdot q}{r} \cdot \frac{1}{q} = K \cdot \frac{Q}{r}$$

Il potenziale in un punto è una quantità indipendente dal valore della carica esploratrice. Dipende invece dal valore della carica che genera il campo e dalla posizione del punto.

Il potenziale elettrico coincide *numericamente* con l'energia potenziale dell'unità di carica.
L'unità di misura del potenziale elettrico è il volt (simbolo V): $V = J/C$.

Differenza di potenziale

Si consideri un campo elettrico generato da una carica puntiforme (o da un insieme di cariche) e si prenda il valore del potenziale elettrico in due punti differenti A e B: V_A e V_B.

$V_B - V_A$ = *differenza di potenziale elettrico o tensione* tra A e B (*d.d.p.* tra A e B).

La tensione è una grandezza scalare che si misura in volt. Si può dimostrare che $V_B - V_A$ corrisponde *numericamente* al lavoro che bisogna fare contro le forze del campo per spostare la carica unitaria da A a B. Equivalentemente, indicando con $L_{A \to B}$ il lavoro che le forze del campo compiono per portare la carica q da A a B (e ricordando che $E_p = q \cdot V_p$) si ha:

$$L_{A \to B} = E_{p_A} - E_{p_B} = q \cdot V_A - q \cdot V_B = q \cdot (V_A - V_B) = -q \cdot \Delta V = -(E_{p_B} - E_{p_A}) = -\Delta E_p$$

Il lavoro che le forze del campo compiono per portare una carica positiva dal punto A al punto B **è uguale alla differenza di energia potenziale tra i due punti, cambiata di segno.**

Superfici equipotenziali

Le superfici equipotenziali di un campo sono le superfici i cui punti si trovano tutti allo stesso potenziale e **sono sempre ortogonali alle linee di campo.**
Se due punti A e B si trovano sulla stessa superficie equipotenziale, il lavoro che le forze del campo compiono per portare una carica da A a B è nullo: $L = q \cdot (V_A - V_B) = 0$.

Se il campo è generato da una carica puntiforme Q, le superfici equipotenziali sono le superfici delle sfere che hanno il centro nella carica Q.

CONOSCENZE SCIENTIFICHE

15.9.4 | Teorema di Gauss

Il teorema di Gauss si applica quando la carica è distribuita su un conduttore esteso anziché essere puntiforme. Prima di enunciarlo, è necessario definire il concetto di flusso di un vettore.

Il flusso Φ di un vettore **v** attraverso la superficie *S* è dato dal prodotto scalare tra il vettore **v** e il vettore superficie **S**: $\Phi_S(\mathbf{v}) = \mathbf{v} \cdot \mathbf{S} = v \cdot S \cdot \cos\theta = v_n \cdot S$, dove θ è l'angolo tra il vettore **v** e la normale alla superficie, v_n è la componente del vettore **v** lungo la normale e **S** è il vettore superficie (con intensità pari all'area della superficie, direzione perpendicolare alla superficie e orientato verso l'esterno se la superficie è chiusa).

Il segno del flusso di un vettore è positivo quando il vettore "esce" dalla superficie, negativo se il vettore "entra". Nel caso del campo elettrico, il vettore **v** è rappresentato proprio dal campo elettrico **E** e l'unità di misura del flusso è volt · m.

Teorema di Gauss. Il flusso del campo elettrico attraverso una superficie chiusa *S* contenente *n* cariche $Q_1, Q_2, ..., Q_n$ è dato (nel vuoto) da:

$$\Phi_S(\mathbf{E}) = \frac{\sum Q_i}{\varepsilon_0} = \frac{Q_1 + Q_2 + \ldots + Q_n}{\varepsilon_0}$$

Dal teorema di Gauss si ricavano alcune importanti conseguenze:

- la carica elettrica nei conduttori si distribuisce sulla loro superficie.
- in condizioni elettrostatiche (ossia quando le cariche non sono in movimento), tutti i punti di un conduttore hanno lo stesso potenziale che prende il nome di potenziale del conduttore.
- il campo elettrico all'interno di un conduttore carico è nullo.
- sulla superficie del conduttore la densità di carica è maggiore dove la curvatura è maggiore, cioè dove il raggio di curvatura è minore: la carica elettrica si concentra quindi sulle punte dei conduttori carichi (*potere delle punte*).

15.9.5 | Capacità di un conduttore

Dato un conduttore isolato con carica positiva *Q*, esso possiede un potenziale *V* direttamente proporzionale alla sua carica *Q* (§ 15.9.3).

Il rapporto tra la carica del conduttore e il suo potenziale è una costante che prende il nome di **capacità elettrostatica del conduttore**:

$$\text{capacità} = C = \frac{\text{carica}}{\text{potenziale}} = \frac{Q}{V} = \text{costante}$$

La capacità di un conduttore è un indice della possibilità di accumulare carica su di esso; la quantità di carica che si accumula sul conduttore dipende cioè dalla sua capacità: a parità di potenziale, un conduttore con alta capacità accumula più cariche di uno con bassa capacità.

L'unità di misura della capacità prende il nome di **farad** $= \dfrac{\text{coulomb}}{\text{volt}}$ (simbolo F).

Un conduttore ha la capacità di 1 F quando la carica di 1 C gli conferisce il potenziale di 1 V.

La capacità di un conduttore dipende dalla sua superficie: **maggiore è la superficie del conduttore, maggiore è la sua capacità**. A parità di superficie, dipende dalla sua forma.

Condensatore

Se a un conduttore carico si avvicina un conduttore scarico, la sua capacità aumenta. I **condensatori** sono dispositivi ad alta capacità costituiti da due conduttori (*armature*) affacciati. Per essi vale la relazione:

$$C = \frac{Q}{V_2 - V_1} = \frac{Q}{\Delta V}$$

dove *Q* è la carica accumulata sulle armature e ΔV è la differenza di potenziale tra di esse.

La capacità di un condensatore piano è:

$$C = \varepsilon \frac{S}{d}$$

dove S è la superficie delle armature, d è la loro distanza ed ε è la costante dielettrica del mezzo che le separa: tale risultato è valido anche per i condensatori sferici nei quali le armature sono superfici sferiche concentriche.

Nella parte centrale di un condensatore piano le linee di forza del campo elettrico sono segmenti paralleli; tra le armature di un condensatore piano il campo elettrico è *uniforme* e vale:

$$E = \frac{\Delta V}{d} = \frac{Q}{C \cdot d}$$

15.10 | Elettrodinamica

Se tra i capi di un conduttore metallico vi è una differenza di potenziale, gli elettroni liberi di muoversi (elettroni di conduzione) vengono "spinti" dal campo **E**, e si spostano da punti a potenziale minore a punti a potenziale maggiore, in verso opposto a quello del campo, come indicato in figura.

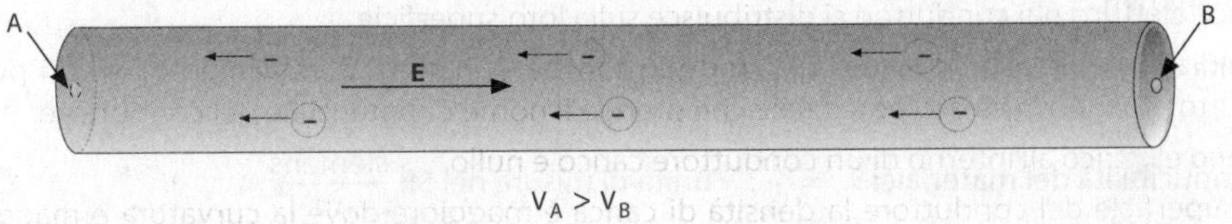

$V_A > V_B$

Nei conduttori metallici (conduttori di prima specie) le cariche negative (elettroni) sono libere di muoversi secondo la direzione del campo elettrico, mentre le cariche positive sono bloccate nei nodi reticolari. Nei liquidi e nei gas (conduttori di seconda specie) sia le cariche negative sia le cariche positive possono partecipare alla conduzione elettrica.

Affinché si abbia un moto ordinato di cariche in un conduttore è quindi necessaria la presenza di una differenza di potenziale alle sue estremità o, equivalentemente, di un campo elettrico. Quando le cariche libere attraversano un conduttore in maniera ordinata, si è in presenza di una **corrente elettrica.**

Per convenzione si è scelto come **verso della corrente** quello dello spostamento delle cariche positive (anche se nei solidi tali cariche non si spostano e non contribuiscono al fenomeno della conduzione).

Quindi, in un conduttore solido, il moto delle cariche è sempre contrario a quello della corrente.

Se ai capi A e B di un conduttore si applica una d.d.p. con $V_A > V_B$, il campo elettrico è orientato da A a B, il verso della corrente è da A a B ma gli elettroni si muovono da B verso A.

15.10.1 | Intensità di corrente

L'**intensità di corrente (media)** è il rapporto tra la quantità di carica ΔQ che attraversa una sezione del conduttore in un tempo Δt e l'intervallo di tempo stesso:

$$i = \Delta Q / \Delta t$$

Unità di misura dell'intensità di corrente nel SI: $\frac{\text{coulomb}}{\text{secondo}}$ = ampere (A)

La corrente si dice **unidirezionale** se le cariche si muovono sempre nello stesso senso; in particolare si dice **continua** se la sua intensità e il senso di moto delle cariche si mantengono costanti. La corrente si dice invece **alternata** se il senso di moto delle cariche subisce delle inversioni periodiche.

CONOSCENZE SCIENTIFICHE

15.10.2 | Leggi di Ohm

Prima legge di Ohm

Per i conduttori di prima specie (metalli) si osserva proporzionalità tra i e ΔV. Indicando con R la costante di proporzionalità si ha:

$$V_B - V_A = \Delta V = R \cdot i \quad \rightarrow \quad R = \Delta V / i$$

La costante di proporzionalità R è detta **resistenza**: è un indice dell'opposizione che incontrano le cariche negative (elettroni) nel muoversi all'interno del conduttore.

Unità di misura della resistenza nel SI: $\dfrac{\text{volt}}{\text{ampere}} = \text{ohm} \ (\Omega)$

Seconda legge di Ohm

La resistenza elettrica di un filo conduttore è direttamente proporzionale alla lunghezza l del filo e inversamente proporzionale alla sua sezione S:

$$R = \rho \frac{l}{S}$$

dove ρ è un coefficiente caratteristico del conduttore, che prende il nome di **resistività** o *resistenza specifica* del materiale.

Unità di misura della resistività nel SI: ohm · metro ($\Omega \cdot$m)

Conducibilità del materiale: $\lambda = \dfrac{1}{\rho}$; unità di misura nel SI: $\dfrac{\text{siemens}}{\text{m}}$

La resistività dipende dal materiale e dalla temperatura a cui tale materiale si trova.

La resistenza dei conduttori di prima specie aumenta all'aumentare della temperatura.

15.10.3 | Effetto Joule

L'effetto di riscaldamento di un conduttore causato dalla corrente elettrica che lo attraversa è detto **effetto Joule**. L'energia dissipata per effetto Joule è pari a:

$$L = \Delta V \cdot i \cdot \Delta t = R \cdot i^2 \cdot \Delta t$$

La potenza dissipata per effetto Joule è:

$$P = \frac{L}{\Delta t} = \Delta V \cdot i = R \cdot i^2 = \frac{(\Delta V)^2}{R}$$

La quantità di calore Q dissipata per effetto Joule, espressa in calorie, è pari a:

$$Q = \frac{R \cdot i^2 \cdot \Delta t}{4{,}186 \text{ J/cal}}$$

15.10.4 | Circuiti elettrici

Ogni generatore di corrente continua è dotato di una **forza elettromotrice** (***f.e.m.***) definita come il rapporto fra il lavoro che il generatore compie sulla carica Q che lo attraversa e la carica stessa. Dalla definizione segue che la *f.e.m.* si misura in volt.

Numericamente la *f.e.m.* coincide con la d.d.p. ai capi del generatore quando il circuito è aperto.

Nei circuiti elettrici, la corrente fornita da un **generatore** viene trasformata in altri tipi di energia (luminosa, termica, meccanica o magnetica) a seconda degli elementi utilizzatori in esso presenti.

PARTE QUINTA

Resistenze e condensatori in serie e in parallelo

In un circuito elettrico, i vari componenti possono essere disposti in *serie* (attraversati dalla stessa intensità di corrente) o in *parallelo* (ai loro capi vi è la stessa d.d.p.) a seconda delle esigenze.

✔ La **resistenza equivalente** R_{eq} di più resistenze è quella resistenza che da sola causerebbe la stessa dissipazione di energia per effetto Joule.

✔ La **capacità equivalente** C_{eq} di più condensatori è quella di un condensatore che accumulerebbe da solo la stessa carica.

Resistenze in serie:

$$R_{eq} = R_1 + R_2$$

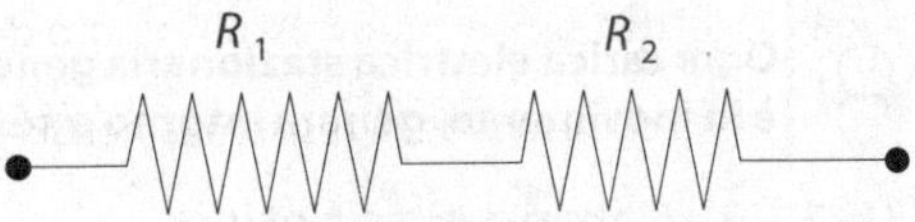

Resistenze in parallelo:

$$\frac{1}{R_{eq}} = \frac{1}{R_1} + \frac{1}{R_2}$$

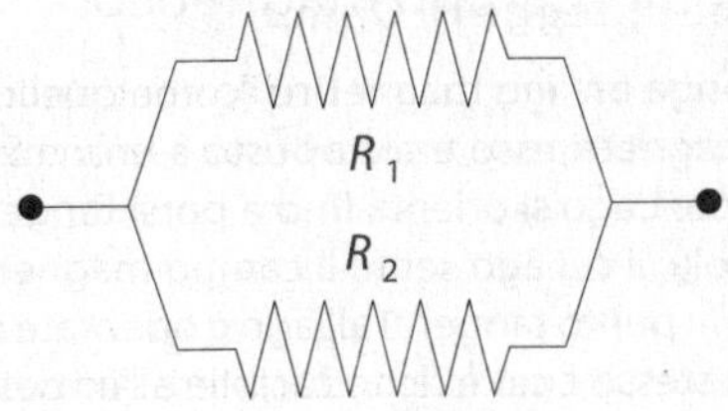

La resistenza equivalente di più resistenze in serie è maggiore di ciascuna delle resistenze in serie.
La resistenza equivalente di più resistenze in parallelo è minore di ciascuna delle resistenze in parallelo.

Condensatori in serie:

$$\frac{1}{C_{eq}} = \frac{1}{C_1} + \frac{1}{C_2}$$

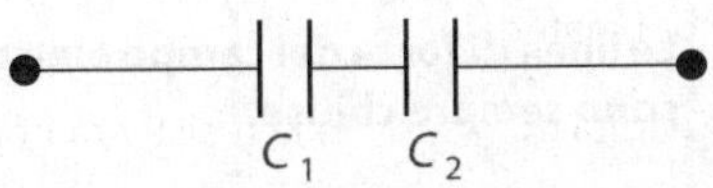

Condensatori in parallelo:

$$C_{eq} = C_1 + C_2$$

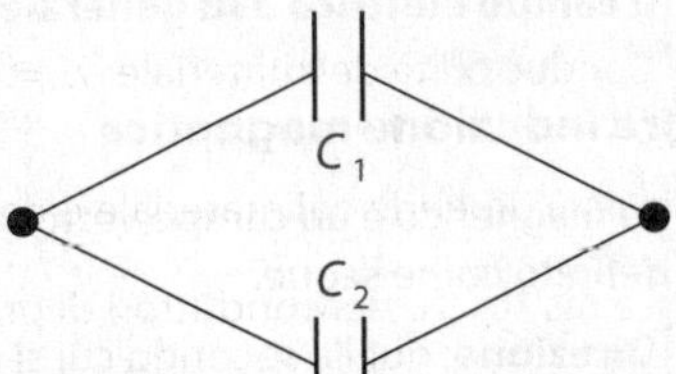

La capacità equivalente di più capacità in parallelo è maggiore di ciascuna delle capacità in parallelo.
La capacità equivalente di più capacità in serie è minore di ciascuna delle capacità in serie.

Analisi dei circuiti elettrici e leggi di Kirchhoff

Il problema che si può presentare è il seguente: dati uno o più generatori con alcuni elementi di circuito variamente connessi tra loro, si chiede di determinare quali sono le correnti che li attraversano e quanto valgono le differenze di potenziale ai loro capi.

Per la risoluzione di tale problema è necessario tenere presente alcune regole:

- due *elementi* sono collegati *in serie* quando sono attraversati dalla stessa intensità di corrente, mentre sono collegati *in parallelo* quando partono dallo stesso nodo e si chiudono sullo stesso nodo (ai loro capi vi è la stessa differenza di potenziale);
- i fili conduttori che collegano tra loro gli elementi del circuito hanno resistenza nulla;
- due punti che si trovano collegati da un filo, senza che altri elementi del circuito siano posti tra i due, hanno lo stesso potenziale;
- ogni linea chiusa all'interno del circuito prende il nome di *maglia*.

Si utilizzano anche le due **leggi di Kirchhoff**:

1. in ogni *nodo* del circuito, la somma delle correnti entranti deve essere uguale alla somma delle correnti uscenti;
2. la somma algebrica delle forze elettromotrici contenute in una maglia è uguale alla somma delle differenze di potenziale ai capi di ciascuno degli elementi della maglia.

15.11 | Magnetismo

Alcuni materiali, come la magnetite, hanno la proprietà di attrarre piccoli pezzi di ferro. Questi corpi vengono chiamati *magneti* e hanno la proprietà di generare nello spazio circostante un *campo magnetico*. La Terra, per esempio, si comporta come un gigantesco magnete e genera intorno a sé un campo chiamato campo magnetico terrestre.

L'esperienza mostra l'esistenza di poli magnetici di segno opposto: avvicinando due magneti si possono osservare repulsioni o attrazioni a seconda del modo in cui vengono avvicinati. Per convenzione i due punti in cui si concentrano le due polarità di un magnete vengono detti **polo nord** e **polo sud**.

Mentre è possibile isolare cariche elettriche positive e negative, non è possibile farlo per i poli magnetici: se si cerca di isolare i due poli di un magnete, per esempio spezzando una calamita, si ottengono più dipoli e non polarità isolate.

Non è possibile isolare un monopolo magnetico.

Ogni carica elettrica stazionaria genera intorno a sé un campo elettrico; se la carica elettrica è in movimento, genera intorno a sé anche un campo magnetico.

15.11.1 | Campo magnetico

Si ponga un ago magnetico (come quello contenuto in una comune bussola) in un campo generato da un magnete: esso è sottoposto a una coppia di forze che cerca di farlo ruotare secondo la direzione del campo. L'ago si orienta fino a porsi tangente alle *linee di forza del campo*, come avviene appunto in una bussola, il cui ago sente il campo magnetico terrestre: le linee di forza del campo magnetico sono linee in ogni punto tangenti all'ago e orientate dal polo sud al polo nord dell'ago. Tali linee sono sempre chiuse su sé stesse e ciò è riconducibile all'impossibilità di isolare le polarità di un magnete.

Le linee di forza del campo elettrico sono generalmente aperte, quelle del campo magnetico sono sempre chiuse.

Il campo elettrico è in generale conservativo, mentre il campo magnetico non lo è mai.

Vettore induzione magnetica

Il campo magnetico è un campo vettoriale: a ogni punto del campo si associa il *vettore induzione magnetica* **B** definito come segue.

Direzione: quella secondo cui si dispone un aghetto magnetico inserito nel campo.
Verso: dal polo sud al polo nord dell'aghetto.
Intensità: quella che si ricava dalla relazione $|\mathbf{F}| = q \cdot |\mathbf{v} \wedge \mathbf{B}|$, dove $|\mathbf{F}|$ è il modulo della forza di natura magnetica, detta **forza di Lorentz**, che agisce su una carica q che transita con velocità **v** nel campo magnetico.

Nel SI il campo magnetico **B** si misura in **tesla** (T): $1\ \text{T} = 1\ \text{Wb} / \text{m}^2 = 1\ \text{V} \cdot \text{s} / \text{m}^2$.

Forza di Lorentz

Una carica q in moto con velocità **v** all'interno di un campo magnetico viene deviata per la presenza del magnete: la deviazione del moto e, quindi, la forza di natura magnetica che agisce sulla carica, crescono al crescere della velocità della carica e del valore della carica stessa.

La **forza di Lorentz** è la forza di natura magnetica che agisce su una carica q che transita con velocità **v** in un campo magnetico. Tale forza è data da $\mathbf{F} = q \cdot \mathbf{v} \wedge \mathbf{B}$ ed è perpendicolare sia al campo magnetico **B** in cui tale carica si muove sia alla velocità **v** della carica.

Se la carica si muove parallelamente al campo **B**, la sua deviazione è nulla!
Se la velocità è perpendicolare al campo la sua deviazione è massima: in questo caso la carica immersa nel campo B compie un moto circolare uniforme in cui la forza centripeta è proprio la forza di Lorentz. Il raggio della traiettoria circolare è una costante ed è pari a $r = (m \cdot v)/(q \cdot B)$.

Il verso della forza di Lorentz può essere determinato con la regola della mano destra.

La forza di Lorentz non compie lavoro, perché è sempre perpendicolare alla velocità e quindi allo spostamento.

Campo magnetico generato dalla corrente elettrica

Il campo magnetico prodotto dal passaggio della corrente in un filo rettilineo è in ogni punto perpendicolare sia alla distanza *r* dal filo sia alla direzione del filo.

Per trovare il verso di **B**, si dispone il pollice della mano destra nella direzione e nel verso della corrente; in questa posizione le altre dita della mano indicano il verso di **B**.

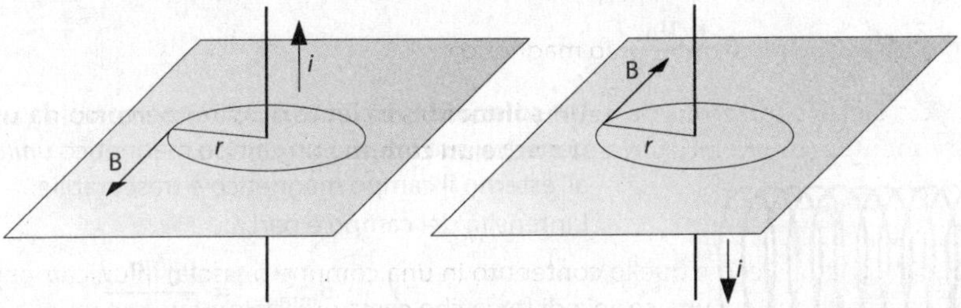

Un filo rettilineo percorso da corrente genera intorno a sé un campo magnetico le cui linee di forza sono *circonferenze concentriche* e la cui intensità è data dalla legge di Biot e Savart.

Legge di Biot e Savart

Il campo generato da un filo percorso da corrente è direttamente proporzionale all'intensità della corrente e inversamente proporzionale alla distanza dal filo:

$$|\mathbf{B}| = \frac{\mu_0 \cdot \mu_r}{2\pi} \frac{i}{r}$$

La costante di proporzionalità μ_0 viene detta **permeabilità magnetica del vuoto**, mentre μ_r è detta **permeabilità magnetica relativa** del mezzo.

Il prodotto $\mu_0 \cdot \mu_r$ viene indicato con la lettera μ e prende il nome di **permeabilità magnetica del mezzo.**

La permeabilità magnetica μ è un indice della facilità con la quale il mezzo si lascia attraversare dalle linee di forza del campo magnetico nel quale è immerso.

Nel SI si misura in henry/metro.

Interazione tra due fili percorsi da corrente

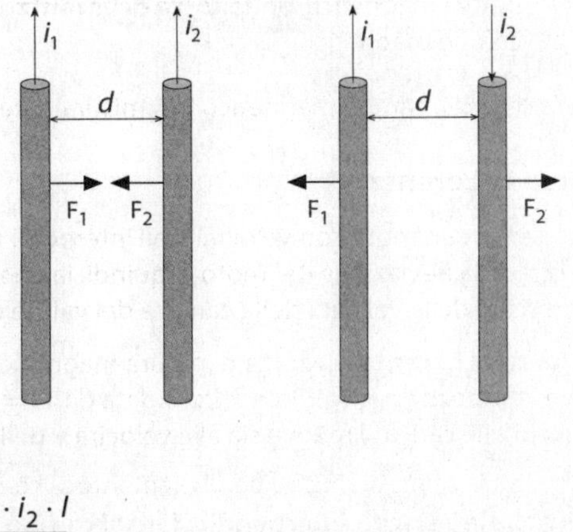

Si considerino due conduttori rettilinei di lunghezza *l* percorsi dalle correnti i_1 e i_2.

Ciascuno dei due genera nel vuoto un campo magnetico **B** di intensità:

$$|\mathbf{B}| = \frac{\mu_0}{2\pi} \cdot \frac{i}{r}$$

ed è soggetto alla forza dovuta al campo magnetico dell'altro filo: $|\mathbf{F}| = |i \cdot \mathbf{l} \wedge \mathbf{B}| \;\rightarrow\; F = i \cdot l \cdot B$, dove **l** è un vettore di intensità pari alla lunghezza *l* del filo, direzione uguale a quella del filo e verso uguale a quello della corrente.

La forza che agisce su ciascuno dei due fili è dunque:

$$F = \frac{\mu_0}{2\pi} \cdot \frac{i_1 \cdot i_2 \cdot l}{d}$$

dove *d* è la distanza tra i fili.

Se le correnti sono concordi, si ha attrazione; se sono discordi si ha repulsione.

CONOSCENZE SCIENTIFICHE

Spira e solenoide

Una **spira** circolare di raggio R percorsa da una corrente continua i genera un campo magnetico intorno a sé. In particolare sull'asse della spira il campo è ortogonale alla spira, con verso uguale a quello di avanzamento di una vite destrorsa che ruota nel verso della corrente, e di intensità nel centro della spira pari a:

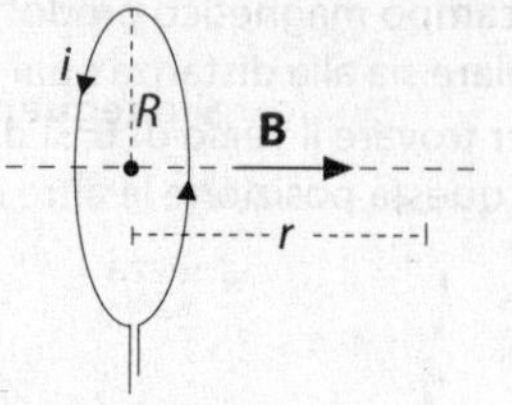

$$B = \frac{\mu_0 \cdot i}{2R}$$

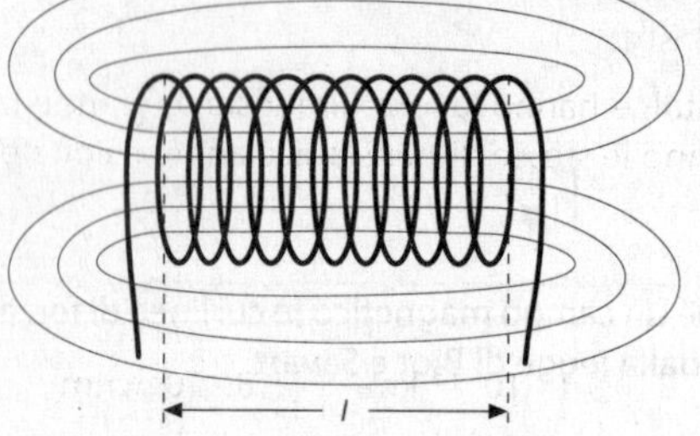

Un **solenoide** (insieme di spire) percorso da una corrente i genera al suo interno un campo magnetico *uniforme*, mentre all'esterno il campo magnetico è trascurabile.
L'intensità del campo è pari a:

$$B_{\text{interno}} = \frac{\mu_0 \cdot n \cdot i}{l}$$

$$B_{\text{esterno}} \approx 0$$

dove n è il numero di spire totali, l è la lunghezza del solenoide, i è l'intensità di corrente.

Le linee di forza del campo magnetico sono sempre linee chiuse.

Siamo ora in grado di rispondere anche all'ultimo quesito posto all'inizio del capitolo.

Quesito IV. Sono diverse le possibili origini di un campo magnetico. Le principali sono rappresentate da magneti permanenti, da elettromagneti e da semplici circuiti percorsi da corrente. Tutti i casi sono però caratterizzati da un elemento comune: vi è sempre un movimento di cariche elettriche. La risposta cercata è dunque la **A**.

15.12 | Esercizi svolti

1 Quale delle seguenti grandezze è adimensionale?

A Massa

B Lunghezza

C Tempo

D Densità relativa

E Temperatura

Tutte le grandezze riportate nelle alternative sono fondamentali e hanno la loro dimensione, tranne la densità relativa che, come rapporto tra due grandezze che hanno le stesse dimensioni, è adimensionale. La risposta cercata è la D.

2 Trovare, tra le seguenti, la lunghezza inferiore.

A $3 \cdot 10^{-10}$ m B 3 Å C $5 \cdot 10^{-8}$ cm D $1 \cdot 10^{-13}$ km E $3 \cdot 10^{-2}$ nm

Si devono convertire tutte le lunghezze in un'unica unità di misura in modo da poterle confrontare. Conviene scegliere il metro e, ricordando che $1\ \text{Å} = 10^{-10}$ m, si ha:

A: $3 \cdot 10^{-10}$ m

B: $3\ \text{Å} = 3 \cdot 10^{-10}$ m

C: $5 \cdot 10^{-8}\ \text{cm} = 5 \cdot 10^{-8} \cdot (10^{-2}\ \text{m}) = 5 \cdot 10^{-(8+2)}\ \text{m} = 5 \cdot 10^{-10}\ \text{m}$

D: $1 \cdot 10^{-13}\ \text{km} = 1 \cdot 10^{-13} \cdot (10^{3}\ \text{m}) = 1 \cdot 10^{-13+3}\ \text{m} = 1 \cdot 10^{-10}\ \text{m}$

E: $3 \cdot 10^{-2}\ \text{nm} = 3 \cdot 10^{-2} \cdot (10^{-9}\ \text{m}) = 3 \cdot 10^{-(2+9)}\ \text{m} = 3 \cdot 10^{-11}\ \text{m}$

Si conclude che la lunghezza inferiore è la E.

3 Quale delle seguenti grandezze NON è un vettore?

A Pressione

B Velocità

C Spostamento

D Campo elettrico

E Campo magnetico

Tra le grandezze indicate, solo la pressione è uno scalare, dato che si ricava come rapporto tra la componente della forza perpendicolare a una superficie e la superficie stessa. La risposta cercata è la A.

4 Un'automobile procede alla velocità costante di 72 km/h. Quanti metri percorre in 5 s?

A 10 m B 72 m C 72.000 m D 100 m E 360 m

Conviene anzitutto convertire la velocità data in m/s, poiché il tempo è dato in secondi e le risposte sono espresse in metri. Ricordando che per passare da km/h a m/s basta dividere per 3,6 si ottiene:

$$72\ \text{km/h} = 20\ \text{m/s}$$

Poi, dato che il moto è rettilineo uniforme, utilizzando la legge oraria si trova lo spazio percorso:

$$s = v \cdot t \ \rightarrow \ s = 20\ \text{m/s} \cdot 5\ \text{s} = 100\ \text{m} \quad \text{(risposta D)}$$

CONOSCENZE SCIENTIFICHE

5 **Calcolare la velocità media tenuta da un camion che copre un percorso di 200 km, con soste, accelerazioni e rallentamenti, in 2 ore.**

A 20 km/h

B 10 km/h

C 100 km/h

D 100 km/m

E Non si può calcolare la velocità senza conoscere il tempo di sosta, il valore delle accelerazioni e delle decelerazioni

La velocità media è indipendente dal particolare moto seguito durante il percorso e dipende solo dallo spazio e dal tempo totali, secondo la relazione:

$$v = \frac{\Delta s}{\Delta t} = \frac{200\ \text{km}}{2\ \text{h}} = 100\ \frac{\text{km}}{\text{h}} \quad \text{(risposta C)}$$

6 **Calcolare il valore dell'accelerazione impressa a un carrello di massa $m = 1$ kg da una forza $F = 3$ N, applicata parallelamente al piano d'appoggio, sapendo che tale piano è senza attrito.**

A 3 m/s B 3 m C 3 N D 3 m/s^2 E 0,3 m/s^2

La seconda legge di Newton, $F = ma$, permette di ricavare l'accelerazione conoscendo massa e forza. In questo caso non agiscono altre forze oltre a F, perciò invertendo $F = ma$ si trova:

$$a = \frac{F}{m} = \frac{3\ \text{N}}{1\ \text{kg}} = 3\ \text{m/s}^2 \quad \text{(risposta D)}$$

7 **La densità di un corpo:**

A è il rapporto tra volume e massa

B è il rapporto tra massa e volume

C non dipende dal materiale di cui è fatto il corpo

D non dipende dalla temperatura del corpo

E nessuna delle altre risposte è corretta

La risposta esatta è la B, infatti la definizione di densità è proprio $\rho = \frac{m}{V}$, dove m e V sono rispettivamente la massa e il volume del corpo considerato.

8 **L'energia potenziale acquistata da un corpo di massa ignota sollevato da terra a un'altezza $h = 10$ m:**

A vale circa 10 J

B vale 10 J esatti

C vale circa 10 N

D vale 10 N esatti

E non si può calcolare

È impossibile calcolare l'energia potenziale acquistata da un corpo che subisce un dislivello noto se non si conosce la sua massa (risposta E). In generale, infatti, tale energia vale mgh, dove g è l'accelerazione gravitazionale.

9 **Il chilowattora vale:**

A 4,186 cal B 4,186 J C 4,186 N D $3{,}6 \cdot 10^6$ J E $3{,}6 \cdot 10^6$ cal

Il chilowattora è un'unità di misura di energia, e il suo valore in joule è correttamente riportato nell'alternativa D. Vale invece 1 cal = 4,186 J .

10 **Si calcoli a quale pressione idrostatica si trova sottoposto un sub che nuota 10 metri sotto il livello dell'acqua.**

A 1 Pa B 10 Pa C 2 atm D 1 atm E 10 atm

Nell'acqua di mare, la pressione idrostatica aumenta di una atmosfera (~ 10^5 Pa) ogni 10 m di profondità. Infatti, la pressione esercitata da una colonna d'acqua alta 10 m è:

$$P = \rho \cdot g \cdot h = 1\frac{\text{kg}}{\text{dm}^3} \cdot 9{,}8\frac{\text{m}}{\text{s}^2} \cdot 10 \text{ m} = 10^5 \text{ Pa} = 1 \text{ atm}$$

Tale pressione si somma alla pressione atmosferica a livello del mare: il sub si trova quindi sottoposto a una pressione totale di 2 atm (risposta C). In generale:

P_0 = pressione atmosferica a livello del mare = 1 atm; P_{10} = 2 atm; P_{20} = 3 atm ecc.

11 **Il calore si può trasmettere per:**

A induzione

B convezione

C rifrazione

D dispersione

E nessuna delle altre risposte è corretta

La risposta esatta è la B: il calore si può trasmettere per convezione da un fluido a un altro. Un semplice esempio di questo tipo di trasmissione si ha nell'acqua in ebollizione, dove le masse più calde tendono a salire verso l'alto portando con sé energia termica.

12 **In un thermos sono contenuti 200 g di acqua alla temperatura di 20 °C; si aggiungono 500 g di acqua alla temperatura di 80 °C e si mescola. Quale è la temperatura finale T_e del miscuglio?**

A 80 °C B Circa 20 °C C 60 °C D 100 °C E Circa 63 °C

Si indichino con m_1 e T_1 la massa e la temperatura dell'acqua più calda e con m_2 e T_2 la massa e la temperatura dell'acqua più fredda.

La massa m_1 *cede* a m_2 il calore $Q_{1,2} = (T_1 - T_e) \cdot c \cdot m_1$, mentre parallelamente la massa m_2 riceve da m_1 il calore $Q_{2,1} = (T_e - T_2) \cdot c \cdot m_2$ dove c è il calore specifico dell'acqua.

$$Q_{1,2} = Q_{2,1} \rightarrow (T_1 - T_e) \cdot c \cdot m_1 = (T_e - T_2) \cdot c \cdot m_2 \rightarrow$$

$$T_e = \frac{T_1 \cdot m_1 + T_2 \cdot m_2}{m_1 + m_2} \rightarrow T_e = \frac{20\text{ °C} \cdot 200\text{ g} + 80\text{ °C} \cdot 500\text{ g}}{200\text{ g} + 500\text{ g}} \approx 62{,}9\text{ °C}$$

La risposta corretta è quindi la E.

CONOSCENZE SCIENTIFICHE

13 **L'elettrone ha carica elettrica:**

A negativa, pari a $1{,}6 \cdot 10^{19}$ C

B positiva, pari a $1{,}6 \cdot 10^{19}$ C

C negativa, pari a $1{,}6 \cdot 10^{-19}$ C

D positiva, pari a $1{,}6 \cdot 10^{-19}$ C

E nessuna delle altre risposte è corretta

La risposta esatta è la C: la carica dell'elettrone è anche detta "elementare" e si indica con *e*.

14 **La corrente in un conduttore metallico è dovuta al moto:**

A degli elettroni

B di cariche positive e negative

C di un'onda elettromagnetica

D di un fluido

E di un solido

Nei conduttori solidi, le uniche cariche in movimento sono gli elettroni di conduzione. La corrente per convenzione scorre in direzione opposta a quella delle cariche negative, ma nei conduttori solidi non esistono cariche positive in moto. La risposta esatta è la A.

15 **Una carica elettrica positiva, ferma tra i poli di un magnete:**

A non subisce alcuna forza da parte del magnete

B è attratta dal polo nord del magnete

C subisce una forza perpendicolare al campo magnetico

D subisce una forza parallela al campo magnetico

E è attratta dal polo sud del magnete

La forza di Lorentz si esercita solo se in presenza di campi magnetici si hanno cariche in movimento. Si deve concludere che la risposta esatta è la A.

Ripassa da qui

SCALARI E VETTORI

Multipli e sottomultipli

Multipli				Sottomultipli			
deca (da)	10^1	mega (M)	10^6	deci (d)	10^{-1}	micro (μ)	10^{-6}
etto (h)	10^2	giga (G)	10^9	centi (c)	10^{-2}	nano (n)	10^{-9}
chilo (k)	10^3	tera (T)	10^{12}	milli (m)	10^{-3}	pico (p)	10^{-12}

Vettori

- Somma

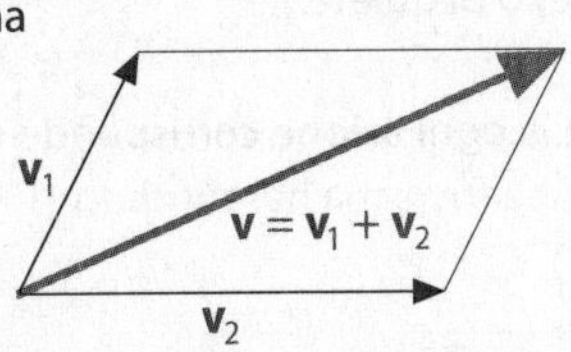

- Differenza

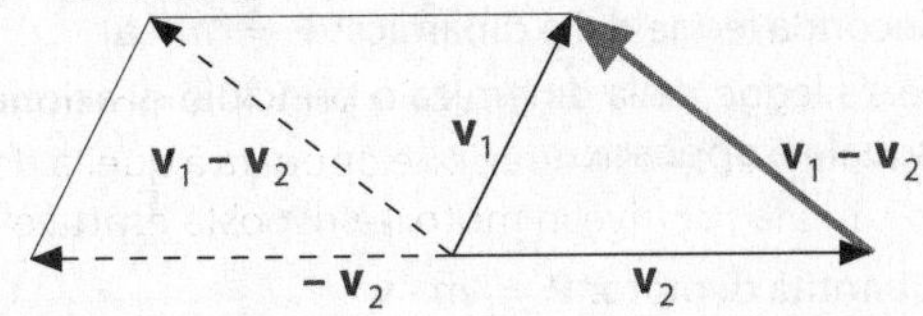

- Prodotto scalare: $\mathbf{a} \cdot \mathbf{b} = |\mathbf{a}| \cdot |\mathbf{b}| \cdot \cos\vartheta$
- Prodotto vettoriale (modulo): $|\mathbf{a} \wedge \mathrm{b}| = |\mathbf{a}| \cdot |\mathbf{b}| \cdot \mathrm{sen}\theta$

CINEMATICA

Velocità e accelerazione

- Velocità media: $\mathbf{v} = \dfrac{\mathbf{s}_2 - \mathbf{s}_1}{t_2 - t_1} = \dfrac{\Delta \mathbf{s}}{\Delta t}$
  - Per passare da km/h a m/s si divide per 3,6
  - Per passare da m/s a km/h si moltiplica per 3,6
- Accelerazione media: $\mathbf{a} = \dfrac{\mathbf{v}_2 - \mathbf{v}_1}{t_2 - t_1} = \dfrac{\Delta \mathbf{v}}{\Delta t}$
- Moto rettilineo uniforme

$$\mathbf{v}_{media} = \mathbf{v}_{istantanea} = \frac{\text{spazio percorso}}{\text{tempo impiegato a percorrerlo}} = \frac{\Delta \mathbf{s}}{\Delta t}$$

Moto rettilineo uniformemente accelerato

- Velocità raggiunta dopo avere accelerato per un tempo t: $\mathbf{v} = \mathbf{v}_0 + \mathbf{a} \cdot t$
- Spazio percorso dopo un tempo t: $\mathbf{s}_0 + \mathbf{v}_0 \cdot t + \frac{1}{2}\mathbf{a} \cdot t^2$
- Accelerazione che ha portato la velocità da v_0 a v_f in un tempo t: $\mathbf{a} = \dfrac{\mathbf{v}_f - \mathbf{v}_0}{t}$

Moto di caduta dei gravi

- Accelerazione gravitazionale: $a = g = 9{,}8\ \mathrm{m/s^2}$
- Spazio percorso in verticale da un oggetto in caduta libera: $h = h_0 + v_0 \cdot t + \frac{1}{2} g \cdot t^2$
- Corpo lasciato cadere da un'altezza h con velocità iniziale nulla:

$$\text{tempo di caduta: } t_c = \sqrt{\frac{2h}{g}} \qquad \text{velocità finale: } v_f = \sqrt{2gh}$$

- Corpo lanciato verso l'alto con velocità iniziale v:

$$\text{massima altezza raggiunta: } h = \frac{v^2}{2g} \qquad \text{tempo impiegato: } t_h = \frac{v}{g}$$

Moto circolare uniforme

- $v = \dfrac{2\pi r}{T}$ = costante dove r = raggio di curvatura, T = periodo
- Velocità angolare: $\omega = \dfrac{\Delta\theta}{\Delta t}$
- Accelerazione centripeta: $a_c = \dfrac{v^2}{r} = \omega^2 \cdot r$ sempre diretta verso il centro della curva
- Valgono le relazioni: $T = \dfrac{1}{\nu}$ $v = \omega \cdot r$ $\omega = \dfrac{v}{r}$ dove ν = frequenza

DINAMICA

Sistemi inerziali e leggi della dinamica

- Prima legge della dinamica: un corpo su cui non agisce alcuna forza o sul quale agiscono forze in equilibrio mantiene il suo stato di moto (rettilineo uniforme) o di quiete.
- Seconda legge della dinamica: $\mathbf{F} = m \cdot \mathbf{a}$
- Terza legge della dinamica o principio di azione e reazione: a ogni azione corrisponde una reazione uguale e opposta:

$$\mathbf{F}_{1 \to 2} = -\mathbf{F}_{2 \to 1}$$

- Quantità di moto: $\mathbf{P} = m \cdot \mathbf{v}$
  - Principio di conservazione della quantità di moto (la quantità di moto totale di un sistema isolato è costante):

$$\mathbf{P} = \sum \mathbf{P}_i = \sum m_i \cdot \mathbf{v}_i = \text{costante}$$

Legge di gravitazione universale:

- Modulo della forza gravitazionale:

$$F = G \cdot \frac{m \cdot M}{r^2} \qquad \text{con } G = 6{,}67 \cdot 10^{-11}\, \frac{N \cdot m^2}{kg^2}$$

- Forza peso: $\mathbf{P} = m \cdot \mathbf{g}$
- Densità: $\rho = \dfrac{m}{V}$
- Peso specifico: $p = \dfrac{m \cdot g}{V}$

Momenti

- Momento di una forza F: $\tau = \mathbf{r} \wedge \mathbf{F} \to |\tau| = r \cdot \text{sen}\theta \cdot F = b \cdot F$
- Momento di una coppia di forze: $\tau = \mathbf{d} \wedge \mathbf{F} \to |\tau| = F \cdot b$

Sistema massa-molla, pendolo semplice e moto oscillatorio

- Forza elastica: $\mathbf{F} = -k \cdot \mathbf{x}$
- Periodo di oscillazione del sistema massa-molla $T = 2\pi \cdot \sqrt{m/k}$
- Periodo di oscillazione del pendolo semplice: $T = 2\pi \cdot \sqrt{l/g}$

LAVORO ED ENERGIA

Lavoro e potenza

- Lavoro di una forza:

$$L = \mathbf{F} \cdot \mathbf{s} = |\mathbf{F}| \cdot |\mathbf{s}| \cdot \cos\alpha$$

Il lavoro è nullo quando vale almeno una delle seguenti condizioni: $|\mathbf{F}| = 0$; $|\mathbf{s}| = 0$; $\mathbf{F} \perp \mathbf{s}$

- Potenza di una forza:

$$P = \frac{L}{\Delta t} = \mathbf{F} \cdot \frac{\Delta \mathbf{s}}{\Delta t} = \mathbf{F} \cdot \mathbf{v}$$

Equivalenza utile: 1 kWh = $3{,}6 \cdot 10^6$ J

PARTE QUINTA

Energia meccanica

- Energia cinetica: $E_k = \frac{1}{2}mv^2$
  - Teorema dell'energia cinetica: $\Delta E_k = E_{k,2} - E_{k,1} = L$
- Energia potenziale gravitazionale: $E_P = m \cdot g \cdot h$
- Teorema di conservazione dell'energia meccanica: $E_{tot} = \frac{1}{2}mv^2 + mgh =$ costante
- Energia potenziale elastica: $E_e = \frac{1}{2}kx^2$

Urti

L'energia cinetica si conserva solo negli urti elastici, mentre la quantità di moto si conserva sempre, in ogni tipo di urto.

- Urto elastico e anelastico:

$$m_1\mathbf{v}_1 + m_2\mathbf{v}_2 = m_1\mathbf{v}'_1 + m_2\mathbf{v}'_2$$

- Urto perfettamente anelastico:

$$m_1\mathbf{v}_1 + m_2\mathbf{v}_2 = (m_1 + m_2)\mathbf{v}' \rightarrow \mathbf{v}' = \frac{m_1\mathbf{v}_1 + m_2\mathbf{v}_2}{m_1 + m_2}$$

STATI DI AGGREGAZIONE

- Temperatura:
  - scala Celsius o centigrada: 0°C → 100°C
  - scala Fahrenheit: 32°F → 212°F
  - scala Kelvin o assoluta: 273K → 373K
  - Conversioni tra le scale: $T_F = 9/5\,T_C + 32 \quad T_K = T_C + 273{,}15 \quad T_F = 9/5\,T_K - 459{,}6$

Passaggi di stato

- A parità di pressione, ogni sostanza subisce i propri cambiamenti di stato sempre alle stesse temperature.
- Durante il passaggio di stato, la temperatura si mantiene costante.
- Ogni sostanza per cambiare il proprio stato ha bisogno di una ben precisa quantità di calore per unità di massa, detta calore latente del cambiamento di stato.
- Il calore acquistato o ceduto da una massa m di una sostanza perché cambi il suo stato di aggregazione è pari a $Q = m \cdot \lambda$ dove λ è il calore latente del cambiamento di stato.
- Il punto di ebollizione di un liquido è la temperatura alla quale la tensione di vapore del liquido è pari al valore della pressione della fase gassosa che sovrasta il liquido.
- Legge di Avogadro: in condizioni normali una mole di qualunque gas occupa un volume di 22,4 litri e contiene $6{,}022 \cdot 10^{23}$ molecole (numero di Avogadro).

Equazione di stato dei gas perfetti

$$PV = nRT \quad \text{con } R = 8{,}318\,\frac{J}{K \cdot mole} = 0{,}082\,\frac{litri \cdot atm}{K \cdot mole}$$

MECCANICA DEI FLUIDI

- Legge di Pascal: in un fluido la pressione si trasmette in tutti i punti e in tutte le direzioni, e le forze di pressione agiscono perpendicolarmente alle superfici dei corpi indipendentemente da come queste sono orientate.
- Legge di Stevino: la pressione idrostatica o aerostatica (pressione dovuta al solo peso del fluido) è proporzionale alla profondità h, $\mathbf{P} = \rho \cdot \mathbf{g} \cdot h$, dove ρ è la densità del fluido e $\mathbf{g}$ è l'accelerazione gravitazionale. Nell'acqua di mare, la pressione idrostatica aumenta di una atmosfera ogni 10 m.

- Principio dei vasi comunicanti: se si hanno più contenitori aventi forme diverse tra loro comunicanti, e si versa del fluido nel primo, tutti i contenitori si riempiono di liquido fino alla stessa altezza.
- Legge di Archimede: un corpo immerso in un fluido riceve una spinta dal basso verso l'alto di intensità pari al peso del fluido spostato.

Fluidodinamica

- Portata di un condotto: quantità di fluido che attraversa la superficie del condotto in un secondo. Vale la relazione:

$$Q = S \cdot v$$

- Equazione di continuità:

$$Q_1 = Q_2 \rightarrow S_1 \cdot v_1 = S_2 \cdot v_2 \rightarrow S_1/S_2 = v_2/v_1$$

- Teorema di Bernoulli: in un condotto, la somma delle altezze piezometriche, geometriche e cinetiche è costante.

$$P_1 + \rho g h_1 + \frac{1}{2}\rho v_1^2 = P_2 + \rho g h_2 + \frac{1}{2}\rho v_2^2 = \text{cost.} \rightarrow \frac{P}{\rho g} + h + \frac{v^2}{2g} = \text{cost.}$$

- Se in un condotto la sezione diminuisce, la velocità aumenta (equazione di continuità) e la pressione diminuisce (teorema di Bernoulli).
- Teorema di Torricelli:

$$v = \sqrt{2gh} = \text{velocità di efflusso}$$

CALORIMETRIA E TERMODINAMICA

Calore

- Equivalente meccanico della caloria:

$$\frac{L}{Q} = \text{costante} = 4{,}186\ \frac{\text{joule}}{\text{cal}} \rightarrow 1\ \text{cal} = 4{,}186\ \text{J}$$

Una caloria (1 cal) è l'energia necessaria per innalzare di un grado la temperatura di un grammo di acqua (da 14,5 °C a 15,5 °C).

- Capacità termica: $C = \frac{\Delta Q}{\Delta T}$
- Calore specifico: $c = \frac{\Delta Q}{m \cdot \Delta T}$

dove: ΔQ = calore scambiato; ΔT = variazione di temperatura; m = massa del corpo

  - $C = c \cdot m \quad \Delta Q = c \cdot m \cdot \Delta T \quad \Delta Q = C \cdot \Delta T$
  - Calore specifico dell'acqua: $c_{acqua} = 1\ \text{cal} \cdot \text{g}^{-1} \cdot {}^\circ\text{C}^{-1}$
  - Calore specifico del ghiaccio: $c_{ghiaccio} = 0{,}5\ \text{cal} \cdot \text{g}^{-1} \cdot {}^\circ\text{C}^{-1}$

Equilibrio termico

- Se la natura degli oggetti è diversa: $c_1 \neq c_2 \rightarrow T_e = \frac{T_1 \cdot m_1 \cdot c_1 + T_2 \cdot m_2 \cdot c_2}{m_1 \cdot c_1 + m_2 \cdot c_2}$
- Se la natura degli oggetti è la stessa: $c_1 = c_2 \rightarrow T_e = \frac{T_1 \cdot m_1 + T_2 \cdot m_2}{m_1 + m_2}$

Termodinamica

- Un sistema termodinamico può essere:
  - isolato: non scambia né materia né energia con l'ambiente;
  - chiuso: scambia energia ma non materia con l'ambiente;
  - aperto: scambia materia ed energia con l'ambiente.
- Convenzioni di segno per gli scambi di energia fra sistema e ambiente
  - Calore: si assume positivo se acquistato dal sistema e negativo se ceduto dal sistema all'ambiente.
  - Lavoro: si assume negativo se acquistato dal sistema e positivo se ceduto dal sistema all'ambiente.

- Primo principio della termodinamica

$$\Delta U = Q - L$$

dove: $\begin{cases} U = \text{energia interna del sistema; è una funzione di stato} \\ Q = \text{calore scambiato tra sistema e ambiente; non è una funzione di stato} \\ L = \text{lavoro scambiato tra ambiente e sistema; non è una funzione di stato} \end{cases}$

ONDE

- Onde trasversali: la direzione di vibrazione è perpendicolare alla direzione di propagazione dell'onda.
- Onde longitudinali: la direzione di vibrazione è parallela alla direzione di propagazione dell'onda.

$$\left.\begin{aligned} T &= \frac{1}{\nu} \\ v &= \frac{\lambda}{T} \end{aligned}\right\} \rightarrow v = \nu \cdot \lambda$$

- Periodo T: tempo necessario a compiere un'oscillazione completa
- Lunghezza d'onda λ: distanza fra due fronti d'onda contigui in concordanza di fase
- Frequenza ν: numero di oscillazioni al secondo (si misura in Hz)
- Velocità v: è la velocità con cui si propaga l'energia dell'onda (si misura in m/s)

- Il suono è un'onda meccanica che ha bisogno di un mezzo nel quale propagarsi
- Velocità del suono nell'aria: 340 m/s
- Velocità della luce nel vuoto: 300000 km/s

ELETTROSTATICA

Legge di Coulomb

$$|\mathbf{F}| = K \cdot \frac{Q \cdot q}{r^2}$$

- Nel vuoto: $K = K_0 = \frac{1}{4\pi\varepsilon_0} = 9 \cdot 10^9 \frac{N \cdot m^2}{C^2}$
- In un mezzo: $K = \frac{1}{4\pi\varepsilon_0\varepsilon_r}$

Campo elettrico E

$$\mathbf{E} = \frac{\mathbf{F}}{q}$$

- Generato da una carica puntiforme Q: $E = \frac{F}{q} = K \cdot \frac{Q}{r^2}$
- Tra due piastre distanti d tra cui esiste una ΔV: $E = \frac{\Delta V}{d}$

Energia potenziale elettrica

L'*energia potenziale* E_P di una carica q in un punto P di un campo elettrico è il lavoro che bisogna fare contro le forze del campo per portare la carica dall'infinito al punto P. Per due cariche Q e q:

$$E_P = K \cdot \frac{Q \cdot q}{r}$$

Potenziale elettrico

Il *potenziale* V_P associato a un punto P di un campo elettrico è numericamente pari al lavoro che bisogna compiere contro le forze del campo per portare la carica unitaria dall'infinito al punto P.

$$V_P = \frac{E_P}{q} = K \cdot \frac{Q \cdot q}{r} \cdot \frac{1}{q} = K \cdot \frac{Q}{r}$$

Lavoro per spostare una carica *q* da A a B:

$$L_{A \rightarrow B} = E_A - E_B = q \cdot V_A - q \cdot V_B = q \cdot (V_A - V_B) = -q \cdot \Delta V$$

Teorema di Gauss

- Il campo elettrico all'interno di un conduttore carico è nullo.
- La carica elettrica nei conduttori si distribuisce sulla loro superficie.
- Tutti i punti di un conduttore hanno lo stesso potenziale.

CONOSCENZE SCIENTIFICHE

Capacità elettrostatica di un conduttore:

$$C = \frac{Q}{V} = \text{costante}$$

- Capacità di un conduttore sferico di raggio R:

$$C = \frac{Q}{V} = \frac{Q \cdot R}{K \cdot Q} = \frac{R}{K} = 4\pi\varepsilon_0 \cdot R$$

- Capacità di un condensatore piano:
  - nel vuoto $C = \varepsilon_0 \frac{S}{d}$
  - con dielettrico $C = \varepsilon \frac{S}{d}$

ELETTRODINAMICA

Intensità di corrente

$$i = \frac{\Delta Q}{\Delta t}$$

Leggi di Ohm

- Prima legge di Ohm

$$\Delta V = V_B - V_A = R \cdot i \leftrightarrow R = \frac{\Delta V}{i}$$

- Seconda legge di Ohm

$$R = \rho \frac{l}{S} \quad \text{dove } \rho \text{ è la resistività}$$

Effetto Joule

- Energia dissipata: $L = R \cdot i^2 \cdot \Delta t$
- Potenza dissipata: $P = \frac{L}{\Delta t} = R \cdot i^2 = \Delta V \cdot i$

Resistenze e condensatori in serie e in parallelo

- Resistenze in serie

$$R_{eq} = R_1 + R_2 + \ldots + R_n$$

- Resistenze in parallelo

$$\frac{1}{R_{eq}} = \frac{1}{R_1} + \frac{1}{R_2} + \ldots + \frac{1}{R_n}$$

- Condensatori in serie

$$\frac{1}{C_{eq}} = \frac{1}{C_1} + \frac{1}{C_2} + \ldots + \frac{1}{C_n}$$

- Condensatori in parallelo

$$C_{eq} = C_1 + C_2 + \ldots + C_n$$

MAGNETISMO

Forza di Lorentz

$$\mathbf{F} = q \cdot \mathbf{v} \wedge \mathbf{B}$$

Legge di Biot e Savart

$$|\mathbf{B}| = \frac{\mu_0 \cdot \mu_r}{2\pi} \cdot \frac{i}{r}$$

Interazione tra due fili percorsi da corrente

$$F = \frac{\mu_0}{2\pi} \cdot \frac{i_1 \cdot i_2 \cdot l}{d}$$

Campo magnetico generato da una spira

$$B = \frac{\mu_0 \cdot i}{2R}$$

Campo magnetico generato da un solenoide

$$B_{\text{interno}} = \frac{\mu_0 \cdot n \cdot i}{l} \qquad B_{\text{esterno}} \approx 0$$

CONOSCENZE SCIENTIFICHE

16 | Scienze della Terra

Mettiti alla prova

I Il clima mondiale è sempre stato stabile?

- **A** Sì, ma solo dopo l'era cenozoica, quando la superficie terrestre ha raggiunto un aspetto definitivo
- **B** Le variazioni sono cessate con l'ultima grande glaciazione 10.000 anni fa
- **C** No, subisce continue variazioni
- **D** Sì, ma la stabilità climatica è cessata con l'inizio della rivoluzione industriale
- **E** Sì, sempre

II Quali sono i principali involucri interni della Terra?

- **A** Crosta, mantello e nucleo
- **B** Crosta, litosfera e astenosfera
- **C** Crosta continentale e nucleo
- **D** Litosfera e astenosfera
- **E** Litosfera, mantello e nucleo

III Cos'è l'ipocentro o fuoco di un terremoto?

- **A** Il luogo preciso nel sottosuolo dove si origina un terremoto
- **B** Il luogo in superficie da cui si dipartono le onde sismiche
- **C** Una profonda frattura dove ha origine un terremoto
- **D** La zona maggiormente colpita da un sisma
- **E** L'area geografica colpita da un sisma

IV Un'eclissi solare si verifica:

- **A** quando la Terra si trova fra la Luna e il Sole e i tre corpi solo perfettamente allineati
- **B** a ogni fase di "luna piena"
- **C** una volta ogni 100 anni
- **D** quando la Luna si trova fra la Terra e il Sole e i tre corpi celesti sono perfettamente allineati
- **E** nessuna delle precedenti

CONOSCENZE SCIENTIFICHE

Ecco le risposte esatte dei quattro quesiti proposti: I **C**, II **A**, III **A**, IV **D**.

16.1 | Il pianeta Terra

Oggigiorno tutti sanno che la Terra ha una forma sferica, ma non tutti sanno che è stato necessario attendere fino al XV secolo perché questo concetto diventasse parte del sapere scientifico e collettivo: fino al basso Medioevo si continuò infatti a supporre la Terra piatta. Fu grazie al lavoro degli astronomi arabi e alle prime grandi esplorazioni, che si arrivò a una conferma oggettiva della sfericità terrestre: i viaggi di Cristoforo Colombo, Caboto e Vespucci alla fine del '400 e la circumnavigazione della Terra fatta da Magellano tra il 1519 e il 1522 sono state tappe fondamentali per la scienza. Nella prima metà del '500 l'astronomo polacco Nicolò Copernico, contrapponendosi al sistema geocentrico di Tolomeo, propose un sistema planetario eliocentrico con il Sole al centro del Sistema Solare e i pianeti in rotazione intorno ad esso, una teoria che incontrò inizialmente molte difficoltà sia teologiche che scientifiche. I successivi lavori di Keplero, che con le sue tre leggi diede una formulazione matematica dei movimenti dei pianeti intorno al Sole, le prime osservazioni del Sistema Solare fatte da Galileo con il telescopio di sua invenzione, le ipotesi di Newton sulla gravità, diedero una definitiva conferma al sistema copernicano.

16.1.1 | La forma della Terra

Per definire la forma della Terra si prende come superficie di riferimento del pianeta il livello medio del mare esteso anche alla terra ferma.

La forma della Terra è di conseguenza la forma che assume questa superficie marina, che, a differenza di quella terrestre, si dispone sempre perpendicolarmente alla forza di gravità. La rotazione della Terra causa però una variazione della forza di attrazione gravitazionale: ai poli l'intensità della forza agente sulle masse marine è maggiore che all'equatore. Ne deriva uno schiacciamento polare della sfera terrestre: Il raggio terrestre è maggiore all'equatore che ai poli. La differenza tra i due valori è pari a 21,5 km.

Di conseguenza la Terra, che in prima approssimazione può essere vista come una sfera, appare più precisamente come un **ellissoide**, solido che si ottiene facendo ruotare un'ellisse intorno all'asse minore. Anche l'ellissoide è solo un'approssimazione. Infatti oltre alla deviazione dovuta alla forza centrifuga, la forza di gravità sente anche l'effetto della distribuzione asimmetrica delle rocce che si trovano all'interno della Terra. In definitiva la Terra è un solido dalla forma particolare, detto **geoide**.

16.1.2 | Le coordinate geografiche

Una persona che si trovi in un punto della superficie terrestre, guardandosi intorno può arrivare a vedere la terra fino a dove essa sembra congiungersi con il cielo. La linea di divisione tra terra e cielo viene detta **linea dell'orizzonte**. Più elevata è la posizione dell'osservatore e maggiore è la porzione di linea visibile. Il piano racchiuso da tale linea viene detto **piano dell'orizzonte** sul quale si individuano quattro punti particolari, chiamati **punti cardinali**, utili per definire due direzioni di riferimento: sud-nord, est-ovest.

L'asse di rotazione terrestre interseca la superficie terrestre in due punti detti per convenzione polo nord e polo sud. Per individuare il sud nell'**emisfero boreale** (emisfero settentrionale della Terra) è sufficiente guardare il Sole a mezzogiorno, quando raggiunge la massima altezza sulla linea dell'orizzonte. Nell'**emisfero australe** (emisfero meridionale della Terra) la posizione del Sole a mezzogiorno individua il nord.

16.1.3 | Meridiani e paralleli

Per individuare in maniera univoca un punto della superficie terrestre, è necessario fissare un sistema di riferimento universale, che superi la soggettività del piano dell'orizzonte.

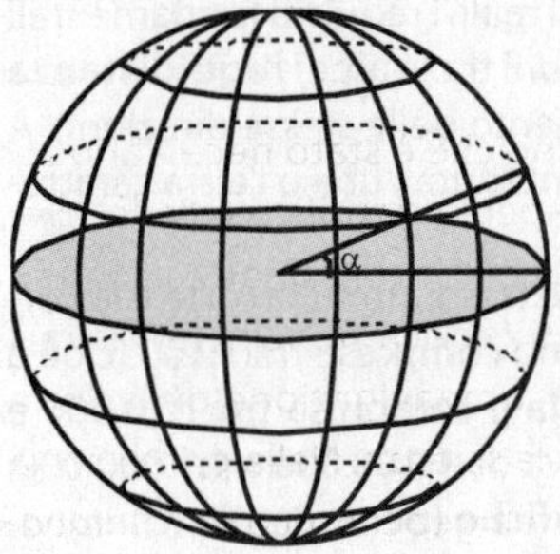

Il piano perpendicolare all'asse di rotazione terrestre ed equidistante dai due poli viene detto **piano equatoriale**. La sua intersezione con la superficie terrestre individua l'**equatore**.Tra l'equatore e ciascuno dei due poli, vengono tracciate 90 circonferenze parallele all'equatore dette **paralleli**. Il primo è disegnato in modo che l'angolo α tra il piano equatoriale e un raggio posizione del parallelo sia pari a 1° (si veda la figura a lato). Il secondo parallelo forma un angolo di 2° e così via fino al 90° parallelo che coincide con uno dei due poli.

Perpendicolari ai paralleli vengono tracciati 360 **meridiani**, semicirconferenze equidistanti tra loro e passanti per i due poli.

16.1.4 | Latitudine e longitudine

Mentre per numerare i paralleli si fa riferimento all'equatore come parallelo base, per i meridiani non esiste un meridiano privilegiato. Si è di conseguenza arbitrariamente scelto come meridiano di riferimento quello passante per Greenwhich vicino a Londra, dove si trova un importante osservatorio astronomico. Il meridiano di Greenwhich viene detto *meridiano 0* o *fondamentale*; gli altri vengono numerati a partire da questo, specificando se si trovano a est o a ovest rispetto a Greenwhich.

Si noti che il 180° meridiano est coincide con il 180° ovest; tale meridiano prende il nome di *antimeridiano di Greenwhich* e corrisponde alla linea del cambiamento di data.

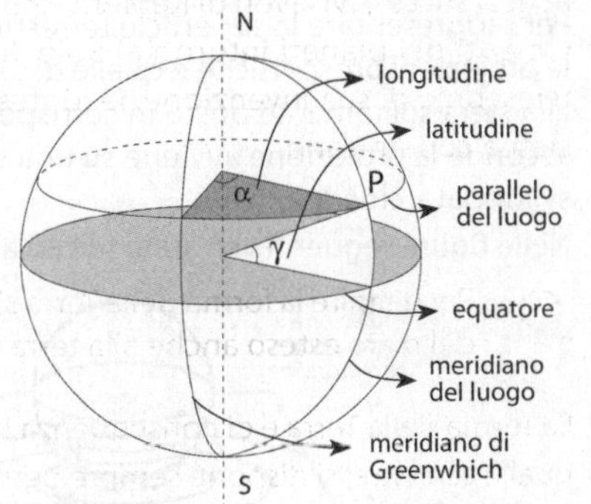

L'insieme dei meridiani e dei paralleli forma il cosiddetto "reticolo geografico", sul quale è possibile individuare univocamente qualunque punto. Per indicare la posizione di un punto è infatti sufficiente fornire due coordinate nel sistema di paralleli e meridiani.

Una è la **latitudine** e corrisponde alla distanza angolare tra il punto e l'equatore, misurata sull'arco di meridiano che passa per il punto stesso. L'altra è la **longitudine** definita come distanza angolare del punto dal meridiano fondamentale, misurata sull'arco di parallelo passante per il punto. La latitudine viene misurata in gradi nord e sud, la longitudine in gradi est e ovest.

16.1.5 | I movimenti della Terra

Rotazione

La Terra ruota intorno al proprio asse da ovest a est. Per calcolare la velocità di rotazione si definisce una grandezza detta *velocità angolare* ω che misura l'ampiezza dell'angolo coperto in un secondo durante la rotazione: $\omega = \theta / t$. La Terra compie un intero giro (360°) in un giorno: la velocità angolare è quindi pari a 15°/h. Tutti i punti sulla superficie hanno la stessa velocità angolare.

Differente è la *velocità lineare v* di un punto, definita come spazio percorso in un secondo dal punto; dipende dalla di-stanza *r* dall'asse di rotazione secondo la relazione: $v = \omega \cdot r$. Un corpo ai poli ha velocità lineare nulla, all'equatore ha una velocità di 1666 km/h.

Rivoluzione

La Terra gira intorno al Sole compiendo una rivoluzione completa in un anno. Tale rivoluzione avviene su un'orbita ellittica in cui il Sole occupa uno dei due fuochi, così come previsto dalle leggi di Keplero. Il punto in cui la Terra è più vicina al Sole viene detto **perielio** e la distanza dal Sole è pari a circa 147 milioni di chilometri, mentre il punto in cui la Terra è più lontana dal Sole viene detto **afelio** e la distanza dal Sole è pari a 152 milioni di chilometri. La linea che unisce l'afelio e il perielio è detta **linea degli absidi**.

CONOSCENZE SCIENTIFICHE

16.1.6 | Le carte geografiche

La difficoltà maggiore che si incontra per rappresentare e disegnare la superficie terrestre riguarda il trasferimento della sfericità del pianeta sul piano. Qualunque tipo di proiezione venga fatta, non si potrà mai avere una rappresentazione fedele delle aree, delle distanze e delle direzioni reali. I requisiti fondamentali di una carta sono proprio l'**equivalenza** (capacità di mantenere le proporzioni tra le aree) l'**equidistanza** (la riproduzione di uguali rapporti tra le distanze) e l'**isogonia** (il mantenimento delle stesse direzioni). A seconda di come la superficie terrestre viene proiettata sul piano, verrà mantenuta l'una o l'altra caratteristica, ma mai tutte contemporaneamente.

Ogni carta è caratterizzata da una *scala*, cioè da un rapporto tra le lunghezze misurate sulla carta e le corrispondenti lunghezze reali. Si parla di **piante** e **mappe** quando le scale sono comprese tra 1:100 (cioè a 1 cm sulla carta corrispondono 100 cm nella realtà) e 1:10.000; se la scala è compresa tra 1:10.000 e 1:100.000 si parla di **carte topografiche**; nelle **carte corografiche** la scala va da 1:100.000 a 1:1.000.000; per scale ancora più piccole, inferiori a 1:1.000.000, si parla di **carte geografiche** (per esempio il *mappamondo*).

16.1.7 | Le proiezioni cartografiche

Per rappresentare la superficie terrestre su un piano si utilizzano sostanzialmente due tipi di proiezioni: le proiezioni prospettiche e quelle di sviluppo. Nelle prime la Terra viene proiettata su un piano tangente alla sfera solitamente posto in corrispondenza di uno dei due poli (proiezione prospettica polare); nelle seconde la proiezione avviene su una superficie cilindrica o conica che circonda la Terra e che viene poi sviluppata, cioè "srotolata".

Nelle figure seguenti vengono forniti alcuni esempi di proiezioni cartografiche.

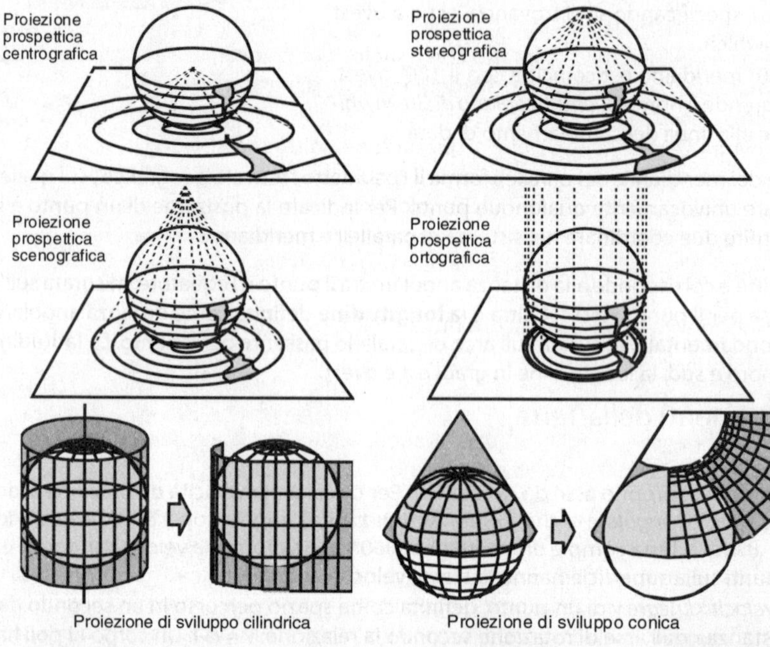

Accanto a questi metodi geometrici, vengono spesso utilizzate le cosiddette *proiezioni modificate* (la più famosa e utilizzata è quella di Goode): si definiscono alcune opportune relazioni matematiche tramite le quali viene prima tracciato il reticolo geografico e poi disegnata la superficie terrestre.

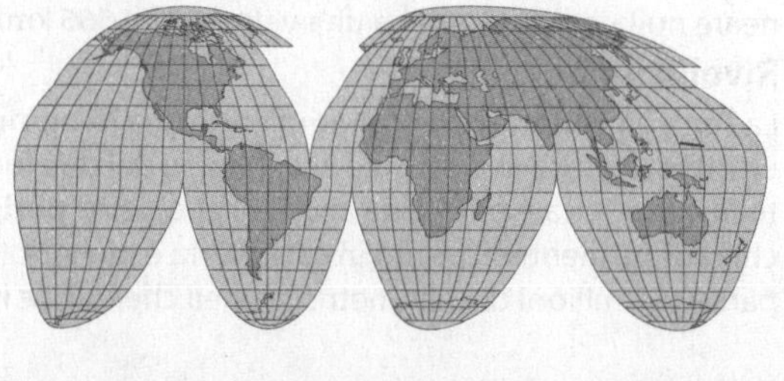

16.2 | L'atmosfera

L'atmosfera è l'involucro gassoso che circonda un pianeta, trattenuto dalla forza di attrazione gravitazionale.

I più grandi pianeti del Sistema Solare (Giove, Saturno, Urano e Nettuno) hanno un'atmosfera composta in gran parte da idrogeno, vapore acqueo, anidride carbonica, ammoniaca e metano. Anche la Terra, quando si formò 4,5 miliardi di anni fa insieme a tutto il Sistema Solare, doveva avere un'atmosfera simile, ma la comparsa della vita ne cambiò radicalmente la composizione.

16.2.1 | Composizione dell'atmosfera terrestre

L'atmosfera terrestre è composta da una miscela di gas chiamata aria. Nella tabella seguente vengono elencati i componenti principali dell'aria secca.

Componenti	Simbolo	% in vol.	Componenti	Simbolo	% in vol.
Azoto	(N_2)	78,03%	Anidride carbonica	(CO_2)	0,03%
Ossigeno	(O_2)	20,99%	Idrogeno	(H_2)	0,01%
Argon	(Ar)	0,94%	Neon	(Ne)	0,0012%

Nell'aria umida è presente anche fino al 4% di **vapore acqueo**. Tale percentuale dipende da vari fattori quali l'altitudine e la temperatura.

All'aumentare dell'altezza la densità diminuisce esponenzialmente, per cui il 95% della massa dell'atmosfera occupa i primi 20 km e il 99,9% si trova nei primi 50 km.

16.2.2 | La struttura dell'atmosfera

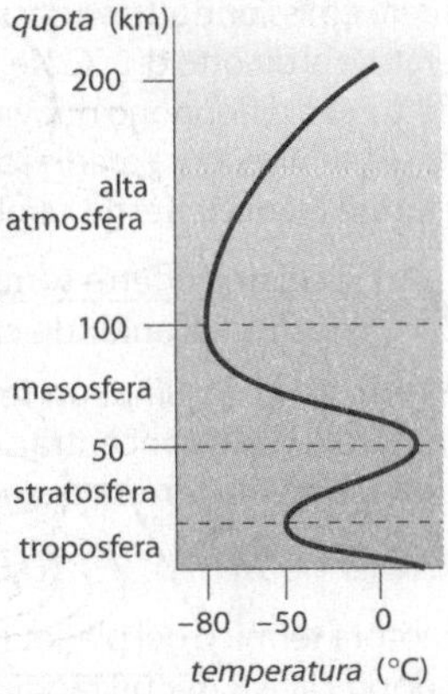

La troposfera è la parte più bassa a contatto con il suolo. In tale zona la temperatura diminuisce con la quota fino a raggiungere un minimo di –50 °C a circa 12 km d'altezza.

La tropopausa costituisce il limite superiore di questa zona. L'altezza della troposfera non è costante intorno a tutta la Terra: all'equatore essa arriva fino a 18 km, mentre ai poli può misurare anche solo 6 km. Intorno ai 30° e ai 70° di latitudine sia nord che sud, si verificano due veri e propri gradini nella troposfera, che passa bruscamente da un'altezza di 14 km a una di 12 km e da una di 10 km a una di 8 km.

Proprio in corrispondenza di queste discontinuità si hanno le **correnti a getto**, forti correnti d'aria che regolano il tempo meteorologico di tutto il pianeta.

Nella troposfera è contenuto quasi tutto il vapore acqueo dell'atmosfera: i fenomeni meteorologici hanno luogo solo nei primi chilometri di atmosfera.

Dopo la tropopausa e fino a circa 50 km d'altezza, il gradiente termico si inverte e la temperatura aumenta con l'altezza dal suolo. Questa zona è chiamata stratosfera, nome dovuto alla parziale stratificazione dell'aria, causata da una diminuzione dei moti verticali. Questa particolarità, unita alla quasi totale mancanza di vapore acqueo, impedisce la formazione di corpi nuvolosi di una certa consistenza. L'aumento della temperatura è dovuto alla presenza di *ozono*, una molecola formata da tre atomi di ossigeno e ottenuta dalla combinazione di una molecola biatomica di ossigeno con un atomo di ossigeno per assorbimento della radiazione ultravioletta solare. Tra i 20 e i 30 km d'altezza si registra la massima concentrazione di ozono; tale fascia è detta *ozonosfera*.

Il limite superiore della stratosfera è detto stratopausa: la temperatura a 50 km è di 17 °C. Superata la stratopausa, si trova la mesosfera dove la temperatura ricomincia a diminuire con l'altezza e intorno ai 95 km raggiunge la temperatura minima di – 75 °C. La mesopausa divide questa zona dall'alta atmosfera o eterosfera dove i gas si distribuiscono a strati in base alla loro densità.

16.2.3 | La radiazione solare e il bilancio termico terrestre

Il Sole emette energia sotto forma di radiazioni elettromagnetiche. Per il 46% si tratta di luce visibile, con lunghezze d'onda comprese tra 380 e 760 nm; il 42% è formato da raggi infrarossi con lunghezze d'onda superiori a quelle del visibile; il rimanente è radiazione ultravioletta.

Il cielo appare blu perché l'umidità dell'atmosfera disperde maggiormente le frequenze della luce solare corrispondenti al blu.

L'energia solare che arriva sulla Terra scalda il pianeta: poiché la temperatura media sulla superficie terrestre è pressoché costante e pari a circa 15 °C, la Terra in tempi più o meno lunghi è in grado di riemettere nello spazio l'energia solare che riceve tutti i giorni. In questo bilancio energetico tra la Terra e lo spazio, l'atmosfera gioca un ruolo importante. Nella figura seguente è schematizzata l'interazione tra energia in arrivo ed energia in uscita dalla Terra.

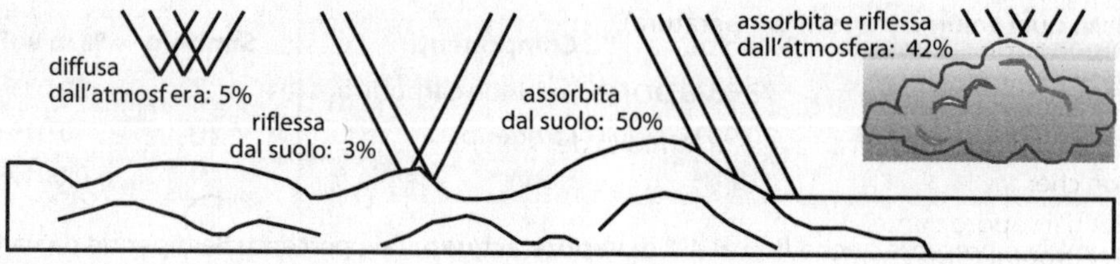

16.2.4 | L'effetto serra

Quando la Terra, scaldatasi nelle ore diurne, riemette verso lo spazio la radiazione infrarossa, si raffredda. Se l'intera emissione attraversasse indisturbata l'atmosfera, durante le ore notturne il suolo raggiungerebbe temperature al di sotto di 0 °C. Nell'atmosfera è però presente anidride carbonica (CO_2) e vapore acqueo (H_2O), che riflettono e diffondono nuovamente verso il terreno la radiazione infrarossa in uscita. Questo fenomeno mantiene la temperatura media terrestre intorno ai 15 °C. Si è calcolato che in assenza di anidride carbonica la temperatura media terrestre sarebbe pari a circa – 20 °C.

Si chiama effetto serra il fenomeno di riscaldamento della Terra e dei bassi strati dell'atmosfera per mezzo dell'anidride carbonica atmosferica.

L'effetto serra è quindi un fenomeno assolutamente naturale, necessario per la stessa vita. Un aumento innaturale della concentrazione di CO_2 in atmosfera può tuttavia portare a un innalzamento della temperatura media terrestre con conseguenze drammatiche sul clima dell'intero pianeta.

16.2.5 | La temperatura dell'atmosfera

Il motore termico del pianeta Terra è il Sole: le onde elettromagnetiche emesse dall'infrarosso all'ultravioletto dopo circa 8 minuti raggiungono la parte alta dell'atmosfera; solo il 50% riesce a raggiungere il terreno che, a seconda della propria albedo[1], in parte riflette la radiazione solare e in parte la assorbe riscaldandosi. Nelle ore diurne il terreno caldo trasmette il calore agli strati più bassi dell'aria, la quale riscaldandosi si dilata, diventa più leggera e sale lasciando spazio ad aria più fredda. Si creano dei *moti convettivi* che portano il calore verso l'alto. Nelle ore notturne il terreno continua a emettere calore sotto forma di radiazione infrarossa, che, intrappolata per effetto serra nei primi chilometri, mantiene l'aria tiepida.

La temperatura massima nel corso della giornata viene in generale registrata tra le 15.00 e le 16.00 e la temperatura minima poco prima dell'alba.

Nelle carte geografiche, le linee che uniscono i punti alla stessa temperatura si chiamano **isoterme.**

Nella figura a lato sono disegnate le isoterme del mese di luglio.

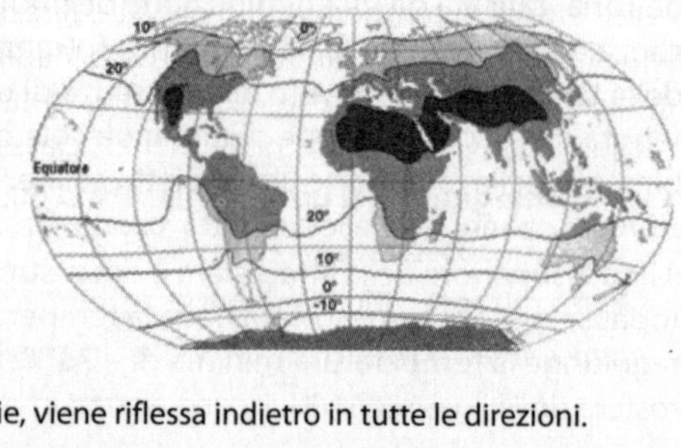

1. Per "albedo" si intende la frazione di luce che, da una superficie, viene riflessa indietro in tutte le direzioni.

16.2.6 | L'umidità dell'atmosfera

Nella troposfera è contenuta la quasi totalità del vapore acqueo atmosferico. L'acqua contenuta nell'aria può rimanere allo stato di vapore fintanto che non raggiunge lo stato di saturazione. Una massa d'aria che si trova a una data temperatura può quindi contenere una quantità massima di vapore acqueo: se la quantità di vapore aumenta, una parte condensa e si trasforma in acqua (goccioline).

La quantità massima di vapore acqueo che una massa d'aria può contenere dipende dalla temperatura dell'aria stessa: più è calda l'aria e maggiore è la quantità di vapore acqueo che può contenere.

Per misurare la quantità di vapore contenuto in una massa d'aria, si definiscono due grandezze: l'**umidità assoluta** (quantità di vapore acqueo contenuto nell'unità di volume d'aria, si misura in g/m^3) e l'umidità relativa (rapporto tra la quantità di vapore presente e la quantità massima di vapore ammessa in quel volume a quella temperatura).

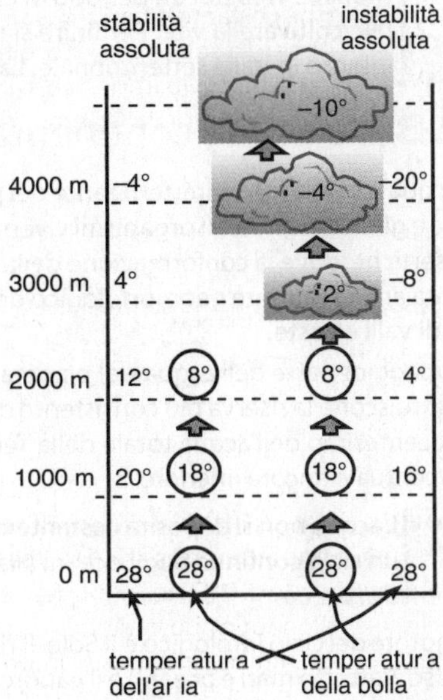

16.2.7 | La condensazione del vapore

Perché una massa d'aria arrivi ad avere un'umidità del 100% è necessario che:

- aumenti il vapore contenuto nell'aria;
- e/o si raffreddi la massa d'aria.

Perché avvenga la prima l'aria deve stazionare o passare per più giorni su superfici ricche d'acqua (oceani, foreste) soprattutto alle basse latitudini, dove la maggiore insolazione favorisce l'evaporazione delle acque superficiali.

Perché si verifichi la seconda sono necessari fenomeni di sollevamento dell'aria, che si raffredda seguendo il gradiente termico.

16.2.8 | Il clima

Si definisce **clima** l'insieme dei fenomeni meteorologici medi che caratterizzano lo stato di una località geografica. La **climatologia** studia i diversi climi terrestri.

Per parlare di clima bisogna far riferimento ai valori di grandezze fisiche mediate su tempi anche lunghi: se in una giornata invernale a Milano ci sono 20 °C, non si può concludere che il clima nella Pianura Padana è caratterizzato da inverni caldi. È il valor medio della temperatura calcolato in decine di anni a entrare nella definizione del clima di una località.

Le principali grandezze meteorologiche che definiscono il clima di una regione sono la **temperatura**, la **pressione atmosferica**, la **quantità di precipitazioni** e la **vegetazione spontanea** che cresce nella zona.

Classificazione dei climi

Sono stati ipotizzati diverse classificazioni dei climi terrestri: i più utilizzati si basano su criteri quantitativi (i valori medi di temperatura, piovosità, direzione e velocità del vento), ma la classificazione oggi in uso è quella realizzata dal climatologo russo Vladimir **Köppen** che si basa sulla distribuzione della vegetazione spontanea: egli divise la vegetazione in cinque gruppi, in base all'intervallo di temperature alle quali quelle piante vivono e, di conseguenza, classificò i seguenti gruppi climatici:

- **climi megatermici umidi** (A) e **secchi** (B): temperatura media costantemente sopra i 18 °C;
- **climi mesotermici** (C): temperatura media del mese più freddo compresa tra –3 °C e 18 °C;
- **climi microtermici** (D): temperatura media del mese più freddo inferiore a –3 °C;
- **climi nivali** o **polari** (E): temperatura media del mese più caldo compresa tra 0 °C e 10 °C.

Siamo ora in grado di rispondere al primo quesito proposto all'inizio del capitolo.

Quesito I. La distribuzione dei climi terrestri non è sempre stata uguale all'attuale. Per motivi di natura astronomica (spostamento dell'orbita terrestre), geologica (forti eruzioni vulcaniche) o antropica il clima subisce continui cambiamenti. Per esempio, nel cosiddetto *periodo caldo romano*, nei primi secoli d.C. le temperature medie in Europa erano decisamente superiori alle attuali, in Africa pioveva molto di più e i granai dell'impero erano l'Egitto e la Sicilia. Seguì nell'Alto Medioevo un abbassamento delle temperature e un progressivo avanzamento del deserto in Africa settentrionale. Vi fu poi un periodo di caldo relativo dal IX al XII secolo quando in Scandinavia era possibile coltivare la vite. Per finire si ricorda la *piccola era glaciale* dal 1580 al 1850 con piogge molto intense in Italia settentrionale. La risposta esatta è quindi la **C**.

16.3 | Le acque continentali

L'acqua è l'elemento caratterizzante del pianeta Terra: i tre quarti della sua superficie sono ricoperti di acque e ghiacci e gli stessi organismi viventi sono composti prevalentemente di acqua. Al di fuori delle zone desertiche, dove la conformazione della superficie terrestre è legata agli effetti del vento, l'acqua rappresenta anche l'agente geomorfologico dominante in grado di scavare canyon o cambiare la conformazione di valli e coste.

La maggior parte dell'acqua del pianeta è accumulata negli oceani e nei mari; i ghiacci delle zone polari costituiscono la riserva più consistente di acque dolci; le acque sotterranee rappresentano invece solo un duecentesimo dell'acqua totale della Terra e, per finire, le acque dei laghi e dei fiumi rappresentano una percentuale ancora inferiore.

L'acqua non si deposita costantemente in uno dei suoi bacini di raccoglimento naturali ma compie un ciclo continuo dagli oceani alla terraferma e viceversa. Questo percorso prende il nome di *ciclo dell'acqua*.

Il motore del ciclo idrologico è il Sole. Il riscaldamento favorisce infatti l'evaporazione delle superfici liquide (soprattutto mari e oceani) e il vapore acqueo entra in atmosfera per essere trasportato ovunque dagli spostamenti delle masse d'aria. Sotto forma di pioggia, neve, grandine e precipitazione occulta (brina e rugiada) l'acqua torna sulla superficie terrestre. La quantità che cade sulla terraferma è decisamente superiore a quella che evapora dalla stessa terraferma: questo significa che per avere un ciclo e quindi un complessivo bilancio, l'acqua in eccesso deve tornare al mare. Sotto effetto della forza di gravità, infatti, l'acqua caduta scivola sul terreno, si raccoglie in fiumi, ingrossa i laghi, penetra nel terreno, torna in superficie da sorgenti più a valle e infine giunge al mare.

Il percorso dell'acqua dalla terraferma al mare può essere anche molto lungo: le precipitazioni nevose, soprattutto in alta quota e alle alte latitudini, possono rimanere sul terreno anche per molti anni prima di sciogliersi (nei ghiacciai polari possono essere necessari anche milioni di anni). Ma se considerati nel loro complesso e per tempi sufficientemente lunghi i trasferimenti d'acqua sul pianeta sono perfettamente ciclici: si parla di **bilancio idrologico**.

L'acqua piovana e quella ricavata dalle precipitazioni ha un contenuto di sali di molto inferiore a quello dell'acqua di mare. La pioggia che cade sulla terraferma si raccoglie in fiumi, laghi, ghiacciai, bacini sotterranei per poi evaporare o arrivare lentamente al mare, in tempi che possono essere lunghi anche migliaia di anni.

Il basso contenuto di sali delle acque piovane cadute sulla terraferma e raccolte nei vari bacini idrologici giustifica la definizione di *acque dolci*?

16.4 | Oceani e mari

Gli oceani coprono più del 75% della superficie della Terra, chiamata per questo il "Pianeta azzurro", e contengono più del 97% dell'acqua totale disponibile. Nella loro acqua sono presenti sali dissociati in ioni, trascinati in mare per migliaia di anni dai fiumi e ottenuti per erosione della costa da parte delle stesse onde marine (anche l'attività vulcanica in passato ha giocato un ruolo fondamentale nell'attuale composizione delle acque oceaniche).

La salinità media delle acque marine è pari al 35 per mille, cioè ogni litro contiene mediamente 35 g di sale.

La salinità non è costante in tutti i mari: all'equatore le frequenti precipitazioni e il considerevole apporto di acqua dolce dei fiumi abbassano la salinità, mentre in mari chiusi (Mar Rosso, Golfo Persico) dove l'evaporazione è notevole la salinità arriva anche al 43 ‰.

Il valore più basso della salinità è stato registrato nel Mar Baltico (4‰) dove l'evaporazione è quasi nulla e molti fiumi immettono in mare acqua dolce).

Nella tabella sono riportati i principali sali presenti in mare, con la loro concentrazione.

Sale	Simbolo	g/l	Sale	Simbolo	g/l
Cloruro di sodio	NaCl	23	Cloruro di calcio	$CaCl_2$	1
Cloruro di magnesio	MgCl	5	Cloruro di potassio	KCl	0,7
Solfato di sodio	Na_2SO_4	4	Carbonato di calcio	$CaCO_3$	0,1

16.4.1 | Ossigenazione e vita nel mare

L'atmosfera scambia in continuazione i gas che la formano con la superficie del mare. Il contenuto di gas nelle acque dipende anche dall'attività vulcanica presente sui fondali marini e dai processi biologici che avvengono soprattutto nella zona fotica dove la luce solare permette la fotosintesi clorofilliana delle alghe. Il rimescolamento delle acque superficiali legato al moto ondoso fa sì che fino a circa 200 m l'ossigenazione sia elevata. Al di sotto, la mancanza di luce impedisce la crescita delle alghe e il poco ossigeno presente viene consumato dai batteri per la decomposizione dei resti organici che sprofondano dagli strati superficiali; nelle acque marine si forma una **zona di minimo dell'ossigeno**. La quantità di gas che può trovarsi disciolto nell'acqua dipende anche dalla temperatura: nell'acqua fredda si può sciogliere più ossigeno che in quella calda.

Il Mare del Nord, un mare molto freddo per l'alta latitudine è di conseguenza molto ossigenato, risulta uno dei mari più pescosi al mondo.

16.4.2 | Le correnti marine

A livello locale, piccole variazioni di densità, temperatura e salinità creano movimenti di intere masse d'acqua.

Il Mediterraneo è un mare chiuso, a contatto con l'Atlantico tramite lo stretto di Gibilterra. L'alta salinità delle sue acque rispetto a quelle dell'Atlantico le rende più dense e quando l'acqua atlantica entra dallo stretto, quest'ultima rimane in superficie mentre si forma una corrente di fondo di acque mediterranee in uscita.

Le grandi correnti oceaniche sono invece legate alla circolazione atmosferica: quando i venti soffiano pressoché nella stessa direzione e con la stessa forza per più giorni, anche le acque superficiali sottostanti si mettono in movimento. Gli alisei che spirano costantemente tutto l'anno sono i responsabili della formazione di correnti calde che dall'equatore vanno verso i poli lambendo le coste orientali dei continenti (Corrente del Golfo, Corrente del Kuro Scivo) e di correnti fredde dai poli verso l'equatore che toccano le coste occidentali dei continenti (Corrente del Brasile, Corrente del Mozambico).

Accanto alla circolazione superficiale si riconosce anche una circolazione profonda: l'acqua alle alte latitudini si raffredda molto, fino a trasformarsi in ghiaccio. Nel cambiamento di stato i sali rimangono però disciolti nell'acqua, aumentandone la salinità. Quest'acqua fredda e molto salata ha un'alta densità e si incunea in profondità dove inizia il lento movimento verso latitudini minori. Tali correnti profonde interessano soprattutto l'emisfero australe dove dall'Antartide si generano veri e propri fiumi d'acqua fredda in movimento verso gli oceani Atlantico, Indiano e Pacifico.

Nella cartina sottostante sono raffigurate le principali correnti marine della Terra.

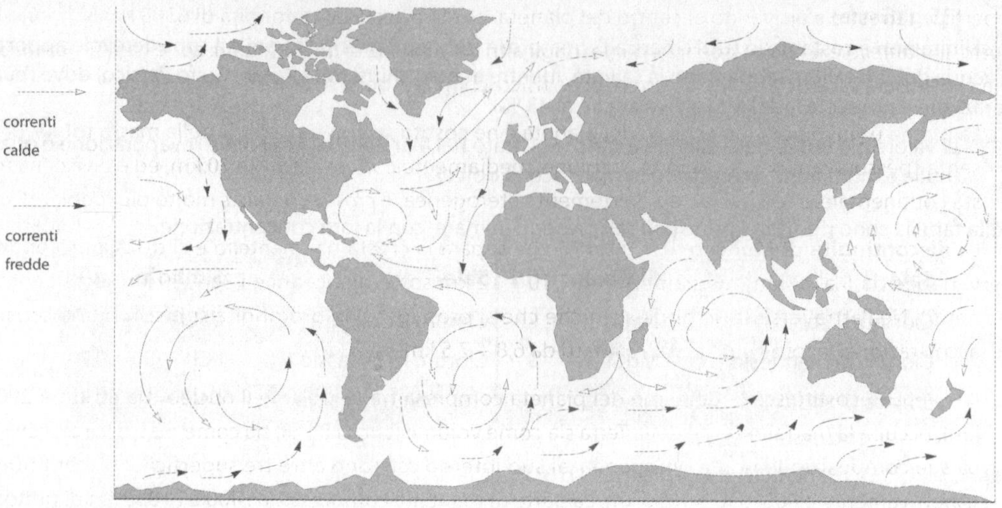

16.4.3 | Le maree

La marea è un periodico innalzamento e abbassamento del livello del mare. È dovuta alla congiunta attrazione gravitazionale della Luna e del Sole sulla Terra unitamente alla forza centrifuga dovuta alla rotazione terrestre. Avviene con intensità diversa in tutti i bacini idrici, solitamente due volte al giorno.
Nonostante la massa lunare sia di gran lunga inferiore a quella del Sole, la minore distanza fa sì che le maree siano legate maggiormente al moto apparente della Luna che durante le 24 ore culmina 2 volte sul meridiano del luogo.
Quando la Luna passa sul meridiano, l'acqua del mare, libera di muoversi, si solleva leggermente, attratta dal satellite e aiutata dalla forza centrifuga (**alta marea**); contemporaneamente dall'altra parte della Terra la forza centrifuga, che è maggiore per la maggior distanza dal centro di rotazione del sistema Terra-Luna, supera l'attrazione gravitazionale lunare e si ha un'altra alta marea; ortogonalmente alla congiungente Terra-Luna si forma invece una strozzatura e si ha **bassa marea**.

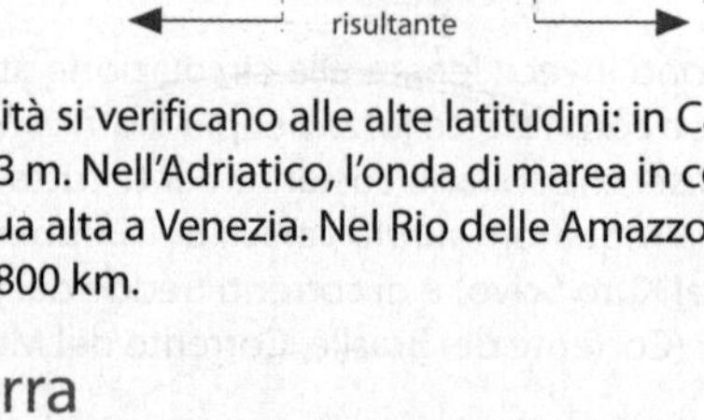

Le maree di maggiore intensità si verificano alle alte latitudini: in Canada sono stati registrati dislivelli di 20 m, in Bretagna di 13 m. Nell'Adriatico, l'onda di marea in concomitanza con forti venti sciroccali può dar luogo all'acqua alta a Venezia. Nel Rio delle Amazzoni una marea di 7 m fa risalire il mare nel letto del fiume per 800 km.

16.5 | L'interno della Terra

Al momento attuale non è ancora possibile studiare l'interno della terra direttamente, ma solo attraverso metodi indiretti. Le perforazioni più profonde nella crosta infatti si aggirano attorno ai 15 km e ciò è ben poca cosa in confronto al raggio terrestre. Le maggiori informazioni sulle caratteristiche fisiche e petrografiche degli involucri terrestri sono state quindi ricavate principalmente dallo studio delle onde sismiche, generate artificialmente tramite esplosioni sotterranee.

La Terra si compone di involucri concentrici con diverse caratteristiche fisiche e chimiche. Partendo dalla superficie terrestre e arrivando al centro del pianeta, che si trova alla profondità di 6368 km, si hanno la *crosta*, il *mantello* e il *nucleo*, separati gli uni dagli altri da *superfici di discontinuità*: zone caratterizzate da una sostanziale variazione delle caratteristiche fisico-chimiche della materia.

- La **crosta** è l'involucro più esterno del pianeta e ne costituisce meno dell'1% della massa totale. Presenta spessori variabili da regione a regione, mediamente compresi tra 4 e 70 km, ed è diviso in crosta continentale, di composizione fortemente eterogenea, e *crosta oceanica*, molto più regolare.

- La **discontinuità di Mohorovicic (Moho)** che separa la crosta dal mantello e si trova a profondità variabile da 5 a 90 km (mediamente tra i 10 ÷ 12 km sotto gli oceani e i 30 ÷ 40 km sotto i continenti). Nell'attraversarla, le onde sismiche che si propagano in profondità subiscono una brusca accelerazione: la loro velocità passa infatti da 6,8 ÷ 7,5 km/s a 8 km/s.

- Il **mantello** costituisce la porzione del pianeta compresa tra la crosta e il nucleo (tra 40 km e 2900 km): occupa la maggior parte della Terra sia come volume (circa l'84%), sia come massa (circa il 68%). La sua composizione non è omogenea: al suo interno esistono altre tre superfici di discontinuità rispettivamente a 400, 650 e 1050 km. La parte di mantello compresa tra i 400 e i 1050 km di profondità è detta *zona di transizione.*

- La **discontinuità di Gutemberg** che separa il mantello dal nucleo e si trova alla profondità di 2900 km. In corrispondenza di tale superficie si ha una nuova e brusca diminuzione di velocità delle onde sismiche, che dopo aver raggiunto una velocità di 13,8 km/s scendendo nel mantello passano improvvisamente a 8 km/s.

- Il **nucleo** rappresenta la parte più interna del pianeta e si estende da una profondità di circa 2900 km fino al centro della Terra: esso è suddiviso in un **nucleo esterno** allo stato liquido e, da 5200 km (*discontinuità di Lehman*) fino a 6368 km, in un **nucleo interno** allo stato solido. Quest'ultimo in realtà è probabilmente vicino al punto di fusione o anche parzialmente fuso: dallo studio della composizione delle meteoriti si deduce che il nucleo interno è formato in prevalenza da una mescolanza di ferro e nichel, mentre quello esterno è formato soprattutto da ferro con l'aggiunta di poco nichel (2%) e altri elementi più leggeri (15%) come zolfo, silicio e ossigeno. Al centro della Terra la temperatura è di circa 4000 °C, la pressione è 3,5 milioni di atmosfere e la densità è pari a 13 g/cm^3. Il volume del nucleo è pari a circa 1/7 (16%) di quello dell'intero globo terrestre, ma la sua massa rappresenta quasi 1/3 (31%) della massa totale.

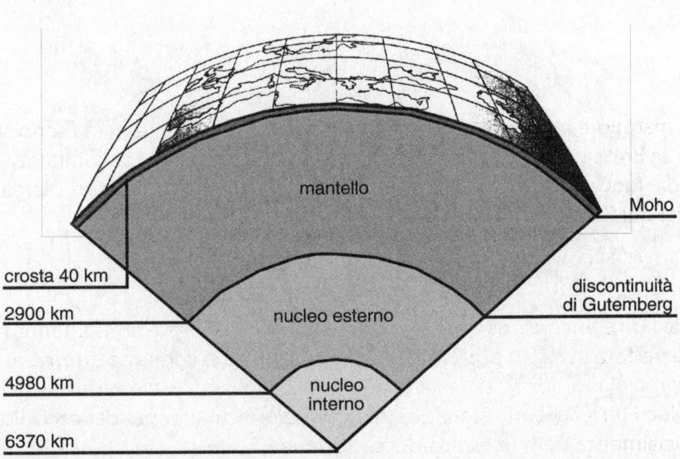

CONOSCENZE SCIENTIFICHE

Siamo ora in grado di rispondere al secondo quesito proposto all'inizio del capitolo.

Quesito II. La risposta corretta è la **A**. Infatti, il pianeta risulta suddiviso in crosta, mantello e nucleo. La prima è distinta in continentale (spessa mediamente 35 km, ma talvolta fino a 80-90 km) e oceanica (spessa intorno ai 10 km); il mantello inizia dalla base della crosta e prosegue fino a 2900 km di profondità; infine, il nucleo, diviso in esterno e interno, arriva fino al centro della Terra, a 6368 km di profondità.

16.5.1 | Terremoti

Un terremoto o sisma è una vibrazione naturale del terreno provocata dalla frattura di grosse masse di roccia all'interno della crosta terrestre.

Nella maggior parte dei casi, il terremoto è provocato dallo scorrimento di masse rocciose in corrispondenza di una *frattura* o *faglia*. In realtà queste fratture avvengono all'interno della litosfera, ovvero l'involucro più esterno e rigido del pianeta che comprende la crosta e la parte superiore del mantello. Per faglia si intende una frattura scomposta della crosta terrestre, lungo i cui piani (*piani di faglia*) si verifica un movimento relativo delle due parti in cui la crosta risulta divisa. Questo movimento può essere di due tipi: verticale (*faglie dirette e inverse*) o orizzontale (*faglie trascorrenti*).

Una delle faglie più grandi e famose della Terra è la *faglia di Sant'Andrea* in California che passa vicino a San Francisco e si estende per 5000 chilometri.

La causa dei terremoti è quindi lo *spostamento relativo* di enormi blocchi di roccia che si produce lungo queste zone di frattura. L'***ipocentro*** o *fuoco* è il luogo preciso nel sottosuolo dove si origina il terremoto (da poche decine di chilometri fino a 700 km di profondità), mentre il punto corrispondente sulla superficie terrestre è chiamato ***epicentro***. Se l'epicentro del terremoto si trova in mare si ha il cosiddetto *maremoto*, che può produrre onde alte anche 20 metri e arrecare così danni ingenti sulle coste per decine di chilometri.

Secondo la teoria della *reazione elastica* (o del *rimbalzo elastico*) quando un blocco crostale viene sottoposto a sforzi di compressione o stiramento non si frattura subito, ma si deforma lentamente, immagazzinando nello stesso tempo ***energia elastica***. Tale energia può accumularsi anche per centinaia di anni e quando lo sforzo supera il punto critico (*limite elastico*) le rocce si fratturano improvvisamente e con altrettanta rapidità l'energia elastica si sprigiona sotto forma di intense vibrazioni (*onde sismiche*) che si propagano in tutte le direzioni. La ***sismologia*** è una branca della geofisica che studia i terremoti e la struttura interna della Terra sulla base delle onde sismiche generate dai terremoti stessi e da sorgenti artificiali (sismologia attiva).

Come spiega la teoria della tettonica delle placche (si veda § 16.6), l'attività sismica e tettonica attualmente presente nella parte più superficiale della Terra è una conseguenza dei movimenti relativi di un limitato numero di placche rigide, i cui contorni sono evidenziati dalle fasce sismiche presenti nel globo.

Distribuzione globale degli epicentri dei terremoti

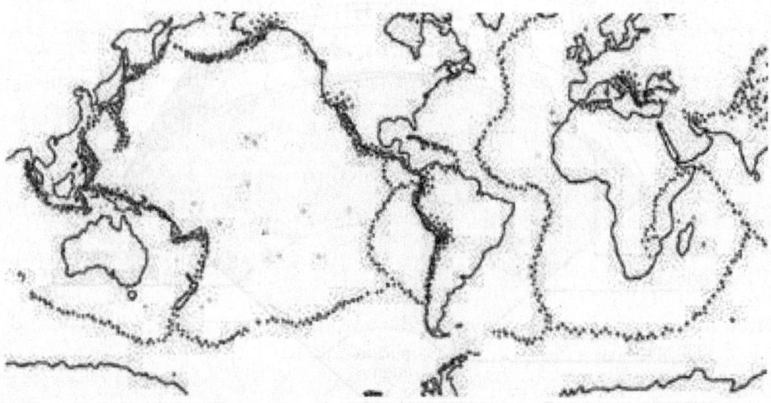

La distribuzione in lunghe fasce lineari dei sismi di profondità inferiore a 70 km, ovvero quelli che avvengono negli oceani lungo le dorsali, lungo le faglie trasformi (§ 10.2) e nei pressi delle fosse, permette di individuare i limiti delle placche.
Siamo ora in grado di rispondere al terzo quesito proposto all'inizio del capitolo.

Quesito III. La risposta corretta è la **A**. L'ipocentro o fuoco è il punto nel sottosuolo in cui avviene la rottura iniziale, lungo una frattura o faglia, mentre l'epicentro è il punto in superficie situato sulla verticale del fuoco.

16.6 | Tettonica delle placche

Questa teoria è andata evolvendosi attraverso successivi stadi in almeno sessant'anni di ricerche, ma la sua definizione precisa risale solo agli anni 1967-68.

L'ipotesi della tettonica delle placche spiega l'attività tettonica e sismica, attualmente presente nella parte più superficiale della Terra, come una conseguenza dell'interazione di un numero limitato di placche rigide, i cui contorni sono evidenziati dalle fasce sismiche presenti nel globo.

Fondamentali per questa teoria furono le ricerche oceanografiche che portarono H. Hess a proporre, attorno ai primi anni sessanta, l'ipotesi dell'**espansione dei fondi oceanici**. Secondo questa costruzione, nel mantello esistono lenti moti convettivi: il materiale magmatico risale in corrispondenza delle dorsali medio-oceaniche, si muove lateralmente, allontanandosi dagli assi delle stesse, dove nuova crosta viene incessantemente prodotta.

Dato che il volume della Terra non sembra aumentare, l'espansione dei fondi oceanici lungo le dorsali deve essere compensata dal riassorbimento di altra crosta oceanica nel mantello, in corrispondenza delle fosse oceaniche.

Il fatto che circa l'80% dei terremoti che si verificano nel mondo avvenga lungo fasce ristrette, portò J. Morgan, nel 1968, a formulare l'ipotesi che la superficie della Terra potesse essere formata da alcune grandi placche con un'elevata rigidità di torsione. Determinanti furono anche le **indagini paleomagnetiche** di F. J. Vine e D. H. Matthews (1965) che portarono sia alla formulazione della teoria sulle inversioni di polarità che alla scoperta delle *faglie trasformi* (1965).

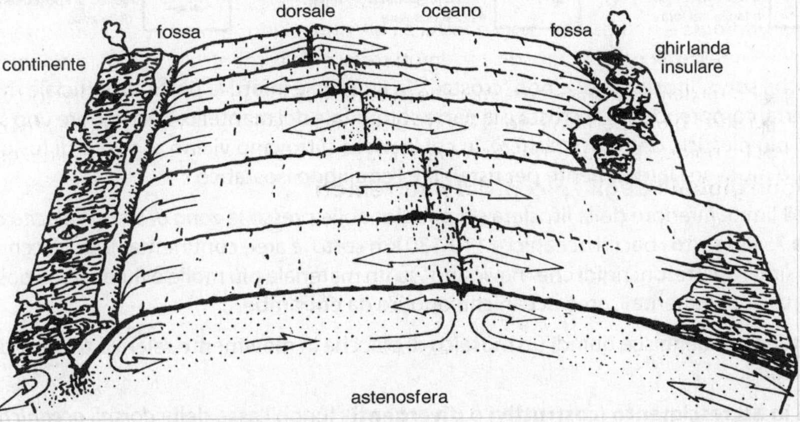

16.6.1 | La deriva dei continenti

Alle origini della teoria della tettonica a placche si pone quella della deriva dei continenti.

Nel corso del tempo vari uomini di scienza come Bacone (1620), von Humbolt (inizi dell'800) e Snider-Pellegrini (1858) suggerirono l'idea di un antico assemblaggio fra i continenti e di una loro successiva separazione. La teoria della deriva dei continenti che passò alla storia fu quella elaborata tra il 1910 e il 1930 dal geofisico tedesco **A. Wegener**.

CONOSCENZE SCIENTIFICHE

Wegener notò la marcata corrispondenza tra le linee di costa in entrambi i lati dell'Oceano Atlantico e ipotizzò che i continenti avessero potuto muoversi in senso laterale.

La teoria di Wegener si basava sull'ipotetica esistenza, all'inizio del Mesozoico di un grande supercontinente detto *Pangea*: questo si sarebbe suddiviso in grandi blocchi, successivamente andati alla deriva sulla superficie terrestre. I continenti si sarebbero allontanati sempre di più gli uni dagli altri fino a occupare le posizioni attuali.

16.6.2 | Placche o zolle litosferiche

Il *mosaico globale* rappresenta la suddivisione della litosfera in placche con dimensioni assai variabili: le principali sono dodici (sei molto grandi e sei più piccole), ma ve ne sono molte altre minori.

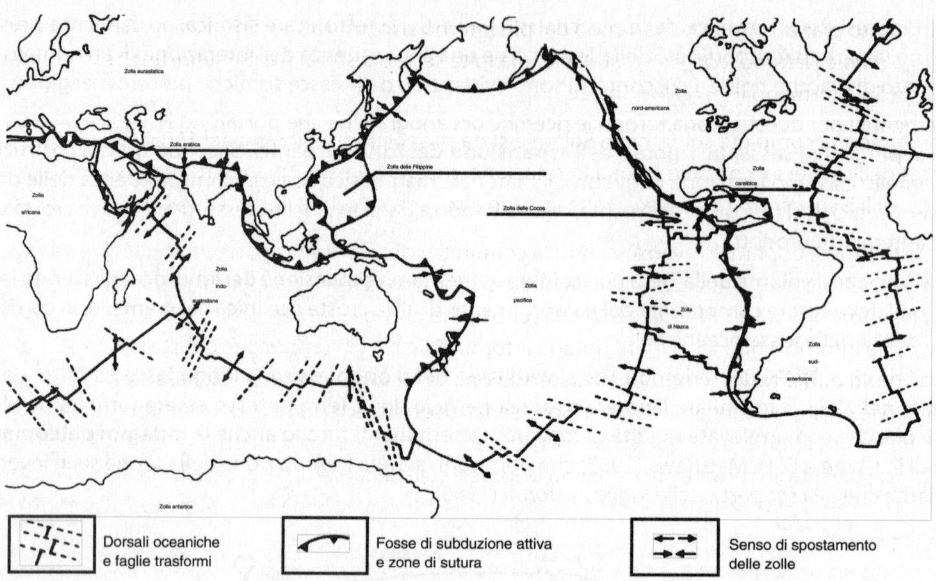

Queste placche sono "litosferiche" e non "crostali": la *litosfera* è infatti la parte superficiale mobile ed elastica della Terra, comprendente la crosta e la parte sommitale del mantello. Essa ricopre uno strato a comportamento più plastico, detto *astenosfera*, in cui le rocce si trovano vicino al punto di fusione e in cui il materiale può muoversi lateralmente per ristabilire l'equilibrio isostatico.

Sembra che il limite inferiore della litosfera sia posizionabile presso la *zona di bassa velocità delle onde sismiche* (circa 75 km sotto i bacini oceanici e 110-130 km sotto le aree continentali). Le placche litosferiche sono quindi simili a zatteroni rigidi che "navigano" su un materiale più molle e fluido. Esse possono essere costituite da aree continentali, aree oceaniche oppure da entrambe.

La sismicità terrestre definisce quindi un mosaico di placche in movimento relativo tra loro, delimitate da tre tipi di margini:

- **margini in accrescimento** (**costruttivi** o **divergenti**): lungo l'asse delle *dorsali oceaniche* le placche si separano l'una dall'altra e si genera continuamente nuova crosta oceanica;
- **margini in consunzione** (**distruttivi** o **convergenti**): nelle zone di subduzione (fosse oceaniche) le placche convergono e una di esse sprofonda nell'astenosfera, consumandosi per progressiva fusione;
- **margini conservativi** o **trasformi**: lungo le grandi fratture che solcano le dorsali oceaniche e lungo le grandi faglie continentali a scorrimento orizzontale le placche si muovono le une rispetto alle altre senza che vi sia né accrescimento né consunzione.

PARTE QUINTA

Il complesso meccanismo che fa muovere le placche non è ancora conosciuto. Esiste però una sostanziale concordanza nell'attribuirne la causa a correnti convettive, ovvero spostamenti di materiali allo stato solido, generati da squilibri termici esistenti nell'astenosfera: secondo alcuni il **peso del materiale fuoriuscito** dalle dorsali agirebbe da tergo spingendo le placche che, nello stesso tempo, verrebbero trascinate verso il basso dalla placca (pesante e fredda) in subduzione, mentre per altri le placche sarebbero trascinate passivamente per **attrito dalle correnti convettive** presenti nella sottostante astenosfera; secondo un'ipotesi globale la litosfera e le placche sarebbero **parti integranti del meccanismo convettivo**: esse rappresenterebbero la parte superficiale, raffreddata, del mantello in lento moto convettivo.

16.7 | Il Sistema Solare

Il Sole, gli otto pianeti orbitanti (partendo dal più interno si incontra *Mercurio*, *Venere*, *Terra*, *Marte*, *Giove*, *Saturno*, *Urano* e *Nettuno*) con i loro satelliti e una folta serie di asteroidi e pianetini anch'essi in rotazione intorno al Sole formano il **Sistema Solare**

Una prima teoria completa sul Sistema Solare è stata proposta da Tolomeo nel 150 d.C.: la Terra è ferma al centro dell'Universo, con Sole e Luna in rotazione intorno ad essa. I pianeti ruotano su orbite circolari dette epicicli il cui centro ruota a sua volta intorno alla Terra su orbite dette deferenti.

All'inizio del 1500, Copernico avanzò contro la comunità scientifica sua contemporanea la teoria eliocentrica, ben presto considerata eretica, nella quale si afferma che la Terra è un pianeta uguale agli altri in rotazione intorno al Sole. Alla fine del 1500, Tycho Brahe propose un compromesso: la Terra è al centro, il Sole le ruota intorno e gli altri pianeti ruotano intorno al Sole. Per comprovare questa nuova teoria, Brahe raccolse molti dati attraverso numerose osservazioni: se ne avvantaggiò un suo assistente, Keplero, che determinò le orbite dei pianeti intorno al Sole, senza ricorrere agli epicicli. Negli ultimi decenni con l'utilizzo di telescopi e radiotelescopi le informazioni sul Sistema Solare hanno raggiunto notevoli livelli di precisione e diventano sempre più frequenti le ipotesi sull'esistenza di corpi celesti del Sistema Solare ancora più esterni. I nove pianeti ad oggi scoperti sono tutti in rotazione intorno al Sole in accordo con la teoria di Keplero.

Le tre leggi di Keplero affermano che:

1. **l'orbita dei pianeti è piana ed ellittica e il Sole occupa uno dei fuochi;**
2. **la velocità areolare è costante: il raggio vettore che dal Sole va a un pianeta spazza aree uguali in tempi uguali;**
3. $\frac{a^3}{T^2}$ **= costante dove a = semiasse maggiore T = periodo di rivoluzione.**

Quando un pianeta è al perielio (vicino al Sole) la sua velocità di rivoluzione è maggiore di quando si trova in afelio (lontano dal Sole). Infatti per la seconda legge di Keplero, il tempo impiegato per compiere il tratto PP_1 è lo stesso di quello impiegato per compiere il tratto AA_1 in modo che le aree dei settori PP_1S e AA_1S siano uguali.

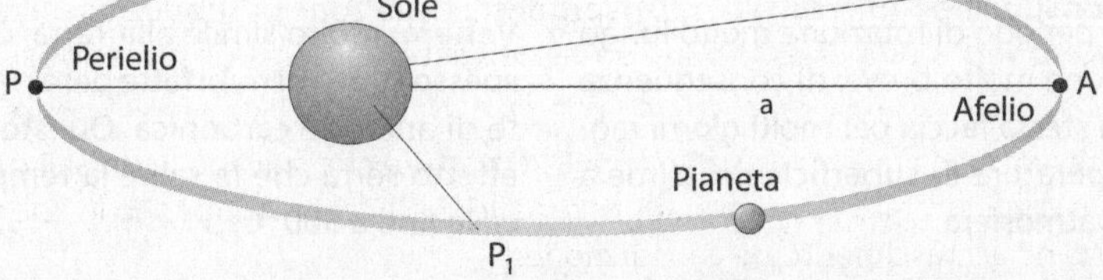

CONOSCENZE SCIENTIFICHE

16.7.1 | Il Sole

Più del 99% della materia che forma il Sistema Solare si trova nel Sole allo stato gassoso: si tratta per la maggior parte di idrogeno ed elio ad altissime densità e temperature. L'interno del Sole è formato da un **nucleo** di raggio pari a 1/4 del raggio totale dove si raggiungono temperature di 15 milioni di gradi e avvengono le **reazioni termonucleari** che trasformano l'idrogeno in elio. La differenza di massa tra l'elio formato e l'idrogeno di partenza viene emessa sotto forma di energia: onde elettromagnetiche ad alta energia (raggi X e raggi γ), elettroni, positroni (elettroni aventi carica positiva) e neutrini, particelle che riescono ad attraversare tutti gli strati del Sole e a giungere fino sulla Terra.

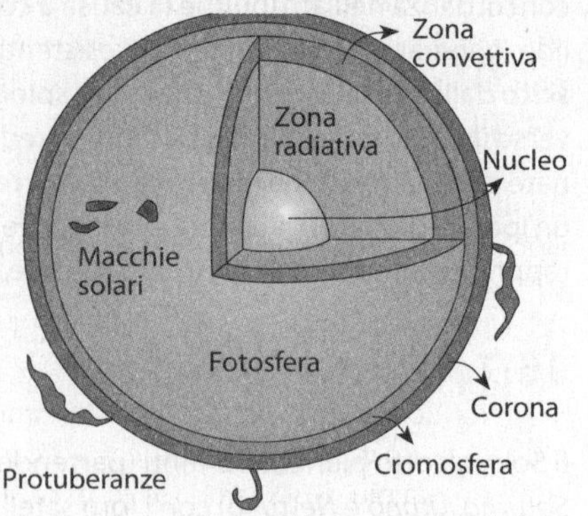

16.7.2 | I pianeti del Sistema Solare

Il Sistema Solare si è formato circa 4,6 miliardi di anni fa da un unico ammasso di materia interstellare. Molti pianeti presentano di conseguenza caratteristiche simili.

Tutti i pianeti ruotano intorno al Sole da ovest verso est e, se si esclude Plutone, i piani di rivoluzione sono poco inclinati tra loro. I pianeti ruotano anche su loro stessi da ovest verso est, tranne Venere e Urano.

Nella tabella seguente sono elencate le caratteristiche principali degli otto pianeti (la distanza dal Sole è misurata in milioni di chilometri, la massa è riferita a quella terrestre, il diametro è in km, la densità in g/cm^3, la rotazione è misurata in giorni, la rivoluzione in anni).

	Mercurio	**Venere**	**Terra**	**Marte**	**Giove**	**Saturno**	**Urano**	**Nettuno**
Distanza dal Sole	58	108	150	228	780	1430	2868	4498
Massa	0,056	0,82	1	0,11	317,8	95,2	14,5	17,3
Diametro	4874	12.108	12.735	6790	143.000	120.000	49.000	48.000
Densità	5,4	5,25	5,52	3,94	1,34	0,71	1,27	1,77
Rotazione	59	243	1	1	0,4	0,7	0,4	0,6
Rivoluzione	0,24	0,62	1	1,9	11,9	29,5	84	165
N° di satelliti	0	0	1	2	15	17	15	8

Siamo ora in grado di rispondere al quarto e ultimo quesito proposto all'inizio del capitolo.

Quesito IV. Si ha un'eclissi di Sole quando la Luna si interpone tra la Terra e il Sole oscurandolo (risposta **D**).

L'eclissi solare è definita:

- *totale* se il Sole viene completamente oscurato dalla Luna;
- *anulare* se la Luna oscura solo la parte centrale del Sole, lasciando visibile un anello solare visibile intorno all'ombra della Luna;
- *parziale* se solo una parte del Sole viene oscurata dalla Luna.

Alcune caratteristiche dei pianeti del Sistema Solare

Mercurio: ha un periodo di rotazione molto lungo e uno di rivoluzione molto breve: di conseguenza espone al Sole la stessa faccia per molti giorni raggiungendo temperature in superficie prossime a 400 °C. È privo di atmosfera.

Venere: molto simile alla Terra, è coperto da uno spesso strato di nubi fatte però per la maggior parte di anidride carbonica. Questo genera un forte effetto serra che fa salire la temperatura superficiale fino a 500 °C.

Marte: un'atmosfera poco densa e una maggior distanza dal Sole sono i motivi delle basse temperature superficiali che oscillano tra i – 100 e i – 15 °C. Ai poli sono stati osservati depositi di ghiaccio e la morfologia della superficie percorsa da vallate e canyon suggerisce la presenza in passato di grandi quantità d'acqua. È oggetto di attenti studi per l'ipotesi che primordiali forme di vita siano esistite sulla sua superficie.

Giove: è il pianeta più grande del Sistema Solare, dotato di un'atmosfera di idrogeno, elio e metano in continuo movimento. È celebre la grande macchia rossa, un vortice atmosferico di grosse dimensioni che da più di 300 anni ruota su se stesso.

Saturno: è il pianeta degli anelli: sono ben 7, suddivisi in sottoanelli tutti disposti nel piano equatoriale e formati prevalentemente da ghiaccio. Analogamente a Giove l'alta velocità di rotazione dà un aspetto striato alla sua atmosfera composta prevalentemente da idrogeno.

Urano: ha un'atmosfera simile a Giove e a Saturno, anche se più ricca di metano; quest'ultimo assorbe la radiazione giallo-rossa del Sole e conferisce un aspetto bluastro al pianeta.

Nettuno: fu scoperto nel 1846 dalle indicazioni di Le Verrier che ne ipotizzò l'esistenza a causa di alcune deviazioni dell'orbita di Urano. Anch'esso è dotato di un'atmosfera di idrogeno, elio e metano che gli conferisce un colore blu.

Plutone: la sua scoperta risale solo al 1930 e fino al 2006 è stato considerato il nono pianeta del Sistema Solare, poi è stato declassato a "pianeta nano" e ribattezzato 134340. La sua peculiarità è il piano di rivoluzione inclinato rispetto a quello degli altri pianeti e un'orbita ellittica molto schiacciata. La sua massa è 0,026 volte quella della Terra e dista 6 miliardi di km dal Sole. Ha un satellite chiamato Caronte.

Fascia di asteroidi: tra le orbite di Marte e di Giove ruota anche una serie di asteroidi o pianetini, residui del materiale interplanetario che ha formato il Sistema Solare. Urtando tra di loro possono cambiare direzione, essere catturati da altri pianeti e cadere sulla loro superficie (meteoriti).

16.8 | Esercizi svolti

---

1 **La rarefazione dello strato di ozono atmosferico è provocata:**

- **A** dall'utilizzo indiscriminato dei combustibili fossili
- **B** dall'aumento di anidride carbonica nell'atmosfera
- **C** dalle emissioni di freon
- **D** dalle emissioni dei gas a effetto serra
- **E** dall'aumento di ossigeno nell'atmosfera

A partire dalla metà degli anni '80 si è misurato un progressivo assottigliamento della fascia di ozono presente in atmosfera, soprattutto alle alte latitudini (i poli). Analisi di laboratorio hanno dimostrato che tra i responsabili ci sono alcuni gas che reagiscono con l'ozono provocando una dissociazione della sua molecola. Tra questi bisogna ricordare i clorofluorocarburi (CFC) comunemente chiamati freon. La risposta corretta è la **C**.

---

2 **Quali sono le previsioni più attendibili sull'evoluzione del clima terrestre?**

- **A** La temperatura media crescerà sicuramente per un aumento dell'effetto serra
- **B** L'allargarsi del buco dell'ozono causerà uno scioglimento dei ghiacci
- **C** L'inquinamento atmosferico aumenterà la copertura del cielo causando una riduzione dell'insolazione e una conseguente diminuzione della temperatura media
- **D** Non è possibile formulare alcuna previsione attendibile
- **E** Non avverranno cambiamenti climatici

Molti scienziati affermano che nei prossimi decenni si assisterà a un progressivo riscaldamento del pianeta, altri affermano l'esatto contrario. In realtà le variabili coinvolte per un'eventuale previsione sono molte e non completamente note al punto che attualmente non è possibile avanzare alcuna ipotesi attendibile (risposta esatta **D**).

CONOSCENZE SCIENTIFICHE

3 **In quali condizioni le maree sono più ampie?**

- **A** Quando l'umidità dell'atmosfera è elevata
- **B** Quando la Luna è nuova o piena
- **C** Quando Luna, Terra e Sole sono in quadratura
- **D** In ogni località l'ampiezza della marea è sempre costante
- **E** Quando la Luna è crescente

Le maree sono dovute all'azione combinata dell'attrazione gravitazionale da parte della Luna e del Sole sulla superficie terrestre. Perché l'effetto sia grande è necessario che Luna, Terra e Sole siano sulla stessa linea, sia nella disposizione Luna - Terra - Sole (Luna piena) sia nell'ordine Terra - Luna - Sole (Luna nuova). In questi due casi, infatti, l'attrazione sulle masse marine è in un'unica direzione ed è di conseguenza la maggiore possibile. La risposta corretta è la **B**.

4 **Qual è l'oceano che contiene il maggior volume d'acqua?**

- **A** L'Atlantico
- **B** Il Pacifico
- **C** L'Indiano
- **D** Il Mar Glaciale Artico
- **E** L'antartico

Dalla tabella seguente si deduce che l'Oceano più capiente è il Pacifico (risposta esatta **B**).

Oceano	Estensione (km^2)	Profondità media (m)
Pacifico	179.650.000	4049
Atlantico	106.100.000	3314
Indiano	74.900.000	3900

5 **A che profondità si trova la discontinuità di Gutemberg?**

- **A** Da 10 a 80 km
- **B** A 2900 km
- **C** A 4980 km
- **D** Intorno ai 40 km
- **E** A 3600 km

La discontinuità di Gutemberg divide il mantello dal nucleo esterno e si trova perciò alla profondità di circa 2900 km (risposta esatta **B**). Fino a questa profondità la Terra è praticamente solida, a parte determinate zone crostali o mantelliche con comportamento "viscoso"; al di sotto di essa (nucleo esterno) i materiali risultano liquidi ed avviene un vero e proprio cambiamento di stato.

6 **Qual è la causa dei terremoti?**

- **A** La fuoriuscita di grandi quantità di magma in un'eruzione vulcanica
- **B** Lo spostamento relativo di enormi blocchi di roccia lungo zone di frattura
- **C** L'espansione dei fondi oceanici
- **D** La risalita dei magmi attraverso il mantello e la crosta
- **E** La fuoriuscita di gas dall'interno della crosta

Il meccanismo che provoca un terremoto è connesso con l'accumulo di energia elastica che si produce quando nel sottosuolo blocchi crostali vengono sottoposti a sforzi di compressione. La formazione di grandi zone di frattura determina il rilascio di questa energia sotto forma di onde o vibrazioni sismiche. La risposta corretta è la **B**.

7 **Sulla Terra esistono le stagioni perché:**

- **A** l'asse terrestre è inclinato rispetto al piano dell'orbita
- **B** il Sole varia di luminosità durante l'anno
- **C** l'orbita percorsa dalla Terra intorno al Sole è ellittica
- **D** l'orbita terrestre non è piana
- **E** nessuna delle precedenti

L'alternarsi delle stagioni è da imputarsi all'inclinazione dell'asse terrestre, che fa si che la Terra riceva differenti quantità di radiazione solare in diversi periodi dell'anno. L'inclinazione comporta inoltre che le stagioni siano speculari nei due emisferi. La risposta esatta è quindi la **A**.

CONOSCENZE SCIENTIFICHE

Ripassa da qui

IL PIANETA TERRA

Di seguito sono elencate le principali caratteristiche della Terra:

- è un geoide;
- per individuare un punto sulla superficie terrestre si usa un sistema di riferimento universale composto da: meridiani, paralleli, latitudine e longitudine;
- la Terra si muove per:
  - rotazione: ruota intorno al proprio asse da ovest a est;
  - rivoluzione: gira intorno al Sole compiendo una rivoluzione completa in un anno; avviene su un'orbita ellittica in cui il Sole occupa uno dei due fuochi;

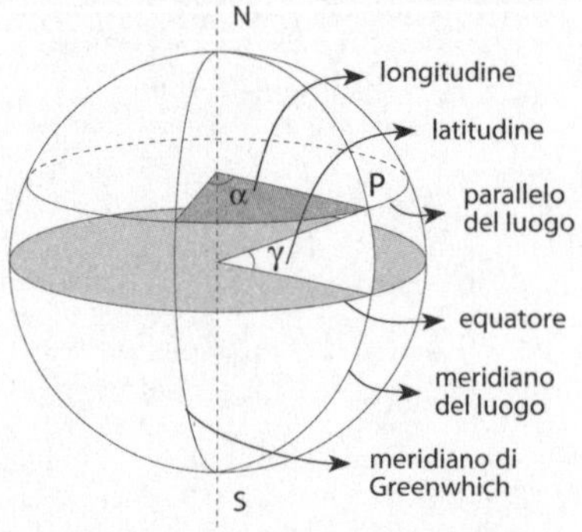

COMPOSIZIONE DELL'ATMOSFERA

Nella tabella seguente vengono elencati i componenti principali dell'aria secca.

Componenti	Simbolo	% in vol.	Componenti	Simbolo	% in vol.
Azoto	(N_2)	78,03%	Anidride carbonica	(CO_2)	0,03%
Ossigeno	(O_2)	20,99%	Idrogeno	(H_2)	0,01%
Argon	(Ar)	0,94%	Neon	(Ne)	0,0012%

CLASSIFICAZIONE DEI CLIMI

- Climi megatermici umidi:
  - clima equatoriale;
  - clima della savana;
  - clima monsonico.
- Climi megatermici secchi:
  - clima secco caldo;
  - clima secco freddo.
- Climi mesotermici o temperati caldi:
  - clima sinico o subtropicale umido;
  - clima mediterraneo;
  - clima temperato fresco.

- Climi microtermici o temperati freddi e climi nivali:
  - clima temperato freddo umido;
  - clima temperato freddo asciutto;
  - clima seminivale o della tundra;
  - clima nivale o polare.

IL CICLO DELL'ACQUA

Nella figura seguente è rappresentato il ciclo dell'acqua e sono indicati i valori in chilometri cubi degli scambi d'acqua nel bilancio idrologico del pianeta.

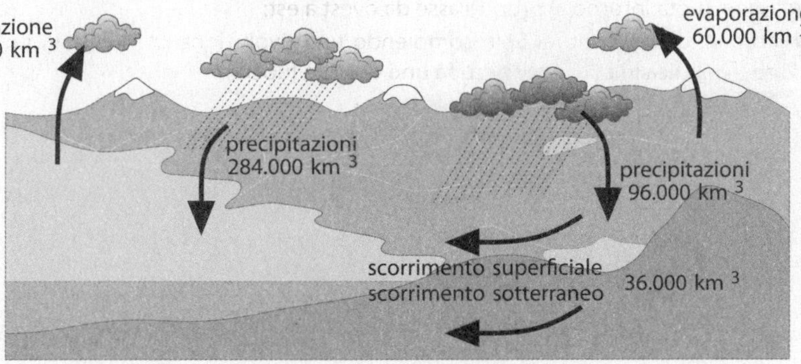

I TERREMOTI

Lo schema seguente rappresenta i tipici movimenti degli enormi blocchi di roccia che causano i terremoti; sono evidenziate le caratteristiche necessarie per descrivere questi fenomeni:

- ipocentro: luogo preciso nel sottosuolo dove si origina il terremoto (da poche decine di chilometri fino a 700 km di profondità);
- epicentro: punto corrispondente all'ipocentro sulla superficie terrestre;
  - si parla di maremoto quando l'epicentro è in mare.

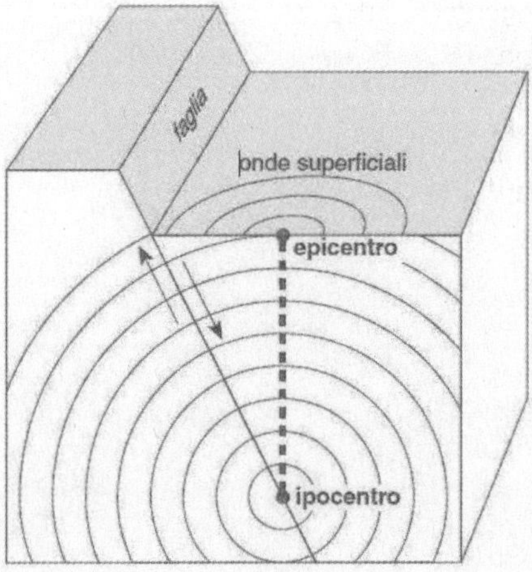

CONOSCENZE SCIENTIFICHE

IL SISTEMA SOLARE

La figura seguente è una rappresentazione del Sistema solare con i pianeti in proporzione.

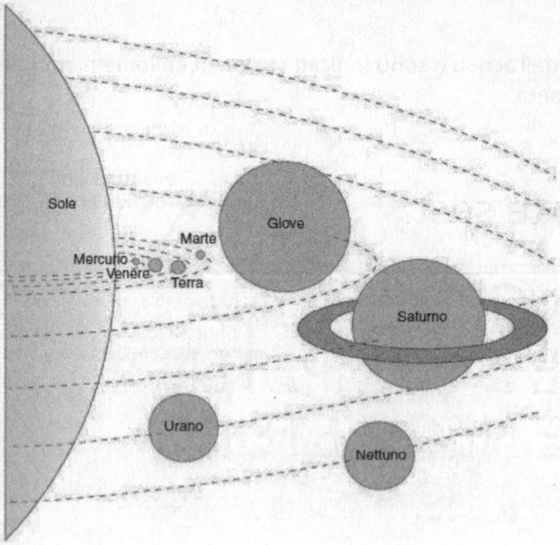

PARTE QUINTA

parte sesta

CULTURA GENERALE / CONOSCENZE E COMPETENZE ACQUISITE NEGLI STUDI

Introduzione

I **test di ateneo** per l'ammissione ai corsi di laurea delle aree di Psicologia, Educazione e Sociologia prevedono quasi sempre quesiti sulle materie normalmente studiate nelle scuole superiori; esse vengono di solito indicate nei bandi di concorso con la formula riassuntiva di **cultura generale**.
A queste stesse discipline sono anche riferiti i quesiti della sezione **conoscenze e competenze acquisite negli studi** delle prove **TOLC-SU**, mentre il **TOLC-PSI** non prevede la verifica di questo tipo di nozioni.

Le domande si concentrano solitamente su argomenti di storia, nozioni giuridiche di cittadinanza (Costituzione e funzionamento dell'Unione europea e delle istituzioni internazionali), nonché su letteratura, elementi di filosofia e storia dell'arte, geografia e conoscenze socio-economiche di base.
Queste domande sono volte a verificare non solo il possesso da parte dei candidati di nozioni disciplinari – una sorta di riscontro su quanto abbiano trattenuto dagli anni di scuola – ma soprattutto la loro capacità di applicare nozioni note alla soluzione degli esercizi, tenendo conto dei dati ulteriori forniti nel testo, categorizzando, deducendo, riconoscendo relazioni e cronologie ecc.

In particolare, si segnala ai lettori che dovranno sostenere la prova **TOLC-SU** che i quesiti di questa sezione possono richiedere la comprensione e l'uso di materiali e documenti allegati alle domande. In certi casi, cioè, il testo del quesito può riportare immagini, cartine, grafici, tabelle, diagrammi, figure, testi da completare ecc. Per rispondere alla domanda sarà necessario coniugare le proprie conoscenze con le informazioni ricavabili dal materiale fornito.

Per sapere esattamente su quali discipline esercitarsi, il lettore dovrà consultare il **bando di concorso** pubblicato dalla propria università.

17 Storia

Mettiti alla prova

I **Mettere in ordine cronologico i seguenti avvenimenti storici della seconda metà del Novecento:**

a. Maggio francese

b. Assassinio di John Fitzgerald Kennedy

c. Sbarco del primo uomo sulla Luna

d. Caduta del muro di Berlino

e. Elezione al soglio pontificio di Karol Wojtyla

- A a – c – d – b – e
- B c – b – a – e – d
- C a – b – c – d – e
- D b – a – c – e – d
- E b – c – a – e – d

II **La più grande battaglia navale della prima guerra mondiale fu quella di:**

- A Marna
- B Jütland
- C Somme
- D Verdun
- E Caporetto

III **Leggi il brano e rispondi alla domanda che segue.**

Segnò l'inizio dell'industrializzazione forzata dell'Unione Sovietica. La decisione di avviarlo fu presa dal XV congresso del Pcus, che, per superare le difficoltà del decollo industriale concretizzatesi durante la Nep, optò per un intervento diretto dello Stato in economia, attraverso la redistribuzione centralizzata delle risorse. Criterio della pianificazione doveva essere la razionalità economica, che avrebbe dovuto garantire un forte sviluppo economico senza violare gli equilibri di base dell'economia (fra agricoltura e industria e fra produzione, consumi e investimenti), ma il gruppo dirigente staliniano fissò in realtà obbiettivi irrealistici. Fece effettivamente registrare un poderoso aumento della produzione industriale, anche se i risultati complessivi furono inferiori alle previsioni.

Di che cosa parla il testo?

- **A** Del decennio (1928-1938) in cui, in Unione Sovietica, fu applicato il principio del «socialismo in un solo Paese»
- **B** Del primo piano quinquennale (1928-1932) adottato in Unione Sovietica
- **C** Del secondo piano quinquennale (1918-1922) adottato in Unione Sovietica
- **D** Del decennio (1918-1928) di "rivoluzione culturale" imposto da Lenin in Unione Sovietica dopo la rivoluzione bolscevica
- **E** Del decennio (1934-1944) di "rivoluzione permanente" con cui il Pcus tentò di preparare l'Unione Sovietica alla Seconda guerra mondiale

PARTE SESTA

Ecco le risposte esatte dei 3 quesiti proposti: I D, II B, III B.

Le domande di storia sono frequenti nei test a cui si rivolge questo volume nei quali siano previste domande di cultura generale. In particolare si ricorda che:

- le domande vertono prevalentemente sugli ultimi secoli, cioè l'Ottocento e il Novecento;
- i quesiti non possono sondare la sensibilità storica, la capacità interpretativa e la comprensione critica dei fenomeni storici da parte del candidato; viceversa, sono indagate alcune nozioni salienti (date, periodi, eventi, personaggi ecc.), relazioni temporali e rapporti di causa-effetto degli eventi.

Le formulazioni tipiche delle domande sono le seguenti:

- In quale anno/periodo si è tenuta la conferenza/battaglia/tregua …?
- Il trattato di … ha sancito la pace fra …
- Quale Stato ha dichiarato la guerra a …?
- Quali Capi di Governo hanno firmato il trattato di …?
- Metti in ordine cronologico gli eventi.

Si presenta qui di seguito una sintesi dei principali avvenimenti storici dal 1848 agli anni Duemila, utile per una organizzazione generale delle informazioni e per una corretta collocazione degli eventi nel loro contesto storico.

17.1 | L'Europa tra il 1848 e il 1914

È possibile dividere il lasso di tempo 1848-1915 in due periodi: il primo, che va dal 1848 agli anni Settanta, fu caratterizzato dal trionfo del conservatorismo, che si concretizzò nell'alleanza della borghesia con la monarchia e la Chiesa, anche sotto la paventata minaccia della diffusione del socialismo.
Fu un'età di progressi economici (industrializzazione) e scientifici, durante il quale la nazione dominante a livello mondiale fu la Gran Bretagna. Il secondo periodo vide, sempre sulla scia di grandi progressi industriali, l'affermazione dell'imperialismo europeo negli altri continenti e, dopo la disfatta francese per opera della Germania, il tentativo di quest'ultima di costruirsi un'egemonia europea e il profilarsi di una sua competizione con la Gran Bretagna, circostanza che sarà tra le cause principali della prima guerra mondiale.

17.1.1 | La Gran Bretagna

L'apogeo liberale (1846-74)

Tra il 1846 e il 1874 la Gran Bretagna fu guidata quasi ininterrottamente da governi liberali, in cui spiccarono le personalità di **Palmerston** e **Gladstone**. Valori del liberalismo inglese furono la libertà di commercio e la difesa a oltranza degli interessi britannici, che sconfinarono talora in un rigido nazionalismo, non disgiunte da una moderata considerazione per le necessità delle classi lavoratrici e da caute riforme sociali. La prosperità economica inglese era notevole: l'industria moderna, che proprio in questo Paese era nata, aveva una produzione che in alcuni settori superava quella mondiale nel suo complesso; l'agricoltura, gestita con metodi capitalistici, aveva conosciuto un forte incremento; il commercio era tradizionalmente uno dei punti di forza dell'Inghilterra, la cui flotta, costituita sempre più spesso da unità navali in ferro e poi in acciaio, era pari da sola a metà delle navi europee e assicurava regolari collegamenti con tutti i continenti; le colonie britanniche, infine, erano talmente estese da assicurare agli inglesi l'egemonia su di un quarto del mondo!
Dal punto di vista politico e sociale, la classe dirigente era tanto sicura del controllo che esercitava sul Paese da poter accondiscendere senza eccessivi timori ad alcune richieste delle classi subalterne: fu così concesso il diritto di voto alla piccola borghesia e a parte della classe operaia (la meglio retribuita perché qualificata), vennero legalizzate le *Trade Unions* (cioè le organizzazioni sindacali) e l'espressione del voto, precedentemente palese, fu resa segreta. Ciò nonostante, la Gran Bretagna non era immune da gravi problemi, come la povertà di larga parte delle popolazione, che trovava unico sfogo nell'emigrazione verso il Canada, gli USA e l'Australia. Assai preoccupanti erano poi i rapporti con la vicina Irlanda, Paese pove-

CONOSCENZE E COMPETENZE

rissimo e da sempre insofferente alla dominazione inglese, che la Corona governava come una colonia. Dopo il fallimento di un'insurrezione, nel 1848, promossa dalla società segreta della **Giovane Irlanda**, i nazionalisti avevano continuato a cospirare e a compiere atti di terrorismo anti-inglese. Il governo Gladstone applicò, a partire dal 1869, misure volte a migliorare le condizioni dei contadini irlandesi (misure contro la decima, indennizzi per i mezzadri licenziati, ridimensionamento della Chiesa anglicana), unitamente a provvedimenti di repressione contro le organizzazioni segrete. Ma fu proprio allora che il movimento indipendentista si riorganizzò su nuove basi, chiedendo per l'Irlanda un Parlamento e un governo propri (*Home Rule*).

Sintomi di crisi nel primato inglese (1874-1914)

Nel 1874 le redini del governo passarono al conservatore **Disraeli**, il cui programma si riassumeva nella difesa dell'Impero e nell'attuazione di riforme sociali dirette a conquistare la lealtà degli operai alla Corona. Nonostante la realizzazione di una parte di tale programma riformista, il perdurare dei problemi economici e alcuni fallimenti in politica estera determinarono la caduta di Disraeli (1880) e il ritorno al governo di Gladstone. Questi fece approvare un nuovo ampliamento del corpo elettorale (1884), ma fallì nel tentativo di concedere l'autonomia (*Home Rule*) all'Irlanda e si dimise nel 1886. Dagli anni '70, inoltre, l'economia inglese segnava il passo: la concorrenza industriale statunitense e tedesca si era fatta molto forte, l'agricoltura aveva patito una serie di cattivi raccolti e la finanza inglese continuava a investire i suoi immensi capitali nelle colonie o in America anziché in patria. Le difficoltà spinsero il governo del conservatore **Salisbury** a chiedere l'appoggio delle masse popolari nel nome della solidarietà nazionale e a incrementare la spinta coloniale. L'Impero si espanse ancora, fino a raggiungere i 400 milioni di abitanti, ma a prezzo di pericolose tensioni con la Francia, la Germania e la Russia. Con la Francia, infatti, si rischiò una prima volta lo scontro per il possesso delle azioni del **canale di Suez**, aperto nel 1869, e una seconda per il controllo del Sudan, anche se, in entrambi i casi, l'attrito si risolse con un successo diplomatico inglese. In Asia invece si creò una frizione tra l'espansionismo inglese in India e quello russo in Afghanistan. In tale contesto le condizioni economiche delle masse lavoratrici britanniche avevano subito un deciso peggioramento. Nacquero così nuove e più aggressive *Trade Unions* e raccolsero inediti consensi le idee socialiste e marxiste; tuttavia, la grande maggioranza degli operai inglesi, inquadrati nel **Partito del lavoro** nato nel 1893, rimase riformista e non aderì al marxismo.

17.1.2 | L'Impero asburgico

PARTE SESTA

Superati i moti del '48, l'Impero austriaco doveva comunque trovare soluzione all'arduo problema della varietà di popoli e culture (tedeschi, ungheresi, italiani, polacchi, rumeni, cechi, sloveni, croati, serbi) presenti al suo interno, che si traduceva in pericolose tensioni disgregatrici. La situazione si aggravò dopo la sconfitta patita nel 1859 nel Lombardo-Veneto e quella del 1866 per opera della Prussia. L'imperatore **Francesco Giuseppe** cercò di salvaguardare l'unità dell'Impero scegliendo la via della centralizzazione e della "germanizzazione", ma ciò esasperò gli ungheresi, il popolo che, dopo gli austriaci, era il più numeroso dell'Impero. Essi non miravano tanto all'indipendenza, quanto a una effettiva autonomia e a un ridimensionamento del potere dell'elemento germanico. Per questo motivo, essi si opposero a una "patente" dell'imperatore che dava vita a un Parlamento, con funzioni puramente consultive, eletto dalle Diete delle singole nazionalità. Nel 1867 Francesco Giuseppe dovette accondiscendere alle richieste ungheresi e assunse il titolo formale di re d'Ungheria. Lo Stato asburgico diventava così **Impero austro-ungarico**, una sorta di duplice monarchia, con un unico sovrano per due distinti Parlamenti e due governi. Se la situazione dei magiari migliorò decisamente, al punto che furono altri gruppi etnici minoritari a sentirsi ora oppressi dalla componente ungherese, il problema della mancanza di omogeneità culturale e nazionale dell'Impero permaneva in tutta la sua gravità. Punti di forza della compagine statale rimasero l'esercito e l'apparato burocratico, mentre l'industrializzazione, pur in crescita, non era all'altezza di quella delle altre potenze europee. Inoltre, unica eccezione tra i principali Paesi europei, l'Impero non intraprese alcuna politica coloniale. Il diritto di voto venne progressivamente esteso, fino a giungere nel 1907 al suffragio universale.

17.1.3 | La Francia

Napoleone III e il Secondo Impero (1849-70)

La vittoria dei conservatori nel 1849 aveva comportato una limitazione del diritto di suffragio e aumentato il controllo del clero sull'istruzione e il presidente della Repubblica, Luigi Napoleone, cercava un modo per ottenere un secondo mandato, nonostante il divieto imposto dalla costituzione. Per aumentare la sua popolarità, egli presentò una proposta di legge che ristabiliva il suffragio universale; la bocciatura del progetto da parte del Parlamento gli fornì la giustificazione per realizzare, il 2 dicembre 1851, un **colpo di Stato.** La sede parlamentare fu occupata dai soldati, circa 10.000 oppositori politici furono prontamente esiliati e il suffragio universale ristabilito. Da quel momento Napoleone realizzò i suoi programmi a colpi di plebiscito: un primo voto popolare lo riconfermò per dieci anni nella carica di presidente della Repubblica e gli attribuì il potere di redigere una nuova Costituzione; un secondo lo proclamò imperatore col nome di **Napoleone III** e gli assicurò la facoltà di trasmettere ereditariamente il titolo. L'opposizione al nuovo regime, costituita da repubblicani, legittimisti borbonici e orleanisti, non scomparve perché fino al 1858 (anno di un fallito attentato ai suoi danni compiuto dall'italiano Orsini) Napoleone III governò con metodi autoritari. Il 1859 però segnò l'inizio di un nuovo corso, detto dell'**Impero liberale**, contraddistinto dal sostegno alla causa italiana, dalla vittoria contro l'Austria, dalla stipula di un trattato di libero commercio con l'Inghilterra, dall'amnistia per i deportati per motivi politici e dalla fine del legame privilegiato con il papato, che era stato il principale strumento di Napoleone III per garantirsi l'appoggio dei clericali. La concessione di maggiori libertà favorì però l'opposizione; nacque anche un terzo partito, accanto a quello bonapartista e a quello d'opposizione, con ideali liberali, e fu chiamato alla guida del governo nella persona di **Ollivier** nel 1870. Il regno di Napoleone III vide una decisa crescita dell'industria, degli affari e del commercio. Capitali e tecnici francesi realizzarono il canale di Suez, mentre si procedeva a una spettacolare sistemazione urbana di Parigi. Fallimentare fu invece la **politica coloniale**, a causa di un intervento nel processo di liberazione dell'America Latina, teso a impedire l'indipendenza del Messico. La **politica sociale** di Napoleone III fu improntata al paternalismo e all'autoritarismo: egli diede grande sviluppo alle istituzioni caritative, ma solo verso la fine dell'Impero si limitò a tollerare le cooperative e le camere sindacali, e a riconoscere il diritto di associazione sindacale. Nel 1870, il Secondo Impero crollò, a causa della sconfitta militare contro i prussiani a **Sedan**.

La Comune (1871)

Dopo l'abdicazione di Napoleone III, i democratici tornarono a proclamare la Repubblica, ma le elezioni del 1871 diedero la maggioranza ai monarchici. Il Parlamento si riunì a Bordeaux e il partito dell'ordine, formato da monarchici e repubblicani moderati, affidò il governo a **Thiers**. L'opposizione si polarizzò in **Parigi**, agitata da idee neogiacobine e socialiste che trovavano seguito nelle masse di disoccupati, operai e piccoli borghesi. La città insorse, richiamandosi all'esperienza della Comune del 1793, e intraprese una riorganizzazione dell'apparato statale e amministrativo improntata alla sovranità popolare. La **classe operaia** era per la prima volta nella storia **direttamente al potere**. Thiers, con il consenso dei prussiani che occupavano militarmente il Paese, inviò 100.000 soldati per pacificare Parigi: l'intervento passò alla storia come la **settimana di sangue**, per gli aspri scontri militari e le spaventose fucilazioni di massa (circa 20.000 rivoltosi morirono, altri 10.000 furono esiliati).

La Terza Repubblica

Thiers fu eletto presidente della Repubblica e riuscì a far smobilitare le truppe prussiane dal territorio nazionale dietro il pagamento di una forte indennità di guerra. Nel 1873 divenne presidente **MacMahon**, generale di Napoleone III, distintosi nella repressione della Comune: avrebbe dovuto guidare la Francia verso un ripristino della monarchia, ma questo progetto fallì. In quegli anni fu invece elaborata una **sistemazione costituzionale repubblicana** che in parte fu conservata fino al 1940. Accanto a una Camera completamente elettiva fu istituito un Senato a nomina vitalizia per metà dei suoi membri ed elettiva per l'altra metà; la libertà di stampa e di riunione furono garantite e i sindacati legalizzati, l'istruzione fu laicizzata, posta sotto il controllo dello Stato e inoltre resa obbligatoria e gratuita. L'**economia industriale** francese durante gli anni '70 segnò il passo, mentre si delineava sempre più chiaramente il primato della Germania in Europa. Per contro, grande impulso ebbe la **politica coloniale**, a cui la Francia era incoraggiata anche dalla Germania, che vedeva con favore la sua competizione con Gran Bretagna e Italia. Tra il

1890 e il 1941 la Francia divenne così la seconda potenza coloniale del mondo, acquisendo la Tunisia, il Senegal, la Costa d'Avorio, il Gabon, il Ciad, il Dahomey, il Madagascar e parte del Sudan e del Congo. In Asia invece i francesi occuparono la Cocincina e la Cambogia e, dopo aver sconfitto la Cina nel 1885, imposero il protettorato all'Annam.

Grande risonanza ebbe nel 1894 il cosiddetto *affaire Dreyfus*, che vide protagonista un ufficiale dell'esercito di origine ebraica, **Dreyfus**, accusato di spionaggio a favore della Germania e condannato alla deportazione. Per quanto fosse poi stato riconosciuto innocente, non venne liberato per l'opposizione degli ambienti nazionalisti, notoriamente antisemiti. Infuriò allora un'accesa protesta da parte della società civile, a cui partecipò anche il romanziere **Zola** con il celebre appello *J'accuse*, la quale sconfinò presto in uno scontro politico tra progressisti e conservatori.

17.1.4 | La Prussia

Con un processo in parte analogo all'unificazione d'Italia attuata dal Piemonte, negli stessi anni la Prussia unificò gli Stati tedeschi. Molte furono per altro le differenze: militarmente ed economicamente assai più forte di quanto fosse il Piemonte, la Prussia non si ispirò a ideali liberali né moderatamente conservatori. Le classi dominanti erano quelle dei grandi proprietari terrieri (*Junker*), l'esercito e la burocrazia: la borghesia, sconfitta nei moti del '48, si era rassegnata a un ruolo subalterno. Né vi fu, durante il processo unitario, un contributo di forze democratiche paragonabile a quello che si ebbe in Italia.

Dopo il 1849, il re Federico Guglielmo IV attuò una politica decisamente conservatrice, pur non abolendo la Costituzione né il suffragio universale. Il corpo elettorale era diviso in tre parti su base censitaria: ogni parte concorreva per un terzo al carico fiscale ed eleggeva un terzo dei parlamentari. Il Parlamento, peraltro, aveva un effettivo potere solo in ambito fiscale, mentre per il resto aveva funzioni puramente consultive. Anche il governo dipendeva direttamente dal re.

Il nuovo *kaiser*, Guglielmo I, nel 1861 chiamò al governo **Otto von Bismarck**, grande e spregiudicato statista. Fautore dei principi del nazionalismo, della conservazione e dell'assolutismo, egli frustrò le residue speranze del liberalismo tedesco, garantì il primato politico indiscusso alla grande aristocrazia filomonarchica, dalle cui fila egli stesso proveniva, e realizzò l'unità nazionale nel segno prussiano. La possibilità di uno scontro militare con l'Austria era ben nota, in quanto ciascuna delle due nazioni ambiva naturalmente al ruolo egemone nell'area tedesca, ancora divisa in numerosi Stati. Nel 1864, tuttavia, Austria e Prussia si coalizzarono per strappare alla Danimarca i tre ducati dello Schleswig, dell'Holstein e del Lauenburg. La guerra fu breve, ma subito dopo la vittoria i due Paesi si scontrarono circa l'assetto da dare ai tre ducati, che la Prussia avrebbe voluto annettere, mentre l'Austria erigere a Stato indipendente. Si profilò come inevitabile la soluzione armata della disputa, ma il Parlamento prussiano si rifiutò di concedere i fondi necessari allo scopo. Bismarck seppe ugualmente aggirare l'opposizione con alcuni decreti reali, prevalendo ancora una volta sui liberali tedeschi. Dal punto di vista diplomatico, il cancelliere compì un capolavoro: si alleò con l'Italia per quella che sarebbe stata la nostra terza guerra d'indipendenza e si assicurò il consenso francese, mentre la Gran Bretagna non aveva concrete possibilità di opporsi. Iniziata nel 1866, la guerra durò meno di un mese e mezzo e culminò, per l'Austria, nella disfatta di **Sadowa**. Ancora più abile fu Bismarck nel trattare la pace: oltre ai tre ducati contesi, la Prussia annetté altri territori tedeschi e legò a sé tramite la stipula di alcuni trattati gli Stati più settentrionali nella **Confederazione della Germania del Nord**, mentre quelli meridionali – tra cui la Baviera – conservarono la loro indipendenza; nel contempo, l'Austria venne politicamente estromessa dal settore. Da un punto di vista territoriale, gli Asburgo persero solo il Veneto, a vantaggio dell'Italia, ma nessuno poteva ormai mettere in discussione la supremazia politico-militare prussiana nella regione. Alla crescita territoriale aveva intanto corrisposto negli anni una crescita economica impetuosa: l'industria, il credito, il commercio, le risorse naturali e la manodopera abbondante consentirono alla Prussia di Bismarck, verso la metà del XIX secolo, di insidiare da vicino il primato economico inglese. Il successo politico e la prosperità economica, unitamente al concreto realizzarsi dell'unità territoriale tedesca a guida prussiana, preoccuparono Napoleone III e lo spinsero a ostacolare ulteriori progressi in tal senso. Tuttavia, Bismarck non solo era disposto allo scontro armato con la Francia, ma anzi lo fomentò in occasione della controversa successione al trono di Spagna. La corona era stata offerta a un principe prussiano, ma la Francia, che temeva l'accerchiamento, vi si era opposta. Questo fatto costituì il *casus belli* di una guerra dichiarata, imprudentemente, dalla Francia. Tuttavia, di fronte alle ben dirette armate prussiane, essa patì una prima sconfitta a Metz e una seconda, definitiva, a **Sedan**. Lo stesso Napoleone III cadde prigioniero: il Secondo Impero era finito. I francesi proclamarono la Repubblica e tentarono di proseguire la lotta, ma le nuove truppe raccolte con la leva forzata erano troppo impreparate e il governo fu costretto a chiedere l'armistizio (1871). Con il **Trattato di Francoforte** la Prussia ottenne l'Alsazia-Lorena e il pagamento di una fortissima indennità di guerra. La vittoria militare catalizzò il processo di aggregazione degli Stati tedeschi ancora indipendenti e, nella Sala degli specchi del palazzo di Versailles, il 18 marzo 1871, fu proclamato l'**Impero tedesco**. Significativamente, lo scettro era offerto a Guglielmo I non dai popoli tedeschi, ma dai loro sovrani. Il partito degli Junker governava quindi, nella persona di Bismarck, un Impero grande e prospero, la cui unica opposizione interna era rappresentata dai cattolici e dai socialisti, nelle cui associazioni il cancelliere vedeva un pericolo per la classe dirigente e anche per lo spirito nazionale. Bismark prese quindi nei loro confronti una serie di misure repressive con alcune leggi eccezionali, senza per questo riuscire a neutralizzare né gli uni né gli altri. Per contro, adottò una avanzatissima **politica sociale** a favore della classe operaia, allo scopo di assicurarne il consenso alla nuova monarchia, mentre procedeva alla **germanizzazione** della parte polacca dell'Impero. Bismarck fu invece sempre diffidente nei confronti delle avventure coloniali e acconsentì a esse soltanto negli ultimi anni del suo governo, spinto dai grandi imprenditori e industriali che avevano bisogno di materie prime e di nuovi mercati per i propri prodotti e investimenti.

17.1.5 | La Russia

Da lungo tempo la Russia aspirava a uno **sbocco sul Mediterraneo** e a espandersi in **Afghanistan**, fortemente contrastata in questo dai britannici. Nel 1853, parve allo zar Nicola I che fosse venuto il momento di instaurare il proprio controllo sui Balcani, dai quali la Russia era stata estromessa nel 1841. Con il pretesto di ergersi quale difensore dei cristiani ortodossi che vivevano nell'Impero ottomano, lo zar dichiarò guerra ai turchi. La guerra sembrò iniziare nel migliore dei modi per i russi, la cui flotta annientò quella nemica, ma nel 1854 la **Francia** e la **Gran Bretagna** si mossero in soccorso dei turchi, non tanto perché avessero a cuore le sorti di questi ultimi, ma per contrastare le pericolose ambizioni dello zar. A queste due potenze si aggregò anche il **Regno di Sardegna**, per il desiderio di Cavour di procurarsi del prestigio internazionale da spendere poi per la causa dell'Unità d'Italia. La guerra, detta **guerra di Crimea**, terminò nel 1856 e fu scandita da battaglie rimaste celebri nella storia: la carica della cavalleria inglese a Balaklava, lo scontro sul fiume Cernaia vinto dai piemontesi e dai francesi, l'assedio della fortezza di Sebastopoli, la cui capitolazione pose fine al conflitto. Per lo zar fu una disfatta, che mise inesorabilmente in luce l'arretratezza delle forze armate russe e, in definitiva, della nazione di fronte alle potenze europee. Mentre durava ancora la guerra, divenne zar **Alessandro II**, il quale si rese conto che il suo Paese necessitava di una modernizzazione non limitata al solo esercito. Egli dunque concesse un'amnistia politica, attenuò il controllo poliziesco, ridusse la censura, migliorò l'istruzione universitaria e, nel 1861, **abolì la servitù della gleba**. Seguì la distribuzione alle comunità di villaggio o ai singoli contadini di grandi estensioni di terra statale o anche di proprietà dei latifondisti. Nello stesso periodo, si posero le basi per la nascita della grande industria russa, che venne sviluppata con una tecnologia moderna, ma grazie al capitale statale e straniero, e quindi con scarsissima partecipazione della borghesia russa: quest'ultima continuava a essere esigua e a occupare il settore della burocrazia o, al più, del commercio. Ben presto però le speranze suscitate dalle iniziative modernizzatrici dello zar si spensero: i polacchi avevano creduto nella possibilità di ottenere, durante il regno di Alessandro II, l'indipendenza, ma il potere centrale rispose alle loro richieste con arresti e deportazioni. Nel 1863 si giunse a una aperta insurrezione, che fu brutalmente repressa. L'assolutismo zarista spinse buona parte degli intellettuali a vagheggiare una rivoluzione generale, che sarebbe dovuta partire dal popolo (da qui il nome di **populismo**) e quindi non tanto dagli operai delle fabbriche, ancora poco numerosi, quanto dai contadini.

Per realizzare l'ideale di "liberare il popolo" occorreva però fare i conti con l'oppressione poliziesca: per questo **Bakunin** teorizzò il principio della **violenza rivoluzionaria**, che diventò parte integrante dello stile politico del populismo slavo e di cui fu vittima illustre lo stesso zar, che nel 1881 fu ucciso in un attentato. Gli successe Alessandro III e, alla morte di questi (1894), **Nicola II**, che sarebbe stato l'ultimo zar di Russia. Il governo di questi due ultimi sovrani fu poliziesco e repressivo. La risposta del popolo, in cui ormai era diventata numericamente importante la categoria degli operai, giunse attraverso il primo sciopero a San Pietroburgo nel 1869 e la nascita del **partito operaio socialdemocratico** e del partito socialrivoluzionario. Importante per il movimento operaio russo fu il pensiero del marxista **Plechanov**, il quale fu il primo a rivendicare per gli operai, rispetto ai contadini e al proletariato in genere, il ruolo determinante e di guida nella rivoluzione sociale, troncando i legami con il populismo e la pratica del terrorismo. Nonostante la situazione sociale fosse ormai esplosiva, la Russia di fine secolo intraprese la colonizzazione della Siberia, conobbe un notevole sviluppo ferroviario ed esercitò la sua egemonia politica nei confronti della Cina, imponendole limitazioni economiche e militari.

17.2 | L'Italia verso l'unità

Cavour (1810-61), pur membro di una famiglia di antica nobiltà, aveva ben presto preso le distanze dal conservatorismo piemontese di inizio secolo, e fu costretto a dimettersi dall'esercito per aver espresso le proprie simpatie verso i moti francesi del '30. Dopo aver viaggiato per gran parte dell'Europa, fece ritorno in patria, gestì il patrimonio familiare e dimostrò una certa abilità imprenditoriale. Nel '48 entrò in politica, divenne direttore della rivista «Il Risorgimento», e in seguito fu eletto deputato. La sua linea d'azione fu sempre improntata all'affermazione di un liberalismo moderato e parlamentarista. A fondamento di questa politica egli si guadagnò un solido consenso sociale, che raccolse tra l'aristocrazia più illuminata e la borghesia, per l'ambizioso intento di creare un Regno dell'Alta Italia. Divenuto ministro, Cavour concluse diversi trattati commerciali di netto stampo liberista e si distinse per la strenua difesa del diritto alla libertà di stampa, avversato invece dalle correnti più conservatrici. In questa occasione egli realizzò il decisivo avvicinamento tra i liberali e il centro-sinistra di **Urbano Rattazzi**. Questa alleanza, detta **connubio**, isolò sia le forze più radicali sia quelle conservatrici. Quando il governo D'Azeglio entrò in crisi, proprio a Cavour venne richiesto di formare un nuovo gabinetto (1852).

Nonostante il fallimento del '48, Mazzini era rimasto convinto della necessità dell'azione insurrezionale, per coordinare la quale fondò a Londra il **Comitato nazionale italiano**. La rete clandestina mazziniana risultò ugualmente inefficace: molti patrioti morirono o furono arrestati e fallirono nuove ribellioni, come quella di Milano del 1853. Quest'ultimo evento segnò l'inizio di una profonda riflessione del movimento mazziniano, che portò alla nascita del **Partito d'azione**, il cui programma era l'instaurazione in Italia dell'unità repubblicana. Più orientati verso un radicale mutamento sociale e non solo politico erano invece **Giuseppe Ferrari** e **Carlo Pisacane**, che proponevano un più diretto coinvolgimento delle masse popolari nella lotta di liberazione. Intanto Cavour, primo ministro piemontese dal 1852, aveva improntato la propria condotta politica a una crescente laicizzazione dello Stato e liberalizzazione dell'economia. Sul fronte esterno egli mirava a instaurare l'egemonia piemontese sulla Penisola grazie al sostegno dei fuoriusciti confluiti nel Regno di Sardegna e alla costituzione di un'alleanza con la Gran Bretagna e soprattutto con la Francia. La **guerra di Crimea** fu l'occasione per guadagnarsi l'appoggio di queste due nazioni. Allo scoppio del conflitto, che le vedeva opposte alla Russia, l'Austria aveva rifiutato di entrare a far parte del fronte alleato, nonostante avesse ricevuto rassicurazioni sul fatto che il Piemonte non avrebbe approfittato dell'impegno asburgico in Crimea. Cavour decise allora di aderire alla coalizione antirussa (1855) e dopo la vittoria, al **Congresso di pace di Parigi** (1856), ottenne così di sedere al tavolo delle grandi potenze e di discutere della situazione italiana, sottolineando indirettamente come l'egemonia piemontese sulla Penisola fosse l'unica valida alternativa alla sovversiva azione dei democratici.

L'anno seguente nasceva in Italia la **Società Nazionale**, un organismo che riuniva democratici, moderati e liberali accomunati dall'aspirazione unitaria e intenzionati a realizzarla anche a prescindere dalle rispettive preferenze sulla forma istituzionale dello Stato, cioè – in concreto – senza alcuna pregiudiziale nei confronti di un'Italia monarchica; tra gli aderenti vi sarebbe stato lo stesso Garibaldi. Il fallimento del rigido ideale repubblicano di Mazzini fu così evidente, mentre un numero sempre crescente di patrioti guardava al Piemonte come all'unica speranza per l'indipendenza. Il sanguinoso insuccesso degli ultimi moti, organizzati nel 1857 sotto la guida di Pisacane, segnò la definitiva sconfitta del Partito d'azione. L'iniziativa passava ai moderati, guidati da Cavour.

17.2.1 | Plombières

Nel gennaio del 1858 l'ex mazziniano Felice Orsini attentò senza successo alla vita di Napoleone III, venne catturato e ghigliottinato. Questo episodio era destinato a rafforzare i rapporti tra il Piemonte e il sovrano francese, consapevole dei pericoli insiti nella situazione italiana e nello stesso tempo deciso a sostituire, attraverso i Savoia, la propria influenza a quella austriaca. Un incontro avvenuto a **Plombières** nel luglio 1858 definì i caratteri di questa alleanza: la guerra contro l'Austria avrebbe dovuto essere provocata in modo tale che non fosse il Piemonte ad attaccare per primo e che quindi l'accordo con la Francia risultasse puramente difensivo. Al termine del conflitto si sarebbe dovuto formare uno Stato dell'Alta Italia, sotto i Savoia, uno dell'Italia centrale (al papa sarebbe rimasta la sovranità su Roma) e uno meridionale, riuniti in una confederazione, presieduta dal papa. In cambio del suo aiuto il Piemonte avrebbe ceduto alla Francia Nizza e la Savoia.

17.2.2 | La seconda guerra d'indipendenza

Il Regno sabaudo cercò con perseveranza di provocare il *casus belli*: Vittorio Emanuele si proclamò non insensibile "al grido di dolore" che dall'Italia si levava verso il Piemonte, il suo governo armò apertamente corpi di volontari, come i **cacciatori delle Alpi,** al comando di Garibaldi. Infine l'Austria rivolse un ultimatum al Regno sardo che, avendolo respinto, fu attaccato dagli Asburgo nell'aprile 1859. Il primo scontro di **Magenta** segnò la sconfitta delle truppe austriache, costrette ad abbandonare quasi tutta la Lombardia: in giugno Napoleone III e Vittorio Emanuele II fecero il loro trionfale ingresso a Milano. Nelle battaglie di **Solferino** e **San Martino** gli austriaci furono nuovamente sconfitti mentre, sull'onda di questi successi e grazie all'azione della Società Nazionale, si verificarono insurrezioni in Toscana, Romagna, Marche e Umbria. La richiesta di annessione al Piemonte avanzata dai rivoltosi di queste regioni allarmò però Napoleone, già attaccato in Francia dalle forze clericali che lo accusavano di essere complice di forze ribelli al governo papale. Inoltre, la Prussia minacciava di intervenire nel conflitto a sostegno all'Austria. Per tutte queste ragioni, senza consultarsi con l'alleato piemontese, Napoleone III decise di firmare a **Villafranca** un armistizio con gli Asburgo, in base al quale la Lombardia veniva ceduta alla Francia, che l'avrebbe poi consegnata al Piemonte; in Italia centrale sarebbero invece stati restaurati i legittimi sovrani, mentre il Veneto, con le fortezze di Mantova e Peschiera, sarebbe rimasto agli Asburgo. Cavour sorpreso e indignato da questa iniziativa dell'alleato, si dimise e venne sostituito da **Rattazzi** e **La Marmora**. Il governo provvisorio dell'Italia Centrale, in spregio alle decisioni franco-austriache, chiese invece l'annessione al Regno sabaudo e si preparò a difendersi con la forza. Mazzini addirittura arrivò a scrivere a Vittorio Emanuele, proponendogli di sposare la causa dell'indipendenza italiana.

Dopo la **pace di Zurigo** del 1859 (che di fatto lasciava in sospeso la questione delle regioni italiane insorte), Cavour fu richiamato al governo. La disattesa degli accordi di Plombières da parte francese consentivano allo statista una certa libertà di azione. Poté così ottenere il riconoscimento per le annessioni operate in Italia centrale (sancite con plebiscito) in cambio della cessione alla Francia di Nizza e della Savoia.

17.2.3 | La spedizione dei Mille

Sul trono di Napoli era intanto salito Francesco II di Borbone, che ben presto si sarebbe trovato ad affrontare l'offensiva dei democratici italiani, i quali caldeggiavano l'organizzazione di una spedizione militare per liberare il Meridione, a partire dalla Sicilia. Con questo scopo Garibaldi si pose alla testa di un contingente con il tacito consenso di Vittorio Emanuele II. Nettamente contrario all'impresa era invece Cavour, preoccupato dalla ripresa dell'iniziativa democratica e dalla possibile reazione della Francia. Un migliaio di garibaldini salparono comunque dal porto di **Quarto** alla volta dell'isola. Dopo aver fatto rifornimento di armi e munizioni a Talamone, sbarcarono poi a **Marsala**. A seguito dei primi vittoriosi scontri di **Calatafimi** e **Milazzo** e dell'insurrezione popolare di Palermo, Garibaldi, accolto dalla popolazione locale come il portatore di un nuovo ordine sociale, ebbe presto il controllo di quasi tutta la Sicilia. Il successo fu tale che anche Cavour si vide costretto a mutare il proprio atteggiamento, appoggiando la lotta di liberazione dell'isola. Garibaldi era però risoluto a liberare tutto il Regno delle Due Sicilie. Mentre egli dunque sbarcava in Calabria, Francesco II si arroccava nella fortezza di Gaeta. L'eroe dei due mondi poteva così entrare trionfalmente in Napoli, mentre Cavour, dopo aver assicurato alla Francia l'assoluta intangibilità del Lazio e di Roma, decise di inviare l'esercito sabaudo in centro Italia. Garibaldi risaliva intanto la Penisola, riportando il suo maggior successo nella battaglia del **Volturno**, mentre Vittorio Emanuele II marciava verso sud e Cavour faceva approvare dal Parlamento l'annessione incondizionata al Regno sabaudo di tutte le regioni che lo avessero richiesto tramite plebiscito. Garibaldi, che aveva ricevuto pressioni anche da Mazzini perché costituisse in Repubblica i territori borbonici liberati, si adattò cavouriano.

A **Teano** egli si incontrò significativamente con Vittorio Emanuele e ben presto una serie di plebisciti sancì l'annessione dei territori del Centro e Sud della penisola al Regno sabaudo, mentre il **17 marzo 1861** Vittorio Emanuele II fu proclamato re d'Italia.

17.2.4 | La Destra storica

Pochi mesi dopo la nascita del nuovo Stato, Cavour, il principale artefice dell'Unità, morì lasciando ai propri successori la pesante eredità dei numerosi problemi da risolvere:

- unificazione amministrativa e sviluppo economico unitario;
- acquisizione delle regioni di etnia e cultura italiana ancora in mano all'Austria (le cosiddette **tre Venezie**: Veneto, Trentino e Venezia-Giulia);
- questione romana e rapporti con il Papato;
- questione sociale e meridionale.

I primi governi unitari chiamati a porre rimedio a queste difficoltà furono guidati dallo schieramento politico conservatore, detto **Destra storica**, in cui erano confluiti i liberali e i moderati italiani, di estrazione per lo più aristocratico-borghese. A essi si contrapponeva la **Sinistra**, decisamente più eterogenea, in cui si incontravano repubblicani di stampo mazziniano, ex-garibaldini e moderati della sinistra costituzionale, tutti per lo più provenienti dalla piccola e media borghesia. In generale questa formazione era orientata al raggiungimento di una più ampia partecipazione alla vita politica (in quel momento il suffragio censitario ammetteva solo il 2% della popolazione al voto), e considerava inoltre imprescindibile la lotta per conquistare il Veneto e Roma.

Una girandola di governi

Dopo la morte di Cavour si succedettero governi di brevissima durata, segno evidente della generale instabilità del sistema politico del nuovo Stato unitario. Il primo successore di Cavour fu **Bettino Ricasoli** (giugno 1861-marzo 1862), il quale cercò senza successo di risolvere la questione romana, ispirandosi al principio cavouriano del "libera Chiesa in libero Stato". Egli fu quindi sostituito da **Urbano Rattazzi** (marzo-dicembre 1862). Sotto il suo ministero si ebbe la ripresa dell'attivismo patriottico, di orientamento democratico, guidato da Garibaldi. Dopo che i corpi dei suoi volontari erano stati sciolti con la forza, egli aveva posto il proprio quartier generale in Sicilia, da dove – dopo aver radunato mezzi e uomini – intendeva muovere alla conquista di Roma. Come già in occasione della spedizione dei Mille, il re e il governo adottarono una linea di tacito assenso, in attesa di un più chiaro svolgersi degli eventi e delle reazioni internazionali. Quando, tuttavia, Napoleone III minacciò l'intervento militare in difesa del papa, Vittorio Emanuele II sconfessò l'impresa garibaldina, dichiarò lo stato di assedio in Meridione e inviò un reggimento dell'esercito che sconfisse i volontari sull'Aspromonte, dove Garibaldi rimase ferito e venne imprigionato. Rattazzi dovette quindi dimettersi. Dopo il brevissimo governo Farini, il ministero di **Marco Minghetti** (marzo 1863-settembre 1864) tentò di ristabilire i rapporti con la Francia mediante le **Convenzioni di settembre** (1864), in base alle quali l'Italia si impegnava a rispettare i territori pontifici, mentre Napoleone III entro tre anni avrebbe dovuto smobilitare le truppe rimaste a presidiare lo Stato della Chiesa. Intanto la capitale del Regno italiano venne trasferita da Torino a Firenze, quale dimostrazione della rinuncia a Roma, ma la decisione suscitò l'aperta protesta della popolazione torinese, repressa con la forza. L'incidente provocò le dimissioni di Minghetti, sostituito da **Alfonso La Marmora** (settembre 1864-giugno 1866).

La terza guerra d'indipendenza

Durante il ministero di La Marmora l'Italia colse l'importante occasione dell'alleanza con la Prussia in funzione antiaustriaca. Nel 1866 la Prussia di Bismarck attaccò l'Austria, contando sull'intervento italiano che avrebbe distolto parte delle forze asburgiche dal fronte prussiano. L'Italia entrò dunque in guerra, ma la poca esperienza dell'esercito sabaudo portò alle sconfitte di **Custoza** e nella battaglia navale di **Lissa**. Ancora una volta furono i volontari di Garibaldi a conseguire l'unica vittoria italiana, in Trentino, presso **Bezzecca**. Il successo della Prussia garantì comunque all'Italia l'acquisizione del Veneto, ceduto dall'Austria con la pace di Vienna, ma non quella di Trentino e Venezia Giulia, che le nostre armi non avevano saputo conquistare.

Lo scontro con i democratici

L'infelice conduzione della guerra e lo scoppio di una ribellione a Palermo portarono all'ennesimo cambio di governo. **Rattazzi** (aprile-ottobre 1867) dovette confrontarsi con la nuova iniziativa dei garibaldini, sempre decisi a completare l'unità nazionale, conquistando Roma.

Questo secondo tentativo prevedeva, a fianco dell'azione dei volontari già radunati in Toscana, l'insurrezione della città, organizzata dai patrioti romani. La rivolta tuttavia fallì e le truppe garibaldine furono sconfitte prima a **Villa Glori** (1867) e poi a **Mentana** dai franco-pontifici.

La presa di Roma

La conquista di Roma poté essere realizzata solo dopo la caduta dell'Impero francese sconfitto dalla Prussia. Allo scoppio della guerra franco-prussiana, il governo **Lanza** (dicembre 1869-luglio 1873), decise di attaccare lo Stato pontificio, non più difeso dalle truppe francesi. Così, il 20 settembre 1870 l'esercito italiano entrò in città da **Porta Pia**, mentre Pio IX si chiudeva in Vaticano. Davanti al totale rifiuto del papa di trattare con il Regno italiano (con il celebre *Non expedit* egli proibì ai cattolici di esercitare perfino il diritto di voto), il nuovo Stato si trovò nella posizione di dover regolare unilateralmente i rapporti con la Chiesa. Venne così emessa nel 1871 la **Legge delle guarentigie**, che prevedeva il riconoscimento del cattolicesimo quale religione della nazione, l'extraterritorialità del Vaticano, del Laterano e di Castel Gandolfo, facoltà per il pontefice di mantenere un corpo armato, libertà di comunicazione, nonché piene garanzie per l'esercizio di ogni potere spirituale. A causa dell'ostilità del Papato, questo provvedimento non pose fine alla questione romana, che si considerò risolta solo nel 1929 con la firma dei Patti Lateranensi.

La questione meridionale

Sicuramente un problema tra i più complessi che lo Stato italiano doveva affrontare stava nella situazione delle regioni meridionali. Infatti era notevole il divario economico e sociale tra queste zone e il Nord e urgeva un'ampia riforma in senso egualitario e un generale sforzo per lo sviluppo del Paese. In realtà, i privilegi semifeudali della classe dominante latifondista non vennero toccati e non fu realizzata una redistribuzione delle terre a favore del ceto contadino. Alle antiche povertà della popolazione si aggiunsero quindi l'introduzione della leva obbligatoria e l'inasprirsi della pressione fiscale, mentre l'industria meridionale, un tempo sostenuta dalla commesse borboniche, subiva ora la concorrenza delle imprese del Nord. Il malcontento era già esploso nella rivolta palermitana del '66, ma fu soprattutto il **brigantaggio** a incarnare il disagio del Meridione.

Nel timore di una restaurazione borbonica, lo Stato decise di reprimere tale fenomeno con grande durezza, impiegando nel Sud ben metà degli effettivi dell'esercito regio. Non fu perseguita con altrettanto impegno la lotta contro la corruzione dei funzionari pubblici e l'improduttività dei latifondi, temendo che interventi di questa natura favorissero le idee democratiche e portassero alla disgregazione dello Stato monarchico.

L'unificazione legislativa, amministrativa ed economica

Sempre per preservare l'unità statale, l'unificazione legislativa venne realizzata attraverso l'estensione dell'ordinamento piemontese a tutta la nazione. Questo metodo suscitò non poche proteste a causa dell'arretratezza del codice sabaudo in confronto a quello lombardo o toscano e del mancato rispetto delle legislazioni locali. Altrettanto criticata fu l'imposizione di un modello amministrativo accentrato, ispirato a quello francese. Sul piano economico la Destra estese la legislazione doganale piemontese, marcatamente liberista, a tutto il Paese, provocando così difficoltà alle industrie nazionali. Grazie anche a capitali stranieri, la rete ferroviaria ebbe però un notevole sviluppo. Per sanare il bilancio e fare fronte al crescente debito pubblico venne infine aumentata la pressione fiscale, che con la **tassa sul macinato** (1868) colpì soprattutto i ceti meno abbienti e suscitò aspre proteste. Il maggiore prelievo consentì tuttavia al governo, sotto la direzione di **Quintino Sella**, di pareggiare il bilancio.

17.2.5 | La Sinistra storica

Dopo un nuovo ministero Minghetti, il re incaricò del governo un rappresentante della Sinistra, che aveva incrementato i suoi consensi nelle elezioni del 1874. Il nuovo esecutivo fu formato da **Agostino Depretis** (1876-87). Per questa successione della Sinistra alla Destra si è parlato di "rivoluzione parlamentare": si inaugurò infatti una pur breve stagione di riforme, che ebbe i suoi punti di forza nell'estensione dell'obbligo scolastico fino ai nove anni e nell'ampliamento del corpo elettorale. Non fu introdotto il suffragio universale, ma il diritto di voto venne legato al grado di istruzione o al censo, secondo livelli di contribuzione comunque modesti. Il governo, infine, avviò una politica fiscale particolarmente favorevole per la media borghesia.

Presto, tuttavia, si creò una sostanziale consonanza tra i due schieramenti poiché Depretis, salito al potere con un programma decisamente riformatore, ne ridimensionò poi la portata, preoccupandosi di far convergere sulle proprie posizioni anche parte degli avversari, isolando così la sinistra più radicale. A questa condotta venne attribuito il nome di **trasformismo**, denunciato da conservatori e radicali come mancanza di un vero programma politico e come mera ricerca di consenso pur di rimanere al potere. In politica estera veniva sancita l'alleanza con Austria e Germania (**Triplice Alleanza, 1882**), mentre si avviava un programma di espansione coloniale, sostenuto dai ceti industriali, dai militari e dalla corte. L'eccidio di **Dogali** (1887) in Etiopia, dove morirono militari italiani, causò le dimissioni di Depretis, cui subentrò **Francesco Crispi**; già nel 1878, invece, **Umberto I** era successo al padre, Vittorio Emanuele II.

Crispi

Crispi, dapprima fervente repubblicano, era passato da posizioni radicali a idee più moderate. Grande ammiratore di Bismarck, attribuì all'adesione italiana alla Triplice Alleanza un netto carattere antifrancese, valendosene anche in ordine alla ripresa dell'espansione coloniale. Inviando una nuova spedizione militare in Africa orientale, fondò la **Colonia Eritrea** e impose alla popolazioni locali il trattato di **Uccialli** con cui il Negus di Etiopia riconosceva le conquiste italiane. Per quanto riguarda la politica interna, Crispi operò per un decisivo rafforzamento dei poteri dell'esecutivo e del suo controllo sulla vita del Paese. Ne fu un esempio il nuovo codice penale che, con modeste concessioni alle libertà civili, affermava in realtà un certo autoritarismo. Inoltre, una nuova riforma incrementò il corpo elettorale nelle elezioni amministrative, rendendo elettivi alcuni organi e cariche locali, che rimanevano comunque soggetti a uno stretto controllo centrale. Il difficile momento economico, aggravato dalle speculazioni di alcuni istituti di credito (salvati poi dal governo in modo poco chiaro) e dai costi delle imprese coloniali, indusse Crispi a progettare un inasprimento della pressione fiscale. Il voto contrario della Camera al riguardo comportò la caduta del suo governo.

Il movimento operaio e contadino

In Italia la lentezza dello sviluppo capitalistico fece sì che un movimento operaio indipendente si sviluppasse con un certo ritardo rispetto ad altri Paesi europei. L'Internazionale socialista estese inizialmente la propria influenza in Italia grazie a Bakunin. L'anarchismo incontrò infatti per primo il favore dei ceti meno abbienti e di alcuni intellettuali proprio perché portatore di un messaggio di immediata ribellione all'ordine costituito. Dopo il fallimento di alcune azioni sovversive, fu invece la corrente socialista a guadagnare un numero crescente di consensi fino alla fondazione del **Partito operaio italiano (1882)**. Dieci anni dopo sarebbe nato il Partito dei lavoratori italiani, poi divenuto **Partito socialista italiano** (1895). Principali esponenti ne sarebbero stati **Andrea Costa**, primo parlamentare di questo schieramento, **Filippo Turati**, il cui pensiero socialista non era privo di uno sfondo umanitario, e **Antonio Labriola**, che avrebbe poi aderito a posizioni di stampo più rigidamente marxista.

17.2.6 | Giolitti

L'azione politica di Giolitti tra 1892 e 1911

Dopo la breve parentesi del governo **Rudinì**, una nuova compagine governativa fu guidata da **Giovanni Giolitti**, il quale si sarebbe adoperato per accentuare il carattere liberale dello Stato, difendendo però la situazione esistente pur nel confronto con le forze socialiste. Il suo primo ministero fu estremamente breve a causa dello scoppio dello scandalo dell'irregolare gestione della Banca Romana, in cui lo stesso ministro fu coinvolto, e della nascita in Sicilia del movimento dei **Fasci**, una generale ondata di protesta che chiedeva la distribuzione delle terre, la diminuzione delle tasse e la fine dello strapotere dei grandi proprietari. Il rifiuto di Giolitti di proclamare lo stato d'assedio lo costrinse alle dimissioni: fu Crispi, richiamato al governo, a reprimere la rivolta con la forza. Egli inoltre restituì impulso all'espansione coloniale, anche se una nuova sconfitta italiana presso **Adna** (1896) lo obbligò a restituire il suo incarico.

Fu dunque varato un secondo ministero **Rudinì**, che dovette affrontare la crisi economica ormai evidente in tutto il Paese. Nel 1898, in seguito al rincaro del prezzo del pane, una rivolta scoppiò a Milano, dove il generale **Bava Beccaris** colpì la folla con l'artiglieria, uccidendo almeno 100 cittadini. La durezza della repressione si acuì con il successivo ministero **Pelloux**, un generale legato alla monarchia. Davanti alle sue proposte di legge, miranti a una drastica riduzione delle libertà democratiche, non solo i socialisti, ma persino i liberali si opposero congiuntamente. Il generale fu quindi costretto alle dimissioni e sostituito da **Giuseppe Saracco**. Il 29 luglio 1900 l'anarchico Gaetano Bresci uccise a Monza Umberto I, al quale successe il figlio **Vittorio Emanuele III** (1869-1947). Dopo l'ennesima crisi di governo, l'incarico di comporne uno nuovo fu affidato al liberale **Zanardelli**, che chiamò Giolitti agli Interni. Quest'ultimo non solo rifiutò di reprimere con la forza gli scioperi operai ma favorì anche l'approvazione di leggi che regolassero il lavoro minorile e femminile, nonché alcuni provvedimenti a favore del Sud. Dopo le dimissioni di Zanardelli, a **Giolitti** fu affidata la guida del governo (che conservò dal 1903 al 1905). Durante questo ministero egli tese soprattutto ad agire con prudenza nei confronti delle rivendicazioni socialiste, mirando a separare dal partito l'ala più moderata per legarla a sé. Propose così a Turati di entrare nel governo, ma questi rifiutò e anzi i socialisti si arroccarono su posizioni ancora più radicali, suscitando forti timori nella borghesia. Da essi trasse vantaggio Giolitti, che, grazie anche al sostegno dei cattolici (ai quali la Chiesa aveva concesso di votare, ma non di essere eletti né di eleggere candidati socialisti) ottenne una forte maggioranza alle elezioni. Il suo governo fu presto in difficoltà a causa del progetto di statalizzazione delle ferrovie; lo seguirono gli esecutivi dei liberali **Fortis** e **Sonnino**, dopo i quali Giolitti tornò al potere (dal 1906 al 1909). Durante questo incarico, Giolitti ancora una volta agì in direzione di un riformismo moderato, attento a non ledere gli interessi delle classi dominanti. Crescenti erano tuttavia le agitazioni sociali, mentre nel campo sindacale aveva luogo una rilevante aggregazione delle diverse organizzazioni con la nascita della Confederazione Generale del Lavoro (**CGdL**). Dopo un decennio di costante crescita economica (1897-1906), il 1907 fu un anno di crisi, durante il quale si inasprirono da un lato le manifestazioni operaie, dall'altro la loro repressione, mentre l'azione riformatrice giolittiana rallentava e lo statista veniva sostituito, per breve tempo, dai ministeri Sonnino e Luzzatti.

L'azione politica di Giolitti tra 1911 e 1914

I provvedimenti di maggiore importanza patrocinati dal nuovo esecutivo **Giolitti** (1911-14) furono la riforma dell'istruzione elementare e l'introduzione del suffragio universale maschile. Questo provvedimento non era solo dettato dalla convinzione che i progressi sociali ormai acquisiti avessero eliminato ogni possibilità di eversione, ma soprattutto dalla speranza di Giolitti di indebolire l'opposizione della sinistra alla guerra in Libia, che egli andava organizzando su pressione delle classi capitaliste e delle componenti nazionaliste del Paese. L'impresa di Libia aveva infatti un valore non solo strategico, data la delicata posizione geografica dello Stato africano rispetto all'Italia, ma soprattutto rispondeva all'intento di soddisfare le ambizioni del capitalismo finanziario e dell'industria pesante, oltre naturalmente quelle nazionaliste. A queste motivazioni si aggiunse poi la demagogica giustificazione di favorire l'emigrazione in Africa della popolazione più povera. La precedente firma di trattati internazionali con Francia, Gran Bretagna (1902) e Russia (1909) aveva inoltre legittimato le pretese italiane su questa regione africana. La **guerra contro la Turchia** ("guerra italo-turca"), sotto il cui dominio si trovava la Libia, cominciò quindi nel 1911 e fu più lunga del previsto, terminando solo nell'ottobre 1912 e comportando un non indifferente sforzo bellico, cui seguirono solo modesti vantaggi economici. La **Pace di Losanna** sancì la sovranità italiana sulla Libia e l'occupazione di Rodi e del Dodecaneso greco. Nonostante all'interno del partito socialista i contrasti si acuissero, portando a una scissione, le elezioni del 1913 registrarono un notevole successo delle opposizioni, che costrinse il primo ministro alle dimissioni. Quelle del '13 erano state le prime elezioni a suffragio universale maschile e avevano visto i liberali ricorrere al sostegno dei cattolici pur di mobilitare il maggior numero possibile di elettori.

L'accordo tra le due aree politiche (**Patto Gentiloni**) prevedeva che l'Unione elettorale cattolica si impegnasse a far votare per i candidati liberali in cambio dell'assicurazione che il nuovo governo non avrebbe varato alcun provvedimento lesivo degli interessi cattolici. Sotto la guida di personaggi come **Romolo Murri** e **don Luigi Sturzo**, infatti, le associazioni cattoliche, inizialmente facenti capo all'Opera dei Congressi, si fecero sempre più attente alle vicende politiche. Tale attivismo non fu però approvato da Pio X, che nel 1904 aveva sciolto l'Opera. A Giolitti subentrò **Antonio Salandra**, che agì con grande durezza contro i moti scoppiati in tutta Italia nel 1914, in un clima di esasperata opposizione tra la conservazione e le masse operaie. A capo del movimento di protesta si trovavano **Pietro Nenni**, **Benito Mussolini** e l'anarchico **Errico Malatesta**. La morte di tre dimostranti scatenò episodi di aperta rivolta, che assunsero in alcuni casi caratteri rivoluzionari e repubblicani (**settimana rossa**).

L'economia italiana dalla Destra storica a Giolitti

La politica della Destra aveva imposto un forte fiscalismo, ma in compenso aveva anche contribuito in modo determinante alla creazione delle strutture necessarie a uno Stato unitario. Il peso di queste esazioni era però ricaduto soprattutto sulle classi meno abbienti, mentre le popolazioni del Sud, in proporzione al proprio gettito fiscale, avevano visto ben pochi investimenti statali. Caratteristiche dominanti della crescita dell'economia italiana tra i due secoli furono il protezionismo nei confronti delle produzioni agricole e il continuo sostegno dello Stato allo sviluppo industriale nel Nord, nella cui parte centro-occidentale si venne a concentrare il maggior numero di imprese (settore tessile e siderurgico). Il processo di industrializzazione si sarebbe poi intensificato all'inizio del nuovo secolo, segnando la nascita del connubio tra finanza, Stato e gruppi monopolistici, che avrebbe fortemente influenzato la politica economica del Paese.

17.3 | La prima guerra mondiale

17.3.1 | Le cause

Le cause del primo conflitto mondiale si possono individuare nelle tensioni che covavano tra la fine del secolo XIX e l'inizio del XX tra le principali nazioni europee. I motivi di attrito erano numerosi e sembravano tutti condurre a uno scontro definitivo. La Germania era stata più volte frustrata nelle sue aspirazioni colonialiste, aumentate non solo da motivi di orgoglio nazionalistico, ma anche dalla necessità di assicurarsi materie prime, mercati e sbocchi per il capitale finanziario; la Germania era infatti diventata un'autentica potenza economica. Per questo, si era nel tempo creata una forte rivalità con la Gran Bretagna, soprattutto per quanto riguardava il controllo dei mari settentrionali. Da parte sua, la Francia nutriva propositi di rivincita (**revanscismo**) contro la Germania e l'ambizione di recuperare l'Alsazia-Lorena. L'Austria-Ungheria era invece in attrito con la Russia per le contrastanti aspirazioni sui Balcani e la politica panslavista degli zar. Un ruolo significativo dovevano avere anche le tensioni nascenti dalle spinte nazionali all'interno degli imperi multietnici, come quello austriaco e quello ottomano. Nel 1914 si accese la scintilla che doveva portare alla guerra: l'arciduca **Francesco Ferdinando**, erede al trono asburgico, venne assassinato insieme alla moglie in un attentato compiuto a **Sarajevo** dallo studente serbo Gavrilo Princip. La situazione precipitò: l'Austria con un ultimatum pretese di imporre alla Serbia una serie di condizioni che, se accolte, avrebbero fatto dello Stato slavo solo un semplice satellite dell'Impero. Forte dell'esplicito sostegno russo, la Serbia respinse l'ultimatum; rifiutando ogni soluzione diplomatica e confidando in una guerra rapida e definitiva, l'imperatore Francesco Giuseppe, il **28 luglio 1914**, dichiarò guerra alla Serbia. Il succedersi degli avvenimenti fu incalzante. La Russia allertò le sue truppe in sostegno della Serbia, ma, essendo stato coinvolto nella mobilitazione tutto il suo fronte occidentale, la Germania si sentì direttamente minacciata e intimò con un ultimatum alla Russia di revocare la mobilitazione: al rifiuto dello zar, le dichiarò guerra (1° agosto). La Germania aveva indirizzato alla Francia (legata da un trattato alla Russia) un altro ultimatum, con la richiesta di rimanere neutrale, ma questa rispose mobilitando le proprie forze: seguì la dichiarazione tedesca di guerra alla Francia (3 agosto). Lo stesso giorno, l'Italia si proclamò neutrale, in ciò seguita dalla Romania. Il 4 agosto entrò in guerra la Gran Bretagna a sostegno del Belgio, la cui neutralità era stata violata dai tedeschi che muovevano verso la Francia. Fu poi la volta delle dichiarazioni di guerra del Giappone contro la Germania (23 agosto) e della Turchia, al contrario, a fianco degli Imperi centrali (1° novembre). Questi ultimi speravano in una guerra rapida: la Germania in particolare, disponeva di forze di terra di qualità superiore a quelle nemiche e sperava di ripetere l'impresa della guerra lampo del 1870 contro la Francia (**piano Schlieffen**). Non avevano però valutato in tutta la sua importanza il peso della Gran Bretagna, la quale poteva lanciare nel conflitto le risorse quasi illimitate del suo immenso Impero, messe a disposizione anche degli alleati soprattutto sotto forma di prestiti. Sui mari, poi, la supremazia inglese era incontestabile e ben presto avrebbe gravato sugli imperi centrali la mancanza di rifornimenti dovuta al blocco navale. Entrambi gli schieramenti, tuttavia, potevano vantare un efficiente apparato industriale, un'avanzata tecnologia e un convinto sostegno popolare; anche la maggior parte delle forze socialiste aderirono infatti alle singole cause nazionali, appoggiando i rispettivi governi.

17.3.2 | Gli anni di guerra: 1914-15

Violando la neutralità del Belgio, i tedeschi miravano a sfondare il fronte francese nel suo punto più debole, a nord-ovest, che infatti si trovò pericolosamente esposto dopo la caduta di Namur. Parigi stessa fu minacciata, tanto che il governo dovette trasferirsi nel Sud, a Bordeaux: l'esercito francese fu costretto ad attestarsi non lontano dalla capitale, dando battaglia sulla **Marna** il 6 settembre (due milioni di uomini furono impegnati in sei giorni di combattimenti) e riuscendo a fermare l'avanzata tedesca. I fronti si stabilizzarono su una linea più arretrata rispetto a Parigi e iniziò una pesante guerra di posizione e di logoramento. Tuttavia, mentre i francesi potevano consolidare la loro linea di trincea in attesa degli aiuti inglesi, i tedeschi erano impegnati anche sul fronte orientale contro i russi. Questi ultimi furono duramente sconfitti nelle battaglie di **Tannenberg** e dei **Laghi Masuri** (30 agosto e 15 settembre), ma riuscirono a guadagnare posizioni contro gli austriaci in Galizia. In quei primi mesi, mentre la Serbia attaccava con alterne fortune l'Austria, la guerra si combatteva già anche fuori d'Europa: i giapponesi avevano conquistato le basi tedesche in Cina, mentre francesi e inglesi avevano occupato quasi tutte le colonie tedesche in Africa; inoltre, una squadra navale tedesca era stata annientata dagli inglesi al largo delle isole Falkland.

Nel 1915 scesero in campo l'**Italia** a fianco delle potenze occidentali e la **Bulgaria** con gli Imperi centrali. Questi ultimi avevano intanto conseguito alcuni successi contro la Russia, la quale aveva dovuto dividere le sue forze per fronteggiare anche la Turchia, il cui dominio sulla zona degli Stretti dava grandi vantaggi agli Imperi. Di fronte a un'offensiva nemica combinata, i russi furono costretti a ritirarsi da Polonia, Lituania e Kurlandia. Sul fronte occidentale intanto gli anglo-francesi avevano tentato senza successo una serie di offensive. I tedeschi risposero utilizzando, per la prima volta, il **gas asfissiante**, che fu chiamato anche *iprite* perché venne sperimentato nella battaglia di Ypres. Sostanzialmente, però, perdurò l'immobilismo, alimentato da uno stillicidio di morti da entrambe le parti. Nel frattempo, l'Italia aveva impegnato gli austroungarici sui propri confini. Alcuni successi erano stati colti inizialmente, sia per il valore delle truppe sia per una temporanea superiorità numerica italiana, ma poi gli austriaci si arroccarono dietro le fortificazioni sul Carso, contro le quali si spensero con gravi perdite le prime **quattro offensive dell'Isonzo.**

La Serbia, alle prese con gli austriaci, subì un tracollo per l'entrata in guerra della Bulgaria: sbaragliato sul campo, l'esercito serbo con a capo il re fu salvato dalla flotta italiana, che lo traghettò a Corfù, da dove poté essere reimpiegato. Il 1915 si chiudeva quindi con un notevole vantaggio degli imperi centrali, non solo per le vittorie conseguite, ma anche per il controllo acquisito su territori ricchi di materie prime e di industrie. A ciò gli alleati potevano opporre solo i limitati successi italiani. Per quanto riguardava la lotta sui mari, già nel 1915 i tedeschi avevano scatenato una vasta offensiva sottomarina, dichiarando zona di guerra i mari del Nord e le acque britanniche, attaccando anche le navi mercantili e i trasporti civili dei Paesi nemici. Analogamente, pur duramente colpita, la flotta inglese istituì un blocco navale che lentamente soffocava gli Imperi centrali. Inoltre, l'affondamento del piroscafo inglese *Lusitania*, che provocò la morte anche di 128 cittadini statunitensi, causò una dura presa di posizione del governo americano contro la Germania, al punto che la guerra sottomarina totale dei tedeschi dovette essere interrotta.

17.3.3 | Le ragioni dell'intervento italiano

L'Italia era legata all'Austria-Ungheria e alla Germania da un'alleanza difensiva detta **Triplice Alleanza**. Dato questo suo carattere, al momento della dichiarazione di guerra austriaca alla Serbia nessun obbligo di intervento poteva essere imposto all'Italia (che non era neppure stata consultata), la quale aveva quindi del tutto legittimamente proclamato la propria neutralità. Di fatto, la maggioranza del Parlamento e del Paese era contraria a un intervento a fianco dell'Austria, mentre esisteva un'attiva minoranza, portatrice di ideali e interessi assai compositi, favorevole a un intervento nel campo opposto. In primo luogo, vi era il cosiddetto **interventismo di sinistra**, che annoverava repubblicani, garibaldini, democratici, riformisti e soprattutto le organizzazioni **irredentiste**, che peroravano il completamento dell'Unità nazionale fino ai suoi confini "naturali". Su posizioni interventiste convergevano, nello schieramento politico opposto, anche i **nazionalisti**, che dalla vittoria si attendevano la nascita di un Impero italiano; abbastanza vicini a tali aspirazioni erano anche ambienti della grande industria, interessati alle forniture che lo Stato avrebbe richiesto in caso di guerra. Infine una parte dell'élite culturale, studenti universitari e intellettuali, magari poco numerosi ma influenti, caldeggiava l'entrata in guerra: il poeta futurista **Marinetti**, il "vate" d'Italia **D'Annunzio** e **Benito Mussolini**, il quale per il suo acceso interventismo era stato espulso dal PSI e aveva fondato un suo quotidiano, «Il Popolo d'Italia». Favorevole alla guerra era anche un settore del liberalismo italiano che, non riconoscendosi in Giolitti, esprimeva, sulle pagine del già influente «Corriere della Sera», la propria preoccupazione per la caduta di prestigio internazionale che sarebbe derivata all'Italia se si fosse mantenuta neutrale. Con tutto ciò, al principio della guerra, in Italia lo schieramento più numeroso era quello non interventista. Vi partecipavano i giolittiani, che ritenevano il Paese impreparato allo sforzo bellico, i cattolici e lo stesso papa Benedetto XV, nonché il fronte socialista, interprete del pacifismo operaio e contadino, nonostante i socialisti di altri Paesi avessero aderito alle cause nazionali. Il fallimento della guerra-lampo tedesca prospettò sotto una luce ancora più favorevole un'alleanza dell'Italia con le forze della **Triplice Intesa** (Gran Bretagna, Francia, Russia): i ministri Salandra e Sonnino firmarono così, nell'aprile 1915, il **Patto di Londra**, senza informarne il Parlamento e con il solo consenso del re. Con esso l'Italia si impegnava a scendere in guerra contro l'Austria e in cambio le si garantiva l'acquisizione del Trentino, di Trieste, Gorizia e dell'Istria, ma anche di terre abitate da popolazioni tedesche e slave (il Tirolo, il Quarnaro, la Dalmazia). Il protettorato sull'Albania, ingenti prestiti inglesi e vaghe promesse di acquisizioni coloniali completavano il patto: come si vede, il disegno italiano aveva travalicato l'obiettivo dell'Unità nazionale ed era diventato apertamente imperialistico, in linea, del resto, con le politiche perseguite dai maggiori Stati europei. Per ottenere il voto di ratifica del Parlamento, che rimaneva a maggioranza non interventista, vennero organizzate e incoraggiate una serie di dimostrazioni di piazza dei settori più estremi del fronte interventista (le **radiose giornate di maggio**, non esenti da violenze, ebbero carattere schiettamente nazionalista), che il re finse di interpretare come manifestazione della volontà interventista dell'intera nazione, esercitando una indebita pressione sui parlamentari. Il 20 maggio il Parlamento cedette, anche a causa del rifiuto di Giolitti di guidare l'opposizione neutralista, e votò a grande maggioranza la concessione dei pieni poteri al governo in caso di guerra. Il 23 l'Italia indirizzò un ultimatum all'Austria e il **24 maggio 1915** le dichiarò guerra; non però, per il momento, alla Germania (si attese per questo il 1916).

17.3.4 | Gli eventi del 1916

Forti delle vittorie ottenute sul fronte orientale, i tedeschi decisero di sferrare un nuovo attacco alle linee francesi. Il 21 febbraio iniziò la terribile offensiva di **Verdun**, combattuta da entrambe le parti con un vasto ricorso all'artiglieria pesante, utilizzata per preparare e coprire drammatiche cariche alla baionetta delle fanterie: gli scontri nel settore durarono circa 4 mesi e uccisero direttamente più di 600.000 soldati. L'esercito britannico venne in aiuto all'alleato scatenando a sua volta un'offensiva in un altro settore, che distogliesse forze tedesche da Verdun: la battaglia della **Somme**, in cui per la prima volta nella storia furono impiegati i carri armati, costò la vita nei mesi successivi a un milione di uomini. A est, intanto, i russi condussero un attacco vittorioso in Galizia e Bucovina e, con tale successo, attrassero nel conflitto, a fianco della Triplice Intesa, anche la **Romania**. Tuttavia quest'ultima, assalita simultaneamente da austriaci, tedeschi e bulgari, fu rapidamente sconfitta e occupata, mettendo così a disposizione del nemico le sue notevoli risorse agricole e le sue riserve petrolifere.

Sul fronte italiano, gli austriaci diedero corso alla cosiddetta **Strafexpedizion**, cioè una "spedizione punitiva" contro l'Italia che aveva tradito la precedente alleanza. Le linee italiane furono sfondate in Trentino e solo la resistenza sul **Pasubio** e sull'**Altopiano di Asiago** chiuse il passo agli austriaci, pronti a dilagare nella pianura vicentina. Sul fronte carsico le ripetute **offensive dell'Isonzo** consentirono agli italiani la presa di Gorizia.

Nel frattempo, i turchi dominavano il teatro di guerra in Asia Minore, controllando i Dardanelli e dopo aver ricacciato le truppe britanniche in Mesopotamia. Per contrastarli, il colonnello inglese Lawrence (noto poi come **Lawrence d'Arabia**) suscitò in Mesopotamia la rivolta degli arabi, promettendo loro la libertà dal dominio turco. Sui mari, durante il 1916, si svolse la **battaglia dello Jütland** tra la flotta inglese e quella tedesca, il più importante scontro navale della guerra. Entrambe le parti riportarono gravi danni: in termini assoluti quelli inglesi furono maggiori, e in questo senso la vittoria andò forse ai tedeschi, ma dal momento che la loro flotta da allora non fu più impegnata in scontri in mare aperto, la supremazia inglese sui mari non ne fu scalfita.

L'esperienza della guerra di trincea e di posizione stava dimostrando come la forza militare di un Paese fosse direttamente proporzionale al suo apparato industriale, che doveva sostenere lo sforzo produttivo del conflitto. In questo senso gli Imperi centrali, nonostante le conquiste realizzate, erano in condizione di inferiorità rispetto alla Gran Bretagna e alla Francia e la Germania cercò di porvi rimedio con la cosiddetta **pianificazione germanica**, una strategia economica che chiamava tutte le energie nazionali al servizio della guerra. Fu decretata la leva di massa, furono impiegate al lavoro nelle fabbriche le donne, la produzione industriale fu destinata quasi esclusivamente alle forniture militari, vennero intensificate la propaganda ideologica e la repressione contro le correnti pacifiste e socialiste che, col perdurare della guerra, avevano ripreso vigore. Queste misure erano in realtà comuni a tutti quanti gli Stati in lotta.

Ovunque, la necessità di vincere la guerra spinse a una più o meno marcata pianificazione delle produzioni e a una restrizione delle libertà civili e parlamentari. Nello stesso tempo però, cresceva tra la popolazione dei Paesi belligeranti la richiesta della pace. Già nel 1915 i partiti socialisti italiano e svizzero avevano indetto una conferenza a Zimmerwald, esprimendosi per una cessazione della guerra "senza annessioni e senza indennità".

17.3.5 | Gli eventi del 1917

Il 1917 fu un anno decisivo per il corso del conflitto. I tedeschi, per spezzare il blocco navale britannico, proclamarono la guerra sottomarina a oltranza, anche contro le navi neutrali che si dirigevano verso porti inglesi o di loro alleati. Questa decisione, tuttavia, provocò l'ingresso in guerra degli **Stati Uniti** (6 aprile). I primi contingenti statunitensi giunsero in Francia solo nel giugno 1917, ma il loro intervento fu immediatamente significativo sul piano economico e delle forniture militari. In primavera gli anglo-francesi scatenarono sul fronte occidentale una serie di assalti sull'Aisne e nelle Fiandre, ma senza risultati nonostante le perdite, ancora una volta, elevatissime. La continua carneficina cui erano esposte senza riguardo le truppe di trincea suscitò episodi di ribellione e ammutinamento tra i soldati: gli atti di indisciplina e la renitenza alla leva erano diventati frequentissimi in tutti gli eserciti e, con essi, la repressione più ottusa e disumana da parte dei comandi. L'ingresso americano nella guerra fu tanto più prezioso in quanto, nel medesimo anno, la Russia abbandonò il conflitto. Dopo l'insurrezione di San Pietroburgo del 3 marzo e l'abdicazione dello zar, il nuovo governo aveva cercato per qualche mese di proseguire la guerra ma, con l'avvento della più radicale Rivoluzione d'Ottobre, il nuovo esecutivo decretò la fine della guerra. I negoziati iniziarono in dicembre e, nel marzo 1918, portarono alla pace di **Brest-Litovsk**, in base alla quale la Russia cedeva alla Germania la Polonia, l'Estonia, la Lettonia, la Lituania e riconosceva l'indipendenza all'Ucraina. Sul fronte italiano, l'**undicesima battaglia dell'Isonzo** aveva portato alla conquista dell'Altopiano della Bainsizza nel settembre 1917. Tuttavia, l'afflusso di sette divisioni tedesche, ormai disimpegnate dal fronte orientale, consentì agli austriaci la preparazione di un'offensiva che venne scatenata sul fronte carsico il 24 ottobre dello stesso anno e travolse le linee italiane nella drammatica disfatta di **Caporetto** (1° novembre). La disorganizzazione e l'incapacità dei comandi trasformarono in rotta lo sfondamento del fronte, che fu ricostituito solo lungo la barriera naturale del **Piave**. L'entità della sconfitta portò alla destituzione del generalissimo Cadorna, sostituito da **Armando Diaz**, e le dimissioni del capo del governo Boselli, cui successe **Emanuele Orlando**. Il bilancio della guerra era migliore, per l'Intesa, sul fronte mediorientale, dove i britannici impegnavano i turchi a Salonicco e avevano ottenuto importanti successi a Gaza, Giaffa e Gerusalemme. Il 1917, sebbene l'armistizio con la Russia avesse loro consentito di trasferire sul fronte occidentale una cospicua massa di truppe, non aveva dato agli Imperi centrali i risultati sperati: il fronte francese non aveva ceduto e, in ultima analisi, anche quello italiano aveva retto.

17.3.6 | 1918: La fine della guerra

L'ultimo anno di guerra sembrò iniziare bene per gli Imperi centrali. Nel marzo, i tedeschi travolsero gli inglesi sulla Somme e penetrarono per 50 chilometri oltre le loro linee, da dove fu possibile iniziare il cannoneggiamento su Parigi con il supercannone *Bertha*. Gli alleati risposero unificando il comando supremo, affidato al francese Foch. Una nuova offensiva tedesca nelle Fiandre ebbe poco successo e una terza culminò nella **seconda battaglia della Marna** (17 luglio). Quando l'assalto tedesco si spense, senza apprezzabili arretramenti delle linee anglofrancesi, iniziò un vittorioso contrattacco francese, i britannici impiegarono 450 carri armati in una vittoriosa battaglia ad Amiens, mentre cresceva l'apporto del contingente americano, che raggiunse il milione di uomini, senza contare il formidabile appoggio logistico. In agosto, i tedeschi ripiegavano dovunque lungo il fronte occidentale e fermenti di ribellione serpeggiavano nelle loro forze armate.

L'intero blocco politico facente capo agli Imperi centrali fu travolto da crisi interne e militari: la Bulgaria dovette chiedere la pace il 28 settembre; la Turchia due giorni dopo. In giugno gli austriaci avevano scatenato un'ultima offensiva contro gli Italiani che difendevano la linea del Piave. Questi ultimi erano però passati al contrattacco, scatenando la vittoriosa offensiva di **Vittorio Veneto** (29 ottobre), che si dimostrò definitiva. L'Impero austro-ungarico, provato da una lotta su più fronti lunga quattro anni e ormai orfano del sostegno dell'alleato tedesco, non era in più in grado né di contrastare l'urto offensivo degli eserciti nemici né di mantenere il controllo interno sulle spinte centrifughe delle etnie e delle nazionalità che lo costituivano. Vista la debolezza del governo centrale, cechi, ungheresi, sloveni, croati e polacchi proclamarono la loro indipendenza.

Per fermare la vittoriosa avanzata italiana, l'Austria si vide dunque costretta a firmare l'**armistizio** con l'Italia il 3 novembre a **Villa Giusti**. A questa data solo la Germania si trovava ancora in armi, benché ormai sia la flotta sia l'esercito fossero incontrollabili per via di ammutinamenti e ribellioni. L'estrema tensione anche della situazione interna portò non solo alla fine della guerra ma anche alla dissoluzione della forma istituzionale dell'Impero: l'8 novembre venne proclamata la Repubblica, l'11 fu firmato l'armistizio. La prima guerra mondiale era finita.

Stato	Morti	Feriti	Prigionieri/dispersi
Austria	1200	3620	2200
Belgio	14	45	35
Bulgaria	88	152	27
Francia	1358	4266	537
Germania	1774	4216	1153
Giappone	0,3	1	–
Grecia	5	21	1
Gran Bretagna	908	2090	192
Italia	650	947	600
Montenegro	3	10	7
Portogallo	7	14	12
Romania	336	120	80
Russia	1700	4950	2500
Serbia	45	133	153
Turchia	325	400	250
USA	117	204	5

Le perdite militari degli Stati coinvolti nella prima guerra mondiale. I dati sono espressi in migliaia.

PARTE SESTA

17.3.7 | I trattati di pace

La **Conferenza generale per la pace** si aprì a Parigi il 18 gennaio 1919, con la partecipazione di 32 Paesi vincitori e l'esclusione dei vinti. Il ruolo fondamentale spettò però alle quattro maggiori potenze occidentali: Stati Uniti, Gran Bretagna, Francia, Italia. Vennero quindi siglati i seguenti trattati: Versailles con la Germania; Saint-Germanin-en-Laye con l'Austria; Neuilly con la Bulgaria; Trianon con l'Ungheria; Sèvres con la Turchia. Nella Conferenza si scontrarono la volontà francese di procedere all'annichilimento della Germania e quella degli Stati Uniti e della Gran Bretagna di mostrare invece maggior clemenza. Emerse però anche la divergenza tra il programma, da un lato, del presidente americano Wilson di garantire la libertà di commercio mondiale, assicurare una stabile concertazione internazionale tra Stati e venire incontro alle aspirazioni nazionali dei popoli europei ancora in cerca di indipendenza e, in misura minore, dei popoli delle colonie; e, dall'altro lato, le aspirazioni europee di proseguire la propria politica colonialista. È anche il caso di ricordare, tuttavia, che Wilson poteva permettersi di essere generoso in Europa e in Africa, dove gli USA non avevano interessi diretti, dato che gli interessi imperialisti statunitensi si orientavano verso il centro America. La Gran Bretagna finì tuttavia per appoggiare le richieste francesi. Così, in definitiva, alla **Germania** venne addossata tutta la responsabilità morale della guerra: le fu imposta la restituzione dell'Alsazia-Lorena alla Francia, dello Schleswig settentrionale alla Danimarca, di parte della Slesia, della Pomerania e della Posnania alla Polonia. Inoltre, i francesi ottennero il diritto di sfruttare economicamente il ricco bacino carbonifero della Saar per 15 anni. Le clausole militari prevedevano inoltre l'abolizione della leva, imponevano all'esercito un limite massimo di 100.000 unità, il divieto di riarmo e la totale smilitarizzazione della valle del Reno. Le colonie tedesche furono spartite tra Francia, Gran Bretagna e Giappone. Inoltre, i tedeschi furono impegnati a fornire enormi quantità di carbone, bestiame, navi ai vincitori e soprattutto a pagare un'indennità di guerra pesantissima, che avrebbe gravato per decenni sullo sviluppo economico del Paese.

L'**Impero austro-ungarico** cessò di esistere. Dalla sua scissione nacquero nuovi Stati, come Cecoslovacchia, Ungheria e Jugoslavia, mentre ulteriori territori furono ceduti: Trentino e Istria all'Italia, Bucovina alla Romania e Galizia alla Polonia. L'erede del potente Impero asburgico fu così una piccola nazione, priva di sbocchi sul mare; all'**Austria** fu inoltre interdetta per trattato la possibilità di unirsi in un solo Stato con la Germania, soluzione che invece alcuni auspicavano. L'**Ungheria**, che fu considerata a tutti gli effetti uno Stato belligerante, dovette cedere territori alla Romania, alla Cecoslovacchia e alla Jugoslavia, sottostare a limitazioni per quanto riguardava le proprie forze armate e pagare un'indennità di guerra. La **Bulgaria** cedette la Tracia alla Grecia e la Dobrogea alla Romania. Un altro Impero scompariva dalla carta geografica: quello **ottomano**. I greci ottennero Smirne e parte della Tracia, i francesi la Siria, gli inglesi l'Iraq e la Palestina, oltre al controllo della zona degli Stretti (aperti alla libera navigazione) e di Arabia, Yemen e Transgiordania, territori formalmente indipendenti. La Turchia che ne risultava era dunque ridotta a semplice Stato nazionale. Infine, l'assenza al tavolo di pace del governo russo, erede dell'Impero zarista, favorì la costituzione di nuovi Stati: Polonia, Lituania, Lettonia, Estonia e Finlandia. Wilson riuscì inoltre a ottenere dalla conferenza l'istituzione della **Società delle Nazioni**, la quale avrebbe dovuto provvedere al mantenimento della pace tramite la mediazione e la limitazione degli armamenti. Un ruolo dominante era però attribuito a cinque potenze: USA, Gran Bretagna, Francia, Italia e Giappone. Per amara ironia, il Congresso americano successivamente vietò l'ingresso degli USA nella Società, la quale, già priva di strumenti effettivi di azione, venne così a ridursi a ente puramente formale.

L'Europa dopo i trattati di pace

17.4 | Il primo dopoguerra

17.4.1 | Russia e URSS

Le rivoluzioni russe

La Russia aveva conosciuto una prima rivoluzione nel 1905, con scioperi, sommosse e dure repressioni (**domenica di sangue** a San Pietroburgo), la quale aveva indotto lo zar a emanare una costituzione e concedere un Parlamento elettivo (*Duma*). Nel 1917, catalizzata dalle asprezze della prima guerra mondiale, scoppiò

CONOSCENZE E COMPETENZE

una seconda rivoluzione, detta **rivoluzione di febbraio** (il 23 febbraio secondo il calendario giuliano in vigore in Russia, l'8 marzo secondo il calendario occidentale). I soldati incaricati di reprimere le sommosse degli operai si unirono invece con questi ultimi, determinando la fuga e l'abdicazione dello zar. Si giunse all'elezione di un Consiglio di delegati nella capitale (**Soviet**), formato da elementi socialrivoluzionari e menscevichi, fatto che spinse la borghesia, preoccupata dalla possibile *escalation* rivoluzionaria e socialista, a prendere il potere, tramite la Duma che essa controllava, e a formare un governo provvisorio. Presieduto da un aristocratico, il principe **L'vov**, gli obiettivi primari del nuovo esecutivo erano la continuazione della guerra e la trasformazione del Paese sul modello delle democrazie occidentali. Anche le correnti liberali si riconoscevano in questo programma, che risultava accettabile inoltre ai gruppi menscevichi e socialrivoluzionari, quanto meno disposti a una fase riformista e democratico-borghese sulla via di una più radicale trasformazione degli assetti sociali. Solo i bolscevichi rifiutarono di sostenere il **secondo governo L'vov** (maggio 1917), di cui il socialista Kerenskij fu ministro della Guerra. Tuttavia la guerra andava male, i soldati desideravano tornare alle loro case, le masse contadine, esasperate, si appropriavano dei latifondi mentre i Soviet cittadini – a maggioranza bolscevica – si comportavano come centri di potere alternativi al Governo. In aprile era rientrato in patria **Lenin** dall'esilio svizzero, e subito pubblicò le celebri *Tesi d'aprile*, con le quali propugnava un'effettiva democrazia proletaria, fondata sul controllo del popolo sui suoi rappresentanti, la fine dello Stato poliziesco e, da ultimo, la pace immediata. La borghesia compì un estremo tentativo per salvarsi, procedendo a un **reimpasto di Governo** e affidandone la guida a **Kerenskij**. Di fronte però alla minaccia di colpo di Stato perpetrata dal generale Kornilov, Kerenskij dovette chiedere proprio l'aiuto dei bolscevichi, che nel frattempo avevano enormemente accresciuta la loro forza tra le masse popolari. La crisi fu superata, ma ormai i bolscevichi pretendevano la guida dell'esecutivo. La notte tra il 6 e il 7 novembre (24 ottobre per il calendario giuliano), si ebbe così la terza **rivoluzione**, detta **d'ottobre**, culminata nell'assalto al Palazzo d'Inverno di San Pietroburgo. La conquista del potere fu sancita il giorno stesso dal **Congresso dei Soviet**, che votò la cessazione immediata della guerra, l'istituzione di un governo rivoluzionario con Lenin presidente e l'esproprio delle terre ai latifondisti. Socialrivoluzionari e menscevichi protestarono per il colpo di Stato, ma scelsero una via legalitaria e attesero i risultati delle elezioni per l'Assemblea costituente, che furono indette l'anno successivo, una volta scongiurato il rientro in armi del fuggiasco Kerenskij. Tuttavia, poiché le elezioni diedero una nettissima vittoria ai socialrivoluzionari, i bolscevichi sciolsero l'Assemblea denunciandola come roccaforte della borghesia e proclamarono la **dittatura del proletariato**. Si trattò, naturalmente, di una abiura definitiva delle regole democratiche. Furono subito intavolate le trattative di pace con la Germania, che vennero concluse solo a condizioni onerosissime. Le nuove sfide per il governo bolscevico sarebbero state l'esportazione della Rivoluzione e la ricostruzione dell'economia nazionale.

Nasce l'URSS

Poco dopo la stipulazione della pace di **Brest-Litovsk** con la Germania, la capitale della Russia fu trasferita da San Pietroburgo a **Mosca** e fu proclamata ufficialmente la Repubblica Socialista Federativa Sovietica Russa. Oltre alla distribuzione ai contadini delle terre espropriate, il governo realizzò alcune fondamentali riforme, come la parificazione giuridica tra i sessi, la separazione della Chiesa dallo Stato, la creazione dei nuovi tribunali del popolo, la sostituzione della polizia zarista e la nazionalizzazione delle imprese industriali e bancarie. Un grave problema era costituito dalla mancanza di un adeguato apparato burocratico e amministrativo: quello zarista infatti, composto da uomini di estrazione borghese o nobile, si rifiutava di collaborare o compiva addirittura atti di sabotaggio. Frattanto, i tre generali Alekseev, Kornilov e Denikin avevano radunato nella zona del Don truppe controrivoluzionarie, direttamente sostenute dalle potenze dell'Intesa, che punivano così la defezione russa e insieme contrastavano la rivoluzione bolscevica. A queste forze fu dato il nome di **Armate Bianche**. In Siberia operava invece, contro il governo, un esercito formato da disertori e prigionieri cecoslovacchi, guidato da ufficiali zaristi, che avanzò fino alla regione degli Urali. Lo scontro tra armi bianche e rivoluzionarie, che assunse un marcato carattere di **guerra civile**, durò dal 1917 al 1920. Per resistere, i bolscevichi accentrarono i poteri militari nella persona di **Trockij**. Venne creata l'**Armata Rossa**, reclutata tra contadini e operai, mentre la polizia bolscevica scatenava un'ondata di "terrore rosso", con arresti ed esecuzioni sommarie, per controbilanciare il "terrore bianco" delle zone controllate dai controrivoluzionari. Anche lo zar e la sua famiglia vennero uccisi, a Ekaterinburg, nel timore che potessero venire liberati. Nello stesso anno in cui i bolscevichi conclusero vittoriosamente la guerra, il 1920, la Polonia aggredì la Russia e le strappò ampi territori. La pace fu siglata a Riga nel 1921.

Nell'inverno del 1921, una terribile carestia provocò milioni di morti. L'economia nazionale, da sempre arretrata, era infatti stata devastata dalle vicende degli ultimi anni: si calcola che tra il 1914 e il 1921 siano morti 28 milioni di russi. Lenin si risolse allora a varare una nuova politica economica (NEP), basata sulla riduzione delle tasse, la liberalizzazione del commercio e il rilancio delle piccole e medie imprese private. Frattanto, i bolscevichi avevano decisamente monopolizzato il potere: gli altri partiti erano stati sciolti, sollevazioni e scioperi furono tacitati con fucilazioni e deportazioni. La dittatura del proletariato era diventata la dittatura dei bolscevichi. Il **30 dicembre 1922** venne ufficialmente proclamata l'**Unione delle Repubbliche Sovietiche Socialiste** (URSS), che comprendeva oltre alla Russia, l'Armenia, la Georgia, l'Azerbaigian, la Bielorussia e l'Ucraina, cui si aggiunsero tra il 1924 e il 1929 il Kazakistan, il Kirghizistan, l'Uzbekistan, il Tagikistan e il Turkmenistan. Nel 1923 fu varata la nuova Costituzione.

Nel 1924 Lenin morì e la guida del partito unico e dell'URSS fu assunta da **Stalin**, il più spregiudicato tra i capi bolscevichi, che emarginò, esiliò e in alcuni casi eliminò fisicamente i suoi oppositori, primo tra tutti Trockij. Stalin desiderava trasformare l'URSS in una grande potenza con un'industria solida, mentre il progetto di Trockij (di "rivoluzione permanente") veniva sostituito da quello di "socialismo in un solo Paese". Di conseguenza, l'URSS strinse patti di non aggressione con le potenze occidentali ed entrò a far parte della Società delle Nazioni. Economicamente, fu abbandonata la NEP e avviata la collettivizzazione forzata delle terre e dell'agricoltura, con l'eliminazione dei piccoli proprietari (*kulaki*), fu imposta l'industrializzazione accelerata del Paese con il primo "piano quinquennale". Intanto andava accentuandosi il carattere personale e repressivo del governo di Stalin, realizzato con epurazioni di massa dei dirigenti bolscevichi, dei quadri dell'industria di Stato e dei vertici militari (**purghe staliniane**).

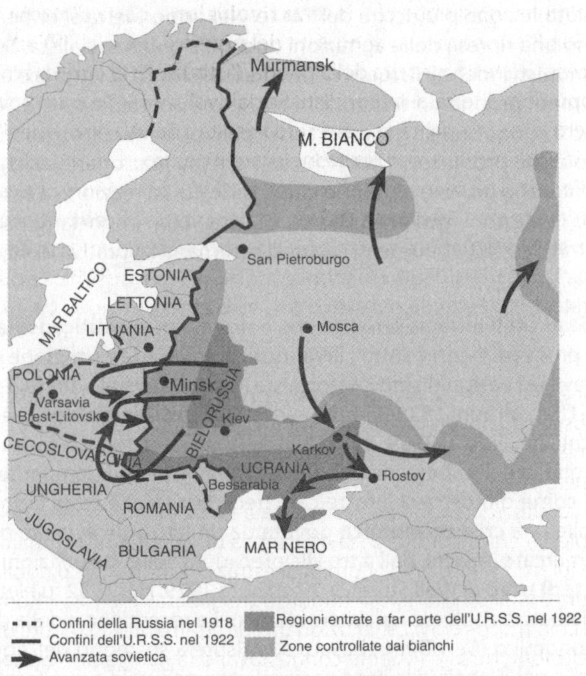

La guerra civile in Russia

17.4.2 | Gli Stati democratici tra le due guerre

Il conflitto mondiale aveva provocato perdite umane e materiali terribili, soprattutto in Europa, che alla sua conclusione si tradussero in una crisi economica caratterizzata da una forte inflazione. Cresceva, tra le masse che avevano patito gli orrori della guerra prima e le ristrettezze della crisi poi, la simpatia per le idee socialiste. Per contro, l'orientamento della borghesia e degli industriali si spostò a destra, a scapito dei precedenti atteggiamenti liberali. In questo contesto l'intervento diretto dello Stato nella gestione dell'economia nazionale era valutato positivamente dalle classi imprenditoriali che venivano così sostenute nel loro sforzo di riconversione delle produzioni. Anche la Chiesa, in quanto istituzione in grado di influenzare le masse, era considerata un valido baluardo contro possibili derive di tipo socialista o addirittura rivoluzionario.

Gran Bretagna

Le elezioni del 1918, per la prima volta a suffragio universale anche per le donne, diedero la vittoria ai conservatori e ai liberali. I laburisti ebbero un certo successo, ma le agitazioni dei lavoratori degli anni seguenti rimasero circoscritte sempre e solo sul piano sindacale, senza aperture rivoluzionarie. L'enorme Impero coloniale stava subendo una crisi e una trasformazione. Nel 1921 fu riconosciuto lo *status* di Dominion all'Irlanda. Nel 1931 fu emanato lo Statuto di Westminster, con il quale Canada, Australia, Nuova Zelanda e Sudafrica diventarono Stati indipendenti e si federarono, su un piano di parità, con la Gran Bretagna (*Commonwealth*). L'Egitto raggiunse l'indipendenza nel 1936, pur restando la zona di Suez sotto il controllo degli inglesi. La Palestina fu affidata nel 1920 a un mandato britannico, rivelatosi presto di ardua gestione per le opposte e simultanee pretese nazionali che su quella terra vantavano le comunità di ebrei e di arabi. In India, la più importante colonia britannica, cominciò a operare al termine della guerra mondiale la figura carismatica di **Gandhi** (1869-1948), il quale guidò le aspirazioni indipendentiste del suo popolo, utilizzando mezzi di lotta non violenti (disobbedienza civile, resistenza passiva, boicottaggio) che costrinsero il governo inglese a concedere l'**India Act** (1935), con il quale il Paese ottenne una condizione intermedia tra quella di colonia e quella di Stato libero.

Francia

La guerra aveva devastato le zone più ricche del Paese. Nel dopoguerra si ebbe inflazione e caduta dei salari che comportarono una ripresa delle agitazioni operaie a guida socialista. Tuttavia, nel 1920 la scissione tra socialisti e comunisti indebolì il fronte dei lavoratori e favorì la vittoria elettorale della borghesia, sostenuta dai piccoli e medi proprietari terrieri. Essi tennero il potere fino al 1924, anno in cui una coalizione delle sinistre riuscì a conquistare il governo, senza però poi realizzare risultati di rilievo. Il potere tornò quindi ai conservatori, che promossero politiche sempre più reazionarie, anche vicine al fascismo italiano, e che nel 1934 tentarono un vero e proprio colpo di Stato. La reazione a esso fu tanto forte che, nel 1936, i socialisti vinsero le elezioni (**governo Blum**). Questa volta, importanti risultati di politica sociale furono conseguiti: contratti collettivi, aumenti salariali, settimana lavorativa di 40 ore, ferie retribuite ecc.

USA

A partire dal 1920, gli Stati Uniti intrapresero per un ventennio una **politica isolazionista**, di cui furono espressione, tra l'altro, provvedimenti contro i lavoratori stranieri e la restrizione dell'immigrazione asiatica ed europea. Imperava un nazionalismo conformista, incentrato sulla difesa dello "spirito americano". Per quanto riguarda gli USA, gli anni 1920-33 furono detti del **proibizionismo**, per il divieto di fabbricare e vendere bevande alcoliche. Fino al 1929, gli USA conobbero una forte crescita economica: la filosofia del Paese era del resto quella della libera iniziativa e del capitalismo più rampante, valori condivisi anche dall'americano medio, come dimostrava il forte calo degli iscritti alle associazioni sindacali. Nel **1929,** però, esplose irreparabile una **crisi economica** dovuta da un lato a un eccesso di produzione e all'incapacità di assorbirla nel mercato interno, dall'altro alla precarietà delle speculazioni di Borsa, i cui titoli crollarono nel celebre **martedì nero** di Wall Street, il 29 ottobre 1929. Nel 1932 fu eletto presidente **Franklin Delano Roosevelt**, chiamato a risolvere i gravi problemi della recessione e della disoccupazione. Egli avviò un nuovo corso economico (*New Deal*), basato su misure a sostegno dell'agricoltura, crediti statali, svalutazione del dollaro – per rilanciare le esportazioni – e in generale su un forte intervento dello Stato in ambito economico e su un rilevante incremento della spesa pubblica, per sostenere la crescita dell'occupazione e dei consumi interni.

17.4.3 | Germania

La Repubblica di Weimar

Nel 1918 in Germania era stata proclamata la Repubblica, mentre il *kaiser* Guglielmo II fuggiva in Olanda. Il primo governo repubblicano fu guidato dai socialdemocratici, ma nel Paese era rilevante la forza dei gruppi comunisti, mentre lo stato generale di mobilitazione di operai e disoccupati ricordava da vicino la

San Pietroburgo del marzo 1917. Il clima di tensione, il timore di una rivoluzione di segno bolscevico portò il governo socialdemocratico a reagire con la forza poliziesca alle agitazioni comuniste, servendosi anche di milizie volontarie di estremisti di destra, cui si imputa tra l'altro l'assassinio di **Karl Liebknecht** e di **Rosa Luxemburg**, capi dei gruppi spartachisti. Le elezioni del 1919 per l'Assemblea costituente sancirono la vittoria dei socialdemocratici, dei cattolici e dei liberali: l'accordo tra queste forze politiche permise la formazione di un secondo governo a guida socialdemocratica e l'emanazione di nuova Costituzione, nella città di Weimar, da cui lo Stato tedesco postbellico derivò il nome di **Repubblica di Weimar**. Le difficoltà legate alla ricostruzione e al pagamento delle indennità furono fortissime, aggravate dall'occupazione francese della Ruhr nel 1923, una prevaricazione artificiosamente giustificata con il ritardo nei pagamenti delle indennità di guerra da parte tedesca che ebbe ripercussioni gravissime sull'economia della Germania. Un timido miglioramento delle condizioni tedesche si ebbe nel 1924, quando cominciarono a giungere aiuti e investimenti esteri, soprattutto statunitensi, che consentirono una ripresa della produzione (**piano Davis**). La crisi del **1929** fu però fatale: legata com'era all'afflusso di capitali americani, l'economia tedesca sprofondò. Nel 1932 si contavano 6 milioni di disoccupati, mentre la produzione era scesa al 50% rispetto ai livelli di prima della crisi. Ne sarebbero state irrimediabilmente scosse le basi di consenso alla Repubblica, già deboli per la scarsa simpatia che verso di essa nutrivano da un lato gli industriali, gli aristocratici e le forze armate, e dall'altro, i gruppi comunisti.

Lo sviluppo del nazismo

Nel 1920 era nato il **Partito nazionalsocialista dei lavoratori** (Nsdap), una piccola formazione guidata dall'oriundo austriaco **Adolf Hitler**. Il programma nazista del 1920 includeva da un lato rivendicazioni di carattere populista e anticapitalista (riforma agraria, nazionalizzazione dei maggiori cartelli industriali ecc.) accanto ai più tipici motivi della destra reazionaria: anticomunismo, antiparlamentarismo, ripudio degli accordi di Versailles (giudicati umilianti per la nazione), unificazione di tutti i popoli tedeschi in una "grande Germania" ecc. Tutto ciò si disponeva a corollario del nucleo centrale dell'ideologia nazista, sviluppata intorno al concetto di **razza**: esiste una razza umana superiore alle altre, quella ariana – di cui il popolo tedesco conserva in sommo grado la purezza – che ha il diritto a espandersi territorialmente a spese delle razze inferiori. La più infima è la razza ebraica, appena preceduta da quella slava: entrambe sono destinate prima alla subordinazione e al lavoro servile e poi all'estinzione. In base a un radicale **antisemitismo**, gli ebrei in particolare venivano indicati come la causa di tutti i mali (economici, sociali, morali) della Germania, e come una lebbra sociale da estirpare. La democrazia, poi, era considerata un male: la gerarchia è un fatto di natura, per cui devono esistere i capi cui le masse devono obbedire. Da qui, si comprende la grande importanza sempre attribuita dai nazisti ai valori dell'ubbidienza e della fede nel *Führer* (capo supremo). Gli ideali antisemiti e antidemocratici trovarono un loro spazio nella crisi economica, sociale e politica tedesca, ma il partito di Hitler era ancora minuscolo quando, nel 1923, egli tentò di prendere il potere con un colpo di Stato (**putsch di Monaco**). Arrestato e incarcerato per quasi un anno, Hitler precisò la sua dottrina politica nel libro *Mein Kampf*. Il carcere e l'esempio di Mussolini convinsero Hitler ad accantonare l'uso della violenza organizzata come strumento per ottenere il potere e ad abbandonare le rivendicazioni populiste per guadagnarsi l'appoggio della borghesia e della grande industria. Nel 1929 la terribile crisi economica regalò milioni di voti ai nazisti. Hitler fu secondo nelle elezioni presidenziali del 1932, vinte da Hindenburg, ma nelle elezioni dello stesso anno per il *Reichstag* i nazisti divennero il primo partito del Paese. Dopo alterne vicende politiche, il nazismo arrivò tramite regolari elezioni al potere, quando nel 1933 Hindenburg non poté evitare di nominare Hitler cancelliere. La borghesia tedesca pensava di riuscire a farne uno strumento docile ai propri interessi conservatori ma fu in breve superata a destra dal totalitarismo hitleriano.

Hitler al potere

Il 27 febbraio 1933 fu incendiata la sede del Parlamento tedesco. Il governo ne approfittò per emanare una serie di leggi repressive contro i militanti comunisti, accusati del rogo, con le quali fu abrogata la Costituzione di Weimar, si impose una censura alla stampa e un controllo sulle attività degli altri partiti e furono limitate le libertà politiche e civili. Dopo un'ulteriore tornata elettorale (la terza in meno di 12 mesi), i nazisti e i loro alleati controllavano il *Reichstag* e conferirono a Hitler i pieni poteri. Grazie a essi egli intraprese la trasformazione in senso totalitario dello Stato: mise fuori legge tutti i partiti eccetto quello nazista, procedette alla creazione della Gestapo, cioè una polizia segreta di Stato, e di una Suprema Corte per i casi di tradimento. Era però chiaro a Hitler che per restare stabilmente al potere era indispensabile l'appoggio dei grandi industriali e dell'esercito. Egli dunque chiamò al governo diversi esponenti militari e creò il Consiglio generale dell'economia, punto di raccordo tra il governo e gli industriali. Se gli avversari del partito nazista erano stati neutralizzati politicamente e talvolta fisicamente, esisteva tuttavia un dissenso interno: in particolare, i capi delle **SA** (*Sturmabteilungen*), un corpo paramilitare che aveva costituito l'ala attivista del partito, aiutando Hitler nell'ascesa al potere, rifiutavano di adattarsi al nuovo ordine hitleriano. Servendosi delle **SS**, una nuova formazione militarizzata di fedelissimi, durante la **notte dei lunghi coltelli** (30 giugno 1934), Hitler fece assassinare i capi delle SA. Pochi mesi dopo, alla morte di Hindenburg, Hitler assunse anche la presidenza dello Stato, riunendo di fatto ogni potere politico ed esecutivo nella sua persona: la sua autorità sul partito e sulla Germania era assoluta.

17.5 | Il fascismo

17.5.1 | L'Italia prima dell'avvento del fascismo al potere

La "vittoria mutilata"

La Conferenza di Parigi aveva lasciato insoddisfatte le rivendicazioni dell'Italia circa il possesso dell'Istria e della Dalmazia, nel rispetto del Patto di Londra. Con un gesto di protesta il presidente del Consiglio Orlando decise di abbandonare i lavori, ma non ottenne per questo maggior ascolto. Al contrario, permanendo nell'opinione pubblica italiana il malcontento per quella che fu poi detta la **vittoria mutilata**, fu costretto alle dimissioni. Il successivo governo, presieduto da **Nitti**, tentò di dirimere la questione attraverso trattative con lo Stato jugoslavo, ma la risoluzione delle grandi potenze di escludere le truppe italiane dal presidio della città istriana di Fiume fece precipitare la situazione. Un contingente di volontari, capeggiati dal poeta Gabriele D'Annunzio, occupò infatti Fiume (**impresa di Fiume**), dando vita alla **Reggenza del Quarnaro** (1919). Il **trattato di Rapallo** (1920) avrebbe poi risolto la questione, stabilendo l'indipendenza di Fiume, città libera, e l'annessione di Zara all'Italia in cambio dell'abbandono di ogni pretesa sui territori dalmati.

La situazione politica e sociale

I problemi del dopoguerra, la crisi economica e soprattutto il difficile cammino di sviluppo dello Stato liberale avevano creato in Italia un'atmosfera di forte tensione politica e sociale, di cui fu sintomo l'ondata di scioperi tra il 1919 e il 1920, conosciuta come "il biennio rosso". All'interno del Parlamento gli unici due schieramenti di carattere popolare erano quello di ispirazione cattolica (il **Partito popolare** di don Luigi **Sturzo**) e quello **socialista**, diviso però tra la corrente riformista di **Turati** e quella massimalista, che cioè sosteneva il "programma massimo" rivoluzionario, di **Serrati**. Nel 1920 tornò per l'ultima volta al governo **Giolitti**. Caduto infatti il governo Nitti, l'eminente politico liberale venne chiamato, in virtù delle sue indubbie capacità di mediazione tra le diverse forze politiche, a formare un nuovo esecutivo in grado di avviare un nuovo corso di riforme. Giolitti ottenne il suo maggiore successo in politica estera, risolvendo la questione di Fiume con il trattato di Rapallo. Nello stesso anno, l'occupazione di un gran numero di fabbriche, da parte delle organizzazioni sindacali, segnò uno dei punti più alti della crisi dello Stato liberale. Nonostante alcuni settori del mondo operaio lo sperassero, non si trattò di un moto rivoluzionario e Giolitti riuscì a ricondurre la trattativa su un piano economico salariale. La sua politica moderatamente riformista era però destinata a fallire, soprattutto a causa dell'errata convinzione di riuscire a imbrigliare il nascente fenomeno del fascismo. La crisi del '20 aveva determinato anche la scissione dal partito socialista della sua ala più radicale che, sotto la guida di **Gramsci**, fondò nel '21 a Livorno il **Partito Comunista Italiano**. Le elezioni di quello stesso anno avrebbero infine segnato il definitivo declino dello Stato liberale italiano, e sancito l'impossibilità da parte di Giolitti di formare un nuovo governo moderato.

17.5.2 | La nascita del fascismo

Benito Mussolini (1883-1945) aveva fatto parte della dirigenza del Partito Socialista, ma nella sua formazione ideologica avevano avuto maggior influenza le teorie di Blanqui e Nietzsche piuttosto che quelle di stampo più marcatamente marxista. Divenuto direttore del quotidiano socialista «Avanti!», aveva appoggiato le azioni insurrezionali operaie ed era stato prima neutralista sulla partecipazione italiana alla prima guerra mondiale, passando però poi a posizioni interventiste. Questo aveva segnato il suo allontanamento dal partito, di poco preceduto dalla fondazione di una nuova testata, Il «Popolo d'Italia». Fedele alle istanze di trasformazione sociale, ma al contempo vicino a sentimenti nazionalistici, Mussolini nel marzo 1919 fondò i **fasci di combattimento**, il cui programma era decisamente eterogeneo, accostava rivendicazioni sociali e ideali repubblicani con un acceso nazionalismo anticomunista e un attivismo politico non di rado violento, da cui si sviluppò in seguito il fenomeno tipicamente fascista dello **squadrismo**. Proprio grazie a questa coacervo ideologico il movimento ebbe però un iniziale successo, anche se alle elezioni del 1919 i fascisti ottennero solo pochissimi voti. L'incendio appiccato alla sede dell'«Avanti!» durante una manifestazione fu la prima azione delle "squadracce" che, costituitesi nel Settentrione e in Centro Italia, avrebbero ben presto cominciato la campagna di violenza intimidatoria contro socialisti e cattolici.

17.5.3 | La marcia su Roma

Alle dimissioni di Giolitti le responsabilità di governo erano state affidate a **Bonomi**, il quale riunì nel proprio gabinetto liberali, popolari e socialisti riformisti. Nel frattempo Mussolini, entrato in Parlamento come deputato eletto nei "blocchi nazionali" (liste molto composite, presentate in funzione antipopolare e antisocialista), sottoscrisse una sorta di patto di pacificazione con i socialisti, che avrebbe dovuto da un lato porre fine allo squadrismo (ma ciò poi non accadde), dall'altro legittimare la presenza fascista nelle istituzioni. Nel novembre **1921** al congresso di Roma, il movimento si costituì in **Partito nazionale fascista**, forte di 300.000 iscritti. Caduto il governo Bonomi si formò il ministero **Facta**, costituito da liberali e popolari ma ogni tentativo di assimilare il fascismo allo Stato liberale fallì. L'immobilismo della politica socialista, l'ennesima scissione del partito, questa volta dell'ala riformista che andò a formare il **Partito socialista unitario**, indebolirono le opposizioni. Approfittando della generale crisi politica, Mussolini minacciò il colpo di Stato, mobilitando gli attivisti fascisti: il **27 ottobre 1922** cominciava con chiari intenti eversivi la **marcia su Roma**. Vittorio Emanuele III, dapprima deciso a dichiarare lo stato d'assedio, cambiò opinione, accogliendo i manifestanti in città e affidando a Mussolini, che godeva delle simpatie di gran parte della classe dirigente liberale e dei ceti imprenditoriali, l'incarico di formare un nuovo governo. L'organico di questo esecutivo comprendeva uomini di schieramenti diversi, in una coalizione che riuniva liberali e nazionalisti, con anche l'appoggio dei popolari. Molti, ingannandosi, ritenevano che il ruolo guida del fascismo si sarebbe dimostrato solo un breve esperimento politico.

17.5.4 | La conquista del potere

Tra il 1922 e il 1926 il fascismo snaturò progressivamente le istituzioni dello Stato liberale imponendosi definitivamente sulla scena politica. Nel 1922 fu creato il **Gran Consiglio del fascismo**, organo di massima direzione politica del partito, che doveva però anche fungere da collegamento tra questo e il governo. L'anno seguente le forze paramilitari di ispirazione fascista venivano regolarmente inquadrate nella **Milizia volontaria per l'ordine nazionale**, mentre, sempre nel 1923, i nazionalisti confluirono nel partito fascista e la politica economica di governo si orientò in senso marcatamente liberista. Nel frattempo veniva approvata la riforma scolastica concepita dal filosofo **Giovanni Gentile**, titolare del ministero dell'Istruzione. Nelle elezioni del '24 i fascisti ottennero un decisivo successo, presentando una lista, espressione del governo, a cui aderiva anche la maggioranza dei liberali e che trasse grande vantaggio dalla nuova legge maggioritaria. Mentre la Camera si apprestava a ratificare il risultato delle elezioni, il deputato socialista unitario **Giacomo Matteotti** pronunciò un duro discorso di denuncia delle violenze fasciste commesse contro gli oppositori durante la campagna elettorale. Il coraggio della sua dichiarazione lo espose alla vendetta fascista. Egli venne infatti rapito e assassinato da una squadraccia e la sua morte suonò finalmente come un allarme per le ormai indebolite forze democratiche. I loro deputati si ritirarono quindi dal Parlamento (**Secessione dell'Aventino**), affermando che avrebbero nuovamente preso parte ai lavori della Camera solo quando la legalità fosse stata ripristinata. A questa presa di posizione corrispondeva, però, l'incapacità di agire in modo efficace per isolare i fascisti e poi esautorarli dal potere. Di ciò si avvide Mussolini che, mentre si assumeva pubblicamente la responsabilità di quanto era accaduto, si dispose a sopprimere sia le opposizioni sia la libertà di stampa.

CONOSCENZE E COMPETENZE

17.5.5 | Lo Stato fascista

La forma istituzionale

I caratteri istituzionali dello Stato fascista furono determinati da una serie di **leggi**, dette appunto **fascistissime** (1925-26), che attribuirono un potere pressoché assoluto all'esecutivo, esautorando il Parlamento da qualsiasi funzione che non fosse subordinata al capo del Governo. Secondo queste riforme, la nomina del primo ministro competeva al re, mentre quella dei ministri avrebbe dovuto seguire le proposte del capo del governo stesso. I ministri non erano inoltre più responsabili delle proprie azioni nei confronti del Parlamento ed era lo stesso Mussolini, in qualità di capo dell'esecutivo, a decidere l'ordine del giorno delle sedute parlamentari. Nel 1925 furono abolite le cariche locali elettive, rimpiazzate dalla nomina di amministratori da parte del potere centrale. I sindaci furono inoltre sostituiti dai podestà. L'anno seguente venne ridotto il diritto di espatrio, mentre tutti i partiti politici, tranne quello fascista, venivano sciolti e i giornali antifascisti soppressi. Fu infine creato un **Tribunale speciale per la difesa dello Stato**, a cui fu affiancato uno speciale organo di polizia, l'**OVRA** (Organizzazione per la Vigilanza e la Repressione dell'Antifascismo).
Le istituzioni italiane si stavano quindi trasformando, come poi quelle tedesche e già quelle sovietiche, in uno Stato totalitario, caratterizzato dalla concentrazione dei poteri in un'unica persona, insieme capo del governo e guida del partito unico, i cui organi venivano gradualmente a coincidere con quelli dello Stato (nel 1928 il Gran Consiglio del fascismo diventò un organo statale). Nessuna possibilità di opposizione e dialogo veniva contemplata: molti antifascisti furono costretti all'esilio, spesso dopo aver subito aggressioni squadriste (Amendola, Gobetti). Sotto il regime fascista, l'autorità statale divenne il supremo principio regolatore della vita del Paese. I ranghi della burocrazia furono tratti sempre più spesso dal partito, mentre si procedeva anche a imporre il monopolio dell'educazione della gioventù secondo i principi del nuovo Stato. Nasceva così l'Opera nazionale Balilla, che si rivolgeva ai bambini e ai ragazzi, mentre a livello universitario le facevano riscontro i Gruppi universitari fascisti. Queste organizzazioni furono poi poste sotto il controllo della Gioventù italiana del fascismo (1937). Nel 1928 venne emanata una nuova legge elettorale: in base a essa il Gran Consiglio avrebbe scelto 400 nominativi tra quelli presentati. Questi candidati avrebbero poi costituito un'unica lista per il rinnovo del Parlamento, a cui i cittadini avrebbero potuto solamente dare o meno il proprio assenso. Con questa riforma le elezioni assumevano la forma di un vero e proprio **plebiscito** del popolo italiano in favore del regime vigente. Nel 1929 le consultazioni ebbero infatti il risultato di contrapporre più di otto milioni di consensi a solo 137.000 "no". Pareva così realizzato lo Stato di Popolo vagheggiato dallo stesso Mussolini, fondato su un rapporto privilegiato tra la cittadinanza e il **Duce**, incarnazione del ritrovato ordine sociale.

La politica economica

L'affermazione del fascismo non sarebbe stata possibile senza il tacito assenso delle principali forze economiche del Paese, assenso dovuto principalmente al fatto che Mussolini era passato da posizioni rivoluzionarie a una linea di sostegno all'iniziativa privata. In questa prospettiva deve essere letta per esempio la privatizzazione della rete telefonica e comunque la generale controtendenza alla statalizzazione dell'economia, sostenuta in passato da Giolitti al fine di conferire allo Stato le principali leve del potere economico. La questione sociale, inoltre, veniva considerata non più secondo l'alternativa "rivoluzione o riformismo", ma secondo una **logica corporativista**, in base alla quale lavoratori e imprenditori dovevano collaborare, a prescindere dai loro interessi di parte, al superiore bene della nazione. Nel gennaio 1927 fu soppressa la CGdL, sostituita dalle **corporazioni nazionali**, associazioni di categoria, poste sotto il controllo del governo: lo sciopero e la serrata venivano inoltre proibiti. Nel medesimo anno fu infine emanata la **Carta del Lavoro**, redatta dal Gran Consiglio, con l'intento di esporre il programma corporativo come l'alternativa proposta dal fascismo al liberismo e al comunismo. Nel 1939 le corporazioni vennero coinvolte negli organismi rappresentativi: sciolta infatti la Camera dei Deputati, furono istituite le **Camere dei fasci e delle corporazioni**, con l'unico compito di ratificare le decisioni del governo. Il carattere nazionalista del regime fascista portò in economia a una forte diminuzione del libero scambio con l'estero, il cui scopo era la realizzazione dell'**autarchia**, cioè di una totale autosufficienza. Questa intenzione fu all'origine di campagne fortemente ideologizzate come per esempio la **battaglia del grano**, finalizzata ad allargare la aree produttive e a proteggere attraverso una nuova politica doganale la produzione interna. A essa corrispose inoltre una politica monetaria volta a controllare la svalutazione della lira. Fino al 1929 la politica fascista era stata sostenuta dal favorevole momento economico mondiale, ma la crisi di quell'anno segnò una preoccupante diminuzione della produzione già in calo sia nel settore agricolo sia in quello industriale. La disoccupazione crebbe e parallelamente diminuì il reddito nazionale, mentre la crisi favorì, come nelle altre nazioni industriali, la concentrazione del potere economico; il governo rispose a tali difficoltà lanciando un vasto programma di **opere pubbliche**, anche allo scopo di creare nuova occupazione. Si migliorò quindi e allargò la rete stradale; le paludi pontine vennero bonificate; fu ultimato l'acquedotto pugliese e costruite le città di Sabaudia e di Littoria.

In campo imprenditoriale, fu inaugurata una politica dichiaratamente statalista. A essa corrispose la creazione dell'Istituto mobiliare italiano (**IMI**), finalizzato a sostenere il credito alle imprese, e dell'Istituto per la ricostruzione industriale (**IRI**). La politica autarchica comportava una drastica riduzione delle materie prime importate dall'estero: si imponeva dunque la necessità di sfruttare al massimo le risorse nazionali da parte dello Stato e di enti privati. Con questo fine fu fondata l'Agenzia Generale Italiana Petroli (**AGIP**), affiancata da quella nazionale idrogenazione e combustibili (**ANIC**). L'economia autarchica, che aveva favorito l'industria italiana, comportò un successivo aumento dei prezzi, soprattutto a causa delle imposte indirette il cui incremento gravò tutto sui consumatori. Non aveva trovato inoltre valida soluzione la questione meridionale, mentre la politica di crescita demografica promossa del governo, sembrava più che altro finalizzata a sostenere le ambizioni belliche fasciste.

Patti Lateranensi

Il fascismo trovò invece modo di risolvere la questione romana, siglando nel 1929 un concordato con la Chiesa cattolica (**Patti Lateranensi**), che stabiliva: 1) il riconoscimento della religione cattolica romana come confessione ufficiale dello Stato italiano; 2) il riconoscimento da parte dell'Italia di Città del Vaticano come Stato indipendente e sovrano; 3) il riconoscimento da parte del Vaticano del Regno d'Italia con capitale Roma. Al Vaticano fu versato un indennizzo per la perdita dei territori dello Stato pontificio e vennero infine regolamentate le materie "miste" (come gli effetti civili del matrimonio religioso, le condizioni del clero e soprattutto l'insegnamento della religione nelle scuole). Inoltre la Chiesa italiana ottenne che l'Azione cattolica non fosse soggetta – unica associazione in Italia! – al controllo del partito fascista. Con il concordato Mussolini sperava di acquisire il cattolicesimo come uno dei pilastri dello Stato fascista italiano; la Chiesa si vedeva invece riconosciute una serie di prerogative, tra cui quelle relative all'educazione religiosa dei giovani, precedentemente negatele dallo Stato laico risorgimentale.

Le opposizioni

Dopo il 1926 la resistenza al fascismo era diventata un crimine contro lo Stato, punito con il carcere o il confino, cioè l'obbligo alla residenza in zone particolari del Paese sotto la speciale sorveglianza degli organi di polizia. L'unico intellettuale non fascista che in questo periodo poté godere di una certa libertà fu **Benedetto Croce**, filosofo idealista, sottoposto comunque a una persistente sorveglianza. Altri politici erano invece stati costretti ad abbandonare l'Italia, come **Salvemini**, **Nitti**, don **Sturzo**, **Turati** e **Togliatti**, capo del partito comunista dopo l'arresto di Gramsci, che non sarebbe sopravvissuto alla prigionia. Gli esuli socialisti e repubblicani con l'appoggio di Salvemini e Nitti fondarono in Francia nel 1927 una **Concentrazione antifascista**, il cui fine precipuo era la propaganda antifascista contro il regime. Accanto a essa lavorò il più incisivo movimento **Giustizia e Libertà**, patrocinato da **Carlo Rosselli** ed **Emilio Lussu**, entrambi fuggiti dal confino a Lipari. Questa organizzazione si proponeva come alternativa agli esiti totalitari sia del fascismo che del comunismo e proponeva un ampio programma di riforme, tra cui l'affermazione della Repubblica, la democrazia politica, la riforma agraria e la nazionalizzazione delle grandi imprese. Nonostante la clandestinità, l'**opposizione comunista** riuscì a mantenere una notevole attività anche all'interno dei confini italiani e non solo all'estero. Il partito conservò infatti una propria capillare organizzazione e poté godere dei rilevanti collegamenti con le forze dell'Internazionale comunista.

17.5.6 | La politica estera fino al 1935

Per quanto riguardava la politica estera, il regime fascista confermò fino al 1934 le alleanze tradizionali. In particolare, mantenne buoni rapporti con la Gran Bretagna, che vedeva nel fascismo italiano un utile movimento di opposizione al bolscevismo. Il desiderio di affermare la potenza italiana sul piano internazionale si tradusse anche in imposizioni autoritarie o addirittura in azioni di forza. Nel 1923 venne occupata Corfù, prendendo a pretesto un incidente occorso a ufficiali dell'esercito italiano; dopo una campagna nazionalista il regime realizzò l'**annessione di Fiume**, stipulando il **Patto di Roma** con lo Stato jugoslavo (1924); nel 1927 si concluse un trattato di alleanza con il re di Albania, Zogu (1927), con il quale si imponeva una sorta di protettorato italiano su questo regno: analoghi trattati sarebbero poi seguiti con la Romania, la Bulgaria e l'Ungheria. L'espansione coloniale si limitò in un primo tempo all'**annessione** dell'**Oltregiuba** agli altri territori italiani d'Africa, ma la nuova vocazione egemonica dell'Italia a livello balcanico, e più in generale mediterraneo, avrebbe creato comunque tensione con la Francia. Nel **1933** sotto l'egida di Mussolini venne istituito il **Patto delle Quattro Potenze**, che poneva Italia, Germania, Inghilterra e Francia quali garanti del mantenimento della pace sul suolo europeo. Quanto in esso stabilito fu applicato l'anno seguente in occasione del tentativo di Hitler di annettere l'Austria, profittando di un *putsch* dei nazisti locali. L'evidente intenzione di Hitler provocò l'immediata mobilitazione militare dell'Italia, che in tal modo fece fallire il progetto. Alla **conferenza di Stresa** (1935) la Germania veniva quindi duramente condannata per questo atto dalle altre tre nazioni costituenti il Patto. Fu quella l'ultima occasione di concordia con le altre potenze occidentali: in quello stesso anno la ripresa dell'espansione coloniale italiana in Africa, infatti, avrebbe segnato il progressivo deterioramento delle relazioni con la Gran Bretagna e l'avvicinamento alla Germania. La **guerra d'Etiopia** rispose a un duplice scopo: sul piano nazionale si voleva con essa vendicare la sconfitta di Adua, mentre su quello economico e politico si mirava alla conquista di un più esteso e ricco Impero coloniale, fatto che avrebbe annoverato l'Italia tra le grandi potenze. L'attacco abissino al presidio italiano di **Ual-Ual** fornì il pretesto alla reazione fascista e quindi alla dichiarazione di guerra (ottobre 1935). La Gran Bretagna, temendo che l'espansione italiana in questa regione compromettesse il suo controllo della via delle Indie, fece imporre all'Italia sanzioni economiche da parte di 25 Stati della Società delle Nazioni. Il 9 maggio **1936** la guerra si concludeva vittoriosamente con la **proclamazione dell'Impero**, prosecuzione dei fasti della Roma antica, e Vittorio Emanuele III assunse perciò il titolo di **Imperatore d'Etiopia**.

17.5.7 | L'alleanza con la Germania

L'opposizione inglese alla politica coloniale italiana aveva determinato il riavvicinamento tra il regime di Mussolini e quello di Hitler, che aveva rifiutato di aderire alle sanzioni volute dalla Gran Bretagna. L'intervento congiunto nella guerra civile spagnola a sostegno di **Franco** avrebbe poi decisamente cementato l'intesa tra le due nazioni. Nel 1936, dopo una serie di colloqui preparatori, Ciano, genero del Duce e ministro degli Esteri, siglò con la Germania l'accordo che avrebbe dato vita al cosiddetto **asse Roma-Berlino.** Esso prevedeva che l'Italia continuasse ad aderire solo in funzione strumentale alla Società delle Nazioni e che facesse fronte compatto con il regime nazista nella lotta al bolscevismo. I fascisti italiani si impegnavano inoltre a sostenere la dittatura di Franco in Spagna. I tedeschi in cambio riconoscevano l'Impero d'Etiopia. Dai due governi veniva infine concertato un piano di collaborazione economica nei Balcani. L'anno seguente l'Italia aderì anche al **patto anti-Comintern** (in opposizione cioè all'Internazionale comunista), che già univa Germania e Giappone.

Quasi a riprova di un continuo avvicinamento al nazismo, nel 1938 Mussolini introdusse in Italia un'inedita politica antisemita, sul modello di quella già attuata nello Stato tedesco. Essa iniziò con l'emanazione di **leggi razziali**, profondamente lesive delle libertà civili degli ebrei italiani, che subirono: l'esclusione dai pubblici uffici e dall'esercizio delle libere professioni; l'impedimento a contrarre matrimoni misti, cioè con individui di "razza ariana"; il divieto per i bambini e i giovani ebrei di accedere all'istruzione di Stato, sia nella scuola dell'obbligo e superiore sia nelle università. Tale discriminazione fu accolta dalla maggioranza degli Italiani – che non aveva precedenti di antisemitismo radicato come altri popoli europei – più con indifferenza che con approvazione e non si verificarono i generalizzati atti di violenza che si erano invece registrati in Germania. Nel 1939, quando già la Germania aveva annesso l'Austria, i sudeti e la Cecoslovacchia, anche l'Italia decise di agire e attaccò l'**Albania**: allo sbarco delle truppe italiane il re albanese fuggì in Grecia e così Vittorio Emanuele III poté assumere anche la corona del Paese balcanico. Il 22 maggio del 1939 Italia e Germania sancirono una più stretta alleanza con il **Patto d'acciaio**, siglato da Ciano e Ribbentrop a Berlino. Non si trattava di un'alleanza difensiva ma totale, perché le clausole del trattato imponevano che il sostegno militare diventasse immediatamente operativo non appena una della due nazioni si fosse trovata in stato di guerra, a prescindere dal fatto che fosse il Paese attaccante o attaccato.

17.5.8 | I regimi fascisti europei

Il prevalere di movimenti nazionalisti di destra, durante gli anni Venti e Trenta, non fu un fenomeno isolato alle sole Italia e Germania, al contrario simili svolte autoritarie riguardarono numerosi Paesi europei, in cui la democrazia era ancora particolarmente fragile. In **Spagna**, per esempio, nel '36 si era aperta una guerra civile destinata a durare tre anni e a risolversi con l'ascesa del dittatore fascista **Francisco Franco**, sostenuto da Mussolini e da Hitler. Il Paese iberico fin dagli inizi del secolo era percorso da un grave conflitto sociale e politico, in cui le rivendicazioni riformiste della borghesia collidevano con le posizioni conservatrici di clero e nobiltà ed entrambe le parti si scontravano con la forte componente anarchica. Dopo una dittatura militare di fatto, esercitata dal **generale de Rivera**, nel **1930** venne infine proclamata la **Repubblica** e il re Alfonso XIII fu costretto a rinunciare al trono. Tra il 1931 ed il 1933 un governo di coalizione tra repubblicani e socialisti tentò con scarsi risultati di porre rimedio alla critica situazione del Paese. Il biennio seguente, detto **bienio nero**, fu segnato da ripetute rivolte di stampo anarchico, violenze dell'esercito e dal costante aumento dei consensi verso le formazioni di destra. Alle elezioni del '36 il **Fronte popolare**, che riuniva repubblicani, socialisti e comunisti (ma in alcuni casi anche gli anarchici votarono per esso), vinse, ma la debolezza di uno schieramento tanto composito non consentì il controllo dei fermenti rivoluzionari attivi nel Paese. Le violenze popolari furono tanto diffuse da fornire il pretesto per un pronunciamento militare che, il 13 luglio, rovesciò lo Stato repubblicano e rappresentò il momento iniziale di una sanguinosa guerra civile. Le forze di destra, che ebbero il loro riferimento nel generale Franco, vennero sostenute da Germania e Italia, mentre il Fronte repubblicano ottenne l'appoggio dell'URSS. L'Internazionale comunista fu di importanza decisiva nell'organizzazione delle **Brigate internazionali**, corpi di volontari provenienti da diversi Paesi che si mobilitarono in favore della Repubblica spagnola: ne fece parte, tra gli altri, anche lo scrittore americano Ernest Hemingway. Nel 1939 la guerra terminò con la sconfitta dei repubblicani e la vittoria di Franco.

Anche nel vicino **Portogallo** un colpo di Stato militare nel '26 aveva instaurato un regime autoritario, guidato dall'ex docente universitario Antonio Oliveira de Salazar. In **Romania** e **Grecia** dittature militari si erano ugualmente costituite tra il '34 e il '36. Lo stesso era avvenuto in **Estonia** e **Lettonia**, mentre in Polonia il maresciallo **Pilsudski** aveva fondato un regime militare, che si sarebbe consolidato anche dopo la sua morte (1935). In **Jugoslavia**, re Alessandro, dopo aver sciolto il Parlamento, costituì un partito unico, mentre in **Bulgaria**, re Boris impose una sorta di dittatura monarchica.

17.6 | La seconda guerra mondiale

17.6.1 | Verso la guerra

Il comune sostegno alla guerra civile spagnola favorì rapporti sempre più stretti tra Italia e Germania. Al 1936 risale infatti l'accordo istitutivo del cosiddetto **asse Roma-Berlino**, seguito nello stesso anno dal patto anti-Comintern tra Italia, Germania e Giappone. L'asse si era così mutato in **Roma-Berlino-Tokyo**. Mentre il Giappone perseguiva il suo programma imperialistico in Oriente (già nel 1931 aveva iniziato una guerra con la Cina, destinata poi a confluire in quella mondiale), in Europa Hitler si dispose ad attuare il suo progetto di unificazione di tutte le terre tedesche nel grande *Reich*. Nel 1934 era stata la decisa opposizione di Mussolini a impedire l'annessione dell'Austria ma nel 1938, grazie alla recente alleanza, la Germania non avrebbe più incontrato ostacoli. Sollecitato dal locale partito nazista, nel marzo di quell'anno l'esercito tedesco penetrò in Austria e attuò l'annessione, peraltro ratificata da un successivo plebiscito. Il secondo obiettivo di Hitler furono i sudeti, cioè una popolazione tedesca che abitava la Cecoslovacchia. Questi avanzarono la richiesta di riunificazione alla Germania e Hitler promise il suo intervento. Francia e Gran Bretagna, pensando di contenere in tal modo le mire naziste, indissero una **conferenza internazionale** a **Monaco** (29-30 settembre 1938) per decidere la questione e convinsero Mussolini a fare da mediatore. La conferenza, dalla quale fu esclusa la Cecoslovacchia che pure era direttamente interessata, fu un successo per Hitler che ottenne subito l'annessione dei sudeti e l'anno seguente, prendendo a pretesto alcuni scontri tra cechi e slovacchi, poté occupare la Boemia e la Moravia, mentre la Slovacchia rimaneva formalmente indipendente, ma di fatto diventava uno Stato satellite della Germania. Anche l'Italia decise di intraprendere una politica di espansione, come i suoi alleati, e il 7 aprile 1939 inviò le truppe in Albania, già suo Stato satellite: il 12 dello stesso mese Vittorio Emanuele III divenne ufficialmente anche re d'Albania. Italia e Germania strinsero poi il cosiddetto **patto d'acciaio**, che garantiva una più stretta collaborazione e, di fatto, allineava l'Italia alla volontà del suo alleato. L'offensiva di Hitler riprese sul piano diplomatico: le trattative con l'URSS, nonostante la diversità ideologica dei due Stati e i tentativi di Francia e Gran Bretagna di attirare nella loro orbita i sovietici, portarono in agosto alla firma di un patto decennale di non aggressione (**Patto Ribbentrop-Molotov**), a cui seguì un protocollo segreto di spartizione della Polonia. L'acquiescenza britannica e francese era però stata finalmente disillusa dalla violazione degli accordi di Monaco da parte di Hitler, cosicché le due potenze offrirono alla Polonia – obiettivo esplicitamente designato delle mire espansioniste tedesche – un'alleanza difensiva. Quest'ultima tuttavia, sentendosi minacciata, mobilitò le sue truppe: la Germania fingendosi provocata, rispose con l'invasione. Era il **primo settembre 1939**, iniziava la seconda guerra mondiale.

Lo scontro che divampò tra il 1939 e il 1945 fu poi definito **totale** per il numero di nazioni coinvolte, che fu superiore a quello della guerra del 1914-18, e perché richiese una mobilitazione di risorse maggiore che in passato e interessò la popolazione civile in misura fino ad allora inedita (sia per le devastazioni subite sia per il fenomeno della resistenza all'invasore). Come nel primo conflitto mondiale, le probabilità di vittoria erano direttamente legate alle capacità industriali e produttive dei belligeranti, nonché alle innovazioni tecnologiche, soprattutto nel campo degli armamenti. Il carattere ideologico dello scontro, che contrappose le "democrazie" occidentali ai totalitarismi fascisti, mobilitò nei movimenti di resistenza larghi settori della popolazione civile.

17.6.2 | Gli eventi del 1939-1940

L'esercito polacco si oppose con coraggio all'efficienza e modernità dell'esercito tedesco, in uno scontro impari. Presto la guerra assunse i toni della tragedia quando, per esempio, la cavalleria polacca si trovò a contrastare l'avanzata dei carri armati nemici. In breve, aggrediti anche dai sovietici ai confini orientali, i **polacchi** dovettero capitolare e la Polonia fu spartita tra i due assalitori: la Germania annetté Danzica e le regioni perse con la pace di Versailles, mentre la zona centrale del Paese fu organizzata in un **Governatorato generale**, sotto l'occupazione e il pieno controllo tedesco. I sovietici acquisirono i concordati territori di Ucraina e Bielorussia e costrinsero Estonia, Lettonia e Lituania a cedere importanti basi militari. Quando la Finlandia rifiutò di fare altrettanto, fu attaccata dall'URSS. Francia e Gran Bretagna avevano subito dichiarato guerra alla Germania, ma le operazioni militari ristagnavano intorno alle rispettive linee fortificate di confine: la *Maginot* per gli anglo-francesi, la *Sigfried* per i tedeschi. Sui mari invece, i sottomarini tedeschi avevano iniziato la strage del naviglio mercantile alleato. Mentre la strategia alleata persisteva nell'attendismo, Hitler, allo scopo di assicurarsi il controllo sui mari settentrionali e l'accesso alle riserve di minerali e di materie prime del Nord Europa, sferrò nell'aprile 1940 un'offensiva imprevista: la **Danimarca** si arrese senza combattere; la **Norvegia** cercò di resistere, ma in breve tempo fu costretta a cedere. Nel mentre i sovietici si erano annessi Estonia, Lettonia e Lituania e avevano firmato la pace con i finlandesi.

La Repubblica di Vichy

Per risolvere rapidamente la guerra sul fronte francese, Hitler ricorse, come già era stato fatto dall'esercito guglielmino nel 1914, all'invasione dei Paesi neutrali confinanti: Belgio, Olanda e Lussemburgo furono travolti per consentire all'esercito tedesco l'aggiramento della *Maginot*. La manovra riuscì con una velocità e una precisione stupefacenti: 15 divisioni francesi, 9 inglesi e 15 belghe furono ricacciate verso la costa e poterono sottrarsi alla completa distruzione, ma con gravi perdite, solo imbarcandosi a Dunkerque sulla flotta inglese e trasferendosi in Gran Bretagna. Le truppe naziste occuparono Parigi il 14 giugno. La Francia si arrese: il 22 giugno fu sottoscritto un armistizio con il quale la Francia cedeva all'occupante le regioni settentrionali e occidentali del Paese, mentre la zona centro-meridionale e le colonie sarebbero rimaste sotto il controllo di un governo nazionale ma collaborazionista con i tedeschi, diretto dal maresciallo **Pétain** e insediato nella città di Vichy: donde il nome **Repubblica di Vichy** assunto dal nuovo regime. Tuttavia, una parte dell'esercito francese si era salvata ed era riparata in Inghilterra. Da qui, il generale **De Gaulle** lanciò uno storico appello ai francesi della madrepatria e delle colonie a resistere agli invasori, e il ruolo che tali forze francesi e i partigiani giocarono nel prosieguo della lotta fu estremamente importante. Oltre al governo francese in esilio, contrapposto a quello di Pétain, la Gran Bretagna ospitava anche il Parlamento polacco, che a sua volta riuscì a mettere a disposizione degli Alleati una certa quantità di truppe.

La battaglia d'Inghilterra

Fallite le trattative diplomatiche con le quali, in cambio della pace, richiedeva alla Gran Bretagna di riconoscere le sue conquiste in Europa, Hitler, già dall'agosto 1940, aveva scatenato una furiosa offensiva aerea. Egli però commise un errore strategico nel posticipare il tentativo di invasione diretta della Gran Bretagna con truppe di terra (**operazione Leone marino**): all'inizio della guerra infatti gli inglesi sarebbero stati del tutto impreparati a fronteggiare un attacco del genere. Nel tempo invece, pur sottoposti a massicci bombardamenti aerei, ai quali dovevano poi aggiungersi persino i primi missili della storia (V1 e V2), gli inglesi organizzarono un'efficace resistenza, galvanizzati dalla nuova e determinata linea di condotta assunta da **Churchill**, il primo ministro subentrato a Chamberlain. La **battaglia di Inghilterra** fu la prima offensiva della storia combattuta esclusivamente dall'aviazione: la *Royal Air Force*, anche grazie a una certa superiorità dei propri velivoli, riuscì a tener testa alle incursioni della *Luftwaffe*. «Mai tanti hanno dovuto tanto a tanto pochi», ebbe a dire Churchill a proposito dei piloti inglesi. Dopo quasi tre mesi di battaglia aerea, la superiorità nei cieli era inglese e l'operazione Leone marino rimandata *sine die*.

La "guerra parallela" italiana

Nonostante la firma del **Patto d'acciaio**, Mussolini aveva dichiarato nel 1939 lo stato di "non belligeranza", rimproverando a Hitler l'iniziativa bellica prematura per le forze armate italiane, non ancora equipaggiate per un conflitto di lunga durata. Il crollo francese, inopinato nella sua rapidità, sembrò deporre per una fine imminente della guerra, dalla quale l'Italia non avrebbe potuto trarre vantaggio a causa della sua neutralità. Occorreva "qualche migliaio di morti" da gettare sul tavolo delle trattative di pace, dopo la vittoria: il 10 giugno 1940 anche l'Italia dichiarò guerra alla **Francia** e alla **Gran Bretagna**. Truppe italiane avanzarono nelle valli dell'Isère, dell'Arc e della Tinée e occuparono Mentone. Altri successi vennero colti in Africa a danno degli inglesi: l'occupazione di parti del Sudan, del Kenya, della Somalia britannica e dell'Egitto. Ciò però non bastava al Duce, il quale guardava con preoccupazione all'espansione tedesca anche in Europa orientale, di cui l'ultimo esempio era l'iniziativa diplomatica in Romania, dove Hitler aveva imposto un governo favorevole alla Germania e cessioni territoriali. Mussolini intendeva bilanciare tale attivismo e per questo decise di muovere guerra alla **Grecia**. Fu un duplice errore: sia perché la Grecia era guidata da un regime di destra simpatizzante per il fascismo, sia perché le truppe italiane che mossero dall'Albania erano impreparate. Dopo limitati successi iniziali, furono i greci a passare al contrattacco. Anche la guerra sul **Mediterraneo** segnava il passo: gli inglesi avevano infatti iniziato la controffensiva in Africa, riconquistando diverse posizioni. Nonostante la Marina italiana fosse rispetto agli altri corpi nazionali moderna ed efficiente, non poteva certo competere con la flotta da guerra più potente del mondo, che già utilizzava il radar. Gli inglesi vinsero perciò le battaglie di Punta Stilo e Taranto.

Mussolini non poteva più sostenere autonomamente le imprese belliche cui aveva dato corso, nel tentativo di affiancare da pari la potenza militare tedesca, e dovette risolversi a chiedere il soccorso della Germania. L'illusione della guerra parallela tramontava definitivamente.

17.6.3 | Gli eventi del 1941

Negli Stati Uniti, fu rieletto per la terza volta alla presidenza **Roosevelt**. Gli USA avevano inizialmente proclamato la loro neutralità, poi trasformata in "non belligeranza" a tutto favore della Gran Bretagna, la quale otteneva massicci rifornimenti, e anche la Cina beneficiava, già da diversi anni, dell'aiuto economico americano nella lotta contro il Giappone. Nel 1941 Roosevelt e Churchill si incontrarono e siglarono congiuntamente la **Carta atlantica**, una dichiarazione di principi contro il fascismo, che delineava in otto punti la natura democratica del futuro "ordine mondiale".

Sul fronte africano, una grave sconfitta navale era stata subita dagli Italiani a Capo Matapán, quando la flotta non riuscì più a colmare il divario con quella inglese. A favore dei britannici giocava, anche in questo caso, la potenza industriale che consentiva di riempire rapidamente tutti i vuoti, cosa che invece l'asfittica industria italiana non poteva fare. In Libia l'arrivo dell'*Afrikakorps* agli ordini di **Rommel** diede inizio alla controffensiva dell'Asse in Nord Africa; tuttavia le colonie italiane dell'Africa orientale (Somalia, Etiopia ed Eritrea), difficilmente difendibili, caddero in mano inglese.

Fronti orientali

In aprile i tedeschi, congiuntamente agli Italiani, attaccarono la **Jugoslavia** e la **Grecia** annientando rapidamente l'esercito regolare jugoslavo (nella regione tuttavia si organizzò un'aspra guerriglia di resistenza, soprattutto ad opera dei partigiani di **Tito)** e sottomettendo il territorio greco; poi, in rapida sequenza, fu la volta della **Bulgaria**. Pur restando aperto il fronte africano e irrisolto il problema britannico, Hitler era in condizione di netta superiorità in Europa e libero di intraprendere la sospirata espansione verso Est, ai danni dell'URSS, indicato dalla propaganda nazista come Paese doppiamente nemico perché slavo e sede del bolscevismo. Nel giugno del 1941, Hitler mosse all'attacco dell'**URSS** (**operazione Barbarossa**), violando il patto di non aggressione Molotov-Ribbentrop. All'offensiva tedesca fu aggregato anche un corpo di spedizione italiano (ARMIR), costituito soprattutto da battaglioni di alpini, che avrebbe duramente scontato la carenza del proprio equipaggiamento e l'insipienza dei propri comandi. Tre milioni di uomini (tedeschi, italiani e rumeni) con 10.000 carriarmati e 3000 aerei iniziarono l'invasione lungo tutto il fronte sovietico, dal mar Baltico al Mar Nero, cogliendo i russi del tutto impreparati. Brest-Litovsk, Minsk, Leopoli, Riga, Smolensk, Kiev, Odessa, Stalino, Horkov e Kursk furono prese, e mentre migliaia di prigionieri sovietici venivano avviati ai campi di concentramento, Leningrado (San Pietroburgo) e Sebastopoli venivano assediate. In novembre, i nazifascisti, che controllavano i territori baltici, la Bielorussia e l'Ucraina, erano giunti a 50 chilometri da Mosca. L'inverno avrebbe però bloccato la travolgente avanzata tedesca e acuito la potenza inaspettata della resistenza e della controffensiva sovietica.

Pearl Harbor

Il 7 dicembre 1941 il Giappone sferrò un attacco aereo a sorpresa contro la base navale statunitense di **Pearl Harbor**, nelle isole Hawaii, distruggendo alla fonda gran parte della flotta del Pacifico. L'attacco fu motivato sia dalla netta opposizione statunitense alle mire espansioniste nipponiche nel Sud-Est asiatico sia dal sostegno USA ai Paesi in lotta contro Germania e Italia di cui il Giappone era invece alleato. Nonostante le perdite ingenti, alcune portaerei, che non si trovavano nella base, si salvarono e costituirono il nucleo della nuova flotta americana. Il coinvolgimento degli USA spostò l'equilibrio della guerra in corso, grazie all'enorme potenziale industriale che il Paese riuscì a mobilitare ai fini della guerra. Profittando della momentanea superiorità nel settore, l'azione giapponese proseguì con successo. La Thailandia fu invasa e si arrese; le Filippine vennero invase; gli inglesi persero Hong Kong e la loro flotta venne di fatto estromessa dal Pacifico. Le forze dell'Asse erano vincenti su tutti i fronti di guerra.

17.6.4 | Gli eventi del 1942

L'ultima avanzata dell'Asse

Anche il 1942 si aprì in modo positivo per le potenze dell'Asse: in Africa i britannici furono ricacciati fino ad Alessandria, in Russia fu raggiunta la linea del Don, mentre **Leningrado** e **Stalingrado** erano sottoposte a un assedio durissimo, che falcidiava militari e civili. La potenza nazista cercò di ottimizzare la propria organizzazione bellica, sia nelle forze d'attacco sia in quelle di occupazione. Il tentativo tedesco di occupare anche la Francia libera suscitò gravi disordini e, in particolare, l'autoaffondamento della flotta francese di base a Tolone, per evitare che cadesse in mano ai nazisti. In tutti i Paesi occupati, inoltre, il corpo speciale delle **SS**, supportato dalla polizia segreta della **Gestapo**, organizzò con spaventosa efficienza i rastrellamenti degli ebrei, rinchiusi in ghetti e poi deportati a milioni nei campi di concentramento, lavoro e sterminio. Si stima che 6 milioni di ebrei di tutte le nazionalità siano così stati eliminati, nei sei anni di guerra, insieme a zingari, slavi, omosessuali e oppositori politici. Sul fronte del Pacifico i giapponesi conquistarono Singapore, Giava e Rangoon e costrinsero gli americani, sconfitti in battaglia nel Mare di Giava, a lasciare le basi di Bataan e Corregidor. Quanto agli Alleati, fu stipulata nel 1942 l'alleanza tra Gran Bretagna e URSS e fu estesa a quest'ultima la legge "affitti e prestiti" degli USA, in base alla quale i Paesi alleati potevano ottenere aiuti immediati sotto forma di forniture, differendone il pagamento.

La ripresa degli Alleati

Già nel 1942, gli Alleati cominciarono a raccogliere successi importanti. Riforniti incessantemente dalla loro flotta, in Africa i britannici raccolsero forze sufficienti per la decisiva battaglia di **El Alamein** contro italiani e tedeschi (ottobre 1942). Grazie anche all'apporto statunitense, gli inglesi vinsero e costrinsero le truppe di Rommel alla ritirata lungo la costa. Con gli sbarchi americani in Marocco, Algeria e Tunisia, l'Africa fu in breve persa per l'Asse, le cui forze erano chiuse tra due fuochi.

Una decisiva svolta della guerra conseguì tuttavia alla grave sconfitta nazista sul fronte orientale. **Stalingrado** assediata era diventata uno sterminato campo di battaglia, dove si affrontavano combattendo casa per casa quasi un milione di uomini. La sesta armata tedesca del generale **von Paulus** era riuscita a penetrare in città, ma i sovietici avevano lanciato un contrattacco e intrappolato i nemici. Dopo circa otto mesi di combattimenti che avevano lasciato sul campo 180.000 morti di entrambe le parti, i tedeschi dovettero arrendersi. Iniziò allora la terribile **ritirata di Russia** del corpo di spedizione invasore. I continui combattimenti e gli orrori dell'inverno russo seminarono di nuovi morti il cammino a ritroso delle forze dell'Asse. Per ammissione degli stessi sovietici, l'unico corpo d'armata a uscire con onore dall'URSS fu quello degli Alpini.

Anche sul fronte del Pacifico, l'iniziale superiorità nipponica venne meno. Gli Statunitensi vinsero infatti le battaglie aeronavali del **Mar dei Coralli** e di **Midway** e successivamente presero **Guadalcanal** nel corso di un sanguinoso scontro. I giapponesi, che avevano conquistato le Figi e le Nuove Ebridi e avevano vinto la **battaglia delle isole Salomone**, rinunciarono ad ulteriori iniziative e si limitarono a difendere le proprie posizioni. Anche in questo caso le capacità industriali spostarono l'ago della bilancia: i giapponesi non riuscivano rimpiazzare le navi da guerra perse, mentre gli Statunitensi accrescevano di continuo il numero dei loro vascelli.

17.6.5 | Gli eventi del 1943

La caduta di Mussolini e la Repubblica Sociale Italiana

Dopo le vittorie in Africa, truppe anglo-americane sbarcarono in Sicilia tra il 9 e il 10 luglio, rendendo instabile la situazione interna italiana e minando l'autorità di Mussolini. Alle sue promesse di grandezza avevano corrisposto bombardamenti e ristrettezze economiche. L'insofferenza per il regime non aveva tardato a farsi sentire, tanto che nell'Italia del Nord si erano verificati già nel marzo del 1943 alcuni scioperi nelle fabbriche. L'invasione alleata fece sì che il Gran Consiglio del fascismo nella notte tra il 24 e il 25 luglio decidesse di mettere **in minoranza Mussolini** e destituirlo. Il re procedette allora a nominare **Badoglio** capo del governo (governo dei "quarantacinque giorni") e a far arrestare Mussolini: pur affermando che la guerra sarebbe continuata, Badoglio avviò in segreto trattative di pace con gli Alleati. Un duro armistizio venne firmato a **Cassibile** il 3 settembre e reso noto l'8. I tedeschi reagirono occupando l'Italia. Il re e Badoglio fuggirono a Brindisi, abbandonando senza ordini né direzione migliaia di uomini delle Forze Armate, in Italia e sui fronti esteri. Considerati traditori dai tedeschi, molti soldati furono passati per le armi o avviati ai campi di lavoro in Germania. Anche la popolazione civile visse una tragedia: stretta tra gli occupanti tedeschi e i "liberatori" alleati (attestati lungo la linea *Gustav*, all'altezza di Gaeta), era esposta alla fame, ai bombardamenti, alle rappresaglie. Il Paese stava vivendo una delle ore più buie della sua storia.

L'esercito nazista liberò Mussolini dalla sua prigionia sul Gran Sasso e lo pose a capo dei territori italiani occupati, istituiti in Stato fascista con il nome di **Repubblica Sociale italiana** (o Repubblica di Salò, dalla cittadina sul lago di Garda che ne fu capitale). Da parte sua, il governo di Badoglio aveva invece dichiarato guerra alla Germania e le truppe regolari di stanza al Sud affiancarono quelle degli Alleati. A Nord, le milizie repubblichine reclutavano giovani da inviare al fronte per combattere gli angloamericani, cosicché italiani avrebbero sparato contro altri italiani. Tuttavia, la vera **guerra civile** fu quella combattuta tra i volontari del **movimento partigiano** nel Centro e nel Nord Italia e le milizie di Salò, che coadiuvavano le truppe naziste nella lotta contro la **Resistenza** antifascista. Il fenomeno della resistenza ai tedeschi da parte della popolazione civile acquistò sempre più consistenza. Il 9 settembre venne costituito il **Comitato di Liberazione Nazionale** (CLN) per coordinare la lotta partigiana, mentre Napoli, il primo ottobre, si liberò dagli occupanti con le sue sole forze, dopo quattro giorni di combattimenti accaniti (**quattro giornate di Napoli**).

CONOSCENZE E COMPETENZE

Altri fronti

I sovietici incalzavano i resti del corpo di spedizione nazifascista liberando una località dietro l'altra. Anche Leningrado fu infine sottratta al terribile assedio. In novembre, l'Armata Rossa era a Kiev. Un tentativo di controffensiva tedesca venne respinto. Anche i giapponesi erano alle strette. Nonostante l'impiego dei *kamikaze*, i piloti suicidi che si lanciavano con i propri aerei contro le unità navali nemiche, non erano riusciti a impedire la conquista statunitense delle isole Gilbert, delle Marshall e delle Salomone. Una grande battaglia era poi stata persa nel Mare di Bismarck.

17.6.6 | Gli eventi del 1944

Fronte italiano

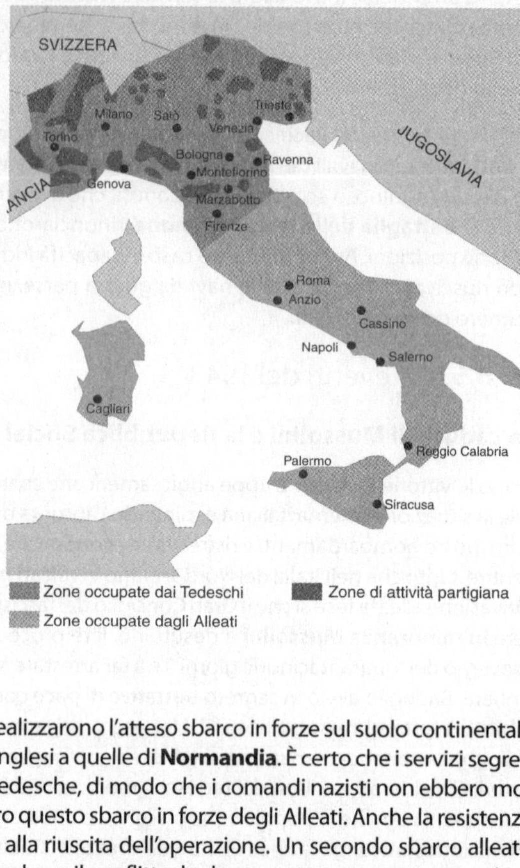

In Italia, Badoglio fu sostituito al governo da **Bonomi** e il re Vittorio Emanuele III affidò la luogotenenza al figlio Umberto. L'offensiva angloamericana proseguiva con lentezza, sia per una cattiva direzione delle operazioni sia per la tenace azione tedesca. Era diventato però notevole il fenomeno della **Resistenza** partigiana: oltre a numerosi atti di sabotaggio, erano state costituite vere e proprie brigate combattenti. **Firenze**, in agosto, si liberò e costrinse il corpo d'occupazione tedesco alla resa. Gli Alleati vinsero la dura battaglia di **Montecassino**, dopo devastanti bombardamenti che non risparmiarono l'antica abbazia (18 maggio), ed entrarono in Roma il 4 giugno, nei cui pressi erano sbarcati già da mesi (Anzio, 22 gennaio).

Lungo la **linea gotica**, tuttavia, l'offensiva alleata si spense, mentre le forze partigiane del settentrione – guidate dal Comitato di Liberazione dell'Alta Italia (**CLNAI**), che comprendeva tutti i partiti democratici – furono costrette a un altro inverno di lotta contro i nazifascisti.

Lo sbarco in Normandia

Tra il 5 e il 6 giugno statunitensi, britannici e francesi realizzarono l'atteso sbarco in forze sul suolo continentale europeo, trasferendo una grande armata dalle coste inglesi a quelle di **Normandia**. È certo che i servizi segreti alleati ebbero una parte di rilievo nello sviare le spie tedesche, di modo che i comandi nazisti non ebbero modo di allocare adeguatamente le proprie armate contro questo sbarco in forze degli Alleati. Anche la resistenza francese diede a sua volta un contributo importante alla riuscita dell'operazione. Un secondo sbarco alleato dal Mediterraneo, nel Sud della Francia, concorse a risolvere il conflitto: le due armate mossero per congiungersi e il 24 agosto Parigi fu liberata. In settembre i nazisti abbandonarono anche il **Belgio**.

Fronte orientale

L'avanzata dei sovietici fu travolgente: penetrarono in Polonia dove, operando in stretto contatto con la resistenza locale, diedero l'ordine di insurrezione alla città di **Varsavia**. Obbedendo a un cinico progetto politico, i comandi sovietici trattennero le loro truppe e non fornirono sostegno alla rivolta polacca, lasciando che la capitale fosse distrutta e la popolazione decimata: una Polonia allo stremo, priva di direzione e di forze partigiane sarebbe infatti stata facilmente attratta nella sfera di influenza sovietica al termine del conflitto. Allo stesso scopo era stato in precedenza perpetrato dai sovietici il massacro di migliaia di ufficiali dell'esercito polacco alle fosse di Katyn nel 1940. Inseguendo i tedeschi in rotta, i sovietici entrarono in **Ungheria**: Budapest fu duramente bombardata, mentre la **Romania**, liquidato il governo alleato dei tedeschi, passò con gli Alleati. Successivamente, vennero liberate la **Bulgaria** e la **Grecia** e, con il determinante apporto dei partigiani, la **Jugoslavia**.

Fronte aeronavale del Pacifico

Sul Pacifico gli americani andavano ristabilendo la propria egemonia, riportando continue vittorie. Lo spirito di sacrificio dei soldati giapponesi non poté colmare l'inferiorità navale, strategica e degli armamenti, mentre l'industria statunitense continuava la produzione bellica a ciclo continuo. Tra le tante battaglie dell'anno, bisogna ricordare almeno quella del **Leyte**, che consentì la riconquista delle basi nelle Filippine.

17.6.7 | 1945, l'ultimo anno di guerra

Il 4 febbraio 1945, Stalin, Roosevelt e Churchill si incontrarono nella **Conferenza di Jalta** (Crimea) per decidere l'assetto del mondo dopo la guerra. Venne stabilita la divisione della Germania in zone d'occupazione, affermato il principio della sovranità popolare dei Paesi liberati (principio subito disatteso da una serie di accordi segreti che dividevano il mondo in zone d'influenza) e creata l'**ONU**, un'organizzazione internazionale in cui veniva garantita la preminenza ai cinque grandi Paesi vincitori della guerra: USA, URSS, Gran Bretagna, Francia e Cina (membri permanenti del Consiglio di Sicurezza).

Se le operazioni degli Alleati in **Italia** ristagnavano, molto attivi furono invece i partigiani, che il **25 aprile** poterono lanciare l'ordine di insurrezione generale, d'accordo con i comandi alleati: Genova, Milano e Torino cacciarono i nazisti, mentre anche la Repubblica Sociale veniva abbattuta. Mussolini, in fuga verso la Svizzera, fu catturato e sommariamente giustiziato dai partigiani il 28 aprile e il suo corpo fu esposto alla folla a Milano. Il giorno dopo, l'armata tedesca in Italia si arrendeva. Da ovest, dopo aver respinto una controffensiva tedesca nelle Ardenne, gli anglo-americani entrarono in **Germania**, conquistando una città dietro l'altra: Colonia, Coblenza, Magonza, Münster, Francoforte, Norimberga, Lubecca. Il fronte orientale non era più lontano: i sovietici, passando attraverso l'Ungheria e l'Austria, entrarono in Baviera congiungendosi con gli Alleati. Ormai la morsa era stretta intorno a Berlino, ma si dovette combattere nella città e fin dentro il bunker dove **Hitler** e gli altri capi ancora resistevano. Quando ormai anche l'ultimo rifugio non offrì più riparo, il Führer – che aveva sempre insensatamente imposto la resistenza a oltranza – non volle piegarsi a firmare la resa e si suicidò. Il **7 maggio** l'ammiraglio **Donitz** firmò la capitolazione tedesca e l'8 maggio in Europa non si combatteva più. Rimaneva ancora in armi il **Giappone**, destinato a una sicura sconfitta, che però, secondo lo spirito dei figli del Paese del Sol Levante, sarebbe costata un bagno di sangue tanto ai vinti quanto ai vincitori. Gli americani avevano conquistato Iwo Jima e Okinawa, ma fu stimato che uno sbarco diretto nell'arcipelago giapponese, l'unico mezzo apparentemente in grado di far cessare la guerra, sarebbe costato loro un milione di morti. Fu per questo che il nuovo presidente statunitense **Truman** (Roosevelt era morto il 12 aprile 1945) si risolse a usare un'arma nuova e tremenda: la bomba atomica. Egli informò a Jalta della sua decisione Churchill e Stalin e, successivamente, gli Alleati lanciarono al Giappone un ultimatum a capitolare, ma senza successo. Il **6 agosto 1945** venne impiegata per la prima volta nella storia la bomba atomica a fini militari. La città di Hiroshima fu distrutta e si contarono 90.000 morti. L'8 agosto l'URSS entrò ufficialmente in guerra contro il Giappone, avviando la conquista della Manciuria e della Corea. Il giorno dopo, una seconda bomba atomica fu sganciata su Nagasaki.

Il 14 agosto il Giappone accettò la resa incondizionata, che venne firmata il primo settembre sulla corazzata *Missouri* nella baia di Tokyo.

Stato	Morti	Feriti	Prigionieri e dispersi
URSS	6115	14.012	–
Germania	3250	7250	1300
Giappone	1800	140	85
Cina	1320	1761	130
USA	405	671	–
Gran Bretagna	357	369	46
Francia	202	400	140
Italia	136	225	145
Alleati degli USA	400	2400	2
Alleati della Germania	884	26	430

Le perdite militari degli Stati coinvolti nella seconda guerra mondiale. I dati sono espressi in migliaia.

17.7 | Il secondo dopoguerra

17.7.1 | I trattati di pace

Nelle conferenze di **Teheran** (1943) e di **Jalta** (1945) Gran Bretagna, USA e URSS avevano già delineato l'assetto generale dell'Europa del dopoguerra. In queste sedi venne anche decisa la divisione della Germania in quattro zone di occupazione, una per ogni potenza vincitrice, che sarebbero state smilitarizzate integralmente. Ancora piuttosto vaga rimaneva invece la soluzione della questione polacca. Nel luglio del '45 a **Potsdam** si decise definitivamente il trattamento della Germania. I successivi negoziati si sarebbero tenuti a **Londra**, **Mosca** e **Parigi**, dove nel febbraio 1947 sarebbero state firmate le paci con gli alleati della Germania. L'Italia fu costretta a cedere alla Francia Briga e Tenda e alla Jugoslavia parte della Venezia Giulia, mentre Trieste era dichiarata territorio libero. Solo nel 1975 il **Trattato di Osimo** avrebbe sanzionato la divisione della regione, già esistente di fatto da decenni, in due zone: una italiana e una slava. Tutte le colonie furono perdute. Decisivi cambiamenti avvennero lungo il confine tra URSS, Polonia e Germania, dove l'Unione Sovietica ebbe modo di espandersi notevolmente, allargando poi la propria sfera di influenza a tutti gli Stati orientali che erano stati liberati dalle sue armate. Gli USA garantirono invece notevoli aiuti economici agli Stati europei occidentali, che sarebbero poi entrati nella loro orbita. Si crearono così in Europa due precise zone di influenza politica, che vennero a contrapporsi in modo irresolubile per decenni. La Germania e la sua capitale Berlino, poste quasi a cerniera tra i due "blocchi", rimasero divise: nacquero così la **Repubblica Federale Tedesca**, una democrazia di stampo occidentale, e la **Repubblica Democratica Tedesca**, di carattere comunista. Berlino rimaneva divisa, in due settori che, dal 1961, furono anche fisicamente separati dal celebre Muro.

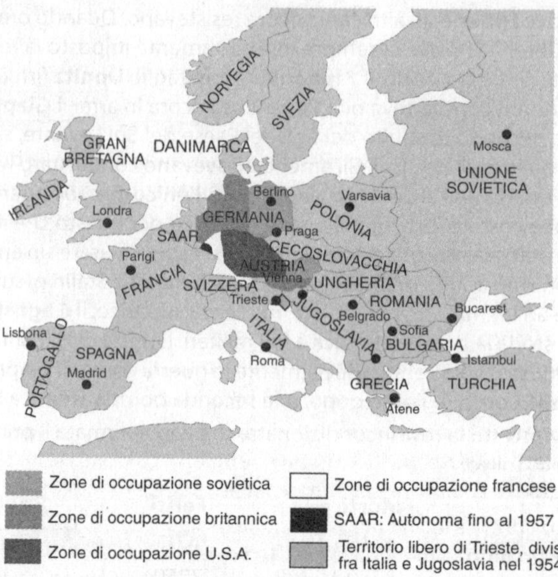

L'Europa dopo i trattati di pace.

17.7.2 | La guerra fredda

Il muro di Berlino, eretto nel 1961dai comunisti della DDR per separare il loro settore da quello occidentale, sarebbe divenuto il principale simbolo dello sterile contrapporsi di questi due blocchi in un confronto che è stato denominato **guerra fredda**. In essa si affrontavano le forze della **NATO**, facente riferimento agli USA, e quelle del **Patto di Varsavia**, dominato dall'URSS. Anche l'Unione Sovietica era infatti divenuta una potenza atomica e questo rendeva impossibile uno scontro diretto tra i due principali antagonisti, pena l'annientamento totale. I loro conflitti si sarebbero quindi scaricati su zone periferiche, determinanti però dal punto di vista strategico.

17.7.3 | L'ONU

Nel 1945, con la principale finalità di garantire la pace e la cooperazione tra le nazioni del mondo, fu creata da 51 Stati l'**Organizzazione delle Nazioni Unite**. Essa costituiva l'evoluzione di quella Società della Nazioni che aveva clamorosamente fallito nel tentativo di prevenire il secondo conflitto mondiale. I suoi organi principali erano, e sono tutt'oggi: l'assemblea degli Stati aderenti (oggi 193) e il Consiglio di Sicurezza, composto da quindici membri, dieci scelti secondo turni biennali e cinque permanenti (USA, URSS, Gran Bretagna, Francia e Cina). Ognuno di questi ultimi ha diritto di veto sulle questioni proposte al Consiglio e con esso può quindi fermare l'attività stessa dell'ONU. In effetti, dal punto di vista politico questa organizzazione non è mai riuscita a elevarsi al di sopra degli interessi delle grandi potenze, ma ha invece assunto un importante ruolo nel campo degli aiuti umanitari e dello sviluppo con i propri enti speciali, come l'**UNESCO,** la **FAO e l'UNHCR**.

17.7.4 | La Chiesa cattolica

Il dopoguerra rappresentò per la Chiesa romana un momento particolarmente fecondo grazie all'azione riformatrice di **Giovanni XXIII** e del **Concilio Vaticano II**, concluso poi da papa Paolo VI. Nel 1978, dopo il breve pontificato di **Giovanni Paolo I,** è salito al soglio pontificio il polacco **Karol Wojtyla** (Giovanni Paolo II), primo papa non italiano dal 1521. Dal 2005 nuovo Pontefice è il tedesco **Joseph Ratzinger** (Benedetto XVI), che clamorosamente si dimette nel 2013. Gli succede l'argentino Jorge Mario Bergoglio, primo papa sudamericano della storia, che sceglie il nome di **Francesco**.

17.7.5 | I Paesi europei occidentali nel dopoguerra

In **Gran Bretagna** le elezioni del '45 avevano visto Churchill sconfitto. Il governo era quindi passato ai laburisti, che avviarono una serie di riforme tese a creare uno Stato capace di assistere il cittadino durante tutta la propria vita (Welfare State – Stato assistenziale). A queste si unì poi una decisa nazionalizzazione delle industrie di interesse pubblico. Tali cambiamenti sarebbero in parte stati smantellati dai conservatori a causa della crescita dell'inflazione e del debito pubblico a essi connesso.

In **Francia** la maggiore personalità di rilievo del primo dopoguerra fu quella del generale Charles De Gaulle, capo della resistenza antinazista. I partiti che animarono in questo primo periodo la vita politica francese furono quello repubblicano popolare, quello socialista e quello comunista. Nel 1946 essi diedero quindi vita alla **Quarta Repubblica**, dominata da una serie di brevi governi. Nel 1958 a essa subentrava la **Quinta Repubblica,** frutto di un plebiscito che approvava una nuova carta costituzionale di forte stampo presidenziale. Il presidente della Repubblica, De Gaulle, grazie a questo particolare ordinamento dominò la scena politica francese fino al '69, anno del suo ritiro. Il gollismo avrebbe mantenuto il governo fino all'81, quando l'Unione delle Sinistre portò al governo François Mitterand.

La **Germania Occidentale** realizzò nel dopoguerra una incredibile ripresa economica, che ne fece una potenza industriale di prima grandezza. Animatori di questa "resurrezione" sono stati i cancellieri Conrad Adenauer e Ludwig Erhard, appartenenti all'Unione democratico cristiana. In seguito la Germania fu governata anche da esecutivi di coalizione tra democristiani e socialdemocratici.

Dopo la morte di Franco (1975) e la fine del suo regime (franchismo), la **Spagna** è tornata nel novero dei Paesi democratici, ripristinando la monarchia costituzionale con l'incoronazione di **Juan Carlos di Borbone**. Nel 1977 si sono tenute le prime elezioni libere, vinte dall'Unione democratica di Centro. Nel 1981 vi fu un tentativo, fallito, di golpe militare. Nel 1982 la Spagna è entrata nella NATO e nel 1985 nella CEE.

In **Portogallo**, Salazar fu deposto nel '74 da un colpo di Stato ("rivoluzione dei garofani") e solo dopo un periodo teso e contrastato anche in questa nazione si affermò la democrazia. Solo nel 1975 il Paese concesse l'indipendenza alle colonie di Angola e Mozambico, dopo una dura guerra. Nello stesso anno si verificò anche il tentativo controrivoluzionario del generale Spinola, però presto rientrato. L'anno dopo venne varata una costituzione democratica. Il primo presidente della Repubblica fu Eanes, mentre alla guida del governo si sono alternate formazioni di centro e i socialisti.

In **Grecia** si instaurò nel 1967 una dittatura militare (regime dei colonnelli) che solo nel '74 ha ceduto il posto a un governo democratico. La monarchia, già decaduta durante la dittatura, è stata poi abrogata con un referendum e nel '75 è stata approvata una nuova Costituzione.

A fronte della ritrovata democrazia sempre più importante sarebbe divenuta la volontà di legare le nazioni europee in una struttura comunitaria, inizialmente denominata **Comunità Economica Europea**. Essa si è sviluppata a partire da una serie di accordi internazionali di carattere economico a partire dagli anni '50. Notevole è stato il ruolo dell'Italia nella promozione di questi accordi e nella loro estensione a Paesi terzi. Il punto culminante del processo di integrazione europea è rappresentato dal **Trattato di Maastricht** del 1991 che ha trasformato la CEE in **Unione Europea, che attualmente conta 28 Paesi membri**.

17.7.6 | Gli USA dal dopoguerra a oggi

Dopo il secondo conflitto mondiale gli USA si propongono come superpotenza non solo bellica, ma soprattutto economica, massima espressione della logica liberista. Il "manifesto programmatico" dell'azione statunitense nel dopoguerra è rintracciabile nella dottrina di **Truman** (succeduto a Roosevelt, morto nel '45), che afferma la volontà di sostenere le economie dei Paesi amici, anche in esplicita funzione anticomunista. Durante la sua presidenza gli USA parteciparono alla guerra scoppiata in **Corea** nel 1950 tra i due regimi, comunista e nazionalista, che governavano le due parti in cui il Paese era stato diviso. Essa si sarebbe conclusa nel '53, con la stabile divisione del Paese in due Stati. In questo stesso periodo i sentimenti anticomunisti, maturati nella società americana, sfociarono nel **maccartismo**, un particolare atteggiamento politico, improntato all'esasperata ricerca all'interno della nazione di elementi sovversivi, che fu così chiamato dal nome del senatore Mac Carthy, animatore di questa "caccia alle streghe". Nel 1952 divenne presidente **Dwight Eisenhower**, che avrebbe mantenuto tale carica per otto anni. I suoi due mandati furono segnati dall'inasprirsi della guerra fredda, dall'acuirsi dei conflitti razziali e dall'inizio della recessione economica. Questi elementi di crisi avrebbero fatto eleggere presidente nel '60 il democratico **John F. Kennedy**. Depositario di molte speranze di rinnovamento, la sua presidenza in realtà avrebbe sortito risultati modesti. Sul piano estero pose le basi per il disastroso intervento americano in **Vietnam**, dove era in atto una guerra civile tra governo e guerriglieri comunisti, e fallì nel tentativo di invadere la **Cuba** di Castro, cui seguì una grave crisi con l'URSS, poi fortunatamente rientrata. Kennedy fu assassinato nel '63 e la sua politica fu proseguita da Lyndon Johnson, che promosse una avanzata legislazione sociale, ma legò di fatto il suo nome all'intervento americano in Vietnam. Intanto la lotta degli americani di colore per ottenere la parità di diritti si faceva sempre più incisiva sotto la guida di **Martin Luther King** (ucciso nel 1968). La crisi di quegli anni fu aggravata dal crescente coinvolgimento nella guerra del Vietnam, dove un numero altissimo di giovani soldati fu sacrificato, mentre l'impegno statunitense degenerava nel bombardamento a tappeto del Nord del Paese. Nel 1968 venne assassinato anche Robert Kennedy, fratello di John, e salì alla presidenza **Richard Nixon**. Il nuovo corso da lui impresso alla politica estera statunitense (dialogo con la Cina, ritiro dal Vietnam) fu però interrotto dalla denuncia per lo scandalo **Watergate**, che portò alle dimissioni il presidente, colpevole di aver fatto controllare l'opposizione e di aver depistato le indagini. Sotto la sua presidenza gli USA vinsero la corsa per la conquista dello spazio: è stato infatti un americano (**Neil Armstrong**) il primo uomo sbarcato sulla Luna (1969). Dopo **Ford** e **Carter**, fu il repubblicano **Ronald Reagan** a conquistare nel 1980 la presidenza, proponendo il rilancio dell'iniziativa privata e del ruolo di superpotenza degli USA. Dapprima caratterizzata da forti accenti antisovietici, la politica estera di Reagan avrebbe saputo mutare davanti alle aperture della *perestrojka* di Gorbaciov. Tale indirizzo fu poi seguito dal suo successore **George Bush**, che nel 1991, per liberare il Kuwait occupato dall'Iraq, si impegnò nella prima guerra di "ingerenza umanitaria" patrocinata dall'ONU, la **Guerra del Golfo**. Non riconfermato nel 1992, fu sostituito alla Casa Bianca dal democratico **Bill Clinton, che fu riconfermato in carica nel 1996**. Dal 2001, la presidenza degli USA è passata al repubblicano **George W. Bush** (figlio del presidente dei primi anni Novanta). Dopo l'**attacco terroristico dell'11 settembre 2001**, che ha provocato la distruzione del World Trade Center di New York City e circa 3000 morti, gli USA hanno guidato l'operazione militare patrocinata dall'ONU *Enduring Freedom*. L'operazione ha portato nel 2002 all'abbattimento del regime dei taliban in Afghanistan, governo teocratico considerato il principale sostegno del gruppo terroristico fondamentalista islamico **al-Qaeda**, responsabile dell'attacco agli Stati Uniti. Nel 2003 è iniziata la guerra in Iraq, che ha portato all'invasione del Paese e alla cattura del rais Saddam Hussein, accusato (ma ingiustamente) di aver costruito e stoccato armi di distruzione di massa. Nel 2004 George W. Bush è stato riconfermato alla presidenza della Casa Bianca. Le presidenziali 2008 hanno visto contrapporsi il democratico **Barack Obama** e il repubblicano John Mc Cain. La vittoria è andata a Obama, che diventa così il primo presidente afroamericano degli Stati Uniti d'America. Nel 2012 è stato riconfermato alla Casa Bianca. Nel 2016 gli è succeduto il repubblicano **Donald Trump** a cui nel 2020 è subentrato il democratico **Joe Biden**.

17.7.7 | La rivoluzione cinese

Agli inizi del secolo, al decadere della dinastia Manciù si era affermato in Cina il movimento nazionalista del **Kuomitang**, che nel 1912 portò alla fondazione della Repubblica cinese. Il regime del Kuomitang, dominato dal generale **Ciang Kai-Shek** aveva avuto modo di rafforzarsi durante gli anni Trenta, mentre si andavano però diffondendo idee di stampo comunista, che incitavano la popolazione a sollevarsi contro il governo. Dopo un lungo periodo di agitazioni, durante il quale i comunisti riuscirono a sopravvivere malgrado la repressione di Ciang Kai-Shek, essi pervennero alla conquista del potere dopo essersi alleati con lo stesso generale per contrastare l'invasione giapponese. Nel 1949 **Mao Tse-Tung**, artefice della rivoluzione comunista, prese il potere grazie alla mobilitazione della stragrande maggioranza delle masse contadine. Il primo atto del nuovo regime fu la redistribuzione delle terre ai contadini, passo decisivo verso la collettivizzazione delle campagne. A esso si affiancò poi la nazionalizzazione delle industrie. Forte di una immensa manodopera, l'economia cinese si avviava quindi verso un rapido sviluppo, che, tuttavia, non avrebbe inizialmente sortito i risultati sperati in rapporto alle risorse che vi erano state coinvolte e ai gravi problemi di arretratezza, che si erano evidenziati nei vari settori economici e in tutto il Paese. Sul piano internazionale si verificò poi la rottura con il comunismo sovietico, che vedeva con timore e sospetto lo sviluppo di una potenza collettivista concorrente. Anche all'interno del regime si evidenziarono però gravi contrasti, che avrebbero poi portato alla durissima repressione da parte di Mao del dissenso dei moderati. Esso culminò nella cosiddetta **rivoluzione culturale iniziata nel 1966**, che vide gli oppositori pubblicamente denunciati, epurati e reclusi, gettando la Cina sull'orlo di una vera e propria guerra civile. Solo nel 1971 con la morte di **Lin Piao**, delfino di Mao, si chiuse il periodo più oscuro della rivoluzione cinese. Ne furono sintomo il fatto che essa uscì dal proprio tradizionale isolamento per sostituire la Cina nazionalista nel Consiglio di sicurezza dell'ONU. La visita di Nixon a Pechino confermò questo nuovo corso. Alla morte di Mao (1976), salì al potere **Deng Xiaoping**, che ridimensionò il regime del suo predecessore. Pur introducendo riforme in campo economico, che accelerarono il prodigioso progresso cinese, egli è rimasto sordo a qualsiasi richiesta di aperture democratiche. Ne è stata tragica testimonianza la strage che il regime di Pechino ha compiuto contro gli studenti, riunitisi nella storica piazza **Tien An Men** (1989) per ottenere con la propria protesta l'avvio di un nuovo corso democratico. Nel 1989 Deng Xiaoping si ritirò da tutte le cariche ufficiali (morì nel 1997) e dopo il breve governo del moderato Zhao Ziyang (1987-89), sostituito perché favorevole al dialogo con gli studenti contestatori, la guida del Paese passò all'autoritario **Jiang Zemin**, che restò alla guida del partito prima e della Repubblica poi fino al 2003 e introdusse il capitalismo in Cina (facendo entrare il Paese del WTO nel 2001). A Zemin è succeduto **Hu Jintao**, che dal 2004 controlla esercito, partito e governo. All'inizio degli anni Duemila il Paese ha superato il miliardo di abitanti (come è accaduto anche per la vicina India) e per tutto il decennio il suo prodotto interno lordo è cresciuto a tassi annui superiori al 10% facendone la seconda potenza economica mondiale. Nel 2013 a Hu Jintao è succeduto **Xi Jinping**. A partire dal 2014 il Pil cinese ha superato quello americano, insidiato anche dall'India. Nel 2018 Xi Jinping ottiene una modifica costituzionale che gli consente di essere rieletto. Nel 2020 dalla città di Wuhan si diffonde all'intero pianeta l'epidemia di Covid-19.

17.7.8 | La decolonizzazione

Lo smembramento dei grandi imperi coloniali ha mostrato una decisiva accelerazione nel secondo dopoguerra. Il processo di affrancamento delle colonie dalla madrepatria non è però sempre avvenuto in modo indolore. Le differenze etniche rimaste all'interno di territori che erano stati definiti secondo un criterio puramente geografico dagli occidentali, l'assenza di una classe dirigente preparata, il sottosviluppo economico hanno infatti messo a dura prova queste giovani nazioni. Tutto ciò è palese in **Africa**, dove molti Stati nazionali vivono tuttora tormentate vicende di dittature, sanguinose guerre etniche e civili. Per alcuni di essi, come l'Algeria, ex colonia francese, l'indipendenza è stata il frutto di una guerra (1954-62), per altri gli scontri sono sopravvenuti in seguito a causa di lotte tribali o della nascita di movimenti islamici integralisti, come quello che ultimamente ha portato l'Algeria sull'orlo della guerra civile. Per motivi differenti, grave era anche la situazione del Sudafrica, il cui ordinamento legislativo si fondava sulla discriminazione razziale. Infine, il regime dell'**apartheid** è stato abolito e il leader dell'African National Congress Mandela è stato eletto alla presidenza dello Stato.

Anche in **Asia** l'emancipazione delle colonie dalle madripatrie europee è stata difficile e a tutt'oggi molti Paesi pagano le conseguenze economiche e politiche dei regimi coloniali. In Indocina i francesi hanno combattuto inutilmente per mantenere i propri possedimenti coloniali, frazionatisi poi negli Stati del Vietnam del Nord e del Sud, del Laos e della Cambogia. **Ho Chi-Minh**, appoggiato da Cina e URSS e vincitore nel '54 dello scontro con la Francia, fondò nel Nord del Vietnam un regime comunista, a cui si sarebbe contrapposta la dittatura filoamericana nel Sud del Paese. Da questa opposizione sarebbe poi scaturita la **guerra del Vietnam**, conclusasi con la vittoria dei Vietcong del Nord. In Cambogia, la dittatura comunista di **Pol Pot**, caduta solo nel '79, è passata alla storia per l'eliminazione fisica di qualsiasi opposizione, da molti definita un vero e proprio genocidio.

Particolare fu invece la storia dei possedimenti coloniali inglesi, che la **Gran Bretagna** ha sempre cercato di mantenere nella propria orbita economica e politica mediante lo strumento del Commonwealth. Merita di essere ricordata la lunga lotta per l'indipendenza dell'India (conclusasi nel 1947), che fu ottenuta con i metodi dell'opposizione non violenta propugnati da **Gandhi**. Nel 1948 Gandhi, che voleva smantellare il sistema delle caste, fu ucciso da un fanatico indù. Primo ministro indiano dal 1947 al 1964 fu il Pandit **Nehru**, segretario del partito del Congresso. Nel 1950 entrò in vigore la Costituzione, che fece dell'India uno stato federale, laico e parlamentare. Insieme a Tito e all'egiziano Nasser, Nehru fu tra i promotori del **Movimento dei non allineati** – il cui primo vertice si tenne a Belgrado nel 1961 – che si opponeva al bipolarismo sovietico-americano e si opponeva tanto all'imperialismo quanto al neocolonialismo. Dal 1947 al 1971 India e Pakistan (a maggioranza musulmana) combatterono tre sanguinose guerre per il controllo del Kashmir e del Bangladesh. L'India è stata in seguito governata dalla figlia di Nehru, **Indira Gandhi** (1966-77 e 1980-84) e dal figlio di Indira **Rajiv Gandhi** (1984-89). Entrambi sono morti assassinati. Nel passaggio dal XX al XXI secolo, l'India ha conosciuto una stagione di straordinaria crescita economica e demografica (la sua popolazione, superiore al miliardo di individui, è seconda solo a quella cinese). Il Paese dispone di armi nucleari, ha varato un proprio programma spaziale e ormai fa stabilmente parte delle potenze emergenti. Al governo di **Manmohan Singh** (2004-2014) è seguito quello di **Narendra Modi**, in carica dal 2014.

17.8 | L'Italia repubblicana

Si propone di seguito una rapida sintesi dei principali avvenimenti storico-politici italiani della Repubblica.

L'Italia nel dopoguerra: 1945-1967

Con il referendum istituzionale tenutosi nel 1946 l'Italia **aboliva la monarchia**, divenendo una Repubblica parlamentare. Nello stesso tempo fu eletta l'Assemblea costituente, delegata alla redazione di una nuova **Costituzione**, che sarebbe entrata in vigore nel '48. Le elezioni per la Costituente delinearono anche i rapporti di forza tra i maggiori partiti italiani. Tre quarti dei voti andarono infatti ai cosiddetti "partiti di massa": Democrazia cristiana, Partito socialista e Partito comunista, che avevano partecipato ai Comitati di Liberazione Nazionale e ai primi governi di unità nazionale. Questa collaborazione tra loro venne meno quando nel '47 la guida del governo fu assunta dalla DC in alleanza con partiti minori di centro. Le elezioni del '48 (le prime a suffragio universale) furono vinte dalla stessa DC, guidata fino al '53 da **Alcide De Gasperi**. Sotto la direzione del liberale **Luigi Einaudi**, ministro del Bilancio, l'Italia avrebbe conosciuto una prima ripresa economica, favorita dalla lotta all'inflazione e da riflusso di capitali. La DC sarebbe stata per quarant'anni il fulcro del governo italiano, mentre il fronte comunista rimaneva all'opposizione. Gli esecutivi del primo decennio hanno visto i democristiani in posizione di netta preminenza, alleati nel **Quadripartito** con socialdemocratici, liberali e repubblicani (1948-58). Dopo una serie di governi monocolori (1958-63), la DC realizzò una significativa apertura, alleandosi con i socialisti nei governi detti del **centrosinistra**. Questo accordo fu reso possibile dall'evoluzione interna al Partito socialista, provocata dalla crisi del movimento operaio italiano e dall'azione repressiva dell'URSS sui Paesi satelliti. Non mancarono ulteriori contrasti all'interno della formazione socialista, da cui nel '64 i si separò il PSIUP (Partito socialista italiano di unità proletaria), contrario all'accordo di governo con i democristiani. Diverse sono state le riforme completate in quegli anni, da quella fiscale a quella dell'istruzione (che introdusse l'obbligatorietà della scuola media inferiore), da quella agraria a quella della sanità pubblica. Parallelamente si tentò di porre rimedio all'arretratezza del Sud utilizzando consistenti finanziamenti statali, gestiti dalla

Cassa del Mezzogiorno, senza però decisivi risultati. Tra il 1952 e il 1962 il Paese ha attraversato un periodo di forte crescita, detto **miracolo economico**, che avrebbe portato l'Italia ad attestarsi tra le prime potenze industriali a livello mondiale. Crescendo il tasso di occupazione, crescevano anche i consumi interni che, in un circolo virtuoso, sostenevano a loro volta la produzione. Nello stesso tempo, però, questo rapido progresso, avviatosi nei diversi settori dell'economia, acuiva anche gli squilibri interni all'Italia: gli impianti industriali e il settore terziario si sviluppavano al settentrione, mentre l'economia meridionale non riusciva a decollare, dando luogo a un massiccio fenomeno di emigrazione interna dal Sud verso le città industriali del Nord.

Dal 1968 agli anni Ottanta

Il 1968 segnò l'esplosione di un generalizzato malessere che si era andato sviluppando nelle società occidentali. Esso si evidenzia principalmente su due fronti: quello giovanile e quello operaio. La contestazione studentesca, già presente negli Stati Uniti, ma in forme non violente, si sarebbe radicalizzata in Europa, dove si registrò anche la nascita di gruppi armati con finalità terroristica, sia di destra sia di sinistra. In Italia, a questa protesta si sarebbero poi saldate le crescenti rivendicazioni del movimento operaio e la cui lotta si inasprì notevolmente tra il '68 e il '69, sfociando nel cosiddetto autunno caldo. Nel dicembre di quell'anno la strage di piazza Fontana a Milano, provocata da una bomba, diede inizio alla **strategia della tensione**, cui concorsero anche settori deviati dei Servizi segreti di Stato. Si svilupparono, parallelamente, un terrorismo nero di matrice neofascista e un terrorismo rosso, quest'ultimo costituito da più formazioni indipendenti, ma accomunate dall'ideologia comunista, che diedero vita ai cosiddetti anni di piombo. Lo Stato dovette lottare contro la destabilizzazione operata da gruppi terroristici, sia rossi sia neri, cercando di non smarrire la propria identità democratica e di non ricorrere a una repressione delle libertà civili. Tristi esempi di terrorismo nero furono le stragi di Peteano (1970), piazza della Loggia a Brescia e del treno Italicus (1974). Il terrorismo rosso invece operò in prevalenza tramite l'uccisione di figure simbolo (dirigenti di grandi industrie, magistrati, giornalisti, professori universitari, uomini di punta delle forze dell'ordine ecc.) e del sequestro di persona. Uno dei momenti più drammatici di quegli anni fu proprio il rapimento e l'uccisione di **Aldo Moro**, statista e presidente della Democrazia cristiana, compiuto nel 1978 dalle **Brigate Rosse**.

Durante questi anni difficili della storia del Paese si era realizzato un accordo politico, noto come **compromesso storico** (1973), in cui le principali forze democratiche, in primis comunisti e democristiani, collaboravano nell'azione di governo e in generale nella società civile per contrastare i movimenti eversivi in azione. Le elezioni del 1975 avrebbero visto un significativo aumento dei consensi per il PCI, mentre la Democrazia cristiana subiva un netto calo. Nuove consultazioni avrebbero però ridimensionato questi risultati l'anno seguente. La crisi politica degli anni Settanta coincise con una congiuntura economica negativa, che fece sentire i propri effetti in tutto il mondo occidentale: anche in Italia, in questo periodo, l'inflazione cresceva, mentre la lira evidenziava la propria debolezza nei confronti delle altre monete. Il deficit dello Stato aumentò costantemente e si registrò inoltre una consistente diminuzione degli investimenti a cui faceva riscontro il calo della produzione industriale. Tornava infine ad aggravarsi il problema della disoccupazione, in particolare giovanile. Nel 1974 la legge che quattro anni prima aveva introdotto la pratica del divorzio venne sottoposta a un referendum abrogativo che vide però la maggior parte dei votanti esprimersi contro la proposta di abrogazione.

L'Italia dagli anni Ottanta al nuovo secolo

Nel 1979 le elezioni politiche registrarono una forte flessione del Partito comunista italiano, che aprì la strada ad alcuni governi (1979-81) a guida democristiana appoggiati dai socialisti. Nel giugno 1981 venne varato invece il primo governo dal dopoguerra non presieduto da un democristiano: quello di **Giovanni Spadolini**, leader del Partito repubblicano. Egli conferì all'Italia una più attiva partecipazione alla vita internazionale, facendo installare a Comiso i missili intercontinentali statunitensi e inviando un contingente militare in Libano. Durante il suo breve governo (terminato a novembre 1982) venne scoperta la Loggia massonica "P2" avente scopi eversivi e antidemocratici, e venne accertata l'appartenenza a essa di molte influenti personalità politiche.

Dal 1983 al 1987 fu al governo il socialista **Bettino Craxi**, il quale riuscì a sfruttare una favorevole congiuntura internazionale per avviare una forte ripresa dell'economia, anche a prezzo di scontri con i sindacati e della riduzione del costo del lavoro. L'atteggiamento fermo tenuto nei confronti degli USA in occasione del dirottamento della nave italiana *Achille Lauro* da parte di un gruppo di terroristi palestinesi (1985) fece parlare di "decisionismo" craxiano, che piacque alla maggioranza degli Italiani. Un altro successo del governo Craxi fu il nuovo **Concordato con la Chiesa cattolica** (1984).

Dopo altri brevi governi, nel 1989 la direzione dell'esecutivo fu presa dal democristiano Andreotti che, sia pure con un cambiamento di alleanze, restò al potere fino al 1993. Risultati importanti ottenuti in questo periodo furono un nuovo codice di procedura penale, la legge antitrust, quella sull'immigrazione e quella sugli enti locali. Cambiava intanto il panorama politico con l'irrompere sulla scena di una forza nuova: la Lega Nord di Umberto Bossi, che nelle elezioni del 1990 riportò un grande successo. Programma del nuovo partito era la lotta al centralismo, all'assistenzialismo e anche all'immigrazione degli stranieri. Tema centrale è il progetto di trasformazione dell'Italia in una federazione di regioni, ma si giunse persino a parlare, in toni accesi, di secessione del Nord Italia.

Continuava intanto il declino del Partito Comunista, che nel 1991 si trasformò nel Partito Democratico della Sinistra (oggi Democratici di Sinistra), subendo però la scissione di Rifondazione Comunista. Nello stesso anno l'Italia prese parte alla guerra del Golfo. Il 1992 fu un anno drammatico per l'Italia, di svolta sotto diversi aspetti. Si registrarono gli omicidi dei giudici **Falcone e Borsellino** ad opera della mafia. Le elezioni politiche videro ancora un successo della Lega Nord, con calo della Democrazia Cristiana, stasi del psi e ridimensionamento del pds rispetto alle aspettative. A partire da quell'anno però si fecero sentire massicciamente gli effetti delle indagini della magistratura ("tangentopoli") su moltissimi uomini politici accusati di corruzione, tra i quali Craxi, Forlani, Gava, De Lorenzo, Scotti. Il risultato fu, nelle elezioni amministrative parziali, il tracollo della DC e del PSI. La prima, nel 1994, si trasformò nel Partito Popolare Italiano; il secondo letteralmente scomparve.

Sempre nel 1994 il Movimento sociale italiano si trasformò in Alleanza Nazionale, mentre comparve il nuovo partito di Forza Italia guidato dall'imprenditore **Silvio Berlusconi**. In marzo Forza Italia, an e Lega Nord dettero vita a un governo di centro-destra, destinato però a cadere in dicembre per la dissociazione della Lega Nord. Dopo un governo tecnico guidato da Dini, le elezioni del 1996 hanno affidato il governo alla coalizione di centro-sinistra dell'Ulivo, guidata da **Romano Prodi**. La medesima coalizione ha continuato a esprimere l'esecutivo nonostante il cambio del premier, verificatosi nel 1998, che ha visto Massimo D'Alema subentrare a Prodi. La legislatura è terminata con il governo di Giuliano Amato.

Alle elezioni politiche del maggio 2001 si è registrato il netto successo della coalizione della Casa della Libertà, che ha portato alla formazione del governo di centro-destra presieduto da Silvio Berlusconi (giugno 2001). Nel 2004, l'esecutivo del leader di Forza Italia ha superato il precedente primato di durata in carica di 1058 giorni, che risaliva al primo governo Craxi e lo ha portato a 1410 giorni.

Dalle elezioni politiche della primavera 2006 è uscita vincitrice di stretta misura una coalizione di centro-sinistra guidata da Romano Prodi, che ha assunto la guida del governo, rimasto in carica due anni. Le elezioni politiche della primavera 2008 hanno visto contrapporsi due nuove formazioni politiche: il Partito democratico di centro-sinistra guidato da Walter Veltroni e il Popolo delle Libertà di centro-destra di **Silvio Berlusconi**, che ha nettamente vinto il confronto ed è tornato al governo del Paese. Per la prima volta nella storia repubblicana in Parlamento non ci sono esponenti di forze politiche che si definiscono di sinistra. Nel novembre 2011 Berlusconi si dimette e viene varato un governo tecnico guidato dal neosenatore a vita **Mario Monti**.

Nel 2013, dopo le elezioni, che vedono l'ingresso in Parlamento del Movimento 5 Stelle, a Monti succede il democratico Enrico Letta, che guida un governo delle "larghe intese" cui partecipano le principali forze del centrosinistra e del centro-destra. Per la prima volta, un presidente della Repubblica uscente viene rieletto: Napolitano assume un secondo mandato, che però svolge solo parzialmente, fino al 2015. Sfiduciato Letta, nel febbraio 2014 gli subentra il neoeletto segretario del Partito democratico **Matteo Renzi**. Il popolare **Sergio Mattarella** è eletto nuovo presidente della Repubblica. A fine 2016 Renzi, bocciato con la sua riforma al referendum costituzionale, si dimette. Al suo posto, alla guida del governo viene nominato l'ex ministro degli Esteri PD **Paolo Gentiloni**.

Con le elezioni politiche del 2018, il Movimento 5 Stelle è il primo partito nel Paese. Si forma un governo di coalizione del M5S con la Lega per Salvini, a sua volta partito i n forte ascesa; Presidente del Consiglio è un professore di diritto, vicino al M5S ma non parlamentare: **Giuseppe Conte**. Nel 2019, dopo una crisi di governo aperta dalla Lega per Salvini, **Conte** forma un nuovo governo di coalizione tra PD e M5S. Nel febbraio 2021, in piena emergenza da pandemia di Covid-19, si insedia il governo tecnico-politico guidato da **Mario Draghi**. Nell'autunno 2022 entra in carica il governo di centro-destra guidato da **Giorgia Meloni**, prima donna nominata Presidente del Consiglio dei ministri.

17.9 | Il Mondo contemporaneo

17.9.1 | I nuovi assetti dei secoli XX e XXI

La dissoluzione dell'URSS

Il primo dopoguerra fu dominato in URSS dalla figura di **Stalin**. Sotto la sua guida, la politica repressiva fu attuata con grande determinazione e si estese a tutti i Paesi del Blocco comunista. Alla morte di Stalin venne inaugurata una direzione collettiva del Paese da parte dei più alti funzionari del Partito comunista, tra i quali emerse poi **Nikita Kruscev**. Divenuto unico arbitro della scena politica, egli si impegnò per l'attuazione di una politica di distensione nei confronti degli Usa, fondata sulla possibilità di una pacifica coesistenza, e di **destalinizzazione** dello Stato sovietico. Kruscev, pur reprimendo con la forza la rivolta ungherese del 1956, avrebbe garantito una maggiore autonomia ai diversi partiti comunisti. Sul piano interno egli propose un severo esame dell'opera di Stalin e della sua condotta politica sia estera sia interna. In economia Kruscev sostenne con energia il rapidissimo incremento del settore industriale sovietico, diventato uno dei più forti al mondo. In particolare, egli favorì l'incremento della produzione dei beni di consumo in modo tale da migliorare il basso tenore di vita della popolazione sovietica. Questa strategia diede però scarsi risultati sul piano delle condizioni di vita del cittadino medio, anche se a essa corrispose un notevole progresso scientifico e tecnologico, che avrebbero visto i sovietici lanciare il primo satellite artificiale, lo **Sputnik**. Quattro anni dopo l'astronauta **Yuri Gagarin** fu il primo uomo a compiere un volo orbitale intorno alla Terra. Malgrado questi successi, nel '64 Kruscev fu improvvisamente destituito e l'URSS tornò sotto la direzione collegiale di un gruppo di tecnocrati, tra cui si sarebbe presto distinto **Leonid Breznev**, il quale accentrò tutto il potere nelle proprie mani e istituì il culto della propria personalità. Egli si trovò nel 1968 ad affrontare la questione della **Cecoslovacchia** ("Primavera di Praga"), dove il partito comunista locale aveva cercato di riformare la vita economica del Paese. Teorizzando la dottrina della "sovranità limitata" degli Stati socialisti, in base alla quale i Paesi socialisti avevano il diritto di intervento nelle questioni interne di un membro dell'alleanza che deflettesse dalla giusta via, Breznev inviò le truppe del Patto di Varsavia a stroncare il nuovo corso socialista. Fu l'inizio di una politica aggressiva in tutto il mondo, basata sul riarmo, su alleanze con i regimi antioccidentali e su interventi militari diretti o in sostegno di altri alleati. Nel 1979 però l'invasione dell'**Afghanistan** si rivelò una trappola fatale, come già era stato il Vietnam per gli USA; le truppe sovietiche, subendo forti perdite, restarono per anni immobilizzate dall'efficace guerriglia dei *mujaheddin* e si arresero nel 1989. Nel 1977 una nuova costituzione aveva ribadito il primato del partito unico nello Stato, mentre si intensificavano le persecuzioni contro i dissidenti (Solzenitsyn, Sacharov).

Morto Breznev, nel 1982 si ebbero le brevi presidenze di **Andropov** e **Cernenko**, a cui seguì nel 1985 **Gorbaciov**. Egli, constatando i fallimenti del regime, intraprese una politica di trasformazione economica (*perestrojka*) e trasparenza della gestione del potere (*glasnost*). Si ebbero così nel 1989 le prime elezioni libere, la fine delle persecuzioni per motivi ideologici, gli storici incontri per il disarmo nucleare con Reagan a Ginevra nel 1985 e a Reykjavik nel 1986, il ritiro dall'Afghanistan e lo scioglimento del Patto di Varsavia. Tuttavia, questa nuova politica "liberalizzatrice" lasciò emergere in tutta la loro forza tensioni, aspirazioni e problemi a lungo repressi dal regime. Esplosero conflitti interetnici, spinte secessioniste, scioperi. Nel 1989 Gorbaciov "consentì" il primo governo non comunista in un Paese del Patto di Varsavia, la Polonia, e la nascita del pluralismo politico in Ungheria. Si ebbe poi il distacco dall'URSS dei Paesi baltici, Estonia, Lettonia e Lituania. Nel 1991 i comunisti e ambienti militari tentarono un **colpo di Stato** restauratore a Mosca, giungendo a sequestrare lo stesso Gorbaciov; mentre gran parte della popolazione rimaneva sostanzialmente indifferente, il presidente dello stato federato russo **Boris Eltsin** si distinse nella resistenza cittadina ai golpisti, che infine

CONOSCENZE E COMPETENZE

prevalse e portò all'arresto dei capi della cospirazione e alla liberazione di Gorbaciov. Ormai, però, il suo tentativo di rinnovare il comunismo e l'URSS era fallito. Il partito comunista sovietico fu messo al bando e i suoi beni confiscati mentre l'Ucraina si staccò dall'URSS. Nel dicembre 1991 Gorbaciov rassegnò le dimissioni da presidente e il 26 dicembre dello stesso anno l'**URSS venne sciolta**. La necessità di integrare le economie degli Stati che componevano l'URSS impose di costituire una comunità politico-economica, la Comunità degli Stati Indipendenti (**CSI**), nella quale, come già ai tempi dell'URSS, il ruolo guida era della Federazione russa. **Eltsin** restò alla guida della Russia fino alla fine degli anni Novanta, lasciando dal 2000 la presidenza e la guida del Paese a **Vladimir Putin**. Nel 2008 Putin, terminati due mandati presidenziali, ha lasciato il posto al suo giovane delfino **Dimitrij Medvedev** ed è diventato primo ministro. Nel marzo 2012 **Putin** è tornato al Cremlino come presidente della Federazione russa. Nel febbraio 2014 la Russia ha occupato militarmente la **Crimea**, sottraendola all'Ucraina. Nei mesi seguenti gli scontri armati si sono spostati nell'area del Donbass, dove c'è una forte presenza di popolazione russa. Nel 2018 Putin è stato rieletto per un quarto mandato e nel 2020 dopo un contestato referendum ha ottenuto di poter restare Presidente a vita. Nel febbraio 2022 l'esercito russo invade l'Ucraina.

I Paesi dell'Europa dell'Est e il crollo del comunismo

Nel dopoguerra l'Europa dell'Est, interamente sottoposta all'influenza sovietica, si strutturò in Stati denominati "democrazie popolari", in realtà regimi oppressivi di matrice comunista, legati per la politica estera, e assai spesso anche per quella interna, ai dettami dell'URSS. In essi fu conculcata ogni opposizione e diversità politica e ideologica e imposta un'economia di stampo collettivista, anch'essa improntata al modello sovietico.

Inclusi nel Patto di Varsavia, questi Paesi cominciarono a staccarsi dall'Urss già prima della dissoluzione sovietica del 1991. Tranne la Polonia, che aveva avviato una transizione democratica già prima della caduta del Muro di Berlino del 1989, gli altri Stati – **Ungheria, Romania, Bulgaria e Cecoclovacchia, dal 1993 divisa in Repubblica Ceca e Slovacchia** – cambiarono forme di governo dopo l'implosione sovietica, in forme tutto sommato pacifiche (tranne nel caso della Romania, dove Ceausescu, leader incontrastato dal 1965, fu assassinato dopo un processo sommario. Tutti questi Paesi entrarono in seguito nell'Unione europea.

Diversi sono invece i casi di **Jugoslavia** e **Albania**, stati che già in piena guerra fredda si erano staccati dall'orbita sovietica.

La Repubblica federale socialista di Jugoslavia cominciò a disgregarsi dopo la morte di Tito nel 1980 e nel decennio successivo fu teatro di una sanguinosa guerra civile protrattasi dal 1991 al 1999, che portò all'indipendenza di Slovenia e Croazia nel 1991, e in seguito di Bosnia-Erzegovina (teatro di gravi crimini contro i civili musulmani e dell'assedio di due anni e mezzo di Sarajevo), Macedonia, Kosovo e Montenegro, l'ultimo Stato a staccarsi dalla Serbia, che in precedenza era la nazione egemone della Federazione. I primi Stati della ex Jugoslavia e entrare nell'Unione europea sono stati la Slovenia (2004) e la Croazia (2013).

Dopo la morte del padre-padrone Hoxta, invece, l'Albania ha visto un grande flusso di emigrazione verso l'Italia e avviato una faticosa transizione verso un governo di tipo occidentale, entrando nella Nato (2009) e avvicinandosi alle istituzioni comunitarie.

L'Europa occidentale negli anni recenti

Il processo d'integrazione europea, iniziatosi nel dopoguerra con una serie di trattati economici e militari, è culminato nell'istituzione Comunità Economica Europea (CEE), poi evolutasi nell'Unione Europea (1991). Si è trattato di un cammino lungo, tutt'ora in corso, non privo di incertezze. Le tendenze dominanti dell'ultimo ventennio sono state la spinta all'allargamento della Comunità, la crisi ideologica del comunismo e, con la fine della guerra fredda e del mondo "bipolare", l'acquisizione di un'accresciuta importanza politica dell'Europa. Problemi comuni ai Paesi membri sono invece la disoccupazione, l'emigrazione dal Terzo Mondo, l'accentuata concorrenza economica giapponese.

Francia

L'elezione alla presidenza della Repubblica di **François Mitterand** nel 1981 ha segnato la fine del gollismo. Mitterand è stato infatti eletto dall'Unione delle sinistre formata dai socialisti, dei quali egli era leader, e dai comunisti. Rieletto presidente nel 1988, Mitterand ha portato avanti una politica economica volta a rafforzare il controllo statale dell'economia e rivelatasi fallimentare. Migliori risultati sono venuti in politica estera: l'impegno nel Ciad, in Libano e nel Golfo Persico, la partecipazione alla Guerra del Golfo (1991); attiva è stata la collaborazione alla riunificazione della Germania, con la quale sono state intrattenute relazioni molto strette, e la spinta all'integrazione europea, verso la quale però il popolo francese si è mostrato invece piuttosto tiepido, tanto che il referendum per la ratifica del Trattato di Maastricht è stato vinto con poco più del 50%. Nel 1993 le elezioni politiche sono state vinte dal gollista **Balladur**, ed è iniziata così una difficile "coabitazione" tra un presidente di sinistra e un primo ministro di destra. Nel 1995 il gollista **Chirac** ha sostituito alla presidenza Mitterand (morto poi nel 1996), ponendo fine a questa coabitazione. Una situazione simile si è successivamente riproposta, se pur in senso inverso, nel 1997, quando il socialista **Jospin** ha ottenuto l'incarico di Primo ministro. Nel 2002 Chirac è stato riconfermato per un altro mandato settennale all'Eliseo e, dopo la sconfitta elettorale del centro-sinistra, il governo è guidato da un primo ministro (**De Villepin**) appartenente al suo stesso partito politico, quello gollista. Nel 2007 il conservatore **Nicolas Sarkozy** è diventato presidente della Repubblica. Nel 2012 gli è succeduto il socialista **François Hollande.** Nel 2017, invece, all'Eliseo viene eletto l'indipendente **Emmanuel Macron.** Nel 2022 Macron viene riconfermato all'Eliseo.

Gran Bretagna

Momento significativo nella storia britannica recente è stato il 1979, con la vittoria dei conservatori di **Margaret Thatcher**, la quale vincendo poi una seconda (1983) e una terza volta (1987) le elezioni ha guidato il governo fino al 1990. La sua è stata una politica neoliberale, antistatalista e conservatrice, che ha portato a massicce privatizzazioni nell'economia, allo scontro, molto aspro ma vincente, con i sindacati, allo smantellamento dello "Stato assistenziale" (pagato con un deciso peggioramento dei servizi sociali) e all'impedimento di ogni tentativo di integrazione della Gran Bretagna nella Comunità Europea. Nel 1982 Thatcher intraprese la guerra delle Falkland contro l'Argentina per il possesso delle isole omonime. La guerra, vinta, fu abilmente sfruttata dal primo ministro Thatcher per rinsaldare il suo potere interno, cavalcando lo spirito nazionalistico inglese.

Nel 1990 le subentrò alla guida del partito e del governo **John Major**, che ne ha continuato la politica smorzando però i toni antieuropei, tanto da consentire la ratifica del Trattato di Maastricht (1992). Nel 1990 la Gran Bretagna ha partecipato alla guerra contro l'Iraq. A partire dallo stesso anno si è avuta altresì una serie di grossi scandali che hanno coinvolto sia il governo sia la monarchia, alienando le simpatie di molti sudditi nei confronti delle due istituzioni. Una ferita sempre aperta è rimasta quella dell'Irlanda del Nord, alla ricerca di una propria indipendenza e afflitta da atti di terrorismo ed episodi di guerriglia. Negli anni recenti il governo laburista inglese di **Tony Blair** (1997, riconfermato premier nel 2002) si è risolto a intavolare trattative con il **Sinn Fein**, cioè il partito dell'indipendenza. Nello stesso anno si è avuta la storica apertura del Tunnel sotto la Manica, che ha posto fine all'isolamento insulare della Gran Bretagna. Nel 2007 il laburista **Gordon Brown** è succeduto a Blair nell'incarico di premier. Nel 2010 il conservatore **David Cameron**, grazie all'alleanza coi demoliberali di Nick Clegg, è diventato il nuovo premier britannico. Nel 2016, in seguito alla sconfitta nel referendum sulla Brexit, Cameron si è dimesso lasciando l'incarico di premier alla compagna di partito **Theresa May**. Nel 2019 l'incarico di premier è stato affidato al conservatore **Boris Johnson**. Nel 2020 il Regno Unito è uscito ufficialmente dalla Ue. Nel 2022 **Carlo III** succede alla madre Elisabetta II e **Liz Truss** prende il posto di Johnson. Dopo sei settimane Truss si dimette e al suo posto subentra **Rishi Sunak**, anch'egli conservatore, primo premier britannico di origine indiana e religione induista.

Dalle due Germanie all'unificazione

Nella **Germania Occidentale** nel 1969 salì al governo il socialdemocratico **Willie Brandt**, che avviò la cosiddetta *Ostpolitik*, cioè un'apertura politica, dotata però anche di una notevole importanza economica, verso i Paesi dell'Est Europa. Si ebbe così il riconoscimento della Repubblica Democratica Tedesca e il riconoscimento dei confini sull'Oder-Neisse con la Polonia. Nel 1974 a Brandt successe **Helmut Schmidt**, a sua volta socialdemocratico, che si trovò ad affrontare una crisi economica (risolta tramite il raggiungimento di un'intesa tra lavoratori e imprenditori, detta "cogestione"), una serie di atti di terrorismo e la crescita nel mondo giovanile di movimenti pacifisti e verdi. Nel 1982 è salita al potere la Democrazia cristiana di **Helmut Kohl**, che non ha rinunciato né alla cogestione né all'apertura verso Oriente, pur ospitando i missili nucleari americani sul territorio tedesco per controbilanciare quelli sovietici.

CONOSCENZE E COMPETENZE

Quanto alla **Germania Est**, essa vide dopo la costituzione in Stato a sé stante (7 ottobre 1949) la presa del potere da parte del partito comunista e, da allora una serie di fughe di cittadini all'Ovest, per impedire le quali venne costruito nel 1961 il famigerato muro di Berlino. Fu proprio il "crollo" del muro nel 1989 a diventare il simbolo della fine dei regimi comunisti europei e della fine della guerra fredda e, come è stato giustamente detto, della definitiva conclusione della seconda guerra mondiale.

Il nuovo corso gorbacioviano ha permesso la **riunificazione delle Germanie**, fortemente voluta dal popolo tedesco sull'onda di un ritrovato orgoglio nazionale e dell'entusiasmo per quella che sembrava, ed è stata, l'apertura di una nuova epoca mondiale. Passato l'entusiasmo, i tedeschi si sono trovati però alle prese con il costo pesantissimo della riunificazione, a causa dell'arretratezza del settore orientale del Paese e alla sua incapacità di aprirsi al libero mercato. Ne è seguita tra il '91 e il '94 una crisi economica, con una fortissima disoccupazione che ha alimentato una serie di atti di violenza contro gli immigrati del Terzo Mondo, accusati di sottrarre lavoro ai tedeschi. Dopo il '92, recuperato appieno il suo ruolo di gigante economico, la Germania è passata, dapprima timidamente, a occupare una posizione adeguata anche sul piano politico internazionale. Non ha preso parte militarmente alla guerra del Golfo del 1990, ma, nel quadro dei suoi impegni con la Nato e l'ONU, ha inviato contingenti in Somalia e in Bosnia. Nel 1992 ha ratificato il Trattato di Maastricht. Nel 1998 cancelliere tedesco è **Gehrard Schröder**. Nel 2005, dopo un sostanziale pareggio elettorale tra socialdemocratici (SPD) e cristianodemocratici (CDU), entrambi attestati al 32% delle preferenze, **Angela Merkel** (leader della CDU) ha assunto il ruolo di cancelliere tedesco. Nel 2009 e nel 2013 è stata riconfermata Cancelliere. E anche nel 2017 Merkel ha vinto le elezioni e mantenuto la carica. Riconfermata in carica altre tre volte, è uscita di scena nel 2021, dopo aver traghettato il Paese durante la pandemia di Covid-19. Le succede il socialdemocratico **Olaf Scholz**.

Spagna

Dal 1982 al 1993 il governo spagnolo è guidato dal socialista **Felipe Gonzales**, che vince le elezioni per quattro legislature consecutive e modernizza notevolmente il Paese. Resta irrisolto il problema del terrorismo basco, che continua a mietere vittime. Dal 1996 al 2004 la Spagna è guidata invece dal popolare **José Maria Aznar**, cui nel 2004 succede il socialista **Luis Zapatero** riconfermato in carica nel 2008. Anche in seguito alla grave crisi economica di fine decennio, nel novembre 2011 torna a vincere le elezioni il Partito popolare con **Mariano Rajoy**. Nel 2014, il re Juan Carlos di Borbone, travolto da scandali sulla sua vita privata, si è dimesso lasciando dopo 39 anni la guida della monarchia al figlio **Felipe IV di Borbone**. Il primo ottobre 2017 in Catalogna si è svolto un referendum per votare l'indipendenza della regione dalla Spagna. Il governo centrale ha decretato l'incostituzionalità del referendum e dunque la non validità della consultazione. Nel 2018 a Rajoy è subentrato il socialista **Pedro Sanchez**.

Il Medioriente

Dagli anni '60 del Novecento, il Medioriente è stato costantemente una delle zone più "calde" del globo, che per la contrapposizione tra popoli diversi, gli integralismi religiosi e gli interessi economici legati alla presenza di ricchissimi giacimenti di petrolio ha visto svolgersi diverse guerre e instaurarsi uno stato di crisi permanente.

Il conflitto arabo-israeliano

Lo Stato di Israele venne costituito ufficialmente dall'ONU nel 1947, tramite la spartizione della Palestina, subito messa in dubbio dall'attacco di diversi Stati arabi con la prima guerra araba del 1948. Seguirono altri conflitti: la guerra del 1956, quella del 1967 detta **guerra dei sei giorni**, quella del 1973 detta **guerra del Kippur**. La situazione era aggravata dall'esistenza di migliaia di palestinesi, negli anni costantemente aumentati di numero, rimasti senza patria a seguito della costituzione di Israele. Essi compivano continui attentati terroristici, non ancora cessati del tutto oggi, contro gli ebrei, ai quali questi ultimi replicavano con azioni di guerra. Nel 1982, la reazione israeliana portò all'invasione del Libano dove i terroristi avevano molte basi. In aggiunta, le vittorie militari degli israeliani avevano portato alla conquista di territori, che vennero rapidamente colonizzati da nuclei di israeliani. Nel 1991 Israele saggiamente, pur aggredito dall'Iraq, non si lasciò coinvolgere nella guerra del Golfo e, infine, nel 1993 iniziarono trattative di pace con l'**OLP** (Organizzazione per la Liberazione della Palestina), grazie alla mediazione statunitense.

L'iniziativa era destinata a un primo successo, nonostante le forti opposizioni dei radicali di entrambe le parti e l'esplosione di una continua serie di atti di violenza tra cui la ripresa dell'*intifada* o rivolta delle pietre (prima fase 1987, seconda e più intensa dal 2000) e l'assassinio del premier israeliano **Yitzhak Rabin** da parte di un colono ebreo fondamentalista nel 1995. Malgrado l'istituzione di una **Autorità Nazionale Palestinese** nel 1996, e il succedersi di proposte, piani e tentativi (tra cui la *Road Map* nel 2003), il problema di uno Stato autonomo palestinese non era stato ancora risolto al momento della morte dello storico leader politico **Yasser Arafat** nel novembre 2004. Nel 2005, con l'abbandono da parte di Israele del progetto di costruire un muro intorno ai territori controllati dall'ANP e soprattutto con il ritiro delle truppe israeliane dalla Striscia di Gaza (occupata nel 1967), un passo decisivo per risolvere politicamente il lungo conflitto sembra essere stato finalmente compiuto. Nell'estate 2006, dopo il sequestro di due soldati israeliani da parte delle milizie islamiche filopalestinesi e filoiraniane **Ezbollah** stanziate nel Libano del sud, c'è stata una guerra di 35 giorni tra Israele e Libano, conclusasi senza vincitori né vinti. Al termine del conflitto una forza internazionale di pace dell'ONU (di cui fa parte un contingente italiano) è stata inviata nel Libano del sud per cercare di regolare pacificamente i rapporti bilaterali. Per la prima volta dal 1948 l'esercito di Israele non è però riuscito a sbaragliare gli avversari arabi e il premier **Ehud Olmert**, succeduto al falco **Ariel Sharon**, guida di Israele dal 2001 al 2006 costretto alle dimissioni per motivi di salute, è stato aspramente criticato per la battuta d'arresto della macchina bellica israeliana. Dal 2007 al 2014 presidente dello Stato di Israele è stato il laburista **Shimon Peres**.Tra dicembre 2008 e gennaio 2009 l'operazione "Piombo fuso" ha visto l'esercito israeliano bombardare e invadere la Striscia di Gaza (più di 1500 morti e 5000 feriti palestinesi) per colpire il governo palestinese guidato da **Hamas**, partito ritenuto complice dei terroristi arabi che vogliono la distruzione di Israele. Dal 2009 al 2021 primo ministro è stato il conservatore **Benjamin Netanyahu** (già al potere dal 1996 al 1999) mentre dal 2014 al 2021 Presidente è stato **Reuven Rivlin**. Ai due sono succeduti **Isaac Herzog** come Presidente e **Naftali Bennett** come premier.

La causa palestinese viene appoggiata anche dai gruppi terroristici legati al fondamentalismo islamico, le cui azioni sono cresciute durante l'ultimo decennio del Novecento. Il più noto e pericoloso di questi gruppi, **Al Qaeda** (la base), si è reso responsabile degli attentati terroristici contro gli USA dell'11 settembre 2001, che hanno provocato oltre 3000 vittime civili e distrutto le Twin Towers a New York. In risposta, gli USA hanno guidato un attacco contro l'**Afghanistan**, retto dal 1996 dal regime fondamentalista musulmano dei taliban, protettori dei terroristi capitanati da **Osama bin Laden** (ucciso da un commando della Cia in Pakistan nel 2011). Il governo dei taliban è caduto nel dicembre 2001 dopo l'invasione di una coalizione internazionale guidata dalle forze anglo-americane. Dal 2002, presidente afgano è il moderato **Hamid Karzai**. Truppe Nato continuano a presidiare il Paese, dove ancora è forte la presenza di talebani. Nel 2014 a Karzai succede **Ashraf Ghani**. Nel settembre 2021, in coincidenza con il ritiro delle truppe Usa da venti anni stanziate nel Paese, i **talebani** hanno riconquistato il potere.

La guerra tra Iran e Iraq

Nel 1979, finì in Iran il regime dello scià, amico delle potenze occidentali e fautore di una politica di modernizzazione, e ritornò in patria il leader religioso esiliato, l'ayatollah **Khomeini**. Venne così instaurata una repubblica islamica basata su rigidi principi sciiti, e iniziò una politica di ostilità contro gli occidentali, culminata nel 1981 nel sequestro del personale dell'ambasciata americana e in una serie di atti di terrorismo. Nel 1980 iniziò una guerra, peraltro mai ufficialmente dichiarata, contro l'Irak guidato da Saddam Hussein. Durata fino al 1988, la guerra ha avuto costi umani altissimi e non ha avuto vincitori. L'Iran è rimasto una Repubblica islamica, e dal 1997 è guidata dallo sciita moderato **Mohammad Khatami**. Nel 2005 con l'elezione alla presidenza della Repubblica dell'ultraconservatore **Mahmoud Ahmadinejad**, si è registrata una svolta che potrebbe portare alla fine dei timidi tentativi di apertura e modernizzazione della società iraniana fatti dal suo predecessore e a nuove tensioni in campo internazionale, in particolare in seguito alla decisione di riprendere il programma nucleare. Nel 2013 gli è succeduto il moderato **Hassan Rouhani**, che ha avviato una politica estera di dialogo con l'Occidente, in primo luogo gli USA. Riconfermato nel 2017, nel 2021 è stato sostituito dal conservatore **Ibrahim Rasi**.

La guerra del Golfo e il Medio Oriente

Nel 1979, in Iraq **Saddam Hussein** instaurò un regime dittatoriale, caratterizzato da feroce repressioni contro ogni dissenso politico e contro le minoranze etniche di curdi e sciiti. Forte di forniture sovietiche, Saddam condusse una guerra, senza peraltro vincerla, contro l'Iran tra il 1980 e il 1988.

Nel 1990 invece l'Iraq invase il Kuwait, Paese piccolo ma ricchissimo di petrolio. L'intenzione dichiarata era di procedere all'annessione; di fatto furono commessi saccheggi ed efferatezze contro la popolazione, oltre a devastazioni gratuite. Nel 1991 una forte coalizione internazionale, che comprendeva anche Paesi arabi, scacciò le truppe irachene infliggendo loro gravi danni. Non si determinò però la caduta del regime di Saddam, cosicché negli anni successivi le tensioni sono continuate.

Nel 1993 gli USA hanno lanciato un secondo attacco missilistico, più limitato. Venti di guerra si ebbero ancora nel 1998. Dopo il pubblico plauso agli attacchi terroristici contro gli USA dell'11 settembre 2001, un conflitto è tornato a minacciare il sempre più isolato regime di Saddam Hussein. Nel 2003 esso è difatti crollato in seguito all'invasione delle truppe statunitensi e britanniche. La difficile transizione dall'occupazione militare straniera alla normalizzazione si è faticosamente avviata in Iraq con il regolare svolgimento delle elezioni politiche nel gennaio 2005. Nello stesso anno, il curdo **Jalal Talabani** è stato eletto presidente della Repubblica ed è stato formato un governo non controllato direttamente dalle truppe di occupazione anglo-americane. Alla fine del 2006 **Saddam Hussein** è stato giustiziato.

L'Iraq rimane il terzo maggior produttore di petrolio del mondo, anche se ancora la guerriglia interna sannita e jihadista tiene in scacco il governo centrale. A Talabani nel 2014 è succeduto **Fuad Masum**, curdo del suo stesso partito; nel 2018 è stato sostituito da **Barham Salih**, anch'egli curdo.

Turchia

Rimasta neutrale per gran parte della seconda guerra mondiale, la Turchia si schierò nel 1945 con gli Alleati, entrò a far parte dell'ONU nello stesso anno e nel 1952 entrò anche nella NATO, in funzione di baluardo antisovietico. Nel 1974, dopo il colpo di stato militare greco, invase l'isola di Cipro e prese il controllo della parte Nord (la divisione in due Stati perdura a tutt'oggi). Diversi colpi di Stato militari hanno caratterizzato la recente storia turca: nel 1960, nel 1971 e nel 1980. Va inoltre segnalato che dal 1984 l'esercito di Ankara combatte le forze del PKK, il partito comunista autonomista curdo.

Negli anni Ottanta iniziò anche l'avvicinamento alla Comunità europea, che portò nel 1999 a una candidatura per l'ingresso nell'Ue. Il processo è ancora lontane dal chiudersi dato che il Paese non risponde ancora ai canoni minimi di democrazia interna necessari. L'uomo forte della politica turca dell'inizio del XXI secolo è l'ex sindaco di Istanbul, **Recep Tayyip Erdogan**, primo ministro dal 2003 al 2014 e da allora presidente della Repubblica. Rimostranze a livello internazionale hanno suscitato sia la sua dura repressione delle proteste di piazza Taksim del 2013 sia quelle, ancor più estese che hanno portato alla proclamazione, dopo il tentato golpe dell'estate 2016, dello Stato d'emergenza, poi mantenuto per due anni. Nel 2017, tramite referendum, la Turchia è diventata una repubblica presidenziale.

Siria

Governata dal partito nazionalista e socialista panarabo dal 1963 e poi con pugno di ferro da **Hafiz al-Assad** dal 1970 al 2000, la Siria è infine passata sotto il controllo del figlio del rais, **Bashar al-Assad**. A partire dal 2011, in coincidenza con la primavera araba che ha portato alla caduta dei regimi presidenziali in Egitto, Tunisia e Libia, si sono scatenate sommosse contro Assad, che ha reagito contro le manifestazioni della società civile usando la forza (anche armi chimiche) e scatenando una sanguinosa guerra civile che ha messo in ginocchio il Paese del Vicino Oriente. Dal 2013 la situazione è peggiorata anche in seguito ai successi dell'**Isis**, lo Stato islamico dell'Iraq e del Levante, di matrice fondamentalista, che proprio in Siria ha ottenuto il controllo di diverse città, istituendo propri governatorati e califfati. Dal 2015, le truppe di Assad hanno il sostegno dell'aviazione russa. Al 2018 risale invece l'invasione turca di parte del territorio siriano abitato dai curdi.

PARTE SESTA

Siamo ora in grado di rispondere ai tre quesiti proposti all'inizio del capitolo.

Quesito I. La risposta esatta è la **D**. J.F. Kennedy (b) fu infatti assassinato nel 1963; il Maggio francese (a) è quello della contestazione studentesca del 1968; il primo allunaggio (c) avvenne nell'estate 1969; Wojtyla divenne papa (e) nel 1978 e il muro di Berlino (d) cadde nell'autunno 1989.

Quesito II. La risposta esatta è la **B**. La battaglia dello Jütland (nota anche come "battaglia dello Skagerrak") fu combattuta nel 1916 tra la flotta britannica e quella tedesca. Quest'ultima aveva fatto enormi progressi e fu infatti in grado di misurarsi con quella inglese e di vincere, sostanzialmente, la battaglia. Le perdite subite e la potenza navale inglese, ancora enorme, sconsigliarono però alla flotta tedesca di prendere nuovamente il mare per tutta la durata della guerra. La lotta sui mari fu quindi condotta dai tedeschi prevalentemente con i sottomarini.

Quesito III. Dalle prime righe del testo si può evincere che oggetto del brano è la politica economica sovietica successiva alla Nep. L'acronimo NEP indica la *Novaja Ekonomičeskaja Politika*, «nuova politica economica» che fu avviata da Lenin nel 1921 e che apriva a un'economia mista in cui le piccole attività e l'agricoltura erano affidate a una gestione privata, mentre allo Stato restava il monopolio delle banche, del commercio estero e dei grandi complessi industriali. Dopo la morte di Lenin (1924), Stalin decretò la fine della Nep e impose la pianificazione centralizzata attraverso i piani quinquennali, il primo dei quali è descritto dal brano. La risposta esatta è dunque la **B**. Oltre all'opzione **C**, che indica una data palesemente errata, le altre si scartano facilmente ricordando che le locuzioni «socialismo in un solo Paese» e «rivoluzione permanente» richiamano la disputa tra Stalin, che indicava come prioritario il consolidamento dello Stato sovietico, e Trockij che riteneva necessario estendere il comunismo ad altri Stati dell'Occidente, mentre «rivoluzione culturale» fu la campagna politica lanciata da Mao Zedong in Cina durante il suo ultimo decennio di potere (1966-76).

17.10 | Esercizi svolti

1 La carta proposta riassume le fasi di un conflitto svoltosi nella Penisola iberica: quale?

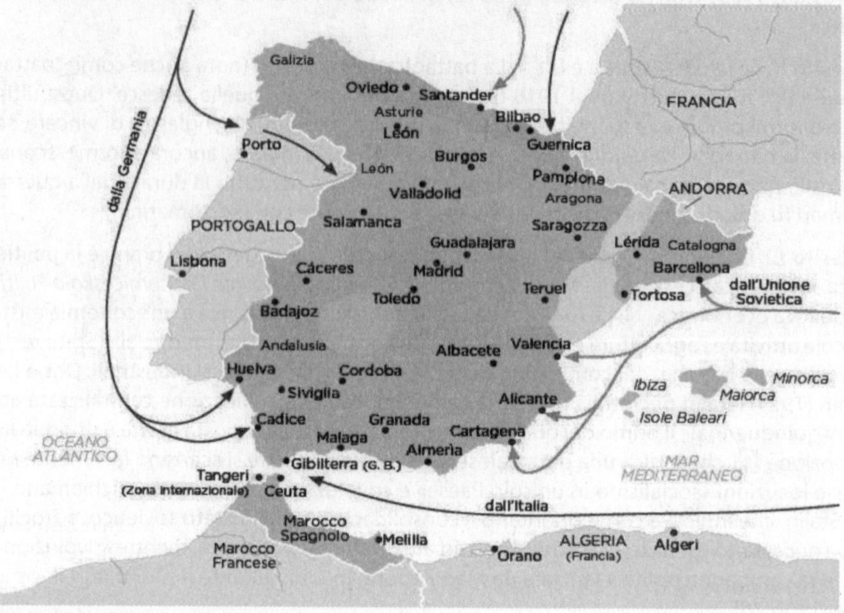

- **A** La *Reconquista*
- **B** La prima guerra mondiale
- **C** La Guerra civile spagnola
- **D** La guerra tra Spagna e Portogallo nell'ambito della Guerra dei sette anni
- **E** La Seconda guerra mondiale

La soluzione è data dalla risposta **C**. La carta mostra infatti le fasi della Guerra civile spagnola, combattuta tra il 1936 e il 1939 tra le forze nazionaliste conservatrici guidate dal generale Francisco Franco e le forze sostenitrici del governo repubblicano del Fronte popolare. Sulla destra è rappresentato il percorso degli aiuti giunti ai repubblicani dall'Unione Sovietica: è, questo, un chiaro elemento che consente di scartare subito le opzioni **A**, **B** e **D**, riferite a eventi ed epoche precedenti la formazione dell'URSS (1922). La Seconda guerra mondiale, proposta dall'opzione **E** (errata), si può invece scartare anche ricordando che la Spagna franchista non vi partecipò.

2 Chi era il capo del governo collaborazionista dei tedeschi in Francia durante la seconda guerra mondiale?

- **A** De Gaulle
- **B** Pétain
- **C** Pompidou
- **D** Joffre
- **E** Napoleone III

La risposta **E** è palesemente assurda per motivi cronologici. La risposta **D** è da scartare, perché Joffre era un generale della prima guerra mondiale. De Gaulle era il capo del governo francese in esilio durante la seconda guerra mondiale e quindi era avversario dei nazisti (anche la risposta **A** è da scartare). Pompidou era il principale collaboratore di De Gaulle e il suo successore alla presidenza dello Stato (la risposta **C** è per le stesse ragioni da scartare). L'alternativa esatta è la **B**.

3 **Osserva l'immagine e individua la didascalia corretta.**

A Una cartolina del 1914-15 che mostra l'Italia, ancora neutrale, corteggiata dalle potenze belligeranti: a sinistra l'impero russo e quello austro-ungarico, a destra Gran Bretagna, Francia e Impero tedesco

B Una cartolina del 1915-16 che mostra l'Italia, ancora neutrale, corteggiata dalle potenze belligeranti: a sinistra l'Impero tedesco e quello austro-ungarico, a destra Gran Bretagna, Francia e Impero russo

C Una cartolina del 1914-15 che mostra l'Italia, ancora neutrale, corteggiata dalle potenze belligeranti: a sinistra l'Impero tedesco e quello austro-ungarico, a destra Gran Bretagna, Francia e Impero russo

D Una cartolina del 1939-40 che mostra l'Italia, ancora neutrale, corteggiata dalle potenze belligeranti: a sinistra Germania e Giappone, a destra Gran Bretagna, Francia e Impero russo

E Una cartolina del 1939-40 che mostra l'Italia corteggiata dalle potenze belligeranti: a sinistra Germania e Giappone, a destra Gran Bretagna, Francia e Unione Sovietica

Si può rispondere al quesito individuando analogie e differenze tra le alternative proposte. Prima di tutto, possiamo essere certi che la figura femminile al centro rappresenta l'Italia, visto che in questo le risposte sono tutte concordi. Per quanto riguarda invece le date indicate, è chiaro che dobbiamo scegliere tra Prima guerra mondiale (le prime tre alternative) e Seconda (le ultime due). Le due ipotesi relative alla Seconda guerra mondiale sono però incoerenti: la **D** si esclude perché l'Impero russo si è dissolto nel 1917; la **E** perché il Giappone entrò nel conflitto dopo l'Italia, nel 1941 (dopo il bombardamento di Pearl Harbor). Concentrandoci dunque sulla Prima guerra mondiale, possiamo scartare la **B**, ricordando che l'Italia entrò in guerra nel 1915 (nel 1916 non era più neutrale), e la **A** che propone erroneamente l'alleanza tra impero russo e impero austro-ungarico, da una parte, e Impero tedesco, Francia e Gran Bretagna, dall'altra. Il corretto schema delle alleanze si ritrova invece nella risposta **C**, che è la soluzione.

La vignetta riprodotta è un esempio delle immagini satiriche che segnarono la vigilia della Prima guerra mondiale. Allo scoppio del conflitto, il 28 luglio 1914, l'Italia si dichiarò neutrale e si impegnò sul fronte diplomatico per definire l'alleanza e le contro-partite: prima chiese inutilmente all'Austria compensi territoriali in cambio della neutralità, poi firmò il Patto di Londra del 26 aprile 1915 sancendo l'alleanza con la Triplice intesa (Gran Bretagna, Francia, Impero russo). Il Patto prevedeva che in caso di vittoria l'Italia avrebbe ottenuto il Trentino fino al Brennero, Trieste, l'Istria e la città di Valona (in Albania). Nella vignetta compaiono, da sinistra a destra: l'imperatore tedesco Guglielmo II, con il classico elmo prussiano; Francesco Giuseppe, imperatore dell'Austria-Ungheria, con barba e divisa caratteristiche; Giorgio V d'Inghilterra, riconoscibile per la barba rossa e la divisa della marina dell'Impero britannico; il presidente francese Poincaré, con frac e berretto frigio; lo zar Nicola II, nella divisa dell'esercito russo.

4 Nel 1949 fu riconosciuta l'indipendenza:

A dell'Indonesia

B dell'India

C di Israele

D delle Filippine

E del Libano

La risposta esatta è la A. Infatti, le Filippine ottennero l'indipendenza nel 1946, l'India nel 1947 e lo Stato di Israele fu fondato nel 1948. Al termine della seconda guerra mondiale, Sukarno (1901-1970) proclamò l'indipendenza dell'Indonesia, colonia olandese dal XVII secolo, dando inizio alla guerra nazionale di liberazione contro gli anglo-olandesi. Al termine del conflitto, nel 1949, fu riconosciuta l'indipendenza dell'Indonesia, come repubblica confederale unita ai Paesi Bassi. Nel 1954 fu rotta definitivamente l'unione con gli ex-colonizzatori e ristabilita una Repubblica indonesiana realmente indipendente. Sukarno, eletto Presidente della Repubblica già nel 1945, guidò il Paese fino al 1968 mantenendolo, in campo internazionale, su posizioni non-allineate.

5 "Guerra fredda" è un'espressione che indica:

A la tensione conflittuale fondata sulla deterrenza tra blocco occidentale e blocco sovietico

B la campagna di Russia nella quale l'esercito napoleonico rimare bloccato in una morsa di gelo

C la ritirata dalle steppe russe dell'esercito Italiano nella seconda guerra mondale

D la strategia di guerra fondata su armi chimiche e di distruzione di massa

E un conflitto bellico rappresentato e sostenuto attraverso i mass-media

La risposta esatta è la A. La guerra fredda è infatti lo stato di contrapposizione e tensione, mai sfociate in conflitto militare, che si venne a creare alla fine della Seconda guerra mondiale tra i due principali blocchi internazionali, Occidente (Stati Uniti e alleati della NATO) e Oriente (blocco sovietico).

6 Completa correttamente la seguente proporzione:

X : New deal = T. Roosevelt : Y

A X = America agli americani; Y = F. D. Roosevelt

B X = Welfare State; Y = J. F. Kennedy

C X = Watergate; Y = R. Nixon

D X = F. D. Roosevelt; Y = Big Stick

E X = R. Reagan; Y = Big Stick

La relazione che lega i due termini della proporzione è quella tra Presidente Usa e politica legata al suo o ai suoi mandati. Non è difficile associare F. D. Roosevelt, in carica per tre mandati dal 1932 al 1945, alla politica economico-sociale del New Deal (Nuovo corso), varata per fronteggiare la crisi economico-finanziaria seguita al crollo borsistico di Wall Street del 1929. Meno nota è forse la politica del Big Stick (Grosso bastone) che caratterizzò la diplomazia e la politica estera espansionista e imperialista di T. Roosevelt, che guidò gli Usa dal 1901 al 1909. La risposta esatta è dunque la D. Una curiosità: i due Roosevelt che occuparono la Casa Bianca erano lontani cugini.

7 **L'immagine propone una parte della prima pagina del quotidiano *La Stampa* del 1° maggio 1975, con articoli e immagini relativi all'esito della guerra del Vietnam. Quale fra le seguenti affermazioni relative al conflitto non è corretta?:**

Anno 109 - Numero 100

Giovedì 1 Maggio 1975

Il sommario

LA STAMPA

A PAGINA 1

Comizi e cortei per la festa del lavoro

Si combatteva da 34 anni: più di due milioni di morti

I Vietcong sono entrati a Saigon S'è conclusa la guerra d'Indocina

Il presidente sudvietnamita "Big" Minh ha annunciato alla radio la resa e ha chiesto la cessazione del fuoco - Dopo due ore, le forze del Fronte nazionale di liberazione entravano a Saigon - Minh ha atteso i vietcong nel palazzo presidenziale, dal quale è poi uscito sotto scorta

Il tramonto di un'epoca

Carlo Casalegno

La città prenderà il nome di Ho Chi Minh

CINA

HANOI

- **A** Per prendere la capitale Saigon, i Vietcong si scontrarono con l'esercito sovietico in una battaglia strada per strada
- **B** La guerra d'Indocina, in un prima fase, vide tra i protagonisti anche la Francia
- **C** Dopo la liberazione, Saigon divenne Ho Chi Minh City
- **D** Con la guerra d'Indocina il Vietnam si rese indipendente
- **E** Prima della riunificazione, il Paese era diviso tra la Repubblica democratica del Vietnam, a nord, e Repubblica del Vietnam, a sud

L'alternativa errata che il quesito chiede di individuare è la **A** (soluzione). Nella guerra del Vietnam (o d'Indocina), infatti, i Vietcong furono sostenuti dall'Unione Sovietica e si scontrarono con l'esercito statunitense.

La guerra d'Indocina era cominciata nel 1941 tra le truppe vietnamite guidate dal leader comunista Ho Chi Minh e le truppe francesi (**B** da escludere). Persa la piazzaforte di Dien Bien Phu, nel 1954 la Francia abbandonò la regione e alla conferenza di pace di Ginevra il Vietnam venne diviso in due zone: a nord la Repubblica democratica del Vietnam, comunista, a sud la Repubblica del Vietnam, filo occidentale (**E** da scartare). Per impedire l'affermazione delle forze comuniste, gli Stati Uniti diedero corso dal 1964 a un'escalation militare che portò il loro contingente a contare quasi duecentomila uomini. Il conflitto si protrasse per anni, fra crescenti atrocità da entrambe le parti. Solo il 27 gennaio 1973, a Parigi, vennero firmati gli accordi di pace che posero fine all'intervento militare americano, ma non alla guerra, che proseguì sino a che i comunisti presero il controllo del Vietnam del Sud, per poi entrare nella capitale il 30 aprile 1975. Il Paese fu unificato l'anno seguente (**D** da escludere) e alla capitale fu dato il nome di Ho Chi Minh (la **C** è esatta, quindi da scartare).

8 Il capo dei comunisti che presero il potere nel 1919 in Ungheria era:

- A Kemal
- B Karolyi
- C Béla Kun
- D Horty
- E Szalasi

La risposta esatta è la C. Karolyi fu invece il primo presidente delle Repubblica ungherese, Horty un ammiraglio che prese il potere dopo la caduta di Béla Kun. Kemal invece appartiene alla storia turca. Szalasi è un politico ungherese che guidò l'Ungheria durante parte della seconda guerra mondiale.

9 Quale delle seguenti Nazioni non fece parte dell'Impero coloniale britannico?

- A India
- B Angola
- C Egitto
- D Nuova Zelanda
- E Uganda

L'Angola fu conquistata dai portoghesi e il portoghese ne è ancora la lingua ufficiale. L'indipendenza fu conquistata dal Paese africano nel 1975. La risposta esatta è quindi la B.

10 Quale tra le seguenti è la corretta descrizione dell'immagine proposta?

- A Manifesto di propaganda per il referendum sull'adesione dell'Italia al Piano Marshall (1948)
- B Manifesto di propaganda elettorale della Democrazia Cristiana (1963)
- C Volantino di propaganda statunitense lanciato sulle città italiane (1939)
- D Manifesto di propaganda a favore del Piano Marshall (1948-1950)
- E Volantino di propaganda della politica autarchica del regime fascista (1934-1935)

La soluzione al quesito è data dall'opzione D. La risposta corretta si individua ricordando che il Piano Marshall fu un piano di aiuti per la ricostruzione economica dell'Europa Occidentale dopo la Seconda guerra mondiale (ufficialmente ERP, *European Recovery Program*, lanciato dal presidente americano Truman nel 1948 e terminato nel 1951). Il tema rappresentato e gli slogan sul manifesto sono un chiaro riferimento agli aiuti statunitensi. Chi però avesse difficoltà nel trovare la soluzione potrebbe procedere piuttosto facilmente anche per esclusione: l'Italia ha aderito al piano Marshall nel 1948, dopo le elezioni che hanno visto prevalere la Democrazia cristiana e i suoi alleati, ma non attraverso un referendum (A errata); sul manifesto non compaiono simboli o altri riferimenti ad alcun partito (B da escludere); gli Stati uniti entrarono in guerra nel 1941 (C sbagliata); la politica autarchica fascista fu tesa a rendere l'Italia autosufficiente e quindi economicamente indipendente dai Paesi stranieri (E da scartare).

---

11 Leggi il testo che segue, relativo ad alcune missioni della Marina militare italiana nella seconda metà del XX secolo, e scegli la serie di termini o espressioni che lo integra correttamente ai punti numerati.

Libano 1 (1982): inserimento di una forza di mantenimento della pace, a garanzia dell'incolumità della popolazione della capitale _____ [1] e del consolidamento del governo libanese;

Libano 2 (_____ [2]): inserimento di una forza d'interposizione per ristabilire la pace dopo il massacro di _____ [3]; protezione della forza di pace dal mare;

Golfo 1 (1986-87): difesa delle nostre navi mercantili nel Golfo Persico, dopo l'attacco subito dalla Motonave italiana Jolly Rubino, durante _____ [4];

Golfo 2 (_____ [5]): protezione della forza multinazionale durante _____ [6] e bonifica dai campi minati nel Golfo persico.

A Beirut; 1982-84; Sabra e Chatila; la guerra del Golfo; 1990-91; il conflitto Iran-Iraq
B Sabra e Chatila; 1980-84; Beirut; il conflitto Iran-Iraq; 1990-91; la guerra del Golfo
C Beirut; 1982-84; Sabra e Chatila; il conflitto Iran-Iraq; 1990-91; la guerra del Golfo
D Beirut; 1988; Sabra e Chatila; a guerra del Golfo; 1990-93; il conflitto Iran-Iraq
E Sabra e Chatila; 1982-84; Beirut; il conflitto Iran-Iraq; 1990-91; la guerra del Golfo

Il quesito appare piuttosto intricato. Conviene allora analizzare con attenzione il testo e le alternative proposte. Un elemento d'aiuto è la successione delle missioni: è chiaro che il testo procede in ordine cronologico e che perciò in posizione [2] deve trovarsi una data compresa tra il 1982 e il 1986; scartiamo dunque le risposte B e D. Le tre alternative restanti differiscono tra loro anche per i luoghi indicati in posizione [1]: Beirut o Sabra e Chatila. Poiché il primo termine della serie deve essere Beirut (capitale del Libano), e il terzo Sabra e Chatila (i campi di Sabra e Shatila furono teatro del massacro di civili citato dal testo), scartiamo anche la E. A questo punto restano A e C, che sono uguali tranne per il fatto che in posizione [4] e [6] alternano la guerra del Golfo e il conflitto Iran-Iraq. Se si ricorda che lo scontro tra l'Iraq di Saddam Hussein e l'Iran dell'ayatollah Khomeini fu precedente alla guerra del Golfo, si può rispondere correttamente al quesito scegliendo la C (soluzione). I due conflitti, infatti, si combatterono rispettivamente tra 1980 e 1988 e tra 1990 e 1991.

---

12 Di quale partito aveva fatto parte Mussolini prima di fondare quello fascista?

A Liberale
B Socialista
C Anarchico
D Nazionalista
E Nazionalsocialista

La risposta esatta è la B, in quanto Mussolini prima di fondare il partito fascista fece parte della dirigenza di quello socialista. Egli si trovava su posizioni opposte a quelle dei liberali e, pur essendone stato influenzato nella propria formazione, non fu mai un dichiarato seguace di Bakunin (risposta C). Il nazionalismo divenne parte importante del pensiero di Mussolini solo in un secondo tempo.

CONOSCENZE E COMPETENZE

13 **Ordina i documenti proposti secondo la successione cronologica degli eventi cui si riferiscono.**

1) Carta storica:

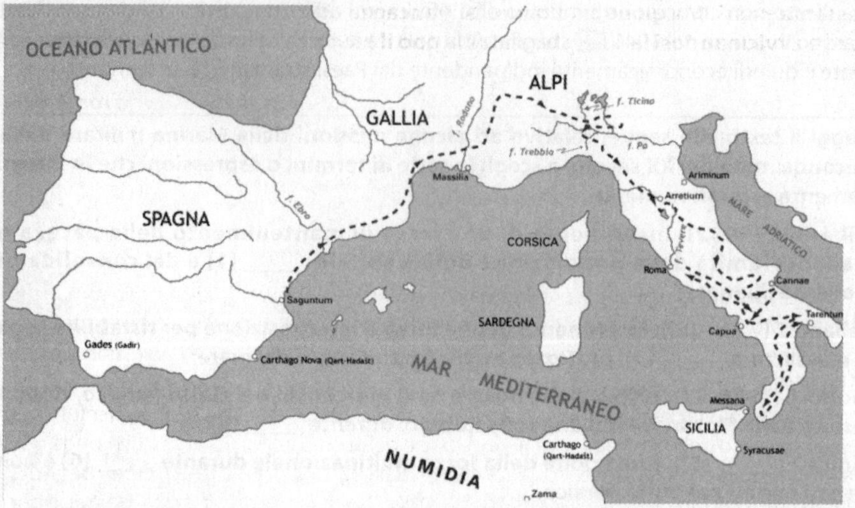

2) Fonte scritta: «E, non essendoci possibilità di tornare all'accampamento poiché il fiume sbarrava loro la via né potendo a causa della pioggia decidere chiaramente come portare aiuto ai loro, si avviarono direttamente verso Piacenza. [...] La pioggia mista a neve e l'insopportabile morsa del freddo uccisero molti uomini e bestie da carico e quasi tutti gli elefanti. [...] Alla Trebbia i Cartaginesi cessarono di inseguire i nemici e tornarono al campo talmente intorpiditi dal gelo che appena provavano gioia per la vittoria»

(Tito Livio, *Ab Urbe Condita*, XXI, 56.3; 6-9)

3) Fonte scritta: «Ceterum censeo Carthaginem esse delendam»

(Marco Porcio Catone)

4) Carta storica:

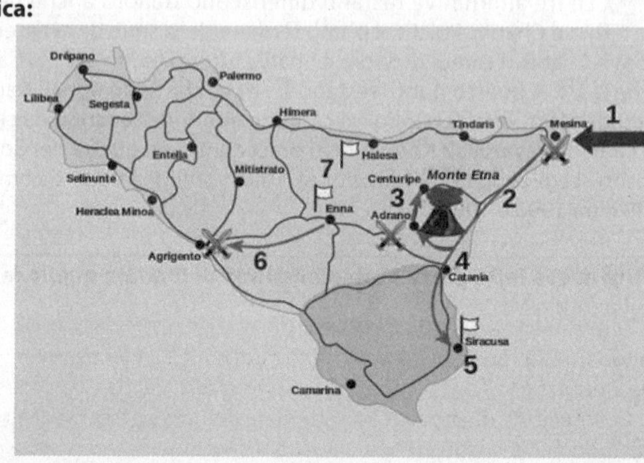

5) Fonte Scritta: Poiché molti saccheggi venivano compiuti, e sembrando che la carneficina sarebbe stata di durata molto lunga, il settimo giorno alcuni supplici si presentarono a Scipione recanti le bende di Esculapio: quello infatti era il tempio più ricco e più celebre tra tutti sull'acropoli, dal quale essi, avendo preso rami d'olivo, pregavano Scipione affinché egli risparmiasse soltanto le vite di tutti coloro che erano disposti a partire in questo modo da Byrsa. Questo egli concedeva a tutti, tranne ai disertori.

Quanti erano disertori romani, circa 900 in numero, disperando per loro stessi, si recarono al tempio di Esculapio con Asdrubale, sua moglie e i suoi due figli maschi. Qui combattevano sempre con facilità sebbene fossero pochi di numero, a causa dell'altezza e della natura scoscesa del luogo, che anche in tempo di pace raggiungevano con una salita di sessanta passi. Ma quando la fame, la mancanza di sonno, la paura e la stanchezza li vinsero e avvicinandosi la fine, abbandonarono il luogo sacro e si rifugiarono nel tempio e sul tetto

(Appiano, *Storia romana*, Libro VIII)

A 4, 1, 2, 3, 5
B 1, 2, 4, 3, 5
C 4, 3, 1, 2, 5
D 1, 5, 2, 4, 3
E 3, 1, 2, 4, 5

Non dovrebbe essere difficile riconoscere il tema che accomuna i documenti: la storia romana (si veda il titolo del documento 5) e in particolare le Guerre puniche, ovvero le tre guerre combattute fra Roma e Cartagine (i Cartaginesi sono citati nel documento 2, Cartagine nel 3). Si tratta quindi di collegare le fonti proposte alle fasi dello scontro, per ordinarle correttamente.

La successione forse più facile da cogliere è quella relativa ai documenti 1 e 2: la carta infatti mostra il percorso del celebre valico delle Alpi da parte di Annibale e del suo esercito, durante la Seconda guerra punica (218-202 a.C.); il testo racconta invece alcuni momenti della battaglia della Trebbia, nei pressi di Piacenza, e cita gli elefanti che il cartaginese aveva portato dall'Africa. Nella sequenza corretta, quindi, il documento 1 deve precedere il documento 2: questo ci consente di escludere le opzioni B e D. Per scegliere tra le rimanenti, conviene concentrarci sull'epilogo delle Guerre puniche, ricordando che sancirono la definitiva sconfitta di Cartagine, che fu distrutta. La fonte 3, con la celebre frase che il console Marco Porcio Catone, detto il Censore, reiterava a ogni sua orazione in Senato, «Cartagine deve essere distrutta», non può quindi essere in ultima posizione nella sequenza, e la E può per questo essere scartata. Analogamente, non avrebbe senso proporre come documento conclusivo delle Guerre puniche una carta centrata sulla sola Sicilia, come è il documento 4 (C da escludere). Quest'ultimo illustra anzi le prime battaglie della prima fase del conflitto e deve quindi essere in prima posizione nella sequenza, come accade soltanto della risposta A, che è la soluzione.

L'ordine corretto dei documenti vede dunque: la carta della Sicilia con le prime battaglie; la discesa di Annibale con gli elefanti e la battaglia della Trebbia; l'orazione di Catone, che prima della Terza guerra ricordava l'urgenza di sconfiggere definitivamente il nemico; l'assedio conclusivo, di cui alcuni momenti il documento 5 racconta.

---

14 Nel 1947, in Giappone:

A entrò in vigore la nuova Costituzione
B il generale Mc Arthur divenne Vicerè
C fu deposto l'imperatore Hirohito
D all'occupazione americana seguì quella sovietica
E ebbe fine il periodo Meiji

Al termine della seconda guerra mondiale, il Giappone fu occupato militarmente e posto sotto la tutela americana. Il generale Douglas Mc Arthur, nominato Governatore del Paese, fece redigere da funzionari americani una nuova Costituzione di impronta occidentale e liberaldemocratica che trasformava l'autocrazia imperiale in una monarchia costituzionale, facendole perdere le prerogative divine (Hirohito rimase comunque al potere dal 1926 fino alla morte, avvenuta nel 1989) e introduceva il sistema parlamentare. La Costituzione, accompagnata da un rinnovamento del sistema dei partiti, dal controllo delle organizzazioni sindacali, da una riforma agraria e dallo smantellamento degli *zaibatsu*, i grandi gruppi monopolistici, entrò in vigore nel 1947, contemporaneamente al varo del primo governo nipponico, retto da una coalizione liberaldemocratica. La risposta esatta è quindi la A. L'occupazione statunitense del Giappone ebbe termine nel 1951 e fu ratificata dal trattato di pace di San Francisco.

15 Ordina le carte proposte secondo l'ordine temporale delle situazioni rappresentate.

1

2

3

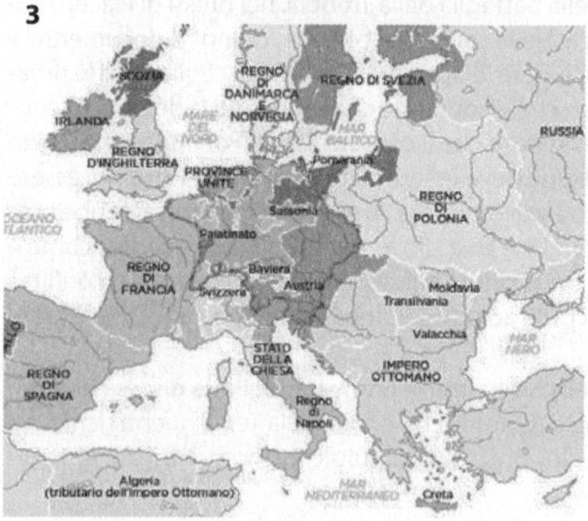

4

- **A** 2, 1, 3, 4
- **B** 3, 1, 2, 4
- **C** 3, 1, 4, 2
- **D** 3, 2, 1, 4
- **E** 2, 3, 1, 4

La corretta successione temporale delle situazioni rappresentate è data dall'opzione **E**, che è la soluzione da indicare. Tra le alternative proposte, si può scartare velocemente la **C**, la sola che come assetto più recente non propone la carta 4. Quest'ultima è infatti l'unica che riporta il Regno d'Italia, mentre le altre, evidentemente, illustrano configurazioni pre-unitarie. Possiamo ora procedere a ritroso nel tempo, concentrando ancora l'attenzione sul nostro Paese. Il Regno di Sardegna, nelle carte restanti (1, 2 e 3) compare solo nella 1, mentre l'isola appartiene al Regno di Napoli sia nella 2, sia nella 3. La carta 1 nella sequenza corretta deve dunque trovarsi in penultima posizione, cosa che consente di scartare anche le alternative **A** e **B**. A questo punto, tra la **D** e la **E**, occorre stabilire quale tra le carte 2 e 3 mostri la situazione più lontana nel tempo: un elemento che consente di stabilire come essa sia la 2, è per esempio e la presenza dei "Paesi Bassi Spagnoli", divenuti le Province Unite, indipendenti, in 3 (**D** errata).

Nel dettaglio, la carta 2 illustra l'Europa nel 1559, dopo la pace di Cateau-Cambrésis; la carta 3, l'Europa dopo la pace di Westfalia (1649); la carta 1 è riferita all'Europa dopo il Congresso di Vienna (1814-15); la carta 4, infine, mostra il continente nel 1914, alla vigilia della Prima guerra mondiale.

---

16 Osserva la linea del tempo dedicata ad alcune antiche civiltà e completa la legenda. Associa ai numeri la civiltà considerata dalla rispettiva barra orizzontale.

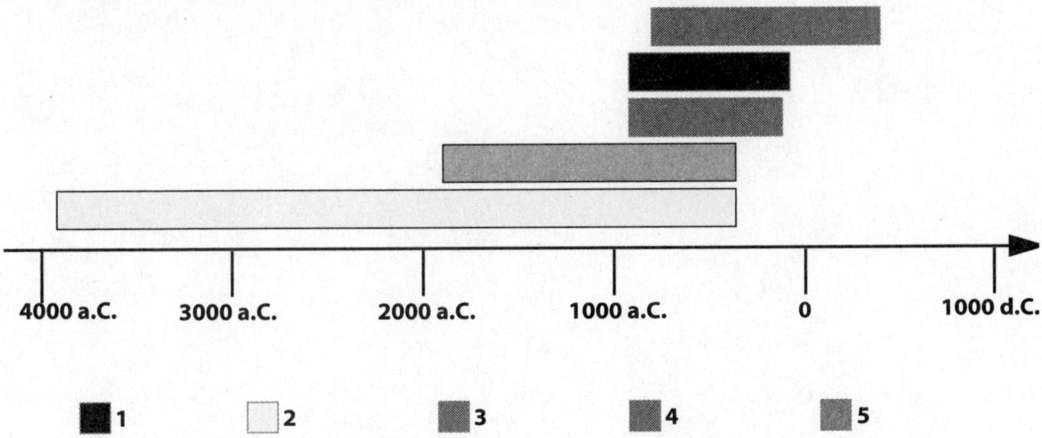

- **A** 1: Civiltà etrusca; 2: Antico Egitto; 3: Antica Grecia; 4: Antica Roma; 5: Civiltà fenicia
- **B** 1: Civiltà etrusca; 2: Civiltà fenicia; 3: Antica Grecia; 4: Antica Roma; 5: Antico Egitto
- **C** 1: Antica Roma; 2: Antica Grecia; 3: Civiltà fenicia; 4: Civiltà etrusca; 5: Antico Egitto
- **D** 1: Civiltà fenicia; 2: Antica Grecia; 3: Civiltà etrusca; 4: Antica Roma; 5: Antico Egitto
- **E** 1: Civiltà fenicia; 2: Antico Egitto; 3: Civiltà etrusca; 4: Antica Roma; 5: Antica Grecia

Senza ricordare precisamente le date che segnano il sorgere e la fine delle civiltà considerate, conviene affrontare il quesito considerando quegli aspetti che possono aiutare a trovare la soluzione, tenendo presenti le sequenze proposte dalle alternative. Si noti, per cominciare, che la civiltà più antica deve avere avvio poco dopo il 4000 a.C., mentre quella che tramonta più tardi termina verso la metà del primo millennio dopo Cristo. Sapendo che quella romana è una civiltà che visse anche l'epoca cristiana, possiamo già escludere l'opzione **C** (l'unica che non associa Roma al numero 4). Quanto alla civiltà più antica (numero 2), le opzioni rimanenti alternano Antico Egitto, civiltà fenicia e Antica Grecia: non dovrebbe essere difficile individuare la civiltà egizia come quella che sorse prima: possiamo quindi scartare le opzioni **B** e **D**. A questo punto restano due opzioni, per scegliere tra le quali è sufficiente stabilire se sia più antica la civiltà fenicia o quella greca (numero 5) e/o se sia più tarda quella etrusca o la fenicia (numero 1). In entrambi i casi è l'opzione **A** (soluzione) a fornire le indicazioni corrette.

---

17 La crisi di Cuba del 1962, fu causata dal tentativo:

- **A** americano di installare basi missilistiche nell'isola
- **B** francese di uccidere Fidel Castro
- **C** sovietico di installare basi missilistiche nell'isola
- **D** britannico di invadere l'isola
- **E** di Che Guevara di conquistare la Bolivia

La risposta esatta è la **C**. Dopo il fallimento dello sbarco alla Baia dei Porci degli esuli anticastristi sostenuti dalla CIA nel 1961, i rapporti USA-Cuba divennero estremamente tesi. Quando l'URSS decise di installare basi missilistiche sull'isola caraibica, gli USA attuarono un blocco navale per impedire l'arrivo delle testate e il mondo sembrò sull'orlo di un nuovo conflitto mondiale. L'URSS rinunciò infine al progetto e gli USA vararono l'embargo economico verso Cuba ancora in vigore.

18 Letteratura italiana

Mettiti alla prova

I Quale tra le seguenti affermazioni NON è riferibile alla commedia dell'arte italiana?

A Utilizza le maschere
B Si sviluppa nella seconda metà del XVI secolo
C Non si basa su testi scritti o perlomeno su testi dettagliati
D È recitata da compagnie di attori itineranti
E Si fonda sullo studio dei caratteri

II Quale serie riporta nel corretto ordine cronologico, dalla più antica alla più recente, le seguenti opere letterarie?

A *Il Vecchio e il mare, Il Principe, Iliade, Guerra e pace*
B *Iliade, Il Principe, Guerra e pace, Il Vecchio e il mare*
C *Iliade, Guerra e pace, Il Principe, Il Vecchio e il mare*
D *Iliade, Guerra e pace, Il Vecchio e il mare, Il Principe*
E *Il Principe, Guerra e pace, Il Vecchio e il mare, Iliade*

III Leggi il brano e rispondi alla domanda che segue.«Le masse non si ribellano mai in maniera spontanea, e non si ribellano perché sono oppresse. In realtà, fino a quando non si consente loro di poter fare confronti, non acquisiscono neanche coscienza di essere oppresse». Questa citazione è tratta da un romanzo – pubblicato nel 1949 – che descrive un mondo inquietante, in cui le persone sono controllate nell'azione e manipolate nel pensiero da un regime totalitario. Di che romanzo si tratta e chi ne è l'autore?

A *La metamorfosi*- Franz Kafka
B *1984* - George Orwell
C *Albero e foglia* - John R.R. Tolkien
D *Ulisse* - James Joyce
E *Il signore delle mosche* - William Golding

Ecco le risposte esatte dei 3 quesiti proposti: I B, II B, III B.

Le domande di letteratura sono spesso di tipo nozionistico e sono per lo più relative ai secoli XIX e XX. Nelle pagine seguenti si riporta una sintesi di storia della letteratura italiana dalle origini alla prosa contemporanea. Anche se in genere le domande riguardano soprattutto argomenti compresi dal Romanticismo al presente, talvolta nei test ufficiali sono stati somministrati anche quesiti relativi ad autori e correnti di epoca precedente.

Le domande proposte nei test TOLC-SU possono avere anche una forma diversa: propongono citazioni di opere, incipit, brevi brani di critica a proposito dei quali vengono poi formulati i quesiti. Il capitolo propone numerosi esempi di esercizi di questa tipologia.

Se ci si deve preparare a un esame a test, occorre organizzare lo studio in maniera proficua: è necessario memorizzare date, nomi, titoli di opere, correnti e movimenti. È utile anche ripassare il contenuto o la trama di romanzi, poemi e opere letterarie. Non sono invece richieste conoscenze relative all'interpretazione, alla critica, agli autori e ai testi.

Le forme di domanda più frequenti sono:

- Chi è l'autore di ...?
- Quale delle seguenti opere è stata scritta da ...?
- A quale delle seguenti correnti letterarie appartiene il poeta/romanziere ...?
- Dove è nato il poeta/romanziere?
- In quale epoca è vissuto il poeta/romanziere ...?
- Di che nazionalità è il poeta/romanziere ...?
- Il romanzo/racconto/dramma ... narra la storia di ...
- Chi è il protagonista del romanzo ...?

18.1 | Panoramica della letteratura italiana

I più antichi documenti scritti in lingua italiana risalgono agli ultimi anni del secolo VIII o ai primi anni del secolo IX. Si tratta di un esiguo numero di carte, scritte consapevolmente in due diversi livelli linguistici, latino e volgare italiano. Proprio dal latino ha origine la lingua italiana, al pari delle altre lingue romanze, attraverso un processo plurisecolare che vede il latino corrompersi in varietà vernacolari e l'italiano emergere da queste, in un'opera di ricostruzione, affinamento, unificazione.

Solo nel XIII secolo si producono testi in volgare di un certo valore letterario e la letteratura italiana ai suoi esordi comincia a diversificarsi in vari filoni: quello della poesia religiosa, quello didattico-allegorico, quello della lirica d'arte e quello della prosa.

Il Trecento è il secolo di Dante, Petrarca e Boccaccio.

Il Quattrocento è l'età dell'**Umanesimo**, periodo molto ricco e preludio di un'età altrettanto splendida, quella del Rinascimento. L'Umanesimo si caratterizza per la nascita dello spirito critico, per la rinnovata attenzione ai classici latini e greci, per l'impegno civile del letterato. Dal punto di vista linguistico, gli intellettuali del tempo amano esprimersi in latino; l'italiano, tuttavia, rafforza la propria dignità di lingua letteraria.

Il **Rinascimento** inaugura un'età di rinascita e di equilibrio all'insegna della ricostituzione dei modelli dell'antichità classica tanto nell'arte quanto nella vita intellettuale. Dominante è la poetica del classicismo, che consiste nell'assunzione di alcuni autori a modelli formali (Petrarca assume un ruolo egemone nella lirica, Boccaccio nella prosa). Si afferma la centralità dell'uomo e dei valori laici rispetto alla natura e al mondo. Centro di cultura per eccellenza è la corte, nella quale gli intellettuali, nel ruolo di cortigiani, operano al servizio di potenti signori. Il Cinquecento scopre ed esalta la fede nella ragione, nella libertà, nella forza creativa dell'uomo.

Tra la fine del Cinquecento e l'inizio del Seicento il panorama culturale europeo presenta una straordinaria ricchezza di eventi e tendenze: la Controriforma, cioè il tentativo della Chiesa di riaffermare i suoi valori in opposizione alla Riforma protestante, le chiusure dottrinali dell'intolleranza, la nascita delle scienza moderna fondata sul razionalismo, l'affermazione di nuove forme artistiche, come il **Barocco**. Tale termine, mutuato dalle arti figurative, designa uno stile caratterizzato da virtuosismi, da enfasi e, in generale, dal ripudio dei canoni rinascimentali.

Il Settecento vede un'apertura dell'Italia alla cultura europea, più avanzata nel campo della filosofia, della scienza e dell'economia. Attraverso il movimento dell'*Arcadia*, che è insieme ultima propaggine e superamento del Barocco, e attraverso l'**Illuminismo**, la vita intellettuale italiana si rinnova. La ragione diventa il parametro con il quale giudicare il passato e il presente e tramite il quale correggere le storture giuridiche, economiche, sociali e morali che il presente ha ereditato dal passato. Il letterato è attivamente impegnato nella costruzione di un mondo nuovo, liberato da pregiudizi, superstizioni e privilegi. Il Settecento è il secolo dell'empirismo, delle grandi esplorazioni geografiche, delle invenzioni tecniche (rivoluzione industriale) e delle razionalizzazioni nella struttura degli Stati.

Tra la fine del Settecento e l'inizio dell'Ottocento si afferma in letteratura il gusto neoclassico, caratterizzato dall'interpretazione della poesia e dell'arte come contemplazione della bellezza ideale, identificata in particolare nell'arte greca, intesa come età di equilibrio dello spirito umano.

L'Ottocento in Italia e in Europa è il secolo del **Romanticismo**. In generale, si può dire che esso rivaluta la fantasia, la creatività, la passione e il sentimento, contro l'impersonalità della ragione settecentesca. In quest'ottica, anche le tradizioni, i nazionalismi e lo stesso Medioevo vengono rivalutati.

Nella seconda metà dell'Ottocento si afferma in Italia il **Verismo**: ispirato dal Naturalismo francese e dal Positivismo filosofico, considera l'individuo un prodotto di fattori ereditari, sociali, storici che lo formano e lo determinano. L'arte è studio disinteressato dell'uomo e l'opera letteraria deve proporsi quale strumento di inchiesta sociale. Lo scrittore, inoltre, deve essere impassibile pur immedesimandosi nel mondo che l'opera descrive, e cioè usare la tecnica dell'impersonalità.

Il **Novecento** conosce infine una pluralità di correnti letterarie diverse: il Decadentismo, il Crepuscolarismo, il Futurismo, l'Esistenzialismo, l'Ermetismo, il Neorealismo.

I paragrafi seguenti sono dedicati alla trattazione degli eventi e dei personaggi salienti della letteratura italiana.

18.2 | Il Medioevo

Il Medioevo è compreso convenzionalmente tra il 476 d. C., anno della caduta dell'Impero d'Occidente, e il 1492, anno ricco di avvenimenti di grande portata (i principali: morte di Lorenzo il Magnifico e primo viaggio di Colombo nelle Americhe). Dal Mille fino al secolo XIV circa, l'economia è in espansione: è questo il mondo dei Comuni, della nascita di una embrionale forma di borghesia e di fervidi sviluppi culturali.

Tutto il Medioevo è permeato dalla spiritualità cristiana e percorso da fermenti religiosi. A questo proposito merita menzione **Gioacchino da Fiore** (1130-1202), monaco cistercense che concepiva la storia in maniera ciclica distinguendo tre età, ognuna caratterizzata dal regno di ciascuna delle tre persone della Trinità. Gioacchino profetizzava l'avvento dell'età dello Spirito Santo e interpretava la Chiesa temporale come simbolica prefigurazione del vero cristianesimo, la cui venuta avrebbe coinciso con la purificazione di tutta l'umanità. Autore di opere di carattere dottrinario in latino, il monaco cistercense esercitò un'enorme influenza su tutto il Medioevo.

18.2.1 | La lirica religiosa

È un tipo di poesia molto diffusa nel Medioevo, interpretata da numerosi artisti. Tra i maggiori:

- **S. Francesco** (1181-1226). Legato ai principi evangelici della povertà e dell'amore verso il prossimo, rinnovò profondamente il cristianesimo. Dal punto di vista letterario, viene ricordato per il *Cantico delle Creature* (composto forse nel 1224), lirica ricca di semplicità e candore, non certo priva d'arte, considerata una delle prime opere capitali della poesia italiana;
- **Jacopone da Todi** (1236-1306). Personalità inquieta, travagliata, tesa al congiungimento con Dio e al ripudio del male, del peccato e della vita stessa. Compose circa un centinaio di Laudi, ricche di misticismo. Tra le più famose: *O Signor per cortesia*; *Che farai, fra' Iacopone?* e *Il pianto della Madonna*.

CONOSCENZE E COMPETENZE

18.2.2 | La poesia popolare, giocosa, burlesca

La *poesia popolare* è un genere letterario diffuso più o meno in tutte le epoche. Gran parte di questa produzione è sopravvissuta in forma anonima. La *poesia giocosa e burlesca* non è invece sempre di ascendenza popolare: essa nasce dalla stessa matrice culturale della poesia cortese ed è un'arte matura e consapevole. Suoi rappresentanti sono:

- **Cielo d'Alcamo** (secolo XIII). Poche le notizie disponibili su di lui. Fu con ogni probabilità un giullare. È autore di un famoso "contrasto" comico, di intento satirico, tra due popolani, intitolato *Rosa fresca aulentissima*;
- **Cecco Angiolieri** (1258-1313 ca.). È il più famoso rimatore burlesco, ma seppe comporre anche sonetti "seri", a riprova di come la scelta per il burlesco fosse dotta e matura, in contrapposizione con la produzione cortese e religiosa. Suoi temi preferiti sono l'amore terreno, la taverna, il gioco d'azzardo, il lamento della povertà, l'esaltazione della ricchezza, l'irritazione contro il padre. Celebri sono i sonetti *Tre cose solamente* e *S'i' fossi foco.*

18.2.3 | Il Cantar Cortese

L'influenza della poesia francese trobadorica si fece sentire anche in Italia. Oltre ad artisti italiani, che poetarono in lingua provenzale, come **Sordello da Goito**, **Lanfranco Cigala**, **Pier della Vigna**, l'imperatore **Federico II** e suo figlio **Enzo**, nacque in Italia un'autentica scuola poetica, quella del Cantar Cortese.

Oggetto esclusivo del Cantar Cortese è l'amore, visto soprattutto nella dimensione sensuale, ma ingentilito dalla concezione della donna come essere superiore, quasi ella fosse feudataria e il poeta vassallo.

Il centro di maggior diffusione di questo genere di lirica fu Palermo, sede della corte di Federico II, ove già erano attivi i poeti italiani in lingua provenzale, rispetto ai quali gli artisti del Cantar Cortese si differenziano non per una diversità di temi, ma per l'uso della lingua italiana. Questi poeti, che furono detti "siciliani" perché operarono sotto la protezione dell'imperatore, benché originari di svariate città della Penisola, ebbero i loro maggiori rappresentanti in: **Iacopo da Lentini**, **Guido delle Colonne**, **Rinaldo d'Aquino**.

Un'esperienza poetica per molti aspetti simile a quella della scuola siciliana si sviluppò in Toscana, la regione italiana a quel tempo più progredita nelle arti e nelle lettere. I poeti toscani cortesi più importanti sono **Guittone d'Arezzo**, **Bonagiunta Orbicciani**, **Chiaro d'Avanzati** e **Andrea Monte**. Essi sono anche detti "pre-stilnovisti", in quanto la loro poesia anticipa per diversi aspetti l'esperienza degli Stilnovisti di una generazione successiva.

PARTE SESTA

✔ **Guittone d'Arezzo** (1235 ca.-1294). Limitatamente alla sua produzione amorosa (di quella civile e religiosa si parlerà sotto), occorre ricordare lo stile aspro, complesso e, persino, volutamente oscuro, che si ispira alla tendenza stilistica della lirica provenzale, il *trobar clus*, caratterizzata da modi ermetici e da un linguaggio ricercato.

18.2.4 | Lo Stilnovo

Lo Stilnovo deriva dal Cantar Cortese. L'amore resta naturalmente il tema poetico privilegiato, anche se talvolta a esso si affiancano argomenti diversi (didattici, morali, politici) e, soprattutto, il poeta si esprime in un'ottica più interiorizzata e personalizzata, abbandonando quel gusto esasperato per i modelli e le regole che aveva contraddistinto il Cantar Cortese. La donna occupa sempre una posizione superiore rispetto al poeta; ora, tuttavia, viene idealizzata e raffigurata come un angelo che muove al bene il cuore dell'uomo. L'amore è invece considerato come un soggetto autonomo, talvolta simile a un'idea platonica oppure personificato, ma sempre come un'entità a sé stante, estranea al poeta e alla donna amata.

Lo Stilnovo è anche detto **Dolce Stilnovo** per sottolinearne un'altra peculiarità, cioè la delicatezza dei toni e delle espressioni impiegate dal poeta, la soavità espressiva e la musicalità. L'utilizzo dell'aggettivo "dolce" si deve a Dante, che per primo ha identificato questa nuova corrente poetica, nata col Guinizzelli, a cui egli stesso ha aderito.

Guido Guinizzelli (1235 ca.-1276). È il caposcuola dello Stilnovo. A lui si devono la rottura con gli schemi cortesi e l'introduzione dei concetti della donna angelicata, la cui bellezza è emblema di quella di Dio, e del cammino di nobilitazione del poeta che, grazie all'amore, arriva alla virtù e alla salvezza dell'anima. Importante è la canzone *Al cor gentile rempaira sempre Amore*, vero e proprio manifesto dello Stilnovo.

Guido Cavalcanti (1260 ca.-1300). Amico di Dante, uomo politico influente prima di essere esiliato da Firenze, elaborò una rappresentazione tragica dell'esperienza sentimentale. L'amore è vissuto drammaticamente come passione che ottenebra la ragione e suscita la morte. Le canzoni più famose di Cavalcanti sono *Donna me prega*, *Perch'io no spero di tornar giammai* e il sonetto *Chi è questa che ven, ch'ogn'om la mira*.

Cino da Pistoia (1270 ca.-1336/7). Amico di Dante, dal quale fu esaltato come poeta eccelso, Cino merita un posto nella storia anche come grande giurisperito. La sua poesia è autobiografica come quella di Cavalcanti, ma meno metafisica e più umana. La rappresentazione che egli fa della donna è meno astratta.

Dante (1265-1321). Merita qui una menzione per i suoi esordi stilnovistici, concretizzatisi nelle liriche *Guido, i' vorrei*, *Per una ghirlandetta*, *Per quella via che la bellezza corre* e nel romanzo intimistico *La vita nova*.

18.2.5 | La poesia didattica e allegorica

È un genere di poesia di importanza centrale nel Medioevo, in cui predomina la concezione di arte come strumento di diffusione di fede e di morale, operante magari con forme e immagini che simbolicamente celano verità superiori (è questa la figura retorica dell'*allegoria*, che tanta fortuna ha nell'arte medioevale).

Brunetto Latini (1220 ca.-1294). Fu maestro riconosciuto di Dante. In questa sede deve essere ricordato per l'opera in versi *Il Tesoretto*, compendio enciclopedico in forma allegorica di etica, filosofia naturale e teologia. Scrisse anche in prosa i *Livres dou Tresor* in francese, una sorta di enciclopedia precettistica, e la *Rettorica*, in cui traduce e commenta alcune orazioni di Cicerone.

Bonvesin de la Riva (1240 ca.-1315). Fu autore dell'opera precettistica *De quinquaginta curialitatibus ad mensam* e soprattutto del *Libro delle tre scritture*, poema raffigurante la visione dell'Inferno, della passione di Cristo e del Paradiso, che anticipa la *Commedia* di Dante.

Francesco da Barberino (1264-1348). Poeta toscano, autore dell'opera didascalica *Reggimento e costumi di donna*, che alterna parti in versi e parti in prosa.

18.2.6 | La prosa e la trattatistica

La produzione in prosa volgare è più tarda di quella in versi e compare solo nell'ultima parte del Duecento. L'influsso francese è notevole, come testimoniano le traduzioni delle gesta di cavalieri e crociati, delle leggende carolinge e bretoni (*chansons de geste*) e i *Livres* di Brunetto Latini. Tra gli autori più importanti si ricordano:

Guittone d'Arezzo (1235 ca.-1294). Rimatore toscano di ispirazione cortese, compose in poesia anche canzoni politiche e civili. A circa trent'anni, riscoprì la fede ed entrò nell'ordine dei Cavalieri di Santa Maria. Il cambiamento di vita si riflesse anche sulla sua produzione letteraria. Abbandonate le liriche d'amore, scrisse una serie di *Lettere* in prosa, contenenti sermoni morali, in uno stile acceso e retorico;

Marco Polo (1254-1324). Commerciante veneziano, da giovane fece viaggi nella Cina del Gran Khan, dove soggiornò per 24 anni ricoprendo alti incarichi, ammirando le meraviglie del luogo e apprendendo i costumi di quel Paese. Tornato in Italia, con l'aiuto del letterato Rustichello da Pisa, condensò la propria esperienza nel libro noto come *Il Milione*. L'opera fu scritta in francese, a riprova dell'influenza della Francia sulla cultura italiana del tempo;

Il Novellino. È un'opera di autore ignoto del tardo Duecento, che raccoglie cento novelle e aneddoti, ispirati spesso a personaggi storici o leggendari. Lo scritto si rivolge al mondo borghese dell'età comunale, con l'intento di istruirlo e di allietarlo;

Dino Compagni (1255-1324). Fu un importante uomo politico di Firenze, città della quale narrò le vicende occorse tra il 1280 e il 1312 nell'opera intitolata *Cronica delle cose occorrenti ne' tempi suoi;*

Giovanni Villani (1280 ca.-1348). Mercante e uomo politico, anch'egli fiorentino, scrisse una famosa *Cronica* storica in 12 libri.

CONOSCENZE E COMPETENZE

18.2.7 | Principali autori della letteratura medioevale

Dante Alighieri (1265-1321)

Massimo poeta italiano, fu dotato di una personalità della cui rilevanza è impossibile dar conto in poche righe. Gli avvenimenti salienti della sua vita furono l'amore per Beatrice, l'attiva partecipazione alla vita politica di Firenze nella fazione guelfa bianca, l'adesione all'ideologia imperiale, l'inimicizia con papa Bonifacio VIII, l'esilio e il girovagare tra le corti di amici potenti. Morì esule a Ravenna, avendo sempre rifiutato ogni compromesso politico e morale.

Ampia fu la sua produzione letteraria. *La vita nuova* (1293) è un resoconto spirituale, che racconta dell'amore di Dante per Beatrice e della precoce morte di lei. Si tratta di uno scritto misto di prosa e di poesia (detto quindi *prosimetro*; le canzoni più celebri in essa contenute sono *Donne ch'avete intelletto d'amore* e *Tanto gentile e tanto onesta pare*), che rivela l'adesione di Dante allo Stilnovo. Le *Rime* sono un'opera non unitaria, che racchiude tutta la produzione in versi di Dante, dalla giovinezza fino alla piena maturità. Il *De vulgari eloquentia* (1303) è un libro incompiuto, scritto in latino, attraverso il quale l'autore rivendica al volgare un valore artistico e letterario. Ugualmente non finito è il *Convivio* (1304-1307): doveva essere un commento, in volgare, a quattordici sue canzoni, ma, dopo un trattato introduttivo, si arresta alla quarta canzone. Il *De monarchia* (forse 1308) è un trattato politico in latino, in cui Dante espone compiutamente la teoria dell'indipendenza del potere imperiale da quello papale, sostenendo che entrambe le potestà discendono da Dio e hanno lo scopo di promuovere il bene temporale e spirituale dell'umanità. Le *Epistole* raccolgono tredici lettere scritte da Dante in tempi diversi e per scopi diversi.

Infine la *Commedia*, il capolavoro in tre cantiche (Inferno, Purgatorio e Paradiso), in cui Dante ha modo di esprimere al meglio le sue idee poetiche, filosofiche, politiche, morali, religiose, simbolizzate nelle prime due cantiche del poeta latino Virgilio e nell'ultima da Beatrice, ora più che mai guida celeste alla salvezza dell'anima. L'opera è scritta in terza rima, metro inventato dallo stesso Dante. L'aggettivo "divina" venne attribuito all'opera da Boccaccio e compare solo a partire dalle edizioni a stampa di età rinascimentale.

Francesco Petrarca (1304-74)

Personalità irrequieta, Petrarca ebbe tuttavia una vita tranquilla. Credente fervido e inquieto, oscillò con perenne insoddisfazione tra tensioni spirituali e godimento dei beni terreni, sempre con un sentimento pungente di vanità delle cose. La sua poesia fu molto apprezzata già dai contemporanei, tanto che nel 1341 venne solennemente incoronato poeta dal Senato di Roma, dopo che anche la Sorbona di Parigi gli aveva offerto il medesimo onore. A Napoli, invece, conseguì la laurea, sottoponendosi all'esame dell'anziano e dottissimo re Roberto d'Angiò. Per taluni aspetti, Petrarca anticipa l'Umanesimo: così è per il suo amore per i classici latini e greci, per la passione filologica, per il ripudio consapevole dell'età altomedioevale, considerata età di decadenza, per l'attenzione all'interiorità dell'uomo. Tuttavia è ancora medioevale per la concezione dell'arte con finalità didascalica e della poesia come ricerca di verità religiosa. È chiaro quindi che per tali aspetti, Petrarca può essere considerato il simbolo della crisi e del passaggio dal Medioevo all'Umanesimo.

Il *Canzoniere* rappresenta l'opera somma di Petrarca: fu composto tra il 1330 e il 65, comprende 366 tra sonetti e altre poesie (la più famosa è la canzone *Chiare, fresche e dolci acque*), selezionate rigorosamente all'interno della sua più vasta produzione. Apparentemente il tema dell'opera è l'amore per Laura, che rappresenta a un tempo bellezza, arte, amore, gloria, peccato, onore, morte; in realtà il *Canzoniere* è la storia di un'anima inquieta e fragile, tesa tra l'ideale e la realtà, che attraverso una fitta rete di contraddizioni perviene all'incontro con Dio. I *Trionfi* (la cui elaborazione durerà fino alla morte) sono un'opera in terza rima, come la *Divina Commedia*, di sapore piuttosto medioevale per il suo scopo pedagogico e l'affinità alle "visioni" medioevali, dove l'autore immagina di assistere al trionfo dell'Amore, della Pudicizia, della Morte, della Fama, del Tempo e dell'Eternità. L'*Africa* (1338-41), in latino, è un poema incompiuto che tratta della storia di Roma antica, proposta a modello di civiltà. Le *Epistolae metricae* sono sessantasei lettere in versi, composte dal 1331 al 1361, di vario argomento: politico, morale, autobiografico. Il *Secretum*, scritto in latino quasi di getto (1342-43), è una sorta di diario, nel quale Petrarca espone i suoi contrasti interiori e la sua ricerca di verità. Le *Epistolae*, infine, presentano un'antologia compiuta dall'autore stesso, di lettere scritte nel corso della sua vita.

Giovanni Boccaccio (1313-75)

Nato nei dintorni di Firenze, in gioventù si trasferì a Napoli, città che amò molto e gli diede modo di osservare e conoscere i più svariati tipi umani. Grande erudito autodidatta e costantemente perseguitato dalla povertà, sperimentò l'amore per una donna (Fiammetta), che ritrasse nelle sue opere con tratti molto terreni, diversamente dalla Beatrice di Dante e dalla Laura di Petrarca. Tornato a Firenze, ebbe importanti incarichi per conto del Comune, tra cui quello di "leggere", cioè di esporre e di commentare, la *Divina Commedia*. Nella tarda maturità ebbe una crisi religiosa, che modificò sensibilmente il tono della sua produzione letteraria e che superò grazie all'amicizia di Petrarca.

L'opera principale di Boccaccio è il *Decameron* (forse 1349-53), raccolta di cento novelle, intervallate da parti in poesia. Esse sanno rappresentare con impareggiabile maestria tutta la gamma di situazioni, sentimenti, aspirazioni, miserie e virtù umane, a prescindere da ogni moralismo o preoccupazione escatologica o intento allegorico. Altre opere degne di menzione sono il *Filocolo*, il *Filostrato*, il *Teseida*, la *Comedìa delle Ninfe fiorentine* (1341), l'*Elegia di madonna Fiammetta* (1343), il *Ninfale fiesolano* (1344) e il *Corbaccio* (1363), opera questa che risente della crisi spirituale della vecchiaia.

18.3 | L'Umanesimo

I limiti cronologici dell'Umanesimo sono convenzionalmente fissati tra il 1453 (anno della presa di Costantinopoli da parte dei Turchi) e il 1492 (anno della morte di Lorenzo il Magnifico). I Comuni cominciano a cedere il passo alle Signorie. Dal punto di vista culturale e artistico l'età è molto ricca e prelude al Rinascimento.

Gli Umanisti principali sono:

Marsilio Ficino (1433-99). È il fondatore e il massimo esponente dell'Accademia platonica di Firenze, dalla quale nacque quella nuova filosofia, che ha di mira la bellezza dell'universo, la purezza delle forme e l'armonia delle creazioni, che doveva improntare di sé tutta l'arte del Rinascimento;

Pico della Mirandola (1463-94). Elemento di spicco del platonismo umanistico fiorentino, fu membro dell'Accademia platonica e amico del Ficino, del Poliziano e del Magnifico;

Luigi Pulci (1432-84). È uno spirito portato a cogliere il lato comico delle cose, senza tralasciare la meditazione su problemi filosofici e religiosi. La sua opera principale è il *Morgante* (1478), poema in ottave di argomento cavalleresco, che narra delle vicende del gigante Morgante a seguito del paladino Orlando;

Matteo Maria Boiardo (1441-99). Visse nell'orbita della corte degli Estensi di Ferrara, come letterato e funzionario d'alto rango. Fu un profondo conoscitore dei classici. L'*Orlando innamorato* è il suo capolavoro. Qui, il poeta fonde il ciclo di leggende carolinge con quello bretone, esprimendo i suoi supremi ideali cavallereschi: la prodezza guerriera e l'amore. Altre opere degne di menzione sono le *Rime* di argomento amoroso e il *Timone*, tentativo di resuscitare il teatro classico;

Leon Battista Alberti (1404-72). Molto dotto, architetto di primaria importanza (tra le sue opere: il Tempio Malatestiano di Rimini, la chiesa di Sant'Andrea a Mantova e la facciata di Santa Maria Novella a Firenze) e grande ammiratore della classicità, cercò di conciliare l'antico e il moderno tanto nelle sue opere architettoniche quanto in quelle letterarie. Il suo scritto più famoso è il *Della Famiglia*, dove esprime l'amore per l'armonia, la bellezza, la serenità, l'operosità, la vita e la fiducia nell'uomo, tutti elementi che la famiglia rappresenta e incarna;

Lorenzo de' Medici (1449-92). Fin dalla giovinezza fu il reggitore saggio e prudente del Governo fiorentino. Di fatto, egli fu *l'ago della bilancia* di tutta la vita politica italiana e seppe sia mantenere la pace che preservare la Penisola dai tentativi espansionistici stranieri. È autore, tra altre opere, dei *Canti Carnascialeschi*, tra i quali vi è la *Canzona a Bacco*, che inizia con i famosissimi versi: "Quant'è bella giovinezza, / che si fugge tuttavia! / Chi vuol esser lieto sia: / di doman non c'è certezza". Le sue eccelse qualità gli valsero il soprannome di Magnifico;

Angelo Poliziano (1454-94). Divise la sua vita tra la corte del Magnifico e quella dei Gonzaga di Mantova. Le opere maggiori sono l'*Orfeo*, le *Silvae*, le *Stanze per la giostra*, i *Carmina*. La sua poesia è tesa alla ricerca della bellezza e dell'armonia della natura, che si riflette nell'animo umano, portando saggezza e serenità. Tra le opere in prosa, ricordiamo le *Prelectiones* e la *Miscellanea*, che tratta di grammatica e ortografia delle lingue classiche e di interpretazione di passi oscuri di antiche opere;

Leonardo da Vinci (1452-1519). Personalità dagli interessi vastissimi, fu pittore sommo (ricordiamo il *Cenacolo*, la *Vergine delle Rocce* e la *Gioconda*), pensatore originale, scienziato e filosofo. Elaborò il principio dell'indagine che parte dall'esperienza e rifiuta l'autorità precostituita, aprendo così la via al naturalismo filosofico e scientifico. Autodefinitosi "omo sanza lettere", scrisse sempre in volgare; le sue opere più importanti sono il *Trattato di pittura*, le *Favole* e le *Facezie*, oltre a una notevole mole di appunti, raccolti in codici diversi;

Iacopo Sannazaro (1458-1530). Fu membro dell'Accademia Pontaniana e frequentatore della corte aragonese di Napoli, tanto da seguire il re Federico III in esilio. Il suo capolavoro è l'*Arcadia*, romanzo pastorale in poesia e prosa. Altre opere degne di menzione sono il *Canzoniere*, le *Farse*, il *De partu Virginis*.

18.4 | Il Rinascimento

È il periodo aureo della cultura italiana, caratterizzato dal fiorire di tutte le arti e le scienze, che si estende approssimativamente dal 1492 al 1600 (rogo di Giordano Bruno).

Gli esponenti principali della cultura rinascimentale sono:

Niccolò Machiavelli (1469-1527). Si formò nella Firenze del Magnifico e vi ricoprì incarichi burocratici e politici anche di alto livello. Opera somma è il *Principe*, dove il Machiavelli espone le sue convinzioni politiche: la costruzione dello Stato è lo scopo supremo, al quale bisogna sacrificare la vita e l'anima, in quanto esso incarna il bene collettivo. Il principe, identificato in Cesare Borgia (il Duca Valentino), sarebbe stato così colui che avrebbe dato all'Italia un governo nuovo. Altre opere sono l'*Arte della guerra*, le *Istorie fiorentine*, la *Vita di Castruccio Castracani*, le *Lettere*, i *Discorsi sopra la prima Deca* di Tito Livio. Una menzione particolare merita la *Mandragola*, capolavoro comico del teatro europeo;

Francesco Guicciardini (1483-1540). Come il Machiavelli, anche Guicciardini ricoprì a Firenze importanti incarichi politici. Le sue tesi politiche sono però una revisione critica di quelle del Segretario fiorentino, del quale egli rifiuta l'estremismo utilitaristico e dal quale diverge per il proprio pessimismo e per il ripiegamento su orizzonti individuali, anziché collettivi e nazionali. Il Guicciardini ebbe soprattutto interessi storici ed è considerato il fondatore della storiografia moderna. Tra le opere principali vi sono: *Storia di Firenze, Ricordi civili e politici, Considerazioni attorno ai Discorsi del Machiavelli, Storia d'Italia*;

Ludovico Ariosto (1474-1533). Operò alla vivace corte ferrarese sia come letterato sia come funzionario di alto rango. Il suo capolavoro è il poema in ottave *Orlando furioso* (prosecuzione di quello del Boiardo), opera che sintetizza splendidamente la civiltà solare del Rinascimento (il cavalleresco, l'indipendenza di pensiero rispetto alla religione, l'individualismo, la generosità, la nobiltà d'animo, l'amore sensuale, l'armonia), il tutto, cantato con ineffabile ironia.

Altre opere dell'Ariosto sono le *Lettere*, le *Rime*, le *Commedie*, le *Satire*;

Pietro Bembo (1470-1547). Poeta e scrittore, conobbe alcune delle personalità letterarie più in vista dei suoi tempi (tra cui l'Ariosto). Deve la sua fama principalmente alla difesa nei confronti del latino della lingua italiana come lingua letteraria e alla promozione di Petrarca come modello della poesia lirica (*petrarchismo*). È anche un esponente di spicco di quel neoplatonismo che pervase la parte finale del Rinascimento. Tra le sue opere ricordiamo le *Prose della volgar lingua*, i *Rerum venetarum historiae libri XII*, gli *Asolani*, le *Rime*;

Baldassar Castiglione (1478-1529). Visse in un periodo difficile, quello delle guerre tra Francia e Spagna per la supremazia in Italia. Fu uomo d'armi, diplomatico e in età matura nunzio apostolico. La sua personalità fu tale da meritargli l'ammirazione di Carlo V. L'opera maggiore del Castiglione fu il *Libro del Cortegiano*, in cui l'autore espose l'ideale del perfetto uomo di corte rinascimentale;

Giovanni Della Casa (1503-56). Fu arcivescovo di Benevento e partecipò a molti processi per eresia. Scrisse in latino e in volgare. Le sue *Orazioni* e le *Lettere* sono modelli di eloquenza. Compose anche *Rime* di ispirazione petrarchesca. L'opera maggiore è però il *Galateo*, che, analogamente al *Principe* di Machiavelli e del *Cortegiano* di Castiglione, illustra regole ideali di comportamento per la vita mondana;

Michelangelo Buonarroti (1475-1564). Oltreché pittore e scultore tra i più grandi di ogni tempo, fu anche un letterato di buon livello. L'incontro con il Magnifico e con il Savonarola segnò profondamente la sua vita. Compose versi (le *Rime*), nei quali espresse il personale sentimento di caducità della vita, la sua fervida fede religiosa e gli ideali platonici di ricerca del bello;

Matteo Bandello (1485-1561). Scrisse 214 novelle, imitando, "non senza elementi di originalità", Boccaccio. La sua opera fornisce notizie di costume interessanti, anche se non sempre veritiere, sulla società aristocratica italiana del'500;

Giorgio Vasari (1511-74). Pittore e architetto famoso, scrisse le *Vite de' più eccellenti pittori, scultori e architetti*, biografia di oltre 200 artisti, a partire da Cimabue fino a Michelangelo;

Benvenuto Cellini (1500-71). Dotato di un'insopprimibile vitalità, convinto di essere un uomo superiore e come tale non tenuto all'osservanza della legge, ebbe una vita assai movimentata. Artista per scelta di vita, fu soprattutto un orafo e uno scultore abilissimo. In campo letterario, si segnala per l'autobiografica *Vita*, originale e colorita ricostruzione della sua personalità vulcanica;

Pietro Aretino (1492-1556). Scrittore assai spregiudicato, passò da opere di carattere sacro (i *Sette salmi*, la *Vita di S. Tommaso*) ad altre di carattere profano e scherzoso, che talora rasentano l'osceno (i *Ragionamenti*, le *Pasquinate*, le *Lettere volanti*). È anche autore di un'apprezzabile tragedia, l'*Orazia*, e di cinque commedie;

Angelo Beolco, detto il Ruzante o Ruzzante (1502-42). È uno dei maggiori commediografi del Cinquecento, nonostante si sia discostato volutamente dai canoni e dalla raffinatezza letterari rinascimentali. In quest'ottica, egli scelse di rappresentare il mondo degli umili e di servirsi del dialetto padovano. Sue opere principali sono i *Dialoghi*, il *Bilora* e il *Reduce*;

Torquato Tasso (1544-95). Personalità sensibile, ai limiti della follia, ebbe una vita travagliata e sofferta. Soggiornò alla corte degli Este di Ferrara; conobbe anche esperienze diverse e più dolorose, come il faticoso errabondare per l'Italia e la detenzione per sette anni nell'ospedale psichiatrico di Sant'Anna, quasi in regime carcerario. Opera somma è il poema epico di argomento cavalleresco la *Gerusalemme liberata*; il poema venne rivisto più tardi dal Tasso, onde conformarsi ai principi della censura controriformistica, e ne vennero sacrificate le parti giudicate più audaci, mentre ne furono, per contro, inserite altre di esaltazione della devozione cattolica. Ne risultò così un'opera nuova, la *Gerusalemme conquistata*. Altri componimenti del Tasso sono i *Discorsi dell'arte poetica*, l'*Aminta*, le *Rime*, i *Dialoghi*, le *Lettere*;

Giordano Bruno (1548-1600). Domenicano, colto e irrequieto, attirò più di una volta i sospetti dell'Inquisizione, tanto che dovette prudentemente riparare in Francia e in Inghilterra, dove compose alcune delle sue opere maggiori di argomento filosofico (la *Cena de le ceneri, De la causa, principio et uno, De l'infinito, universo e mondi*) e poi in Germania. Rientrato in Italia, nel 1600, condannato per eresia, fu messo al rogo. La sua morte simboleggia la fine del Rinascimento. Altre opere di Bruno sono di argomento morale (lo *Spaccio de la bestia trionfante*, la *Cabala del cavallo pegaseo con l'aggiunta dell'asino cillenico*, gli *Eroici furori*). Scrisse anche tre poemi in latino (*De minimo, De monade, De immenso*) e una commedia di successo in volgare, *Candelaio*;

Tommaso Campanella (1568-1639). Nato da una famiglia di contadini calabresi, divenne uno dei maggiori filosofi italiani. Rifiutò l'aristotelismo imperante e si dedicò allo studio della natura e a quello della vita associata. Per tutta la vita gravarono su di lui i sospetti dell'Inquisizione: fu più volte torturato e incarcerato per quasi metà della sua vita. La sua opera maggiore è la *Città del Sole*, trattato filosofico utopistico in cui descrive il modello di società ideale.

18.5 | Il Seicento

È l'età in cui l'Italia è relegata, sul piano politico, al rango di terra di conquista. Sul piano spirituale, incombono gli strali della Controriforma, con gravi conseguenze nell'ambito culturale. Artisticamente, è il secolo del Barocco. Tra i principali autori si ricordano:

Paolo Sarpi (1522-1623). Intelletto vivace, conobbe la teologia, la filosofia, il diritto, la matematica, la medicina, le scienze naturali. Fu amico di Galileo. Entrò nell'ordine dei Servi di Maria e divenne Provinciale dell'Ordine. Fu uno strenuo difensore della libertà della sua città natale, Venezia, contro le pretese del papato, tanto che dapprima venne scomunicato e successivamente subì un attentato. L'opera maggiore è l'*Istoria del Concilio di Trento*; altri scritti sono le *Lettere ai protestanti*, il *Trattato di pace*, la *Breve relazione della Valtellina*, la *Quaestio quodlibetica*;

Sforza Pallavicino (1607-67). Cardinale, scrisse una *Istoria del Concilio di Trento*, in opposizione a quella di Sarpi;

Galileo Galilei (1564-1642). Scienziato e filosofo, realizzò numerose e importanti scoperte (per esempio, i satelliti di Giove, le macchie solari, i mari della Luna, la legge di isocronia del pendolo ecc.) e invenzioni (il telescopio, la bilancia idrostatica) e fu assertore di un nuovo metodo di indagine scientifica, basato sulla sperimentazione e non più sul principio d'autorità. Espresse le sue tesi nelle opere *Nuncius Sidereus* e *Dialogo sui massimi sistemi*, oltre che in altri scritti specialistici. Condannato in tarda età dal Sant'Uffizio che vedeva in lui un nemico dell'ortodossia, dovette abiurare e fu confinato in una casa di campagna, dove potè continuare con i suoi discepoli gli studi di fisica;

Giambattista Marino (1569-1625). Ebbe una vita divisa tra avventure e scandali. La sua produzione fu vastissima. Tra le opere poetiche principali vanno ricordate l'*Adone*, la *Galerìa*, la *Lira* e la *Sampogna*. Pur non incontrando il favore dei critici moderni e contemporanei, ai suoi tempi il Marino fu molto apprezzato e imitato, tanto che nacque un'autentica maniera che da lui prese il nome di *marinismo*;

Alessandro Tassoni (1565-1635). A lui spetta il merito di aver inventato il genere del poema eroicomico, inaugurato con il suo capolavoro *La Secchia rapita,* che troverà molti seguaci nel Seicento. Si tratta di un genere poetico che mescola argomenti seri ad altri faceti, con intenti generalmente parodistici;

Francesco Redi (1626-97). Medico e naturalista insigne, possedette anche doti di letterato. Appartenne all'Accademia del Cimento e collaborò con l'Accademia della Crusca. Scrisse le *Osservazioni*, le *Esperienze*, gli *Opuscoli di storia naturale*, le *Lettere* e i *Consulti*. Per la chiarezza espositiva della prosa scientifica Redi viene assunto a modello e si pone consapevolmente al di fuori del Barocco.

18.6 | Il Settecento

È questa un'età di ripresa tanto della cultura quanto dell'economia. L'Italia è patria di letterati di fama internazionale, ma sono ormai l'Inghilterra e soprattutto la Francia i Paesi europei più all'avanguardia nel campo economico, artistico e letterario.

18.6.1 | L'Arcadia

L'Accademia dell'Arcadia nacque a Roma alla fine del secolo XVII. Il movimento letterario, che fiorì nella prima parte del Settecento, fu caratterizzato dal desiderio di evasione in un mondo fantastico, idillico e pastorale.
Significativamente, nel campo delle arti figurative si osserva il passaggio dal vitalismo esornativo del Barocco alle aggraziate forme del *rococò*. Deve essere ricordato:

Pietro Metastasio (1698-1782). È il massimo rappresentante della poesia arcadica e del melodramma settecentesco. Il tema dominante delle sue arie e canzonette è l'amore, trattato con soavità sospirosa e malinconica. Suo grande merito è aver rinnovato il melodramma, strappandolo all'invadenza della musica barocca e riconferendo piena dignità al testo letterario. Capolavoro è la *Didone abbandonata*. Altre opere degne di nota sono la *Clemenza di Tito*, il *Temistocle*, l'*Attilio Regolo*. Anche grazie a un lungo soggiorno alla corte di Vienna, Metastasio divenne uno dei librettisti e poeti italiani più famosi all'estero.

18.6.2 | L'Illuminismo

Gli scrittori illuministi si caratterizzano per il loro impegno civile, sollecitano le riforme necessarie allo Stato e alla società per il "trionfo della Ragione" e ricoprono spesso in prima persona incarichi di funzionari, politici e insegnanti.

I maggiori esponenti dell'Illuminismo italiano sono:

Giambattista Vico (1668-1744). Filosofo, fu tanto in anticipo sui tempi che, pur essendo nato nel XVII secolo, può essere considerato un pre-illuminista. Le sue opere sono il *De antiquissima Italorum sapientia*, il *De universi iuris uno principio et fine uno*, i *Principi di una scienza nuova d'intorno alla commune natura delle Nazioni*. Campo d'indagine di Vico sono le leggi universali dello spirito umano, indagate nello svolgimento storico. Nella storia dell'umanità si possono osservare fasi di progressivo incivilimento e maturazione intellettuale; al culmine dell'evoluzione, a esse seguono però nuove fasi di imbarbarimento (teoria dei corsi e dei ricorsi storici);

Ludovico Antonio Muratori (1672-1750). Sacerdote, possedette un'erudizione straordinaria. Scrisse soprattutto di storia (*Rerum italicarum scriptores*; *Antiquitates italicae Medii aevi*; *Annali d'Italia*), ma si occupò di molti e vari argomenti (alcune opere, tra le tante: *Filosofia morale*, *De superstitione vitanda*, *Dei difetti della giurisprudenza*, *Della perfetta poesia*, *Osservazioni sul Petrarca*);

Pietro Verri (1728-97). Filosofo apprezzato da Kant, giornalista e uomo politico, è una delle figure più importanti dell'Illuminismo italiano. Nonostante fosse nobile di nascita, si batté energicamente per l'abolizione dei privilegi di ogni tipo e per la liberalizzazione del commercio, per il trionfo dell'assolutismo illuminato e per il progresso spirituale e materiale dell'Italia. Combatté altre battaglie come quella per l'abolizione della tortura e della pena di morte;

Alessandro Verri (1741-1816). Fratello di Pietro, collaborò con lui nella fondazione e nella direzione dell'Accademia dei Pugni e della rivista letteraria «Il Caffè», strumenti promotori dell'Illuminismo italiano;

Cesare Beccaria (1738-94). Fu amico dei fratelli Verri e membro dell'Accademia dei Pugni. A 25 anni scrisse un'opera che acquistò fama mondiale, *Dei delitti e delle pene*, in cui criticò l'arretrato sistema penale vigente in tutti gli Stati europei, basato su procedure assurde e crudeli, e si dichiarò contrario alla pena di morte;

Giuseppe Parini (1729-99). La sua arte letteraria risente dell'Arcadia, ma aderisce alle istanze illuministiche egualitarie, riformistiche e ammodernatrici. Le opere principali sono *Il Giorno*, poema didascalico che illustra ironicamente le fasi della giornata di un giovane aristocratico milanese e le *Odi*, raccolta di poesie di argomento vario. Altri celebri scritti sono il *Dialogo sopra la nobiltà* e il *Discorso sopra la poesia;*

Carlo Goldoni (1707-93). Commediografo di straordinario talento, condusse una vita errabonda con le compagnie teatrali. Fu un acuto e spregiudicato osservatore della società del suo tempo, che seppe portare sulle scene del teatro con impareggiabile maestria. Ebbe il merito di rinnovare la vita teatrale europea, che ristagnava negli esausti schemi della commedia d'arte italiana. Le sue opere sono scritte talora in dialetto veneziano, talora in italiano. Le più famose sono: *Arlecchino servitore di due padroni*, *La Putta onorata*, *La Locandiera*, *La Famiglia dell'antiquario*, *La Bottega del caffè*, *I Rusteghi*, *Le Baruffe chiozzotte*;

Vittorio Alfieri (1749-1803). Personalità complessa e irrequieta, che già prelude al Romanticismo, Alfieri compì numerosissimi viaggi in Italia e all'estero, entrando in contatto con la cultura illuministica più avanzata, dalla quale però si estranea per il suo pessimismo e per l'assenza di interesse alle problematiche sociali, politiche ed economiche. Le sue opere principali sono le tragedie *Saul* e *Mirra*, i trattati politici *Della tirannide*, *Del principe e delle lettere*, il *Misogallo*; scrisse inoltre alcune poesie (le *Rime*) e satire, oltre all'autobiografia (la *Vita*).

18.7 | L'Ottocento

Il primo Ottocento in Italia si apre con la dominazione napoleonica a cui segue la Restaurazione (1815). Dopo le lotte patriottiche contro l'Austria, l'Italia finalmente giunge all'indipendenza e all'Unità (1861). Nella seconda metà del secolo nella penisola come in Europa, dal punto di vista sociale si assiste all'ascesa della borghesia e all'emergere della classe operaia.

18.7.1 | La lirica neoclassica

La lirica neoclassica privilegia il recupero dei valori e delle forme della civiltà classica. Il maggiore rappresentante di questa corrente è **Vincenzo Monti** (1754-1828). Per la sua adesione agli ideali della Rivoluzione francese, l'amore per i miti e i classici può essere considerato un neoclassico. La sua fama è legata soprattutto a una traduzione dell'*Iliade* di Omero. Altre sue opere sono la *Bassvilliana*, la *Musogonia*, la *Feroniade*.

18.7.2 | Il Romanticismo

È un movimento europeo che pone l'accento sui sentimenti e sull'interiorità, rivaluta il passato non classico, ricerca e difende le tradizioni e le particolarità nazionali.

Ugo Foscolo (1778-1827). Condusse una vita raminga. Aderì agli ideali rivoluzionari prima e napoleonici poi e si arruolò anche nelle armate filofrancesi. La sua produzione letteraria risente del periodo storico in cui visse e in particolare delle aspirazioni alla libertà e all'Unità nazionale.

Dal punto di vista filosofico aderì al *sensismo*, che elabora una concezione meccanicistica e materialistica del mondo dove tutte le cose, compresa l'anima, sono soggette alla trasformazione e alla morte. Da qui scaturisce il pessimismo del Foscolo, che egli però dichiara di combattere con le illusioni, cioè i valori più alti del vivere umano: l'amore per la bellezza e per le virtù, l'eroismo, l'amor di patria.

Le opere in prosa più famose sono *Le ultime lettere di Jacopo Ortis*, gli scritti *Didimei* e opere di critica letteraria (molto importanti quelle sulla *Divina Commedia* e sul Petrarca).

La sua vasta produzione poetica comprende molti sonetti (tra cui *Alla sera*, *A Zacinto*, *In morte del fratello Giovanni*) e i componimenti le *Odi*, *Le Grazie*, *I Sepolcri*.

Foscolo, pur essendo annoverato tra i romantici, sui quali ebbe un'influenza profonda e ai quali è assimilabile per temperamento e vita, ebbe in realtà come punto di riferimento della sua produzione letteraria i classici, cosicché è possibile parlare di "due anime" foscoliane, una romantica e l'altra neoclassica.

Giovanni Berchet (1783-1851). Conoscitore di molte lingue straniere, se ne servì per leggere e tradurre opere appartenenti alle maggiori letterature europee. Deve essere ricordato per la *Lettera semiseria di Grisostomo al suo figliuolo*, in cui prende posizione a favore del Romanticismo contro i neoclassici, e per il poemetto *Il Giuramento di Pontida*.

Giacomo Leopardi (1798-1837). Vita tanto povera di avvenimenti esteriori, quanto ricca di esperienze intime. Possedette un'erudizione fuori dal comune, che costruì faticosamente e caparbiamente da autodidatta e sperimentò in una serie di ricerche filologiche e di traduzioni.

Si professò filosofo, ma fu soprattutto straordinario poeta. La sua concezione del mondo e dell'esistenza fu pessimistica e materialistica: ripudiò la fede, arrivò a detestare la Natura che con il suo moto lento e inesorabile cancella ogni bellezza e ogni speranza.

Espresse in maniera sublime la sua amarissima visione della vita nei *Canti*, tra i quali si ricordano *All'Italia*, *Il Passero solitario*, *L'Infinito*, *A Silvia*, *La quiete dopo la tempesta*, *Il sabato del villaggio*, *La ginestra*. Tra le opere in prosa, devono essere ricordate le *Operette morali*, i *Pensieri*, lo *Zibaldone*, l'*Epistolario*.

Giuseppe Mazzini (1805-72). "Apostolo" dell'Unità d'Italia, concepì la patria come un ideale e la vita come missione, fondata sul dovere. In queste idee, la religione detiene un posto centrale, sia come ispiratrice dell'agire umano, sia come elemento della costruzione dello Stato e della civiltà. Anche l'arte si piega a questa necessità, dovendo operare in funzione del progresso.

Mazzini scrisse numerosi saggi letterari, politici ed economico-sociali. Ci ha lasciato anche un vasto *Epistolario* e delle *Note autobiografiche*.

Alessandro Manzoni (1785-1873). Nipote del Beccaria, fu in diretto contatto con Vincenzo Cuoco, con il Monti e con gli ambienti colti di Parigi, città nella quale soggiornò a lungo. L'avvenimento forse più saliente della sua vita fu la conversione al Cattolicesimo, non improvvisa, ma lungamente maturata. Questa adesione, unitamente al suo senso di umanità e agli ideali illuministici di libertà, uguaglianza, fraternità e giustizia, caratterizza la sua produzione letteraria della maturità. Compose, oltre a liriche giovanili, gli *Inni sacri*, le *Odi civili* (tra cui *Marzo 1821* e *Il Cinque Maggio*) e le tragedie *Il Conte di Carmagnola* e l'*Adelchi*. Il capolavoro di Manzoni è il romanzo *I Promessi sposi*, romanzo storico ambientato nella Lombardia del '600.

Carlo Cattaneo (1801-69). Cattaneo fu politico, economista, scrittore, giurista, filosofo, storico, etnografo, filologo e matematico. Partecipò attivamente al Risorgimento italiano, assumendo una posizione anti-sabauda, repubblicana e federalista. La sua produzione letteraria è vastissima: tra le altre opere compose *L'Insurrection de Milan*, l'*Introduzione alle notizie naturali e civili su la Lombardia*, *Gli Antichi Messicani*, *Dell'analisi delle menti associate*.

Ippolito Nievo (1831-61). Partecipò ad alcune imprese garibaldine, come la spedizione dei Mille e morì durante un naufragio. Compose apprezzabili poesie, ma è soprattutto ai suoi romanzi che deve la sua fama (*Angelo di bontà*, il *Conte pecoraio* e il capolavoro, pubblicato postumo, *Le Confessioni di un italiano*).

Niccolò Tommaseo (1802-74). Grande difensore dell'italianità, considerò la costruzione della patria come una tappa del progresso dell'umanità e partecipò agli avvenimenti politici del Risorgimento italiano. Amico del Manzoni, è sicuramente un romantico, per quanto qualcosa nella sua poesia (la ricerca della sensualità, l'idoleggiamento della forma) anticipi il Decadentismo.

Deve essere considerato uno degli iniziatori dello studio della poesia popolare; fu anche uno dei più grandi dantisti del suo secolo (*Commento alla Commedia*, *Nuovi studi su Dante*). Tra le altre opere si ricordano il *Dizionario dei sinonimi*, il *Dizionario della lingua italiana*, il *Dizionario estetico*, il *Dizionarietto morale* e il romanzo *Fede e bellezza*.

Silvio Pellico (1789-1854). Arrestato in quanto affiliato alla Carboneria, subì insieme all'amico Maroncelli la detenzione nel terribile carcere dello Spielberg. Il racconto di questa devastante esperienza è contenuto nell'opera *Le mie prigioni*, dove accanto agli ideali patriottici emergono quelli cristiani della rassegnazione e del perdono. Il testo ebbe un peso notevole nella maturazione della coscienza nazionale italiana.

Massimo D'Azeglio (1798-1866). Patriota e uomo politico, ebbe cariche importanti nello Stato sabaudo e combatté nella prima guerra di indipendenza. Fu amico di Cesare Balbo e sposò la figlia del Manzoni. Divenne famoso per il romanzo *Ettore Fieramosca*, che piacque per l'argomento cavalleresco e fu giustamente interpretato come esortazione agli Italiani alla lotta per la libertà.

Francesco De Sanctis (1817-83). Fu un patriota e un uomo politico assai impegnato, tanto da essere nominato ministro dell'Istruzione e presidente della Camera del neonato Regno d'Italia.

Fu anche un apprezzato insegnante e un professore universitario, ma è soprattutto per la sua attività di critico letterario che merita un posto centrale nella letteratura italiana dell'Ottocento.

Emblematici i saggi *Francesca da Rimini*, *Il Farinata di Dante*, *L'Uomo del Guicciardini*, il *Saggio sul Petrarca* e l'opera *Storia della letteratura italiana*, capolavoro della storiografia letteraria romantica.

Giosue Carducci (1835-1907). Occorre premettere che Carducci non è inquadrabile in nessun movimento letterario preciso: sebbene si professasse antiromantico e si ispirasse ai classici, per taluni atteggiamenti si accosta a un tardo Romanticismo. Quanto alla vita, tenne per molti anni la cattedra di eloquenza italiana dell'Università di Bologna, acquistò notevole fama e fu considerato il più grande rappresentante vivente della cultura nazionale. Il premio Nobel che ricevette nel 1906 suggellò questi riconoscimenti. Fu critico e prosatore, ma è la sua poesia ad averne fatto un grande della letteratura italiana. Educato fin dall'infanzia all'amor di patria e agli eroismi, il Carducci è portato più all'azione che alla contemplazione. Le sue liriche sono contenute nelle raccolte *Iuvenilia*, *Levia Gravia*, *Giambi ed Epodi*, *Rime nuove*, (tra cui: *Pianto antico*, *Davanti San Guido*, *San Martino*, *A Giuseppe Garibaldi*), *Odi barbare*. Queste ultime derivano il loro nome dal fatto che Carducci cercò di riprodurre nella lingua italiana i metri latini e greci.

18.7.3 | La poesia dialettale

È un genere letterario direttamente ispirato dal Romanticismo, per le sue esigenze di realismo e l'attenzione alle particolarità locali. Sono poeti dialettali:

Carlo Porta (1775-1821). Amico di Berchet e di Manzoni, romantico e nemico del neoclassicismo, poetò in dialetto milanese, prediligendo temi realistici, già quasi veristi, come la descrizione della vita dei nobili, satireggiata, e quella degli umili, dove al di sotto dell'ironia si avverte la compartecipazione per la sofferenza umana. Le sue liriche più famose sono: *La preghiera*, *Lamenti del Marchionn di gamb avert*, *Desgrazzi de Giovannin Bongee*, *Ninetta del Verzee;*

Giuseppe Gioacchino Belli (1791-1863). Membro dell'Accademia degli Elleni e di quella Tiberina, scrisse ben 2400 sonetti in dialetto romanesco (i più noti sono *La vita dell'omo*, *La creazione del mondo*, *Er giorno der giudizzio*). Belli si ispira alla vita della plebe, con realismo e partecipazione per il dolore degli umili, senza intenti morali o sociali;

Giuseppe Giusti (1809-50). Scrisse poesie in un dialetto toscano che in realtà non diverge molto dalla lingua letteraria aulica, tanto che da alcuni il Giusti non viene considerato un poeta dialettale. Il tono delle sue opere è satirico e scherzoso e lo stesso autore chiama le sue poesie "scherzi" o "ghiribizzi". Le opere più celebri sono *Gingillo* e *Sant'Ambrogio*.

18.7.4 | Il Verismo

Si tratta di una tendenza letteraria ispirata dal Positivismo, quella corrente di pensiero che utilizza il metodo scientifico per analizzare ogni fenomeno, compresi quelli spirituali e sociali, e ritiene che la scienza porterà al progresso dell'umanità.

Dall'apparato scientifico del Positivismo e del Naturalismo francese, il Verismo trae il canone dell'impersonalità: l'autore deve estraniarsi in modo tale che la storia sembri "farsi" da sé.

CONOSCENZE E COMPETENZE

Giovanni Verga (1840-1922). In gioventù fu animato da un fervido patriottismo. In età matura, pur partecipando alla vita politica (poco prima di morire fu nominato anche senatore), visse quasi ritirato nella natìa Catania. Dal punto di vista letterario, dopo gli esordi di ispirazione tardo-romantica (i romanzi *Storia di una capinera*, *Eva* e *Tigre reale*), il Verga aderì alla corrente verista, della quale, insieme all'amico Capuana, fu l'iniziatore. Scrisse una serie di novelle (famosissime *Nedda*, *Rosso Malpelo* e *Cavalleria rusticana*), nelle quali già compaiono quei temi che saranno poi magistralmente rappresentati nel suo capolavoro, il romanzo *I Malavoglia*: il mondo degli umili, con la loro semplicità, le loro tradizioni, la loro sorprendente umanità e la loro intollerabile miseria, che li travolge e li destina alla rovina. Il Verga stesso volle chiamare l'insieme dei suoi romanzi "ciclo dei vinti". In esso rientra un'altra famosa opera, *Mastro don Gesualdo*

Grazia Deledda (1871-1936). Fu premio Nobel per la letteratura nel 1926. Può essere ascritta al Verismo per la sua ispirazione regionalistica, ma da esso si distacca per la sua analisi della coscienza, per il suo senso religioso e la visione della vita come tensione tra peccato e riscatto. I suoi romanzi più famosi sono *Canne al vento*, *Racconti sardi*, *La Madre*, *Elias Portolu*.

18.7.5 | La Scapigliatura

È un movimento che ha origine nell'ultimo trentennio dell'Ottocento a Milano. Gli scapigliati sono un gruppo di intellettuali giovani, ribelli, sregolati, maledetti, con qualche ascendenza nel Verismo per l'intento artistico di natura realistica e antiborghese, che viene esasperato e assume una svolta dissacrante e antiperbenista, ma che in definitiva non riesce a elaborare una proposta, uno sbocco che non sia un velleitario ribellismo.

Gli scapigliati più famosi furono **Emilio Praga** (1839-75), **Arrigo Boito** (1842-1918) e **Carlo Pisani Dossi** (1849-1910).

18.8 | Il Novecento

La prima metà del secolo è segnata dalle due guerre mondiali e dalle loro tragiche conseguenze. In Italia, dopo il secondo conflitto, si assiste alla ricostruzione e a un'ascesa economica che porta il Paese ai primi posti tra le nazioni industrializzate più ricche del mondo.

Dal punto di vista letterario, il secolo è attraversato da numerosi movimenti e da tendenze, non di rado antitetiche. Il Romanticismo è ormai terminato o scaduto a "romanticume". Il Positivismo, che era stato promosso a cultura ufficiale della borghesia, si esaurisce e anche il Verismo sulla sua scia tramonta. Emergono nuovi atteggiamenti.

18.8.1 | Il Decadentismo

È un movimento europeo che ha la sua origine in Francia. Il Decadentismo parte da una critica radicale al Positivismo e sostituisce al valore conoscitivo della scienza quello dell'arte, che mediante gli strumenti dell'intuito, dell'istinto e della fantasia cerca di oltrepassare la realtà per attingere al senso delle cose. Caratteri tipici del Decadentismo furono la ricerca della raffinatezza stilistica, l'esaltazione dell'irrazionalità e il gusto per le esperienze rare, sensuali, occulte. Si annoverano tra i decadenti:

Antonio Fogazzaro (1842-1911). Nel suo celebre romanzo *Malombra* delinea la figura dell'"inetto a vivere", tipica del Decadentismo: l'intellettuale sradicato dalla società, in preda all'incertezza, all'inquietudine e alla contraddizione, che si trascina in una vita vuota. Altri romanzi di Fogazzaro sono *Piccolo mondo antico* e *Piccolo mondo moderno*, dove, sempre in un'ottica decadentista, il tema portante è quello del recupero memoriale dei luoghi dell'infanzia. Infine, il romanzo *Il Santo* si propone di conciliare la fede cattolica con il Positivismo: l'opera viene però messa all'Indice dalla Chiesa;

Giovanni Pascoli (1855-1912). Secondo la concezione pascoliana, l'arte ha un carattere principalmente irrazionale e intuitivo, che mette l'uomo in contatto con i valori eterni e primitivi della realtà. In ogni uomo c'è un "fanciullino", che è il cuore poetico che ciascuno si porta dentro e che non muore mai. La poesia è accessibile a tutti, nasce dalle piccole cose quotidiane e non ha bisogno di retorica per esprimersi. Tra le opere di Pascoli vanno ricordate lo scritto *Il fanciullino*, le raccolte poetiche *Myricae*, i *Poemetti*, i *Canti di Castelvecchio*, *Odi e Inni*, i *Poemi Italici*, i *Poemi del Risorgimento*, le *Canzoni di re Enzio* e il discorso relativo all'impresa italiana in Libia: *La grande proletaria si è mossa*.

Gabriele D'Annunzio (1863-1938). Ebbe una vita assai movimentata, tra avventure amorose, imprese di guerra, duelli. Elaborò la concezione di vita come opera d'arte, basata sulla ricerca di sensazioni sempre nuove, e la teoria estetizzante dell'uomo superiore (il *superuomo*). In conseguenza di queste idee, D'Annunzio passò la vita tra piaceri, raffinatezza e corruzione, volle la gloria delle imprese militari e delle creazioni artistiche e finì con l'erigere un monumento a se stesso nella sua villa-rifugio del Vittoriale. Opere principali sono le *Novelle della Pescara*, i romanzi *Il Piacere*, *L'Innocente*, *La Figlia di Iorio*, *Le Vergini delle rocce*; le raccolte liriche *Primo vere*, il *Poema paradisiaco* e le incompiute *Laudi* (tra cui *Alcyone*, che contiene le due liriche probabilmente più note di D'Annunzio, *La pioggia nel pineto* e *I pastori*).

18.8.2 | Il Crepuscolarismo

È un movimento poetico che si contrappone alla lirica d'alto tono carducciana e alle raffinatezze dannunziane e si ispira maggiormente a Pascoli. Sua caratteristica è cantare le "piccole cose di pessimo gusto", cioè il banale, l'umile, il quotidiano, ed essere priva di ideali. Testimonia l'angoscia dell'uomo davanti alla precarietà della vita, oltre alla perdita di contatto tra l'intellettuale e la società. Il principale poeta crepuscolare è **Guido Gozzano** (1883-1916). La sua poesia si contraddistingue per il senso di inquietudine provocato dallo scorrere del tempo e per il rifugio nella quotidianità stantia. Gozzano è autore di due raccolte di versi *La via del rifugio* e i *Colloqui*, che contiene due opere famose *La signorina Felicita* e *L'amica di nonna Speranza*, e di un resoconto di viaggio, *Verso la cuna del mondo*.

18.8.3 | Il Futurismo

È un movimento ideato da **Filippo Tommaso Marinetti** (1876-1944), nato ufficialmente nel 1909 con la pubblicazione del manifesto del movimento sul «Figaro» di Parigi. Seguirono altri manifesti: quello della pittura futurista, firmato da Boccioni e da Carrà; quello dei musicisti futuristi; quello tecnico della letteratura futurista, ancora del Marinetti. Il Futurismo proponeva il *paroliberismo*, cioè l'uso delle parole in piena libertà, senza nessi logici e con i verbi all'infinito. Principali temi sono l'esaltazione della forza, della velocità, della potenza e della macchina. I componimenti poetici più famosi del Futurismo sono opera dello stesso Marinetti: *La bataille de Tripoli*, *Zang Tumb Tumb*, *8 anime in una bomba*.

Aldo Palazzeschi (1885-1974). Risentì parzialmente del Crepuscolarismo e del Futurismo, ma soprattutto fu aperto all'avanguardismo letterario. I suoi versi sono contenuti in *L'Incendiario*, *L'Antidolore* e le *Poesie* (è celebre *Rio Bo*). Palazzeschi è però anche un valido prosatore (*Le sorelle Materassi*, *I fratelli Cuccoli*, *Stefanino*) e favolista (*Il codice di Perelà*).

18.8.4 | Prosa del primo novecento

Benedetto Croce (1866-1952). Fu la personalità letteraria, storica, critica e filosofica più in vista della prima metà del XX secolo. Si caratterizza per l'avversione al Positivismo e al Decadentismo e per aver propugnato la rinascita dell'Idealismo. Fondò la rivista «Critica» e scrisse numerosi saggi letterari, riuniti poi nell'opera *Poesia e non poesia* (1923). Quest'ultima esprime la distinzione tra ciò che è vera poesia, cioè il frutto dell'intuizione dell'artista, e ciò che non lo è, cioè l'espressione contaminata da spunti di riflessione intellettuale e morale.

Italo Svevo pseudonimo di Ettore Schnitz (1861-1928). Risentì della lezione di Freud, dei romanzieri francesi Balzac, Maupassant e Flaubert e fu amico di James Joyce. Scrisse i romanzi *Una vita*, *Senilità*, *La coscienza di Zeno*, nei quali espone il malessere e le nevrosi della borghesia di fine secolo, dovuti all'insoddisfazione, al senso di frustrazione, di sconfitta, inutilità, malattia. Altre opere famose sono l'incompiuto *Il vecchione* e la *Novella del buon vecchio e della bella fanciulla*.

Luigi Pirandello (1867-1936). Dopo esordi non fortunati nella narrativa, raggiunse la fama con il teatro, tanto da costituire e dirigere una compagnia. Aderì al fascismo e ne ebbe in cambio la nomina ad "Accademico d'Italia". Ricevette nel 1934 il premio Nobel per la letteratura. Scrisse romanzi (*Il fu Mattia Pascal*, *Uno nessuno e centomila*, *L'esclusa*) e 246 novelle (le più famose *Acqua amara*, *La vita nuda*, *Lumìe di Sicilia*), ma è soprattutto nel teatro che Pirandello raggiunse fama mondiale. Bisogna ricordare i suoi capolavori *Sei personaggi in cerca d'autore* e *Enrico IV*. I temi ricorrenti sono il dominio del caso nella vita, l'impossibilità di comunicare con i propri simili, l'impossibilità di sottrarsi alle leggi della vita e della società, l'impossibilità di arrivare a una verità oggettiva: tutti elementi che riducono l'uomo al livello di una maschera, costretta a recitare una parte.

Corrado Alvaro (1895-1956). Pur trattando come tema principale la vita nella sua terra calabra, Alvaro non può essere ascritto al Verismo, dal quale lo separa il tono lirico e nostalgico del suo raccontare. L'opera più famosa di Alvaro è *Gente in Aspromonte*.

18.8.5 | L'Ermetismo e la grande lirica novecentesca

L'Ermetismo si caratterizza per l'essenzialità della poesia, intesa come rifiuto di ogni ornamento, per l'uso di analogie e per la forza evocativa della parola. In pratica, la parola viene "lavorata" affinché possa esprimere il suo significato originario, diretto a suscitare nel lettore sensazioni e sentimenti reconditi.

Dal punto di vista contenutistico, la poesia ermetica intende esprimere le voci dell'inconscio e principalmente la desolazione, la disperazione, il senso di incomunicabilità, in una parola l'angoscia esistenziale umana.

Sono poeti che si formano a partire dalla lezione dell'ermetismo **Leonardo Sinisgalli** (1908-1981), **Alfonso Gatto** (1909-1976), **Sandro Penna** (1906-1977) e **Mario Luzi** (1914-2005).

I più famosi sono però:

Giuseppe Ungaretti (1888-1970). I temi della solitudine, del dolore, della fratellanza e della sofferta riconquista della fede sono al centro della sua produzione. Ungaretti opera sulla parola e sull'accostamento di parole diverse per ottenere profondi quanto rapidi effetti evocativi. Le sue opere sono le raccolte poetiche *Il porto sepolto* e *Allegria di naufragi*, il *Sentimento del tempo*, *Il Dolore*, *La terra promessa*.

Le liriche più famose sono *Veglia*, *C'era una volta*, *I fiumi*, *San Martino del Carso*, *La madre*, *Non gridate più;*

Salvatore Quasimodo (1901-68). Il suo tema preferito è quello dell'amore e della rievocazione della terra natìa, la Sicilia, espresso principalmente nelle opere *Acque e terre*, *Oboe sommerso*, *Erato e Apollion*, *La terra impareggiabile* e *Dare e avere*. I suoi versi "Ognuno sta solo sul cuor della terra / trafitto da un raggio di sole:/ ed è subito sera" sono diventati emblema dell'Ermetismo. Ebbe anche una parentesi come poeta civilmente impegnato, quando, sconvolto dagli orrori della seconda guerra mondiale, si fece portavoce del bisogno di ricostruzione e di pace (opere: *Giorno dopo giorno*, *La vita non è sogno*, *Il falso e vero verde*). Fu insignito del premio Nobel (1959).

Altri importanti poeti del Novecento italiano sono invece:

Umberto Saba (1883-1957). La sua è una lirica di malinconia, fatta di contemplazione di elementi dell'esistenza quotidiana (ma senza l'ironia di Gozzano), di sfiorire di stagioni, di pena, a volte anche di pessimismo, altre volte di amore per la vita e di meraviglia per l'esistenza. Le sue poesie, composte nell'arco di più di mezzo secolo, sono racchiuse nel *Canzoniere* (le liriche più famose *Città vecchia*, *Ulisse*, *Goal*, *A mia moglie*, *Trieste*);

Eugenio Montale (1896-1981). Partecipò alla prima guerra mondiale, fu tra i firmatari del manifesto degli intellettuali antifascisti promosso da Croce e collaborò con importanti riviste letterarie come «Solaria», «Pegaso» e «Letteratura». È un poeta metafisico, nel quale il sentimento è bandito a favore di sole sensazioni. Il paesaggio da lui preferito, quello marittimo della Liguria, si carica di simbolismi che esprimono il male di vivere, come nei famosi versi di *Meriggiare pallido e assorto*: "E andando nel sole che abbaglia / sentire con triste meraviglia / com'è tutta la vita e il suo travaglio / in questo seguitare una muraglia / che ha in cima cocci aguzzi di bottiglia". Le sue poesie sono raccolte in *Ossi di seppia*, *Le occasioni*, *La Bufera e altro*, *Satura*, *Diario del 71-72*. Il premio Nobel che ricevette nel 1975 lo consacrò grande poeta di levatura internazionale;

Alda Merini (1931-2009); esordisce appena sedicenne grazie a Giacinto Spagnoletti. Tra le sue raccolte vanno ricordate: *La presenza di Orfeo* (1953), *La Terra Santa* (1984) e *Vuoto d'amore* (1991);

Giovanni Giudici (1924-2011); è stato un poeta, giornalista e traduttore italiano, che aderì alla corrente della poesia anti-novecentesca;

Andrea Zanzotto (1921-2011); indipendente dal Gruppo 63, ma accomunato dalla stessa ricerca sperimentale e dal disagio esistenziale, Zanzotto crea una poesia fondata sulla dissoluzione dell'io e sull'impossibilità della comunicazione, che si avvale di uno strumento linguistico vorticoso e contorto, prodotto dalla mescolanza di lingue e di stili diversi. Tra le opere principali: *IX egloghe* (1962), *La beltà* (1968), *Il galateo in bosco* (1978), *Idioma* (1986) e *Sovrimpressioni* (2001).

18.8.6 | Il Neorealismo

Nato agli inizi degli anni '30, il movimento si è sviluppato nel periodo della Resistenza e in quello immediatamente successivo. Lo scopo di fondo del movimento è il desiderio di collegare la letteratura con la vita, abbandonando così gli atteggiamenti di evasione e concentrandosi sui drammi umani, valorizzando le particolarità regionalistiche (in ciò ricollegandosi al Verismo) e denunciando le oppressioni e lo sfruttamento del fascismo prima e del sistema capitalistico in seguito.

Si possono ascrivere al Neorealismo:

Elio Vittorini (1908-66). Fu traduttore di opere americane e scrittore di romanzi, per i quali ebbe guai con la censura fascista. Partecipò attivamente alla Resistenza. Temi privilegiati sono l'opposizione al fascismo, la denuncia della miseria, della sofferenza e della repressione poliziesca e la questione meridionale. Le sue opere principali sono *Il garofano rosso*, *Conversazione in Sicilia*, *Uomini e no*;

Cesare Pavese (1908-50). Fu traduttore di opere di scrittori americani, poeta e romanziere. Temi fondamentali sono la solitudine e il mito (ripreso soprattutto in *Dialoghi con Leucò*). Degne di nota sono due raccolte di poesie, *Lavorare stanca* e *Verrà la morte e avrà i tuoi occhi* e i romanzi *Paesi tuoi*, *Feria d'Agosto*, *La bella estate*, *La luna e i falò*;

Vasco Pratolini (1913-91). Motivi particolarmente cari all'autore sono la vita del proletariato cittadino fiorentino e il bisogno di solidarietà umana. L'opera principale è il romanzo *Metello*, che narra le vicende di un muratore durante le prime lotte sindacali, agli inizi del '900. Un altro romanzo degno di menzione è *Cronaca di poveri amanti*, dove i protagonisti sono ancora gli umili della città, offesi dalla violenza del fascismo. Altre opere sono *Tappeto verde*, *Il quartiere*, *Lo scialo*, *Allegoria e derisione*, *La costanza della ragione*;

Ignazio Silone (1900-78). Nel 1921 fu tra i fondatori del Partito Comunista, dal quale però si staccò nel 1930 per il rifiuto dei metodi totalitaristici. Del resto, abbracciò un evangelismo socialista che lo portò a desiderare una sorta di cristianesimo primitivo e pauperistico. Il suo primo romanzo è *Fontamara*, scritto dapprima in tedesco e successivamente in italiano. Altri romanzi sono *Pane e vino*, *Il segreto di Luca*, *Il seme sotto la neve*, *L'avventura di un povero cristiano*;

Beppe Fenoglio (1922-63). Partecipò alla Resistenza e la descrisse nella maggior parte delle sue opere, ma non in tono trionfalistico o ideologico, bensì realistico, demistificatorio, talvolta ironico. Romanzi principali sono *I ventitré giorni della città di Alba*, *Primavera di bellezza*, *Il partigiano Johnny*, *La paga del sabato*. Il romanzo *La malora* narra invece della dura vita di una famiglia contadina delle Langhe;

Carlo Levi (1902-75). La sua opera maggiore è *Cristo si è fermato ad Eboli*, dove l'autore racconta il periodo di confino in un Paese della Lucania, al quale fu costretto dal fascismo. Anche in Carlo Levi domina quindi la questione meridionale;

Carlo Cassola (1917-87). Definì sé stesso narratore realista e subliminare, intendendo così significare che la sua opera tende alla verità delle cose, quella che sta al di sotto della coscienza e che si coglie solo in determinati momenti. Tra i suoi romanzi: *La ragazza di Bube*, *Il taglio del bosco*, *Monte Mario*, *Troppo tardi*, *Storia di Ada*, *Fausto e Anna*, *Esiliati*, *Rosa Gagliardi*.

18.8.7 | Prosa contemporanea

Cominciamo questa breve panoramica dedicata alla letteratura contemporanea italiana ricordando che, nel corso degli anni Novanta del Novecento e all'inizio del XXI secolo, si sono affermate presso il grande pubblico e sono state anche tradotte all'estero le opere narrative di:

- **Niccolò Ammaniti,** *Io non ho paura* (2001) e *Come Dio comanda (2006)*;
- **Alessandro Baricco**, *Oceano mare* (1991) e *Seta* (1996);
- **Aldo Busi,** *Seminario sulla gioventù* (1984) e *El especialista de Barcelona* (2012);
- **Andrea De Carlo,** *Due di due* (1989) e *Nel momento* (1999);
- **Andrea Camilleri,** *Il cane di terracotta* (1996) e *Maruzza Musumeci* (2007);
- **Vincenzo Consolo,** *Il sorriso dell'ignoto marinaio* (1976) e *Nottetempo, casa per casa* (1992);
- **Giorgio Faletti,** *Io uccido* (2002); *Niente di vero tranne gli occhi* (2004);
- **Elena Ferrante,** *L'amore molesto* (1992), *L'amica geniale* (4 vol. 2011-2014);
- **Marcello Fois,** *Memoria del vuoto* (2006); *Stirpe* (2009);

- **Nicola Lagioia,** *Occidente per principianti* (2004); *La ferocia* (2014);
- **Carlo Lucarelli**, *Almost Blue* (1997); *L'ottava vibrazione* (2008);
- **Claudio Magris**, *Danubio* (1986) e *Microcosmi* (1997);
- **Michele Mari**, *Rosso Floyd* (2010) e *Roderick Ruddle* (2014);
- **Dacia Maraini**, *La lunga vita di Marianna Ucria* (1990); *Voci* (1994);
- **Margaret Mazzantini,** *Il catino di zinco* (1994) e *Non ti muovere* (2002);
- **Maurizio Maggiani,** *Il coraggio del pettirosso* (1995) e *Il viaggiatore notturno* (2005);
- **Melania Mazzucco**, *Lei così amata* (2000) e *Vita* (2003);
- **Giuseppe Pontiggia**, *Vite di uomini non illustri* (1993) e *Nati due volte* (2000);
- **Roberto Saviano,** *Gomorra* (2006) e *Zero Zero Zero* (2013);
- **Walter Siti**, *Scuola di nudo* (1994), *Resistere non serve a niente* (2012);
- **Antonio Tabucchi,** *Notturno indiano* (1984) e *Sostiene Pereira* (1994);
- **Susanna Tamaro,** *Va' dove ti porta il cuore* (1994) e *Anima mundi* (1997);
- **Sandro Veronesi**, *La forza del passato* (2001) e *Caos calmo* (2005);
- **Sebastiano Vassalli**, *La chimera* (1990), *Amore lontano* (2005);
- **Wu Ming**, *Q* (scritto con il nome Luther Blisset, 1999) e *L'armata dei sonnambuli* (2014).

Presentiamo di seguito una rassegna di alcuni narratori particolarmente significativi del panorama letterario italiano del secondo Novecento.

Giuseppe Tomasi di Lampedusa (1896-1957). Scrisse un unico romanzo, uscito postumo nel 1958, che ebbe uno strepitoso successo di critica e di pubblico e fu trasposto sul grande schermo dal regista Luchino Visconti. L'opera si intitola *Il Gattopardo* e narra le vicende di una famiglia nobile siciliana negli anni della conquista garibaldina e dell'Unità nazionale.

Pier Paolo Pasolini (1922-75). Si occupò di poesia, critica, cinema, letteratura. Tematica privilegiata è l'analisi del mondo del proletariato urbano, con i suoi personaggi abbietti, miserabili, ma vivi, incorrotti, primitivi e quindi sani, che egli decadentisticamente contrappone alla civiltà corruttrice («è solo nella povertà che si manifesta, sia pur illusoriamente, la bontà umana»). I romanzi che meglio illustrano questi motivi, scritti in una mescolanza di lingua italiana e dialetto romanesco, sono *Ragazzi di vita* e *Una vita violenta*. In seguito, Pasolini, deluso dal comportamento dei partiti istituzionali di sinistra e dallo stesso proletariato, che scimmiotta la borghesia, si volge al sottoproletariato e infine al Terzo Mondo. A questo punto però si registra anche il suo distacco dalla letteratura in direzione del cinema e del giornalismo.

Primo Levi (1919-87). Conobbe l'allucinante esperienza del lager di Auschwitz, che descrisse nell'opera *Se questo è un uomo*. Ebbe la ventura di sopravvivere e di ritornare alla società civile a guerra finita, esperienza che narra nell'opera *La tregua*. La liberazione dalla prigionia non lo sottrasse però al più doloroso giogo dei ricordi, che divenne nel tempo intollerabile, tanto da indurlo al suicidio, a ben 42 anni di distanza dalla fine dell'internamento.

Leonardo Sciascia (1921-89). L'opera che gli diede la fama è *Il giorno della civetta*, che racconta della vana lotta di un ufficiale dei carabinieri in Sicilia contro il muro di paura e di omertà innalzato dalla mafia. Il tema della mafia, dell'inerzia delle plebi meridionali, del malgoverno, delle neppure troppo oscure connivenze della classe politica restano centrali in molte altre opere di Sciascia (*Le parrocchie di Regalpetra*, *A ciascuno il suo, Porte aperte, Todo modo, La scomparsa di Majorana, L'affaire Moro e Una storia semplice*).

Alberto Moravia (1907-90). Ostacolato e controllato dal regime fascista a causa del suo primo romanzo, *Gli indifferenti*, Moravia è certo uno scrittore di sinistra, ma la sua critica antifascista e antiborghese alla società del suo tempo non è mai molto profonda. Ciò che voleva mettere in luce, in quell'opera così come in altre (*La noia*, *Il disprezzo* e *Il conformista*), è il malessere esistenziale, la difficoltà, se non l'impossibilità, di adeguarsi alla realtà e non tanto, come pure si è detto, la mancanza di ideali della borghesia fascista. Anche quando Moravia erge a protagonisti di un quadro invariabilmente pessimista personaggi del popolo (*La ciociara, La romana*), non persegue uno scopo sociale, ma tenta un'indagine psicologica. Altre sue opere famose sono *La disubbidienza, Agostino, Racconti romani*.

Mario Rigoni Stern (1921-2008). Merita di essere ricordato per *Il sergente nella neve*, resoconto della terribile ritirata di Russia alla quale prese parte nel corso della seconda guerra mondiale. L'opera si inquadra in quel filone memorialistico che comprende anche Carlo Levi e Primo Levi.

Dino Buzzati (1906-72). Pittore di una certa fama e giornalista, scrisse alcuni racconti e romanzi (*Barnabo delle montagne, Il bosco segreto del bosco vecchio, Il deserto dei Tartari*), che sono ambientati in un universo fantastico, irreale, metafisico.

Carlo Emilio Gadda (1893-1973). Si caratterizza per il suo stile, un misto di lingua e di dialetti diversi, di prestiti del linguaggio colto, persino aulico, burocratico e filosofico. Il risultato è un elaboratissimo miscuglio di grande espressività, vivacità e qualche volta di difficile lettura. Il suo romanzo più famoso è *Quer pasticciaccio brutto de via Merulana*. Altre opere sono *La madonna dei filosofi, L'Adalgisa, La cognizione del dolore, Il castello di Udine*, il *Giornale di guerra e di prigionia*.

Giorgio Bassani (1916-2000). Le opere principali di Bassani (ebreo di nascita) sono le *Cinque storie ferraresi* e *Gli occhiali d'oro*, ambientate al tempo della dittatura fascista. I temi fondamentali sono la condanna del razzismo e della meschinità della borghesia, il dolore e la solitudine dell'escluso. Questi stessi motivi, ma animati da un tono più elegiaco e più intimistico, si ritrovano nel suo capolavoro narrativo, *Il giardino dei Finzi-Contini*.

Italo Calvino (1923-85). In una prima fase della sua produzione Calvino si è dedicato al tema della Resistenza (*Il sentiero dei nidi di ragno*). Successivamente, ha visto la luce il ciclo dei "Nostri antenati" (*Il visconte dimezzato, Il barone rampante, Il cavaliere inesistente*) al quale è quasi contemporaneo il *Marcovaldo*. Sono poi comparse le *Cosmicomiche, Ti con zero* e infine *Il castello dei destini incrociati, Le città invisibili, Se una notte d'inverno un viaggiatore* e *Palomar*. Almeno per le prime opere, i temi principali di Calvino sono la ricerca di un rapporto dell'uomo con la realtà e la storia, l'impossibilità di giungere al dominio e alla comprensione di esse e la ricerca dell'uomo "primitivo" (evidente soprattutto nel *Marcovaldo* e nelle *Cosmicomiche*), cioè quello che vive in armonia con l'universo, in quanto indifferenziato da esso.

Elsa Morante (1918-85). È diventata celebre a livello internazionale soprattutto per i romanzi *Menzogna e sortilegio* e *La storia*. Un altro romanzo è *L'isola di Arturo*, mentre *Il gioco segreto* e *Le straordinarie avventure di Caterina* sono raccolte di fiabe. Il suo filone narrativo prescinde volutamente dalle esperienze moderne e si ricollega a quello ottocentesco.

Umberto Eco (1932-2016). Eco è tra gli scrittori più noti all'estero grazie al successo dei suoi romanzi: *Il nome della rosa* (1980), *Il pendolo di Foucault* (1988), *L'isola del giorno prima* (1994) e *Baudolino* (2000). Non bisogna comunque dimenticare i suoi lavori relativi all'estetica medioevale, alla comunicazione di massa, alle poetiche dell'avanguardia. Eco è stato anche uno dei "pionieri" in Italia della semiotica e dello strutturalismo, e ha fatto parte del Gruppo 63.

Siamo ora in grado di rispondere ai tre quesiti proposti all'inizio del capitolo.

Quesito I. La commedia dell'arte utilizza diversi personaggi tipici (le maschere), che hanno una psicologia predefinita e che vengono calati in situazioni nuove che lasciano ampio spazio all'improvvisazione degli attori. Non c'è quindi molto spazio per introspezioni psicologiche, e infatti si parla di *commedia di azione* e non *di carattere*. La risposta corretta è la E.

Quesito II. La risposta esatta è la B. In questo caso, per individuare rapidamente l'ordine corretto bastava situare gli autori delle celebri opere proposte nell'età o nel secolo in cui vissero: l'*Iliade* di Omero appartiene all'età antica così come *Il principe* di Machiavelli a quella moderna, *Guerra e pace* di Tolstoj all'Ottocento e *Il vecchio e il mare* di Hemingway al Novecento.

Quesito III. La risposta esatta è la B. George Orwell è lo pseudonimo di Eric Arthur Blair (1903-50): giornalista, saggista e scrittore britannico. La sua grande fama è legata a due romanzi scritti negli anni Quaranta: l'allegoria politica *La fattoria degli animali* (1945) e *1984*. Il titolo di questo celeberrimo romanzo indica l'anno (nel futuro dell'autore) in cui sono ambientate le vicende narrate e deriva dall'inversione delle due cifre finali dell'anno in cui Orwell ne iniziò la stesura (1948).
1984 è considerato tra i più importanti esempi di *romanzo distopico*. Si tratta cioè di una *utopia negativa*: la rappresentazione di una società futura cupa e disperante in cui, dopo una guerra nucleare, il mondo è diviso tra tre superpotenze totalitarie. *1984* si presenta come una drammatica critica al regime stalinista e a ogni società totalitaria. Nell'ambito delle distopie nel futuro, l'opera di Orwell era stata preceduta dai romanzi *Noi* (1924) del russo Evgenij Ivanovič Zamjatin e da *Il mondo nuovo* (1932) di Aldous Huxley.

CONOSCENZE E COMPETENZE

18.9 | Esercizi svolti

1 Individuate la provenienza di questo passo famoso che introduce, in uno dei romanzi seguenti, un episodio storico:

«E, in questo racconto, il nostro fine non è, per dire la verità, soltanto di rappresentare lo stato delle cose nel quale verranno a trovarsi i nostri personaggi; ma di far conoscere insieme, per quanto si può in ristretto, e per quanto si può da noi, un tratto di storia patria più famoso che conosciuto. Delle molte relazioni contemporanee, non ce n'è alcuna che basti da sé a darne un'idea un po' distinta e ordinata; come non ce n'è alcuna che non possa aiutare a formarla. In ognuna di queste relazioni (…) sono omessi fatti essenziali, che son registrati in altre; in ognuna ci sono errori materiali, che si possono riconoscere e rettificare con l'aiuto di qualche altra, o di que' pochi atti della pubblica autorità, editi e inediti, che rimangono; spesso in una si vengono a trovare le cagioni di cui nell'altra si erano visti, come in aria, gli effetti. In tutte poi regna una strana confusione di tempi e di cose».

A Abba, *Da Quarto al Volturno*
B Manzoni, *I Promessi sposi*
C Nievo, *Le confessioni di un italiano*
D Pirandello, *I vecchi e i giovani*
E D'Azeglio, *Ettore Fieramosca*

Il brano proposto è tratto dal XXXI capitolo di *I Promessi Sposi*, romanzo «misto di storia e d'invenzione», e introduce il racconto manzoniano della peste nella Lombardia del 1629-30. Nel brano si osserva la caratteristica insistenza manzoniana sulla ricerca e l'affermazione del "vero" nella sua scrittura: questo tema scandisce tutta la produzione di Manzoni, da quella poetica a quella romanzesca, fino alla saggistica morale, linguistica, storica. Il processo di ricostruzione storica viene realizzato dall'autore attraverso un'attenta indagine sulle fonti e supportato dal programma romantico di perseguire una letteratura che abbia il vero come soggetto e l'utile per scopo. Sulla peste lombarda e in particolare sulla ricostruzione del processo agli "untori" Manzoni scriverà inoltre *Storia della colonna infame*. La risposta corretta al quesito è dunque la B.

2 Quale tra i seguenti scrittori può essere considerato un precursore dell'Umanesimo?

A Dante Alighieri
B Marsilio Ficino
C Angelo Poliziano
D Giangiorgio Trissino
E Francesco Petrarca

La risposta esatta è la E. Petrarca, infatti, anticipa alcuni aspetti dell'Umanesimo, quali l'attenzione all'interiorità dell'uomo, la concezione del poeta come individuo dibattuto tra doveri pubblici e necessità di solitudine studiosa, gli studi filologici ecc. La scelta non può invece cadere su Dante, la cui arte è insieme il vertice sommo e la conclusione del Medioevo, cioè del periodo storico al quale l'Umanesimo consapevolmente e criticamente si contrappone. Anche le alternative B e C sono da scartare, in quanto Marsilio Ficino e Angelo Poliziano sono già umanisti. Il Trissino poi va escluso, in quanto rappresentante della cultura rinascimentale e quindi posteriore all'Umanesimo.

3 Chi è l'autore della raccolta lirica *Oboe sommerso*?

A Salvatore Quasimodo
B Alfonso Gatto
C Francesco Jovine
D Eugenio Montale
E Dante Alighieri

Oboe sommerso è una famosa collezione di poesie ermetiche, circostanza che permette in prima battuta di restringere la scelta alle alternative **A** e **B**, cioè ai soli poeti ermetici presenti. Più precisamente, la risposta corretta è la **A**. Tra i rimanenti autori, almeno Jovine poteva essere facilmente scartato, perché non è stato un poeta.

---

4 Il primo vocabolario della lingua italiana fu pubblicato nel:

A 1612 B 1789 C 1936 D 811 E 1336

Il primo vocabolario della lingua italiana fu opera dell'Accademia della Crusca, emerita istituzione ancor oggi esistente, sia pure tra mille difficoltà economiche. Fu fondata nel 1583 a Firenze, allo scopo di difendere la purezza del fiorentino (poi divenuto *italiano*) contro altre parlate. Il nome di *crusca* evoca direttamente l'intento di separare la "farina" dalla "crusca" all'interno della lingua italiana. Il vocabolario così elaborato comparve nel 1612. La risposta corretta è quindi la **A**. Anche senza conoscere l'anno esatto, si potevano comunque scartare agevolmente le alternative **C** e **D**, in quanto rispettivamente propongono una data troppo recente e una troppo antica, riducendo quindi l'indecisione a tre alternative.

---

5 Qual è l'atteggiamento di Parini nei confronti dell'aristocrazia?

A Adulazione, esaltazione
B Indifferenza
C Ironia e critica
D Servilismo
E Paura

L'opera più famosa di Parini è *Il giorno*, un poema nel quale lo scrittore si finge precettore di un giovane aristocratico milanese e, sotto il pretesto di consigliarlo, ne mette a nudo i vizi e l'inanità morale. Non è questa, comunque, l'unica opera del Parini relativa all'aristocrazia (importante è anche il *Dialogo sopra la nobiltà*). Da quanto detto, è evidente che la risposta esatta è la **C**. Il dibattito sui costumi, sul ruolo e sull'opportunità dell'esistenza stessa della nobiltà fu molto sentito in età illuministica. Tra i fautori dei *lumi*, molti furono nemici implacabili della nobiltà, tanto da auspicarne l'abolizione, che avvenne durante la Rivoluzione francese. È proprio a questi settecenteschi detrattori della nobiltà che si deve il ritratto tipico, giunto fino ai tempi odierni, del nobile vano, frivolo, scioperato e inetto, e per di più ignorante e crudele. Va avvertito che, trattandosi di un ritratto polemico, i toni utilizzati dai *philosophes* furono certamente esasperati. La storiografia posteriore alla Rivoluzione ha comunque messo in luce l'esistenza di nobili colti e laboriosi, e la stessa partecipazione dell'aristocrazia al movimento dei lumi.

---

6 A chi appartengono i seguenti versi?

Dipinte in queste rive
son dell'umana gente
le magnifiche sorti e progressive.
Qui mira e qui ti specchi,
secol superbo e sciocco,
che il calle insino allora
dal risorto pensier segnato innanti
abbandonasti, e volti addietro i passi,
del ritornar ti vanti,
e procedere il chiami.

A Giuseppe Parini
B Giosue Carducci
C Dante Alighieri
D Giacomo Leopardi
E Vittorio Alfieri

CONOSCENZE E COMPETENZE

I versi citati sono tra i più celebri della *Ginestra*, la canzone leopardiana del 1836 che prende avvio dalla descrizione delle pendici desertiche del Vesuvio e del giallo fiore, la ginestra appunto, che le adorna. I versi condensano con sarcasmo e amarezza le riflessioni scettiche del poeta sul suo tempo, definito «secol superbo e sciocco» perché contraddistinto dalla convinzione ottimistica (ma per il poeta ingiustificata, come dimostra la stessa natura distruttrice del Vesuvio) che il genere umano percorra inesorabilmente un cammino di progresso civile.

Per Leopardi, invece, non esiste per l'uomo un destino di felicità: crederlo costituisce a suo vedere non un indice di progresso, bensì un regresso rispetto alle ben più consapevoli posizioni del razionalismo, che il Rinascimento aveva riscoperto e il Settecento reinterpretato. La risposta corretta al quesito è pertanto la **D**.

---

7 Scartare una delle seguenti serie:

- **A** *La vita nuova, De vulgari eloquentia, De monarchia, Il convivio*
- **B** *Il principe, La mandragola, Istorie fiorentine, L'arte della guerra*
- **C** *Inni sacri, Adelchi, Il conte di Carmagnola*
- **D** *Francesca da Rimini, La divina commedia, Fede e bellezza*
- **E** *Iuvenilia, Odi barbare, Rime nuove, Giambi ed epodi*

La logica che regge le serie proposte è quella di raggruppare alcune opere di uno stesso autore. L'alternativa **A** riporta opere di Dante, la **B** di Machiavelli, la **C** di Manzoni, la **E** di Carducci. La risposta **D** contiene invece nell'ordine un'opera di De Sanctis, una di Dante e una di Tommaseo ed è quindi la soluzione.

---

8 «Il *naturalismo* italiano, che preferì chiamarsi *verismo*, fu assai lontano da quello francese. Il massimo scrittore verista d'Italia, ... , che pure nella seconda e più importante fase della sua attività prese dichiaratamente l'avvio dai dettami naturalistici, se ne distaccò, rifuggendo radicalmente dallo scientismo e dalla sperimentazione narrativa di Émile Zola e seguaci e interpretò il naturalismo essenzialmente come regionalismo. Così pure fecero, oltre a Federico de Roberto, Salvatore di Giacomo, Matilde Serao, Renato Fucini, il primo D'Annunzio, Grazie Deledda e tanti altri. Tutti individuarono nel mondo .... delle varie regioni (Sicilia, Napoli, Toscana, Abruzzi, Sardegna ecc.) una miniera di osservazioni non ancora sfruttate dalla narrativa italiana, e in ogni modo lontanissime dal sentimentalismo convenzionale della narrativa tardo-romantica».

Quale delle seguenti combinazioni di parole completa correttamente il testo?

- **A** Giuseppe Parini / aristocratico e nobiliare
- **B** Giovanni Pascoli / arcadico e bucolico
- **C** Luigi Capuana / politico e corporativo
- **D** Giovanni Verga / popolare e borghese
- **E** Vasco Pratolini / economico e industriale

Il Verismo fu l'esito peculiare in Italia del clima culturale prodotto dal *Positivismo*, proprio come in Francia lo fu il *Naturalismo*. Il principale teorico della poetica verista fu Luigi Capuana, ma la critica indica come principale interprete della scuola Giovanni Verga (Catania, 1840-1922), che per stile, contenuti e linguaggio ha innovato profondamente la narrativa italiana. Raggiunse la notorietà con i romanzi *Eva* e *Tigre reale* (1873) in cui rappresentava personaggi e ambienti sociali diversi, con lingua asciutta, efficace e diretta. In seguito, elaborò un progetto originale, con l'intento di trasformare il romanzo in un «documento umano», rispondente in primo luogo al canone dell'impersonalità: come autore, cioè, non doveva interferire con la realtà rappresentata, in modo tale che la storia sembrasse «farsi da sé». Scrisse una serie di novelle (famosissime *Nedda*, *Rosso Malpelo* e *Cavalleria rusticana*), utilizzando temi poi rappresentati anche nei romanzi: il mondo degli umili, la semplicità, le tradizioni, l'intollerabile miseria, i miti della famiglia e della "roba". In *I Malavoglia* (1881) Verga perfezionò la tecnica narrativa del discorso indiretto libero, che permette di raccontare con le voci, le parole e il dialetto dei protagonisti. Il secondo romanzo, *Mastro don Gesualdo* (1889) raffigurava invece – con la stessa tecnica – la piccola borghesia di provincia.La risposta corretta al quesito è dunque la **E**.

9 Quale dei seguenti movimenti italiani ha più punti di contatto con il Decadentismo?

- **A** Positivismo
- **B** Ottocento
- **C** Surrealismo
- **D** Futurismo
- **E** Romanticismo

L'Ottocento non è un movimento. Anche il Positivismo non è stato, in Italia, un movimento propriamente letterario (al contrario del Decadentismo), pur avendo ispirato il Verismo e il Regionalismo. Le risposte **B** e **A** possono quindi essere scartate senza difficoltà. Tra le rimanenti alternative, è facile scegliere il Romanticismo (risposta esatta **E**). Il Decadentismo infatti può essere considerato una filiazione del Romanticismo, del quale ha esasperato alcuni temi. Tematiche e stili ben diversi hanno invece caratterizzato il Surrealismo e il Futurismo.

10 Quale tra i seguenti scrittori fu un tenace avversario delle pretese temporali del papato?

A Vasari **B** Tasso **C** Giannone **D** Galilei **E** Boccaccio

La risposta esatta è la **C**. Pietro Giannone (1676-1748) fu uno dei maggiori filosofi e storici italiani settecenteschi. Pur essendo credente, affermò la necessità di una Chiesa subordinata allo Stato e criticò i danni dell'Inquisizione e la degenerazione del clero e delle istituzioni ecclesiastiche. Fu scomunicato, arrestato e detenuto per lunghi anni, finché morì. La sua opera non fu tuttavia vana, perché, oltre a influenzare gli illuministi meridionali, fu recepita dal ministro borbonico Tanucci, che se ne servì con successo nella sua battaglia giurisdizionalistica.

11 Quale nuova figura d'intellettuale propose il Rinascimento?

- **A** L'intellettuale cortigiano
- **B** L'intellettuale interprete dei problemi e dei bisogni della società
- **C** L'intellettuale interprete della volontà dei sovrani
- **D** L'intellettuale interprete dello spirito nazionale
- **E** Il "poeta veggente"

L'intellettuale cortigiano è tipico del periodo dell'Umanesimo e del Rinascimento: le corti erano i luoghi all'interno dei quali vivevano filosofi, letterati e artisti che, pagati dai signori, creavano seguendone i gusti e le direttive, e talvolta rinunciando ai propria ispirazione e poetica (alternativa **A**).

12 Quale tra i seguenti è un personaggio di primo piano di *Cime tempestose*, romanzo di Emily Brontë?

- **A** Achab
- **B** Oberon
- **C** Polonio
- **D** Mr. Rochester
- **E** Heathcliff

Le alternative propongono i nomi di alcuni personaggi di rilievo di note opere letterarie: il capitano Achab è un personaggio del romanzo di Herman Melville, *Moby Dick*, pubblicato nel 1851; Oberon è il leggendario re delle fate in *Sogno di una notte di mezza estate*, commedia di Shakespeare scritta sul finire del Cinquecento; anche Polonio è un personaggio shakespeariano, ciambellano alla corte di Elsinore in *Amleto*; Mr. Rochester è coprotagonista del romanzo *Jane Eyre* (1847), opera di Charlotte Brontë, sorella maggiore di Emily. La risposta esatta è quindi **E**: Heathcliff è l'anti-eroe di *Cime tempestose* (1847), romanzo atipico per la sua trama rivoluzionaria e per la psicologia del protagonista maschile, i cui tratti rovesciano gli schemi narrativi in uso all'epoca.

13 **«Fu il 15 di giugno del 1767 che Cosimo Piovasco di Rondò, mio fratello, sedette per l'ultima volta in mezzo a noi. Ricordo come fosse oggi. Eravamo nella sala da pranzo della nostra villa d'Ombrosa, le finestre inquadravano i folti rami del grande elce del parco. Era mezzogiorno, e la nostra famiglia per vecchia tradizione sedeva a tavola a quell'ora, nonostante fosse già invalsa tra i nobili la moda, venuta dalla poco mattiniera Corte di Francia, d'andare a desinare a metà del pomeriggio. Tirava vento dal mare, ricordo, e si muovevano le foglie. Cosimo disse: "Ho detto che non voglio e non voglio!" e respinse il piatto di lumache. Mai s'era vista disubbidienza più grave». Questo è l'incipit di:**

- A *Emile o Dell'educazione* di Rousseau
- B *Il signore delle mosche* di William Golding
- C *Il Barone rampante* di Italo Calvino
- D *Il Gattopardo* di Giuseppe Tomasi di Lampedusa
- E *Una vita* di Italo Svevo

La risposta esatta è la C. Cosimo Piovasco di Rondò – il protagonista dodicenne del romanzo di Italo Calvino – rifiuta un giorno di mangiare un piatto di lumache; abbandona la tavola e si rifugia su un albero, scatenando l'ira del padre. Alle sue minacce risponde che non sarebbe mai più sceso a terra. Il romanzo è il racconto di come Cosimo tiene fede per tutta la sua ricca vita a questa decisione. Le sue avventure sono narrate dal fratello Biagio, che nel corso della storia ha il ruolo di spettatore del lungo un percorso di maturazione di Cosimo. Un po' romanzo storico, un po' romanzo di formazione, un po' romanzo fantastico *Il Barone rampante* è soprattutto un'originale interpretazione nel genere del *conte philosophique*, rappresentando – anche mediante la collocazione cronologica settecentesca – una figura ideale di intellettuale guidato sia dal lume della ragione sia da una calda ed empatica umanità. La storia è ambientata in Liguria nel Settecento, dove giungono anche gli echi della Rivoluzione francese e si chiude con un poetico volo di Cosimo che, ormai vecchio e stanco, afferra al volo la cima penzolante di una mongolfiera e vola via, rispettando il suo proposito di non mettere più piede per terra fino alla fine dei suoi giorni. Pubblicato nel 1957 è parte della trilogia *I nostri antenati* insieme a *Il cavaliere inesistente* e *Il visconte dimezzato*.

---

14 **In quale romanzo, tra i seguenti, l'azione si svolge durante la campagna napoleonica in Russia?**

- A *Zio Vanja*
- B *Il dottor Zivago*
- C *Il maestro e Margherita*
- D *Guerra e pace*
- E *Delitto e castigo*

La risposta corretta è D. Il romanzo storico, come lo definì Manzoni, è «un misto di storia e di invenzione»; esso comprende personaggi ed episodi storici, come in questo caso Napoleone e la campagna di Russia, sui quali si innestano vicende e personaggi immaginati dall'autore. Nel caso specifico, si tratta del romanzo di Lev Tolstoj (1828-1910), che racconta la storia di due famiglie, i Bolkonskij e i Rostov, a cui appartengono i due innamorati, il principe Andrej e Natasha. Le opere citate nelle restanti alternative sono altri capolavori della letteratura russa: *Zio Vanja* (1897) dramma di Anton Čechov (1860-1904), *Delitto e castigo* (1866) romanzo di Dostoevskij, *Il maestro e Margherita* (1967) di Bulgakov. Più recente *Il dottor Zivago* (1957) di Pasternak, romanzo censurato in URSS e pubblicato in anteprima mondiale in Italia dall'editore Feltrinelli.

---

15 **Quale delle seguenti opere non è di Shakespeare?**

- A *Macbeth*
- B *Amleto*
- C *Antonio e Cleopatra*
- D *Re Lear*
- E *Il Paradiso perduto*

Macbeth (risposta **A**), *Amleto* (risposta **B**), *Antonio e Cleopatra* (risposta **C**), *Re Lear* (risposta **D**) sono notissime tragedie di William Shakespeare (1564-1616). *Il Paradiso perduto* (*Paradise lost*), invece, è un poema in versi sciolti composto da un altro celebre autore inglese: John Milton (1608-74); la risposta corretta è pertanto la **E**. Oggetto dell'opera è l'episodio biblico della tentazione a cui sono esposti Adamo ed Eva, che costò all'uomo la perdita della condizione paradisiaca. Le tentazioni, d'altra parte, muovono anche le azioni di quasi tutti i personaggi di Shakespeare: la passione amorosa è al centro del dramma storico *Antonio e Cleopatra*; la bramosia di potere, di cui *Lady Macbeth* è diventata l'archetipo, spinge alcuni personaggi a compiere azioni abiette, come in *Amleto* e *Re Lear*, dove le tresche per la successione al trono sono al centro della tragedia.

---

16 **Nell'URSS di Lenin, un medico trapianta in un cane l'ipofisi di un uomo. L'audace esperimento avrà risvolti surreali. Da qui inizia la storia narrata nel romanzo .... di Michael Bulgakov, pubblicato nel 1925.**

Di quale romanzo si tratta?

- **A** *Cuore di tenebra*
- **B** *Il richiamo della foresta*
- **C** *Cuore di cane*
- **D** *Possessione*
- **E** *Il Mastino dei Baskerville*

Il romanzo oggetto dell'esercizio è un racconto satirico, in chiave allegorica, composto dal medico e scrittore Bulgakov come critica alla società e alle riforme economiche in corso in URSS alla fine della prima guerra mondiale. Si narra la storia di un cane randagio che prima viene salvato da un medico e poi trasformato in cavia di un esperimento scientifico che lo trasforma parzialmente in uomo. La risposta esatta è **C**: il romanzo di Bulgakov di cui si parla è *Cuore di cane*.

---

17 **Il passo seguente costituisce l'esordio del primo capitolo di quale opera?**

«Ero stato catturato dalla milizia fascista il 13 dicembre 1943. Avevo ventiquattro anni, poco senno, nessuna esperienza, e una decisa propensione, favorita dal regime di segregazione a cui da quattro anni le leggi razziali mi avevano ridotto, a vivere in un mio mondo scarsamente reale, popolato da civili fantasmi cartesiani, da sincere amicizie maschili e da amicizie femminili esangui. Coltivavo un moderato e astratto senso di ribellione.

Non mi era stato facile scegliere la via della montagna, e contribuire a mettere in piedi quanto, nella opinione mia e di altri amici poco più esperti, avrebbe dovuto diventare una banda partigiana affiliata a "Giustizia e libertà"».

- **A** Primo Levi, *Se questo è un uomo*
- **B** Cesare Pavese, *Il compagno*
- **C** Elio Vittorini, *Il garofano rosso*
- **D** Italo Calvino, *Il sentiero dei nidi di ragno*
- **E** Giorgio Bocca, *Storia dell'Italia partigiana*

L'incipit citato appartiene al celebre racconto autobiografico di Primo Levi (1919-87) *Se questo è un uomo* (1947); l'alternativa corretta è pertanto la **A**. Con straordinario coraggio e forza intellettuale l'autore riuscì a sopravvivere e poi a descrivere l'esperienza nei campi di sterminio. Sia per lo stile letterario, sia per la forza della testimonianza, *Se questo è un uomo* è considerato un classico del Novecento italiano. Anche le opere citate nelle restanti alternative hanno al centro eventi della storia italiana collocati tra dittatura fascista e lotta per la liberazione. Cesare Pavese in *Il compagno* (1947) narra di un giovane che entra a far parte di un gruppo clandestino di antifascisti; Elio Vittorini in *Il garofano rosso* (1933-35, in volume nel 1948) mette in scena la presa di consapevolezza da parte di un ragazzo che aveva parteggiato per il regime; Italo Calvino ambienta il *Sentiero dei nidi di ragno* (1947) in Liguria durante la resistenza partigiana; infine Giorgio Bocca rendiconta la guerra di liberazione nell'opera *Storia dell'Italia partigiana* (1966).

[illegible]

16\. Nel 1925 [illegible] Michail Bulgakov, pubblicato nel 1925 [illegible]

[illegible]

17\. Il passaggio [illegible] costituisce l'esordio del primo capitolo di quale opera?

«È stato catturato dalla milizia fascista il 13 dicembre 1943. Aveva ventiquattro anni, poco senno, nessuna esperienza, e una decisa propensione [illegible]

[illegible]

Non gli era stato facile scegliere la via della montagna, e contribuire a mettere in piedi [illegible] banda partigiana affiliata a "Giustizia e libertà".»

[illegible]

19 | Filosofia

Mettiti alla prova

I **Individua tra i filosofi proposti nelle alternative l'autore del celebre passo sotto riportato.**

«Chiacchiera, curiosità ed equivoco caratterizzano il modo in cui l'Esserci è quotidianamente il suo "-ci" cioè l'apertura dell'essere-nel-mondo. Questi caratteri in quanto esistenziali non sono determinazioni semplicemente presenti nell'Esserci ma ne costituiscono l'essere. In essi e nella loro connessione ontologica si rivela quel modo fondamentale dell'essere della quotidianità che noi chiamiamo la *deiezione* dell'Esserci.»

- A Bergson
- B Nietzsche
- C Sartre
- D Heidegger
- E Marcuse

II **Che cosa si intende con *deduzione* e *induzione*?**

- A Due procedimenti logici con i quali si legano alcune premesse alla conclusione che ne segue
- B I due modi di procedere della ragione nel campo estetico
- C Due momenti retorici della persuasione
- D La prima e la seconda parte di un ragionamento
- E Il fenomeno linguistico che attribuisce o toglie a un termine un significato aggiuntivo rispetto a quello primario

III **Il sistema di Hegel si può considerare:**

- A una forma di immanentismo
- B un sistema misto, che contiene elementi di immanentismo e di trascendentismo
- C una teoria atomista
- D la teorizzazione filosofica omologa all'esperienza letteraria dello *Sturm und Drang*
- E una forma di trascendentismo

CONOSCENZE E COMPETENZE

Ecco le risposte esatte dei 3 quesiti proposti: I D, II A, III A.

La filosofia è considerata spesso una disciplina propedeutica agli studi psicologici e per i corsi dell'area educativa e sociologica. Non è ovviamente richiesta la conoscenza dei pensatori minori, ma solo alcune nozioni basilari sui principali contributi della filosofia occidentale. È soprattutto importante sapere collocare storicamente i grandi pensatori e saperne riconoscere le opere più note e i più importanti temi trattati. È inoltre consigliato conoscere i caratteri distintivi delle correnti filosofiche maggiori, e sapervi inserire correttamente i protagonisti. Il simbolo ☞ inserito nella panoramica di storia della filosofia rinvia alle voci trattate nei paragrafi § 19.1.1 e § 19.1.2.

19.1 | Di che cosa si occupa la filosofia?

Ciascuna delle discipline in cui si articola la riflessione dell'uomo e il suo tentativo di conoscere il mondo rimanda ad un proprio oggetto e a uno specifico campo di applicazione che è abbastanza agevole definire: tuttavia non è facile né univoco individuare oggetto e ambito della ricerca filosofica. Infatti la filosofia si configura come una riflessione, criticamente condotta, su tutto l'universo delle cose che interessano l'uomo: da qui la definizione, derivata dal greco, di amore (*filòs*) per la sapienza (*sophìa*). È da notare che qualunque tentativo di definire la filosofia fa riferimento, inevitabilmente, alla visione generale della realtà che ciascuno eredita e che influenza la definizione stessa.

Nei due paragrafi seguenti vengono analizzati alcuni termini e concetti fondamentali utilizzati dai filosofi di ogni epoca per condurre le proprie ricerche e viene presentata una panoramica dedicata ai principali sistemi filosofici e alle correnti di pensiero più comuni. Infine vengono indicati i temi affrontati dai più importanti filosofi della tradizione occidentale.

19.1.1 | Panoramica sui principali termini e concetti filosofici

Per prendere confidenza con il linguaggio tipico e generalmente astratto della filosofia, si fa seguire questa breve panoramica dei termini e concetti filosofici generali, da leggere con l'avvertenza che ogni termine e ogni concetto assume valenze e significati differenti a seconda della visione generale del filosofo che li definisce e utilizza.

- **A priori/a posteriori:** i due termini sono prevalentemente riferiti a due differenti modalità di conoscenza; si parla di conoscenza *a priori* quando i dati della conoscenza precedono l'esperienza sensibile (sono le condizioni stesse di possibilità di qualsiasi esperienza, come le forme di spazio e di tempo o le categorie dell'intelletto per Kant); si parla, invece, di conoscenza *a posteriori* quando il soggetto elabora un concetto a partire dai dati acquisiti attraverso l'esperienza sensibile.
- **Atto/potenza**: sono modalità dell'essere di qualunque cosa esista; un ente è in atto quando ha compiutamente realizzato la propria natura; è in potenza, invece, quando può realizzare la propria natura, ma non lo ha ancora fatto (per esempio, si può dire che un seme è una pianta in potenza); è una distinzione che risale ad Aristotele e che fu più volte ripresa nella storia del pensiero (soprattutto da Tommaso d'Aquino).
- **Deduzione/induzione**: procedimenti logici del pensiero attraverso i quali è possibile raggiungere una conclusione razionale, partendo da alcune premesse (vedi anche la voce *sillogismo*). Se da una premessa di ordine generale si ricava una conclusione particolare si opera una deduzione (per esempio: se è vero che tutti gli uomini sono mortali, allora è vero che anche Socrate è mortale). Se, viceversa, partendo da una premessa particolare si giunge logicamente a una conclusione generale, si attua un processo di induzione (per esempio: se tutte le volte che lascio cadere un corpo, questo cade verso il basso, allora deve esistere una forza che attrae tutti i corpi).
- **Dialettica**: secondo Platone (soprattutto nei dialoghi *Parmenide* e *Sofista*) la dialettica è il metodo con cui procede l'autentico pensiero filosofico; essa costituisce l'attività della ragione grazie a cui l'uomo, partendo dal dato sensibile, risale dalle idee particolari a quelle generali, fino a raggiungere

i principi primi del reale. Da Hegel in poi con dialettica si intende il processo attraverso il quale lo Spirito compie il proprio sviluppo, ponendosi dapprima come soggetto (tesi), negandosi poi come oggetto (antitesi) e riaffermandosi infine come superamento di tesi e antitesi nella sintesi.

- **Divenire**: termine con il quale, nella storia del pensiero, si designa il cambiamento ontologico di un oggetto: 1) mutamento qualitativo (di luogo, dimensioni, forma ecc.); 2) mutamento come annullamento, come passaggio dall'esistenza al nulla, dall'essere al non essere o viceversa (nascita e morte, creazione e distruzione). La riflessione sul divenire (unitamente a quella sull'essere) è uno dei momenti cardine del pensiero occidentale. Queste le domande che i filosofi hanno posto: qual è la causa del divenire? Ciò che diviene cade irreversibilmente nel nulla o si trasforma in altro? Esistono delle realtà (anima, materia originaria, spirito, Dio ecc.) che, a differenza delle altre, sfuggono al divenire?
- **Epistemologia**: è l'area della riflessione filosofica che si occupa dei metodi e degli oggetti della conoscenza in particolare di quella scientifica, in quanto espressione della razionalità umana, e dei suoi possibili ambiti di applicazione. Alcuni dei suoi temi di riflessione sono: la forma logica del pensiero scientifico; il linguaggi delle teorie scientifiche; i rapporti tra i diversi settori della ricerca scientifica; l'osservazione sperimentale.
- **Esistenza**: concetto che indica il dato che un oggetto "è". La storia del pensiero ha individuato differenti modalità di esistenza, distinguendo fra materia e forma, uomini e cose, Dio e creature ecc. Si è affermato, per esempio, che l'esistenza dell'uomo è contingente mentre quella di Dio è assolutamente necessaria, oppure che l'esistenza dell'uomo è l'unica ad avere un rapporto privilegiato con il tempo (è un progettarsi nel futuro a partire dal proprio passato). Secondo alcuni tale concetto è in opposizione con quello di essenza, in quanto indica la contingenza, ciò che in un ente è accidentale. In particolare, l'esistenzialismo ne fece il proprio concetto cardine.
- **Esperienza**: termine che designa quella parte della conoscenza che proviene all'uomo mediante dati esterni alla coscienza o interni al vissuto della coscienza stessa (emozioni, immagini ecc.). Da Galileo in poi, il concetto assunse anche un significato scientifico: infatti, grazie alle dimostrazioni o *inferenze* (sia deduttive sia induttive) sperimentali, si elaborò il metodo scientifico moderno.
- **Essenza**: termine che designa il "che cos'è" di un ente, ciò che fa di tale ente quel che è e senza il quale esso sarebbe altro; ciò che è sostanziale in opposizione a ciò che è accidentale. Con essenza si definisce quanto determina necessariamente l'essere specifico (che consente, per esempio, di distinguere il concetto di uomo da quello di cane o di albero). Per Aristotele, tuttavia, essenza ed esistenza non sono scindibili. A questo filosofo risale la definizione dell'essenza dell'uomo come "animale razionale".
- **Essere**: la storia della filosofia è costellata di trattati sull'Essere e, malgrado ciò, il termine è rimasto permeato da una forte polivalenza semantica. Parmenide fu il primo che ne fece l'oggetto esplicito del filosofare, e la sua dottrina è risultata poi fondamentale per tutta la tradizione della filosofia occidentale. Per il filosofo presocratico, l'Essere presenta le caratteristiche dell'unicità, dell'immutabilità e dell'eternità. Più in generale, con Essere si intende il principio della realtà che si oppone al non essere.
- **Estetica**: area della ricerca filosofica che studia i fenomeni in quanto percepiti dai sensi dell'uomo. In particolare ha come oggetto la nozione del "bello" e si configura come teoria generale dell'"arte". In questo senso il termine è stato introdotto per la prima volta in filosofia da Baumgarten nel 1735. Una delle più efficaci teorie estetiche fu elaborata dal filosofo italiano Benedetto Croce (*Estetica*, 1902).
- **Etica**: la parola deriva dal greco antico *ethos* che significa "carattere", "comportamento" e identifica un'area della ricerca filosofica che studia il comportamento dell'uomo. Vedi, sotto, «morale».
- **Fenomenologia**: questo termine, utilizzato con vari significati sin dall'antichità, letteralmente significa "la scienza che studia il manifestarsi delle cose". Con Hegel si determina come il cammino che lo Spirito deve compiere per passare dalla conoscenza sensibile alla conoscenza assolutamente concreta e realizzata di sé, identità di Pensiero ed Essere. Nel XX secolo la fenomenologia indicò una particolare modalità di approccio al problema della conoscenza, che fa riferimento soprattutto all'opera di Husserl.
- **Gnoseologia**: è il momento dell'indagine filosofica sull'origine, la natura e le condizioni di possibilità della conoscenza umana. Rispetto all'epistemologia, la gnoseologia non circoscrive il proprio ambito di applicazione alla conoscenza scientifica, ma si rivolge all'attività del conoscere in quanto tale.

- **Idea**: nella tradizione greca, l'idea è platonicamente considerata come il modello perfetto e originario del reale. A partire dal Rinascimento (e in particolare poi con la riflessione di Cartesio e dell'empirismo inglese) con idea si intende invece, in termini generali, qualunque contenuto del pensiero. Infine, con Hegel, il termine rappresenta il primo momento del divenire dialettico dello Spirito.
- **Immanenza/trascendenza**: termini caratteristici della riflessione metafisica che, in genere, considera trascendente tutto ciò che si trova al di là della coscienza sperimentale dell'uomo o dell'universo percepibile dai sensi (per esempio le Idee di Platone sono trascendenti, così come la divinità nella religione ebraica). Per contrapposizione, immanente è ciò che è compreso nell'ambito della coscienza o del mondo sensibile.
- **Logica**: area della ricerca filosofica che si occupa dell'analisi del discorso. Nel tempo ha assunto una propria autonomia di oggetto e di metodo, distinguendosi dalla filosofia in quanto speculazione. Si occupa di stabilire la veridicità delle argomentazioni induttive e deduttive e di fondare i procedimenti formali, analizzando il significato dei concetti e le loro possibili relazioni. Nel corso del Novecento, la logica ha avuto una fortunata applicazione allo studio dei fondamenti della matematica.
- **Metafisica**: *Tá metá tá physiká* (*Libri successivi a quelli sulla natura*) è il titolo dell'opera aristotelica dedicata all'analisi di ciò che trascende la natura sensibile delle cose. Per traslato il termine venne applicato in generale alla speculazione filosofica quando ha come oggetto una realtà non direttamente percepibile che viene tuttavia ritenuta fondamento e causa dell'universo sensibile (l'Essere, l'Assoluto) e che può essere conosciuta per via razionale o intuitiva.
- **Metempsicosi**: è la teoria secondo la quale l'anima umana, prigioniera nel mondo sensibile, trasmigra, vita dopo vita, da un corpo all'altro. Tali successive reincarnazioni sono finalizzate a una progressiva purificazione dell'anima, finché essa non sia degna di ricongiungersi all'Ente assoluto. Questa dottrina, tipica delle religioni orientali (induismo, buddhismo, jainismo), si riscontra anche nel mondo occidentale (Platone, orfici, gnostici, manichei ecc.).
- **Morale/etica**: parte della filosofia che ha come principale oggetto il comportamento dell'uomo, le sue decisioni e azioni nonché i valori che ne determinano le scelte. Essa si pone dunque come momento di riflessione sulla sfera "pratica", sull'agire, sul *dover essere* più che sull'*essere*. Ogni corrente filosofica, partendo da una definizione del bene e della virtù, ne deduce l'intero sistema morale che deve regolare il comportamento dell'uomo.
- **Ontologia**: parte della filosofia che si occupa di studiare l'essere in quanto tale, la sostanza delle cose e non gli accidenti sensibili, l'essenza e non l'esistenza (per esempio: se studia l'essere dell'uomo, si chiede quali sono le caratteristiche che un uomo, per essere tale, deve necessariamente possedere).
- **Sillogismo**: è una modalità dell'argomentazione logica deduttiva, mediata e necessaria, che, nella sua formulazione di base (il sillogismo categorico), fa seguire a due premesse (una maggiore e una minore) una conclusione logicamente inconfutabile. Per esempio: tutti gli uomini sono mortali (premessa maggiore), Socrate è un uomo (premessa minore), Socrate è mortale (conclusione).
- **Universali**: termine proprio della filosofia scolastica, indica ciò che "per natura" si può predicare per più enti, ciò che ne costituisce l'essenza.

19.1.2 | Dottrine e correnti filosofiche

Ogni pensatore ha seguito un personale cammino di ricerca filosofica, in continuità o in rottura con la tradizione e la cultura del proprio tempo. La riflessione storiografica ha poi sintetizzato e raccolto le singole esperienze filosofiche in correnti e sistemi che oggi si studiano come "storia della filosofia". Si riporta di seguito una sintesi delle principali correnti e sistemi che hanno segnato l'evoluzione del pensiero occidentale.

- **Attualismo**: dottrina elaborata dal filosofo italiano Giovanni Gentile. Assunto fondamentale dell'attualismo, ispirato alla dialettica hegeliana, è l'affermazione che l' unica attività creativa dell'uomo è quella propria del pensiero pensante e cioè un atto del pensiero che, pur essendo produzione del singolo uomo empirico, è il risultato dell'attività del Pensiero Universale.
- **Edonismo**: tendenza comune a molte forme di pensiero, dall'antichità ai giorni nostri, che si concretizza nella coincidenza della virtù e del bene con il piacere. Aristippo di Cirene viene considerato il fondatore dell'edonismo, corrente nella quale solitamente si fa rientrare, pur con alcuni distinguo, anche la filosofia di Epicuro.

- **Eclettismo**: atteggiamento caratteristico di alcune correnti filosofiche che fondono in un unico e coerente sistema varie dottrine provenienti da autori e tradizioni filosofiche differenti. Esempi particolari ne sono il pensiero elaborato da Cicerone e da Seneca.
- **Empirismo**: empirista è colui che nega la possibilità di qualunque conoscenza al di fuori dei dati forniti dall'esperienza sensibile. Ne consegue l'esclusione anche delle verità razionali che tuttavia prescindono dai dati acquisiti mediante i sensi. Questo indirizzo di pensiero ha trovato interpreti in tutte le epoche, anche se la storiografia considera come momento più significativo dell'empirismo il Seicento, secolo in cui iniziò la riflessione degli inglesi Francesco Bacone, Thomas Hobbes, John Locke e David Hume.
- **Esistenzialismo**: è una corrente di pensiero sviluppatasi nel corso del '900 in tutta Europa (Heidegger, Sartre, Jaspers) che insiste sull'unicità e sulla precarietà dell'esistenza individuale umana. Riferimenti fondamentali sono il pensiero di Kierkegaard e di Nietzsche e la reazione all'hegelismo.
- **Idealismo**: il primo idealista della storia può essere considerato Platone, il quale riteneva dotate di vera realtà solo le Idee trascendenti. Oggi, con questo termine si fa più comunemente riferimento all'indirizzo intrapreso da Fichte, proseguito e riformato da Schelling e portato al suo apice da Hegel. Il carattere primario dell'idealismo tedesco consiste nel considerare le manifestazioni del mondo finito come momenti necessari alla realizzazione dell'Infinito.
- **Irrazionalismo**: più che un preciso e ben definito sistema, costituisce una prospettiva di pensiero comune a varie esperienze filosofiche. In termini generali si considera irrazionalista chi nega la possibilità di individuare un unico fondamento, verificato per via di ragione, alla realtà e alla storia.
- **Marxismo**: è la filosofia elaborata da Karl Marx, filosofo, economista e uomo politico. Il marxismo è l'interpretazione compiuta della storia considerata come processo orientato da leggi passibili di formulazione scientifica: quali la caduta tendenziale del saggio di profitto e il plusvalore che si origina dai rapporti di produzione creati dal capitalismo. La teoria marxista è anche detta del materialismo storico, in quanto sostiene che il processo economico è il vero motore della storia umana.
- **Materialismo**: sono definite materialiste tutte le forme di pensiero che riconoscono nella materia il principio fondativo della realtà, escludendo (perché non verificabile) il riferimento a realtà di tipo ideale o trascendente. Il primo materialista del pensiero occidentale si può considerare Democrito, per il quale tutta la realtà era costituita da atomi, anche l'anima.
- **Naturalismo**: si tratta di un indirizzo filosofico secondo il quale la Natura è il fondamentale oggetto di indagine filosofica. Furono naturalisti i filosofi greci di Mileto.
- **Nominalismo**: scuola di pensiero nata nel periodo medioevale, affermò che non esistono essenze o concetti universali, definiti per questo *flatus vocis* (puri suoni emessi dalla voce), ma unicamente enti individuali. Per esempio, non esiste l'essenza dei cani (la *caninità*), ma solo *il* cane che si ha dinanzi.
- **Panteismo/naturalismo**: concezione che teorizza l'identità di Dio con la natura, la sua assoluta immanenza nel creato. Ne consegue una valutazione positiva della natura stessa, spesso considerata come l'unica forma di realtà, criterio del vero, del bello e del bene (naturalismo gnoseologico, estetico ed etico).
- **Positivismo**: movimento filosofico inaugurato da A. Comte in Francia e proseguito in Inghilterra da H. Spencer, nella variante definita evoluzionista (per il suo legame con la dottrina di Darwin). Due sono i caratteri comuni a tutte le forme di positivismo: da un lato l'identificazione dei compiti della filosofia con la ricerca delle leggi di natura, come conseguenza della rinuncia alla ricerca metafisica; dall'altro, l'utilizzo dei metodi di analisi propri delle scienze naturali anche in discipline "umanistiche".
- **Pragmatismo**: dottrina, nata nell'Ottocento negli Stati Uniti e poi diffusasi in Europa, che vincola il valore e la verità stessa di una teoria alla sua implementazione pratica, eliminando così la distinzione tra sapere teoretico e sapere pratico. Il termine fu coniato da Ch.S. Peirce e si arricchì di una valenza metafisica a opera di W. James. per il quale la verità è ciò che dà luogo a conseguenze pratiche vantaggiose e soddisfacenti per la vita degli individui.
- **Razionalismo**: per il razionalista la conoscenza non è il risultato dell'azione degli stimoli esterni sugli organi di senso, quanto piuttosto l'esito del lavoro di riflessione sulle idee contenute a priori nella ragione umana.

- **Realismo**: nella diatriba filosofica medioevale sui cosiddetti "universali", fu la posizione opposta al nominalismo. I realisti attribuivano infatti realtà in sé alle essenze universali, negando che gli universali fossero solo concetti o convenzioni linguistiche: essi esistono non solo nel mondo dei concetti e delle astrazioni del pensiero, ma possiedono un loro specifico statuto di esistenza.
- **Scetticismo**: dottrina filosofica, sviluppatasi in Grecia nel IV secolo, secondo la quale l'uomo non può arrivare a conoscere la verità assoluta, in quanto le nozioni degli oggetti derivano dalla conoscenza sensibile, fallace per sua stessa natura.
- **Stoicismo**: dottrina filosofica, sviluppatasi in Grecia nel IV secolo, di forte stampo morale. Lo stoico, infatti, persegue il distacco dalle cose terrene.
- **Storicismo**: lo storicismo, forma di riflessione tipicamente novecentesca tra i cui maggiori rappresentanti figurano B. Croce (1866-1954), W. Dilthey (1833-1911) ed E. Troeltsch (1865-1923), concepisce ogni aspetto della realtà come storia, nella quale si realizza l'assoluta coincidenza tra essere e dover essere.
- **Utilitarismo**: consiste nell'assunzione del criterio dell'utile come regola dell'azione umana e per la ricerca della felicità. Si può attribuire a J. Bentham (1748-1832) la formulazione del primo sistema rigoroso basato sul valore supremo dell'utile.

19.2 | La filosofia antica: dai presocratici a Tommaso D'Aquino

L'uomo ha cominciato a "fare filosofia", intesa come riflessione razionale sul mondo circostante, circa sei secoli prima della diffusione del cristianesimo, nell'area geografica che comprende l'attuale Grecia e le coste dell'Asia Minore e dell'Italia meridionale.

All'elaborazione mitologica, che nei secoli precedenti aveva fornito una chiave di lettura della realtà, si affiancò una diversa ricerca per spiegare le leggi che governano il mondo.

I presocratici sono i primi filosofi della tradizione occidentale dei quali si conservano documenti e testimonianze dotate di un minimo di attendibilità. Sono considerati tali: i pensatori di Mileto (Talete, Anassimandro, Anassimene), Pitagora, Eraclito, Parmenide e Zenone, Empedocle e Democrito, e il sofista Protagora. Le riflessioni dei presocratici confluiscono nel pensiero di Socrate, Platone e Aristotele che segnano il culmine della filosofia antica.

19.2.1 | I filosofi di Mileto: Talete, Anassimandro, Anassimene

I primi filosofi (originari delle evolute città ioniche d'Asia Minore) vengono comunemente definiti *naturalisti*,[1] poiché le loro domande si concentrano sull'origine (*archè*) del mondo naturale, sul principio di tutte le cose. Per comprendere il senso di queste speculazioni è tuttavia necessario non applicarvi categorie interpretative anacronistiche, perché elaborate solo successivamente, quali *fisico* e *metafisico*, *soggettivo e oggettivo* ecc.

Talete di Mileto (640 a.C.-585 a.C. circa) afferma che principio di tutto è l'*acqua*; tale principio non va inteso in senso meramente fisico, quanto piuttosto come origine e legge del ☞ divenire di tutte le cose. L'acqua, in quanto causa prima del tutto, assume una valenza creatrice: il pensiero di Talete, come quelle di altri presocratici, viene infatti definito anche *ilozoismo*, poiché attribuisce al mondo naturale un principio vitale intrinseco, senza che sia necessario un intervento esterno (per esempio divino).

Anassimandro (610-547 a.C. circa) riconosce come principio di ogni cosa *l'illimitato* o *ápeiron*. Dall'illimitato si svilupparono gli elementi sensibili per movimento di separazione e opposizione dei contrari. Infatti, qualunque aspetto della realtà si definisce in relazione al proprio limite e alla propria finitezza, mentre l'indefinito costituisce il sostrato, la materia comune entro la quale si concretizzano le limitazioni e le opposizioni che danno luogo a tutto il reale. Tuttavia, questa separazione è anche causa di lotta e ingiustizia tra gli esseri e perché cessi, ogni cosa deve nuovamente disperdersi nell'*ápeiron*.

1. Talvolta vengono detti *fisici*, dal greco *physis* (natura).

PARTE SESTA

Anassimene (590-525 a.C. circa), muovendo dalla considerazione che l'uomo si percepisce come soffio vitale, identifica il principio dell'universo con l'*aria* (*pneuma*), intesa in modo molto simile all'*àpeiron* di Anassimandro. Attraverso processi di rarefazione e condensazione, l'aria genera tutti gli altri elementi, senza perdere la propria essenza originaria.

Per la particolare attenzione dedicata alla natura e alle sue leggi, la riflessione di Talete, Anassimandro e Anassimene si può considerare anche il primo tentativo di elaborare una conoscenza matematico-scientifica del mondo: a Talete si fa risalire il teorema del fascio di rette parallele tagliate da due rette trasversali; la tradizione attribuisce ad Anassimandro l'invenzione dell'orologio solare, il disegno accurato, per i tempi, della prima carta geografica e i primi indizi di una idea dell'evoluzione delle specie.

19.2.2 | Pitagora

A Pitagora (571-497 a.C. circa) la tradizione attribuisce la creazione del termine "filosofia" e della prima scuola filosofica. Nato a Samo, si trasferì in Magna Grecia a Crotone, dove fondò una comunità di tipo filosofico-religioso.

Pitagora e i pitagorici, in contrasto con le dottrine dei milesi, negarono che principio primo del mondo potesse essere un elemento di natura mutevole come l'acqua o l'aria, o qualsiasi altro elemento qualitativo. Egli identificò l'origine del reale nel *numero*, poiché ogni cosa è delimitata, finita e, dunque, misurabile. Ciò significa che anche fra le cose più discordanti è possibile ritrovare un rapporto armonico e divino: la legge dei rapporti numerici (si pensi, per esempio, ai calcoli astrologici o alla geometria).

A Pitagora e alla sua scuola si deve anche la prima formulazione nel pensiero occidentale della teoria della ☞ metempsicosi: l'anima umana, prigioniera nel corpo per una colpa originaria, si purifica soprattutto attraverso la conoscenza e la ricerca, attività che le permettono di trasmigrare da un corpo all'altro sino al momento in cui si ricongiunge con l'Uno, principio di tutta la realtà.

19.2.3 | Eraclito

Di Eraclito (540-475 a.C.), nato a Efeso in Asia minore, si hanno scarse notizie biografiche, ma probabilmente fu di origini aristocratiche. In base ai frammenti della sua opera che ci sono noti, si può ricostruire che, per Eraclito, *tutto scorre* e l'uomo deve distinguere nella realtà l'eterno ☞ divenire causato dall'opposizione dei contrari (giorno-notte, vita-morte, inverno-estate ecc.). Bisogna però anche ravvisare, dietro le apparenze sensibili, la legge che regola tale divenire, la Ragione universale che sovrintende a tutti i processi dell'universo: Eraclito chiama tale legge *logos* (rapporto inscindibile fra pensiero, parola ed ☞ essere) o *fuoco*. In un ciclo continuo dal fuoco, principio primo di ogni elemento, si origina la terra da questa l'acqua, da questa l'aria, che torna fuoco; poi il fuoco diventa aria e il processo mette di nuovo capo alla terra dalla quale rinascerà il fuoco.

Compito dell'uomo è intuire che "è saggio riconoscere che tutto è uno, … da tutte le cose l'Uno e dall'Uno tutte le cose".

19.2.4 | Parmenide

La proposizione che ha reso celebre Parmenide (510-460 a.C.) e che viene sempre citata quando ci si riferisce al pensatore di Elea è la seguente: "l' ☞ Essere è, il Non Essere non è". Tale proposizione è contenuta in un'opera in versi, che Parmenide sostenne di avere scritto sotto ispirazione della Dea della Verità. Scopo dell'affermazione parmenidea, solo apparentemente banale, è chiarire definitivamente che quando si parla di principio primo di tutto il reale occorre eliminare in esso ogni forma di imperfezione (*non-essere*). Parmenide sostiene che il non-essere non può essere neppure pensato, che pensare coincide con pensare l'Essere. L'uomo prende la via dell'errore perché si lascia sviare dai sensi, i quali sembrano mostrare l'esistenza del non essere e quindi del ☞ divenire (le cose mutano colore, aspetto, forma, cessano di esistere ecc.).

Al di sotto del divenire testimoniato dai sensi (e quindi pura apparenza), il filosofo che segue la via della *ragione* deve saper cogliere l'assoluta verità dell'affermazione che l'Essere è e non può non essere. L'Essere parmenideo possiede alcune fondamentali qualità, tutte conseguenza dell'assunto che l'Essere non può non essere: è uno (non c'è nulla al di fuori di esso), è eterno (è sempre stato e sempre sarà), è immobile, immutabile e identico a sé (non diventa mai altro da sé).

19.2.5 | Zenone

Zenone (V sec. a.C.) fu il principale allievo di Parmenide. La tradizione ci ha trasmesso la figura di un pensatore impegnato a difendere e corroborare le tesi del maestro. Egli le sosteneva, sulla base di argomenti noti come *paradossi*, dimostrando l'insostenibilità della tesi opposta, confutando cioè l'esistenza della molteplicità dell' ☞ Essere e del movimento.

È famoso il paradosso di Achille che mai potrebbe raggiungere una tartaruga in vantaggio su di lui anche di un solo passo perché nel lasso di tempo che impiegherebbe a raggiungerla, essa avrebbe aumentato la distanza iniziale di una porzione di spazio (seppur minima), e così all'infinito. Un secondo paradosso famoso è quello della freccia che non può colpire il bersaglio, perché, se la si osserva in ogni istante del suo percorso, la freccia è ferma.

19.2.6 | Empedocle

Empedocle (492-433 a.C. circa), come Parmenide, compose la sua più famosa opera in versi. Da questo poema, di cui ci è giunta solo una piccola parte, è possibile riconoscere il tentativo di conciliare la dottrina dell' ☞ Essere di Parmenide con il ☞ naturalismo dei filosofi di Mileto. Per Empedocle le sostanze primordiali, o *radici*, dell'universo sono quattro: l'aria, l'acqua, la terra e il fuoco; ogni elemento è indivisibile, eterno, immutabile, così come l'Essere di Parmenide. Le particelle degli elementi si compongono tra loro secondo determinate proporzioni quantitative, dando vita agli enti e al ☞ divenire. Tale composizione e scomposizione avviene grazie all'attività di due forze che sovrintendono la vita del Cosmo: *Amore* e *Discordia*. L'Amore è la forza aggregante, mentre la Discordia disgrega; dalla lotta fra queste due forze si genera la storia dell'umanità e della natura. Quando prevale Amore, l'universo si manifesta come uno *sfero puro e perfetto*; quando invece a prevalere è la Discordia, ne conseguono il *caos* e il *disordine*.

19.2.7 | Anassagora

Anassagora, maestro e amico di Pericle nacque a Clazomene e si allontanò dalla propria patria a causa delle invasioni dei Persiani. Nato nel 499 a.C. e morto nel 428 a.C., Anassagora fondò ad Atene una delle prime scuole filosofiche (fra gli uditori vi furono probabilmente anche Socrate e Ippocrate), si può dunque affermare che fu il primo ad introdurre la filosofia nella *pólis* ateniese. Anche Anassagora parte dal principio secondo il quale l'essere non può originarsi dal non essere e nemmeno perire e passare al non essere. Come Empedocle, anch'egli spiega il divenire della realtà richiamandosi alla pluralità dell'essere e alle sue aggregazioni e disgregazioni. I quattro elementi empedoclei sono però rifiutati e sostituiti da un numero illimitato di particelle eterne, dette *semi*. Questi, componendosi e separandosi in infiniti modi e in quantità differenti, costituiscono le cose reali e divenienti e danno luogo alla loro generazione e corruzione. La determinazione specifica di ogni cosa dipende dal prevalere quantitativo di un particolare seme rispetto ad altri. I semi hanno due caratteristiche fondamentale: sono divisibili all'infinito e possono aggregarsi senza limite. Poste queste premesse, Anassagora affermava che non è possibile individuare un elemento semplice, ma per quanto piccolo ogni ente contiene in sé dei semi. Analogamente non si può dare un aggregato tanto grande che non ve ne sia uno maggiore. In analogia con l'intelletto umano che imprime movimento al corpo, Anassagora riconosce un principio intelligente che dà inizio al movimento di aggregazione e disgregazione dei semi, che in origine erano una moltitudine infinita, caotica e immobile. Questo Intelletto cosmico (*noùs*), è separato dalla materia, infinito e dotato di forza propria, agisce sui semi come un impulso originario.

19.2.8 | Democrito

Nato ad Abdera (Tracia, 460-360 a.C. circa) fu l'iniziatore dell'*atomismo*. Per Democrito l'intera realtà è costituita da una quantità innumerevole di piccoli corpi indivisibili, eterni e immutabili (*atomi*), assolutamente uguali sia qualitativamente sia per forma, dimensione, movimento e velocità. Gli *atomi* si muovono nel vuoto, urtandosi, unendosi e disgregandosi in modo da generare così i processi della vita e della morte. Gli atomi si muovono naturalmente ed eternamente senza alcuna forza che organizzi il loro movimento: nel sistema di Democrito è esclusa qualsiasi forma di *finalità preordinata* del reale, il movimento degli atomi è totalmente casuale. L'atomismo democriteo può essere considerato la prima forma di ☞ materialismo elaborato dalla riflessione filosofica occidentale. Infatti, per il filosofo di Abdera tutto ciò che esiste è materia (gli atomi), non generata da alcunché né distruttibile, compresi l'anima e il pensiero.

19.2.9 | Protagora

Protagora (480-410 a.C. circa) è considerato il primo e maggior interprete della sofistica greca. Con la sofistica, l'interesse della riflessione filosofica si sposta dalla natura all'uomo. Per Protagora "l'uomo è la misura di tutte le cose, di quelle che sono per ciò che sono e di quelle che non sono per ciò che non sono". In altre parole, poiché le convinzioni che ogni uomo elabora sono il risultato della sua personale sensibilità, esse non sono dotate di valore universale e valido per tutti. Da ciò segue evidentemente che esistono tante verità quanti sono gli uomini. Protagora estende il relativismo e il soggettivismo alla riflessione sull' ☞ etica: se è *vero* soltanto ciò che sembra vero a ciascuno, di conseguenza anche il *bene* coincide con ciò che appare tale al singolo individuo. Ma poiché quello che oggi è un piacere domani può trasformarsi in un dolore, sul piano morale è meglio perseguire un bene più stabile quale l'*utile* della comunità sociale e politica cui si appartiene. Ecco perché Protagora è considerato anche un precursore dell' ☞utilitarismo.

19.2.10 | Socrate

Socrate (469-399 a.C.) non compose opere scritte: tutto ciò che si conosce di lui e del suo pensiero è ricavato da opere di contemporanei, discepoli o storici dell'epoca, e in particolare dagli scritti di Platone. Il suo pensiero si venne a costituire mediante la costante pratica della discussione con i suoi concittadini, a proposito degli argomenti più vari ma soprattutto riguardo alla *verità*. Lo strumento del dialogo, infatti, per Socrate è il metodo che fa emergere la verità: la parola scritta fornisce solo una parvenza di sapere, la vera conoscenza deve essere sempre messa in questione nella viva concretezza del dialogo.

Cardini del metodo socratico sono l'*ironia* e la *maieutica*: la prima, mediante serrate interrogazioni, ha lo scopo di indurre l'interlocutore a riconoscere la propria ignoranza (sapere di non sapere), la seconda (rifacendosi metaforicamente all'arte delle levatrici) ha l'obiettivo di portare alla luce non una verità preconfezionata, ma una più profonda interiore che emerga spontaneamente durante il percorso di chiarificazione. Non a caso il monito socratico all'uomo, mutuato dall'oracolo di Delfi, è: "Conosci te stesso". I politici ateniesi, preoccupati dal rilievo che l'autonomia di pensiero aveva nell'insegnamento socratico e dal prestigio del filosofo tra i giovani della *polis*, intentarono contro di lui un processo per empietà che si concluse con la condanna a morte: Socrate fu dunque il primo "intellettuale" della tradizione occidentale che pagò con la vita per le sue idee.

19.2.11 | Platone

Platone è tra i massimi filosofi dell'Occidente, sia per il gran numero di sue opere (13 lettere e 34 dialoghi) che sono state tramandate sia per la profonda e prolungata influenza che il suo pensiero ha esercitato sulle epoche seguenti. Tra i *dialoghi* più importanti possiamo ricordare *Apologia di Socrate*, *Simposio*, *Protagora*, *Fedro*, *La Repubblica*, *Parmenide*, *Timeo* e *Leggi*.

Si è visto come il pensiero presocratico cercasse di trovare, al di sotto della mutevolezza del reale percepito dai sensi, un mondo fatto di stabilità e di essenze, del quale fosse possibile una conoscenza certa e vera. Platone risponde a questa esigenza con la teoria delle *Idee*: ciò senza di cui ogni cosa non esisterebbe, ciò che rende ogni realtà quella che è, è la sua ☞ essenza, la sua forma o, in greco, il suo *èidos*; la vera conoscenza è la conoscenza delle Idee, che sono eterne e immobili, e non certo la conoscenza delle loro copie sensibili che sono i mutevoli oggetti dell'opinione (*dòxa*).

Le idee di cui parla Platone non coincidono con quelli che noi moderni chiamiamo concetti del pensiero. Infatti, i concetti attraverso i quali l'uomo conosce e giudica il mondo esterno alla sua coscienza non sono che le copie delle Idee immutabili situate nel mondo *iperuranio*, lontano, cioè, dalla portata della nostra conoscenza sensibile.

Il mondo delle Idee è dunque il luogo della realtà perfetta e unitaria, mentre il mondo della sensibilità, sua copia sbiadita, è il luogo della molteplicità. L'uomo giunge alla conoscenza delle Idee, liberandosi dell'àncora della sensibilità che lo tiene legato al ☞ divenire; utilizzando lo strumento della *ragione*, ci si accorge che conoscere è ricordare (dottrina della *reminiscenza*), poiché l'uomo ritrova nella propria anima quelle Idee che ha contemplato come eterni e immutabili modelli prima di entrare in un corpo. L'anima stessa è *immortale*, poiché, secondo un'antichissima e pre-filosofica dottrina greca che Platone condivide, il simile può conoscere solo il simile, il perfetto ed eterno ciò che è perfetto ed eterno.

Lo "strumento" fondamentale della filosofia, per Platone, è la ☞ *dialettica*: le Idee infatti sono collegate fra di loro in base a un articolato sistema di relazioni reciproche. Compito della dialettica è riconoscere e ricostruire i nessi esistenti tra le Idee, ripercorrendo quindi la struttura del mondo intelligibile risalendo dalle Idee particolari alle Idee universali. Per quanto riguarda infine il mondo nel quale viviamo, esso è opera del *Demiurgo*, il quale plasma la materia informe e coeterna alle Idee, utilizzando come modello il mondo sovrasensibile. Il demiurgo, dunque, è l'ordinatore e non il creatore del mondo.

19.2.12 | Aristotele

Discepolo di Platone come già questi lo fu di Socrate, Aristotele (384-322 a.C.) ne assunse il patrimonio filosofico attraverso un proprio vaglio critico, che lo condusse presto su posizioni lontane dal platonismo. Ci sono giunti molti suoi scritti:

1. opere logiche, quali *Categorie* e *Analitici primi* e *secondi* cui diede il nome di *Organon*, "strumento";
2. opere di fisica e psicologia, quali la *Fisica* e l'*Anima*;
3. opere di filosofia prima: ☞ *Metafisica*;
4. opere che si interessano di scienze pratiche e poetiche, quali *Politica, Poetica* e *Retorica, Etica nicomachea.*

Aristotele suddivise gli ambiti della conoscenza in:

- *sapere teoretico*, nel quale rientrano:
  - *la filosofia prima*, o metafisica o teologia, che studia le cause prime, il principio e l' ☞ essere delle cose;
  - *la fisica*, che si occupa dei corpi naturali, del movimento, della generazione e della corruzione;
  - *la matematica*, il cui oggetto di studio è, come per la filosofia prima, ciò che è immutabile, ma con la particolarità di avere un' ☞esistenza astratta, logica.
- *sapere pratico*, cioè le scienze che riguardano l'agire umano in quanto rivolto a un fine, nel quale rientrano:
  - la *retorica* e *poetica*, che si occupano rispettivamente di studiare le modalità del discorso in grado di persuadere e le arti della poesia e della tragedia.
  - l'etica e la politica, che si occupano rispettivamente di studiare quale condotta tenere per raggiungere un'esistenza felice e la vita associata dei cittadini quale loro attitudine naturale. Aristotele è infatti noto per l'espressione secondo cui l'uomo è *zoon politikon*, cioè "animale atto a vivere in comunità":

Propedeutico a ogni ricerca che abbia la pretesa di condurre alla verità è lo studio delle condizioni di possibilità della ricerca e del metodo utilizzato. Aristotele individua due principi logici indimostrabili ma, nello stesso tempo, inconfutabili, da cui la ricerca filosofica deve partire:

- il principio di non contraddizione o principio del terzo escluso (*a* non può essere contemporaneamente *a* e non *a*);
- il principio di identità (*a* è *a*).

Su questi principi, e sulla prima completa teorizzazione del ☞ sillogismo, si fonda per Aristotele la possibilità di raggiungere conoscenze certe, vere e dimostrabili.

Nella *Metafisica* sono contenute le argomentazioni critiche nei confronti della dottrina delle Idee di Platone. La principale obiezione di Aristotele può essere così sintetizzata: la dottrina delle Idee porta a concepire la realtà suddivisa in due mondi tra loro incomunicabili, uno soprasensibile, perfetto, immutabile ed eterno, e l'altro nel quale si trovano le realtà sensibili, mutevoli, effimere, imperfette. I chiarimenti forniti da Platone in questa materia appartengono più al terreno della mitologia che a quello della rigorosa ricerca filosofica.

Anche Aristotele, come Platone, identifica il compito della filosofia nel progressivo avvicinamento al principio del tutto, a ciò che è eterno e immutabile. Però, contrariamente a Platone, egli ritiene che ogni cosa abbia dentro di sé il principio, l'☞idea o la forma, che determina la sua ☞esistenza. Questa idea rimarrebbe puro concetto del pensiero se non pervenisse all'esistenza: ecco perché per Aristotele, qualunque esistente è unione di materia e di forma. La materia è il sostrato senza forma ma con la possibilità di assumere qualsiasi forma: quindi esiste solo *in* ☞*potenza,* nel senso che *ha in sé la possibilità di esistere*; l'unione di una forma con il sostrato materiale dà vita a quello che Aristotele chiama il *sinolo*: tale unione trasforma la *potenza* in esistenza reale, dà luogo all'*ente in* ☞*atto.*

Perché si verifichi il sinolo di materia e forma o si attivi il passaggio dalla potenza all'atto, Aristotele ritiene necessario pensare a un ente che sia da sempre atto, e che si ponga quindi come causa del passaggio dalla potenza all'atto di tutto il reale. Tale ente privo di qualsiasi potenza e materialità è Dio, che Aristotele definisce di conseguenza *atto primo*. Esso è immobile, immateriale, principio e fine di qualsiasi ente. Per Dio non si può neppure parlare di forma, perché la forma è ancora un modo di essere imperfetto in quanto necessita della materia per esistere. Aristotele definisce l'*atto primo* anche *pensiero di pensiero*, chiarendo che Dio può pensare soltanto la realtà più perfetta, e cioè se stesso.

Per quanto riguarda la dottrina etica di Aristotele, egli identifica il fine della ricerca nella determinazione del *bene* e dei mezzi per raggiungerlo. Poiché l'uomo è razionalità, il suo bene supremo è quello della realizzazione completa della propria natura razionale, seguendo il principio regolativo del *giusto mezzo*: mantenere equilibrio e controllo in ogni situazione.

19.2.13 | Epicuro

Vissuto tra il 341 e il 270 a. C., Epicuro fondò ad Atene una scuola filosofica, detta "il Giardino" dal luogo in cui si incontravano i seguaci della dottrina da lui elaborata e che divenne la sede privilegiata per la diffusione dei suoi insegnamenti.

Il punto di partenza per Epicuro è la natura stessa della riflessione filosofica: il filosofare ha senso solo se aiuta l'uomo a comprendere il mondo nel quale vive e a superare paure e timori legati, in particolare, alla potenza di esseri divini o soprannaturali oppure alla morte intesa come fine di ogni cosa. Per quanto riguarda gli dei, Epicuro afferma che essi non sono conoscibili per la mente umana e che, se anche esistessero, non si occuperebbero dei mortali. Riguardo alla morte, Epicuro sostiene che è inutile preoccuparsene perché quando noi ci siamo la morte non c'è e quando c'è la morte, noi non ci siamo più. Ciò stabilito, Epicuro organizzò il proprio pensiero in ☞*logica*, *fisica* ed ☞*etica*.

Oggetto della *logica* è il metodo con il quale la mente umana raggiunge una conoscenza: l'anima dell'uomo è un *complesso di sensazioni* organizzate dalla *memoria*; la memoria consente la creazione di *prenozioni*, nel senso che noi ricordiamo ciò che spesso si è presentato alla mente. Ecco perché, per esempio, quando vediamo un cane sappiamo che quella cosa fatta in quel modo è un cane. La memoria, infatti, recupera le sensazioni simili che ha avuto in passato e le collega a quelle del momento presente.

Per quanto riguarda la *fisica*, Epicuro recupera l'*atomismo* democriteo, aggiungendo di suo il concetto di *clinamen* (come lo chiamò il poeta latino Lucrezio): cioè la capacità degli atomi di deviare dal movimento in linea retta che è loro proprio, per incontrarsi fra loro e dar vita alle cose.

L'*etica* rappresenta forse la parte più nota della riflessione di Epicuro: il filosofo sostiene che il criterio che regola la vita dell'uomo è la ricerca del piacere e la fuga dal dolore. Il fine è quello di raggiungere l'*atarassia*, cioè lo stato di assenza di turbamento spirituale, e l'*aponia*, cioè lo stato di eliminazione del dolore fisico. Il piacere non è perciò da intendersi come godimento smodato dei sensi, ma come equilibrio e serenità, poiché tutto ciò che è turbamento impedisce l'atarassia.

19.2.14 | Lo stoicismo

Lo stoicismo fu una scuola filosofica fondata ad Atene da Zenone di Cizio (336-264 a. C.): essa deve il suo nome al luogo (la *stoà*, cioè il portico) nel quale si tenevano le lezioni. Anche gli stoici adottarono la consueta tripartizione in ☞ *logica*, *fisica* ed ☞ *etica*.

Oggetto della *logica* è la conoscenza, che per gli stoici si ottiene muovendo dalle *impressioni* che i dati sensibili esercitano sull'anima; queste ultime, fino a che non interviene la *facoltà giudicativa*, non sono né vere né false: la loro verità dipende dalla forza con la quale spingono l'uomo ad affermare la concordanza fra la rappresentazione e la cosa rappresentata. Poiché tutte le conoscenze sono organizzate dalla *ragione*, essa assume il nome di *egemonico*.

Per quanto riguarda la *fisica*, gli stoici riconoscono l'esistenza di due principi a fondamento del mondo: il *principio attivo*, la ragione o Dio immanente; il *principio passivo*, o materia. Il principio attivo, sulla scorta delle suggestioni presocratiche, è detto anche *pneuma* (soffio vitale, aria e anima) o *logos* o *fuoco divino*; esso è il principio della generazione e della distruzione di ogni cosa e si realizza come attuazione della ragione universale. Lo stoicismo afferma infatti l'esistenza di un finalismo provvidenziale nel cosmo: il dio immanente presiede allo svolgersi di cicli che si ripetono. Ogni 36.000 anni il fuoco divino, origine di tutte

le cose, distrugge il mondo in una *conflagrazione universale*, per poi ricostruirlo. Questo succedersi di distruzione e rinascita dell'universo è detto *palingenesi*. Il principio passivo si configura invece come il semplice sostrato sul quale si esercita l'attività del principio attivo.
Nell'*etica*, gli stoici affermano che virtù fondamentale è vivere secondo natura in coerenza con sé stessi; ciò significa, in particolare, desiderare che si realizzi tutto ciò che è già contenuto nello sviluppo della ragione universale. Ecco quindi che lo stato più virtuoso che l'uomo può conseguire è quello dell'*apatia*: impassibilità e imperturbabilità di spirito di fronte al destino che la Ragione universale ha predisposto per ciascuno di noi.

19.2.15 | Agostino

Agostino nacque a Tagaste, in Africa, nel 354 e morì a Ippona, città di cui diventò vescovo, nel 430. Ricevette una formazione classica (studiò eloquenza e retorica) e in gioventù aderì al *manicheismo*, dottrina di origine persiana secondo la quale l'intero universo è dominato da due forze divine opposte: una origine di ogni Bene e l'altra di ogni Male. Durante un viaggio in Italia entrò in contatto con il *neoplatonismo* di Plotino, avvicinandosi al cristianesimo, che tuttavia conobbe veramente solo a Milano, tramite il vescovo Ambrogio.
Tutta l'opera di Agostino manifesta e testimonia l'irrequietezza e la curiosità spirituale del pensatore: in essa si mescolano, integrandosi con grande eclettismo, motivi e riferimenti di origini molto differenti, che si comprendono alla luce della sua attività pastorale e delle numerose controversie religiose da lui sostenute. Tra le opere di maggiore importanza (la produzione di Agostino è veramente vastissima) si possono ricordare: *De Beata vita*, *Contra Manichaeos*, *De Vera religione*, le *Confessioni* e le *Retractationes*.
Precursore del "*cogito*" cartesiano, il nucleo del pensiero di Agostino è espresso dalla massima *in te ipsum redi*: guarda in te stesso. La ricerca della verità coincide con la ricerca di Dio, ed Egli si rivela nella più profonda interiorità dell'uomo. Tuttavia, la verità, in quanto luce e guida della ricerca stessa, è anche trascendente rispetto all'uomo: Dio è l'Essere, cioè il fondamento di tutto ciò che è, e il mondo esiste in conformità a quanto il Logos, il Verbo di Dio, ha stabilito sin dall'eternità. Agostino propone una sistemazione al problema, allora molto sentito, del rapporto fede-ragione (o filosofia): le verità della filosofia sono stimolo e integrazione alle verità della religione, nelle quali si completano e inverano. È importante sottolineare, inoltre, la contrapposizione agostiniana fra la *città di Dio* e la *città degli uomini*, poiché rappresenta una delle prime forme di filosofia della storia: secondo Agostino il percorso umano nella storia (città degli uomini) avrà termine solo quando, lungo un tempo lineare e non ciclico, si realizzerà in terra il Regno di Dio (città di Dio).

19.2.16 | Anselmo d'Aosta

Noto anche come Anselmo di Canterbury (1033-1109), città di cui fu arcivescovo. Filosofo e teologo, fu il pensatore più influente dell'XI sec. ed affermò – nell'ambito della prima scolastica – la sostanziale coincidenza di fede e ragione, per molti aspetti precorrendo la teologia di Tommaso d'Aquino. Suo assunto fondamentale fu *credo ut intelligam* con il duplice significato: "per poter comprendere, credo" e "credo al fine di comprendere". L'opera di Anselmo mirava a giustificare razionalmente la fede, applicando tale impostazione persino al dogma dell'Incarnazione. Nella sua opera *Proslogion* (Discorso rivolto ad altri) elaborò la prima prova dell'esistenza di Dio della scolastica (detta *prova ontologica*): il fatto stesso che l'uomo abbia il concetto di Dio consente di affermare come necessaria la sua esistenza in quanto, se Dio è l'essere perfettissimo, non gli può mancare l'attributo dell'esistenza. Benché successivamente confutato, l'argomento ontologico fu più volte riproposto.

19.2.17 | Tommaso d'Aquino

Dopo una prima formazione all'Università di Napoli, Tommaso (1221-1274) entra nell'ordine domenicano e si trasferisce a Colonia per studiare teologia, sotto la guida di Alberto Magno, una dei maggiori teologi dell'epoca. A Parigi inizia la carriera accademica guadagnando in fama e autorità. L'opera di Tommaso è fondamentale per la filosofia e la teologia del Medioevo: a lui si deve una profonda innovazione in merito al rapporto tra fede e ragione, nel senso di una maggiore importanza attribuita alla ragione come indipendente dalla fede. Il "dottore angelico", riconosce infatti l'esistenza di un livello naturale di conoscenza, il cui significato è intelligibile per la ragione a prescindere da ogni presupposto religioso. Tommaso tuttavia rifiuta la doppia verità di Averroè: la verità è una sola e la ragione e la natura trovano il loro pieno compimento nella fede e nella grazia. Egli affida alla teologia naturale (cioè alla filosofia) il compito di dimostrare le verità di ragione, che rappresentano i presupposti della fede. Questo nuovo spazio dato alla ragione consentì una riproposizione di categorie della ☞ metafisica e della fisica aristoteliche (potenza ed atto, materia e forma, sostanza e accidenti, intelletto attivo e passivo ecc.) adattate e integrate ai dogmi della fede cristiana.

L' ☞ esistenza di Dio non è evidente a priori, è verità di fede e di ragione: Tommaso elabora cinque vie per la sua dimostrazione razionale:

- **la via del movimento**: è necessario affermare che la causa del movimento che si constata nell'intero universo non può che essere un Motore che muove senza essere mosso a sua volta, altrimenti si risalirebbe di motore in motore all'infinito, il che è impossibile;
- **la via del rapporto fra effetto e causa**: ogni effetto rimanda a una causa ed è necessario ipotizzare una causa prima per non procedere all'infinito;
- **la via del rapporto fra contingente e necessario**: la non-necessità dell'esistenza delle cose presuppone un ☞ Essere che esista necessariamente;
- **la via dei vari gradi di perfezione:** la natura dimostra vari gradi di sviluppo, che dipendono necessariamente dal grado di partecipazione alla perfezione assoluta;
- **la via dell'ordinamento finalistico** di tutto l'universo: l'ordine dell'universo fa presupporre l'esistenza di una intelligenza ordinatrice.

Tra le opere più importanti si segnalano: *De ente et essentia, Summa contra Gentiles* e *Summa theologica.*

19.3 | Filosofia moderna

Umanesimo e Rinascimento inaugurano l'Età moderna: la speculazione, che nel periodo medioevale era stata fortemente monopolizzata dalla teologia, si sposta verso l'uomo in quanto soggetto dei rapporti con gli altri uomini e con la natura.

La nuova ricerca filosofica si avvantaggiò di alcune fratture rispetto all'epoca medioevale: un ritorno allo studio diretto delle fonti letterarie e filosofiche dell'antichità, che si verifica al di fuori delle università, scalzate dal ruolo di uniche protagoniste dell'evoluzione culturale; la riforma di Martin Lutero che pone fine all'unità religiosa europea, contribuendo significativamente all'acquisizione di concetti come *centralità* e *autonomia* dell'individuo; l'avvento di nuovi modelli cosmologici alternativi alla fisica di Aristotele. In particolare, figure come Francis Bacon e Galileo Galilei, tramite la riflessione sul metodo sperimentale e sull'applicazione della matematica ai fenomeni fisici, intraprendono la delicata separazione tra oggetto filosofico e oggetto scientifico.

Per gli autori umanisti e rinascimentali, si può fare riferimento a quanto contenuto nella sezione dedicata alla Letteratura. I paragrafi seguenti propongono una panoramica dei pensatori più importanti dal XVII secolo in poi.

19.3.1 | Francis Bacon

Filosofo, uomo politico e scienziato inglese (1561-1626). Tra le opere più importanti di Bacone si ricordano: il *Discorso in elogio della conoscenza*, il *Cogitata et visa* e l'incompleta *Instauratio Magna*. In quest'ultimo scritto è contenuto il capitolo *Novum Organum*, fondamentale per ricostruire il pensiero del filosofo. Bacone identifica il compito dell'uomo nella progressiva estensione del proprio dominio sulla natura, e per fare ciò ritiene necessario abbandonare sia il sapere e la ☞ logica della tradizione filosofica che lega Aristotele a Tommaso, fondati sul ☞ sillogismo deduttivo, sia la speculazione rinascimentale degli alchimisti, fondata sull' ☞ induzione senza verifica sperimentale. Lo scritto *Novum Organum* è diviso in due parti: la prima, *pars destruens*, contiene una serie di indicazioni critiche nei confronti delle precedenti forme di conoscenza; in essa viene prescritto innanzitutto di liberare la mente dai pregiudizi, o *idoli*, che impediscono all'uomo di costruire il nuovo sapere. Compiuta la fase critica, nella *pars construens* si trovano le indicazioni propositive. Bacone intende dar vita a un sapere che non sia verboso e contemplativo, ma piuttosto operativo, che accresca la capacità di modificare la natura e la condizione umana; per ottenere ciò bisogna arrivare a conoscere le *forme* della natura. La nuova logica che a tal fine Bacone propone è l'*induzione*, intesa come un procedere metodico e sistematico, attraverso l'osservazione di un gran numero di fenomeni e la classificazione precisa dei dati. Secondo Bacone è possibile avvicinarsi, di generalizzazione in generalizzazione, alla verità delle forme, verificando però che tali generalizzazioni spieghino effettivamente gli eventi naturali.

19.3.2 | Galileo Galilei

Più che filosofo nel senso tradizionale del termine, Galileo Galilei (1564-1642) fu un grande scienziato, le cui teorie influirono notevolmente sul pensiero filosofico e teologico del tempo. Nato a Pisa, insegnò per un lungo periodo a Padova. In seguito fu primario matematico all'università di Pisa e poi a Firenze.

Valendosi dello strumento da lui inventato, il cannocchiale, effettuò osservazioni astronomiche, che espose nell'opera *Nuncius Sidereus* con le prime argomentazioni in favore della teoria eliocentrica. Del periodo pisano-fiorentino sono le considerazioni riportate nel *Saggiatore*: l'intero universo è regolato da rapporti matematici e dunque può essere compreso solo imparando il linguaggio matematico. La scienza procede dunque grazie alla "severità di geometriche dimostrazioni" accompagnate dal riscontro con l'☞ esperienza, cioè con la sperimentazione: il metodo elaborato da Galileo per la conoscenza scientifica prevede l'osservazione dei fatti, la formulazione di una ipotesi e la verifica sperimentale.

Nel *Dialogo sopra i due massimi sistemi del mondo*, forse la sua opera più significativa, Galileo criticò a fondo la concezione *geocentrica* dell'universo e i principi fondamentali della fisica aristotelica, propugnando l'*eliocentrismo* e la fisica sperimentale e quantitativa.

Galileo, che con le sue teorie aveva di fatto respinto il principio d'autorità su cui poggiava la cultura cattolica, in base al quale non era lecito mettere in discussione le dottrine di pensatori riconosciuti dalla Chiesa (*ipse dixit*), fu processato per eresia e sfuggì al rogo solo grazie alla rinuncia all'insegnamento pubblico delle sue teorie. Solo recentemente la Chiesa ha ammesso i suoi errori in questa vicenda.

19.3.3 | Isaac Newton

Anche Newton (1642-1727), come Galileo, interpretò la prima distinzione tra scienza e filosofia. Studiò al Trinity College, sotto la guida di uno dei più importanti matematici dell'epoca, di cui in seguito prese il posto. Nel corso della sua carriera svolse diversi incarichi istituzionali, fra cui quella di presidente della Royal Society, l'ente preposto al governo e alla realizzazione della ricerca scientifica nel Regno di Inghilterra. Tra i suoi scritti più importanti si segnalano i *Philosophiae naturalis principia mathematica*.

Riprendendo considerazioni già sviluppate da Galileo, Newton elaborò un metodo per garantire la validità della conoscenza scientifica, praticando una continua integrazione fra ragionamento induttivo e ragionamento deduttivo. Se, infatti, a fondamento della conoscenza deve porsi l'osservazione di ciò che accade in natura, è anche vero che i dati così raccolti devono essere *interpretati matematicamente*, se vogliono ottenere lo statuto di *leggi*. Solo seguendo questo metodo sarà possibile giungere alla formulazione di alcune proposizioni universali, valide anche per l'interpretazione di altri fenomeni. Se l'osservazione dovesse dimostrare che la legge non è in grado di interpretare tutti i fenomeni per cui è stata formulata, allora si dovrà ripartire dall'osservazione sperimentale per formularne una nuova, in grado di dare una spiegazione esauriente a ogni evento coinvolto.

Il metodo appena descritto (sintesi di ☞ induzione, ☞ deduzione e interpretazione matematica) rappresenta il metodo che la ricerca scientifica, da Newton a Einstein, utilizza per sviluppare le proprie conoscenze. A Newton dobbiamo anche la formulazione rigorosa delle leggi della dinamica (già in parte intuite da Galileo in via sperimentale), della gravitazione universale (che ha definitivamente sgombrato il campo dalla teoria geocentrica) e l'elaborazione del calcolo infinitesimale (a causa del quale fu in polemica con Leibniz).

19.3.4 | René Descartes

Nato in Francia (1596-1650), Cartesio si dedicò inizialmente a studi scientifici per passare poi a occuparsi stabilmente di ☞ metafisica: la sua filosofia è fortemente influenzata dal connubio tra questi due interessi. Scienza e metafisica sono perfettamente sintetizzate, configurandosi la prima come una riflessione fondata sui principi elaborati dalla seconda. Cartesio ritiene infatti che il sapere filosofico debba fondarsi, così come quello matematico, su proposizioni certe e indubitabili.

Nello scritto *Discorso sul metodo*, Cartesio sostiene che si giunge a conoscenze certe solo rispettando quattro regole fondamentali: dell'*evidenza* (non accogliere mai come vera alcuna cosa che non si conosca con evidenza esser tale), dell'*analisi* (dividere ogni difficoltà nelle sue componenti per poterla risolvere più agevolmente), della *sintesi* (condurre con ordine i pensieri, cominciando dagli oggetti più semplici per salire a poco a poco alla conoscenza dei più complessi) e infine della *enumerazione* (fare enumerazioni complete e revisioni generali così da essere certi di non omettere nulla).

Nel trattato *Meditazioni metafisiche*, il filosofo francese disegna il percorso seguendo il quale si raggiungono alcune certezze fondamentali; il primo passo da compiere è il *dubbio metodico*: sospendere il giudizio, dubitare dei sensi, dubitare anche delle verità matematiche. Ma tale dubbio porta con sé una verità certa: se dubito, e quindi penso, certamente esisto: *cogito ergo sum*. L' ☞ esistenza della sostanza pensante, della *res cogitans*, è dunque la prima conoscenza certa ed evidente. Da tale verità, Cartesio fa conseguire la dimostrazione dell'esistenza di Dio e la dimostrazione dell'esistenza del mondo esterno, cioè della *res extensa*. Infine, per assicurare la connessione tra *res cogitans* e *res extensa* Cartesio fa ricorso, da un lato, a Dio, il quale non può ingannarci sulle nostre idee chiare e distinte; dall'altro, alla *ghiandola pineale*, l'organo attraverso il quale le particelle di materia provenienti dall'esterno vengono tradotte in sensazioni e stimoli che solo l'anima è capace di avere.

19.3.5 | Thomas Hobbes

Di Hobbes, filosofo e pensatore politico inglese (1588-1679), più che la teoria filosofica generale, ispirata al ☞ nominalismo ferreo e al meccanicismo, in questa sintesi meritano un riferimento le applicazioni di tali idee al mondo della politica e delle relazioni tra gli uomini: le sue riflessioni in questi settori intendevano confutare l'ipotesi, sostenuta da larga parte del precedente pensiero occidentale, riguardo alla naturale bontà dell'uomo, solo in seguito corrotto dalla vita in società.

Per Hobbes invece *homo homini lupus* (l'uomo è lupo per l'uomo) e tale inclinazione alla sopraffazione reciproca va in qualche modo controllata per evitare che il genere umano si autoannienti. È lo Stato che si occupa di assicurare la sopravvivenza della specie: uno Stato inteso però come risultato di un *contratto* fra uomini, che in tal modo delegano a un'autorità superiore l'appianamento delle contese. Si spiega così il termine *contrattualismo* con il quale si è soliti definire il pensiero politico di Hobbes.

Le opere più importanti del filosofo inglese sono gli scritti *De Corpo*, *De Homine*, *De Cive* e il *Leviatano*.

19.3.6 | Baruch Spinoza

Spinoza (1632-1677) nasce ad Amsterdam da una famiglia di ebrei, ma ben presto matura il suo distacco dalla religione ebraica e l'elaborazione di una forma particolare di ☞ *panteismo* che gli valse l'accusa di ☞ naturalismo e ateismo da parte delle istituzioni cristiane dell'epoca.

Sulla struttura del pensiero e delle opere di Spinoza ebbe una grande influenza la lettura delle opere di Euclide e del suo modo di procedere nello studio della geometria; da qui il titolo dell'opera principale di Spinoza, che ha per oggetto la fondazione dell' ☞ etica: *Ethica more geometrico demonstrata*, un trattato diviso in definizioni, assiomi, proposizioni, dimostrazioni e corollari.

Anche Spinoza, così come Cartesio, muove alla ricerca del principio che consenta di fondare la struttura del reale sopra basi salde e certe: per Spinoza tale principio è la *Sostanza*, intesa come ciò il cui concetto implica necessariamente l' ☞ esistenza. Non è però corretto inferire l'assimilazione della Sostanza di Spinoza al Dio cattolico o ebraico, in quanto manca alla Sostanza la caratteristica fondamentale del Dio giudeo-cristiano: il suo essere persona. La Sostanza spinoziana è invece assimilabile alla concezione dei panteisti, secondo la quale Dio è concepito come causa immanente alle cose e alla natura, e non trascendente il mondo degli uomini.

Di notevole interesse per i temi trattati, è anche la riflessione etico-politica di Spinoza, che confluisce nel *Tractatus theologico-politicus*; se Hobbes viene considerato il teorizzatore dello Stato assoluto, Spinoza è invece ricordato come il difensore degli individui dalle oppressioni degli organismi politici e religiosi: all'uomo che ricerca, che studia, che si dedica alla scienza, deve essere assicurata la completa libertà di giudizio, perché è da essa che proviene lo stimolo alla pace e alla crescita della società.

19.3.7 | Gottfried Wilhelm Leibniz

Leibniz (1646-1716) cercò di conciliare due differenti indirizzi di pensiero: da una parte la concezione cristiana, con la sua visione finalistica e provvidenzialistica dell'universo, e, dall'altra parte, la corrente sperimentale e meccanicista sviluppatasi dai nuovi interessi scientifici (Galileo, Cartesio, Spinoza, Hobbes). Per raggiungere tale fine, Leibniz ritenne essenziale riformare la ☞ logica tradizionale; il presupposto è quello di una assoluta concordanza, sul piano ontologico, tra i concetti e il linguaggio che serve per esprimerli.

Egli intese dar vita a uno strumento in grado di raggiungere dimostrazioni certe così come lo sono quelle della matematica e della geometria: si trattava dunque di formalizzare un linguaggio in cui ogni oggetto corrispondesse a un preciso concetto espresso con simboli. Tale linguaggio universale, secondo Leibniz, sarebbe stato utile, oltre che al progresso del sapere, anche ad attivare il processo di pacificazione dell'Europa, in quel periodo dilaniata dalle guerre di religione.

I principi fondamentali della logica di Leibniz, sono il *principio di non contraddizione* e il *principio di ragion sufficiente*; il primo consente di giungere alle *verità di ragione*, il secondo alle *verità di fatto*. Fondamentale poi, nel sistema della realtà di Leibniz, è la teorizzazione delle *monadi* (esposta nello scritto *Monadologia*, un sommario delle sue vedute metafisiche). Dalla sintesi tra il concetto di atomo e il concetto cartesiano di sostanza materiale, Leibniz elaborò il concetto di *sostanza individuale*, intesa come punto metafisico, indivisibile, indistruttibile, che trova la sua unità sostanziale in un'anima, "sull'esempio di ciò che si suol chiamare io". La visione del mondo che ne segue è quella di un universo continuo e organico, nel quale le monadi si organizzano variamente in strutture sempre nuove. Nel sistema di Leibniz, Dio, creatore delle monadi, ha dato vita al migliore dei mondi possibili, da cui dipende il fondamentale *ottimismo* e il *finalismo* nei quali si manifesta l'ordine voluto dal creatore.

Leibniz svolse anche studi scientifici e matematici: giunse, per altra via e con altre dimostrazioni rispetto a Newton, alla formulazione del calcolo infinitesimale. Per l'attribuzione di tale scoperta entrò in aspra polemica son il filosofo inglese.

19.3.8 | Giambattista Vico

Di formazione autodidatta, Vico (1668-1744) trascorre una difficile vita tra insoddisfazioni professionali (solo in tarda età riesce ad avere un incarico di prestigio a Napoli come storiografo regio) e incomprensioni, dovute da un lato alla novità di alcune sue tesi filosofiche, ma, dall'altro, alla sua estraneità al progresso delle scienze, che proprio in quel periodo riceve un notevole impulso.

Nelle opere *De antiquissima Italorum sapientia* e *De nostri temporis studiorum ratione* Vico espone uno dei principi che fanno di lui, contemporaneamente, un precursore di temi e motivi filosofici sviluppatisi poi nei secoli successivi e un sostenitore di tesi antecedenti alla rivoluzione scientifica: il famoso criterio espresso nel detto *Verum ipsum factum* (identità di vero e fatto). Tale principio stabilisce che si può conoscere con verità e certezza solo ciò di cui si è autori e quindi il mondo della storia; del mondo fisico l'autore è Dio, e solo lui è in grado di conoscerne le manifestazioni.

Vico, in seguito, con lo scritto *Scienza Nuova*, alla rielaborazione del quale dedicherà gran parte della sua vita, esplicitò e approfondì tale criterio, corredandone l'esposizione con precisi e numerosi riferimenti allo sviluppo delle Nazioni e degli Stati. La *filologia*, che recupera e organizza i fatti di principale interesse di ogni popolo, e la *filosofia*, che partendo da questi fatti delinea la storia *ideal eterna*, sono le due discipline che concorrono a fondare le ricerche storiche e a ricostruire così la storia dell'umanità secondo il principio dei *cicli di sviluppo*.

Questo principio, fondato sull'analogia con lo sviluppo dell'uomo, stabilisce che al periodo degli dei (infanzia dell'umanità, a cui corrisponde una concezione del mondo dominata dal senso e dall'immaginazione e nella quale hanno grande spazio le creazioni poetiche), segue il periodo degli eroi il quale, a sua volta, confluisce nel periodo degli uomini, quello della maturità e del processo di incivilimento, connesso con il lento emergere della ragione. Raggiunta la fase della "dispiegata ragione", ogni popolo corre sempre il rischio di smarrirsi e di precipitare nuovamente nella barbarie e dover ripercorre nuovamente i tre stadi: la teoria dei cicli di sviluppo è dunque completata dalla dottrina dei *corsi e ricorsi storici*.

19.3.9 | David Hume

David Hume (1711-76) è il massimo rappresentante dell' ☞ empirismo inglese. Nella sua prima opera, il *Trattato sulla natura umana,* Hume progettò di estendere il metodo sperimentale, che tanto aveva aiutato Newton nella elaborazione delle teorie scientifiche, anche allo studio della natura umana. In seguito si dedicò con una serie di saggi (*Ricerca sull'intelletto umano, Ricerca sui principi della morale*), con i *Discorsi politici*, con la *Storia d'Inghilterra* e con *I dialoghi sulla religione naturale,* a sostenere, ampliare e, dove necessario, rivedere, aggiornare e modificare le argomentazioni contenute nell'opera giovanile.

Per quanto riguarda la ☞ gnoseologia, Hume sostiene che la coscienza umana è un *fascio di percezioni*, nella quale si sedimentano le *impressioni* provenienti dai sensi; le *idee* sono il risultato dell'attività di associazione compiuta dalla coscienza sul materiale delle impressioni e risultano quindi copie sbiadite di queste ultime. Se un' ☞ idea non è riconducibile alla precedente impressione, essa è priva di significato, senza contenuto empirico: in questo modo Hume svuotò di senso molti dei concetti tradizionali elaborati dalla ☞ metafisica, quale per esempio il concetto di Dio. Tale svalutazione coinvolge anche la relazione di *causa-effetto*, ricondotta alla sua origine esperienziale e quindi non dotata di alcuna necessità e priva di forza dimostrativa. L'idea di *sostanza materiale*, stabilito che la coscienza è soltanto un flusso di percezioni, risulta priva di un vero contenuto stabile: infatti non si ha alcuna certezza dell' ☞ esistenza di oggetti dotati di realtà indipendentemente dalle percezioni. Ugualmente, per quanto riguarda la *sostanza spirituale*, Hume ritiene impossibile cogliere, al di là del flusso continuo di percezioni, una sostanza stabile, un io permanente e identico a se stesso.

La critica a queste tre idee fondamentali per la gnoseologia e la metafisica (nesso causa-effetto, idea di sostanza materiale e di sostanza spirituale) conduce a un esito fondamentalmente *scettico*, la cui portata è però mitigata dal valore attribuito alla *credenza*: frutto dell'istinto e del sentimento, essa consente di muoversi tra le esigenze della vita pratica senza ondeggiare privi di ordine nel mondo della percezione. L'atteggiamento *scettico*, come si è visto, si applica anche al dogma dell'esistenza di Dio; ciò tuttavia non deve implicare, secondo Hume, una necessaria affermazione di ateismo che sarebbe una posizione parimente dogmatica e, quindi, a sua volta insostenibile.

19.3.10 | Jean-Jacques Rousseau

Quella di Rousseau (1712-78) fu una vita movimentata, ricca di avvenimenti. Il suo pensiero, pur inserito nell'ambito dell'Illuminismo, è una creazione originale rispetto al panorama contemporaneo.

Il motivo ispiratore della sua riflessione fu il rinnovamento della cultura nel suo complesso; obiettivo affine a quello degli illuministi, con la differenza che Rousseau fece appello, non tanto alla ragione e all'esperienza quanto alla rivalutazione dei sentimenti, della spontaneità e degli istinti primari dell'uomo. In questa linea si inserisce il cosiddetto mito del *buon selvaggio*, inteso come uomo non ancora corrotto e vincolato alle catene sociali. Tale mito si fonda su una particolare considerazione dell'uomo e dell'umanità: ogni essere umano nasce assolutamente libero, dotato di ottima disposizione verso gli altri esseri umani e perfettamente integrato nel circostante ambiente naturale, anch'esso comunque benigno nei confronti dell'uomo. Ciò che corrompe e trasforma questa naturale bontà sono i rapporti sociali, in particolare i rapporti di proprietà e di sottomissione. Il rinnovamento culturale, quindi, si configura per Rousseau in una pedagogia che tuteli l'uomo dall'influenza negativa della società e ne esalti invece le innate caratteristiche di creatività e di libera spontaneità.

Le più importanti opere di Rousseau sono gli scritti pedagogici, quali l'*Emilio* e la *Nuova Eloisa*, oppure gli scritti di denuncia sociale come il discorso *Sull'origine e sui fondamenti della diseguaglianza tra gli uomini.*

19.3.11 | Immanuel Kant

Con Platone e Aristotele, Kant (1724-1804) è uno dei filosofi più importanti di tutta la tradizione occidentale: non esiste campo del sapere umano nel quale il pensiero di Kant non abbia esercitato sia direttamente che indirettamente la sua influenza.

Nella *Critica della Ragione Pura*, Kant si occupa di stabilire i limiti entro i quali si deve esercitare la conoscenza teoretica dell'uomo; la *Critica della Ragione Pratica* fonda invece la possibilità di cogliere, per altra via, quanto viene escluso dalla conoscenza teoretica, in particolare il mondo del soprasensibile; infine la *Critica del Giudizio* media tra le due esigenze della ragione teoretica e della ragione pratica.

Sul piano gnoseologico, che costituisce l'argomento precipuo di studio della *Critica della Ragion Pura*, Kant ha suddiviso i giudizi in tre categorie fondamentali:

- i giudizi *sintetici a posteriori*, che si derivano dai soli dati della sensibilità, tipici della riflessione empirista (ad esempio: "Questo è un cane dal pelo fulvo"); essi sono veri solo per quel particolare oggetto percepito con i sensi in quel determinato momento;
- i giudizi *analitici a priori*, che si formano mediante l'uso della sola facoltà razionale, come quelli della matematica e della geometria, tipici del pensiero razionale (esempio: "Il triangolo isoscele è dotato di due angoli e di due lati uguali"); sono sempre veri, ma, a differenza di quelli a posteriori, sono validi solo per realtà dotate di un'esistenza concettuale, di pensiero;
- i giudizi *sintetici a priori*, che uniscono la validità dei primi due, in quanto fondano la loro verità sia sulla ricchezza dei dati empirici sia sull'universalità formale dei giudizi analitici a priori. Questi giudizi sono, per esempio, le leggi della fisica newtoniana.

La conoscenza che si esprime nei giudizi sintetici a priori è possibile grazie all'attività della *sensibilità* (le cui forme ☞ a priori sono lo *spazio* e il *tempo*) e dell'*intelletto*. La conoscenza piena, dunque, è il risultato dell'attività dell'intelletto che concettualizza e della sensibilità che fornisce i dati; secondo Kant: "I pensieri senza contenuto sensibile sono vuoti, le intuizioni sensibili senza concetti sono cieche".

Le forme a priori dell'intelletto sono le *categorie*: si tratta di concetti universali in grado di sintetizzare i dati sensibili. L'intelletto ha dunque una funzione unificatrice nei confronti del materiale fenomenico; ciò implica che questa attività unificante non si possa estendere fuori dall'ambito dei fenomeni, come per esempio il mondo soprasensibile della ☞ metafisica. Però, il fatto stesso che si parli di sensibilità implica un riferimento a ciò che sta oltre questi contenuti sensibili. Al di là del mondo che appare alla sensibilità, per Kant, si deve quindi postulare l' ☞ esistenza di un mondo *noumenico* o delle *cose in sé*, anche se esso resta necessariamente inconoscibile per l'intelletto.

Quello kantiano potrebbe apparire un atteggiamento scettico nei confronti della metafisica: in realtà così non è, perché Kant apre una via affinché l'uomo possa giungere a conoscere, seguendo un'altra direzione, tutto il mondo che sfugge all'apprensione dei sensi. La via, teorizzata nella *Critica* della *Ragion Pratica*, è quella della ☞ *morale*. La Ragion pratica, procedendo nel tentativo di fondazione della morale, si accorge di dover *postulare* tre fondamentali principi metafisici. Infatti, se tali principi non fossero veri, non si spiegherebbe l'esistenza di imperativi morali ("tu devi...") che invece ciascuno di noi, con evidenza, trova dentro di sé. Tali principi, indimostrabili con i soli strumenti della Ragion Pura, sono: l'esistenza di Dio, l'immortalità dell'anima e la libertà della volontà umana.

19.4 | Filosofia contemporanea

Con il pensiero di Kant si inaugura una nuova stagione filosofica, destinata a compendiarsi nel grandioso sistema di Hegel. In particolare, in questo periodo storico la vita culturale europea fu in continuo fermento e la riflessione filosofica si intrecciò fecondamente con altre forme di creatività umana, perseverando nello scambio reciproco con le scienze naturali e matematiche, ma accentuando la simbiosi con la letteratura e le arti figurative.

L'☞ idealismo si sviluppò nell'ambito più generale del Romanticismo, al quale si deve anche la nascita e l'affermazione del ☞ positivismo. Non stupisca che una prospettiva filosofica all'apparenza tanto diversa, così attenta ai risultati delle scienze, possa inquadrarsi in questo clima, poiché sua notazione fondamentale fu il tentativo di individuare una possibile unità al di sotto dei molteplici fatti empirici. Particolare spazio fu dedicato al problema religioso, considerato però in funzione antropologica più che nella prospettiva metafisica (Feuerbach, Schopenhauer, Kierkegaard).

La filosofia successiva all'idealismo e al positivismo si configurò, da un lato, come reazione ad essi e dall'altro come loro approfondimento e revisione; sarà questo clima di opposizione e di revisione a inaugurare il secolo XX, caratterizzato da una grande varietà di posizioni filosofiche, di cui è tuttavia interessante sottolineare da un lato il grande sviluppo della filosofia della scienza e dell'☞epistemologia, dall'altro il rinnovato interesse (soprattutto dopo le devastanti esperienze dei conflitti mondiali) per la specificità umana (esistenzialismo, fenomenologia, pragmatismo ecc.). Con i principali pensatori dell'epoca contemporanea si chiude questa panoramica sul pensiero occidentale.

19.4.1 | Johann Gottlieb Fichte

La filosofia di Ficthe (1762-1814) si muove nella direzione dell' ☞ idealismo inaugurata da Kant, ma tenta di riformarne l'esito dualistico (la differenza fra *fenomeno*, conoscibile tramite i sensi e l'intelletto, e *noumeno*, pensato dalla ragione ma non conosciuto).

La soluzione di Fichte (esposta soprattutto nello scritto *Fondamenti della dottrina della scienza*) sta nell'affermare che il *noumeno*, o cosa in sé, non è altro che il prodotto dell'attività creativa dell'Io, e non una realtà a esso esterna. L'*Io* di Fichte è *trascendentale*, in quanto attività pura e assoluta. Ma per non rimanere attività vuota, astratta (tesi), si crea inconsciamente ed eternamente un limite da superare, il *Non Io* (antitesi), detto anche, in contrapposizione con l'Io trascendentale, io finito o empirico, entro il quale sono compresi sia gli oggetti naturali che i singoli *io* particolari degli uomini. Poiché il *Non Io* non è una realtà assolutamente esterna e irrazionale, ma è posto dall'Io stesso, seppur inconsciamente, ne consegue che la sua estraneità può essere superata dall'Io attraverso il fare e il conoscere (sintesi). L'idealismo di Fichte, viene comunemente definito *idealismo etico*, in quanto la conoscenza si configura come vittoria nei confronti di ciò che ostacola la realizzazione della propria natura, e quindi nei confronti di ogni limitazione alla libertà. Ecco perché anche Ficthe, come Kant, sostiene, in senso però differente, il primato della ragione pratica sulla ragione teoretica.

Fra le altre opere di Fichte si ricordano: *Fondamenti del diritto naturale*, *Sistema della dottrina morale*, *Lezioni sulla missione del dotto*, *Introduzione alla vita beata*.

19.4.2 | Friedrich Schelling

La riflessione di Schelling (1775-1814) fu inizialmente vicina agli esiti dell'idealismo soggettivo di Fichte, ma se ne discostò in seguito, sul terreno della dottrina della natura.

Si è visto che Ficthe considerava il Non io, o natura, come una produzione inconscia dell'Io per poter realizzare compiutamente la propria moralità. Schelling invece intese conferire anche alla natura un'esistenza equivalente a quella dello spirito. Inoltre per Schelling l'Io assoluto fichtiano non può essere il vero principio supremo del reale e dell'ideale, in quanto esso risulta limitato: per raggiungere l'autocoscienza o l'autorealizzazione, necessita infatti del Non Io. Vero principio assoluto è l'*unità indifferenziata* di *Spirito* (Io) e *Natura* (Non Io); in tal modo, Natura e Spirito non costituiscono due realtà diverse, ma soltanto due momenti dello stesso processo di sviluppo dell'*Assoluto*, due momenti assolutamente interdipendenti tanto che è impossibile pensare la Natura (oggetto) distinta dallo Spirito (soggetto).

La Natura costituisce la prima manifestazione dell'*Assoluto* non ancora giunto all'autocoscienza dello Spirito; è quindi la testimonianza cristallizzata del percorso compiuto, senza consapevolezza, dallo Spirito per raggiungere l'autocoscienza. La seconda fase dello sviluppo dell'Assoluto è costituita dalla Natura, la quale diviene autocosciente con un lento e progressivo processo che sfocia nello Spirito. Lo Spirito riconosce la propria storia nella Natura, è la Natura stessa divenuta cosciente, l'unità concreta dell'Assoluto inteso ora come autocoscienza. Il vero strumento grazie al quale la filosofia, e quindi il sapere, può giungere a riconoscere l'identità di Spirito e Natura è l'*arte*, in quanto attività contemporaneamente produttiva e riflessiva (riflette su ciò che produce). Essa è il momento più alto della filosofia e realizza la *bellezza*, esprime l'infinito attraverso un'opera finita.

Tra le opere più importanti di Schelling: *Sistema dell'idealismo trascendentale*, *Filosofia e religione*, *Filosofia dell'arte*, *Filosofia della mitologia*, *Filosofia della Rivelazione*.

19.4.3 | Georg Wilhelm Hegel

La filosofia di Hegel rappresenta nel medesimo tempo una sintesi del pensiero a lui precedente e un sistema coerente dal quale i suoi successori non hanno potuto prescindere, foss'anche per muovere alle sue conclusioni una critica più o meno radicale.

La filosofia elaborata da Hegel (una completa sistemazione del sapere in tutti i suoi aspetti: arte, scienza, politica, ☞ etica, ☞ metafisica, ☞ logica ecc.), muove dalla critica a Fichte e a Schelling. L'Io di Fichte sembra a Hegel, nel suo movimento di continuo superamento di se stesso, un ☞ divenire senza realizzazione, nel quale lo spirito non si concretizza mai in sapere assoluto perché trova sempre un nuovo ostacolo da superare. Per quanto riguarda l'identità indifferenziata di Natura e Spirito di Schelling, essa risulta ai suoi occhi come "la notte in cui tutte le vacche sono nere": cioè dà luogo a una realtà priva di differenziazioni, nella quale non si comprende la varietà e la singolarità dell'esistente. Hegel quindi elabora il proprio sistema, comunemente definito *idealismo assoluto*, coniugando e superando le caratteristiche dell'*idealismo oggettivo* di Schelling e dell'*idealismo soggettivo* di Fichte. Per Hegel, il principio di tutta la realtà è lo *Spirito assoluto*. Esso non *crea* la realtà, ma si *attua, si determina e si realizza* in tutte le realtà del divenire storico (individuali e sociali, spirituali e materiali). Secondo Hegel lo sviluppo del reale è triadico. I tre momenti nei quali lo *Spirito assoluto* si manifesta sono: ☞ *Idea, Natura, Spirito*. L'Idea (tesi) è il momento nel quale tutto il reale è ancora pensiero, non si è ancora reso concreto: Hegel studia questa fase dello sviluppo nella *Logica*; la prima esteriorizzazione dell'Idea consiste nel suo concretizzarsi in realtà naturale (antitesi): essa è trattata nella *Filosofia della Natura*; infine, il momento della sintesi, in cui l'Idea, dopo essersi realizzata e concretizzata nella natura, diviene contemporaneamente assoluta e concreta come *Spirito Assoluto*: questo è argomento della *Filosofia dello Spirito*.

La successione di tesi, antitesi e sintesi, cioè della legge interna che regola lo sviluppo dello Spirito dalla sua prima forma, l'Idea, allo *Spirito assoluto*, è la ☞ *dialettica*, che per Hegel costituisce il metodo della filosofia. Tutto il reale, così come il pensiero che si esercita su di esso, ha uno sviluppo dialettico; tra reale e razionale non esiste alcuna frattura, tanto che Hegel scrive "tutto ciò che è reale è razionale, tutto ciò che è razionale è reale".

19.4.4 | Arthur Schopenhauer

Nato a Danzica, Schopenhauer (1788-1860) incarna, con la sua particolare riflessione filosofica, una delle forme più importanti di reazione all'imperante hegelismo del suo tempo. Se la filosofia di Hegel riconosceva nel mondo il progressivo attuarsi della Ragione (ottimismo e panlogismo hegeliani), Schopenhauer vi riconobbe invece il "campo di battaglia" di una forza cieca e irrazionale: la *Volontà*.

La Volontà, intesa da Schopenhauer come principio supremo della realtà, si manifesta, nel suo momento più alto, come forza che ricerca solo di perpetuare se stessa. Essendo una forza cieca, un'energia irrazionale, la Volontà non ha un oggetto specifico in grado di saziarla. Quando la Volontà domina la vita dell'uomo, questo, soddisfatto un desiderio, immediatamente si lascia attrarre da un altro, e così all'infinito. La conseguenza è che ogni nuovo desiderio stimola un nuovo senso di bisogno e scatena un nuovo senso di mancanza e di infelicità. Lo stesso vale anche per gli altri esseri viventi e per la Natura intera. La Volontà rende l'intero universo (uomo e natura) il luogo privilegiato nel quale si manifesta il *dolore*. L'uomo è l'unico organismo che ha *coscienza* di questa situazione: a tale coscienza si accompagna, da un lato, il maggiore disagio esistenziale rispetto alle altre manifestazioni della Volontà (animali, piante) ma, dall'altro, la possibilità di intraprendere un cammino di liberazione. Schopenhauer indica quattro vie per rendere inefficace la Volontà, delle quali le prime tre rappresentano soltanto soluzioni parziali:

- l'*arte*, che in quanto contemplazione del bello aiuta l'uomo a sottrarsi alle impellenti richieste della Volontà;
- la *giustizia*, che costituisce un freno alla illimitata espansione della Volontà di ogni singolo uomo;
- la *pietà*, che consente di superare l'egoismo individuale e di solidarizzare con il destino, tragico per tutti, degli altri uomini;
- l'*ascesi*, che sopprime ogni istinto e impulso irrazionale per raggiungere lo stato di indifferenza verso le cose del mondo. Essa è proposta da Schopenhauer come obiettivo da raggiungere.

Tra le opere del filosofo di Danzica, la più importante è certamente il *Mondo come Volontà e Rappresentazione*.

19.4.5 | Søren Kierkegaard

La vita di Søren Kierkegaard (1813-55) fu segnata dalla rigida educazione religiosa del padre, pastore luterano oppresso da un radicato senso del peccato e della colpa, e da una serie di circostanze decisamente avverse (la morte precoce del padre e dei sei fratelli). Tali vicende contribuirono fortemente a indirizzare la sua meditazione verso temi quali la possibilità di sollievo in Dio dal dolore del vivere, il rapporto fra la finitezza del singolo individuo e l'assoluto, l'angoscia e il paradosso che accompagnano l'atto di fede. È all'interno di questi temi che si sviluppa la critica serrata di Kierkegaard al sistema hegeliano. Hegel, per il pensatore danese, in nome di una astratta razionalità, culminante nell'attività ☞ dialettica dello Spirito Assoluto, finisce per annullare le differenze fra i singoli uomini, riducendoli a strumenti inconsapevoli del movimento di autorealizzazione dello Spirito stesso nella Storia. In questo modo si perdono tutti quegli aspetti che caratterizzano e fondano il rapporto del singolo con l'assoluto: la sua insuperabile individualità, la sua finitezza e limitatezza. Alla necessità, che secondo Hegel guidava il movimento dialettico, Kierkegaard contrappone la scelta libera che ogni individuo deve compiere di fronte all'infinito delle possibilità che gli si presentano. Per Kierkegaard l'uomo può scegliere fra tre percorsi di vita fondamentali:

- la vita ☞ estetica: il simbolo di questa posizione è Don Giovanni, l'uomo che si abbandona a rincorrere gli attimi fugaci e le sensazioni di piacere sempre nuove;
- la vita ☞ etica: simboleggiata dal matrimonio, che consente di superare la frammentarietà della vita estetica vivendo in conformità con i precetti della moralità (la fedeltà al compagno di vita, il lavoro, l'amicizia e la patria);
- la vita religiosa: il simbolo è Abramo, il quale accetta di andare contro ogni etica e sentimento umani, scegliendo la totale sottomissione al volere incomprensibile di Dio (il sacrificio del figlio Isacco).

La vita estetica e la vita etica portano solo alla disperazione, poiché gli oggetti delle nostre scelte (siano essi i piaceri effimeri o i valori morali) non placano il bisogno di assoluto che è in ognuno di noi. La vita religiosa, invece, proprio per la sua contrapposizione totale alla supposta razionalità del reale, è dominata dal sentimento dell'angoscia. Ciò che appare uno scandalo per la ragione, però, è l'unica via percorribile per raggiungere un contatto autentico con l'assoluto. Fra le opere principali di Kierkegaard si segnalano: *Aut-Aut*, *La ripresa*, *Timore e tremore*, *Briciole di filosofia*, *Il concetto dell'angoscia*, *La malattia mortale*.

19.4.6 | Karl Marx

Il gruppo numeroso dei discepoli ed epigoni hegeliani si era diviso, alla morte del maestro, in due tendenze poi definite come *Destra* ("vecchi hegeliani") e *Sinistra* ("giovani hegeliani"). La destra interpretò l'hegelismo come accordo completo tra dimensione filosofica e fede religiosa, mentre dalla sinistra il sistema fu interpretato in senso assolutamente immanentista, escludendo possibilità di conciliazione con la sfera religiosa.

Marx (1818-83), prese le mosse dal movimento dei giovani hegeliani, ma se ne distaccò in quanto – pur accettando la concezione ☞ dialettica dello sviluppo storico – ne rigettò il presupposto idealista: per Marx la coscienza è risultato dell'attività pratica, dei comportamenti e delle relazioni economiche fra gli uomini, e non viceversa. La teoria che egli elaborò riguardo allo sviluppo storico fu poi definita come *materialismo storico* e il suo nucleo fondamentale consiste nella considerazione che il vero motore della storia è il processo economico. I cosiddetti prodotti spirituali dell'uomo (istituzioni politiche, istituzioni giuridiche, religione, arte, filosofia, letteratura e anche la stessa scienza) sono *sovrastrutture*, cioè prodotti secondari in cui si esplicitano le contraddizioni e i contrasti esistenti fra le varie classi sociali. La lotta fra le classi sociali è il risultato della relazione che intercorre fra i rapporti di produzione (leggi del mercato) e la forza produttiva (lavoratori) nei differenti momenti dello sviluppo economico. Dunque, ciò che caratterizza qualunque società è la *struttura* economica che regola e indirizza ogni sua produzione, dai beni materiali ai beni spirituali.

Nel *Capitale*, opera fondamentale nella quale Marx studia i rapporti di produzione nel loro sviluppo storico, viene analizzata la relazione conflittuale fra la proprietà privata di chi gestisce i mezzi di produzione e le classi sociali che invece posseggono solo la *forza lavoro*. Tale conflitto raggiunge la sua massima esplicitazione nel sistema di produzione capitalistico, che per Marx è destinato ad autodistruggersi a causa dei suoi stessi fondamenti. Al capitalismo non può che succedere la società comunista, nella quale saranno risolti i conflitti grazie alla collettivizzazione dei mezzi di produzione e alla redistribuzione del reddito prodotto. In tale concezione giocano un ruolo fondamentale i concetti di *plus-valore* e *valore-lavoro* nonché la legge della caduta tendenziale del saggio di profitto. Per la spiegazione di queste nozioni, il lettore può fare riferimento alla sezione di economia contenuta nel volume.

19.4.7 | Auguste Comte

Comte (1798-1857) è il principale esponente e teorizzatore del ☞ positivismo. Dallo studio dell'intelletto umano e della società nella loro evoluzione storica, Comte ricava la *legge dei tre stadi*, che, così come le leggi delle scienze positive, presiede e regola ogni avvenimento. Essi sono:

- **lo stadio teologico**, nel quale gli uomini cercano le cause essenziali, i principi primi dei fenomeni, siano essi naturali o sociali; la causa prima viene da essi identificata nelle divinità (politeismo o monoteismo): qualunque fatto è determinato dalla volontà, dal capriccio o dalla ragione degli dei. Ciò consente di spiegare anche la forte dimensione teocratica delle prime società;

CONOSCENZE E COMPETENZE

- **lo stadio metafisico**, nel quale per spiegare i fenomeni naturali o sociali si fa ricorso non più agli agenti soprannaturali, ma a entità o ad astrazioni personificate, oggetto dell' ☞ ontologia;
- **lo stadio positivo**, nel quale l'uomo rinuncia alla ricerca delle essenze e delle cause prime (di fatto inconoscibili), e si applica nella indagine e nello studio dei fatti "mediante l'uso ben combinato della ragione e dell' ☞ esperienza".

Lo stadio positivo, che a suo parere corrisponde all'epoca attuale, è ben interpretato dalle scienze naturali e matematiche, che per prime hanno abbandonato le pretese universalistiche per fondare invece un sapere concreto che si fonda sull'esperimento e sulla formulazione di ipotesi verificabili.

Tale la mentalità *positiva* a cui deve adeguarsi anche la ricerca filosofica: Comte auspica che essa si trasformi nella *sociologia* o *fisica sociale*, la disciplina che, rinunciando alla pretesa di conoscere l' ☞ essenza eterna e universale dell'uomo, ha come oggetto la definizione delle leggi che regolano la vita sociale e come scopo l'elaborazione di un metodo per temperare le tensioni presenti nelle società.

Nella classificazione delle scienze secondo Comte, la sociologia costituisce il vertice: matematica, astronomia, fisica, chimica, biologia, sociologia. Tale gerarchia non è casuale, ma regolata da alcune leggi: innanzitutto dalla constatazione della successione storica in cui le *scienze giungono allo stadio positivo*, poi dalla semplicità o generalità dei fenomeni studiati. Il criterio è dunque quello della *crescente complessità e decrescente generalità*. Alla *filosofia positiva*, nel sistema studiato da Comte, spetta il compito fondamentale di coordinare e integrare i risultati delle diverse scienze così da mitigarne l'eccessiva specializzazione.

Si ricordano, tra le opere principali di Comte: *Corso di filosofia positiva* e *Catechismo positivista*.

19.4.8 | Friedrich Wilhelm Nietzsche

Ciò che caratterizza fortemente il procedere del pensiero di Nietzsche (1844-1900) è la varietà di temi e di prospettive, espressi tramite brevi frasi folgoranti (*aforismi*), di contro alla prevalente mentalità sistematica dei suoi contemporanei.

Di notevole importanza, nell'economia del suo pensiero, è la *critica al cristianesimo*, considerato dal pensatore tedesco come la religione che determina nell'uomo un atteggiamento di rinuncia alla vita e di quietismo esistenziale. Nietzsche considera invece connaturati all'uomo, così come era nello spirito della tragedia classica greca incarnato dal dio Dioniso, altri valori: il "dire di sì alla vita", la fierezza, la salute, l'amore, la volontà forte, il coraggio e la disciplina. L'uomo nuovo, l'*oltre-uomo*, alla cui teorizzazione Nietzsche dedica numerosi aforismi, compendia in sé tutti questi valori, contrapposti alla ☞ "morale degli schiavi", nichilista espressa dal cristianesimo e dai settori decadenti della cultura romantica.

Il concetto schopenhaueriano di *Volontà* ebbe una grande influenza sul pensiero di Nietzsche: anch'egli, infatti, riconosce che il reale è dominato dall'irrazionalità e dal caso, ma ritiene che l'uomo, invece di sviluppare la virtù dell'ascesi così come teorizzava Schopenhauer, possa esercitare la capacità di ordinare e trasformare il mondo: questa è la *Volontà di Potenza*, è il desiderio di dominio sul mondo e su tutte le sue manifestazioni, è l'attitudine ad accettare l'esistenza nel suo continuo ☞ divenire, è la voglia di progettare un mondo nel quale dispiegare la forza, la sanità fisica e l'aristocrazia morale.

Altri temi che ritornano con insistenza nella riflessione di Nietzsche sono quelli dell'*amor fati* e dell'*eterno ritorno*. Il disordine, l'irrazionalità e il caos per Nietzsche costituiscono l'essenza degli eventi dell'universo; essi ritornano continuamente in cicli di eterne ripetizioni e l'uomo, invece di esserne il rassegnato spettatore, deve esprimere nei confronti di tale disordine un senso di accettazione totale, di amore per tutto ciò che il destino gli assegna: questo è l'*amor fati*.

Tra le opere principali di Nietzsche, si ricordino: *La nascita della tragedia*, *Umano, troppo umano*, *Gaia scienza*, *Così parlò Zarathustra* e *I frammenti postumi*.

19.4.9 | Benedetto Croce

Croce (1864-1952) è il principale pensatore italiano della prima metà del Novecento.

I due interessi prevalenti nei suoi studi e ricerche sono l'*arte* e la *storia* ed è muovendo da essi che la riflessione crociana si avvicina alla pratica filosofica vera e propria. In questa direzione, svolge un ruolo importante anche l'amicizia e la collaborazione con Gentile, almeno fino a quando quest'ultimo, nel 1924, aderisce al fascismo.

Croce considera l'attività spirituale dell'uomo divisa in due forme fondamentali:

- *attività teoretica* (conoscitiva) a sua volta distinta in:
  - *conoscenza dell'universale* (filosofia o ☞ logica), quindi indirizzata al *Vero;*
  - *conoscenza del particolare* (☞ estetica) il cui oggetto di ricerca è il *Bello;*
- *attività pratica* (operativa, attiva), anch'essa suddivisa in:
  - *volizione del particolare* (economia), il cui oggetto è l'*Utile*;
  - *volizione dell'universale* (☞ etica), il cui oggetto di ricerca è il *Bene*.

Vero, bello, utile e bene sono i quattro oggetti fondamentali verso cui si indirizza tutta l'attività dell'uomo. Il passaggio da una forma all'altra costituisce la vita dello spirito umano: essa si caratterizza come *circolarità* tra i vari momenti. Non vi è, dunque, come pensava Hegel, opposizione fra i quattro distinti momenti e neppure superamento in una sintesi superiore ma un continuo arricchimento spirituale, un eterno crescere su se stesso di ogni uomo e dell'intera umanità.

19.4.10 | Giovanni Gentile

Insieme a Croce, Gentile (1875-1944) rappresenta uno dei massimi esponenti dell' ☞ idealismo italiano. Gentile partecipò attivamente anche alla vita politica italiana, ricoprendo la carica di ministro della Pubblica Istruzione del primo Gabinetto Mussolini (nel 1922), e al termine dell'esperienza fascista sostenendo la Repubblica di Salò. Nel 1944 venne ucciso dai partigiani a Firenze.

Il suo apporto al pensiero dell'epoca può essere sintetizzato nel concetto di ☞ attualismo. Per Gentile, infatti, non si può parlare, come voleva Hegel, di idealismo *assoluto* se non si afferma che nulla può esistere al di fuori dell'atto puro del pensiero o pensiero pensante. In altre parole, se è vero che ogni soggetto che pensa, pensa necessariamente un oggetto determinato, è anche vero che tale oggetto non esiste che per l'☞atto che lo pensa, cioè non possiede rispetto al pensiero pensante un' ☞esistenza autonoma e separata.

Le principali conseguenze cui giunge Gentile a partire dal suo attualismo riguardano la definizione dell'uomo come autocoscienza di ogni realtà e la negazione di ogni dualismo di soggetto e oggetto, storia e natura. Ma chi è che attua questo pensiero in grado di sintetizzare ☞ idea e realtà? Non uno spirito assoluto e trascendente, ma neppure l'*io empirico*, cioè l'oggetto particolare che noi siamo, distinto dalle altre cose e dagli altri io. L'Io che opera la sintesi di soggetto e oggetto viene definito da Gentile *trascendentale*; ogni *io empirico* diviene *lo trascendentale* nel momento in cui è autocoscienza pensante, atto puro, cioè ogni volta che non è un io *pensato* ma un io *pensante*.

Anche per Gentile come per Hegel l'attività pensante compie un movimento dialettico secondo la seguente successione logica:

- l'arte (tesi): è il momento in cui la soggettività vive se stessa nell'immediatezza del sentimento; il soggetto non pone nemmeno il problema dell' ☞esistenza dell'altro da sé;
- la religione (antitesi): è il momento in cui il soggetto nega se stesso e la propria libertà per affermare l'assoluta oggettività e ☞ trascendenza di Dio;
- la filosofia (sintesi): rappresenta il momento del superamento del dualismo di soggetto e oggetto nell'unità dello spirito; lo spirito riconosce che la realtà (storica, artistica, religiosa ecc.) è soltanto una manifestazione della sua attività pensante e conoscitiva.

Fra le opere più importanti di Gentile: *La riforma della dialettica hegeliana, Teoria generale dello spirito come atto puro, Sistema di logica come teoria del conoscere, Genesi e struttura della società.*

19.4.11 | Edmund Husserl

Docente a Halle, e poi ordinario di filosofia a Gottinga e a Friburgo, Husserl (1859-1938), in quanto ebreo, fu radiato dal suo ufficio dai nazisti e allontanato dall'Università. Alla sua morte lasciò una quantità sterminata di scritti, raccolti a Lovanio dai suoi allievi presso l'omonimo "Archivio". Fra le sue opere maggiori si ricordano: *Ricerche Logiche, Idee per una fenomenologia pura e una filosofia fenomenologica, Meditazioni cartesiane, La crisi delle scienze europee.*

CONOSCENZE E COMPETENZE

Husserl mosse da una critica della filosofia positivista, giudicando che, succube del sapere scientifico e delle sue pretese di oggettività, si fosse paradossalmente allontanata dal reale. La filosofia doveva ritrovare il rigore che le permettesse di descrivere con chiarezza i significati delle cose. Secondo la definizione di Husserl stesso: "☞ Fenomenologia: ciò significa una scienza, un insieme coerente di discipline scientifiche; fenomenologia significa però al tempo stesso, e soprattutto, un metodo e un atteggiamento di pensiero: l'atteggiamento di pensiero, il metodo, specificamente filosofici". Gli elementi che devono caratterizzare la filosofia sono dunque i contenuti, il metodo di ricerca e l'atteggiamento del ricercatore, aperto a tutte le possibilità di risultato.

L'atteggiamento fenomenologico deve essere critico: prima di tutto vanno messe in dubbio le conoscenze acquisite; il dubbio determina una sospensione di giudizio dalla quale emerge che i contenuti della coscienza sono esperienze vissute. La conoscenza che deriva da tale sospensione del giudizio non è solo un fatto psichico, individuale, ma è esperienza assoluta: il fenomeno che si manifesta nella conoscenza non è mera apparenza, ma essenza ideale. La coscienza, infatti, è sempre coscienza di qualche cosa, rapporto con qualche contenuto: pensa, immagina, percepisce sempre qualche cosa. Nel linguaggio husserliano questa necessità per la coscienza è definita *intenzionalità*. Fra i contenuti della coscienza solo le essenze, forme logiche ☞ a priori e universali assolutamente evidenti, permettono di attribuire *significato* alle cose. Il problema dell' ☞ esistenza o meno delle cose al di fuori della coscienza non trova una soluzione immediatamente evidente ed esula quindi dalla ricerca fenomenologica.

Solo nelle sue riflessioni successive Husserl si pone il problema di uscire dai confini della singola coscienza: chi garantisce, infatti, che ciò che la coscienza percepisce esista esattamente come viene percepito? Per evitare il rischio del solipsismo insito nell'impostazione della sua ricerca, Husserl si serve del riferimento all'*intersoggettività*: il rapporto conoscitivo che si instaura fra più coscienze diviene garante dell'accordo tra le diverse percezioni individuali.

19.4.12 | Martin Heidegger

Heidegger (1889-1976) è tra le più importanti figure del '900; le sue intuizioni, riflessioni, interpretazioni hanno creato l'universo concettuale entro il quale ancora oggi si muove la filosofia. Heidegger è stato l'iniziatore di quel fondamentale movimento di pensiero che viene chiamato ☞ *esistenzialismo*: suo interesse fondamentale è l' ☞ esistenza dell'uomo in quanto singolo, considerato non in funzione delle strutture o forme di conoscenza, ma dei contenuti emotivi che, per Heidegger, sono costitutivi dell'uomo (la paura, il senso della propria nullità, l'angoscia, il sentimento della colpa. ecc.).

Per Heidegger ciò che un uomo è, la sua ☞ essenza, va distinta dalla sua esistenza, ma, contrariamente alla precedente riflessione filosofica, è l'esistenza quotidiana dell'*esserci* (termine che indica l'uomo considerato proprio dal punto di vista "empirico", come esistente in uno spazio e in un tempo determinati) che dà senso all'essenza e non viceversa. L'angoscia dell'esserci è determinata dal vano tentativo di dare un senso alla propria esistenza: Heidegger si accorge infatti che l'esserci proviene dal *nulla* (dal proprio passato che *non è più*) ed è destinato al nulla (la morte). I tentativi di dare un senso univoco alla propria esistenza risultano vani perché inficiati da questa provenienza e da questa destinazione. L'esserci, però, può condurre una vita *autentica* se viene compiuta una scelta fondamentale: *vivere per la morte*, riconoscere la propria finitezza costitutiva per attingere, a partire da essa, un rapporto più profondo con il proprio destino. L'alternativa, perseguita dai più, è quella di aderire alle consuetudini del proprio tempo, lasciando che la vita sia completamente determinata da condizioni esterne, agendo nell'anonimato dell'impersonalità: agire come tutti agiscono, pensare come tutti pensano ecc.

Tra le opere più note di Heidegger si possono ricordare *Essere e Tempo* (incompiuta), *Sentieri interrotti*, *Introduzione alla metafisica*, *In cammino verso il linguaggio* e *Che cosa significa pensare?*

19.4.13 | Jean-Paul Sartre

Jean-Paul Sartre (1905-80), formatosi alla Scuola Normale Superiore, nel 1933 si recò in viaggio a Berlino, dove conobbe la ☞ fenomenologia di Husserl. Durante la seconda guerra mondiale partecipò attivamente alla Resistenza e questo suo impegno diretto nella politica contraddistinse anche in seguito la sua figura di intellettuale comunista (definizione che ripudiò solo nel 1968, dopo l'invasione della Cecoslovacchia da parte sovietica).

Al 1943 risale la sua opera filosofica più nota: *L'Essere e il Nulla*, che lo designò come interprete di prima grandezza dell'☞esistenzialismo europeo; il suo pensiero tuttavia trovò espressione non meno rilevante anche nella produzione letteraria (di cui ricordiamo *Le mosche*, *A porte chiuse* e *La Nausea*).

L'esistenzialismo sartriano ruota intorno alla distinzione tra essere del mondo o *in-sé*, e essere dell'uomo (della coscienza) o *per-sé*. L'uomo è sempre in rapporto col mondo, ma da esso rimane distinto, in quanto non *è* semplicemente cosa fra le cose, ma *esiste*, è coscienza di sé. Il mondo, invece, è una realtà piena, opaca, che resiste a ogni tentativo di attribuirle un senso. L'*assurdità* dell'in-sé lascia l'uomo solo nella ricerca di un senso da dare alla propria vita. Tale assurdità e assenza di appigli si rivelano alla coscienza non attraverso una conoscenza razionale, ma tramite il sentimento della nausea (per molti versi simile al sentimento dell'angoscia descritto da Kierkegaard e da Heidegger). Questi presupposti portano Sartre ad affermare che "l'uomo è condannato a essere libero", "perché non si è creato da se stesso" e dunque "è responsabile di tutto ciò che fa".

Per evitare che l'esistenzialismo si riducesse ad una teoria astratta dell'uomo, Sartre cercò di storicizzarlo integrandolo con il materialismo storico marxista che, dal canto suo, mostrava il limite opposto, trascurando il ruolo e l'apporto di ogni singolo individuo al divenire storico.

19.4.14 | Ludwig Wittgenstein

Ludwig Wittgenstein (1889-1951) studiò prima ingegneria, ma poi si recò a Cambridge per approfondire lo studio della matematica e della ☞ logica con Bertrand Russell. Dei numerosi manoscritti, pubblicati postumi, ricordiamo le *Ricerche filosofiche* e le *Osservazioni sui fondamenti della matematica*. Nell'evoluzione del pensiero di Wittgenstein possiamo distinguere abbastanza nettamente due fasi:

- **Prima fase**: il *Tractatus logico-philosophicus* ne è il testo chiave e l'ultima proposizione in esso contenuta ne costituisce l'approdo: "Di ciò di cui non si può parlare, occorre tacere". Ciò di cui non si può parlare è il mondo della ☞ metafisica: infatti, posto che fra i termini del linguaggio e la realtà (i "fatti atomici") vi è corrispondenza biunivoca, risulta impossibile pronunciarsi sulla verità o falsità delle proposizioni metafisiche poiché non possono essere sottoposte a una verifica esperienziale, come accade invece per le proposizioni della scienza.
- **Seconda fase:** le *Ricerche filosofiche* costituiscono il volume nel quale matura nelle ricerche di Wittgenstein la svolta logico-linguistica. Il nuovo terreno di indagine non è più il linguaggio scientifico, ma il linguaggio ordinario, quotidiano. Ciò che importa non è più individuare l'unico discorso in grado di attingere la verità, ma rivalutare tutti quei discorsi che sono dotati di significato. Il fatto che tutti parlino il linguaggio ordinario e lo comprendano dimostra che esso possiede una sua validità specifica, esattamente come il linguaggio scientifico. Tale validità dipende dal fatto che il significato di qualsiasi linguaggio dipende soltanto dall'uso che se ne fa. Ogni tipologia di linguaggio (da quello religioso a quello comune, dal linguaggio scientifico a quello morale) è corretta se rispetta le regole che caratterizzano il contesto linguistico nel quale viene utilizzata. Comprendiamo immediatamente il significato delle parole perché tali regole sono sempre e tutte presenti in ciascuno di noi, esattamente come le regole degli scacchi sono sempre e tutte presenti al giocatore ogni volta che fa una mossa, senza che egli debba per questo ripercorrerle ogni volta una per una.

19.4.15 | Karl Popper

Karl Raimund Popper (1902-94), dottore in filosofia e docente di matematica e fisica, emigrò in Nuova Zelanda nel 1937, a causa delle sue origini ebraiche, dove proseguì le sua attività di insegnamento in qualità di docente universitario. Fra le sue opere più importanti si ricordano la *Logica della scoperta scientifica*, *La miseria dello storicismo*, *La società aperta e i suoi nemici* e *La ricerca non ha fine. Autobiografia intellettuale*.

La dottrina della scienza popperiana si fonda sul concetto di *falsificabilità* delle teorie scientifiche e non sulla loro verificabilità. Infatti, secondo Popper, l'osservazione di un numero anche molto elevato di fatti particolari non può mai essere addotta a prova di alcuna conclusione universale: questo procedimento induttivo è illusorio. Viceversa, basta l'osservazione di un solo fatto particolare a smentire una teoria scientifica, a mostrarne la falsità (verificabilità e falsificabilità sono perciò asimmetriche).

Si parte dunque da un'ipotesi per sottoporla poi alla prova dei fatti: le teorie di cui si occupa la scienza, frutto di quello che Popper chiama metodo ipotetico-deduttivo, possono essere confermate solo provvi-

CONOSCENZE E COMPETENZE

soriamente e devono essere falsificabili. Quanto alle ipotesi di partenza, queste sono sempre formulate sulla base di qualche aspettativa o presupposto che orienti l'indagine: la mente non è una tabula rasa (una mente senza pregiudizi è solo una mente vuota) e la ricerca scientifica richiede sempre creatività e inventiva. Non si può affermare che la scienza segua un procedere continuo e progressivo, così come non è possibile fare alcuna previsione nel campo della storia umana (come sostiene, invece, lo ☞ storicismo di stampo marxista).
Dal punto di vista politico Popper è un sostenitore della società aperta, fondata su istituzioni democratiche e sulla partecipazione diretta e consapevole dei cittadini: la società aperta rappresenta il suo antidoto contro lo sviluppo dei totalitarismi (siano essi di destra o di sinistra).

Siamo ora in grado di rispondere ai tre quesiti proposti all'inizio del capitolo.

Quesito I. La risposta corretta è la **D**: la **chiacchiera**, la **curiosità** e l'**equivoco** sono proprio i contrassegni dell'esistenza anonima e inautentica nella quale, secondo Heidegger, si trova a vivere l'uomo (l'Esserci). Anche il termine *deiezione* è caratteristico del linguaggio heideggeriano e descrive proprio la caduta dell'uomo nel mondo di cui si prende cura e con il quale, trafficando con esso, si immedesima completamente.
L'uomo autentico assume invece la **morte** come la possibilità più propria: naturalmente questo non significa abbandonarsi al pessimismo radicale o ricercare la morte. Tuttavia, solo in rapporto alla morte tutte le altre possibilità di esistenza mostrano la loro provvisorietà e finitezza. Dunque, questo **essere-per-la-morte** (come lo chiama Heidegger) è la condizione stessa di possibilità per l'uomo di essere trascendenza e temporalità, cioè di rimanere aperto affinché il senso dell'essere possa manifestarsi.

Quesito II. La risposta esatta è la **A**: infatti l'induzione è quel procedimento logico che da alcuni casi particolari ricava una conclusione di validità universale, mentre la deduzione dalla considerazione di casi generali (premesse) ricava informazioni su un caso particolare. La **D** poteva trarre in errore ma è errata perché appunto i termini identificano due diversi processi logici e non due parti di uno stesso processo.

Quesito III. Lo *Sturm und Drang* è un movimento letterario che prepara il clima romantico dell'Ottocento e quindi è antecedente ad Hegel; la risposta **C** fa riferimento invece alla teoria elaborata da Democrito. Per quanto riguarda l'alternativa **B** in effetti alcuni critici ottocenteschi hanno evidenziato che alcuni elementi nel sistema di Hegel possono condurre a una visione trascendente, ma ormai la critica è abbastanza concorde nel considerare l'idealismo assoluto di Hegel una forma di compiuto immanentismo, quindi la risposta esatta è la **A**.

19.5 | Esercizi svolti

1 **Sono riportati di seguito i nomi di quattro filosofi presocratici e quattro brevi brani esemplificativi del pensiero di ciascuno di essi.**
Individuare l'alternativa che associa correttamente autore e breve brano.

A. Eraclito
B. Parmenide
C. Empedocle
D. Democrito

1. Opinione il dolce, opinione l'amaro, opinione il caldo, opinione il freddo, opinione il colore: verità solo gli atomi e il vuoto. (*Frammenti*)
2. La stessa cosa è pensare ed essere. La stessa cosa è pensare e ciò a cui tende il pensare, l'oggetto del pensare cioè l'essere. (*Sulla natura*)
3. Queste cose non cessano mai di mutarsi continuamente, ora ricongiungendosi tutte in unità per forza d'Amore, ora invece portate ciascuna separatamente nell'inimicizia della Discordia. (*Sulla natura*)
4. Dio è giorno-notte, inverno-estate, guerra-pace, sazietà-fame. In una cosa sola consiste la saggezza: nel sapere che c'è un pensiero che tutto governa attraverso tutte le cose. (*Sulla natura*)

A A-3; B-1; C-4; D-2
B A-2; B-3; C-1; D.4
C A-4; B-2; C-3; D-1
D A-4; B-2; C-1; D-3
E A-1; B-2; C-3; D-4

La risposta corretta è la C. I filosofi greci oggi detti "presocratici" sono accomunati dal medesimo interesse per la natura, in greco *phýsis*, dal verbo *phýo*, "genero". Con questo termine essi non indicano soltanto la natura fisica (animata o inanimata) esterna all'uomo, ma il tutto dinamico e in perenne trasformazione, cioè la totalità di ciò che esiste e accade.

Eraclito (A.), nato a Efeso intorno alla metà del VI secolo a.C. e autore del libro *Sulla Natura*, sostiene che tutto è uno e che nel conflitto ogni contrario si determina per quello che è. Il reale non si dà se non in modo polare: ciascun ente trova la propria esistenza nella relazione con il suo opposto. La frase 4. è proprio un frammento dell'opera e del pensiero del filosofo di Efeso, da cui emerge con chiarezza l'idea del reale in continuo divenire nella transizione da un opposto all'altro; un divenire che è non caotico ma governato dal *Logos*, il principio divino, la ragione e la legge stabile dello stesso divenire del reale. Dunque, la concordanza è **A.-4.**

Parmenide (B.), fondatore della scuola eleatica di cui fanno parte anche Senofane, Zenone e Melisso, si presenta come un grande innovatore nell'ambito della filosofia della *phýsis*: con lui la ricerca dei principi del cosmo (l'acqua di Talete, l'aria di Anassimene, il fuoco, come metafora del logos di Eraclito) si trasforma in ricerca sulla **natura dell'essere**, in **ontologia** (pagina 554). Nel pensiero di Parmenide, che si è soliti condensare nell'affermazione «l'Essere è, il non essere non è», è presente l'assoluta coincidenza dell'Essere con il Pensiero: non si dà un Pensiero che non si riferisca all'Essere e non c'è Essere che non sia Pensato. A formulare il famoso assioma «nulla deriva dal nulla» è invece il discepolo di Parmenide e sistematizzatore della sua dottrina, Melisso da Samo. Egli sostiene che se l'Essere fosse generato, prima di generarsi sarebbe stato nulla ma ciò è impossibile, perché dal nulla non può nascere nulla. Dunque, la concordanza è **B.-2.**

Anche **Empedocle** (C.), come Parmenide, crede nell'Essere ingenerato, ma assegna tale qualità a quattro sostanze primordiali (o radici dell'Essere): fuoco, aria, acqua, terra che, variamente combinate tra loro, danno vita al divenire. Il combinarsi dei quattro elementi è regolato da due forze cosmiche: l'**Amore** e la **Discordia**. Dunque, la concordanza è **C.-3**.

CONOSCENZE E COMPETENZE

Infine, **Democrito** (D.), il fondatore dell'atomismo, secondo il quale il reale è costituito da infiniti e indivisibili corpuscoli, ingenerati (come l'Essere), la cui unione dà luogo al reale in continuo divenire. La frase riportata (1.) fa riferimento alla distinzione democritea tra qualità primarie e qualità secondarie degli oggetti conoscibili: le qualità secondarie, cioè il colore, l'odore, il sapore e il suono, non sono costituenti dell'oggetto ma gli sono attribuite dal soggetto conoscente; danno quindi luogo a una forma di conoscenza oscura e fallace. La conoscenza certa si può fondare solo sulle caratteristiche proprie dell'oggetto e cioè figura, ordine e disposizione degli atomi che lo costituiscono. L'ultima concordanza è **D.-1.**

---

2 **Nella tabella seguente sono riportate le tre facoltà che secondo Kant sono alla base della conoscenza e tre definizioni da abbinare a tali facoltà. Individuare l'alternativa che propone il corretto abbinamento.**

Facoltà	Definizione
1. Ragione	A. Facoltà costituita dalle categorie con la quale si organizzano i dati sensibili
2. Sensibilità	B. Facoltà che si sostanzia nelle idee di anima, Dio e mondo con la quale si coglie ciò che oltrepassa il sensibile
3. Intelletto	C. Facoltà costituita dalla forme a priori di spazio e tempo con la quale si colgono gli oggetti esterni

A 1-A; 2-B; 3-C;

B 1-B; 2-C.; 3-A

C 1-B; 2-A; 3-C

D 1-C; 2-B; 3-A;

E 1-C; 2-A; 3-B

Nell'*Estetica trascendentale*, prima parte della *Critica della Ragion pura*, Kant analizza le forme *a priori* – o trascendentali, nel tipico linguaggio kantiano – della **sensibilità** che operano nel processo della conoscenza umana. Queste forme a priori sono lo *spazio* e il *tempo*, definite come *intuizioni pure*, cioè non provenienti dall'esperienza, grazie a cui vengono organizzati i dati percepiti. Infatti – affinché sia possibile per l'uomo riferire determinate sensazioni a qualcosa di esterno a sé e anche intuire il proprio stato interno (emozioni, intenzioni ecc.) – è necessario che egli possieda preventivamente la rappresentazione dello spazio e del tempo, come "cornici" formali dei fenomeni. Abbinamento **2.-C.**

Nella seconda parte della *Critica della Ragion pura* (cioè l'*Analitica trascendentale*), Kant studia l'attività dell'**intelletto** umano che nel processo della conoscenza si esplica attraverso le *categorie.* Esse sono le forme a priori dell'intelletto: funzioni intellettive con il compito di sintetizzare i dati sensibili, già strutturati dalle forme a priori di spazio e tempo, in giudizi di esperienza più complessi. Kant individua dodici categorie tratte dalle dodici forme di giudizio, a loro volta unificate nelle quattro categorie dei giudizi di *Quantità, Qualità, Relazione e Modalità,* individuate dalla logica tradizionale. Abbinamento **3.-A.**

La terza parte della *Critica della Ragion pura* (cioè la *Dialettica trascendentale*) è dedicata allo studio dei contenuti della **ragione**: intelletto e sensibilità sono facoltà che consentono di conoscere il mondo fenomenico, ma risultano inutili nel percorso di apprensione di ciò che sta oltre i fenomeni, ciò che Kant definisce il *noumeno.* Nella ragione si esprime l'esigenza irrinunciabile di oltrepassare il mondo dei fenomeni per raggiungere l'incondizionato, non soggetto a mutamenti, cioè il mondo della metafisica. La ragione rende esplicito il tentativo indebito di estendere la conoscenza scientifica (quella di sensibilità e intelletto) al mondo metafisico tramite la produzione di tre *idee* fondamentali: l'idea di Dio, di anima immortale e di mondo. Si tratta di *idee regolative*, che indicano cioè all'uomo la via dell'unificazione delle conoscenze fenomeniche, tenendo viva nell'intelletto l'esigenza di un sapere superiore. Abbinamento **1.-B.**

La risposta corretta è B.

3 Indicare quale/i, tra le proposizioni riportate di seguito – tratte e rielaborate da *Enciclopedia Garzanti di filosofia* – attiene/attengono alla definizione del termine "panteismo".

1. **Indica che Dio include in sé il mondo ma ne sostiene anche la sua irriducibilità al mondo stesso. Questo temine viene usato per indicare la visione bipolare della divinità: Dio è l'essere assoluto-relativo, necessario-contingente, infinito-finito.**
2. **Hegel ne è l'ultimo, più illustre e più coerente rappresentante, sostenitore dell'unità di finito e infinito, mondo e Dio, nel senso che il movimento dialettico del reale è manifestazione della totalità razionale.**
3. **Si affermò nei secoli XVII-XVIII, di origine inglese si diffuse poi in Francia e in Germania. Pascal usa la parola in un significato specifico, contrapponendola anche a cristianesimo. Si deve pensare il divino solo con gli attributi che ci indica la religione naturale.**
4. **Dottrina secondo cui la materia è in se stessa dotata di vita, senza che intervengano principi animatori estrinseci.**
5. **Il mondo e la sostanza divina si identificano nell'unità "geometrica" di un ordine di cui le cose e gli esseri singoli sono puri "modi" transeunti.**

A Solo la 2

B La 3. e la 4.

C La 2., la 4. e la 5.

D Solo la 3.

E La 2. e la 5.

La risposta corretta è la E: le proposizioni del punto 2. e del punto 5. concorrono alla definizione di **panteismo** proposta dall'*Enciclopedia Garzanti di filosofia*. Esse indicano l'accezione che del termine danno due grandi filosofi del pensiero occidentale: nella proposizione 2. il riferimento esplicito è a **Hegel**, il cui panlogismo è stato spesso considerato dagli interpreti, ma anche dai detrattori, come l'ultima forma e la più compiuta di panteismo; nel caso della proposizione 5. il riferimento non esplicitato è invece a **Spinoza**: "sostanza", "unità geometrica", "modi" sono termini tipicamente spinoziani e il pensatore olandese, sia nel *Tractatus theologico-politicus* sia nell'*Etica more geometrico demonstrata* ha costruito una delle più complete forme di panteismo.

La proposizione 1. fa invece riferimento alle definizione di **panenteismo**, una corrente di mediazione tra le istanze del panteismo e quelle del teismo; uno dei suoi interpreti è il matematico e filosofo inglese Alfred N. Whitehead. La 3. è la definizione di **deismo** e la 4. di **ilozoismo**.

4 Si può parlare di *edonismo* per quanto riguarda:

A il pensiero di Epicuro

B la teoria degli stoici

C la filosofia di Schopenhauer

D il sistema etico di Kant

E la teoria dell'intelletto attivo di Aristotele

Non si può parlare di edonismo riguardo al sistema etico di Kant e degli stoici, entrambi costruiti sui valori della moderazione e dell'ascesi. Per quanto riguarda Schopenhauer, egli è considerato un pessimista cosmico che identificava il valore supremo nell'ascesi e nella totale indifferenza verso il mondo. La risposta E fa riferimento a una teoria aristotelica di natura metafisica e non etica. La risposta esatta è quindi la A, per quanto anche la morale di Epicuro non costituisca una fra le manifestazioni più pure di edonismo.

5 Sono riportate di seguito alcune immagini di statue, busti o rappresentazioni di celebri pensatori e filosofi; si associ l'opera iconografica al relativo personaggio.

Immagini		Pensatore filosofo	Immagini		Pensatore filosofo
A)		Marx	D)		Platone
B)		Kant	E)		Pitagora
C)		Bruno	F)		Savonarola

A A)-Bruno; B)-Platone; C)-Pitagora; D)-Kant; E)-Marx; F) Savonarola
B A)-Platone; B)-Pitagora; C)-Marx; D)-Bruno; E)-Savonarola; F) Kant
C A)-Savonarola; B)-Pitagora; C)-Platone; D)-Marx; E)-Kant; F) Bruno
D A)-Savonarola; B)-Bruno; C)-Kant; D)-Pitagora; E)-Platone; F) Marx
E A)-Savonarola; B)-Platone; C)-Pitagora; D)-Kant; E)-Marx; F) Bruno

La risposta corretta è la E: in corrispondenza di A) e di F) sono infatti rappresentate due statue molto note a tutti gli studenti, rispettivamente di Gerolamo Savonarola (a Ferrara) e di Giordano Bruno (a Roma).

Giordano Bruno, frate domenicano originario di Nola e campione della *nova filosofia*, fu arso vivo in Campo dei Fiori a Roma il 17 febbraio del 1600, essendosi rifiutato di abiurare alle tesi esposte nelle sue opere (di cui si ricordano *De la causa principio e uno, La cena delle ceneri* e la più nota *De gli eroici furori)* ritenute eretiche dalla chiesa cattolica: in esse infatti erano sostenute le tesi di un universo infinito e unitario, animato dalla Mente divina, immanente nella natura e nello stesso uomo. Il Dio di Giordano è *mens super omnia* e *mens insita omnibus*: trascende l'universo ma è anche immanente all'universo e nella natura l'uomo può trovare segni del divino perché tutto l'universo è manifestazione di Dio. La statua, opera in bronzo e granito dello scultore Ettore Ferrari, fu deposta in piazza Campo dei Fiori nel 1889 ed è tuttora il simbolo dei martiri del libero pensiero. Anche **Gerolamo Savonarola** era un frate domenicano, accusato dalla Chiesa stessa di falsa profezia. Anche lui fu condannato al rogo nel 1498, in piazza della Signoria a Firenze. È ricordato per il suo impeto moralizzatore e per la passione con la quale combatté questo mondo in cui «tutto è peccato».

La figura con barba lunga e folta riportata nell'immagine E) è facilmente riconducibile a Marx.

6 **Individuare l'alternativa che presenta una serie di filosofi secondo un corretto ordine cronologico.**

A Aristotele – Cartesio – Boezio – Kant – Hume
B Kant – Fichte – Schopenhauer – Gentile – Wittgenstein
C Pomponazzi – Leibniz – Agostino – Hegel – Schelling
D Socrate – Zenone di Elea– Anassagora – Aristotele – Parmenide
E Feuerbach – Hegel – Marx – Kierkegaard – Nietzsche

Il quesito è abbastanza difficile perché propone cinque serie differenti: richiede pertanto di sapere collocare nel proprio tempo tutti i filosofi proposti. È possibile però, facendo ricorso a poche conoscenze e leggendo attentamente gli elenchi delle cinque alternative, individuare quella esatta anche per esclusione. Infatti, nella risposta E Feuerbach precede erroneamente Hegel, nella D è proposto un ordine con Zenone e Anassagora, filosofi presocratici, successivi a Socrate. Nella C è macrosopico almeno l'errore nella collocazione di Agostino, dottore della Chiesa, a cavallo tra IV e V secolo. Nella A Kant dovrebbe seguire Hume e Cartesio seguire Boezio. La risposta esatta è quindi la B.

7 **Comte, Spencer, Ardigò e Stuart Mill: esiste una relazione tra questi filosofi?**

A No, non esiste
B Sì, sono tutti naturalisti
C Sì, sono tutti epigoni di Kant
D No, perché Stuart Mill è un idealista
E Sì, sono tutti positivisti

La risposta esatta è la E, infatti gli autori elencati appartengono tutti alla corrente del positivismo. La risposta B è da scartare perché, per quanto tutti e quattro gli autori si siano occupati di studi naturali, certo non si possono comprendere tra i naturalisti. La risposta C, così come è espressa, è troppo generica, per quanto il pensiero di Kant abbia largamente influenzato la riflessione posteriore. Stuart Mill non è un idealista e quindi risulta errata anche la risposta D.

CONOSCENZE E COMPETENZE

20 Geografia

Mettiti alla prova

I Quando in Italia sono le ore 12.00, in quale dei seguenti Paesi sono le 13.00?

- A Gran Bretagna
- B Brasile
- C San Marino
- D Russia
- E Grecia

II La Cecoslovacchia era uno Stato formato da:

- A Prussia e Slovacchia
- B Repubblica Ceca e Slovacchia
- C Cechia e Slovenia
- D Moldavia e Valacchia
- E Cecenia e Slovacchia

III I musulmani rappresentano nel mondo il secondo gruppo religioso più numeroso e ammontano a circa 1,8 miliardi. Il loro credo, ..., è una religione ......, così come il cristianesimo e l'ebraismo. Questo significa che le radici delle tre confessioni sono profondamente intrecciate, tanto che tra loro presentano punti in comune e che i credenti riconoscono un unico vero Dio che si sarebbe rivelato ad Abramo.
Completare il testo con la coppia di termini corretta.

- A il buddhismo / monoteista
- B l'Islam / abramitica
- C l'induismo / politeista
- D lo shivaismo / intimista
- E confucianesimo / animista

CONOSCENZE E COMPETENZE

Ecco le risposte esatte dei 3 quesiti proposti: I **E**, II **B**, III **B**.

I quesiti di geografia fanno in genere riferimento a nozioni di ambito fisico (estensione di un territorio, fiumi, monti ecc.), geopolitico (capitali, province, confini, popolazioni, religioni ecc.) o di geografia umana (demografia, organizzazioni internazionali, accordi commerciali ecc.). Le tipologie più frequenti sono:

- Quale dei seguenti Paesi/regioni ha la maggiore estensione geografica?
- Quale dei seguenti Paesi si affaccia/non si affaccia sul mare?
- Qual è la capitale ...?
- Qual è il principale fiume/monte/lago del...?
- Dove sfocia il fiume...?
- Quale delle seguenti città/regioni/Paesi è maggiormente popolata?
- Dove si trova il fiume/monte/lago/città...?

Anche per la geografia, come per altre discipline, un ripasso generalizzato sarebbe molto dispendioso e quindi difficilmente praticabile. Per rispondere alle domande è però possibile sfruttare conoscenze anche sommarie tramite il procedimento di esclusione, grazie al fatto che esse sono a risposta multipla.
Di seguito presentiamo alcune tabelle con dati e informazioni potenzialmente utili sulle caratteristiche fisiche più importanti relative a Italia, Europa e continenti extraeuropei.

20.1 | L'Italia

20.1.1 | Territorio, posizione geografica, confini

Lo Stato italiano ha una superficie di circa 301.330 km^2. I suoi punti estremi sono a nord la Testa Gemella Occidentale nelle Alpi Aurine (47° 05′ 29″ latitudine Nord), a sud Punta Pesce Spada, a Lampedusa (35° 29′ 26″ latitudine Nord), a ovest la Rocca di Chardonnet nelle Alpi Cozie (6° 32′ 52″ longitudine Ovest), a est Capo d'Otranto in Puglia (18° 31′ 13″ longitudine Est).
Lo Stato italiano non coincide con la regione fisica italiana, che è più ampia (324.000 km^2) ed è delimitata dalla catena delle Alpi a nord. L'Italia è situata nell'Europa meridionale, tra la penisola iberica e quella balcanica ed è costituita da una parte continentale, una lunga penisola che si protende nel Mediterraneo, due grandi isole (Sicilia, Sardegna) e alcune isole minori. Gli Stati completamente interni al territorio nazionale sono San Marino e Città del Vaticano; gli Stati confinanti sono, da ovest a est, Francia, Svizzera, Austria, Slovenia. I mari italiani sono – da ovest verso est – Mar Ligure, Tirreno, Ionio e Adriatico. Le catene montuose principali sono le Alpi (per circa 1000 km in direzione ovest-est) e gli Appennini, che si sviluppano lungo la direttrice nord-sud per circa 1300 km; la pianura più vasta è l'alluvionale Val Padana, a nord. Seguono il Tavoliere delle Puglie, la piana salentina e il Campidano.

I fiumi più lunghi

Denominazione	Foce o confluenza	Lunghezza
Po	Mar Adriatico	652 km
Adige	Mar Adriatico	410 km
Tevere	Mar Tirreno	405 km
Adda	Po	313 km
Oglio	Po	280 km
Tanaro	Po	276 km
Ticino	Po	248 km
Arno	Mar Tirreno	241 km
Piave	Mar Adriatico	220 km
Reno	Mar Adriatico	211 km

PARTE SESTA

I laghi principali

Denominazione	Profondità massima in m	Superficie in km^2
Garda (o Benaco)	346	370
Maggiore	372	212
Como	410	145
Trasimeno	6	128
Bolsena	146	114
Iseo	251	65
Varano	6	60
Bracciano	160	57
Lesina	2	51
Lugano (italiano per un terzo)	288	50

Le isole maggiori

Denominazione	Provincia di appartenenza	Superficie in km^2
Sicilia	–	25832
Sardegna	–	24100
Elba	Livorno	223
Sant'Antioco	Cagliari	108
Pantelleria	Trapani	83
San Pietro	Cagliari	51
Asinara	Sassari	50
Ischia	Napoli	46
Lipari	Messina	37
Salina	Messina	26

I monti più alti

Denominazione	Catena montuosa	Altezza in metri
Monte Bianco	Alpi Graie	4810
Monte Rosa	Alpi Pennine	4634
Cervino	Alpi Pennine	4478
Pizzo Bernina	Alpi Retiche	4050
Monviso	Alpi Cozie	3841
Grossglockner	Alpi Noriche	3797
Monte Leone	Alpi Lepontine	3552
Marmolada	Dolomiti	3342
Argentera	Alpi Marittime	3297
Pizzo di Coca	Prealpi Lombarde	3052

20.1.2 | Ordinamento

- Capitale: Roma (2.761.632 abitanti al 01/01/2022).
- Lingua ufficiale: italiano (minoranze: francese, tedesco, sloveno).
- Popolazione: 59.983.122 (01/01/2022).
- Densità: 201 abitanti al km^2.
- Religione: non esiste confessione di Stato; la più diffusa è la cattolica (70% circa della popolazione).
- Forma istituzionale: repubblica parlamentare.
- Divisione amministrativa: 20 Regioni, 82 Province – di cui Trento e Bolzano hanno statuto autonomo, 14 città metropolitane e Roma capitale, 6 liberi consorzi comunali che hanno sostituito altrettante Province della Regione Sicilia.

20.1.3 | Le Regioni italiane

La tabella seguente riporta la divisione amministrativa (Regioni e Province) dello Stato italiano.

Denominazione	Capoluoghi di Regione e di Provincia e Città metropolitane	Popolazione (2022)	Estensione (km^2)
Abruzzo	**L'Aquila**, Chieti, Pescara, Teramo	1.273.660	10.832
Basilicata	**Potenza**, Matera	539.999	10.073
Calabria	**Catanzaro**, Cosenza, Crotone, Reggio Calabria, Vibo Valentia	1.844.586	15.222
Campania	**Napoli**, Avellino, Benevento, Caserta, Salerno	5.590.681	13.671

Denominazione	Capoluoghi di Regione e di Provincia e Città metropolitane	Popolazione (2022)	Estensione (km^2)
Emilia Romagna	**Bologna**, Ferrara, Forlì-Cesena, Modena, Parma, Piacenza, Ravenna, Reggio Emilia, Rimini	4.431.816	22.453
Friuli Venezia Giulia	**Trieste**, Gorizia, Pordenone, Udine	1.197.295	7.862
Lazio	**Roma**, Frosinone, Latina, Rieti, Viterbo	5.715.190	17.232
Liguria	**Genova**, Imperia, La Spezia, Savona	1.507.438	5.416
Lombardia	**Milano**, Bergamo, Brescia, Como, Cremona, Lecco, Lodi, Mantova, Monza e Brianza, Pavia, Sondrio, Varese	9.965.046	23.863
Marche	**Ancona**, Ascoli Piceno, Fermo, Macerata, Pesaro e Urbino	1.489.789	9.401
Molise	**Campobasso**, Isernia	290.769	4.461
Piemonte	**Torino**, Alessandria, Asti, Biella, Cuneo, Novara, Verbano-Cusio-Ossola, Vercelli	4.252.279	25.387
Puglia	**Bari**, Barletta-Andria-Trani, Brindisi, Foggia, Lecce, Taranto	3.912.166	19.541
Sardegna	**Cagliari**, Nuoro, Oristano, Sassari [in corso di istituzione altre province]	1.579.181	24.100
Sicilia	**Palermo**, Agrigento, Caltanissetta, Catania, Enna, Messina, Ragusa, Siracusa, Trapani	4.801.468	25.832
Toscana	**Firenze**, Arezzo, Grosseto, Livorno, Lucca, Massa-Carrara, Pisa, Pistoia, Prato, Siena	3.676.285	22.987
Trentino-Alto Adige	**Trento**, **Bolzano**	1.077.932	13.605
Umbria	**Perugia**, Terni	859.572	8.464
Valle d'Aosta	**Aosta**	123.337	3.261
Veneto	**Venezia**, Belluno, Padova, Rovigo, Treviso, Verona, Vicenza	4.854.633	18.407

Le Regioni a Statuto speciale sono cinque: Sicilia, Sardegna, Friuli Venezia Giulia, Valle d'Aosta e Trentino-Alto Adige (quest'ultimo a sua volta formato dalle due province a Statuto speciale di Trento e Bolzano) dotate di "forme e condizioni particolari" di autonomia.

20.1.4 | Economia e risorse

L'Italia è un Paesi economicamente tra i più avanzati al mondo; è membro dei forum economici che riuniscono le economie più industrializzate, il G7 (Stati Uniti, Giappone, Germania, Francia, Regno Unito, Italia, Canada; la Russia nel 2017 è uscita dall'allora G8) e il G20.

Il settore economico più sviluppato in Italia è il **terziario**, cioè quello dei servizi, dove è impiegato circa il 70% degli occupati e che produce circa i due terzi del PIL. In base al numero di addetti, la principale attività del settore è il **commercio**, sia interno che con l'estero. Seguono il **turismo**, molto importante, per l'economia nazionale, i servizi dello Stato sociale (comprese scuole e sanità) e delle pubbliche amministrazioni; banche e servizi finanziari; trasporti; terziario avanzato. Il settore **secondario**, cioè l'industria, in Italia occupa circa il 25% dei lavoratori: oltre la metà, tuttavia, si trova al Nord dove si produce anche più della metà del fatturato di settore. Le industrie principali sono metallurgiche e siderurgiche, chimiche, meccaniche, tessili e dell'abbigliamento e alimentari. In tutti gli ambiti, le aziende italiane hanno prevalentemente dimensioni medio-piccole, fatto che incide oggi sulla competitività sui mercati dove operano soggetti più grandi o multinazionali. Limitate sono anche le risorse minerarie; l'industria estrattiva riguarda in prevalenza mercurio, potassio e zolfo, salgemma; di qualche rilievo i materiali da costruzione (sabbie, ghiaie, arenarie) e di eccellenza quella dei marmi (di Carrara e delle Alpi Apuane). Infine, il settore **primario** occupa poco circa il 5% dei lavoratori ed è direttamente influenzato dalle peculiarità geografiche del Paese, sia in senso positivo che negativo. Per quanto riguarda la morfologia del suolo (solo il 23% del territorio è pianeggiante, il 42% collinare, il 35% montuoso) abbatte il rendimento medio, impedisce una diffusa meccanizzazione del lavoro, rende difficili i trasporti dei prodotti. In compenso l'estensione in latitudine del Paese e la varietà climatica si traducono in varietà di prodotti vegetali. Le colture principali sono uva, olive, agrumi, ortaggi e frumento. Il bestiame allevato comprende ovini, caprini, suini e bovini. Rilevante anche il peso della pesca. Nel 2021 il **PIL** è stato di 1.775.436 milioni di euro, pari a circa 29.600 euro di PIL pro capite. La **bilancia commerciale** nel 2021 ha chiuso in attivo di 50,2 miliardi di euro; ciò significa che le esportazioni dal nostro Paese hanno superato le importazioni.

20.2 | L'Europa

Descrizione fisica

La geografia naturale europea si contraddistingue per la marcata articolazione costiera: penisole, isole, golfi e mari interni. Circa due terzi del territorio dell'Europa risentono della vicinanza del mare, sia dal punto di vista climatico (il mare mitiga gli eccessi caldi e quelli freddi) sia per le attività marittime (pescare, viaggiare, commerciare ecc.). Solo i territori più interni della Russia sono davvero lontani dal mare, laddove in Asia e in Africa vastissime regioni sono continentali. L'Europa possiede inoltre la più bassa altitudine media: dalla Francia agli Urali, i due terzi del territorio sono occupati da pianure, appena movimentate da colline e attraversate da grandi fiumi.

L'Europa si trova nell'emisfero boreale (settentrionale) e viene in genere considera come un continente a sé, delimitato dall'Oceano Atlantico a ovest e dalla catena dei monti Urali a Est, che lo dividono dall'Asia. Più corretto, dal punto di vista fisico, è però considerarla come parte di un più vasto continente *euroasiatico*, di cui l'Europa sarebbe un'articolazione, al pari di altre espressioni geografiche come l'India o l'Indocina. In questo senso, si parla allora di *subcontinente europeo*. La sua **superficie** è pari a circa 10.300.000 km^2; la **popolazione** conta circa 740.000.000 di abitanti, con una **densità** media di 73 abitanti per km^2.

I principali **mari** europei sono: a nord Mar Glaciale Artico; a nord e a ovest Oceano Atlantico, a sud Mar Mediterraneo, a est Mar Nero. Altri mari importanti, per l'economia e la storia, sono il Mare del Nord, il Baltico, il Mar Caspio (il quale pur non essendo collegato all'Oceano è spesso considerato un mare interno, benché sia più esatto definirlo un lago salato). Le **catene montuose** principali sono: Urali, Caucaso, Alpi Scandinave, Alpi, Pirenei, Appennini, Carpazi, Alpi Transilvane, Alpi Dinariche, Sudeti, Massiccio Centrale francese, Giura, Selva Boema. I **fiumi** più lunghi sono a oriente: Volga, Danubio, Dnepr, Don; a questi si aggiungono Loira, Mosa, Duero, Tago, Reno, Elba. L'Europa è ricca di **laghi**, ma di modesta estensione (escludendo il salato Mar Caspio); tra i maggiori ricordiamo Ladoga (il maggiore d'Europa), Onega, Vänern, Lago di Costanza, Lago di Ginevra, Balaton, Lago di Garda. Le **pianure** rappresentano circa i due terzi del territorio europeo (uno dei continenti con la minore altitudine media): Bassopiano sarmatico, Bassopiano franco-tedesco, Pianura padana, Pianura andalusa, Pianura ungherese, Pianura Valacca. Le **penisole** più importanti sono la Scandinavia, la Bretagna, la penisola iberica, italiana e balcanica. Le **isole** maggiori sono Gran Bretagna, Irlanda, Islanda, Sicilia, Sardegna, Corsica, Creta, Malta, Rodi e una serie di arcipelaghi (Baleari, Shetland, Cicladi, Sporadi, Dodecaneso, isole dello Ionio).

Compresa tra Circolo polare artico e il 35esimo parallelo Nord, l'Europa gode di clima complessivamente mite anche se l'estensione notevole in latitudine, la vicinanza o meno all'Oceano Atlantico e la presenza di catene montuose determinano caratteristiche climatiche molto diverse da zona a zona. Inoltre fattori termoregolatori del clima Europeo sono la presenza della *Corrente del Golfo*, che rende molto miti in relazione alla latitudine gli inverni di regioni poste a latitudini subpolari, e le acque del Mediterraneo che moderano gli eccessi termici al Sud, rendendo questa fascia climatica una delle più confortevoli al mondo. Il **clima** è *mediterraneo* in Italia, Grecia, Croazia, parte della Francia e della Spagna; *atlantico* nelle parti rimanenti di Spagna e Francia e nel Belgio, in Gran Bretagna e parte della Norvegia; *continentale* in Russia, Finlandia, Polonia e *subartico* nelle estreme regioni del Nord, oltre che sulle catene montuose più elevate.

Città più popolata: Mosca (12.330.000 ab.)
Monte più alto: Monte Bianco 4.810 m
Depressione più profonda: Mar Caspio –28 m
Fiume più lungo: Volga 3.694 km
Lago più esteso: Ladoga 17.700 km^2
Isola più estesa: Gran Bretagna 209.331 km^2

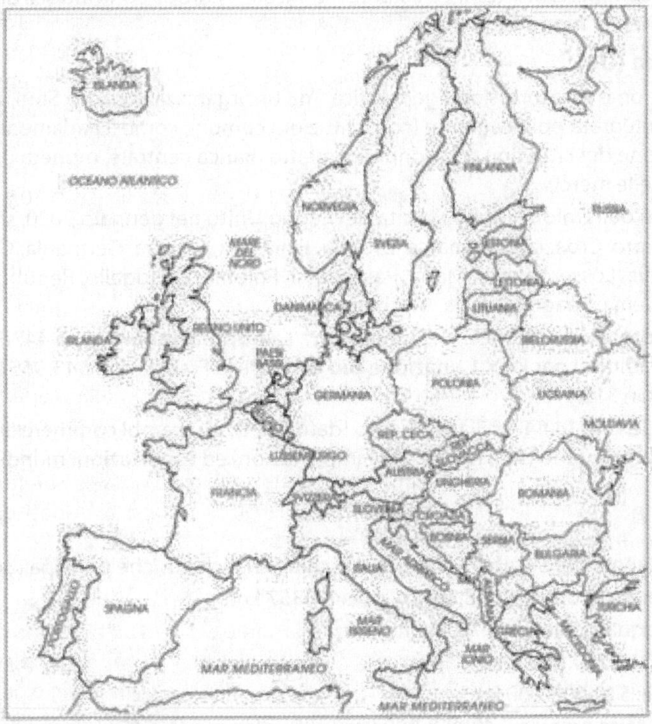

Gli Stati d'Europa e le loro capitali

Albania (Tirana), Andorra (Andorra), Austria (Vienna), Belgio (Bruxelles), Bosnia-Erzegovina (Sarajevo), Bulgaria (Sofia), Cipro (Nicosia), Città del Vaticano (Città del Vaticano), Croazia (Zagabria), Danimarca (Copenaghen), Estonia (Tallin), Finlandia (Helsinki), Francia (Parigi), Germania (Berlino), Grecia (Atene), Irlanda (Dublino), Islanda (Reykjavik), Italia (Roma), Lettonia (Riga), Liechtenstein (Vaduz), Lituania (Vilnius), Lussemburgo (Lussemburgo), Macedonia (Skopje), Malta (La Valletta), Montenegro (Podgorica), Principato di Monaco (Monaco), Norvegia (Oslo), Paesi Bassi (Amsterdam), Polonia (Varsavia), Portogallo (Lisbona), Regno Unito (Londra), Repubblica Ceca (Praga), Repubblica Slovacca (Bratislava), Romania (Bucarest), Russia (Mosca), San Marino (San Marino), Serbia (Belgrado), Slovenia (Lubjana), Spagna (Madrid), Svezia (Stoccolma), Svizzera (Berna), Ungheria (Budapest).

L'economia

La piccola Europa è un gigante economico, ma al suo interno permangono forti squilibri. Una prima linea di demarcazione, verticale, può essere tracciata tra i Paesi "ricchi" occidentali e quelli dell'ex blocco socialista, con economie più arretrate. Una seconda, orizzontale, tra i Paesi mediterranei, nei quali il reddito è quasi sempre sotto la media, e quelli settentrionali decisamente più agiati. Si può in definitiva identificare un'area suppergiù formata da Gran Bretagna, Francia, Germania, Italia settentrionale, Austria, Paesi del Benelux come trainante, tanto da competere con gli USA e il Giappone nei settori dell'industria e dei servizi. Nel suo complesso, l'Europa registra un ottimo stato dell'**agricoltura**, dell'allevamento e della pesca: in alcuni comparti del settore agricolo e zootecnico sono significativi anche i dati dell'esportazione, mentre è naturalmente sviluppata l'attività di trasformazione dei prodotti stessi. Piuttosto scarse sono invece le risorse del sottosuolo, ma ciò non ha impedito un forte sviluppo del settore **secondario**: in particolare dell'*alta tecnologia* a occidente e dell'*industria pesante* a oriente. Fiorente è il **terziario**, che nell'area più avanzata dà lavoro sino al 70% della popolazione attiva, mentre tale percentuale scende anche al di sotto del 45% nelle rimanenti zone. I trasporti sono all'avanguardia. I principali poli aeroportuali sono Londra, Parigi, Milano e Francoforte. Importante la rete ferroviaria, compreso il diffuso sistema ad alta velocità. Da non trascurare la navigazione fluviale, oltre a quella marittima, che ha il suo asse portante sul Reno. Fittissimi sono i flussi commerciali interni ed esteri. Si stima che l'Europa contribuisca da sola a quasi un terzo dell'intero commercio mondiale.

L'Unione Europea (Ue)

L'Unione europea non è un'espressione geografica, ma un'organizzazione tra Stati, a carattere sovranazionale in quanto integrata politicamente (con istituzioni comuni, come il Parlamento e la Commissione e la libera circolazione dei cittadini) ed economicamente (Banca centrale, moneta unica per 19 Paesi, libera circolazione delle merci).

- Gli Stati membri dell'Unione, dopo l'uscita del Regno Unito nel gennaio 2020, sono **27**: Austria, Belgio, Bulgaria, Cipro, Croazia, Danimarca, Estonia, Finlandia, Francia, Germania, Grecia, Irlanda, Italia, Lettonia, Lituania, Lussemburgo, Malta, Paesi Bassi, Polonia, Portogallo, Repubblica ceca, Romania, Slovacchia, Slovenia, Spagna, Svezia, Ungheria.
- La **superficie totale** dell'Unione è: 4.233.262 km^2. La **popolazione** di circa 447.706.209 e la **densità** media di 105,5 abitanti per km^2. La nazione **più estesa** è la Francia con 543.965 km^2. La nazione **più piccola** Malta con 315,6 km^2.
- Il **PIL** dell'area Ue vale 14.447 miliardi di euro (dato 2021); gli scambi commerciali dell'Ue con il resto del mondo rappresentano circa il 30% delle importazioni ed esportazioni mondiali.

20.3 | La Terra

La Terra è il terzo pianeta del Sistema Solare; le sue caratteristiche fisiche principali sono le seguenti:

- raggio terrestre: equatoriale 6.378,38 km; polare 6357 km;
- circonferenza (equatoriale): 40.076,51 km;
- volume: 1.083.319.780.000 km^3;
- superficie totale: 510.000.000 km^2;
- superficie delle terre emerse: 149.450.000 km^2; altitudine media 840 metri sul livello del mare;
- superficie di oceani e mari: 360.650.000 km^2; profondità media degli oceani 3900 metri;
- superficie dei ghiacci: 15.300.000 km^2;
- distanza Terra-Sole: 149.509.000 km; distanza Terra-Luna: 384.365 km.

Quanto alla **popolazione mondiale**, la più recente stima pubblicata dall'ONU nell'annuario demografico 2020 ha indicato in poco meno di 8 miliardi il numero di abitanti del nostro pianeta (7.794, 8 milioni).

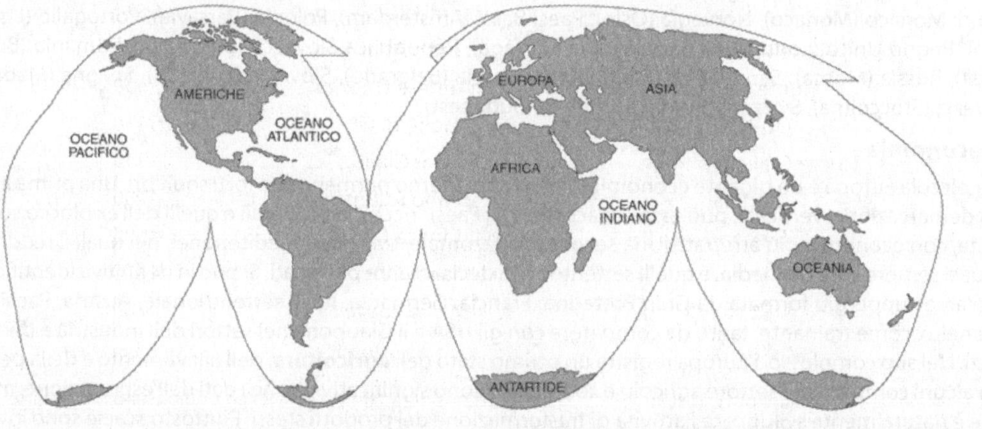

20.3.1 | Grandezze geografiche e antropiche

I mari più estesi della Terra

Denominazione	Superficie (km²)	Profondità (m)
Oceano Pacifico	179.680.000	4040
Oceano Atlantico	106.463.000	3330
Oceano Indiano	79.920.000	3900
Mar Glaciale Artico	14.090.000	1205
Mar Cinese Meridionale	3.500.000	1900
Mar Mediterraneo	2.510.000	1430
Mare di Bering	2.261.060	1491
Mar dei Caraibi	1.870.000	2200
Golfo del Messico	1.560.000	1440
Mar di Ohotsk	1.528.000	840

I laghi più estesi della Terra

Denominazione e continente	Superficie (km²)	Profondità (m)
Mar Caspio (Asia-Europa)	317.000	972
Lago Superiore (America settentrionale)	84.131	397
Lago Vittoria (Africa)	68.800	85
Aral (Asia)	66.500	68
Huron (America settentrionale)	61.797	228
Michigan (America settentrionale)	57.850	281
Tanganica (Africa)	32.893	1435
Bajkal (Asia)	31.500	1741
Gran Lago degli Orsi (America settentrionale)	31.080	413
Nyasa (Africa)	30.800	706

I fiumi più lunghi della Terra

Denominazione	Foce	Lunghezza (km)
Nilo	Mar Mediterraneo	6671
Rio delle Amazzoni	Oceano Atlantico	6280
Fiume Azzurro	Mar Cinese Orientale	5800
Ob-Irttys	Golfo di Ob	5410
Fiume Giallo (Yangtze)	Mar Giallo	4845
Paranà	Oceano Atlantico	4700
Mekong	Mar Cinese Orientale	4500
Amur	Mar di Ohotsk	4416
Lena	Mar di Laptev	4400
Mississippi[1]	Golfo del Messico	3778

1. Un tempo Mississippi e Missouri (3276 km) erano considerati un sistema unico e guidavano la classifica. Il Missouri è il più lungo affluente del mondo.

CONOSCENZE E COMPETENZE

Le pianure più estese della Terra

Denominazione	Stato	Superficie (km^2)
Bassopiano siberiano	Russia	2.250.000
Pianura amazzonica	Brasile	1.400.000
Gran Chaco-Pampas	Argentina, Paraguay	1.250.000
Grandi Pianure	USA	1.025.000
Bassopiano turanico	Kazakistan	850.000
Bassopiano sarmatico	Russia	750.000
Pianura del Gange	India	600.000
Bassopiano germanico	Germania, Polonia	270.000
Bassopiano francese	Francia	140.000
Pianura padana	Italia	46.000

I monti più alti della Terra

Denominazione	Stato	Altezza (m)
Everest (Himalaya)	Nepal-Cina	8848
K2 (Karakorum)	Pakistan-Cina	8611
Kanchenjunga (Himalaya)	India-Nepal	8586
Lhotse (Himalaya)	Nepal	8516
Makalu (Himalaya)	Nepal-Cina	8463
Cho Oyu (Himalaya)	Nepal-Cina	8201
Dhaulagiri (Himalaya)	Nepal	8167
Manaslu (Himalaya)	Nepal	8163
Nanga Parbat (Himalaya)	Pakistan	8126
Annapurna (Himalaya)	Nepal	8091

I maggiori altipiani della Terra

Denominazione	Paese	Superficie (km^2)	Altitudine media (m)
Tibet	Cina	1.200.000	5000
Pamir	Cina	100.000	4000
Altiplano	Bolivia	350.000	4000
Altopiano etiopico	Etiopia	350.000	2000

Le isole maggiori della Terra

Denominazione	Mare	Stato	Superficie (km^2)
Groenlandia	Oceano Atlantico	Danimarca	2.175.600
Nuova Guinea	Oceano Pacifico	Nuova Guinea / Indonesia	785.000
Borneo	Oceano Pacifico	Indonesia	736.000
Madagascar	Oceano Indiano	Madagascar	587.000

Denominazione	Mare	Stato	Superficie (km²)
Terra di Baffin	Oceano Atlantico	Canada	476.000
Sumatra	Oceano Pacifico	Indonesia	420.000
Gran Bretagna	Oceano Atlantico	Gran Bretagna	229.885
Honshu	Oceano Pacifico	Giappone	227.414
Ellesmere	Mar Glaciale Artico	Canada	212.687
Celebres	Oceano Pacifico	Indonesia	172.000

Le penisole più grandi della Terra

Denominazione	Mare	Continente o Stato	Superficie (km²)
Arabia	Mar Rosso, Mare Arabico	Asia	3.250.000
Deccan	Oceano Indiano	India	2.088.000
Alaska	Oceano Pacifico, Mar Glaciale Artico	USA	1.518.000
Labrador	Oceano Atlantico	Canada	1.500.000
Scandinavia	Mar Baltico, Mare di Barents	Europa	770.000
Penisola iberica	Oceano Atlantico, Mar Mediterraneo	Europa	590.000
Asia Minore	Mar Nero, Mar Mediterraneo	Asia	510.000
Penisola balcanica	Mar Mediterraneo	Europa	470.000
Kamciatka	Oceano Pacifico	Russia	264.000
Malacca	Oceano Indiano, Oceano Pacifico	Asia	237.000

I deserti più grandi della Terra

Denominazione	Localizzazione	Estensione (km²)
Sahara	Nord Africa	7.970.000
Deserto del Gobi	Cina, Mongolia	1.096.000
Kalahari	Africa meridionale	520.000
Great Sandy	Australia occidentale	388.000
Chihuahuan	Texas, Arizona, Messico	363.000
Taklimakan	Cina	320.000
Gibson	Australia centrale	311.000
Deserto di Nubia	Sudan, è parte del Sahara	310.000
Deserto Arabico	Egitto	300.000

I Paesi più popolosi

Paese	Popolazione 2022(milioni)	% di popolazione mondiale
Cina	1.410	17,5
India	1.390	17,4
USA	337	4,2
Indonesia	277	3,5
Pakistan	243	3
Nigeria	225	2,8
Brasile	217	2,7
Bangladesh	166	2,1
Russia	142	1,8
Messico	129	1,6

Le più grandi città

posizione	città	Paese	popolazione	superficie (km^2)	densità ($ab./km^2$)
1	Chonqing	Cina	30 484 300	82401	369,95
2	Shanghai	Cina	29 863 300	6340,5	4709,93
3	Pechino	Cina	24 516 000	16808	1458,59
4	Lagos	Nigeria	16 348 100	999,6	16354,64
5	Istanbul	Turchia	15 519 267	5343	2904,6
6	Karachi	Pakistan	14 910 352	3527	4227
7	Bangkok	Thailandia	14 626 225	1568,74	4478
8	Tokyo	Giappone	13 951 636	2187	6377,42
9	Canton	Cina	13 080 500	280	15220
10	Mosca	Russia	12 692 466	2511	5054,75

Sono stati considerati gli agglomerati all'interno dei quali la densità di popolazione è di almeno 2000 abitanti per chilometro quadrato; i dati sono riferiti al 2019.

20.4 | I continenti

La risposta a quanti siano i continenti sul nostro pianeta non è così ovvia. Esistono diversi modelli di riferimento che – per ragioni storiche, culturali o schiettamente geografiche – portano a soluzioni diverse.

Il modello a **sette continenti**, per esempio, unisce criteri geografici a fattori storico-culturali: per questo conta separatamente Nord America e Sud America, Asia ed Europa, accanto ad Africa, Oceania e Antartide. Una sua variante ammette **sei continenti** considerando l'America come un unico continente.

Un modello geograficamente più rigoroso definisce come continente l'intera superficie di una terra emersa circondata da un oceano: ne risultano **cinque continenti**, in cui fanno un tutt'uno sia i due subcontinenti americani sia Europa e Asia. Dunque: Eurasia, America, Africa, Oceania e Antartide.

Portando all'estremo il criterio si potrebbe parlare in realtà di **quattro continenti**, in quanto anche l'Africa sarebbe naturalmente unita all'Eurasia (non considerando cioè la separazione artificiale del Canale del Suez) a formare la cosiddetta *Eufrasia*.

Il modello tradizionale, ancora utilizzato e rappresentato graficamente dai cinque cerchi di diversi colori del simbolo olimpico, propone anch'esso **cinque continenti** ma differenti: Africa, America, Europa, Asia e Oceania. La discriminante è antropica: vengono considerati solo i continenti abitati dall'uomo, escludendo perciò l'Antartide.

Continente	Superficie	% terre emerse	Popolazione 2020 (milioni)	Stati
Oceania	8.525.989	30,1%	42,7	14
Europa	10.300.734	28,1%	747,6	48
Africa	30.221.532	20,2%	1.340,6	54
America	42.549.000	9,3%	1.022,9	35
Asia	44.579.000	6,6%	4.641,1	51

ASIA

È il continente più esteso: pari a oltre 5 volte l'Oceania e 4 volte l'Europa. Si estende dal Polo Nord all'Equatore (per circa 9000 km) e dal Mediterraneo al Pacifico (per circa 8600 km). È separata dall'Europa dai Monti Urali e dall'Africa dal Canale di Suez; a nord lo Stretto di Bering la divide dal Nord America mentre a sud-est, con il sistema insulare indonesiano, si affaccia verso l'Oceania.

In Asia si trovano le uniche montagne del pianeta che superano i 7.000 metri, di cui 14 oltrepassano anche gli 8.000 metri sul livello del mare. Le 10 vette più alte fanno parte della catena dell'Himalaya, tranne il K2 che si trova nel Karakorum; la maggior parte di queste cime si trovano in Cina o Nepal o lungo i loro confini. È il continente più in cui vive più della metà della popolazione mondiale. Al suo interno si rinviene una grandissima varietà di ambienti e di climi (tundra, taiga, steppa, deserti, foreste pluviali e tropicali). Questa stessa varietà si riflette nelle etnie umane, nelle culture e nelle religioni.
Dal punto di vista economico esistono notevoli sperequazioni: si passa da Paesi assai ricchi e protagonisti nel gioco finanziario internazionale (il Giappone e le "tigri del Pacifico") a realtà particolarmente povere e arretrate.

Città più popolata: Tokyo (13.951.636 ab.) **Monte più alto**: Everest 8.848 m
Depressione più profonda: Mar Morto –426 m **Fiume più lungo**: Chang Jiang (Fiume Azzurro) 6.300 m
Lago più esteso: Mar Caspio 371.000 km^2 **Isola più estesa**: Borneo 736.000 km^2

Stati e capitali d'Asia: Afghanistan (Kabul), Arabia Saudita (Riyad), Armenia (Erevan), Azerbaigian (Baku), Bahrein (Manama), Bangladesh (Dhaka), Bhutan (Thimphu), Birmania (Naypyidaw), Brunei (Bandar Seri Begawan), Cambogia (Phnom Penh), Cina (Pechino), Corea del Nord (Pyongyang), Corea del Sud (Seul), Emirati Arabi Uniti (Abu Dhabi), Filippine (Manila), Georgia (Tbilisi), Giappone (Tokyo), Giordania (Amman), India (Nuova Delhi), Indonesia (Giacarta), Iran (Teheran), Iraq (Baghdad), Israele (Gerusalemme), Kazakistan (Astana), Kirghizistan (Biškek), Kuwait (Madinat al-Kuwait), Laos (Vientiane), Libano (Beirut), Maldive (Malé), Malesia (Kuala Lumpur), Mongolia (Ulan Bator), Nepal (Kathmandu), Oman (Mascate), Pakistan (Islamabad), Palestina (Gerusalemme Est), Qatar (Doha), Singapore (Singapore), Siria (Damasco), Sri Lanka (Sri Jayawardenapura Kotte), Tagikistan (Dušanbe), Taiwan (Taipei), Thailandia (Bangkok), Turchia (Ankara), Turkmenistan (Asgabat), Uzbekistan (Taškent), Vietnam (Hanoi), Yemen (Sana).

AFRICA

Terzo continente per estensione, l'Africa è formata da un vasto tavolato sul quale si innestano grandi altipiani e massicci montuosi isolati. Ospita il fiume più lungo del mondo, il Nilo, e il deserto più grande della Terra, il Sahara. Secondo gli studiosi in Africa è sorta la specie umana.
Dell'Africa fanno parte ben 54 Stati di estensione molto variabile, anche a causa dei processi di colonizzazione e decolonizzazione.
L'altitudine media del continente è intorno ai 750 metri, con numerose zone molto elevate, anche se in assenza di catene montuose estese. Le coste sono piuttosto regolari e con poche isole, tranne nel settore sudorientale. La natura dei bacini d'acqua è fortemente legata alle zone climatiche, cosicché soprattutto vicino all'Equatore sono presenti i fiumi e laghi maggiori. Il clima è molto vario: si passa dal tipo mediterraneo nelle zone costiere settentrionali, all'enorme zona desertica del Sahara, attraversando poi la parte equatoriale centrale, per arrivare infine ad un clima temperato a sud.
Economicamente, la grande maggioranza dei Paesi africani rientra tra gli Stati più poveri del mondo.

Città più popolata: Il Cairo (6.758.581 ab.) **Monte più alto**: Kilimangiaro 5.895 m
Depressione più profonda: Lago Assal –155 m **Fiume più lungo**: Nilo 6.850 km
Lago più esteso: Vittoria 68.800 km^2 **Isola più estesa**: Madagascar 586.500 km^2

Stati e capitali d'Africa: Algeria (Algeri), Angola (Luanda), Benin (Porto-Novo), Botswana (Gaborone), Burkina Faso (Ouagadougou), Burundi (Bujumbura), Camerun (Yaoundé), Capo Verde (Praia), Ciad (N'Djamena), Comore (Moroni), Congo (Brazzaville), Costa d'Avorio (Yamoussoukro), Egitto (Il Cairo), Eritrea (Asmara), Etiopia (Addis Abeba), Gabon (Libreville), Gambia (Banjul), Ghana (Accra), Gibuti (Gibuti), Guinea (Conakry), Guinea Equatoriale (Malabo), Guinea-Bissau (Bissau), Kenya (Nairobi), Lesotho (Maseru), Liberia (Monrovia), Libia (Tripoli), Madagascar (Antananarivo), Malawi (Lilongwe), Mali (Bamako), Marocco (Rabat), Mauritania (Nouakchott), Mauritius (Port Louis), Mozambico (Maputo), Namibia (Windhoek), Niger (Niamey), Nigeria (Abuja), Repubblica Centrafricana (Bangui), Repubblica Democratica del Congo (Kinshasa), Ruanda (Kigali), São Tomé e Príncipe (São Tomé), Senegal (Dakar), Seychelles (Victoria), Sierra Leone (Freetown), Somalia (Mogadiscio), Sudafrica (Pretoria), Sudan (Khartum), Sudan del Sud (Giuba), Swaziland (Mbabane), Tanzania (Dodoma), Togo (Lomé), Tunisia (Tunisi), Uganda (Kampala), Zambia (Lusaka), Zimbabwe (Harare).

America Settentrionale e Centrale

L'America **settentrionale** è un massiccio corpo continentale, assai frastagliato a nord, e caratterizzato da ampi bacini, deserti (a sud-ovest), catene montuose e canyon. È occupata da Canada, USA (per l'88% della superficie) e Messico, a cui si aggiungono le nazioni del Centro America e le isole dei Caraibi. Geograficamente è parte del territorio anche la Groenlandia, l'isola più estesa del globo, che però è una contea autonoma della Danimarca. L'altitudine media è di 720 metri; la parte occidentale del continente è attraversata da una lunga catena (Montagne Rocciose) che continua fino a Panamá, mentre a est si trovano gli Appalachi. Il subcontinente presenta situazioni territoriali e climatiche assai differenti, e il clima passa da polare a tropicale nelle propaggini meridionali. I bacini idrici sono distribuiti su tutto il territorio, con la presenza dei grandi laghi sul confine USA-Canada. Dal punto di vista della popolazione, è prevalente l'origine anglosassone negli Stati Uniti, sebbene la società sia ormai multietnica.

L'America **centrale** è costituita da un istmo tra l'Atlantico e il Pacifico, con deserti, montagne e vulcani. La popolazione è di impronta ispanica, fusa però con elementi indigeni. Dal punto di vista economico, i Paesi centrali scontano una grave arretratezza. L'istmo è stato tagliato a Panama, così che tramite il Canale i due Oceani sono ora comunicanti, con grande vantaggio delle comunicazioni e del commercio.

Città più popolata: New York (8.622.698 ab.) **Monte più alto**: Denali (Mount McKinley) 6.190 m
Depressione più profonda: Death Valley –86 m**Fiume più lungo**: Mississippi 3778 km
Lago più esteso: Lago Superiore 82.100 km^2 **Isola più estesa**: Groenlandia 2.130.800 km^2

Stati e città del Nord e Centro America: Antigua e Barbuda (Saint John's), Bahamas (Nassau), Barbados (Bridgetown), Belize (Belmopan), Canada (Ottawa), Costa Rica (San José), Cuba (L'Avana), Dominica (Roseau), El Salvador (San Salvador), Giamaica (Kingston), Grenada (St. George's), Guatemala (Città del Guatemala), Haiti (Port-au-Prince), Honduras (Tegucigalpa), Messico (Città del Messico), Nicaragua (Managua), Panamá (Panamá), Repubblica Dominicana (Santo Domingo), Saint Kitts e Nevis (Basseterre), Saint Vincent e Grenadine (Kingstown), Santa Lucia (Castries), Stati Uniti (Washington), Trinidad e Tobago (Port of Spain).

America meridionale

È situata quasi completamente nell'emisfero australe, tra Oceano Pacifico e Atlantico. La costa pacifica è fiancheggiata dalla lunga catena delle Ande, mentre su quella atlantica si aprono enormi territori a bassa altitudine, dove si estendono i più vasti bacini idrografici del mondo (Rio delle Amazzoni, Rio della Plata, Orinoco ecc.) e la più grande foresta, quella pluviale amazzonica. Dal punto di vista della popolazione sono presenti gruppi di origine ispanica, indie e discendenti degli schiavi africani. Il suolo è assai ricco, ma gran parte delle risorse è ancora inutilizzata e la povertà di larghi strati di popolazione gravissima.

Dell'America meridionale fanno parte 13 Stati: quasi metà della superficie appartiene al Brasile, seguito dall'Argentina. L'altitudine media del continente è di 590 metri, ma il settore andino presenta altitudine medie elevatissime. Tra le cinque città più alte del mondo quattro sono andine (La Paz, Bolivia a 3.640 m; Quito, Ecuador, a 2.850 m; Sucre, Bolivia, a 2.750 e Bogotá, Colombia, a 2.625 m). Le coste sono piuttosto uniformi con poche isole e insenature, a eccezione della frastagliatissima estremità meridionale della Terra del Fuoco, fino a Capo Horn. Non vi sono grandi laghi. Il clima varia da tropicale a equatoriale e temperato a sud e nei paesi andini, fino ai regimi subpolari della Terra del Fuoco.

Stati e città del Sud America: Argentina (Buenos Aires), Bolivia (Sucre), Brasile (Brasilia), Cile (Santiago del Cile), Colombia (Bogotá), Ecuador (Quito), Guyana (Georgetown), Paraguay (Asunción), Perú (Lima), Suriname (Paramaribo), Uruguay (Montevideo), Venezuela (Caracas).

OCEANIA

È il più piccolo dei continenti e il meno popolato. È costituito da un insieme di arcipelaghi e isole, tra cui spicca per dimensioni l'Australia, seguita da Nuova Guinea e Nuova Zelanda. Si riconoscono tre regioni convenzionali: a occidente, tra Equatore e Tropico del Capricorno, la **Melanesia** (comprende oltre alla Nuova Guinea, arcipelaghi come le Isole Salomone e le Figi), con isole abbastanza estese, di formazione geologica analoga all'Australia, abitate da popoli indigeni affini a quelli australiani; la **Micronesia** (va dalle Marianne e Caroline alle Isole Tonga), compresa fra i due Tropici, è formata da isole quasi sempre coralline, poco estese – spesso atolli minuscoli – e prive di rilievi; la **Polinesia**, che comprende tutte le altre

PARTE SESTA

isole a est della linea del cambiamento di data e fra i due Tropici (con isole sia vulcaniche sia coralline sia intermedie fra i due tipi, come Samoa e Tahiti). Appartengono a questo continente il monolito più grande del mondo, l'Ayers Rock, e la Grande Barriera corallina (2000 km).

Città più popolata: Sydney (4.070.000 ab.) **Monte più alto**: Puncak Jaya 4.884 m

Depressione più profonda: Lago Eyre –15 m **Fiume più lungo**: Darling 2.740 km

Lago più esteso: Eyre 9.500 km^2 **Isola più estesa**: Nuova Guinea 785.000

Capitali e Stati dell'Oceania: Australia (Canberra), Figi (Suva), Isole Marshall (Majuro), Isole Salomone (Honiara), Kiribati (Bairiki), Micronesia (Palikir), Nauru (Yaren), Nuova Zelanda (Wellington), Palau (Ngerulmud), Papua Nuova Guinea (Port Moresby), Samoa (Apia), Timor Est (Dili), Tonga (Nuku'alofa), Tuvalu (Funafuti), Vanuatu (Port Vila).

TERRE POLARI

L'**Antartide** è un continente che si sviluppa quasi totalmente all'interno del Circolo polare antartico ed è coperto completamente da una spessa calotta di ghiaccio. È stato scoperto intorno agli inizi dell'Ottocento, ma il Polo Sud è stato raggiunto per via terrestre all'inizio del secolo XX (nel 1911). Date le proibitive condizioni ambientali e climatiche non ci sono insediamenti abitativi permanenti.

Essendo un'area di vitale importanza per l'ecosistema terrestre, è salvaguardato da alcune convenzioni internazionali. Dal 1959 in virtù di un accordo internazionale l'Antartide è riservata a base per ricerche scientifiche a scopi pacifici; tuttavia il continente è suddiviso in alcune sfere di influenza di alcuni Stati. L'altitudine media è molto elevata e si pone attorno ai 2.600 metri. Le coste sono abbastanza frastagliate e vi è presenza di qualche isola; il clima è ovviamente molto rigido, la minima temperatura rilevata finora è stata di -92,7 °C.

Monte più alto: Vinson Massif 4.897 m **Sviluppo costiero**: 18.000 km

Spessore medio ghiaccio: 2.160 m **Spessore massimo ghiaccio**: 4.700 m

Non è un continente invece l'**Artide**, che propriamente è solo una regione della superficie marina ricoperta di ghiacci, in tal modo unita ad alcune isole e terre del Nord America e delle estreme propaggini settentrionali di Asia ed Europa.

Siamo ora in grado di rispondere ai tre quesiti proposti all'inizio del capitolo.

Quesito I. La risposta **C** è palesemente assurda, in quanto San Marino ha lo stesso fuso orario dell'Italia. La **B** si può scartare facilmente, perché il Brasile appare troppo lontano per poter avere un solo fuso orario di differenza dall'Italia. Lo stesso discorso si può fare per la Russia, che inoltre è attraversata da ben 15 meridiani al suo interno. L'unico dubbio potrebbe sussistere verso l'Inghilterra, che è però più a occidente dell'Italia e sulla quale, quindi, il Sole sorge un'ora dopo. Sorge invece un'ora prima sulla Grecia, che è infatti più a est. La risposta esatta è la **E**.

Quesito II. Dal primo gennaio 1993 la Cecoslovacchia, sorta nel 1918 al termine della prima guerra mondiale dalla dissoluzione dell'impero asburgico, ha cessato di esistere, scindendosi in due Stati indipendenti: Repubblica Ceca e Repubblica Slovacca; entrambe sono entrate nella Ue nel 2004. La risposta esatta è la **B**.

Quesito III. Una religione i cui credenti venerano e riconoscono un solo Dio è per definizione una religione monoteista e questo permette di escludere subito l'alternativa **C**. L'alternativa **A** contiene invece un errore, in quanto il buddhismo, che è una delle religioni più antiche e pacifiste del pianeta e affonda le sue radici nell'induismo, è una religione politeista. Lo spiritismo è un sistema mistico-religioso, o dottrina, che associa la manifestazione di alcuni fenomeni a presenze incorporee e che pertanto ha poco in comune con il Cristianesimo e l'Ebraismo, mentre il Confucianesimo si può intendere come l'insieme delle dottrine legate a Confucio (e ai suoi successori) che fondano il pensiero classico e si traduce in una riflessione morale, sociale e politica. La risposta esatta è quindi **B**: Cristianesimo, Ebraismo e Islam sono le tre grandi religioni monoteiste che si definiscono abramitiche in quanto riconoscono in Abramo una personalità rilevante della propria storia sacra.

20.5 | Esercizi svolti

1 Quella in figura è la carta di quale Paese?

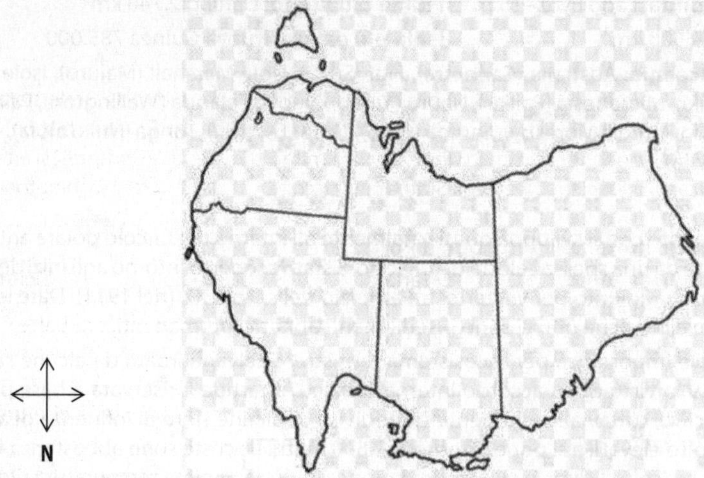

A Brasile
B Canada
C Russia
D Australia
E Stati Uniti

L'unica difficoltà è data dall'orientamento della mappa che ha il Nord in basso. Per la forma compatta, la costa a tratti frastagliata, i vari golfi e la presenza di isole – tra cui per dimensioni spicca la Tasmania a sud-est – non è difficile riconoscere in questa figura l'Australia. La risposta esatta è D. Come mostra l'immagine – e questo è uno degli elementi che agevolano il riconoscimento – l'Australia è suddivisa a livello amministrativo in sei Stati con i relativi capoluoghi: South Australia (Adelaide), Western Australia (Perth), New South Wales (Sidney), Queensland (Brisbane), Victoria (Melbourne) e Tasmania (Hobart); a questi si aggiungono tre Territori: Northern Territory (Darwin), Australian Capital Territory (Canberra, capitale federale) da cui dipende il territorio di Jervis Bay, istituito nel 1915 per offrire a Canberra uno sbocco sul mare. Fanno inoltre parte del Paese altri sei territori esterni, con limitata autonomia amministrativa e dipendenti dal governo federale. Tra questi figura anche il Territorio antartico australiano, la più vasta tra le rivendicazioni avanzate da Stato sovrani (si ricorda che nessuna rivendicazione su territori antartici è riconosciuta ufficialmente né da organismi internazionali né da altri Stati).

2 Qual è la capitale della Tanzania?

A Dodoma
B Kigali
C Mogadiscio
D Nairobi
E Dar es Salaam

Le alternative B, C, D non riportano città della Tanzania, ma le capitali del Ruanda, della Somalia e del Kenya. Dar es Salaam è più grande e popolata di Dodoma, ma quest'ultima è la capitale (risposta A).

3 Quale delle seguenti non è la capitale di uno Stato?

- A Rabat
- B Buenos Aires
- C Lagos
- D Washington
- E Reykiavik

La risposta corretta è la C, in quanto Lagos non è più la capitale della Nigeria, dopo esserlo stata sino 1991, anno in cui ha ceduto lo scettro a Abuja. A rigore, questa domanda, somministrata in un test universitario di selezione dell'anno 2013-14, contiene un'imprecisione: se ci si limita a scrivere "Washington", si intende lo Stato, mentre, volendo indicare la città (capitale degli Stati Uniti), occorrerebbe scrivere "Washington D.C.".

4 Qual è il più lungo fiume italiano dopo il Po?

A Adige B Tevere C Tanaro D Dora Baltea E Ticino

L'Adige è lungo 410 km; il Tevere 405 km; il Tanaro 276 km, il Ticino 248 km e la Dora Baltea 150 km. La risposta esatta è quindi la A.

5 È una linea immaginaria che congiunge Polo Nord e Polo Sud terrestri e che unisce tutti i punti della Terra che hanno il sole a mezzogiorno nello stesso momento. Si parla di:

- A latitudine
- B longitudine
- C parallelo
- D meridiano
- E fuso orario

La risposta esatta è D: la definizione proposta dal quesito corrisponde a quella di *meridiano* o, più precisamente, di *semimeridiano* cioè a una ideale semicirconferenza – con gli estremi sui due Poli – disegnata dall'intersezione della superficie della Terra con un piano passante per il proprio asse di rotazione. Il termine deriva dal latino *meridies* che significa "mezzogiorno": il semimeridiano infatti unisce tutti i punti della Terra che hanno il sole a mezzogiorno nello stesso momento. Ogni (semi)meridiano si completa con il suo opposto, detto *antimeridiano*. Per ogni punto della superficie terrestre si può tracciare uno e un solo semimeridiano, ma per convenzione si considerano solo quelli con distanza angolare reciproca di 1 grado: i semimeridiani risultano quindi 360. Sono numerati tanto verso E quanto verso W da 0 a 180 a partire da un meridiano di riferimento: nell'uso internazionale si è assunto come meridiano fondamentale (di grado 0) quello passante per l'ex osservatorio astronomico di Greenwich; il suo antimeridiano, che passa per l'Oceano Pacifico, corrisponde alla *linea del cambio di data*.

Per completezza: i *paralleli* sono circonferenze ideali, ciascuna disegnata dall'intersezione con la superficie terrestre di un piano perpendicolare all'asse di rotazione terrestre; il piano passante per il centro della Terra disegna l'Equatore, la circonferenza massima a cui sono parallele tutte le altre. Meridiani e paralleli, insieme, formano la *griglia geografica*s su cui è possibile stabilire *latitudine* (distanza angolare di un punto dall'Equatore, misurata in gradi da 0 a 90 verso Nord o verso Sud) e *longitudine* (distanza angolare di un punto dal meridiano fondamentale, misurata in gradi da 0 a 180 verso Est o verso Ovest). Infine, il *fuso orario* è la porzione longitudinale di superficie terrestre, compresa tra due dati meridiani, entro la quale, per convenzione, si adotta lo stesso orario.

6 Quale delle seguenti isole greche NON si trova nello Ionio?

A Corfù B Cefalonia C Creta D Zante E Itaca

La posizione di un'isola importante come Creta (nel Mediterraneo, a sud della penisola greca) permette, anche nel caso in cui non si conosca la dislocazione delle altre isole menzionate, di scegliere subito la risposta C.

CONOSCENZE E COMPETENZE

7 **Hokkaido è:**

- A un monte del Giappone
- B un monte della Cina
- C un'isola che fa parte del Giappone
- D un'isola della Cina
- E un'isola del Vietnam

Hokkaido è la seconda isola per estensione dell'arcipelago giapponese, che è composto da quattro isole maggiori e un centinaio di isole più piccole. La risposta esatta è la C.

8 **Osserva la carta e rispondi alla relativa domanda.**

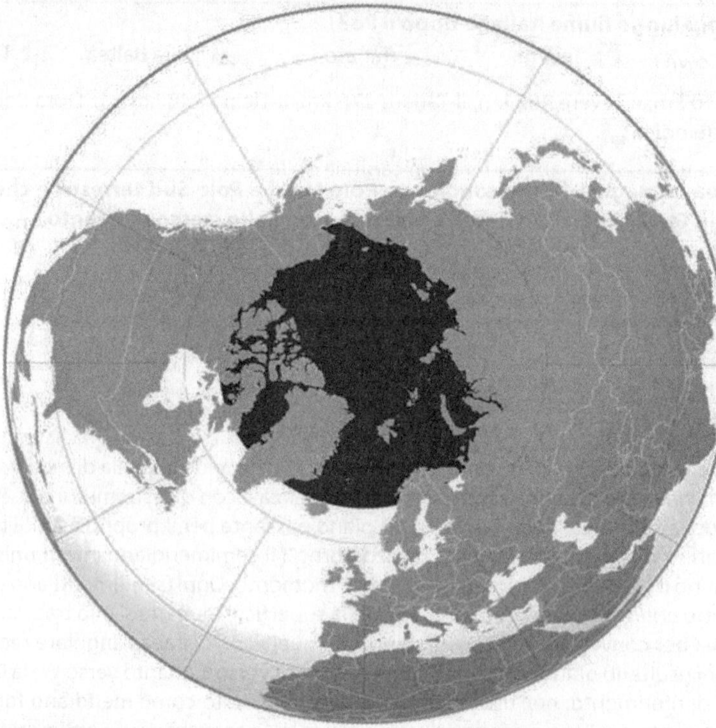

Quale dei seguenti gruppi è costituito da Paesi attraversati dal Circolo polare artico?

- A Finlandia, Groenlandia, Svezia
- B Canada, Gran Bretagna, Russia
- C Finlandia, Cina, Norvegia
- D Cile, Argentina, Nuova Zelanda
- E Australia, Cile, Tasmania

La risposta esatta è la A. Il Circolo Polare Artico taglia la Svezia tra la regione del Norrland e la Lapponia, attraversando la città di Jokkmokk, mentre in Finlandia passa lungo il lago Kemt. La Groenlandia, sebbene sia collegata geograficamente all'America del Nord più che all'Europa, è comunque una Nazione facente parte del Regno Unito di Danimarca, come le isole Fær Øer, che si trovano a nord della Gran Bretagna e a est dell'Islanda. Con l'aiuto della carta è facile escludere le altre alternative: in B è evidente che la Gran Bretagna si trova ben più a sud del Circolo; in C l'elemento che invalida il gruppo è la Cina. Le ultime due alternative riportano invece Paesi vicini al Circolo polare antartico, anche se nessuno di essi ne è attraversato perché l'unica terra in esso compresa è l'Antartide stessa.

PARTE SESTA

9 Lo Stretto di Bonifacio mette in comunicazione:

A Mar Tirreno e Mar di Sardegna
B Mar Tirreno e Mar Ionio
C Mar Tirreno e Mar Ligure
D Mar Ionio e Mar Adriatico
E Mar Adriatico e Mar Tirreno

Lo Stretto di Bonifacio, detto anche Bocche di Bonifacio, separa la Sardegna dalla Corsica e unisce il Tirreno con il Mar di Sardegna. La risposta esatta è la A.

---

10 Quale delle seguenti città NON è sudafricana?

A Pretoria
B Johannesburg
C Cape Town
D Windhoek
E Durban

La risposta corretta è la D. Windhoek è infatti la capitale della Namibia.

---

11 Le curve rappresentate nella cartografia ufficiale, come nell'immagine, sono denominate:

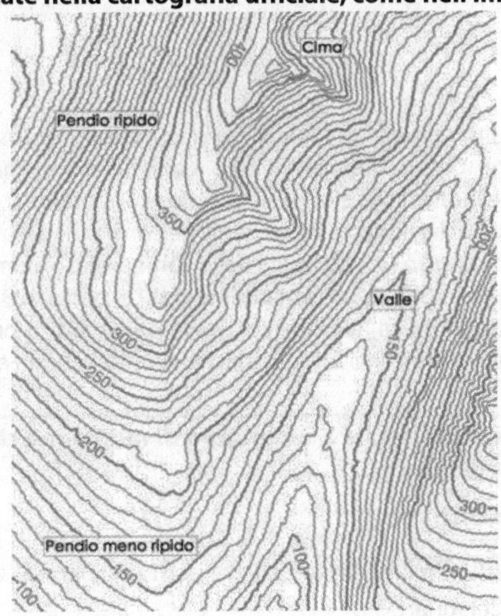

A isobare
B isoipse
C isogone
D isocrone
E isoglosse

La risposta esatta è la B. Le *isoipse* (dal greco *iso-* = uguale e *hýpsos* = altezza) sono le *curve di livello* ovvero le linee che uniscono i punti sulla carta posti alla stessa quota, ossia con uguale distanza verticale dal piano di riferimento che ha quota 0 (livello medio del mare). Le isoipse forniscono un'indicazione chiara delle elevazioni della zona interessata con la possibilità di ricavare per ogni punto la relativa altezza, notizie sulla pendenza del terreno, sull'orientamento del pendio e sull'andamento delle valli e dei crinali. Le *isobare* (risposta A) sono invece linee che uniscono i punti con uguale pressione atmosferica al livello del mare o a una certa quota altimetrica; le *isogone* (risposta C) sono linee che congiungono i punti della terra che hanno uguale declinazione magnetica. Le risposte D ed E non hanno a che vedere con la geografia.

12 I Carpazi sono separati dai Balcani da:

- **A** il Don
- **B** il Volga
- **C** il Lago d'Aral
- **D** il Danubio
- **E** la pianura morava

I Carpazi sono un sistema montuoso dell'Europa centro-orientale che si estende dalla valle del Danubio alle Porte di Ferro. La risposta corretta è la **D**.

13 La Regione italiana con il ...... numero di Province è ....
Completare il testo con la coppia di termini corretta.

- **A** maggiore/Calabria
- **B** maggiore/Lombardia
- **C** minore/Basilicata
- **D** minore/Umbria
- **E** minore/Campania

La Regione italiana con il più alto numero di Province è la Lombardia (riposta esatta **B**), che ne ha 12 e precisamente: Bergamo, Brescia, Como, Cremona, Lecco, Lodi, Mantova, Milano, Monza e Brianza, Pavia, Sondrio, Varese. La Lombardia è inoltre la Regione più popolosa, superando i 10 milioni di abitanti, e quella con il maggior numero di comuni, che sono 1506. La Regione con il più vasto territorio è però la Sicilia, con oltre 25.000 chilometri quadrati, contro i 23.800 circa della Lombardia. Insieme alla Campania (5 province) la Lombardia è però la Regione con più alta densità demografica, pari a 423 abitanti per chilometro quadro. All'opposto, la Valle d'Aosta è l'unica Regione costituita da un' unica provincia; tra le opzioni citate, Umbri a e Basilicata hanno ciascuna due Province (rispettivamente Perugia e Terni; Potenza e Matera).

14 Il nome di ...... è attribuito anche a un gruppo di montagne che sorge nel ...... d'Italia e precisamente nella Regione ......

Come si completa il testo?

- **A** Dolomiti / meridione / Basilicata
- **B** Alpi / meridione / Calabria
- **C** Appennini / settentrione/ Valle d'Aosta
- **D** Orobie / meridione /Puglia
- **E** Retiche /centro / Campania

Per rispondere alla domanda si può cominciare escludendo le opzioni **B** e **C**: infatti il nome *Alpi* e *Appennini* è troppo generico per essere la risposta corretta. La **E** si può eliminare per il fatto che colloca la Campania nel centro d'Italia. Per scegliere tra le due restanti risposte, può essere utile ricordare che la Puglia è in assoluto la Regione italiana con la minore superficie montuosa, rappresentata dai Monti Dauni. L'alternativa corretta è infatti **A**. In Basilicata, all'interno dell'Appennino lucano, si distingue una formazione montuosa che interrompe con guglie rocciose le forme più dolci e arrotondate dei rilievi circostanti. Circa 15 milioni di anni fa, si formarono in fondo al mare le arenarie di questi monti che, per la somiglianza morfologica con la più famosa catena del nord-est, sono chiamati *Dolomiti lo Piccole Dolomiti lucane*.

15 **«Gli studenti Erasmus sono più di tre milioni e mezzo all'anno e tra questi dominano gli orientali: 694.400 cinesi, 189.500 indiani, 123.700 sudcoreani. Seguono poi tedeschi e francesi. Le mete preferite sono: 18 su cento Stati Uniti, 11 Regno Unito, 7 Francia, 6 Australia, 5 Germania, 4 Federazione russa e Giappone, 3 Canada, 2 Cina e Italia».**

Leggendo questo testo e considerando solo le informazioni in esso contenute, si può certamente stabilire che:

- A gli studenti Erasmus nel mondo aumentano ogni anno
- B le preferenze degli studenti Erasmus si dirigono soprattutto verso i Paesi orientali
- C i Paesi orientali sono quelli in cui si registra il minor numero di studenti Erasmus
- D tra gli studenti sudcoreani si registra la più alta percentuale di studenti Erasmus
- E tra gli studenti Erasmus i più numerosi sono gli studenti provenienti dalla Cina

Il testo proposto dal quesito non dà nessuna indicazione sull'andamento negli anni del numero di studenti Erasmus nel mondo, che potrebbe pertanto anche essere stabile. Questo ci permette di escludere da subito la risposta A. Il dato numerico relativo agli studenti Erasmus provenienti dalla Cina, pari a quasi 700.000 all'anno, è il più alto rispetto alle altre nazionalità: la risposta E quindi è esatta. La D non è verificabile, perché non possiamo ricavare la percentuale, rispetto al totale di studenti in Corea del Sud, di studenti sudcoreani in Erasmus. Considerati i numeri delle prime tre nazionalità citate dal brano, si ricava che quasi un terzo di tutti gli studenti Erasmus viene da Cina, India e Corea del Sud: abbastanza per rendere falsa la C. Si esclude anche la B, dato che i Paesi orientali non sono quasi mai meta di Erasmus (tolto il 2% verso il Giappone).

16 **...... rappresentavano per l'umanità l'estremo confine del mondo conosciuto.**

Completare la frase.

- A Le Highlands
- B Scilla e Cariddi
- C Le Colonne d'Ercole
- D I Dardanelli
- E Le Bocche di Bonifacio

Secondo la mitologia greca, erano le Colonne d'Ercole a segnare il punto estremo che l'uomo poteva raggiungere navigando verso Occidente. Furono poste dal semidio greco, durante le sue peregrinazioni, per avvisare di ciò i marinai. Le Colonne corrispondono ai monti Calpe (il Capo di Gibilterra) e Abila, che lo fronteggia sulla costa africana; essi delimitano lo Stretto di Gibilterra che separa il Mediterraneo dall'Oceano Atlantico. La risposta corretta è C. Si poteva avvicinare la soluzione ricordando che le Colonne segnavano il limite occidentale del mondo antico greco-latino e considerando questo si potevano facilmente escludere le altre alternative, in quanto: le *Highlands* sono la regione montuosa situata a nord della Scozia, i *Dardanelli* segnano il limite orientale del Mediterraneo, le *Bocche di Bonifacio* separano Sardegna e Corsica, *Scilla* e *Cariddi* erano i mitologici mostri custodi dell'attuale Stretto di Messina, che separa la punta dell'isola dalla costa calabra.

17 **È un canale che taglia l'istmo omonimo, si trova in territorio egiziano e collega il mar Mediterraneo con il mar Rosso.**

Di cosa si tratta?

- A Del Golfo di Aqaba
- B Del Canale di Sicilia
- C Del Bosforo
- D Del Canale di Panama
- E Del Canale di Suez

Sapendo che un *istmo* è una sottile lingua di terra, bagnata su entrambi i lati da due bacini d'acqua (oceani, mari, laghi), è evidente che il canale di cui parla l'esercizio non può essere una struttura naturale (**A**, **B**, **C** errate) ma deve essere artificiale. Le indicazioni geografiche fornite dal testo fanno escludere senza difficoltà alcuna la **D**: il *Canale di Panama* tagli infatti l'istmo centroamericano, mettendo in comunicazione Oceano Pacifico ed Atlantico. La risposta esatta è **E**.

Realizzato dal francese Ferdinand de Lesseps (1805-94) su progetto dell'italiano Luigi Negrelli (1799-1858) e aperto nel 1869 per permettere la navigazione dall'Europa all'Asia (e viceversa) evitando la circumnavigazione dell'Africa, il *Canale di Suez* collega il Mar Mediterraneo al mar Rosso, tramite il Golfo di Suez, e quindi l'Oceano Indiano. Il Canale taglia infatti l'istmo tra Porto Said (sul mar Mediterraneo) e Suez (sul golfo omonimo) per una lunghezza di circa 193 km, è profondo 24 metri e misura in larghezza da 205 a 225 metri.

Già all'inizio del Cinquecento alcuni mercanti veneziani avevano concepito l'idea di tagliare l'istmo per collegare i due mari e molto dopo, alla fine del secolo XVIII, lo stesso Napoleone contemplò il progetto di costruirvi un canale. L'insuccesso della spedizione francese in Egitto, però, interruppe le ricerche sul territorio e gli studi attuativi che erano state avviati. Nel 1833 un primo progetto di canale fu presentato al viceré d'Egitto Mehmet Ali ma furono poi i saint-simonisti a riprendere con fervore il progetto del taglio dell'istmo, ottenendo il consenso del governatore egiziano Muhammad Ali, il quale pose la condizione che il canale rimanesse all'Egitto e fosse aperto a tutte le Nazioni.

PARTE SESTA

21 Storia dell'Arte

Mettiti alla prova

I **Chi fu il più illustre pittore romantico italiano?**

- A Andrea Appiani
- B Giuseppe Bossi
- C Francesco Hayez
- D Giovanni Segantini
- E Mario Sironi

II **Chi ha dipinto, nel 1885, il quadro di denuncia sociale intitolato *I mangiatori di patate*?**

- A Henri de Toulouse-Lautrec
- B Gustave Courbet
- C Vincent Van Gogh
- D Jean-François Millet
- E Emile Nolde

III **Cosa si intende con *xilografia*?**

- A Un procedimento di stampa artistico ottenuto con una matrice di pietra calcarea
- B Una tecnica di stampa in rilievo, mediante incisione di una matrice in legno
- C Una scrittura geroglifica
- D La miniatura di codici
- E Una fase di lavorazione nella tecnica dell'affresco

CONOSCENZE E COMPETENZE

Ecco le risposte esatte dei 3 quesiti proposti: I C, II C, III B.

Le domande di Storia dell'Arte, come quelle di letteratura, riguardano generalmente lo sviluppo della disciplina dal Duecento alla contemporaneità.

È fondamentale quindi memorizzare le opere principali e saperle collegare all'artista che ha dato loro vita, ricordare le date relative alla vita degli artisti e alle loro opere, e conoscere i principali movimenti e le più importanti correnti. Non sono invece richieste conoscenze relative all'interpretazione o alla critica.

Nelle prove TOLC-SU è possibile incontrare domande corredate da foto, immagini, piantine, documenti che forniscono lo spunto al quesito. Nel capitolo sono forniti numerosi esempi anche di questa tipologia

Le forme di domande più frequenti sono:

- Chi è l'autore di ...?
- Quale delle seguenti opere è stata dipinta/realizzata da ...?
- A quale delle seguenti correnti d'avanguardia appartiene l'artista ...?
- In quale epoca è vissuto il pittore/lo sculture/l'architetto...?

21.1 | Duecento e Trecento: l'arte gotica

L'età gotica si estende dalla metà del secolo XII alla fine del secolo XIV circa, con ultime propaggini nel XVI. In questi anni si assiste al passaggio dalla concezione medioevale dell'arte a una nuova fede nella cultura e nell'uomo: si abbandona l'astrattezza classico-bizantina per una rappresentazione dell'uomo e della vita più reale e terrena. Nucleo delle novità formali del gotico in pittura sono la sostituzione delle grandi pareti affrescate dell'epoca romanica con le vetrate (vere pitture trasparenti) e l'abbandono di contenuti mistici e simbolici. Gli eventi e i personaggi dipinti vengono calati nella vita reale.

21.1.1 | I protagonisti della pittura gotica

Cimabue (Cenni di Pepo, notizie documentate dal 1272-1302)

Muovendo da modelli tardo-bizantini, Cimabue seppe infondere nelle sue figure (molto spesso consacrate al tema del crocifisso) maggiore vitalità espressiva e un senso più acuto delle forme, dello spazio e dei corpi.

Tra le sue opere vanno ricordate il *Crocefisso* (anteriore al 1271), Firenze, Museo dell'Opera di Santa Croce; la *Crocefissione* (1277-79), Assisi, Basilica Superiore di S. Francesco; la *Maestà* (Madonna di S. Trinità), del 1280, Firenze, Museo degli Uffizi.

Duccio di Buoninsegna (1255-1318 ca.)

Maggiore pittore senese del tempo, rinnovò l'arte bizantina ammorbidendo le linee in una fluidità prima sconosciuta e sfruttando al massimo le potenzialità del colore orientale.

Tra le sue opere principali si citano la *Madonna Rucellai*, del 1285, oggi nel Museo degli Uffizi a Firenze; la *Pala d'altare a doppia faccia* per l'altare maggiore del Duomo di Siena, del 1308-11, oggi nel Museo dell'Opera di Siena.

Giotto (1267-1337)

Giotto opera una vera e propria rivoluzione artistica, che fa di lui il fondatore di un nuovo linguaggio pittorico in Italia. Egli non mette più in scena azioni simboliche all'interno di spazi astratti, ma azioni concrete che si svolgono in ambienti reali. Lo sfondo delle sue rappresentazioni diventa uno spazio articolato in profondità.

Tra le sue opere principali vanno ricordati gli affreschi della *Leggenda di san Francesco* (1296-1300), Assisi, Chiesa Superiore di S. Francesco; gli *Affreschi della Cappella degli Scrovegni* (1304-1306) a Padova.

21.1.2 | Altri artisti importanti del XII e XIII secolo

Tra gli altri artisti del XII e XIII secolo, tre sono i nomi che si impongono: **Benedetto Antelami** (1150-1230 ca.), scultore e architetto attivo prevalentemente a Parma (Battistero); **Arnolfo di Cambio** (1245-1302 ca.), che opera prevalentemente a Firenze in scultura e architettura; **Wiligelmo** (attivo a Modena dal 1099 al 1110 ca.), autore delle sculture del Duomo di Modena (il cui architetto fu il Lanfranco).

21.2 | Quattrocento e Cinquecento: il Rinascimento

Il concetto di *Rinascimento* fu mutuato da quello di "rinascita" usato per la prima volta dallo storico dell'arte cinquecentesco Giorgio Vasari. In campo artistico è in uso una distinzione convenzionale tra *primo* (1401-69 ca.), *medio* (1469-92 ca.) e *tardo* (1492-1517 ca.) Rinascimento. Con questo movimento nasce un nuovo modo di osservare la realtà, sia dal punto di vista filosofico (l'uomo è il centro del mondo), sia da quello psicologico-percettivo: la realtà va interpretata secondo principi oggettivi. Nel campo delle arti figurative lo strumento tecnico principale di questa ricerca di oggettività è la prospettiva, cioè l'insieme delle regole geometrico-matematiche necessarie per tradurre, su una superficie a due dimensioni, oggetti che si dislocano nello spazio tridimensionale.

21.2.1 | La pittura del Quattrocento

Il decennio fondamentale per il cambiamento del gusto artistico è quello compreso tra il 1420 e il 1430: in Italia la concezione rinascimentale si pone in netta alternativa al goticismo e la ricerca si orienta, dapprima con Masaccio e poi con gli artisti che lo seguono e lo studiano, verso un utilizzo sempre più marcato degli effetti di luce.

Masaccio (Tommaso di ser Giovanni Cassai 1401-28)

Masaccio è il primo artista rinascimentale che abbia saputo cogliere e interpretare la realtà più profonda e nello stesso tempo più quotidiana dell'uomo, inserendo questa naturalità non più in idilliaci paesaggi, ma in un quadro cittadino. Lo spazio è organizzato in maniera prospettica, secondo gli studi brunelleschiani; la luce, sprigionandosi da un'unica fonte, scava le figure con un gioco d'ombre. I racconti sacri sono semplificati intorno a pochi personaggi, dotati di una loro precisa espressività.

Tra le sue opere maggiori sono annoverate la *Crocefissione* (1426), Napoli, Museo di Capodimonte; gli *Affreschi per la Cappella Brancacci* (1424-27), Firenze, Chiesa di S. Maria del Carmine.

Piero della Francesca (1420 ca.-1492)

Porta alle estreme conseguenze la ricerca sulla luce in pittura, luce che permea ogni dato del reale. Ogni forma viene ricondotta alla sua essenza geometrica profonda: la prospettiva rinascimentale ha in Piero un maestro indiscusso.

Tra le sue opere principali vanno citate: il *Battesimo di Cristo* (1440-1445), Londra, National Gallery; la *Flagellazione di Cristo* (1450-1460), Urbino, Galleria Nazionale delle Marche; la *Resurrezione di Cristo*, (1463-65), Sansepolcro, Pinacoteca Comunale; il *Dittico dei Duchi d'Urbino* (1465), Firenze, Uffizi; la *Sacra Conversazione* (1472-74), Milano, Pinacoteca di Brera.

Sandro Botticelli (1445-1510)

Nell'arte di Botticelli coesistono due anime: una profana, laica, pagana e una religiosa, liturgica, sacra. Questo intreccio è percepibile in opere come la *Primavera* (1478 ca.); la *Nascita di Venere* (1482 ca.); la *Calunnia di Apelle* (1495 ca.), tutte esposte agli Uffizi di Firenze.

Tra le altre opere di Botticelli si ricordano: *L'adorazione dei Magi* (1475-1480 ca.), Firenze, Uffizi; *Venere e Marte* (1475-1480), Londra, National Gallery; *La Madonna del Magnificat* (1485 ca.) e *La Madonna della Melograna* (1487), Firenze, Uffizi.

Andrea Mantegna (1431-1506)

Caratteristiche della sua pittura sono l'inquadramento prospettico, la rifinitura accurata di ogni dettaglio in modo da conferirgli rilievo plastico, una visione mitica dell'antichità che si traduce nella raffigurazione di personaggi eroici, ispiranti fermezza e nobiltà d'animo.

Tra le sue opere maggiori: la *Madonna in Sposa*, (1457-59), la *Pala di S. Zeno* (1456), Verona, S. Zeno; l'*Orazione di Cristo nell'orto* (1455-60), Londra, National Gallery; il *San Sebastiano* (1480), Parigi, Louvre; *Il Cristo morto* (1480), Milano, Pinacoteca di Brera; gli affreschi della *Camera degli sposi* (1465-1474 ca.), Mantova, Palazzo Ducale.

21.2.2 | La pittura del Cinquecento

Nel Cinquecento, la pittura si sviluppa sullo sfondo di grandi tensioni tra opposte concezioni del mondo e dell'arte, in un'epoca segnata da trasformazioni e contrasti, nonché dal conflitto religioso e dal ruolo determinante svolto dalla Riforma. La pittura del '500 trova la sua origine nell'intrecciarsi delle invenzioni e delle ricerche comuni di Leonardo, Raffaello e Michelangelo. Nelle fasi dell'ultimo Rinascimento si sviluppa poi il *Manierismo*, mentre un ruolo innovatore fondamentale spetta alla *Scuola Veneziana* con Giorgione e Tiziano.

Leonardo da Vinci (1452-1519)

Leonardo è l'incarnazione più rappresentativa di quell'*uomo universale* (letterato, artista, scienziato), al quale tende come modello ideale l'epoca rinascimentale. Le sue opere pittoriche, che esercitarono un'influenza incalcolabile nonostante la loro esiguità numerica, presentano la scoperta dell'atmosfera, dipinta con una luce azzurra e velata, che rappresenta la lontananza. La tecnica pittorica leonardesca è detta *sfumato*: le figure sono avvolte in un sottilissimo gioco di chiaroscuri che fa di esse un'unità priva di rigide demarcazioni interne.

Tra i capolavori leonardeschi: l'*Adorazione dei Magi* (1481), Firenze, Uffizi; *l'Annunciazione* (1472-75), Firenze, Uffizi; la *Vergine delle rocce* (1483-86), Parigi, Louvre; la *Madonna con san Giovannino, il Bambino e un angelo* (1503-06), Londra, National Gallery; *L'ultima cena* (1495-98), Milano, Refettorio di Santa Maria delle Grazie; *Sant'Anna, la Madonna, il Bambino e l'agnello* (1510 ca.), Parigi, Louvre; *La Gioconda* (1503-05), Parigi, Louvre.

Raffaello Sanzio (1483-1520)

Concepisce lo spazio in modo intenso, concettuale, solenne e classico. Nel periodo fiorentino (1504-1508) opera una prodigiosa sintesi delle più avanzate tendenze leonardesche e michelangiolesche. Gli affreschi per gli Appartamenti Vaticani costituiscono il punto d'arrivo culturale, estetico e artistico di tutti gli ideali umanistici, filosofici e religiosi del Rinascimento.

Tra le migliori tele di Raffaello vanno annoverate: lo *Sposalizio della Vergine* (1504), Milano, Pinacoteca di Brera; il *Ritratto di Agnolo Doni* (1506), Firenze, Pitti; la *Scuola d'Atene* (1509-10), Città del Vaticano, Stanza della Segnatura; il *Parnaso* (1510-11), la *Madonna del Cardellino* (1507) Firenze, Uffizi; il *Ritratto di Baldassarre Castiglione* (1514-15), Parigi, Louvre; il *Ritratto di Leone X con due cardinali;* la *Madonna Sistina* (1513-14) Dresda; il *Trionfo di Galatea* (1513), Roma, Farnesina; la *Trasfigurazione* (1518-20), Città del Vaticano, Pinacoteca Vaticana; la *Visione di Ezechiele* (1518) Firenze, Palazzo Pitti.

Michelangelo Buonarroti (1475-1564)

È negli affreschi per la volta della Cappella Sistina che si coglie l'essenza dell'arte di Michelangelo, architetto e scultore sublime, oltre che pittore eccelso. Si tratta dell'esito artistico più sconvolgente del secolo, uno spazio-pittura che ha trasformato la volta della cappella in un'opera di pensiero, in una celebrazione insieme religiosa, culturale e filosofica, in cui si sintetizzano due secoli di pittura e spiritualità. Il colore timbrico e irreale suggerisce il carattere visionario di questo cosmo di figure, ma rappresenta anche il rifiuto di un'interpretazione naturalistica dell'arte e la supremazia, tra gli elementi della pittura, del disegno, dell'intenzionalità grafica e progettuale.

Tra i capolavori michelangioleschi si ricordano la *Sacra Famiglia* (Tondo Doni) (1504-06), Firenze, Uffizi; la *Volta della Cappella Sistina* (1508-12), Città del Vaticano; il *Giudizio Universale* (1536-41) Città del Vaticano; la *Conversione di Saulo* (1542-45), Città del Vaticano, Cappella Paolina; la *Crocifissione di San Pietro* (1546-50). La stessa tensione creativa, anelante a vincere la materia, anima le sue sculture, tra le quali si ricorda il *Bacco* (1496-97), Firenze, Museo Nazionale del Bargello; il *David* (1501-04), Firenze, Galleria dell'Accademia; lo *Schiavo "Atlante"* (1530-34), Firenze, Galleria dell'Accademia; la *Pietà Rondanini* (1552-64), Milano, Museo del Castello Sforzesco; la *Tomba di Lorenzo de' Medici,* Firenze, Sagrestia Nuova di San Lorenzo.

21.2.3 | La Scuola Veneziana: Giorgione e Tiziano

L'innovazione della pittura veneta consiste nel portare alla massima rilevanza simbolica la ricerca del *tono atmosferico*, nell'intento di realizzare una sorta di fusione tra mondo umano e mondo naturale, immersi nella stessa armonia luminosa. Il colore di superficie prevale sul chiaroscuro. L'intento è di cogliere un momento della realtà spaziale, segnato dalla luce e dall'atmosfera naturale, cercando di idealizzarlo e universalizzarlo.

Giorgione (Giorgio Zorzi o da Castelfranco, 1477-1510)

Ricorrendo a un colore modulato nelle sue impercettibili gradazioni e saltando le fasi preparatorie del disegno e dell'ombreggiatura, Giorgione mette in scena il rapporto vitale tra uomo e natura, spesso sullo sfondo della cultura classica. Nei suoi dipinti, dai soggetti spesso enigmatici, domina un senso di sospensione.

Tra le opere dell'artista, esigue per numero, spiccano: il *Doppio ritratto* (1502), Roma, Museo di Palazzo Venezia; la *Pala di Castelfranco* (1505 ca.), Castelfranco Veneto, Chiesa di San Liberale; la *Tempesta* (1506 ca.), Venezia, Gallerie dell'Accademia; *I tre filosofi* (1508), Vienna, Kunsthistorisches Museum; la *Venere Dormiente* (1508-10) Dresda.

Tiziano (Tiziano Vecellio, 1490-1576)

Esordisce con opere monumentali, ricorrendo a colori solari, squillanti. In tali dipinti, che evitano ogni intimismo o trascendenza, la realtà umana e quella divina vengono rese con la forza dirompente di una simultanea emozione visiva, via via affinata in sentimento e commozione. Negli anni della maturità, sfruttando anche le sottigliezze e la tortuosità del disegno manierista, Tiziano incupisce le atmosfere e corrompe le figure in un sublime "non finito".

Tra i suoi capolavori si annoverano *L'Assunta* (1516-18), Venezia, Santa Maria dei Frari; la *Sacra conversazione coi Dottori* (Pala Pesaro, 1519-26), Venezia, Santa Maria dei Frari; *L'Amor sacro e l'Amor profano* (1515 ca.), Roma, Galleria Borghese; le *Danae* (1545-46) Napoli, Gallerie Nazionali di Capodimonte; il *Martirio di San Lorenzo* (1548-59) Venezia, Chiesa dei Gesuiti; l'*Incoronazione di spine* (1570) Monaco.

21.2.4 | Il Manierismo

Il Manierismo può essere suddiviso in due periodi: il primo (1520-40), caratterizzato da una forte espressività e da novità formali e il secondo, successivo al 1540, in cui prevale la ripetizione di formule e di contenuti precedenti. Il Manierismo va concepito come un periodo artistico autonomo, compreso tra Rinascimento e Barocco. Esso dà vita a un'arte stilisticamente raffinata, adattata a una committenza quasi esclusivamente aristocratica e di corte. Al suo fondamento vi è la consapevolezza dell'"artificiosità" dell'arte e dunque della sua autonomia formale e contenutistica rispetto alla realtà. Esso coincide inoltre con il progressivo declinare delle convenzioni prospettiche e proporzionali, proprie della visione rinascimentale. L'artista fa propria una maggiore libertà espressiva.

Jacopo Tintoretto (Jacopo Robusti, 1518-94)

Principale artefice dell'affermazione del Manierismo in area veneziana, Tintoretto eccelle nella raffigurazione di masse di personaggi accalcati e in movimento. La sua pittura è fatta di tratti rapidissimi e di una luce spesso abbagliante, incandescente, sempre curata nei suoi sottili cromatismi. Le pacate proporzioni e la rigorosa simmetria dei maestri rinascimentali sono sovvertite, mentre complessa si fa l'articolazione spaziale delle figure all'interno dei quadri. La stessa natura risulta trasfigurata, perdendo la sua veste realistica. Tra le sue opere si ricordano: *Il miracolo di San Marco che libera lo schiavo* (1548), Venezia, Gallerie dell'Accademia; *Susanna e i vecchioni* (1557 ca.), Vienna, Kunsthistorisches Museum; *Il ritrovamento del corpo di San Marco* (1562-66), Milano, Pinacoteca di Brera; *Il trafugamento del corpo di San Marco* (1562-66), Venezia, Gallerie dell'Accademia; l'*Ultima Cena* (1592-94), Venezia, San Giorgio Maggiore.

Altri artisti manieristi meritevoli di menzione sono: **Parmigianino** (Francesco Mazzola, 1503-1540); opere principali: *La Madonna dal collo lungo* (1535 ca.), Firenze, Uffizi; l'*Autoritratto*, (1524) Vienna, Kunsthistorisches Museum; **Pontormo** (Jacopo Carrucci, 1494-1556); **Rosso Fiorentino** (1495-1540); **Domenico Beccafumi** (1486-1551) e **Bronzino** (Agnolo di Cosimo, 1503-1572).

21.3 | Seicento: il Barocco

Il termine *Barocco* venne usato per la prima volta dalla critica d'arte settecentesca (J. Winckelmann) per indicare l'opera di architetti come Borromini, Bernini, Pietro da Cortona (che fu anche pittore) e di poeti come Giovan Battista Marino. Storicamente, la produzione barocca va collocata tra la crisi del Manierismo (fine del 1500) e l'avvento del Neoclassicismo (1750). Il Barocco si può definire la prima *civiltà dell'immagine*, nel senso che per la prima volta l'"immagine" acquista una rilevanza preponderante rispetto ai contenuti.

Da una parte il Barocco appare come una forma d'arte vicina alla sensibilità moderna, che esalta cioè la creatività e l'interazione tra le varie arti; dall'altra esprime una dipendenza ideologica dal cattolicesimo, in quanto accentua il carattere persuasivo e illustrativo dei suoi contenuti. Per propagandare le realtà della fede, l'artista barocco mira a produrre un forte impatto emotivo sullo spettatore, integrando una fervida immaginazione con la cura meticolosa di alcuni dettagli, sullo sfondo di scenografie spettacolari. Lo spazio non è più prospettico, come nel Rinascimento, ma *dinamico*.

Caravaggio (Michelangelo Merisi, 1571-1610)

È l'artista italiano più rivoluzionario del secolo. Non ha confronti per la concezione terrena e tragica del reale e per la consapevole volontà di dare scandalo mediante un'interpretazione estremamente scabra della condizione umana. Persino i suoi santi e le sue madonne (per i quali egli fu tra i primi a utilizzare come modelli alcuni popolani) non sono che figure marginali della nostra realtà. Il mezzo tecnico impiegato è un fortissimo chiaroscuro: le figure sono spesso immerse in ambienti cupi, quasi bui, nei quali la luce, piombando come da feritoie su volti e oggetti, crea squarci improvvisi, di grande suggestione e intensità emotiva.

Tra le sue opere si devono ricordare la *Cena in Emmaus* (1596-98), Londra, National Gallery; la *Vocazione di San Matteo* (1599 ca.), Roma, Chiesa di San Luigi dei francesi; la *Caduta di Saulo* (o *Conversione di San Paolo*, 1600 ca.), Roma, Chiesa di Santa Maria del Popolo; la *Deposizione* (1602 ca.), Roma, Pinacoteca Vaticana; la *Morte della Madonna* (1605 ca.), Parigi, Louvre; la *Decollazione del Battista* (1608), La Valletta, Cattedrale di San Giovanni.

Pietro da Cortona (Pietro Berrettini, 1596-1669)

I suoi quadri mostrano un'estrema sensibilità, fondata sul colore e su una rappresentazione complessa e tumultuosa che tende a debordare, in virtù della sua ostentata pittura, dai confini dello spazio assegnato.
Nella sua produzione si segnalano il *Trionfo della Divina Provvidenza* (1633-39), Roma, Palazzo Barberini; il *Ratto delle Sabine* (1626), Roma, Pinacoteca Capitolina.

Annibale Carracci (1560-1609)

Con accurati impasti cromatici egli perviene, specie nei paesaggi, a una eleganza raffinata, mai ostentata o chiassosa.
Tra i suoi quadri vanno citati la *Bottega del macellaio* (1582-83), Oxford, Christ Church; la *Decorazione della volta della Galleria Farnese* (1595-1600), Roma, Palazzo Farnese; la *Fuga in Egitto* (1605 ca.) Roma, Galleria Doria Pamphili.

Nicolas Poussin (artista francese, 1594-1665)

Seppe far proprie e fondere varie suggestioni del proprio tempo, dal colore veneziano all'ideale classico rinascimentale. Con un disegno sicuro dà vita a quadri a sfondo mitologico e paesaggistico, pieni di grazia e semplicità.
Tra le sue opere si ricordano il *Ratto delle Sabine* (1637), New York, Metropolitan Museum; il *Trionfo di Flora* (1630 ca.), Parigi, Louvre; *Paesaggio con Orfeo e Euridice* (1650 ca.), Parigi, Louvre.

Pieter Paul Rubens (artista fiammingo, 1577-1640)

Diffonde con le sue opere i contenuti ideologici della Controriforma cattolica; la sua pittura è dominata da un colore ricchissimo, squillante e luminoso che assicura alla rappresentazione una notevole dinamicità.

Tra i suoi capolavori spiccano: *Autoritratto con la moglie* (1609), Monaco, Alte Pinakothek; *Paesaggio con Filemone e Bauci* (1630 ca.), Vienna, Kunsvthistorisches Museum; *Il ratto delle figlie di Leucippo* (1618 ca.), Monaco, Alte Pinakothek; *L'educazione di Maria de' Medici* (1621-1625), Parigi, Louvre; *Il giudizio di Paride* (1638 ca.), Madrid, Prado.

Rembrandt (Harmenszoon von Rijn, artista olandese, 1606-1669)

Rembrandt, con la sua sensibilità introversa, sviluppa un'interpretazione interiorizzata della realtà e una ricerca inesausta di ciò che si nasconde dietro il mondo dei fenomeni. Servendosi di ogni espediente possibile, dà forma a un mondo sconvolgente per ricchezza e profondità.

Tra le sue opere spiccano l'*Autoritratto con gorgiera* (1629), l'Aja, Mauritshuis; il *Ritratto della madre in veste di profetessa* (1630), Essen, Collezione Von Bohlen und Halbach; *La lezione di anatomia del dottor Tulp* (1632), l'Aja, Mauritshuis; *La ronda di notte* (1642), Amsterdam, Rijksmuseum; *Giovane che si bagna in un ruscello* (1655), Londra, National Gallery; *Autoritratto ridente* (1665), Colonia, Wallraf-Richartz Museum.

Velasquez (Diego Rodriguez de Silva y, artista spagnolo, 1599-1660)

L'attività pittorica di Velasquez è volta prevalentemente alla ritrattistica. I suoi soggetti appartengono quasi tutti alla casa regnante e alle nobili famiglie di corte. Ritraendoli, Velasquez riesce a trasmettere l'aspetto più vero di una classe sociale priva di qualsiasi preoccupazione.

Tra le sue opere si annoverano *Las Lanzas* o *La resa di Breda* (1634-35), Madrid, Prado; *Filippo IV in piedi* (1635), Londra, National Gallery; *Venere allo specchio* (1648-51), Londra, National Gallery; *I beoni o il Trionfo di Bacco* (1629), Madrid, Prado; *Las Meninas* (1656), Madrid, Prado; *Le filatrici* (1657), Madrid, Prado.

21.4 | Settecento

Il Settecento artistico in Italia vede la compresenza di tre stili diversi: Barocco, Rococò, Neoclassicismo.

21.4.1 | Il Rococò

Contrariamente a quanto sostengono alcuni critici, il Rococò non è una degenerazione stilistica del Barocco, ma un'arte con caratteristiche autonome, situabile storicamente accanto al Barocco e prima del Neoclassico (1675-1764). L'aspetto fondamentale del Rococò risiede nella nuova concezione dello spazio architettonico, specie degli interni, nei quali si nota un'estrema valorizzazione dell'arredo, in particolare dei mobili e delle arti cosiddette minori, come la porcellana, la lavorazione degli arazzi, l'oggettistica in generale. Il Rococò porta alle massime possibilità espressive la tecnica della pittura a pastello. Particolare importanza assume lo *schizzo*, come genere artistico a sé stante. I temi maggiormente sfruttati in pittura sono di genere mitologico e arcadico, mentre in tutti i campi artistici le forme più ricorrenti sono quelle a conchiglia ondulata e quelle a esse. Arte ufficiale del regno di Luigi XIV, il Rococò è anche uno stile di vita improntato a un edonismo venato di scetticismo. Nella prima metà del secolo la pittura rococò raggiunge punte considerevoli con artisti come **Watteau, Fragonard** e **Hogarth**, che accentuano fino all'esasperazione i contenuti sentimentali e aneddotici della rappresentazione.

Jean-Antoine Watteau (artista francese, 1684-1721)

Nei suoi quadri una luce calda e sapiente dà vita a un realismo analitico, attento ai particolari minuti. Scene di feste galanti, calate in atmosfere trasognate e leggere, lasciano però trapelare talvolta un'inquietudine e una profondità esistenziali che faranno di Watteau un pittore caro ai romantici.

Tra le opere si segnalano la *Conversazione all'aperto* (1716-19), Dresda; l'*Imbarco per Citera* (1717-18), Berlino, Castello di Charlottenburg.

Jean- Honoré Fragonard (artista francese, 1732-1806)

Esponente di spicco del Rococò al tramonto, diede prova di sicuro virtuosismo in vedute paesaggistiche, scene movimentate di interni, quadretti dell'infanzia. Vi si può riscontrare un tocco lieve e una sensualità discreta.

Tra le opere di Fragonard: la *Lettrice* (data incerta), Washington, National Gallery; le *Lavandaie* (1756-57), Amiens, Musée de Picardie.

William Hogarth (artista inglese, 1697-1764)

Muovendo da un'insolita selezione di soggetti (ritratti di servitori, borghesi singoli o a gruppi), nei suoi quadri non si accontenta della tradizionalità d'impianto, ottenendo una notevole forza espressiva e un'efficacia realistica che in parte precorrono più tarde soluzioni ottocentesche.

Tra le sue opere, particolarmente indicativa è il *Mariage à la mode*, quadro in più scene (1743-45), Londra, National Gallery.

21.4.2 | Giambattista Tiepolo (1696-1770)

Lo spazio delle composizioni di Tiepolo è uno spazio di luce, spesso proiettato all'infinito, al di là delle architetture, dipinte dal suo collaboratore G.M. Colonna con magico illusionismo e sicuro dominio della prospettiva. Sulle pareti dei palazzi e sulle volte delle chiese Tiepolo dà vita a fantasie luminose, i suoi cieli trasparenti e le tonalità fredde (dove predominano i lilla, i rosa e i bluastri) costituiscono altrettanti caratteri inconfondibili della sua pittura. Con Tiepolo può dirsi concluso il Rococò italiano.

Tra i quadri più suggestivi del pittore veneto figurano gli *Affreschi dell'Arcivescovado di Udine* (1726-28); gli *Affreschi del Salone delle feste* (1747-50), Venezia, Palazzo Labia; gli *Affreschi del palazzo di Wurzburg* (1751-53).

21.4.3 | Il Neoclassicismo

Con il Neoclassicismo (1750 ca.-1815) si assiste a un radicale mutamento nella concezione e valutazione dell'arte antica. Essa non viene più liberamente interpretata (com'era avvenuto dal Rinascimento in poi), ma diviene oggetto di teorizzazione erudita e di una rigorosa ricostruzione archeologica.

Nella classicità si incomincia a individuare una perfezione di carattere non solo estetico, ma anche etico e civile, al cui fondamento si individua la razionalità degli antichi. Proprio per questo riferimento alla razionalità come valore supremo, è possibile stabilire un collegamento tra Neoclassicismo e Illuminismo (che è, essenzialmente, la fiducia nell'applicazione della ragione umana ai vari aspetti della vita, individuale e sociale, al posto della precedente sudditanza nei confronti dei sistemi metafisici o religiosi). L'impianto compositivo viene messo a punto con maggiore rigore. Alla pittura vengono assegnate non più finalità metafisiche o la celebrazione di contenuti sacri e religiosi: ora è l'evento storico a essere posto in rilievo.

Jacques-Louis David (artista francese, 1748-1825)

Massimo esponente del Neoclassicismo, David concepisce il modello greco come una indicazione non soltanto formale, ma anche contenutistica. Vuole cogliervi cioè, oltre all'aspetto estetico (la bellezza e l'armonia), anche e soprattutto la forza e il rigore, quali imprescindibili componenti morali. Egli sostiene inoltre che, in mancanza di esempi di pittura antica, i pittori neoclassici devono prendere a modello la scultura classica.

Tra i suoi quadri si ricordano: *Il giuramento degli Orazi* (1784), Parigi, Louvre; il *Ritratto di Lavoisier e della moglie* (1788), New York, Rockefeller Institute for Medical Research; *I littori portano a Bruto le salme dei figli* (1789), Parigi, Louvre; *La morte di Marat* (1793), Bruxelles, Musées Royaux des Beaux-Arts; *Le Sabine interrompono il combattimento tra Romani e Sabini* (1799), Parigi, Louvre.

Francisco Goya y Lucientes (artista spagnolo, 1746-1828)

Nel cogliere e rappresentare sia i caratteri più biechi sia quelli più fatui della società del suo tempo, Goya si dimostra profondamente illuminista: nei quadri con scene di supplizi e di follie stregonesche denuncia implacabilmente il mondo della stupidità, della malvagità, del fanatismo.

I suoi ritratti femminili come la *Maja desnuda* e la *Maja vestida* appaiono invece come dolci evocazioni di una bellezza onirica. I suoi dipinti sono tutti improntati a una grande libertà e spregiudicatezza creativa, nel rifiuto di ogni modello accademico. Ciò fa di lui un precursore di innumerevoli esperienze artistiche.

Tra i capolavori dell'artista spagnolo vanno citati: *La famiglia di Carlos IV* (1800-01), Madrid, Prado; *La lampada del diavolo*, dalle *Stregonerie* (1797-98), Londra, National Gallery; *La Maja desnuda* (1805 ca.), *La Maja vestida* (1805 ca.), il *Sabba*, le *Pitture nere* (1821-23), *Fucilazioni del 3 maggio 1808* (1814), Madrid, Prado; i *Disastri della guerra* (1810 ca.), Madrid, Calcografia Nacional.

Antonio Canova (1757-1822)

È uno dei maggiori scultori neoclassici, statuario ufficiale di Napoleone e di altri regnanti europei dell'epoca. In opere di levigatezza assoluta, i cui elementi costituivi si pongono in armonioso rapporto tra loro, egli ha elaborato figure ispirate a un ideale bellezza classica, che vogliono suscitare un nitido sentimento morale. Delle sue opere si ricordano *Amore e Psiche* (1787), il gruppo delle *Grazie* (1815 ca.) e *Paolina Bonaparte Borghese come Venere vincitrice* (1804-08).

21.5 | Ottocento

Un particolare tratto distintivo dell'arte ottocentesca è l'accento posto sulla pittura, che diventa in questo secolo la forma d'arte privilegiata, caratterizzata da continue innovazioni. In campo pittorico non sarà più l'Italia (neppure tramite artisti stranieri di passaggio) a svolgere un ruolo culturale e storico decisivo, bensì la Francia.

21.5.1 | Dal Neoclassicismo al Romanticismo

La pittura francese si pone, sin dai primi decenni del secolo, all'avanguardia in Europa nella ricerca di una rappresentazione che sia "veritiera" e questo non solo in rapporto al mondo oggettuale, ma anche al significato e alla funzione stessa dell'arte.

Jean-Auguste-Dominique Ingres (artista francese, 1780-1867)

In accordo con l'estetica neoclassica, Ingres cerca di delineare nei suoi quadri forme perfette, prestando particolare cura al disegno (domina in lui la linea curva) più che al colore.

Tra le sue opere vanno citate la *Mademoiselle Rivière* (1805), Parigi, Louvre; la *Donna al bagno* (1814), Parigi, Louvre; *Edipo e la sfinge* (1808), Parigi, Louvre; *Il bagno turco* (1862), Parigi, Louvre; *Il sogno di Ossian* (1813-1835), Montauban, Musée Ingres.

Theodore Géricault (artista francese, 1791-1824)

È stato considerato a lungo un pittore romantico, ma il suo gusto per la classicità e per l'arte barocca lo situa di fatto in una posizione intermedia. È però indubbio che in alcune opere, trattando anche temi di cronaca inusuali per l'epoca, egli seppe pervenire a un realismo di notevole fattura, caratterizzato da una grande forza plastica.

Tra le opere di Géricault si ricordano *La corsa dei Berberi* (1816-1817), Parigi, Louvre; *La zattera della Medusa* (1819), Parigi, Louvre; *Cattura del cavallo brado* (1817), Rouen, Musée des Beaux-arts.

Eugène Delacroix (artista francese, 1798-1863)

Nel suo dichiarato intento di farsi interprete della spiritualità dell'epoca, nella sua vocazione a vivere la storia in maniera diretta e a testimoniarla nelle proprie opere, Delacroix rappresenta l'artista romantico per eccellenza. Cimentandosi tanto in temi classici come in episodi di storia contemporanea, Delacroix mostra sempre un'inventiva ribelle a qualsiasi accademismo, uno spirito vivace e curioso di continue novità. La sua pittura è incandescente, tumultuosa, nutrita di spunti suggeritigli dalla realtà circostante, come dalla lezione dei grandi maestri del passato (come dimostra tra l'altro la ripresa della cosiddetta "grande diagonale", magnificata in passato da Rubens, ovvero della struttura compositiva consistente nel dislocare le figure lungo la linea che congiunge i due angoli contrapposti di un quadro).

Tra le opere dell'artista vanno segnalate *Il massacro di Scio* (1824), Parigi, Louvre; *La morte di Sardanapalo* (1827), Parigi, Louvre; le *Donne di Algeri nelle loro stanze* (1834), Parigi, Louvre; *La libertà che guida il popolo* (1830), Parigi, Louvre; *Il mare dalle alture di Dieppe* (1852), Parigi, proprietà privata; *Il naufragio di Don Giovanni* (1840), Parigi, Louvre.

Honoré Daumier (artista francese, 1808-79)

In Daumier, eccelso litografo e scultore oltre che pittore, l'attenzione etica ai problemi dell'uomo si unisce alla critica radicale della corrotta monarchia francese di Luigi Filippo, fino a sconfinare nella satira implacabile.

Tra le sue opere: *Il vagone di III classe* (1862), Boston, collezione privata; *La lavandaia* (1860), Parigi, Louvre; *Don Chisciotte* (1868), Monaco, Neue Pinakothek.

Gustave Courbet (artista francese, 1819-77)

Il realismo di Courbet ha per tema, oltre al mondo del lavoro e della fatica, un'ampia galleria di situazioni che riflettono la definitiva attenzione dell'arte verso la realtà più diretta e immediata ritratta nella sua nuda veste, senza schermi idealizzanti.

Tra le opere di Courbet si segnalano *L'atelier* (1855), Parigi, Louvre; *Les demoiselles des bords de la Seine* (1857), Parigi, Petit Palais.

CONOSCENZE E COMPETENZE

21.5.2 | L'Impressionismo

Il movimento impressionista si sviluppa tra il 1860 e il 1866 a Parigi. Sue caratteristiche peculiari sono:

- il dipingere il quadro all'aria aperta, senza fasi preparatorie o conclusive nell'*atelier*, lasciandosi catturare dalla realtà naturale e tentando di rappresentare tanto l'emozione derivante dal rapporto con l'ambiente e con la luce, quanto il trascorrere stesso del tempo sulla superficie delle cose;
- il fissare la realtà continuamente mutevole con gesto veloce e deciso, senza la mediazione rallentante e schematizzante del disegno;
- l'utilizzo di colori il più possibile puri, abolendo l'accademico chiaroscuro, poiché, a una attenta osservazione della realtà, ci si rende conto che le ombre sono anch'esse colorate.

Edouard Manet (artista francese, 1832-83)

È l'anticipatore e il maestro riconosciuto del movimento. La sua pittura solleva scandalo e polemiche a non finire negli ambienti accademici, sia per i soggetti trattati, sia per le tecniche impiegate. Manet ritrae spesso scene d'ambientazione quotidiana reputate "sconvenienti". Abolendo le risorse canoniche della pittura, come la prospettiva, il chiaroscuro, la rappresentazione per volumi, egli crea figure bidimensionali racchiuse in nitidi contorni, animandole di colori piatti, spesso contrapposti fra loro.

Tra i capolavori di Manet si ricordano *L'esecuzione di Massimiliano del Messico* (1867), Copenaghen; *Il bar delle Folies-Bergère* (1881), Londra, Tate Gallery; *La colazione sull'erba* (1863), Parigi, Musée d'Orsay; *Olimpia* (1863), Parigi, Musée d'Orsay; *Ritratto di E. Zola* (1867), Parigi, Louvre; *Argenteuil* (1864), Parigi, Louvre.

Claude Monet (artista francese, 1840-1926)

Monet è considerato il pittore impressionista per eccellenza. Egli non solo enuclea le principali direzioni di ricerca della poetica impressionista, ma ne vive tutti gli sviluppi fino ai limiti dell'astrazione. In lui predomina non tanto l'interesse per il soggetto in sé, quanto quello per l'atmosfera che lo circonda e lo determina: questa atmosfera è data dalla luce, che costituisce il vero oggetto del quadro.

Tra le opere di Monet si ricordano la *Veduta di Venezia* (1908), Washington, National Gallery of Art; *I papaveri* (1873), Parigi, Musée d'Orsay; la *Cattedrale di Roma, effetto di luce mattutina* (1894), Parigi, Musée d'Orsay; *la Cattedrale di Rouen in pieno sole* (1894), Parigi, Musée d'Orsay; *Ninfee nella luce della sera* (1910 ca.), Zurigo, Kunsthaus.

Pierre-Auguste Renoir (artista francese, 1841-1919)

La cultura artistica di Renoir è tesa a risolvere il dato più urgente e più nuovo del momento: la rappresentazione dell'effetto atmosferico, della scoperta della luce, non come fenomeno esterno alle cose, bensì come proprietà che intride unitariamente tutte le parti del mondo visibile.

Tra le sue opere vanno ricordate: *All'Estaque* (1882), Boston, Museum of Fine Art; *Monet che dipinge nel giardino di Argenteuil* (1873), Hartford, The Wodsworth Athenaeum; *Il palco* (1874), Londra, Courtauld Institute; *Moulin de la Galette* (1876), Parigi, Louvre; *L'altalena* (1876), Parigi, Louvre; *Bagnante seduta che si asciuga un piede* (1883), Parigi, Orangerie.

21.5.3 | Il Postimpressionismo

Sotto la definizione assai generica di *Postimpressionismo* vanno annoverati quegli artisti che, a partire dal 1886, inaugurarono una profonda riconsiderazione critica della loro estetica, rompendo l'apparente omogeneità della precedente visione impressionistica in una serie di provocatorie novità.

Le vere e proprie rivoluzioni operate da **Cézanne**, **Van Gogh**, **Gauguin**, segnano le origini stesse dell'arte contemporanea, che si svilupperà lungo strade anche molto diverse tra loro.

Paul Cézanne (artista francese, 1839-1906)

Con Cézanne la pittura tenta di creare, per la prima volta in maniera consapevole, una propria realtà, senza preoccuparsi della verosimiglianza della raffigurazione o dell'impressione suscitata nello spettatore. Rifiutando il disfacimento della realtà in luce, perseguito dagli impressionisti, Cézanne si prefigge di rappresentare la realtà non per come appare, ma per come può essere pensata nella sua intima essenza, nella sua struttura logica, giungendo a esiti talora decisamente astratti.

Tra le opere di Cézanne: *La casa dell'impiccato ad Auvèrs* (1873), Parigi, Musée d'Orsay; *Il grande pino* (1885-87), Londra, Home Hause Trustees; *Due giocatori di carte* (1890-92), Londra, Home Hause Trustees; il ciclo *Le grandi bagnanti* (1898-1905), Philadelphia, Museum of Art; *Cabanon de Jourdan* (1906), Milano, collezione privata.

Paul Gauguin (artista francese, 1848-1903)

Vuole superare l'estetismo formale degli impressionisti, caricando la sua pittura di significati che vanno al di là della stessa arte e impregnandola con ciò di un forte simbolismo. La pittura si manifesta con una sua libertà "selvaggia", sperimentando le soluzioni più inedite (tra le quali il ricorso a toni cromatici spesso inventati, "impossibili"). Attraverso un tale uso del colore, Gauguin annulla nei suoi dipinti la tridimensionalità e persino la prospettiva.

Tra le sue opere spiccano: la *Visione dopo il sermone. Lotta di Giacobbe con l'angelo* (1888), Edimburgo, National Gallery of Scotland; *Nafea foa ipoipo* (*Quando ti sposi?*, 1892), Berlino, Kunstmuseum; *Ta Matete (Il mercato*, 1892), Basilea, Kunstmuseum; *Il cavallo bianco* (1898), Parigi, Musée d'Orsay; *L'oro dei loro corpi* (1901), Parigi, Louvre.

Vincent Van Gogh (artista olandese, 1853-90)

Van Gogh esprime in pittura per la prima volta la disperazione e la solitudine dell'individuo e, autobiograficamente, dell'artista nel mondo. Il lavoro in profondità che egli opera nella materia del pigmento grasso e denso dell'olio è un mezzo per scavare dentro il senso stesso della realtà. Il dinamismo curvilineo, spezzato e iterato delle pennellate, delle spatolate, il collocare il colore sulla tela spremendolo direttamente dai tubetti, rappresentano altrettanti modi di totale coinvolgimento fisico e psichico del fare pittura.

Tra le sue opere più famose: *La torre del cimitero di Neunen con uccelli* (1885), Amsterdam, Rijks-museum Vincent Van Gogh; *Cinque contadini (I mangiatori di patate*, 1885), Amsterdam, Rijks-museum Vincent Van Gogh; *Camera di Van Gogh ad Arles* (1888), Amsterdam, Rijks-museum Vincent Van Gogh; *I girasoli* (1888), Londra, National Gallery; *Autoritratto del gennaio 1889, con il capo bendato*, Chicago, Proprietà Block; *Autoritratto del settembre 1889*, Parigi, Musée d'Orsay; *Campo di grano con corvi* (1890), Amsterdam, Stedlyk Museum.

21.5.4 | Il Divisionismo e il Simbolismo

Nell'ambito del periodo postimpressionista sono generalmente compresi gli artisti del cosiddetto Neoimpressionismo, tra cui **Seurat** e **Signac**, fondatori della poetica del *Pointillisme* (detto anche *Divisionismo*), cioè l'uso di piccoli punti di colori puri e separati, in modo che la fusione si realizzi nell'occhio dello spettatore. Importante esponente italiano del divisionismo è **Giovanni Segantini** (1858-99).

Altri gruppi sono quelli dei simbolisti come **Moreau, Redon, Whistler, Puvis de Chavannes,** quello dei **Nabis** e alcuni artisti difficilmente catalogabili come per esempio **Toulouse-Lautrec** e **Rousseau**.

21.6 | Novecento

Il Novecento artistico registra un'incredibile quantità di stili e di movimenti che, aldilà di una generale tendenza a superare il figurativismo a favore dell'astrattismo, non è possibile ridurre a una precisa cifra unitaria.

21.6.1 | I Fauves

Il termine *fauve* (che in francese significa "animale selvaggio", "bestia feroce") venne ironicamente attribuito dal critico Vauxcelles all'intero gruppo di artisti che nel 1905 esposero le loro opere al *Salon d'Automne* a Parigi, volendo con ciò significare l'estrema provocazione della loro pittura. Questa abbandona ogni traccia di colore naturalistico e rifiuta le convenzionali regole prospettiche della rappresentazione: elimina ombre, chiaroscuri, sfumature, volumetrie, per realizzare un'immagine basata sull'esaltazione del colore e della linea di contorno delle figure.

Henri Matisse (artista francese, 1869-1954)

Tende a rompere con le convenzioni formalistiche della rappresentazione figurativa, essenzializzandola e riducendola a un libero gioco di colore e di tratti. Il colore non viene più concepito – come dagli impressionisti – come un mezzo per tradurre l'impressione suscitata dal reale, ma come il fine ultimo della pittura, come un mondo autonomo, regolato da proprie leggi interne (l'accostarsi e alternarsi di toni, di altezze, di diverse profondità del colore).

Tra le opere di Matisse sono da ricordare il *Giovane marinaio* (1906), Lomas, proprietà Gelman; *La danza* (1910), San Pietroburgo, Ermitage; *Pesci rossi* (1911), Mosca, Museo Puskin; *Lusso, calma e voluttà* (1905 ca.); *Odalisca con pantaloni rossi* (1922), Parigi, Museo Nazionale d'arte Moderna; *L'atelier rosso* (1911), New York, Museum of Modern Art.

Tra gli artisti appartenenti a questa corrente vanno ricordati anche: **Vlaminck, Marquet, Derain, Van Dongen, Friesz, Rouault**.

21.6.2 | L'Espressionismo

Il termine *Espressionismo* non designa un fenomeno artistico circoscritto, identificabile in una scuola o in un gruppo precisi, ma qualcosa di molto più vasto e sfumato, un complesso di idee, di eventi artistici e produzioni materiali anche molto diversi tra loro, la cui area di diffusione è costituita dalla Germania e dall'Austria. L'arco cronologico interessato comprende gli anni 1905-25.

In questo ventennio si sviluppano i gruppi artistici più importanti:

- **Die Brücke** (Il ponte), con artisti come E. Heckel, O. Muller, K. Schimdt- Rottluf, M. Pechstein;
- **Der Blau Reiter** (Il cavaliere azzurro), fondato da W. Kandinsky e F. Marc e considerato il gruppo più importante all'interno del movimento espressionista;
- **Die Neue Sachlichkeit** (la Nuova oggettività) con pittori quali O. Dix e G. Grosz.

21.6.3 | L'Astrattismo

Si sviluppa in Europa all'inizio del XX secolo, in zone lontane e grazie ad artisti non in contatto tra loro e senza intenti comuni. Produce opere pittoriche e plastiche che rifiutano programmaticamente la figurazione e la rappresentazione oggettiva della realtà privilegiando forme, linee e e colori. In America si diffuse intorno a metà secolo grazie a **Jackson Pollock** e **Mark Rothko**. In Italia ebbe tra i suoi esponenti **Lucio Fontana** e **Emilio Vedova**.

Wassily Kandinsky (artista russo, 1866-1944)

È considerato il padre dell'astrattismo lirico. Suo intento costante è quello di rappresentare l'"invisibile". Da ciò nasce la particolare compresenza nella sua pittura di forme comprensibili e forme incomprensibili, di elementi dell'esperienza e di altri che alludono a una diversa dimensione, quella spirituale. Con la sua opera può dirsi conclusa l'epoca ottocentesca dell'arte dell'*apparenza*, mentre si apre quella moderna dell'arte del *senso*, che ha cioè bisogno di una interpretazione profonda per essere compresa.

Tra le sue opere principali: il *Primo acquerello astratto* (1910), Neully-sur-Seine, collezione Nina Kandinsky; il *Quadro con macchia rossa* (1914), Neully-sur-Seine, collezione Nina Kandinsky; *Giallo-rosso-azzurro* (1925), Neully-sur-Seine, collezione Nina Kandinsky; *Lirica* (1911), Rotterdam, Boymans van Beunigen Museum; *Piccolo sogno rosso* (1925), Parigi, Centre George Pompidou.

Paul Klee (artista svizzero, 1879-1940)

Tutta la produzione di Klee è caratterizzata dallo stesso obiettivo: la rappresentazione di un mondo parallelo a quello reale. Quest'ultimo funge da stimolo al suo stesso superamento, in un'inesauribile ansia di scoperta di ciò che sta dietro le cose. La ricerca di Klee dà vita a composizioni astratte, mirate a comunicare l'esperienza poetica del disvelamento di un mondo interiore.

Tra le opere più rappresentative dell'artista si ricordano: *Dinanzi alle porte di Kairuan* (1914), Berna, Kunstmuseum, Klee-Stiftung; *Un foglio di libro urbano* (1928), Basilea, Kunstmuseum; *Senecio* (1922), Basilea, Kunstmuseum; *Strada principale e strade laterali* (1929), Monaco, collezione Werner Vowinckel; *Capo dei barbari* (1932), Berna, collezione Felix Klee; *Anche il corpo ha un volto* (1939), Berna, collezione Felix Klee.

21.6.4 | Egon Schiele (artista austriaco, 1890-1918)

Le opere di Schiele esprimono un sentimento di drammaticità, per l'audacia del taglio compositivo e per il suo straordinario disegno: una linea incisiva, dura, che non concede più nulla all'estetismo e al sentimento.

Tra le opere di Schiele si segnalano: *Pruno con fucsie* (1909-10), Darmstadt, Hessisches Landesmuseum; *Coppia seduta* (1915), Vienna, Graphische Sammlung Albertina.

21.6.5 | Oscar Kokoschka (artista austriaco, 1886-1980)

La pittura di Kokoschka tende a un ermetismo totale, a una assoluta incomunicabilità dell'atto immaginativo, che però egli sa rendere attraverso un'arte ancora di tipo figurativo ed espressivo, senza cioè ricorrere alla più facile soluzione dell'astrattismo. Tra i suoi dipinti si ricordano: *La sposa del vento* (1914), Basilea, Kunstmuseum; *Ritratto di Adele Astair* (1926), Zurigo, Kunsthaus.

21.6.6 | Marc Chagall (artista russo, 1887-1985)

L'opera di Chagall rappresenta un punto d'incontro di diverse componenti culturali: la tradizione dell'arte popolare russa, la cultura ebraica, il clima artistico di Parigi. Tale eclettismo rimarrà una costante della sua pittura. Oggetto privilegiato della sua produzione sono i ricordi d'infanzia: il villaggio contadino, le atmosfere di festa, le case di legno con i loro interni, i piccoli oggetti della realtà quotidiana. Egli li ritrae immergendoli in un'aura di sogno, cercando di portare alla luce l'"invisibile" che vi si cela e che può essere reso solo per via allusiva, simbolica. Tra le opere del pittore russo si citano: *Il sabato* (1910), Colonia, Wallraf-Richartz Museum; *Io e il villaggio* (1911), New York, Museum of Modern Art; *La caduta dell'angelo* (1923, 1933 e 1947), Basilea, Kunstmuseum; *Nel crepuscolo* (1938-43), Basilea, Collezione Ida Meyer-Chagall; *Intorno a lei* (1945), Parigi, Centre George Pompidou.

21.6.7 | Il Cubismo

Prende convenzionalmente avvio da un quadro di Pablo Picasso, *Les demoiselles d'Avignon*, del 1907. I suoi esponenti principali sono lo stesso **Picasso** e **George Braque**. In un primo periodo, definito *cezanniano* o *protocubista* (1907-09), Picasso si concentra sul disegno compositivo, mentre Braque sviluppa la carica cromatica e i valori di superficie, ma nessuno dei due giunge ancora a scomporre definitivamente la forma. Nel secondo periodo detto *analitico*, essi si volgono invece a una nuova rappresentazione pittorica, e le forme appaiono come un insieme poliedrico di piani ribaltati e sovrapposti. Nel terzo periodo, detto *sintetico* (1913-14), si aggiunge la partecipazione attiva dei pittori **Gris** e **Leger**. In questa fase, nella quale la pittura tende a raffigurazioni il più possibile essenzializzate, viene abbandonato ogni residuo di verosimiglianza rappresentativa e il Cubismo raggiunge la profondità di un'estetica coerente e rigorosa, che vuole rappresentare le diverse valenze degli oggetti nello spazio.

Pablo Picasso (artista spagnolo, 1881-1973)

Con la sua vastissima e poliedrica produzione (che comprende anche un'intensa attività di scultore e ceramista), Picasso rappresenta certamente uno dei massimi artisti del secolo. I periodi iniziali della sua produzione possono essere così suddivisi:

- il cosiddetto *periodo blu* (dal colore che vi predomina), tra gli anni 1901-04, con temi pieni di pathos;
- il successivo *periodo rosa*: primo interesse per le forme classiche (1905-06).

In questi primi anni Picasso mette a punto le tematiche (i problemi della forma, la scomposizione dei piani compositivi, la vicenda umana nelle sue gioie e nei suoi drammi) che poi approfondirà via via nell'arco della sua lunghissima carriera. Il 1907 è l'anno cruciale per la nascita del **cubismo**. Per Picasso la nuova estetica significa smembrare e sfaccettare gli oggetti, aprendoli allo spazio circostante; l'assorbimento dei vari colori nelle diverse tinte del grigio; la messa a punto di immagini statiche che vivono di una vita propria, senza alcun obbligo di somiglianza con gli oggetti a cui si riferiscono. Picasso dedicherà i restanti decenni della sua esistenza ad approfondire questi elementi di base e a sperimentarne instancabilmente di nuovi.

Tra i capolavori di Picasso vanno ricordati *La vita* (1903), Clevaland, Museum of Art (periodo blu); *Acrobata e giovane equilibrista* (1905), Mosca, Museo Puskin (periodo rosa); *Case in collina* (1909), New York, proprietà privata (periodo protocubista); *I tre suonatori* (1921), New York, Museum of Modern Art (cubismo sintetico); *Arlecchino* (1915), New York, Museum of Modern Art (cubismo sintetico); *Guernica* (1937), Madrid, Prado (cubismo sintetico).

Georges Braque (artista francese, 1882-1963)

Figura di primo piano dell'arte contemporanea, Braque sviluppa la sua copiosa produzione nel segno di un ideale di chiarezza che egli coltiva sempre, coerentemente, pur attraverso le varie fasi della sua ispirazione. A lui si deve l'introduzione di nuove tecniche pittoriche di grande rilievo, come l'utilizzo nei quadri di numeri e lettere dell'alfabeto, il ricorso al collage (detto anche *paier-collé*).

CONOSCENZE E COMPETENZE

Tra i suoi quadri vanno segnalati il *Paesaggio all'Estaque* (1908), Parigi, Centre G. Pompidou; *Il portoghese* (1911), Basilea, Offentlicher Kunstsammlung; *Natura morta con clarinetto*, New York, Museum of Modern Art; *Chitarra e clarinetto* (1918), Philadelphia, Museum of Art.

21.6.8 | Il Futurismo

La corrente del Futurismo nasce formalmente nel 1909 con il *Manifesto del Futurismo*, firmato dallo scrittore italiano Filippo Tommaso Marinetti. In esso sono già contenute quasi tutte le idee che appariranno anche nel *Manifesto dei Pittori Futuristi* del 1910, sottoscritto dai pittori **Boccioni, Carrà, Russolo, Severini, Balla.**

Il Futurismo nasce come tardivo approccio della nascente società borghese italiana al mito della rivoluzione industriale, in opposizione al classicismo e contro ogni istituzione accademica, e si sviluppa nei primi anni del fascismo in Italia. È caratterizzato, oltre che da una retorica altisonante derivata dal poeta Gabriele D'Annunzio (detto "il vate"), dall'interesse per la rappresentazione simultanea di tutto ciò che appartiene al mondo della macchina, da un atteggiamento polemicamente anti-culturale e da un forte patriottismo. I temi privilegiati dal Futurismo sono la città industriale e le nuove macchine, simbolo di velocità, potenza, movimento, aggressività.

Umberto Boccioni (1882-1916)

Maggiore rappresentante del Futurismo pittorico, di cui è anche uno dei più acuti teorizzatori, Boccioni impronta le sue opere ai concetti di "dinamismo" e "simultaneità", alla cui luce compie la sintesi dell'elemento plastico e di quello cromatico. Nei suoi dipinti e nelle sculture, che hanno spesso per oggetto la metropoli industriale, i vari piani si intersecano sortendo un effetto di esasperato dinamismo, tanto che i confini degli oggetti tendono a sciogliersi nell'ambiente circostante.

Tra i dipinti di Boccioni si ricordano: *Officine a Porta Romana* (1908), Roma, Collezione Banca Commerciale Italiana; *La città che sale* (1910 ca.), New York, Museum of Modern Art; *Visioni simultanee* (1991), Hannover, Niedersachsische Landesgal; *Cavallo + cavaliere + caseggiato* (1914), Roma, Galleria d'Arte Moderna.

21.6.9 | La Metafisica

Si propone di rappresentare ciò che si trova al di là del mondo fenomenico e di cogliere una seconda realtà interiore, profonda, invisibile. Nella pittura la scuola metafisica, sorta a Ferrara nel 1917 per volontà di Giorgio de Chirico e Carlo Carrà (1881-1966), esprime un desiderio di ritorno all'ordine, di recupero della figuratività contro la distruzione della forma operata dal Cubismo e dal Futurismo.

Giorgio De Chirico (artista italiano, 1888-1978)

Artista di profonda cultura non solo pittorica, ostile alle avanguardie coeve, che pure in parte influenzò, De Chirico dipinge oggetti che risultano enigmatici, fuori del tempo e carichi di mistero. Ricorrenti sono le *strutture architettoniche* (che vivono di per se stesse senza scandire lo spazio o alludere ai suoi abitatori) e i *manichini*. Dal 1918, De Chirico collaborò alla rivista "Valori plastici" di M. Broglio, che predicava un ritorno alle origini della pittura italiana.

Tra i suoi quadri vanno ricordati: *Ritratto di G. Apollinaire* (1914), Parigi, Collezione privata; *Ettore e Andromaca* (1917), Milano, Collezione Mattioli; *Interno metafisico con piccolo fabbricato* (1916 ca.), Milano, Collezione privata.

Altri esponenti del movimento metafisico furono **Alberto Savinio**, **Ardengo Soffici** e **Giorgio Morandi** (1890-1964, del quale sono famose le *nature morte*).

21.6.10 | Il Dadaismo

Movimento non circoscrivibile a una singola forma d'arte, nasce a Zurigo nel 1915-16 dall'incontro di un gruppo di personalità artistiche e intellettuali, tra cui **H. Ball**, **H. Hennings**, **G. Janco**, **Tristan Tzara**, **J. Evola**, **H. Richter**, **H. Harp**. Movimento d'avanguardia aggressivo e dissacrante, il Dadaismo rigetta ogni valore etico e artistico della tradizione, ispirandosi nel concreto processo creativo ai principi della casualità, dell'ironia e all'utilizzo di materiali trovati (come biciclette, scolabottiglie ecc.). Sviluppatosi in vari centri di diffusione (Zurigo, Barcellona, Berlino), aventi ciascuno una propria fisionomia artistica, il Dadaismo raggiunse i suoi risultati più originali a New York, tra il 1915 e il 1920, per opera di **Marcel Duchamp** e **Man Ray**.

Man Ray (artista statunitense, 1890-1976)

Con i suoi *ready-made* (oggetti già fatti), Man Ray mira a provocare, accostando tra loro due o più pezzi, una sensazione di perturbamento, di sconcerto e di ironica provocazione, servendosi di titoli che accentuano il carattere enigmatico delle sue opere.

Egli è inoltre originale inventore di procedimenti creativi, come la pittura a strappo, l'acquarello su carta vetrata, l'aerografo, nonché uno dei primi fotografi artistici.

Tra le sue opere vanno ricordate: *Man ray* (1914), Londra, Collezione R. Penrose; *À l'heure de l'observatoire; Les amoreux* (1932-34), Longpont-sur-Orge, Collezione privata; *Rayogramma* (1925), Torino, Collezione privata.

Marchel Duchamp (artista francese, 1887-1968)

Per Duchamp, l'opera d'arte si riduce a un atto privato, non catalogabile secondo una gerarchia oggettiva di valori estetici. Il risultato di tale concezione sono la messa a punto di ingegnosi meccanismi del tutto inutili, l'esposizione come opere d'arte di oggetti comuni (con chiaro intento ironico), l'elaborazione di costruzioni assurde, la cura di cortometraggi surrealisti e la stampa di fotografie sperimentali. In tal modo l'arte diviene un fatto mentale, il risultato di una concettualizzazione e proprio su questa strada si muoveranno moltissimi artisti nella seconda metà del nostro secolo.

Tra le opere di Duchamp si segnalano: *Nudo che discende le scale n. 2* (1912), Philadelphia, Museum of Art; *L. H. O. O. Q, ready-made* (eseguito a Parigi dipingendo dei baffetti a una riproduzione della Gioconda), New York, Collezione M. Sisler; *Fountain* (1917); *La sposa messa a nudo dai suoi scapoli* (o anche: il *Grande vetro*, 1915-1923), Philadelphia, Museum of Art; *Aria di Parigi* (1919-1964), Milano, Galleria Schwarz; *Ruota di bicicletta* (1913), Neully; *Scolabottiglie* (1914-64).

21.6.11 | Il Surrealismo

Nasce ufficialmente a Parigi nel 1924, con il primo *Manifesto Surrealista* scritto dal poeta André Breton. I surrealisti prestano particolare attenzione alla dimensione fantastica, onirica, folle e inconscia dell'uomo (anche sulla base della psicoanalisi di Freud): si tratta di dare voce diretta a tale dimensione oscura, senza mediazioni intellettuali, servendosi al caso di tecniche nuove (come il *frottage*, disegno casuale ottenuto per mezzo di sfregamento; la pittura *a fumo*; i fotomontaggi e le composizioni tipografiche).

Obiettivo del movimento è un rivolgimento totale dell'interiorità umana; cosicché a differenza di altre avanguardie come il dadaismo, il suo programma non si limita a una semplice fase polemica e distruttiva.

Gli esponenti più noti del movimento sono stati **Juan Mirò**, **Salvador Dalí**, **Max Ernst**, **René Magritte**.

Juan Mirò (artista spagnolo, 1893-1983)

Svincolatosi ben presto dall'arte figurativa, Mirò è maestro di un astrattismo lirico che elabora in chiave molto personale, leggera sino ai limiti del fiabesco, le tematiche dell'inconscio e del ricordo tipiche del surrealismo. Nei suoi quadri una serie limitata di segni grafici e di figurazioni fantastiche vengono variati all'infinito, con colori elementari, non mescolati.

Tra le opere di Mirò vanno ricordate: *La fattoria* (1921-22), New York, Collezione E. Hemingway; *Il carnevale di Arlecchino* (1924-25), Buffalo, The Albright- Knox Gallery; *Personaggio di fronte alla natura* (1935), Philadelphia, Museum of Art; *Constellations* (1940), New York, Collezione George Acheson.

21.6.12 | Der Stijl e il Neoplasticismo

Nel 1917 esce in Olanda, a Leida, una rivista intitolata *Der Stijl*. Suo promotore è **Theo Van Doesburg** (1883-1931). Essa si fa promotrice di una poetica che, in opposizione al trionfo dell'individualismo in arte, mira a realizzare una pittura oggettiva, dall'equilibrio e dal rigore matematici, che sappia rinunciare a qualsiasi riferimento naturalistico. Massimo esponente di tali idee in campo figurativo è **Piet Mondrian**.

Piet Mondrian (artista olandese, 1872-1944)

Partito da esperienze cubiste, sviluppa infinite variazioni espressive di un contenuto pressoché costante, sulla base di leggi oggettive concernenti la composizione, il ritmo e il colore della pittura. Ogni residuo di figuratività è così abolito in un'arte del tutto astratta.

Tra le opere di Mondrian si segnalano: *L'albero argentato* (1911), L'Aia, Gemeente Museum; *Composizione* (1913), Eindhoven, Van Abbe Museum; *Quadro I* (1913), Basilea, Collezione privata; *Composizione con azzurro e giallo* (1932), Philadelphia, Museum of Art; *Broadway boogie-woogie* (1942-43), New York, Museum of Modern Art.

21.6.13 | La Pop Art

La Pop (abbreviazione per "Popular") Art si sviluppa in America negli anni Cinquanta. Essa vuole presentare oggetti del tutto banali, senza con ciò mirare a un esplicito effetto di shock, di denuncia ideologica o di proiezione utopistica. La poetica della Pop Art consiste nel sottolineare in maniera assoluta l'aspetto normale delle cose. Proprio tale insistenza ossessiva finisce però per determinare lo scatto estetico della sorpresa e l'artisticità dell'opera. Gli esponenti più famosi del movimento sono **Andy Warhol** e **Roy Lichtenstein** (1923-97).

Andy Warhol (artista statunitense, 1930-87)

Gli oggetti prediletti da Warhol sono le insegne pubblicitarie di prodotti di massa (come la Coca Cola, le scatole delle minestre Campell's), i divi della musica e del cinema (come Elvis Presley, Marylin Monroe, James Dean), fotogrammi di incidenti e di scene di violenza. Egli espone tale figure in lunghe serie di immagini identiche, ripetitive sino all'ossessione, animandole spesso con colori squillanti: il senso che se ne ricava è quello dell'angoscia della vita moderna.
Tra le opere che hanno reso famoso Warhol si ricordano: *Marylin* (1962), Collezione L. Castelli, New York; *Quattro barattoli di zuppa Campbell* (1965); *Coca cola verde* (1962), New York, Whitney Museum; *Ladies and Gentlemen* (1975).

Siamo ora in grado di rispondere ai tre quesiti proposti all'inizio del capitolo.

Quesito I. Il più significativo esponente del Romanticismo italiano fu Francesco Hayez. Celebri opere di Hayez sono: *Il bacio* (1859), e il ritratto di Alessandro Manzoni (1841). Appiani e Bossi sono riconducibili alla corrente neoclassica, mentre Segantini è stato un pittore divisionista. Sironi arriva invece il secolo successivo. La risposta corretta è perciò la **C**.

Quesito II. La risposta esatta è la **C**. La tela, molto diversa dai capolavori degli anni successivi, mostra lo stile delle prime opere di Van Gogh, quando era ancora influenzato dall'opera di Millet e tentava la via del realismo sociale.

Quesito III. La *xilografia* (composto di *xilo-*, "legno" e *-grafia*, "scrittura": "scrittura sul legno") è un procedimento di stampa artistica di origine molto antica, noto in Cina fin dal VI secolo a.C. e diffuso in Europa nel XIV secolo. Consiste in un'incisione rilievografica in cui, cioè, si scava (per mezzo di sgorbie, bulini ecc.) la superficie di una tavoletta di legno (matrice) lasciando in rilievo solo le parti che costituiscono il disegno. La risposta esatta è quindi **B**. Si nota che **A** riporta una generica definizione di *litografia* (da *lito-*, "pietra").

21.7 | Esercizi svolti

1 Riconoscere la giusta sequenza cronologica delle opere riprodotte.

Alba

Laocoonte

Venere

Ebe

Medusa

A Venere; Alba; Laocoonte; Medusa; Ebe
B Laocoonte; Alba; Ebe; Venere; Medusa
C Venere; Laocoonte; Alba; Medusa; Ebe
D Venere; Medusa; Laocoonte; Alba; Ebe
E Laocoonte; Venere; Alba; Ebe; Medusa

Ci si può avvicinare alla risposta esatta andando per esclusione. La *Venere di Milo* è infatti una scultura greca molto celebre, datata al 130 a.C.: pertanto è facile scartare subito le alternative B ed E che non la indicano come primo elemento della successione. Anche senza conoscere l'esatta datazione delle altre opere, è evidente che il gruppo scultoreo del *Laocoonte* – opera del tardo ellenismo datata tra il 50 a.C. e il 50 d.C. raffigurante il noto episodio dell'*Eneide* – deve essere il secondo elemento. Se la Venere è un modello di misura ed equilibrio delle proporzioni, il gruppo si impone per dinamismo e drammaticità. L'*Alba* è una scultura del Rinascimento: si tratta di una delle figure sulla tomba di Lorenzo de' Medici nella Basilica di San Lorenzo a Firenze, realizzata da Michelangelo. La testa di *Medusa* è opera di Bernini, cioè di epoca barocca, mentre *Ebe* è una scultura di Canova e appartiene al periodo neoclassico: pertanto è l'ultima nell'ordine temporale.

2 Quale dei seguenti culti conobbe uno sviluppo particolare nell'arte gotica?

A Quello di San Francesco
B Quello di San Girolamo
C Quello di Maria
D Quello di San Pietro
E Quello di San Tommaso

Attraverso il culto di Maria la Chiesa intendeva sottolineare il proprio ruolo preminente nella società, in quanto unica depositaria del sapere e indispensabile intermediaria tra l'uomo e Dio. La risposta esatta è quindi la C.

3 **Nel corso del secolo XX l'astrattismo via via impostosi in pittura è stato accompagnato da una visione dell'arte di tipo:**

A concettuale B emozionale C narrativa D mistica E mitica

Una volta rotta la verosimiglianza figurativa, il dipinto è diventato sempre più un fatto mentale, il cui referente si trova nel pensiero più che nella realtà dei sensi. La risposta corretta non può che essere la A.

4 **È stata una delle più importanti correnti artistiche del primo Novecento. Nasce a Parigi nel ...... con i lavori di Pablo Picasso e Georges Braque. Per convenzione si fa corrispondere il suo inizio con l'anno in cui Picasso completa il celebre quadro *Les Demoiselles d'Avignon*, dove l'artista sperimentò per la prima volta e in modo sistematico il tipico procedimento di semplificazione, deformazione e moltiplicazione dei punti di vista. Il nome ...... fu impiegato per la prima volta dal critico Vauxcelles, per etichettare in senso dispregiativo l'esito frammentato e sfaccettato dei quadri di Picasso e Braque.**

Quale delle seguenti coppie di città e data può essere inserita per completare il testo?

A 1961 - neoclassicismo

B 1907 - cubismo

C 1917 - fauvismo

D 1922 - puntinismo

E 1929 - divisionismo

Si definisce con il termine *cubismo* il rivoluzionario stile pittorico a cui diedero vita nel periodo tra il 1907 e il 1914 Georges Braque e Pablo Picasso (risposta esatta B), stile che successivamente trovò espressione anche in un movimento culturale di più vasta portata, coinvolgendo anche letteratura e musica. Centro di questa rivoluzione fu la città di Parigi, ma il movimento che seguì fu poi di portata internazionale e le idee che lo sostengono furono adottate e adattate da molti altri artisti come Juan Gris, uno dei più noti e importanti esponenti del movimento oltre ai due fondatori, ma anche Fernand Léger, Robert Delaunay, Albert Gleizes, Roger de La Fresnaye, Francis Picabia e Jean Metzinger.

5 **Quale dei seguenti elementi architettonici ha funzione strutturale?**

A Telamone

B Triglifo

C Lesena

D Plinto

E Metopa

La risposta corretta è la D. Il plinto è infatti, in architettura classica, l'elemento a pianta quadrata che sostiene una colonna o una statua. Le risposte A B C ed E sono da scartare perché il triglifo è l'elemento architettonico quadrangolare, che si alterna con le metope, nel fregio dorico del tempio classico, il telamone è una cariatide che raffigura soggetti maschili e di grandi dimensioni e la lesena è il risalto verticale di una parete muraria con effetto decorativo.

6 Quale evento storico viene rappresentato nel seguente dipinto?

- A La fucilazione di civili in Russia da parte delle truppe napoleoniche nel 1812
- B La rivoluzione di Napoli del 1799
- C Il massacro di Boston del 1770
- D La fucilazione di alcuni civili in seguito a una rivolta avvenuta nel 1808 a Madrid
- E Un episodio avvenuto in Francia nel 1793 durante il periodo del Terrore

La risposta corretta è la D: si tratta del celebre quadro *3 maggio 1808* di Francisco Goya. Il dipinto – un grande olio su tela di 267 × 347 cm – celebra il sacrificio dei patrioti spagnoli che si opposero all'invasione delle truppe napoleoniche, rappresentando la fucilazione di alcuni civili da parte delle truppe napoleoniche. Il contesto è Madrid, di cui si possono intuire le architetture sullo sfondo. L'artista spagnolo documentò con stile drammatico gli orrori perpetrati dalle truppe di invasione napoleoniche in Spagna.

7 Quale dei seguenti caratteri NON è attribuibile al Manierismo?

- A Eleganza formale
- B Virtuosismo esecutivo
- C Culto della prospettiva
- D Complessità dei soggetti
- E Sinuosità delle forme

La caratteristica espressa dall'alternativa C è un carattere essenziale dell'arte del Rinascimento, contro la quale si indirizza l'estetica manieristica. La C è quindi la risposta corretta.

8 In quale delle seguenti opere il Rinascimento viene per la prima volta teorizzato come una fondamentale categoria estetica a sé stante?

- A *Le Vite* del Vasari
- B Il *De Pictura* di Leon Batttista Alberti
- C Gli *Studi di architettura* di Leonardo
- D *Le Rime* di Michelangelo
- E *Il Giorno* di Parini

La risposta esatta è la A. Nella sua opera – *Le vite de' più eccellenti pittori, scultori, e architettori* (1550 e 1568 ed. ampliata "giuntina") – il Vasari afferma infatti che, a partire dal '400 fiorentino, si sarebbe verificata una "rinascita" nelle arti, nel segno dell'imitazione della natura e della riscoperta dei modelli classici.

CONOSCENZE E COMPETENZE

9 Che cos'è la "mastaba"?

- **A** Un tipo di tomba egizia
- **B** L'area dell'anfiteatro riservata ai sedili per gli spettatori
- **C** La cupola a base ottogonale che decora molte chiese
- **D** La figura femminile che sorregge la trabeazione dei templi pagani, al posto della colonna
- **E** Una sottile lastra di pietra, generalmente ornata a rilievo, che orna una trave del tetto

La mastaba è una tomba egizia (sebbene la parola venga dall'arabo), tipica delle sepolture private nel Regno Antico (2660-2150 a.C.). La risposta esatta è quindi la **A**. L'alternativa **B** definisce invece la cavea, la **D** la cariatide, la **E** la metopa. Quanto alla risposta **C**, si ricordi che la cupola non cambia nome a seconda della forma della sua base.

10 Quale delle seguenti innovazioni formali è attribuibile a Filippo Brunelleschi?

- **A** Dado sopra il capitello
- **B** Arco a ogiva
- **C** Colonna tortile
- **D** Bugnato
- **E** Leone stiloforo

La risposta corretta è la **A**. Il dado, detto *dado brunelleschiano*, conferisce maggior slancio alla colonna; ha un precedente nel pulvino bizantino. L'arco a ogiva compare in Europa alla fine dell'XI secolo (**B**); la colonna tortile è largamente usata nell'architettura gotica (**C**); il bugnato è tipico dell'edilizia civile fiorentina medioevale (**D**) e il leone stiloforo è tipico dell'architetura romanica (**E**).

11 In architettura il *matroneo* è:

- **A** un loggiato interno posto al disopra delle navate laterali tipico delle basiliche paleocristiane
- **B** un elemento di grandi dimensioni, con funzione di sostegno, raffigurante una figura maschile
- **C** un'opera pittorica o scultorea collocata in verticale sul piano dell'altare o alla parete di fondo del presbiterio
- **D** la parte esterna di un edificio, collocata al piano terra, delimitata su un lato da colonne o pilastri
- **E** un pilastro verticale che sporge da una parete muraria con funzione decorativa

Il *matroneo* è una galleria, per tradizione riservata alle donne, che corre su ciascuna delle navate laterali delle basiliche paleocristiane e in seguito romaniche. Per rispondere correttamente e individuare l'esatta definizione, si può ricorrere all'etimologia della parola, che risale al latino medievale *matrōna*, appunto "donna di rango elevato". La risposta esatta è **A**. Le restanti alternative propongono rispettivamente le definizioni di: *telamone* (**B**), *pala d'altare* (**C**), *portico* (**D**) e *lesena* (**E**).

12 Quale dei seguenti movimenti letterari può essere paragonato alla pittura barocca?

- **A** Ermetismo
- **B** Concettismo
- **C** Verismo
- **D** Decadentismo
- **E** Naturalismo

La ricerca di effetti immaginosi, bizzarri, tesi a suscitare sorpresa, condotta da una parte della pittura barocca, si ritrova nella produzione del Concettismo (risposta **B**), il cui fine è stupire il lettore attraverso virtuosistici giochi di parole.

13 La seguente immagine raffigura:

A un'architrave
B un capitello
C una colonna
D una metopa
E una modanatura

L'immagine proposta rappresenta un capitello, cioè l'elemento superiore della colonna, su cui poggia la trabeazione e la cui forma caratterizza lo stile dell'edificio a cui appartiene. Infatti, come elemento architettonico il capitello collega la superficie curva della colonna a quella rettilinea dell'architrave soprastante; come elemento decorativo è la componente più tipica dei diversi ordini architettonici. Quello in figura è un capitello di ordine *corinzio*, decorato con foglie di acanto stilizzate. La decorazione a foglie d'acanto è anche presente nel cosiddetto stile *composito*, unione formale dello stile corinzio con lo stile *ionico*, caratterizzato dalla presenza di volute. Mentre l'ordine corinzio era uno dei tre ordini classici dell'architettura greca, quello composito è proprio dell'architettura romana di epoca imperiale: è detto anche *trionfale* perché i primi esemplari noti sono quelli dell'Arco di Tito (80-90 d.C.). Lo stile fu poi riscoperto in epoca rinascimentale: lo utilizzò per esempio Leon Battista Alberti (1404 -72). La risposta esatta è quindi B.

14 La seguente immagine raffigura:

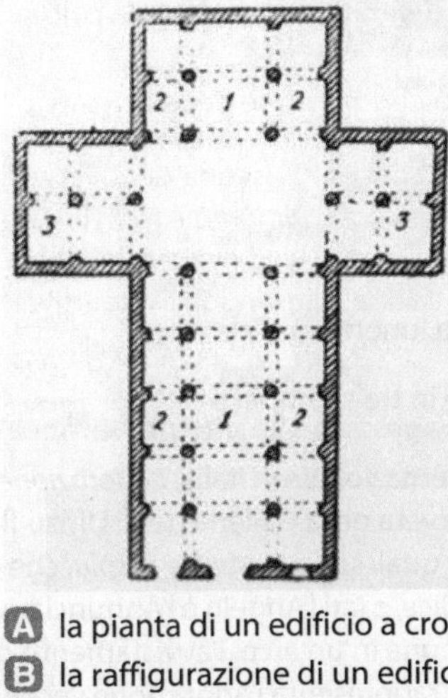

A la pianta di un edificio a croce greca
B la raffigurazione di un edificio a pianta centrale
C la pianta di un ippodromo
D la pianta di un edificio a croce latina
E la pianta di un anfiteatro greco

CONOSCENZE E COMPETENZE

Si parla di *pianta centrale* per edifici le cui parti sono in equilibrio rispetto a uno stesso punto, che hanno cioè simmetria centrale. Nell'architettura sacra le chiese avevano di preferenza *pianta longitudinale*, cioè con la dimensione verticale della *navata* prevalente su quella trasversale del *transetto*. Le chiese bizantine, tuttavia, presentano per lo più *pianta a croce greca*, in cui l'incrocio tra navata e transetto produce quattro bracci uguali. In occidente invece si ha prevalenza della *croce latina*, quando il braccio della navata è più lungo degli altri; se il transetto si inserisce a circa 2/3 del corpo longitudinale, si parla di *croce immissa* (dal latino *immittere*, inserire all'interno); se il transetto si appoggia sul fondo, si parla di *croce commissa* (dal latino *committere*, accostare) o di *pianta a T* (tau).

In tutta evidenza, quindi, la figura proposta riproduce un edificio a *croce latina*: né a pianta centrale né a croce greca (risposta esatta **D**). È abbastanza semplice escludere le alternative **C** e **D**, ricordando che l'ippodromo nell'antichità aveva forma di ovale allungato, e l'anfiteatro a semicerchio.

---

15 L'immagine proposta è la celebre pala di altare opera di Gentile da Fabriano (1423): *L'Adorazione dei Magi*. Quale tra le seguenti affermazioni NON è corretta?

A Le cuspidi contengono un tondo ciascuna

B È presente una cornice

C La predella è tripartita

D Il primo registro della rappresentazione consiste di tre lunette

E Il registro centrale della rappresentazione è articolato in tre scomparti

Considerata il capolavoro dello stesso Gentile e di tutto il Gotico internazionale in Italia, *L'adorazione dei Magi* è una pala d'altare, dipinta a tempera e oro su tavola, oggi conservata nella Galleria degli Uffizi. Il dipinto è racchiuso in una *cornice* che disegna tre archi a tutto sesto, sopra i quali sono poste tre *cuspidi* che contengono al loro interno tre *tondi* o *medaglioni*: al centro vi è Cristo giudice, a lati l'Angelo e l'Annunciata. La narrazione ha inizio dall'alto, nel registro delle lunette, comprese ciascuna in un arco: l'avvistamento della cometa, il cammino dei Magi e l'arrivo a Betlemme. Il registro centrale rappresenta l'Adorazione vera e propria e ha la caratteristica innovativa, rispetto ai trittici trecenteschi, di essere formato da un unico grande scomparto. In basso, i tre spazi della predella raffigurano le scene della Natività, della Fuga in Egitto e della Presentazione al Tempio. Tutte le affermazioni riportate sono dunque corrette, tranne la **E**.

PARTE SESTA

16 Quale dei seguenti architetti NON appartiene al Movimento razionalista?

A Giuseppe Terragni
B Ludwig Mies van der Rohe
C Walter Gropius
D Antoni Gaudí
E Ignazio Gardella

Ludwig Mies van der Rohe (1886-1969) e Walter Gropius (1883-1969) sono considerati due dei maggiori esponenti del Movimento Moderno, un periodo nella storia dell'architettura cronologicamente collocato tra le due guerre mondiali. La massima espressione artistica di questa corrente si esprime negli anni Venti e Trenta del Novecento e include altre specifiche sensibilità artistiche tra cui il Razionalismo italiano ben rappresentato da architetti come Giuseppe Terragni (1904-43) e Ignazio Gardella (1905-99). Antoni Gaudí (1852-1926) invece è stato il maggior esponente del Modernismo catalano, un movimento artistico di inizio Novecento caratterizzato dalla presenza di forme bizzarre, imprevedibili e oniriche, realizzate utilizzando stili differenti e ispirandosi al mondo della natura e animale. Tra le sue opere più celebri ricordiamo *Casa Milà* e la cattedrale della *Sagrada Familia* a Barcellona. La risposta corretta è D.

17 Come è chiamato questo grattacielo di Milano e chi lo ha progettato?

A Bosco verticale - Stefano Boeri
B Torre Velasca - Studio BBPR
C Grattacielo Pirelli - Giò Ponti
D La Scheggia - Renzo Piano
E Fiera Milano a Rho- Massimiliano Fuksas

Conosciuto da molti come *Pirellone*, il Grattacielo Pirelli fu commissionato già nel 1950 dall'omonimo gruppo industriale e progettato dall'architetto milanese Giò Ponti (risposta esatta C) che, alla guida di un folto gruppo di professionisti, progettò anche gli interni e gli arredi. Il progetto definitivo si concluse nel 1956, anno in cui venne posata la prima pietra del grattacielo: una torre in cemento armato di 127 metri e 31 piani, con una pianta larga al centro che si stringe gradualmente ai lati fin quasi a chiudersi nelle punte. L'edificio è un perfetto esempio di architettura modernista, inaugurato nel 1960. Nel 1978 è diventato sede di Regione Lombardia e anche grazie a questa sua funzione pubblica e alla posizione strategica, prossima alla Stazione Centrale, è diventato uno dei simboli della città di Milano. Dal 2011 – con l'inaugurazione del nuovo Palazzo Lombardia, sede della Giunta – il Pirellone ospita solo il Consiglio regionale. Si ricorda che il grattacielo citato da D *The Shard* (la Scheggia), si trova a Londra.

22 Educazione civica e diritto

Mettiti alla prova

I **Scegli l'alternativa corretta relativamente alla seguente affermazione.**

Nell'ordinamento italiano non sono previste forme di partecipazione diretta del popolo all'iniziativa legislativa, perché i referendum possono solo abrogare o meno leggi già in vigore, o confermare o meno leggi di riforma costituzionale.

- A È falso, in quanto esistono altri tipi di referendum, di carattere locale, con cui il popolo può proporre leggi al Parlamento
- B È vero, nella Costituzione non sono previsti istituti di iniziativa legislativa diretta da parte del popolo
- C È falso, in quanto il Parlamento rappresenta il popolo, che quindi partecipa sempre all'iniziativa legislativa
- D È falso, in quanto la costituzione prevede che i cittadini possano proporre progetti di legge al Parlamento
- E È vero, infatti il cittadino può solo presentare petizioni alle Camere, non proposte di legge

II **Quale Corte è competente a dirimere i conflitti di giurisdizione tra tribunali?**

- A Corte d'Appello
- B Corte d'Assise
- C Corte di Cassazione
- D Corte internazionale dell'Aja
- E Corte costituzionale

III **Il diritto di sciopero del lavoratore è protetto dalla Costituzione italiana?**

- A No mai, esso deriva dagli accordi sindacali
- B Sì, in ogni caso
- C Sì, ma solo se è esercitato per validi motivi
- D No, in linea teorica sarebbe addirittura vietato
- E Sì, se è esercitato nell'ambito delle leggi che lo regolano

CONOSCENZE E COMPETENZE

Ecco le risposte esatte dei 3 quesiti proposti: I D, II C, III E.

Il capitolo è dedicato alle domande dei test inerenti ai principi fondamentali del vivere associato. Per risolvere queste quesiti sono necessarie alcune conoscenze elementari relative alla Costituzione italiana e ad alcune nozioni giuridiche rilevanti (i Codici, le norme relative ai sistemi elettorali, all'antitrust, le privatizzazioni, la tutela della privacy ecc.) nonché alle organizzazioni sovranazionali europee e mondiali (Ue, ONU, Trattato di Maastricht, Dichiarazione dei diritti dell'uomo ecc.).
Alle domande di argomento strettamente disciplinare i test di ammissione, e in particolare le prove TOLC-SU, affiancano quesiti collegati a cartine, immagini, simboli ecc. Il capitolo fornisce alcuni esempi di questa tipologia di esercizi.
Nel seguito, si fornisce una sintesi delle linee fondamentali dell'ordinamento giuridico italiano e dell'organizzazione dello Stato; si daranno poi cenni del diritto internazionale, particolarmente di quello comunitario. Viene inoltre riportato il testo integrale della Costituzione della Repubblica Italiana.

22.1 | L'ordinamento giuridico

L'ordinamento giuridico è l'insieme delle norme giuridiche che regolano la vita organizzata di una comunità di persone e, da società, la trasformano in Stato. Le norme giuridiche non sono le sole a *reggere* una comunità (esistono anche norme sociali, religiose e persino sportive), ma solo esse sono difese e garantite dallo Stato, che ne impone il rispetto a chiunque, anche con l'uso della forza. Lo Stato, perlomeno in Italia, è un ente **autocratico** e **sovrano**, che non riconosce enti a sé superiori; riconosce invece enti a sé inferiori, in quanto da sé stesso derivati o consentiti.
L'ordinamento giuridico, in quanto insieme di norme, è il diritto. Vi sono due fondamentali categorie di *diritto* (inteso come ordinamento giuridico): il *diritto privato* e il *diritto pubblico*.
Diritto privato: comprende tutte le leggi che regolano i rapporti tra i soggetti privati (e anche tra privati ed enti pubblici, quando questi ultimi agiscono in veste di privati). Il diritto privato conosce al suo interno le distinzioni di seguito riportate.

- **Diritto civile**: leggi relative ai diritti della persona (nella vita privata), ai diritti di successione, ai diritti reali, alle obbligazioni.
- **Diritto commerciale**: comprende alcune norme specifiche per l'attività delle imprese commerciali (la cui disciplina è comunque dettata per la maggior parte dal diritto civile).
- **Diritto del lavoro**: norme che disciplinano il rapporto di lavoro subordinato e la legislazione sociale.
- **Diritto agrario**: norme relative ai rapporti attinenti all'agricoltura.
- **Diritto industriale**: norme sui brevetti, modelli, disegni industriali, prodotti e segni distintivi dell'azienda.

Diritto pubblico: comprende le leggi che regolano l'organizzazione dello Stato e i rapporti tra lo Stato e gli enti pubblici, gli enti pubblici e i privati, e gli enti pubblici tra di loro.
Il diritto pubblico si articola nelle seguenti distinzioni.

- **Diritto costituzionale**: norme fondamentali dell'ordinamento giuridico, relative alle fonti del diritto, alla struttura e agli organi dello Stato.
- **Diritto amministrativo**: norme organizzative degli uffici della Pubblica amministrazione e concernenti i rapporti tra questi uffici e i privati.
- **Diritto penale**: norme che reprimono i fatti illeciti, e comminano sanzioni penali.
- **Diritto finanziario**: norme che regolano l'attività finanziaria dello Stato e degli altri enti pubblici.
- **Diritto tributario**: norme che disciplinano i rapporti tra il fisco e i contribuenti.
- **Diritto processuale**: norme che disciplinano i processi (penali e civili).
- **Diritto ecclesiastico**: norme che disciplinano i rapporti dello Stato con le Chiese e le confessioni religiose.
- **Diritto della navigazione**: norme che disciplinano la navigazione marittima e aerea.
- **Diritto pubblico internazionale**: norme che regolano i rapporti tra Stati e tra gli Stati e le organizzazioni internazionali (è un diritto sovra-statale).

22.1.1 | Diritto privato

Il diritto privato è uno strumento che permette ai privati di realizzare i propri scopi economici, sociali e familiari *con la collaborazione dello Stato*. Rientrano nella categoria dei privati: i cittadini italiani, gli stranieri, le persone giuridiche private e le persone giuridiche pubbliche quando agiscono in veste di privati. Il diritto privato non forma normalmente oggetto delle domande d'esame di educazione civica. È quindi sufficiente limitarsi a elencarne pochi istituti fondamentali.

Appalto: contratto mediante il quale una parte (*appaltatore*) assume, con organizzazione dei mezzi necessari e con gestione a proprio rischio, l'impegno di compiere per l'altra (*committente*) un'opera o un servizio, dietro un corrispettivo in denaro.

Associazione: insieme di più cittadini, riunitisi per la realizzazione di uno scopo comune di natura non lucrativa. L'art. 18 della Costituzione italiana riconosce il diritto di libera associazione, senza necessità di autorizzazione, per quei fini che non siano vietati ai singoli dalla legge penale. Sono però vietate le associazioni segrete e quelle che perseguono scopi politici mediante organizzazioni di carattere militare.

Capacità di agire: idoneità della persona (fisica o giuridica) a svolgere l'attività giuridica che riguarda la sfera dei suoi interessi. La capacità di agire si sostanzia quindi nella capacità di *disporre*, di *obbligarsi*, di *amministrare* e nella *capacità processuale*. Essa si acquista al compimento della maggiore età, salvo casi particolari, per i quali è sufficiente un'età inferiore.

Capacità giuridica: attitudine del soggetto a essere titolare di diritti e obblighi. La capacità giuridica si acquista con la nascita. Occorre ricordare che anche le persone giuridiche possiedono la capacità giuridica.

Diritti di credito (diritti obbligatori): sono i diritti di esigere una prestazione da una o più persone determinate (*obbligazione*). Sono esempi di diritti di credito la pretesa di ottenere una prestazione di trasporto da Trenitalia quando si è pagato il biglietto, la pretesa di riscuotere i dividendi delle azioni possedute in una società, la pretesa del datore di lavoro di ottenere la prestazione lavorativa dal lavoratore dipendente.

Diritti reali: (da *res*, cioè "cosa") sono i diritti di trarre da una cosa tutte o alcune delle utilità economiche legalmente garantite. Il più importante diritto reale è la proprietà. Gli altri, detti diritti reali minori perché incidono su cose altrui, sono: l'usufrutto, l'uso, l'abitazione, la superficie, la servitù prediale, l'enfiteusi, il pegno e l'ipoteca.

Ditta: nome sotto il quale l'imprenditore, in quanto titolare di una certa azienda, esercita la propria attività.

Domicilio: luogo dove la persona ha stabilito la sede principale dei suoi affari e interessi. Non coincide necessariamente con la residenza.

Fallimento: istituto predisposto al fine di consentire parità di trattamento ai creditori di un imprenditore, la cui impresa sia in dissesto (l'imprenditore può essere indifferentemente una persona giuridica o fisica). Il piccolo imprenditore è però esentato dal fallimento.

Fondazione: ente costituito da uno o più fondatori e dotato di uno scopo, uno statuto e un patrimonio. È una persona giuridica.

Interdizione: istituto che priva una persona, maggiore di età, della *capacità di agire*. L'interdizione può essere decretata solo con una sentenza, come conseguenza dell'incapacità di intendere e di volere. All'interdetto viene nominato un tutore, che lo rappresenta. L'interdizione è prevista a tutela dell'incapace, ma può essere anche stabilita come pena a carico di chi commette determinati reati: in questo caso è detta interdizione legale.

Inabilitazione: viene dichiarata con sentenza, a carico di un maggiorenne che sia parzialmente incapace di intendere e di volere. L'inabilitazione non priva la persona della *capacità di agire*, ma la limita. All'inabilitato è nominato un curatore.

Mandato: contratto con il quale un soggetto si obbliga a compiere atti giuridici per conto di un altro soggetto. Il mandato si differenzia dalla rappresentanza in quanto è conferito con un contratto (laddove per la rappresentanza è sufficiente un atto: *procura*) e quindi comporta obblighi per entrambe le parti. Il mandato può anche essere conferito insieme alla rappresentanza, onde combinare insieme gli effetti dell'uno e dell'altra.

CONOSCENZE E COMPETENZE

Negozio giuridico: atto con il quale una o più persone regolano i propri rapporti giuridici tra loro o con altri. Il contratto rientra nella categoria del negozio giuridico, tuttavia quest'ultima comprende anche atti di altro tipo (per esempio, testamento, matrimonio, nomina di un rappresentante).

Obbligazione: obbligo di un soggetto (debitore) di eseguire una prestazione a favore di un altro soggetto (creditore). La prestazione può essere positiva (per esempio pagare una somma, eseguire un lavoro) o negativa (per esempio non fare concorrenza), ma deve sempre essere suscettibile di valutazione economica. Le principali fonti di obbligazione sono i contratti e i fatti illeciti (atti giuridici).

Persona fisica: qualunque essere umano. Coloro che sono cittadini italiani sono dotati di capacità giuridica, cioè della capacità di essere soggetto di diritti e obblighi. La capacità giuridica può essere limitata in taluni casi (per gli stranieri, i condannati per reati particolarmente gravi). La tutela dei diritti inviolabili dell'uomo non può invece essere mai esclusa (non solo per i cittadini, quindi, ma per tutti).

Persona giuridica: ente che può essere titolare di diritti e di obblighi, analogamente alla persona fisica. Sono esempi di persona giuridica lo Stato, le regioni, le province, i comuni, le università, le società, le associazioni, le fondazioni.

Potestà: potere attribuito a un soggetto, non per il suo interesse, ma per lo svolgimento di una funzione, cioè per realizzare un interesse superiore. Un esempio è la potestà dei genitori sui figli.

Procura: atto che conferisce la rappresentanza.

Proprietà letteraria, artistica, industriale: comprende i diritti morali e patrimoniali connessi alla creazione di un'opera d'arte o industriale. I diritti morali sono inalienabili e imprescrittibili. I diritti patrimoniali possono essere sfruttati direttamente o ceduti.

Rappresentanza: istituto tramite il quale la volontà negoziale di un soggetto (*rappresentato*) viene formata e dichiarata da un altro soggetto (*rappresentante*), mentre gli effetti giuridici del negozio vengono imputati al primo. Questo meccanismo viene utilizzato quando il rappresentato è giuridicamente incapace di agire o quando, pur essendo capace, non vuole concludere personalmente il negozio.

Residenza: luogo dell'abituale dimora della persona. La dimora è il luogo di soggiorno non occasionale. La residenza può anche non coincidere con il domicilio.

Responsabilità civile: comprende 1) la responsabilità contrattuale, cioè quella derivante dall'inadempimento di un contratto; 2) la responsabilità extracontrattuale, cioè quella derivante da fatto illecito. In entrambi i casi, essa comporta l'obbligo di risarcimento del danno.

Società di capitali: società che rispondono delle obbligazioni sociali unicamente con il proprio patrimonio sociale. I soci sono dunque responsabili soltanto limitatamente alla quota di capitale sociale detenuta. Le principali forme di società di capitali previste dal diritto italiano sono la *società per azioni* (S.p.A.), la *società a responsabilità limitata* (S.r.l.) e la *società in accomandita per azioni* (S.a.p.a.).

Società di persone: forma di organizzazione imprenditoriale riconosciuta dalla legge. Si tratta di un'impresa gestita da più persone, dotata di autonomia patrimoniale: la legge, cioè, riconosce la separazione fra il patrimonio della società e quello personale dei soci ma, qualora il patrimonio sociale si rivelasse insufficiente a coprire le obbligazioni assunte dalla società, impone che siano i soci a rispondere solidalmente e illimitatamente con il proprio patrimonio. Le principali forme di società di persone previste dal diritto italiano sono la *società semplice* (s.s.), la *società in accomandita semplice* (s.a.s.) e la *società in nome collettivo* (s.n.c.).

22.1.2 | Diritto pubblico

L'Italia è una Repubblica parlamentare costituzionale democratica. Se si accetta la tradizionale (e per la verità ormai antiquata) teoria della *separazione dei poteri*, si può dire che per lo Stato italiano vale in linea di massima la seguente distinzione.

Potere	Organo a cui compete
Legislativo	Parlamento (Senato, Camera)
Esecutivo	Governo
Giudiziario	Magistratura

In Italia esiste anche un potere "di controllo", che spetta al presidente della Repubblica e alla Corte Costituzionale. Di seguito, si propone una rassegna sintetica dei principali organi dello Stato.

Capo dello Stato. È il presidente della Repubblica e rappresenta l'unità nazionale. È eletto dal Parlamento in seduta comune. Dura in carica sette anni.

Presidenti della Repubblica Italiana	Anni
Enrico De Nicola	1946-48
Luigi Einaudi	1948-55
Giovanni Gronchi	1955-62
Antonio Segni	1962-64
Giuseppe Saragat	1964-71
Giovanni Leone	1971-78
Alessandro Pertini	1978-85
Francesco Cossiga	1985-92
Oscar Luigi Scalfaro	1992-99
Carlo Azeglio Ciampi	1999- 2006
Giorgio Napolitano	2006- 2013
Giorgio Napolitano	2013- 2015
Sergio Mattarella	2015-2022
Sergio Mattarella	2022-

Consiglio dei Ministri. È un organo formato dal presidente del Consiglio e dai ministri.

Consiglio superiore della Magistratura. È un organo di autotutela dell'indipendenza della Magistratura. A esso spetta di deliberare assunzioni, trasferimenti e in genere tutti i provvedimenti, anche disciplinari, nei confronti dei magistrati. Ne è presidente il capo dello Stato.

Corpo elettorale. È l'insieme dei cittadini che hanno il diritto di voto. A essi spetta di eleggere i propri rappresentanti a livello nazionale e locale e di approvare o respingere i referendum. Si parla di *elettorato attivo* per indicare il possesso dei requisiti che conferiscono il diritto di voto, e di *elettorato passivo* per indicare il possesso dei requisiti che conferiscono la capacità di essere eletti.

Corte Costituzionale. È l'organo che giudica la conformità delle leggi ordinarie alla Costituzione.

Corte dei Conti. È l'organo che esercita in via preventiva il controllo di legittimità sugli atti del Governo e, in via successiva, il controllo sulla gestione del bilancio dello Stato e di altri enti pubblici.

Giudici di pace, Tribunali, Corti d'Appello, Corte di Cassazione. Sono gli organi che esercitano il potere giudiziario, ripartito a seconda della competenza di ciascuno. Importante è la distinzione: 1) tra giurisdizione *civile* (giudica sul diritto privato), *penale* (giudica sul diritto penale) e *amministrativa* (vedi alla voce TAR); 2) tra giurisdizione di *merito* (giudica la sostanza delle questioni) e di *legittimità* (giudica la regolarità dei processi ed è una prerogativa esclusiva della Corte di Cassazione).

Governo (presidente del Consiglio, Consiglio dei ministri, ministri). Esercita il potere esecutivo. È espressione della maggioranza parlamentare, di cui gode la fiducia.

Ministri. Sono organi che dirigono le varie branche della pubblica amministrazione e partecipano all'esercizio dei poteri del Governo. I ministri possono essere *con portafoglio* (a capo di un Dicastero) o *senza portafoglio*. Il numero dei primi può essere variato solo con legge, mentre per i secondi è sufficiente la nomina del capo dello Stato, su proposta del presidente del Consiglio.

Parlamento (Camera e Senato). Il Parlamento detiene essenzialmente il potere legislativo, che esercita tramite l'emanazione di leggi ordinarie. Esso si compone di due camere: la Camera dei Deputati e il Senato della Repubblica che, a norma degli articoli 56, 57 e 59 della Costituzione., come modificati dalla legge costituzionale n. 1/2020, approvata con referendum confermativo, a partire dalla XIX legislatura sono composti, rispettivamente, da 400 deputati e da 00 senatori (oltre ai senatori a vita, in numero massimo di 5).

Presidente del Consiglio. Dirige la politica generale del Governo.

TAR. Acronimo che indica i Tribunali Amministrativi Regionali, i quali giudicano i conflitti insorti tra la pubblica amministrazione e i privati che si ritengono lesi nei loro interessi da un atto della pubblica amministrazione. I TAR giudicano le controversie in primo grado, mentre in appello giudica il Consiglio di Stato; non è previsto in questi casi un giudizio di legittimità.

22.1.3 | Fonti del diritto

Le fonti del diritto sono quei fatti e quegli atti che possono modificare l'ordinamento giuridico, introducendo nuove norme o modificando o abolendo norme pre-esistenti. Esse sono:

Costituzione. È l'insieme delle leggi fondamentali dello Stato Italiano. Nessuna altra legge o regolamento può contrastare con essa.

Leggi costituzionali. Sono le leggi che modificano la Costituzione. Devono essere adottate con particolari procedure.

Codici. Sono raccolte di leggi ordinarie, relative a una singola materia. Esistono: il codice civile, il codice penale, il codice di procedura civile, il codice di procedura penale, il codice della navigazione, il codice della strada.

Leggi ordinarie. Sono le leggi emanate dal Parlamento.

Referendum. Consiste nell'espressione della volontà popolare circa l'abrogazione o il mantenimento di una legge (non può invece *introdurre* una legge). È il più importante istituto di *democrazia diretta*.

Decreti legge. Sono atti aventi forza di legge, emanati dal Governo per ragioni di urgenza e necessità.

Decreti legislativi. Sono atti aventi forza di legge, emanati dal Governo per delega del Parlamento.

Regolamenti. Sono atti normativi emanati dal Governo e dagli enti pubblici. Sono in posizione subordinata rispetto alle leggi, con le quali non possono contrastare. Disciplinano aspetti particolari.

Trattati internazionali. Sono Trattati stipulati tra l'Italia e altri Stati o con organizzazioni internazionali. Non possono comunque prevalere sulla Costituzione.

Direttive della UE. È il diritto che viene prodotto dall'Unione Europea. Esso viene introdotto in Italia da apposite leggi di attuazione, ma in alcuni casi può avere diretta applicazione nel nostro ordinamento giuridico.

Norme interne. Sono atti normativi che regolamentano il funzionamento interno di organi o uffici (i più importanti sono i regolamenti parlamentari e le circolari del Governo).

Contratti. Anche il contratto è fonte di diritto, ma solo tra le parti che l'hanno stipulato. Non è quindi, a differenza di tutte le altre, una fonte di diritto di portata generale. Il contratto non può derogare alla legge, a meno che la stessa legge ammetta tale possibilità.

Contratti collettivi di Lavoro. Sono i contratti che disciplinano il rapporto di lavoro, integrando la disciplina data dalla legge. Essi valgono per tutti i lavoratori di una data categoria o azienda e quindi anche per coloro che non sono firmatari del contratto.

Consuetudine. È ammessa come fonte del diritto solo se richiamata da leggi o altre norme giuridiche. Il suo ruolo in Italia è molto limitato. Essa può intervenire solo nei rapporti tra privati.

La gerarchia delle fonti nel diritto

Evidentemente, le diverse fonti hanno un peso differente nel ruolo di produzione del diritto. Ognuna ha il proprio ambito di competenza ed esiste tra di esse una ben precisa **gerarchia**. Si distinguono quindi:

- *fonti super-primarie*: Costituzione, leggi costituzionali;
- *fonti primarie*: leggi ordinarie, referendum, decreti legge, decreti legislativi, direttive UE, trattati internazionali, regolamenti parlamentari;
- *fonti secondarie*: regolamenti, circolari.

A livello inferiore (cioè tra privati) operano i contratti collettivi di lavoro, i contratti e la consuetudine (se ammessa).

Due sono i princìpi che regolano i rapporti tra le fonti del diritto:

- *Ubi maior minor cessat*. Una fonte di livello inferiore non può mai contrastare con una di livello superiore: per esempio, una legge ordinaria non può derogare alla Costituzione.
- *Lex posterior abrogat priorem*. La norma più recente modifica quella più antica, se esse sono di pari livello o se la più recente è di livello superiore alla più vecchia.

22.1.4 | Diritto internazionale

Il diritto internazionale può essere suddiviso in due grandi categorie: il diritto internazionale pubblico e il diritto internazionale privato.

Il secondo è un diritto pienamente statale, ed è creato dallo Stato per disciplinare quei rapporti privatistici che presentano elementi di estraneità rispetto ad esso (per esempio, rapporti giuridici tra cittadini e stranieri, rapporti nascenti da fatti verificatisi all'estero ecc.). Fonti del diritto internazionale privato sono, per l'Italia, la legge 31 maggio 1995 n. 218 "Riforma del sistema italiano di diritto internazionale", gli articoli 115 e 116 del codice civile e gli articoli da 4 a 13 del codice della navigazione. Difficilmente si trovano domande su questa materia nei test di selezione del personale.

Il primo è invece quel complesso di norme che regolano i rapporti tra i soggetti della comunità internazionale, cioè Stati, enti a essi equiparabili (per esempio la Chiesa cattolica) e organizzazioni internazionali. Per questo motivo, e per il fatto di essere prodotto dagli Stati sulla base di accordi e della consuetudine, esso è un diritto sovrastatale. Nel presente capitolo, all'interno del diritto internazionale pubblico, si è voluto dare un particolare risalto al diritto dell'Unione Europea, in ragione dell'importanza che essa ha via via assunto nella vita civile, morale ed economica italiana.

Fonti del diritto internazionale pubblico sono:

- la **consuetudine**, cioè un insieme di comportamenti consacrati da un lungo uso nelle relazioni tra i soggetti internazionali; le norme consuetudinarie hanno una valenza tendenzialmente universale per tutti i soggetti internazionali;
- i **trattati**, stipulati tra due o più soggetti internazionali; le norme prodotte in questo modo vincolano evidentemente i soli firmatari.

Una differenza fondamentale (fonte di grossi problemi) tra il diritto internazionale e il diritto statale è che per il primo non c'è un soggetto superiore a tutti gli altri, in grado di imporre coattivamente la sua volontà ai recalcitranti (come fa appunto lo Stato all'interno dello Stato stesso). Sebbene esistano raccolte di consuetudini e un'organizzazione come l'ONU che raggruppa quasi tutti gli Stati del mondo, non esiste un legislatore o un gendarme internazionale specificamente preposto alla produzione e alla tutela del diritto internazionale. Il diritto internazionale può quindi mancare talora di *effettività* e le relazioni tra Stati possono dipendere solo dai rapporti di forza.

L'Unione Europea

Unione Europea (UE) è il nome assunto dalla Comunità Economica Europea (CEE) il 1° novembre 1993. Quest'ultima fu istituita nel 25/03/1957 con il Trattato di Roma, il quale completava alcuni trattati stipulati precedentemente, per ragioni economiche, da un piccolo gruppo di nazioni europee. L'UE si occupa di tutti i settori economico-sociali degli Stati membri. Attualmente raggruppa: Austria, Belgio, Bulgaria, Cipro, Croazia, Danimarca, Finlandia, Francia, Germania, Grecia, Estonia, Irlanda, Italia, Lettonia, Lituania, Lussemburgo, Malta, Paesi Bassi, Polonia, Portogallo, Regno Unito, Repubblica Ceca, Romania, Slovacchia, Slovenia, Spagna, Svezia, Ungheria.

Le principali tappe della formazione dell'Unione Europea sono indicate nella cronologia seguente.

13/04/1948: Viene istituita l'Organizzazione europea per la cooperazione economica (OECE) per ripartire e controllare gli aiuti derivanti dal Piano Marshall.

18/04/1951: Viene firmato il Trattato istitutivo della Comunità Europea del carbone e dell'Acciaio (CECA) per l'instaurazione di un'area di libero scambio limitatamente al settore del carbone e dell'acciaio. Gli Stati firmatari sono: Belgio, Lussemburgo, Paesi Bassi, Francia, Italia e Germania.

25/03/1957: Vengono istituite la Comunità economica europea (CEE), con l'obiettivo di realizzare una progressiva integrazione degli Stati europei sia in campo economico che politico, e la Comunità europea dell'energia atomica (Euratom) che si propone di elaborare una politica comune nell'ambito degli utilizzi dell'energia atomica. Gli Stati firmatari sono: Belgio, Lussemburgo, Paesi Bassi, Francia, Italia e Germania.

01/01/1958: Entrano in vigore CEE e Euratom.

08/06/1958: Grecia e Turchia chiedono di aderire alla CEE.

31/07/1961: Irlanda, Danimarca, Regno Unito chiedono di aderire alla CEE.

08/04/1965: Vengono istituiti il Consiglio e la Commissione, unici per tutti i trattati; fusione degli esecutivi.

22/01/1972: Vengono firmati i trattati di adesione per Regno Unito, Irlanda, Danimarca, Norvegia; tuttavia quest'ultima respinge il Trattato con un referendum popolare.

10/12/1974: Viene istituito il Consiglio europeo e approvata l'elezione a suffragio universale del Parlamento europeo.

CONOSCENZE E COMPETENZE

22/07/1975: Viene istituita la Corte dei Conti.

28/03/1977: Il Portogallo chiede di aderire alla CEE.

28/07/1977: La Spagna chiede di aderire alla CEE.

13/03/1979: Entra in vigore il Sistema monetario europeo (SME) per assicurare una relativa stabilità dei cambi in una situazione di pari sovranità monetaria fra i Paesi aderenti.

28/05/1979: In Grecia viene firmato il trattato di adesione.

10/06/1979: Il Parlamento europeo viene eletto per la prima volta a suffragio universale.

01/01/1981: La Grecia entra a far parte della Comunità.

14/02/1984: Il Parlamento europeo approva il trattato istitutivo dell'Unione europea di Altiero Spinelli.

01/01/1985: La Groenlandia lascia la Comunità.

12/06/1985: Vengono firmati i trattati di adesione di Spagna e Portogallo.

17/12/1985: Viene adottato dai ministri degli Esteri degli Stati membri l'Atto unico europeo che si propone di realizzare entro il 31/12/1992 il Mercato unico, cioè uno spazio senza frontiere interne nel quale sia assicurata la libera circolazione delle merci, delle persone, dei servizi e dei capitali.

01/01/1986: Spagna e Portogallo entrano a far parte della Comunità.

01/07/1987: Entra in vigore l'Atto unico europeo.

19/06/1990: Viene firmata la Convenzione di Schengen che sopprime ogni formalità di frontiera per i cittadini degli Stati membri.

01/07/1991: La Svezia chiede di aderire alla CEE.

10/12/1991: Al vertice europeo di Maastricht viene approvato il progetto di Trattato sull'Unione Europea.

07/02/1992: Viene firmato il trattato che istituisce l'Unione Europea (noto anche come Trattato di Maastricht). I Principi fondamentali di tale trattato sono: l'instaurazione di un'unione economica e monetaria; l'istituzione di una cittadinanza europea; l'affermazione del principio di sussidiarità; la revisione dei poteri di alcuni organi dell'Unione e l'ampliamento delle politiche poste in essere dall'Unione.

01/01/1993: Nasce il Mercato Unico Europeo e cadono le barriere di natura burocratica e tariffaria per la circolazione dei beni e servizi tra gli Stati membri.

01/03/1994: Vengono firmati i trattati di adesione di Austria, Svezia e Finlandia.

15/03/1994: Viene firmato il trattato di adesione della Norvegia.

01/01/1995: Austria, Svezia e Finlandia entrano a far parte dell'Unione Europea, mentre la Norvegia respinge il Trattato con un referendum popolare.

26/03/1995: Entra in vigore la Convenzione di Schengen.

16/03/1996: Al vertice europeo di Madrid viene decisa l'adozione dell'Euro, la moneta unica europea.

02/10/1997: Viene firmato il Trattato di Amsterdam che ha introdotto sostanziali modifiche ai trattati delle Comunità europee e al Trattato dell'Unione in vista del prossimo allargamento della UE verso i Paesi dell'Europa orientale. Entrerà in vigore a partire dal primo giorno del secondo mese successivo alla ratifica dell'ultimo Stato membro che aderisce all'Unione Europea.

02/05/1998: Vengono decisi gli Stati che adotteranno l'euro a partire dal 1° gennaio 1999.

07/12/2000: Viene proclamata a Nizza la "Carta europea dei diritti fondamentali dell'Unione Europea".

01/01/2002: L'euro sostituisce le valute nazionali in 12 Stati dell'Unione Europea.

01/05/2004: Ingresso nella UE di dieci nuovi Stati.

12-13/06/04: Prime elezioni per il Parlamento Europeo della "grande Europa" a 25. Mediocre, in realtà, l'affluenza alle urne.

19/06/2004: Viene varata la Costituzione Europea.

29/10/2004: A Roma i rappresentanti dei 25 Paesi UE firmano la Costituzione europea.

01/01/2007: Ingresso nella UE di Bulgaria e Romania. Gli Stati membri passano a 27.

01-01-2008: Anche Cipro e Malta adottano l'euro come moneta unica facendo salire a 15 i Paesi dell'Unione che la usano.

01-01-2009: La Slovacchia è il sedicesimo Paese dell'Unione ad adottare l'euro.

07-06-2009: Elezioni del Parlamento europeo e insediamento della nuova commissione, sempre presieduta dal portoghese Barroso.

09/02/2010: Barroso viene riconfermato alla guida della Commissione europea per un secondo mandato.

26/03/2010: I 16 Paesi dell'area dell'euro approvano un piano per aiutare la Grecia a risolvere il problema del suo deficit.

20/12/2010: Il Consiglio europeo riconosce alle coppie internazionali che vivono nell'UE il diritto di scegliere quale legislazione nazionale applicare in caso di divorzio. È questa la prima volta in cui si è usata la procedura di cooperazione rafforzata, in base alla quale le normative europee si applicano inizialmente soltanto in alcuni Paesi dell'UE.

01/01/2011: L'Estonia adotta l'euro, diventando il 17° Paese a far parte dell'area dell'euro. Entrano in funzione tre nuove autorità europee di vigilanza sul settore finanziario: l'Autorità bancaria europea, l'Autorità europea delle assicurazioni e delle pensioni aziendali e professionali e l'Autorità europea degli strumenti finanziari e dei mercati.

12/10/2012 UE insignita del Nobel per la Pace.

01/07/2013 Con l'ingresso della Croazia, l'Unione europea conta 28 Stati membri.

01/01/2014 La Lettonia adotta l'euro.

01/11/2014 La Commissione guidata da Jean Claude Juncker succede a quella Barroso.

24/06/2016 Al referendum sulla Brexit la maggioranza dei cittadini britannici decide in favore dell'uscita dalla Ue.

01/12/2019 Entra in carica la Commissione guidata da ursula Von der Leyen.

31/01/2020 Si realizza la Brexit con l'uscita della Gran Bretagna dall'Ue.

I principali organi della UE (che sono gli stessi, comuni, delle tre precedenti Comunità), sono elencati nella tabella che segue.

Organo	Funzioni	Membri	Nomina
Parlamento Europeo	ha poteri deliberativi e di controllo	705	i membri sono eletti a suffragio universale diretto ogni 5 anni
Consiglio dell'Unione europea	emana atti normativi; forma e approva il bilancio; conclude accordi con Stati terzi	non ha membri permanenti, ma si riunisce in dieci diverse configurazioni, ognuna delle quali corrisponde al settore di cui si discute	Capi di Stato o di governo di ogni Paese più il presidente della Commissione europea e il Presidente del Consiglio europeo
Commissione europea	ha poteri propulsivi, esecutivi, di vigilanza e di rappresentanza	27	un commissario per Paese, proposto dallo Stato interessato ma nominato dal Parlamento Europeo
Corte di Giustizia	ha funzioni giurisdizionali	27 giudici 11 avvocati generali	un giudice per ogni Stato membro
Corte dei Conti	effettua il controllo generale sulle entrate e sulle spese	26	un membro per ciascun Paese dell'UE, nominato dal Consiglio

CONOSCENZE E COMPETENZE

Gli altri organi previsti dai trattati sono:

- la **Banca Centrale Europea (BCE)**: è l'autorità monetaria dell'Unione Europea. Entrata in vigore nel 1998, ha la propria sede nella città tedesca di Francoforte. La BCE definisce e attua la politica monetaria dei Paesi dell'euro;
- il **Comitato Economico e Sociale**: è un organismo consultivo composto da rappresentanti delle varie categorie della vita economica e sociale ed è previsto dai trattati CE ed Euratom;
- la **Banca Europea per gli Investimenti (BEI)**: è un organismo comunitario e allo stesso tempo una banca. Il suo compito consiste nel contribuire allo sviluppo equilibrato della Comunità, facendo appello al mercato di capitali e alle proprie risorse;
- il **Comitato delle Regioni**: è un organo consultivo della Commissione e del Consiglio, composto di rappresentanti delle collettività regionali e locali;
- il **Mediatore europeo** indaga sulle denunce relative a casi di cattiva amministrazione da parte degli organi e delle istituzioni dell'UE;
- il **Garante europeo per la protezione dei dati**: ha il compito di salvaguardare la riservatezza dei dati personali dei cittadini;
- l'**Ufficio delle pubblicazioni ufficiali delle Comunità europee**: pubblica informazioni in merito all'UE;
- l'**Ufficio europeo di selezione del personale**: organizza i concorsi e le altre prove di selezione di chi si candida ai posti nelle istituzioni e negli altri organismi dell'UE;
- la **Scuola europea di amministrazione**: ha il compito di offrire al personale dell'UE una formazione in settori specifici.

Gli atti normativi delle comunità sono indicati nell'articolo 189 del Trattato CE in base al quale "per l'assolvimento dei loro compiti e alle condizioni contemplate dal presente trattato, il Parlamento Europeo congiuntamente con il Consiglio e la Commissione adottano **regolamenti** e **direttive**, prendono **decisioni** e formulano **raccomandazioni** e **pareri**".

In particolare:

- i **regolamenti** hanno portata generale, sono obbligatori in tutti i loro elementi e direttamente applicabili in ciascuno degli Stati membri;
- le **direttive** vincolano lo Stato membro cui sono rivolte per quanto riguarda il risultato da raggiungere, mentre lasciano agli Stati la scelta della forma e dei mezzi necessari per raggiungerlo;
- le **decisioni** sono a portata individuale e sono obbligatorie in tutti i suoi elementi per i destinatari da essa designati.

L'ONU (Organizzazione delle Nazioni Unite)

L'ONU è stata fondata nel 1945, con lo scopo di mantenere la pace e la sicurezza degli Stati e promuovere la cooperazione internazionale economica, sociale, culturale, umanitaria. Raggruppa 193 Stati. I suoi organi principali sono:

- l'**Assemblea generale** è composta da tutti gli Stati membri dell'organizzazione. Ogni Stato può farsi rappresentare da cinque persone, ma ha diritto a un solo voto;
- il **Consiglio di sicurezza** è composto da 15 membri di cui 5 (Cina, Stati Uniti, Russia, Gran Bretagna e Francia) sono membri permanenti e godono del diritto di voto. È l'organo più importante con compiti per il mantenimento della pace e della sicurezza internazionale;
- il **Segretariato** è composto da più persone fisiche, aventi la qualifica di funzionari internazionali. Ha funzioni di assistenza amministrativa e tecnica;
- il **Consiglio economico e sociale** è composto da 54 membri eletti dall'Assemblea generale. È un organo consultivo dell'ONU che si occupa delle questioni economiche, sociali e della protezione dei diritti dell'uomo;
- la **Corte internazionale di giustizia** è composta da 15 giudici di varie nazionalità eletti in base alla loro competenza. È il massimo tribunale internazionale ed è sorto nel 1945.

Gli organi sussidiari dell'ONU sono:

- l'**UNCTAD**: Conferenza sul commercio e lo sviluppo;
- l'**UNPD**: Programma per lo sviluppo;

- l'**UNICEF**: Fondo per l'infanzia;
- l'**UNHCR**: Alto Commissariato per i rifugiati;
- l'**UNITAR**: Istituto per l'insegnamento e la ricerca.

Vi sono poi numerose organizzazione internazionali collegate all'ONU, tra cui:

- **FAO**: Organizzazione per l'Alimentazione e l'Agricoltura (Roma);
- **IAEA**: Agenzia Internazionale per l'Energia Atomica (Vienna);
- **IBRD**: Banca Internazionale per la Ricostruzione e lo Sviluppo o Banca Mondiale (Washington);
- **IMF**: Fondo Monetario Internazionale (Washington);
- **IMO**: Organizzazione Intergovernativa Marittima (Londra);
- **ITU**: Unione Internazionale delle Telecomunicazioni (Ginevra);
- **UNESCO**: Organizzazione per l'Educazione, la Scienza e la Cultura (Parigi);
- **UNIDO**: Organizzazione per lo Sviluppo Industriale (Vienna);
- **WHO**: Organizzazione Mondiale per la Sanità (Ginevra);
- **WIPO**: Organizzazioni Internazionale per la Proprietà Intellettuale (Ginevra);
- **WTO**: Organizzazione per il Commercio Mondiale (Ginevra).

Principali organizzazioni regionali

CSCE. Conferenza per la sicurezza e la cooperazione in Europa. Istituita nel 1975, raggruppa tutti gli Stati d'Europa più quelli della CSI. Ha lo scopo di mantenere la pace.

Consiglio d'Europa. Ha il compito di predisporre convenzioni sui diritti politici, civili ed economici dell'individuo. È stato istituito nel 1949 e raggruppa 47 Paesi europei, tra cui l'Italia.

Lega Araba. Ha lo scopo di migliorare la cooperazione degli Stati membri in materia di difesa, politica estera ed economica. Ne fanno parte quasi tutti gli Stati mussulmani e l'OLP.

OAS. Organizzazione degli Stati Americani, ha lo scopo di promuovere la pace, la sicurezza, lo sviluppo economico, sociale e culturale dei Paesi aderenti. Raggruppa tutti gli Stati americani.

Principali organizzazioni regionali di cooperazione tecnica

EBRD. Banca europea per la ricostruzione e lo sviluppo, raggruppa 58 Stati e ha lo scopo di promuovere la riconversione economica dei Paesi ex socialisti (Londra).

COMECON. Istituito nel 1949, raggruppava i Paesi del Patto di Varsavia più alcuni altri, con lo scopo di promuovere la cooperazione economica e culturale. È stato sciolto nel 1991.

CSI. Comunità degli Stati indipendenti, raggruppa molti dei Paesi dell'ex URSS, tra cui la Russia, con scopi economici e militari.

EFTA. Area di libero scambio istituita nel 1960 in risposta alla CEE. Molti dei suoi Stati membri (Austria, Svezia, Finlandia, Gran Bretagna) ne sono usciti per passare proprio alla CEE.

NAFTA. Accordo per il libero scambio nel Nord America. Istituito nel 1994 tra USA, Canada e Messico, allo scopo di instaurare un mercato comune, nel 2020 è stato sostituito dall'Accordo Stati Uniti-Messico-Canada (**USMCA**).

OCSE. Organizzazione per la cooperazione e lo sviluppo economico. Ha lo scopo di favorire lo sviluppo economico degli Stati membri e anche di quelli non membri in via di sviluppo e di favorire il commercio mondiale.

UE. (vedi Unione Europea).

Organizzazioni di cooperazione militare

NATO. Organizzazione del Trattato del Nord Atlantico. Fondata nel 1949 con scopi di difesa militare, raggruppa 30 Stati: Albania (2009), Belgio, Bulgaria (2004), Canada, Croazia (2009), Danimarca, Estonia (2004), Francia, Germania (1955), Grecia (20 febbraio 1952), Islanda, Italia, Lettonia (2004), Lituania (2004), Lussemburgo, Macedonia del Nord (2020), Montenegro (2017), Norvegia, Paesi Bassi, Polonia (1999), Portogallo, Regno Unito, Repubblica Ceca (1999), Romania (2004), Slovacchia (2004), Slovenia (2004), Spagna (1982), Stati Uniti d'America, Turchia (1952), Ungheria (1999).

Patto di Varsavia. Era un accordo di carattere militare, istituito nel 1955, in contrapposizione alla NATO. Raggruppava Bulgaria, Cecoslovacchia, Polonia, Repubblica Democratica Tedesca, Romania, Ungheria e URSS. È stato sciolto nel 1991.

22.2 | Costituzione della Repubblica Italiana

IL CAPO PROVVISORIO DELLO STATO

Vista la deliberazione dell'Assemblea Costituente, che nella seduta del 22 dicembre 1947 ha approvato la Costituzione della Repubblica Italiana;
Vista la XVIII disposizione finale della Costituzione;

PROMULGA

la Costituzione della Repubblica Italiana nel seguente testo:
(Pubblicata nella G.U. 27 dicembre 1947, n. 298 edizione straordinaria - in vigore dal 1° gennaio 1948)

PRINCIPI FONDAMENTALI

Art. 1

L'Italia è una Repubblica democratica, fondata sul lavoro.

La sovranità appartiene al popolo, che la esercita nelle forme e nei limiti della Costituzione.

Art. 2

La Repubblica riconosce e garantisce i diritti inviolabili dell'uomo, sia come singolo sia nelle formazioni sociali ove si svolge la sua personalità, e richiede l'adempimento dei doveri inderogabili di solidarietà politica, economica e sociale.

Art. 3

Tutti i cittadini hanno pari dignità sociale e sono eguali davanti alla legge, senza distinzione di sesso, di razza, di lingua, di religione, di opinioni politiche, di condizioni personali e sociali.

È compito della Repubblica rimuovere gli ostacoli di ordine economico e sociale, che, limitando di fatto la libertà e l'eguaglianza dei cittadini, impediscono il pieno sviluppo della persona umana e l'effettiva partecipazione di tutti i lavoratori all'organizzazione politica, economica e sociale del Paese.

Art. 4

La Repubblica riconosce a tutti i cittadini il diritto al lavoro e promuove le condizioni che rendano effettivo questo diritto.

Ogni cittadino ha il dovere di svolgere, secondo le proprie possibilità e la propria scelta, un'attività o una funzione che concorra al progresso materiale o spirituale della società.

Art. 5

La Repubblica, una e indivisibile, riconosce e promuove le autonomie locali; attua nei servizi che dipendono dallo Stato il più ampio decentramento amministrativo; adegua i principi ed i metodi della sua legislazione alle esigenze dell'autonomia e del decentramento.

Art. 6

La Repubblica tutela con apposite norme le minoranze linguistiche.

Art. 7

Lo Stato e la Chiesa cattolica sono, ciascuno nel proprio ordine, indipendenti e sovrani.

I loro rapporti sono regolati dai Patti Lateranensi. Le modificazioni dei Patti, accettate dalle due parti, non richiedono procedimento di revisione costituzionale.[1]

[1] Una modifica del Concordato tra Chiesa cattolica e Stato italiano, parte integrante dei Patti Lateranensi, è stato firmata il 18/02/1984.

Art. 8

Tutte le confessioni religiose sono egualmente libere davanti alla legge.

Le confessioni religiose diverse dalla cattoliche hanno diritto di organizzarsi secondo i propri statuti, in quanto non contrastino con l'ordinamento giuridico italiano.

I loro rapporti con lo Stato sono regolati per legge sulla base di intese con le relative rappresentanze.

Art. 9

La Repubblica promuove lo sviluppo della cultura e la ricerca scientifica e tecnica.

Tutela il paesaggio e il patrimonio storico e artistico della Nazione.

Tutela l'ambiente, la biodiversità e gli ecosistemi, anche nell'interesse delle future generazioni. La legge dello Stato disciplina i modi e le forme di tutela degli animali.[1]

[1] Comma aggiunto dalla l. cost. 11 febbraio 2022, n. 1.

Art. 10

L'ordinamento giuridico italiano si conforma alle norme del diritto internazionale generalmente riconosciute.

La condizione giuridica dello straniero è regolata dalla legge in conformità delle norme e dei trattati internazionali.

Lo straniero, al quale sia impedito nel suo paese l'effettivo esercizio delle libertà democratiche garantite dalla Costituzione italiana, ha diritto d'asilo nel territorio della Repubblica, secondo le condizioni stabilite dalla legge.

Non è ammessa l'estradizione dello straniero per reati politici.[1]

[1] Comma non applicabile ai delitti di genocidio, in base alla l. cost. 21 giugno 1967, n. 1.

Art. 11

L'Italia ripudia la guerra come strumento di offesa alla libertà degli altri popoli e come mezzo di risoluzione delle controversie internazionali; consente in condizioni di parità con gli altri Stati, alle limitazioni di sovranità necessarie ad un ordinamento che assicuri la pace e la giustizia fra le Nazioni; promuove e favorisce le organizzazioni internazionali rivolte a tale scopo.

Art. 12

La bandiera della Repubblica è il tricolore italiano: verde, bianco e rosso, a tre bande verticali di eguali dimensioni.

PARTE PRIMA
DIRITTI E DOVERI DEI CITTADINI

TITOLO I
Rapporti civili

Art. 13

La libertà personale è inviolabile.

Non è ammessa forma alcuna di detenzione, di ispezione o perquisizione personale, né qualsiasi altra restrizione della libertà personale se non per atto motivato dall'autorità giudiziaria e nei soli casi e modi previsti dalla legge.

In casi eccezionali di necessità ed urgenza, indicati tassativamente dalla legge, l'autorità di pubblica sicurezza può adottare provvedimenti provvisori, che devono essere comunicati entro quarantotto ore all'autorità giudiziaria e, se questa non li convalida nelle successive quarantotto ore, si intendono revocati e restano privi di ogni effetto.

È punita ogni violenza fisica e morale sulle persone comunque sottoposte a restrizioni di libertà.

La legge stabilisce i limiti massimi della carcerazione preventiva.

Art. 14

Il domicilio è inviolabile.

Non vi si possono eseguire ispezioni o perquisizioni o sequestri, se non nei casi e modi stabiliti dalla legge secondo le garanzie prescritte per la tutela della libertà personale.

Gli accertamenti e le ispezioni per motivi di sanità e di incolumità pubblica o a fini economici e fiscali sono regolati da leggi speciali.

Art. 15

La libertà e la segretezza della corrispondenza e di ogni altra forma di comunicazione sono inviolabili.

La loro limitazione può avvenire soltanto per atto motivato dell'autorità giudiziaria con le garanzie stabilite dalla legge.

Art. 16

Ogni cittadino può circolare e soggiornare liberamente in qualsiasi parte del territorio nazionale, salvo le limitazioni che la legge stabilisce in via generale per motivi di sanità o di sicurezza. Nessuna restrizione può essere determinata da ragioni politiche.

Ogni cittadino è libero di uscire dal territorio della Repubblica e di rientrarvi, salvo gli obblighi di legge.

Art. 17

I cittadini hanno diritto di riunirsi pacificamente e senz'armi.

Per le riunioni, anche in luogo aperto al pubblico, non è richiesto preavviso.

Delle riunioni in luogo pubblico deve essere dato preavviso alle autorità, che possono vietarle soltanto per comprovati motivi di sicurezza o di incolumità pubblica.

Art. 18

I cittadini hanno diritto di associarsi liberamente, senza autorizzazione, per fini che non sono vietati ai singoli dalla legge penale.

Sono proibite le associazioni segrete e quelle che perseguono, anche indirettamente, scopi politici mediante organizzazioni di carattere militare.

Art. 19

Tutti hanno diritto di professare liberamente la propria fede religiosa in qualsiasi forma, individuale o associata, di farne propaganda e di esercitarne in privato o in pubblico il culto, purché non si tratti di riti contrari al buon costume.

Art. 20

Il carattere ecclesiastico e il fine di religione o di culto d'una associazione od istituzione non possono essere causa di speciali limitazioni legislative, né di speciali gravami fiscali per la sua costituzione, capacità giuridica e ogni forma di attività.

Art. 21

Tutti hanno diritto di manifestare liberamente il proprio pensiero con la parola, lo scritto e ogni altro mezzo di diffusione.

La stampa non può essere soggetta ad autorizzazioni o censure.

Si può procedere a sequestro soltanto per atto motivato dell'autorità giudiziaria nel caso di delitti, per i quali la legge sulla stampa espressamente lo autorizzi, o nel caso di violazione delle norme che la legge stessa prescriva per l'indicazione dei responsabili.

In tali casi, quando vi sia assoluta urgenza e non sia possibile il tempestivo intervento dell'autorità giudiziaria, il sequestro della stampa periodica può essere eseguito da ufficiali di polizia giudiziaria, che devono immediatamente, e non mai oltre ventiquattro ore, fare denunzia all'autorità giudiziaria. Se questa non lo convalida nelle ventiquattro ore successive, il sequestro s'intende revocato e privo d'ogni effetto.

La legge può stabilire, con norme di carattere generale, che siano resi noti i mezzi di finanziamento della stampa periodica.

Sono vietate le pubblicazioni a stampa, gli spettacoli e tutte le altre manifestazioni contrarie al buon costume. La legge stabilisce provvedimenti adeguati a prevenire e a reprimere le violazioni.

Art. 22

Nessuno può essere privato, per motivi politici, della capacità giuridica, della cittadinanza, del nome.

Art. 23

Nessuna prestazione personale o patrimoniale può essere imposta se non in base alla legge.

Art. 24

Tutti possono agire in giudizio per la tutela dei propri diritti e interessi legittimi.

La difesa è diritto inviolabile in ogni stato e grado del procedimento.

Sono assicurati ai non abbienti, con appositi istituti, i mezzi per agire e difendersi davanti a ogni giurisdizione.

La legge determina le condizioni e i modi per la riparazione degli errori giudiziari.

Art. 25

Nessuno può essere distolto dal giudice naturale precostituito per legge.

Nessuno può essere punito se non in forza di una legge che sia entrata in vigore prima del fatto commesso.

Nessuno può essere sottoposto a misure di sicurezza se non nei casi previsti dalla legge.

Art. 26

L'estradizione del cittadino può essere consentita soltanto ove sia espressamente prevista dalle convenzioni internazionali.

Non può in alcun caso essere ammessa per reati politici.[1]

[1] Comma non applicabile ai delitti di genocidio, in base alla l. cost. 21 giugno 1967, n. 1.

Art. 27

La responsabilità penale è personale.

L'imputato non è considerato colpevole sino alla condanna definitiva.

Le pene non possono consistere in trattamenti contrari al senso di umanità e devono tendere alla rieducazione del condannato.

Non è ammessa la pena di morte [, se non nei casi previsti dalle leggi militari di guerra].[1]

[1] Parole soppresse dalla l. cost. 2 ottobre 2007, n. 1. La pena di morte era stata abolita dal d.lgs.lgt. 10 agosto 1944, n. 224 e dal d.lgs. 22 gennaio 1948, n. 21. La legge 13 ottobre 1994, n. 589 aveva abolito la pena di morte prevista dal codice penale militare di guerra e dalle leggi militari di guerra, sostituendola con la pena massima prevista dal codice penale.

Art. 28

I funzionari e i dipendenti dello Stato e degli enti pubblici sono direttamente responsabili, secondo le leggi penali, civili e amministrative, degli atti compiuti in violazione di diritti. In tali casi la responsabilità civile si estende allo Stato e agli enti pubblici.

TITOLO II
Rapporti etico-sociali

Art. 29

La Repubblica riconosce i diritti della famiglia come società naturale fondata sul matrimonio.

Il matrimonio è ordinato sulla eguaglianza morale e giuridica dei coniugi, con limiti stabiliti dalla legge a garanzia dell'unità familiare.

Art. 30

È dovere e diritto dei genitori mantenere, istruire ed educare i figli, anche se nati fuori dal matrimonio.

Nei casi di incapacità dei genitori, la legge provvede a che siano assolti i loro compiti.

La legge assicura ai figli nati fuori dal matrimonio ogni tutela giuridica e sociale, compatibile con i diritti dei membri della famiglia legittima.

La legge detta le norme e i limiti per la ricerca della paternità.

Art. 31

La Repubblica agevola con misure economiche e altre provvidenze la formazione della famiglia e l'adempimento dei compiti relativi, con particolare riguardo alle famiglie numerose.

Protegge la maternità, l'infanzia e la gioventù, favorendo gli istituti necessari a tale scopo.

Art. 32

La Repubblica tutela la salute come fondamentale diritto dell'individuo e interesse della collettività e garantisce cure gratuite agli indigenti.

Nessuno può essere obbligato a un determinato trattamento sanitario se non per disposizione di legge. La legge non può in nessun caso violare i limiti imposti dal rispetto della persona umana.

Art. 33

L'arte e la scienza sono libere e libero ne è l'insegnamento.

La Repubblica detta le norme generali sull'istruzione ed istituisce scuole statali per tutti gli ordini e gradi.

Enti e privati hanno il diritto di istituire scuole ed istituti di educazione, senza oneri per lo Stato.

La legge, nel fissare i diritti e gli obblighi delle scuole non statali che chiedono la parità, deve assicurare ad esse piena libertà e ai loro alunni un trattamento scolastico equipollente a quello degli alunni di scuole statali.

È prescritto un esame di Stato per l'ammissione ai vari ordini e gradi di scuole o per la conclusione di essi e per l'abilitazione all'esercizio professionale.

Le istituzioni di alta cultura, università ed accademie, hanno il diritto di darsi ordinamenti autonomi nei limiti stabiliti dalle leggi dello Stato.

Art. 34

La scuola è aperta a tutti.

L'istruzione inferiore, impartita per almeno otto anni, è obbligatoria e gratuita.

I capaci e meritevoli, anche se privi di mezzi, hanno diritto di raggiungere i gradi più alti degli studi.

La Repubblica rende effettivo questo diritto con borse di studio, assegni alle famiglie ed altre provvidenze, che devono essere attribuite per concorso.

TITOLO III
Rapporti economici

Art. 35

La Repubblica tutela il lavoro in tutte le sue forme ed applicazioni.

Cura la formazione e l'elevazione professionale dei lavoratori.

Promuove e favorisce gli accordi e le organizzazioni internazionali intesi ad affermare e regolare i diritti del lavoro.

Riconosce la libertà di emigrazione, salvo gli obblighi stabiliti dalla legge nell'interesse generale, e tutela il lavoro italiano all'estero.

Art. 36

Il lavoratore ha diritto ad una retribuzione proporzionata alla quantità e qualità del suo lavoro e in ogni caso sufficiente ad assicurare a sé e alla famiglia una esistenza libera e dignitosa.

La durata massima della giornata lavorativa è stabilita dalla legge.

Il lavoratore ha diritto al riposo settimanale e a ferie annuali retribuite, e non può rinunziarvi.

Art. 37

La donna lavoratrice ha gli stessi diritti e, a parità di lavoro, le stesse retribuzioni che spettano al lavoratore. Le condizioni di lavoro devono consentire l'adempimento della sua essenziale funzione familiare e assicurare alla madre e al bambino una speciale adeguata protezione.

La legge stabilisce il limite minimo di età per il lavoro salariato.

La Repubblica tutela il lavoro dei minori con speciali norme e garantisce ad essi, a parità di lavoro, il diritto alla parità di retribuzione.

Art. 38

Ogni cittadino inabile al lavoro e sprovvisto dei mezzi necessari per vivere ha diritto al mantenimento e all'assistenza sociale.

I lavoratori hanno diritto che siano preveduti ed assicurati mezzi adeguati alle loro esigenze di vita in caso di infortunio, malattia, invalidità e vecchiaia, disoccupazione involontaria.

Gli inabili ed i minorati hanno diritto all'educazione e all'avviamento professionale.

Ai compiti previsti in questo articolo provvedono organi ed istituti predisposti o integrati dallo Stato.

L'assistenza privata è libera.

Art. 39

L'organizzazione sindacale è libera.

Ai sindacati non può essere imposto altro obbligo se non la loro registrazione presso uffici locali o centrali, secondo le norme di legge.

È condizione per la registrazione che gli statuti dei sindacati sanciscano un ordinamento interno a base democratica.

I sindacati registrati hanno personalità giuridica. Possono, rappresentati unitariamente in proporzione dei loro iscritti, stipulare contratti collettivi di lavoro con efficacia obbligatoria per tutti gli appartenenti alle categorie alle quali il contratto si riferisce.

Art. 40

Il diritto di sciopero si esercita nell'ambito delle leggi che lo regolano.

Art. 41

L'iniziativa economica privata è libera.

Non può svolgersi in contrasto con l'utilità sociale o in modo da recare danno alla salute, all'ambiente,[1] alla sicurezza, alla libertà, alla dignità umana.

La legge determina i programmi e i controlli opportuni perché l'attività economica pubblica e privata possa essere indirizzata e coordinata a fini sociali.

---

[1] Parole aggiunte dalla l. cost. 11 febbraio 2022, n. 1.

Art. 42

La proprietà è pubblica o privata. I beni economici appartengono allo Stato, ad enti o a privati.

La proprietà privata è riconosciuta e garantita dalla legge, che ne determina i modi di acquisto, di godimento e i limiti allo scopo di assicurarne la funzione sociale e di renderla accessibile a tutti.

La proprietà privata può essere, nei casi preveduti dalla legge, e salvo indennizzo, espropriata per motivi d'interesse generale.

La legge stabilisce le norme ed i limiti della successione legittima e testamentaria e i diritti dello Stato sulle eredità.

Art. 43

A fini di utilità generale la legge può riservare originariamente o trasferire, mediante espropriazione e salvo indennizzo, allo Stato, ad enti pubblici o a comunità di lavoratori o di utenti determinate imprese o categorie di imprese, che si riferiscano a servizi pubblici essenziali o a fonti di energia o a situazioni di monopolio ed abbiano carattere di preminente interesse generale.

Art. 44

Al fine di conseguire il razionale sfruttamento del suolo e di stabilire equi rapporti sociali, la legge impone obblighi e vincoli alla proprietà terriera privata, fissa limiti alla sua estensione secondo le regioni e le zone agrarie, promuove ed impone la bonifica delle terre, la trasformazione del latifondo e la ricostituzione delle unità produttive, aiuta la piccola e la media proprietà.

La legge dispone provvedimenti a favore delle zone montane.

Art. 45

La Repubblica riconosce la funzione sociale della cooperazione a carattere di mutualità e senza fini di speculazione privata. La legge ne promuove e favorisce l'incremento con i mezzi più idonei e ne assicura, con gli opportuni controlli, il carattere e le finalità.

La legge provvede alla tutela e allo sviluppo dell'artigianato.

Art. 46

Ai fini della elevazione economica e sociale del lavoro e in armonia con le esigenze della produzione, la Repubblica riconosce il diritto dei lavoratori a collaborare, nei modi e nei limiti stabiliti dalle leggi, alla gestione delle aziende.

Art. 47

La Repubblica incoraggia e tutela il risparmio in tutte le sue forme; disciplina, coordina e controlla l'esercizio del credito.

Favorisce l'accesso del risparmio popolare alla proprietà dell'abitazione, alla proprietà diretta coltivatrice e al diretto e indiretto investimento azionario nei grandi complessi produttivi del Paese.

TITOLO IV
Rapporti politici

Art. 48

Sono elettori tutti i cittadini, uomini e donne, che hanno raggiunto la maggiore età.

Il voto è personale ed eguale, libero e segreto. Il suo esercizio è dovere civico.

La legge stabilisce requisiti e modalità per l'esercizio del diritto di voto dei cittadini residenti all'estero e ne assicura l'effettività. A tale fine è istituita una circoscrizione Estero per l'elezione delle Camere, alla quale sono assegnati seggi nel numero stabilito da norma costituzionale e secondo criteri determinati dalla legge.[1]

Il diritto di voto non può essere limitato se non per incapacità civile o per effetto di sentenza penale irrevocabile e nei casi di indegnità morale indicati dalla legge.

---

[1] Comma aggiunto dalla l. cost. 17 gennaio 2000, n. 1.

Art. 49

Tutti i cittadini hanno diritto di associarsi liberamente in partiti per concorrere con metodo democratico a determinare la politica nazionale.

Art. 50

Tutti i cittadini possono rivolgere petizioni alle Camere per chiedere provvedimenti legislativi o esporre comuni necessità.

Art. 51

Tutti i cittadini dell'uno o dell'altro sesso possono accedere agli uffici pubblici e alle cariche elettive in condizioni di eguaglianza, secondo i requisiti stabiliti dalla legge.

La legge può, per l'ammissione ai pubblici uffici e alle cariche elettive, parificare ai cittadini gli italiani non appartenenti alla Repubblica.

Chi è chiamato a funzioni pubbliche elettive ha diritto di disporre del tempo necessario al loro adempimento e di conservare il suo posto di lavoro.

Art. 52

La difesa della Patria è sacro dovere del cittadino.

Il servizio militare è obbligatorio nei limiti e modi stabiliti dalla legge. Il suo adempimento non pregiudica la posizione di lavoro del cittadino, né l'esercizio dei diritti politici.

L'ordinamento delle Forze armate si informa allo spirito democratico della Repubblica.

Art. 53

Tutti sono tenuti a concorrere alle spese pubbliche in ragione della loro capacità contributiva.

Il sistema tributario è informato a criteri di progressività.

Art. 54

Tutti i cittadini hanno il dovere di essere fedeli alla Repubblica e di osservare la Costituzione e le leggi.

I cittadini cui sono affidate funzioni pubbliche hanno il dovere di adempierle con disciplina ed onore, prestando giuramento nei casi stabiliti dalla legge.

PARTE SECONDA
ORDINAMENTO DELLA REPUBBLICA

TITOLO I
Il Parlamento

Sezione I - *Le Camere*

Art. 55

Il Parlamento si compone della Camera dei deputati e del Senato della Repubblica.

Il Parlamento si riunisce in seduta comune dei membri delle due Camere nei soli casi stabiliti dalla Costituzione.

Art. 56[1]

La Camera dei deputati è eletta a suffragio universale e diretto.

Il numero dei deputati è di quattrocento, otto dei quali eletti nella circoscrizione Estero.[2]

Sono eleggibili a deputati tutti gli elettori che nel giorno delle elezioni hanno compiuto i venticinque anni di età.

La ripartizione dei seggi tra le circoscrizioni, fatto salvo il numero dei seggi assegnati alla circoscrizione Estero, si effettua dividendo il numero degli abitanti della Repubblica, quale risulta dall'ultimo censimento generale della popolazione, per trecentonovantadue e distribuendo i seggi in proporzione alla popolazione di ogni circoscrizione, sulla base dei quozienti interi e dei più alti resti.[2]

---

[1] Articolo dapprima modificato dalla l. cost. 9 febbraio 1963, n. 2.
[2] Commi così modificati dalla l. cost. 23 gennaio 2001, n. 1 e successivamente dalla l. cost. 19 ottobre 2020, n. 1.

Art. 57[1]

Il Senato della Repubblica è eletto a base regionale, salvi i seggi assegnati alla circoscrizione Estero.[1]

Il numero dei senatori elettivi è di duecento, quattro dei quali eletti nella circoscrizione Estero.[2]

PARTE SESTA

Nessuna Regione o Provincia autonoma può avere un numero di senatori inferiori a tre; il Molise ne ha due, la Valle d'Aosta uno.

La ripartizione dei seggi fra le Regioni o le Province autonome, previa applicazione delle disposizioni del precedente comma, si effettua in proporzione alla loro popolazione, quale risulta dall'ultimo censimento generale, sulla base dei quozienti interi e dei più alti resti.

---

[1] Articolo dapprima modificato dalla l. cost. 27 dicembre 1963, n. 3.

[2] Commi così modificati dalla l. cost. 23 gennaio 2001, n. 1. e successivamente dalla l. cost. 19 ottobre 2020, n. 1.

Art. 58

I senatori sono eletti a suffragio universale e diretto.[1]

Sono eleggibili a senatori gli elettori che hanno compiuto il quarantesimo anno.

---

[1] Comma modificato dalla l. cost.18 ottobre 2021 n.1

Art. 59

È senatore di diritto a vita, salvo rinunzia, chi è stato Presidente della Repubblica.

Il Presidente della Repubblica può nominare senatori a vita cittadini che hanno illustrato la Patria per altissimi meriti nel campo sociale, scientifico, artistico e letterario. Il numero complessivo dei senatori in carica nominati dal Presidente della Repubblica non può in alcun caso essere superiore a cinque.[1]

---

[1] Comma sostituito dalla l. cost. 19 ottobre 2020, n. 1.

Art. 60[1]

La Camera dei deputati e il Senato della Repubblica sono eletti per cinque anni.

La durata di ciascuna Camera non può essere prorogata se non per legge e soltanto in caso di guerra.

---

[1] Articolo così modificato dalla l. cost. 9 febbraio 1963, n. 2.

Art. 61

Le elezioni delle nuove Camere hanno luogo entro settanta giorni dalla fine delle precedenti. La prima riunione ha luogo non oltre il ventesimo giorno dalle elezioni.

Finché non siano riunite le nuove Camere sono prorogati i poteri delle precedenti.

Art. 62

Le Camere si riuniscono di diritto il primo giorno non festivo di febbraio e di ottobre.

Ciascuna Camera può essere convocata in via straordinario per iniziativa del suo Presidente o del Presidente della Repubblica o di un terzo dei suoi componenti.

Quando si riunisce in via straordinaria una Camera, è convocata di diritto anche l'altra.

Art. 63

Ciascuna Camera elegge fra i suoi componenti il Presidente e l'Ufficio di presidenza.

Quando il Parlamento si riunisce in seduta comune, il Presidente e l'Ufficio di presidenza sono quelli della Camera dei deputati.

Art. 64

Ciascuna Camera adotta il proprio regolamento a maggioranza assoluta dei suoi componenti.

Le sedute sono pubbliche; tuttavia ciascuna delle due Camere e il Parlamento a Camere riunite possono deliberare di adunarsi in seduta segreta.

Le deliberazioni di ciascuna Camera e del Parlamento non sono valide se non è presente la maggioranza dei loro componenti, e se non sono adottate a maggioranza dei presenti, salvo che la Costituzione prescriva una maggioranza speciale.

I membri del Governo, anche se non fanno parte delle Camere, hanno diritto, e se richiesti obbligo, di assistere alle sedute. Devono essere sentiti ogni volta che lo richiedono.

Art. 65

La legge determina i casi di ineleggibilità e di incompatibilità con l'ufficio di deputato e di senatore.

Nessuno può appartenere contemporaneamente alle due Camere.

Art. 66

Ciascuna Camera giudica dei titoli di ammissione dei suoi componenti e delle cause sopraggiunte di ineleggibilità e di incompatibilità.

Art. 67

Ogni membro del Parlamento rappresenta la Nazione ed esercita le sue funzioni senza vincolo di mandato.

Art. 68[1]

I membri del Parlamento non possono essere chiamati a rispondere delle opinioni espresse e dei voti dati nell'esercizio delle loro funzioni.

Senza autorizzazione della Camera alla quale appartiene, nessun membro del Parlamento può essere sottoposto a perquisizione personale o domiciliare, né può essere arrestato o altrimenti privato della libertà personale, o mantenuto in detenzione, salvo che in esecuzione di una sentenza irrevocabile di condanna, ovvero se sia colto nell'atto di commettere un delitto per il quale è previsto l'arresto obbligatorio in flagranza.

Analoga autorizzazione è richiesta per sottoporre i membri del Parlamento ad intercettazioni, in qualsiasi forma, di conversazioni o comunicazioni e a sequestro di corrispondenza.

---

[1] Articolo così modificato dalla l. cost. 29 ottobre 1993, n. 3.

CONOSCENZE E COMPETENZE

Art. 69

I membri del parlamento ricevono una indennità stabilita dalla legge.

Sezione II - *La formazione delle leggi*

Art. 70

La funzione legislativa è esercitata collettivamente dalle due Camere.

Art. 71

L'iniziativa delle leggi appartiene al Governo, a ciascun membro delle Camere ed agli organi ed enti ai quali sia conferita da legge costituzionale.

Il popolo esercita l'iniziativa delle leggi, mediante la proposta, da parte di almeno cinquantamila elettori, di un progetto redatto in articoli.

Art. 72

Ogni disegno di legge, presentato ad una Camera è, secondo le norme del suo regolamento, esaminato da una commissione e poi dalla Camera stessa, che lo approva articolo per articolo e con votazione finale.

Il regolamento stabilisce procedimenti abbreviati per i disegni di legge dei quali è dichiarata l'urgenza.

Può altresì stabilire in quali casi e forme l'esame e l'approvazione dei disegni di legge sono deferiti a commissioni, anche permanenti, composte in modo da rispecchiare la proporzione dei gruppi parlamentari. Anche in tali casi, fino al momento della sua approvazione definitiva, il disegno di legge è rimesso alla Camera, se il Governo o un decimo dei componenti della Camera o un quinto della commissione richiedono che sia discusso o votato dalla Camera stessa oppure che sia sottoposto alla sua approvazione finale con sole dichiarazioni di voto. Il regolamento determina le forme di pubblicità dei lavori delle commissioni.

La procedura normale di esame e di approvazione diretta da parte della Camera è sempre adottata per i disegni di legge in materia costituzionale ed elettorale e per quelli di delegazione legislativa, di autorizzazione a ratificare trattati internazionali, di approvazione di bilanci e consuntivi.

Art. 73

Le leggi sono promulgate dal Presidente della Repubblica entro un mese dall'approvazione.

Se le Camere, ciascuna a maggioranza assoluta dei propri componenti, ne dichiarano l'urgenza, la legge è promulgata nel termine da essa stabilito.

Le leggi sono pubblicate subito dopo la promulgazione ed entrano in vigore il quindicesimo giorno successivo alla loro pubblicazione, salvo che le leggi stesse stabiliscano un termine diverso.

Art. 74

Il Presidente della Repubblica, prima di promulgare la legge, può con messaggio motivato alle Camere chiedere una nuova deliberazione.

Se le Camere approvano nuovamente la legge, questa deve essere promulgata.

Art. 75

È indetto *referendum* popolare per deliberare la abrogazione, totale o parziale, di una legge o di un atto avente valore di legge, quando lo richiedono cinquecentomila elettori o cinque Consigli regionali.

Non è ammesso il *referendum* per le leggi tributarie e di bilancio, di amnistia e di indulto, di autorizzazione a ratificare trattati internazionali.

Hanno diritto di partecipare al *referendum* tutti i cittadini chiamati ad eleggere la Camera dei deputati.

La proposta soggetta a *referendum* è approvata se ha partecipato alla votazione la maggioranza degli aventi diritto, e se è raggiunta la maggioranza dei voti validamente espressi.

La legge determina le modalità di attuazione del *referendum*.

Art. 76

L'esercizio della funzione legislativa non può essere delegato al Governo se non con determinazione di principi e criteri direttivi e soltanto per tempo limitato e per oggetti definiti.

Art. 77

Il governo non può, senza delegazione delle Camere, emanare decreti che abbiano valore di legge ordinaria.

Quando, in casi straordinari di necessità e d'urgenza, il Governo adotta, sotto la sua responsabilità, provvedimenti provvisori con forza di legge, deve il giorno stesso presentarli per la conversione alle Camere che, anche se sciolte, sono appositamente convocate e si riuniscono entro cinque giorni.

I decreti perdono efficacia sin dall'inizio, se non sono convertiti in legge entro sessanta giorni dalla loro pubblicazione. Le Camere possono tuttavia regolare con legge i rapporti giuridici sorti sulla base dei decreti non convertiti.

Art. 78

Le Camere deliberano lo stato di guerra e conferiscono al Governo i poteri necessari.

Art. 79[1]

L'amnistia e l'indulto sono concessi con legge deliberata a maggioranza dei due terzi dei componenti di ciascuna Camera, in ogni suo articolo e nella votazione finale.

La legge che concede l'amnistia o l'indulto stabilisce il termine per la loro applicazione.

In ogni caso l'amnistia e l'indulto non possono applicarsi ai reati commessi successivamente alla presentazione del disegno di legge.

---

[1] Articolo così modificato dalla l. cost. 6 marzo 1992, n. 1.

Art. 80

Le Camere autorizzano con legge la ratifica dei trattati internazionali che sono di natura politica, o prevedono arbitrati o regolamenti giudiziari, o importano variazioni del territorio od oneri alla finanze o modificazioni di leggi.

Art. 81[1]

Lo Stato assicura l'equilibrio tra le entrate e le spese del proprio bilancio, tenendo conto delle fasi avverse e delle fasi favorevoli del ciclo economico.

Il ricorso all'indebitamento è consentito solo al fine di considerare gli effetti del ciclo economico e, previa autorizzazione delle Camere adottata a maggioranza assoluta dei rispettivi componenti, al verificarsi di eventi eccezionali.

Ogni legge che importi nuovi o maggiori oneri provvede ai mezzi per farvi fronte.

Le Camere ogni anno approvano con legge il bilancio e il rendiconto consuntivo presentati dal Governo.

L'esercizio provvisorio del bilancio non può essere concesso se non per legge e per periodi non superiori complessivamente a quattro mesi.

Il contenuto della legge di bilancio, le norme fondamentali e i criteri volti ad assicurare l'equilibrio tra le entrate e le spese dei bilanci e la sostenibilità del debito del complesso delle pubbliche amministrazioni sono stabiliti con legge approvata a maggioranza assoluta dei componenti di ciascuna Camera, nel rispetto dei principi definiti con legge costituzionale.

---

[1] Articolo così modificato dalla l. cost. 20 aprile 2012, n.1.

Art. 82

Ciascuna Camera può disporre inchieste su materie di pubblico interesse.

A tale scopo nomina fra i propri componenti una commissione formata in modo da rispecchiare la proporzione dei vari gruppi. La commissione d'inchiesta procede alle indagini e agli esami con gli stessi poteri e le stesse limitazioni dell'autorità giudiziaria.

TITOLO II

Il Presidente della Repubblica

Art. 83

I Presidente della Repubblica è eletto dal Parlamento in seduta comune dei suoi membri.

All'elezione partecipano tre delegati per ogni Regione eletti dal Consiglio regionale in modo che sia assicurata la rappresentanza delle minoranze. La Valle d'Aosta ha un solo delegato.

L'elezione del Presidente della Repubblica ha luogo per scrutinio segreto a maggioranza di due terzi dell'assemblea. Dopo il terzo scrutinio è sufficiente la maggioranza assoluta.

Art. 84

Può essere eletto Presidente della Repubblica ogni cittadino che abbia compiuto cinquanta anni d'età e goda dei diritti civili e politici.

L'ufficio di Presidente della Repubblica è incompatibile con qualsiasi altra carica.

L'assegno e la dotazione del Presidente sono determinati per legge.

Art. 85

Il Presidente della Repubblica è eletto per sette anni.

Trenta giorni prima che scada il termine il Presidente della Camera dei deputati convoca in seduta comune il Parlamento e i delegati regionali, per eleggere il nuovo Presidente della Repubblica.

Se le Camere sono sciolte, o manca meno di tre mesi alla loro cessazione, la elezione ha luogo entro quindici giorni dalla riunione delle Camere nuove. Nel frattempo sono prorogati i poteri del Presidente in carica.

Art. 86

Le funzioni del Presidente della Repubblica, in ogni caso che egli non possa adempierle, sono esercitate dal Presidente del Senato.

In caso di impedimento permanente o di morte o di dimissioni del Presidente della Repubblica, il Presidente della Camera dei deputati indice la elezione del nuovo Presidente della Repubblica entro quindici giorni, salvo il maggior termine previsto se le Camere sono sciolte o manca meno di tre mesi alla loro cessazione.

Art. 87

Il Presidente della Repubblica è il capo dello Stato e rappresenta l'unità nazionale.

Può inviare messaggi alle Camere.

Indice le elezioni delle nuove Camere e ne fissa la prima riunione.

Autorizza la presentazione alle Camere dei disegni di legge di iniziativa del Governo.

Promulga le leggi ed emana i decreti aventi valore di legge e i regolamenti.

Indice il *referendum* popolare nei casi previsti dalla Costituzione.

Nomina, nei casi indicati dalla legge, i funzionari dello Stato.

Accredita e riceve i rappresentanti diplomatici, ratifica i trattati internazionali, previa, quando occorra, l'autorizzazione delle Camere.

Ha il comando delle Forze Armate, presiede il Consiglio supremo di difesa costituito secondo la legge, dichiara lo stato di guerra deliberato dalle Camere.

Presiede il Consiglio superiore della magistratura.

Può concedere grazia e commutare le pene.

Conferisce le onorificenze della Repubblica.

Art. 88

Il Presidente della Repubblica può, sentiti i loro Presidenti, sciogliere le Camere o anche una sola di esse.

Non può esercitare tale facoltà negli ultimi sei mesi del suo mandato, salvo che essi coincidano in tutto o in parte con gli ultimi sei mesi della legislatura.[1]

---

[1] Comma così sostituito dalla l. cost. 4 novembre 1991, n. 1.

Art. 89

Nessun atto del Presidente è valido se non è controfirmato dai ministri proponenti, che ne assumono la responsabilità.

Gli atti che hanno valore legislativo e gli altri indicati dalla legge sono controfirmati anche dal Presidente del Consiglio dei Ministri.

Art. 90

Il Presidente della Repubblica non è responsabile degli atti compiuti nell'esercizio delle sue funzioni, tranne che per alto tradimento o per attentato alla Costituzione.

In tali casi è messo in stato di accusa dal Parlamento in seduta comune, a maggioranza assoluta dei suoi membri.

Art. 91

Il Presidente della Repubblica, prima di assumere le sue funzioni, presta giuramento di fedeltà alla Repubblica e di osservanza della Costituzione dinanzi al Parlamento in seduta comune.

TITOLO III
Il Governo

Sezione I - *Il Consiglio dei ministri*

Art. 92

Il Governo della Repubblica è composto del Presidente del Consiglio e dei ministri, che costituiscono insieme il Consiglio dei ministri.

Il Presidente della Repubblica nomina il Presidente del Consiglio dei ministri e, su proposta di questo, i ministri.

Art. 93

Il Presidente del Consiglio dei ministri e i ministri, prima di assumere le funzioni, prestano giuramento nelle mani del Presidente della Repubblica.

Art. 94

Il Governo deve avere la fiducia delle due Camere.

Ciascuna Camera accorda o revoca la fiducia mediante mozione motivata e votata per appello nominale.

Entro dieci giorni dalla sua formazione il Governo si presenta alle Camere per ottenerne la fiducia.

Il voto contrario di una o entrambe le Camere su una proposta del Governo non importa obbligo di dimissioni.

La mozione di sfiducia deve essere firmata da almeno un decimo dei componenti della Camera e non può essere messa in discussione prima di tre giorni dalla sua presentazione.

Art. 95

Il Presidente del Consiglio dei ministri dirige la politica generale del Governo e ne è responsabile. Mantiene l'unità di indirizzo politico ed amministrativo, promuovendo e coordinando l'attività dei ministri.

I ministri sono responsabili collegialmente degli atti del Consiglio dei ministri, e individualmente degli atti dei loro dicasteri.

La legge provvede all'ordinamento della Presidenza del Consiglio e determina il numero, le attribuzioni e l'organizzazione dei ministeri.

Art. 96[1]

Il Presidente del Consiglio dei Ministri ed i Ministri, anche se cessati dalla carica, sono sottoposti, per i reati commessi nell'esercizio delle loro funzioni, alla giurisdizione ordinaria, previa autorizzazione del Senato della Repubblica o della Camera dei deputati, secondo le norme stabilite con legge costituzionale.

---

[1] Articolo così modificato dalla l. cost. 16 gennaio 1989 n. 1.

Sezione II - *La Pubblica Amministrazione*

Art. 97[1]

Le pubbliche amministrazioni, in coerenza con l'ordinamento dell'Unione europea, assicurano l'equilibrio dei bilanci e la sostenibilità del debito pubblico.

I pubblici uffici sono organizzati secondo disposizioni di legge, in modo che siano assicurati il buon andamento e l'imparzialità dell'amministrazione.

Nell'ordinamento degli uffici sono determinate le sfere di competenza, le attribuzioni e le responsabilità proprie dei funzionari.

Agli impieghi nelle pubbliche amministrazioni si accede mediante concorso, salvo i casi stabiliti dalla legge.

---

[1] Articolo così modificato dalla l. cost. 20 aprile 2012, n.1.

Art. 98

I pubblici impiegati sono al servizio esclusivo della Nazione.

Se sono membri del Parlamento, non possono conseguire promozioni se non per anzianità.

Si possono con legge stabilire limitazioni al diritto d'iscriversi ai partiti politici per i magistrati, i militari di carriera in servizio attivo, i funzionari ed agenti di polizia, i rappresentanti diplomatici e consolari all'estero.

Sezione III - *Gli organi ausiliari*

Art. 99

Il Consiglio nazionale della economia e del lavoro è composto, nei modi stabiliti dalla legge, di esperti e di rappresentanti delle categorie produttive, in misura che tenga conto della loro importanza numerica e qualitativa.

È organo di consulenza delle Camere e del Governo per le materie e secondo le funzioni che gli sono attribuite dalla legge.

Ha l'iniziativa legislativa e può contribuire alla elaborazione della legislazione economica e sociale secondo i principi ed entro i limiti stabiliti dalla legge.

Art. 100

Il Consiglio di Stato è organo di consulenza giuridico-amministrativa e di tutela della giustizia nell'amministrazione.

La Corte dei conti esercita il controllo preventivo di legittimità sugli atti del Governo, e anche quello successivo sulla gestione del bilancio dello Stato. Partecipa, nei casi e nelle forme stabiliti dalla legge, al controllo sulla gestione finanziaria degli enti a cui lo Stato contribuisce in via ordinaria. Riferisce direttamente alle Camere sul risultato del riscontro eseguito.

La legge assicura l'indipendenza dei due Istituti e dei loro componenti di fronte al Governo.

TITOLO IV
La Magistratura

Sezione I - *Ordinamento giurisdizionale*

Art. 101

La giustizia è amministrata in nome del popolo.

I giudici sono soggetti soltanto alla legge.

Art. 102

La funzione giurisdizionale è esercitata da magistrati ordinari istituiti e regolati dalle norme sull'ordinamento giudiziario.

Non possono essere istituiti giudici straordinari o giudici speciali. Possono soltanto istituirsi presso gli organi giudiziari ordinari sezioni specializzate per determinate materie, anche con la partecipazione di cittadini idonei estranei alla magistratura.

La legge regola i casi e le forme della partecipazione diretta del popolo all'amministrazione della giustizia.

Art. 103

Il Consiglio di Stato e gli altri organi di giustizia amministrativa hanno giurisdizione per la tutela nei confronti della pubblica amministrazione degli interessi legittimi e, in particolari materie indicate dalla legge, anche dei diritti soggettivi.

La Corte dei conti ha giurisdizione nelle materie di contabilità pubblica e nelle altre specificate dalla legge.

I tribunali militari in tempo di guerra hanno la giurisdizione stabilita dalla legge. In tempo di pace hanno giurisdizione soltanto per i reati militari commessi da appartenenti alle Forze Armate.

Art. 104

La magistratura costituisce un ordine autonomo e indipendente da ogni altro potere.

Il Consiglio superiore della magistratura è presieduto dal Presidente della Repubblica.

Ne fanno parte di diritto il primo presidente e il procuratore generale della Corte di cassazione.

Gli altri componenti sono eletti per due terzi da tutti i magistrati ordinari tra gli appartenenti alle varie categorie, e per un terzo dal Parlamento in seduta comune tra professori ordinari di università in materie giuridiche ed avvocati dopo quindici anni di esercizio.

Il Consiglio elegge un vice presidente fra i componenti designati dal Parlamento.

I membri elettivi del Consiglio durano in carica quattro anni e non sono immediatamente rieleggibili.

Non possono, finché sono in carica, essere iscritti negli albi professionali, né far parte del Parlamento o di un Consiglio regionale.

Art. 105

Spettano al Consiglio superiore della magistratura, secondo le norme dell'ordinamento giudiziario, le assunzioni, le assegnazioni ed i trasferimenti, le promozioni e i provvedimenti disciplinari nei riguardi dei magistrati.

Art. 106

Le nomine dei magistrati hanno luogo per concorso. La legge sull'ordinamento giudiziario può ammettere la nomina, anche elettiva, di magistrati onorari per tutte le funzioni attribuite a giudici singoli.

Su designazione del Consiglio superiore della magistratura possono essere chiamati all'ufficio di consiglieri di cassazione, per meriti insigni, professori ordinari di università in materie giuridiche e avvocati che abbiano quindici anni di esercizio e siano iscritti negli albi speciali per le giurisdizioni superiori.

Art. 107

I magistrati sono inamovibili. Non possono essere dispensati o sospesi dal servizio né destinati ad altre sedi o funzioni se non in seguito a decisione del Consiglio superiore della magistratura, adottata o per i motivi e con le garanzie di difesa stabilite dall'ordinamento giudiziario o con il loro consenso.

Il Ministro della giustizia ha facoltà di promuovere l'azione disciplinare.

I magistrati si distinguono tra loro soltanto per diversità di funzioni.

Il pubblico ministero gode delle garanzie stabilite nei suoi riguardi dalle norme sull'ordinamento giudiziario.

Art. 108

Le norme sull'ordinamento giudiziario e su ogni magistratura sono stabilite con legge.

La legge assicura l'indipendenza dei giudici delle giurisdizioni speciali, del pubblico ministero presso di esse, e degli estranei che partecipano all'amministrazione della giustizia.

Art. 109

L'autorità giudiziaria dispone direttamente della polizia giudiziaria.

CONOSCENZE E COMPETENZE

Art. 110

Ferme le competenze del Consiglio superiore della magistratura, spettano al Ministro della giustizia l'organizzazione e il funzionamento dei sevizi relativi alla giustizia.

Sezione II - *Norme sulla giurisdizione*

Art. 111

La giurisdizione si attua mediante il giusto processo regolato dalla legge.[1]

Ogni processo si svolge nel contraddittorio tra le parti, in condizioni di parità, davanti a giudice terzo e imparziale. La legge ne assicura la ragionevole durata.[1]

Nel processo penale, la legge assicura che la persona accusata di un reato sia, nel più breve tempo possibile, informata riservatamente della natura e dei motivi dell'accusa elevata a suo carico; disponga del tempo e delle condizioni necessari per preparare la sua difesa; abbia la facoltà, davanti al giudice, di interrogare o di far interrogare le persone che rendono dichiarazioni a suo carico, di ottenere la convocazione e l'interrogatorio di persone a sua difesa nelle stesse condizioni dell'accusa e l'acquisizione di ogni altro mezzo di prova a suo favore; sia assistita da un interprete se non comprende o non parla la lingua impiegata nel processo.[1]

Il processo penale è regolato dal principio del contraddittorio nella formazione della prova. La colpevolezza dell'imputato non può essere provata sulla base di dichiarazioni rese da chi, per libera scelta, si è sempre volontariamente sottratto all'interrogatorio da parte dell'imputato o del suo difensore.[1]

La legge regola i casi in cui la formazione della prova non ha luogo in contraddittorio per consenso dell'imputato o per accertata impossibilità di natura oggettiva o per effetto di provata condotta illecita.[1]

Tutti i provvedimenti giurisdizionali devono essere motivati.

Contro le sentenze e contro i provvedimenti sulla libertà personale, pronunciati dagli organi giurisdizionali ordinari o speciali, è sempre ammesso ricorso in cassazione per violazione di legge. Si può derogare a tale norma soltanto per le sentenze dei tribunali militari in tempo di guerra.

Contro le decisioni del Consiglio di Stato e della Corte dei conti il ricorso in cassazione è ammesso per i soli motivi inerenti alla giurisdizione.

---

[1] Commi aggiunti dalla l. cost. 23 novembre 1999, n. 2. Per l'applicazione dei principi del giusto processo si veda anche il d.l. 7 gennaio 2000, n. 2, convertito nella l. 25 febbraio 2000, n. 35.

Art. 112

Il Pubblico ministero ha l'obbligo di esercitare l'azione penale.

Art. 113

Contro gli atti della pubblica amministrazione è sempre ammessa la tutela giurisdizionale dei diritti e degli interessi legittimi dinanzi agli organi di giurisdizione ordinaria o amministrativa.

Tale tutela giurisdizionale non può essere esclusa o limitata a particolari mezzi di impugnazione o per determinate categorie di atti.

La legge determina quali organi di giurisdizione possono annullare gli atti della pubblica amministrazione nei casi e con gli effetti previsti dalla legge stessa.

TITOLO V

Le Regioni, le Province, i Comuni

Art. 114[1]

La Repubblica è costituita dai Comuni, dalle Province, dalle Città metropolitane, dalle Regioni e dallo Stato.

I Comuni, le Province, le Città metropolitane e le Regioni sono enti autonomi con propri statuti, poteri e funzioni secondo i principi fissati dalla Costituzione.

Roma è la capitale della Repubblica. La legge dello Stato disciplina il suo ordinamento.

---

[1] Articolo così sostituito dalla l. cost. 18 ottobre 2001, n. 3.

Art. 115

[Le Regioni sono costituite in enti autonomi con propri poteri e funzioni secondo i principi fissati nella Costituzione.][1]

---

[1] Articolo abrogato dalla l. cost. 18 ottobre 2001, n. 3.

Art. 116[1]

Il Friuli Venezia Giulia, la Sardegna, la Sicilia, il Trentino-Alto Adige/Südtirol e la Valle d'Aosta/Vallée d'Aoste dispongono di forme e condizioni particolari di autonomia, secondo i rispettivi statuti speciali adottati con legge costituzionale.

La Regione Trentino-Alto Adige/Südtirol è costituita dalle Province autonome di Trento e di Bolzano.

Ulteriori forme e condizioni particolari di autonomia, concernenti le materie di cui al terzo comma dell'art. 117 e le materie indicate dal secondo comma del medesimo articolo alle lettere l), limitatamente all'organizzazione della giustizia di pace, n) e s), possono essere attribuite ad altre Regioni, con legge dello Stato, su iniziativa della Regione interessata, sentiti gli enti locali, nel rispetto dei principi di cui all'art. 119. La legge è approvata dalle Camere a maggioranza assoluta dei componenti, sulla base di intesa fra lo Stato e la Regione interessata.

---

[1] Articolo così sostituito dalla l. cost. 18 ottobre 2001, n. 3.

Art. 117[1]

La potestà legislativa è esercitata dallo Stato e dalle Regioni nel rispetto della Costituzione, nonché dei vincoli derivanti dall'ordinamento comunitario e dagli obblighi internazionali.

Lo Stato ha legislazione esclusiva nelle seguenti materie:

a) politica estera e rapporti internazionali dello Stato; rapporti dello Stato con l'Unione europea; diritto di asilo e condizione giuridica dei cittadini di Stati non appartenenti all'Unione europea;

b) immigrazione;

c) rapporti tra la Repubblica e le confessioni religiose;

d) difesa e Forze armate; sicurezza dello Stato; armi, munizioni ed esplosivi;

e) moneta, tutela del risparmio e mercati finanziari; tutela della concorrenza; sistema valutario; sistema tributario e contabile dello Stato; perequazione delle risorse finanziarie;

f) organi dello Stato e relative leggi elettorali; referendum statali; elezione del Parlamento europeo;

g) ordinamento e organizzazione amministrativa dello Stato e degli enti pubblici nazionali;

h) ordine pubblico e sicurezza, ad esclusione della polizia amministrativa locale;

i) cittadinanza, stato civile e anagrafi;

l) giurisdizione e norme processuali; ordinamento civile e penale; giustizia amministrativa;

m) determinazione dei livelli essenziali delle prestazioni concernenti i diritti civili e sociali che devono essere garantiti su tutto il territorio nazionale;

n) norme generali sull'istruzione;

o) previdenza sociale;

p) legislazione elettorale, organi di governo e funzioni fondamentali di Comuni, Province e Città metropolitane;

q) dogane, protezione dei confini nazionali e profilassi internazionale;

r) pesi, misure e determinazione del tempo; coordinamento informativo statistico e informatico dei dati dell'amministrazione statale, regionale e locale; opere dell'ingegno;

s) tutela dell'ambiente, dell'ecosistema e dei beni culturali.

Sono materie di legislazione concorrente quelle relative a: rapporti internazionali e con l'Unione europea delle Regioni; commercio con l'estero; tutela e sicurezza del lavoro; istruzione, salva l'autonomia delle istituzioni scolastiche e con esclusione della istruzione e della formazione professionale; professioni; ricerca scientifica e tecnologica e sostegno all'innovazione per i settori produttivi; tutela della salute; alimentazione; ordinamento sportivo; protezione civile; governo del territorio; porti e aeroporti civili; grandi reti di trasporto e di navigazione; ordinamento della comunicazione; produzione, trasporto e distribuzione nazionale dell'energia; previdenza complementare e integrativa; armonizzazione dei bilanci pubblici e coordinamento della finanza pubblica e del sistema tributario; valorizzazione dei beni culturali e ambientali e promozione e organizzazione di attività culturali; casse di risparmio, casse rurali, aziende di credito a carattere regionale; enti di credito fondiario e agrario a carattere regionale. Nelle materie di legislazione concorrente spetta alle Regioni la potestà legislativa, salvo che per la determinazione dei principi fondamentali, riservata alla legislazione dello Stato.

Spetta alle Regioni la potestà legislativa in riferimento ad ogni materia non espressamente riservata alla legislazione dello Stato.

Le Regioni e le Province autonome di Trento e di Bolzano, nelle materie di loro competenza, partecipano alle decisioni dirette alla formazione degli atti normativi comunitari e provvedono all'attuazione e all'esecuzione degli accordi internazionali e degli atti dell'Unione europea, nel rispetto delle norme di procedura stabilite da legge dello Stato, che disciplina le modalità di esercizio del potere sostitutivo in caso di inadempienza.

La potestà regolamentare spetta allo Stato nelle materie di legislazione esclusiva, salva delega alle Regioni. La potestà regolamentare spetta alle Regioni in ogni altra materia. I Comuni, le Province e le Città metropolitane hanno potestà regolamentare in ordine alla disciplina dell'organizzazione e dello svolgimento delle funzioni loro attribuite.

Le leggi regionali rimuovono ogni ostacolo che impedisce la piena parità degli uomini e delle donne nella vita sociale, culturale ed economica e promuovono la parità di accesso tra donne e uomini alle cariche elettive.

La legge regionale ratifica le intese della Regione con altre Regioni per il migliore esercizio delle proprie funzioni, anche con individuazione di organi comuni.

Nelle materie di sua competenza la Regione può concludere accordi con Stati e intese con enti territoriali interni ad altro Stato, nei casi e con le forme disciplinati da leggi dello Stato.

---

[1] Articolo così modificato dalla l. cost. 20 aprile 2012, n.1.

Art. 118[1]

Le funzioni amministrative sono attribuite ai Comuni salvo che, per assicurarne l'esercizio unitario, siano conferite a Province, Città metropolitane, Regioni e Stato, sulla base dei principi di sussidiarietà, differenziazione ed adeguatezza.

I Comuni, le Province e le Città metropolitane sono titolari di funzioni amministrative proprie e di quelle conferite con legge statale o regionale, secondo le rispettive competenze.

La legge statale disciplina forme di coordinamento fra Stato e Regioni nelle materie di cui alle lettere b) e h) del secondo comma dell'art. 117, e disciplina inoltre forme di intesa e coordinamento nella materia della tutela dei beni culturali.

Stato, Regioni, Città metropolitane, Province e Comuni favoriscono l'autonoma iniziativa dei cittadini, singoli e associati, per lo svolgimento di attività di interesse generale, sulla base del principio di sussidiarietà.

---

[1] Articolo così sostituito dalla l. cost. 18 ottobre 2001, n. 3.

Art. 119[1]

I Comuni, le Province, le Città metropolitane e le Regioni hanno autonomia finanziaria di entrata e di spesa.

CONOSCENZE E COMPETENZE

I Comuni, le Province, le Città metropolitane e le Regioni hanno risorse autonome. Stabiliscono e applicano tributi ed entrate propri, in armonia con la Costituzione e secondo i principi di coordinamento della finanza pubblica e del sistema tributario. Dispongono di compartecipazioni al gettito di tributi erariali riferibile al loro territorio.

La legge dello Stato istituisce un fondo perequativo, senza vincoli di destinazione, per i territori con minore capacità fiscale per abitante.

Le risorse derivanti dalle fonti di cui ai commi precedenti consentono ai Comuni, alle Province, alle Città metropolitane e alle Regioni di finanziare integralmente le funzioni pubbliche loro attribuite.

Per promuovere lo sviluppo economico, la coesione e la solidarietà sociale, per rimuovere gli squilibri economici e sociali, per favorire l'effettivo esercizio dei diritti della persona, o per provvedere a scopi diversi dal normale esercizio delle loro funzioni, lo Stato destina risorse aggiuntive ed effettua interventi speciali in favore di determinati Comuni, Province, Città metropolitane e Regioni.

I Comuni, le Province, le Città metropolitane e le Regioni hanno un proprio patrimonio, attribuito secondo i principi generali determinati dalla legge dello Stato.

Possono ricorrere all'indebitamento solo per finanziare spese di investimento. È esclusa ogni garanzia dello Stato sui prestiti dagli stessi contratti.

---

[1] Articolo così modificato dalla l. cost. 20 aprile 2012, n.1.

Art. 120[1]

La Regione non può istituire dazi di importazione o esportazione o transito tra le Regioni, né adottare provvedimenti che ostacolino in qualsiasi modo la libera circolazione delle persone e delle cose tra le Regioni, né limitare l'esercizio del diritto al lavoro in qualunque parte del territorio nazionale.

Il Governo può sostituirsi a organi delle Regioni, delle Città metropolitane, delle Province e dei Comuni nel caso di mancato rispetto di norme e trattati internazionali o della normativa comunitaria oppure di pericolo grave per l'incolumità e la sicurezza pubblica, ovvero quando lo richiedono la tutela dell'unità giuridica o dell'unità economica e in particolare la tutela dei livelli essenziali delle prestazioni concernenti i diritti civili e sociali, prescindendo dai confini territoriali dei governi locali. La legge definisce le procedure atte a garantire che i poteri sostitutivi siano esercitati nel rispetto del principio di sussidiarietà e del principio di leale collaborazione.

---

[1] Articolo così sostituito dalla l. cost. 18 ottobre 2001, n. 3.

Art. 121

Sono organi della Regione: il Consiglio regionale, la Giunta e il suo presidente.

Il Consiglio regionale esercita le potestà legislative[1] attribuite alla Regione e le altre funzioni conferitegli dalla Costituzione e dalle leggi. Può fare proposte di legge alle Camere.

La giunta regionale è l'organo esecutivo delle Regioni.

Il Presidente della Giunta rappresenta la Regione; dirige la politica della Giunta e ne è responsabile; promulga le leggi ed emana i regolamenti regionali; dirige le funzioni amministrative delegate dallo Stato alla Regione, conformandosi alle istruzioni del Governo della Repubblica.[2]

---

[1] Le parole «e regolamentari» sono state soppresse dalla l. cost. 22 novembre 1999, n. 1.

[2] Comma così sostituito dalla l. cost. 22 novembre 1999, n. 1.

Art. 122[1]

Il sistema di elezione e i casi di ineleggibilità e di incompatibilità del Presidente e degli altri componenti della Giunta regionale nonché dei consiglieri regionali sono disciplinati con legge della Regione nei limiti dei princìpi fondamentali stabiliti con legge della Repubblica, che stabilisce anche la durata degli organi elettivi.

Nessuno può appartenere contemporaneamente a un Consiglio o a una Giunta regionale e ad una delle Camere del Parlamento, ad un altro Consiglio o ad altra Giunta regionale, ovvero al Parlamento europeo.

Il Consiglio elegge tra i suoi componenti un presidente e un ufficio di presidenza.

I consiglieri regionali non possono essere chiamati a rispondere delle opinioni espresse e dei voti dati nell'esercizio delle loro funzioni.

Il Presidente della Giunta regionale, salvo che lo statuto regionale disponga diversamente, è eletto a suffragio universale e diretto. Il Presidente eletto nomina e revoca i componenti della Giunta.

---

[1] Articolo così sostituito dalla l. cost. 22 novembre 1999, n. 1.

Art. 123[1]

Ciascuna Regione ha uno statuto che, in armonia con la Costituzione, ne determina la forma di governo e i princìpi fondamentali di organizzazione e funzionamento. Lo statuto regola l'esercizio del diritto di iniziativa e del *referendum* su leggi e provvedimenti amministrativi della Regione e la pubblicazione delle leggi e dei regolamenti regionali.

Lo statuto è approvato e modificato dal Consiglio regionale con legge approvata a maggioranza assoluta dei suoi componenti, con due deliberazioni successive adottate ad intervallo non minore di due mesi. Per tale legge non è richiesta l'apposizione del visto da parte del Commissario del Governo. Il Governo della Repubblica può promuovere la questione di legittimità costituzionale sugli statuti regionali dinanzi alla Corte costituzionale entro trenta giorni dalla loro pubblicazione.

Lo statuto è sottoposto a *referendum* popolare qualora entro tre mesi dalla sua pubblicazione ne faccia richiesta un cinquantesimo degli elettori della Regione o un quinto dei componenti il Consiglio regionale. Lo statuto sottoposto a *referendum* non è promulgato se non è approvato dalla maggioranza dei voti validi.

In ogni Regione, lo statuto disciplina il Consiglio delle autonomie locali, quale organo di consultazione fra la Regione e gli enti locali.[2]

[1] Articolo così sostituito dalla l. cost. 22 novembre 1999, n. 1.

[2] Comma aggiunto dalla l. cost. 18 ottobre 2001, n. 3.

Art. 124

[Un commissario del Governo, residente nel capoluogo della Regione, sopraintende alle funzioni amministrative esercitate dallo Stato e le coordina con quelle esercitate dalla Regione.][1]

[1] Articolo abrogato dalla l. cost. 18 ottobre 2001, n. 3.

Art. 125

[Il controllo di legittimità sugli atti amministrativi della Regione è esercitato, in forma decentrata, da un organo dello Stato, nei modi e nei limiti stabiliti da leggi della Repubblica. La legge può in determinati casi ammettere il controllo di merito, al solo effetto di promuovere, con richiesta motivata, il riesame della deliberazione da parte del Consiglio regionale.][1]

Nella Regione sono istituiti organi di giustizia amministrativa di primo grado, secondo l'ordinamento stabilito da legge della Repubblica. Possono istituirsi sezioni con sede diversa dal capoluogo della Regione.

[1] Comma abrogato dalla l. cost. 18 ottobre 2001, n. 3.

Art. 126[1]

Con decreto motivato del Presidente della Repubblica sono disposti lo scioglimento del Consiglio regionale e la rimozione del Presidente della Giunta che abbiano compiuto atti contrari alla Costituzione o gravi violazioni di legge. Lo scioglimento e la rimozione possono altresì essere disposti per ragioni di sicurezza nazionale. Il decreto è adottato sentita una Commissione di deputati e senatori costituita, per le questioni regionali, nei modi stabiliti con legge della Repubblica.

Il Consiglio regionale può esprimere la sfiducia nei confronti del Presidente della Giunta mediante mozione motivata, sottoscritta da almeno un quinto dei suoi componenti e approvata per appello nominale a maggioranza assoluta dei componenti. La mozione non può essere messa in discussione prima di tre giorni dalla presentazione.

L'approvazione della mozione di sfiducia nei confronti del Presidente della Giunta eletto a suffragio universale e diretto, nonché la rimozione, l'impedimento permanente, la morte o le dimissioni volontarie dello stesso comportano le dimissioni della Giunta e lo scioglimento del Consiglio. In ogni caso i medesimi effetti conseguono alle dimissioni contestuali della maggioranza dei componenti il Consiglio.

[1] Articolo così sostituito dalla l. cost. 22 novembre 1999, n. 1.

Art. 127[1]

Il Governo, quando ritenga che una legge regionale ecceda la competenza della Regione, può promuovere la questione di legittimità costituzionale dinanzi alla Corte costituzionale entro sessanta giorni dalla sua pubblicazione.

La Regione, quando ritenga che una legge o un atto avente valore di legge dello Stato o di un'altra Regione leda la sua sfera di competenza, può promuovere la questione di legittimità costituzionale dinanzi alla Corte costituzionale entro sessanta giorni dalla pubblicazione della legge o dell'atto avente valore di legge.

[1] Articolo così sostituito dalla l. cost. 18 ottobre 2001, n. 3.

Art. 128

[Le Province e i Comuni sono enti autonomi nell'ambito dei princìpi fissati da leggi generali della Repubblica, che ne determinano le funzioni.][1]

[1] Articolo abrogato dalla l. cost. 18 ottobre 2001, n. 3.

Art. 129

[Le Province e i Comuni sono anche circoscrizioni di decentramento statale e regionale.

Le circoscrizioni provinciali possono essere suddivise in circondari con funzioni esclusivamente amministrative per un ulteriore decentramento.][1]

[1] Articolo abrogato dalla l. cost. 18 ottobre 2001, n. 3.

Art. 130

[Un organo della Regione, costituito nei modi stabiliti da legge della Repubblica, esercita, anche in forma decentrata, il controllo di legittimità sugli atti delle Province, dei Comuni e degli altri enti locali. In casi determinati dalla legge può essere esercitato il controllo di merito, nella forma di richiesta motivata agli enti deliberanti di riesaminare la loro deliberazione.][1]

[1] Articolo abrogato dalla l. cost. 18 ottobre 2001, n. 3.

Art. 131

Sono costituite le seguenti Regioni: Piemonte; Valle d'Aosta; Lombardia; Trentino-Alto Adige; Veneto; Friuli-Venezia Giulia; Liguria; Emilia-Romagna; Toscana; Umbria; Marche; Lazio; Abruzzi; Molise; Campania; Puglia; Basilicata; Calabria; Sicilia; Sardegna.

Art. 132

Si può con legge costituzionale, sentiti i Consigli regionali, disporre la fusione di Regioni esistenti o la creazione di nuove Regioni con un minimo di un milione d'abitanti, quando ne facciano richiesta tanti Consigli comunali che rappresentino almeno un terzo delle popolazioni interessate, e la proposta sia approvata con *referendum* dalla maggioranza delle popolazioni stesse.

Si può, con l'approvazione della maggioranza delle popolazioni della Provincia o delle Province interessate e del Comune o dei Comuni interessati espressa mediante[1] *referendum* e con legge della Repubblica, sentiti i Consigli regionali, consentire che Province e Comuni, che ne facciano richiesta, siano staccati da una Regione ed aggregati ad un'altra.

---

[1] L'espressione «l'approvazione della maggioranza delle popolazioni della Provincia o delle Province interessate e del Comune o dei Comuni interessati espressa mediante» è stata inserita dalla l. cost. 18 ottobre 2001, n. 3.

Art. 133

Il mutamento delle circoscrizioni provinciali e la istituzione di nuove Province nell'ambito di una Regione sono stabiliti con leggi della Repubblica, su iniziative dei Comuni, sentita la stessa Regione.

La Regione, sentite le popolazioni interessate, può con sue leggi istituire nel proprio territorio nuovi Comuni e modificare le loro circoscrizioni e denominazioni.

TITOLO VI

Garanzie costituzionali

Sezione I - *La Corte costituzionale*

Art. 134

La Corte costituzionale giudica:

- sulle controversie relative alla legittimità costituzionale delle leggi e degli atti, aventi forza di legge, dello Stato e delle Regioni;
- sui conflitti di attribuzione tra i poteri dello Stato e su quelli tra lo Stato e le Regioni, e tra le Regioni;
- sulle accuse promosse contro il Presidente della Repubblica,[1] a norma della Costituzione.

---

[1] Le parole «e i ministri» sono state soppresse dalla l. cost. 16 gennaio 1989, n. 1.

Art. 135[1]

La Corte costituzionale è composta di quindici giudici nominati per un terzo dal Presidente della Repubblica, per un terzo dal Parlamento in seduta comune e per un terzo dalle supreme magistrature ordinaria ed amministrativa.

I giudici della Corte costituzionale sono scelti tra i magistrati anche a riposo delle giurisdizioni superiori ordinaria ed amministrativa, i professori ordinari di università in materie giuridiche e gli avvocati dopo venti anni d'esercizio.

I giudici della Corte costituzionale sono nominati per nove anni, decorrenti per ciascuno di essi dal giorno del giuramento, e non possono essere nuovamente nominati.

Alla scadenza del termine il giudice costituzionale cessa dalla carica e dall'esercizio delle funzioni.

La Corte elegge tra i suoi componenti, secondo le norme stabilite dalla legge, il presidente, che rimane in carica per un triennio, ed è rieleggibile, fermi in ogni caso i termini di scadenza dall'ufficio di giudice.

L'ufficio di giudice della Corte è incompatibile con quello di membro del Parlamento o d'un Consiglio regionale, con l'esercizio della professione d'avvocato, e con ogni carica ed ufficio indicati dalla legge.

Nei giudizi d'accusa contro il Presidente della Repubblica[2] intervengono, oltre i giudici ordinari della Corte, sedici membri tratti a sorte da un elenco di cittadini aventi i requisiti per l'eleggibilità a senatore, che il Parlamento compila ogni nove anni mediante elezione con le stesse modalità stabilite per la nomina dei giudici ordinari.

---

[1] Articolo così modificato dalla l. cost. 22 novembre 1967, n. 2.

[2] Le parole «e contro i ministri» sono state soppresse dalla l. cost. 16 gennaio 1989, n. 1.

Art. 136

Quando la Corte dichiara la illegittimità costituzionale di una norma di legge o di atto avente forza di legge, la norma cessa di avere efficacia dal giorno successivo alla pubblicazione della decisione.

La decisione della Corte è pubblicata e comunicata alle Camere ed ai Consigli regionali interessati, affinché, ove lo ritengano necessario, provvedano nelle forme costituzionali.

Art. 137

Una legge costituzionale stabilisce le condizioni, le forme, i termini di proponibilità dei giudizi di legittimità costituzionale, e le garanzie di indipendenza dei giudici della Corte.

Con legge ordinaria sono stabiliti le altre norme necessarie per la costituzione e il funzionamento della Corte.

Contro le decisioni della Corte costituzionale non è ammessa alcuna impugnazione.

Sezione II - *Revisione della Costituzione. Leggi costituzionali*

Art. 138

Le leggi di revisione della Costituzione e le altre leggi costituzionali sono adottate da ciascuna Camera con due successive deliberazioni ad intervallo non minore di tre mesi, e sono approvate a maggioranza assoluta dei componenti di ciascuna Camera nella seconda votazione.

Le leggi stesse sono sottoposte a *referendum* popolare quando entro tre mesi dalla loro pubblicazione, ne facciano domanda un quinto dei membri di una Camera o cinquecentomila elettori o cinque Consigli regionali.

La legge sottoposta a *referendum* non è promulgata, se non è approvata dalla maggioranza dei voti validi.

Non si fa luogo a *referendum* se la legge è stata approvata nella seconda votazione da ciascuna delle Camere a maggioranza di due terzi dei suoi componenti.

Art. 139

La forma repubblicana non può essere oggetto di revisione costituzionale.

DISPOSIZIONI TRANSITORIE E FINALI

I

Con l'entrata in vigore della Costituzione il Capo provvisorio dello Stato esercita le attribuzioni di Presidente della Repubblica e ne assume il titolo.

II

Se alla data della elezione del Presidente della Repubblica non sono costituiti tutti i Consigli regionali, partecipano alla elezione soltanto i componenti delle due Camere.

III

Per la prima composizione del Senato della Repubblica sono nominati senatori, con decreto del Presidente della Repubblica, i deputati dell'Assemblea Costituente che posseggono i requisiti di legge per essere senatori e che:

- sono stati presidenti del Consiglio dei Ministri o di Assemblee legislative;
- hanno fatto parte del disciolto Senato;
- hanno avuto almeno tre elezioni, compresa quella all'Assemblea Costituente;
- sono stati dichiarati decaduti nella seduta della Camera dei deputati del 9 novembre 1926;
- hanno scontato la pena della reclusione non inferiore a cinque anni in seguito a condanna del tribunale speciale fascista per la difesa dello Stato.

Sono nominati altresì senatori, con decreto del Presidente della Repubblica, i membri del disciolto Senato che hanno fatto parte della Consulta Nazionale.

Al diritto di essere nominato senatore si può rinunciare prima della firma del decreto di nomina. L'accettazione della candidatura alle elezioni politiche implica rinuncia al diritto di nomina a senatore.

IV

Per la prima elezione del Senato il Molise è considerato come Regione a sé stante, con il numero dei senatori che gli compete in base alla sua popolazione.

V

La disposizione dell'art. 80 della Costituzione, per quanto concerne i tratti internazionali che importano oneri alle finanze o modificazioni di legge, ha effetto dalla data di convocazione delle Camere.

VI

Entro cinque anni dall'entrata in vigore della Costituzione si procede alla revisione degli organi speciali di giurisdizione attualmente esistenti, salvo le giurisdizioni del Consiglio di Stato, della Corte dei conti e dei tribunali militari.

Entro un anno dalla stessa data si provvede con legge al riordinamento del Tribunale supremo militare in relazione all'art. 111.

VII

Fino a quando non sia emanata la nuova legge sull'ordinamento giudiziario in conformità con la Costituzione, continuano ad osservarsi le norme dell'ordinamento vigente.

Fino a quando non entri in funzione la Corte costituzionale, la decisione delle controversie indicate nell'art. 134 ha luogo nelle forme e nei limiti delle norme preesistenti all'entrata in vigore della Costituzione.

Omissis.[1]

[1] Comma abrogato dalla l. cost. 22 novembre 1967, n. 2.

VIII

Le elezioni dei Consigli regionali e degli organi elettivi delle amministrazioni provinciali sono indette entro un anno dall'entrata in vigore della Costituzione.

Leggi della Repubblica regolano per ogni ramo della pubblica amministrazione il passaggio delle funzioni statali attribuite alle Regioni. Fino a quando non sia provveduto al riordinamento e alla distribuzione delle funzioni amministrative fra gli enti locali restano alle Province ed ai Comuni le funzioni che esercitano attualmente e le altre di cui le Regioni deleghino loro l'esercizio.

Leggi della Repubblica regolano il passaggio alle Regioni di funzionari e dipendenti dello Stato, anche delle amministrazioni centrali, che sia reso necessario dal nuovo ordinamento. Per la formazione dei loro uffici le Regioni devono, tranne che in casi di necessità, trarre il proprio personale da quello dello Stato e degli enti locali.

IX

La Repubblica, entro tre anni dall'entrata in vigore della Costituzione, adegua le sue leggi alle esigenze delle autonomie locali e alla competenza legislativa attribuita alle Regioni.

X

Alla Regione del Friuli Venezia Giulia, di cui all'art. 116, si applicano provvisoriamente le norme generali del Titolo V della parte seconda, ferma restando la tutela delle minoranze linguistiche in conformità con l'art. 6.

XI

Fino a cinque anni dall'entrata in vigore della Costituzione si possono, con leggi costituzionali, formare altre Regioni, a modificazione dell'elenco di cui all'art. 131, anche senza il concorso delle condizioni richieste dal primo comma dell'art. 132, fermo rimanendo tuttavia l'obbligo di sentire le popolazioni interessate.

XII

È vietata la riorganizzazione, sotto qualsiasi forma, del disciolto partito fascista.

In deroga all'art. 48, sono stabilite con legge, per non oltre un quinquennio dalla entrata in vigore della Costituzione, limitazioni temporanee al diritto di voto e alla eleggibilità per i capi responsabili del regime fascista.

XIII

I membri e i discendenti di Casa Savoia non sono elettori e non possono ricoprire uffici pubblici né cariche elettive.[1]

Agli ex re di Casa Savoia, alle loro consorti e ai loro discendenti maschi sono vietati l'ingresso e il soggiorno nel territorio nazionale.[1]

I beni, esistenti nel territorio nazionale, degli ex re di Casa Savoia, delle loro consorti e dei loro discendenti maschi, sono avocati allo Stato. I trasferimenti e le costituzioni di diritti reali sui beni stessi, che siano avvenuti dopo il 2 giugno 1946, sono nulli.

---

[1] Commi non più in vigore per effetto della l. cost. 23 ottobre 2002, n. 1.

XIV

I titoli nobiliari non sono riconosciuti.

I predicati di quelli esistenti prima del 28 ottobre 1922 valgono come parte del nome.

L'Ordine mauriziano è conservato come ente ospedaliero e funziona nei modi stabiliti dalla legge.

La legge regola la soppressione della Consulta araldica.

XV

Con l'entrata in vigore della Costituzione si ha per convertito in legge il decreto legislativo luogotenenziale 25 giugno 1944, n. 151, sull'ordinamento provvisorio dello Stato.

XVI

Entro un anno dall'entrata in vigore della Costituzione si procede alla revisione e al coordinamento con essa delle precedenti leggi costituzionali che non siano state finora esplicitamente o implicitamente abrogate.

XVII

L'Assemblea Costituente sarà convocata dal suo Presidente per deliberare, entro il 31 gennaio 1948, sulla legge per la elezione del Senato della Repubblica, sugli statuti regionali speciali e sulla legge per la stampa.

Fino al giorno delle elezioni delle nuove Camere, l'Assemblea Costituente può essere convocata, quando vi sia necessità di deliberare nelle materie attribuite alla sua competenza dagli artt. 2, primo e secondo comma, e 3, comma primo e secondo, del decreto legislativo 16 marzo 1946, n. 98.

In tale periodo le Commissioni permanenti restano in funzione. Quelle legislative rinviano al Governo i disegni di legge, ad esse trasmessi, con eventuali osservazioni e proposte di emendamenti.

I deputati possono presentare al Governo interrogazioni con richiesta di risposta scritta.

L'Assemblea Costituente, agli effetti di cui al secondo comma del presente articolo, è convocata dal suo Presidente su richiesta motivata del Governo o di almeno duecento deputati.

XVIII

La presente Costituzione è promulgata dal Capo provvisorio dello Stato entro cinque giorni dalla sua approvazione da parte della Assemblea Costituente, ed entra in vigore il 1° gennaio 1948.

Il testo della Costituzione è depositato nella sala comunale di ciascun Comune della Repubblica per rimanervi esposto, durante tutto l'anno 1948, affinché ogni cittadino possa prenderne cognizione.

La Costituzione, munita del sigillo dello Stato, sarà inserita nella Raccolta ufficiale delle leggi e dei decreti della Repubblica. La Costituzione dovrà essere fedelmente osservata come Legge fondamentale della Repubblica da tutti i cittadini e dagli organi dello Stato.

Data a Roma, addì 27 dicembre 1947.
ENRICO DE NICOLA
Controfirmano:
Il Presidente dell'Assemblea Costituente
Umberto Terracini
Il Presidente del Consiglio dei Ministri
Alcide De Gasperi
Visto: *Il guardasigilli*
Grassi

Siamo ora in grado di rispondere ai tre quesiti proposti all'inizio del capitolo.

Quesito I. L'affermazione proposta è falsa. I referendum abrogativi e costituzionali sono sì forme di democrazia diretta, ma non portano alla diretta formulazione di una legge. I cittadini, tuttavia possono esercitare l'iniziativa legislativa mediante l'istituto delle *leggi di iniziativa popolare*: l'art. 71 della Costituzione, al secondo comma, prevede infatti la possibilità di presentare al Parlamento una proposta di legge, redatta in articoli, da parte di almeno 50.000 elettori (non vi è però obbligo per le Camere di esaminare e votare tali proposte). Pertanto l'alternativa B è errata mentre la D è corretta. Le rimanenti opzioni sono da scartare in quanto i referendum consultivi locali (opzione A) previsti dalla Costituzione non riguardano l'iniziativa legislativa, ma possibili modificazioni territoriali di Regioni, Province e Comuni (artt. 132 e 133). Anche la C è errata: il Parlamento è un istituto di democrazia rappresentativa, pertanto non può essere tramite della diretta iniziativa delle leggi da parte dell'elettorato. Infine, la *petizione* alle Camere non costituisce iniziativa legislativa ma solo la possibilità del *singolo* cittadino di rivolgere alle Camere domande e sollecitazioni, per richiedere provvedimenti legislativi in risposta a esigenze di pubblico interesse (E errata).

Quesito II. La Corte d'Appello è l'organo competente a giudicare i ricorsi contro le sentenze penali e civili di primo grado; la Corte d'Assise è un organo giudicante penale, composto da magistrati e da cittadini, che giudica le cause relative ai reati più gravi; la Corte dell'Aja ha competenza in controversie internazionali; la Corte costituzionale valuta la conformità alla Costituzione degli atti legislativi e i conflitti di attribuzione tra organi che appartengono a poteri diversi dello Stato. Per gli organi appartenenti al potere giudiziario, la competenza a dirimere i conflitti di attribuzione spetta all'organo di vertice del settore, e cioè la Corte di Cassazione: la risposta corretta è la C.

Quesito III. L'alternativa E riporta il testo dell'articolo 40 della Costituzione ed è quindi la risposta esatta. La Costituzione ha attribuito al diritto di sciopero un'importanza notevole (e quindi la D e la A sono per motivi opposti da escludere), ma anche un limite (e pertanto è da scartare anche la B): esso deve essere regolato dalle leggi ordinarie. La Costituzione non dice però che le leggi ordinarie, alle quali rimanda, dovranno prevedere "validi motivi", ma compie questo rimando senza nessun'altra specificazione. Lascia cioè piena libertà al legislatore ordinario.

22.3 | Esercizi svolti

1 **In quale tipologia di diritti si fanno rientrare i seguenti?**
- **diritto di manifestare liberamente il proprio pensiero;**
- **diritto di professare liberamente la propria fede religiosa;**
- **libertà di circolazione e di soggiorno.**

A diritti civili
B diritti politici
C diritti etico-sociali
D diritti economici
E diritti privati

Per rispondere al quesito è utile ricordare che: i *diritti civili* comprendono sia diritti riconosciuti dall'ordinamento giuridico a ogni persona (in quanto diritti umani fondamentali, inviolabili e inalienabili, indipendenti dalla nazionalità) sia diritti riservati ai cittadini in quanto tali; i *diritti politici* garantiscono al cittadino la partecipazione alla vita politica dello Stato (come il diritto di voto e il diritto di accesso ai pubblici uffici); i *diritti etico-sociali* sono relativi agli ambiti in cui si esprime l'individuo: come famiglia, salute, scuola e cultura; i *diritti economici* regolano sia i rapporti dei singoli fra loro, sia fra i singoli e lo Stato e gli altri enti pubblici (comprese le fondamentali forme di tutela dei lavoratori); il *diritto privato* regola invece i rapporti tra persone, fisiche o giuridiche, nella sfera patrimoniale, personale e familiare.

A questo punto è facile riferire la libera manifestazione del pensiero e della propria fede religiosa e il diritto a circolare sul territorio tra i diritti civili irrinunciabili, detti di "prima generazione" perché storicamente si affermarono per primi e sono proclamati dalle prime carte costituzionali. La risposta esatta è pertanto A. La Parte prima della Costituzione della Repubblica italiana tratta infatti di questi diritti nel Titolo I – *Rapporti civili*. Nel dettaglio, l'art. 21, al primo comma, sancisce che «*Tutti* hanno diritto di manifestare liberamente il proprio pensiero con la parola, lo scritto e ogni altro mezzo di diffusione»; l'art. 19 stabilisce che: «*Tutti* hanno diritto di professare liberamente la propria fede religiosa in qualsiasi forma, individuale o associata, di farne propaganda e di esercitarne in privato o in pubblico il culto, purché non si tratti di riti contrari al buon costume»; l'art. 16 prevede che: «*Ogni cittadino* può circolare e soggiornare liberamente in qualsiasi parte del territorio nazionale, salvo le limitazioni che la legge stabilisce in via generale per motivi di sanità o di sicurezza. Nessuna restrizione può essere determinata da ragioni politiche. *Ogni cittadino* è libero di uscire dal territorio della Repubblica e di rientrarvi, salvo gli obblighi di legge». I diritti civili sono anche classificati come *diritti negativi*, perché limitano e regolano l'intervento dello Stato e del potere politico nella sfera della libertà personale.

---

2 Completa il seguente testo scegliendo l'alternativa con i termini o le espressioni corrette.

La condizione ...... dello straniero è regolata dalla legge in conformità delle norme e dei trattati internazionali.

Lo straniero, al quale sia impedito nel suo Paese l'effettivo ...... delle libertà democratiche garantite dalla Costituzione italiana, ha diritto ...... nel territorio della Repubblica, secondo le condizioni stabilite dalla legge. (*Costituzione della Repubblica italiana*, art. 10)

A politica, utilizzo, di libera circolazione
B sociale, appagamento, di voto
C giuridica, esercizio, d'asilo
D economica, godimento, di cittadinanza
E familiare, uso, di matrimonio

Il testo dell'esercizio riporta il secondo e il terzo comma dell'articolo 10 della Costituzione, i quali sono correttamente completati dalla serie di termini proposti dalla risposta C, che è quindi soluzione al quesito. Tale articolo stabilisce gli obblighi della Repubblica nei confronti del cittadino straniero: con riferimento al diritto internazionale, la Costituzione impegna le leggi dello Stato a garantire allo straniero i diritti (la condizione *giuridica*) che le consuetudini e le norme internazionali gli attribuiscono (a partire dai diritti umani per tutti inalienabili, come da art. 2). Al terzo comma è disciplinato il diritto *d'asilo*: la Repubblica lo concede a chi, nel proprio Paese, non possa *esercitare* le libertà democratiche per noi costituzionalmente garantite. Infine, il quarto comma regola la possibilità di estradizione del cittadino straniero: la Costituzione non l'ammette per reati politici commessi contro regimi illiberali allo scopo di promuovere diritti umani negati, mentre la consente per reati (anche di apparente matrice politica) commessi in uno Stato democratico, per esempio atti di terrorismo, o per categorie quali crimini di guerra, contro l'umanità o la pace, intentati per ragioni razziali ecc.

---

3 Indica lo schema grafico che rappresenta correttamente le relazioni tra le seguenti istituzioni in occasione dell'elezione del presidente della Repubblica.

1. **Parlamento in seduta comune**
2. **Camera dei deputati**
3. **Senato della Repubblica**

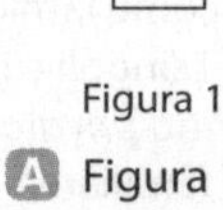
Figura 1

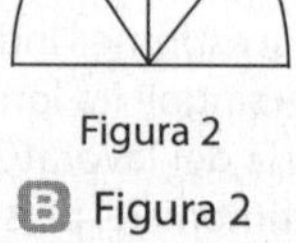
Figura 2

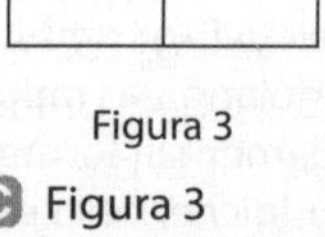
Figura 3

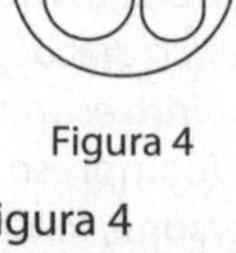
Figura 4

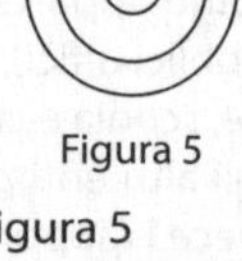
Figura 5

A Figura 1 B Figura 2 C Figura 3 D Figura 4 E Figura 5

PARTE SESTA

Nel nostro ordinamento repubblicano, il Parlamento è l'istituzione centrale, che detiene in via principale – anche se non esclusiva – il potere legislativo. Il Parlamento italiano è un organo complesso in quanto formato a sua volta da due organi paritari e autonomi: la Camera dei Deputati e il Senato della Repubblica. Si tratta di un bicameralismo perfetto, perché entrambe le Camere hanno uguali dignità, competenze e prerogative ed esercitano insieme la funzione legislativa oltre al potere di controllo e indirizzo politico sul governo. Di regola le Camere operano *disgiuntamente*, ma la Costituzione prevede alcuni casi specifici in cui i due rami del Parlamento si riuniscono insieme e funzionano come un *organo unico*, detto appunto *Parlamento in seduta comune*. Tra le sei occasioni previste dalla Costituzione, la più importante riunione del Parlamento in seduta comune è quella per l'elezione del presidente della Repubblica (art. 83); in questo caso, però, il numero di deputati e senatori è anche integrato – come espressione del pluralismo istituzionale – da tre consiglieri per ogni Consiglio regionale (uno solo per la Valle d'Aosta).

L'esercizio chiede di indicare lo schema che riproduce graficamente quanto appena detto: se il Parlamento in seduta comune consiste dell'unione di Camera e Senato, la figura 3 potrebbe sembrare la risposta esatta. Bisogna però ricordare che in occasione dell'elezione del presidente della Repubblica, esso comprende anche dei rappresentanti regionali: pertanto eccede la pura somma delle due Camere. La figura corretta è la 4: la soluzione al quesito è **D**.

Leggi il brano che segue e rispondi alla relativa domanda

Non è un organo elettivo, ma è costituito dai capi di Stato e di governo di tutti gli Stati membri dell'Unione e dal presidente della Commissione europea. Si riunisce, di norma quattro volte all'anno, per definire gli orientamenti generali, le priorità politiche, la politica comune estera e di sicurezza dell'Unione europea; per trattare questioni che per la loro importanza o delicatezza non possono essere affrontate a livelli inferiori; per nominare ed eleggere i candidati a determinati ruoli di alto profilo dell'Ue, fra cui la BCE e la Commissione. Ha sede a Bruxelles.

---

4 Quale fra i seguenti organi è quello descritto nel testo?

- **A** Il Consiglio europeo
- **B** Il Parlamento europeo
- **C** Il Consiglio dell'Unione europea
- **D** La Commissione europea
- **E** Il Consiglio d'Europa

L'alternativa corretta è **A**. Il *Consiglio europeo* infatti riunisce i capi di Stato e di governo di tutti gli Stati membri e dal presidente della Commissione europea, costituisce il livello più elevato di cooperazione politica tra i Paesi dell'Ue. Le sue attività si sono avviate nel 1974, quando si riuniva come forum informale in seno al Consiglio dell'Unione europea, e ha assunto status di istituzione ufficiale dal 2009, con l'entrata in vigore del Trattato di Lisbona.

Per quanto riguarda le altre alternative, si potevano escludere su base logica: la **B**, in quanto il Parlamento europeo è organo elettivo e legislativo, mentre il brano parla esplicitamente di un organo *non elettivo*; la **D**, in quanto il testo indica tra i membri dell'organo da individuare il presidente della Commissione europea, perciò la definizione non può riguardare la Commissione stessa (che è l'organo esecutivo dell'Unione, con un commissario per ciascun Paese membro). Per scartare la **C** bisognava sapere invece che il Consiglio dell'Unione europea ha formazione variabile, perché riunisce i ministri degli Stati membri di volta in volta competenti per la materia in discussione. La **E**, infine, va esclusa perché cita una differente organizzazione internazionale: il Consiglio d'Europa. Questo ha sede a Strasburgo, è un'organizzazione intergovernativa istituita da 10 Stati europei (compresa l'Italia, nel 1949), ha tra i suoi obiettivi la democrazia pluralista, il rispetto dei diritti umani, la preminenza del diritto e la valorizzazione dell'identità culturale europea e oggi raggruppa 47 Stati.

5 Indica quale tra i seguenti corrisponde al logo dell'Organizzazione delle Nazioni Unite.

Logo 1 Logo 2 Logo 3 Logo 4 Logo 5

- A Logo 5
- B Logo 2
- C Logo 4
- D Logo 1
- E Logo 3

Il logo dell'Organizzazione delle Nazioni Unite (ONU) corrisponde al **logo 2** fra quelli proposti: i rami d'ulivo sono simbolo di pace, mentre la mappa della terre emerse rappresenta tutti i popoli del mondo. La risposta al quesito è quindi B.

Tutti gli altri sono invece i loghi di organi e agenzie della medesima organizzazione internazionale, fondata nel 1945, operativa dal 1946 e con sede a New York, di cui fanno parte oggi 193 Stati. Secondo lo statuto, i suoi principali scopi sono la pace e la sicurezza internazionale, lo sviluppo di relazioni amichevoli tra le nazioni, la cooperazione internazionale nella soluzione dei problemi internazionali di carattere economico, sociale, culturale e umanitario e nella promozione del rispetto dei diritti umani e delle libertà fondamentali. Per perseguire i propri obiettivi, le Nazioni Unite si sono dotate di una struttura articolata in organi, enti, agenzie specializzate, fondi, commissioni e programmi con competenze e ambiti d'azione specifici. Tra essi, il Programma alimentare mondiale (*World Food Programme* - WFP; **logo 5**) è l'agenzia che si occupa di assistenza alimentare e la più grande organizzazione umanitaria del mondo; l'Organizzazione mondiale della Sanità - OMS (*World Health Programme* - WHO; **logo 1**) promuove la cooperazione internazionale nel settore della sanità, in particolare nella lotta contro malattie infettive e nella gestione delle emergenze sanitarie globali, secondo il più ampio obiettivo di assicurare a tutte le popolazioni il raggiungimento del più alto livello possibile di salute, intesa non solo come assenza di malattia, ma come condizione di completo benessere fisico, mentale e sociale; l'Alto Commissario delle Nazioni Unite per i Rifugiati (*United Nations High Commissioner for Refugees* - UNHCR; **logo 3**) è l'agenzia con il compito di garantire la protezione internazionale dei rifugiati e il rispetto del diritto d'asilo; il Fondo delle Nazioni Unite per l'infanzia (*United Nations Children's Fund* - UNICEF; **logo 4**) è un organo che ha lo scopo di creare le condizioni affinché i bambini possano svilupparsi «fisicamente, mentalmente, moralmente, spiritualmente e socialmente in modo sano e normale e in condizioni di libertà e dignità».

6 Completa il seguente testo con la serie di termini o espressioni corrette:

Lo Stato è un ...... indipendente e originario, relativo a una comunità di persone e a un ......; è un ente autorganizzato, che esercita un'autorità superiore a qualunque ...... al suo interno. Come tale si assume il compito e il potere di risolvere i conflitti tra i propri membri, di garantire a ciascuno protezione e garanzia e di guidare la cooperazione per raggiungere determinati scopi di utilità comune. Lo Stato si caratterizza per la presenza di tre elementi fondamentali e imprescindibili: il ......, il territorio, la sovranità.

- A soggetto, territorio, popolo, confine
- B territorio, ordinamento, Stato, popolo
- C territorio, confine, Stato, popolo
- D ordinamento, territorio, autorità, confine
- E ordinamento, territorio, soggetto, popolo

Il testo propone una definizione del termine Stato, elencandone in sintesi le caratteristiche, i compiti, i poteri e gli elementi fondamentali. Si tratta dunque di un *ordinamento* relativo a un *territorio*, la cui autorità – in quanto indipendente e non derivata – è superiore a quella di qualunque *soggetto* al proprio interno. Lo Stato esiste se sono presenti tre elementi costitutivi imprescindibili, il primo dei quali è il *popolo*. Le serie di termini corretta è, insomma, quella proposta dall'alternativa E (soluzione al quesito). Le altre alternative si dimostrato errate con evidenza. Per esempio, la sola e piuttosto ovvia identificazione del popolo come uno degli elementi imprescindibili, e quindi come termine che nella serie deve essere presente nell'ultima posizione, consente di eliminare subito la A e la D. Le restanti B e C producono esiti poco sensati già nei primi due completamenti, e ancora più nel terzo, dato che non può esistere uno Stato all'interno di un altro Stato.

Leggi i seguenti articoli della Costituzione e rispondi alla domanda relativa.

Articolo 75 - Referendum abrogativo

È indetto referendum popolare per deliberare la abrogazione, totale o parziale, di una legge o di un atto avente valore di legge, quando lo richiedono cinquecentomila elettori o cinque consigli regionali.

Non è ammesso il referendum per le leggi tributarie e di bilancio, di amnistia e di indulto, di autorizzazione a ratificare trattati internazionali.

Hanno diritto di partecipare al referendum tutti i cittadini chiamati ad eleggere la Camera dei deputati.

La proposta soggetta a referendum è approvata se ha partecipato alla votazione la maggioranza degli aventi diritto, e se è raggiunta la maggioranza dei voti validamente espressi.

La legge determina le modalità di attuazione del referendum.

Articolo 138 - Referendum costituzionale

Le leggi di revisione della Costituzione e le altre leggi costituzionali sono adottate da ciascuna Camera con due successive deliberazioni ad intervallo non minore di tre mesi, e sono approvate a maggioranza assoluta dei componenti di ciascuna Camera nella seconda votazione.

Le leggi stesse sono sottoposte a referendum popolare quando, entro tre mesi dalla loro pubblicazione, ne facciano domanda un quinto dei membri di una Camera o cinquecentomila elettori o cinque Consigli regionali. La legge sottoposta a referendum non è promulgata, se non è approvata dalla maggioranza dei voti validi.

Non si fa luogo a referendum se la legge è stata approvata nella seconda votazione da ciascuna delle Camere a maggioranza di due terzi dei suoi componenti.

---

7 Tenendo conto di entrambi gli articoli citati, quale tra le seguenti affermazioni è errata?

A Non tutte le materie possono essere oggetto di referendum

B Affinché la votazione sia valida è sempre necessario il raggiungimento del quorum

C Per una legge di riforma costituzionale deliberata dal Parlamento non è obbligatoria la conferma con un referendum costituzionale

D Le condizioni di indizione dei referendum abrogativi e costituzionali sono le medesime

E In caso di esito negativo per un referendum costituzionale, la legge oggetto del quesito non è abrogata

Il referendum è un istituto di democrazia diretta, cioè consente l'espressione senza mediazioni dell'orientamento del corpo elettorale circa una questione specifica. I due articoli citati dettagliano i due principali tipi di referendum previsti dal nostro ordinamento (esistono anche quelli consultivi a carattere locale).

Il referendum abrogativo deve essere richiesto da almeno 500.000 elettori oppure da 5 consigli regionali. Se la Corte costituzionale ne dichiara l'ammissibilità, il corpo elettorale è chiamato a esprimere la propria volontà di *cancellare* o mantenere quella particolare legge (o un sua parte) oggetto del referendum. L'abrogazione è accolta al verificarsi di due condizioni: deve partecipare al voto la maggioranza degli aventi diritto (cosiddetto *quorum*) e la maggioranza dei voti espressi deve essere favorevole all'abrogazione. Il referendum non può essere proposto né svolgersi riguardo a leggi tributarie e di bilancio, relative ad amnistia e indulto o all'autorizzazione a ratificare trattati internazionali (A corretta).

CONOSCENZE E COMPETENZE

Il referendum costituzionale è la conclusione del procedimento di revisione costituzionale condotto delle Camere. In questo caso, il corpo elettorale è chiamato a *confermare* o meno una legge che modifica la Costituzione. Se il Parlamento ha approvato una tale legge di modifica con maggioranza semplice (e non con quella qualificata di almeno i 2/3 in ciascuna Camera), essa *può* essere sottoposta a referendum confermativo prima della promulgazione, se lo richiedono entro tre mesi dalla pubblicazione un quinto dei membri di una Camera o cinquecentomila elettori o cinque Consigli regionali (alternative C e D sono corrette). L'esito del referendum costituzionale è sempre valido, perché non è prevista una soglia minima di partecipanti al voto (la risposta B, è quindi errata: il *quorum* non esiste per il referendum costituzionale). Nel caso in cui la legge costituzionale non venga confermata essa non è abrogata in quanto non è ancora stata promulgata: semplicemente non entra in vigore: quindi l'alternativa E è una affermazione esatta.

Osserva la carta e rispondi alle domande che seguono.

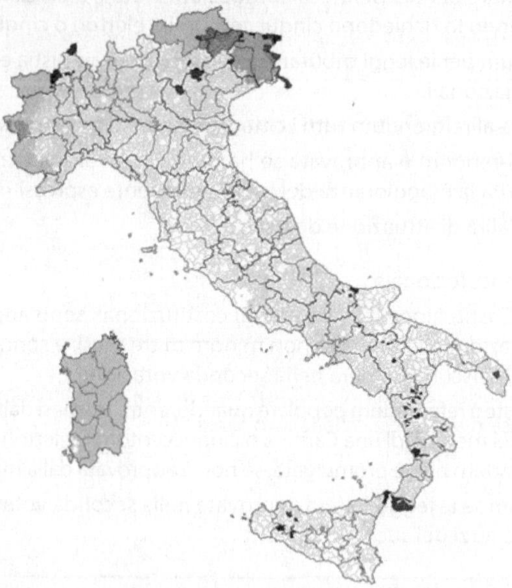

8 Quale può essere il tematismo della carta riprodotta?

A Regioni ed enti locali a statuto speciale in Italia, individuati dall'articolo 116 della Costituzione

B Gli enti locali a statuto speciale individuati dalla legge 482/1999 ai sensi dell'articolo 116 della Costituzione che ha istituito le sole Regioni a statuto speciale

C Le Comunità di minoranza individuate dall'articolo 6 della Costituzione

D I territori nei quali le istituzioni scolastiche sono comunque tenute ad assicurare l'apprendimento delle lingue delle Comunità di minoranza che le abitano, ai sensi dell'articolo 6 della Costituzione

E Le comunità di minoranza individuate dalla legge 482/1999

Per affrontare il quesito può essere utile richiamare le norme citate. L'articolo 116 della Costituzione individua cinque regioni a statuto speciale cui – per motivi politici, storici, geografici, demografici ed economici – è riservato un trattamento giuridico differenziato, con poteri maggiori rispetto alle altre Regioni. Sono il Friuli Venezia Giulia, la Sardegna, la Sicilia, il Trentino-Alto Adige e la Valle d'Aosta. Le alternative A e B sono quindi errate (si noti che per escluderle è comunque sufficiente ricordare che non vi sono enti locali a statuto speciale e/o osservare che le parti colorate non coprono interamente il territorio di tutte le regioni a statuto speciale, come è particolarmente evidente per la Sicilia).

L'articolo 6 della Costituzione sancisce invece che «La repubblica tutela con apposite norme le minoranze linguistiche» (ma non le individua: la C è errata). La legge 482/1999 è la legge quadro che dà attuazione all'articolo 6 della Costituzione, e individua le Comunità di minoranza di cui «la Repubblica tutela la lingua e la cultura», si tratta delle «popolazioni albanesi, catalane, germaniche, greche, slovene e croate e di quelle parlanti il francese, il franco-provenzale, il friulano, il ladino, l'occitano e il sardo». La D è errata perché l'insegnamento delle lingue delle minoranze è disciplinato appunto dalla legge quadro e non dalla Costituzione (tale legge, inoltre, prevede l'insegnamento delle lingue di minoranza solo in ambiti territoriali individuati dagli enti locali su richiesta delle rispettive popolazioni, diversamente le istituzioni scolastiche non sono tenute a provvedere). La risposta corretta è dunque la E.

---

9 Quali tra i seguenti sono i gruppi più numerosi tra quelli individuati dalla legge 482/1999?

A Quelli parlanti il sardo e il friulano
B Quelli parlanti il sardo e l'occitano
C Le popolazioni germaniche e il gruppo dei parlanti il ladino
D Il gruppo dei parlanti il friulano e le popolazioni slovene e croate
E Quelli parlanti il sardo e il francese

Osservando la carta e avendo un'idea della popolazione delle regioni italiane non dovrebbe risultare troppo difficile individuare la risposta corretta al quesito, che è la A. Si stima che i parlanti una lingua minoritaria (tra quelle riconosciute dalla legge quadro 482/1999 in attuazione dell'articolo 6 della Costituzione) siano circa 2,2-2,4 milioni, di cui circa 1 milione parlano il sardo (in Sardegna) e circa 600.000 il friulano (in Friuli Venezia Giulia e le zone confinanti del Veneto). Il terzo gruppo più nutrito è quello delle lingue germaniche (quasi 300.000 parlanti tra Friuli Venezia Giulia, Trentino-Alto Adige, Valle d'Aosta e Veneto), mentre nessuno dei restanti raggiunge le 100.000 unità.

---

10 L'*insindacabilità* dei parlamentari italiani:

A comporta che i parlamentari non possono essere chiamati a rispondere dei voti dati e delle opinioni espresse nell'esercizio delle loro funzioni
B comporta che i parlamentari non possono essere sottoposti a procedimento giudiziario durante il periodo del loro mandato
C implica che i parlamentari non sono responsabili per quanto fanno e dicono
D implica che nessun componente del Parlamento può essere sottoposto a perquisizione personale o domiciliare, né può essere arrestato o altrimenti privato della libertà personale o mantenuto in detenzione
E nessuna della altre risposte è corretta

La risposta corretta è la A, come stabilito dall'art. 68 Cost., primo comma: ciò comporta che nessuno può in alcun modo sanzionare un parlamentare per conseguenza dell'esercizio delle sue funzioni, anche dopo il termine del mandato. Ciò è stabilito allo scopo di tutelare l'effettiva libertà delle attività parlamentari. La B e la C sono errate: infatti l'istituto dell'*immunità* parlamentare, di cui l'insindacabilità è parte, non impedisce che il singolo parlamentare sia oggetto di procedimento giudiziario (e dunque che sia chiamato a rispondere come qualsiasi cittadino di ciò e che fa e dice, a eccezione di quanto indicato in A). Esiste tuttavia la garanzia dell'*inviolabilità* dei parlamentari, che consiste in ciò che è indicato dall'alternativa D: è infatti necessaria l'autorizzazione della Camera di appartenenza per sottoporre a limitazioni, sotto qualsiasi forma, della libertà personale o domiciliare un suo membro.

---

11 Quale delle seguenti NON è una funzione del presidente del Consiglio dei ministri?

A Proporre i ministri
B Dirigere la politica generale del Governo
C Promuovere l'attività dei ministri
D Coordinare l'attività dei ministri
E Nominare i ministri

CONOSCENZE E COMPETENZE

Il presidente del Consiglio dei ministri viene nominato dal presidente della Repubblica a seguito di consultazioni con le più importanti personalità politiche dello Stato. Le funzioni del presidente del Consiglio sono indicate all'articolo 95 della Costituzione e dalla legge 23 agosto 1988, n. 400 e consistono nella direzione della politica generale del Governo, nel mantenimento della sua unità di indirizzo politico e amministrativo, nella promozione dell'attività dei ministri, nel collegamento con il presidente della Repubblica, con la Corte costituzionale, con l'Unione europea e con le Regioni. Benché sia il presidente del Consiglio incaricato a proporre i futuri ministri (A corretta), spetta invece al Capo dello Stato la loro nomina. La risposta da indicare è quindi la E.

---

12 Quale delle seguenti NON è una funzione del presidente della Repubblica italiana?

A Comandare le Forze armate

B Ricevere i rappresentanti diplomatici

C Commutare le pene

D Dichiarare l'illegittimità costituzionale delle leggi ordinarie

E Presiedere il Consiglio superiore della Magistratura

L'alternativa D riporta l'unica attribuzione che non è di pertinenza del presidente della Repubblica: essa spetta infatti alla Corte Costituzionale. Si può ricordare che il presidente della Repubblica ha comunque un ruolo nel processo di formazione delle leggi ordinarie, e cioè la loro promulgazione, un atto che attesta l'avvenuta approvazione della legge da parte del Parlamento, ne dispone l'inserimento nella raccolta ufficiale delle leggi e dei decreti e fa obbligo di rispettarla. Tuttavia, in base all'art. 74 della Costituzione, il Capo dello Stato può rinviare una legge alle Camere per una nuova delibera, accompagnandola con un messaggio che esponga le ragioni di tale rinvio. Con questo atto il presidente esercita di fatto un primo controllo di legittimità che però non è un veto assoluto: infatti le Camere sono libere di accogliere o meno i rilievi presidenziali e possono approvare di nuovo la legge anche senza modifiche e il presidente è tenuto a promulgarla ugualmente.

---

13 Chi esercita le funzioni del presidente della Repubblica, nel caso questi non possa temporaneamente adempierle?

A Il presidente della Camera

B Il presidente del Senato

C Il presidente della Corte Costituzionale

D Il vicepresidente della Repubblica

E Il presidente del Consiglio dei ministri

Per espressa disposizione della Costituzione, il compito di supplenza spetta al presidente del Senato, perciò definito seconda carica dello Stato: la risposta esatta è la B. Da notare che non esiste la carica di vicepresidente della Repubblica e che sarebbe impossibile affidare la supplenza al presidente del Consiglio: questi infatti detiene una carica politica, mentre la carica di presidente della Repubblica è di garanzia istituzionale, *super partes*.

---

14 Il Governo può esercitare la funzione legislativa:

A sempre

B solo in caso di guerra

C su delega del Parlamento e in casi straordinari di necessità e urgenza

D mai

E solo in caso di scioglimento delle Camere parlamentari

Il Governo può esercitare la funzione legislativa (D errata) ma solo in sinergia con le Camere (A ed E errate). Ciò avviene in due modi: quando il Governo emana un *decreto legge* in casi straordinari di necessità e urgenza (ma entro 60 giorni il decreto deve essere approvato dalle Camere oppure decade); quando il Parlamento approva una legge delega che detta al Governo limiti di tempo e di materia in base ai quali redigere *decreti legislativi*. La risposta esatta è perciò la C.

---

15 Il Governo permane in carica:

A 4 anni
B se le Camere non revocano la fiducia
C 5 anni
D fino alla scadenza indicata dal presidente del Consiglio
E fino alla scadenza indicata dal presidente della Repubblica

Il nostro ordinamento non stabilisce una durata al mandato del Governo, in quanto esso resta in carica solo mantenendo la fiducia di entrambe le Camere. Ciò implica che non è mai stabilito a priori un limite alla durata dell'attività del Governo, ma esso cessa dalla carica solo quando si vede revocata la fiducia parlamentare: la risposta corretta è la B.

---

16 Lo Stato italiano ha legislazione esclusiva nelle seguenti materie:

A tutela e sicurezza del lavoro
B tutela della salute e protezione civile
C politica estera e rapporti internazionali dello Stato
D valorizzazione dei beni culturali e ambientali
E formazione professionale

Lo Stato ha legislazione esclusiva in diverse materie tra cui la politica estera e i rapporti internazionali. La risposta esatta è la C. Il testo dell'art.117 della Costituzione distingue tra potestà legislativa esclusiva dello Stato, potestà legislativa concorrente tra Stato e Regioni e potestà legislativa esclusiva delle Regioni. Il secondo comma dell'articolo individua i settori su cui lo Stato centrale ha esclusiva potestà di legiferare. Il terzo comma dell'articolo, invece, individua settori nei quali si assiste a una suddivisione dei compiti tra Stato e Regioni. I settori che rientrano nella potestà legislativa esclusiva delle Regioni, invece, non sono esplicitati nel testo costituzionale ma sono intesi per esclusione; l'articolo, infatti, dispone che spetta alle sole Regioni la potestà legislativa in riferimento a ogni materia non espressamente riservata alla legislazione dello Stato.

---

17 Le fonti di produzione del diritto internazionale pubblico sono:

A le deliberazioni dell'ONU
B le leggi che uno Stato deve emanare per conformare il proprio ordinamento ai trattati con altri Stati
C le leggi che ogni Stato decide di emanare per disciplinare i rapporti con gli altri Stati
D la consuetudine e gli accordi tra Stati
E le leggi costituzionali

La risposta A non è la migliore in quanto, se è pur vero che determinate deliberazioni dell'ONU vincolano gli Stati aderenti all'ONU (ma molto più spesso esse hanno solo valore di raccomandazione e sono quindi prive di valore precettivo), non tutto il diritto internazionale è prodotto in questo modo. La B indica una (non l'unica) modalità di produzione del diritto internazionale privato e non è quindi la risposta cercata. La C è assurda, in quanto i rapporti tra Stati sono disciplinati da accordi tra gli Stati stessi e dalla consuetudine, come insostenibile è la risposta E. Il fatto che, poi, in esecuzione di questi accordi lo Stato sia tenuto a emanare determinate leggi per adeguare il proprio ordinamento giuridico non significa che queste leggi incidano sul diritto pubblico internazionale: la legge dello Stato è sempre una *fonte interna*, mentre la fonte di regolamentazione internazionale è, appunto, l'accordo. La risposta corretta è la D.

23 | Conoscenze socio-economiche

Mettiti alla prova

I Completa il testo seguente con la corretta serie di termini o espressioni

La **[1]** rappresenta il mercato regolamentato in cui venditori e acquirenti **[2]** titoli, derivati, materie prime, valute e altri strumenti **[3]**. Essa garantisce, dunque, la **[4]** degli strumenti finanziari, grazie alla trasparenza nelle modalità di **[5]** dei prezzi, e la liquidità del mercato, attraverso la presenza di operatori disposti a concludere in ogni momento transazioni di compravendita sui singoli strumenti finanziari.

A [**1**]: banca; [**2**]: negoziano; [**3**]: monetari; [**4**]: borsa valori; [**5**]: negoziabilità
B [**1**]: borsa valori; [**2**]: formano; [**3**]: finanziari; [**4**]: formazione; [**5**]: negoziabilità
C [**1**]: borsa valori; [**2**]: negoziano; [**3**]: finanziari; [**4**]: negoziabilità; [**5**]: formazione
D [**1**]: negoziabilità; [**2**]: formano; [**3**]: finanziari; [**4**]: borsa valori; [**5**]: formazione
E [**1**]: banca; [**2**]: formano; [**3**]: monetari; [**4**]: negoziabilità; [**5**]: formazione

II Nella borsa valori si ha trasparenza nella modalità di formazione dei prezzi, in quanto:

A i prezzi sono stabiliti dalla CONSOB attraverso un procedimento pubblico
B gli indici di borsa sono pubblici e diffusi dagli organi di informazione
C tutti gli strumenti finanziari sul mercato sono certificati e garantiti dalla CONSOB
D il prezzo di ogni strumento finanziario viene determinato in ogni momento dal flusso degli scambi
E la borsa è un mercato regolamentato

III Completa la tabella sostituendo correttamente i numeri in essa presenti con una parola o un'espressione tra quelle sotto elencate.

[1]	SOGGETTO	REMUNERAZIONE
terra	proprietario	rendita
[2]	[3]	salario
capitale	finanziatori	[4]
imprenditorialità	imprenditori	[5]
attività dello Stato	enti pubblici	tributi/tariffe

A [1]: profitto; [2]: lavoro; [3]: lavoratori; [4]: interesse; [5]: fattore produttivo
B [1]: lavoratori; [2]: fattore produttivo; [3]: lavoratori; [4]: interesse; [5]: profitto
C [1]: fattore produttivo; [2]: lavoratori; [3]: lavoro; [4]: interesse; [5]: profitto
D [1]: fattore produttivo; [2]: lavoro; [3]: lavoratori; [4]: interesse; [5]: profitto
E [1]: fattore produttivo; [2]: lavoro; [3]: lavoratori; [4]: profitto; [5]: interesse

Ecco le risposte esatte dei 3 quesiti proposti: I **C**, II **D**, III **D**.

I test di ammissione delle aree Psicologia, Educazione e Sociologia presentano talvolta domande relative a conoscenze elementari di ambito socio-economico.

Gli argomenti che vengono trattati con maggiore frequenza nei test riguardano la conoscenza delle più importanti organizzazioni economiche, dei trattati internazionali e delle teorie economiche più note.

Le prove TOLC-SU valutano il possesso di queste nozioni talvolta anche con domande corredate di documenti, cartine, testi, tabelle ecc. che il candidato deve sapere interpretare per rispondere ai quesiti.

Diversamente, le formulazioni di tali domande sono simili alle seguenti:

- che cosa significa l'acronimo ...;
- quando è stato firmato il trattato ...;
- quali misure economiche consentono ...;
- quale Paese ha affrontato la crisi ...

La specifica terminologia giuridica e socio-economica, poiché generalmente non viene insegnata nelle scuole superiori non deve essere trascurata dallo studente che si prepara a un test di ammissione. Per questo motivo, si propone nel seguito un glossario dei termini fondamentali, costruito con le voci più frequentemente ricorrenti nei test e una serie di domande risolte e commentate, a scopo di esercizio e approfondimento. Naturalmente, tanto nel glossario quanto nelle domande l'aspetto propriamente tecnico e specialistico è stato volutamente limitato, a favore di quello più sociale.

23.1 | Glossario dei termini giuridici e socio-economici

L'elenco che segue, pur non avendo la pretesa di essere completo ed esaustivo, include i termini più frequenti di cui è richiesta la conoscenza nelle prove di selezione adottate dalle università.

Accisa: imposta di fabbricazione.

Ammortamento: ripartizione in più periodi amministrativi (anni) della spesa sostenuta per l'acquisto delle immobilizzazioni allo scopo di frazionare i costi pluriennali sugli esercizi durante i quali verranno utilizzati.

Amministrazione locale: insieme degli enti che operano in un ambito territoriale circoscritto e che comprende gli Enti territoriali (Regioni, Province e Comuni), gli Enti Sanitari (unità sanitarie locali, istituti e cliniche universitarie) e gli altri enti locali (Camere di commercio, università, enti portuali ed enti lirici).

Amministrazione pubblica: apparato distinto in tre sottosettori: l'Amministrazione centrale (Ministeri, organi costituzionali, Cassa depositi e prestiti, ANAS ecc.), ☞ *Amministrazione locale* (Regioni, Province, Comuni, USSL ecc.) ed Enti di previdenza (INPS, INAIL, INPDAP ecc.).

Area di libero scambio: nasce dall'accordo tra due o più Paesi per eliminare le dogane e le altre barriere commerciali interne. A differenza che in una comunità integrata come ☞ *l'UE*, ogni Paese che fa parte di un'area di libero scambio è libero di adottare nei riguardi dei Paesi non associati proprie misure. Sono esempi di aree di libero scambio il ☞ *NAFTA* e ☞ *l'EFTA*.

Assegno: titolo di credito, all'ordine o al portatore, che può contenere un ordine alla banca di pagare una determinata somma a una determinata persona (assegno bancario) ovvero una promessa di pagamento della banca stessa (assegno circolare).

Attività: insieme dei beni economici a disposizione del soggetto aziendale in un dato momento.

Azione: certificato che rappresenta una quota del ☞ *capitale sociale* di una ☞ *S.p.A.* (Società per azioni) o di una S.a.p.a. (Società in accomandita per azioni); conferisce al proprietario il diritto di voto all'assemblea degli azionisti.

Azioni proprie: azioni di una società acquistate dalla medesima; rappresentano attività finanziarie non immobilizzate. Esse possono essere acquistate solamente nei limiti degli ☞ *utili* distribuibili e delle riserve disponibili; devono essere interamente liberate; il loro acquisto deve essere autorizzato dall'assemblea ordinaria e in nessun caso il loro valore nominale deve superare la decima parte del ☞ *capitale sociale*.

Banca Centrale: è l'istituzione bancaria che sta al centro del sistema finanziario di un Paese. I suoi compiti principali riguardano il controllo del sistema bancario, l'emissione della moneta legale, la gestione della ☞ *politica monetaria* e la gestione della politica valutaria. In Italia la banca centrale è la Banca d'Italia.

Banca Internazionale per la Ricostruzione e lo Sviluppo: nota anche con il nome di *Banca Mondiale*, fu costituita nel luglio del 1944 dai 44 Paesi partecipanti alla conferenza di Bretton Woods delle Nazioni Unite. Scopo della Banca è promuovere l'investimento di capitale per la ricostruzione (finalità peculiare del primi anni del dopoguerra) e lo sviluppo economico dei Paesi membri.

BEI (Banca Europea per gli Investimenti): istituto di credito con sede in Lussemburgo, costituito nel 1957 per contribuire, mediante la concessione di prestiti e di garanzie, al finanziamento di progetti riguardanti le regioni meno sviluppate della ☞ *CEE* (ora *UE*).

Beni pubblici: insieme dei beni appartenenti alla pubblica amministrazione. Essi si dividono, secondo la tripartizione accolta dal codice civile, in:

- *beni demaniali*: beni che soddisfano in modo diretto i bisogni collettivi. Essi sono sempre rappresentati da beni immobili o da universalità di mobili e appartengono agli enti pubblici territoriali (Stato, Regioni ecc.); non possono essere alienati né su di essi si possono costituire diritti di terzi;
- *beni patrimoniali indisponibili*: beni sia mobili che immobili, appartenenti a enti pubblici, che sono destinati a scopi particolari e non possono essere da questi distolti se non tramite particolari procedure;
- *beni patrimoniali disponibili*: beni di proprietà di un ente pubblico, ma che non sono né beni demaniali né patrimoniali indisponibili e che sono quindi soggetti alle normali leggi della proprietà privata.

La distinzione tra beni demaniali e patrimoniali indisponibili è da più parti criticata, in quanto priva di un reale significato.

BERS (Banca Europea per la Ricostruzione e lo Sviluppo): istituzione finanziaria internazionale nata a Parigi nel 1990 con 40 Paesi aderenti; attualmente ha sede a Londra e si propone di favorire la transizione delle economie dei Paesi dell'Europa centrale e orientale verso ☞ un'*economia di mercato* promuovendo l'iniziativa privata e imprenditoriale.

Bilancia dei pagamenti: è un insieme di conti che registrano gli scambi intercorsi fra residenti di un sistema economico e non residenti, in un dato periodo di tempo. Le tre sezioni in cui è suddivisa la bilancia dei pagamenti sono:

- la sezione ☞ *partite correnti*, la quale registra le transazioni di merci e servizi e i trasferimenti unilaterali;
- la sezione ☞ *movimenti di capitali*, la quale registra i flussi relativi a investimenti finanziari con i non residenti;
- la sezione ☞ *movimenti monetari*, la quale registra tutti i movimenti internazionali di valute e capitali effettuate dalle autorità monetarie (nel caso italiano Banca d'Italia e Ufficio Italiano Cambi) allo scopo di compensare il risultato netto determinato dagli scambi registrati nelle due parti precedenti.

Bilancio consolidato: bilancio relativo a un gruppo di imprese, ovvero bilancio redatto da una società che detiene ☞ *partecipazioni* in altre società. Obiettivo di tale bilancio è quello di rappresentare la situazione economica di un gruppo di imprese quando le relazioni tra le medesime sono tali che non sarebbe altrimenti significativo esaminare separatamente i bilanci delle singole società che compongono il gruppo in esame. Il bilancio di gruppo viene costruito mediante una procedura di ☞ *consolidamento*, che comporta l'aggregazione in un unico ☞ *stato patrimoniale* e in un solo ☞ *conto economico* di tutti gli stati patrimoniali e i conti economici delle società che sono oggetto di consolidamento.

Bilancio dello Stato: è il documento che registra tutte le entrate e tutte le spese dello Stato e degli enti pubblici in un esercizio finanziario. Entrambe le parti (entrate e spese) sono a loro volta suddivise in *titoli*, *categorie*, *rubriche* e *capitoli*. Le **entrate** nel bilancio dello Stato sono suddivise in quattro titoli: *entrate tributarie* (riscossione delle imposte e delle tasse), *entrate extratributarie* (contributi obbligatori, multe, ammende, dazi doganali, proventi dei servizi pubblici ecc.), *alienazione di beni e riscossione di crediti* e *accensione di prestiti* (emissione di titoli del debito pubblico). Le **spese** sono invece suddivise in tre titoli: *spese correnti* (spese per il personale, contributi, sussidi, pensioni di guerra e ammortamenti di beni patrimoniali); *spese in conto capitale* (spese per investimenti e per l'acquisizione di partecipazioni); *spese per rimborso prestiti* (prestiti pubblici come BoT, BTp, CcT ecc. e i mutui contratti con istituti di credito). Il bilancio dello Stato si suddivide in *bilancio di cassa*, nel quale sono riportate le entrate effettivamente riscosse e le spese effettivamente pagate, e *bilancio di competenza*, nel quale sono riportate le entrate che lo Stato ha diritto a riscuotere e le spese che si è impegnato a erogare. Vi è un altro criterio di distinzione relativamente al bilancio dello Stato: il *bilancio di previsione* è quello preventivo, mentre il *rendiconto* è quello consuntivo.

Bilancio d'esercizio: documento consuntivo (compilato a fine anno) composto dallo ☞ *stato patrimoniale*, dal ☞ *conto economico* e dalla ☞ *nota integrativa*. È inoltre corredato da una relazione sulla gestione e rappresenta la situazione patrimoniale e finanziaria della società nonché il risultato economico riferito all'esercizio considerato.

Bilancio pluriennale a legislazione vigente: introdotto nel 1978, si riferisce a un periodo tra i tre e i cinque anni (normalmente viene compilato relativamente a un triennio) e descrive l'evoluzione prevista della finanza pubblica in assenza di interventi correttivi (normalmente effettuati mediante la ☞ *legge finanziaria*). Viene presentato ogni anno, aggiornandolo e integrandolo anche alla luce del bilancio annuale.

Bilancio pluriennale programmatico: indica quella che deve essere la dinamica degli aggregati di finanza pubblica secondo gli obiettivi di politica economica enunciati del ☞ *DPEF*.

Boom: nel linguaggio giornalistico-economico, viene utilizzato questo termine inglese quando si vuole indicare una fase di forte espansione economica.

Borsa Valori: mercato organizzato per la compravendita di valori mobiliari (azioni, obbligazioni ecc.) o altro, al quale possono accedere solo operatori specializzati. Le operazioni avvengono secondo una procedura precisa e rigorosa e i prezzi vengono registrati in un apposito listino, avente carattere ufficiale.

BoT (Buoni ordinari del Tesoro): titoli rappresentativi del prestito che l'acquirente (cittadino, impresa, banca ecc.) concede allo Stato, ossia all'emittente dei titoli (ministero del Tesoro). Rispetto agli altri titoli di Stato, i BoT sono a breve scadenza (3, 6, 12 mesi) e non hanno cedole.

BRI (Banca dei Regolamenti Internazionali): fondata a Basilea nel 1930, svolge una funzione principale che consiste nell'assicurare la cooperazione fra le ☞ *banche centrali* dei diversi Paesi membri. A partire dalla seconda guerra mondiale, la BRI è stata strettamente associata alle altre istituzioni monetarie internazionali, quali il ☞ *Fondo Monetario Internazionale* e la Banca Mondiale.

Budget: bilancio di previsione di un'impresa o di un certo progetto di ☞ *investimento*. Si tratta di uno strumento di previsione e di programmazione dell'attività di un'impresa.

Capacità produttiva: quantità massima di prodotto che può essere ottenuta, a livello di impianto, di singola impresa, di settore industriale o di intero sistema economico, utilizzando i fattori produttivi disponibili e dati i vincoli tecnici, economici e istituzionali connessi al loro impiego.

Capitale: nel Medioevo si intendeva con "credito principale" o "capitale" (dal latino *caput*, capo e, quindi, principale) la somma che generava interessi, per distinguerlo dal "credito derivato" costituito dagli interessi stessi. Il termine viene utilizzato nell'accezione moderna con significati sovente diversi fra di loro: generico potere d'acquisto, totalità delle risorse finanziarie generanti un guadagno nel tempo (*capitale finanziario*), capitale preso a prestito (*capitale di debito*), capitale investito dagli azionisti (*capitale proprio*), totale delle attrezzature e degli impianti (*capitale tecnico*), insieme delle risorse utilizzate in un solo ciclo produttivo (*capitale circolante*) e di quelle destinate a essere utilizzate per più cicli produttivi (*capitale immobilizzato o fisso*).

Capitale sociale: entità numerica che esprime il valore in denaro dei conferimenti risultante dall'atto costitutivo. È un valore storico che rappresenta la parte di ☞ *patrimonio netto* non distribuibile fra i soci.

Capital-gain: (guadagno in conto capitale) guadagno connesso alla differenza fra prezzo di acquisto di un bene patrimoniale e prezzo di vendita dello stesso.

Capitalismo: secondo l'interpretazione teorica prevalente, è un sistema economico e sociale fondato sulla proprietà privata dei mezzi di produzione e sul lavoro salariato che viene scambiato sul mercato come le altre merci.

Cartello: patto tra imprese per limitare la concorrenza mediante accordi su prezzi e mercati di competenza nell'ambito di un settore.

Cassa Depositi e Prestiti: organismo istituito nel 1863 e, fino al 1983, operante come direzione generale presso il ministero del Tesoro. In seguito la Cassa ha svolto principalmente una funzione di istituto di credito speciale, gestendo l'ingente risparmio postale, che viene impiegato per finanziamenti agli enti locali territoriali (Regioni, Province e Comuni), alle Aziende Autonome dello Stato e ai consorzi pubblici. La Cassa non è sottoposta alla vigilanza della Banca d'Italia, ma a quella del Parlamento.

CECA (Comunità Europea del Carbone e dell'Acciaio): istituita nel 1951 per promuovere l'integrazione economica dei Paesi europei nei settori del carbone e dell'acciaio; nel 1967 è stata ricompresa nella ☞ *CEE*.

Cedola: tagliando staccabile da un titolo obbligazionario che rappresenta il diritto del proprietario a incassare una somma corrispondente al reddito di tale titolo.

CEE (Comunità Economica Europea): comunità che raggruppava 12 Paesi europei (Belgio, Francia, Germania, Irlanda, Gran Bretagna, Paesi Bassi, Lussemburgo, Danimarca, Grecia, Spagna, Portogallo, Italia). Fu istituita con il Trattato di Roma entrato in vigore nel 1958. La CEE era prima di tutto un'unione doganale priva di tariffe e restrizioni commerciali interne tra i Paesi aderenti, caratterizzata da una politica commerciale comune nei confronti dei Paesi esterni. Progressivamente, fra i Paesi della Comunità, sono stati rimossi tutti i vincoli alla libera circolazione di persone, merci, servizi e capitali. La CEE (il cui organo esecutivo permanente è la *Commissione*, mentre le decisioni politiche spettano al *Consiglio dei ministri* e una supervisione generale è esercitata dall'*Assemblea parlamentare europea*) ha sviluppato un'amplissima gamma di attività nel campo della politica agricola comune, della politica industriale, dell'armonizzazione delle legislazioni nazionali e della politica monetaria (☞ *ECU, SME*). Con l'approvazione e la successiva ratifica da parte dei Dodici del Trattato di Maastricht (1991), si sono stabiliti i criteri per un ulteriore rafforzamento del processo di unificazione non solo nel campo economico-monetario, ma anche in quello politico-sociale. La CEE si è così trasformata, dal 1° gennaio 1994, in Unione Europea (☞ *UE*).

CGIL (Confederazione Generale Italiana dei Lavoratori): organizzazione sindacale costituita nel 1944 dalla convergenza delle maggiori componenti politico-sindacali dell'epoca. Dal 1948, in seguito alla scissione che avrebbe portato alla costituzione di ☞ *CISL* e ☞ *UIL*, nella CGIL sono rimaste le componenti comunista e socialista.

CIPE (Comitato Interministeriale per la Programmazione Economica): organo direttivo in ambito economico e finanziario di cui fanno parte il presidente del Consiglio e i ministri economici.

Circolante: tutte le banconote e le monete che circolano come mezzi di pagamento.

CISL (Confederazione Italiana Sindacati dei Lavoratori): organizzazione sindacale fondata nel 1950 dalle componenti democratico-cristiane che avevano lasciato la ☞ *CGIL* nel 1948.

Confindustria (Confederazione Generale Italiana dell'Industria): organizzazione sindacale degli imprenditori industriali. Tutela gli interessi dei suoi membri nei confronti dei sindacati dei lavoratori e del Governo.

Congiuntura economica: insieme delle condizioni che caratterizzano l'attività economica di un Paese o di un settore produttivo in un dato momento.

CONSOB (Commissione Nazionale per le Società e la Borsa): organo di vigilanza sulle società per azioni quotate nelle ☞ *borse valori*, su queste ultime e sui soggetti che vi operano (società quotate, agenti di cambio, società di intermediazione mobiliare).

Consolidamento: procedura che conduce alla costruzione del ☞ *bilancio consolidato*.

Contabilità nazionale: è un sistema con cui si descrivono in termini quantitativi e in forma contabile le attività economiche e finanziarie di un Paese.

Conto economico: prospetto di bilancio che pone a confronto i costi e i ricavi di un periodo amministrativo per la determinazione del risultato economico d'esercizio.

Contributo: particolare tipo di ☞ *tributo*, nel quale la prestazione pecuniaria costituisce il corrispettivo di un'attività amministrativa svolta da un ente pubblico a vantaggio dell'intera collettività, di cui beneficia però in modo particolare il privato pagante in conseguenza di cose possedute o di attività svolte che generino una spesa pubblica.

Credito d'imposta: credito che spetta ai percettori di dividendi e che ha la funzione di evitare che tali soggetti paghino nuovamente le imposte dirette (☞ *IRPEF*) già pagate dalla società (☞ *IRPEG*) che ha distribuito i propri ☞ *utili*.

Dazio doganale: tributo imposto sui beni importati al loro transitare sulla linea doganale.

Debito estero: debito che un Paese ha contratto con il resto del Mondo.

Debito pubblico: indica il totale dell'indebitamento che il settore pubblico ha accumulato nei confronti dei soggetti interni e degli operatori esteri per coprire il proprio ☞ *fabbisogno*.

Decentramento fiscale: termine con il quale si intende il passaggio da un sistema fiscale accentrato a uno in cui la gestione delle entrate tributarie e le decisioni di imposizione fiscale ricadono maggiormente sugli enti locali. In Italia, dopo la riforma del 1974 che aveva creato un sistema fortemente accentrato, si è assistito negli anni seguenti al passaggio a un sistema che prevede sempre meno la ripartizione dei fondi attraverso trasferimenti dal centro e sempre più la possibilità di autosostentamento degli enti locali.

Deflazione: periodo di riduzione del livello assoluto della produzione e del ☞ *reddito*. Si differenzia dal termine ☞ *recessione* per l'accento posto sulle scelte di ☞ *politica economica* che hanno determinato il rallentamento nello sviluppo. Nonostante la comune radice etimologica, deflazione non è il contrario di ☞ *inflazione*; infatti i due fenomeni possono coesistere nelle fasi di ☞ *stagflazione*.

Depressione: è la fase del ciclo economico, altrimenti detta ☞ *recessione*, caratterizzata da uno sviluppo negativo o inferiore al normale di una grandezza economica, solitamente del ☞ *PIL*. Nella pratica si è soliti parlare di depressione o recessione quando il tasso di crescita del PIL è negativo per due trimestri consecutivi.

Deregulation: processo di eliminazione di norme legislative e di regolamenti precedentemente imposti ai diversi settori economici.

Disavanzo pubblico: si ha un disavanzo pubblico (o *deficit*) quando la differenza fra entrate (correnti e in conto capitale) e uscite (correnti e in conto capitale) della pubblica amministrazione nel corso di un esercizio (un anno) è negativa. Un disavanzo va finanziato e come tale può creare nuovo ☞ *debito pubblico*.

Disoccupazione: indica la situazione in cui si trovano le ☞ *forze di lavoro* prive di impiego. Può essere *volontaria*, quando le persone non lavorano ma potrebbero trovare occupazione ai livelli di remunerazione correnti. Può essere *involontaria*, quando le persone sarebbero disposte a lavorare ai tassi di salario correnti ma non riescono a trovare impiego. Il *tasso di disoccupazione* è generalmente dato dal rapporto fra numero di disoccupati e numero di persone rientranti nelle forze di lavoro.

Dividendo: singola quota della parte dell'utile d'impresa disponibile per essere distribuita ai soci.

DPEF (Documento di programmazione economico-finanziaria): è un documento che determina gli obiettivi che devono informare le manovre di bilancio nel periodo contemplato dal bilancio pluriennale; costituisce quindi il termine di riferimento per il bilancio dello Stato e deve essere presentato entro il 15 maggio di ogni anno.

Duopolio: situazione di mercato caratterizzata dalla presenza di due soli produttori-venditori del medesimo bene o servizio.

Economia di mercato: sistema economico nel quale la produzione di beni e servizi è affidata all'iniziativa privata, con la libertà dei consumatori di esprimere le proprie domande sul mercato e dei produttori di soddisfarle. Si contrappone in genere al termine *economia di Stato* o *economia pianificata*, dove la produzione è affidata a imprese controllate dallo Stato che agiscono secondo piani prestabiliti e dettati dagli organi centrali dell'amministrazione pubblica (così era per esempio nei Paesi socialisti dell'Est Europa).

Economia sommersa: complesso di attività di produzione e di utilizzazione del prodotto che sfugge deliberatamente alla rilevazione statistica. Rientrano per esempio in questa categoria il cosiddetto *lavoro nero*, ossia i secondi (o doppi) lavori non dichiarati e il lavoro retribuito ma non registrato prestato da pensionati, casalinghe, studenti e stranieri non residenti.

ECU (European Currency Unit): unità monetaria (convenzionale) europea. L'ECU è costituito da un paniere di monete dei Paesi della ☞ *UE*, la cui quota fissa nel paniere stesso dipende dal peso, a livello europeo, del reddito nazionale e del commercio intracomunitario dei singoli Paesi. Con l'approvazione del *Trattato di Maastricht*, che stabilisce le tappe per il processo di unione economica e monetaria, l'ECU aveva assunto una rilevanza ancora superiore. Infatti, una delle tappe prevedeva l'adozione dell'ECU come ☞ *moneta* unica da parte dei Paesi europei. Al vertice di Madrid del dicembre 1995 la scelta per questo ruolo è invece caduta ☞ sull'*Euro*.

Effetto di traboccamento: è uno dei problemi del decentramento decisionale evidenziati da chi sostiene un sistema decisionale accentrato. Con il termine *effetto di traboccamento* si intende il beneficio che la produzione di un determinato bene può avere anche sui soggetti che non contribuiscono alla sua realizzazione. Un esempio è quello della costruzione di una diga che regola a monte il flusso di un fiume che attraversa più regioni. In questo caso, anche se le altre regioni attraversate dal fiume non hanno contribuito alla realizzazione della diga, usufruiscono comunque dei benefici da questa derivanti.

EFTA (European Free Trade Association): associazione europea di libero scambio costituita nel 1960 con la convenzione di Stoccolma quale risposta alla creazione della ☞ *CEE*. Dopo l'uscita di Gran Bretagna, Danimarca, Portogallo, Austria, Finlandia e Svezia (che hanno aderito alla Comunità Europea), i suoi membri si sono ridotti a tre (Svizzera, Islanda e Norvegia).

Elusione fiscale: sistema adottato dai contribuenti per pagare meno imposte operando una riduzione della base imponibile con artifici non vietati dalla legge. L'elusione fiscale si distingue ☞ dall'*evasione* in quanto, pur avendo il medesimo scopo, non consiste in violazioni di leggi e quindi non provoca la comminazione di sanzioni.

Entrate pubbliche: insieme di risorse che affluiscono allo Stato e agli altri enti pubblici per far fronte al proprio fabbisogno finanziario. La maggior parte delle entrate proviene dal ricorso al prestito pubblico, dal prelevamento delle imposte, dall'emissione di moneta. Le entrate pubbliche possono essere ordinarie o straordinarie (in base alla loro ripetibilità nel tempo), originarie o derivate (in relazione alla fonte dalla quale provengono), di diritto privato o di diritto pubblico (sotto il profilo giuridico).

Erosione fiscale: riduzione della base imponibile a seguito di esenzioni, agevolazioni e sottostime che non dipendono dai comportamenti del contribuente ma che generano una riduzione del gettito fiscale.

Esercizio provvisorio: nel caso in cui il bilancio dello Stato non venga approvato entro il 31 dicembre – ipotesi che ha costituito quasi la norma nel passato e che è divenuta invece un'eccezione da quando è stata introdotta nei regolamenti parlamentari la sessione di bilancio – il secondo comma dell'articolo 81 della Costituzione prevede la possibilità che le Camere concedano al Governo l'esercizio provvisorio del bilancio, per periodi non superiori complessivamente a quattro mesi.

Euro: è la ☞ moneta unica europea. Il 31 dicembre 1998 esso ha sostituito ☞ l'ECU con un ☞ tasso di cambio uno a uno. Fino al 2002 l'euro è stato una semplice unità di conto, mentre a partire da questa data si è realizzata la sua introduzione fisica. Le monete sostituite da subito dall'euro sono quelle dei 12 Paesi che il 1° maggio 1998 hanno rispettato i criteri stabiliti a Maastricht. Il cambio tra lira e euro è di 1936,27 lire per 1 euro.

Evasione fiscale: atto posto in essere da un contribuente, tenuto al pagamento dei ☞ *tributi*, che si sottrae parzialmente o totalmente all'obbligo tributario attraverso atti dolosi, quali per esempio la mancata, parziale o scorretta dichiarazione della base imponibile.

Fabbisogno dello Stato: entità chiamata anche *saldo netto da finanziare*; è uguale alla differenza fra entrate finali (somma dei primi tre titoli delle entrate) e spese finali (somma dei primi due titoli delle spese) dello Stato. Tale saldo indica la misura in cui le operazioni dello Stato determinano il ricorso al mercato monetario e finanziario.

Factoring: contratto mediante il quale un'azienda cede a una società (*factor*) i propri crediti derivanti da vendite con pagamento differito, ottenendone in cambio un pagamento istantaneo ma inferiore all'ammontare del credito.

Fatturato: ammontare complessivo delle vendite realizzate dall'azienda nel corso di un anno. Rappresenta una delle voci di cui si compone il valore della produzione nel ☞ *conto economico*.

Finanziamento: rappresenta l'insieme dei mezzi necessari per lo svolgimento dell'attività aziendale. Esso può derivare da finanziamenti interni (apporti del proprietario, dei soci o ☞ *utili* non distribuiti) oppure da finanziamenti esterni (capitale di prestito).

Fiscal drag (drenaggio fiscale): indica l'inasprimento della pressione fiscale causato dall'inflazione, la quale fa aumentare i redditi spingendoli così verso fasce che, in presenza di una tassazione progressiva, hanno aliquote fiscali più elevate.

Fiscalizzazione degli oneri sociali: misura di politica economica mediante la quale una parte dei contributi obbligatori a carico delle imprese viene finanziata con risorse dello Stato.

FMI (Fondo Monetario Internazionale): organizzazione creata a Bretton Woods nel 1944, alla quale aderiscono attualmente oltre 170 Paesi, avente lo scopo di facilitare i regolamenti finanziari internazionali mediante la consulenza tecnica, la stabilizzazione dei ☞ *tassi di cambio*, la riduzione dei controlli sui cambi e la concessione di prestiti a Paesi in temporanea difficoltà di ☞ *bilancia dei pagamenti*.

Fondi comuni di investimento: intermediari finanziari che raccolgono risparmi presso gli investitori (famiglie) e li investono in titoli azionari e obbligazionari.

Forze di lavoro: espressione che indica la somma delle persone occupate e di quelle in cerca di occupazione e che corrisponde al concetto di "popolazione attiva".

Franchising: contratto mediante il quale un'impresa (*concedente o franchisor*) concede a un'altra impresa (*concessionaria o franchisee*) la possibilità di vendere i propri prodotti o servizi utilizzando mezzi comuni (marchio, brevetti, assistenza tecnica ecc.).

Free-rider: con questo termine (derivante dall'espressione inglese *free ride* che significa "corsa gratuita") si fa riferimento ai soggetti che usufruiscono di beni pubblici senza pagare il corrispettivo previsto dallo Stato.

Fusione: istituto mediante il quale si ha una concentrazione di aziende per accentramento. Esistono due tipi di fusione:

- *fusione propriamente detta*: tutte le società partecipanti alla fusione si sciolgono e i loro patrimoni (☞ *patrimonio netto*) vengono apportati in una società di nuova costituzione;
- *fusione per incorporazione*: una società già esistente incorpora una o più altre società, le quali cessano di esistere.

GATT (General Agreement on Tariffs and Trade): accordo generale sulle tariffe doganali e sul commercio internazionale. Istituito nel 1945, stabiliva i principi generali relativi alla libertà e all'espansione degli scambi, sulla base della reciprocità di trattamento. Vi aderivano oltre 100 Paesi. Periodicamente venivano organizzate riunioni del GATT, che potevano protrarsi anche per anni (è il caso del recente *Uruguay Round*) volte a rendere sempre più estesa l'applicazione dei principi di libero scambio. Da ultimo il GATT ha trovato collocazione in un foro permanente, denominato *World Trade Organization* (☞ *WTO*).

Holding: società che controlla un gruppo di altre società tramite il possesso di ☞ *partecipazioni* azionarie.

ICE (Istituto per il Commercio con l'Estero): organismo pubblico che si occupa principalmente di promuovere le esportazioni italiane.

ICI (Imposta Comunale sugli Immobili): entrata in vigore dal 1993 con aliquote fissate dai singoli Comuni all'interno di un margine consentito di discrezionalità.

Imposta: particolare tipo di ☞ *tributo*, nel quale la prestazione del privato (per esempio l'IRPEF) non costituisce il corrispettivo di un servizio pubblico particolare.

A seconda del loro *presupposto*, le imposte si distinguono in:

- *dirette*, se colpiscono il reddito o il patrimonio;
- *indirette*, se colpiscono fenomeni che sono solo indirettamente in relazione con una capacità contributiva (per esempio l'IVA).

A seconda della *modalità con cui viene determinata*, l'imposta si distingue in:

- *fissa*, se consiste in una somma determinata indipendentemente dal valore dell'imponibile;
- *progressiva*, se viene determinata applicando sull'imponibile un'aliquota crescente al crescere dello stesso;

PARTE SESTA

- *proporzionale*, se viene determinata applicando sull'imponibile un'aliquota fissa.

Le imposte si distinguono ancora in:

- *personali*, se tengono conto delle condizioni economiche e sociali del contribuente;
- *reali*, se colpiscono il reddito o il patrimonio del contribuente senza tenere conto delle sue condizioni economico-sociali.

Indicizzazione: meccanismo con il quale una grandezza economica viene commisurata alle variazioni di un parametro, normalmente costituito da un'altra grandezza economica. Un esempio è l'indicizzazione dei salari al tasso di ☞ *inflazione*.

Inflazione: aumento generalizzato del livello dei prezzi e contemporanea riduzione del potere d'acquisto della moneta. Vi sono varie teorie relative alle cause che la determinano. L'*inflazione da costi* è dovuta principalmente ad aumenti dei costi di produzione, derivanti soprattutto da aumenti salariali che determinano poi incrementi dei prezzi. L'*inflazione da domanda* è invece dovuta a un'eccedenza della domanda globale dei beni e servizi sull'offerta complessiva. Infine esiste anche l'*inflazione da eccesso di moneta* che si verifica quando l'offerta di moneta eccede la relativa domanda e quindi diminuisce il potere d'acquisto della moneta. Il *tasso di inflazione* si misura generalmente ricorrendo a indici di prezzo, basati su ipotetici panieri di beni. L'incremento percentuale annuo dell'indice dà il valore del tasso di inflazione.

INPS (Istituto Nazionale della Previdenza Sociale): è il più importante ente previdenziale italiano, a cui fanno capo le pensioni della maggioranza dei lavoratori dipendenti privati.

Insider trading: espressione inglese che indica l'attività illecita di chi, in virtù di un'informazione non disponibile al pubblico, compie speculazioni sui titoli. Si noti che il reato di *insider trading* è perseguibile anche senza che debba essere provato lo scopo di procurare a sé o ad altri un vantaggio patrimoniale.

Inventario: libro sociale obbligatorio per l'imprenditore che deve essere redatto all'inizio dell'esercizio dell'attività d'impresa e successivamente ogni anno. È un prospetto che mette a confronto l'attivo e il passivo per la determinazione del capitale netto (o deficit) esistente in un dato momento.

Investimento: operazione che provoca un flusso di entrate e uscite monetarie nel tempo, in modo tale che inizialmente prevalgano le uscite nette e in seguito le entrate nette. A seconda della sua natura si possono configurare diversi tipi di investimento: investimento di *razionalizzazione* (sostituzione, adeguamento tecnico dei macchinari), investimento di *espansione* (linee di prodotti esistenti o nuovi), investimento di ☞ *ricerca e sviluppo* ecc.

IRAP (Imposta Regionale sulle Attività Produttive): l'IRAP ha sostituito, accorpandole, le seguenti imposte: ILOR, ICIAP, contributo sanitario per datori di lavoro e dipendenti, contributo per la TBC, tassa sulla salute, tassa sulla partita IVA e imposta sul patrimonio delle imprese. La base imponibile sulla quale si calcola l'IRAP è data dal valore della produzione al netto degli acquisti di beni e servizi e degli ammortamenti. Come contribuenti vengono individuati i seguenti soggetti: imprese individuali e di persone, società di capitali, professionisti, artisti, enti non commerciali e Pubbliche Amministrazioni (queste ultime godono tuttavia di un regime particolare). Inizialmente l'aliquota era del 4,25% ma, a decorrere dal terzo anno dalla sua introduzione (1998), c'è la possibilità per le diverse Regioni di incrementarla al massimo dell'1% e di diversificarla a seconda dell'attività produttiva.

IRI (Istituto per la Ricostruzione Industriale): costituito nel 1933 per finanziare le imprese in difficoltà, ha poi gestito le partecipazioni statali. Dal 1992 è una ☞ *società per azioni* controllata dal Ministero del Tesoro.

IRPEF (Imposta sul Reddito delle Persone Fisiche): l'IRPEF è un'imposta personale e progressiva (cioè con aliquota crescente al crescere della base imponibile) che colpisce i redditi in denaro o in natura prodotti da una persona fisica, residente o non residente in Italia, nel territorio dello Stato. La base imponibile dell'IRPEF è costituita da tutti i redditi di cui la persona abbia materiale disponibilità, dai quali possono essere effettuate detrazioni utili a perseguire obiettivi di carattere sociale.

IRPEG (Imposta sul Reddito delle Persone Giuridiche): l'IRPEG è un'imposta personale e proporzionale (cioè con aliquota fissa) che colpisce i redditi in denaro o in natura prodotti da una persona giuridica in Italia. La base imponibile dell'IRPEG è costituita da tutti i redditi percepiti dalla persona giuridica nel periodo d'imposta.

IVA (Imposta sul Valore Aggiunto): imposta indiretta che si applica alle cessioni di beni e alle prestazioni di servizi effettuate in Italia nell'esercizio di imprese, arti o professioni e sulle importazioni da chiunque effettuate. I principali obblighi IVA da adempiere sono rappresentati dalla liquidazione mensile o trimestrale della stessa e dalla dichiarazione annuale, riepilogativa di tutte le operazioni compiute durante l'anno. L'aliquota sull'IVA è sempre fissa, ma di importo diverso a seconda del bene che viene tassato: essa si applica sui corrispettivi dovuti a chi cede i beni o presta i servizi che costituiscono il presupposto dell'imposta.

Leasing: contratto attraverso il quale un soggetto prende in locazione da un altro soggetto determinati beni contro pagamento di un canone periodico e con la possibilità di riscattare il bene alla scadenza del contratto.

Legge finanziaria: legge di attuazione della manovra economica, diretta a stabilire annualmente la politica di bilancio in funzione del governo dell'economia e in modo da annullare gli scostamenti che possono essere registrati nel ☞ *bilancio pluriennale a legislazione vigente* rispetto agli obiettivi espressi nel ☞ *bilancio pluriennale programmatico*. È stata introdotta nel 1978 e determina, essenzialmente, il ricorso al mercato finanziario, le quote di competenza dell'esercizio di spese a carattere pluriennale, le manovre quantitative sui ☞ *tributi* e sui capitoli di spesa.

Libro Giornale: scrittura obbligatoria, che raccoglie in ordine cronologico i dati relativi all'intera gestione aziendale.

Macroeconomia: è quella parte della teoria economica che si occupa dello studio dei sistemi economici nel loro complesso. Si contrappone alla **microeconomia**, la quale si occupa dello studio dei processi economici riguardanti unità singole come famiglie, imprese, industrie e mercati.

Management: espressione inglese che indica l'insieme di processi e decisioni che compongono la gestione di un'organizzazione complessa quale un'impresa. Il management indica anche l'insieme di coloro che hanno un ruolo di controllo strategico e di gestione delle risorse umane all'interno di un'azienda.

Marketing: insieme delle attività che in un'impresa sono rivolte allo studio e all'impostazione dei rapporti dell'impresa stessa con il mercato. Tale termine indica generalmente le funzioni di vendita, distribuzione, pubblicità e studio del mercato di un prodotto.

Materie prime: fattori della produzione da immettere nel processo produttivo, sottoposti a processo di trasformazione.

Moneta: mezzo di scambio e pagamento per l'acquisto di beni e servizi. La base monetaria è costituita dal ☞ *circolante* e dai depositi presso le banche.

Monopolio: situazione di mercato in cui l'offerta di un prodotto è controllata interamente da un unico agente grazie a un'esclusiva normalmente determinata per legge.

Monopsonio: situazione di mercato in cui, mentre l'offerta è suddivisa tra più produttori, la domanda è concentrata in un solo soggetto.

Movimenti di capitali: sono una delle tre sezioni della ☞ *bilancia dei pagamenti* e sono a loro volta distinti in tre categorie:

- *investimenti diretti*, ossia gli investimenti destinati a stabilire, fra investitore e impresa beneficiaria dell'investimento, legami economici duraturi e diretti che permettano all'investitore di esercitare un'influenza reale sulla gestione dell'impresa;
- *investimenti di portafoglio*, ossia gli investimenti finanziari di breve periodo che hanno la caratteristica di dare all'investitore la possibilità di disimpegnare senza troppe difficoltà il capitale investito;
- *crediti commerciali*, ossia i finanziamenti connessi al regolamento posticipato di transazioni di natura commerciale.

Movimenti monetari: sono una delle tre sezioni della bilancia dei pagamenti. Registrano tutti i movimenti internazionali di valute e capitali effettuate dalle autorità monetarie (nel caso italiano, Banca d'Italia e Ufficio Italiano Cambi) allo scopo di compensare il risultato netto determinato dagli scambi registrati nelle due parti precedenti della bilancia dei pagamenti (☞ *partite correnti* e ☞ *movimenti di capitali*).

Mutuo: contratto con il quale il mutuante consegna al mutuatario una determinata quantità di denaro o di altre cose fungibili con l'obbligo del mutuatario stesso di restituire a scadenza cose della stessa specie e qualità. In contabilità esso rappresenta un debito a medio/lungo termine sul quale maturano interessi passivi.

NAFTA (North American Free Trade Agreement): accordo di libero scambio costituito nel 1993 fra i Paesi del continente nordamericano: USA, Canada e Messico.

Nazionalizzazione: termine usato sovente come sinonimo di "statalizzazione", indica l'appropriazione da parte dello Stato di determinati beni o attività economiche appartenenti ai privati.

Nota Integrativa: documento che compone, insieme allo ☞ *stato patrimoniale* e al ☞ *conto economico*, il ☞ *bilancio d'esercizio*; contiene informazioni di dettaglio dei valori patrimoniali ed economici nonché altre informazioni non contenute nei prospetti di conto economico e stato patrimoniale.

OCSE (Organizzazione per la Cooperazione e lo Sviluppo Economici): organismo internazionale con sede a Parigi, con lo scopo di agevolare la crescita economica dei Paesi membri (attualmente 27), di combattere la ☞ *disoccupazione* senza lasciare ☞ l'*inflazione* fuori controllo, di eliminare le barriere al commercio internazionale e di fornire cooperazione tecnica ed economica ai Paesi in via di sviluppo.

Oligopolio: situazione di mercato in cui solo poche imprese offrono una merce o un servizio e interagiscono con strategie di prezzo, quantità e pubblicità.

OPA (Offerta Pubblica di Acquisto): meccanismo per acquistare i titoli di una società, allo scopo di acquisirne il controllo.

OPEC (Organization of petroleum exporting countries): principale organizzazione dei Paesi esportatori di petrolio. Si tratta prevalentemente di Paesi dell'area mediorientale quali Arabia Saudita, Iraq, Iran e Kuwait, ma aderisce anche il Venezuela, mentre Ecuador e Indonesia ne sono stati membri per lungo tempo ma sono poi usciti dall'organizzazione. Durante gli anni Settanta, e in particolare in due occasioni (1973 e 1979), l'organizzazione ha determinato un forte rialzo dei prezzi del petrolio nei mercati mondiali, contraendone l'offerta. Le conseguenze per i Paesi dipendenti dalle importazioni per i propri fabbisogni energetici, quali l'Italia, sono state ☞ *inflazione*, peggioramento della bilancia commerciale e conseguente crisi economica.

PAC (Politica Agricola Comune): insieme di disposizioni e meccanismi decisionali che regolano il mercato dei prodotti agricoli nella ☞ *UE*. I suoi cardini sono rappresentati da una tariffa comune dei Paesi membri sui prodotti agricoli importati dai Paesi che non fanno parte della Comunità; da montanti compensativi pagati a chi esporta fuori della Comunità a prezzi inferiori a quelli vigenti in Europa da un sistema di prezzi dei prodotti agricoli fissati ogni anno amministrativamente.

Partecipazione: quota del capitale sociale di una società detenuta da un soggetto economico.

Partita doppia (metodo della): insieme di regole di registrazione dei conti. Seguendo questo metodo le quantità devono essere annotate contemporaneamente due volte, in diversi conti, in opposte sezioni.

Partite correnti: sono una delle tre sezioni della bilancia dei pagamenti e sono a loro volta scomponibili in *bilancia commerciale*, la quale registra le transazioni che hanno per oggetto gli scambi di merci; *partite invisibili*, nelle quali sono registrate le transazioni che hanno per oggetto dei servizi, e *trasferimenti unilaterali*, all'interno dei quali sono registrate voci quali le rimesse degli emigrati o gli aiuti pubblici dati o ricevuti da Paesi esteri.

Patrimonio Netto: differenza tra il capitale investito e il valore delle passività; esprime il valore di quella parte della ricchezza che non deve essere destinata ai terzi, ma è di pertinenza dei soci dell'impresa (è infatti denominato anche "mezzi propri").

Perdita d'esercizio: conto di capitale che accoglie una posta ideale negativa del capitale netto che dovrà essere coperta.

Piano Marshall: programma di aiuti economico-finanziari all'Europa da parte degli Stati Uniti, applicato dal 1948 al 1952. Ha preso il nome da George Marshall, il segretario di Stato americano che lo lanciò.

PIL (Prodotto Interno Lordo): è il valore di tutti i beni e servizi finali prodotti in un Paese (da soggetti residenti e non) in un dato periodo di tempo, calcolato in base ai prezzi del periodo di produzione senza sottrarre gli ammortamenti.

Scala mobile: strumento di salvaguardia del potere d'acquisto dei salari basato sull'aumento automatico delle retribuzioni di un importo tale da compensare l'aumento dei prezzi. La scala mobile è stata utilizzata in Italia dal 1946 al 1992.

Scienza delle finanze: disciplina che studia i principi attraverso i quali lo Stato reperisce le risorse necessarie per lo svolgimento delle sue funzioni.

Scissione: istituto attraverso il quale il patrimonio netto di una società viene trasferito parzialmente o totalmente ad altre società, con contestuale assegnazione, ai soci della prima, di azioni delle società beneficiarie del trasferimento patrimoniale.

Semilavorati: parti finite aventi un'identità fisica ben definita, destinate alla fabbricazione del ☞ *prodotto finito* o a un ulteriore processo intermedio di trasformazione.

Settore pubblico: insieme delle attività e delle istituzioni che possono essere definite pubbliche, o dal punto di vista della natura delle funzioni svolte oppure dei soggetti o istituzioni ad esse preposte.

Settore pubblico allargato: definizione convenzionale ottenuta sommando al settore statale gli enti ospedalieri, le aziende municipalizzate e l'ENEL.

SICAV (Società di investimento a capitale variabile): società per azioni che hanno come oggetto esclusivo l'investimento collettivo del patrimonio raccolto mediante l'offerta al pubblico di proprie azioni.

SIM (Società di Intermediazione Mobiliare): si tratta di intermediari finanziari che hanno sostituito gli agenti di cambio nel mercato azionario italiano. Sono gli unici operatori abilitati a negoziare direttamente titoli azionari in Borsa. Gli altri soggetti intenzionati a comprare o vendere azioni di società quotate devono dunque rivolgersi a una SIM.

SME (Sistema Monetario Europeo): è un sistema che disciplina i rapporti di cambio fra le valute dei Paesi della ☞ *UE* (e prima ☞ della *CEE*) e i meccanismi di intervento delle relative banche centrali, con l'obiettivo di rafforzare la stabilità monetaria intracomunitaria. È stato creato nel 1979 insieme ☞ all'*ECU* che costituisce il suo riferimento. L'Italia è uscita dagli accordi di cambio dello SME in seguito alla crisi valutaria della fine del 1992 e vi è rientrata nel novembre 1996.

S.n.c. (Società in nome collettivo): società di persone in cui i soci sono responsabili in solido e illimitatamente per le obbligazioni sociali.

Società di capitali: società che rispondono delle obbligazioni sociali unicamente con il proprio patrimonio sociale. I soci sono dunque responsabili soltanto limitatamente alla quota di capitale sociale detenuta. Le principali forme di società di capitali previste dal diritto italiano sono la ☞ *società per azioni* (S.p.A.), la ☞ *società a responsabilità limitata* (S.r.l.) e la *società in accomandita per azioni* (S.a.p.a.).

Società di persone: è una forma di organizzazione imprenditoriale riconosciuta dalla legge. Si tratta di un'impresa gestita da più persone, dotata di autonomia patrimoniale: la legge, cioè, riconosce la separazione fra il patrimonio della società e quello personale dei soci ma, qualora il patrimonio sociale si rivelasse insufficiente a coprire le obbligazioni assunte dalla società, impone che siano i soci a rispondere solidalmente e illimitatamente con il proprio patrimonio. Le principali forme di società di persone previste dal diritto italiano sono la *società semplice* (S.s.), la *società in accomandita semplice* (S.a.s.) e la ☞ *società in nome collettivo* (S.n.c.).

Sottoccupazione: situazione di un soggetto che svolge un'attività lavorativa non adeguata al suo titolo di studio o che, per mancanza di lavoro, presta la sua opera per un numero di ore inferiore a quello normale. Per estensione, si parla di sottoccupazione quando un sistema economico utilizza un numero di ore lavorative inferiore a quello che il sistema potrebbe assorbire.

S.p.A. (Società per azioni): società che esplica un'attività commerciale, dove che la responsabilità personale dei soci è limitata alla quota di capitale conferita che è rappresentata da *azioni*.

Spesa pubblica: insieme delle uscite monetarie necessarie al soddisfacimento dei bisogni della collettività; rappresentano il fabbisogno finanziario. Le uscite possono essere statali o locali (in relazione all'ente che effettua la spesa), obbligatorie o facoltative (in base alle norme giuridiche che le disciplinano), produttive o redistributive (in relazione ai loro effetti economici), di governo o di esercizio (a seconda dello scopo), correnti o di investimento (in base alla loro destinazione economica), ordinarie o straordinarie (in base alla loro ripetibilità nel tempo).

S.r.l. (Società a responsabilità limitata): società in cui la responsabilità a carico dei soci è limitata ai soli conferimenti e in cui le quote di partecipazione dei soci non possono essere rappresentate da azioni. Il capitale minimo richiesto per la costituzione è di 20 milioni.

Stagflazione: fase caratterizzata dalla compresenza di ☞ *stagnazione* e di ☞ *inflazione*.

Stagnazione: fase in cui non varia il livello della produzione e del ☞ *reddito* nazionale. In relazione a periodi brevi, è sinonimo di ☞ *deflazione* o ☞ *recessione*, se riferito a un periodo più lungo è più affine a un concetto di "ristagno".

Stato patrimoniale: prospetto del bilancio di una società. È un documento che "fotografa" la situazione o, meglio, che indica il valore del patrimonio netto aziendale in un determinato istante. È composto di due sezioni contrapposte: attivo da un lato e passivo dall'altro.

Svalutazione: diminuzione del valore di una moneta relativamente a un'altra moneta o all'oro, equivalente a un aumento del cambio. Infatti, ad esempio, se il ☞ *tasso di cambio* euro/dollaro passa da 1,1 a 1,2, significa che l'euro si è svalutato (occorrono più euro per acquistare un dollaro). La svalutazione può essere il frutto di un atto ufficiale (fissazione di un nuovo prezzo ufficiale da parte delle banche centrali) oppure può essere determinata dal semplice andamento del mercato (nell'esempio esaminato la svalutazione dell'euro sarebbe determinata da un incremento della domanda di dollari o da una diminuzione della domanda di euro). Il contrario di svalutazione è detto *rivalutazione*.

Tassa: particolare tipo di ☞ *tributo*, nel quale la prestazione pecuniaria del privato costituisce il corrispettivo di un servizio effettuato da un ente pubblico a suo vantaggio (per esempio, la tassa sui rifiuti).

Tasso di cambio: esprime la quantità di valuta di uno Stato che può essere scambiata con un'unità valutaria di un altro Stato. Per esempio, il tasso di cambio dollaro/sterlina inglese indica quanti dollari occorrono per acquistare una sterlina. I tassi di cambio possono essere liberi di fluttuare in base alle condizioni di domanda e offerta, o essere vincolati a mantenersi entro certi limiti, in base agli accordi internazionali sottoscritti.

Tasso di interesse: rapporto fra l'interesse incassato/pagato, generalmente su base annua, e il ☞ *capitale* prestato o chiesto a prestito. Esistono diversi tipi di tassi di interesse. I più noti e indicativi sono quelli pagati dalle banche per prendere a prestito fondi dalla Banca Centrale (TUS, *tasso ufficiale di sconto*) e quello pagato dal Tesoro sui titoli di Stato emessi per finanziare il proprio disavanzo (per esempio, tasso sui BoT).

Tasso naturale di disoccupazione: livello di disoccupazione ineliminabile perché propria del sistema economico.

Terziario: il *terziario* è il settore del sistema economico rappresentato dalle imprese che producono servizi. Include dunque tutte quelle imprese che non producono beni materiali (studi professionali, sistema sanitario, sistema scolastico, alberghi, consulenza, settore finanziario ecc.). Si distingue dal settore *primario*, che include il settore agricolo, e da quello *secondario*, che include le imprese industriali (meccaniche, chimiche, farmaceutiche, edili ecc.).

Terziarizzazione: processo socioeconomico che si concretizza nell'aumento relativo dei lavoratori impiegati nel settore dei servizi rispetto al numero degli addetti dell'industria e dell'agricoltura.

Tesoreria centrale dello Stato: organo esecutivo della direzione generale del Tesoro, incaricato della gestione di tutte le operazioni di incasso e di pagamento in esecuzione del bilancio di previsione dello Stato.

Titoli di Stato: sono i titoli di credito emessi dallo Stato per finanziare il fabbisogno del settore pubblico. In Italia i più diffusi sono i ☞ *BoT* (Buoni ordinari del Tesoro), i BTp (Buoni del Tesoro poliennali) e i CcT (Certificati di credito del Tesoro).

Traslazione d'imposta: meccanismo economico legittimo attraverso il quale un contribuente colpito da un'imposta riesce a trasferire parzialmente o totalmente l'ammontare dovuto, su uno o più soggetti.

Trattamento di fine rapporto (TFR): somme trattenute annualmente dall'azienda al lavoratore, il quale matura così il diritto al percepimento della "liquidazione". Le somme accantonate annualmente vanno a incrementare una voce del passivo dello stato patrimoniale chiamata "trattamento di fine rapporto di lavoro subordinato".

Tributo: concetto che comprende tutte le prestazioni che la legge impone ai privati a favore dello Stato o di un altro ente pubblico. I tributi, a seconda del loro "presupposto", si distinguono in ☞ *imposte*, ☞ *tasse* e ☞ *contributi*. A seconda dell'attività e degli adempimenti necessari per il suo pagamento, il *tributo* si definisce:

- *senza imposizione*, se al verificarsi del presupposto il contribuente deve pagare la somma senza compiere ulteriori attività;
- *con imposizione eventuale*, se il pagamento della somma deve essere preceduto dalla presentazione di una dichiarazione da parte del contribuente (è questo per esempio il caso dell'IRPEF);
- *con imposizione necessaria*, se il pagamento è dovuto solo a seguito dell'emanazione di un atto da parte dell'amministrazione pubblica creditrice della somma.

UE (Unione Europea): fase del processo di integrazione europea che ha preso le mosse dalla costituzione di una comunità economica (☞ *CEE*) e, con l'implementazione del Trattato di Maastricht del 1991, si prefigge l'obiettivo dell'unione economica e monetaria. Questa è caratterizzata dalla libera circolazione di beni, servizi, persone e capitali, da un sistema di cambi fissi e da comuni politiche di bilancio e monetarie. È prevista anche l'introduzione di una moneta unica (☞ l'*Euro*) e di un'unica ☞ *Banca Centrale*. Nel corso del 1994 si è formalizzato il processo di adesione alla UE di tre nuovi Paesi (Austria, Svezia e Finlandia) che non appartenevano alla CEE. L'Unione Europea ha fatto registrare nuovi ingressi nel 2004 (10 Paesi) e nel 2007 (2) ed è dunque attualmente composta da 27 Paesi.

UIL (Unione Italiana del Lavoro): organizzazione sindacale fondata nel 1950 dalle componenti socialdemocratica e repubblicana che avevano lasciato la ☞ *CGIL* nel 1948.

Utile d'esercizio: conto di capitale, che accoglie una posta ideale positiva di capitale netto la quale può rimanere investita nell'azienda ovvero può essere distribuita fra i soci.

Welfare State: Stato del benessere o Stato assistenziale, indica un'organizzazione sociale in base alla quale vengono assicurati a tutti i cittadini un reddito disponibile minimo e quei servizi considerati socialmente necessari (come l'abitazione, la tutela della salute e l'istruzione) che, in una dinamica di mercato, non sarebbero accessibili ai cittadini meno abbienti.

WTO (**World Trade Organization**): organizzazione internazionale volta a favorire lo sviluppo del commercio mondiale. Istituita nel 1994, ha sostituito, in qualità di foro permanente, il precedente ☞ *GATT*. Il primo Presidente della WTO è stato l'italiano Renato Ruggiero, ex ministro del Commercio estero.

Zona franca: area geografica di un Paese che usufruisce di un regime fiscale particolare. I prodotti venduti in tali aree non sono soggetti ad alcun dazio o tributo doganale. In Italia sono zone franche Livigno e Campione d'Italia.

Siamo ora in grado di rispondere ai tre quesiti proposti all'inizio del capitolo.

Quesito I. Il breve testo fornisce una sintetica descrizione della *borsa valori*: è possibile dedurlo non solo dal senso complessivo, ma anche andando a sostituire i termini nell'ordine proposto dalle alternative, scartando via via le opzioni non accettabili. Cominciando dalla parola corrispondente a **[1]**, si elimina facilmente la proposta di D che conduce a una frase priva di senso. Si possono inoltre escludere A ed E: infatti la banca è un istituto che raccoglie risparmio ed esercita il credito, e non prevede venditori e acquirenti. Pertanto, la prima frase non può che essere: «La *borsa valori* rappresenta il mercato regolamentato ecc.». Restano dunque da valutare solo le alternative B e C, da cui si desume che la parola da sostituire a **[2]** è *negoziano*. Infatti, il termine *mercato* indica genericamente uno spazio – fisico o virtuale – dove si scambiano beni materiali o immateriali e non dove si *formano* (B errata). Per sicurezza si va ora a verificare che anche tutti gli altri termini proposti da C conferiscano senso compiuto al testo: la borsa garantisce la *negoziabilità* (e non la *formazione*) degli strumenti finanziari (e non *monetari*), grazie alla trasparenza nelle modalità di *formazione* (e non alla *negoziabilità*) dei prezzi. La risposta esatta è dunque la C.

Quesito II. Semplificando un poco, si può dire che la formazione dei prezzi in borsa avviene attraverso la legge della domanda e dell'offerta, in base cioè al punto di incontro tra le posizioni di acquirente e venditore. Infatti, perché qualcuno possa vendere un titolo a un determinato prezzo deve esserci qualcun altro disposto ad acquistare a quel prezzo. Per esempio: se si diffondono aspettative positive sulla redditività futura di una società, cresce il numero degli aspiranti acquirenti delle sue azioni e, di contro, diminuisce il numero di quanti sono disposti a venderle e dunque il prezzo di vendita (quotazione) sale. Se invece le aspettative su una società sono negative, l'offerta di vendita delle azioni tende a superare la domanda e la quotazione scende. Questo meccanismo si sviluppa "sotto gli occhi di tutti", negli scambi di borsa, che si svolgono ormai solo in forma telematica; tutti i canali ufficiali sono pubblici e controllati. La risposta corretta è dunque la D. Le alternative B ed E riportano informazioni vere che però non colgono il punto della domanda. La A e la C sono invece errate perché attribuiscono alla CONSOB (Commissione nazionale per le società e la borsa), che pure ha una funzione di vigilanza complessiva sul mercato azionario, prerogative e compiti che non ha.

Quesito III. Per risolvere l'esercizio, conviene prima di tutto individuare quale sia l'ambito cui la tabella si riferisce e quali concetti voglia schematizzare. Pertanto, è bene cominciare valutando i termini noti, in particolare quelli a intestazione delle colonne e quelli della colonna priva di titolo. Si ricava così che la tabella schematizza fenomeni economici (vedi *remunerazione*) e che il suo oggetto specifico sono i processi di produzione. Infatti, si nota che gli elementi noti della prima colonna appartengono tutti alla categoria dei *fattori di produzione*; andranno dunque tenute in considerazione solo le alternative che propongono per la sostituzione di [1] tale espressione. Si escludono così facilmente le alternative A e B, che con *profitto* e *lavoratori* riportano rispettivamente una forma di remunerazione e una categoria di soggetti produttivi. Tra le rimanenti, si deve scartare anche la C in quanto propone di sostituire [2] con il termine *lavoratori*: poiché infatti i lavoratori sono soggetti della produzione non possono essere inseriti nella colonna dei fattori (come invece accade correttamente con il termine *lavoro*). Restano da valutare solo due alternative: la E scambia *profitto* e *interesse*, il primo essendo la remunerazione degli imprenditori e il secondo quello dei finanziatori, come previsto dalla risposta D, soluzione al quesito. La tabella, insomma, ricapitola i fattori di produzione, ossia gli *input* che entrano nel processo produttivo: non solo i tre previsti dalla teoria economica classica (*terra*, *lavoro* e *capitale*) ma anche gli ulteriori due introdotti dalle dottrine più recenti, ovvero l'*imprenditorialità* (detta anche *organizzazione*) e l'*attività dello Stato* (a indicare l'azione degli enti pubblici che regola e consente quella privata).

23.2 | Esercizi svolti

Osserva la carta, leggi il testo e rispondi alle relative domande.

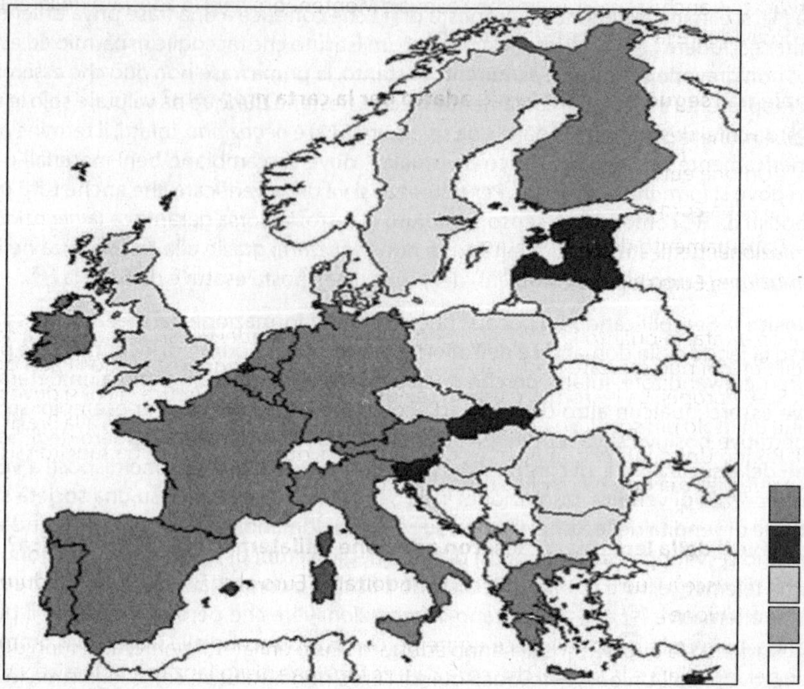

La moneta unica è entrata nelle tasche di molti cittadini europei nel 2002 quando in 12 Paesi le monete nazionali furono sostituite con la moneta unica europea. Da allora, altri 7 Paesi hanno scelto di aderire alla cosiddetta "zona Euro", adottando l'Euro come propria moneta.

1 **Completa la legenda della carta scegliendo tra i seguenti il corretto abbinamento tra i quadratini numerati e le relative diciture:**

A [1]: Paesi con Euro dopo il 2002; [2]: Paesi con Euro dal 2002; [3]: Paesi Ue senza Euro; [4]: Paesi con adozione unilaterale dell'Euro; [5]: Paesi non Ue

B [1]: Paesi con Euro dal 2002; [2]: Paesi con Euro dopo il 2002; [3]: Paesi Ue senza Euro; [4]: Paesi con adozione unilaterale dell'Euro; [5]: Paesi non Ue

C [1]: Paesi con Euro dal 2002; [2]: Paesi Ue senza Euro; [3]: Paesi Ue dopo il 2002; [4]: Paesi con adozione unilaterale dell'Euro; [5]: Paesi non Ue

D [1]: Paesi Ue senza Euro; [2]: Paesi con Euro dopo il 2002; [3]: Paesi con Euro dal 2002; [4]: Paesi con adozione unilaterale dell'Euro; [5]: Paesi non Ue

E [1]: Paesi Ue senza Euro; [2]: Paesi con Euro dal 2002; [3]: Paesi con Euro dopo il 2002; [4]: Paesi con adozione unilaterale dell'Euro; [5]: Paesi non Ue

Per individuare la risposta corretta, è utile partire dall'Italia e dagli altri Paesi storicamente protagonisti del processo di integrazione europea: il quadratino colorato con il numero [1] indica dunque i Paesi che hanno adottato l'Euro fin dal 2002. Con questo riferimento si eliminano facilmente la D e la E – secondo le quali tali Paesi non sarebbero nemmeno tra quelli che hanno adottato l'Euro – ma anche la A, che li indica come Paesi che hanno adottato la moneta unica dopo il 2002. Restano da valutare solo due alternative.

PARTE SESTA

La **C** è errata, in quanto per esempio inverte l'indicazione dei Paesi Ue senza Euro (tra cui ormai si conta anche il Regno Unito) con quella dei Paesi entrati nella zona Euro dopo il 2002 (come per esempio le tre repubbliche baltiche o la Slovacchia, tra i Paesi protagonisti del cosiddetto "allargamento a Est" dell'Unione europea e della zona Euro). La risposta esatta è quindi la **B**. Da notare che – procedendo per esclusione come indicato – anche senza sapere che Kosovo e Montenegro hanno adottato unilateralmente l'Euro è possibile individuare la soluzione del quesito.

---

2 Quale tra i seguenti è il titolo più adatto per la carta proposta?

- **A** Le monete dei Paesi Ue
- **B** L'Unione europea
- **C** La zona Euro
- **D** L'allargamento della zona Euro
- **E** La zona Euro dopo la Brexit

L'opzione **A** è errata, in quanto la carta non dettaglia le monete dei Paesi Ue ma illustra solo l'adozione o meno dell'Euro. Si può scartare anche la **B**, in quanto la carta non mostra solo i Paesi dell'Unione ma anche altri Stati europei. La **C** fornisce un'indicazione corretta, ma generica, a cui si deve preferire la **D** che propone un titolo più specifico e pertinente. Attenzione alla **E**: il riferimento alla Brexit la rende inaccettabile. Il Regno Unito infatti non ha mai adottato l'Euro, dunque la Brexit ha sancito l'uscita del Paese dall'Unione europea ma non ha modificato la zona Euro.

---

3 Tra le voci della legenda, "Paesi con adozione unilaterale" che cosa significa?

- **A** Si riferisce a quei Paesi Ue che hanno adottato l'Euro al di fuori delle procedure previste dall'Unione
- **B** Si riferisce a quei Paesi che hanno adottato l'Euro unilateralmente, al di fuori delle procedure previste dall'Unione, e nei quali quindi l'Euro non è valuta a corso legale ma lo è di fatto
- **C** Sono Paesi dai quali l'Unione ha preteso l'adozione dell'Euro in cambio di aiuti e programmi di sviluppo
- **D** Si riferisce a un'adozione parziale, da parte di quei Paesi che utilizzano l'Euro quale moneta per gli scambi internazionali ma non al proprio interno
- **E** Si riferisce a un'adozione parziale, da parte di quei Paesi che utilizzano l'Euro al proprio interno ma hanno mantenuto la propria moneta per gli scambi internazionali

La risposta corretta è la **B**. Nelle complesse e tragiche vicende seguite alla dissoluzione della Jugoslavia, Kosovo e Montenegro, che sono i Paesi a cui la carta riferisce la situazione di "adozione unilaterale", avevano in un primo momento adottato il marco tedesco, e quando la Germania è passata all'Euro la hanno in un certo senso seguita. Si tratta di due Paesi che non sono membri dell'Ue e che quindi hanno messo in pratica tale soluzione senza percorrere le procedure previste; l'Euro non ha perciò corso legale sui loro territori ma viene soltanto utilizzato come unica valuta corrente. Circa le altre opzioni, la **A** non soltanto è errata ma propone una situazione paradossale: è ovvio che un Paese Ue è tenuto a seguire le procedure previste dall'Unione.

---

4 Per quanto riguarda il Regno Unito, in che modo si è dovuta aggiornare la carta proposta dopo il 31 gennaio 2020?

- **A** Colorandone il territorio non più come i Paesi del gruppo 1 ma come quelli del gruppo 3
- **B** Colorandone il territorio non più come i Paesi del gruppo 2 ma come quelli del gruppo 3
- **C** Colorandone il territorio non più come i Paesi del gruppo 3 ma come quelli del gruppo 5
- **D** Colorandone il territorio non più come i Paesi del gruppo 5 ma come quelli del gruppo 1
- **E** Non è stata necessario alcun aggiornamento

CONOSCENZE E COMPETENZE

Conviene affrontare il quesito ricordando quale evento politico di rilevanza europea può essere associato alla data del 31 gennaio 2020: si tratta della cosiddetta Brexit. Dopo anni di trattative con Bruxelles, in quel giorno è diventata infine operativa l'uscita del Regno Unito dalla Ue, decisa dopo il referendum del 2016. Ciò non ha avuto ripercussioni dirette sulla zona Euro, dato che Londra non aveva adottato la moneta unica; nondimeno, la carta in esame ha dovuto essere aggiornata (opzione E errata). Prima della Brexit, infatti, il Regno Unito era rappresentato come uno dei "Paesi Ue senza Euro" (gruppo 3); dopo la Brexit deve invece essere indicato come uno dei "Paesi non Ue" (gruppo 5). La soluzione al quesito è pertanto la C.

Leggi il brano che segue e rispondi alle relative domande

[1]: sono gestiti da società che raccolgono il risparmio di più risparmiatori e lo investono, come un unico patrimonio, in attività finanziarie (**[3]**, **[2]**, titoli di stato, ecc.). Sono suddivisi in tante parti unitarie, dette quote, che vengono sottoscritte dai risparmiatori e garantiscono uguali diritti.

[2]: sono titoli di credito relativi a una frazione di un'operazione di finanziamento. Chi ha acquistato **[2]** diventa creditore della società emittente che si impegna a restituire alla scadenza il valore maggiorato di un interesse. Le **[2]** possono essere: ordinarie a tasso fisso, che garantiscono interessi già stabiliti in origine; ordinarie a tasso variabile, il cui interesse varia in relazione ai tassi di mercato. Esistono anche **[2]** strutturate: strumenti complessi che includono un contratto che fa dipendere la remunerazione dall'andamento di uno o più parametri finanziari o reali, come indici o combinazioni di indici di borsa, **[3]**, **[1]**, tassi di cambio; sono considerate un investimento più rischioso.

[3]: sono singole parti unitarie in cui è diviso il capitale di una società per **[3]**. Il proprietario di **[3]** possiede così altrettanti "pezzetti" della società, con tutti i diritti e gli oneri che ne derivano. Le **[3]** possono essere quotate o non quotate. L'investitore prevede che il valore della società aumenti nel tempo e dunque che aumenti anche il valore della porzione in suo possesso.

[4]: sono contratti il cui valore dipende dall'andamento di un'attività detta sottostante, che può avere natura finanziaria (**[3]**, tassi di interesse e di cambio, indici di Borsa) o reale (il valore del caffè, dell'oro, del petrolio, ecc.). Sono molto diffusi, nelle tante diverse tipologie in cui sono composti, e sono considerati strumenti molto complessi.

5 Nel testo sono stati tolti quattro termini: quale tra le seguenti alternative permette di completarlo correttamente?

- A **[1]** = fondi comuni di investimento; **[2]** = obbligazioni; **[3]** = azioni; **[4]** = derivati
- B **[1]** = fondi comuni di investimento; **[2]** = derivati; **[3]** = azioni; **[4]** = obbligazioni
- C **[1]** = obbligazioni; **[2]** = fondi comuni di investimento; **[3]** = azioni; **[4]** = derivati
- D **[1]** = fondi comuni di investimento; **[2]** = obbligazioni; **[3]** = derivati; **[4]** = azioni
- E **[1]** = obbligazioni; **[2]** = fondi comuni di investimento; **[3]** = derivati; **[4]** = azioni

Il brano propone quattro definizioni di altrettanti strumenti finanziari, che corrispondono alle principali e più diffuse forme di investimento. Chi ha conoscenze elementari del mercato borsistico non dovrebbe avere difficoltà a individuare l'alternativa che suggerisce gli abbinamenti corretti. Diversamente, può essere opportuno procedere per esclusione. Si può per esempio notare che, per quanto riguarda la prima definizione, le cinque opzioni limitano la scelta tra fondi comuni di investimento e obbligazioni: è facile scegliere i primi anche grazie alla concordanza di genere (il testo dice che sono *gestiti* e *suddivisi*), scartando dunque la C e la E; analogamente accade per la seconda definizione, in quanto dal testo è possibile desumere che il soggetto è un plurale femminile, il che permette di scartare la B; sempre con lo stesso criterio, tra la A e la D, per la terza definizione, si sceglie il femminile, individuando nella A la soluzione al quesito.

Una strategia alternativa, e che permette di risparmiare tempo, è possibile se si ha qualche nozione; partendo dalle definizioni, si associa facilmente il termine *azioni* a **[3]**, cosa che consente di scartare le opzioni D ed E, e poi procedere sulla scorta della concordanza e/o di altre associazioni permesse dalle proprie conoscenze.

PARTE SESTA

6 **Il brano potrebbe coerentemente proseguire affrontando il tema dei titoli di Stato?**

- **A** No, perché i titoli di Stato sono strumenti di investimento legati al settore pubblico, e non a quello privato, oggetto bel brano
- **B** No, perché gli strumenti di investimento citati sono tutti quotati in borsa, a differenza dei titoli di Stato
- **C** Sì, perché i titoli di Stato fanno parte dei fondi comuni di investimento
- **D** Sì, perché i titoli di Stato sono obbligazioni
- **E** Sì, proponendoli in una quinta definizione, in quanto non appartengono alle 4 tipologie presentate e il testo è incompleto

La risposta corretta è la **D**. Sono obbligazioni anche i cosiddetti titoli di Stato: strumenti emessi dai governi nazionali per finanziare il fabbisogno statale e le attività istituzionali. I titoli di Stato (o titoli del debito pubblico) in Italia sono emessi dal ministero dell'Economia e delle Finanze. I titoli di Stato più diffusi sono: Buoni ordinari del Tesoro (BOT), Certificati di credito del Tesoro (CCT) e Buoni del Tesoro poliennali (BTP). Circa le altre opzioni, la **C** e la **E** sono di conseguenza errate, mentre la **A** è da escludere perché l'affermazione non è pertinente e la **B** è falsa: i titoli di Stato vengono anche quotati in borsa.

Leggi il testo e rispondi alla domanda relativa

Processo, tipico delle economie avanzate, che si concretizza in un contributo progressivamente minore del settore industriale alla formazione del PIL di un Paese e all'occupazione, con la crescita parallela dei servizi, soprattutto di quelli avanzati.

7 **Come si può definire il processo descritto?**

- **A** Crisi industriale
- **B** Precarizzazione del lavoro
- **C** Avanzamento dell'economia
- **D** Terziarizzazione dell'economia
- **E** Avanzamento del settore terziario

Il breve testo descrive in sintesi una dinamica macro-economica che si osserva nelle economie cosiddette avanzate: le attività produttive industriali (in genere del cosiddetto settore secondario) perdono peso e rilevanza a favore del settore terziario (commercio e servizi) e si assiste in particolare a un deciso sviluppo del terziario avanzato, cioè di quei servizi resi possibili e/o comunque basati sulle tecnologie informatiche e della comunicazione. Il processo è noto come *terziarizzazione dell'economia* (locuzione che esprime, appunto, il crescente ruolo giocato dal terziario in ambito economico); la **C** è la risposta corretta.

8 **Individua l'elemento anomalo.**

- **A** Smartphone
- **B** Tablet
- **C** Smartwatch
- **D** E-book
- **E** SSD

Il quesito vuole testare le conoscenze del candidato relativamente alle tecnologie informatiche. La serie proposta del quesito corrisponde a un livello piuttosto elementare: tutte le alternative citano un *device* (dispositivo elettronico), a eccezione della **D** (soluzione) che indica non uno strumento bensì un formato elettronico di testo. Con *e-book*, infatti, si indica un libro in formato digitale, e non lo strumento con il quale leggerlo (*e-reader* o *e-book reader*). Poteva dare qualche difficoltà l'alternativa **E**, che rimanda a una strumentazione meno familiare al grande pubblico. Con SSD (acronimo di *solid-state drive*, "unità di memoria a stato solido") si indica infatti una unità di memoria, alternativa ai classici *hard disk*: si tratta di dispositivi di archiviazione permanente di dati e applicazioni digitali (interni o esterni a un computer) che funziona con una diversa tecnologia (*flash*) rispetto a quella dei dischi magnetici.

Osservare la carta e rispondere alle domande seguenti.

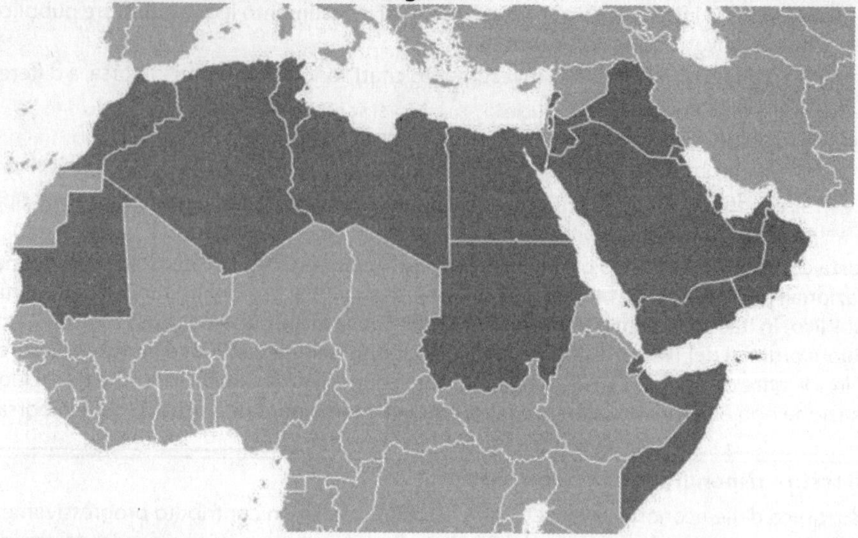

9 Cosa rappresenta la carta?

A I Paesi membri dell'OPEC
B I Paesi che fanno parte della Lega araba
C La regione del Maghreb
D I Paesi che fanno parte dell'Unione africana
E I Paesi che fanno parte dell'Organizzazione dell'unità africana

La risposta corretta è la B. La *Lega araba*, o *Lega degli Stati arabi*, è un'organizzazione politica internazionale, costituita al Cairo nel marzo 1945 da Egitto, Arabia Saudita, Transgiordania (poi Giordania), Iraq, Libano, Siria e Yemen del Nord. Suo scopo era «mantenere relazioni più strette fra i Paesi aderenti, coordinando le attività politiche di questi secondo principi di collaborazione, nonché di salvaguardare le rispettive sovranità e indipendenza e considerare in un'ottica generale gli affari e gli interessi dei Paesi arabi» (articolo 2 del Trattato costitutivo). La carta mostra i 22 Paesi oggi aderenti, tra Nord Africa e penisola araba (oltre ai già citati sette fondatori: Algeria, Bahrein, Comore, Emirati Arabi Uniti, Gibuti, Kuwait, Libia, Marocco, Mauritania, Oman, Palestina, Qatar, Somalia, Sudan, Tunisia). L'OPEC (*Organization of petroleum exporting countries*) è invece la principale organizzazione di Paesi esportatori di petrolio, in prevalenza collocati nella regione mediorientale (ma vi aderisce anche il Venezuela, mentre non ne fanno parte molti degli Stati evidenziati sulla carta; la A è errata). Anche la C si scarta facilmente, perché Maghreb indica l'area geografica dell'Africa settentrionale a ovest dell'Egitto: gli Arabi chiamarono così le regioni mediterranee a occidente del Nilo che conquistarono durante il Medioevo (grosso modo, i territori degli attuali Libia, Tunisia, Algeria e Marocco). L'Unione africana è l'organizzazione internazionale che comprende oggi tutti gli Stati africani, con sede ad Addis Abeba, in Etiopia; dal 2002 sostituisce la precedente e più ristretta Organizzazione dell'unità africana, fondata nel 1963. Si deduce che D ed E sono errate, dato che alcuni dei Paesi sulla carta non sono africani ma asiatici, occupando la penisola araba.

10 Relativamente alla carta, quale fra le seguenti affermazioni è corretta?

A Tra i Paesi evidenziati nessuno è aderente all'OPEC
B Tra i Paesi evidenziati sono inclusi Paesi aderenti al MercoSur
C Tra i Paesi evidenziati nessuno è membro della FAO
D Tra i Paesi evidenziati sono inclusi alcuni Paesi aderenti al NAFTA
E Tra i Paesi evidenziati sono inclusi i membri della CSI

PARTE SESTA

Per rispondere alla domanda è necessaria qualche nozione generale relativa alle organizzazioni economiche regionali. Sapendo, infatti, che MercoSur (acronimo di *Mercado del Sur*) è un accordo di mercato comune tra Stati latino americani (Argentina, Brasile, Paraguay e Uruguay) si esclude la **B**; sapendo che il NAFTA (*North American Free Trade Agreement*) è un trattato commerciale tra America, Canada e Messico si esclude la **D**; sapendo che CSI (Comunità di Stati indipendenti) è l'associazione di dodici tra le ex repubbliche dell'Unione Sovietica, si esclude la **E**. La **A** si scarta facilmente ricordando che l'OPEC riunisce i principali Paesi esportatori di petrolio, che sono in prevalenza mediorientali e dunque in larga parte inclusi nella carta. Sarebbe anche possibile individuare direttamente la risposta esatta (**C**), ricordando che la FAO (*Food and Agriculture Organization*) è l'Organizzazione delle Nazioni Unite per l'Alimentazione e l'Agricoltura: non essendo un'organizzazione di Stati, nessun Paese può esserne membro.

---

11 In base ai grafici proposti (riferiti al 2010), quale tra le seguenti affermazioni NON è sostenibile?

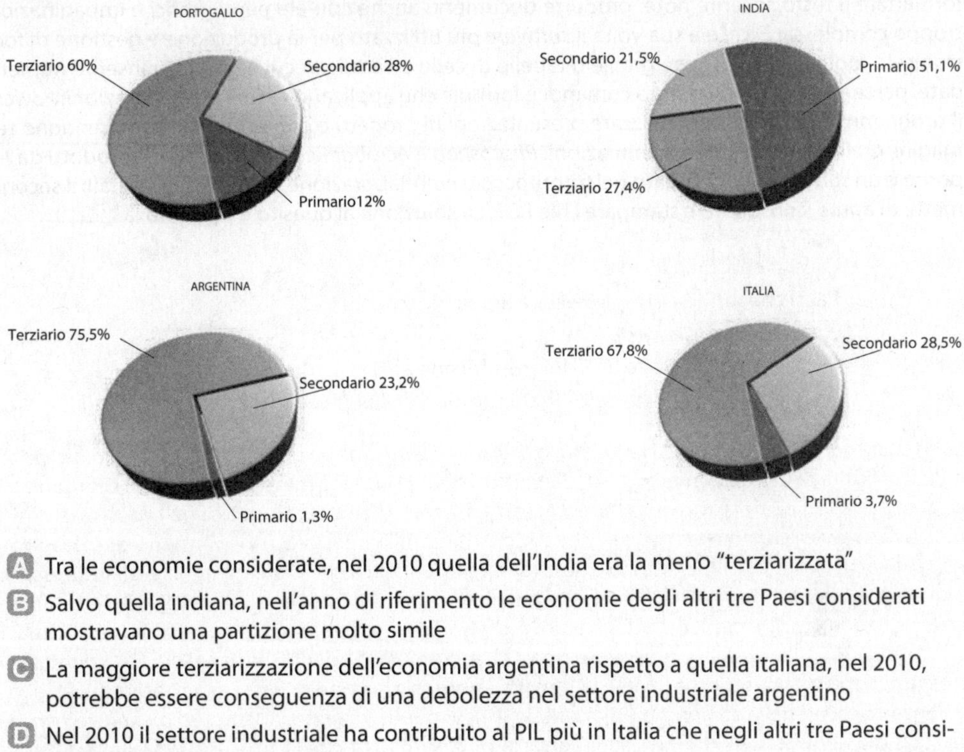

- **A** Tra le economie considerate, nel 2010 quella dell'India era la meno "terziarizzata"
- **B** Salvo quella indiana, nell'anno di riferimento le economie degli altri tre Paesi considerati mostravano una partizione molto simile
- **C** La maggiore terziarizzazione dell'economia argentina rispetto a quella italiana, nel 2010, potrebbe essere conseguenza di una debolezza nel settore industriale argentino
- **D** Nel 2010 il settore industriale ha contribuito al PIL più in Italia che negli altri tre Paesi considerati
- **E** Il peso nel 2010 dei settori primario e secondario nell'economia portoghese poteva essere indice di una terziarizzazione parziale

Il quesito chiede quale sia l'affermazione NON corretta che può essere fatta esclusivamente sulla base di quanto rappresentato dai grafici proposti. Può quindi essere opportuno procedere per esclusione. L'opzione **A** è facilmente verificabile: nel grafico relativo all'India, il terziario "pesa" poco più del 25% e vale circa la metà del primario. La **C** è un'affermazione plausibile, visto che la differenza tra i pesi percentuali assegnati ai settori secondari dei due Paesi va in senso inverso. La **D** è corretta, alla luce delle percentuali riportate (la differenza minore è quella con l'industria portoghese, ma comunque a vantaggio dell'italiana). La **E** è pure plausibile, visto che – se paragonato alle percentuali di Argentina e Italia – il processo di terziarizzazione in Portogallo sembra meno accentuato. L'affermazione non sostenibile in base ai grafici, soluzione al quesito, è quindi la **B**, come si può constatare osservando per esempio il peso del primario in Portogallo, in percentuale circa tre volte maggiore rispetto all'Italia e dieci volte rispetto all'Argentina.

12 Associa a ciascuna tipologia di documento il software più adatto per realizzarlo.
[1]: presentazione con immagini e suoni
[2]: commento a un brano con fonti e citazioni
[3]: rendiconto con tabelle di dati economici

- A [1]: Word; [2]: Excel; [3]: PowerPoint
- B [1]: PowerPoint; [2]: Excel; [3]: Acrobat Reader
- C [1]:Photoshop; [2]: Word; [3]: Excel
- D [1]: PowerPoint; [2]: Word; [3]: Excel
- E [1]: PowerPoint; [2]: Acrobat Reader; [3]: Excel

Le opzioni propongono alcuni tra i *software* più utilizzati sia in ambito *consumer*, sia nelle aziende. Tre fanno parte del pacchetto *Microsoft Office*: *Word* è il programma di video scrittura più diffuso, consente di formattare il testo, inserire note, produrre documenti anche con elementi grafici e impaginazione non troppo complessa; *Excel* è a sua volta il *software* più utilizzato per la produzione e gestione di fogli elettronici (o fogli di calcolo), cioè griglie o tabelle di celle o caselle in cui è possibile inserire numeri, testo, date, percentuali ecc, utilizzando comandi e formule che applicano calcoli ed elaborazioni; *PowerPoint* è il programma utilizzato per realizzare presentazioni di progetti e contenuti che comprendono testi, immagini, grafici, filmati, audio e animazioni. *Photoshop* e *Acrobat Reader* sono invece prodotti da *Adobe*: il primo è un *software* specializzato nel fotoritocco e nell'elaborazione di immagini digitali; il secondo permette di aprire, consultare e stampare i file PDF. La soluzione al quesito è pertanto la D.

parte settima

CULTURA PEDAGOGICA E DIDATTICA

Introduzione

Questa Parte si rivolge agli studenti che devono sostenere un **test autonomo di ateneo** nell'area Psicologia ed Educazione, presso atenei che per la selezione non utilizzano il test TOLC-PSI o TOLC-SU e inseriscono nella prova selettiva quesiti di **storia della pedagogia** ed **elementi di psicologia**. Ne sono un esempio i test di accesso di alcuni atenei per i corsi universitari in Servizio sociale o Scienze dell'Educazione e della Formazione.

Gli studenti che dovranno sostenere le prove TOLC-PSI o TOLC-SU non dovranno studiare i prossimi capitoli.

La Parte è divisa in quattro capitoli:

- il primo, dedicato alla **storia della pedagogia**, analizza il periodo che va dal Romanticismo all'Attivismo pedagogico;
- il secondo, dedicato alla **psicologia dello sviluppo**, accenna alle diverse correnti del pensiero psicologico corrispondenti ai diversi paradigmi che maggiormente hanno influenzato la pedagogia contemporanea;
- vi è poi il terzo capitolo dedicato a quattro possibili approcci alle **teorie dell'apprendimento**;
- chiude la sezione un **glossario con esempi di esercizi svolti**: si intende portare all'attenzione dello studente alcuni termini e alcune questioni significative per il dibattito pedagogico contemporaneo.

24 | Storia della pedagogia

24.1 | Il Romanticismo

L'Ottocento si presenta come il secolo erede delle due grandi rivoluzioni: quella industriale e quella francese. La prima dà il via a una trasformazione dei processi economici e dei rapporti politico-sociali; la seconda chiude traumaticamente il Settecento tradendo gli ideali politici e sociali dell'Illuminismo.

All'interno di questo scenario emergono diverse proposte educative. La pedagogia del Romanticismo ruota attorno ad alcune tematiche, tra le quali si nota una nuova concezione della cultura, intesa come realizzazione delle potenzialità dello spirito umano e acquisizione delle virtù morali, attraverso un percorso educativo (*Bildung*) che ne rispetta la radice naturale e ne stimola l'espressività manuale e artistica. Tema particolarmente rilevante nella pedagogia romantica è quello dell'educazione popolare, con particolare attenzione all'infanzia. La filosofia continua ad avere un carattere preminente sulle concezioni pedagogiche; importante risulta in questo senso il riferimento all'Idealismo.

Johann Heinrich Pestalozzi (1746-1827), pedagogista svizzero, affronta il tema dell'educazione popolare, fondata sulla conoscenza delle leggi della natura spirituale della persona; intende inoltre l'educazione come sviluppo della personalità umana in modo integrale. Interviene con iniziative importanti, pur se quasi tutte fallimentari, nell'educazione professionale, non intesa solo come insegnamento di un lavoro ai figli dei poveri, ma anche come educazione dell'intelletto e del cuore, nell'ottica di uno sviluppo generale e armonico dell'allievo. In *Leonardo e Gertrude*, romanzo pedagogico del Romanticismo europeo, teorizza l'importanza dell'educazione del cuore e vi si possono individuare le idee dell'autore in ambito educativo, politico e sociale, che non ebbero però grande fortuna o diffusione. Numerose sono le istituzioni educative da lui realizzate, tra cui si ricorda l'istituto di Yverdon, collegio di fama internazionale.

Friedrich Froebel (1782-1852), pedagogista tedesco, condivide con J. H. **Pestalozzi** la didattica per l'infanzia e il metodo intuitivo. A fondamento della sua teoria pedagogica sta la concezione romantica della natura, intesa come espressione vitale e unitaria della divinità, che opera incessantemente nell'uomo; quindi l'educazione ha lo scopo di sviluppare il divino che è nel singolo, compito non solo conoscitivo ed etico ma anche attivo: «l'uomo deve creare e operare come Dio». Il *gioco* e le attività espressive diventano strumento di apprendimento e di esplorazione, attraverso l'utilizzo di materiali didattici chiamati "doni": naturali (terra, creta, sabbia) e strutturati (oggetti geometrici). Il luogo di applicazione della sua didattica per l'infanzia è il *Kindergarten* (Giardino d'Infanzia), dove si sperimenta un rapporto diretto con la natura, sia attraverso il contatto attivo con essa, sia con l'attività operosa. Qui opera il maestro-giardiniere, che supera per la prima volta l'atteggiamento assistenzialistico nei confronti dell'infanzia, ponendosi in un'ottica educativa, nel rispetto delle potenzialità dell'individuo.

Johann Friedrich Herbart (1776-1841), è il più importante teorico del sapere pedagogico e della didattica in epoca romantica, sebbene la sua teoria anticipi aspetti tipicamente positivisti; è il teorizzatore della pedagogia come scienza con una forte valenza interdisciplinare, in stretto legame con la psicologia e l'estetica. La didattica si incentra sul concetto di *istruzione educativa*, costantemente legata all'educazione e non semplicemente dall'erudizione, e sul concetto di *multilateralità dell'interesse*: l'uomo deve sviluppare interessi vasti e multiformi, ma non enciclopedici, afferenti ambiti sia conoscitivi, sia sociali e religiosi. In questo modo raggiunge il fine ultimo dell'insegnamento, che è la *virtù morale*. Herbart elabora infine il concetto di *didattica dei gradi formali*, quale base del processo di apprendimento, di programmazione e di insegnamento: vi è una successione di momenti in cui si deve articolare una lezione, di cui l'insegnante è attento regista. Rimangono tracce del suo contributo nei programmi di insegnamento e nelle scuole normali per la formazione degli insegnanti.

24.2 | Il Risorgimento e il problema dell'educazione

All'interno di un nuovo contesto storico-politico come quello italiano della seconda metà dell'Ottocento, nasce un pensiero pedagogico che sente fortemente il problema dell'educazione popolare. I grandi uomini del Risorgimento videro con chiarezza la stretta connessione esistente tra elevazione culturale e morale del popolo e il risorgimento politico della nazione. Questa visione si gioca all'interno di un territorio culturale che vede la convivenza di esperienze di ambito religioso e altre del tutto laiche. Nascono in questo periodo in Italia le istituzioni più importanti per quanto riguarda l'infanzia e l'educazione giovanile.
Ferrante Aporti (1791-1858) è il sacerdote fondatore dei primi *asili*, intesi come istituti pre-elementari. Questi non hanno scopo solo assistenziale, ma prevedono un curricolo educativo che si caratterizza attraverso uno sviluppo armonico e graduale della personalità infantile, come sintesi di educazione e istruzione. Il programma didattico prevede l'insegnamento della lingua e della nomenclatura; lettura, scrittura e calcolo vengono insegnate nell'ultimo anno di frequenza. Sono previsti anche insegnamenti di educazione fisica, religione e morale. Non ha particolare rilievo il gioco, nonostante l'infanzia sia vista come età in cui è possibile sperimentare situazioni di apprendimento, e ciò è importante soprattutto per bambini che potrebbero non avere ulteriori occasioni di scolarizzazione.
Don Giovanni Bosco (1815-88) è il sacerdote torinese che opera nel periodo della prima industrializzazione e affronta il problema dell'educazione popolare secondo un'ottica caritativa e pastorale. *L'oratorio*, e successivamente i collegi-convitto, diventano un ambiente moralmente protetto per l'educazione della gioventù, dove l'attività prevalente è il gioco sotto l'assistenza degli educatori. Il fine è quello di formare "utili cittadini e buoni cristiani", attraverso un'istruzione elementare, che argini l'ignoranza di base e un'istruzione professionale, che risponda al bisogno di possedere abilità tecnico-pratiche spendibili nella realtà di vita dei giovani. Si parla di *metodo preventivo* (in opposizione a quello repressivo) caratterizzato dalla presenza di un educatore con cui si stabilisce un rapporto di reciprocità e fiducia, che solleciti la maturazione responsabile del giovane. Gli ingredienti di tale azione educativa sono *ragione*, *religione* e *amorevolezza*.

24.3 | Il Positivismo

Nella seconda metà dell'Ottocento, in seguito all'enorme sviluppo della scienza e della tecnica, sorsero nuovi e notevoli problemi di carattere metodologico, umano, sociale e morale: a questi la filosofia era chiamata a dare una risposta. Sorse così l'indirizzo filosofico che prese il nome di Positivismo (dal termine *positivo*, che equivale a "concreto", in opposizione ad "astratto") e che assunse per sé il metodo delle scienze sperimentali, sollecitando lo sviluppo di altre discipline scientifiche.
Tale termine indica comunque non solo un indirizzo filosofico, ma una vera e propria mentalità, che per un certo periodo ha permeato i diversi settori della conoscenza e dell'attività umana. Nasce la convinzione dell'inizio di un'epoca di grande progresso e l'idea che la conoscenza della realtà materiale e sociale debba fondarsi sul reperimento di fatti e sulla loro generalizzazione in leggi, la fede infine che la scienza e la tecnica sono gli strumenti di miglioramento collettivo. Dal punto di vista storico questo coincide con un lungo periodo di pace europea, in cui si afferma il modello economico capitalistico.
In campo pedagogico, diviene prioritario rifondare scientificamente l'apparato teorico e pratico della pedagogia in collegamento con gli altri saperi. Molteplici sono i contributi da parte delle scienze umane. Si delinea un nuovo sapere pedagogico che si emancipa dalla filosofia per entrare nel gruppo delle scienze umane come punto di collaborazione e di incontro tra i diversi saperi. A questo corrisponde lo sviluppo di approcci di tipo analitico e sistematico al problema dell'educazione, che hanno i loro elementi più innovativi nel concetto di misura e nell'avvio di ricerche sperimentali basate sull'analisi delle condizioni concrete del fatto educativo. I risultati delle sperimentazioni risultano comunque talvolta frammentari e dogmatici, nel senso che si riconosce valore esclusivo all'approccio scientifico a discapito di aspetti relazionali, comunicativi ecc.
Auguste Comte (1798-1857) è il fondatore del Positivismo e della sociologia come scienza e ha fornito un forte contributo in campo pedagogico. Ha diviso la storia dell'umanità in tre stadi: teologico, metafisico e positivo. All'interno di quest'ultimo stadio l'educazione è caratterizzata dall'insegnamento delle scienze più rispondenti alle esigenze della società moderna: il sapere positivo è l'unico che consenta di

attingere alla verità. Scopo dell'*educazione positiva* è quello di favorire la solidarietà tra gli esseri umani, attraverso una cultura scientifica, per tutti, bilanciata da una educazione di tipo umanistico-letterario. Da queste premesse risulta importante avviare una riforma del sistema educativo e della didattica, per realizzare una educazione europea aderente alle problematiche della nuova civiltà tecnico-industriale.

Aristide Gabelli (1830-91) è il maggior teorico del Positivismo italiano ed è colui che ne trasforma i principi in concreta pratica e organizzazione scolastica: ricopre alcuni incarichi dopo l'unificazione d'Italia presso la Pubblica amministrazione e contribuisce alla creazione della scuola nazionale, secondo la convinzione che l'emancipazione delle masse popolari non debba realizzarsi attraverso la partecipazione politica diretta, ma attraverso la scolarizzazione. Elabora i nuovi programmi per la scuola elementare nel 1888. L'educazione deve avere un fine pratico, che consiste nel preparare i giovani ad affrontare e risolvere i problemi del proprio contesto storico-sociale di appartenenza. Importante è l'educazione dell'*elemento testa*: compito primario delle scuole è insegnare a pensare, quindi non importa tanto che cosa si impara ma come si impara. Per Aristide Gabelli più del programma è importante il metodo, che deve essere intuitivo ovvero oggettivo, deve suscitare la curiosità e tenere viva l'attenzione perché fondato sull'interesse. L'alunno deve essere indotto a ragionare con la propria testa, deve acquisire delle buone abitudini: lo scopo di tutto l'insegnamento e suo fine più alto è quello morale, che consiste nella formazione del carattere.

24.4 | Le figure del dissenso

La concezione positivista dell'educazione, pur lasciando segni profondi nello sviluppo della riflessione pedagogica, è costretta a confrontarsi con modelli alternativi e fortemente critici. Alcune figure significative come *Marx, Nietzsche* e *Freud* insegnano a dubitare della pretesa neutralità, razionalità e trasparenza della cultura positivista e della stessa coscienza dell'individuo.

La pedagogia, che durante il Positivismo si configura come scienza, si trova al centro di una forte crisi, anche se in molti casi ne risente gli effetti, più che esserne il centro propulsore. Tale crisi colpisce in particolare la visione antropologica della pedagogia positivista, la sua visione dell'educazione e della cultura; questo non significa che i teorici siano davvero in grado di aprire nuovi scenari pedagogici, a parte alcune eccezioni si assiste infatti a un recupero e un'attualizzazione di prospettive filosofiche ed educative anteriori, come quella dell'Idealismo e del Cristianesimo.

Karl Marx (1818-83), padre del socialismo scientifico, non ha compiuto una trattazione sistematica dei problemi educativi. Si può parlare tuttavia di "pedagogia marxiana" raccogliendo le affermazioni teoriche e le proposte pratiche avanzate all'interno della critica alla cultura del suo tempo. Secondo Marx, anche la scuola, oltre ad altre istituzioni, deve trasformarsi da apparato dell'ideologia dominante a promotore di cambiamento: in un periodo di trasformazioni economiche e sociali come quello dell'industrializzazione, è opportuno consentire all'individuo di esprimersi interamente, con un lavoro che non alieni, ma che rappresenti uno strumento di *libera attività* e di sviluppo completo della persona. La scuola di base deve essere *pubblica e gratuita*, e deve essere affiancata da scuole tecniche superiori adeguate alle necessità della società industriale, in cui lavoro e istruzione trovino adeguato collegamento. Educazione pubblica tuttavia non significa educazione di Stato, come invece avverrà nella storia successiva: è opportuno per Marx escludere un intervento del governo o della Chiesa sulla didattica e sulla organizzazione scolastica.

Friedrich Nietzsche (1844-1900), filosofo tedesco, propone una *formazione disinteressata* attraverso i classici: dal momento che le scuole mirano alla professionalizzazione o all'erudizione, e rispondono prevalentemente alle esigenze dell'utilitarismo borghese e alla necessità di formare tecnici e burocrati, è opportuno recuperare lo spirito dei classici, la cultura formativa e disinteressata, e l'idea dell'educazione attraverso l'arte, aristocratica e perciò autenticamente umana.

Sigmund Freud (1856-1939), psicologo di origine ebraica, propone una visione dell'uomo in cui le componenti psicologiche inconsce e irrazionali vengono descritte come determinanti per la comprensione e la gestione del comportamento, sia normale sia patologico. Su questa base egli giunge a ipotizzare la tripartizione della vita psichica individuando l'*Es,* come sede inconscia degli istinti, l'*Io,* come dimensione prevalentemente conscia e di controllo dell'Es, e il *Super-Io,* come parte morale. La *libido,* inoltre, è l'energia che motiva il comportamento umano ed è connessa al soddisfacimento dei desideri affettivi e sessuali. Centrale risulta allora l'esperienza emotiva, che ha origini nell'infanzia e che necessita di un intervento educativo, spesso negato rispetto alla formazione dell'intelletto e della razionalità. Il rapporto tra bambino e adulto si carica di nuovi significati, afferenti alla dimensione inconscia e istintuale. Freud insegna a dubitare o mettere in discussione i valori dell'educazione borghese, anche se la soddisfazione dei propri bisogni istintuali deve avvenire in forma socialmente accettabile: l'educatore deve quindi accettare anche l'aspetto biologico e istintuale dell'educando, considerando che i valori morali e spirituali non rappresentano dati di fatto originari ma creazioni della civiltà. Per Freud la vita umana risulta essere un percorso auto-educativo, in cui l'uomo faticosamente lotta per adattarsi alla richiesta sociale, per sottomettere le forze oscure che si agitano in lui.

24.5 | Il Neoidealismo

Il Neoidealismo sorse in seguito alla pubblicazione avvenuta in Italia delle opere del filosofo tedesco **Hegel** e, grazie all'affermarsi dei suoi due principali esponenti Benedetto Croce e Giovanni Gentile, dominò la cultura italiana della prima metà del '900, soprattutto nelle regioni meridionali. In particolare Gentile fu autore di una revisione del pensiero di Hegel per la sua concezione dello spirito come atto puro.

Giovanni Gentile (1875-1944) fu il filosofo ufficiale del Fascismo e fu autore di una riforma del sistema scolastico italiano che ne segnerà la storia. Nel suo pensiero, la pedagogia, come scienza della formazione dello spirito, coincide con la *filosofia dello spirito*, mentre l'educazione va intesa come divenire dello spirito che realizza così la propria autonomia. Ne consegue una spiritualizzazione dell'attività pedagogica, in cui il maestro diventa «sacerdote, interprete e ministro dell'essere divino dello Spirito». Il processo formativo diventa altamente selettivo, autoritario e indifferente a una problematizzazione dei risultati e dei metodi. La didattica e la psicologia come saperi separati scompaiono, di fronte alla preminenza del sapere filosofico. L'educazione si realizza sulla base di una comunione di spirito tra maestro e allievo. Nella *riforma* del sistema scolastico del 1923 egli elaborò i programmi della scuola media inferiore e superiore (collabora con Giuseppe Lombardo-Radice per i programmi della scuola elementare), dove prevalgono le materie umanistiche formative. Tale riforma insiste sulla necessità di fornire non una preparazione a base di nozioni varie, ma una cultura meditata, legata alla lettura diretta dei classici, italiani, latini e greci, alla filosofia e pedagogia.

24.6 | L'Attivismo pedagogico e il movimento delle Scuole Nuove

Tra la fine dell'Ottocento e l'inizio del '900, sorge in Europa e in America un movimento pedagogico chiamato Attivismo che, al pari delle Scuole Nuove, riunisce l'opera di pedagogisti ed educatori attorno a un concetto di educazione intesa non più come trasmissione di saperi nozionistici, ma piuttosto come formazione della personalità autonoma.

Nucleo fondante e comune denominatore delle nuove teorie pedagogiche è il concetto di *puerocentrismo*, ossia la centralità del soggetto che apprende e dei suoi bisogni educativi, in opposizione alla precedente impostazione *adultocentrica*. Nella scuola nuova il fanciullo educa sé stesso e l'adulto assume il difficile ruolo di facilitatore o mediatore di apprendimenti.

Alcune figure si distinguono per aver fornito i più grandi contributi all'educazione dell'infanzia e alla comprensione degli effettivi bisogni di questa età. Si assiste inoltre alla creazione di una scuola per l'infanzia, istituzione che assume indicazioni didattiche dalla psicologia scientifica applicata all'età evolutiva e per mezzo di essa cerca di adeguare programmi e attività alle reali esigenze e interessi evolutivi del bambino. Viene attribuita grande importanza al lavoro e all'attività pratica in genere, considerati fattori eminentemente educativi per la ricerca e lo sviluppo dell'attività intellettuale; anche il lavoro di gruppo in collaborazione diventa strumento utile, poiché favorisce la socializzazione dei ragazzi e li abitua alla vita.

Tale movimento pedagogico trova appoggio in correnti filosofiche contemporanee diverse, che sostengono la spontanea creatività dell'uomo (Neoidealismo e Spiritualismo), oppure il valore pratico e sociale del sapere (Pragmatismo anglo-americano e il Neopositivismo marxista).

La maggior parte delle scuole nuove è di fatto indirizzata alla formazione della classe dirigente, ha quindi carattere elitario, tuttavia il quadro delle iniziative educative è molto vario e articolato e comprende esperienze ampiamente programmate sulla base di approfondite teorizzazioni (anche di ambito medico-biologico), ma anche semplici intuizioni e convinzioni educative. Infine, è opportuno chiarire che molte iniziative assumono carattere polemico nei confronti della scuola tradizionale, concepita come scuola passiva e individualistica, in cui domina la figura del maestro e un approccio eteroeducativo.

Rosa (1866-1951) e **Carolina Agazzi** (1870-1945) sono due figure fondamentali per la storia della pedagogia infantile; è infatti grazie a loro che viene istituita la *scuola materna*: le due pedagogiste propongono una trasformazione dell'asilo infantile in una istituzione a misura di bambino, seguendo alcune indicazioni froebeliane. Il termine "scuola" fa riferimento a un luogo di apprendimento, con ambienti e materiali semplici e quotidiani, perciò non strutturati (*cianfrusaglie*); l'aggettivo "materno" indica invece l'atmosfera famigliare che accompagna tale percorso. All'assistente delle tradizionali sale di custodia si sostituisce la figura della educatrice, che presenta diverse competenze e capacità di tipo organizzativo e affettivo; il suo compito è quello di supportare l'azione educativa in modo indiretto. Il metodo è quello intuitivo e del "far da sé", nel rispetto del criterio dell'ordine e nella collaborazione. Vengono proposte attività di vita pratica e di dimensione estetica, in forma ludica (educazione sensoriale ed educazione linguistica), e attività prelavorative.

Maria Montessori (1870-1952) dopo essersi laureata in medicina, si interessa dell'educazione dei bambini in situazione di handicap, esperienza che rappresenta il punto di partenza della sua riflessione, nella quale integra l'approccio biologico e psicologico in qualsiasi intervento educativo. Istituisce la *casa dei bambini*, una scuola dell'infanzia in cui sono rispettati tre principi: *ambiente* adatto, con spazi interni ed esterni a misura di bambino che garantiscono la flessibilità di organizzazione; uso di *materiale* scientificamente studiato, sensoriale, autocorrettivo, pensato per perseguire finalità specifiche (in termini di autonomia, di autodisciplina e di precise competenze cognitive: "mente ordinata"); infine, nuova professionalità dell'educatore (*maestra direttrice,* che ha il compito di dirigere e controllare lo svolgimento delle attività dei bambini). Interessante risulta il concetto di *mente assorbente* del bambino, la cui sensibilità è tale da essere in grado di "impadronirsi" del mondo attraverso l'esperienza e la vita stessa. La famiglia è attivamente coinvolta nel percorso educativo del bambino, attraverso il quale viene essa stessa educata a offrirgli un ambiente adatto. Frequenti sono poi gli incontri con la direttrice e le altre figure della scuola. Emerge l'immagine di un bambino controllato e ordinato che ha suscitato diversi rilievi critici nel corso del tempo.

Ovide Decroly (1871-1932) rappresentante del movimento dell'attivismo pedagogico belga, fonda la scuola di insegnamento speciale e istituisce *la scuola dell'Ermitage*, un esperimento pedagogico "per la vita attraverso la vita" di fama mondiale. Nella sua scuola l'ambiente non è l'aula, ma la natura, in cui i bambini si dedicano ad attività differenti: laboratori, campi, giardini, allevamenti, spazi di gioco e di vita comune rappresentano l'ambiente di vita e di esperienze del bambino. La scuola, opportunamente organizzata, permette al bambino di avvicinarsi gradualmente alle attività materiali e sociali proprie della vita reale. I nuovi programmi devono rispettare sia l'esigenza soggettiva biologica e psicologica (*centri d'interesse*, riconducibili ai bisogni dell'individuo), sia quella oggettiva sociale (ambiente naturale e sociale). Viene utilizzato un procedimento per idee associate, per evitare la frammentarietà delle nozioni, e svilupperà tutte le facoltà dell'alunno. Egli opera attraverso un percorso di osservazione, di associazione e di espressione. Nuovo è il concetto di *globalizzazione*, funzione presente nel bambino che dà inizio a un lungo processo di apprendimento che lo porta ad acquisire conoscenze e attività differenziate e sistematiche.

John Dewey (1859-1952) esponente dell'Attivismo pedagogico americano, fondatore di una scuola-laboratorio elementare annessa all'Università di Chicago, è il padre dello *Strumentalismo*: l'azione è lo strumento dell'adattamento dell'uomo all'ambiente e il pensiero scaturisce solo nel momento in cui l'azione immediata non riesce a soddisfare un bisogno. Pertanto l'esperienza, orizzonte da intendersi in termini sia fisici sia mentali e che non si identifica solo col fare, diventa il punto di partenza e di arrivo del suo pensiero filosofico e pedagogico. L'uomo ha bisogno di innescare strategie complesse di sopravvivenza, pertanto, attraverso un percorso di indagine, individua ipotesi e soluzioni e le verifica mediante esperimento. Per Dewey l'educazione è un processo sociale: il percorso educativo richiede la partecipazione dell'individuo, ma anche della società, pertanto esso può contribuire a cambiare quest'ultima, se necessario, e in particolare può renderla *democratica*. Il primo nucleo di tale società è il rapporto democratico e partecipativo tra docente e alunno. Il processo educativo non prevede finalità precise, poiché l'educazione è intesa come crescita nel continuo fluire dell'esperienza; per questo motivo, è difficile ipotizzare l'evoluzione e la direzione del processo stesso. Il centro dei programmi di insegnamento è l'insieme delle attività del bambino nel quadro sociale. Secondo il pedagogista americano deve esserci continuità tra lavoro e ricerca, tra *dimensione manuale* (attività artigianali) e dimensione intellettuale; il laboratorio diventa l'ambito privilegiato per raggiungere in modo attivo conoscenze e sviluppare interdisciplinarietà. Il metodo, che supera il dualismo con il contenuto, è metacognitivo, centrato sull'allievo, sui suoi interessi e bisogni, e su materiale adatto. La scuola può educare a una capacità di pensiero razionale e creativo, partendo da curiosità, suggestioni e riflessioni dei ragazzi; emerge una figura interessante di insegnante, che deve possedere una valida preparazione culturale e tecnico-professionale.

Jerome Bruner (1915) psicologo, è tra gli psicopedagogisti che hanno maggiormente influenzato l'attuale sistema scolastico americano. Docente presso l'Università di Harvard, Bruner è stato tra i principali protagonisti del cognitivismo americano. I suoi interessi si sono in seguito rivolti alle ricerche sulla narratività. Per Bruner la realtà viene percepita in funzione delle strutture mentali interne dell'individuo che sono in costante evoluzione. La mente non è, come sostenuto dalla prospettiva comportamentista, un contenitore, ma una struttura attiva che influenza l'oggetto percepito in base a esperienze pregresse, bisogni motivazioni ecc. In contrapposizione al pensiero di Dewey che individuava come principale funzione dell'istruzione l'integrazione sociale e la partecipazione alla cultura, Bruner concepisce l'istruzione come sviluppo di processi cognitivi al fine di maturare una cultura personale. Per Bruner l'educazione deve sviluppare competenze e favorire l'eccellenza individuale, l'esperienza scolastica deve essere orientata al raggiungimento di determinati obiettivi di crescita culturale. Occorre sviluppare capacità critiche che rendano capaci di interpretare la realtà. Di ogni disciplina vanno individuate le idee fondamentali che la sostengono e, in base a esse, vanno organizzati i percorsi e gli obiettivi dell'insegnamento. Ogni disciplina può essere proposta a qualunque età, anche nella scuola dell'infanzia, purché venga presentata in modo adeguato alle strutture cognitive e allo sviluppo psichico del soggetto interessato. Una "teoria dell'istruzione" deve stabilire i criteri e i procedimenti da seguire per organizzare nella scuola percorsi di apprendimento, i curricoli, che siano adeguati sia ai soggetti che devono apprendere sia agli obiettivi che la scuola si propone. Occorre pertanto individuare quali esperienze siano più atte a generare nell'individuo una predisposizione ad apprendere; identificare il modo in cui un insieme di cognizioni deve essere strutturato perché sia compreso dal discente; specificare la progressione ottimale, con cui va presentato il materiale che deve essere appreso.

25 | La psicologia dello sviluppo

25.1 | Il modello psicoanalitico

La teoria psicoanalitica deriva, a differenza dalle altre scuole di psicologia, da un ambito medico. Essa è stata elaborata da **Sigmund Freud** (1856-1939) alla fine dell'800, a partire da un metodo individuato per curare l'isteria. Freud ricercava una spiegazione del comportamento umano interpretando i processi che stanno alla base della psiche (dal greco, "anima", "spirito" o "mente"), a partire in particolare da quei fenomeni che non trovavano una loro spiegazione nel sistema di conoscenze mediche e psicologiche ufficiali. Tale approccio, rispetto al pensiero del suo fondatore, ha subito nel corso del tempo una profonda evoluzione, sia nei concetti teorici sia nelle applicazioni pratiche.

La divisione della vita psichica in coscio e inconscio costituisce la premessa fondamentale della teoria freudiana: il comportamento è governato da processi consci, ma anche *inconsci*: la *libido*, energia che agisce a livello inconscio e presente fin dalla nascita, è la forza motrice di ogni comportamento. La produzione di altro materiale inconscio è legata al funzionamento dei *meccanismi di difesa dell'Io*, cioè quei mezzi, normali e automatici, attivati da ogni individuo per ridurre l'ansia (per esempio rimozione, negazione, proiezione ecc.). Nell'approccio di Freud ogni fenomeno psichico viene letto in modo deterministico, nel senso che è possibile individuarne nell'inconscio le cause. La personalità è vista come distinta in tre sfere: l'*Es*, luogo della libido, l'*Io*, elemento più conscio che funge da amministratore della personalità, e il *Super-Io*, centro della moralità, costituito dalle regole e dai divieti morali della famiglia e della società. Tali sfere si sviluppano progressivamente nel corso dell'infanzia. Secondo Freud è possibile individuare cinque *fasi psicosessuali*, attraverso le quali il bambino procede in una sequenza fissa fortemente influenzata dalla maturazione. In ogni fase, la libido viene investita in quelle parti del corpo che sono più sensibili a quell'età (fase orale, anale, fallica, di latenza, genitale). Affinché lo sviluppo avvenga in modo equilibrato, occorre un ambiente che soddisfi i particolari bisogni di ogni periodo; in caso contrario, si formerà un residuo di problemi irrisolti e di bisogni insoddisfatti che si riproporranno nelle fasi successive.

A partire dall'utilizzo dell'ipnosi, Freud giunge a elaborare un metodo di analisi della psiche che prevede l'uso di associazioni libere e l'analisi dei sogni. Egli precisa il campo di applicazione del suo metodo, che riguarda i disturbi nevrotici, in particolare l'isteria, le fobie e gli stati ossessivi.

Grande influenza sullo studio dello sviluppo ha avuto la teoria di **Erik Erikson**, che toglie centralità alla pulsione sessuale sottolineata da Freud e sposta l'accento sul graduale emergere del senso di identità. Scopo della vita è proprio la costruzione del senso di identità sociale, che non risulta formata alla fine dell'adolescenza – come sostenuto da altri psicologi – ma continua attraverso ulteriori fasi evolutive (otto in totale) nel corso della vita adulta. Nella sequenza delle fasi, ruolo importante è giocato dalle richieste culturali che accomunano tutti a una determinata età: si parla perciò di *fasi psicosociali*, ognuna delle quali è imperniata su un dilemma particolare da affrontare e risolvere, per il quale risulta critico e fondamentale il comportamento dell'adulto che si prende cura del bambino durante il periodo dell'infanzia, mentre nell'età adulta è determinante la modalità con cui l'individuo si rapporta agli eventi della vita.

Una delle elaborazioni più significative, che fornisce un nuovo modello dello sviluppo sociale umano, è la *teoria dell'attaccamento* di **John Bowlby**. Essa ruota attorno ad alcuni concetti-chiave: legame affettivo, attaccamento e comportamenti di attaccamento. L'attaccamento è un legame reciproco, emotivo e strumentale la cui fondamentale funzione adattiva è la protezione dai predatori. Questo legame induce il neonato a formarsi un modello interno di attaccamento che si esprime con modalità comportamentali differenti, che variano da un comportamento sicuro a uno insicuro e ansioso.

Determinante, nella prima infanzia, è l'atteggiamento assunto dall'adulto nell'occuparsi dei bisogni fisici e psicologici del bambino, definito come *holding*. Nel corso dell'esistenza l'attaccamento sperimentato diventa il modello o addirittura la matrice cui ispirarsi per costruire tutte le relazioni affettive e sociali.

Le teorie psicoanalitiche hanno suscitato enorme attrazione e sono state per decenni oggetto di studio e approfondimento. Il concetto di inconscio è stato enormemente importante, tanto da essere tutt'oggi presente nelle teorie che mettono l'accento sui modelli interni.

25.2 | Il Comportamentismo

Negli ultimi decenni del XIX secolo, con il consolidarsi della fisiologia, dell'istologia e dell'anatomia comparata, si diffonde nella ricerca psicologica europea un atteggiamento sempre più orientato in senso oggettivistico. All'interno di questo scenario si colloca la figura di J.B. Watson (1878-1958), che nel 1913 pubblica un articolo programmatico, *La psicologia così come la vede il comportamentista*. Egli delinea una teoria in cui la psicologia è ridotta allo studio del comportamento osservabile, è una scienza oggettiva completamente epurata da concetti filosofici non suscettibili di verifica, cui è assegnato il compito di studiare le condizioni obiettive che determinano il comportamento, eliminando ogni riferimento a contenuti mentalistici. L'apprendimento, di qualsiasi tipo esso sia, dal più semplice al più complesso, si configura come costruzione di legami associativi fra stimoli e risposte (S-R) nell'interazione con l'ambiente, è qualcosa perciò di prevedibile, controllabile e influenzabile. Ci si trova di fronte a un determinismo di tipo ambientale, che trova supporto in sperimentazioni e osservazioni sul comportamento degli animali e dei bambini.

Questo modello comportamentistico originario darà luogo a una feconda revisione teorica, concettuale e sperimentale, da cui nasceranno modelli sempre più raffinati. A grandi linee, il comportamentismo assumerà in breve tempo due soluzioni fondamentali, dando luogo a due indirizzi che si esprimeranno nelle teorie della *contiguità di stimolo e risposta*, rappresentate per esempio da Watson e Guthrie e in quelle del *rinforzo* rappresentate da Thorndike, Skinner e Miller.

Edward Lee Thorndike elabora la cosiddetta "legge dell'effetto": nelle situazioni nuove, gli organismi procederebbero per prove ed errori, fino a quando un'azione non viene in qualche modo ricompensata dalla soddisfazione di un bisogno.

Burrhus Skinner ha dimostrato le potenzialità della teoria in campo pedagogico elaborando un approccio differente da quello di Watson. Egli delinea una concezione in cui la teoria comportamentista assume la particolare forma del *condizionamento operante*: sulla base di numerosi esperimenti sugli animali, dimostra che è possibile fissare comportamenti molto complessi associando opportunamente, a qualsiasi comportamento di un organismo, uno stimolo appropriato (*rinforzo*). In questo modo, il comportamento può essere letto tenendo conto della somministrazione dei rinforzi e degli effetti che esso produce. A livello didattico, il risultato più importante è legato all'*istruzione programmata* (le macchine per insegnare, in cui si fissano nuclei di apprendimento attraverso la tecnica del rinforzo).

In campo terapeutico, il metodo comportamentista mette in atto tecniche di de-condizionamento e di ri-condizionamento comportamentale adeguato, trascurando ogni ricerca in ordine alle possibili cause di disturbo. Il comportamento perciò può essere modificato e sostituito attraverso un modello comportamentale più adeguato.

25.3 | Il Cognitivismo

Verso gli anni Cinquanta ci si accorge che, se il modello comportamentista (S/R) poteva spiegare un certo numero di comportamenti, era però insufficiente a spiegarne altri più complessi, come il linguaggio, il ragionamento e vari tipi di apprendimento.

Una delle prime critiche in questo senso viene elaborata dallo psicolinguista **Noam Chomsky**, che fa notare come l'apprendimento di una lingua non si possa spiegare solo mediante i concetti di rinforzo e di imitazione, ma occorre anche considerare il ruolo attivo svolto dal cervello umano.

Da queste constatazioni nasce l'esigenza di un nuovo approccio psicologico, che negli anni Sessanta prende il nome di *Cognitivismo*. Tale approccio non si configura come "scuola", nel senso tradizionale del termine, non fa riferimento a una concezione unica dell'uomo e non intende dare spiegazioni o interpretazioni sul comportamento umano. Gli ambiti di studio sono molto vasti e comprendono vari settori: percezione, attenzione, soluzione dei problemi, memoria, apprendimento, sviluppo cognitivo e linguaggio.

Un concetto cardine del Cognitivismo è l'uomo inteso sul modello del computer, come elaboratore di informazioni, le quali provengono sia dall'esterno sia dall'interno. **Neisser**, psicologo cognitivista, afferma che il compito degli psicologi è analogo a quello di un tecnico che tenta di scoprire come è programmato un computer. Da queste premesse deriva un modello di spiegazione che utilizza la metafora della *macchina-uomo*. Secondo questo modello le informazioni ambientali vengono elaborate cognitivamente attraverso una serie di eventi che portano a una risposta. In queste spiegazioni emerge sia il ruolo degli stimoli esterni, sia il ruolo attivo dell'individuo che attiva sistemi della memoria, strategie cognitive che hanno lo scopo di ricercare, interpretare e dare significato agli stimoli ambientali.

Il cognitivismo elabora anche un approccio terapeutico, secondo cui non sono tanto le pulsioni (come aveva indicato la psicoanalisi) a determinare i comportamenti delle persone, ma i loro pensieri. Pertanto la terapia rivolta a pazienti nevrotici e depressi consiste nel correggere concezioni errate e sradicare i pensieri negativi, promuovendo un nuovo modo di pensare.

25.4 | L'approccio sistemico

Il modello sistemico si sviluppa in Canada grazie all'incontro fecondo tra ricercatori di diversa formazione (biomatematici, fisiologi, economisti). L'obiettivo della scuola era la ricerca di modelli teorici applicabili a settori diversi della conoscenza.

Secondo il caposcuola, il biologo, **Ludwig von Bertalanffy** quando si fa ricerca non si deve procedere seguendo un modello meccanicistico, considerando cioè i fenomeni isolati, staccati da tutto ciò che li circonda, ma piuttosto secondo un modello che analizzi i fenomeni come facenti parte di sistemi aperti che scambiano energia con tutto ciò che li circonda.

Tale approccio viene applicato anche in ambito psicologico con la conseguenza che la personalità non viene considerata come qualcosa a sé stante, con caratteristiche sue proprie, secondo ottiche atomistiche o modelli di causalità lineare, ma come realtà che si forma e si esprime all'interno del sistema, da cui è condizionata e che essa stessa condiziona continuamente.

Tra gli studiosi della comunicazione, che si rifanno all'approccio sistemico relazionale, si ricordano **Paul Watzlawick** e il suo gruppo di **Palo Alto**. Tali ricercatori ritengono che ogni sistema di comunicazione sia regolato dalla legge della *totalità* secondo la quale, modificando una parte del sistema stesso, tutte le altre parti di conseguenza vengono modificate a loro volta, e dalla legge della *retroazione*, in base alla quale ogni punto del sistema è circolarmente condizionato da tutti gli altri e condiziona a sua volta ogni altro punto.

Interessanti anche le letture del comportamento del singolo individuo; esso è parte di un sistema famigliare ed è determinato dal modo di relazionarsi delle persone all'interno della famiglia stessa. Secondo questo approccio diventa fondamentale mettere a fuoco ciò che accade nel *contesto*, la realtà a cui lo studioso di psicologia deve prestare attenzione, mettendo in second'ordine la preoccupazione di cogliere il significato del fenomeno psichico.

La terapia sistemica ha quindi lo scopo di analizzare le modalità interattive di un gruppo famigliare, per scoprirne gli aspetti meno corretti, che stanno alla base dei vari disagi che i componenti del gruppo denunciano. Il terapeuta diventa un "giocatore" nel gruppo, per poter meglio aiutarlo a liberarsi dai circoli viziosi di tipo interattivo nei quali è caduto.

25.5 | L'epistemologia genetica di Jean Piaget

Jean Piaget (1896-1980) e i suoi collaboratori furono animati dalla speranza di trovare un metodo di studi che portasse alla comprensione dei processi mentali e avesse nello stesso tempo un valore scientifico. È seguendo questi intenti che lo psicologo svizzero elaborò la teoria dell'*epistemologia genetica*: *epistemologia*, perché la teoria si pone l'obiettivo di individuare le condizioni che consentono alla mente di riorganizzare cognitivamente la realtà esterna; *genetica* perché la teoria cerca di descrivere il percorso di strutturazione del pensiero in senso evolutivo, ovvero di sviluppo.

A partire da questa teoria l'intelligenza viene considerata non come una facoltà innata, bensì come una facoltà che si evolve qualitativamente durante l'età evolutiva, sotto l'azione dei fattori maturativi; i sistemi cognitivi sono costruiti dal soggetto attraverso l'interazione con l'ambiente, cioè in un rapporto attivo e non semplicemente ricettivo con gli stimoli esterni; in questo senso si può dire che l'intelligenza è una forma particolare di adattamento dell'uomo all'ambiente. Attraverso numerosi esperimenti e osservazioni, Piaget ha potuto stabilire che lo sviluppo dell'intelligenza avviene per *stadi* (quattro), cioè periodi in cui i bambini ragionano e agiscono secondo schemi mentali specifici e diversi da quelli dell'adulto: stadio senso-motorio, pre-operatorio, operatorio concreto e operatorio formale. Di fatto si assiste a una maturazione dell'intelligenza che ha origini senso-motorie, per giungere allo sviluppo di strutture cognitive flessibili e con capacità di astrazione. Ogni stadio evolve da quello precedente, attraverso due meccanismi psicologici: l'*assimilazione* e l'*accomodamento*; la sequenza degli stadi è invariata, può invece variare da un individuo all'altro la durata dei vari stadi.
Come Freud aveva parlato di una maturità emotiva, così Piaget parla di maturità cognitiva, che viene raggiunta nell'adolescenza e che consente di ragionare secondo regole di logica astratta.
Questa teoria risulta di fondamentale importanza per l'idea dello sviluppo cognitivo e delle sue caratteristiche, nonostante abbia ricevuto diversi rilievi critici. Alcuni autori, infatti, ritengono che la teoria piagetiana non abbia dato abbastanza spazio al confronto interindividuale, e parlano di *squilibrio cognitivo*, situazione in cui una persona mette a confronto il suo punto di vista con quello degli altri suoi coetanei e viene sollecitata a un progresso cognitivo. In quest'ottica, le ultime teorie sull'intelligenza riconoscono l'importanza dell'interazione sociale e, soprattutto, ci trasmettono un'immagine di un'intelligenza con paradigmi differenti da quella piagetiana e che supera l'idea dei quattro stadi, per approdare a una definizione di intelligenza multipla.

25.6 | Lev S. Vygotskij

Lev S. Vygotskij (1896-1934), psicologo russo, indirizza la sua ricerca verso il ruolo formativo, a livello storico-sociale, dell'ambiente. A differenza di Piaget, Vygotskij, proprio perché parte da una base storico-culturale, ritiene non sia possibile fissare i contenuti o le acquisizioni di base di ogni singolo stadio, poiché tali contenuti sono dipendenti dall'ambiente culturale in cui è immerso il bambino.
Secondo la sua teoria, l'apprendimento presenta dei "punti limite" durante lo sviluppo, ovvero momenti in cui gli adulti possono intervenire per incrementare le capacità di apprendimento del bambino. A questo proposito viene introdotta la nozione di *zona prossimale di sviluppo*, secondo cui in ogni bambino c'è un livello standard di sviluppo intellettivo attuale, ben stabile e certo, che, con l'aiuto di un adulto o con la collaborazione e il confronto con i coetanei, può raggiungere un livello superiore potenzialmente alla sua portata (appunto, la zona prossimale).

26 | Le teorie dell'apprendimento

Con il termine *apprendimento* vengono indicate tutte le modificazioni dell'equilibrio psichico e del comportamento di un soggetto, modificazioni che hanno il carattere della stabilità, che durano nel tempo e che sono in larga parte frutto dell'esperienza. Diverse teorie dell'apprendimento spiegano che le modalità di attivazione di questo processo coinvolgono, attraverso processi di accomodamento, composizione, giustapposizione, diverse *strutture* che interagiscono tra loro.

Fra i più importanti fattori che influiscono sull'apprendimento si possono ricordare: 1) le *strategie cognitive* personali, gli stili di apprendimento, le esperienze individuali e collettive; 2) il complesso di *fenomeni dell'ambiente circostante*, le informazioni e gli stimoli provenienti dalla realtà esterna; 3) i *modelli*, i formalismi, le *teorie*, le dinamiche delle *agenzie educative*; 4) i *mezzi di comunicazione* e i percorsi che regolano lo scambio delle informazioni.

Il processo di costruzione del sistema di conoscenza è quindi determinato, per ogni individuo, dall'intreccio fra componenti intuitive, quantitative e qualitative, e sotto l'influenza di condizionamenti sociali, culturali, emotivi.

L'apprendimento è un processo dinamico (segue infatti percorsi individuali non lineari e non sequenziali) che si può studiare efficacemente con un *approccio multidisciplinare*: nell'ambito delle scienze cognitive sono stati elaborati diversi modelli parziali.

Si registrano più di dodici teorie diverse sulle interpretazioni della fenomenologia dell'apprendimento. Le principali sono le **comportamentistiche** e le **cognitivistiche**.

- In base alle prime (di tipo associazionistico o S-R) l'apprendimento è acquisizione di abitudini e associazione fra stimolo e risposta, viene quindi studiato come fatto *molecolare*, cioè analizzando le connessioni fra stimoli e risposte. Esponenti di spicco sono Guthrie, Pavlov, Skinner, Thorndike.
- Per le teorie cognitivistiche (e fenomenologiche) l'apprendimento è un processo conoscitivo che trae origine dal bisogno di costruzione (e di strutturazione) del reale, implicito nell'interazione io/ambiente, e viene studiato come fatto *molare*, cioè analizzando i cambiamenti che avvengono nelle strutture cognitive del soggetto e nella sua personalità. Nel rapporto fra motivazione e apprendimento incidono numerosi fattori capaci di condizionare il successo dell'apprendimento. Esponenti di spicco sono Bruner, Piaget, Tolman.
- Altre teorie dell'apprendimento, come quelle emerse nell'ambito dell'approccio fenomenologico umanistico (Carl Rogers e Maslow), collegano l'apprendimento al bisogno di crescita della personalità, che ristruttura sé stessa nell'atto dell'apprendere come fatto globale. La personalità è quindi coinvolta a livello emotivo/affettivo oltreché cognitivo.

26.1 | Teorie dell'apprendimento associativo

Il condizionamento classico e operante è stato teorizzato dal fisiologo russo **Ivan Pavlov** che, in seguito a sperimentazioni e ricerche sui cani, individuò il processo di trasferimento della risposta spontanea dallo stimolo incondizionato a quello condizionato. È possibile creare un apprendimento tramite stimoli opportunamente associati tra di loro, uno incondizionato, e l'altro condizionato dall'ambiente, che determinano una risposta spontanea e automatica.

Oggetto degli studi di **Edward Lee Thorndike** è l'*apprendimento per prove ed errori*, che egli individuò in seguito a osservazioni sui comportamenti intelligenti degli animali, connessi a esperienze passate. A partire da queste osservazioni Thorndike elaborò la *legge dell'effetto*, secondo cui, delle varie risposte date alla medesima situazione, quelle che sono accompagnate o immediatamente seguite da soddisfazione, saranno più saldamente assimilate e ricorrenti, tanto da ripresentarsi con maggior probabilità.

CULTURA PEDAGOGICA

La teoria del *rinforzo* è stata invece introdotta da **Burrhus Skinner**. Egli parte dal presupposto che determinati eventi abbiano un valore particolare per gli individui, nel senso che il loro prodursi riduce o aumenta lo stato di tensione interna. Egli dà a questi eventi il nome di rinforzi, elaborando con i suoi collaboratori una complessa casistica del modo in cui questi possono modellare il comportamento, facendo diventare permanenti certe azioni e facendone sparire altre.

L'immagine del comportamento che ne emerge è *strumentale*, cioè è un'azione che produce conseguenze: le risposte non vengono estrapolate dall'organismo, come avviene nel condizionamento classico, ma sono emesse spontaneamente dall'organismo, e quindi rinforzate dalla ricompensa o dal fatto di riuscire a evitare una punizione. Se l'attenzione di Pavlov si concentra sullo studio degli stimoli, Skinner è convinto che lo studio del comportamento si risolva privilegiando le risposte.

Secondo queste ricerche è possibile modificare il comportamento in modo stabile, attraverso metodiche di condizionamento. In particolare, nelle terapie, il comportamento, che può assumere il valore di sintomo, non viene analizzato per il suo significato profondo, ma trattato come tale. Infatti, una delle modalità della terapia comportamentale utilizza il contro-condizionamento, per cui si elimina il comportamento disadattivo e si sostituisce a esso un comportamento più adattivo.

26.2 | Teorie dell'apprendimento cognitivo

I termini "apprendimento cognitivo" si riferiscono, in genere, agli aspetti dell'apprendimento connessi alle dimensioni più complesse del comportamento, oltre che ad alcune forme di apprendimento relativamente semplici, come *l'apprendimento latente*.

Edward Tolman, iniziatore di questi studi, sosteneva che tutti gli organismi superiori formano delle *mappe cognitive* del mondo circostante, per cui il comportamento sarebbe guidato anche dalle aspettative, originate dalle esperienze già fatte, circa la struttura globale dell'ambiente di vita.

Per *apprendimento latente* si intende un'associazione di stimoli o situazioni stimolanti, senza ricompensa, ovvero un'associazione indifferente, almeno in apparenza. Tratto distintivo di questo apprendimento è l'assenza di ricompense, e ciò che viene appreso può non risultare chiaro e restare a lungo latente.

Le assunzioni di Tolman sono state riprese e sviluppate da **Jean Piaget** e dalla Scuola di Ginevra, e in modo autonomo da **Jerome Bruner** e dalla Scuola di Chicago: entrambe le scuole concepiscono l'apprendimento come un processo attivo.

L'apprendimento intuitivo (*insight*) è stato attribuito con una certa sicurezza alle prestazioni di animali che arrivano a formulare una risposta, che inizialmente si presenta difficoltosa, con estrema rapidità, tale da togliere credibilità all'ipotesi di un processo per prove ed errori. Il risultato immediato consiste in un miglioramento delle prestazioni. All'interno di questi studi, altri studiosi hanno osservato che lo sviluppo delle capacità di apprendimento passa attraverso apprendimenti precedenti (per esempio esplorazione dell'ambiente e degli oggetti in esso situati), che costituiscono una fase di preparazione latente. Ciò vale a dimostrare come le varie forme di apprendimento siano fra di loro connesse e come lo sviluppo dell'una influenzi positivamente anche quello delle altre, come osservato sia da Piaget sia da Bruner.

26.3 | Teorie dell'apprendimento fenomenologico-umanistico

Abraham Maslow è il fondatore della psicologia umanistico-esistenziale, definita poi la "terza forza" della psicologia, in alternativa al comportamentismo e alla psicoanalisi. Essa si pone l'obiettivo di individuare una sorta di inventario completo di tutto ciò che significa vivere da esseri umani, un inventario che dovrà necessariamente registrare le qualità congenite dell'uomo, le sue potenzialità percettive, intellettuali e pratiche, il suo sviluppo, la sua evoluzione e il suo declino, il suo rapporto con le molteplici condizioni ambientali; insomma, tutta la ricchezza e la varietà delle esperienze che si possono presentare e quindi il significato del posto che l'uomo occupa nell'universo.

La psicologia umanistica concepisce l'uomo non come robot, ma neanche come un organismo vuoto. L'uomo è passione, sentimenti, stati d'animo, intelligenza, responsabilità, progettualità, caratteristiche che non si possono dimenticare, come non si possono quantificare. Fondamentale per Maslow è il concetto di auto-attualizzazione, inteso come pieno sviluppo del talento, delle capacità, delle potenzialità dell'uomo.

Si comprende come i criteri per studiare l'apprendimento siano orientati verso questi aspetti fenomenologici e umanistici.

Carl Rogers ritiene che ogni individuo possieda una personalità dotata di autoregolazione e del desiderio di realizzarsi pienamente nel rapporto con il mondo e con sé stesso. Al centro di questo processo si trova il sé, l'elemento autoriflessivo, che può compiere il processo di autorealizzazione agendo secondo i propri valori. Tuttavia decisivo è l'influsso dell'ambiente sociale, in grado di condizionare sia positivamente sia negativamente lo sviluppo dell'individuo. Rogers distingue fra apprendimento "dal collo in su", fatto di contenuti privi di significato per l'individuo e imposti dall'esterno, e un *apprendimento significativo*, che nasce dall'esperienza e dai processi vitali dell'individuo. Quest'ultimo comporta una partecipazione globale della personalità, è automotivato e incide profondamente sul soggetto, è autovalutato. La teoria rogersiana si fonda intorno all'idea che la persona sia naturalmente motivata ad apprendere, e riesca a vincere le resistenze interne che produce ogni apprendimento significativo se la situazione non viene avvertita come minacciosa. Su questi aspetti si fonda l'idea della *pedagogia non-direttiva*. Ne consegue che il processo di insegnamento, basato su apprendimenti non significativi, ovvero imposti dall'esterno, non serva sostanzialmente a produrre risultati positivi. Per Rogers solo l'apprendimento significativo è adeguato ad affrontare i problemi della contemporaneità.

26.4 | Apprendimento ed educazione

L'apprendimento è stato considerato per lungo tempo un semplice processo di giustapposizione di informazioni non suscettibili di elaborazione e di trasformazione da parte del discente. In quest'ottica l'errore o il fallimento ha sempre assunto una connotazione negativa. Gli studi sui processi di apprendimento hanno determinato un'evoluzione dell'insegnamento: ora si ritiene che l'allievo giochi un ruolo attivo attraverso la libera scoperta (teoria di Piaget); l'errore è ritenuto potenzialmente utile per l'intero percorso didattico; lo stesso insegnante non è considerato più un semplice fornitore di nozioni e di valutazioni, ma parte integrante dell'intero processo di insegnamento e apprendimento, in cui i due termini non si escludono a vicenda, anzi si integrano, coesistono, evolvono insieme. Il passaggio dalla vecchia visione meccanicistica dell'apprendimento all'attuale visione costruttivistica si ripercuote sulla didattica: si tratta in ultima analisi di favorire nello studente la costruzione di una rete di strumenti, metodi, correlazioni, abilità generali, capaci di aiutarlo a formare un sistema dinamico autoconsistente di metodi, nozioni, legami, abilità, e di aiutarlo a sviluppare approcci e strumenti per favorire l'esplorazione, l'autovalutazione, la creazione di percorsi autonomi.

Il processo di apprendimento ideale sembra pertanto dover essere:

- *attivo*: favorire la responsabilità dello studente nella gestione del processo apprenditivo;
- *coinvolgente*: incoraggiare il coinvolgimento dello studente attraverso l'attenzione agli interessi, la dissonanza cognitiva;
- *significativo*: inserire l'apprendimento in contesti realistici e rilevanti, a partire dalla matrice cognitiva dell'allievo;
- *sociale*: collocare la costruzione delle conoscenze entro un'esperienza sociale;
- *aperto*: offrire diverse modalità di soluzione di un problema;
- *multimediale*: attivare l'uso di diversi canali di rappresentazione della realtà, codificando le conoscenze attraverso diversi linguaggi;
- *autoriflessivo*: stimolare l'autoconsapevolezza nel processo di costruzione della conoscenza;
- *integrante*: promuovere le connessioni interdisciplinari.

27 | Glossario ed esercizi

27.1 | Glossario

Animazione: pratica sociale che ha lo scopo di sollecitare percorsi di crescita dell'individuo, sviluppare senso di benessere e favorire la prevenzione del disagio, tra le istituzioni e nel territorio.

Apprendimento cooperativo (collaborativo): acquisizione da parte degli individui di conoscenze, abilità o atteggiamenti che sono il risultato di un'interazione di gruppo, o, più chiaramente, apprendimento individuale risultato da un processo di lavoro di gruppo.

Apprendimento: processo psichico che consente al soggetto di acquisire in forma durevole – ma non a seguito di fattori innati o di processi di maturazione di ordine biologico – abitudini, conoscenze, competenze anche molto complesse.

Apprendistato: formazione allo svolgimento di una attività lavorativa, che si realizza operando direttamente sotto la guida di lavoratori esperti e già all'interno del futuro contesto professionale.

Autoeducazione: processo attraverso il quale un individuo "si educa da solo", scegliendo di propria iniziativa di acquisire quei contenuti che avverte come maggiormente coerenti col proprio progetto di vita.

Competenze: il termine indica capacità di "saper fare" apprese in determinati contesti. La competenza presuppone il possesso di conoscenze (sapere) e al tempo stesso di abilità specifiche per affrontare problemi posti dall'esperienza.

Comunicazione: scambio di un messaggio-informazione tra un emittente e un ricevente il cui esito è influenzato dall'utilizzo di un codice, di un canale e di mezzi adeguati di trasmissione.

Contenimento: insieme di comportamenti di accudimento e di attenzione psicologica (proteggere e porre limiti) rivolti a un minore, che hanno la finalità di favorire la strutturazione del suo equilibrio psicologico e relazionale.

Continuità educativa: modalità dell'educare che si basa sul costante mantenimento, ai diversi gradi della formazione, di quei principi e metodi che la caratterizzano, nonché sul riconoscimento e sul rispetto della "storia" educativa dell'allievo.

Creatività: attitudine complessa che consente all'individuo di elaborare e trasformare le esperienze in qualcosa di innovativo; secondo Gardner essa è il risultato delle potenzialità e abilità dell'individuo, del bagaglio delle sue conoscenze e cultura pratica, e dell'ambiente (climi educativi).

Crisi evolutiva: fase di transizione, frequente e comune fra individui che si trovano a un certo livello dello sviluppo, caratterizzata dall'abbandono di un equilibrio per ricercarne uno nuovo, il cui raggiungimento costituisce un passo necessario nel percorso di crescita.

Curricolo educativo: (dal latino *curriculum*, spazio da percorrere) percorso formativo caratterizzato e scandito nei tempi, a partire dagli obiettivi, i contenuti e i metodi propri del sistema formativo cui fa riferimento.

Didattica: insieme di pratiche relative all'insegnamento scolastico. Nella pedagogia dell'età moderna, il termine si riferisce anche alla scienza relativa alla riflessione e alla ricerca sull'insegnamento.

Dimensione affettiva: l'insieme di quei caratteri psicologici dell'individuo relativi al rapporto emozionale con gli altri, con sé stesso e con il mondo.

Disabilità: restrizione o carenza nello svolgere un'attività nel modo o nei limiti ritenuti normali per un essere umano; rappresenta la perdita o la diminuzione di una capacità operativa dell'individuo.

Disagio: situazione problematica, di tipo psicologico e sociale, che si esprime in una difficoltà a comprendere, interpretare e interagire con sé stesso e con gli altri; si può manifestare sotto diverse forme di disturbo comportamentale e psicologico.

Educatore professionale: colui che, in ambiti diversi dalla scuola, svolge attività basate sulla relazione pedagogica continuativa.

Educazione: in senso ampio, insieme di attività volte a promuovere l'acquisizione e lo sviluppo, nei nuovi membri di una comunità, di quelle conoscenze, atteggiamenti e condotte che li realizzino pienamente a livello individuale e sociale; in senso più ristretto, secondo alcuni esponenti della riflessione pedagogica, le pratiche complementari all'istruzione, indirizzate a sollecitare la formazione globale della personalità di un individuo.

Educazione individualizzata: educazione calibrata sulle esigenze specifiche e le caratteristiche particolari di ciascun soggetto educativo.

Educazione informale: modalità educativa basata quasi esclusivamente sull'osservazione e sull'esperienza diretta da parte del soggetto da formare; si svolge nel corso della vita quotidiana, scandita dal normale avvicendarsi dei compiti dei famigliari, dei coetanei e degli adulti di una comunità.

Educazione permanente: modello educativo secondo il quale processi di formazione socialmente controllati devono accompagnare l'individuo per tutto il ciclo della sua vita.

CULTURA PEDAGOGICA

Empatia: riguarda la comprensione dei sentimenti, la capacità di sentire l'altro, oltre ogni valutazione positiva e negativa, preconcetta.

Formalismo didattico: tendenza – sempre presente nell'educazione occidentale – a realizzare l'insegnamento come proposta di contenuti privi di reale significato per il discente, utilizzando quindi modalità didattiche in cui l'imposizione e il controllo rigoroso suppliscono alla mancanza di interesse nell'allievo e di una sua partecipazione attiva all'apprendimento.

Formazione: termine usato spesso come sinonimo di educazione, per indicare le attività volte a far raggiungere a un individuo il pieno sviluppo della sua umanità, secondo i valori della cultura cui appartiene. Può però anche significare il percorso di crescita compiuto dal soggetto stesso nell'assimilare e rielaborare nozioni, valori, modelli comportamentali. Secondo alcuni pedagogisti si tratta invece di un termine dal significato più ampio, articolabile al suo interno nei concetti di educazione e istruzione.

Handicap: condizione di svantaggio vissuta dalla persona in conseguenza a una disabilità che limita o impedisce la possibilità di ricoprire il ruolo normalmente proprio in base all'età, al sesso, ai fattori socio-culturali; rappresenta la conseguenza esistenziale dello scostamento dalla normalità.

Inserimento: processo tramite il quale una persona entra a far parte di un contesto di vita che gli era finora estraneo (per esempio inserimento scolastico, lavorativo).

Integrazione: processo che assume diversi significati psicologici e sociali e conduce l'individuo ad assumere un ruolo e soddisfare le aspettative individuali e sociali correlate a sesso, età, condizione sociale all'interno del gruppo di appartenenza.

Intelligenza emotiva: è la capacità di osservare le proprie e altrui emozioni, di differenziarle e di usare tale informazione per guidare propri pensieri e azioni.

Intelligenze multiple: l'intelligenza è la capacità di risolvere problemi, o di creare prodotti, che sono apprezzati all'interno di uno o più contesti culturali. Secondo Gardner, esistono differenti intelligenze che funzionano secondo modalità specifiche, che fanno riferimento a otto ambiti: intelligenza linguistica, logico-matematica, musicale, spaziale, cinestesica (come quella di atleti, danzatori e altre persone che compiono esercizi fisici), interpersonale (l'abilità di interpretare gli umori, le motivazioni e gli stati mentali degli altri), e intrapersonale (l'abilità di essere consapevoli dei propri sentimenti e di saperli esprimere senza da questi farsi prendere la mano) e queste ultime stanno alla base dell'intelligenza emotiva.

Istruzione: secondo l'interpretazione corrente, momento dell'educazione (o a questa complementare), prevalentemente volto alla trasmissione di comportamenti, nozioni, tecniche e strumenti di apprendimento.

Linguaggi espressivi: forme e tecniche di comunicazione che consentono all'individuo di esprimersi, entrare in relazione ed essere protagonista di una azione creativa ed educativa, utilizzando canali corporei, visivi, tecnico-teatrali, mass-mediali.

Metacognizione: insieme di processi cognitivi e di conoscenze che hanno come oggetto le attività cognitive stesse, e che permettono forme di controllo, monitoraggio, uso strategico e cambiamento delle attività cognitive utilizzate in una situazione data, di fronte a un compito dato; la competenza metacognitiva è evolutiva ed è incrementata dall'istruzione, l'uso di conoscenze, o processi metacognitivi.

Metodologia: nell'ambito delle scienze umane, indica quella branca che ha per oggetto di riflessione lo studio e l'analisi di metodi. In pedagogia, indica sia i metodi di ricerca in campo educativo sia una procedura di insegnamento-apprendimento adottata per conseguire gli obiettivi educativi e didattici, in tal caso è sinonimo di metodo.

Orientamento (attività): azione psicopedagogica di tipo maieutico volta a coinvolgere il più attivamente possibile il discente verso forme di insegnamento o verso tipi di scuola più adatti alle sue reali capacità e possibilità.

Osservazione: comportamento specifico di attenzione a un particolare fenomeno, situazione o evento, si distingue del semplice guardare poiché si tratta di uno sguardo mirato, non generico, che tende a mettere a fuoco ciò che l'osservatore ritiene più significativo e rilevante in relazione ai suoi interessi e alle sue motivazioni.

Pedagogia/riflessione pedagogica: teorizzazione e analisi dell'azione educativa; campo del sapere che indaga, organizza, valuta tutto ciò che provoca mutamenti nella sfera cognitiva, corporea, relazionale degli individui.

Pedagogia interculturale: orientamento pedagogico che, in presenza di gruppi educativi (per esempio classi scolastiche) di individui provenienti da Paesi lontani e soprattutto di culture diverse, punta al riconoscimento e in particolare alla valorizzazione delle differenze.

Progettazione: azione educativa che insiste sui processi soggettivi e intersoggettivi del processo formativo, che permette di non cadere in una rigida predeterminazione del percorso educativo, ma di essere aperti alla possibilità di cambiamento. Differisce dalla programmazione, per una maggior attenzione ai processi delle azioni rispetto ai contenuti, ai materiali didattici dell'azione educativa.

Riabilitazione: insieme di provvedimenti che evitano l'aggravarsi delle limitazioni funzionali, oppure attività volte al recupero, anche parziale, della funzione compromessa.

Sistema formativo: insieme di istituzioni e gruppi sociali che, in una data comunità, si occupano dell'attività educativa.

Sistemico (approccio): orientamento psicologico secondo cui non è possibile comprendere il comportamento umano se non cogliendolo all'interno di un sistema di relazioni.

Stile cognitivo: differenze individuali durature e interamente coerenti nell'organizzazione e nel funzionamento cognitivo. Il termine si riferisce sia alle differenze individuali nei principi generali dell'organizzazione cognitiva (agli aspetti della semplificazione e della coerenza), sia alle varie tendenze ed esperienze soggettive.

Tirocinio professionale: attività di apprendimento in forma esperienziale; si realizza di solito nel futuro contesto lavorativo ed è rivolta a soggetti che hanno precedentemente ricevuto a questo riguardo una formazione scolastica.

Verifica: accertamento, prova, controllo, dell'avvenuto raggiungimento di un obiettivo educativo.

27.2 | Esercizi svolti

Leggere il brano e rispondere ai cinque quesiti seguenti solo in base alle informazioni contenute (esplicitamente o implicitamente) nel brano e non in base a quanto il candidato eventualmente conosca sull'argomento.

«Se per un verso la società è il fine dell'individuo, l'individuo è il fine della società. Se cioè per un verso ciò che dà valore alle capacità e ai poteri degli individui è l'impiego che essi ne fanno per dare incremento alla vita e alla cultura degli altri, per l'altro verso la società è l'*humus* naturale su cui sorge il valore delle persone».

Così scrive Lamberto Borghi di John Dewey, filosofo e pedagogista, il quale ha largamente influenzato l'azione pedagogica ed educativa nel suo Paese, gli Stati Uniti d'America, e in Europa. Particolare attenzione va posta alla sua famosa "scuola-laboratorio" di Chicago.

John Dewey matura un vero e proprio interesse verso i problemi dell'educazione e verso la pedagogia in occasione del passaggio, nel 1894, alla University of Chicago. Pur continuando a insegnare filosofia, egli iniziò a indagare scientificamente nell'ambito della pedagogia e, nel 1896, con il contributo della moglie Alice Chipman, fondò la University of Chicago Elementary School, una Scuola-laboratorio di psicologia e pedagogia sperimentale.

Per Dewey, sono educative quelle attività che puntano al soddisfacimento dei bisogni e degli interessi degli alunni. Tali attività impegnano e sviluppano le facoltà intellettuali dell'allievo; interessi ed esperienza dell'alunno costituiscono, quindi, il focus su cui incentrare l'azione educativa, facendo leva su quattro tipi d'impulsi riscontrabili nell'allievo e che sono importanti nella scuola: gli istinti sociali, l'istinto indagativo, l'istinto operativo, del fare, e l'istinto artistico. Secondo Dewey, questi quattro tipi di istinti «sono le risorse naturali, il capitale non ancora investito, dal cui impiego dipende l'attiva crescita del fanciullo».

«Lo stesso processo di vivere insieme» scrive Codignola, riferendosi alla pedagogia di Dewey, «educa. Fino a che un ordinamento sociale non impone ai suoi membri la passiva conformità educa i suoi membri. Ma c'è un divario capitale tra l'educazione accidentale e l'educazione diretta, deliberata, formale. Questo divario cresce con il complicarsi della civiltà ed è profondissimo oggi; il trapasso dall'educazione della vita a quella diretta della scuola implica già in sé gravi pericoli. L'educazione diretta e formale tende a staccarsi dalla sua matrice, dalla immediata e vissuta esperienza sociale per farsi remota, astratta, libresca».

---

1 Secondo quanto desumibile dal brano, cosa NON si può affermare su John Dewey?

- **A** Si sposò nel XIX secolo
- **B** Nel 1894 si trasferì a Chicago
- **C** Anche prima del 1894 insegnava filosofia
- **D** Era statunitense

La risposta esatta è la **B**. Il testo parla di un passaggio di Dewey alla University of Chicago nel 1894, ma ciò non esclude che già vivesse a Chicago, dove fonda la sua scuola-laboratorio. Le altre risposte sono chiaramente desumibili dal testo.

---

2 Quali sono i tipi di impulso importanti nella scuola, secondo Dewey?

- **A** L'istinto sociale, quello indagativo, quello del fare e quello artistico
- **B** L'educazione accidentale, quella diretta, quella deliberata e quella formale
- **C** I bisogni, gli interessi, le facoltà intellettuali e l'esperienza
- **D** Le facoltà intellettuali e l'esperienza

Dewey annovera quattro importanti impulsi dell'allievo a scuola: gli istinti sociali, l'istinto indagativo, l'istinto operativo e l'istinto artistico. La risposta corretta è pertanto la **A**.

CULTURA PEDAGOGICA

3 **Il brano appartiene verosimilmente a:**

- A un articolo scientifico
- B una recensione
- C un articolo di opinione
- D un saggio

L'estratto riportato è evidentemente tratto da un saggio, la risposta D è pertanto quella corretta.

4 **In base a quanto detto nel brano, si può dedurre che, nell'attuale civiltà:**

- A l'educazione diretta e formale tende a farsi astratta perché lontana dalla più immediata esperienza sociale dell'alunno
- B il divario tra educazione accidentale ed educazione formale si è assottigliato
- C nella scuola prevale il modello di educazione accidentale
- D l'educazione formale consiste nell'immediata esperienza

L'attuale civiltà si sta progressivamente complicando, fino ad accrescere il divario tra l'educazione accidentale e l'educazione diretta, tra l'esperienza sociale e quella formale, tra società e scuola, quest'ultima sempre più astratta e lontana dalla realtà. La risposta corretta è quindi la A.

5 **Secondo quanto riportato nel brano, per John Dewey quali attività occupano e potenziano le facoltà intellettuali dell'allievo?**

- A Quelle che propongono nuove attività e stimoli
- B Le attività didattiche che si svolgono in un contesto scolastico
- C Le attività esclusivamente manuali
- D Quelle che mirano all'appagamento di necessità e interessi, perciò educative

Necessità e interessi sono il focus su cui incentrare l'azione educativa dell'allievo secondo Dewey. La risposta corretta è quindi la D.

6 **Chi introduce in pedagogia il concetto di Zona prossimale di sviluppo (ZPS)?**

A Fröebel B Montessori C Vygotskij D Freud

Lo psicologo russo Lev S. Vygotskij (1896-1934) elabora la teoria dei "punti limite" dello sviluppo educativo del bambino, ovvero quei momenti nei quali l'adulto potrebbe incrementare le sue capacità intellettive di apprendimento offrendo nuovi impulsi alla zona prossimale di sviluppo, ossia il livello standard di sviluppo intellettivo dell'allievo, stabile e sicuro, ma potenzialmente elevabile. La risposta corretta è quindi la C.

7 **Dove e quando nasce il Cognitivismo?**

- A In Italia negli anni Venti del Novecento
- B Negli Stati Uniti alla fine degli anni Cinquanta del Novecento
- C In Francia tra le due guerre
- D A Praga a fine Ottocento

La risposta esatta è la B. La data di nascita del movimento cognitivista è considerata il Convegno di Boulder (in Colorado) del 1955.

8 Di quale istituzione per l'infanzia è fondatore Ferrante Aporti?

- (A) Scuola materna
- (B) Oratorio
- (C) Asilo
- (D) Scuola elementare

La risposta esatta è la (C): gli asili sono intesi come istituti pre-elementari con scopo non solo assistenziale ma anche educativo. Le altre istituzioni per l'infanzia appartengono a periodi diversi e sono fondati da altri pedagogisti (scuola materna: Agazzi; oratorio: Don Bosco; scuola elementare: Gabrio Casati).

9 Chi ha usato per la prima volta l'espressione *Kindergarten*?

- (A) Decroly
- (B) Fröbel
- (C) Montessori
- (D) Piaget

La risposta esatta è la (B). Fu Friedrich Fröbel (1782-1852) a coniare il termine *Kindergarten*, parola tedesca che si riferisce al giardino per l'infanzia, un luogo educativo pre-scolastico dove il bambino segue un percorso di sviluppo in perfetta armonia con la natura.

10 Che cosa significa per Aristide Gabelli educare *l'elemento testa*?

- (A) Insegnare a sognare
- (B) Insegnare a pensare
- (C) Insegnare a ragionare
- (D) Insegnare a studiare

La risposta esatta è la (B): il compito primario della scuola secondo il positivista è insegnare a pensare. Le altre risposte sono errate perché sognare, ragionare e studiare sono attività che rientrano nel processo educativo, cioè ne fanno parte.

11 Freud considera la personalità dell'individuo divisa in tra sfere: l'*Io*, l'*Es* e il *Super-Io*. Cosa rappresentano?

- (A) La coscienza, l'istinto, la moralità
- (B) Il dovere, il senno, l'istinto
- (C) La coscienza, l'incoscienza e la saggezza
- (D) La ragione, l'errore, il pentimento

La risposta esatta è la (A). Freud parla di personalità tripartita indicando nell'*Io* la sfera più conscia dell'individuo, nell'*Es* il luogo della libido e degli istinti, e nel *Super-Io* il luogo etico dei doveri e della moralità.

12 Con il termine di *puerocentrismo* nel movimento delle Scuole Nuove si intende:

- (A) la centralità del soggetto che apprende e dei suoi bisogni educativi, in opposizione ad adultocentrismo
- (B) la centralità del bambino e dei suoi bisogni in tutte le situazioni di apprendimento
- (C) l'attenzione esclusiva al bambino e ai suoi bisogni, a discapito dell'ambiente educativo e delle relazioni
- (D) il percorso di autoeducazione che il fanciullo compie da solo, in qualunque contesto educativo egli sia posto

La risposta esatta è la (A), infatti si parla di soggetto e non di bambino, a indicare genericamente un allievo in situazione di apprendimento. Pertanto tutte le altre risposte risultano errate.

CULTURA PEDAGOGICA

13 **Le *cianfrusaglie* di Rosa e Carolina Agazzi sono materiale:**

A scientifico appositamente studiato per il bambino
B di uso comune proposto all'insegna dello spontaneismo
C strutturato e preciso predisposto dall'educatore
D semplice e quotidiano, perciò non strutturato

La risposta esatta è la D. Le due pedagogiste, a cui si deve l'istituzione della *scuola materna*, immaginano l'asilo infantile come un luogo a misura di bambino dove l'apprendimento avviene anche attraverso l'uso di materiali semplici legati alla sfera della quotidianità, quindi non strutturati.

14 **Maria Montessori ha istituito:**

A il *Kindergarten*
B la casa dei bambini
C l'asilo
D la scuola materna

La risposta esatta è la B, dal momento che le altre strutture per l'infanzia furono create da altre personalità (*Kindergarten*: Fröbel; asilo: Aporti; scuola materna: sorelle Agazzi).

15 **Quale teoria ha elaborato Jean Piaget?**

A La teoria dell'epistemologia genetica
B La teoria del comportamentismo
C La teoria dello strutturalismo cognitivo
D La teoria del *Super-Io*

La risposta esatta è la A. Jean Piaget (1896-1980) elabora la teoria dell'epistemologia genetica, secondo la quale l'intelligenza del bambino si evolve in termini qualitativi durante il percorso di crescita, non è considerata una facoltà innata ma si costruisce attraverso il rapporto dell'essere umano con l'ambiente.

parte ottava

INGLESE

Introduzione

Sempre più spesso, agli studenti che si accingono a iniziare un percorso di studi universitari si richiede una conoscenza di base della **lingua inglese** (almeno A2, più spesso B1). Questo è vero anche per test di accesso ai corsi dell'area psicologica, dell'educazione e sociologica.

In particolare, sia il TOLC-PSI sia il TOLC-SU contemplano una sezione apposita e aggiuntiva – indipendente ma collegata al test – per la verifica di conoscenza della lingua Inglese.

Generalmente la difficoltà media non è elevata e le domande possono verificare l'ampiezza del vocabolario, la conoscenza delle fondamentali regole grammaticali, la comprensione di brani in lingua o, più raramente, capacità di tipo logico-attitudinale.

Nelle pagine seguenti, oltre a numerosi esempi di domande risolte e commentate, viene proposto in forma sintetica un ripasso mirato delle conoscenze a cui più comunemente fanno riferimento i test di ammissione.

28 | Quesiti di inglese

Mettiti alla prova

I **Now I can't go out but tomorrow I _____ to come and see you.**

- A will be able
- B will can
- C will
- D will able
- E will succeed

II **Our neighbours complained _____ us _____ the noise we made last night. We apologized immediately _____ them _____ our behaviour.**

- A to - about - to - for
- B with - for - with - for
- C with - about - with - for
- D to - about - with - about
- E nessuna delle precedenti alternative è corretta

III **If the Democratic candidate has his way, the most important issue to be debated in this campaign has been the defence budget.**

- A most important issue debated in this campaign has been
- B most important issue debated in this campaign is
- C most important issue debated in this campaign will be
- D most important issue debated in this campaign would be
- E most important issue to be debated in this campaign was

Leggere il brano e completarlo scegliendo tra le alternative proposte.

Tea is one of the most popular drinks in the world. You make it by pouring hot water over the _____ [IV] leaves of a tea plant. For centuries people believed that teas could cure illnesses, they used it as medicine. Today scientists know that tea contains chemicals that prevent cells _____ [V] dying. Most teas have caffeine in them, a substance that makes you feel more active. Some people have problems drinking tea because it can cause sleeplessness.

IV)

A dried B dry C dries D drying E dried one

V).

A at B to C from D for E of

Ecco le risposte esatte dei 5 quesiti proposti: I A, II A, III C, IV A, V C.

Gli esercizi di inglese presenti nei test di ammissione valutano la conoscenza di base della lingua e possono essere suddivisi in tre principali tipologie.

1. **Quesiti di grammatica**, che possono essere del tipo *fill in the blanks* (dove il candidato deve riempire gli spazi vuoti con una o più parole scegliendo l'alternativa corretta fra quelle proposte) oppure possono consistere in frasi con una parte sottolineata contenente uno o più errori (in questo caso il candidato deve scegliere, fra le alternative proposte, quella che, sostituita alla parte sottolineata, rende corretta la frase).
2. **Comprensione di brani** di varia natura (scientifica, tecnica, letteraria, storica, giornalistica ecc.) e di lunghezza variabile da una a due pagine. La comprensione viene verificata da alcuni quesiti (generalmente da quattro a sei), che prevedono, come di consueto, quattro o cinque possibili risposte di cui una sola è corretta.
3. **Test attitudinali** in lingua inglese.

28.1 | Quesiti di grammatica

Gli esercizi di grammatica prevedono varie tipologie: frasi del tipo *fill in the blanks,* in cui il candidato deve scegliere, fra le alternative proposte, quella che completa correttamente la frase data; frasi con una parte sottolineata contenente uno o più errori, in cui il candidato deve scegliere, fra le alternative proposte, quella che, sostituita alla parte sottolineata, rende corretta la frase; proporzioni tra parole da completare in base al rapporto logico o di significato tra le parole date; ricerca del sinonimo o del contrario corretto; ecc.

I quesiti riguardano generalmente le regole fondamentali della grammatica inglese e raramente si riferiscono a eccezioni o casi particolari. È pertanto opportuno effettuare un ripasso generale della grammatica, utilizzando uno dei testi in uso nelle scuole superiori. Gli argomenti che compaiono più frequentemente sono i seguenti.

- **Nomi**. Brevemente, i nomi si possono sintetizzare così:
  - nomi che hanno solo la forma singolare e che quindi vogliono il verbo solo al singolare (esempio: *advice, business, fruit, hair, knowledge, luggage, information, wealth* ecc.);
  - nomi che hanno solo la forma plurale e che quindi richiedono il verbo solo al plurale (esempio: *glasses, trousers, scissors, earnings, savings* ecc.);
  - nomi che hanno solo la forma plurale ma richiedono il verbo solo al singolare (esempio: *news, economics, athletics* ecc.);
  - nomi che hanno solo la forma singolare, cioè senza la *-s* finale, ma che richiedono il verbo al plurale (esempio: *people, police* ecc.);
  - nomi collettivi, i quali, essendo espressi al singolare pur avendo significato plurale, richiedono un verbo al singolare (esempio: *team, government* ecc.).
- **Avverbi:** bisogna saper distinguere tra avverbi di significato simile, ma che richiedono una costruzione della frase diversa (per esempio: *still* e *yet*; *any more, any longer* e *no longer*; *quite* e *rather* ecc.) o avverbi che possono assumere un significato diverso se posti in posizioni diverse (per esempio: *even*).
- **Tempi verbali:** per risolvere un esercizio che chiede di completare la frase con il tempo corretto, è opportuno leggere attentamente la frase data, prestando attenzione agli *avverbi* presenti (molto spesso forniscono indicazioni precise sul tempo da usare), alla presenza di eventuali *forme interrogative* e al *pronome soggetto*: può infatti capitare che vi sia un'alternativa con il tempo corretto ma la persona sbagliata ecc.

  Gli esercizi possono riguardare l'uso dei seguenti tempi:
  - present simple o present continuous (es: *I go - I'm going*);
  - il presente in frasi con significato futuro;

- il futuro (***will*/*to be going*/*to be + -ing***);
    - future simple/future perfect (es: *I will go - I will have gone*);
    - present perfect/past simple (es: *I've gone - I went*);
    - past simple/past continuous/past perfect (es: *I went - I was going - I had gone*);
    - il condizionale (es: ***I would/could/should*** + base form).
- **Preposizioni:** gli esercizi possono riguardare:
    - preposizioni di tempo;
    - preposizioni di spazio;
    - preposizioni legate a nomi o aggettivi;
    - preposizioni legate a verbi.

Per quanto riguarda le preposizioni legate a nomi, aggettivi e verbi, non esistono regole generali ed è necessario impararle a memoria, come se si trattasse di *modi di dire*.

Per esempio: "al fuoco" si traduce "*on* fire"; "in vacanza" si traduce "*on* holiday"; "essere annoiato per qualcosa" si traduce "to be bored *with*"; "essere arrabbiato per qualcosa" si traduce "to be angry *about*"; "essere arrabbiato con qualcuno" si traduce "to be angry *with*"; "essere interessato in qualcosa" si traduce "to be interested *in*" oppure "to be keen *on*"; "scusarsi con qualcuno per qualcosa" si traduce "to apologise *to* s.one *for* s.thing"; "lamentarsi con qualcuno per qualcosa" si traduce "to complain *to* s.one *about* s.thing"; ecc. Di seguito si riportano, schematizzate, le espressoni più comuni.

- **nome + preposizione:** molto spesso la preposizione corretta è diversa da quella che si usa in italiano (ad esempio: "necessità *di*" si traduce "need *for*");

demand *for* s.thing	answer *to* s.thing
need *for* s.thing	attitude *to* s.thing/s.one
reason *for* s.thing	damage *to* s.thing
decrease *in* s.thing	invitation *to* s.thing
fall *in* s.thing	reaction *to* s.thing
increase *in* s.thing	reply *to* s.thing
rise *in* s.thing	solution *to* s.thing
advantage *of* s.thing	connection *with* s.thing/s.one
advantage *in* doing s.thing	connection *between* two things
cause *of* s.thing	contact *with* s.thing/s.one
disadvantage *of* s.thing	contact *between* two things
disadvantage *in* doing s.thing	relationship *with* s.thing/s.one
picture *of* s.thing	relationship *between* two things
photograph *of* s.thing	

INGLESE

- **preposizione + nome:** esistono nomi che devono essere *preceduti* da una particolare preposizione. Anche in questo caso è opportuno conoscere quelli più comuni e quelli che hanno una costruzione diversa dall'italiano (ad esempio: "*per* errore" si traduce "*by* mistake"; "*a* dieta si traduce "*on a* diet");

by accident	*in* 1994	*on* foot	*on* the radio
by chance	*on* a cruise	*on* holiday	*for* breakfast
by mistake	*on* a diet	*on* Monday	*for* lunch
by the way	*on* a trip	*on* strike	*for* dinner
in April	*on* business	*on* television	
in (my) opinion	*on* fire	*on* the phone	

- **verbi + preposizione**:

to apply *for* s.thing	to happen *to* s.one
to believe *in* s.thing/s.one	to laugh *at* s.thing/s.one
to belong *to* s.one	to listen *to* s.thing/s.one
to care *about* s.thing/s.one	to pay s.one *for* s.thing
(to take) care *of* s.thing/s.one	to pay *by* cheque
to complain *to* s.one *about* s.thing/s.one	to pay (*in*) cash
to concentrate *on* s.thing	to rely *on* s.thing/s.one
to consist *of* s.thing	to search *for* s.thing/s.one
to depend *on* s.thing/s.one	to speak *to* s.one
to die *of* s.thing	to talk *to* s.one
to dream *about* s.thing/s.one	to think *of* s.thing/s.one
to fall *in* love *with* s.one	to wait *for* s.thing/s.one
to go *for* (a walk, a swim…)	to write *to* s.one

Ci sono alcuni verbi che assumono un significato diverso a seconda della preposizione che li accompagna, ad esempio:
to be *in* time = essere in tempo
to be *on* time = essere puntuale
to hear *about* s.thing = venire a sapere che…
to hear *of* s.thing/s.one = sentir parlare di qualcosa/qualcuno
to hear *from* s.one = avere notizie di qualcuno
to look *after* s.thing/s.one = curare, preoccuparsi di qualcuno
to look *at* s.thing/s.one = guardare
to look *for* s.thing/s.one = cercare
to look *forward to* = non vedere l'ora di fare qualcosa
to shout *at* s.one = gridare (contro qualcuno)
to shout *to* s.one = gridare (a qualcuno per farsi sentire)

- **aggettivo + preposizione:** è importante conoscere anche quale preposizione bisogna usare con gli aggettivi più comuni, riportati di seguito:

excited *about* s.thing	bored *with* s.thing/s.one
worried *about* s.thing	crowded *with* s.thing
upset *about* s.thing	delighted *with* s.thing
amazed *at/by* s.thing	disappointed *with* s.thing
astonished *at/by* s.thing	fed up *with* s.thing
bad *at* doing s.thing	pleased *with* s.thing
good *at* doing s.thing	satisfied *with* s.thing
hopeless *at* doing s.thing	angry *about* s.thing
shocked *at/by* s.thing	angry *with* s.one *for* doing s.thing
surprised *at/by* s.thing	sorry *about* s.thing
impressed by s.thing/s.one	sorry *for* s.one
famous *for* s.thing	sorry *for* doing s.thing
responsible *for* s.thing	cruel *to* s.one
interested *in* s.thing	cruel *of* s.one *to* do s.thing
afraid *of* s.thing/s.one	generous *to* s.one
ashamed *of* s.thing/s.one	generous *of* s.one *to* do s.thing
aware *of* s.thing	good *to* s.one
capable *of* s.thing	good *of* s.one *to* do s.thing
fond *of* s.thing/s.one	kind *to* s.one
frightened *of* s.thing/s.one	kind *of* s.one *to* do s.thing
full *of* s.thing	mean *to* s.one
jealous *of* s.thing/s.one	mean *of* s.one *to* do s.thing
proud *of* s.thing/s.one	nice *to* s.one
scared *of* s.thing/s.one	nice *of* s.one *to* do s.thing
short *of* s.thing	polite *to* s.one
tired *of* s.thing	polite *of* s.one *to* do s.thing
keen *on* s.thing	rude *to* s.one
similar *to* s.thing/s.one	rude *of* s.one *to* do s.thing
married *to* s.one	

- **Uso dei verbi modali:** gli esercizi sono giocati spesso sulle sfumature di uso e di significato di *can, could, be able to, may, might, must, should, have to, need, would* ecc.
- **Aggettivi e pronomi relativi e indefiniti:** ripassare con attenzione le differenze tra *some, a little, a few, any, no, none* e le differenze di uso di *who, whom, which, that, whose*.

INGLESE

Esempi

Fill in the blanks: ogni frase contiene una o più parole mancanti; il candidato deve scegliere, fra le alternative proposte, quella che completa correttamente la frase.

1 The train to Rome _____ at 9.30 am. The train _____ now goes to Venice.

A is leaving - leaves
B is leaving - leaving
C leaves - leaving
D leaves - has left
E is leaving - will leave

Il tempo verbale di azioni già stabilite, e che avvengono con regolarità come la partenza di un treno, si esprimo con il *simple present*. Si escludano quindi le risposte A e B. Nella seconda frase, l'avverbio *now* è indicatore del tempo verbale da scegliere, quindi il presente (la scelta potrebbe essere tra: *that leaves*, e *leaving*). La risposta corretta è dunque la C.

2 John's child _____ a grant of 10.000 pounds for his study.

A has recently been awarded
B is awarding
C awarding
D was recently awarded
E awarded recently

Il verbo mancante è *to award* (premiare/concedere). L'oggetto è una borsa di studio di 10.000 sterline, che, verosimilmente, il figlio di John deve aver ricevuto per i suoi studi. Sarà opportuna quindi la forma passiva del verbo; inoltre, l'avverbio *recently* è indicatore del *present perfect*. La risposta è pertanto la A.

3 This new job opportunity _____ earn more.

A lets her
B allows her
C enables her to
D helps her to be
E starts to

Tra i verbi suggeriti l'unico corretto è *enables her to*, risposta C. Al posto di *let*, risposta A, sarebbe stato più corretto il verbo make (*makes her*), con il significato di le fa guadagnare di più. Il verbo *to allow* (risposta B) deve essere seguito da *to* (*allows her to*); inoltre, ha una sfumatura di significato diversa: vuol dire permettere, dare il permesso, concedere. Nella soluzione D è sbagliata la presenza di *be*, mentre la E è del tutto errata.

4 _____ any decision, talk to some experts.

A Before taking
B Before take
C To get
D For getting
E To choose

Prendere una decisione si dice *to take/make a decision*, non *to get a decision*, né tantomeno *to choose a decision*. La scelta ricadrà quindi sulle alternative A e B. *Before* (come anche *after, when* ecc.) è seguito sempre da un verbo alla forma in *-ing*. La risposta giusta è quindi la A.

5 We're afraid we _____ join you at the conference.

A will be able to
B won't be able to
C will have to
D are possibly not
E aren't

We're afraid vuol dire temiamo: introduce un concetto spiacevole per chi ascolta, spesso il rifiuto di una proposta. Le opzioni A e C non sono quindi logiche: il parlante vorrà piuttosto esprimere l'impossibilità a venire, come nella B. che è la risposta corretta.

---

6 Tom isn't here _____ the moment. He'll be back _____ about five minutes. He never comes home after 8.00 p.m. _____ Fridays.

A in - in - at
B at - in - on
C on - in - at
D for - in - in
E nessuna delle altre risposte è esatta

La risposta esatta è la B. Bisogna prestare attenzione al fatto che spesso l'uso delle preposizioni inglesi non coincide con quello italiano. L'unico modo per non sbagliare è impararlo a memoria.

---

7 The boss is looking _____ someone working _____ a secretary. He/shemust be very good _____ Russian. He wants to rely _____ him/her totally.

A for - like - in - on
B at - as - in - on
C for - as - at - on
D to - as - in - to
E for - as - in - to

Cercare qualcuno si traduce *to look for*; lavorare come, in qualità di, si dice *to work as*; essere bravi in qualche materia si traduce *to be good at s.ing* ; infine, il verbo *to rely on* significa fare affidamento La risposta è la C.

---

8 The children apologized _____ their parents _____ breaking the lamp.

A for - to
B to - for
C with - for
D with - about
E by - about

La traduzione di scusarsi con q.no per q.sa si costruisce nel seguente modo: *to apologize to s.one for s.ing.* La risposta corretta è quindi la B.

---

9 The commission agreed _____ the president _____ the need _____ a new policy.

A with - about - of
B on - about - for
C with - on - of
D to - for - for
E with - for - to

In questo caso, la costruzione del verbo *to agree* è la seguente: *to agree with s.one about s.ing. Need* è seguito da *of* o da *for* per esprimere bisogno, necessità. La risposta giusta è quindi la A.

INGLESE

10 **This tree _____. I _____ the ladder for me.**

(A) need to lop, need you holding

(B) needs to be lopped, need you holding

(C) needs to lop, need you hold

(D) needs lopping, need you to hold

(E) needs lopped, need you for hold

Nella prima frase, il soggetto del verbo to need come anche del verbo *to lop* è *the tree*: *need* andrà accordato alla terza persona (*needs*) e il verbo to lop sarà o alla forma passiva (*to be lopped*) oppure alla forma in *-ing* (*lopping*), perché l'azione della potatura ricade sul soggetto *this tree*. Nella seconda frase, il verbo *to need* sarà seguito da un semplice infinito: *need you to old*, per dire avere bisogno/essere necessario che qualcuno faccia qualcosa. La risposta esatta è quindi la (D).

11 **"The new sofa is already scratched!" "It _____ the cat. It likes sofas."**

(A) must be

(B) can have been

(C) must have been

(D) can't

(E) will have been

La deduzione logica può essere espressa con il verbo *can* (per esprimere possibilità) o con il verbo *must* (per esprimere certezza), seguiti da *be* o *have*. In questo caso, visto che il divano si presenta graffiato, l'azione compiuta dal gatto precede il momento dell'esclamazione, o per lo meno deve essere contemporanea. Il tempo verbale più opportuno è quindi un *present perfect*. La risposta giusta è la (C): la deduzione esprime certezza, visto che al gatto piacciono i divani (*it likes sofas*).

12 **After _____ to Rome, my father _____ a job.**

(A) he moved, found

(B) he did move, was founding

(C) he had moved, had found

(D) moved, had found

(E) moving, found

Le due azioni espresse dai verbi *to move* e *to find* sono consequenziali l'una all'altra, primo motivo per cui non potrebbero essere espresse allo stesso tempo verbale. La presenza dell'avverbio after, tuttavia, facilita le cose perché è sempre seguito da un verbo alla *-ing form*, per cui basterà mettere solo il secondo verbo al *simple past*. La risposta corretta è la (E).

13 **The job I'm looking for _____ creative and stimulating. It _____ more financially rewarding than the one I actually have.**

(A) needn't be - could have been

(B) must have been - must be

(C) must - needn't

(D) must be - needn't be

(E) is - wasn't

Una rapida lettura del testo consente di scartare subito le alternative (C) ed (E). I verbi proposti nelle altre alternative sono tutti grammaticalmente corretti, ma il senso delle due frasi permette di eliminare i verbi al tempo passato: poiché la ricerca dell'impiego è in corso (*I'm looking for*), le caratteristiche attribuite al lavoro ricercato devono essere presenti. Si escludano quindi le risposte (A) e (B). La risposta giusta è la (D).

14 _____ will you find such a good restaurant as this. _____ agrees.

- **A** Somewhere - Anyone
- **B** Nowhere - Anyone
- **C** Nowhere - Nobody
- **D** Elsewhere - Someone
- **E** Nowhere - None

L'inversione tra l'ausiliare e il soggetto della prima frase è indicatore di una negazione a inizio di frase. La negazione è espressa da *no* e dai suoi composti: per tale ragione, si possono escludere le risposte **A** e **D**. La seconda frase dovrà esprimere un concetto coerente con la prima, per cui, se "da nessuna parte troverai un ristorante così", sarà anche perché "lo pensano tutti" (ovvero "chiunque concorda"). La risposta giusta è quindi la **B**.

15 "_____ scarf is this?" "It belongs to the boy _____ arrived late at school tomorrow and _____ mother picked him up home."

- **A** Whose - which - whose
- **B** Whose - that - that
- **C** That - who - whose
- **D** Which - that - the
- **E** Whose - who - whose

Nella domanda si potrà chiedere: di chi è questa sciarpa (*whose scarf is this?*) oppure che tipo di sciarpa è questa (*which scarf is this?*); considerata la risposta, incentrata sulla proprietà della sciarpa, la domanda sarà *whose scarf is this?*. Nella seconda frase sono presenti tre verbi (*belongs, arrived, picked up*); al secondo manca il soggetto (è una frase relativa introdotta da "che"): quando il pronome si riferisce a persona si può usare sia *who* sia *that*. L'ultimo pronome mancante esprime il legame tra il ragazzo e la madre, e sarà *whose* (la cui). La risposta corretta è quindi la **E**.

Siamo ora in grado di rispondere ai primi tre quesiti proposti all'inizio del capitolo.

Quesito I. *Tomorrow* è l'indicatore del tempo futuro della frase, nella quale viene espressa la capacità di fare qualcosa. La capacità o la possibilità vengono espresse da *can*; tuttavia, questo verbo modale non ha l'ausiliare *will* al futuro. Per tradurre "potere" al futuro è necessaria l'espressione *to be able to, to manage to* o *to succeed in -ing*: la risposta corretta è la **A**.

Quesito II. La risposta esatta è la **A**. Se non vi è certezza assoluta nella risposta, l'unica via è procedere per tentativi, cioè provare tutte le possibilità, fino a capire se ve ne può essere una soddisfacente.

Le frasi che seguono contengono una parte sottolineata caratterizzata da uno o più errori grammaticali. Si individui l'alternativa che, sostituita alla parte sottolineata, completa correttamente la frase.

16 The Queen's speech is the by far most touching she ever made in her life.

- **A** the most touching she has by far ever made
- **B** the most touching by far she has ever made
- **C** by far the most touching she is ever making
- **D** by far the most touching she has ever made
- **E** by far the most touching she had ever make

Il primo errore contenuto nella parte sottolineata della frase è la posizione di *by far*, rafforzativo del superlativo; di norma precede *the most*, quindi *by far the most*. Il superlativo è tipicamente seguito da un verbo al *present perfect*, quindi *she has ever made*. La risposta corretta è la **D**.

INGLESE

17 **"I'm going to spend two years in London". "After spending such a long time in England you <u>will learn perfectly English</u>!"**

- **A** will perfectly learn English
- **B** will have perfectly learnt English
- **C** will have English learnt perfectly
- **D** will have learnt English perfectly
- **E** will have learn English perfectly

Il significato della seconda frase ruota attorno all'avverbio *after* (dopo), che colloca nel tempo l'azione (*to spend*). L'apprendimento dell'inglese, quindi, sarà stato compiuto a seguito del soggiorno di due anni a Londra. Il tempo verbale sarà necessariamente un *future perfect*, cioè *will have* seguito dal participio passato del verbo *to learn*: si può scartare la risposta **A**. Anche la **E** è errata, perché il participio di *to learn* è *learnt* nel *British English* o *learned* è *American English*. L'avverbio *perfectly*, che mette in evidenza la qualità dell'apprendimento, è posto alla fine della frase: la risposta corretta è la **D**.

---

18 **The greater the army's advance, <u>their lines of supply become longer and more strained.</u>**

- **A** their longer lines of supply become more strained
- **B** its lines of supply, longer, become more strained
- **C** the longer and more strained become its lines of supply
- **D** the longer and strained become its lines of supply
- **E** nessuna delle alternative è corretta

L'esercizio fa riferimento alla forma comparativa "tanto più… quanto più" che in inglese si traduce "*the* + comparativo… *the* + comparativo"; ciò significa che la frase sottolineata deve iniziare con la forma "*the* + comparativo": si devono quindi escludere le alternative **A** e **B**; nella parte sottolineata della frase gli aggettivi sono due (*long* e *strained*) ed entrambi devono essere posti in forma comparativa: bisogna perciò escludere anche la risposta **D**. Ne segue che la risposta esatta è la **C**.

---

19 **<u>People gathered around the car accident is astonished</u>. <u>Everyone looks as if he was</u> frightened with fear.**

- **A** People who gathered around the car accident are astonished - Everyone look as if they are
- **B** People gathered around the car accident are astonished - Everyone looks as if he is
- **C** The people gathering around the car accident is astonished - Everyone look as if they were
- **D** The people gathered around the car accident are astonished - Everyone looks as if they were
- **E** The people gathering around the car accident is astonished - Everyone looked as if they are

Nella prima frase si fa riferimento a un determinato gruppo di persone, quelle, cioè, radunatesi attorno all'incidente; *people* dovrà quindi essere preceduto da *the*. Si eliminino le alternative **A** e **B**. Quanto alla seconda frase, bisogna tener conto che il pronome *everyone* è seguito da un verbo alla terza persona singolare (*looks*), ma il pronome personale soggetto usato in sua vece (e quindi verbi, aggettivi e pronomi ad esso riferiti) è alla terza persona plurale (*they are/were*). Infine, *if* introduce un'ipotesi, che è meglio espressa con il *simple past were*. La risposta giusta è quindi la **D**.

---

20 **"Read the notice there. <u>We oughtn't to smoke</u> in this area." "<u>I had rather look for</u> another restaurant, then."**

- **A** We have not to smoke - I rather look for
- **B** We mustn't smoke - I would better look for
- **C** We shouldn't smoke - I had rather looked for
- **D** We had better not smoke - I would rather look for
- **E** We mustn't smoke - I would rather look for

PARTE OTTAVA

La presenza di un cartello che esprime, evidentemente, il divieto di fumare, induce il soggetto a concludere che non si deve fumare: il divieto si esprime con *must*, le forme *ought to, should, had better* (far meglio a) si usano per esprimere consiglio, suggerimento. Quanto alla seconda battuta, l'espressione "preferirei" si può tradurre con *would rather.* La risposta corretta è quindi la E.

Siamo ora in grado di rispondere al quarto quesito proposto all'inizio del capitolo.

Quesito III. L'esercizio riguarda l'uso corretto dei tempi verbali. Dal momento che il periodo inizia con *if*, esso si riferisce a un evento incerto e dunque futuro: l'intero periodo esprime un'ipotesi di primo tipo, in cui la frase principale è retta da un futuro. La risposta esatta è pertanto la C.

28.2 | Completamento di brani

Questo tipo di esercizio mira a verificare sia la pradronanza della grammatica, del lessico di base e della sintassi, sia la capacità di cogliere il significato di un testo scritto.

Nel brano mancano alcune parole. Individuare la soluzione tra le alternative suggerite.

Brano 1

Halloween is a festival that takes ______ [1] every year on October 31. It goes back to the customs and traditions of the Celts, who lived between Ireland and Northern France about 2000 years ago. They were pagans who did not believe in god. They thought that witches, demons and the spirits of dead people wandered around the world on the evening before November ______ [2]. They lit bonfires to scare them away and they tried to confuse these demons ______ [3] wearing the same clothes that they did. They also offered them something to eat.

In ancient Rome at about 800 A.D. the Roman Catholic Church introduced a new holiday which they called All Saints' Day . It was celebrated on the first day of November and the evening before became ______ [4] as All Hallows' Eve. Hallow was the old word for "holy". Later on All Hallows' Eve was ______ [5] to Halloween. 200 years later All Souls' Day became a church holiday. It was day on which people prayed for all their dead relatives, friends and the people that they had known.

1

- A siege
- B place
- C party
- D home
- E seat

Halloween è una festa che ha luogo il 31 ottobre di ogni anno: aver luogo si traduce *to take place*. La risposta giusta è quindi la B. *Siege* (risposta A) vuol dire blocco, assedio. *To take seat* (risposta E) vuol dire prendere posto.

2

- A 1°
- B 1st
- C 1nd
- D 1rd
- E 1th

Il numerale ordinale usato per esprimere le date termina con il prefisso *-th* a eccezione di *first* 1st), *second* (2nd) e *third* (3rd). La "o" in apice (risposta A) segnala l'ordinale italiano, in quanto lettera finale. La risposta giusta è quindi la B.

INGLESE

3

- **A** through
- **B** at
- **C** by
- **D** on
- **E** to

Per esprimere il modo, in italiano si usa il verbo al gerundio (confondere i demoni indossando…); in inglese il verbo alla *-ing form* è preceduto sempre da *by*. La risposta corretta è quindi la **C**.

4

- **A** well
- **B** know
- **C** known
- **D** to know
- **E** new

Alla frase manca la parola che traduce l'espressione diventare famoso; in inglese si ricorre al verbo *to know* al *past participle*, *known*: la risposta giusta è quindi la **C**.

5

- **A** shortened
- **B** widened
- **C** melted
- **D** packed
- **E** stretched

Considerato il senso della frase, il verbo che manca ha il significato di abbreviare, accorciare.

Widened (risposta **B**) vuol dire dilatato, ampliato. *Melted* (risposta **C**) vuol dire fuso, sciolto, in riferimento a liquidi, a sostanze. *Packed* (risposta **D**) vuol dire impacchettato, confezionato. *Stretched* (risposta **E**) vuol dire allargato, disteso. La risposta giusta è la **A**: *shortened*, che vuol dire abbreviato.

Brano 2

The Marshall Islands government has created the world's largest shark sanctuary, covering nearly two million _____ [1] km of ocean.
The Pacific republic will ban trade in shark products and commercial shark fishing throughout its waters.
Tourism, including diving, is a staple of the Marshall Islands archipelago, _____ [2] is home to just 68,000 people.
Sharks and their near relatives such as rays are seriously threatened _____ [3] issues such as habitat loss and fishing.
About a third of ocean-going sharks are on the internationally-recognised Red List of Threatened Species.
"In passing this shark protection bill, there is no _____ [4] statement we can make about the importance of sharks to our culture, environment and economy", said Senator Tony deBrum, who co-sponsored the bill through the Marshallese parliament.
"_____ [5] may be a small island nation, but our waters are now the biggest place sharks are protected."

6

- **A** big
- **B** mile
- **C** edge
- **D** round
- **E** square

Dal momento che si parla di area marina protetta, le dimensioni della stessa sono date in chilometri quadrati: *square kilometres*. La risposta esatta è la **E**. *Mile* (risposta **B**) vuol dire miglio; *edge* (risposta **C**) vuol dire angolo; *round* (risposta **D**) significa circolare, tondo.

7

- **A** who
- **B** which
- **C** whose
- **D** what
- **E** why

Tra le alternative suggerite, l'unica che può completare correttamente la frase dandole un senso è *which*, pronome relativo soggetto, riferito a *archipelago*. La risposta giusta è la **B**.

8

- **A** by
- **B** at
- **C** to
- **D** for
- **E** because

La preposizione mancante dipende dal verbo are *threatened*, che è alla forma passiva (sono minacciate). La preposizione che introduce il complemento d'agente (*issues*) è *by*. La risposta corretta è la **A**.

9

- **A** large
- **B** great
- **C** greater
- **D** biggest
- **E** safe

Il sostantivo *statement* potrebbe essere preceduto dagli aggettivi *great* o *safe* (non certo *large*, risposta **A**). Alla frase, tuttavia, manca un aggettivo al comparativo di maggioranza: "non c'è affermazione più grande dell'importanza degli squali …" (in riferimento alla legge approvata: *in passing this shark protection bill*). La risposta corretta è la **C**.

10

A Our **B** Ours **C** Us **D** I **E** Them

Tra le alternative suggerite quella che completa correttamente la frase è sicuramente la **B**: *ours*, pronome possessivo di prima persona plurale. *Our* (risposta **A**) è un aggettivo, e in quanto tale accompagna sempre un sostantivo. *Us* (risposta **C**) e *them* (risposta **E**) sono pronomi personali complemento. *I* (risposta **D**), pronome personale soggetto, non è una scelta logica, dal momento che il parlante non può definire se stesso una nazione.

Siamo ora in grado di rispondere al quarto e al quinto quesito proposti all'inizio del capitolo.

Quesito IV. Il tè si prepara versando dell'acqua calda sulle foglie essiccate della pianta. Gli aggettivi essiccato, secco si traducono *dried*, participio passato del verbo *to dry*. *Dry* (risposta **B**) è l'infinito del verbo; *dries* (risposta **C**) è la terza persona singolare al tempo presente; *drying* (risposta **D**) è il gerundio. Nell'alternativa **E**, *one*, che funge da sostantivo, ripete la parola *leaves*. La risposta corretta è quindi la **A**..

Quesito V. Per completare la frase basta ricordarsi che il verbo *to prevent* (prevenire, evitare, impedire) è sempre seguito dalla preposizione *from* e quindi un verbo alla forma in *-ing*. La risposta giusta è pertanto la **C**.

28.3 | Comprensione di brani

Per quanto riguarda le possibili tipologie di domande e la strategia migliore per affrontarle, si rimanda a quanto illustrato nel capitolo relativo alla comprensione di brani in italiano (quarta parte). Infatti, anche se la lunghezza del brano in lingua inglese è generalmente inferiore a quella dei brani in italiano, le tipologie di domande possibili sono del tutto simili e vengono ricordate di seguito.

- Quesiti relativi al **pensiero centrale** del brano, come:
  - The primary purpose of this passage is to…
  - The primary purpose of the author is to…
  - Which of the following could be the title of the passage?
- Quesiti relativi a **specifici concetti** o **dettagli** riportati dal brano, come:
  - According to the passage, is it true that…?
  - The passage provides useful information to answer one of the following questions. Which one?
  - According to the passage, which of the following statements is correct?
  - According to the passage all the following statements are correct *except*…
- Quesiti che richiedono di identificare le **implicazioni** e **conseguenze logiche** di quanto affermato nel brano, come:
  - If the passage were to continue, the next topic the author would discuss would must probably be…
  - What can be inferred from the passage?
  - Which of the following statements could be inferred from the passage?
  - All the following statements could be inferred from the passage *except*…

A differenza dei brani in italiano, generalmente non sono presenti domande relative al contesto del brano, come per esempio natura del brano (storico, letterario, scientifico ecc.), nazionalità dell'autore eccetera.

Esempi

Brano 1

In its turbulent half-century of independence, Nigeria has experienced not only a brutal civil war, but also a succession of military coups. Only in the last decade has it enjoyed relatively stable civilian government.

Throughout this period, one institution that has played an important stabilizing role has been that of the traditional rulers of kingdoms large and small across the country. While traditional leaders hold few constitutional powers, no politician is wise to seek office without his blessing.

In pre-colonial days, kings ruled with absolute power across what is now northern Nigeria. Their origins pre-date even the arrival of Islam some 200 years ago. Under British rule, these northern emirates were adopted as an integral part of the colonial administration and they became increasingly powerful.

Today, despite attempts by successive governments to marginalize them from the political process, traditional leaders continue to exert significant influence. This remains so particularly in the mainly Muslim north, where they are seen as custodians of both religion and tradition.

In one of Kano's largest markets it was difficult to find shoppers who disagreed with that sentiment. "I trust my traditional rulers because they don't loot our money," one man told us, reflecting a widely held disillusionment with the elected political class in Nigeria. Another says: "I trust them because they choose quality politicians who will help the people, and I'm happy to vote for the candidates they advise."

These sentiments are particularly pertinent at a time when political aspirants are jockeying for selection as party candidates ahead of local and national elections in just a few months' time.

1 **Nigeria's half-century independence has been a time of:**

- A peace
- B political stability
- C economic growth
- D democracy
- E uncertainty

Come si evince dal paragrafo di apertura del testo, i cinquant'anni di indipendenza della Nigeria sono stati segnati da *a brutal civil war* e da *a succession of military coups*. La risposta corretta è quindi la E.

2 **According to the author of the passage:**

- A traditional leaders of kingdoms are no more influential
- B traditional leaders of kingdoms are still powerful
- C after the British rule, governments succeeded in marginalizing traditional leaders
- D traditional leaders are plotting against the government
- E today's government is fighting against traditional leaders

La risposta alla domanda è espressa dalla frase all'inizio del quarto paragrafo: *Today, despite attempts by successive governments to marginalize them from the political process, traditional leaders continue to exert significant influence.* La risposta corretta è quindi la B.

3 **Should you draw a conclusion from the passage? How important is the influence of religion on the government?**

- A Highly important
- B Partially important
- C Not influential at all
- D The government has adopted the Sharia
- E Islam has never been influential

A partire dal quarto paragrafo l'autore commenta la fiducia accordata ai leader tradizionali. Nel nord del Paese, musulmano, motivo di tale fiducia è certamente l'approccio conservatore alla religione: questi capi sono considerati custodi della religione e della tradizione e quindi degni di fiducia (*This remains so particularly in the mainly Muslim north, where they are seen as custodians of both religion and tradition*). Pertanto, si può dedurre che solo in alcune aree del Paese la religione conti a tal punto da indurre il popolo a riporre la propria fiducia nei leader tradizionali. La risposta corretta è quindi la B.

4 **When did kings have absolute power in northern Nigeria?**

- A Before the British rule
- B After the British rule
- C In the very early days of Islam
- D Nowadays
- E Fifty years ago

Nel terzo paragrafo l'autore afferma che in epoca pre-coloniale i re esercitavano un potere assoluto, sin da prima che l'Islam arrivasse, duecento anni fa. L'autore si riferisce, quindi, all'epoca precedente la presenza inglese nel Paese. La risposta esatta è dunque la A.

5 What do the people interviewed think about the traditional rulers?

- Ⓐ They are helpless
- Ⓑ The mean to impose religion
- Ⓒ They're the best political class in Nigeria
- Ⓓ They are honest
- Ⓔ They are shady

A giudicare dalle citazioni riportate, l'opinione comune è che i leader tradizionali siano onesti: *they don't loot our money…, they choose quality politicians who will help people...* Non costituiscono classe politica (Ⓒ), ma piuttosto suggeriscono quali candidati votare; non sembrano intenzionati a imporre la religione (Ⓑ) quanto a difendere gli interessi della gente, e non appaiono quindi loschi, sospetti (*shady*, Ⓔ). La risposta esatta è la Ⓓ.

Brano 2

Scientists use the term biological clock to describe the timing that controls biological rhythms. But what is this clock and where can you find it? In animals it is probably controlled by the brain, but in plants and other living things that have no brain it must be something else.

Humans also have biological clocks that control their daily rhythms. Body temperature, blood pressure , sleeping and waking up have a 24-hour rhythm. Many illnesses have a yearly rhythm. Colds and flus often happen in winter. Measles occur mostly during the spring and summer.

When people travel by plane from one continent to another they often cross many time zones. Their internal clocks don't seem to work correctly. We call this jet lag. It makes you feel tired and it takes many days for your body's biological clock to get used to the new place.

People who work night shifts also have problems with their biological clocks. In general, they may not be as alert or active as people who work during the daytime. They also have more accidents during work. Sometimes they have more health and sleeping problems than other people.

By using the right medicine you can fight off problems that are connected with different times of day. Heart attacks and strokes often happen in the morning hours – between the time you get up and noon. Asthma often occurs between midnight and the morning hours. So when people with weak hearts take their medicine right after waking up it might prevent a heart attack.

Biological clocks control many rhythms of life. We are learning more and more about these rhythms. Doctors are looking for new ways to make travelling more comfortable and medical treatment more effective.

6 What is the jet lag?

- Ⓐ Altered biological rhythms after crossing lots of time zones
- Ⓑ Altered biological rhythms after crossing only one time zone
- Ⓒ The 24 hour-rhythm in a human being
- Ⓓ Any change in biological clock
- Ⓔ To cross a lot of time zones

Jet è sinonino di *plane*, aereo e significa anche viaggio in aereo; lag significa sfasamento, ritardo, rallentamento. Pur senza conoscere il significato delle singole parole, nel terzo paragrafo è scritto che: *When people travel by plane from one continent to another they often cross many time zones. Their internal clocks don't seem to work correctly. We call this jet lag.* Il *jet lag* è quindi l'alterazione dei ritmi biologici successiva all'attraversamento di molti fusi orari, non uno soltanto (Ⓑ). La risposta corretta è la Ⓐ.

7 According to the passage:

- (A) in all living creatures and things biological clock is controlled by the brain
- (B) in animals the brain can control the biological clock
- (C) in animals the brain might control the biological clock
- (D) in animals the brain may control the biological clock
- (E) in all living creatures the brain must control the biological clock

Nel testo si afferma che l'orologio biologico negli animali è plausibilmente controllato dal cervello, mentre si presume che in altre creature viventi, in particolare quelle prive di cervello e le piante, tale controllo sia esercitato diversamente (*In animals it is probably controlled by the brain, but in plants and other living things that have no brain it must be something else*). Si possono quindi facilmente escludere le risposte (A) ed (E), in quanto vi si parla di *all living creatures*. Le altre alternative sono tra loro simili e per fare distinzione, al fine di poter rispondere con esattezza, è importante rilevare le differenze di senso esistenti tra i verbi modali *can*, *may* e *might*. Can esprime la capacità, fisica o mentale, di realizzare qualcosa, mentre may indica la richiesta di autorizzazione o permesso di fare qualcosa. Inoltre *may* e *might*, entrambi verbi che esprimono "potere", si differenziano tra loro perché *may* viene utilizzato nelle frasi al presente, mentre *might* in quelle al condizionale, ma anche per definire un diverso livello di certezza percepito rispetto a qualcosa che può accadere (meno probabile in caso di *may*, più probabile in caso di *might*). Oltretutto, nel testo si trova l'avverbio *probably*, che esprime un'idea di alta probabilità e plausibilità, mentre una maggiore incertezza viene resa con *possibly*. Ne consegue che, ritenuto probabile che sia il cervello negli animali l'organo deputato a controllare l'orologio biologico, la risposta più coerente con il testo è la (B): *in animals the brain can control the biological clock*, dove *can* esprime chiaramente una capacità o un potenziale.

8 The author states that those who work during night-time:

- (A) have wrong biological clocks
- (B) are unreliable at work
- (C) tend to have health problems
- (D) tend to change daily rhythms
- (E) sleep in the daytime

È necessario rispondere al quesito indipendentemente dalle deduzioni personali, attenendosi esclusivamente alle informazioni contenute nel testo. L'intero quarto paragrafo descrive le reazioni fisiche di chi lavora durante la notte: *People who work night shifts also have problems with their biological clocks. In general, they may not be as alert or active as people who work during the daytime. They also have more accidents during work. Sometimes they have more health and sleeping problems than other people.* Il fatto che chi lavora di notte abbia problemi o difficoltà nella regolazione dei propri ritmi biologici non vuol dire che abbia un orologio biologico "sbagliato" ((A)); il fatto che tali persone siano meno pronte o attive non significa che siano inaffidabili sul lavoro ((B)); per quanto logico, non è scritto che tali persone cambino i loro ritmi diurni né che dormano di giorno ((D) ed (E)). La risposta corretta è la (C).

9 What are doctors trying to do?

- (A) To understand daily rhythms
- (B) To reduce the impact of travelling on rhythms of life
- (C) To reduce the impact of travelling on disease
- (D) To reduce the action of biological clock on the body
- (E) To make living easier despite biological clock

Al termine del brano è scritto che i medici stanno cercando il modo di rendere gli spostamenti più agevoli e le cure più efficaci: *Doctors are looking for new ways to make travelling more comfortable and medical treatment more effective.* Pertanto, lo scopo è quello di ridurre l'impatto del viaggio sui ritmi di vita (non sulle malattie, (C)). La risposta corretta è la (B).

INGLESE

10 When should specific drugs be taken to be more effective?

- **A** As soon as a problem arises
- **B** When a problem gets worse
- **C** In the morning hours
- **D** Just before the time problems connected with different times of the day arise
- **E** Right after waking up

L'assunzione dei farmaci è trattata nel quinto paragrafo: *By using the right medicine you can fight off problems that are connected with different times of day. Heart attacks and strokes often happen in the morning hours – between the time you get up and noon. Asthma often occurs between midnight and the morning hours. So when people with weak hearts take their medicine right after waking up it might prevent a heart attack.* Poiché è stato accertato che determinati problemi sorgono in momenti precisi del giorno, è possibile prevenire il verificarsi di certi episodi – se si è predisposti – assumendo i farmaci appena prima del momento in cui si possono presentare. Nel paragrafo viene fatto l'esempio dell'infarto cardiaco, che si verifica spesso durante la mattinata; ma questo non deve far credere che la risposta corretta sia la **C**. La risposta giusta è la **D**.

Brano 3 Enlargement of the European Union is a historic opportunity to unite Europe peacefully after generations of division and conflict.

Enlargement will extend the EU's stability and prosperity to a wider group of countries, consolidating the political and economic transition that has taken place in Central and Eastern Europe since 1989.

By enhancing the stability and security of these countries, the EU as a whole can enjoy better chances for peace and prosperity. After the terrorist attacks of September 11 2001, a strong and united Europe is more important than ever before to ensure peace, security and freedom.

This round of enlargement, like previous ones, will add to the Union's strength, cohesion and influence in the world. The extension to include new members will put the Union in a better position to take up the challenge of globalisation, and to strengthen and defend the European social model.

[...] Enlargement will present significant economic opportunities in the form of a larger market. Adding the applicant countries to the EU's Single Market of over 370 million inhabitants will create the biggest economic area in the world. A market of this size can be expected to give a boost to investment and job creation, raising levels of prosperity throughout Europe, in both new and old member countries.

In joining the EU, the new members will reinforce their economic integration with the existing members. Consumers will reap the benefits of wider choice and lower prices, and european businesses across the continent will share a common set of rules and benefit from increased trade, greater efficiency and more competition.

[...] The ability to take on the obligations of membership implies that candidate countries must adopt the policies and rules of the EU (the "acquis") and ensure its effective implementation and enforcement through appropriate administrative structures. The 31 chapters of the accession negotiations cover the different areas of the "acquis". The European Council in Copenhagen on 13th December 2002 concluded the negotiations on accession with Cyprus, the Czech Republic, Estonia, Hungary, Latvia, Lithuania, Malta, Poland, the Slovak Republic and Slovenia. As for Bulgaria and Romania, the European Council agreed to support their objective of joining in 2007, on condition that each country meet the accession criteria and conclude the negotiations. Regarding Turkey, the European Council agreed to support that the EU should further strengthen its support for Turkey's pre-accession preparations and that the Commission will report on progress at the end of 2004. This report will recommend whether Turkey has made sufficient progress toward accession and therefore whether it can begin accession negotiations in 2005.

11 What is the aim of the enlargement of the European Union?

- **A** To put an end to wars among the european countries
- **B** To make all european countries join in a political union
- **C** To bring or enhance stability, prosperity and security in Europe as a whole
- **D** To join against business rivals
- **E** To reach larger market

Obiettivo dell'allargamento dell'Unione europea è il rafforzamento della stabilità, la diffusione della prosperità e la creazione di uno spazio di sicurezza tra i Paesi europei: *Enlargement will extend the EU's stability and prosperity to a wider group of countries ... By enhancing the stability and security of these countries, the EU as a whole can enjoy better chances for peace and prosperity.* La risposta corretta è la **C**.

12 After September 11th 2001:

- **A** the EU thought enlargement to be necessary to fight against terrorism
- **B** the EU set up a military force to ensure peace and security
- **C** the cooperation among European countires seems to be vital
- **D** the union of the European countries seems to be vital
- **E** the cooperation among European countries was weakened

Nel testo è detto che a seguito dell'attacco terroristico dell'11 settembre 2001 si rende ancor più significativa l'unine tra i Paesi europei per garantire pace e stabilità (*After the terrorist attacks of September 11 2001, a strong and united Europe is more important than ever before to ensure peace, security and freedom*). Dunque non viene menzionata la lotta al terrorismo (risposta **A**) come fine dell'allargamento, né viene citata la creazione di una forza militare (risposta **B**). Infine, il passaggio estratto dal testo parla di *united Europe*, di unione, non di cooperazione (risposta **C**). La risposta corretta è la **D**.

13 How will enlargement affect the Single Market?

- **A** It will foster national economies and welfare in all european countries
- **B** Consumption will increase and so the production of goods
- **C** Important difference in commercial rules may slow down the integration process
- **D** Competition will cause price reduction
- **E** Consumers will be exposed to increasing risks

Dal testo si evince che il Mercato Unico allargato, che conterà nuovi milioni di cittadini, quindi di imprese, produttori e consumatori, favorirà il potenziamento delle economie nazionali e la diffusione del benessere nei Paesi europei: *Enlargement will present significant economic opportunities in the form of a larger market. Adding the applicant countries to the EU's Single Market of over 370 million inhabitants will create the biggest economic area in the world. A market of this size can be expected to give a boost to investment and job creation, raising levels of prosperity throughout Europe, in both new and old member countries.* Riguardo ai consumi (risposte **B** ed **E**), nel testo è detto soltanto che i consumatori beneficeranno di una maggiore scelta e di prezzi ridotti: *Consumers will reap the benefits of wider choice and lower prices.* Le regole del commercio saranno le stesse per tutti (risposta **C**): *European businesses across the continent will share a common set of rules ...* Infine, si fa menzione del fatto che l'accresciuta concorrenza porterà a una riduzione dei prezzi: *... and benefit from increased trade, greater efficiency and more competition.* La risposta corretta è la **A**.

INGLESE

14 Following the text, how many countries are involved or may be involved in the enlargement process?

- **A** Romania and Bulgaria
- **B** Romania, Bulgaria and Turkey
- **C** Bulgaria and Turkey
- **D** Estonia, Latvia, Lithuania, Poland, Czech Republic, Slovakia, Hungary, Slovenia, Romania, Bulgaria, Malta, Cyprus and Turkey
- **E** Estonia, Latvia, Lithuania, Poland, Czech Republic, Slovakia, Hungary, Slovenia, Malta and Cyprus

La risposta corretta è la **D**: nel testo si citano, quali soggetti di negoziati o di accordi per l'allargamento dell'Unione, ben 13 Paesi. Il testo non fa riferimento alla realtà del momento – ovvero all'ingresso nel 2004 di soli 10 Paesi tra questi – ma a tutto il processo di allargamento dell'Unione a nuovi Stati, tanto più che nell'ultimo paragrafo sono riportate le decisioni adottate dall'Unione nei confronti di 13 Paesi.

Come già accennato, alcune università, per le sezioni relative a Scienze dei Beni Culturali, Scienze Sociologiche e, più raramente, Scienze Psicologiche (per esempio nella sede di Firenze), hanno in passato utilizzato nei test di ammissione esercizi di comprensione di testi in lingua inglese. La struttura dell'esercizio e le tecniche risolutive non variano rispetto a quanto visto finora, anche se naturalmente occorre conoscere la lingua inglese almeno a livello scolastico. Si vedano i seguenti esempi.

Brano 4 Genetically modified microbes will lead to a revolution in industrial biotechnology.

Craig Venter, the man who led the privately funded project to sequence the human genome, is someone who likes to mix business with pleasure. And for a geneticist whose passion is sailing, there can be few more satisfying ways of doing so than sampling genes in the Sargasso sea, near Bermuda. The samples he took there last year yielded a surprise. The sea had looked as though it was the oceanic equivalent of a desert, bereft of nutrients, and with little life beyond the Sargassum weed that gives the sea its name. But when Dr Venter ran his samples through his newly developed method for sequencing the DNA of an entire environment, some 1.2 m new genes turned up from an estimated 1,800 species of microbe previously unknown to science. An apparently empty sea was teaming with bacterial life.

Such newly discovered genes are the raw material for the infant, but rapidly developing field that makes useful chemicals via genetically modified organisms. It is part of what is known as industrial biotechnology, where cells from animals, plants and bacteria are used to generate industrially useful products. The Sargasso results, outlined last week to the World Congress on Industrial Biotechnology and Bioprocessing, in Orlando, Florida, by Dr Venter's colleague Karin Remington, suggest there are a lot of useful raw materials to be found.

Dr Venter's Institute for Biological Energy Alternatives, based in Rockville, Maryland, is now taking further samples from around the world. Although Dr Venter is turning such bioprospecting from a sport using a fishing line to one using a trawling net, looking for new bacteria is already a well-established activity. The business models of firms such as Diversa, a company based in San Diego, are centred on it.

Diversa is prospecting in hot springs, ocean beds, soda lakes and on the Arctic tundra. The genes it, and others, are looking for are instructions for producing proteins – many of which are natural catalysts inside living cells. By searching in wild and wonderful environments, microbiologists hope to find new genes that might be of use to investors and customers.

Many people now hope that this year's Orlando congress will become an annual event. They see industrial biotechnology as the wave of the future – a phenomenon that will eventually rock entire economies. Whether this is the case or not, in the shorter term it does seem likely that industrial biotechnology will shake up the chemical industry. And it may provide a route to a future less dependent on fossil fuels, and one that puts less climate-changing carbon dioxide into the atmosphere.

15 What does Craig Venter do in the Sargasso sea?

A He likes spending his free time fishing
B He carries out research on new genes
C He samples sea animal species
D He studies the way microbes live
E He samples microbes

Graig Venter unisce ai suoi studi di microbiologo la passione per il mare facendo ricerca nel Mar dei Sargassi (... *is someone who likes to mix business with pleasure. And for a geneticist whose passion is sailing, there can be few more satisfying ways of doing so than sampling genes in the Sargasso sea, near Bermuda*), dove effettua ricerche sui geni di batteri raccolti dall'acqua. La risposta esatta è la B.

16 Venter's method for sequencing the DNA revealed that:

A estimates on the number of genes in nature were correct
B millions of new genes are still to be discovered
C in the Sargasso sea there are about 2,000 species of microbes already known to science
D in the Sargasso sea bacterial life can reproduce rapidly
E in the Sargasso sea there are about 200 species of microbes already known to science

Venter ha applicato agli organismi da lui estratti un sistema per la codificazione del DNA che ne ha rivelato l'assoluta novità per il mondo scientifico: *But when Dr Venter ran his samples through his newly developed method for sequencing the DNA of an entire environment, some 1.2 m new genes turned up from an estimated 1,800 species of microbe previously unknown to science.* Questo dimostra che sono ancora migliaia le specie sconosciute (concetto contrario a quello espresso nelle risposte C ed E), e che milioni di geni, di conseguenza, restano ancora da codificare. La risposta esatta è quindi la B.

17 Biotechnology:

A is an industry producing chemicals by using cells from living beings
B needs microbiologists to sequence the DNA of sea environments only
C was entirely brought up for discussion after the Sargasso results
D gives rise to frequent dispute about ethics
E is a science

Dal secondo paragrafo si evince una spiegazione approssimativa, ma chiara, di cosa sono le biotecnologie: *It is part of what is known as industrial biotechnology, where cells from animals, plants and bacteria are used to generate industrially useful products.* La risposta corretta è la A. Non è vero che si rende necessaria esclusivamente la ricerca negli ambienti marini (risposta B), e lo dimostra la frase: *Diversa is prospecting in hot springs, ocean beds, soda lakes and on the Arctic tundra.*

28.4 | Test attitudinali

Alcuni esercizi in lingua inglese ricalcano le diverse tipologie di test attitudinali visti nei capitoli precedenti. È quindi possibile imbattersi in esercizi di attitudine matematica, numerica, logica ecc. Si riportano di seguito alcuni esempi di esercizi in tipici di una prova selettiva a test.

1 In Bruno's pub there are some volleyball players and some basket players. The volleyball players are 20% of the people. Some basket players leave and the people remaining are 50% of the original total. How many basket players out of the original number of basket players left Bruno's pub?

A 5/8 B 3/8 C 6/10 D 7/12 E 4/5

INGLESE

Nel pub di Bruno si trovano giocatori di pallavolo (il 20% delle persone presenti) e giocatori di basket (l'80% delle persone presenti). Si ponga il totale delle persone uguale a X. Si può affermare che i giocatori di pallavolo sono 0,2X mentre quelli di basket 0,8X.

Alcuni giocatori di basket lasciano il pub (quelli di pallavolo rimangono tutti) e ora le persone all'interno del pub sono la metà di prima (cioè 0,5X). Quanti giocatori di basket sono andati via? La risposta si ricava facilmente considerando che i giocatori di basket che sono rimasti sono pari a:

$$0{,}5X - 0{,}2X = 0{,}3X$$

Se quindi inizialmente i giocatori di basket erano 0,8, quelli che hanno lasciato il pub sono pari a 0,5X. Per ricavare la soluzione al problema basta risolvere la frazione $\frac{0{,}5}{0{,}8}$ che da come risultato proprio $\frac{5}{8}$. La risposta corretta è quindi la **A**.

---

2 30% written as a decimal is:

A 0,03 **B** 0,003 **C** 0,3 **D** 3 **E** 0,030

30% è uguale a 0,3. La risposta esatta è la **C**.

---

3 Mary needs a mark of 70% to pass a 50 item test. How many items can she miss to pass the test?

A 12 **B** 15 **C** 18 **D** 20 **E** 10

Il 70% di 50 è pari a 35. Mary per passare il test può quindi non rispondere al massimo a 15 domande. La risposta corretta è dunque la **B**.